無錫年鑒

2023 WUXI YEARBOOK

无锡市档案史志馆　编

方志出版社
Publishing House of Local Records

图书在版编目（CIP）数据

无锡年鉴 .2023/ 无锡市档案史志馆编 .—北京：方志出版社，2023.9

ISBN 978-7-5144-5822-0

Ⅰ . ①无… Ⅱ . ①无… Ⅲ . ①无锡 -2023- 年鉴 Ⅳ . ① Z525.33

中国国家版本馆 CIP 数据核字 (2023) 第 191083 号

责任编辑：李晓晓
责任校对：张玉霞
责任印制：梅中英
出 版 者：方志出版社
地　　址：北京市朝阳区潘家园东里 9 号（国家方志馆 4 层）
邮　　编：100021
网　　址：http://www.zgfzcb.cn
发　　行：方志出版社图书营销中心（010-67110500）
印　　刷：无锡沪光精美印刷有限公司
开　　本：889 毫米 ×1194 毫米 1/16
印　　张：33.25
字　　数：1250 千字
版　　次：2023 年 9 月第 1 版
印　　次：2023 年 9 月第 1 次印刷
定　　价：200.00 元

无锡市地方志编纂委员会

《无锡年鉴（2023）》编纂人员

各撰稿单位主审人员

（按姓氏笔画为序）

丁鸭锁　于伟治　万泽湘　王　晓　王　捷　王　琳　王　颖
王卫兵　王志好　王　兵　王　勇　王　菲　王　萍　太铁斌
尤志斌　尹　躜　邓小伟　叶　诤　乐小松　冯建昭　冯玲娜
冯爱东　邢　盈　权　辉　过　焰　百　炼　吕　军　吕益华
吕雪松　朱　刚　朱　敏　朱双清　朱　芳　朱玲燕　伍诚达
任国伟　华伟荣　华惠芳　刘文君　刘兆鹏　刘　红　刘艳红
刘展宇　刘韶岭　刘震宇　江　涛　安锡友　许　岗　孙协军
孙　明　李　磊　李东生　李志宏　李明新　李群益　杨　旻
杨百海　杨　建　杨建忠　杨爱民　肖剑峰　肖健炜　吴　敏
吴智跃　吴　婷　吴意中　邱少波　邱辛泰　余一帆　谷占彬
沈　扬　沈　强　张　军　张　枝　张志浩　张明飞　张泉荣
张剑斌　张影陆　张曙峰　陆　炜　陆　融　陆建军　陈　曦
陈一方　陈　东　陈　立　陈若愚　陈建东　陈莺歌　陈烈蓉
陈　彬　陈靖宇　陈　熙　邵康奕　苟小军　范　利　季安娜
周　山　周　卉　周学军　周惠琳　周皖红　周德春　郑立平
赵建平　赵晓东　胡才鸿　胡　杨　胡君松　胡炯义　胡海龙
胡　碧　俞　刚　施宇星　姜　波　娄子丹　洪绍荣　胥焱冰
姚晓垒　姚　菲　秦顺达　秦　俊　夏　斌　夏　杰　钱　军
钱　玲　钱　前　徐卫民　徐　叶　徐泽元　徐真柱　殷亚红
殷　伟　殷　欢　高　俭　席永清　黄建平　曹　琪　崔时松
章　雷　葛余同　董亚婷　蒋宁鹏　蒋运钧　蒋　健　蒋勤芳
蒋群联　韩剑操　程　述　蓝天月　虞　艳　鲍挚鹏　鲍献东
阙明坤　窦礼念　蔡大钢　蔡映霞　蔡嘉福　廖举鹏　缪学军
缪根宝　潘渔冬　戴　政　戴美忠　魏燕英　蹇　俊

编辑说明

一、《无锡年鉴》是由无锡市委、市政府组织领导，无锡市档案史志馆编纂出版的年度资料性文献，首次出版于1991年，一年一卷，本卷为第33卷。

二、《无锡年鉴（2023）》以马克思列宁主义、毛泽东思想、邓小平理论、“三个代表”重要思想、科学发展观、习近平新时代中国特色社会主义思想为指导，坚持辩证唯物主义和历史唯物主义的立场、观点和方法，全面、系统地记载2022年度无锡市政治、经济、文化、社会、生态等各方面的基本面貌和发展情况，旨在为各级领导决策和管理提供参考依据，为社会各界了解无锡、建设无锡提供最新信息，并为续修地方志书积累资料。

三、《无锡年鉴》按照分类编辑法，设类目、分目、条目3个层次，部分分目下设副分目，条目为记述的基本单元。部分条目后设延伸阅读。

四、与《无锡年鉴（2022）》相比，《无锡年鉴（2023）》新设经济综情、区域协同发展、水利3个类目，进一步优化篇目设置，突出时代特点和无锡特色。全卷设市情概览、中国共产党无锡市委员会、无锡市人民代表大会、无锡市人民政府、中国人民政治协商会议无锡市委员会、中国共产党无锡市纪律检查委员会　无锡市监察委员会、民主党派·工商联、群众团体、法治、军事、经济管理、经济综情、区域协同发展、太湖湾科技创新带建设、数字经济、总部经济、枢纽经济、园区经济、经贸合作、农业、制造业、建筑业、商贸服务业、金融业、旅游业、房地产业、城市建设、乡村振兴、生态建设、水利、科学技术、教育、文化、大众传媒、卫生健康、体育、就业、收入与消费、社会保障、社会事务、公共安全、人物·荣誉、辖区建设43个类目。卷首设专题彩页、大事记，卷末设附录、索引。

五、《无锡年鉴（2023）》记述起讫时间原则上为2022年1月1日至2022年12月31日。卷首专题彩页选用了2022年度以前资料；地图资料截至2023年6月。

六、按2022年行政区划，年鉴中的“无锡市”“全市”，范围包括江阴、宜兴2个市(县)，梁溪、锡山、惠山、滨湖、新吴5个区和经开区；“市区”，仅指上述5个区和经开区。本鉴所称“经开区”，特指无锡经济开发区。

七、年鉴中的条目，由各部门、各单位和各市（县）、区专人撰写，并经各自单位领导审阅。撰稿人姓名加括号列于相关条目之后，审稿人名单列于卷首。

八、数字用法、标点符号用法分别采用国家标准《出版物上数字用法》（GB/T 15835—2011）、《标点符号用法》（GB/T 15834—2011），计量单位采用国家技术监督局1993年12月发布的《量和单位》系列国家标准。部分数据合计数或相对数由于四舍五入等因素而产生的计算误差，均未做机械调整。大事记中，“△”表示“同日”。表格中，“#”表示总项中的主要项。

九、本年鉴的检索方法有目录和索引两种。目录在卷首，编排至条目；索引在卷末，采用主题分析法编制。

2022 年度主要荣誉

全球智慧城市大会“宜居和包容大奖”

中央财政支持普惠金融发展示范区

全国法治政府建设示范市

全国健康城市建设样板市

全国婴幼儿照护服务示范城市

全国网络市场监管与服务示范区

全国城市一刻钟便民生活圈试点

中国最具幸福感城市

中国年度最佳引才城市

中国年度最佳促进就业城市

中国 500 强企业榜单入围数全省第一

抗疫回眸

2020 年 1 月 20 日，面对突如其来的新型冠状病毒疫情（以下简称“新冠疫情”），无锡市委、市政府快速应对，打赢疫情防控阻击战。

2022 年 12 月 7 日，无锡市优化落实新冠疫情防控措施，转入常态化管理。12 月 26 日，国家卫健委发布公告，将新型冠状病毒肺炎更名为新型冠状病毒感染。2023 年 1 月 8 日，新冠病毒感染调整为“乙类乙管”。

三年间，市委、市政府始终坚持人民至上、生命至上，一手抓疫情防控，一手抓经济社会发展，努力用最小的代价实现最大的防控效果。

三年间，市委、市政府建立起完整的医疗防疫体系，扎实推进疫情防控各项工作，因时因势做好精准防控，有效处置聚集性疫情，积极应对全球疫情冲击，保护全市人民的生命安全和身体健康。

三年间，749 万无锡人同心抗疫，在疫情中凝结善作敢为、大爱奉献的无锡精神，引领这座城市走向最美的春天。

冬韵　　（邓云龙　摄）

◆ 持炬 运筹帷幄 掌舵领航

2020年新年伊始，突如其来的新冠疫情打破了新年的喜乐祥和，一场“没有硝烟”的疫情阻击战在无锡全面打响。无锡市委、市政府迅速进入顶格“应战”状态，疫情防控成为一项压倒性工作任务。三年来，无锡“城市防控体系”被疫情触发后快速运转，一次次展现成效。

无锡，交出城市防疫高分样本。

2020年1月31日，召开市委应对疫情工作领导小组第一次会议，分析研判疫情防控形势，部署安排下一阶段工作

（市委办 供图）

2020年1月24日，市长杜小刚（左三）看望慰问坚守一线的广大干部职工、公安干警和医护人员

（市委办　供图）

2020年2月1日，市委书记黄钦（右二）到负压救护设备、消杀防护物资等生产企业了解情况

（市委办　供图）

2022 年，无锡市建成疫情防控指挥平台社会场所管理、社区智慧防疫、外来货车闭环管理、城市运转保供、外来人员管理、医疗医务管理“六大系统” （市大数据局 供图）

2020 年 2 月，无锡市在省内率先开发健康码进行分类识别。图为江海新村社区工作人员协助居民申领锡康码 （朱吉鹏 摄）

2020 年，市大数据管理局研发上线的“疫情防控一点通”

（市大数据管理局　供图）

2020 年 5 月、10 月，无锡市先后开通“灵锡”“惠企通”服务平台

（市大数据管理局　供图）

2022 年，无锡市开发“灵锡数字哨兵”

（市大数据局　供图）

◆ 向光　闻令而动　冲锋在前

三年间，广大医务人员负重逆行，坚守在流调溯源、核酸检测、医疗救治等各个环节，闻令而动，不舍昼夜，坚守防疫一线。

三年间，广大医护人员驰援湖北，驰援南京、扬州、连云港、苏州、常州、上海……哪里有疫情，他们就冲锋到哪里。

三年间，"天使白""橄榄绿""守护蓝""志愿红"迅速集结，社区工作者在城乡各个社区点位日夜值守，千千万万志愿者和普通人默默奉献、无私付出。

2020年2月，市住建部门组织抢建隔离应急病房

（市住房城乡建设局　供图）

2020年2月12日，无锡市新冠病毒核酸筛查检测专项实验室建成启用

（市卫生健康委　供图）

抗疫回眸

2021 年 7 月 31 日，由市建管中心牵头，24 小时火速建成核酸检测“火眼”实验室，8 月 1 日交付使用

（市建管中心　供图）

2022 年，无锡市率先建成步行 15 分钟“抗疫服务圈”。图为 5 月 20 日央视财经频道相关报道

（市卫生健康委　供图）

至 2022 年，全市 76 家二级以上医院建成发热门诊。图为市人民医院发热门诊

（市人民医院　供图）

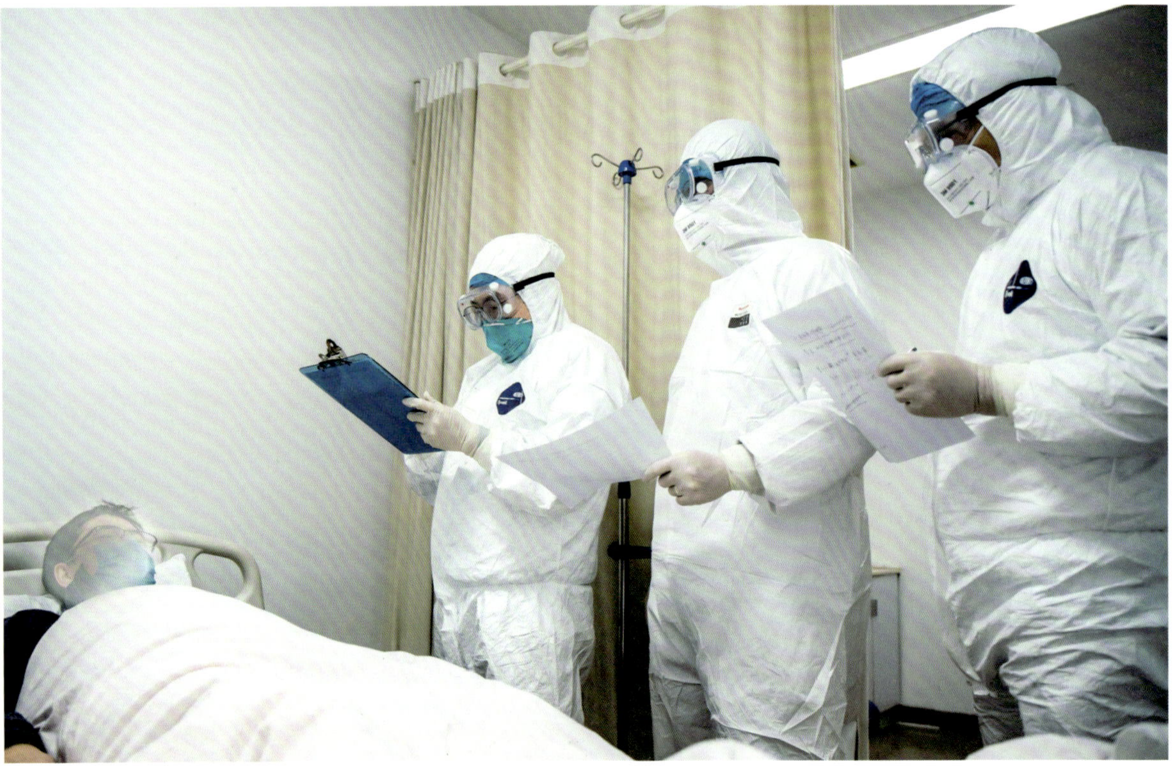

2020 年 2 月 17 日，市疾控中心工作人员进行新冠疑似病例流行病学调查　　（市卫生健康委　供图）

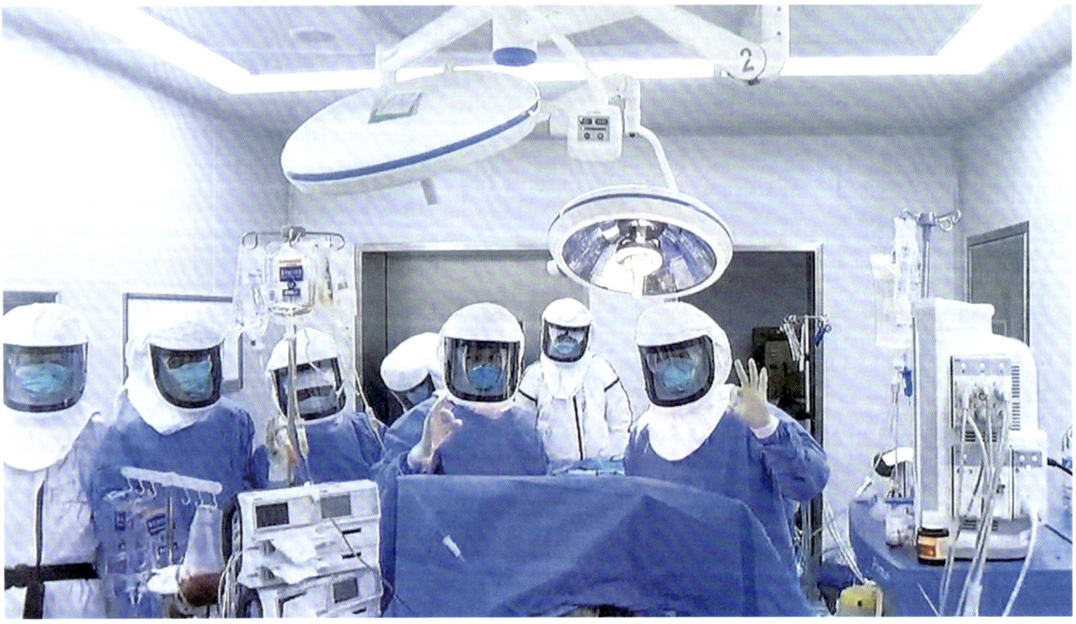

2020 年 2 月 29 日，著名肺移植专家陈静瑜（右三）在市第五人民医院完成全球首例新冠肺炎转阴患者肺移植手术　　（市卫生健康委　供图）

2021年8月9日，江阴市中医院药剂科人员熬制清肺排毒汤药，制作防疫香囊，并送至全市21个隔离点。图为医护人员正在制作香囊

（张予希　摄）

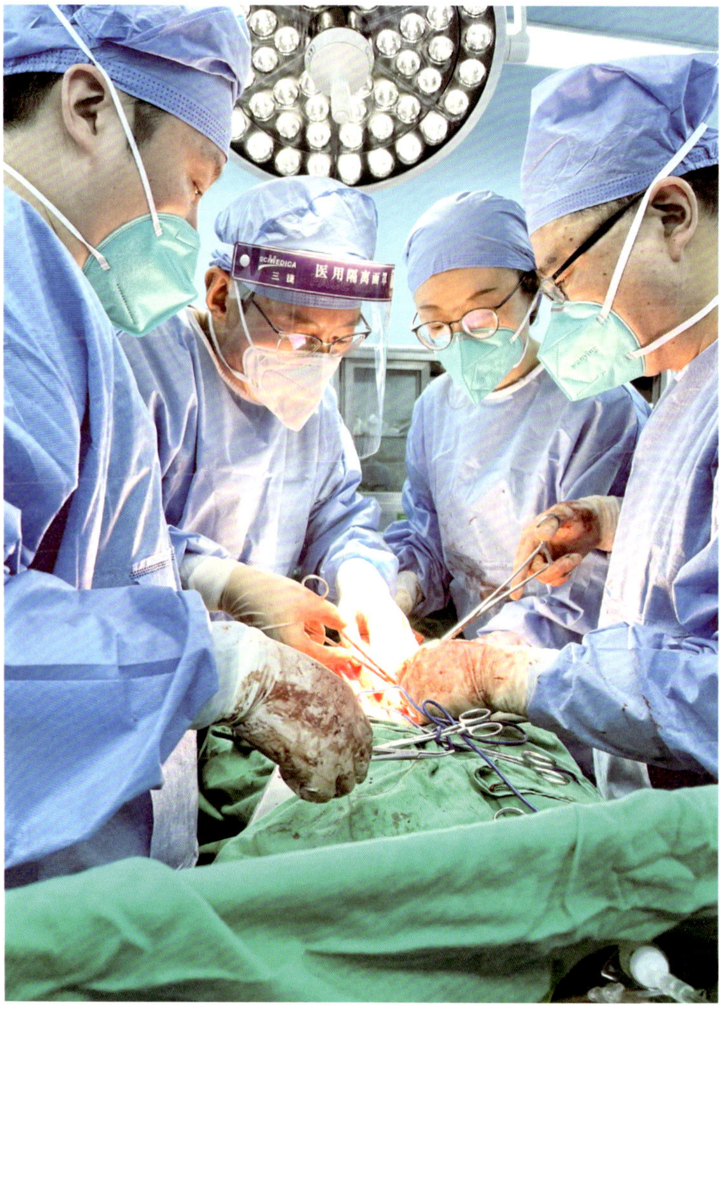

2022年12月30日，无锡市妇幼保健院成功开展市内产科首例运用回收式自体血回输技术救治新冠病毒感染孕妇的案例

（市妇幼保健医院　供图）

2020 年，无锡累计派出 176 名医疗卫生人员支援湖北。图为 2 月 9 日无锡市支援湖北医疗队 132 人出征

（市卫生健康委　供图）

2020 年 2 月 17 日，无锡联勤保障中心第 904 医院医疗队出征武汉　（顾　乾　摄）

抗疫回眸

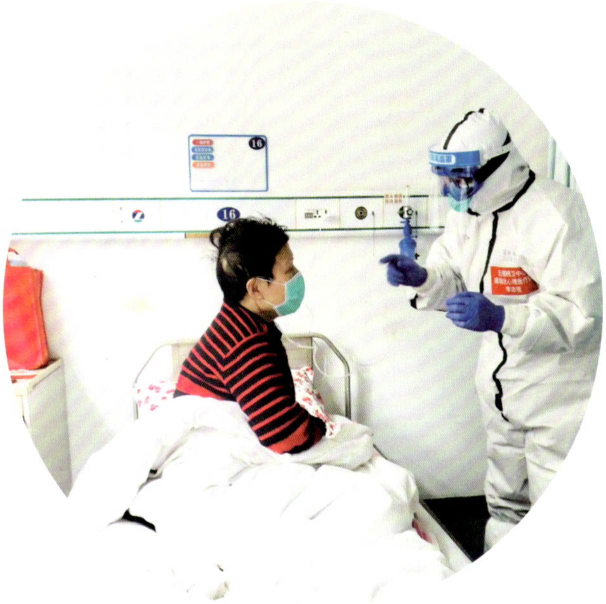

2020年，市精神卫生中心选派3名心理医生，作为全国第二批心理援助医疗队驰援武汉。图为李志佳在长江航运总医院开展心理查房　　　（市精神卫生中心　供图）

2020年，无锡援鄂医疗队整建制接收武汉同济光谷院区的一个重症病区，参与救治工作，危重症治愈率近99%。图为3月29日E1-8病区患者清零，医护人员合影

（市第二人民医院　供图）

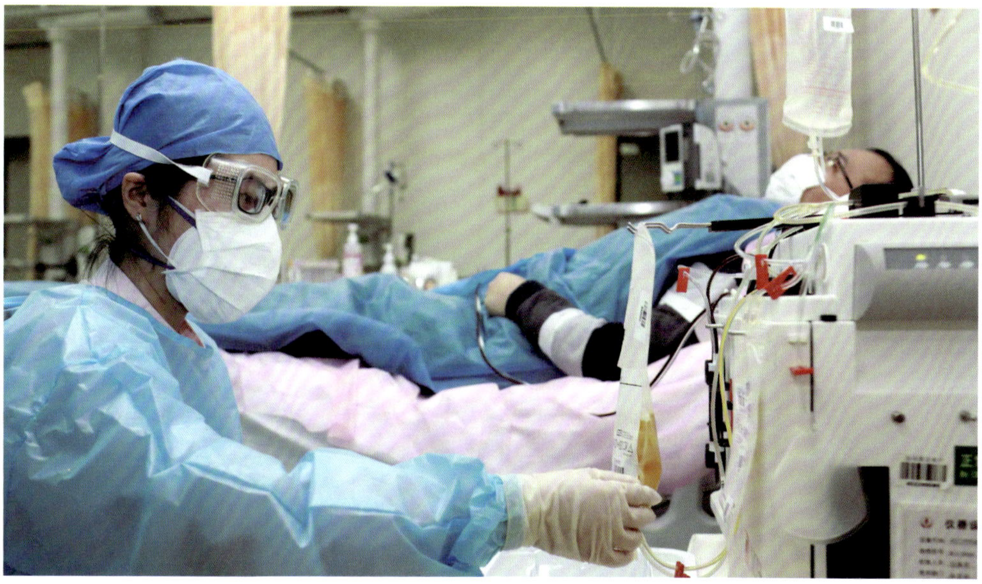

2020年2月17日，市中心血站为新冠康复者采集血浆驰援湖北

（市中心血站　供图）

2021年7月25日至8月13日，无锡市300名医护人员到南京支援新冠疫情防控工作。图为市第二人民医院医疗队支援南京队员合影　　（市第二人民医院　供图）

2021年8月4日至9月10日，无锡市派出340名医护人员到扬州援助新冠疫情防控等工作。图为市人民医院医护人员援扬归来　　（市人民医院　供图）

2022年4月3日至5月26日，无锡市派出508名队员驰援上海，援助上海疫情防控工作，参与接管上海临港方舱、收治病人、在周浦定点医院救治病人等工作。图为市人民医院援沪医疗队合影

（市人民医院　供图）

2022年4月7日，深夜从上海返锡的援助人员

（市妇幼保健院　供图）

2022年4月14日至5月2日，无锡市派出300名医护人员，支援昆山花桥镇新冠疫情防控工作。图为市妇幼保健院抗疫医疗队合影

（市妇幼保健院　供图）

2020年初，无锡市组建一支由1611名市级机关党员、17532名县级机关党员组成的先锋队，奔赴一线，助力抗疫。图为先锋队出征仪式

（市委办　供图）

2020年，团市委组织青年突出队，参与防控工作。2022年2月17日，无锡团市委发布《招募令:@无锡青年，疫情防控应急储备青年志愿者报名启动！》，数以万计的青年志愿者投身防疫志愿服务

（团市委　供图）

2020 年，深夜执勤的志愿者在高速路口引导车辆分流　　（市自然资源规划局　供图）

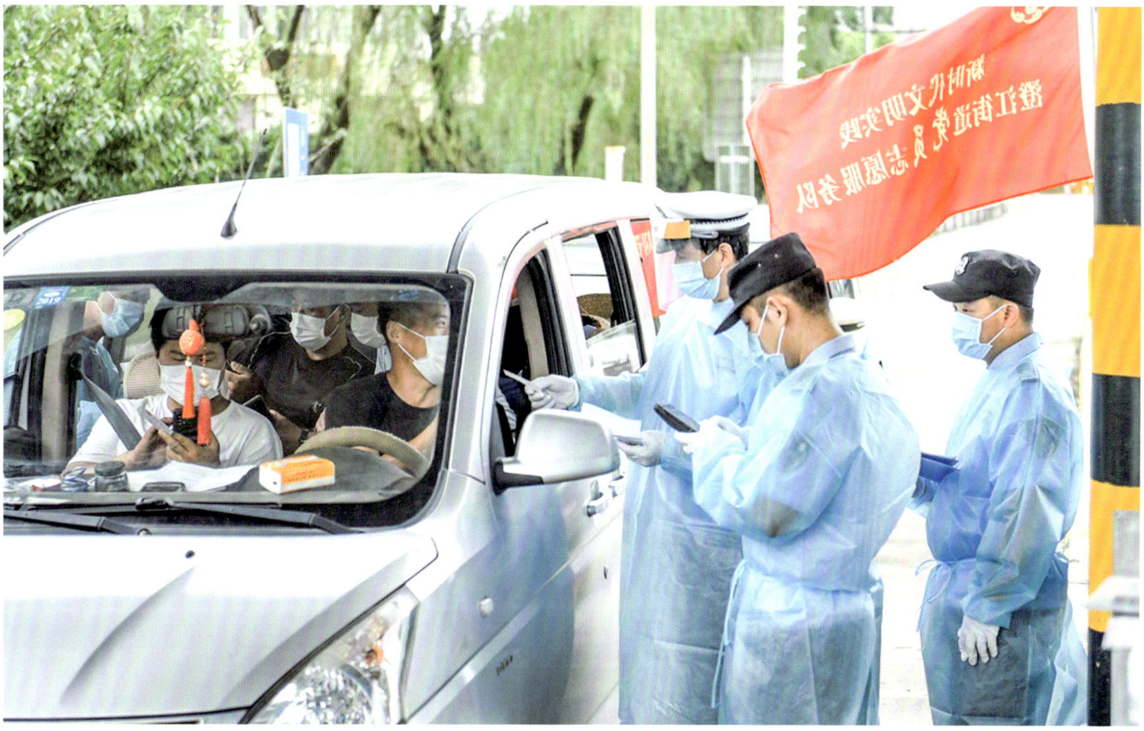

2021 年 8 月 16 日，江阴北高速道口，志愿者核对过往人员信息　　（丁家骏　摄）

2020 年 5 月，1000 余名志愿者在火车站坚守 100 天，服务旅客 100 余万人次　　（无锡火车站　供图）

2022 年，市红十字赈济救援队深入学校、社区等，进行防疫性消杀　　（市红十字会　供图）

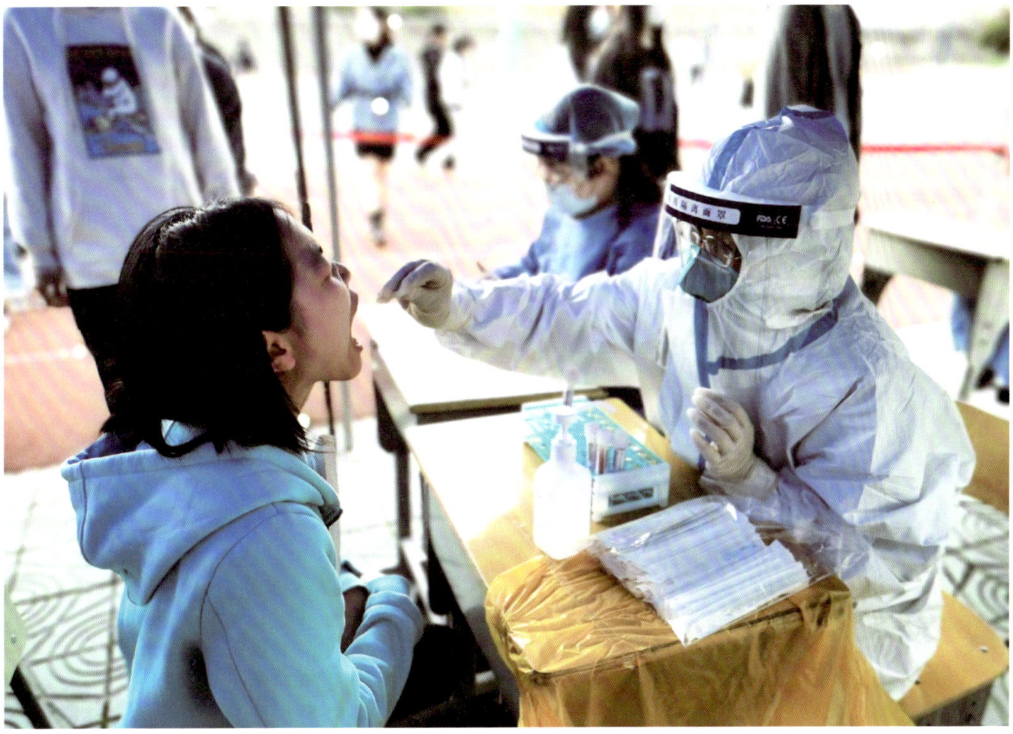

2022年，无锡卫校开展疫情防控工作　　（无锡卫校　供图）

2022年，志愿者在居民小区协助疫情防控　　（市委宣传部　供图）

2020 年 1 月 30 日，海澜之家向武汉捐赠价值 1500 万元的物资　　（海澜集团　供图）

2020 年，市外办向韩国蔚山市捐赠抗疫物资　（王金雪　摄）

2020 年 2 月，日本丰川市向无锡新吴区捐赠了 4500 只口罩。3 月 25 日，新吴区筹措 5 万只口罩反向捐赠，成为佳话

（新吴区委宣传部　供图）

2020 年 3 月，红豆集团向柬埔寨捐赠口罩　　（锡山区政府办　供图）

2021 年 8 月，团市委向扬州市捐赠抗疫物资　（团市委　供图）

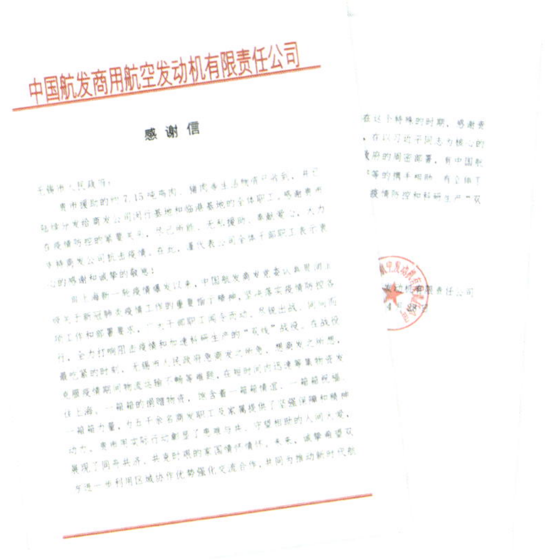
中国航发商用航空发动机有限责任公司

感谢信

2022 年 4 月，无锡市援助中国航发商用航空发动机有限公司 7.15 吨生活物资，收到对方的感谢信

（市商务局　供图）

◆ 微芒 坚守岗位 艰苦卓然

点滴微光汇聚，终成灿烂星河，合力绘就城市抗疫最大“同心圆”。

面对疫情的一次次进攻，无锡城市运转不停、物资供应不断、社会秩序稳定、经济加快恢复，经受住了艰苦卓绝的历史考验。

医务工作者、公安干警、社区工作者、各行各业的劳动者……在严酷的战“疫”中，是他们的日夜值守、任劳任怨，义无反顾、不计得失，才有我们的岁月静好、家园安宁。

2020年，市纪委监委实地监督学校食堂食材配送工作

（市纪委监委　供图）

2021年1月29日起，市市场监管局加强对进口高风险非冷链集装箱货物进行检查

（市市场监管局　供图）

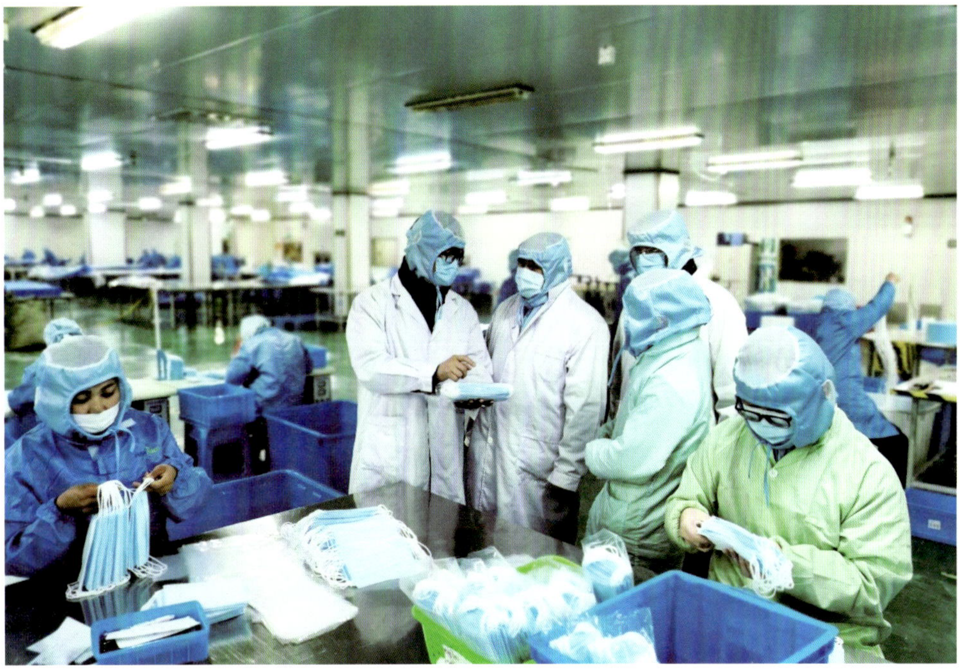

2020 年，市市场监管局开展口罩生产企业质量专项检查　　（市市场监管局　供图）

2020 年，无锡市加强进口冷链食品监管，在全国率先建成冷链食品监管仓　　（天鹏集团　供图）

2020 年 2 月，市城管部门对公共设施进行消毒

（市城管局　供图）

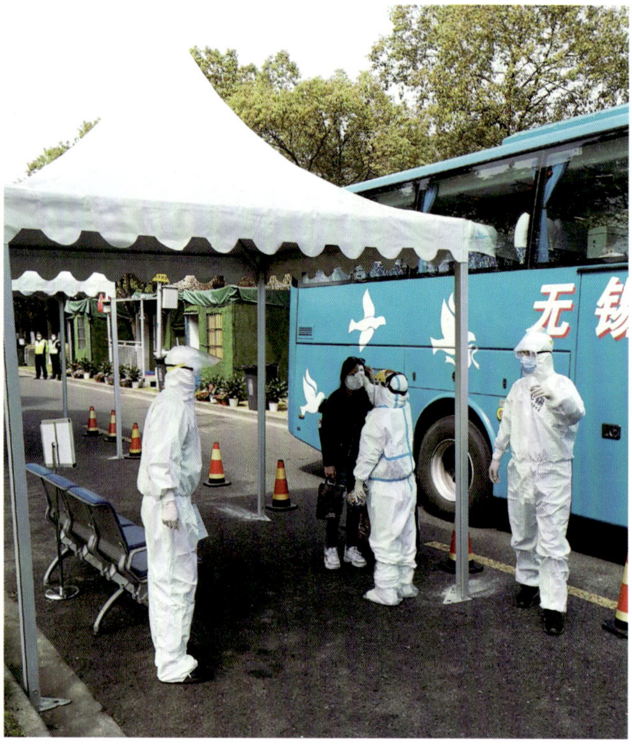

2020 年，无锡市入境口开展抗疫工作

（惠山区档案史志办　供图）

2020 年 2 月，公安部门工作人员在高速出口冒着风雪值勤

（江阴市档案史志馆　供图）

2022 年 3 月 29 日，市城管系统开展疫情防控工作　　（市城管局　供图）

2022 年 5 月 1 日，滨湖公安分局启用全市首个公安检查站移动方舱　　（尹　雪　摄）

2020 年 2 月，无锡市对入锡道路实施疫情防控　　（周　庆　摄）

2021 年，江阴出入境边防检查站利用警用无人机对港区、锚地实施全时段、全方位监管巡查　　（张予希　摄）

2021 年 4 月，无锡海关卫生检疫人员对进口货运航班进行全面消毒　　（无锡海关　供图）

2020 年 3 月 5 日起，无锡市对入境人员实施医学观察　　（江阴市档案史志馆　供图）

2021 年 8 月 6 日，在购物广场的入口处，工作人员引导顾客有序进行扫码、测体温

（丁家骏　摄）

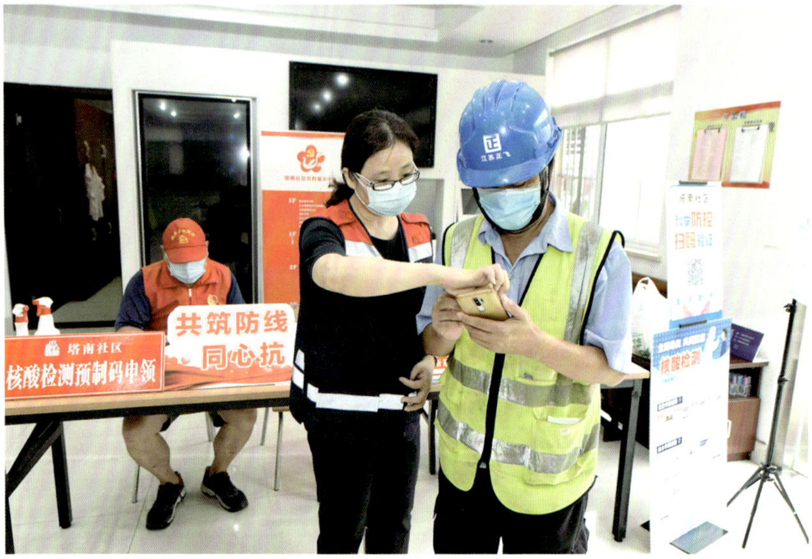

2021 年 8 月 16 日，江阴市塔南社区工作人员帮助在建工地外来人员进行疫情防控

（沈思远　摄）

公交部门保障市民出行安全，做到一趟一消杀。图为 2021 年 8 月 18 日，江阴市公共交通有限公司工作人员对车辆进行消杀

（张予希　摄）

2022 年，无锡东站开展疫情防控工作

（陶　航　摄）

2022 年，深夜的陈家桥社区办公室，工作人员在值守

（市委宣传部　供图）

2022 年 3 月 24 日，滨湖公安分局鼋头渚派出所民警在景区提醒群众赏樱毋忘防疫

（尹　雪　摄）

◆ 不夭　发展不停　城市筑强

三年来，无锡市委、市政府统筹经济发展和疫情防控，备足工具箱，下好先手棋，打好主动仗，抓好“六稳”（稳就业、稳金融、稳外贸、稳外资、稳投资、稳预期）工作，落实“六保”（保居民就业、保基本民生、保市场主体、保粮食能源安全、保产业链供应链稳定、保基层运转）任务，聚焦高质量发展，全力推动国民经济和社会运行迈上正轨。

惟其艰难，更显勇毅。硬核的无锡以底气、韧性，以“四千四万”精神，画出经济社会发展上扬的振奋曲线。

2020 年，市发展改革委出台一系列惠企纾困文件
（市发展改革委　供图）

2020 年 2 月，无锡市率先开通“苏政 50 条”和“小微企业个体工商户”服务专栏专窗专席，为疫情受困企业纾难解困　　（市行政审批局　供图）

2020 年 2 月 23 日，无锡市出台 4 个方面 20 项措施，支持企业安全有序复工复产。图为市就业工作领导小组发放稳岗补贴　　（市人力资源社会保障局　供图）

2020 年 9 月 8 日，市政府召开招商护商大会　　（市委办　供图）

2020 年 3 月 19 日，无锡市召开关于贯彻落实阶段性减免企业社会保险费有关事项的新闻发布会

（市人力资源社会保障局　供图）

2022 年 7 月 6 日，市工业和信息化局召开“两链”护航专题协调会　　（市工业和信息化局　供图）

2020年，市行政审批局为医疗器械企业、防护用品生产和销售企业开辟绿色通道　　（市行政审批局　供图）

2020年，无锡市加快生产防护服、隔离衣、呼吸机、便携式B超机等医疗器械，为抗疫提供助力　　（市市场监管局　供图）

2020年2月，远景能源公司生产“微笑口罩”

（远景能源公司　供图）

2020年2月17日，红豆公司开足马力，72小时内完成工信部首批4万件一次性医用隔离衣的生产任务

（周国兴　摄）

2022年2月19日，副市长周文栋（左二）检查九州医院连锁青阳店，现场了解防疫药品零售保供情况

（市市场监管局　供图）

2020 年 2 月 21 日，市司法局牵头促成爱玛公司包机复工　　　　　　　（市司法局　供图）

2020 年 2 月 26 日，江苏新日电动车股份有限公司定制包机运送 135 名新疆员工，从乌鲁木齐直飞无锡返岗复工复产
（市民宗局　供图）

2020 年 3 月 25 日，首批 700 余名湖北麻城籍务工人员乘坐返岗专列顺利抵达无锡站 （秦 川 摄）

2021 年，无锡市复工企业为工人进行测温检查 （市工业和信息化局 供图）

2020 年 2 月 3 日，滨湖区市场监管局通过 EMS 将一份营业执照寄至申请人，通过不见面审批方式开展许可服务工作

（滨湖区政府办　供图）

2020 年 2 月 28 日，无锡市举办春节后首场“春风行动”现场招聘会

（市人力资源社会保障局　供图）

SK hynix

K7 plot New District Free Trade Zone Wuxi,jiangsu,china(214028)
Tel : 510-8520-8888
Fax : 510-8520-8282

感谢信

致：无锡市人民政府

2005年4月成立的SK海力士半导体（中国）有限公司(以下简称“我司”)是由韩国(株)SK海力士半导体在无锡高新区成立的外商独资企业。SK海力士项目是无锡市唯一获得国务院核准建设的工业项目，累计总投资为200亿美元，是国内半导体单体投资规模最大、技术最先进、江苏省最大的外商独资项目。主要产品为12寸存储芯片单片集成电路，月量产18万片，累计产值可达到38亿美元。

今年8月以来，由于新冠疫情的影响，全球集成电路供应链遭遇前所未有的困难，特别是前期南京禄口机场和上海浦东机场发生新冠疫情后，我司光刻胶进口更是遭遇到所未有的困难，最短库存只有7天，随时都有中断生产的风险。

无锡市商务局获悉企业困难后，第一时间深入企业调研，了解企业痛点和难点，积极帮助企业搜集可用口岸信息，通过协调海关等部门，先后解决了从广州口岸进口两批（共18吨）货物查验问题，使我司紧急自日本进口光刻胶库存从7天扩大至14天，有效的缓解的库存压力，为企业寻求、开发其他口岸进口提供有效时间保障。

自9月20日开始，公安部加强了对含有γ丁内酯成分的光刻胶进口管理，将其纳入两用物项许可证管理名录，许可证办理流程涉及商务部和公安部，周期最少需要20天左右，进口申报没有

Free Trade Zone Wuxi,jiangsu,china(214028)
Tel : 510-8520-8888
Fax : 510-8520-8282

。我司纳入两用物项许可证办理
新增办证项目，办证流程复杂、
证时间紧迫（1种光刻胶可用库
向市商务局请求给予协助。市
息，积极协调及商务部驻南京
最终在9月28日前，我司顺利
可证，完成了进口所需相关
市商务局协助我司抢在国庆
的缓解了疫情带来的原料
巨大经济损失。
市政府及相关单位对我司
我司在无锡投资兴业的
，努力提升产品技术水

务）：郑银泰

中国）有限公司
2021年10月07日

2021 年，市商务局等部门帮助 SK 海力士半导体（中国）有限公司解决光刻胶进口困难。图为海力士公司的感谢信

（市商务局　供图）

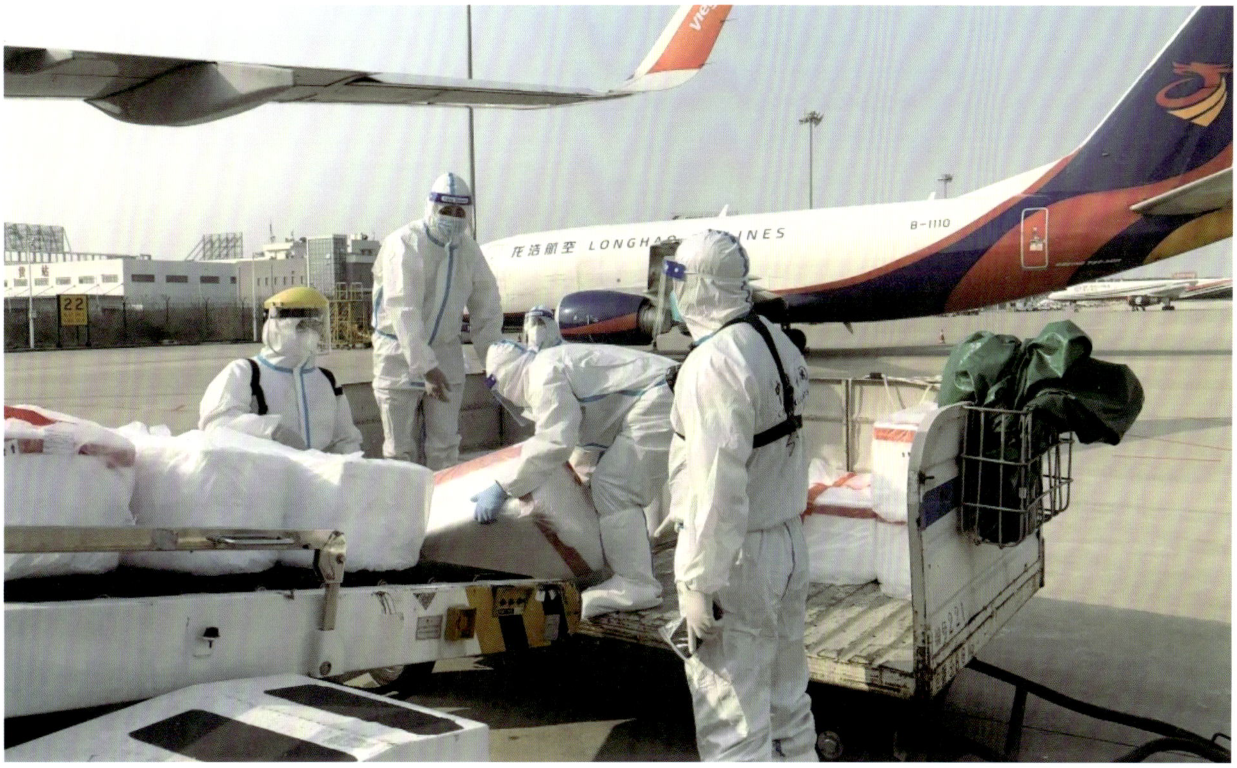

2021 年 3 月 25 日，无锡海关保障首批包机进口活体黑虎虾入境　　（曹笑溪　摄）

2022 年，无锡海关驻机场办事处关员保障重点企业关键原材料进口　　（丁　均　摄）

2020年9月8日，全国抗击新冠肺炎疫情表彰大会在北京人民大会堂举行，市人民医院获评先进集体，周海江（右六）、陈静瑜（右七）获评先进个人。图为市领导与先进代表及先进个人合影　　（市委办　供图）

2021年1月16日，全市抗击新冠肺炎疫情表彰大会召开，表彰300名抗击新冠肺炎疫情先进个人、100个抗击新冠肺炎疫情先进集体　　（市委办　供图）

无锡市扎实推进稳就业、保民生工作，2020 年、2021 年、2022 年蝉联中国年度最佳促进就业城市称号

（市人力资源社会保障局　供图）

2020 年、2021 年、2022 年，无锡蝉联中国最具幸福感城市地级市称号　（市委办　供图）

数字无锡

2022年无锡市地区生产总值构成

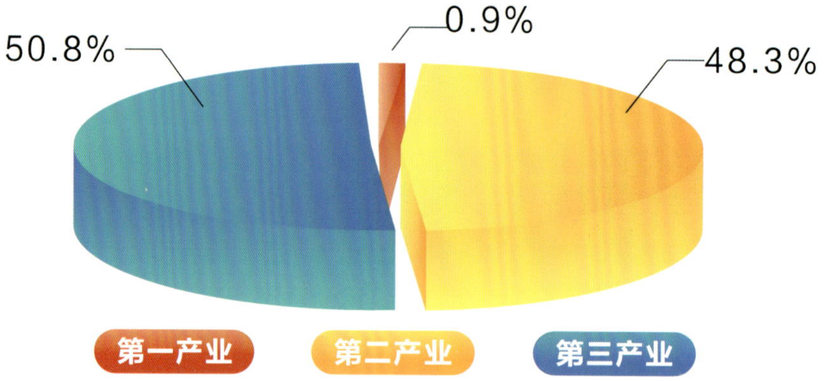

地区生产总值 亿元

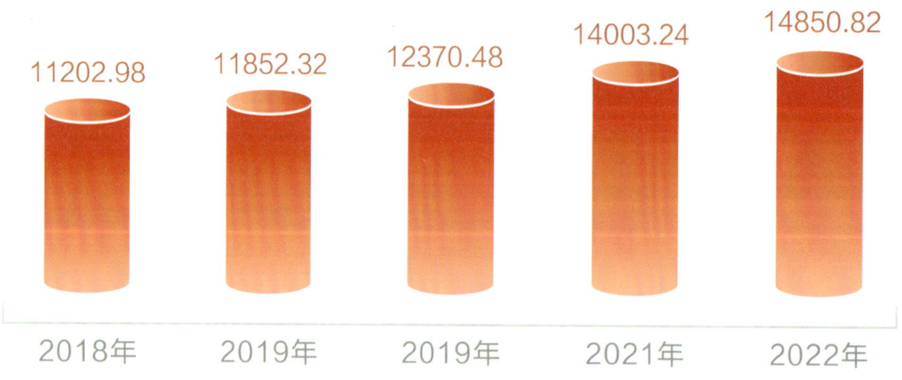

固定资产投资 亿元

社会消费品零售总额
亿元
2785.21
3024.34
2994.36
3306.09
3337.60
2018年
2019年
2019年
2021年
2022年

一般公共预算收入
亿元
1012.28
1036.33
1075.70
1200.50
1133.38
2018年
2019年
2019年
2021年
2022年

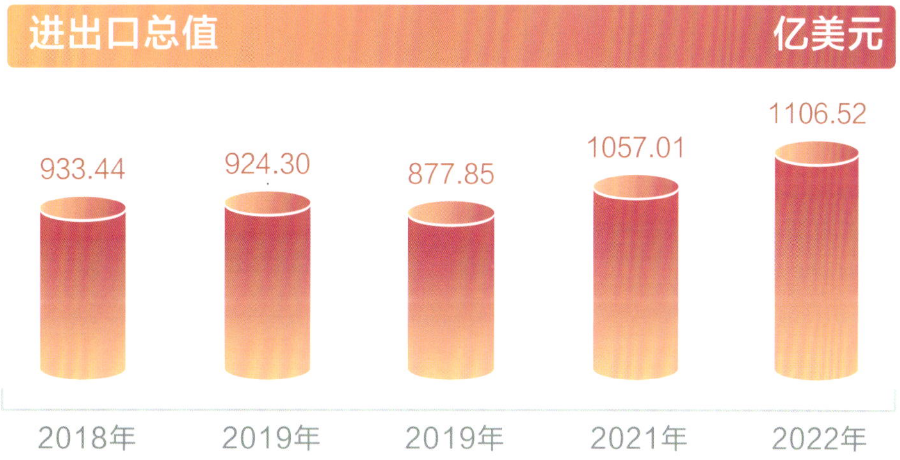
进出口总值
亿美元
933.44
924.30
877.85
1057.01
1106.52
2018年
2019年
2019年
2021年
2022年

数字无锡

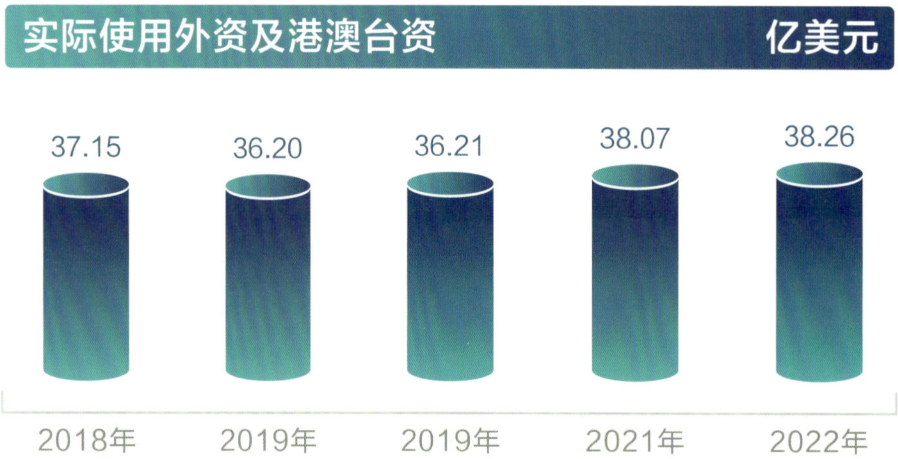
实际使用外资及港澳台资
亿美元
37.15
36.20
36.21
38.07
38.26
2018年
2019年
2019年
2021年
2022年

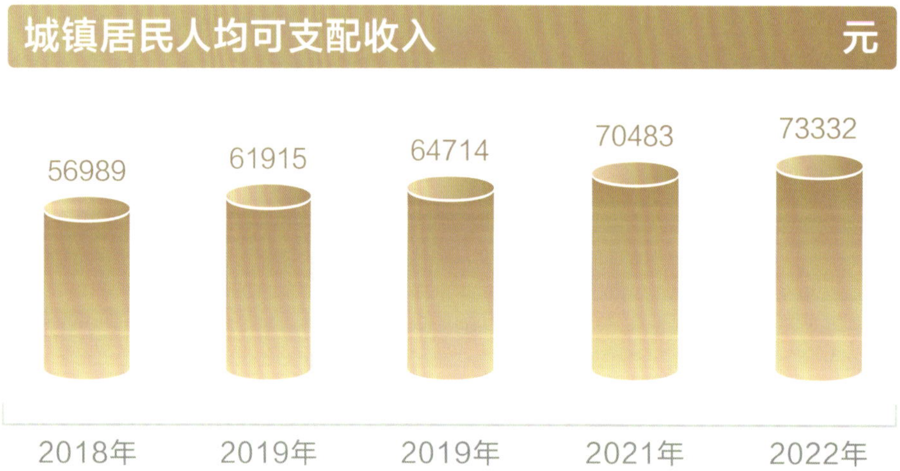
城镇居民人均可支配收入
元
56989
61915
64714
70483
73332
2018年
2019年
2019年
2021年
2022年

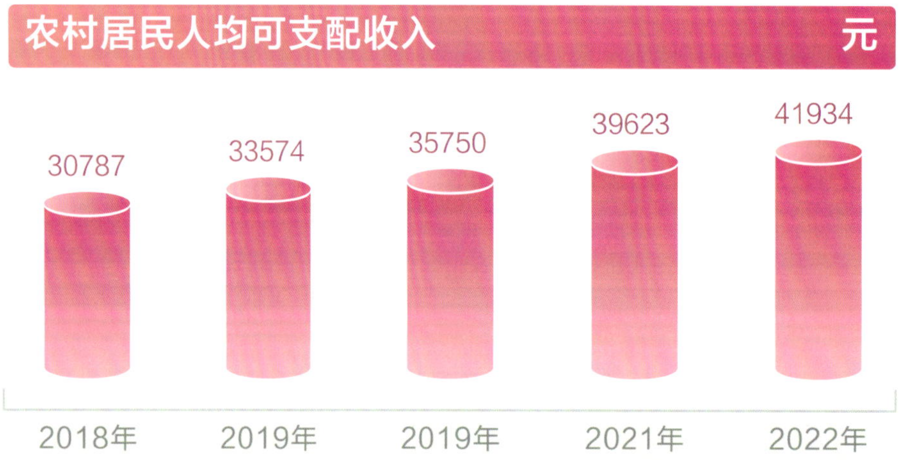
农村居民人均可支配收入
元
30787
33574
35750
39623
41934
2018年
2019年
2019年
2021年
2022年

城市道路长度 千米

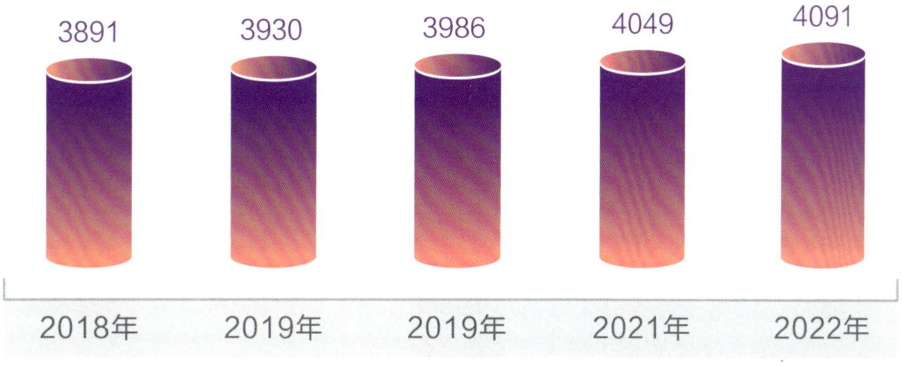

城市道路面积 平方千米

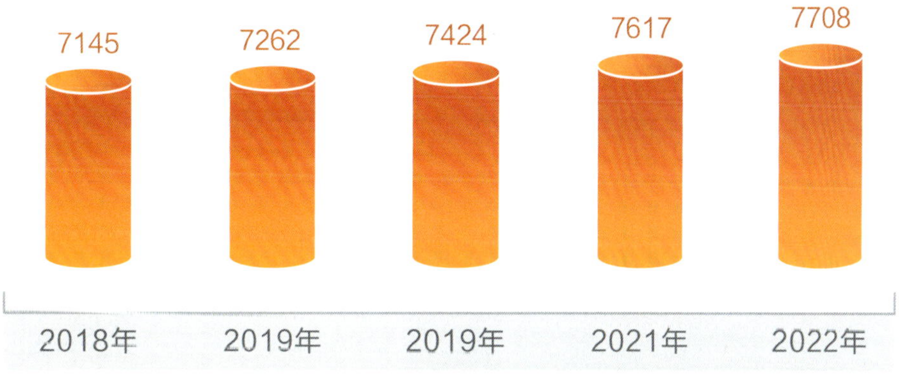

园林绿地 万平方米

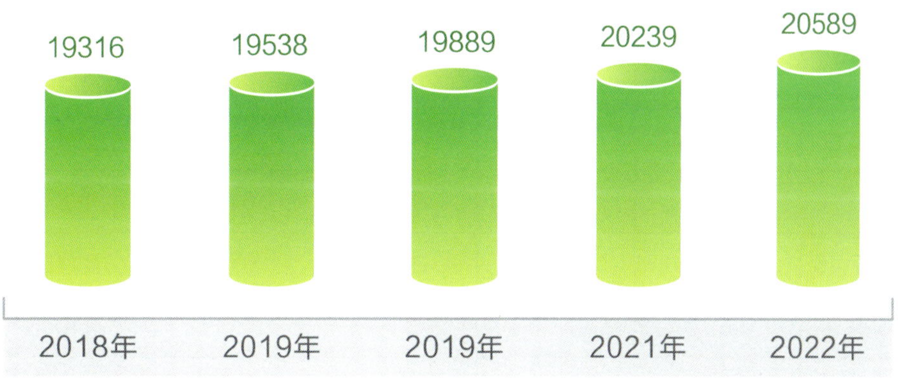

2022年长三角27市主要经济指标一览表

城市名称	地区生产总值（亿元）	社会消费品零售总额（亿元）	一般公共预算收入（亿元）	进出口总值（亿元）	实际使用外资（亿美元）	城镇常住居民人均可支配收入（元）	农村常住居民人均可支配收入（元）
上海市	44652.80	16442.14	7608.19	41902.75	239.56	84034	39729
南京市	16907.85	7832.41	1558.21	6292.13	48.50	76643	34664
无锡市	14850.82	3337.60	1133.38	7373.07	38.26	73332	41934
常州市	9550.06	2856.16	631.78	3228.45	28.31	68578	37852
苏州市	23958.34	9010.71	2329.18	25721.11	74.18	79537	43785
南通市	11379.60	3956.87	613.00	3665.25	29.52	59605	30819
盐城市	7079.78	2700.59	453.26	1372.38	11.83	45896	27794
扬州市	7104.98	1518.91	325.49	1101.19	15.35	53673	29332
镇江市	5017.04	1364.02	303.96	1038.82	5.68	61552	33129
泰州市	6401.77	1588.36	416.65	1307.33	11.39	56576	29417
杭州市	18753.07	7293.60	2450.61	7564.81	78.12	77043	45183
宁波市	15704.30	4896.70	1680.13	12671.26	37.27	76690	45487
温州市	8029.77	3944.10	573.85	2949.55	6.12	73326	38482
嘉兴市	6739.45	2342.70	596.47	4399.99	31.58	72096	46276
湖州市	3849.95	1594.70	387.30	1629.57	15.77	71044	44112
绍兴市	7350.55	2585.90	540.09	3691.93	10.18	76199	45709
金华市	5562.47	2965.30	489.16	6838.74	4.68	69626	35630
舟山市	1951.29	575.20	156.15	3381.78	4.63	71965	45924
台州市	6040.72	2586.00	440.75	2771.84	2.41	70737	37700
合肥市	12013.08	5021.62	909.25	3610.95	12.05	56177	28727
芜湖市	4502.13	1995.12	388.60	906.97	2.39	51481	29210
马鞍山市	2520.96	958.24	204.88	444.22	1.44	59420	30363
铜陵市	1209.95	403.02	103.78	653.84	0.09	46445	20264
安庆市	2767.46	1306.94	174.86	263.66	0.40	41454	18130
滁州市	3609.98	1555.97	277.85	417.11	1.63	41043	18630
池州市	1078.55	465.64	83.13	115.05	0.15	41035	20602
宣城市	1914.40	776.15	188.50	222.09	0.61	48596	22060

目　录

大事记

1 月 …… 1
2 月 …… 2
3 月 …… 2
4 月 …… 3
5 月 …… 4
6 月 …… 5
7 月 …… 6
8 月 …… 7
9 月 …… 8
10 月 …… 9
11 月 …… 10
12 月 …… 13

市情概览

自然地理
位置面积…… 15
地形地貌…… 15
气候…… 15
水文…… 16
自然资源…… 17

政区人口
建置沿革…… 18
行政区划…… 20
人口…… 20
民族…… 20
宗教…… 20

历史人文
史迹遗存…… 20
非物质文化遗产…… 20
历史名人…… 20
风俗…… 21
方言…… 21

城市标识
城市名片…… 21
市树…… 22
市花…… 22
市歌…… 22
市徽…… 22
城市精神…… 22

经济和社会发展
古代…… 22
近代…… 23
现当代…… 23

中国共产党无锡市委员会

综述
全面从严治党…… 24
学习宣传贯彻中共二十大精神…… 24
推动高质量发展…… 25
现代产业体系构建…… 25
统筹城乡区域协调发展…… 26
生态环境建设…… 26
民生事业…… 27
防范和化解风险…… 27

重要会议
市委十四届三次全会…… 28
市委十四届四次全会…… 28
市委涉粮问题专项巡视整改落实工作领导小组会议…… 28
市委全面深化改革委员会会议…… 28
市委财经委员会第六次会议…… 29
2021 年度综合考核总结表彰大会 …… 29
市委全面依法治市委员会第四次会议…… 29
市委外事工作委员会第三次会议…… 29
市委港澳工作领导小组会议…… 29
市委审计委员会第九次会议…… 29
全市数字经济提速和数字化转型大会…… 29

组织工作
概况…… 29
党员及党组织…… 29
理论思想武装…… 30
选优配强领导干部…… 30
基层组织建设提质增效…… 30

人才队伍建设
人才工作会议…… 30
人才工作计划升级…… 30
人才集聚平台建设…… 30
人才强市战略实施…… 30
人才引进…… 31
事业单位人事管理…… 31
完善人才评价体制机制…… 31
人才创新创业大赛…… 31
乡土人才…… 31
博士后载体建设…… 31
人才服务载体平台建设…… 32
数字经济人才培育…… 32
项目对接洽谈会…… 32

宣传工作
概况…… 32
思想理论武装…… 32
宣传教育…… 33
重大主题报道…… 33
城市形象宣传…… 33
重大文化活动…… 33
文化交流…… 34
国际传播…… 34
先进典型选树…… 34
新时代文明实践…… 35
志愿服务…… 35
公益宣传…… 35
公民道德建设…… 35
未成年人思想道德建设…… 35
文明城市创建…… 36
群众性基础创建…… 36
弘扬社会新风…… 36

统战工作
概况…… 36
思想政治引领…… 36
多党合作…… 36
参政议政民主监督…… 37
无党派知识分子工作…… 37
欧美同学会工作…… 37
非公有制经济领域统战…… 37
新的社会阶层人士统战…… 38
党外代表人士队伍建设…… 38
“聚贤惠锡”工作…… 38
完善大统战工作格局…… 39

党建工作
机关党建…… 39
村（社区）党建…… 39
“两新”组织党建…… 39
离退休干部党建…… 39

侨务工作
华文媒体宣传…… 40
华文教育…… 40
为侨服务…… 40

对台事务
概况…… 40
重大项目推进…… 40
台企转型升级…… 41
锡台交流…… 41
涉台青年工作…… 41
涉台服务…… 41

调查研究
服务市委决策…… 41
调研提质…… 41
服务改革攻坚…… 42
服务经济发展…… 42

网信工作
网络普法…… 42
网络文明建设…… 42
“福彩杯”无锡网络创益大赛…… 42
无锡入选国家IPv6技术创新和融合应用综合试点城市…… 43
网络强市建设工作推进会…… 43

机构编制管理
园区管理体制创新…… 43
机构编制法规制度建设…… 43
构建数字化转型职能体系…… 43
优化营商法治环境…… 43
构建基层应急管理体系…… 43
建立市级编制周转使用机制…… 43
挂牌设立藕塘护理院…… 43
雇员制改革试点…… 43
基层治理机制改革…… 44
权责清单动态管理…… 44

权责清单执行情况监督评估…………………………… 44
新一轮经济发达镇培育………………………………… 44
事业单位信用监管……………………………………… 44

老干部工作
全市离休干部概况……………………………………… 44
退休干部基本情况……………………………………… 45
离退休干部作用发挥…………………………………… 45
老干部服务……………………………………………… 45

关心下一代工作
概况……………………………………………………… 45
开展主题教育活动……………………………………… 45
制定落实关工委工作实施意见………………………… 45
纪念市关工委成立 30 周年 ………………………… 45

党校工作
概况……………………………………………………… 46
干部培训………………………………………………… 46
科研咨政………………………………………………… 46
理论宣讲………………………………………………… 46

史志工作
党史编研………………………………………………… 46
宣传教育………………………………………………… 47
主题展览………………………………………………… 47
方志编研………………………………………………… 47
年鉴编纂………………………………………………… 47

档案工作
档案馆（室）建设……………………………………… 47
档案归集及查档服务…………………………………… 48
馆藏档案开发利用……………………………………… 48
档案征集………………………………………………… 48

无锡市人民代表大会

综述
人大构成………………………………………………… 49
履职尽责………………………………………………… 49
全过程人民民主………………………………………… 49
常委会自身建设………………………………………… 50

重要会议
市十七届人大一次会议………………………………… 50
市十六届人大常委会第四十五次至第四十六次
会议………………………………………………… 50
市十七届人大常委会第一次至第九次会议………… 50

人大立法………………………………………………… 52

人大监督
产业创新提升发展监督………………………………… 52
城乡区域协调并进监督………………………………… 52
民生福祉监督…………………………………………… 52
生态环境监督…………………………………………… 52
社会治理监督…………………………………………… 53

重大事项决定
事项议决………………………………………………… 53
跟踪问效………………………………………………… 53
人事任免………………………………………………… 53

代表工作
联系人大代表…………………………………………… 53
人大代表履职…………………………………………… 53
议案建议办理…………………………………………… 53
代表履职服务…………………………………………… 53

无锡市人民政府

综述
政务督查………………………………………………… 55
建议提案办理…………………………………………… 55
政府信息公开…………………………………………… 55
市长信箱办理…………………………………………… 55
政府自身建设…………………………………………… 55

重要会议
市政府全体会议………………………………………… 56
市政府常务会议………………………………………… 56

民生实事项目
概况……………………………………………………… 59
生态环境方面…………………………………………… 59
宜居住区方面…………………………………………… 59
城乡面貌方面…………………………………………… 59
城市功能方面…………………………………………… 60
交通出行方面…………………………………………… 60
帮扶服务方面…………………………………………… 60

科技教育方面…………………………………………… 60
文化体育方面…………………………………………… 60
卫生养老方面…………………………………………… 60
智慧城市方面…………………………………………… 61

行政审批和政务服务
概况…………………………………………………… 61
市场准入退出…………………………………………… 61
40项改革举措出台 ……………………………………… 62
公共资源交易…………………………………………… 62
现代政务服务体系建设………………………………… 62
“放管服”改革………………………………………… 62
助力疫情防控…………………………………………… 63
“惠企通”平台………………………………………… 63

外事工作
概况…………………………………………………… 63
重大涉外活动…………………………………………… 64
友城绘………………………………………………… 65
2022无锡“国际月” …………………………………… 65
重要外事交流…………………………………………… 66
国际交流合作…………………………………………… 66

港澳事务
概况…………………………………………………… 67
锡澳合作……………………………………………… 67
锡港交流……………………………………………… 67
锡港澳联络联谊………………………………………… 67
锡港澳合作…………………………………………… 67
助力公益事业…………………………………………… 68

信访工作
概况…………………………………………………… 68
市社会矛盾纠纷调处服务中心启用……………………… 68
信访突出矛盾攻坚化解………………………………… 68
信访领域风险防范……………………………………… 68

中国人民政治协商会议无锡市委员会

综述
委员构成及委员活动…………………………………… 69
民主协商……………………………………………… 69
协商式监督…………………………………………… 69

重要会议
市政协十五届一次会议…… 69　市政协十四届二十四次常委会会议…………………………………… 70
市政协十五届一次至四次常委会会议………………… 70

参政议政
建言资政……………………………………………… 71
提案工作……………………………………………… 71
社情民意……………………………………………… 71
民主监督……………………………………………… 71

调研视察
重点调研……………………………………………… 71
专题调研……………………………………………… 72
重点视察……………………………………………… 72
专题视察……………………………………………… 72

“有事好商量”协商议事
推动委员联系服务群众………………………………… 72
协商议事活动………………………………………… 72
“3232”平台改版升级………………………………… 72

中国共产党无锡市纪律检查委员会
无锡市监察委员会

综述
履行纪检监察职责……………………………………… 74
纪检监察体制改革……………………………………… 74
廉洁教育……………………………………………… 74

重要会议
中共无锡市第十四届纪律检查委员会第二次全体会议…………………………………………… 75
省委第三巡视组对无锡市开展涉粮问题专项巡视情况反馈会议………………………………………… 75
全市镇（街道）国有资产专项治理工作会议………… 75

监督检查
疫情防控监督检查……………………………………… 75
围绕统筹发展和安全开展监督检查…………………… 75
“四风”问题监督检查………………………………… 76

审查调查
审查调查核心职责履行………………………………… 76

查处违纪违法案件……………………………………………… 76
持续推进追逃防逃追赃…………………………………………… 76

专项治理
公共停车收费管理专项整治……………………………………… 76
镇（街道）国有资产专项治理…………………………………… 76
安全生产监管领域突出问题专项治理…………………………… 76
养老机构监管领域专项治理……………………………………… 76

巡察工作
概况……………………………………………………………… 77
生态环境突出问题专项巡察……………………………………… 77
十四届市委第二轮巡察…………………………………………… 77
十四届市委第三轮巡察…………………………………………… 77

民主党派·工商联

综述
组织建设………………………………………………………… 78
思想建设………………………………………………………… 78
参政议政………………………………………………………… 80
社会服务………………………………………………………… 80

中国国民党革命委员会无锡市委员会
组织建设………………………………………………………… 80
思想建设………………………………………………………… 81
参政议政………………………………………………………… 81
社会服务………………………………………………………… 81

中国民主同盟无锡市委员会
组织建设………………………………………………………… 82
思想建设………………………………………………………… 82
参政议政………………………………………………………… 82
社会服务………………………………………………………… 82

中国民主建国会无锡市委员会
组织建设………………………………………………………… 83
思想建设………………………………………………………… 83
参政议政………………………………………………………… 83
社会服务………………………………………………………… 83

中国民主促进会无锡市委员会
组织建设………………………………………………………… 83
思想建设………………………………………………………… 84
参政议政………………………………………………………… 84
社会服务………………………………………………………… 84

中国农工民主党无锡市委员会
组织建设………………………………………………………… 84
思想建设………………………………………………………… 85
参政议政………………………………………………………… 85
社会服务………………………………………………………… 85

中国致公党无锡市委员会
组织建设………………………………………………………… 86
思想建设………………………………………………………… 86
参政议政………………………………………………………… 86
侨海工作………………………………………………………… 86
社会服务………………………………………………………… 87

九三学社无锡市委员会
组织建设………………………………………………………… 87
思想建设………………………………………………………… 87
参政议政………………………………………………………… 88
社会服务………………………………………………………… 88

无锡市工商业联合会
组织建设………………………………………………………… 88
商协会党建……………………………………………………… 88
非公有制经济人士理想信念教育………………………………… 89
参政议政………………………………………………………… 89
服务非公有制经济发展…………………………………………… 90
商协会规范化管理………………………………………………… 90
光彩公益事业……………………………………………………… 90

群众团体

无锡市总工会
工会组织建设……………………………………………………… 92
思想政治建设……………………………………………………… 92
产业工人队伍建设改革…………………………………………… 92
弘扬劳模精神、劳动精神、工匠精神…………………………… 92
职工文体活动……………………………………………………… 93
职工困难帮扶……………………………………………………… 93
工会普惠服务……………………………………………………… 93
职工服务平台建设………………………………………………… 93
基层工会规范化建设……………………………………………… 93
工会干部队伍建设………………………………………………… 93
向小微企业返还工会经费………………………………………… 93
职工科技创新……………………………………………………… 93

职工教育培训…………………………………………… 93
职工民主权利保障………………………………………… 94
工会法律服务…………………………………………… 94

共青团无锡市委员会
全市团员和团组织建设…………………………………… 94
县域共青团改革………………………………………… 94
“青年之家”建设………………………………………… 94
团干部培训……………………………………………… 94
联青服务站……………………………………………… 94
主题学习教育…………………………………………… 95
青年思想政治建设………………………………………… 95
青年文化建设…………………………………………… 95
宣传报道………………………………………………… 95
青少年权益保护………………………………………… 95
青年联合会……………………………………………… 96
青年人才工作…………………………………………… 96
青年志愿服务…………………………………………… 96
青年社会组织管理服务…………………………………… 96
新兴领域青年工作………………………………………… 97
青年创业就业…………………………………………… 97
青年成长成才…………………………………………… 97
青年突击队建设………………………………………… 97
助力乡村振兴…………………………………………… 97
学校共青团工作………………………………………… 97
少先队工作……………………………………………… 98
希望工程………………………………………………… 98

无锡市妇女联合会
组织建设………………………………………………… 98
思想政治建设…………………………………………… 98
女性人才服务…………………………………………… 99
家庭教育………………………………………………… 99
家庭文明建设…………………………………………… 99
儿童友好城市建设………………………………………… 99
妇女儿童权益维护………………………………………… 99
妇女儿童关爱帮扶……………………………………… 100
妇联干部队伍建设……………………………………… 100

无锡市科学技术协会
组织建设……………………………………………… 100
优秀科技人才选树举荐………………………………… 100
服务科技工作者创新创业……………………………… 100
“科创中国”试点城市建设……………………………… 100
举办高端学术活动……………………………………… 100
科技志愿服务………………………………………… 101
“全国科技工作者日”系列活动………………………… 101
全域科普……………………………………………… 101
全国科技活动周……………………………………… 101
全国科普日系列活动…………………………………… 101
青少年科技竞赛……………………………………… 102
海智系列活动………………………………………… 102
企业科协组织建设…………………………………… 102
科技服务品牌转化…………………………………… 102

无锡市文学艺术界联合会
组织建设……………………………………………… 102
主题文艺实践………………………………………… 103
“喜迎党的二十大”主题活动…………………………… 103
论文集编纂…………………………………………… 103
文艺创作……………………………………………… 103
中国第18届国际摄影艺术展 ………………………… 103
文艺大讲堂…………………………………………… 104
文艺界抗疫…………………………………………… 104
文艺人才队伍建设…………………………………… 104
“文艺进万家”志愿服务……………………………… 104
太湖风——无锡市书协成立40周年作品展 ………… 105
市民协第七次会员代表大会…………………………… 105
市文联十届六次全委（扩大）会议……………………… 105
无锡市国画院揭牌仪式暨首次采风活动……………… 105

无锡市哲学社会科学界联合会
组织建设……………………………………………… 105
课题立项……………………………………………… 105
第十二届学术大会…………………………………… 106
社科优秀成果评奖…………………………………… 106
项目资助……………………………………………… 106
获奖项目……………………………………………… 106
社科普及……………………………………………… 106

无锡市归国华侨联合会
组织建设……………………………………………… 106
思想政治教育………………………………………… 107
发挥侨智侨力………………………………………… 107
海外联谊……………………………………………… 107
为侨服务……………………………………………… 107
参政议政……………………………………………… 108

无锡市台湾同胞联谊会
组织建设……………………………………………… 108

学习宣传……………………………………………… 108
服务台胞……………………………………………… 108
参政议政……………………………………………… 109

无锡市残疾人联合会
组织建设……………………………………………… 109
“红梅生香”党建助残……………………………… 109
“残疾人之家”建设………………………………… 109
残疾人康复…………………………………………… 109
残疾人教育…………………………………………… 109
无障碍设施建设……………………………………… 109
民主党派助残………………………………………… 109
“暖冬助残”活动…………………………………… 110

无锡市红十字会
组织建设……………………………………………… 110
思想政治建设………………………………………… 110
助力疫情联防联控…………………………………… 110
红十字应急救援体系建设…………………………… 110
救护培训……………………………………………… 110
造血干细胞捐献……………………………………… 110
遗体和人体器官捐献………………………………… 111
红十字博爱家园建设………………………………… 111
红十字生命教育基地建设…………………………… 111
红十字景区救护站建设……………………………… 111
红十字文化宣传……………………………………… 111
志愿服务……………………………………………… 111

法　治

人大立法
概况…………………………………………………… 112
《无锡市第十七届人大常委会立法规划》出台…… 112
《无锡市人大常委会关于推动新时代地方立法工作高质量发展的意见》出台…………………… 112
《无锡市人民代表大会常务委员会基层立法联系点工作规定》出台………………………………… 112
《无锡市人大常委会关于在地方立法工作中践行全过程人民民主的规定》出台…………………… 112
《无锡市公共信用信息条例》废止………………… 112
《无锡市社会治理促进条例》出台………………… 112
《无锡市城市绿化管理条例》修正………………… 112
《无锡市建设工程安全生产管理条例》修正……… 112
规范性文件备案审查………………………………… 113
全市立法工作会议…………………………………… 113
《关于修改和废止部分政府规章的决定》出台…… 113
《无锡市公共厕所管理办法》出台………………… 113

政法工作
概况…………………………………………………… 113
政治建设……………………………………………… 113
深化联动工作机制…………………………………… 113
平安建设协调机制…………………………………… 113
市域社会治理现代化试点…………………………… 114
法治化营商环境 4.0 版出台 ……………………… 114

法治政府建设
概况…………………………………………………… 114
法治政府建设规划方案……………………………… 114
重大行政决策目录管理制度………………………… 114
政府立法制规………………………………………… 114
行政复议应诉………………………………………… 114
规范行政执法………………………………………… 115
普法责任制落实……………………………………… 115

公安
概况…………………………………………………… 115
“法治公安”建设…………………………………… 115
“数字公安”建设…………………………………… 116
“110”接处警服务 ………………………………… 116
社会面巡逻防控……………………………………… 116
助力新冠疫情防控…………………………………… 117
刑事犯罪案件侦查…………………………………… 117
经济犯罪案件侦查…………………………………… 117
禁毒工作……………………………………………… 118
食品药品和环境领域犯罪惩治……………………… 118
打击诈骗犯罪………………………………………… 118
社区警务……………………………………………… 119
治安管理……………………………………………… 119
“太湖 e 警”平台建设……………………………… 119
出入境管理…………………………………………… 120
治安保卫重点单位判定……………………………… 120
硬件设施建设………………………………………… 120
大型活动安全保障…………………………………… 120
见义勇为表彰………………………………………… 120

检察
概况…………………………………………………… 121
起诉市场经济犯罪…………………………………… 121
生态环境检察………………………………………… 121

起诉食品药品电信诈骗犯罪…… 121
推进诉源治理…… 122
惩治刑事犯罪…… 122
职务犯罪检察…… 122
刑事诉讼监督…… 122
未成年人检察…… 122
民事检察…… 123
行政检察…… 123
公益诉讼检察…… 123
控告申诉检察…… 123

法院
概况…… 123
刑事案件审判…… 123
重点领域风险化解…… 123
践行善治理念…… 124
知识产权保护…… 124
实施营商环境提优工程…… 124
助推社会信用体系建设…… 124
破产案件审判…… 125
打造诉讼服务升级版…… 125
民事案件审判、执行等…… 125
环境资源案件审判…… 125
完善制约监督机制…… 125
完善涉外及涉港澳台审判体系…… 126
金融审判体系建设…… 126
推进改革试点工作…… 126

司法行政
概况…… 127
普法工作…… 127
公共法律服务…… 128
法律援助…… 128
人民调解…… 129
社区矫正…… 129
律师工作…… 129
司法所建设…… 129

仲裁
概况…… 129
仲裁宣传…… 129
创新仲裁…… 130
解决跨境争端…… 130
无锡市快递行业劳动争议调解中心成立…… 130
调解组织品牌创建…… 130
调裁审一体化…… 130

军　事

无锡军分区
概况…… 131
思想政治建设…… 131
练兵备战…… 131
国防动员…… 131
综合保障…… 131

武警无锡支队
概况…… 132
思想政治建设…… 132
训练执勤…… 132
后勤装备保障…… 132

人民防空
概况…… 133
人防应急体系建设…… 133
人防工程建设…… 133
人防工程维护管理…… 133
人防宣传教育…… 133

退役军人事务
概况…… 133
“锡军优”品牌建设…… 133
接收安置…… 134
评选“四个最美”人物…… 134
军休干部服务…… 134
弘扬英烈精神…… 134
法律援助…… 134
无锡市崇军关爱基金…… 135

双拥共建
概况…… 135
第12届省双拥模范城（县、区）创建…… 135
海军无锡舰交付入列…… 135
双拥宣传教育…… 136
拥军优属…… 136
拥政爱民…… 136

经济管理

自然资源管理
概况…… 137

自然资源统一确权登记………………………………… 137
新型产业用地供应……………………………………… 137
产业用地全域更新行动………………………………… 137
自然资源领域生态产品价值实现机制………………… 137
产业园用地整治提升…………………………………… 137
指标分级管控模式创新………………………………… 137
资源要素配置项目……………………………………… 137
用地服务质效提升……………………………………… 137
被征地农民权益保障工作……………………………… 138

国有资产监管
概况……………………………………………………… 138
国资监管………………………………………………… 138
国企改革………………………………………………… 138
优化布局结构…………………………………………… 138
重大项目投资…………………………………………… 139
履行社会责任…………………………………………… 139
国联集团………………………………………………… 139

财政
概况……………………………………………………… 140
重点项目资金…………………………………………… 140
财政惠民………………………………………………… 140
政府债务………………………………………………… 140
财政治理………………………………………………… 140

税务
概况……………………………………………………… 141
“税费皆重”格局……………………………………… 141
减税降费惠企利民……………………………………… 141
便利化税费服务………………………………………… 141
税收营商服务…………………………………………… 142
税务执法规范化………………………………………… 144
税收监管………………………………………………… 144
税收综合共治…………………………………………… 144

审计
概况……………………………………………………… 144
政策跟踪审计…………………………………………… 144
财政审计………………………………………………… 144
民生审计………………………………………………… 144
信息化建设……………………………………………… 144
固定资产投资审计……………………………………… 145
经济责任审计…………………………………………… 145

统计
概况……………………………………………………… 145
统计调查………………………………………………… 145
统计服务………………………………………………… 145
统计改革………………………………………………… 145
统计法治………………………………………………… 145
基层统计………………………………………………… 145

市场监督管理
概况……………………………………………………… 145
包容审慎监管执法……………………………………… 146
许可服务优化…………………………………………… 146
产业发展标准化………………………………………… 146
企业监管………………………………………………… 146
重点工业产品质量监管………………………………… 147
质量提升行动…………………………………………… 147
计量监督管理…………………………………………… 147
认证监管机制…………………………………………… 147
食品连锁经营企业许可“评审承诺制”……………… 147
消费环境建设…………………………………………… 147
线下实体店无理由退货推广…………………………… 148
公平竞争审查…………………………………………… 148
商业秘密保护…………………………………………… 148
农贸市场文明创建……………………………………… 148

物价管理
收费管理………………………………………………… 148
价格调控………………………………………………… 149
价格收费监管…………………………………………… 149

知识产权管理
概况……………………………………………………… 149
知识产权行政保护……………………………………… 149
知识产权质押融资……………………………………… 149
高价值专利培育………………………………………… 149
产业知识产权联盟……………………………………… 149
商标品牌培育…………………………………………… 149
知识产权管理贯标……………………………………… 150
知识产权强市建设试点城市…………………………… 150
知识产权保护中心……………………………………… 150
国家级知识产权强国建设示范园区…………………… 150

信用体系建设
概况……………………………………………………… 150
数据归集………………………………………………… 150

信用应用服务…… 150
守信激励措施…… 151
城市信用环境建设…… 151

经济综情

综述
经济运行…… 152
统筹疫情防控和经济发展…… 153
重大项目建设…… 153
营商环境优化…… 153
市场主体培育…… 153

经济总量
地区生产总值…… 154
民营经济…… 154
对外经贸…… 154
财政金融…… 154

经济结构
产业结构…… 155
行业结构…… 155
所有制结构…… 155

投资与消费
固定资产投资…… 155
社会消费品零售总额…… 155

区域协同发展

长三角一体化发展
政策措施…… 156
接轨上海大都市圈…… 156
无锡苏州一体化发展…… 156
无锡常州毗邻地区合作共建…… 156
上海“无锡文化旅游周”…… 156
无锡（杭州）数字经济产业交流合作洽谈会…… 157
无锡滨发大厦启用…… 157

融入粤港澳大湾区发展
政策措施…… 157
科创产业合作…… 157
科技交流活动…… 157
无锡·横琴粤澳协同创新中心成立…… 158
港澳青年创新创业基地启用…… 158
无锡高新区（大湾区）创新中心启用…… 158
锡山—粤港澳科技交流合作…… 158

对口支援
对口支援阿合奇县…… 158
对口支援霍城县…… 159
对口支援云阳县…… 159

对口协作
与延安市协作合作…… 159
与海东市对口协作…… 159

对口合作
与连云港市南北结对帮扶合作…… 160
与盘锦市对口合作…… 160

太湖湾科技创新带建设

综述
发展状况…… 161
滨湖区太湖湾科创带引领区建设…… 161
滨湖区太湖湾科创带产业体系…… 161

国土空间规划
概况…… 161
创新空间格局…… 162
双生态空间…… 162
综合交通体系…… 162
配套设施服务…… 162

科技创新平台
太湖实验室建设推进…… 162
国家超级计算无锡中心应用研究能力提升…… 162
闻泰无锡超级智慧产业园…… 162

重大科技项目
迪哲中国区研发生产总部及全球生物医药创新孵化中心项目…… 163
海洋结构分析通用软件发布…… 163

科创活动
2022中国无锡“太湖杯”国际精英创新创业大赛…… 163
2022苏南智造太湖湾创新峰会…… 163
2022太湖湾生命健康未来大会…… 163

2022 无锡（北京）科技合作交流活动 …………… 164

科创金融

产业金融协同发展…………………………………… 164
知识产权股权投资基金…………………………… 164
无锡高新区创投基金联盟………………………… 164

数字经济

综述

数字经济提速发展…………………………………… 165
数字产业建设………………………………………… 165
产业数字化发展……………………………………… 166
创建“IPv6+”创新之城启动仪式暨互联网大会……………………………………………… 166

数字基础设施建设

概况…………………………………………………… 166
5G 网络建设 ………………………………………… 167
数据中心建设………………………………………… 167
新型城域网试点……………………………………… 167
光网建设……………………………………………… 167

物联网产业

概况…………………………………………………… 167
产业链聚焦发展……………………………………… 167
国家级车联网先导区建设………………………… 168
重大项目建设………………………………………… 168
产业交流成果………………………………………… 168
中电海康无锡产业基地…………………………… 168

集成电路产业

概况…………………………………………………… 168
重大项目……………………………………………… 168
产业发展……………………………………………… 169
封装测试业规模领先………………………………… 169
集成电路产业系列活动…………………………… 169
“芯链”党建联盟…………………………………… 169
上市企业……………………………………………… 169
华润微电子入选亚洲半导体 Top 50 榜单 ………… 169

软件和信息服务业

概况…………………………………………………… 169
集群发展……………………………………………… 170
产业拓展活动………………………………………… 170
信创生态建设………………………………………… 170
信息安全产业生态构建…………………………… 170

大数据产业

概况…………………………………………………… 170
企业发展……………………………………………… 170
安全防护工作………………………………………… 170
数字算力建设………………………………………… 171

通信产业

中国电信股份有限公司无锡分公司……………… 171
无锡市企业供需对接服务平台………………… 171
数字化产销管理模式………………………………… 171
通信保障工作………………………………………… 171
新型城域网宽带用户数突破 100 万户………… 171
疫情防控保障………………………………………… 172
马山通信机楼建设…………………………………… 172

中国移动通信集团江苏有限公司无锡分公司………… 172
助力新型智慧城市建设……………………………… 172
疫情防控通信服务保障……………………………… 172
2022 世界物博会网络保障 ……………………… 172
适老化服务体系建设………………………………… 173
节能降耗建设………………………………………… 173
省内首个电信运营商信创营业办公单元………… 173
元宇宙体验中心……………………………………… 173

中国联合网络通信有限公司无锡市分公司………… 173
通信保障……………………………………………… 173
疫情防控保障………………………………………… 173
网络共建共享建设…………………………………… 174
凌乱架空线缆整治…………………………………… 174

数字社会建设

数据共享赋能………………………………………… 174
数字生活场景建设…………………………………… 174
智慧社区建设………………………………………… 174
公共数据开放………………………………………… 174
数据赋能应用………………………………………… 174
优化营商环境………………………………………… 174
数据要素市场培育…………………………………… 174
江苏大数据开发与应用大赛（第三届）………… 175

智慧政务……………………………………………… 175
“一网统管”城市运行管理平台建设…………… 175

不动产线上登记服务…………………………… 175
涉房政务事项信息共享…………………………… 175
市场监管综合监管平台…………………………… 175

智慧民生…………………………………………… 175
“灵锡”App 建设……………………………… 175
智慧环保…………………………………………… 176
公共文化服务云平台……………………………… 176
远程公证服务……………………………………… 176
校外培训机构监管平台…………………………… 176
互联网公共法律服务……………………………… 176
智慧医疗建设……………………………………… 176
智慧农业…………………………………………… 176
“数字红会”建设……………………………… 177

智慧治理…………………………………………… 177
数据基础资源库完善……………………………… 177
数字防疫…………………………………………… 177
智慧应用拓展……………………………………… 177

总部经济

综述
发展质效…………………………………………… 178
规模与结构………………………………………… 178

总部企业
项目招引…………………………………………… 178
企业培育…………………………………………… 178
总部企业提升……………………………………… 179
总部企业人才建设………………………………… 179
总部企业服务优化………………………………… 179

总部经济集聚区
总部经济集聚发展………………………………… 179
江阴高新区………………………………………… 179
锡东新城商务区…………………………………… 180
无锡高新区………………………………………… 180

枢纽经济

综述
政策方案…………………………………………… 181
枢纽设施…………………………………………… 181
枢纽产业…………………………………………… 181
物流发展…………………………………………… 182

产业发展
航空………………………………………………… 182
铁路………………………………………………… 183
公路………………………………………………… 183
航运………………………………………………… 183
港口………………………………………………… 184
物流………………………………………………… 184

航空项目
无锡丁蜀机场……………………………………… 184
无锡硕放机场飞行区改扩建工程………………… 185
DHL 快递无锡口岸落成 ………………………… 185
进近管制室独立运行……………………………… 185
京东航空全货机首航……………………………… 185
国际客货运航线…………………………………… 185
无锡硕放机场无锡综保区直通货站……………… 185
空港产业学院……………………………………… 185
苏南瑞丽航空……………………………………… 185

铁路项目
无锡站南广场片区城市更新项目………………… 185
锡澄轨道 S1 线全线贯通 ……………………… 186
南沿江城际铁路江阴站…………………………… 186

公路项目
公路养护…………………………………………… 186
公路惠民服务……………………………………… 186
市级平安百年品质工程…………………………… 186
江阴靖江长江隧道工程…………………………… 187
国省干线养护大中修工程………………………… 187
锡宜高速扩建工程初步设计获批………………… 187
竺山湖隧道工程…………………………………… 187
普通国省道桥梁安全检查………………………… 187
无锡东收费站综合提升改造工程………………… 187

航运项目
航道维护…………………………………………… 188
“智慧航道”建设……………………………… 188
锡溧漕河无锡段航道整治工程验收……………… 188
京杭运河无锡段综合整治工程…………………… 188
归美桥改建工程…………………………………… 188
新夏港船闸工程获省“扬子杯”优质工程奖……… 188
锡澄运河孤岛交通工程 2 标验收……………… 188

桥区水域航道疏浚养护…… 188

港口项目
江阴港洗舱站投运…… 189
船舶港口污染物防治…… 189
港口岸电设施…… 189
低碳绿色港口改造…… 189
港口危化品抽检…… 189
新能源大型客船试航…… 189

物流项目
物流主体培育…… 189
新业态新模式发展…… 190
智能物流装备…… 190
绿色货运配送…… 190
快递进厂进村出海…… 190

园区经济

综述
提质增效…… 191
营商环境…… 191
外向型经济…… 191
科技创新…… 191
生态集约…… 191
安全生产…… 191
共建共享…… 191

无锡国家高新技术产业开发区
概况…… 192
项目建设…… 192
科技创新…… 192
无锡国家集成电路设计产业园…… 193
无锡国际生命科学创新园…… 193
无锡（国家）软件园…… 193
中国物联网国际创新园…… 194

中国宜兴环保科技工业园
概况…… 194
项目建设…… 194
科技创新…… 195
宜兴国际生命科学产业园 B 区 …… 195
零碳智慧能源示范项目投运…… 195
2022 环保产业国际化创新峰会 …… 195

无锡太湖国家旅游度假区
概况…… 195
重大项目…… 196
科技创新…… 196
生物医药…… 196
文化旅游…… 196

江阴国家高新技术产业开发区
概况…… 196
重要项目…… 196
主导产业…… 197
创新提质…… 197
青阳园区建设…… 197

锡山经济技术开发区
概况…… 198
招商引资…… 198
产业升级…… 198
科技创新…… 198

无锡惠山经济技术开发区
概况…… 199
招商引资…… 199
科技创新…… 199
金融资本…… 199

宜兴经济技术开发区
概况…… 200
重大项目…… 200
科技创新…… 201

江苏无锡经济开发区
概况…… 201
招商引资…… 201
产业发展…… 201
重大项目…… 202
科技创新…… 202

江苏省无锡蠡园经济开发区
概况…… 202
招商引资…… 202
支柱产业…… 202
项目建设…… 203
科技创新…… 203
特色园区…… 203

无锡山水城
概况…… 203
招商引资…… 203
重点项目…… 203
科技创新…… 204
特色园区…… 204

江苏无锡空港经济开发区
概况…… 204
招商引资…… 204
科技创新…… 205
服务业发展…… 205
航空航天产业园…… 205
香港理工大学无锡科技创新研究院…… 205

江苏江阴临港经济开发区
概况…… 205
港口发展…… 205
招商引资…… 206
主导产业…… 206
重大项目…… 206
江阴综合保税区…… 206

江苏江阴—靖江工业园区
概况…… 207
招商引资…… 207
主导产业…… 207
重大项目…… 207
融合发展…… 207

江苏宜兴陶瓷产业园区
概况…… 208
项目建设…… 208
招商引资…… 208
科技创新…… 208
主体经济…… 208
企业上市…… 208

经贸合作

综述
发展提质…… 209
新业态发展新模式…… 209
招商引资机制优化…… 209
开放平台建设…… 210

利用外资及港澳台资
概况…… 210
外资及港澳台资主要来源地…… 210
重大项目提质增效…… 210
外商及港澳台商投资企业…… 210

对外及对港澳台贸易
概况…… 210
外贸高质量发展体系建设…… 211
创新外贸载体…… 211
外贸企业服务…… 211
市场多元化战略…… 211
外贸金融服务…… 212

对外及对港澳台经济合作
概况…… 212
跨境并购项目…… 212
研发类境外投资…… 212

参与“一带一路”建设
概况…… 212
贸易结构优化…… 212
丝路贸易…… 212
西港特区建设…… 212
中欧班列…… 213
人文交流合作…… 213
多元服务平台…… 213

国际贸易投资促进
概况…… 213
国内外展览组织情况…… 213
国际经贸变局应对…… 213
国际商事法律服务…… 213
第14届中国（无锡）国际新能源大会…… 214

口岸
概况…… 214
药品进口口岸新增职能…… 214
离境退税代办点…… 214
无锡（江阴）港口岸新增对外开放泊位…… 214
航空口岸建设…… 214
上港ICT项目落户…… 214

海关
概况…… 215

出入境安全监管…………215
促进外贸保稳提质…………215
对外开放服务…………215
打私综合治理…………215
监管改革创新…………215

出入境边防检查
概况…………216
出入境管控…………216
边检法治建设…………216
服务地方发展…………216

农 业

综述
农业经济发展…………217
农业建设创新…………217
现代农业园区…………217
延伸阅读：2022 年无锡市粮食生产情况及问题分析…………217

农业产业
种植业…………219
粮食作物…………219
油料作物…………219
蔬菜…………219
茶叶…………219
水果…………219
优质稻米产业化…………219
高标准农田建设…………220
粮食绿色高质高效示范片创建…………220
夏熟耕地轮作…………220
园艺产业…………220
生态补偿工作…………220
耕地质量保护…………220

林业…………221
林下经济…………221
经济林…………221
森林康养旅游…………221
林草种苗产业…………221
竹产业…………221

畜牧业…………221
概况…………221
生态健康养殖…………221
饲料兽药生产…………221
畜禽屠宰管理…………221
动物疫病防控…………221

渔业…………222
概况…………222
渔业增殖放流…………222
水产养殖病害测报…………222

农业经营
新型农业经营主体…………222
农产品加工…………222

农业装备
概况…………222
农机化转型升级…………223
特色农机化发展…………223
秸秆机械化还田…………223
农机社会化服务…………223
农机科技志愿者服务…………223
宜机化改造…………223
夏收夏种工作驻澄服务…………223

农业科技
农业科技创新…………224
农业产业技术推广…………224
绿色防控示范区建设…………224

制造业

综述
规模与效益…………225
主要行业经济…………225
集群建设…………226
企业发展…………226
产业创新成效…………226
产业数字化发展…………226
绿色制造体系建设…………226
营商环境优化…………231

高端装备制造业
概况…………231
高端装备企业发展成效…………231
产业合作…………231

“大型复杂曲面机器人加工关键技术及应用”项目获奖…… 231
中国商飞供应商大会…… 231
江苏省数字化设计与制造创新中心项目验收…… 232
第 14 届中国国际航空航天博览会参展…… 232
国内 ALD 设备“第一股”…… 232

电子信息产业
概况…… 232
电子信息产业企业…… 232
重大项目…… 232
第 19 届中国半导体封装测试技术与市场年会…… 233
第二届中国集成电路设计创新大会暨 IC 应用博览会…… 233

新材料产业
概况…… 234
集群发展…… 234

生物医药产业
概况…… 234
创新成果…… 234
产业集群发展…… 234
中生天信和生物制药上游原材料及装备产业化基地…… 235

新能源产业
概况…… 235
产业产能…… 235
产业平台建设…… 235
金风科技南方基地项目…… 236

节能环保产业
概况…… 236
节能环保产业体系…… 236
创新研发资源集聚…… 236

新能源汽车产业
概况…… 236
产业链发展…… 236
推广应用…… 237

纺织服装业
概况…… 237
印染行业发展专项规划…… 237
海澜之家入选省智能制造示范工厂名单…… 237

机械工业
概况…… 237
科技创新…… 238
机械工业战略性新兴产业发展…… 239
高端制造新成果…… 239
固定资产投资…… 240
专利发明和标准化建设…… 240
外贸出口…… 240
获得荣誉…… 241
惠山区智能制造产业集群…… 241

冶金工业
概况…… 241
特钢产业集群…… 242
特钢标准化领域成果…… 242
特钢高端制品领域成果…… 242

石油化工业
概况…… 242
化工园区…… 243
安全环保整治…… 243

粮油工业
概况…… 243
产业发展…… 243
产品结构优化…… 243

无锡产业发展集团有限公司
概况…… 243
企业运营…… 243
项目推进…… 244
改革创新…… 244
经营管理…… 244

建筑业

综述
建筑业发展…… 245
行业创优…… 245
《京杭大运河无锡段两岸提升建设导则》编制…… 245
BIM 技术应用推广…… 246

建筑勘察设计
勘察设计资质管理…… 246

勘察设计业务培训…… 246
勘察设计项目评优…… 246
施工图设计审查…… 246

建筑施工
装配式建筑…… 246
建筑工程质量创优…… 246
装配式建筑质量安全专题讲座…… 246
承办第四届全国岩土工程施工技术与装备创新论坛…… 247

建筑业管理
建设工程质量管理…… 247
文明施工管理…… 247
建筑市场监管…… 247
工程造价管理…… 247
工程招投标监管…… 247
拖欠农民工工资整治…… 248
承插型盘扣式钢管支架推广使用…… 248
既有建筑安全管理…… 248
住建综合行政执法…… 248

商贸服务业

商贸流通
市场建设…… 249
批发零售…… 249
特许经营…… 249
连锁经营…… 249
电子商务…… 250
粮食流通…… 250
供销合作…… 251
烟草专卖…… 251
盐业经营…… 251
成品油经营…… 251

商务服务业
人力资源服务…… 252
律师服务…… 252
公证服务…… 252
司法鉴定…… 252
税务代理…… 253
会计服务…… 253
科技服务…… 253
检验检测…… 253
广告业…… 253
会展业…… 254
拍卖业…… 254

居民服务业
住宿…… 254
餐饮…… 254
家政服务…… 254

邮政·快递
概况…… 255
寄递物流体系建设…… 255
邮政快递业疫情防控…… 256
邮政行业生态环保治理…… 256
人才队伍建设…… 256
农村电商产教联盟…… 256
快递行业劳动争议调解中心…… 256
惠农合作…… 256
市趟邮路改革…… 257
快递包装绿色转型…… 257
校园快递驿站…… 257
樱花邮局…… 257

金融业

综述
金融业发展…… 258
货币政策落实…… 259
金融创新…… 259
普惠金融服务…… 260
江苏无锡大数据交易公司成立…… 260
“创投无锡”活动…… 260
基金发展…… 260
无锡首只外币 S 基金完成实缴…… 266

银行
概况…… 266
中国农业发展银行无锡市分行…… 266
中国工商银行无锡分行…… 267
中国农业银行无锡分行…… 267
中国银行无锡分行…… 268
中国建设银行无锡分行…… 268
交通银行无锡分行…… 268
中国邮政储蓄银行无锡市分行…… 269
江苏银行无锡分行…… 269

无锡农村商业银行……269
上海浦东发展银行无锡分行……270
招商银行无锡分行……270
中信银行无锡分行……270
兴业银行无锡分行……270
苏州银行无锡分行……270
华夏银行无锡分行……271

保险
概况……271
中国人民财产保险股份有限公司无锡市分公司……271
中国人寿保险股份有限公司无锡市分公司……276
中国太平洋财产保险股份有限公司无锡分公司……276
中国太平洋人寿保险股份有限公司无锡分公司……276
中国平安财产保险股份有限公司无锡分公司……277
中国平安人寿保险股份有限公司无锡中心支公司……277
泰康人寿保险股份有限公司无锡中心支公司……278

证券·期货·信托
概况……278
国联证券股份有限公司……279
华泰证券股份有限公司无锡分公司……279
国联期货股份有限公司……280
国联信托股份有限公司……280

其他非银行金融机构
概况……280
融资担保……280
小额贷款……280
融资租赁……281
商业保理……281
典当……281

金融业监管
银行业监管……281
保险业监管……281
征信管理……281

旅游业

综述
旅游接待与收入……282
旅游度假区管理……282
文化和旅游资源普查……282
文旅产业合作……282

旅游资源
概况……283
中视传媒无锡影视基地……283
灵山景区……283
鼋头渚景区……283
惠山古镇景区……284

旅游项目建设
“两山一湾”重大文旅项目建设……284
乡村旅游建设……284
景区基础设施建设……284
惠山古镇“这是无锡”传统街区活化利用工程……285
梅园“思源台”落成……285

旅游推介
旅游宣传推介……285
文旅融合活动……286
特色旅游线路……286
无锡影视基地旅游节庆活动……286
鼋头渚景区花事节庆活动……287
惠山古镇景区花事节庆活动……287
梅园景区旅游节庆活动……288
蠡园景区花事节庆活动……288
无锡动物园旅游节庆活动……288

旅游管理
旅行社管理……289
导游行业管理……289
旅游星级饭店管理……289

旅游公共服务
旅游厕所建设……289
全域旅游智慧监管服务平台……289

房地产业

房地产开发经营
房地产开发投资……290
房地产项目建设……290
商品房交付使用验收……290
房地产开发企业资质管理……290
项目开发建设管理……290

房地产市场
商品质住区地块推出…… 290
商品房新增供应…… 291
商品房网签备案…… 291
存量房产交易…… 291
房产经纪和中介机构…… 291

房地产市场监管
楼市政策调控…… 291
商品房预售资金监管制度优化…… 291
存量房交易“带押过户”…… 292
房产测绘数据实时共享…… 292
商品房绿化项目监管…… 292

物业管理
《无锡市市区住宅专项维修资金管理办法》修订…… 292
物业管理优化…… 292
党建引领物业管理…… 292
群租房治理…… 292

城市建设

城市规划
市级国土空间总体规划…… 293
《蠡湖未来城总体规划》编制完成…… 293
新一轮详细规划编制启动…… 293
《无锡市新型产业用地布局规划》编制…… 294
道路交通规划研究…… 294
市政民生工程配套研究规划…… 294
公共空间附属设施建设…… 294

城市更新
城市更新重点项目…… 294
城市更新技术支持…… 295
海绵城市建设…… 295
城市道路景观品质提升…… 295
太湖新城建设…… 295
房屋征收工作…… 295
老旧小区改造…… 295
既有住宅加装电梯…… 296

城市重点工程
概况…… 296
北塘大街改扩建工程…… 296
广益路新建工程…… 296
通益路（解放东路—锡沪西路）新建工程…… 296
高浪路快速化改造一期高架段及地面道路新建工程…… 297
市委党校新校区新建工程…… 297
江苏省梅村高级中学空港分校新建工程…… 297

市政设施
市政设施检测…… 297
道路桥梁维修…… 297
道路桥梁养护…… 297
蠡湖大桥桥梁荷载试验…… 297
市政工程质量监督…… 298
混凝土质量专项检查…… 298
《市政基础设施工程施工质量管理用表汇编》编制…… 298

公用事业
供气…… 298
供水…… 299
供电…… 299
供电创新服务…… 299
电力安全保障…… 300
城市照明…… 300
污水处理…… 300
“12319”服务热线…… 300
市政公用新能源充电设备…… 300
无锡首座市政重卡充换电站投运…… 300
锡澄水厂分布式光伏电站和光储充微电网项目建成…… 300
无锡首座“光储放”超级充电站建成…… 300
无锡市市政公用产业集团…… 301
无锡市水务集团有限公司…… 301
无锡华润燃气有限公司…… 301
无锡西区燃气热电有限公司…… 302
无锡市政公用环境检测研究院有限公司…… 302

城市绿化
概况…… 302
《无锡市城市桥下空间利用设计导则》编制…… 302
《无锡市城市绿化条例》修订…… 302
城市公园绿地建设…… 302
园林绿化废弃物处置…… 302
古树名木保护管理…… 303
绿化科研应用…… 303

绿化行业监管…… 303
第 23 届无锡市花——杜鹃花节 …… 303
全市园林绿化行业职工职业技能竞赛…… 303
国家生态园林城市创建省级初审及上报工作…… 303
完成无锡市与东南大学共建“梅园”项目选址及规划设计方案…… 303

城市公交
概况…… 304
出租车网约车…… 304
宜兴溧阳新增 2 条毗邻公交线路…… 304
宜兴城乡公交 801 路（观光 1 号线）开通…… 304
“智汇疫联”系统上线…… 305
江阴城镇公交 102 路获评省十佳城乡公交线路…… 305
江阴城镇公交 122（S）大站快车开通 …… 305
微型巴士 10 号线开通 …… 305

地铁
概况…… 305
首次实现轨道交通“四线共建” …… 305
地铁与常规公交“两网合一” …… 305
无锡首个装配式建筑派出所工程启动建设…… 306
《关于推进轨道交通场站及周边土地综合开发的实施意见》出台…… 306
无锡地铁云招标…… 306
全省首个统战主题地铁车站在无锡启用…… 306
无锡首列无人驾驶地铁列车上线试跑…… 306
无锡地铁集团与中国中车签署智慧城轨战略合作协议…… 306

城市管理
概况…… 306
城市功能品质提升…… 307
生活垃圾分类…… 307
建筑垃圾管理…… 307
市容秩序管理…… 307
城市管理创新…… 308
新冠疫情防控…… 308
城市运行管理服务平台建设…… 308
城管执法能力建设…… 308

乡村振兴

镇村规划
镇村布局规划…… 309
《无锡市乡村规划深化工作操作指南》出台…… 309
村庄规划编制…… 309

镇村建设
概况…… 309
村镇基础设施建设…… 309
现代“美丽农居”建设…… 309
特色田园乡村建设和传统村落保护…… 310
重点及特色镇建设…… 310
农村房屋安全隐患排查整治…… 310
农村人居环境品质提升…… 310
农村人居环境评价机制完善…… 311
数字乡村建设…… 311

乡村产业
乡村产业载体建设…… 311
农业产业化龙头企业…… 311
乡村产业融合发展…… 311

农村改革
农村改革试验…… 311
农村金融改革…… 311
农村集体经济股份制改革…… 311
“锡望乡间，聚金惠农”金融服务乡村振兴系列活动启动…… 312

强村富民
村级集体经济发展…… 312
经济薄弱村帮扶…… 312
农村集体三资监管…… 312
农民增收…… 312
高素质农民培育…… 312
乡村振兴巾帼行动…… 313

乡村治理
概况…… 313
中国无锡最美村庄评选…… 313
民主法治示范村建设…… 313

生态建设

环境质量
生态质量…… 314
大气环境质量…… 314
水环境质量…… 314

土壤环境…… 316
声环境…… 316
辐射环境…… 317
农村环境…… 317

太湖治理
概况…… 317
蓝藻预警…… 317
蓝藻水草处置…… 317
科技治藻…… 317
蓝藻防控能力建设…… 318

水资源保护…… 318

土地资源保护
概况…… 318
最严格耕地保护制度落实…… 318
土地整治项目管理…… 318
永久基本农田特殊保护…… 318
耕地保护补偿激励…… 318
生态补偿…… 318
国土空间生态保护修复…… 318
国土空间全域综合整治…… 319

湿地资源保护
概况…… 319
湿地保护修复…… 319
湿地保护科普宣传…… 319

森林资源保护
概况…… 320
林长制工作…… 320
林地保护管理…… 320
森林督查…… 320
绿化工作…… 320
林业有害生物防控…… 320

生物资源保护
概况…… 320
生物多样性保护…… 320
野生动植物资源调查…… 321
野生动物保护…… 321
长江流域禁捕退捕…… 321
长江禁捕市场监管…… 321
“中国渔政亮剑 2022”专项执法行动…… 322

外来入侵物种防控…… 322

节能减排
概况…… 322
绿色制造…… 322
绿色建筑…… 322
新墙材和散装水泥推广…… 322
公共建筑节能降碳专项行动…… 322
重点节能工程…… 323
节水建设…… 323
污染物减排…… 323

污染防治
空气污染防治…… 323
水污染防治…… 323
土壤和地下水污染防治…… 323
废弃物处置…… 323
城市废物处置…… 323

环境监管
生态环境应急管理…… 324
生态环境执法监管…… 324
环境治理能力建设…… 324

水　利

河湖长制
河湖长制工作…… 325
河长湖长全覆盖…… 325
新一轮河道环境综合整治…… 325
跨界河湖水葫芦联保共治…… 325

美丽河湖建设
美丽示范河湖建设…… 325
“两河”整治提升美丽河湖“一号工程”…… 325
河湖环境整治…… 326
河湖水域岸线管理…… 326
水文化建设…… 326

水利工程建设与管理
水利建设发展…… 326
水利规划计划编制…… 327
水利工程监督管理…… 327
环太湖大堤剩余工程无锡段…… 327
新桃花港江边枢纽工程…… 327

锡澄运河（黄昌河—长江段）河道整治工程……… 327

农村水利
农村水利建设……………………………………… 327
农村生态河道建设………………………………… 327
水土保持…………………………………………… 328

水资源管理
最严格水资源管理………………………………… 328
节水型社会建设…………………………………… 328
国家再生水配置试点……………………………… 328

水利行业管理
最优水利营商环境………………………………… 329
水情宣传教育……………………………………… 329
水行政执法………………………………………… 329

科学技术

综述
科技发展…………………………………………… 330
科技投入…………………………………………… 330
科技创新政策……………………………………… 330
科技人才项目……………………………………… 330
科技金融…………………………………………… 331
外籍高层次人才引进……………………………… 331

创新平台载体
苏南国家自主创新示范区建设…………………… 331
北京大学长三角未来技术生命健康研究院和北京大学无锡电子设计自动化研究院签约落地……… 331
天津大学无锡研究院落户惠山经济开发区………… 331
无锡市产业创新研究院启动建设………………… 332
江苏省太阳能光伏技术创新中心获批建设………… 332
工程技术研究中心建设…………………………… 336
科技企业孵化载体建设…………………………… 336

高新技术产业
高新技术产业产值………………………………… 336
创新主体培育……………………………………… 336
科技招商…………………………………………… 336
高新技术产业园区………………………………… 336

科技合作
未来技术学院协议加快落地……………………… 336
科技国际合作……………………………………… 336
无锡市与北京大学签署全面合作协议…………… 337
无锡市与天津大学签署全面合作协议…………… 337

无锡梁溪科技城
概况………………………………………………… 337
科技城产业规划…………………………………… 337
科技城空间规划…………………………………… 337

科研院所
中国船舶科学研究中心…………………………… 338
无锡石油地质研究所……………………………… 338
中国航发控制系统研究所………………………… 338
中国航空工业集团公司雷华电子技术研究所……… 338
中国船舶集团有限公司第七〇三研究所无锡分部………………………………………………… 338
江苏省原子医学研究所…………………………… 338
江苏省血吸虫病防治研究所……………………… 339

教　育

综述
教育发展质量……………………………………… 340
市委教育工作座谈会……………………………… 340
全面育人教育……………………………………… 341
素质教育…………………………………………… 341
教师队伍建设……………………………………… 342
教育引才…………………………………………… 342
教育保障…………………………………………… 342
教育交流合作……………………………………… 342
教育对口支援和结对帮扶………………………… 343
依法治教…………………………………………… 343

学前教育
概况………………………………………………… 343
学前教育优质普惠发展…………………………… 343
幼儿园课程游戏化项目…………………………… 343

义务教育
概况………………………………………………… 343
义务教育优质均衡发展…………………………… 343
“双减”工作……………………………………… 343
规范民办义务教育发展…………………………… 344
中小学校党组织领导的校长负责制……………… 344
中小学《开学第一课》…………………………… 344

中小学“学生劳动教育宣传周”…………………… 344

普通高中教育
概况…………………………………………………… 344
普通高中新课程新教材实施国家级示范区建设…… 344
高品质示范高中建设………………………………… 345
五大学科竞赛………………………………………… 345

特殊教育
概况…………………………………………………… 345
特殊教育融合发展…………………………………… 345
特殊教育内涵建设…………………………………… 345

中等职业教育
概况…………………………………………………… 345
职业教育发展………………………………………… 345
职业教育产教融合…………………………………… 346

普通高等教育
概况…………………………………………………… 346
高等教育扩容提质…………………………………… 346
江南大学……………………………………………… 346
无锡学院……………………………………………… 347
无锡太湖学院………………………………………… 348

社会教育
概况…………………………………………………… 349
社会服务面扩大……………………………………… 350
无锡开放大学………………………………………… 350

招生和考试
中考中招工作………………………………………… 350
高考工作……………………………………………… 350
其他教育考试………………………………………… 350

文 化

公共文化
概况…………………………………………………… 351
无锡市图书馆………………………………………… 351
无锡博物院…………………………………………… 351
全民阅读……………………………………………… 352
群众文化活动………………………………………… 352
全民艺术普及………………………………………… 352
文化惠民……………………………………………… 352
公共文化新空间……………………………………… 353
小剧场建设…………………………………………… 353
公共文化数字化建设………………………………… 353
政府购买公共文化服务……………………………… 353
“情韵江南”群众文艺展演活动……………………… 353
“喜迎二十大”系列活动……………………………… 354
第三届文化场馆月…………………………………… 354
2022 首届长三角民族器乐作品创作大赛 ………… 354
第六届无锡市“群芳奖”评奖活动…………………… 354

文学艺术
文学…………………………………………………… 354
文学创作……………………………………………… 354
文学活动……………………………………………… 355
2019—2020 太湖文学奖颁奖仪式 ………………… 355
沙陆墟、沙无垢父子作品研讨会…………………… 355

戏剧·曲艺…………………………………………… 355
概况…………………………………………………… 355
送戏下乡……………………………………………… 356
第四期无锡市曲艺中青年骨干培训班……………… 356
梅韵芬芳·李桂英师生锡剧演唱会………………… 356
第二届江苏省故事会颁奖仪式……………………… 356
第三届“无锡曲艺奖”大赛颁奖仪式………………… 356
无锡市戏剧家协会“名师带徒”展演专场…………… 356

音乐·舞蹈…………………………………………… 357
概况…………………………………………………… 357
第七届江苏省文艺大奖·舞蹈奖决赛颁奖晚会…… 357
“奋进新征程”专场音乐会…………………………… 358

美术·书法…………………………………………… 358
无锡美术馆…………………………………………… 358
江苏省第三届妇女书法篆刻作品展………………… 358
第三届“无锡摄影奖”获奖作品展…………………… 358
“文化客”艺术空间暨阿炳印象·主题雕塑展…… 358
2022 长三角地区美术作品交流展 ………………… 358
艺术江南·美丽运河——无锡大运河文化主题
美术作品展…………………………………………… 358
惟美无界——当代朝鲜油画精品展………………… 358
青山仰望——中国国家画院顾平工作室师生国画
作品展………………………………………………… 358
“印象江南”中国画提名展…………………………… 358
投石问道——庄小石书画新作展…………………… 359
无锡市第四届青年书法篆刻作品展………………… 359

文化遗产保护
概况…… 359
考古研究…… 360
文物保护利用…… 360
《无锡市区历史建筑保护管理办法》立法调研完成…… 360
“阅读老建筑”历史建筑宣传专栏…… 360
《无锡市区第一和第二批次历史建筑保护利用图则》编制…… 360
第五批市级非物质文化遗产代表性项目名录公布…… 361
“非遗”传播…… 361
“非遗”融合发展…… 361
“非遗”进校园…… 361
“文化和自然遗产日”主题活动…… 361

大运河文化带和大运河长江国家文化公园建设
概况…… 361
重点项目建设…… 362
资金扶持…… 362
运河旅游廊道建设…… 362
融媒体直播探访大运河无锡段…… 362

文化产业
概况…… 363
文化消费促进…… 363
文旅消费示范试点建设…… 363
智慧无锡文化创意产业园…… 363
苏南数字文化中心…… 363
无锡首个媒体数字藏品发行…… 364
无锡本土直播电商矩阵上线…… 364

文化市场管理
扫黄打非…… 364
文旅场所专项整治…… 364

大众传媒

新闻出版
概况…… 365
无锡日报报业集团…… 367
《无锡日报》…… 367
《江南晚报》…… 368

广播·电视
概况…… 369
无锡广播电视集团…… 370
原创作品入选全省重点网络视听项目和季度创新创优节目…… 371
春节民俗节目登陆央视…… 371
党建类电视栏目《党的生活》改版…… 371
融媒体专栏《市长在线·民声留言板》…… 371
“戴牢口罩抓发展”主题报道…… 371
《进步》获“紫金奖”…… 371
无锡城市更新思享会…… 372
《看见锦绣山河》直播特别节目…… 372
《茶婆婆渔婆婆蚕婆婆》系列动画片全网首播…… 372
《音乐磁场》上榜阿基米德声音盛典十大维度年度推荐…… 372

电影
概况…… 372
国家电影产业创新示范基地（园区）创建工作…… 372
公益电影放映…… 372

网络传播
概况…… 372
媒体融合发展…… 372
“在长三角，一起向未来”融媒体新闻行动…… 373
“打造全国最干净城市”全媒体宣传…… 373
第四届“一带一路”百国印记短视频大赛…… 373
“锡引力·新思享——太湖讲习所”青少年理论传播活动…… 373
无锡市2022年网上重大主题宣传活动…… 374
“太湖明珠，今锡十年，高新之路”短视频大赛…… 374
2022中国新媒体蓝皮书发布会暨新媒体发展研讨会…… 374
2022中国国际智能传播论坛…… 374
无锡新媒体战略研究中心…… 374

卫生健康

综述
医疗卫生机构…… 375
医疗卫生改革…… 375
卫生健康合作交流…… 375

疾病防控
传染病防控…… 376

疫苗接种…………………………………………… 376
慢性病防控………………………………………… 377

新冠疫情防控
新冠病毒感染医疗救治保障……………………… 377
核酸检测…………………………………………… 377
中医药疫病防治…………………………………… 377
疫情防控综合督查………………………………… 377
疫情防控医疗保障………………………………… 377
疫情防控市场监管………………………………… 378

基层卫生
基层卫生服务体系建设…………………………… 378
基层卫生服务能力提升…………………………… 378
家庭医生签约服务………………………………… 379

妇幼保健
妇幼健康服务体系………………………………… 379
母婴安全保障……………………………………… 379
妇女儿童健康……………………………………… 379

老龄健康
老年健康服务体系………………………………… 379
家庭病床制度启动实施…………………………… 379
老年健康服务内涵建设…………………………… 379
医养结合设施建设………………………………… 380

职业健康
《中华人民共和国职业病防治法》宣传…………… 380
职业病危害因素监测和防治……………………… 380
职业健康监管信息系统建设……………………… 380

健康促进
“健康无锡”建设………………………………… 380
卫生健康创建……………………………………… 381
病媒生物防制……………………………………… 381

中医药发展
中医药传承创新…………………………………… 381
基层中医药服务与管理…………………………… 381
中医药便民惠民…………………………………… 381

卫生法规与监督
卫生健康法治建设………………………………… 381
卫生健康审批服务………………………………… 382
卫生健康综合监管………………………………… 382
学校卫生工作……………………………………… 382

医政药政管理
医联体建设………………………………………… 382
医疗服务能力建设………………………………… 382
平安医院建设……………………………………… 382
医疗机构管理……………………………………… 383
医院感染管理……………………………………… 383
血液供应管理……………………………………… 383
国家基本药物制度落实…………………………… 383
药学服务内涵提升………………………………… 383

医学科技与教育
卫生健康“三名”战略…………………………… 383
医学院市校共建…………………………………… 383
医学教育…………………………………………… 384
卫生健康人才队伍建设…………………………… 384
生物安全…………………………………………… 384

体 育

综述
运动友好型城市建设……………………………… 385
第 20 届省运会无锡代表团获佳绩 ……………… 385
体育社会组织建设………………………………… 385
体育文化活动进校园……………………………… 385

体育设施
概况………………………………………………… 385
健身场地建设……………………………………… 385
新建 7 家社区百姓健身房………………………… 386

青少年体育
概况………………………………………………… 386
全国足球特色校（园）建设……………………… 386
亚足联女足日“女孩足球节”（无锡站）启动…… 386
无锡市小学生校园足球超级联赛………………… 386
2022 年无锡市青少年阳光体育少儿体适能培训班……………………………………………… 387
省运会青少年部马术比赛在江阴市举办………… 387
省运会青少年部足球（男子 10 ～ 11 岁组，男子 12 岁组）比赛在宜兴市举办 ………………… 387
长三角青少年跆拳道超级联赛在宜兴市举行…… 387
“奔跑吧 · 少年”2022 年无锡市小学生阳光体育排球比赛…………………………………………… 387

参加 2022“省长杯”江苏省青少年校园足球联赛…… 387
“奔跑吧·少年”2022 年无锡市小学生阳光体育游泳比赛…… 388
江苏省青少年游泳锦标赛（县组）在江阴市举办…… 388
“奔跑吧·少年”2022 年无锡市小学生阳光体育田径比赛…… 388

群众体育

概况…… 388
轻越野主题挑战赛…… 388
“无锡·威孚房开杯”中国围棋棋王争霸赛…… 388
江苏省三对三篮球精英赛…… 388
“福虎生威开门红——2022 年无锡市春节体育大联欢”系列活动…… 388
江苏省“长江经济带”全民健身大联动（无锡分会场）…… 388
跃动锡城·2022 全民健身运动会体育舞蹈联赛…… 388
参加江苏省健身健美锦标赛…… 389
无锡市第二届气排球比赛…… 389
第二届长三角体育节开幕式…… 389
跃动锡城·首届重阳登高节…… 389
跃动锡城·2022 全民健身运动会皮划艇马拉松赛…… 389
跃动锡城·2022 全民健身运动会龙舟赛…… 389
跃动锡城·2022 无锡市活力机关体育嘉年华…… 389
跃动锡城·2022 全民健身运动会广场舞大赛决赛…… 390
“跃动锡城·活力无锡”社区运动会总决赛…… 390
华锐教育杯 2022 全国围棋锦标赛（团体）在无锡市举办…… 390
2022“舞动江苏”广场舞大赛（无锡站）…… 390
参加第十届江苏省创编广场舞（健身操）交流比赛…… 390
2022 年无锡市残疾人体育嘉年华…… 390
中国·宜兴“环科园杯”国际标准舞（体育舞蹈）全国巡回赛…… 390

竞技体育

概况…… 390
吴澄舒助力中国女足夺冠亚洲杯…… 391
2022“无锡杯”足球联赛…… 391
无锡小将摘得全国少年乒乓球锦标赛团体冠军…… 391
於之莹获得亚运会入场券…… 391
江苏省帆船俱乐部联赛（无锡站）开赛…… 391
全国击剑锦标赛暨全国青年击剑锦标赛在无锡市开幕…… 392
“省市联办”江苏省男子体操队运动员夺得世锦赛男团冠军…… 392
江苏棒球队获全国棒球锦标赛亚军…… 392
江苏棒球队获全国青年棒球锦标赛季军…… 392
江苏省马术队夺得全国马术盛装舞步锦标赛团体赛、个人赛亚军…… 392
江苏省马术队夺得全国马术三项赛锦标赛个人赛、团体赛冠军…… 392
参加江苏省校园足球教练员技能大赛…… 392

体育产业

概况…… 392
体育消费促进…… 392
“我的两块，动出精彩”社区运动会…… 393
首批 43 家体育类校外培训机构审核通过…… 393

就　业

综述

就业总量…… 394
就业结构…… 394
就业质量…… 394
公共就业服务载体建设…… 394
劳动关系建设…… 394
劳务品牌建设…… 394

重点群体就业

高校毕业生就业…… 394
妇女就业…… 394
退役军人就业…… 395
残疾人就业…… 395
重点帮扶人员就业…… 395
“关爱·圆梦”工程…… 395

就业促进

助企纾困…… 395
企业用工服务…… 396
“苏岗贷”扩围试点…… 396
创业基地建设…… 396
“创响无锡”全民创业大赛…… 396
零工市场建设…… 396

职业技能培训

职业技能培训…… 396

新就业形态从业人员职业技能培训…………………… 396
技能人才评价体系建设……………………………… 397
技能人才培育载体建设……………………………… 397
工会劳动和技能竞赛………………………………… 397
退役军人职业技能培训……………………………… 397
残疾人职业技能培训………………………………… 397

劳动权益保障
诚信企业培育………………………………………… 397
劳务派遣管理………………………………………… 397
欠薪治理……………………………………………… 397
工伤预防……………………………………………… 398
工伤职工权益保障…………………………………… 398
工会劳动法律监督…………………………………… 398
工会劳动保护………………………………………… 398

人力资源市场管理
人力资源服务机构管理……………………………… 398
人力资源市场秩序规范……………………………… 398

收入与消费

居民收入
概况…………………………………………………… 399
城镇居民收入………………………………………… 399
农村居民收入………………………………………… 399

居民消费
概况…………………………………………………… 400
城镇居民消费………………………………………… 400
延伸阅读：2022 年影响无锡市城镇居民收入和
消费的主要因素……………………………… 400
农村居民消费………………………………………… 401

市场物价
概况…………………………………………………… 401
消费价格运行………………………………………… 401
八大类商品及服务价格……………………………… 401
食品价格……………………………………………… 402
交通价格……………………………………………… 402
医疗保健价格………………………………………… 402

社会保障

社会保险
养老保险……………………………………………… 403
失业保险……………………………………………… 403
工伤保险……………………………………………… 403
城乡居民基本养老保险集体补助试点……………… 403
新就业形态就业人员职业伤害保障………………… 403
社保基金监管………………………………………… 403
医疗保险……………………………………………… 403
长期护理保险………………………………………… 403
多层次医疗保障……………………………………… 404
医保基金监管………………………………………… 404
“15 分钟医保服务圈”建设 ……………………… 404
医保支付方式改革…………………………………… 404
异地就医结算………………………………………… 404
医疗价格改革………………………………………… 404

住房保障
保障性住房建设……………………………………… 404
保障性租赁住房……………………………………… 404
住房公积金管理……………………………………… 405

社会福利
困境儿童保障………………………………………… 405
无锡市儿童福利院新院启用………………………… 405
东亭街道儿童“关爱之家”项目启动……………… 405
残疾人民生保障……………………………………… 405
残疾人托养…………………………………………… 405

社会救助
城乡居民生活保障…………………………………… 405
低收入人口动态监测和精准帮扶“3610 行动” … 406
支出型困难家庭帮扶………………………………… 406
流浪乞讨人员救助…………………………………… 406
社保救助……………………………………………… 406
医疗救助……………………………………………… 406
教育救助……………………………………………… 406
慈善救助……………………………………………… 406
红十字救助…………………………………………… 407

社会事务

人口家庭
人口…………………………………………………… 408
出生人口监测与服务………………………………… 408
3 岁以下婴幼儿照护 ……………………………… 408
计划生育家庭保障…………………………………… 408
人口管理……………………………………………… 408

收养管理…… 409
婚姻登记…… 409
殡葬管理…… 409

老龄事务
老龄人口…… 409
《无锡市“十四五”老龄事业发展规划》出台…… 409
老年友好型社会建设…… 409
延伸阅读：倪家巷村老年友好社区建设…… 409
“锡阳红”服务品牌…… 409
敬老助老活动…… 409
退休人员管理…… 410

养老事务
养老机构…… 410
无锡市入选全国居家和社区基本养老服务提升行动项目地区…… 410
“锡心医养”社区居家“332”服务行动…… 410
“锡心香伴”惠老助餐攻坚行动…… 410
无锡市与泰康保险集团签约医养结合项目…… 411

社区建设
“五社联动”社区治理机制…… 411
社区服务…… 411
社会工作人才培养…… 411

社会组织管理
社会组织培育…… 411
社会组织专家库组建…… 411
“每个人都有光”社会组织服务项目启动…… 411
“为爱行走”大型公益徒步活动暨社会组织展示交流活动…… 411

民族宗教事务
民族事务…… 411
宗教事务…… 412
全省首家红石榴就业促进中心成立…… 412
第四届太湖论道暨第十五届玄门讲经活动…… 412

公共安全

应急管理
应急指挥体系建设…… 413
应急救援体系建设…… 413
应急管理执法体系建设…… 413
应急预案编制…… 413
应急演练…… 413
粮食应急保供…… 413

防灾减灾
概况…… 414
气象灾害防御…… 414
防汛抗旱…… 414
城市极端暴雨洪涝灾害风险评估…… 415
地质灾害防治…… 415
地质灾害调查普查…… 415
防震减灾…… 416

安全生产
概况…… 416
安全生产专项整治…… 416
危化品安全监管…… 417
工贸企业安全生产监管…… 417
建筑施工安全生产…… 417
特种设备安全生产监管…… 417
交通运输领域安全生产监管…… 417
水利行业安全生产…… 418
电力行业安全生产…… 418
安全生产监管执法…… 418
安全生产宣传教育…… 418

交通安全
概况…… 418
车辆驾驶员管理…… 419
道路交通联动治理…… 419
道路交通事故预防压降…… 420
水上交通安全监管…… 420
交通运输安全监管…… 421
交通事故分析研判…… 421

消防安全
概况…… 421
消防基础建设…… 421
消防接警救援…… 422
公安派出所消防安全监管…… 422
森林防火…… 422
火灾情况分析研判…… 422
消防宣传教育…… 422

农产品质量安全
概况…… 423
“瘦肉精”专项整治…… 423

兽药饲料专项整治…… 423
水产品质量安全…… 423
农产品质量监测…… 423

食品药品安全
概况…… 423
国家食品安全示范城市创建…… 424
食品安全抽检监测…… 424
特殊食品监管…… 424
药品、医疗器械、化妆品抽检…… 424
药品安全专项整治…… 424
化妆品线上净网线下清源行动…… 424
新冠病毒疫苗接种使用监管…… 424
医疗器械安全监管…… 425

公共卫生安全
概况…… 425
公共卫生监测…… 425

无线电安全
概况…… 425
重大活动保障…… 425
外交应急服务保障…… 425

网络和信息安全
概况…… 425
承办全省网络安全发展大会…… 426
网络安全事件应急实战演练…… 426
网络安全宣传周活动…… 426
政务云安全监管…… 426
城市大数据中心数据安全管理…… 426

人物・荣誉

先进人物
任小青…… 427
余进进…… 427
臧志成…… 427
刘丽艳…… 427
白云…… 427
邱明辉…… 427
蔡凤高…… 427
2022 年度“江苏好人”名录 …… 428
2022 江苏省五一劳动奖章获得者名录 …… 428
2022 年江苏省五一劳动荣誉奖章获得者名录 …… 429
2022 年无锡市接收安置的荣立个人战时三等功（含）和个人二等功（含）以上退役军人名录…… 429

逝世人物
钱鸣高…… 429
顾真安…… 430
蒋华良…… 430

先进集体…… 430

辖区建设

江阴市
概况…… 432
经济发展…… 432
城乡建设…… 432
生态建设…… 433
科技创新…… 433
社会事业…… 433
人民生活…… 434
江阴市入选全国首批创新型县（市）…… 434
江阴市获评国家生态文明建设示范区…… 434
江阴市入选首批国家知识产权强县建设示范县…… 434

宜兴市
概况…… 434
经济发展…… 434
城乡建设…… 435
生态建设…… 435
科技创新…… 435
社会事业…… 435
人民生活…… 435
宜兴市获评“中国长寿之乡” …… 436
宜兴市获评“国家知识产权强县建设试点县”…… 436
宜兴市获评“全国农作物病虫害绿色防控整建制推进县” …… 436

梁溪区
概况…… 436
经济发展…… 436
城市建设…… 437
生态建设…… 437
科技创新…… 437
社会事业…… 437
人民生活…… 437

梁溪区发展大会…… 437

锡山区
概况…… 438
经济发展…… 438
城乡建设…… 438
生态建设…… 438
科技创新…… 439
社会事业…… 439
人民生活…… 439
新能源新消费主题活动暨首届新能源汽车展…… 439
锡剧《袁仁仪》公演…… 439

惠山区
概况…… 439
经济发展…… 440
城乡建设…… 440
生态建设…… 440
科技创新…… 440
社会事业…… 441
人民生活…… 441
吉利高性能电驱项目投产…… 441
无锡—连云港—乌兹别克斯坦班列首发…… 441

滨湖区
概况…… 442
经济发展…… 442
城乡建设…… 443
生态治理…… 443
科技创新…… 443
社会事业…… 443
人民生活…… 443
创新实施“沙盒监管”…… 443

新吴区
概况…… 444
经济发展…… 444
城乡建设…… 445
生态建设…… 445
科技创新…… 445
社会事业…… 445
人民生活…… 445
获评全国义务教育优质均衡先行创建区…… 446
获批国家进口贸易促进创新示范区…… 446

江苏无锡经济开发区
概况…… 446
经济发展…… 446
城市建设…… 446
生态建设…… 446
科技创新…… 446
社会事业…… 447
人民生活…… 447
2022雪浪大会…… 447
周新里商业街开街…… 447

附　录

组织机构及负责人名录
市级机构及负责人名录…… 448
市（县）区组织机构及负责人名录…… 462

重要文献选编
政府工作报告（摘要）…… 466

统计资料…… 473

市辖区地名命名更名…… 477

索　引

…… 484

1月

1日《区域全面经济伙伴关系协定》（RCEP）正式生效，无锡辖区签出首份RCEP原产地证书。

1—3日 无锡市开展“跃动锡城，欢乐云跑”2022年迎新线上健跑活动，参与市民7.6万人次。

4日 江苏省首个群众文化艺术创作和实践基地落户无锡东林书院。

5日 无锡市举行创建国家农产品质量安全市动员会，市委常委会审议通过《无锡市创建国家食品安全示范城市工作实施方案》。

△市政府与上港集团签署战略合作协议，双方将围绕陆改水、陆改铁业务、ICT项目落地运营以及江阴港高质量发展等深化合作。代市长赵建军出席签约仪式。

6日 市政协举行无锡政协文史馆开馆仪式以及《无锡工业企业发展亲历记》《无锡品牌史料》两套丛书首发式。

7日 由中国围棋协会、无锡市人民政府主办的第16届“无锡·威孚房开杯”中国围棋棋王争霸赛闭幕，芈昱廷获冠军。

8日 惠山区与吉利控股集团签署战略合作协议，吉利高性能电驱项目落户惠山，项目总投资100亿元。市委书记杜小刚出席签约仪式，代市长赵建军，吉利控股集团CEO、吉利汽车副董事长李东辉分别致辞。4月19日，该项目开工，12月26日投产。

△全市首批保障性租赁住房交付暨新建保障房项目开工仪式在惠山区国际人才社区举行。

10日 文化和旅游部公布首批国家级旅游休闲街区名单，清名桥历史文化街区入选。

11日 迪哲中国区研发生产总部及全球生物医药创新孵化中心项目开工。市委书记杜小刚宣布项目开工，代市长赵建军致辞。

△投资19亿元的通用智能柬埔寨有限公司项目通过省商务厅境外投资备案，成为RCEP生效后无锡首个赴RCEP成员国投资的项目。7月12日，该公司与世界轮胎巨头美国太平洋工业有限公司（API）通过线上签署战略合作协议。

△无锡国家数字电影产业园三期开工，无锡元宇宙创新产业园、无锡数字文化产业园签约揭牌。市委书记杜小刚宣布项目开工并为项目培土奠基。

12日 最高人民法院批复同意无锡市中级人民法院内设知识产权专门审判机构。6月9日，无锡知识产权法庭揭牌成立，省高级人民法院院长夏道虎、市委书记杜小刚为知识

1月10日，清名桥历史文化街区入选首批国家级旅游休闲街区　（严　峻　摄）

产权法庭揭牌。无锡成为省内第三个成立知识产权法庭的城市。

13日　雪浪小镇算力中心发布，一批重大平台、总部、基金、科创项目签约落地。市委书记杜小刚会见中国工程院院士、雪浪工程院发起人王坚，并共同发布雪浪算力中心。

14日　苏南瑞丽航空开通无锡—铜仁—昆明航线。

△前身为欧尚长江北路店的大润发长江北路店重构后全新开业。该店是大润发全国首家2.0版本重构店，也是大润发首家体验店。

15日　长三角元宇宙创新创业大赛总决赛暨元宇宙行业峰会在无锡举行，决出一、二、三等奖10名。长三角元宇宙联盟、无锡市元宇宙创新创业基地同时揭牌落地滨湖区。

16日　市政府"市长在线·民声留言版"上线，线上征求意见建议。

17日　市委市政府召开全市开发区高质量发展大会。市委书记杜小刚讲话，代市长赵建军作具体部署。

△注册资本3000万美元的ANIMAX亚太区总部项目落户无锡经开区。

18日　市公安局召开干部会议，市委常委、组织部部长柏长岭主持会议并宣布有关决定：提名张镇为无锡市副市长、市公安局局长人选，任命为市政府党组成员、市公安局党委书记、督察长（兼）；免去刘必权市政府党组成员、市公安局党委书记、督察长（兼）职务，不再担任无锡市副市长、市公安局局长职务。市委书记杜小刚出席会议并讲话。

△无锡市跻身全国22个IPv6技术创新和融合应用综合试点城市。8月24日，2022无锡创建IPv6+创新之城启动仪式暨互联网大会在阳山院士小镇举办。

△无锡芯光互连技术研究院和无锡芯光集成电路互连技术产业服务中心揭牌。

25日　总投资57亿元的华晟新能源5吉瓦异质结电池及组件项目落户锡山经济技术开发区。

27日　无锡市召开数字经济提速和数字化转型大会，启动建设国家区块链创新应用综合性试点城市。

△无锡市社会矛盾纠纷调处服务中心启用，为省内首个集矛盾调解、非诉服务、信访接待于一体的地市级矛盾纠纷调处服务中心。

28日　无锡市与SK海力士深度战略合作签约活动在江苏南京、韩国首尔同步举行。省委书记吴政隆、省长许昆林出席签约仪式，并以视频形式会见SK集团会长崔泰源。

2月

7日　总投资达百亿元的远景动力电池制造基地二期项目在江阴临港开发区开工。

8日　无锡市和苏州市交通互联互通第一次会商会议在无锡召开，就两市综合交通运输衔接进行对接洽谈。9日，两市召开一体化发展对接座谈会。

△全市深入打好污染防治攻坚战暨新一轮太湖治理动员大会召开。市委书记杜小刚讲话，省生态环境厅副厅长、省太湖水污染防治委员会办公室主任秦亚东到会指导，代市长赵建军作具体部署。

11日　无锡市与招商局集团签署战略合作协议，市委书记杜小刚与招商局集团董事长缪建民视频谈话。

△"四海同春·壹味向好"无锡金融雅集第二季举行，总规模28.8亿美元的12个QFLP（合格境外有限合伙人）基金项目签约落地。

15日　新修订的《无锡市房屋租赁管理办法》实施，明确非居住空间不得用于出租居住。

17日　无锡市人民医院新冠病毒核酸检测基地（"火眼"实验室）在市体育公园体育馆建成启用。

18日　无锡市与株式会社村田制作所深度战略合作签约仪式在无锡、日本同步举行，村田电子百亿元新项目落户无锡国家高新技术产业开发区（以下简称"无锡高新区"）。

△盛合晶微三维多芯片集成封装项目在江阴国家高新技术产业开发区开工。项目规划2023年末建成投用，具备月产12万片晶圆级封装及2万片芯片集成加工的生产能力。

21日　世界十大压缩机品牌之一——瑞典阿特拉斯·科普柯与无锡高新区签订协议，总投资30亿元的工业压缩机业务研发制造中国总部项目落户无锡。

△总投资50亿元的誉衡生物创新药研发制造基地项目签约仪式在宜兴环保科技工业园举行。

22日　无锡市召开争创全国文明典范城市推进大会，出台《无锡市争创全国文明典范城市行动计划》，全面展开"升级版"全国文明城市创建工作。市委书记杜小刚讲话，代市长赵建军主持会议。

23日　无锡市召开深入推进更高水平平安无锡建设动员部署会。市委书记杜小刚讲话，代市长赵建军主持会议。

24日　无锡网络强市建设工作推进会召开，举行国家IPv6技术创新和融合应用综合试点城市（无锡）启动仪式。

△由国联集团组建的无锡市人才集团揭牌成立。

28日　华润微电子有限公司与无锡高新区举行产业升级系列项目签约仪式。代市长赵建军与华润微电子首席执行官李虹一行举行工作会谈，并参加签约仪式。

3月

1日　无锡市和江阴市入选江苏省生态园林城市。至此，无锡市全域创成省级生态园林城市。

△是日起，无锡市在省内率先为燃气用户加装管道燃气自闭阀，并同步升级更换连接灶具和管道的软管。

2日　在北京冬残奥会火炬传递

的首日，无锡"全国自强模范"严三媛作为火炬手传递"光明之火"，成为无锡历史上首名入围冬残奥会的残疾人火炬手。

3日 市政府办公室颁布下发《关于进一步加快推进城乡生活垃圾分类工作的实施意见》，明确全市城市和农村实施生活垃圾分类投放的模式。

4日 无锡锡山光电信息产业园先导区开园暨北方科技科创中心启用仪式举行。

9日 无锡市首家"军人驿站"——梁溪区"军人驿站"揭牌仪式在维也纳酒店举行。

12日 中共无锡市第十四届委员会第三次全体会议举行，讨论决定无锡市出席中共二十大代表候选人推荐人选。

13日 中国消费者协会发布《2021年100个城市消费者满意度测评报告》，无锡从2020年的第十位升至第五位。

15日 第19届中国半导体封装技术与市场年会在江阴开幕。市委书记杜小刚，市委常委、江阴市委书记许峰发表视频讲话。

15—17日 无锡市政协第十五届委员会第一次会议举行。大会选举项雪龙为市政协第十五届委员会主席，叶勤良、韩晓枫、许立新、吴建元、吴红星、毛加弘、顾铮铮为副主席，钱文琴为秘书长。

16—18日 无锡市第十七届人民代表大会第一次会议举行。杜小刚当选无锡市人大常委会主任，徐劼、曹佳中、袁飞、高亚光、沈建当选副主任，陆洪当选秘书长；赵建军当选无锡市人民政府市长，蒋敏、张镇、秦咏薪、张立军、马良、周文栋、卢敏当选为副市长；周凤琴当选无锡市监察委员会主任；钱斌当选无锡市中级人民法院院长，朱良平当选无锡市人民检察院检察长。

21日 无锡经开区与吉利控股集团视频签约仪式在上海、杭州、无锡三地同步举行，吉利控股区块链全球总部项目落户无锡经开区。

22日 市教育局发布《2022年无锡市初中学业水平考试方案》，中考继续实行两考合一的办法，考试科目增至9门，升学考试总分提至750分，文化科目考试调整为3天。

24日 无锡太湖国家旅游度假区、太湖新城发展集团、砂之船集团、仁恒置地集团举行项目云签约仪式，总投资60亿元的高端城市综合体项目落户马山。市长赵建军、副市长张立军参加签约仪式。

△ 2022无锡"国际月"暨国际赏樱周开幕式以视频在线方式举行。省委常委、副省长费高云视频致辞，市长赵建军致辞。开幕式上，举行友好园"云开园"仪式及"无锡市人民友好使者"聘任仪式，在线颁发"在外公馆长表彰奖"，无锡国际人才一站式服务中心揭牌，中荷养老产业合作平台、中柬(锡西)协作平台启动。

△ RCEP友城合作论坛暨协同创新创业大会在无锡市举行。中国驻东盟大使邓锡军连线发言，市长赵建军出席论坛并发言。

25日 无锡发布《无锡市关于加大力度助企纾困推动经济稳定健康运行的若干政策措施》，从加大财政税支持力度、加大清费减负力度等9个方面出台50项扶持政策。

30日 市十七届人大常委会第一次会议举行。市委书记、市人大常委会主任杜小刚主持会议并讲话。

△无锡市召开市推动长江经济带发展领导小组会议，研究部署推动长江经济带高质量发展重点工作任务。

4月

3日 无锡发起烈士"口述历史"计划，年内完成首批20名烈士的口述历史专题片。

6日《京杭大运河(无锡段)整治提升总体规划》编制完成，规划通过岸线整治、腾地造绿、疏通全线等措施，打造贯通运河两岸的105千米慢行道和生态绿廊。

8日 省太湖水污染防治委员会第十五次全体(扩大)会议暨太湖安全度夏应急防控工作会议在无锡召开。省委书记吴政隆作出批示，省长许昆林讲话。副省长马欣、市委书记杜小刚、市长赵建军等参加有关活动。

11日 省委第二巡视组巡视无锡市锡山区、新吴区工作动员会分别召开。省委第二巡视组组长蔡骏作动员讲话，无锡市委书记杜小刚就巡视工作提出要求。

13日 无锡市召开打造"全国最干净城市"三年行动动员暨全市城市

3月24日，举行中柬(锡西)协作平台启动仪式　(市红十字会　供图)

精细化管理工作会议。市委书记杜小刚讲话，市长赵建军作具体部署。

14日 无锡市召开2022重大外事活动总结大会，表彰先进集体和个人。市委书记杜小刚讲话，市长赵建军主持会议，市委副书记朱爱勋宣读表彰决定。

16日 滨湖区举行元宇宙产业重大项目云签约暨"华莱坞元宇宙世界"项目发布仪式，7大主题馆和30个元宇宙项目集中签约。

21日 无锡高新区（新吴区）举行2022春季重大科技项目集中签约仪式，100个科技项目通过"线上＋线下"方式签约落地，总投资超过107亿元。

△宜兴总投资103亿元的超级陶瓷电容器与智能传感器制造项目启动建设。

22日 总投资百亿元的捷普绿点AI智能终端模组研发制造基地项目签约落户无锡高新区。

△无锡经开区与中国科学院大学举行云签约仪式，江苏密码应用技术研究院落户无锡经开区。

27日 教育部办公厅发布《关于公布义务教育优质均衡先行创建县（市、区、旗）名单的通知》，新吴区创成全国义务教育优质均衡先行创建区，为无锡市唯一入选的地区。

28日 全国、省、市五一劳动奖名单揭晓，无锡市有6人获"全国五一劳动奖章"，5个集体获评"全国工人先锋号"。

△扬子江金融控股有限公司股票在新加坡证券交易所主板上市，成为新加坡主板市场上第一家由中资控股的金融投资控股企业。

29日 市委市政府召开2021年度综合考核总结表彰大会。市委书记杜小刚讲话，市委副书记、市长赵建军主持会议，市委副书记、政法委书记朱爱勋宣读有关表彰决定。

△科大讯飞汽车智能驾驶科技总部项目签约落地无锡经开区。市委书记杜小刚出席签约仪式。

30日 2022无锡太湖购物节启动暨惠民消费券发放仪式举行。市委书记杜小刚、市长赵建军以手机扫码方式启动购物节，首轮1200万元惠民消费券在中国银联"云闪付"平台发放。

△无锡市举行核酸采样小屋集中启用仪式，全市2634个核酸采样小屋全部启用，构成15分钟核酸采样服务圈。国内首个《新型冠状病毒核酸采样小屋管理规范》以及核酸采样小屋电子地图同时发布。

5月

3日 副省长陈星莺到江阴指导疫情防控工作。当天凌晨，江阴市周庄镇发现核酸检测异常人员，启动应急处置机制。

4日 惠山经济开发区举行"长安创新未来城"城市建设项目"云签约"仪式，与中交一公局集团有限公司和上海浦东发展（集团）有限公司达成战略合作协议。项目规划面积38平方千米，投资规模160亿元。

5日 市委书记、市委国家安全委员会主任杜小刚主持召开十四届市委国家安全委员会第一次会议。

△2022年上半年全市重大产业项目"云签约"仪式举行，总投资934.7亿元的38个重大产业项目签约落地。市委书记杜小刚致辞，市长赵建军主持签约仪式。

7日 无锡经开区国际示范区启动建设，规划面积11平方千米，涵盖居住、商办、公共配套、公共绿地等全功能要素。

10日 北尖公园净水厂、惠联飞灰填埋场二期、京杭运河无锡段绿色现代航运综合整治工程、锡澄水厂分布式光伏发电站等上半年重大市政基础设施项目举行开工现场会，市长赵建军宣布开工。

11日 中央宣传部、中央文明办等部门联合公布2021年度全国学雷锋志愿服务"四个100"先进典型名单，无锡市3个典型上榜，分别是最美志愿者俞斌、最佳志愿服务组织宜兴市"蜜蜂行动"新时代文明实践志愿服务队、最美志愿服务社区晴山蓝城社区。

12日 兴达公司认捐5000万元设立"华若中慈善信托"，成为《中华人民共和国慈善法》实施后无锡首单慈善信托。

13日 无锡市在大溪港湿地外太湖首次拍摄到国家一级保护野生动物黄嘴白鹭。

13—16日 锡山区举办"初夏焕新，车享生活"新能源新消费主题活动暨首届新能源汽车展。

15日 华庄街道居民陆文明向华庄中学捐赠200万元，成立"纯璞教育基金"，用于奖励该校每年的优秀毕业生。

16日 无锡市获评2021年江苏省自然资源节约集约利用模范市，成为全省唯一4次获此荣誉的设区市。

△无锡市举行2022年网络文明建设"锡望E家同心工程"启动仪式，现场启动2022"数智无锡"网络大V看无锡、网络文明无锡行等系列活动。

17日 "太湖湾科创带滨湖知识产权1～5号资产支持专项计划"获上海证券交易所批复。该产品是全市首个知识产权证券化产品，也是全国首个涉及集成电路布图设计的证券化产品。

18—20日 省委书记吴政隆在无锡调研疫情防控、科技和产业创新、重大项目建设、太湖治理和安全度夏等工作。

18日 中国电力建设史上规模最大、技术难度最大的跨江联网输变电工程——江苏凤城至梅里500千伏输变电工程首根导引绳跨越长江南北完成对接，该工程完成首次水上施工。

19日 滨湖区举行国投公司项目合作专场签约仪式，总投资超110亿元的8个项目涵盖基金合作、股权投资、人才安居等多个领域。滨湖（上海）中心同时揭牌。

20日　总投资近60亿元的PIB中荷设施农业全产业链合作项目签约落户宜兴。其中，宜兴·中荷铪科农芯融创园项目总投资50亿元。

21日　苏南瑞丽航空公司开通腾冲—揭阳航线。

24日　市委人才办联合市人才集团等单位共同发起"太湖人才"冠名奖学金项目，首批拟在全国各大高校设立200个奖学金，每年奖励5000名优秀大学生。

△无锡市召开创建国家食品安全示范城市推进大会。

26日　无锡城市发展研究中心揭牌。第十届、十一届全国政协副主席，研究中心专家咨询委员会名誉主任黄孟复视频致辞，市委书记杜小刚讲话，市长赵建军、市政协主席项雪龙为中心揭牌。

27日　总投资额108亿元的11个项目落户宜兴丁蜀镇，其中过半项目与通航产业有关。

27—28日　市长赵建军率团到连云港参加南北结对帮扶合作联席会议。连云港市委书记方伟出席联席会议并讲话，连云港市市长马士光主持会议。

28日　市长赵建军率团到徐州考察交流。徐州市委书记宋乐伟会见考察团一行，徐州市市长王剑锋出席座谈会并一同考察。

△市科协举行2022年"全国科技工作者日"主场活动暨"行有界、创无边"无锡市"十大科技人物"颁奖活动，公布2022年度无锡市"百名科技之星""十大科技人物"评选结果。

△市第二人民医院副院长、泌尿外科学科带头人冯宁翰获世界华人泌尿外科学会2022年度新星奖。

29日　马山西太湖湿地公园等5个治水项目获1.08亿元中央水污染防治专项资金支持。

30日　周培源故居入选2022年度首批科学家精神教育基地。

△全市首个数字经济产业基金——总规模10.05亿元的产发梁溪数字经济基金项目落户梁溪区。

6月

2日　无锡高新区（新吴区）2022年集成电路产业项目签约暨新港集成电路装备零部件及材料产业园开工仪式举行，总投资203亿元的18个集成电路产业项目签约落地。市长赵建军宣布产业园开工，副市长周文栋为入驻企业揭牌。

△滨湖区与无锡药明生物技术股份有限公司签署合作协议，药明生物科技园二期签约。市委书记杜小刚、市长赵建军会见药明生物首席执行官陈智胜一行。

△无锡市入选2022年中央财政支持普惠金融发展示范区名单，是全省首批入选的3个地区之一。

5日《2021年度无锡市生态环境状况公报》公布。公报显示，2021年无锡市单位GDP能耗和二氧化碳排放量比上年分别下降3.2%、4.7%，$PM_{2.5}$年均浓度为29微克/立方米，为有监测数据以来最好水平。

△"追青逐绿，绿动无锡"2022年无锡市"环境月"活动启动仪式在雪浪小镇举行，市长赵建军宣布活动启动。启动仪式上，公布长江大保护、太湖治理、京杭运河整治等5条生态文明建设示范典型"金山线"。

10日　无锡长三角数字经济产业园开工暨无锡高新区重大科技创新项目签约仪式在无锡（国家）软件园举行，累计投资额超108亿元的

6月19日，严家桥村入选全省乡村旅游重点村名录　（严家桥村委会　供图）

30个项目签约。市长赵建军出席签约仪式并宣布产业园开工。

13日　省法治建设工作第四督察组到无锡开展督察，市委书记、市委全面依法治市委员会主任杜小刚汇报全市法治建设工作情况。

13—14日　全国政协常委、民盟中央副主席曹卫星带队到无锡，开展“长三角率先实现高质量发展与绿色化协同发展的路径与对策”重点课题调研。

15日　京杭大运河无锡段、梁溪河整治提升工程示范段建设启动。市委书记杜小刚宣布启动，市长赵建军讲话。

△江苏省第二批100个红色地名评选结果公布，无锡市有7个地名列入，分别是：陆定一祖居、礼社村（孙冶方故居、薛暮桥故居）、荣毅仁故居、中国共产党无锡第一个支部诞生地、无锡市革命烈士陵园、陆平村（“潘氏三杰”故乡）、苏南太滆抗日根据地纪念馆。

16日　内蒙古自治区鄂尔多斯市委书记李理率鄂尔多斯市党政代表团到无锡考察。

17日　江阴临港经济开发区总规模100亿元的新经济产业基金集中签约。

19日　无锡硕放机场无锡—大阪航线开通，成为该机场开通的第三条国际定期货运航线。

△宜兴市湖㳇镇竹海村、惠山区阳山镇新渎社区、锡山区羊尖镇严家桥村入选2022年江苏省乡村旅游重点村名录。

20日　中国权威民航服务测评机构CAPSE公布第八届CAPSE航空服务奖获奖名单，无锡硕放机场首次获得“最佳机场奖”。

21日　无锡航空航天产业园启动建设，航亚科技航空发动机关键零部件项目同步开工，总投资157亿元的30个项目集中签约，苏南瑞丽航空有限公司总部揭牌。市委书记杜小刚、副市长周文栋、航亚科技股份有限公司董事长严奇等共同推杆启动。

△无锡粮食集团揭牌成立。集团下辖10家企业，是集政策性粮油储备、应急物资储备及粮食产业化经营等功能于一体的大型综合性企业平台。

22—24日　青海省海东市政府代表团到无锡考察。23日，召开无锡市海东市东西部协作工作第十次联席会议、海东市招商引资无锡专场推介会，无锡市市长赵建军、海东市市长王华杰出席会议，共同见证项目签约。

24日　市政府与天津大学全面合作协议签约仪式举行。市委书记杜小刚参加相关活动。中国工程院院士、天津大学校长金东寒，市长赵建军出席签约仪式并致辞，共同为天津大学无锡研究院揭牌。

27日　“聚贤惠锡·合筑未来”无锡城市更新思享会在无锡博物院举办。原建设部部长汪光焘作主旨演讲，市委书记杜小刚致辞。

28日　力神动力电池研发总部及生产基地项目开工仪式举行，市长赵建军出席并宣布开工。

29日　无锡地铁4号线二期工程开工。市委书记杜小刚下达开工指令，市长赵建军讲话。工程西端连接博览中心站，起于瑞景道站，在无锡新区站与地铁3号线、沪宁城际高铁换乘，止于锡士路站。

6月29日—7月1日　陕西省延安市党政代表团在无锡考察。7月1日，无锡延安东西部协作、革命老区重点城市对口合作项目签约暨无锡延安首航开通仪式在无锡举行。陕西省委副书记、延安市委书记赵刚，江苏省委常委、统战部部长惠建林讲话，无锡市委书记杜小刚致辞。

7月

1日　是日起，全市生产经营出现暂时困难的所有中小微企业、以单位方式参保的个体工商户，可申请缓缴养老保险、失业保险、工伤保险三项社保费单位缴费部分，缓缴实施期限至年底。

7—10日　宜兴市主要领导带队赴深圳开展招商主题活动，15个产业、基金、科创类项目签约，协议总投资（规模）155.8亿元，宜兴环科园（深圳）科创中心等科创、人才飞地揭牌启用。

7月1日，无锡延安首航开通　（市发展改革委　供图）

9日 中国水产科学院淡水渔业研究中心研发的青虾“太湖3号”通过农业农村部新品种审定。该品种青虾发源于无锡，生产性能全国最优。

14日 无锡与连云港合作开行的首个无锡—连云港中欧(亚)接续班列首发，加快打开无锡—连云港—海外(锡连欧)国际铁路物流通道。

△梁溪区举行区重大项目“云签约”仪式，8个重大项目总投资44.5亿元。

17日 在第十四届全国见义勇为英雄模范表彰大会上，无锡陈传香、郝转平被中央政法委授予“全国见义勇为模范”称号。

19日 无锡市入选全国第二批“城市一刻钟”便民生活圈试点名单。

21日 位于新吴区鸿山旅游度假区的吴越文化数字科创谷一期工程开工。市委书记杜小刚宣布项目开工，市长赵建军致辞。

22日 功率半导体与集成电路国际工程科技战略高端论坛在无锡举行。中国工程院副院长、院士钟志华讲话，市委书记杜小刚出席，市长赵建军参加相关活动。

△江苏隆达超合金股份有限公司在上海证券交易所科创板上市。市长赵建军，市委常委、常务副市长蒋敏等出席“云上市”仪式。

△无锡新增10处省级“乐享园林”。入选项目分为“口袋”公园、城市绿道和桥下空间3类，有“江小澄”小微绿地、锡澄运河特色空间、高浪路机场路桥下空间更新等。

23日 2022无锡“太湖购物节”夏日消费季启幕仪式在融创文旅城举行。市委书记杜小刚宣布活动启动，4000万元惠民消费券在线上派发。

△2022“乐游无锡”系列活动启动仪式在惠山古镇九龙壁广场举行，市长赵建军宣布活动启动。

26日 无锡市与中国国新集团和北交所分别签订战略合作协议。

27日 市委书记杜小刚在市民中心会见在全国和全省公安系统表彰大会上获表彰的功模代表。共有13个集体、36名个人获全国、全省表彰，6个集体、32名个人记一、二等功，124个集体、953名个人受到各级各类表彰。

△2022无锡市网络文明月暨“锡网群心”网上群众路线工程启动。市委书记杜小刚，省委宣传部副部长、省委网信办主任杨力群出席启动仪式。

28日 无锡高新区与阿尔卑斯阿尔派株式会社举行战略合作云签约仪式，阿尔卑斯阿尔派新世代电子元器件项目落地。

29日 总投资100亿元的长电微电子晶圆级微系统集成高端制造项目开工，是国内集成电路封测和芯片成品制造行业生产技术水平最高、单体投资规模最大的大型智能制造项目。

8月

2日 江苏菲沃泰纳米科技有限公司在上海证券交易所科创板上市，成为惠山区首家、无锡第12家科创板上市公司。

3日 全市立法工作会议召开，对未来5年人大立法工作和落实5年立法规划作具体部署。市委书记杜小刚、市长赵建军参加会议并讲话。

3—7日 由中国摄影家协会、江苏省文联、无锡市政府主办的中国第18届国际摄影艺术展在雪浪小镇举办。这是中国国际影展首次在江苏举办。

4日 第22届“红豆七夕节”暨红豆65周年云庆典活动在无锡举行。第十、十一届全国政协副主席黄孟复视频讲话，中央统战部原副部长、全国工商联原党组书记、第一副主席胡德平，国务院参事、全国工商联第九届副主席谢伯阳出席并致辞。

4—6日 2022太湖湾生命健康未来大会举行。全国人大常委会副委员长、农工党中央主席陈竺视频讲话，副省长胡广杰到会祝贺，市委书记杜小刚致辞。会上，无锡市知识产权保护中心、江苏省药品监督管理局审评核查无锡分中心以及省食品药品监督检验研究院无锡检验室、省医疗器械检验所无锡检验室揭牌，总投资超300亿元的52个生物医药项目集中签约。

7日 第13届中国大学生服务外包创新创业大赛在无锡落幕，南京大学、江南大学等24支代表队分获企业命题类、创业实践类一等奖。

8日 中国少年先锋队无锡市第八次代表大会开幕。市委书记杜小刚讲话，团省委副书记、省少工委主任熊俊到会祝贺。

△无锡市德科立光电子技术股份有限公司在上海证券交易所科创板挂牌上市。

9日 无锡市与中国中车集团签署战略合作框架协议。市委书记杜小刚、中国中车集团董事长孙永才致辞。

△南京大学无锡应用生物技术研究所成立，南京大学党委书记胡金波、市委书记杜小刚为研究所揭牌。

△工业和信息化部公布第四批专精特新“小巨人”企业名单，无锡入围56家。

11日 尚贤湖基金PARK重大项目集中签约仪式在无锡经开区举行，12家基金签约入驻，总规模超230亿元。清科长三角(无锡)创投中心揭牌。

△全市首台经营性租赁加装电梯在梁溪区惠畅里小区35栋交付使用。

12日 无锡市与青海省海东市开通航线，实现直航。

13日 无锡市政府、连云港市政府联合主办中欧班列“江苏号”无锡—连云港—乌兹别克斯坦班列开行首发仪式。无锡市市长赵建军宣布首发班列开行。

△第二届未来食品与生物技术高峰论坛举行，市委书记杜小刚与中国工程院院士、江南大学未来食品科学中心首席科学家陈坚为宜兴食品与生物技术研究院揭牌。

22日　市金融支持地方经济社会高质量发展暨重大项目投融资合作签约仪式举行，一批基础设施投资基金、EOD、债券、保险等项目投融资合作事项签约落地。市委书记杜小刚宣布无锡市中心城区智能化停车场改造提升和新建工程（二期）开工。

24日　市委、市政府召开全市基层治理体系和治理能力现代化建设工作推进会。市委书记杜小刚要求，建立健全基层治理体制机制，提升基层治理社会化、法治化、智能化、专业化水平。市长赵建军主持会议。

25—26日　第二届中国集成电路设计创新大会暨IC应用博览会在锡召开。市长赵建军出席开幕式，副市长周文栋等致辞，中国工程院院士丁荣军等作主旨报告。

27日　第五届江苏人工智能大会在无锡开幕。市长赵建军、江南大学党委书记朱庆葆出席开幕式并为江苏省人工智能国际合作联合实验室揭牌。

28日　位于宜兴太湖大道180号的江南大学东氿校区启用，首批学生从蠡湖校区迁至新址。

31日　先进技术成果长三角转化中心无锡分中心揭牌仪式暨2022无锡先进技术产业合作交流会在惠山区举行。无锡市政府与中国交通信息科技集团有限公司签署深化北斗应用与产业发展战略合作框架协议，首批6个项目签约入驻无锡分中心，一批无锡市先进技术成果合作项目集中签约。

△2022中国先进感知产业生态大会在无锡召开，由无锡物联网创新促进中心建设的“科创中国”物联网创新基地揭牌。

8月底　无锡建成首个运用数字孪生技术实现实时动态管理的社区——蠡桥社区。

9月

1日　无锡高新区与松下电器（中国）有限公司签署战略合作框架协议。市委书记杜小刚会见松下控股株式会社集团代表董事全球副总裁、松下电器（中国）有限公司董事长本间哲朗并出席签约仪式。

△梁溪区电商产业园入选商务部2022年新增国家电子商务示范基地名单。

2日　2022无锡（北京）科技合作洽谈会在北京举行，74个战略合作及重大科技合作项目签约，总金额202.34亿元。

△由沃兰特航空自主研发的首架电动垂直起降飞行器（eVTOL）全尺寸技术验证机在丁蜀机场1号机库完成总装正式下线。

△全市城管系统启动“城管进社区，洁美绘无锡”试点工作，首批在40个街道、219个社区试行。

3日　无锡丁蜀机场获得民航华东地区管理局颁发的通用机场使用许可证，正式取证运行。

5日　江苏省第20届运动会闭幕，无锡获得158枚金牌、401枚奖牌，总分4591.5分，金牌、奖牌数创历史新高，位居全省第一方阵。

6日　2022中国企业500强、中国制造业企业500强、中国服务业企业500强榜单发布，无锡58家企业入围，连续第四年居全省首位。

△中国移动长三角（无锡）马山数据中心项目开工仪式在无锡太湖国家旅游度假区举行。项目建筑面积超12万平方米，总投资约102亿元。

7日　2022年“中国民营企业500强”榜单发布，无锡市27家企业入围，居全省首位。

△在第七届中国国际绿色创新发展大会上，公布新一批9家绿色低碳示范园区，宜兴经济技术开发区名列其中。

8日　无锡火车站南广场片区综合更新等7个项目入选江苏省首批城市更新试点名单。

△第二届长三角体育节开幕式在无锡太湖广场举行。副省长陈星莺等出席开幕式并启动体育节。

9日　中匈（无锡）高科技发展中心、玛格努斯航空工业项目“云签约”仪式在无锡市举行。市长赵建军、匈牙利驻华大使馆科技参赞鲍洛安共同见证签约。

△“聚贤惠锡，荣耀锡商”荣氏家族企业家精神学术研讨会召开。省人大常委会原副主任洪锦炘、省政协原副主席徐鸣出席，市委书记杜小刚、省委统战部副部长李卫华讲话，荣毅仁之子荣智健视频致辞。

△“功勋不朽，薪火永传”——纪念姚桐斌诞辰100周年主题活动暨故居焕新启用仪式在锡山区东港镇举行。

14—15日　省政协副主席洪慧民率队到无锡调研指导协商议事工作。

15日　欧美同学会海归小镇（无锡·物联网）揭牌，为全国首批、全省唯一的海归小镇。全国人大常委会副委员长、欧美同学会会长、民盟中央主席丁仲礼与省委常委、统战部部长惠建林为海归小镇揭牌。

15—16日　省人大常委会副主任曲福田率队到无锡调研长江船舶污染防治立法工作，召开《江苏省长江船舶污染防治条例（草案）》立法调研座谈会。

16日　由中国工程院院士、湖南大学机械与运载工程学院院长丁荣军领衔的湖南大学无锡半导体先进制造创新中心在锡山经济技术开发区揭牌。

17日　无锡高新区与国联集团联合举行益多环保热电厂关停暨城市更新项目签约仪式。

△江苏长电科技股份有限公司、无锡小天鹅电器有限公司获省长质量奖提名奖。

19日“聚贤惠锡，鹏翔故里”——

9 月 23 日，梅里遗址博物馆开馆　　（新吴区档案史志馆　供图）

纪念唐翔千百年诞辰贤德广场捐赠仪式在锡山区羊尖镇严家桥举行。上海唐君远教育基金会向严家桥村捐赠资金用于贤德广场建设。

△江苏省第 11 届残疾人运动会在泰州闭幕。无锡有 84 名残疾人运动员参赛，获得 73 枚金牌、20 枚银牌、6 枚铜牌。

△无锡自然博物馆项目开工建设。项目位于马山拈花湾，规划于 2024 年建成开放。

20 日　2022 年中国农民丰收节江苏重点活动无锡会场在宜兴市西渚镇白塔村开幕。

△无锡高新区（新吴区）与全球四大会计师事务所之一的毕马威（KPMG）签署战略合作协议。11 月 2 日，毕马威无锡分公司开业。

20—21 日　省人大常委会副主任马秋林带队到无锡开展《中华人民共和国长江保护法》《江苏省长江水污染防治条例》执法检查。

21 日　全国人大常委会副委员长、农工民主党中央主席陈竺率农工民主党中央调研组到无锡调研。

22 日《无锡市智能网联汽车道路测试与示范应用管理实施细则》出台，无锡成为全国首个智能网联汽车全域测试、示范的城市。

△文远知行自动驾驶华东总部项目签约落地无锡经开区。市委书记杜小刚出席总部签约与全域公交自动驾驶首发仪式。

△江南大学副教授袁徐庆策展的《静水流觞》九人摄影展在 2022 平遥国际摄影节获"最佳策展人"奖。

23 日　省工商联发布"2022 江苏民营企业 200 强""民营企业制造业 100 强""民营企业创新 100 强""民营企业绿色发展领军企业" 4 张榜单，无锡分别有 36 家、26 家、13 家、8 家企业上榜。

△建筑面积 1941 平方米的梅里遗址博物馆在梅里古镇开馆。

26 日　省工业和信息化厅发布 2022 年度省重点工业互联网标杆工厂认定名单，好达电子榜上有名。

27 日　全市信访工作会议召开。市委书记杜小刚、市长赵建军会见受到全国、全省表彰的全市信访系统先进代表、全国优秀基层信访局局长和全省最美信访干部及部分会议代表。

△江阴至俄罗斯苏维埃港散集货直航项目落户无锡（江阴）港，为全国首条通达俄罗斯苏维埃港的国际直航航线。

28 日　省科技厅公示 2022 年度拟建设试点的首批 10 家创新联合体名单，中科芯集成电路有限公司、法尔胜泓昇集团有限公司、华进半导体封装先导技术研发中心有限公司等无锡企业分别牵头组建的 3 家创新联合体入围。

△市场监管总局批复同意无锡等 17 个城市创建全国网络市场监管与服务示范区。

29 日　无锡高新区与香港理工大学举行"云签约"，香港理工大学无锡科技创新研究院落地。市委书记杜小刚出席仪式，市长赵建军讲话，香港理工大学校董会主席林大辉、校长滕锦光分别视频致辞。

30 日　全国爱卫办发布《关于 2021 年度全国健康城市建设评价结果的通报》，在 30 个全国健康城市建设样板市中，无锡市居全国第二位、全省第一位。

△宜兴市政府与株洲中车时代半导体签署合作协议，中低压功率器件产业化（宜兴）建设项目落地。市委书记杜小刚、市长赵建军出席签约仪式。

10 月

1 日　省重大项目锡华新能源总部及风电核心装备项目开工仪式在滨湖区举行，市长赵建军宣布开工并为项目培土奠基。

8 日　市委书记杜小刚主持召开全市优化营商环境工作推进会，市长赵建军作具体部署。

△无锡"非凡十年"主题报道展在市民中心开幕。市委书记杜小刚、市长赵建军、市政协主席项雪龙等参观展览。

△江苏佰澳达生物科技有限公司向市慈善总会捐赠 2000 万元，冠名设立"佰澳达慈善爱心基金"，为全市首单"慈善＋股权"新型捐赠。

10 日　全市质量大会召开。市长赵建军讲话，并为 2021 年度市长质量奖和市质量管理优秀奖获奖企业颁奖。

11 日　位于宜兴丁蜀镇上坝村

的太湖凤凰山康养谷启动建设，项目总面积200公顷，总投资50亿元。

13日 “引江济太”江阴环境治理与科创产业发展等3个EOD（以生态环境为导向的开发模式）项目入选国家生态环保金融支持项目库，入选数量全省第一。

△无锡亿能电力设备股份有限公司在北京证券交易所上市，为无锡第二家、新吴区首家在北京证券交易所上市的企业。

17日 嘉兴南湖红船图纸捐赠仪式在无锡市档案史志馆举行。无锡造船师傅后人徐经纬、徐穆杰父子将珍藏60余年的南湖红船手绘图纸《南湖游山船船体结构图》《南湖游山船分布结构图》捐赠给无锡市档案史志馆。

19日 2022无锡“名特优”食品小作坊评选揭晓，灵山素食有限公司、朱顺兴食品加工场等50家小作坊获“食品名坊”称号。

24日 为期38天的2022太湖文化艺术季在无锡大剧院开幕。艺术季推出精品舞台剧演出、社会文化活动、梦想艺术汇、艺术作品展览、惠民文化活动五大板块共计百场线下活动。

25日 无锡市镇村志编纂文化工程现场推进会在江阴市徐霞客镇举行。

26日 无锡经济开发区与华东师范大学、狄邦教育集团签署合作办学协议，共建华东师范大学附属无锡太湖湾学校（暂定名）、华东师范大学基础教育创新改革试验区。

△大型原创锡剧《袁仁仪》在市人民大会堂首次公演。袁仁仪为锡山区羊尖镇严家桥人，锡剧宗师。

27日 第14届中国集成电路封测产业链技术创新发展高峰论坛在无锡举行，国家集成电路封测产业链技术创新战略联盟办公室同步启用并落户无锡高新区。市长赵建军出席活动。

△市十七届人大常委会第七次会议审议并通过《无锡市人民代表大会常务委员会关于设立“无锡工匠日”的决定》，决定每年4月27日为“无锡工匠日”。

△国家知识产权局公布2022年度国家知识产权示范企业和优势企业评定结果，江苏华宏科技股份有限公司、双良节能系统股份有限公司等4家企业入围示范企业，江苏长电科技股份有限公司、无锡先导智能装备股份有限公司等8家企业入围优势企业。

△上机数控（江阴）光伏智造产业园项目签约落地江阴市。市委书记杜小刚、市政协主席项雪龙、市委副书记朱爱勋等出席签约仪式。

△总投资54亿元的无锡华晟异质结智能制造项目开工仪式在锡山区举行。市委书记杜小刚、市长赵建军、市政协主席项雪龙、市委副书记朱爱勋出席开工仪式。

△无锡市组织全省首个“赴日经贸包机”活动，到日本开展业务。

28日 2022年市重大卫生健康合作项目集中签约。市委书记杜小刚为国家传染病医学中心无锡基地揭牌。

△比利时纺织机械先进制造企业范德威尔—萨维奥中国总部及纺织机械研发制造基地项目奠基仪式在锡山经济技术开发区中欧高端装备产业园内举行，项目注册资本超亿美元。

△无锡慈善文化研究院成立揭牌仪式举行。该研究院由江南大学、市慈善总会联合打造。

28—30日 2022雪浪大会在雪浪小镇召开。中国工程院院士、雪浪小镇名誉镇长王坚，市长赵建军作主旨演讲。活动现场举行雪浪算力中心启用暨首批百企接入仪式。

11月

1日 全省首家见义勇为爱心超市在朝阳集团天惠超市学前街店揭牌成立。

△北京大学与无锡市通过“云签约”签署协议，缔结全面合作关系。北京大学长三角未来技术生命健康研究院、北京大学无锡电子设计自动化研究院落地无锡高新区。北京大学党委书记郝平出席签约仪式，中国科学院院士、北京大学校长龚旗煌讲话，市委书记杜小刚致辞。

△锡山区举办2022无锡锡山大院大所创新发展大会，国家火炬无锡锡山集成电路设计制造特色产业基地、中国产学研合作创新示范区、连城凯克斯省级院士工作站、上海交通大学溥渊未来技术学院锡山实践基地、锡山区高层次人才创新创业促进会揭牌。同时，22个校（院、所、院士）企产学研项目、12个特色园区和校（院、所）合作项目集中签约。

1—2日 省长许昆林在无锡专题调研推动战略性新兴产业融合集群发展。

2日 2022国际城市与城镇绿色创新发展大会在无锡举行。省政协副主席王荣平、住房城乡建设部总经济师杨保军、市委书记杜小刚、中国工程院院士王建国等出席活动。

△以“数聚未来、锡杭共生”为主题的2022无锡（杭州）数字经济产业交流合作洽谈会在杭州举行。市长赵建军，中国工程院院士王坚、杨华勇出席活动，并为雪浪工程院、雪浪工业软件研究院揭牌。28个超亿元产业项目在现场集中签约，总投资约138亿元。

△世界500强企业施耐德电气中国自动化研发中心签约落户无锡。

3日 以“砥砺新征程、科技向未来”为主题的2022江阴经贸合作洽谈会举行，36个重点重大项目在大会现场签约，总投资615亿元。

△新吴区入选国家进口贸易促进创新示范区。

△新华社新媒体元宇宙联创中心长三角基地落户锡山区。

3—4日 连云港市党政代表团到无锡考察。4日，无锡连云港南北结对帮扶合作第二次联席会议召开，签订无锡连云港工业园区共建协议。无锡市委书记杜小刚、市长赵建军与连云港市委书记马士光、市长邢正军座谈交流并陪同考察。

4日　2022亚布力论坛创新年会在无锡举行。省工商业联合会主席、省自然资源厅厅长刘聪，市委书记杜小刚、市政协主席项雪龙等出席活动。

△无锡国专纪念馆开馆，定址省文保单位无锡县学旧址(戟门)。

5日　2022无锡健康文化大会暨江苏省中医药宣传月无锡专场活动在惠山古镇景区启动。无锡百余名医务工作者携手上海瑞金医院专家团开展大型义诊。

△以“乐游无锡，心动江南”为主题的上海“无锡文化旅游周”在黄浦江畔启幕，新版无锡文旅宣传片《遇见无锡》现场首发。

7日　江阴临港氢能产业发展论坛暨重点氢能项目集中签约仪式举行。市长赵建军揭牌并见证项目签约。

△商务部等八部门决定，在全国增设29个国家进口贸易促进创新示范区，无锡市新吴区入选。

△梁溪区新能源汽车项目集中签约暨金秋招商月重大项目签约仪式举行，现场共签约24个项目，总投资40亿元。

8日　无锡·横琴粤澳协同创新中心揭牌仪式暨锡澳合作交流会在珠海举行。中央人民政府驻澳门特别行政区联络办公室经济部副部长杨皓、市委书记杜小刚共同为协同创新中心揭牌。

△宝银特种钢管有限公司与瓦卢瑞克核电管材厂(广州)有限公司签署资产收购项目协议。市委书记杜小刚出席签约仪式。

8—10日　市委书记杜小刚率队到广东珠海观摩第十四届中国国际航空航天博览会，拜访参展央企并看望无锡参展企业，考察横琴粤澳深度合作区和当地知名企业。

10日　无锡市在全省率先开展城乡居民基本养老保险集体补助试点。

11日　农业农村部公布2022中国美丽休闲乡村名单，新吴区鸿山街道大坊桥村入选。

△无锡海吉亚医院新建项目开工仪式在太湖国家旅游度假区举行。

11—13日　2022长三角跨境电商行业发展峰会暨2022长三角跨境电商交易会在无锡举行，600多家外贸及跨境电商企业参展。市长赵建军出席开幕式并致辞。

12日　无锡村田电子有限公司新工厂项目开工仪式在无锡高新区举行。市长赵建军出席并为项目培土奠基。

△2022无锡锡山金秋招商合作恳谈会举行，总投资达445.4亿元的42个重大项目落户锡山区。

△首届以“跃动锡城·活力无锡”为主题的全民健身社区运动会举行。

13日　省重大项目健适医疗无锡创新总部在无锡(马山)国家生命科学院启用，清华工研院直属全球健康中心长三角分中心项目签约落地。市长赵建军出席启用仪式并见证项目签约。

15日　东南大学与无锡市签署共建东大无锡校区合作协议。东南

11月11日，新吴区鸿山街道大坊桥村入选中国美丽休闲乡村名单　　（市农业农村局　供图）

大学党委书记左惟，中国科学院院士、东南大学校长黄如，市委书记杜小刚，市长赵建军出席。

△无锡市首批41个错时开放、错时共享的共享车位向公众开放申请。

△全省首个港航水上党群服务中心在京杭大运河无锡新安水上服务区启用。

16日 “人类命运共同体”国际漫画插画大展2022颁奖典礼在无锡举行。中国日报社社长兼总编辑曲莹璞、市委书记杜小刚致辞，并为线下展览揭幕。

△在世界智慧城市大奖中国区颁奖典礼上，无锡获2022全球智慧城市大会“宜居和包容大奖”。

17日 第14届中国（无锡）国际新能源大会暨展览会开幕。国家发展改革委原副主任、国家能源局原局长吴新雄，副省长方伟，市委书记杜小刚等共同为大会启幕。

△首届长三角（5+10）城市集成电路技能大赛在无锡举行，长三角地区32家企业的130人参赛。

18日 无锡国家高新区高质量发展大会举行。副省长胡广杰、科技部火炬中心主任贾敬敦视频祝贺，市委书记杜小刚讲话，市长赵建军揭牌。

△首届梁溪古运河投创峰会举行，百亿元梁溪科创产业母基金成立。市委书记杜小刚出席会议。

△2022动力电池产业生态圈会议暨企业家峰会在无锡举行。会上，锡山区被中关村新型电池技术创新联盟授予“全国电池产业集群示范区”称号，总投资35亿元的4个新能源项目落户锡山区。

△北京大学长三角未来技术生命健康研究院、香港理工大学无锡科技创新研究院、上海交通大学医学院附属瑞金医院长三角健康研究院、无锡新加坡科创城、中欧（无锡）绿色产业合作创新区揭牌。

18—20日 第12届中国（无锡）国际文化艺术产业博览交易会举行。

19日 第三届江南文脉论坛在无锡开幕。第十届全国政协副主席张怀西到会祝贺。

△全球风电龙头企业金风科技南方基地项目签约仪式在无锡高新区举行，金风科技南方基地项目、全国氢能总部项目、全国环保总部项目、海上风电设计研究院、新能源数字化创新中心5个项目同时落地。

△全省首家红石榴就业促进中心在无锡市人力资源市场挂牌成立。

△在第十届中国生态文明论坛上，锡山经济技术开发区被生态环境部、商务部、科学技术部授予“生态文明建设示范区（生态工业园区）”称号。

20日 无锡丁蜀机场正式开航，航空产业园项目签约仪式同步举行。市委书记杜小刚出席开航仪式。

21日 由中央广播电视总台、江苏省人民政府联合主办的2022中国国际智能传播论坛在无锡举行。市长赵建军与中央广播电视总台技术局局长徐进签署战略合作协议。

△中央广播电视总台江苏总站苏南记者站启用。中央广播电视总台编务会议成员邢博出席仪式。市委书记杜小刚、中央广播电视总台江苏总站站长季明共同揭幕。

△无锡启动“江苏省老年人电子优待证”系统，在全省率先开通老年人电子优待证。

22日 由徐州市委书记宋乐伟、市长王剑锋率领的徐州考察团到无锡考察。

△市政府印发《无锡市残疾预防行动实施方案（2021—2025年）》，重点开展全生命周期的残疾预防活动。

△总投资50亿元的湖畔光芯超高清、高亮硅基OLED微型显示器项目在宜兴环科园奠基。市委书记杜小刚出席并为项目奠基培土。

△华润微电子迪思高端掩模项目奠基仪式在无锡高新区举行。市长赵建军出席并为项目培土奠基。

△无锡市儿童医院、无锡市第九人民医院（无锡市骨科医院）升级为三级甲等医院，全市“三甲”公立医院数增至11家。

22—24日 第四届全国集成电路“创业之芯”大赛总决赛在锡山区举行。

23日 无锡、苏州两市签署《苏州无锡协同发展战略合作协议》。省委常委、苏州市委书记曹路宝和市长吴庆文，与无锡市委书记杜小刚、市长赵建军座谈交流并一同考察。

△国家口腔疾病临床医学研究中心（上海交通大学医学院附属第九人民医院）产学研合作基地落户锡山经开区企业高峰医疗器械（无锡）有限公司。

24日 工业和信息化部召开的国家先进制造业集群现场会在无锡市举行。工业和信息化部副部长辛国斌出席会议并发言，市委书记杜小刚参加相关活动。

△由中国旅游研究院和无锡市人民政府共同主办、市文广旅游局承办的“2022中国城市旅游发展论坛”在拈花湾景区举行。

25日 2022“慧海湾”智能传感高峰论坛在无锡高新区举行，总投资约20亿元的30个物联网产业重点项目集中签约。

△首届先进制造业集群发展大会在无锡召开。

△中国（无锡）信息消费节在无锡开幕。

26日 2022世界物联网博览会在无锡开幕，并举行2022世界物联网无锡峰会。省委副书记、省长许昆林，工业和信息化部副部长徐晓兰视频致辞，副省长胡广杰出席，市委书记杜小刚致欢迎词，市长赵建军主持会议。峰会上，谭建荣等11名院士联名发布加快发展物联网“无锡倡议”。

△宜兴国家森林公园开园。公园位于宜兴市西南部，苏、浙、皖三省交界处，总面积3400公顷。

△中电海康无锡产业基地一期开园暨二期开工仪式在无锡高新区举行。副省长胡广杰出席，市委书记

杜小刚致辞。

△总投资2亿元的激光芯片研发及生产基地项目签约落户惠山高新区(洛社镇)。

27日 第三届中国(无锡)车联网产业发展高峰论坛在锡山区举行,首批5个江苏省车联网和智能网联汽车高质量发展先行区集中授牌。

28日 中央全面依法治国委员会办公室公布第二批全国法治政府建设示范地区和项目名单,无锡获评全国法治政府建设示范市。

△市委书记杜小刚,市委副书记、政法委书记朱爱勋为滨湖区人民法院金融法庭和市中级人民法院金融司法研究中心揭牌。

12月

1日 无锡农村商业银行金融科创中心项目开工仪式在锡东新城举行。该项目建筑面积约6.6万平方米,将打造为集银行、办公及文化展览中心于一体的多功能综合性总部基地。

6日 在2022年全国少年乒乓球锦标赛上,无锡小将孙龙、马梓铭和队友一起获男子团体冠军。

△无锡旅游调解仲裁中心揭牌成立,旅游投诉调解与仲裁衔接机制工作平台开始实体化运作。

7日 18时,无锡市统一撤销高速公路、国省干道、机场、火车站、汽车客运站等交通查验点,不再对跨地区流动人员查验核酸检测阴性证明和健康码,不再开展落地检。

8日 省民政厅等六部门联合公布2022年省级地名文化遗产名单,无锡有13个地名入选,包括:无锡、江阴、宜兴3个古城地名,荡口、梅里、长泾、周铁4个古镇地名,严家桥、礼社、赤岸、红豆树坞、湖塘里、胥井6个古村落地名。

△湖州市委书记陈浩、市长洪湖鹏率考察团到无锡考察。

△极电光能150兆瓦钙钛矿产线投产,为全球已投产且产能最大的钙钛矿光伏生产线。

9日 无锡经贸代表团联合苏州乘坐包机,赴欧洲开展经贸活动。

△2022中国关务发展大会在无锡举办,200多位进出口企业、贸易服务企业、口岸相关部门、行业协会的代表参会。

10日 中共无锡市委十四届四次全会举行。全会听取和讨论杜小刚受市委常委会委托所作的工作报告,审议通过《中共无锡市委关于深入学习贯彻党的二十大精神在新征程上全面推进中国式现代化无锡新实践的决定》《中国共产党无锡市第十四届委员会第四次全体会议决议》。

12日 高视医疗科技有限公司以"云敲锣"方式登陆香港证券交易所,成为锡山区首家生物医药和医疗器械领域的上市公司。

12—13日 中国共产主义青年团无锡市第二十次代表大会召开。市委书记杜小刚讲话,团省委副书记熊俊到会祝贺。

△无锡市残疾人联合会第八次代表大会召开。市委书记杜小刚出席开幕式并讲话,省残联副理事长杜晓镇到会祝贺。

13日 市档案史志馆举行《无锡抗战老兵的家国记忆》首发式。该书收录100位抗战老兵的口述史料。

△全市6家互联网医院开展线上新冠诊疗服务,为新冠感染者在线开具处方,并委托符合条件的第三方将药品配送到患者家中。

14日 无锡市尚贤教育集团与美国旧金山美洲中华中学校举行"百所华校云牵手"活动合作签约仪式,缔结为华文教育友好学校。

15日 2022江苏省网络安全发展大会在无锡开幕。省委常委、宣传部部长张爱军到会讲话,并与市委书记杜小刚,省委宣传部副部长、省委网信办主任杨力群共同启动数字安全铸盾护航行动。

△《无锡市国土空间生态保护和修复规划(2021—2035年)》通过市级评审,成为全省首个完成并通过评审的市级国土空间生态保护和修复规划。

16日 无锡市与美国圣安东尼奥市举行市长视频会,共同庆祝双方缔结友好城市十周年。无锡市市长赵建军、圣安东尼奥市市长罗恩·尼伦伯格、中国驻美国使馆公使井泉相聚"云端"并致辞。

17日 2023中国半导体投资联盟年会暨中国IC风云榜颁奖典礼发布"中国集成电路园区综合实力TOP30",无锡高新区居第二位。

18日 孙冶方经济科学研究院在江南大学商学院挂牌成立。该院是全国唯一以孙冶方命名的地方经济科学研究机构。

19日 首届梁溪区发展大会举行。市委书记杜小刚到会讲话,与市长赵建军共同为中国共产党无锡梁溪科技城管理局委员会、无锡梁溪科技城管理局揭牌。

△2022粤港澳大湾区主流媒体看无锡活动启动仪式举行。《南方日报》《深圳特区报》《香港商报》《澳门日报》等十余家粤港澳主流媒体到无锡的产业园区、创新基地、特色村庄等17个点位进行采访。

△市青联第十四届委员会第一次全体会议召开,选举产生新一届市青联领导班子。

21日 由新华社《瞭望东方周刊》、瞭望智库共同举办的2022中国幸福城市论坛在杭州举行,无锡连续第三年入选"中国最具幸福感城市"。

△新一代智慧城轨列车锡澄S1线时速120公里B型中国标准地铁在中车株机公司下线,标志着无锡首个高速城际轨道交通示范性项目落地。

△无锡首个智慧共享充电桩在海智办公大楼投运。

23日 2022中国年度最佳雇主评选结果公布,无锡连续4年获"中国年度最佳引才城市"称号,连续3

12月29日，锡山区九里仓轻文旅街区开街。图为街区夜景　（锡山区政府办　供图）

年获“中国年度最佳促进就业城市”称号。

△江苏微导纳米科技股份有限公司登陆上海证券交易所科创板，成为国内ALD设备“第一股”。市长赵建军出席“云上市”仪式。

△运河艺术公园开园暨“艺术点亮城市”公共艺术大展开幕式在运河公园举行。

△2022无锡经济开发区暖冬消费季启动暨周新里开街仪式在周新里商业街启幕。

24日　无锡市区第一、二批共103处历史建筑的保护利用图则编制完成，通过市国土空间规划委员会审议。

26日　锡山区入选首批国家水土保持示范县。

27日　无锡市首条市域轨道交通锡澄S1线高架段在江阴高铁站“入地”与地下段打通，由此全线贯通。

28日　由市委统战部、市委人才办、团市委共同指导创办的无锡市港澳青年创新创业基地运营启用。

29日　位于锡东新城商务区的九里仓轻文旅街区开街。该街区涵盖了艺术演绎、二次元、自主版权IP、灯影秀、水幕秀等高科技内容。

30日　京东航空开通无锡—深圳航线，全货机定期执飞，每周6班。

△10家市属国企向全市防治一线医务工作者定向捐赠1000万元人民币，副市长秦咏薪参加捐赠仪式。

编辑　葛　红

自然地理

【位置面积】 无锡市，别名梁溪，简称锡，江苏省省辖市。位于北纬31°07′～32°，东经119°31′～120°36′，地处长江三角洲江湖间走廊部分，江苏省东南部。东邻苏州，距上海128千米；南濒太湖，与浙江省交界；西南与浙江长兴、安徽广德交界；西接常州，距南京183千米；北临长江，与泰州市所辖的靖江市隔江相望。全市总面积4627.47平方千米，其中市区面积1643.89平方千米；陆地面积3724.98平方千米，水域面积902.49平方千米。

【地形地貌】 无锡市境内以平原为主，星散分布着低山、残丘。南部为水网平原；北部为高沙平原；中部为由低地辟成的水网圩田；西南部地势较高，为宜兴的低山和丘陵地区。无锡市地貌雏形，形成于中生代印支期(距今约1.8亿年)的华夏系构造，因褶皱成陆。燕山运动(距今约1.5亿～7000万年)因强烈的火山活动和新块褶皱构造的形成，使原来比较稳定的基底又生新复活升高。距今约2500万年的喜马拉雅运动，以差异性升降运动为主，在老构造的基础上，加强了东西间褶皱和断裂，使江阴、宜兴一线以东形成以现代太湖为中心的坳陷盆地，即太湖盆地。宜兴地区山体均作东西向延伸，绝对高度500米以上，最高峰为黄塔顶，海拔611.5米。江阴和无锡市区的山丘总体上呈北东、北东东走向，其高度由西南往东北逐级下降。最高峰为惠山三茅峰，海拔328.98米。

（锡 鉴）

【气候】 2022年，无锡市气温异常偏高，降水、日照总量正常但分布不均。主要天气气候事件有：春夏气温持续偏高，尤其是夏季高温历史罕见，高温日数和高温强度均破建站以来历史纪录，雨量、雨日明显偏少，出现春夏连旱；梅雨非典型性特征明显，梅期短、雨量少、高温日多；6月下旬至8月，多短时强降雨、雷暴大风、冰雹等局地强对流天气；“梅花”台风带来较明显风雨影响；10月3日超37℃的高温刷新最晚高温日纪录；11月末强寒潮，48小时最大降温幅度超过15℃，宜兴城区出现小冰雹。

年平均气温16.9℃（宜兴）～17.9℃（无锡），无锡、江阴仅低于2021年，为历史次高，宜兴并列历史第四高。其中，春季明显偏高，夏季异常偏高，冬、秋季正常略高，12月显著偏低。年极端最高气温41.2℃（无锡、江阴）～42.2℃（宜兴），年极端最低气温–9.5℃(宜兴)～–4.9℃(江阴)。年高温日数(日最高气温≥35℃)53天(无锡)～55天(江阴)；年低温日数(日平均气温＜0℃或最低气温≤–5℃)1天(江阴)～11天(宜兴)。根据气候学定义，本年度2021年11月22日入冬、3月24日入春、5月17日入夏、9月20日入秋。

表1 2022年无锡市气象要素初终日期表

单位：天

要素名称	上年度			当年度
	初 日	终 日	初终间日数	初 日
霜	11月23日	3月2日	100	12月6日
雪	11月8日	2月18日	103	11月30日
积雪	2月7日	2月8日	2	—
最低气温≤0℃	12月2日	2月25日	86	12月2日
地面最低温度≤0℃	11月23日	2月27日	97	12月2日
草面最低温度≤0℃	11月23日	3月2日	100	12月2日
当年无霜期天数	278			

（市气象局）

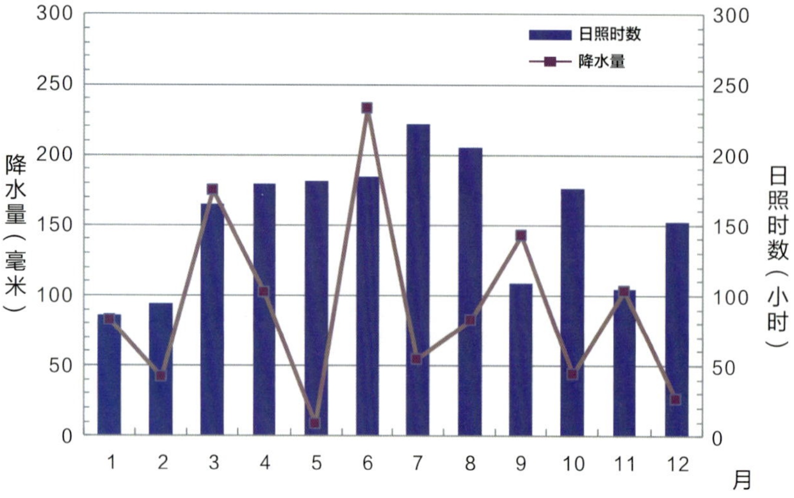

图1　2022年无锡市逐月降水量和日照时数示意图　　（市气象局）

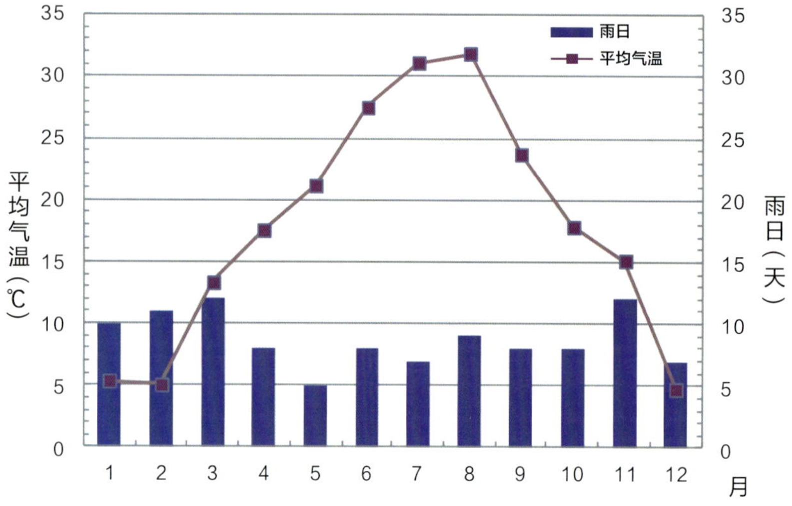

图2　2022年无锡市逐月平均气温和雨日示意图　　（市气象局）

表2　2022年无锡市主要雨量站降水量特征值统计表

地　区	站　名	年降水量（毫米）	年降水日数（天）	年最大日降水量（毫米）	出现日期
梁溪区	无　锡	1096.2	94	85.5	6月4日
滨湖区	直湖港闸	1094.3	94	66.5	6月4日
惠山区	洛　社	1006.2	88	62.5	9月12日
锡山区	甘　露	948.1	93	76.5	9月14日
江阴市	江　阴	911.9	84	48.5	4月28日
江阴市	青　阳	953.5	88	67.0	7月17日
宜兴市	横山水库	1082.7	115	56.5	3月21日
宜兴市	宜　兴	1013.9	98	75.0	6月4日
宜兴市	大浦口	957.2	103	73.5	6月4日

（市水文局）

年降水量1015.3毫米（江阴）～1095.7毫米（无锡），年雨日99天（江阴）～118天（宜兴）；年降水总量正常略少，但时空分布不均，冬、夏季降水偏少，春季正常，秋季偏多，12月明显偏少。无锡、江阴和宜兴的一日最大降水量分别为86.7毫米（6月5日）、84.5毫米（9月13日）和95.1毫米（6月5日），年暴雨日数（日降水量≥50毫米）3天（江阴）～5天（无锡）。

年日照时数1861.8小时（无锡）～1910.0小时（宜兴），与常年同期相比，冬季正常，春季正常略多，夏季显著偏多，秋季正常略少。

（夏　健）

【水文】 2022年，无锡市有水位站16处（其中潮水位站2处）、雨量站24处、流量站13处、16个测流断面、蒸发站2处、浅层地下水位站16处、深层地下水位站23处、地表水温站1处、地下水温站39处。全年降水量998.9毫米，较上年减少22.9%，较多年平均降水量偏少13.1%。最大年降水量站点出现在犊山闸站，为1225.1毫米。全年日降水量≥0.5毫米的雨日有94天，比常年少31天。水面年蒸发量956.6毫米，最大日水面蒸发量7.4毫米（7月14日）。

梅雨　2022年，无锡市梅雨期呈现入梅晚、出梅稍早、高温日多、梅雨量少、梅雨强度不大的特点。6月23日入梅，较常年偏晚6天；7月8日出梅，出梅期偏早3天；梅雨期15天，较常年少10天左右。梅雨量78.2毫米，比多年平均梅雨量少69.3%。梅雨期内，降水分布不均，无锡市区、江阴和宜兴的梅雨量分别为107.2毫米、97.1毫米和48.4毫米。

汛　期（5—9月）　2022年，无锡市降水量严重偏少，降水强度总体不大。降水量416.0毫米，较上年912.8毫米少54.5%，较多年平均降水量705.5毫米少41.0%，为1951年以来同期降水第三少的年份，仅少于1978年305.8毫米、1994年414.0

表3　2022年无锡市主要水位站水位特征值统计表

河　名	站　名	年最高水位（米）	出现日期	年最低水位（米）	出现日期	年平均水位（米）
大运河	洛　社	4.10	6月24日	3.19	1月16日	3.55
大运河	无　锡	4.06	6月24日	3.16	1月1日	3.52
太湖	犊山闸	3.72	3月28日	2.71	9月15日	3.20
太湖	大浦口	3.76	3月29日	2.67	9月15日	3.27
锡澄运河	青　阳	4.10	7月17日	3.19	1月1日	3.57
望虞河	甘　露	3.88	7月17日	2.97	6月29日	3.43
西氿	宜　兴	3.84	3月25日	3.04	1月13日	3.32
横山水库	横山水库	31.89	3月29日	26.52	11月3日	28.77
长江	江　阴	5.88	6月16日	0.98	12月24日	—

说明：表内水位为吴淞基面以上数值

（市水文局）

毫米。汛期全市最大单日面雨量为49.3毫米（6月4日），汛期雨日70天，日均降水超过25毫米的天数4天、超过50毫米的天数0天。

河道水情　1—4月，无锡地区受降雨偏多影响，区域骨干河道水位维持相对高位运行。锡澄地区代表站大运河无锡站平均水位3.48米，较上年同期高0.12米，比多年平均水位高0.25米。全站区内河各站在6月下旬或7月中旬出现年最高水位，在1月上中旬出现年最低水位。大运河无锡站（警戒水位4.00米）最高水位4.06米，最低水位3.16米；大运河洛社站（警戒水位4.00米）最高水位4.10米，最低水位3.19米；锡澄运河青阳站（警戒水位4.00米）最高水位4.10米，最低水位3.19米；西氿宜兴站（警戒水位4.20米）最高水位3.84米，最低水位3.04米；望虞河甘露站（警戒水位3.80米）最高水位3.88米，最低水位2.97米。

太湖水情　2022年，太湖平均水位3.23米，比上年低0.10米，比多年同期高0.02米；最高水位3.66米（3月27日），最低水位2.99米（1月4日）。大浦口站平均水位3.27米，最高水位3.76米（3月29日），最低水位2.67米（9月15日）。犊山闸站平均水位3.20米，最高水位3.72米（3月28日），最低水位2.71米（9月15日）。

长江水情　2022年，长江江阴站（警戒潮水位5.90米）6月16日（农历五月十八日）出现年最高潮水位5.88米，12月24日（农历十二月二日）出现最低潮水位0.98米。

横山水库水情　2022年，横山水库最高水位31.89米（3月29日），最大蓄水量3923万立方米，最低水位26.52米（11月3日），最小蓄水量1120万立方米。

（朱　玲）

【自然资源】 水资源　无锡地处水乡，全市有村级以上（长度150米以上）河道5635条，总长度7328.4千米；其中市区2193条，总长度3261.5千米。地表水较为丰富，外来水源补给充足。2022年，全市水资源总量182964万立方米，其中地表水资源量146348万立方米、浅层地下水资源量64710万立方米，扣除重复计算量28094万立方米。全年入境水量111.25亿立方米，出境水量118.14亿立方米，可供水量168.7亿立方米。

矿产资源　无锡地区矿产资源相对匮乏，已查明矿产有4类28种，其中：金属类矿产有铁、锰、铜、铅、锌、银、锡7种，非金属类矿产有石灰岩、白云岩、大理岩、陶土（包括白泥、甲泥、紫泥、嫩泥）、瓷（石）土、耐火黏土、水泥配料用黏土、砖瓦用黏土、水泥配料用黄土、石英砂岩、黄铁矿、沸石、磷矿、重晶石、耐火耐酸石材、铸型黏土、铸石17种；能源类矿产有煤炭、泥炭、浅层天然气3种；水气类矿产有矿泉水。已探明资源储量的有：煤炭4413.44万吨，铁矿269.73万吨，耐火黏土137.3万吨，泥炭11.5万吨，水泥用灰岩73170.8万吨，水泥配料用砂岩2612万吨，陶瓷土5781万吨，水泥配料用黏土1580.67万吨，水泥配料用黄土490万吨，饰面用花岗岩22万立方米，饰面用大理岩936.1万立方米。矿产资源分布不均匀，绝大部分矿种和储量分布在宜兴。

野生植物　据2021年无锡市野生植物调查，有苔藓植物44科94属221种（含种下单位），其中苔类15科18属31种、藓类29科76属190种，其中发现无锡市新记录苔藓2科（羽苔科、光萼苔科）3属（羽苔属、光萼苔属、长喙藓属）11种（落叶羽苔、刺叶羽苔、密叶光萼苔、小胞仙鹤藓、比拉真藓、双色真藓、裸萼凤尾藓、南亚灰藓、深绿褶叶藓、淡叶长喙藓、灰羽藓）。维管植物157科571属1189种（含种下等级），其中蕨类植物19科28属46种、裸子植物6科11属14种、被子植物132科532属1129种。银缕梅、银杏为国家一级保护植物，金钱松、秤锤树、大叶榉树、榧树、天竺桂、野大豆、细果野菱、香果树、金荞麦为国家二级保护植物。蕨类植物的石松属、卷柏属、木贼属，裸子植物中的金钱松属，被子植物中的木兰科、金缕梅科、五加科、安息香科、大血藤科等，均为古老成分。发现一年蓬、加拿大一枝黄花、大狼杷草、钻叶紫菀、土荆芥、喜旱莲子草、皱果苋、凤眼莲、曼陀罗、阿拉伯婆婆纳10种入侵植物。

野生动物　无锡市有鱼类107种（不含引进种），分属于13目25科，其中包括国家一级重点保护鱼种中华鲟、白鲟，国家二级重点保护鱼种松江鲈鱼、胭脂鱼。2021—2022年，无锡市开展陆生野生动物调查，发现陆生脊椎动物27目85科314种，其中国家重点保护动物66种。哺乳动物6目14科26种，宜溧山地地区兽类资源最为丰富。其中：中华姬鼠是最为常见的种类，小家鼠、华南兔、黄鼬为常见物种；国家二级重点保护动物3种（貉、豹猫、中华鬣羚），省重点保护动物7种（东北刺猬、黄鼬、猪獾、花面狸、貉、豹猫、中华鬣羚），中华鬣羚属无锡市兽类分布新记录；中华鬣羚和猪獾被世界自然保护联盟（IUCN）濒危物种红色名录评为易危级，豹猫被中国生物多样性红色名录评为易危级。鸟类18目61科264种，占全省鸟类总数的52.5%。其中：雀形目鸟类物种数最多，有26科102种；国家一级重点保护动物9种（东方白鹳、卷羽鹈鹕、黑脸琵鹭、黄嘴白鹭、中华秋沙鸭、青头潜鸭、白颈长尾雉、黑嘴鸥、黄胸鹀），国家二级重点保护动物49种（白琵鹭、白鹇等），省重点保护动物78种（小鸊鷉、凤头鸊鷉、苍鹭等）；青头潜鸭和黄胸鹀为IUCN极危级鸟类，东方白鹳、黑脸琵鹭、中华秋沙鸭、大杓鹬为IUCN濒危级鸟类。两栖动物1目3科8种，以叉舌蛙科的物种最多，其中，虎纹蛙为国家二级重点保护动物，黑斑侧褶蛙为IUCN近危级物种。爬行动物2目7科16种，以泽陆蛙和黑斑侧褶蛙最为常见，有毒蛇类仅见短尾蝮。其中，国家二级重点保护野生动物3种（乌龟、平胸龟、脆蛇蜥），省重点保护野生动物8种（中华大蟾蜍、乌龟、平胸龟、赤链蛇、王锦蛇、黑眉曙蛇、乌梢蛇、短尾蝮）。昆虫12目185种，其中：在宜兴林场发现中国特有物种、国家二级重点保护野生动物硕步甲1只，为江苏省新记录物种；国家“三有保护”昆虫2种（东方蜜蜂又名中华蜜蜂、双齿多刺蚁）；蝴蝶5科40种，其中虎斑蝶、粗突稻弄蝶、黎氏刺胫弄蝶、白缨孔弄蝶为省蝶类新记录物种。

（芮资涵　刘梦蛟）

政区人口

【建置沿革】　无锡是江南文明发源地之一，六七千年前已经有先民生息。有文字记载的历史可追溯到3000多年前的商朝末年。公元前11世纪末，周太王的长子泰伯为让王位于三弟季历，偕二弟仲雍，从现属陕西的岐山南奔梅里（今无锡梅村），筑城立国，自号句吴。周灭商后，因泰伯无子，周武王追封仲雍的五世孙周章为吴君，建吴国。周元王三年（前473年），越灭吴，无锡属越国。周显王三十五年（前334年），楚灭越，无锡属楚国。秦王政二十四年（前223年），秦灭楚，置会稽郡，无锡属之。汉高祖五年（前202年）始置无锡县，属会稽郡。始建国元年（9年）改名为有锡县，东汉建武元年（25年）复名无锡县。三国时，分无锡县以西为屯田，置毗陵典农校尉。西晋太康元年（280年）复置无锡县，属毗陵郡。隋、唐、宋相沿。元元贞元年（1295年）升无锡为州，属江浙行省常州路。明洪武元年（1368年）降州为县，属常州府。清雍正二年（1724年），分无锡为无锡、金匮二县，同城而治，均属常州府。民国元年（1912年），锡、金二县合并，复称无锡县，属苏常道。民国16年（1927年），无锡县直属江苏省。

1949年4月23日无锡解放，析无锡为无锡市、无锡县，市、县同城，无锡市属苏南人民行政公署。1953年建江苏省，无锡市为省辖市；无锡县属多次变化，先后属常州专区、无锡市、苏州专区管辖。无锡市区于1958年6月基本形成四区格局，即崇安、南长、北塘三区和郊区。1983年3月，实行市管县体制，原属苏州地区的无锡县、江阴县与原属镇江地区的宜兴县划为无锡市管辖。1988年，在马山镇包括马圩地区设立马山区。国务院恢复撤县设市工作后，1987年4月、1988年3月、1995年6月，江阴县、宜兴县、无锡县先后撤县设市，设立江阴市、宜兴市、锡山市。1995年3月，无锡市区和无锡县行政区划进行部分调整，组建无锡新区。郊区旺庄乡、无锡县硕放镇和坊前、新安、梅村3镇的19个行政村，连同无锡国家高新技术产业开发区、无锡新加坡工业园，由无锡新区管理。2000年12月，撤销锡山市，设立锡山区和惠山区；撤销马山区，马山区的行政区域和锡山市的部分9个镇并入郊区，郊区更名

表 4　2022 年无锡市行政区划统计表

区　域	市（县）（个）	市辖区（个）	镇（个）	街道（个）	村委会（个）	居委会（个）	面　积（平方千米）	户籍人口（人）
梁溪区	—	1	—	9	—	158	72.12	807795
锡山区	—	1	4	5	67	61	399.11	510006
惠山区	—	1	2	5	51	69	324.88	545065
滨湖区	—	1	1	8	7	109	627.99	585634
新吴区	—	1	—	6	7	109	219.79	406013
小　计	—	5	7	33	132	505	1643.89	2854513
江阴市	1	—	10	7	192	82	986.97	1269695
宜兴市	1	—	13	5	206	103	1996.61	1065878
小　计	2	—	23	12	398	185	2983.58	2335573
合　计	2	5	30	45	530	690	4627.47	5190086

（市民政局　市统计局）

表 5　2022 年无锡市乡镇街道一览表

单位:个

区　域	所辖街道、乡镇	镇	街道
梁溪区	街道：崇安寺、山北、清名桥、惠山、北大街、广益、扬名、黄巷、瞻江	—	9
锡山区	街道：东亭、安镇、东北塘、云林、厚桥 镇：羊尖、鹅湖、锡北、东港	4	5
惠山区	街道：堰桥、长安、钱桥、前洲、玉祁 镇：洛社、阳山	2	5
滨湖区	街道：河埒、荣巷、蠡湖、蠡园、华庄、太湖、雪浪、马山 镇：胡埭	1	8
新吴区	街道：新安、旺庄、硕放、江溪、梅村、鸿山	—	6
江阴市	街道：澄江、南闸、云亭、城东、夏港、申港、利港 镇：璜土、月城、青阳、徐霞客、华士、周庄、新桥、长泾、顾山、祝塘	10	7
宜兴市	街道：新庄、宜城、屺亭、新街、芳桥 镇：张渚、西渚、太华、徐舍、官林、杨巷、新建、和桥、高塍、万石、周铁、丁蜀、湖㳇	13	5
合　计	—	30	45

（市民政局）

为滨湖区。2015年10月，撤销崇安区、南长区、北塘区，合并设立梁溪区；析锡山区的鸿山街道和滨湖区的江溪、旺庄、硕放、梅村、新安5个街道，设立新吴区。

【行政区划】 2022年，无锡市辖梁溪、锡山、惠山、滨湖、新吴5个区，江阴、宜兴2个县级市。全市有30个镇、45个街道，下设530个村民委员会、690个居民委员会。

（韩科峰）

【人口】 2022年末，无锡市有户籍家庭182.28万户，户籍人口519.01万人，比上年增加3.76万人，增长0.7%。其中：男性253.49万人，占48.84%；女性265.52万人，占51.16%;60岁以上老龄人口141万人，占27.17%。户籍人口城镇化率86.61%，比上年提高0.71个百分点。常住人口749.08万人，比上年增加1.13万人，增长0.2%；城镇化率83.09%，比上年提高0.2个百分点。

（顾厚文）

【民族】 全市有汉族、蒙古族、回族、藏族、维吾尔族、苗族、彝族、壮族、布依族、朝鲜族、满族、侗族、瑶族、白族、土家族、哈尼族、哈萨克族、傣族、黎族、傈僳族、佤族、畲族、高山族、拉祜族、水族、东乡族、纳西族、景颇族、柯尔克孜族、土族、达斡尔族、仫佬族、羌族、布朗族、撒拉族、毛南族、仡佬族、锡伯族、阿昌族、普米族、塔吉克族、怒族、俄罗斯族、鄂温克族、德昂族、保安族、裕固族、京族、乌孜别克族、珞巴族、独龙族、鄂伦春族、赫哲族、门巴族、基诺族共55个民族。少数民族人口89667人。

【宗教】 无锡是江苏省宗教工作重点市之一，佛教、道教、伊斯兰教、天主教、基督教五大宗教齐全，有佛教协会、道教协会、伊斯兰教协会、天主教爱国会、基督教三自爱国会、基督教协会6个全市性爱国宗教团体。2022年，全市经登记并赋码换证的宗教活动场所280处，省民宗委授权托管的宗教院校1所，教职人员528人。

（朱奕奕）

历史人文

【史迹遗存】 无锡历史悠久，境内曾先后发现仙蠡墩、江阴佘城、高城墩、宜兴骆驼墩等先民遗址，还分布众多历史遗迹、名人故居。2022年，全市有全国重点文物保护单位34处，省级文物保护单位74处，市县级文物保护单位359处。全国重点文保单位有：寄畅园、薛福成故居建筑群、鸿山墓群、泰伯庙和墓、惠山镇祠堂、东林书院、昭嗣堂、天下第二泉庭院及石刻、阿炳故居、荣氏梅园、大运河、阖闾城遗址、大窑路窑群遗址、惠山寺经幢、小娄巷建筑群、无锡县商会旧址、秦邦宪旧居、茂新面粉厂旧址、荡口华氏老义庄、徐霞客故居及晴山堂石刻、佘城遗址、兴国寺塔、适园、黄山炮台旧址、刘氏兄弟故居、国民党江阴要塞司令部旧址、江阴蚕种场、国山碑、骆驼墩遗址、宜兴窑址、西溪遗址、蜀山窑群、周王庙及碑刻、洑溪徐氏宗祠。

【非物质文化遗产】 2022年，无锡市有国家级非物质文化遗产（以下简称“非遗”）代表性项目11项（梁祝传说、吴歌、无锡道教音乐、锡剧、无锡留青竹刻、惠山泥人、无锡精微绣、宜兴紫砂陶制作技艺、致和堂膏滋药制作技艺、宜兴均陶制作技艺、泰伯庙会），省级非遗代表性项目51项，市级非遗代表性项目168项，县（区）级非遗代表性项目131项；国家级非遗代表性传承人10人，省级非遗代表性传承人55人，市级非遗代表性传承人337人，县（区）级非遗代表性传承人188人；国家级非遗生产性保护示范基地1个（宜兴紫砂工艺厂），省级非遗生产性保护示范基地3个，省级非遗传承示范基地2个，市级非遗传承示范基地46个，市级非遗生产性保护示范基地18个，形成非物质文化遗产传承保护的基本梯队。

（周　文）

【历史名人】 无锡历史厚重，文化昌明，名人辈出。春秋时期，有三让王位的季札；东晋时期，有画圣顾恺之、

全国重点文保单位薛福成故居组照　（张惠良　摄）

书圣王羲之。自隋朝开创科举取士至清末废除科举，无锡先后诞生5名状元、3名榜眼、6名探花和3名传胪，共有540名进士、1200多名举人，出现“一榜九进士”“六科三解元”的科考佳话。有写出《悯农诗》的李绅，有藏书家尤袤，有“南渡第一名臣”李纲，有“元四家”之一的画家倪瓒，有“风声雨声读书声，声声入耳；家事国事天下事，事事关心”的顾宪成等东林学人，有地理家徐霞客，有“棋圣”过百龄，有史学家计六奇，有历史地理学家顾祖禹，有编选《唐诗三百首》的孙洙，有水利专家嵇曾筠、嵇璜父子。近代以来，涌现出以薛福成、李金镛为代表的洋务运动先驱，以荣宗敬、荣德生兄弟为代表的近代民族工商业者，以胡雨人、胡敦复、高阳等为代表的教育家，以徐寿徐建寅父子、华蘅芳、钱伟长、顾毓琇、王选为代表的科学家，以缪荃孙、钱穆、刘半农、钱锺书等为代表的文史学家，以孙冶方、钱俊瑞、陈翰笙、薛暮桥为代表的经济学家，以徐悲鸿、吴观岱、胡汀鹭、吴冠中、华君武、华秋苹、杨荫浏、华彦钧、刘天华、薛佛影等为代表的艺术家，更有秦邦宪、陆定一、王昆仑、严朴、荣毅仁等无产阶级革命家。至2022年，无锡籍中国科学院和中国工程院院士有96人。

【风俗】 无锡人民长期生活在太湖之滨，在特定的自然和社会环境以及共同的生产实践和社会交往中，逐渐形成具有无锡地方特色的风俗。随着时代的发展，有些风俗沿袭至今，有些则已经消亡。至今无锡依然传承的重要传统节俗有：春节祭祖、吃年夜饭、守岁、贴春联、拜年、发压岁钱、初一吃糕丝团子等，元宵节赏花灯、猜灯谜，清明节上坟祭祖，端午节吃粽子、赛龙舟，夏至吃馄饨，中秋赏月、吃月饼，重阳节登高、吃重阳糕，冬至吃汤团、吃冬至夜饭等，与苏州、常州基本相同。无锡人庆寿讲究“做九不做十”，即在60、70、80虚岁时做寿，寿宴选择在春节期间举行，与别处不同。小孩满月，要“做满月”，办面筵，第一次为孩子剃头；孩子满100天或周岁时，也需办面筵宴请亲友，称为“做百日”“做周岁”，此类风俗流行于无锡城乡。饮食方面，无锡民间主食为大米，兼食面粉。菜肴口味偏甜，讲究浓油赤酱，咸中带甜。喜饮茶，城市居民以饮绿茶居多，秋冬亦饮红茶。旧时喝酒以黄酒居多，乡间常在深秋用糯米自酿甜酒（俗称“老白酒”），用于自饮和待客。

【方言】 无锡（不含江阴、宜兴）方言属吴方言，处于常州小片和苏沪嘉小片的过渡地带。随着社会、历史的长期发展，逐步形成自己的特点。无锡音系有声母34个，其中清声母18个、浊声母16个；浊声母再可分为全浊11个、次浊5个；有韵母48个；声调8类：平、上、去、入，各分阴阳，每个调类各有调值。语言学家赵元任在《现代吴语的研究》中说：无锡的“阴上字（好、走）的声调特别”，这是构成“无锡腔”的重要因素。无锡方言中，声母[ts][tɕ]两组并存不混；连读变调对某些语法现象有区别作用，为太湖片仅有。无锡方言存在地域差异，“十里不同音”。东片的厚桥、甘露、荡口、鸿声、后宅、硕放一带，语音与苏州接近；东北部的羊尖、港下一带，语音与常熟接近；西片的陆区、马山以及胡埭一带，语音与武进接近。新中国成立后，随着普通话的推广、外来人口的涌入，以及受周边方言的影响，无锡方言在语音上发生一些变异。

（锡　鉴）

城市标识

【城市名片】 太湖佳绝处　无锡位于烟波浩渺的太湖西北岸，太湖在此形成了多个水湾和曲折有致的精华水岸。山脚下、水岸边，则分布着鼋头渚、蠡园、唐城、三国城、水浒城、宝界山森林公园等园林景观，造就无数美景。鼋头渚独占太湖风景最美一角，融太湖美景淡雅清秀与雄奇壮阔于一体。著名诗人郭沫若在游览太湖时欣然作诗，赞誉“太湖佳绝处，毕竟在鼋头”。

运河绝版地　京杭大运河在长江以南称江南运河，在无锡境内有40千米。无锡有这么一句民谣：“先有古运河，后有无锡城。”大运河的开凿，畅通的南北漕运，给无锡带来无限繁荣和生机。运河两岸集中无锡的米码头、布码头、丝码头、钱码头、书码头，诸多著名的人文景观亦大多分布于古运河之畔。其中，南长古街、南下塘沿线长度约1500米，两岸建筑密集，房屋错落，人家枕河，集寺、塔、河、街、窑、宅、坊、弄、馆等人文景观于一体，被誉为“江南水弄堂、运河绝版地”。2014年6月，中国大运河成功跻身《世界遗产名录》，古运河无锡段和清名桥历史文化街区也成为大运河乐章中最华美的乐段之一。

千年古吴都　商朝末年，周太王的长子泰伯、次子仲雍，为避让王位，南奔梅里（今无锡梅村），断发文身，建句吴国，中原文明与江南土著文化发生一次历史性邂逅，形成极具开放性和包容性的吴文化，无锡也由此成为吴文化的主要发祥地。泰伯庙和墓被国务院公布为第六批全国重点文物保护单位，阖闾城遗址被公布为第七批全国重点文物保护单位。魏晋南北朝时期，北方战乱频仍，中原世家大族大批南迁，经济文化中心逐渐南移，推动教育的繁荣和人才的蔚起，无锡成为江南人文的渊薮之地。

百年工商城　优越的地理位置、发达的农业和手工业经济，使得无锡率先迈进了工商文明的大门。明清时期，无锡在运河两岸形成了全国著名的米市、布市、丝市，并伴生大批钱庄。1895年业勤纱厂的创办，开无锡民族工商业发展之先河，无锡成为近代民族工商业的发源地之一。1937年，无锡的产业工人数仅次于上海，工业产值仅次于上海、广州，被

无锡被誉为“太湖明珠”。图为太湖鼋头渚水域 （周时雨 摄）

誉为“小上海”。1956年,中国最早的社队企业之一春雷造船厂在无锡诞生,乡镇企业“异军突起”,开创著名的“苏南模式”,无锡成为中国乡镇企业的发源地。“十三五”期间,无锡经济率先实现转型发展。2022年,地区生产总值14850.82亿元,人均地区生产总值蝉联全国大中城市首位。

【市树】 1983年2月,市政府确定无锡市市树为香樟树,市花为梅花、杜鹃花。香樟树干通直,树姿优雅,常年翠绿,木有芳香,纹理漂亮,树形、树色与无锡山明水秀特质相协调。

【市花】 1983年2月,市政府确定无锡市市花为梅花、杜鹃花。梅花凌寒飘香,迎春报喜,喻有高洁品质和坚贞气节。1912年,荣宗敬、荣德生兄弟在无锡西郊建梅园,植梅数千株,成为江南赏梅胜地,誉满中外。杜鹃花是中国十大名花之一,花色艳丽,无锡有300余年栽培历史,锡惠公园内的杜鹃园是中国杜鹃花的品种基地。

【市歌】 2002年11月,市人大常委会决定《太湖美》为无锡市市歌,并授予《太湖美》作词者任红举、作曲者龙飞“无锡市荣誉市民”称号。《太湖美》创作于1978年,讴歌太湖优美的自然风光和丰盛的物产,歌词朗朗上口,曲调颇具江南韵味。

【市徽】 2008年4月,市政府确定“玉飞凤”造型为城市徽标。市徽以玉飞凤为造型主体,与山水、市花共同构成一个完整、圆满的文化符号。玉飞凤出土于鸿山越国墓葬遗址,是无锡的珍贵文化遗存。水纹是长江、太湖、古运河、二泉的写照,与三山造型相呼应。

无锡市徽

【城市精神】 2004年9月,市委常委会确定无锡的城市精神为:尚德、务实、和谐、奋进。“尚德”典出孔子赞誉泰伯的“至德名邦”,该牌坊立在无锡梅村,为吴文化的核心内容。“尚德”“务实”反映无锡历史文化的优秀传统,“和谐”“奋进”反映无锡人追求美好未来的精神状态。

（锡 鉴）

经济和社会发展

【古代】 无锡历史悠久,六七千年前,已有先民在此生息繁衍,从事原始农业兼渔猎、采集,先民文化先后属于马家浜文化、崧泽文化和良渚文化。有文字记载的历史可追溯至商末泰伯奔吴,促进中原文化与江南文化的交流与结合,开创具有尚德务实、开拓创新精神的吴文化,无锡成为吴文化的发源地之一。自泰伯至诸樊,前后600多年,无锡为吴国都邑所在地。春秋时期,吴国政治上、军事上一度十分强大。吴王夫差任用伍子胥和孙武,打败楚国、越国,并北伐齐国,一度称霸。夫差为了北伐,先是开挖江南河道,也就是江南运河的初始;后开挖邗沟,用于沟通江淮。越王勾践灭吴,无锡属越；后越国又为楚所灭，无锡成为春申君黄歇的封地。汉高祖五年（前202年），始置无锡县，并筑县城。东汉末年至魏晋南北朝时期，大批山越人被迫迁居平地，北方人口因战乱大量南迁，加之兴修水利，农业生产得到较快发展，农村“鸡犬之声，阡陌相属”。其时，商业贸易开始形成，佛教、道教兴起，崇安寺、惠山寺、南禅寺均属“南朝四百八十寺”。王羲之在城中舍宅建兴宁寺（宋代改称崇安寺），对无锡城市建设、商贸发展与文化传承带来重大影响。中原士族的大批南下，也带动了无锡文教的兴盛，民风由尚武转为崇文。

随着大运河的开通，以及唐中期“安史之乱”后全国经济重心的进一步南移，无锡人口滋生，农业和手工业、商业日趋繁荣，唐大历十二年（777年）升为望县。宋代，无锡农业生产形成稻麦两熟制，“香粳”“红莲稻”等优质稻米成为朝廷贡品，运河中“商旅往返，船乘不绝”。宋时，无锡始建县学，杨时创办龟山书院，无锡教育的根基得以培植。宋室南渡，北方人口又一次南迁，无锡人口突破10万人。元时，无锡城中建亿丰仓，成为四邻地区的粮食储备中心与漕运中心。明清时期，无锡依凭优越的自然条件、便利的水陆交通和相对安定的社会环境，社会生产力得到较快的发展。芙蓉湖经过几次大规模的整治，形成大批良田。农业上由于精耕细作，粮食产量逐年增加，成为全国“米仓一区”。清雍正、乾隆年间，无锡“米豆之业甲于省会”，“皖豫米商纷然麇集，浙东籴贩，靡不联樯”；纺纱织布成为无锡农村的主要副业，“机杼声遍村落”，全县有织布机四五万台，年产土布300万匹以上，年交易土布700万～1000万匹。随着手工业的兴盛和商品经济的发展，形成闻名全国的“四大码头”——米码头、布码头、丝码头、钱码头。

【近代】 鸦片战争后，无锡主动汲取上海的辐射，成为中国民族工商业的重要发祥地。甲午战争后，杨宗濂、杨宗瀚兄弟创办业勤纱厂，荣宗敬、荣德生兄弟创办保兴面粉厂，匡仲谋创办亨吉利布厂，周舜卿开办裕昌丝厂，以棉纺织业、缫丝业、面粉加工业为三大支柱的近代民族工商业如雨后春笋般在无锡兴起，形成杨氏、荣氏、周氏、薛氏、唐蔡、唐程六大民族资本集团。至1937年日军侵占无锡前夕，无锡已拥有工厂315家，产业工人6.3万人，年产值7726万元。缫丝厂和缫丝车数量分别占全省的94%和95%，居全国城市首位。纱锭24万多枚，布机3500多台，分别占全省的38%和92%。面粉工业无论是工厂数还是生产能力，均居全省第一位。1937年，无锡在全国6个主要工业城市（上海、天津、武汉、广州、青岛、无锡）中，产业工人数占第二位，工业产值居第三位，资本总额居第五位，有“小上海”之美誉。民族工商业的发达，造就了无锡独有的工商文化，即尚德诚信、奋发进取、智慧灵动、开放务实。无锡的政治、文化、教育、人才也以前所未有的靓丽之姿展现于历史舞台，在中国的历史进程中发挥重要作用。抗战全面爆发后不久，无锡沦陷，日本侵略军烧杀抢掠，无锡城市和工商业遭受重大摧残。抗战胜利后，虽有所恢复，但随着国民党政权挑起内战，加之贪腐横行，无锡民族工商业处于困境之中。

【现当代】 1949年4月23日，无锡解放，市委、市政府在城市恢复生产建设，在农村进行土地改革，无锡经济社会得以迅速恢复和发展。社会主义改造完成后，无锡对地方工业进行较大规模调整改组，发展和开辟新的工业门类，着重发展基础薄弱的机械、化工等工业，建成一批国有骨干企业。中共十一届三中全会以后，无锡市以经济建设为中心，坚持改革开放，进入社会主义建设新时期。1983年，无锡市实行市管县体制，原苏州地区的江阴县、无锡县和原镇江地区的宜兴县划归无锡市管辖，为无锡的发展提供了更广阔的平台。其间，无锡县堰桥乡“一包三改”经验的总结推广，促使乡镇企业异军突起，以集体经济为主的经营体制被誉为对中国改革开放产生重大示范作用的“苏南模式”。1990年，全市乡镇工业企业总产值247.55亿元，占全市工业总产值的53.15%。在中国农村综合实力百强县（市）评比中，无锡县（锡山市）和郊区连年夺冠，分别被誉为“华夏第一县”和“神州第一郊”，江阴、宜兴两市名列全国百强县（市）前列。20世纪90年代，乡镇工业企业全面实施产权制度改革和结构调整，形成华西、双良、红豆、海澜、远东等具有一定规模的集团公司和江阴市新桥镇、锡山市查桥镇等明星镇、特色镇，一批乡镇企业成功转制上市。1984年起，以搞活国有大中型企业为中心环节的城市经济体制改革在无锡相应展开，外向型经济开始起步，利用外资项目和金额逐年增加，对外开放领域越来越广，外商投资规模越来越大，外商独资企业越来越多，一批国家级和省级重点开发园区脱颖而出。1998年，无锡市地区生产总值首次突破1000亿元，达到人均24042元。

进入21世纪，无锡市委、市政府提出转型发展、科学发展、可持续发展理念，主动淘汰落后产能，发展高新技术产业和现代服务业。2015年起，实施“产业强市”政策，发展数字经济、总部经济、枢纽经济，加快科技创新，推进生态建设，完善社会保障，提高民生福祉。2022年，实现地区生产总值14850.82亿元，社会消费品零售总额3337.60亿元，一般公共预算收入1133.38亿元，全体居民人均可支配收入65823元。

（锡　鉴）

编辑　葛　红

中国共产党无锡市委员会

综　述

【全面从严治党】 2022年，无锡市委坚持把政治建设摆在首位，实施习近平新时代中国特色社会主义思想研修计划，举办市管干部学习贯彻中共十九届六中全会精神网上专题班，打造基层“党群服务中心+指导站点+实境课堂”阵地矩阵，引导全市党员干部加强中共创新理论武装，不断提高政治判断力、政治领悟力、政治执行力。高质量配合省委2轮巡视，成立3个联动巡察组，完善省、市、县三级巡视巡察上下联动监督格局。落实新时代好干部标准，专题召开换届后领导班子建设会议，出台建设“五先五强”领导班子的实施意见，深入实施年轻干部“琢璞”计划，“80后”处级干部比上年增长44.1%。建设“延安精神无锡学习天地”、市委党校新校区，开展党政干部专业素养锻造行动、“四千四万”精神教育培训，出台推动干部终身学习的实施方案。实施“千名干部百项攻坚”行动和“担使命作贡献”季季评，出台鼓励激励职级干部担当作为的实施办法、加强对“一把手”和领导班子监督的若干举措，在年度综合考核中创新开展“担当指数”和功能园区评价。加强基层党组织建设，实施基层党建“五聚焦五落实”深化提升行动计划，深入推进城乡基层党组织建设专项整顿、党建引领基层治理“红梅领航”计划，创设党支部建设分类晋级评价指数体系，在在职党员中开展“三报到三服务”［组织机关企事业单位、“两新”组织等各领域在职党员，到居住地向村（社区）党组织报到、向网格（小区）党支部报到、向居民群众报到，开展常态化、菜单化、特色化服务］活动。实施新业态、新就业群体党建十大项目，成立交通运输、外卖送餐、快递和互联网市级行业党委，建立道路货运和快递行业市级党群服务中心。努力建设让人民满意的“廉洁无锡”。严格执行中央八项规定精神，坚决纠治形式主义、官僚主义顽瘴痼疾，围绕过廉洁年、以案促改等主题开展3次集体谈话。一体推进不敢腐、不能腐、不想腐，严厉惩治粮食购销、政法、金融、地方融资平台、开发区建设等重点领域腐败问题，成功将“百名红通人员”孙某缉捕遣返回国；以案为鉴深入开展警示教育，加强廉洁文化建设，推出家风主题滑稽戏《清风明月》。治理民生领域“微腐败”，开展安全生产、镇（街道）国有资产、公共停车收费管理、养老机构等领域清理整治，坚决维护群众切身利益。

（沈斐旻）

【学习宣传贯彻中共二十大精神】 2022年，无锡市委把迎接中共二十大召开、学习宣传贯彻中共二十大精神作为鲜明主线，贯穿落实到工作全过程各方面。深刻领悟“两个确立”的决定性意义。坚持以习近平新时代中国特色社会主义思想为指导，深入学习贯彻中共十九届六中全会和中共第三个历史决议精神。召开市委工作会议，专题深入学习贯彻习近平总书记在省部级主要领导干部专题研讨班上的重要讲话精神，推动全市各级党组织和广大党员干部进一步增强“四个意识”、坚定“四个自信”、做到“两个维护”。召开全市党史学习教育总结会议，出台推动党史学习教育常态化长效化实施意见。召开市委常委会会议、市委工作会议、市委理论学习中心组学习会、领导干部会议等，认真学习贯彻习近平总书记最新重要讲话重要指示和党中央重大决策部署，研究制定贯彻落实的工作方案和具体措施。统筹做好迎接中共二十大各项工作。认真组织开展无锡市出席中共二十大代表候选人酝酿推荐工作，召开市委十四届三次全会，讨论决定无锡市出席中共二十大代表候选人推荐人选，4人当选中共二十大代表。组织开展“奋进新征程 建功新时代”重大主题宣传活动。开展“强国复兴有我·锡心永远向党”群众性主题宣传教育，推出七大篇章600余项活动，超300万人次参与。推出“非凡十年”主题报道展，营造浓厚氛围。中共二十大召开期间，组织全市党员干部群众收听收看大会开幕式等，立体做好程序性报道、代表风采展示、基层反响报道，央媒、省媒刊发涉及无锡报道2263篇，总传播量4.8亿次。大会闭幕后，召开全市传达学习贯彻中共二十大精神大会，市委常委会召开专题会议交流学习体会，市委理论学习中心组集体学习报告原文。组织开展学习贯彻中共二十大精神专题调研，对标对表完善工作思路举措。市委印发《深入学习宣传贯彻党的二十大精神的通知》，提请全会审议通过《关于深入学习贯彻党的二十大精神在新征程上全面推进中国式现代化无锡新实践的决定》,对完整准确全面学习贯彻中共二十大精神作出部署。对各地各部门和基层党组织学习宣传贯彻情况开展专项督查。精心组织党员干部收听收看中央宣讲团江苏专场宣讲报告会、省委宣讲团无锡专场宣讲报告会,组建市委宣讲团,市领导带头到企业、农村、机关、校园、社区,开展形式多样的集中宣讲130场次,面向基层推开“五讲十进”宣讲3000余场。开展学习贯彻中共二十大精神专项课题研究,《无锡日报》推出“学习贯彻党的二十大精神·一把手笔谈”专栏,在“理论探索版”刊发学习体会文章30余期,开设“学习二十大 奋进新征程”网上理论评论专栏。

(沈斐旻　锡　轩)

10月30日,在无锡市学习贯彻党的二十大精神“理小响学习时”理论宣传短视频上线仪式上,中共二十大代表袁彩凤分享学习体会(市委宣传部　供图)

【推动高质量发展】2022年,无锡市实现地区生产总值14850.82亿元,按可比价格计算,比上年增长3.0%。按常住人口计算,人均地区生产总值19.84万元,连续三年居全国大中城市排名第一位。规上工业总产值2.4万亿元,规上工业企业实现增加值5585.97亿元,比上年增长5.4%。完成社会消费品零售总额3337.60亿元,比上年增长1.0%。全年实现进出口总值1106.52亿美元,比上年增长4.7%。实际使用外资及港澳台资38.26亿美元,比上年增长3.6%。一般公共预算收入1133.38亿元,扣除留抵退税因素后比上年增长1.6%。全力稳定经济运行,坚持高频调度指标、高效服务企业、高位协调项目,每季度召开重大项目观摩暨季季评推进大会,每月召开覆盖全市所有镇(街道)、开发区和市属国企的经济运行基层座谈会,实体化运行稳增长服务大专班、“两链”护航专班。落实组合式税费支持政策,办理减免缓退税费近500亿元。出台“锡政50条”“纾困12条”“稳增长10条”,贯彻稳经济接续政策的落实举措。紧盯“落地、开工、生产、达产”四个维度,抓好签约和备案未开工、当年投资未达时序进度、年内和2023年可竣工项目,全年实现固定资产投资4073.54亿元,第二产业投资实现1565.60亿元;全面加强与重点央企、知名企业、外资企业、金融机构和高校的洽谈对接,实施“1+N+1”招商工作架构改革,全年新备案10亿元以上重大产业项目74个,其中100亿元以上5个;加大金融对项目支持力度,获批专项债资金253.8亿元,投放国家政策性开发性金融工具到位资金42.26亿元,均为全省第一名,新募股权投资基金1038亿元,无锡市入选中央财政支持普惠金融发展示范区。抓住创建国际消费中心城市良机,打造太湖购物节等消费品牌,多家商业综合体开业,梁溪区获评全省现代商贸流通体系建设示范区。

【现代产业体系构建】2022年,无锡市出台构建“465”现代产业集群加快重点产业集群建设的实施意见,建立“3010”产业链培育体系,物联网、生物医药、高端纺织3个集群入选国家级先进制造业集群。物联网方面,明确智能传感器、车联网和工业互联网发展方向,落地中电海康无锡产业基地、浙江吉利控股集团协同创新中心等项目,完成1123千米智能网联道路建设,成立无锡雪浪工业软件研究院,举办2022世界物联网博览会。集成电路方面,落地海力士七期、华虹二期、盛合晶微、中车IGBT等项目,在建5亿元以上的集成电路项目58个,年内投资274亿元,首次发布全市集成电路新产品名录。生物医药方面,在全省率先出台《促进生物医药产业园区高质量发展的政策措施》,无锡市入选中国生物医药产业发展指数地级市20强(为首次),2家园区入围中国生物医药产业园区综合竞争力50强。数字转型方面,出台《加快智能化改造数字化转型绿色化提升的三年行动计划》《推动数字经济提速和数字化转型的实施意见》,新增国家级制造业单项冠军示范企业3家,总数位居全省第一名。施耐德在无锡建成全球首个5G柔性生产工厂。加快推进科技自立自强,制定科技创新“1+4”政策,全面推开太湖湾科创带“一带多城”建设,梁溪科技城、蠡湖未来城等科技新城实施重点项目61个,完成投资91亿元。推动“食品科学与资源挖掘”和“深海载人装备”2家在无锡的国家重点实验室实现重组,成为全国重点实验室。先进技术成果长三角转化中心无锡分中心、长三角太阳能光伏技术创新中心等揭牌。务实推进与12家高校的未来技术学院合作,北京大学长三角未来技术生命健康研究院等9家新型研发机构签约落地,市产业创新研究院加快筹建,新增省级企业技术中心78家。入库科技型中小企业首次突破1万家,新增国家技术创新示范企业实现近5年来零的突破，全社会研发投入占地区生产总值比重3.3%，有效期内高新技术企业超5500家，科技进步贡献率超过68%，蝉联全省“十连冠”。召开市委人才工作会议，实施“太湖人才计划”支持项目270个，其中支持丁荣军院士团队1亿元资金。成立市人才集团、长三角（无锡）国际人才港、太湖湾高校校友科创园，设立太湖人才发展基金，深入实施“锡引”工程，全市引进各类人才10.2万人，其中高层次人才10854人。召开市委全面深化改革委员会（以下简称“市委深改委”）会议7次，重点推进所承担的50项国家级、61项省级改革试点任务的落实。召开全市开发区高质量发展大会，出台《经济发达镇改革15条特色配套支持政策》《市级编制周转使用管理办法》。制定《加快推进金融业高质量发展的实施意见》，无锡市连续两年获评国家级财政金融试点示范；打造尚贤湖基金PARK等股权投资集聚区，基金注册规模提升至4478亿元，比2020年实现翻番；与北京交易所、全国股转公司签署全面战略合作协议，无锡市A股上市企业111家，总数和总市值均位居全国前十名，其中科创板13家、北京交易所4家。实施优化营商环境行动方案及196项重点改革事项。成立国家级知识产权保护中心和无锡知识产权法庭，设立无锡国际商事法庭和滨湖区人民法院金融法庭，均为全省第二家。出台《加快培育壮大市场主体的实施意见》，新登记市场主体12.66万户，日均新登记370户。规上工业企业7727家，比上年净增724家。全市入围中国企业500强、制造业企业500强、服务业企业500强和民营企业500强的企业数均位居全省第一名。深入推进高水平对外开放，深度融入共建“一带一路”倡议，制定“外资10条”“外贸10条”和推动城市国际化发展三年行动计划。组织企业参加第五届进博会。在全省率先建立跨境电商Rcep专业服务平台、跨境数字化公共服务平台，筹办中欧班列合作论坛“班列+经贸”分论坛及国际产业投资合作，建设国际邮件互换局，新吴区获批国家进口贸易促进创新示范区，11个项目列入商务部重点外资项目清单，位居全省第一。

【统筹城乡区域协调发展】 2022年，无锡市深入实施区域协调发展、新型城镇化和乡村振兴战略，加快构建优势互补、高质量发展的区域经济布局。积极融入长三角一体化等国家战略，全面落地实施上海大都市圈空间协同规划，推动太湖湾科创带纳入国家沿沪宁产业创新带建设方案，在上海举办“携手无锡国际化现代化建设”圆桌会；到杭州举办数字经济产业交流合作洽谈会；与苏州签署协同发展战略合作协议，谋划实施苏锡太湖通道、苏南国际机场枢纽能力提升、“轨道上的苏锡”等六大战略性合作工程。积极推动长三角—粤港澳（无锡）科创产业融合发展区建设，无锡·横琴粤澳协同创新中心揭牌，无锡深港协同创新中心等飞地平台加快建设。与连云港开展南北结对帮扶合作，与延安开展革命老区重点城市对口合作，开通无锡到延安、无锡到海东（西宁）等直飞航线。适度超前开展交通基础设施建设，南沿江铁路、江阴第二过江通道、宜马快速通道、312国道快速化改造等重点项目顺利推进，实现锡宜高速扩建、锡太高速、江阴靖江长江隧道南接线、沪武高速江阴先导段扩建“四路共建”和锡澄S1线、锡宜S2线、地铁4号线二期、地铁5号线“四线共建”。无锡（江阴）港申夏港区5号、6号码头20万吨级改造加快报批，无锡内河港与上海港ICT合作项目落地，启动京杭运河无锡段现代绿色航运示范区建设。丁蜀通用机场开航，构建通用航空与运输航空“双机场”体系。深入推进以人为核心的新型城镇化，统筹抓好城市更新、海绵城市建设和历史文脉保护，争创新型城镇化高质量发展先行区。实施打造全国最干净城市三年行动，新建或改造提升公共空间休憩座椅6725处、公园游园102个、城市公厕100座，打造“席地而坐”城市客厅30个。举行城市更新思享会，13个重点更新单元城市设计基本完成，火车站南广场、老东门片区等城市更新项目开工建设，7个项目入选省级首批城市更新试点名单。完成5个批次90幅经营性用地集中出让。全年完成房屋征收1550万平方米，改造老旧小区190个、1155万平方米，梁溪区中桥、中联、中南新村片区入选住建部城镇老旧小区改造联系点。全面推进乡村振兴，认真落实宁锡常接合片区国家城乡融合发展试验区实施方案，以“三园一区一居”建设为重点，一体推进农业现代化和农村现代化。在全国率先发布乡村建设美学导则，在全省率先开展现代农业专项规划编制和率先建立市级金融服务乡村振兴合作联盟，全面启动158个规划发展村“美丽农居”建设，完成6个“美丽农居”先行示范点、10个省级特色田园乡村建设。

【生态环境建设】 2022年，无锡市坚决抓好第二轮中央生态环保督察反馈问题整改。坚持边督边改，即知即改，立行立改，针对涉及全市8个方面的问题制定31条整改措施，交办信访事项办结率89.3%，省突出生态环境问题专项督查中发现的问题整改率91%，2021年国家长江经济带警示片披露的5个问题和2022年省警示片披露的2个问题全部完成整改。深入打好污染防治攻坚战，在太湖治理上，实施年度总投资超100亿元的新一轮太湖治理项目，太湖无锡水域水质15年来首次达到Ⅲ类标准，连续15年实现安全度夏；深入推进美丽河湖三年行动，统筹开展“两河”整治提升工作、入湖河流一级支浜“消劣奔Ⅲ”行动、城镇污水处理提质增效和精准攻坚“333”行动，国省考断面水质优Ⅲ比例首次达到100%。在治气上，深入推进$PM_{2.5}$和臭氧浓度“双控双减”，开展高排放车辆整治等七大专项行动，投用“地空天”一体化污染源立体监测预警体系。在治土上，扎实推进全省唯一的国家

“十四五”土壤污染防治先行区试点，积极推进“无废城市”和城乡有机废弃物处理利用示范区建设，城乡生活垃圾分类覆盖率80%以上。积极稳妥推进碳达峰碳中和，构建《碳达峰碳中和实施意见》《碳达峰实施方案》等“1+1+N+X”政策体系，大力发展零碳技术、低碳企业和近零碳园区，积极培育光伏、风电、氢能等新能源产业。加强“散乱污”企业(作坊)长效治理，坚决遏制高耗能、高排放和低水平项目盲目发展。出台《建立健全绿色低碳循环发展经济体系的实施方案》，深入推进国家绿色金融改革创新试验区创建，大力发展绿色金融，3个EOD项目入选国家库，居全省第一位。持续优化国土空间格局，高质量开展“三区三线”划定工作，深化市级国土空间总体规划，获批自然资源领域生态产品价值实现省级试点。高标准推进疏林透水、显山透绿、无锡太湖植物园等重点工程，扎实做好省园博会筹备工作。完成净增造林157.8公顷，森林抚育2213.33公顷，修复湿地313.33公顷。

【民生事业】 2022年，无锡市扎实推进为民办实事工程。全面完成人大票决产生的10项、55个重点民生实事项目和向社会公布的10大类、60项、128个为民办实事项目，滚动实施“微幸福”民生工程1754件，重点督办事项512件，办理满意率100%。持续优化财政支出结构，全市行政开支压减比例超过30%，一般公共预算支出中民生方面占比保持近80%。深入实施高质量就业促进行动，持续完善减负、稳岗、扩就业和保重点群体就业政策举措，举办“创响无锡”系列活动，累计开发公益性岗位1297个，发放社保补贴和公益性岗位补贴4.31亿元，发放失业补助金和失业保险金5.14亿元。居民人均可支配收入65823元，城乡居民人均收入比缩小到1.8∶1。围绕实现更高水平的民生“七有”目标，发布《无锡市基本公共服务实施标准(2022年版)》，出台《民生服务“十百千”行动实施方案》《“一老一小”整体解决方案》。严格落实国家“双减”政策，建设幼儿园4所、义务教育学校8所和高中学校6所，义务教育优质均衡达标比例位居全省第二，高考高分段人数和顶尖高分人数名列全省前茅；扎实推进苏锡常都市圈职业教育高质量发展样板建设，江南大学宜兴研究生院建成启用，东南大学无锡校区完成更名和搬迁。开展新一轮健康城市建设，深入实施名院“登峰”、名科“攀登”、名医“倍增”计划，完成南京医科大学无锡医学中心一期和市二院北院区建设，加快市妇女儿童中心、精神卫生中心二期和公共卫生中心等建设，积极探索组建医疗康养投资集团，无锡市入选全国健康城市建设样板市。开展运动友好型城市建设，创办“无锡杯”足球联赛，新增体育场地6.8万平方米，推进市奥体中心前期建设。出台《针对低保边缘家庭和支出型困难家庭的救助帮扶办法》，开展精准帮扶“3610”行动，市儿童福利院新院启用，市救助管理站主体封顶。深入推进全民参保计划，高标准推动企业职工基本养老保险省级统筹工作，全年企业职工基本养老保险参保301万人。

钱桥街道稍塘社区陈巷　　（顾小江　摄）

【防范和化解风险】 2022年，无锡市全面加强国家安全教育，高位运行全市经济社会重点领域安全稳定风险排查化解工作机制，组成8个综合督查组下沉板块开展“督帮一体”式大督查。巩固意识形态阵地防线，修订《落实党委(党组)意识形态工作责任制的若干规定》，组织开展“守牢安全线、护航二十大”维护意识形态安全专项行动，在全省率先制定意识形态工作督导评价指标，开展网络意识形态工作责任制“1234”行动，全年未出现重大意识形态事件。全力维护经济金融安全，扎实推进涉粮问题专项巡视反馈意见整改落实，创建国家食品安全示范城市，扎实做好迎峰度夏和迎峰度冬能源电力保供，“一人一策”做好芯片企业外籍从业人员的支持保障工作，切实保障粮食、能源资源、重要产业链供应链安全。落实防控金融风险四项机制，不良贷款余额下降幅度全省最大，不良贷款率低于全省平均水平。落实四大类、16项债务管理目标，主动防范政府融资平台公司经营性债务风险，超额完成隐性债务年度化解任务。妥善处置受困房企风险，保交楼、保民生、保稳定。坚持不懈抓好安全生产，扎实推进安全生产专项整治三年行动，组织开展安全生产大检查和“百日攻坚”活动，持续深入推进城镇燃气安全专项行动，防范化解危险化学品、消防、自建房等领域风险隐患，修订完善《无锡市安全生产条例》，安全生产事故起数和死亡人数连续三年保持较大降幅。扎实开展第一次全国自然灾害风险普查，有效应对高温、台风等极端天气。扎实推进更高水平的“平安无锡”建设，实施“精网微格”工程，将城乡社区划分成5861个综合网格和1077个专属网格，并进一步细分为30243个微网格，且全部配备专职网格员。完善“最多跑一地、服务零距离”矛盾纠纷多元化解工作体系，无锡市建成省内首家地级市社会矛盾纠纷调处服务中心。常态化推进扫黑除恶斗争，深入开展“全民反诈”专项行动，扎实推进特殊困难群体救助帮扶和妇女儿童权益维护保障问题专项排查整治行动，严厉打击各类违法犯罪行为，群众安全感位居全省前列。

（沈斐旻）

重要会议

【市委十四届三次全会】 3月12日，中国共产党无锡市第十四届委员会举行第三次全体会议。会议以习近平新时代中国特色社会主义思想为指导，认真贯彻落实中央和省委部署要求，讨论决定无锡市出席中共二十大代表候选人推荐人选。全会由市委常委会主持。市委书记杜小刚就无锡市出席中共二十大代表候选人推荐人选酝酿推荐工作情况向全会作说明。全会指出，中共二十大是我们党进入全面建设社会主义现代化国家、向第二个百年奋斗目标进军新征程的重要时刻召开的一次十分重要的代表大会，是党和国家政治生活中的一件大事。全会要求，全市广大党员干部要坚持以习近平新时代中国特色社会主义思想为指导，坚决贯彻中央和省委部署要求，从捍卫“两个确立”、做到“两个维护”的政治高度，以中共二十大代表候选人酝酿推荐工作为契机，引导和动员全市广大党员干部不忘初心、牢记使命，埋头苦干，勇毅前行，坚决扛起“三大光荣使命”，加快建设人民满意的共同富裕幸福美好城市，打造践行新发展理念高质量发展示范区，走在率先实现社会主义现代化最前列，奋力谱写“强富美高”新无锡现代化建设新篇章，以实际行动迎接中共二十大胜利召开。市委委员、候补委员出席会议。市纪委委员列席会议。

【市委十四届四次全会】 12月10日，中国共产党无锡市第十四届委员会第四次全体会议举行。全会高举习近平新时代中国特色社会主义思想伟大旗帜，全面贯彻落实党中央决策部署和省委十四届三次全会要求，对无锡市深入学习宣传贯彻中共二十大精神进行全面部署，动员全市上下更加深刻领悟“两个确立”的决定性意义，增强“四个意识”、坚定“四个自信”、做到“两个维护”，紧紧围绕“新时代，新征程”党的使命任务，全面推进中国式现代化无锡新实践，更好扛起“争当表率、争做示范、走在前列”光荣使命，奋力谱写“强富美高”新无锡现代化建设新篇章，为全面建设社会主义现代化国家、全面推进中华民族伟大复兴作出无锡更大贡献。市委常委会主持会议。市委书记杜小刚讲话。全会听取和讨论杜小刚受市委常委会委托所作的工作报告，审议通过《中共无锡市委关于深入学习贯彻党的二十大精神在新征程上全面推进中国式现代化无锡新实践的决定》《中国共产党无锡市第十四届委员会第四次全体会议决议》，书面审议《中共无锡市委常委会2022年度落实全面从严治党主体责任情况的报告》。

【市委涉粮问题专项巡视整改落实工作领导小组会议】 2月26日，市委书记杜小刚主持召开市委常委会第24次会议暨市委涉粮问题专项巡视整改落实工作领导小组会议。会议审议通过《中共无锡市委关于涉粮问题专项巡视反馈意见整改方案》《关于加快推进无锡市粮食和物资仓储基础设施高质量发展的实施方案》《关于做好2022年全面推进乡村振兴和农业农村现代化重点工作的实施意见》。

【市委全面深化改革委员会会议】 4月18日，市委书记、市委深改委主任杜小刚主持召开市委深改委第19次会议。会议审议通过市委深改委2021年工作总结报告和2022年工作要点。

6月2日，市委书记、市委深改委主任杜小刚主持召开市委深改委

12月10日，中国共产党无锡市第十四届委员会第四次全体会议举行

（市委办　供图）

第20次会议。会议审议通过《关于推动基层治理体系和治理能力现代化建设走在前列的实施意见》《关于发展壮大新型农村集体经济促进农民共同富裕的实施意见》等文件。

7月19日，市委书记、市委深改委主任杜小刚主持召开市委深改委第21次会议。会议学习贯彻中央全面深化改革委员会第26次会议精神，审议通过《关于全面加强新时代大中小学劳动教育的实施意见》。

9月8日，市委书记、市委深改委主任杜小刚主持召开市委深改委第22次会议。会议审议通过《关于推进医疗保障基金监管制度体系改革的实施意见》《关于更加有效发挥统计监督职能作用的实施细则》《关于完善建设用地使用权转让、出租、抵押二级市场的实施意见》。

9月20日，市委书记、市委深改委主任杜小刚主持召开市委深改委第23次会议。会议传达落实中央深改委第27次会议精神，研究部署数字经济提速和数字化转型、重点领域安全稳定风险大督查等工作。

11月17日，市委书记、市委深改委主任杜小刚主持召开市委深改委第24次会议。会议研究《关于加快建立健全绿色低碳循环发展经济体系的实施方案》《无锡市建设高标准市场体系实施方案》。

12月20日，市委书记杜小刚主持召开市委常委会第57次会议暨市委深改委第25次会议。会议讨论市政府工作报告、市人大常委会工作报告、市政协常委会工作报告和提案工作情况报告等有关报告稿，审议通过相关文件。

【市委财经委员会第六次会议】 4月27日，市委书记、市委财经委员会主任杜小刚主持召开市委财经委员会第六次会议。会议传达学习中央财经委员会第11次会议和省委财经委员会第十次会议精神，听取一季度全市经济运行情况汇报，对二季度经济工作任务作重点部署。

【2021年度综合考核总结表彰大会】 4月29日，市委、市政府召开全市2021年度综合考核总结表彰大会。市委书记、市人大常委会主任杜小刚到会并讲话。市委副书记、市长赵建军主持会议。市政协主席项雪龙出席会议。市委副书记、政法委书记朱爱勋宣读有关表彰决定，市委常委、组织部部长柏长岭宣读2021年度综合考核结果，市委常委、常务副市长蒋敏宣读一季度"担使命作贡献"季季评结果。

【市委全面依法治市委员会第四次会议】 5月20日，市委书记、市委全面依法治市委员会主任杜小刚主持召开市委全面依法治市委员会第四次会议。会议听取2021年度全市依法治市工作开展情况汇报，审议通过《中共无锡市委全面依法治市委员会2022年工作要点》《无锡市贯彻落实〈新时代法治人才培养规划（2021—2025年）〉的实施方案》《2022年度无锡市重大行政决策事项目录》《关于推进社会主义法治文化建设高质量发展的实施意见》。

【市委外事工作委员会第三次会议】 12月2日，市委书记、市委外事工作委员会主任杜小刚主持召开市委外事工作委员会第三次会议。会议审议通过《中共无锡市委外事工作委员会工作规则》《中共无锡市委外事工作委员会办公室工作细则》。

【市委港澳工作领导小组会议】 12月2日，市委港澳工作领导小组召开会议。市委书记、市委港澳工作领导小组组长杜小刚主持会议并讲话。会议审议通过《中共无锡市委港澳工作领导小组工作规则》《中共无锡市委港澳工作领导小组办公室工作细则》。

【市委审计委员会第九次会议】 12月8日，市委书记、市委审计委员会主任杜小刚主持召开市委审计委员会第九次会议。会议讨论通过《关于进一步加强和改进内部审计工作的实施意见》《关于进一步加强乡镇（街道）审计监督指导的意见》等文件，研究部署相关工作。

【全市数字经济提速和数字化转型大会】 1月27日，市委、市政府召开全市数字经济提速和数字化转型大会。会议总结成绩，分析形势，研究部署数字经济发展和数字化转型工作。市委书记杜小刚到会并讲话，代市长赵建军主持会议，市领导徐一平、周敏炜、朱爱勋等出席会议。中国工程院院士、雪浪小镇名誉镇长、雪浪工程院发起人王坚作主题演讲，复旦大学副校长陈志敏，南京大学教授、省发改委原主任钱志新参加会议和签约仪式。市委常委、常务副市长蒋敏对有关文件作说明。

（沈斐旻）

组织工作

【概况】 2022年，全市组织系统坚持以习近平新时代中国特色社会主义思想为指导，以迎接中共二十大召开、学习宣传贯彻中共二十大精神为主线，全面贯彻中央和省委、市委决策部署，制定实施《关于推动新时代组织工作高质量发展 为无锡走在率先实现社会主义现代化最前列提供坚强组织保证的行动方案》，统筹做好理论武装、选贤任能、强基固本和育才聚才等工作。

【党员及党组织】 2022年末，全市党员总数446263人，比上年增加5558人。全年发展党员5713人，其中35岁及以下3635人。全市党员中，女党员149171人，占33.43%；35岁及以下的97478人，占21.84%；36～45岁的88810人，占19.90%；46～55岁的72666人，占16.28%；56～60岁的39103人，占8.76%；61岁及以上的148206人，占33.21%。党员中研究生学历的31082人，占6.96%；大学本科学历的152682人，占34.21%；大学专科学历的82075人，占18.39%。

全市基层党组织20172个，其中党委780个、总支部1656个、支部17736个。全市城市社区建立党委154个、总支部390个、支部39个，建制镇建立党委30个、村党委44个、总支部467个、支部18个。全市公有经济控制的企业法人单位建立党委104个、总支部71个、支部529个；非公有制经济控制的企业法人单位建立党委151个、总支部183个、支部3817个；事业法人单位建立党委98个、总支部126个、支部1403个；机关法人单位建立党委94个、总支部138个、支部262个。

【理论思想武装】 2022年，全市组织系统围绕学习宣传贯彻中共二十大精神，组织开展基层党组织和党员“四学四提升”主题活动、领导干部“四聚焦四提升”学习培训、“学思践悟二十大 人才强市谱新篇”行动和组工干部“学思践悟二十大 砥砺奋进当先锋”主题活动。组织实施习近平新时代中国特色社会主义思想研修计划，出台《关于推动全市各级干部终身学习的实施方案》，高标准打造“延安精神无锡学习天地”，建成投用市委党校新校区，建立健全党性教育阵地体系。推进实施“一把手”政治能力提升行动，制定出台《关于加强对“一把手”监督的十项举措》、《关于加强年轻干部政治监督工作的实施办法（试行）》。

【选优配强领导干部】 2022年，无锡市完成市、县两级政权组织换届。6月24日，市委召开换届后领导班子建设会议，出台《关于建设“五先五强”领导班子 推动现代化建设走在最前列的实施意见》，统筹谋划推进换届后领导班子建设。完成省对设区市综合考核各项工作，无锡市连续第五年获评第一等次。高质量完成全国及省人大代表、政协委员推荐提名工作，有序开展市属国企、高校换届，配优配强梁溪科技城、蠡湖未来城领导班子，加大“三支队伍”干部交流力度。开展“一建设、五争当”活动，制定鼓励激励职级干部担当作为实施办法、镇（街道）党政正职履职积分办法。实施“千名干部百项攻坚”行动，成立无锡干部考核评价研究中心。出台援派干部人才管理和服务若干措施、组工干部联系服务市重点工作专班实施办法、“琢璞”计划20条，开展干部能上能下纪实报备，指导建设琢璞基金和年轻干部发展中心，加大年轻干部实践锻炼和使用力度，创新建设一批青干讲习所。年内，推荐市卫生健康委获评全国“人民满意的公务员集体”、市应急管理综合行政执法监督支队副支队长任小青获评全国“人民满意的公务员”。

【基层组织建设提质增效】 2022年，市委组织部召开全市基层党建重点任务推进会，实施基层党建提质增效行动，全市党建考核在全省I类地区取得第二名。深化党支部标准化规范化建设，创设党支部建设分类晋级评价体系，综合评定基准型党支部1.1万个、创新型党支部351个。疫情防控期间，担纲全市核酸检测牵头职责，开展“冲锋在前、先锋攻坚”行动，带动2.87万家企业、53.16万名群众参与疫情防控，率先建成2657个核酸小屋并及时转型服务疫情防控大局。

（张天驰）

人才队伍建设

【人才工作会议】 2月24日，市委召开人才工作会议，市委书记杜小刚到会并讲话。代市长赵建军主持会议，市人大常委会主任徐一平、市政协主席周敏炜、市委副书记朱爱勋出席会议。市委常委、组织部部长柏长岭宣读《关于无锡市产才融合突出贡献人才的通报》。

（沈斐旻）

【人才工作计划升级】 2022年，无锡市以组建人才攻关联合体为基础，构建人才、技术、资金、服务四个联合体。“一事一议”支持太湖实验室开展技术攻关。有序推进“太湖人才计划”，支持270个创新创业领军团队及人才项目，其中创业团队2项、创业人才186个，创新团队2项、创新人才80个，对丁荣军院士团队申报“太湖人才计划”创新顶尖人才团队给予1亿元资金支持。年内，召开市委人才工作会议，成立市人才集团、长三角（无锡）国际人才港、太湖湾高校校友科创园。落实领导干部直接联系服务人才机制，成立“无难事·悉心办”人才服务党建联盟。部署实施“学思践悟二十大 人才强市谱新篇”行动，开展“爱国·奋斗·奉献”精神教育。

【人才集聚平台建设】 2022年，无锡市举办首届“船海数据智能应用创新大赛”，赛事设置2个深海领域赛题，413支队伍参赛，提交作品次数5965次。举办2期“2022年海外高端人才招聘月”活动。举办“太湖杯”大赛吸引5784个项目报名。组织参加第十届“创业江苏”科技创业大赛，获奖数居全省第一位。启用上海技术交易所（无锡）创新服务中心。

【人才强市战略实施】 2022年，无锡市深入实施人才强市战略，在全省率先成立市人才集团，组建12个人才攻关联合体，第二次兑现“太湖人才计划”资金1亿元，在43所高校设立73个“太湖人才奖学金”，金额5957万元。举办“太湖杯”国际精英创新创业大赛，131个项目落地。设立高层次人才出入境一站式服务中心，各类人才基金规模增至11.01亿元，“创投无锡”累计支持125个项目获得57.9亿元融资，“人才贷”服务229家人才企业获得15.34亿元无抵押贷款，为149位高层次人才提供“人才保”。出台助企惠才“10项举措”，举办“2022无锡人才服务季”活动，上线无锡人才网，完成人才分

9月28日，第十届中国江苏人才创新创业大赛无锡选拔赛在无锡人才金融港举行，无锡市32个项目参加选拔赛路演

（市人力资源社会保障局　供图）

类认定2005人次，市、县两级联动筹集人才公寓2.1万套，连续第四年获评“中国年度最佳引才城市”。

（张天驰）

【人才引进】 2022年，市人力资源社会保障局制定推进新时代人才工作专项行动计划，全年引进各类人才12.3万人，其中大学生10.3万人、高层次人才1.3万人、海外留学人才2539人，全市人才总量207万人。提速兑现“锡引”补贴，新增申领“锡引”工程租房、购房、生活补贴1.55万人，核定交通文旅服务享受资格2.23万人。创新“无锡云聘”视频直播，开展“无比爱才 锡望您来”“智汇无锡”网络招聘，举办“百校千企万岗”高校毕业生就业服务季活动。累计举办各类毕业生招聘293场、各类公益招聘367场次，提供38.57万个次岗位。“我在无锡挺好的”系列宣传片获评全省人社十大宣传创新提名案例。

【事业单位人事管理】 2022年，市人力资源社会保障局分层分类推进事业单位人事制度改革，引导事业单位完善“能上能下”的竞聘上岗办法。出台深入推进基层事业单位专业技术人员“定向设岗、定向评价、定向使用”的实施意见，组织市（县）、区制定县以下事业单位实施管理岗位职员等级晋升方案。完善事业单位高层次人才工资分配激励机制实施办法，实行以增加知识价值为导向的分配政策，探索建立符合事业单位高层次人才特点、体现高层次人才价值、激发高层次人才活力、规范有序的工资分配激励机制。加快事业单位引进高层次人才调动手续办理速度，实施即时办理，办理时限由7天压缩至1天。开展紧缺高层次人才引进，对于急需引进的高层次人才、紧缺专业人才等特殊人才，指导主管局和事业单位采取直接考察的方式招聘。鼓励事业单位探索设置特设岗位，以满足事业单位因事业发展急需引进高层次人才的需要。

【完善人才评价体制机制】 2022年，市人力资源社会保障局有序推动职称评价社会化，向市综合交通运输学会等具备条件的行业协会下放中级职称评审权，向无锡开放大学、无锡汽车工程高等职业技术学校等单位下放高职校教师初、中级职称评审权。深化职称制度改革，推进全市国际职业资格比照认定专业技术资格工作。完善乡村教师、社区卫生、农业和水利等定向评价标准的设定。积极推进高技能人才与专技人才贯通，对取得高级工满2年、技师满3年、高级技师满4年的技能人才，可分别申报助理级、中级、高级职称。鼓励申报乡土人才、工艺美术两个中级职称评审委员会中陶瓷艺术专业的人员同时申请相应职业技能等级证书，评审通过的，同时发放相应的职业技能等级证书，一次评审多次使用。

【人才创新创业大赛】 2022年，市人力资源社会保障局围绕全市战略性新兴产业，组织举办第十届中国江苏人才创新创业大赛无锡选拔赛，遴选10个优秀项目参加省赛，获省赛一等奖1项、二等奖1项和三等奖2项。11个项目入选数字经济揭榜赛项目需求清单，入选数居全省第一位。

【乡土人才】 2022年，市人力资源社会保障局激励乡土人才发挥带动作用，无锡市获评省乡土人才传承示范基地1家、省乡土人才大师示范工作室3家、省乡土人才大师工作室10家，推荐193人申报乡土人才高级职称。组织2022年“太湖人才计划”优秀乡土人才项目申报评审工作，评选2022年优秀乡土人才12人。累计625人通过乡土人才高级职称评审，获评人数总量居全省第一位。建成由349名优秀乡土人才组成的乡土人才信息库，纳入市人才人事综合业务平台统一管理，发挥入库专家在项目评审、人才培育、乡村产业发展等方面的作用。

【博士后载体建设】 2022年，市人力资源社会保障局大力推动博士后载体建设，创新实行企业博士后站设站“即时备案制”。围绕全市重点领域、重大平台、重点产业，优先在建有省级以上重点实验室、企业技术中心、工程技术中心等研发平台载体以及承担省级以上重大项目的单位孵化推荐，无锡帝科电子材料股份有限公司获批博士后科研工作站。鼓励设站单位与一流科研机构联合培养，给予一定年限的稳定支持。紧扣国家和省重大专项、前沿技术和重大科学研究、先进制造业产业集群发展需求，推荐3名博士后获批江苏省卓越博士后资助计划。全年招收博士后76人，完成省下达指标的152%。

【人才服务载体平台建设】2022年，市人力资源社会保障局推进国家级人力资源服务产业园创建，新增省级留创园1家、省留学人员之家2家、省最具成长潜力的留学人员创业企业3家和市级留创园4家。推进12345"尚贤"人才服务热线建设，集成26家职能部门的人才政策及业务，提供7×24小时不打烊服务。建设全省首个"留在无锡"留学人员一站式服务平台，在全省率先推出"锡才云"培训App。年内，市人力资源社会保障局聚焦优势产业链、卓越产业链重点企业设立服务专员制度，为322家企业提供人力资源一站式服务，助力企业精准用才。

【数字经济人才培育】2022年，市人力资源社会保障局适应"智改数转"需要，落实数字经济卓越工程师职称制度，开展数字经济专业人才职称认定评审工作。以数字经济产业和数字化转型技能人才培养为重点，围绕集成电路、新材料等全市重点产业集群，实施项目制培训61批次，参训学员超过5000人。全年新增数字经济人才10512人，培养数字技能人才2.17万人。

【项目对接洽谈会】11月22日，2022年"百名海外博士江苏行"无锡人才项目对接洽谈会在无锡市举行，来自省、市人力资源部门，无锡重点创新创业园区、博士后工作站和重点企业的代表与35名海外博士开展对接交流。洽谈会上，有关部门就无锡创新创业环境和招商政策进行推介，全市8大板块、8个创新创业园、5家博士后工作站、20家重点企业等载体的相关人员与海外博士进行现场沟通对接。

（孙皓晨）

宣传工作

【概况】2022年，全市宣传思想文化战线坚持以习近平新时代中国特色社会主义思想为指导，严格落实党委（党组）理论中心组学习制度，市委理论学习中心组连续三届获评省级示范点、为全省设区市唯一。做大做强"理响无锡"矩阵、"太湖讲习所"等理论传播品牌。深化理论研究阐释，2家单位入选省习近平新时代中国特色社会主义思想研究中心首批基地名单，举办第三届江南文脉论坛。紧扣迎接宣传贯彻中共二十大工作主线，广泛铺开"强国复兴有我·锡心永远向党"群众性宣传教育，深入开展"奋进新征程、建功新时代"重大主题宣传。聚力做好中共二十大精神学习宣传，市委宣讲团完成集中宣讲130余场，召开全市社科理论界专题理论研讨会，持续掀起学习宣传贯彻热潮。围绕市委中心工作及重要活动做优主题宣传，央媒、省媒刊播涉无锡原创重点报道2.8万余篇、比上年增长50%。挂牌成立央视总台江苏总站苏南记者站。举办2022中国国际智能传播论坛、"人类命运共同体"国际漫画插画大展等高规格活动。抓住中东多国外长访华等重大外事活动在无锡举办契机，精准做好城市宣介，重磅发布新版城市形象宣传片，全年国际传播总量1.64亿次，为上年的3倍，无锡城市影响力美誉度持续提升。开展爱国主义和革命传统教育，推动党史学习教育常态化长效化。在省第四届红色故事宣讲大赛决赛中，无锡市参赛选手取得专业组前两名。持续深化未成年人思想道德建设，健全道德典型推选机制，各类好人、"最美人物"等典型数量位居全省前列。持续深化文明城市创建，出台无锡市行动计划，推进8大工程、24个项目和市领导挂帅的8个重点攻坚项目。深化拓展新时代文明实践，实现城乡全覆盖、活动常态化，超110万人次参与疫情防控志愿服务。高质量推进新时代文化强市建设，电视剧《人世间》等10部作品获评中共中央宣传部和省"五个一工程"奖，获奖数居全省设区市第一名。制定出台文化事业、产业三年行动计划及系列配套政策，开工建设无锡美术馆、市文化艺术中心、无锡交响音乐厅，"百宅百院"活化利用工程、"艺术拾珍·美好空间珍珠链"计划有序推进，无锡国专纪念馆建成开放，梅里遗址博物馆正式开馆，吴家浜遗址等考古发掘工作稳步推进，大运河、长江国家文化公园建设有序推进。组织举办中国第18届国际摄影艺术展览、太湖文化艺术季、无锡文博会、少儿文化艺术节等，建成"钟书房"公共阅读新空间50个。国家数字电影产业园三期等重大项目加速建设，文旅行业复苏回暖，文化产业实现稳步开展。加强宣传文化人才队伍建设，拟定《"太湖人才计划"宣传文化人才引育办法》，出台《第一批无锡太湖文化名家、英才和优青推荐选拔办法》并启动评选工作，1名人才入选2022年省文化创新类"双创人才"。突出守底线、优机制、促长效，维护意识形态领域安全，全年未发生重大意识形态事件。

【思想理论武装】2022年，市委常委会发挥"第一议题"制度示范效应，带头学习传达习近平总书记最新重要讲话精神，专题研究部署《习近平谈治国理政》第四卷等著作的学习贯彻工作。全年举办市委中心组学习会20次，市委理论学习中心组连续三届获评省级示范点，为全省设区市唯一。市、区两级同步开展巡学旁听工作。发挥"理响无锡"宣讲大联盟作用，到基层开展宣讲8000余场，策划制作"理小响学习时"系列短视频，获"学习强国"学习平台首页推荐并在理论频道开设专题推出。建好用好"学习强国"无锡学习平台，举办"梁溪大讲堂"5场，

5 月 27 日，在“牢记初心使命 强国复兴有我”“理响无锡”系列活动启动仪式上，市委常委、宣传部部长李秋峰（右一）为“‘理响无锡’宣讲大联盟”新成员授牌
（市委宣传部 供图）

“手机微学堂”向全市领导干部发送理论前沿信息和动态手机短信 8 万余条次。开展基层党员冬训工作，举办 2021—2022 年度全市基层党员冬训工作部署会暨骨干培训班，市委宣传部获评“全省基层党员冬训工作优秀组织单位”。巩固拓展党史学习教育成果，制定印发《关于推动党史学习教育常态化长效化的实施意见》。聚焦“文脉传承与长江文化”主题，举办第三届江南文脉论坛。深化理论研究阐释，确定 2022 年度无锡市哲学社会科学招标课题共立项 156 项，江南大学、江阴市入选省习近平新时代中国特色社会主义思想研究中心首批基地名单，承担省中心 2 项立项课题，获评全省第 17 届哲学社会科学优秀成果一等奖 2 项。

【宣传教育】 2022 年，在省第四届红色故事宣讲大赛中，无锡市参赛选手取得大赛专业组前两名。在第九个烈士纪念日，市委宣传部组织 30 对新婚夫妇向革命烈士献花，网上观看流量超过 10 万人次。制定出台《无锡市关于新时代加强和改进思想政治工作的实施方案》，推动思想政治工作常态化开展，2022 年获评全省思政工作课题研究优秀成果一等奖 1 项、二等奖 4 项，无锡政研会获评全省政研系统先进单位。在江阴华士镇华西新市村启动 2023 年文化科技卫生“三下乡”集中服务，全市 22 个部门单位捐资援建资金 157 万元，组建 1 个志愿服务总团、8 个志愿服务分团，现场设置医疗服务、政策宣传、法治宣传、农业指导等 96 个服务点，并举办文艺惠民慰问演出，丰富农村群众的精神文化生活。

【重大主题报道】 2022 年，市委宣传部实施重大主题联席会议机制，建成系统集成、协同高效的大策划架构体系。聚焦全国两会、中共二十大和省、市两会等重大主题，制定《“奋进新征程 建功新时代”重大主题宣传工作方案》《深化迎接党的二十大宣传报道工作方案》《党的二十大宣传报道工作方案》《学习贯彻党的二十大精神宣传报道方案》等 10 余个方案，下达新闻提示 50 余条，推进重大主题宣传。聚焦“党的二十大”“学习宣传贯彻党的二十大精神”等重点，组织市主要媒体及《新华日报》、省广电总台等驻无锡媒体开展“奋进新征程 建功新时代”“党外人士话十年”“新时代 新征程 新伟业”3 场新闻行动、10 余次集中采访。组织“无锡·非凡十年”主题报道展，同步策划推出“新时代 新展望 新无锡”系列征集活动，市四套班子主要领导观展并给予好评。

【城市形象宣传】 11 月 10 日，2022 版无锡城市形象宣传片发布仪式在无锡国家数字电影产业园举行。宣传片由无锡市联合央视网制作，以“太湖明珠 江南盛地”为主题，配以《无锡景》乐曲的变奏铺垫，全景展现无锡江南名城、活力之城、幸福之城的风采风貌，央视网、无锡发布、“魅力无锡”英文网及“魅力无锡”海外社交媒体账号首发 6 分钟和 30 秒版本宣传片，中央电视台、国内各大网络平台以及北京、上海、广州、深圳等国内重点城市交通枢纽展示 30 秒、15 秒版本宣传片。上线当天，无锡发布视频号单条视频内容阅读量超 145 万人次，转发超 13 万人次，新增粉丝近 1.5 万人，无锡发布微博账号登上新浪微博政务微博外宣榜榜首。发布当月内，央视广告总触 1.1 亿人次，腾讯、今日头条、新浪、百度、哔哩哔哩、小红书、携程、去哪儿网等新媒体平台传播量超 4 亿人次，打响无锡“太湖明珠 江南盛地”城市品牌。

举办 2022 中国国际智能传播论坛等高规格活动，全网总传播量超 60 亿人次。深化同央视总台战略合作，挂牌成立总台江苏总站苏南记者站。推动无锡发布焕新升级，新增直达部委办局、重要机构单位官方账号的快速通道，建成与区（县）上下贯通的信息发布机制，新上线无锡发布微信视频号、抖音号，启用微信矩阵、市政大厅、“我爱无锡”等新功能模块，微信端粉丝总数从 52 万人增加到 130 万人，全矩阵粉丝数量超 310 万人。

【重大文化活动】 2022 年，市委宣传部组织全市各地各部门开展“喜迎党的二十大”文艺宣传 150 余场，在全省率先组织文艺院团、学校、群文团队传唱歌曲《领航》。举办“新时代颂”2022

江苏美术摄影联展无锡市作品展，推动各市（县）区举办15个分展场活动，无锡市获评全省优秀组织奖、优秀创作奖及两项优秀展陈奖。引进中国交响乐团音乐会《山河颂》，举办“曲赞新时代”主题曲艺晚会、“礼赞新时代 奋进新征程”当代中国画名家作品展等各类演出展览，营造浓厚文化氛围。组织开展2022太湖文化艺术季，引进话剧《惊梦》《红楼梦》《雷雨》和舞剧《孔子》《孔雀》等，“梦想艺术汇”“社会场馆展示”板块焕新出彩，新鲜文艺力量不断涌现；联合多家媒体平台推出“秋艺浓”“大咖喊你来看戏”等专栏，加大宣传报道力度，艺术季口碑、市场与传播显著提升。全面升级无锡星期广播音乐会品牌，超万名观众走进剧场，平均上座率超过95%，直播观看人次超35万人，新媒体平台点击量超千万人次。全年举办锡剧周周演、锡剧进校园等品牌活动200多场，江阴小锡班学员再次登上中央电视台，集中展示江阴“锡剧进校园”活动开展12年来的丰硕成果。

【文化交流】 2022年，市委宣传部围绕长三角一体化举办各类演出及文艺交流活动。戏曲电影《江南雨》获评第五届中国戏曲电影优秀影片奖和优秀导演奖。锡剧《珍珠塔·跌雪》入选“全国地方戏精粹展演”赴南宁等地参加会演。《南国红豆》入选江苏省新时代现实题材舞台艺术作品巡演剧目。开展2022无锡徐州对口文化交流，舞剧《歌唱祖国》到徐州、海安、昆山等地交流演出。

【国际传播】 2022年，无锡市建立对外宣传工作联席会议机制，市委宣传部印发《关于进一步加强信息发布工作指导意见》，将新闻发布工作开展情况纳入意识形态工作督导评价指标。抓住中东多国外长访华、第22次中法战略对话等系列重大外事活动在无锡举办的机会，通过文化交流、形象展示、新闻宣传互相配合，使无锡一度成为“一座让世界瞩目的中国城市”，“让世界在这座城市遇见美丽中国”。在中国国际智能传播论坛、世界物联网博览会等期间，策划开展国际传播报道，触达美联社、雅虎财经、福克斯新闻、日本共同社等500余家境外主流媒体和通讯社，《华尔街日报》网站首页、《时代》周刊杂志推出无锡重点报道。据新华社统计，2022年度无锡相关国际传播总量约为1.64亿次，为2021年3倍。

扩展海外宣传矩阵，与中国日报网无锡公司合作建设无锡国际传播融媒体中心，至年末，全市海外全媒体矩阵拥有19个独立页面，“魅力无锡”推特账号获联合国前副秘书长兼环境规划署执行主任埃里克·索尔海姆点赞关注与互动，外文网站年浏览量超过370万次，海外社交媒体平台全球粉丝总量165万人，累计阅读量突破1亿人次，形成面向海外，集新闻宣传、形象展示、文化交流为鲜明特色的对外交流及宣传推广格局。

【先进典型选树】 2022年，无锡市上榜“中国好人”2人（组）、“江苏好人”23人（组），评选“无锡好人”37人（组）；推出江苏“最美人物”4人，无锡“最美人物”62人。在市主流媒体开设专题专栏，常态化宣传先进模范典型事迹，200个先进典型事迹收录“学习强国”无锡学习平台；《无锡日报》每季度公布“无锡好人榜”及先进事迹，“文明无锡”微信公众号持续推送身边好人好事；利用全市户外大屏、主次干道路灯杆旗、建筑围挡、游动字幕等刊播向先进典型学习宣传内容；每季度举办道德讲堂和身边好人发布会，同步视频直播，并制作展板宣传展示身边典型；利用电视传播、云媒体点播优势，在有线电视“920”《无锡文明》频道播放宣传先进模范事迹；开展无锡市“公民道德宣传日”主题活动。帮扶礼遇身边典型，举办“善行天下、德耀锡城”道德模范及身边好人现场交流会，市领导常态化走访慰问道德典型；市文明办定制“好人礼遇卡”，对118位先进模范予以优惠待遇。围绕庆祝市志愿者“爱心车队”成立20周年，开展“新春慰问送温暖到爱心车队”活动；开展“致敬锡城抗疫志愿红”主题走访慰问活动。制作“1+4”道德模范及身边好人拜年视频，在报网台端不间断推送。发动身边典型参与“无偿献血温暖新春”、“新春送福”贴春联、抗疫志愿服务等。

11月21日，2022中国国际智能传播论坛在无锡市举行

（市委宣传部　供图）

【新时代文明实践】 2022年，无锡市健全全市新时代文明实践中心建设领导小组与联席会议制度，印发《无锡市关于深化拓展新时代文明实践中心建设的实施意见》，推动文明实践阵地向城市社区拓展覆盖，全市共建成新时代文明实践中心6个、所74个、站1149个；确定每月第一个星期六为市文明实践集中活动日，常态化开展理论宣讲、政策解读、文艺演出、便民服务、科学普及等组合式文明实践活动。每季度召开拓展新时代文明实践中心(所、站)建设工作现场推进会，组织各市(县)区交流互查。召开全市见义勇为工作融入新时代文明实践中心建设现场推进会，发布国网无锡供电公司“二县+四区域”文明实践工作法，推动市见义勇为基金会、国网无锡供电公司等机关企事业单位力量融入文明实践框架。形成常态化送教服务机制，发布100门新课程供社区点单，拍摄制作特色视频课程资源30个。持续开展“一月一主题”新时代文明实践公益活动、学雷锋志愿服务广场活动、“文明家门口”志愿服务进社区等特色文明实践项目。全市各新时代文明实践中心(所、站)以“党的二十大精神微宣讲+文明实践”为主题，举办读书分享会、“学习二十大·大家话文明”、快板宣讲等形式多样的文明实践活动。

【志愿服务】 2022年，市委宣传部组织无锡市第20届学雷锋志愿服务活动月、崇德乐善“一月一主题”公益活动、南禅寺学雷锋志愿服务广场活动、“佳节尚文明·志愿关爱行”活动、“欢‘锡’过年、‘锡’望你在”“‘文明家门口’——‘我为群众办实事’”志愿服务进社区等志愿服务活动，举办市级机关尚善志愿者总队成立暨2022年“送福送春联”志愿服务启动仪式。面向全市招募近500名志愿者，为中国第18届国际摄影艺术展览、世界物联网博览会、第三届江南文脉论坛等大型赛会提供志愿服务。推选无锡市学雷锋志愿服务先进典型，10人获评“最美志愿者”、10个组织获评“最佳志愿服务组织”、10个项目获评“最佳志愿服务项目”、10个社区获评“最美志愿服务社区”、10个站点获评“学雷锋志愿服务标准化示范站”。举办2022年度无锡市志愿服务展示交流会，评选金奖项目6个、银奖项目5个、铜奖项目9个。联合举办市志愿服务展示交流会生态环保专场，小额资助孵化9个环保类志愿服务项目。全市累计超过100万人次参与疫情防控志愿服务，制作《防疫志愿者工作手册》，发放手册20余万份；开设云上疫情防控课程，组织线上线下培训1917场、覆盖人数5.1万人。发动道德模范、身边好人、优秀志愿者全力支援一线防疫，开展隔离点服务、居民核酸检测等服务保障工作。

【公益宣传】 2022年，市委宣传部坚持“统一部署、规范标准、属地负责、行业监管”原则，明确各地各部门工作内容以及26类场所(载体)公益广告设置要求，保证文明创建宣传内容规范统一。参加全国公益广告大赛，收集各类作品500余件，组织无锡市公益广告作品评审，提高公益广告设计水平。充分利用报纸电视、户外大屏、游动字幕、路灯杆旗、手机短信、映前广告等载体媒介，在机场车站、公共广场、景区公园、营业网点等人流密集场所，滚动播出公益广告画面和标语口号，新设置绿化带宣传插牌250个。开展见义勇为、反诈骗、文明养犬、食品安全、《中华人民共和国测绘法》、慈善“一日捐”等主题宣传活动，开展“国际孤独症日”公益广告宣传。拓宽媒体宣传渠道，利用移动端新媒体、360画报等推送公益广告，与无锡联通合作推送微信朋友圈公益广告宣传，持续营造良好社会风尚。精选8条线路、22辆公交车以及2个高速出入口刊播先进典型、文明创建宣传画面。

【公民道德建设】 2022年，无锡市开展“文明有我全城行动”创建宣传活动，以“有序”“有礼”“有爱”3个章节策划实施80多项子活动，引导市民遵德守礼、文明有序。市委宣传部制作《无锡市民文明手册》纸质版和视频版，联合各地各部门开展线上线下宣传。组织“文明有我”短视频挑战赛，征集作品200多条。组织警察、出租车司机、快递小哥等职业代表录制《公民道德歌》MV，发动全市机关事业单位、各级文明单位等数百家单位参与《公民道德歌》大家唱，择优展播传唱作品23期，相关点击播放量超7000万次。制作国风动漫“无锡有礼”微课堂7集，在10余个媒体平台及各单位公众号同步发布。召开诚信建设工作推进会，推动17个单位针对11项诚信缺失突出问题开展专项治理。

【未成年人思想道德建设】 2022年，无锡市开展“喜迎二十大 筑梦向未来”系列教育实践活动，举办“扣好人生第一粒扣子”、全市中小学生升国旗仪式、学习习近平总书记重要回信、“清明祭英烈”、“红领巾寻访”等重点主题活动，引导全市中小学生传承红色基因、赓续精神谱系、筑牢思想根基。举办市级文明校园申报评选，评出市级文明校园96所。部署开展“核心价值观在我心中”教育实践活动，在全市各中小学开展相关主题活动1500余场，70余万名中小学生参与。选树新时代好少年，评出无锡市新时代好少年50人、标兵12人，孙佳端等5人当选2022年度省“新时代江苏好少年”。开展“八礼四仪”养成教育，举办未成年人10岁成长仪式示范观摩，全省40万人次观看直播，在无锡格致中学举办14岁青春仪式示范观摩。举办第12届无锡市少儿文化艺术节，组织开展第三届“童话里的世界”童话故事创作大赛、第五届“童心里的诗篇”少儿诗会活动，共征集作品8000多件。举办“缤纷的冬日”“七彩的夏日”暑假活动1500多项，推出156家“行知大学堂”中小学生社会实践优秀基地。开通心理健康咨询热线电话89896111，举行“无锡市第13届未成年人心理健康服务月”活动，开展各类

1月23日，市委宣传部举办"传承非遗 弘扬新风"无锡市"我们的节日"系列活动启动仪式暨春节专场活动（市委宣传部 供图）

心理健康活动100余场，累计服务4.6万余人次。

【文明城市创建】 2022年，无锡市召开争创全国文明城市推进大会，出台新一轮深化文明城市创建行动计划，全年召开3次创建工作推进会，推动创建工作抓在平常、融入日常。市创建文明城市办公室保持专班运作，统筹推进8大工程、24个项目和8个年度重点攻坚项目落地见效。完善督查考核机制，形成日督查、周通报、月晒榜、季测评、年考核的常态化工作机制，共计开展季度全域测评3次，下发督导整改通报37期、"红黑榜"9期。开发投用网申平台，加大对100余个相关单位、地区的联络指导频次，全面提升225项台账资料的收集整理水平。

【群众性基础创建】 2022年，无锡市从创建文明村镇入手，深化农村精神文明建设，推进农村人居环境、文化生活、乡风民风同步提升，县级文明村镇达标占比93%。强化文明单位理论学习和理想信念教育，组织36家省级以上文明单位与苏北乡村振兴重点帮促村开展结对共建，投入帮扶资金200万元。制定印发《关于进一步加强家庭家教家风建设的实施意见》，开展青年婚恋观访谈、爱国短视频接力等家庭文明建设主题活动560余场次，新推评市级文明家庭48户，获评江苏省文明家庭7户。组织开展2019—2021年度无锡文明村镇、文明单位、文明社区评选活动，命名27个市级文明镇、131个市级文明村、136个市级文明社区、800个市级文明单位。常态化开展群众性精神文明创建先进宣传，组织开展对市级以上文明单位、文明村（社区）、文明镇的抽查督导工作，不断提升基础创建水平。

【弘扬社会新风】 2022年，市委宣传部持续开展"我们的节日"主题宣传，市、区两级共计开展系列活动370余场次。开展"农村移风易俗主题宣传月"活动，专题部署推进22项重点工作任务。与市民政局联合印发《深化村（社区）红白理事会工作指引》，规范红白理事会建设管理，弘扬婚丧简办新风尚。持续开展节假日文明旅游暗访督查，加大正面引导和反面曝光力度，培育和倡导文明出游。开展"反对浪费崇尚节约"主题宣传活动，重点餐饮场所节约粮食公益宣传覆盖率100%。

（锡　轩）

统战工作

【概况】 2022年，全市统一战线系统学习贯彻中共二十大精神，全面贯彻落实习近平新时代中国特色社会主义思想特别是习近平总书记关于做好新时代党的统一战线工作的重要思想，按照党中央和省委、市委部署要求，坚守主责主业，全面争先领先，全国首批、全省唯一的欧美同学会海归小镇落户无锡，深入推进全国首批唯一的县域新阶层人士综合评价试点工作，统战信息工作连续两年获全国三等奖，连续三年获省一等奖。无锡统战工作在全省综合考核中连续五年保持设区市第一名。

【思想政治引领】 2022年，市委统战部围绕迎接中共二十大召开、学习贯彻落实中共二十大精神主题主线，召开市委统战工作会议，通过召开部务会、各级党委（党组）会、各统战团体理事会等原原本本学习中共二十大精神，市委统战部主要领导带头到党校、到基层、到一线宣讲辅导，市社会主义学院成立统战理论教研室，成立全省首家高新区社会主义学院并配备专职干部，组织各类班次统战成员专题培训，引导统战成员深刻领悟"两个确立"的决定性意义。开展"同心向未来·喜迎二十大"主题教育、"统战十年"和"党外人士话十年"主题宣传，举办统一战线文艺会演和"工商名城·同心共筑"短视频大赛、"同舟共济"各界统战人士喜迎中共二十大主题龙舟赛和嘉年华活动、民营经济人士理想信念教育定向徒步赛等；建成市级统战阵地"同心楼"，系统进行统战史展陈、知名乡贤展示；打造全省首个统战主题地铁车站，创建统战主题沉浸式体验项目。

【多党合作】 2022年，市委统战部指导市各民主党派学习贯彻中共二十大精神以及中央、省委和市委统战工作会议精神，举办市各民主党派领导班子专题学习班，支持市各民主党派开展“矢志不渝跟党走·携手奋进新时代”政治交接主题教育，举办主题教育成果展，夯实团结奋斗的共同思想政治基础。组织市各民主党派参加省委统战部“讲多党合作故事，献礼中共二十大”短视频大赛，获大赛一等奖1件、二等奖3件、三等奖4件。出台《各民主党派无锡市委关于加强新时代组织工作座谈会纪要（试行）》，规范市各民主党派组织发展工作。开展民主党派基层组织建设调研，邀请相关部门组织对政党协商、民主监督等工作进行第三方评价，完善民主党派市委机关年度综合考核工作。

【参政议政民主监督】 2022年，市委印发《2022年度政党协商计划》，市委统战部推进参政议政提升年建设，建立加强动态管理、培训提升、履职保障和评比表彰四项机制。举办“参政议政能力提升年”专题培训，组织市各民主党派、工商联和无党派知联会围绕“数字经济”“共同富裕”调查研究。协助市委召开“发展数字经济，建设数字无锡”“共同富裕”专题民主协商座谈会，以及“推进市域社会治理现代化建设”“发展数字经济，建设数字无锡”专题民主协商意见建议办理落实推进会，落实政党协商工作闭环，为市委科学决策提供参考。强化协同联动，加强与市委改革办、市各民主党派、各市（县）区的沟通联系，深化实施“民主监督＋改革督查”，围绕“一区多园”融合发展、太湖湾科创带引领区建设体制机制改革等对板块发展具有牵引力的课题，开展三轮专题民主监督，形成调研报告24篇，梳理分析问题70余项，提出意见建议120余条。遴选15名党外代表人士担任“益心为公”检察“云平台”民主党派监督员，定期向党外人士通报党风廉政建设情况。9月21日，全国人大常委会副委员长、农工党中央原主席陈竺率农工党中央调研组到无锡调研长江水域治理情况并给予肯定。

【无党派知识分子工作】 2022年，市委统战部在全市范围内对无党派人士进行摸排认定，召开驻无锡高校知联会组织建设座谈会，指导11所驻无锡高校知联会组织建设。探索实践国有企业统战工作，在市地铁集团成立全市首家国有企业无党派知联会，创建全省首个地铁党外知识分子思想工作主题阵地。联合工信、科技等部门共同打造“湖湾院所联盟”2.0版，召开全市科研院所统战工作暨湖湾院所联盟产学研合作推进会，太湖湾科创带引领区民营经济科技服务站揭牌成立，聘请12名专家为无锡统战智库成员。在省委统战部组织的“榜样引领前行 同心共向未来”主题访谈暨无党派人士风采展活动中，选送的5部作品分获一、二、三等奖，市委统战部获“优秀组织奖”。组织无党派人士代表与江阴市残联就“联知联行 赋智赋能”进行签约，定向捐赠6万元，公益助残消费4200余元，开展“同读一本书、同听一堂课、同献一份爱、同聚一颗心”活动。

【欧美同学会工作】 9月15日，欧美同学会海归小镇（无锡·物联网）落户无锡经开区，为全国首批、全省唯一的海归小镇。无锡市出台配套政策，设立海创基金，支持海归人才创新创业，全国人大常委会副委员长、欧美同学会会长、民盟中央主席丁仲礼出席活动并为小镇揭牌。成立全省首家欧美同学会功能型党委和欧美同学会功能型团支部，组织市欧美同学会青委会开展“青春心向党 喜迎二十大”主题学习，举办学习贯彻习近平总书记给南京大学留学归国青年学者的重要回信精神座谈会。成立哈佛大学无锡校友会，举行“学长帮学长”行业分享、“学长帮学长、一会帮一企”海归创业分享沙龙，举办“名校优生海外博士无锡行”“海外名校优生江苏行”无锡站专场等，助推无锡国际生命科学创新园创建为省侨办“华创苑”，打造海外高层次华侨华人创新创业基地。

【非公有制经济领域统战】 2022年，无锡市加强民营企业家队伍建设。市委统战部举办“奋进新征程 建功新时代”二十大精神宣讲会，承办省年轻一代民营经济人士理想信念教育活

8月16日，无锡统一战线献礼党的二十大文艺汇演暨“工商名城·同心共筑”短视频大赛颁奖典礼举行 （市委统战部 供图）

动，组织各行业协会商会开展各类学习培训100余次。举办"无锡企业家日"系列宣传，大力弘扬企业家精神，构建亲清政商关系。做好民营经济代表人士综合评价工作，推荐32名民营企业家和工商联负责人成为省工商联新一届执委。举办新一届工商联常执委培训班等，推荐8名企业家参加"新时代江苏民营企业家培养计划"。开展新生代企业家"薪火计划""薪火课堂""薪火挂职"等，其中35名"薪火"培育对象挂职期间，跟踪推进重点工作46个，配合推进产业项目29个。赋能民营企业高质量发展。深化"1+N"政企协同协作，推进设立"太湖企业家学院"，开展"民营企业服务月"活动，发挥民营经济高质量发展讲师团、科技服务团、法律服务团作用，为民营企业发展提供精准服务。举行"进万企、解难题、促发展"活动，到企业一线调研，《关于疫情影响下我市民营企业运行情况的调研分析报告》得到市委、市政府主要领导批示。举办2022亚布力论坛创新年会，现场签约12个合作项目。组织无锡民企"走近阿里"智改数转专题培训，促进民营企业转型升级。开展助力小微企业发展"春雨润苗"行动，覆盖重大产业项目181个，重点企业161家。开展"稳经济、进万企"战略合作签约暨银企对接推进会，为民企追加授信批复54.23亿元。全市27家企业入围中国民营企业500强，入围数居全省第一名。

发挥工商联和商协会桥梁纽带作用。持续推进"红梅花香·锋彩商会"党建领航三年行动计划，全市各级商协会成立党组织310家。扎实做好全国和省"四好"商会认定工作，13个商会获评全国"四好"商会，40个商会获评省级"四好"商会。

【新的社会阶层人士统战】 2022年，无锡市扎实推进第二批中央统战部新的社会阶层代表人士综合评价试点工作，制定《2022—2025年无锡市新的社会阶层人士"新英汇·薪火红"培训规划》，组织40余名新阶层代表人士参加"无锡新英汇"专项培训。开展市级新阶层人士实践创新基地展示评比，8家基地获评省级实践创新示范基地。开展"寻美无锡"主题视频拍摄活动，46件作品获"寻美中国"平台转载。参加全省"苏新 非遗 传承"展，市新联会获"优秀组织奖"，10件作品获"优秀作品奖"，2处非遗传承活动场所获评"苏新艺坊（非遗）"。新阶层人士开展"新心相锡"益童暖冬行动，为困境儿童捐赠棉衣棉被、书籍书包等慰问物资。组织600余人参加2022年"新阶层·心向党"公益捐步活动，募集公益金10622.46元。

12月，全市统一战线活动阵地"同心楼"落成，图为同舟厅布展

（市委统战部　供图）

【党外代表人士队伍建设】 2022年，市委统战部扎实做好党外代表人士的政治和实职安排工作，完成市十五届政协换届任务和会议选举保障。推荐5名市级民主党派主要负责人和无党派知联会会长进入同级人大、政府、政协领导班子，市人大常委会、市政协均配备党外专职副秘书长。召开"共迎二十大　建功无锡高质量发展"座谈会，举办全市党外领导干部暑期专题学习班、第33期党外中青年干部培训班等重点班次，强化政治引领，提升党外干部队伍综合素质能力。

推进实施党外干部队伍建设"321人才计划"，制定《关于加强党外干部队伍建设的若干事项》《党外干部配备督促提醒函》等文件，召开"321人才计划"推进座谈会，动态维护党外干部数据库，形成专题报告。首次举办全市干部人事条线统战工作专题培训班，41个部门单位派员参加培训，形成党外代表人士队伍建设合力。市区两级三套班子及相关政府部门党外干部全部配备到位，在全国率先明确规定"市（县）区配备党外班子成员的街道办事处，应占所辖街道办事处总数的1/3"等要求，从制度层面拓宽党外干部培养渠道。

【"聚贤惠锡"工作】 2022年，无锡市打造"聚贤惠锡"工作品牌，集聚海内外无锡籍贤达人士、与无锡有渊源的各领域有较大影响力的知名人士，建立健全高端人才库、人脉资源库、项目储备库，开展"聚贤惠锡"系列工作。举办"聚贤惠锡 合筑未来"——无锡城市更新思享会，业界大咖齐聚锡城，为无锡高质量发展聚力汇智。举办"聚贤惠锡 荣耀锡商"——纪念荣德生先生逝世70周年暨荣氏梅园建园110周年系列活动、"聚贤惠锡 鹏翔故里”——纪念唐翔千先生百年诞辰贤德广场捐赠仪式。

【完善大统战工作格局】 2022年，市委先后召开统战工作会议、统战工作领导小组会议，市委统战部召开全市统战部部长会议、全市统战部部长座谈会等。市委制定出台《无锡市贯彻落实〈中国共产党统一战线工作条例〉实施方案》及《关于加强新时代统一战线工作的实施意见》。市委专项督察组组织开展贯彻落实情况督查评估。建立“1+6+N”领导体系，形成“领导小组研究大事、协调机制解决问题、专项机制推动创新”的工作架构。探索运用“统战+”“+统战”工作理念，出台《关于充分发挥统一战线独特优势服务开发区高质量发展的意见》《关于推进“五共五聚”进一步加强机关事业单位和群团组织统一战线工作的意见》《关于推进“两促三聚三强化”全面加强高校和科研院所统一战线工作的意见》，各领域统战工作制度体系不断完善。联合常州市、南通市、连云港市和盐城市成立全省首个县级统战联盟，促进区域统战工作联动发展。创新开发“无锡掌上统战”系统，集聚统战信息资源，提升统战工作信息化水平。

（金　娜）

党建工作

【机关党建】 2022年末，市委市级机关工委共有直属党组织88个，下辖党的基层组织1124个，其中党委71个、党总支70个、党支部983个。党员17403人。全年发展党员135人，168名预备党员按期转正。市委市级机关工委加强思想政治建设，每月初下发《理论学习参考篇目》及时跟进学习习近平总书记最新重要讲话精神。开展模范机关建设案例征集宣传，征集案例49个。升级市民中心“红色书吧”，提供“红色学习图书馆”2万余册读物。举办市级机关“喜迎二十大、悦读向未来”主题读书月活动，市级机关广大党员干部共撰写学习新思想读书体会文章723篇、“我们的新征程”征文488篇。创立尚善志愿者总队，机关尚善志愿者服务队开展理论宣讲等志愿服务80余场，服务群众9000多人次。市级机关党员领导干部参加双重组织生活率达97%以上，438名班子成员带头上党课。17个直属党组织按期换届，届中调整党组织书记50人。实施党支部分类晋级。开展“四查四清四严”专项行动抽查，指导直属党组织自查问题3类、75个。选优配强党务干部，45周岁以下直属党组织专职副书记占比为24%。组织200余名机关党务干部参加市级机关直属党组织书记培训班。完成164名发展对象和261名入党积极分子培训。实行党员积分管理，注重日常积分与量化考核相结合。推动63个直属党组织及下属支部与基层单位、服务对象等建立“先锋绿源通”“吴韵先锋”等党建联盟484个。推动71家机关党组织立项申报81项机关党建“书记项目”。加强机关党建品牌建设，市级机关各级党组织打造机关党建品牌483个。组织70个市级机关部门的4752名志愿者，到467个社区开展疫情防控工作，累计开展志愿服务5.76万人次，总时长39.7万小时。举办“喜迎党的二十大，奋进建功有我”——市级机关“我身边的共产党员”先进事迹报告会等。选树先进典型，开展“两优一先”评选工作，表彰三个类别共计100名个人和集体。选树“先锋党支部”和“党员领跑先锋”。选树“为民服务”“执法为民”“为民解难”先进集体60个、先进个人70人。全年宣传发布市级机关“每月之星”48人。举办市级机关“光荣在党50年”纪念章颁发仪式，颁发纪念章185枚。

（李　娟）

【村(社区)党建】 2022年，市委组织部高标准推进江阴市蒲市村、宜兴市胥锦村“红色美丽村庄”建设，抓好全国党建引领乡村治理试点工作，出台党建赋能乡村振兴20条举措，评定AAAAA级“雁阵计划”村(社区)党组织35个，打造“雁阵计划”示范带(群)8条，抓好58个县乡党委乡村振兴“书记项目”，实施集体经济“千万计划”和农民收入十年倍增计划。实施党建引领基层治理“红梅领航”计划，开展“红梅连心”——党建引领“微幸福”行动，做深做实1759个微幸福项目。开展城乡基层党组织建设专项整顿。全面推行村书记专业化管理，出台专门文件加强对村(社区)干部特别是“一肩挑”人员管理监督，制定《选派驻村(社区)第一书记实施意见》，出台村(社区)一线工作者关爱激励10项举措，深化实施“雏雁计划”，持续推广“定制村干”，蓄好基层干部“源头活水”。

【“两新”组织党建】 2022年，市委组织部制定新业态新就业群体党建工作“八项机制”，成立快递行业、道路货运、外卖送餐、网络直播四大行业党委，实施“锡递先锋”“红色里程”“红盾骑手”“锡网同行”四个行动方案，新建市级道路货运党群服务中心，优化提升“小蜜蜂驿站”功能布局，打造一批“友好街区”、“司机之家”和“骑手港湾”，外卖骑手“吹哨员”制度被国家市场监管总局推广。开展产业链党建“红链赋能”行动，组织举行“红链话发展”圆桌会99次、产业对接活动285场，设立集成电路、工业软件等党建联建项目23个，中共中央组织部《组工信息》刊登无锡市有关党建经验做法。

（张天驰）

【离退休干部党建】 12月30日，市委办印发《关于加强新时代离退休干部党的建设工作的实施方案》，从5个方面提出20条举措细化工作部署。召开全市离退休干部党建工作推进会，通报表扬全市首批15个“六好”示范党组织、15名“四强”优秀党组织书记。9个党支部被评为全省离退休干部“六好”示范党支部。2月16日，市委组织部、市委老干部局等四

6月30日，市侨联为“侨先锋”代表举行荣誉证书颁发仪式

（市侨联　供图）

部门联合印发《加强和改进离退休干部党支部书记队伍建设的实施办法（试行）》。举办第32期离退休干部党支部书记学习班，创建“顾问团＋支部片组”党建联动工作模式。首次承办长三角离退休干部党建工作座谈会。打造“锡阳正红”品牌，揭牌“锡阳正红”党建基地，首批推出6类、30个离退休干部党组织学习活动基地。举办“锡阳正红”老干部真人图书馆活动。“无锡市‘锡阳正红’共享式离退休干部党建矩阵项目”被评为全省老干部工作“十佳创新项目”。

（姜正伟）

侨务工作

【华文媒体宣传】 2022年，市侨办推进与海外华文媒体合作交流，积极传播中华优秀文化，讲好无锡故事，宣传无锡形象，传播无锡声音。4月，在法国《欧洲时报》上刊登无锡市锡山区专版；5月，在意大利《欧洲华人报》上刊登无锡市惠山区专版；6月，在日本《中文导报》上刊登无锡市梁溪区专版；9月，在澳大利亚《大洋时报》上刊登无锡市新吴区专版。

【华文教育】 2022年，市侨办出台《无锡市关于推进海外华文教育高质量发展的实施意见》，建立华文教育信息通报、资源共享制度。承办江苏省“一带一路”华文教育培训工程2022年马来西亚第一讲《好声音训练营》、第二讲《差异化教育》。来自马来西亚、印度尼西亚、美国、意大利、瑞士、英国等国家多所学校的1000多人次华文教师参加培训。举办2022海外华裔菁英青少年大运河文化线上体验（无锡站）活动，意大利、西班牙、日本等46个国家和地区的200多名华文学校师生在线同享中华文化盛宴。承办江苏省首期“海外华裔大学生中华文化研习营”，德国、英国、葡萄牙、加拿大、阿根廷等18个国家的30名华裔大学生走进无锡。有序推进“百所华校云牵手”，年内江阴市天华艺术学校与意大利保罗天才国际艺术学院、江苏省锡山高级中学实验学校第三小学与马来西亚槟城高渊培德华文小学、无锡市第一中学与澳大利亚新金山中文学校、无锡市后宅中心小学与西班牙马德里华夏文化学院缔结为友好学校。

【为侨服务】 2022年，市委统战部、市侨办和市侨联联合开展以“弘扬法治精神，依法维护侨益，喜迎党的二十大·推进法治无锡建设”为主题的“侨界法治宣传月”活动。推进依法行政，市侨办制定《无锡市“三侨考生”身份认定暂行办法（试行）》，对3名华侨子女进行“三侨生”（高考）身份认定，为2名华侨子女（外籍华人）入学出具证明。落实“应上尽上、全程在线”“不见面审批”等相关要求，网上开通率和不见面审批率达100%。

开展“侨爱在身边·同心向未来”——无锡侨界帮扶行动，筹资10万元为10户老归侨进行适老化改造。走访慰问侨界群众68人次，发放慰问金7万元，发放困难归侨及企业退休归侨生活补助金27.36万元。全年接待华侨、华人、侨眷归侨及原中旅职工等到访52人次。推进“中医惠侨”工作，市侨办制定《关于加强全市中医惠侨工作的实施方案》，完成7所市（县）、区医院为“无锡市中医惠侨基地”的设立。推动“中餐繁荣”发展，为侨胞提供饮食文化、烹饪技艺、健康烹饪、教育培训等服务。推进侨务“进三区”工作，江阴市长泾镇泾南社区、宜兴市丁蜀镇画溪社区、梁溪区扬名街道侨胞之家、新吴区东庄电力电子科技园获评省基层侨务工作优秀单位。

（金　娜）

对台事务

【概况】 2022年，无锡市新批台资项目46个，投资总额3.46亿美元，注册台资1.44亿美元，实际到位台资0.39亿美元。全市台资企业增资项目19个，超千万美元项目5个。全市到台湾商务团组58批、164人次，因公到台湾团组1批、9人次。

【重大项目推进】 2022年，省台办与无锡市人民政府将太湖湾科创带食品硅谷项目调整为创建海峡两岸食品科技产业（无锡）合作试验区，试验区范围为40.25平方千米，包括无锡梁溪科

8月22日，市委台办在江苏信息职业技术学院举办“千名台青看无锡——探索智能制造 传承匠心匠艺”活动 （市委台办 供图）

技城和惠山未来健康科技产业园2个片区。市委台办加强与市市场监管局、市商务局、江南大学、梁溪科技城等多个部门和载体沟通协调试验区推进相关事宜。牵头召开建设海峡两岸食品科技产业（无锡）合作试验区推进会10次，调研相关载体、行业企业7次，向国台办、省台办及市相关领导进行专题汇报8次。年内，会同相关部门研究制定试验区的产业规划、建设方案，市政府向省政府、国台办上报创建申请。11月14—16日，举办第二届海峡两岸食品营养与健康产业高峰会暨江南创新创意食品展，海峡两岸300多位食品行业代表参加会议，会上就海峡两岸食品科技产业（无锡）合作试验区建设情况作专题推介。

【台企转型升级】 2022年，无锡市推动台企科技创新和转型升级，举办“智改数转”学习观摩交流会。江阴通利光电科技有限公司入围国家级专精特新“小巨人”名单，无锡市82家台企获得省级专精特新“小巨人”企业、高新技术企业、入库省科技型中小企业、市级企业技术中心等认证，其中省级专精特新“小巨人”企业6家、高新技术企业20家、入库省科技型中小企业51家、市级企业技术中心5家。在长三角台青创新创业大赛中，无锡市1家台企获三等奖、1家台企获优秀奖。推动与厦门金圆统一证券有限公司开展金融合作。市委台办会同市金融监管局、上海证券交易所、厦门金圆统一证券有限公司联合举办“台企上市培训座谈会”及“台企上市大家谈”网络直播。

【锡台交流】 2022年，无锡市开展“新春送福 两岸传情”等新春系列线上活动，指导江阴徐霞客研究会开展“海峡两岸徐霞客公祭仪式暨两岸文化交流活动”。举办“寻根溯源 粽叶飘香”端午联谊，增设“台湖惠山”玉祁酒业交流示范基地。8月，举办2022“霞印天下”海峡两岸纪念徐霞客书画联展，台湾徐霞客研究会副会长彭崇耕到无锡出席活动。6月、11月，市委台办两次组织“乡村振兴”结对帮扶，台胞台商台属100余人亲身体验插秧、收稻农事活动，其间，共认购西渚村“栖溪·珠光米”2.5万千克，为助力乡村振兴彰显台企责任担当。

【涉台青年工作】 2022年，市委台办联合团市委举办“苏台青年‘云分享’”之“青春有约 智汇无‘线’”活动。举行“两岸‘益’+‘青’同心公益行”无锡市台青公益联盟成立仪式，该联盟是全省首个台青公益联盟。开展“同心同向 共创美好未来”台湾青年座谈会。持续开展“千名台青看无锡”活动，联合《江南晚报》开展主题宣传，采访12个在无锡创业的台企台青典型。

【涉台服务】 2022年，市委台办组织举行“稳台企 安台商 促投资”“台商座谈会”等活动，发放《2022助企纾困政策汇编》，向台企宣讲“农林22条措施”、“苏政40条”、“苏政办22条”及市“助企纾困50+12条”等政策。全年接处涉台投诉求助事项69起，办结67起。5月疫情期间护送昆山133名台湾学生“赶考”，受到国台办、省台办肯定。协调解决台胞台企购房、入学、苏康码转码、“灵锡”App使用不顺畅、货物运输等问题。联合市红十字会开展“应急救护培训进台企”活动。

（邵 雷）

调查研究

【服务市委决策】 2022年，市委研究室发挥参谋助手作用，累计编发《锡研专报》52期，得到市委、市政府主要领导批示肯定49次。牵头制定无锡市基层治理文件，明确全市推进基层治理体系和治理能力现代化的目标任务和7个方面30项政策措施。完成市委深改委、市委财经委会议等文稿任务。牵头太湖湾科创带政策研发工作，持续跟进后续事项，无锡市印发《无锡太湖湾科技创新带建设指挥部政策研究组2022年工作要点》。参与组建研发中心，有机嵌入市疫情防控应急工作机制，参与多轮次重大疫情处置工作。

【调研提质】 2022年，市委研究室创新调研工作机制，完善调研工作网络，定期举办“锡研问道”论坛暨全市党委研究室系统沙龙活动，形成调研“问道”沙龙品牌；会同横向部门在全市确定21个基层调研联系点，条块结合、上下联动开展调查研究；注重发挥智库资源作用，邀请专家学者参与江苏（苏南）促进共同富裕的思路和对策研究等重大课题调研，进一步提升调查研究层次、高度和质量。聚焦人口发展、人才引进、生态文明、粮食安全、低碳城市建设等重点，加强横向比较研究、对策建议研究、前瞻战略研究和经验总结研究，形成一批高质量调研报告，相关建议转化为政策措施。开展数字经济创新发展系列研究，主报告《在数字化赛道上跑出“加速度”——关于无锡数字经济发展的探索与实践》获省社科界第十六届学术大会优秀论文一等奖。聚焦城市更新与农村人居环境整治提升，总结形成5个城市更新案例、2个农村人居环境整治提升案例，入选《江苏省城市更新与农村人居环境整治提升典型案例选编》。市委研究室综合调研处获评全省党委办公室（厅）、研究室系统“先进集体”。

【服务改革攻坚】 2022年，市委研究室着眼全局系统谋划改革任务，牵头制定《市委深改委2022年工作要点》，配套出台《细化实施方案》，明确全市9个方面、32条、225项年度改革任务；全年召开市委深改委会议7次，研究重要改革文件12个。落实领导干部联系重点改革任务责任制，分别确立市领导、市（县）区领导联系重点改革任务19项和131项，并将责任制延伸至承担主要改革任务的30个部门主要负责人。创新改革督察工作机制，优化升级“双督”（改革督察＋民主监督）工作模式，推动市各民主党派、无党派知联会与各市（县）区建立“8+8”挂钩结对工作协调机制，不断提升改革督察实效。创新改革宣传工作机制，用好《无锡导刊》“改革进行时”专栏宣传阵地，刊发各地各相关部门主要负责人抓改革落实的署名文章12期。加强改革典型经验提炼，主动对上推送，科技创新、“一照通办”、外贸发展、“三资”管理、红豆产改等一批具有无锡特色的实践经验在《江苏改革简报》刊发，传播无锡改革“好声音”。

【服务经济发展】 2022年，市委研究室协调召开市委财经委会议2次，在市委牢牢把握经济工作主动权、千方百计稳住经济大盘中体现主动作为。创新推出《财经观察》《观察者说》《溯源问道》等特色栏目，聚焦平台经济、专项债、跨境电商、企业科技创新等热点问题，形成调研文章20余篇，为推进高质量发展提供参考。探索建立财经“双联”机制，通过优化完善“联系对接”机制、建立“联席会商”制度，加强与15家有代表性的重点企业、行业协会、经济部门联系对接，组织召开由有关部门和各板块参加的月度经济分析联席会，围绕经济运行中的重点、热点、难点问题会商研究，初步实现部门单位常态化联系、数据材料常态化报送、意见建议常态化征集。

（宋文文）

网信工作

【网络普法】 5月27日，2022年度无锡市网络普法启动仪式在滨湖区举行。活动聚焦“法治新时代 清朗e空间”主题，重点围绕学习宣传习近平法治思想、《中华人民共和国宪法》、涉互联网重要法规和规范性文件，启动“法润锡网、法润童心、法润民生、法润校园”四大类20个重点项目，“清朗号”公交专线、“清风行”防范养老诈骗普法进社区活动同时启动，全市首支学生清朗志愿者队伍组建成立，2021年无锡市网络辟谣十大典型案例、2021年无锡市网络举报处置十大典型案例公开发布。

【网络文明建设】 7月27日，2022无锡市网络文明月暨“锡网群心”网上群众路线工程启动，主题为“汇聚网络正能量，共建文明新无锡”。现场发布2022无锡市网络文明建设20个优秀案例和“锡网群心”5个具体项目，启动“打卡文明无锡”摄影行，授牌成立无锡市网络文明志愿者联盟，邀请网络名人、互联网企业代表发布线上万人签名网络文明倡议书，锡音·无锡市网络正能量传播分析系统2.0版等12个合作项目集中签约。

【“福彩杯”无锡网络创益大赛】 9月3日，第三届“福彩杯”无锡网络创益大赛启动。大赛以“网聚同心 福彩大爱 锡望E家”为主题，由市委网信办、市民政局、团市委联合主办，市福利彩票发行中心冠名，市互联网协会、市网络公益发展促进会承办。大赛通过初赛、复赛和组织激励三个阶段，扶持培育一批兼具公益性、网络性和实践性的公益项目，促进无锡网络公益

8月24日，无锡创建“IPv6+”创新之城启动仪式暨互联网大会召开，图为会议现场

（市委网信办 供图）

事业发展。活动现场为2021无锡市十佳公益项目、十佳网络公益达人、第二届“福彩杯”无锡网络创益大赛获奖项目颁奖，邀请互联网平台和无锡市十佳网络公益达人代表，共同探讨无锡网络公益事业发展新路径。

【无锡入选国家IPv6技术创新和融合应用综合试点城市】 1月18日，经中央网信办、国家发展改革委、工业和信息化部等12个部门公示，无锡市入选国家IPv6技术创新和融合应用综合试点城市。试点城市将围绕区域网络、平台、应用、终端及各行业全面支持IPv6综合指标，以城市为主体开展创建，申报主体为地市级以上城市。

【网络强市建设工作推进会】 2月24日，无锡召开网络强市建设工作推进会，启动国家IPv6技术创新和融合应用综合试点城市（无锡）建设。会议总结全市网络强市建设工作成效，研究部署下一阶段重点任务。中国工程院副院长、院士陈左宁以网络视频形式作网络强国建设专题报告。上海交通大学电子信息与电气工程学院、无锡市委网信办、锡东商务区共同签订“上海交通大学无锡区块链研究院”三方合作框架协议。现场举办新吴区入选“江苏省区块链产业发展集聚区”揭牌仪式，并为2021数字无锡建设优秀实践成果奖获得者进行颁奖。

（蒋　露）

机构编制管理

【园区管理体制创新】 2022年，市委编办全面厘清区政职责关系，围绕经济管理等主责主业重构开发区管理架构，系统优化无锡惠山经济技术开发区、宜兴阳羡生态旅游度假区相关职能机构。无锡惠山经济技术开发区管理机构经省委编委批复升格为正处级。推动整合小、散、弱产业园区，指导江阴市统筹设置霞客湾科学城等功能园区，同步调整规范管理机构设置。加强机构编制资源统筹，新设立的无锡新加坡工业园管理办公室与属地街道党工委、办事处一体运作，凝聚高质量发展合力。省委编办专期刊发无锡市委编办工作简报，相关经验做法被省政府办简报录用并推送国务院办公厅。市委编办承担的2022年度无锡市哲学社会科学招标立项重点课题“创新开发区管理体制机制研究”结项，相关理论研究成果分别被《编制管理研究》《机构编制动态研究》等期刊刊载。

【机构编制法规制度建设】 2022年，市委编办制定《市级部门“三定”规定评估工作规程（试行）》，推动“三定”（定机构、定职能、定编制）规定刚性落实、持续完善。创新出台《无锡市权责清单应用执行情况监督评估暂行办法》，配套印发2022年度实施方案，首次实现评估范围市级部门全覆盖。出台《无锡市机构编制事项动议和论证工作规程》，为机构编制事项审议决定和组织实施提供科学可靠支撑。建立市（县）、区机构编制规范性文件备案制度，指导各地完成机构编制规范性文件备案12件。

（袁　晨）

【构建数字化转型职能体系】 2022年，市委编办抢抓数字时代发展机遇，系统谋划全市数字化转型职能体系架构，调整优化市级组织架构和51个部门（单位）数字化转型工作职责，确保数字化发展定位准、分工明、职责清，指导各市（县）区在党政机构限额内设置大数据管理部门，加快形成上下贯通的工作体系，相关做法在《中国机构编制》刊载。

（蔡大江）

【优化营商法治环境】 2022年，无锡知识产权法庭、无锡国际商事法庭和滨湖区人民法院金融法庭获批设立，为优化全市营商法治环境提供有力体制保障。年内，无锡市获批设立“江苏省药品管理局审评核查无锡分中心”，助力提升全市生物医药和医疗器械产业竞争力。

（李　颂）

【构建基层应急管理体系】 2月，市委编委印发《加强基层应急管理和消防监管相关机构编制事项的通知》，全面构建党政同责齐抓共管的基层应急管理领导体系，加强编制力量配置，打造精干专业化队伍，创新构建横向到边、纵向到底的立体化应急管理体系。相关做法在全省应急管理系统推广，获省委编办工作简报专题刊发。

（付文涛）

【建立市级编制周转使用机制】 12月，市委编委印发《无锡市市级编制周转池使用管理办法》，加强编制资源统筹管理，保障高层次人才引进、干部梯队建设，破解编制总量控制与刚性需求之间的矛盾。管理办法对周转编制来源、申请使用条件和程序、使用期限等作了明确规定。

（高道峰）

【挂牌设立藕塘护理院】 2022年，市委编办以“医养结合”为突破口，会同市卫健委、市民政局、市医保局等部门召开专题会议，明确支持具备条件的社区卫生服务中心（乡镇卫生院）在不改变原有职能、不增加编制的基础上，盘活其富余床位和医疗资源，利用现有资源建设护理院。12月1日，无锡市依托惠山区钱桥街道藕塘社区卫生服务中心挂牌设立的“无锡市惠山区藕塘护理院”投入运行，为全省首个依托基层医疗卫生机构探索开展医养结合改革的创新试点，实现养老服务和医疗服务无缝对接。

（茜　坤）

【雇员制改革试点】 2022年，无锡市事业单位雇员制改革进入实质性启动阶段。从上半年开始，市市域社会治理现代化指挥中心和市城市重点建设项目管理中心作为首批试点单位，结合自身实际，研究拟订《雇员制改革试点工作实施方案》，对雇员规模、岗位设置、人员管理、薪酬标准等均作出明确规定。9月、12月，两家的实施方案获市委编委批复同意。年底前，市市域社会治理现代化指挥中心首批8名雇员制人员的招聘录用工作完成。

（孙　淼）

【基层治理机制改革】 2022年，无锡市在全省市级层面率先研究制定《关于建立健全“基层吹哨、部门报到”党建引领基层治理机制的实施方案》，由市委办和市政府办联名印发。实施方案着眼于解决一批群众关注度高、基层依靠自身力量难以解决、需要条块联动处置的难点堵点事项，这一改革举措受到基层干部群众好评，《人民日报》《新华日报》《无锡日报》等予以专题报道。市委编办开展基层综合执法改革专题调研，总结改革中存在的矛盾问题，分析原因，研究对策，推动基层综合执法改革由“物理整合”向“化学融合”转变，所形成的专题调研报告在省委编办《机构编制动态研究》上刊出。开展基层赋权事项专项评估，完善动态调整机制，持续推动赋权事项“能接尽接”“应接尽接”。

【权责清单动态管理】 2022年，市委编办指导市级24个部门及时动态调整469项行政权力事项，并结合市级法律法规规章等立改废释情况，推动市级8个部门按程序动态调整64项市设行政权力事项。依托江苏省权责清单管理系统，率先在全省开展行政权力事项认领维护工作，规范权力清单调整程序，协调解决部分有争议事项认领问题，完善动态调整机制，年内共编制市级45个部门7165项权责事项清单。

（许宇峰）

【权责清单执行情况监督评估】 2022年，无锡市率先出台《权责清单应用执行情况监督评估暂行办法》，市委编办印发《2022年度权责清单执行情况监督评估实施方案》，将市、市（县）区、镇（街道）三级行权主体纳入评估范围，实现市级部门全覆盖。监督评估暂行办法结合工作实际，设置6个一级评估指标和30个二级评估指标，以党委、政府重点工作，重要改革和部门履职重点等涉及的权责事项为主要评估内容。通过评估，共出具45份市级部门（单位）评估意见书，提出152条整改完善建议。评估结果纳入年度综合考核和机构编制重大事项报告。

（苏兆熙）

【新一轮经济发达镇培育】 2022年，市委编办根据省委编办关于新一轮经济发达镇改革部署要求，研究制定《关于深入推进经济发达镇改革与管理的实施方案》和《新一轮经济发达镇遴选的工作方案》，规范优化改革步骤和遴选流程，有序推进改革工作。年内，江阴市祝塘镇、宜兴市周铁镇、锡山区锡北镇、惠山区洛社镇、滨湖区胡埭镇被列为全省新一轮经济发达镇培育镇。市委编办会同市相关部门研究制定《无锡市经济发达镇改革配套支持政策》，明确并实施涵盖干部管理、编制资源、项目建设、空间规划、金融支持等方面的15条配套支持政策。

（陈可依）

【事业单位信用监管】 2022年，无锡市公示信用等级评价事业单位242家，评价等级为A的241家，占99.6%。市委编办完成316家事业单位法人年度报告审核，并通过“双随机、一公开”的方式，随机抽查11家事业单位对其业务活动开展和核心业务指标等情况进行实地核查，对检查中发现的问题向相关单位进行通报并督促其整改。推进机关事业单位统一社会信用监管机制，全年发放机关、群团统一社会信用代码证书44份，事业单位法人证书125份。

（高天颖）

老干部工作

【全市离休干部概况】 至2022年末，全市有离休干部736人（含江阴市64人、宜兴市105人），平均年龄93.2岁。按参加革命工作时期分，抗战前期21人，抗战后期84人，解放战争时期631人；按享受待遇分，享受副省级医疗待遇28人，享受地市级待遇45人，享受县处级待遇313人，享受科级及其他待遇350人；按机构性质分，机关单位192人，事业单位222人，企业单位322人；按年龄分，85～89岁50人，90～99岁669人，100岁以上17人。另有在无锡的部省属单位离休干部169人，外省市安置在无锡的离休干部49人。

9月23日，市委老干部局组织开展“喜迎二十大　健康无锡行”全市离退休干部特色文体团队展演

（市委老干部局　供图）

【退休干部基本情况】 至2022年末，全市有退休干部6.87万人(其中中共党员5.39万人)，其中机关事业单位5.82万人，企业1.05万人(2021年企业退休干部数据包含在机关事业单位中，2022年起单列统计)。

【离退休干部作用发挥】 2022年，市委老干部局持续深化"增添正能量·共筑中国梦"活动，开展"建言二十大""我看中国特色社会主义新时代"专题调研，收集建言513条、感言277篇，组织开展"喜迎二十大 奋进新征程"系列活动410余场。市委老干部局印发《关于深化"银发生辉·锡阳正红"志愿服务工作的促进办法(试行)》，开展"银发生辉·锡阳正红"行动，建立完善"银发人才库"，入库674人，成立"老党员工作室(站)"19个。深化"千名银发人才服务千家企业"、万名"五老"牵手万名青少年关爱帮扶、"与党同心，与社区同行"等志愿服务活动。举办"银发心向党"老干部合唱音乐会等。全年全市90多支老干部志愿团队开展志愿服务330多场次，服务群众20余万人次。在全省第二届"最美老干部志愿者、最美老干部志愿服务团队、最佳老干部志愿服务项目"推选中，无锡市获评"最美老干部志愿者""最美老干部志愿服务团队"各1人(个)。

年内，市委老干部局编印纪念专辑和工作掠影专题片，抓好重点课题调研和创新成果展示，6篇调研成果分获省局优秀调研成果一、二、三等奖，各级联动形成23个工作创新项目。

【老干部服务】 2022年，市委老干部局推进离休干部"一人一策"精准服务，健全离休干部医疗困难帮扶机制，优化离休干部"一站式"就医服务。推进为老办实事项目，全市老干部工作部门共完成适老化改造450户。全年向离退休干部发放防疫物资980份，帮助解决实际困难200人次，协助解决就医40余起。通过政府购买服务、志愿服务等渠道，为空巢、独居、生活有特殊困难的离退休干部提供居家养老、紧急救助等服务。成立无锡市老年人运用智能技术专项普及培训工程指导服务站，助力老年人跨越"数字鸿沟"。

(姜正伟)

6月，市教育电视台举办依法育儿是家事更是国事"五老"电视访谈

(市教育电视台　供图)

关心下一代工作

【概况】 至2022年末，全市有各级关心下一代工作委员会(以下简称"关工委")组织5663个，热心关心下一代工作的老干部、老战士、老教师、老专家、老模范(以下简称"五老")5.6万余人。年内，市关工委组织258个法治教育报告团、2381名法治教育报告员作普法宣讲报告2993场次，听讲青少年109万余人次；组织5424名"五老"结对帮教帮扶4414名失足、后进青少年；组织946名"五老"对网吧、电子游戏室进行义务监督；发动社会力量资助贫困学生2.1万余人次。全市未成年人"零犯罪"村(社区)占比保持在98%以上。加强校外教育辅导站建设，全市各类辅导站(点)3890个、村(社区)中心辅导站电子阅览室985个，配置电脑5950台；参加辅导站工作的"五老"13744人、在职教师14813人、大学生村干部等其他志愿者5859人，全年辅导学生100.5万余人次，到电子阅览室活动的学生达54.2万余人次。全市有民营企业关工委3639个、外资企业关工委206个、国有企业关工委26个。

【开展主题教育活动】 2022年，市关工委组织开展"老少心向党 喜迎二十大"主题教育，着力提升青少年思想道德素质。各级关工委组织553个"五老"报告团、2402名"五老"报告员编写宣讲材料1724篇，作宣讲报告3626场次，听讲青少年137万余人次；开展征文、演讲、寻访等主题教育2703场次，参与青少年54.3万余人次。

【制定落实关工委工作实施意见】 11月25日，市委办、市政府办印发《关于加强新时代关心下一代工作委员会工作的实施意见》，明确对全市新时代关工委工作的总体要求、重点任务、组织建设等。全市各级关工委组织切实贯彻实施意见，建立市关工委成员单位联席会议制度，深入基层开展专题调研，帮助基层解决突出问题和实际困难，健全完善"党建带关建"工作机制。

【纪念市关工委成立30周年】 9月20日，市关工委会同市文明办召开市关工委成立30周年纪念大会。会议通报表扬118个先进集体和388名先进个人，选树命名80个工作标杆和32

中共无锡市委党校新校区鸟瞰图　　（市委党校　供图）

个工作品牌。年内，市关工委编印《关心下一代工作指南》《五老风采》《无锡市关心下一代工作标杆品牌材料选编》，制作全市关工委工作视频短片，提升和改善工作质态。

（高　樱）

党校工作

【概况】 2022年末，中共无锡市委党校（无锡市行政学院）有教职工88人；有专职教师26人，其中具有副教授以上职称的14人，同时聘请一批国内专家、学者、企业家和市有关方面领导担任兼职教师。市委党校挂有无锡市社会主义学院、无锡市国防教育学院、中央党校无锡科研基地、中央社会主义学院主体班教学基地、江苏省高层次创新创业人才培训基地、江苏省社会科学院无锡分院、苏南发展研究院等校牌。内设18个职能机构（处室），其中教研处室7个、教学管理处室4个、行政管理与教学辅助处室7个。9月，搬迁入驻新校区，校址变更为雪浪街道南象山路2号。新校区占地面积8.67公顷，建筑面积6.5万平方米，能同时容纳600人住宿、800人培训就餐，停车位500个。

【干部培训】 2022年，中共无锡市委党校通过高频率办班、满负荷运转、新老校园并用，克服新冠疫情影响，在不到四个月的时间内举办主体班培训24期，其中市管干部专题研修班3期、公务员任职培训班8期，培训学员2093人；承接各类委托培训55期，培训学员3580人。主体班学员满意度测评好评率保持在98%以上。举办全市党校（行政学院）系统第五届精品课赛课活动，打造特色课程3个、精品课程4个。获评全省党校系统优秀课程1门，获评全省社会主义学院精品课、优秀课各1门。在全省党员教育培训教材展示交流活动中，报送的2部教材分获优秀教材奖和创新教材奖。

【科研咨政】 2022年，中共无锡市委党校聚焦习近平新时代中国特色社会主义思想及其无锡实践，全年立项课题50余项（含省部级课题2项）。2项课题研究成果获省哲学社会科学成果三等奖。出版《新时代无锡基层党建工作的探索实践》《传承与突破——无锡改革开放史研究》等著作4部，发表论文50篇（含CSSCI期刊3篇、北大核心期刊4篇）。举办环太湖发展研究中心年会等学术活动5次，入选高层次学术会议论文8篇。编报《领导参阅》20期。8篇研究报告获省、市领导9人次批示肯定，其中3篇获市委书记、市长批示肯定。完成《江南论坛》改版，全年出版《江南论坛》12期、《太湖论丛》4期。在第34届中国经济新闻奖评选中，报送的1篇论文获新闻报道类三等奖。

【理论宣讲】 2022年，中共无锡市委党校选派4人参加市委专题宣讲团，担负贯彻中共二十大精神的宣讲任务。组织骨干教师成立宣讲队并公布14个宣讲专题，开展专题宣传辅导30余场次。用好媒体理论宣讲阵地，向党报党刊、“学习强国”无锡学习平台等供稿10余篇，20余人次在主流媒体发声。利用校办刊物、校园网站、“无锡党校”微信公众号等平台，开设专栏作系列推送。录制10堂“学习贯彻党的二十大精神”系列微党课，宣传、阐释中共二十大精神。

（张友余）

史志工作

【党史编研】 2022年，市档案史志馆聚焦主责主业，被江苏省人力资源和社会保障厅、省委党史工办联合表彰为全省党史部门先进集体。7月，市委办印发《无锡市“十四五”党史工作规划》。推进《中国共产党江苏省无锡市历史第三卷（1978—2012）》前三编（1978—2002）编撰工作，至年底，形成3编14章49节163目书稿，共51万字。谋划2002—2012年第四编资料征编工作。审阅完成《中国共产党宜兴历史第三卷（1978—2012）》。征编、出版《无锡抗战老兵的家国记忆》，该书由市档案史志馆组织江南大学致远团队志愿者，历时5年，采访214位抗战老兵，最终汇集100位抗战老兵的口述史料，为研究抗战历史提供第一手资料，也是以史鉴今、资政育人的生动党史、国史、军史教材。

年内，推进改革开放口述史专题征集，完成《江苏改革开放口述史》无锡部分征编工作。指导市人大常委会、九三学社无锡市委等编撰部门史。《中国共产党无锡历史大事记（1925—2020）》获2020—2021年度全省党史部门党史优秀成果著作类二等奖，《无锡市革命遗址和纪念设施概览》获三等奖。

【宣传教育】 2022年，市档案史志馆积极开展红色主题宣传教育，获取丰硕成果。省委党史工办主要领导作出批示，向全省党史系统推广无锡经验做法。在省委党史工办通报的“2020—2021年度全省党史部门党史优秀成果”获奖名单中，《用好用活红色资源 建立不忘初心、牢记使命制度——以无锡市为例》获论文类一等奖；《奋力拓宽党史与党建融合之路》获资政类一等奖；“款款衷情诵党听”——中国共产党百年红色经典全民线上朗诵作品展播获新媒体类一等奖；《渡江第一船》获影音类一等奖。市档案史志馆“点亮无锡红色资源的时代光彩”项目，被列为全市宣传思想文化工作十大创新项目。融入全市“强国复兴有我”主题群众性宣传教育，牵头开展“赓续红色血脉，传承红色基因”系列活动。6月28日，联合市委党史学习教育领导小组办公室、市委组织部举行“学党史 强信念 红色基地E起行”主题发布式，现场命名10家第四批无锡市党史教育基地，启动“掌上无锡市党史教育基地地图”小程序上线。用好“节日里的党史教育”和“党史七进”品牌，在重要时间节点推出红色主题系列宣传：4月23日，联合媒体开展无锡解放73周年“云庆祝”活动；七一前夕，发布无锡市“学党史 强信念”红色主题教育践学线路；10月17日，举行南湖红船图纸捐赠仪式；11月21日，组织全市档案史志系统开展“悦读新时代 奋进新征程”主题阅读活动。以“喜迎二十大·档案颂辉煌”为主题，开展“6·9”国际档案日宣传活动，在梁溪区丁村社区举办“档案进社区 服务为百姓——档案服务进基层”活动；通过“无锡观察”公众号，发布揭秘三件珍贵档案的独家报道，制作推出一部用档案沟通古今的专题短片。年内，市档案史志馆被省档案馆表彰为全省档案宣传工作先进单位二等奖。

【主题展览】 9月29日，由中共一大会址纪念馆、市委党史学习教育领导小组办公室、市档案史志馆联合举办的“伟大精神铸就伟大时代——中国共产党伟大建党精神专题展”首展式举行。展览集中阐释第一批纳入中国共产党人精神谱系的46种伟大精神的丰富内涵和时代价值。在中共二十大召开之际，展览分别在市档案史志馆和市民中心开展。市级机关各部门和全市各级党组织党员干部踊跃观展，充分汲取、准确把握中国共产党百年奋斗的历史经验，深刻感悟伟大建党精神。“光辉的历程——中国共产党无锡历史主题展览”完成优化改造，增加中共十八大以来市委、市政府重点工作成果的呈现展示，展览于9月29日起面向社会开展。

【方志编研】 2022年，市档案史志馆制定《无锡市“十四五”地方志事业发展规划》，明确“十四五”期间无锡市地方志事业发展方向和思路，8月，由市政府办印发。6月24日，无锡市人民政府与江南大学签署《〈无锡史〉编纂协议》，由江南大学承担编纂任务，并将《无锡史》编纂纳入市校合作评估体系。协议要求用5年左右时间基本完成《无锡史》编纂，使之成为与无锡城市地位相匹配的优秀地方通史。江南大学编纂团队于2022年底前完成《无锡史》大纲的拟定。贯彻落实省政府办关于实施镇村志编纂文化工程的通知精神，10月，市政府办公室印发《无锡市镇村志编纂文化工程实施方案》。10月25日，无锡市镇村志编纂文化工程现场推进会在江阴市徐霞客镇举行。全年全市共编纂《云亭街道志》等镇村志25部，行业志、部门志、专题志、地情书及方志古籍整理出版10部。

【年鉴编纂】 2022年，全市编纂出版市级综合年鉴1部（《无锡年鉴（2022）》）、市（县）区综合年鉴7部、镇级年鉴1部（《洛社年鉴》），首次编纂出版《无锡经济开发区年鉴（2022）》《无锡税务年鉴（2018—2021）》。市档案史志馆编纂出版的《无锡年鉴（2022）》创新框架设计和编纂体例，突出时代特点和地域特色，增设“太湖湾科技创新带”“乡村振兴”“就业”3个新类目，部分条目设置“延伸阅读”，精编精校，成功入选第七批中国年鉴精品工程，成为苏锡常地区首部国家级精品年鉴。《掌上无锡（2022）》增强国际性、实用性，成为无锡城市推介和外事活动的品牌用书。市档案史志馆与江南大学合作开展《无锡民国年鉴研究》项目，完成民国时期5部年鉴及年鉴类书籍的整理研究工作，形成近100万字的成果。在全省年鉴质量评定中，《无锡年鉴（2021）》《新吴年鉴（2021）》获评一等年鉴。

（市档案史志馆）

档案工作

【档案馆（室）建设】 2022年，市档案史志馆大力推进数字档案馆建设，在建成信创条件下国家级数字档案馆的基础上，制定无锡市国家示范数字档案馆建设方案。8月24日，宜兴市档案史志馆通过国家档案局组织的“全国示范数字档案馆”测试，并采用线上直播与线下实地测试相结合的方式，全体专家组在线上观看创建情况汇报、数字档案馆系统功能演示、数字档案馆机房和数字化中心等5处现场设施设备配置及运行情况、查档服务流程等直播内容。无锡市档案史志馆按照国家综合档案馆业务建设评价要求，组织35名专家人员分批次对7个市（县）、区进行档案馆业务建设评价工作，其中宜兴市档案史志馆、新吴区档案史志馆、滨湖区档案史志馆被江苏省档案馆通报表彰为国家示范档案馆，梁溪区档案史志馆、锡山区档案史志馆、江阴市档案史志馆、惠山区档案史志馆被江苏省档案馆通报表彰为国家规范档案馆。会同无锡市档案局组织抽调档案业务专家到全市相关单位开展机关团体企业事业单位档案工作业务建设检查评价工作，根据单位档案体制机制建设、基础设施建设、基础业务建设、档案信息化建设、档案特色工作五大类100项评分标准，进行详细评价。其中，无锡市人民检察院、无锡地铁集团有限公司、无锡市公共资源交易中心、无锡蠡园经济开发区、江阴市公安局、江阴市人民检察院、江阴市人民医院、宜兴市人民检察院、滨湖区人民法院、惠山区人民检察院、新吴区江溪街道、新吴区旺庄街道、祥符禅寺、开原寺的档案室被江苏省档案馆通报认定为江苏省示范档案室。

【档案归集及查档服务】 2022年，市档案史志馆组织召开太湖湾科创带专题档案工作推进会议，部署太湖湾科创带专题档案收集归档工作。围绕疫情防控、党史学习教育等，接收全市档案资料，全年接收进馆档案26534卷、31679件。落实好政务服务“一网通办”重点任务，无锡市五区二市及市本级8家档案史志馆实现婚姻、收养、学籍、出生医学证明档案在线相互查询全覆盖。优化异地查档服务，根据疫情形势变化，调整查档模式，开发使用“灵锡”App线上查档系统，优化使用长三角一体化查询平台，启用全国异地查档系统，减少异地群众奔波，全年异地查档服务189人次，为单位及市民提供6929人次查档服务。

【馆藏档案开发利用】 2022年，市档案史志馆馆藏《渡江后江阴要塞地区青年工作总结》入选团省委、省档案馆联合编纂出版的《青春百档耀百年》。无锡市档案史志馆编纂的《民国无锡同业公会档案选编(第三辑)》获评2022年度江苏省史志作品点校整理历代旧志文献类优秀成果。无锡市档案史志馆协助南京市雨花台烈士陵园管理局拍摄电视纪录片《雨花台家书——黄埔英杰高文华》；与江南大学签订协议共同研究、编纂荣氏迁渝企业档案，启动《荣氏迁渝企业档案选编》编纂工作；开展“探秘档案馆”青少年暑期实践活动，无锡市大桥实验学校、无锡市天一实验学校等校学生参加活动。

【档案征集】 2022年，市档案史志馆征集各类档案史料601件。其中，资料560件，实物41件。征集特色活动资料，围绕庆祝中共二十大召开，征集《庆祝新中国70华诞》《庆祝中国共产党成立一百周年》等具有鲜明特色的木刻拓印作品36件；为纪念王昆仑120周年诞辰，协助民革无锡市委征集王昆仑生平史料档案，收到捐赠物件4件。征集各类家谱5个姓氏20卷；征集人物和历史事件档案。开展志书、年鉴交换，向国内20个省(自治区、直辖市)的60个城市寄送《无锡市志》《无锡年鉴》，征集全国各市地方志书、年鉴和地情资料227本。8月，在全市范围内开展乡镇(街道)、村(社区)两级地方志书征集补齐工作，完成55部志书征集任务。

（市档案史志馆）

表6　2022年度无锡市档案事业基本情况统计表

指标名称	单位	全市	市区	江阴	宜兴
档案馆机构数	个	9.0	7.0	1.0	1.0
档案馆专职人员数	人	170.0	102.0	31.0	37.0
馆藏纸质档案数	卷	3035339.0	1905941.0	458930.0	670468.0
馆藏纸质档案数	件	4589582.0	2473636.0	1308872.0	807074.0
馆藏电子档案数	GB	8255.2	1313.8	610.0	6331.4
当年接收纸质档案数	卷	269222.0	109612.0	125115.0	34495.0
当年接收纸质档案数	件	519213.0	166908.0	247353.0	104952.0
当年接收电子档案数	GB	50.1	24.0	0.0	26.1
本年举办档案展览数	次	16.0	12.0	3.0	1.0
利用档案人次	人次	37920.0	16497.0	10291.0	11132.0
档案馆库面积	平方米	79397.2	49370.5	12538.0	17488.7
档案网站点击数	次	145537.0	69537.0	21124.0	54876.0
档案文件机读目录	—	—	—	—	—
——案卷级	条	2874000.0	1725000.0	456000.0	693000.0
——文件级	条	31231000.0	18739000.0	7235000.0	5257000.0

（市档案局）

编辑　罗秋云

综　述

【人大构成】 2022年，无锡市第十七届人民代表大会共有代表451人，设有法制委员会、监察和司法委员会、财政经济委员会、社会建设委员会和开发区委员会5个专门委员会。市十七届人大常委会于3月选举产生，有组成人员57人，其中主任1人、副主任5人。市人大常委会机关设办公室、研究室，以及法制工作委员会、监察和司法工作委员会、经济工作委员会、预算工作委员会、农村经济工作委员会、教育科学文化卫生工作委员会、民族宗教侨务外事工作委员会、环境资源城乡建设工作委员会和人事代表联络工作委员会。全市有市(县)、区级人大组织7个、乡镇级人大组织30个、人大街道工委45个。

【履职尽责】 2022年，市人大常委会全年向市委常委会会议专题汇报9次，向市委请示报告20次；修订常委会党组工作规则和常委会人事任免办法；认真履行全面从严治党主体责任，严格落实党风廉政建设和意识形态工作责任制；年内，市委召开人大工作会议、制定《关于新时代坚持和完善人民代表大会制度加强和改进人大工作的实施意见》后，市人大常委会分别召开立法、监督、代表工作3个专题会议，并就贯彻落实中央和省委、市委人大工作会议精神、助力打造践行全过程人民民主示范城市、加强"四个机关"建设，在省内率先制定形成3个行动计划。市十七届人大一次会议及闭会期间代表提出的300条建议、批评和意见全部办结，年初确定的各项目标任务全面完成。

市人大常委会认真贯彻党中央和省委重大决策部署，落实市第十四次党代会精神和市委决策部署，科学编制五年立法规划，共安排75件立法项目。确定2022年度人大工作要点和立法、监督、决定、代表4个工作计划，共制定地方性法规5件、修改4件，调研论证5件；听取审议31个专项工作及计划、预决算、审计报告，开展20次执法检查、专题询问、专项视察和评议测评，完成66项重点监督。

6月1日，市委召开人大工作会议　　（宦　玮　摄）

【全过程人民民主】 2022年，无锡市人大常委会将"坚持和发展全过程人民民主"作为基本原则，写入新修订的市人代会、常委会、主任会议议事规则。在省内率先对地方立法践行全过程人民民主作出规定，创新出台30条具体举措，省人大常委会组织全国、省级主流媒体，专题集中报道全过程人民民主的"无锡实践"。推进23个基层立法联系点功能拓展，全面推进1411个"家站点"标准化规范化信息化建设。全市五级人大代表就地就近全部编入"家站点"，以线上线下相结合方式，定时定点开展"联系服务群众日"活动，着力打响"132、找代表"品牌。全市域推开民生实事项目人大代表票决制，组织代表和群众全程参与，在省内首创双向征集民生实事项目办法，全市三级人大联动向政府集中移交征集建议645条。指导全市

45个街道实现议政代表会制度全覆盖，共产生议政代表2903人。提请市委转发《关于进一步加快开发区人大工作高质量发展的意见》，指导各市（县）、区实现开发区人大工作全覆盖，有序建立开发区代表联席会议制度，推进全过程人民民主实践基地建设，无锡的创新实践得到全国和省人大常委会充分肯定。

【常委会自身建设】 2022年，市人大常委会落实党组会议“第一议题”制度，全年党组中心组集体学习16次、开展交流研讨7次。在及时修订人代会、常委会、主任会等各项会议议事规则的同时，制（修）订讨论决定重大事项、执法检查工作办法、人大信访工作等20余项规章制度。全面启动“数字人大”建设。组建无锡人大融媒体联盟，5件作品获第30届江苏人大新闻奖，数量列设区市第一位；全国、省级主流媒体刊发无锡人大创新履职实践报道120多篇。

（市人大常委会办公室）

3月30日，市十七届人大常委会第一次会议第二次全体会议召开

（宦　玮　摄）

重要会议

【市十七届人大一次会议】 会议于3月16—18日举行，出席会议代表396人，市政协委员和部分在无锡的全国、省人大代表等列席大会。会上听取和审议无锡市人民政府工作报告；审查和批准无锡市2021年国民经济和社会发展计划执行情况与2022年国民经济和社会发展计划草案的报告，批准无锡市2022年国民经济和社会发展计划；审查和批准无锡市2021年预算执行情况与2022年预算草案的报告，批准无锡市2022年预算；听取和审议无锡市人大常委会工作报告；听取和审议无锡市中级人民法院工作报告；听取和审议无锡市人民检察院工作报告；选举无锡市第十七届人民代表大会常务委员会主任、副主任、秘书长、委员，选举无锡市人民政府市长、副市长，选举无锡市监察委员会主任、无锡市中级人民法院院长、无锡市人民检察院检察长；通过无锡市第十七届人民代表大会法制委员会、监察和司法委员会、财政经济委员会、社会建设委员会、开发区委员会主任委员、副主任委员、委员名单；票决2022年无锡市民生实事项目。

【市十六届人大常委会第四十五次至第四十六次会议】 1月10日，无锡市第十六届人大常委会举行第四十五次会议。会议补选江苏省第十三届人民代表大会代表。1月29日，无锡市第十六届人大常委会举行第四十六次会议。会议审议并通过关于无锡市第十七届人民代表大会代表的代表资格的报告；决定有关人事任免，并举行宪法宣誓仪式。

【市十七届人大常委会第一次至第九次会议】 3月30日，无锡市第十七届人大常委会举行第一次会议。会议审议并通过《无锡市人民代表大会常务委员会关于深入学习贯彻习近平总书记中央人大工作会议重要讲话精神加强和改进新时代地方人大工作的决定》；审议并通过《无锡市第十七届人大常委会2022年工作要点》；审议并通过无锡市人大常委会2022年立法、监督、讨论决定重大事项、代表工作计划。

4月11日，无锡市第十七届人大常委会举行第二次会议。会议审议并通过《无锡市人民代表大会常务委员会关于进一步落实新冠肺炎疫情防控相关措施的决定》。

5月7日，无锡市第十七届人大常委会举行第三次会议。会议听取和审议市政府关于2021年度环境状况和环境保护目标完成情况的报告；听取和审议市政府关于打击治理电信网络诈骗违法犯罪工作情况的报告；听取和审议市政府关于落实“双减”政策、推进教育高质量发展情况的报告；审议并通过《无锡市人民代表大会常务委员会关于办理市人民代表大会代表建议、批评和意见的办法》；审议《无锡市实施〈江苏省大气污染防治条例〉办法》实施情况的报告；决定有关人事任免，并举行宪法宣誓仪式。

6月28—29日，无锡市第十七届人大常委会举行第四次会议。会议听取和审议市政府关于打造最优营商环境城市推进情况的报告；听取和审议市政府关于2021年行政事业性国有资产（含文化资产）管理情况

5月27日，市人大常委会就市域一体化发展主题组织专题视察

（许子江　摄）

的专项报告，审议关于2021年国有资产管理情况的综合报告；听取和审议市政府关于以“五园五区六带”为重点、推进“三园一区一居”建设情况的报告；听取和审议市政府关于无锡对口支援新疆、青海等民族地区工作情况的报告；听取和审议市政府关于《无锡市残疾人保护条例》实施情况的报告；审议《无锡市宜兴紫砂保护条例》《无锡市旅游市场条例》《无锡市市容和环境卫生管理条例》《无锡市蠡湖景区条例》实施情况的报告；一审《无锡市社会治理促进条例（草案）》；听取部分省人大代表履职情况的报告；决定有关人事任免，并举行宪法宣誓仪式。

7月13日，无锡市第十七届人大常委会举行第五次会议。会议审议并通过关于个别代表的代表资格的报告。

8月29—30日，无锡市第十七届人大常委会举行第六次会议。会议听取和审议市政府关于无锡市2022年上半年国民经济和社会发展计划执行情况的报告；审议市政府关于无锡市2022年上半年预算执行情况的报告；听取和审议市政府关于无锡市2021年市级预算执行和其他财政收支的审计工作报告；审查和批准无锡市2021年市级财政决算；听取和审议市政府关于2022年无锡市民生实事项目实施进展情况的报告；审议《无锡市献血条例》实施情况的报告；一审《无锡市车联网发展促进条例（草案）》；一审《无锡市京杭大运河梁溪河滨水公共空间条例（草案）》；一审《无锡市安全生产条例（修订草案）》；审议《无锡市城市绿化管理条例修正案（草案）》《无锡市建设工程安全生产管理条例修正案（草案）》，通过《无锡市人民代表大会常务委员会关于修改〈无锡市城市绿化管理条例〉〈无锡市建设工程安全生产管理条例〉的决定》；听取和审议部分法官履职情况的报告，并开展满意度测评；听取和审议市政府部分工作部门履职情况的报告，并开展评议；决定有关人事任免，并举行宪法宣誓仪式。

10月26—27日，无锡市第十七届人大常委会举行第七次会议。会议学习宣传贯彻中共二十大精神；听取和审议市政府关于推动数字经济提速和数字化转型工作情况的报告；听取和审议市政府关于农村人居环境整治提升工作进展情况的报告；听取和审议市人民检察院关于落实认罪认罚从宽制度情况的报告；听取和审议市政府关于无锡市2022年市级预算调整方案（草案）的报告，审议并通过《无锡市人民代表大会常务委员会关于批准无锡市2022年市级预算调整方案的决议》；听取和审议《中华人民共和国长江保护法》《江苏省长江水污染防治条例》执法检查情况的报告；审议《无锡市禁止燃放烟花爆竹条例》《无锡市城市道路管理条例》实施情况的报告；一审《无锡市优化营商环境条例（草案）》；一审《无锡市公路条例（修订草案）》；审议并通过《无锡市社会治理促进条例（草案）》；听取和审议市政府关于提请审议设立“无锡工匠日”的议案，审议并通过《无锡市人民代表大会常务委员会关于设立“无锡工匠日”的决定》；审议并通过《无锡市人民代表大会常务委员会关于加强经济工作监督的决定》；审议并通过《无锡市人民代表大会常务委员会关于加强国有资产管理情况监督的决定》；审议并通过《无锡市人民代表大会常务委员会议事规则》；审议并通过《无锡市人民代表大会常务委员会讨论决定重大事项的规定》；审议并通过《无锡市人民代表大会常务委员会人事任免办法》；审议并通过《无锡市人民代表大会常务委员会关于办理市人民代表大会代表建议、批评和意见的办法》；审议市人大常委会主任会议关于废止《无锡市人民代表大会常务委员会关于授予无锡市荣誉市民称号的办法》的议案，通过《无锡市人民代表大会常务委员会关于废止〈无锡市人民代表大会常务委员会关于授予无锡市荣誉市民称号的办法〉的决定》；决定有关人事任免，并举行宪法宣誓仪式；审议并通过关于个别代表的代表资格的报告。

12月7日，无锡市第十七届人大常委会举行第八次会议。会议听取和审议市政府关于全市开发区高质量发展情况的报告；听取和审议市政府关于无锡市2021年市级预算执行和其他财政收支审计发现问题整改情况的报告；听取和审议部分部门和单位审计查出突出问题整改情况的报告，并开展满意度测评；审议《无锡市历史文化遗产保护条例》实施情况的报告；一审《无锡市数字化转型促进条例（草案）》；审议《无锡市人民代表大会议事规则（修订草案）》；审议并通过《无锡市人民代表大会常务委员会关于加强市级预算审查监督的决定》；审议并通过《无锡市人民代表大会常务委员会关于召开无锡市第十七届人民代表大会第二次会议的决定》。

12月29日，无锡市第十七届人大常委会举行第九次会议。会议学习贯彻市委工作会议精神；听取和审议市政府关于2022年无锡市民生实事项目实施情况及2023年无锡市民生实事候选项目基本情况的报告，并开展评议；听取和审议市政府关于市十七届人大一次会议代表建议办理情况的报告；审议并通过《无锡市车联网发展促进条例》；审议并通过《无锡市大运河梁溪河滨水公共空间条例》；审议并通过《无锡市安全生产条例》；讨论市人大常委会工作报告（征求意见稿）；讨论市十七届人大二次会议日程安排、各类建议名单及有关筹备事项；审议并通过关于个别代表的代表资格的报告；决定有关人事任免，并举行宪法宣誓仪式。

（市人大常委会办公室）

人大立法

（参见《法治·人大立法》）

人大监督

【产业创新提升发展监督】 2022年，市人大常委会围绕数字经济转型发展的关键增量，听取审议数字经济提速和数字化转型工作专项报告，推动持续做强“3+5+X”数字产业体系。抓住高技能人才这一现代产业发展的重要支撑，决定每年4月27日为“无锡工匠日”，传承和弘扬大国工匠精神。围绕开发区高质量发展、与RCEP国家经贸交流合作、国际友城建设、侨务对外交流等开展监督，推动形成开放型经济发展新优势。积极参与涉财政策绩效论证评估，组建新一届预算审查专家库，优化升级预算联网系统并实时监测预算执行。跟踪同级审计整改落实，对6个部门和单位开展满意度测评。开展国有资产管理情况监督，推动国有资本、国有企业做强做优做大。

【城乡区域协调并进监督】 2022年，着眼高起点推进市域一体化发展，市人大常委会组织开展专题视察，推动锡澄宜一体化建设提速。专题调研市国土空间总体规划（2021—2035）编制、无锡（江阴）港建设发展情况等，形成专题调研报告，提出合理化建议，推动提升城市发展能级。聚焦农村人居环境整治提升、现代农业园区建设、乡村振兴政策体系建设等重点工作，综合运用专项审议、专题视察、“调研+询问”等方式，推动提升农业农村现代化水平。

【民生福祉监督】 2022年，市人大常委会紧盯10项、55件代表票决的年度民生实事项目的实施，制定“一季一督查、半年一报告、全年一评议”全流程监督方案，推动政府兑现承诺、圆满完成。支持推进共同富裕示范引领区建设工作，听取审议教育“双减”政策落实、院前医疗急救体系建设、“米袋子”“菜篮子”工程实施、慈善事业促进等情况报告，视察调研公共卫生服务体系建设、医保支付改革、停车设施配建、残疾人就业、农民工权益保障等民生关切事项，提出意见建议，致力于提升人民群众的获得感、幸福感、安全感。

【生态环境监督】 2022年，市人大常委会听取审议年度环境状况及环境保护目标完成情况的报告，就社会关注的太湖藻情、臭氧治理、危废处置、农村面源污染治理等突出环境问题，开展调研、提出建议，推动生态环境质量持续向好。配合全国人大常委会、省人大常委会

6月17日，市人大常委会在无锡经济开发区调研社会事业发展情况

（许子江　摄）

9 月 13 日，市委书记、市人大常委会主任杜小刚（左三）在长江村人大代表联络站，调研人大代表之家建设情况 （官 玮 摄）

联动开展《中华人民共和国长江保护法》《江苏省长江水污染防治条例》执法检查，探索“检查报告＋问题清单＋督促整改”机制，推动各级各方面共同守护好一江碧水。专题视察“美丽河湖”工作推进情况，增进全市人民守护清水绿岸的行动自觉。

【社会治理监督】 2022 年，着眼构建社会治理新格局，市人大常委会听取行政复议体制改革、镇（街道）综合执法改革情况汇报，推动理顺体制机制、化解矛盾争议、提升治理效能。抓住电信网络诈骗打击治理、醉酒驾车犯罪法律适用和审判处理、认罪认罚从宽制度落实等重点工作，听取审议专项报告，推动公安司法机关强化责任、深化治理。围绕对口支援民族地区工作、民族团结进步创建工作、宗教场所规范化管理等开展监督。

（市人大常委会办公室）

重大事项决定

【事项议决】 2022 年，围绕为人民管好“钱袋子”、守好“家底子”，总结无锡实践，市人大常委会先后作出关于加强经济工作监督、市级预算审查监督、国有资产管理情况监督三个决定，就加强政府债务监督制定专项工作方案，全方位提升人大经济监督法治化水平。另外，就计划、预算执行和调整等议题作出常规性决定。

【跟踪问效】 2022 年，市人大常委会加强对加快建设太湖湾科创带、梁溪科技城法定机构试点等决议决定的持续跟踪，开展“增强科技创新能力，加快推进太湖湾科创带建设”专题视察，听取关于梁溪科技城法定机构试点工作进展情况汇报，推动创新驱动核心战略深入实施。

【人事任免】 2022 年，市人大常委会严格落实法律知识考试、任前承诺发言、宪法宣誓等制度。坚持对事监督与对人监督相结合，对 6 个政府部门开展工作评议，对 15 名员额法官开展履职评议，并以“评议＋测评＋问效”方式，力促政府部门、司法机关依法履职、执法为民。全年依法作出 11 项决议决定，任免地方国家机关工作人员 89 人次。

（市人大常委会办公室）

代表工作

【联系人大代表】 2022 年，市人大常委会全面推行“135”工作机制，参加各专业组的市人大代表占代表总数的 46%，全年共邀请 2283 人次代表列席常委会会议、参加视察调研、执法检查、询问评议等，促进代表深度参与常委会工作。围绕重点专题，单月“走下去”开展“主任接待代表日”，双月“请上来”列席常委会会议并座谈，面对面听取代表心声、基层民声。常委会组成人员定期走访基层人大代表，人大代表通过进“家”入“站”、持证视察、专题调研等形式，共接待服务群众 2.7 万多人次。

【人大代表履职】 2022 年，市人大常委会组织开展“扛起光荣新使命、展现履职新风采”人大代表主题实践和“两走进两为民”年度专题工作。组建 31 个代表小组、专业组，围绕数字经济发展等 37 个课题开展调研，为党委、政府决策提供参考，为提出高质量议案建议夯实基础。

【议案建议办理】 2022 年，为突出“内容高质量、办理高质量”目标导向，市人大常委会及时修订相关办法，健全代表建议提出、交办、办理、评价等全流程工作机制。就 300 件代表建议形成目录，就 15 件重点督办建议、31 件上年度计划解决建议和 8 件连续三年“反复提”建议形成“三项清单”，持续督促抓好办理，促进代表建议得到有效推进和落实。代表建议办成率 87.67%，代表满意和基本满意率均达 100%。

【代表履职服务】 2022 年，市人大常委会组织 2 批、400 余人次代表开展初任培训和履职培训，同时定期通报有关情况，保障代表知情知政，帮助提升履职能力。严格落实代表履职登记制度，推进代表回原选举单位报告履职情况。开展争先创优，组织评选主题实践组织奖、“家站点”建设优胜奖，选树代表活动先进小组、积极分子和优秀代表建议、调研报告等，激发代表履职热情。

（市人大常委会办公室）

表7　无锡市十七届人大一次会议重点督办代表建议一览表

序号	案号	领衔人	标题	意向主办单位	市人大牵头督办领导	市人大督办机构
1	0281	何云彪等	关于高度重视发挥住宅小区物业管理委员会“补位”作用的议案	市住房城乡建设局	杜小刚 沈　建	环资城建工委
2	0279	何云彪等	关于充分发挥国资主力军作用推动实施大数据战略的议案	市大数据管理局	徐　劼 沈　建	经济工委
3	0038 0056 0208	叶　辉等	关于高质量推进数字乡村建设的建议	市农业农村局	曹佳中 蔡叶明	农经工委
4	0252	余汉清等	关于加强市属蔬菜基地建设确保“菜篮子”稳定供给的建议	市农业农村局	曹佳中 蔡叶明	农经工委
5	0091	陈　德等	关于加强全市交通事故处理生态整治的建议	市公安局	袁　飞	监察和司法工委
6	0213	胡跃年等	关于进一步推进破产审判工作优化营商环境的建议	市中级人民法院	袁　飞	监察和司法工委
7	0031 0073	沈宜平等	关于加强无锡急救医疗体系建设的建议	市卫生健康委	高亚光	教科文卫工委
8	0166	康立为等	关于编写出版《无锡乡土读本》及在全市中小学实施乡土文化教育的建议	市教育局	高亚光	教科文卫工委
9	0063	张君君	关于加强生鲜电商平台监管提高社会消费品零售总额的建议	市市场监管局	沈　建	经济工委
10	0099	张　军	关于推动无锡城市综合交通一体化的建议	市交通运输局	沈　建	环资城建工委
11	0042	周华宝等	关于出台《无锡市无障碍环境建设管理办法》的建议	市残联	王传军	社会建设委员会
12	0054	徐　雯	统筹协作提升居家养老服务水平的建议	市民政局	王传军	社会建设委员会

（市人大常委会办公室）

编辑　罗秋云

综　述

【政务督查】 2022年，无锡市充分发挥政务督查职能作用，不断开拓工作思路，创新工作机制，提升工作质量，推动市委、市政府各项决策部署的全面落实。积极做好国务院、省“互联网+督查”平台留言办理工作，共收到国务院和省交办的“互联网+督查”办理件6502件，均按时办结。督促各地区和市相关部门开展国家和省督查激励对上争取工作，全市获得2021年省级督查激励45项。配合市委制定下发《无锡市委市政府2022年重点工作》及《细化实施方案》。制定下发160项《2022年政府重点督办事项责任清单》，开展《政府工作报告》重点工作推进情况半年评估，针对进度滞后项目开展专项督办。对市政府主要领导在经济运行分析调度会、重大项目建设推进会、市长碰头会明确的事项等重点任务落实情况进行分解和跟踪督办；对市级政府投资项目和重大产业项目推进情况按月开展督查通报；开展省“政风热线·市长上线”直播反映问题整改、营商环境落实、涉粮问题专项巡视反馈意见整改、省级治太重点工程项目推进、城市精细化管理“红黑榜”一批关键领域和社会关注热点问题的现场督办，加强节点控制，推动工作高效落实；高质量完成512件“微幸福”民生工程和167件“市长在线·民声留言板”重点督办事项的督查和情况反馈任务；加强对市委、市政府领导特别是主要领导批示件办理的督促检查，全年跟踪办理市政府主要领导重点批示件82件，编发各类督办专报95期，“确保‘件件有着落、事事有回音’”。高效开展常态化疫情防控工作落实情况的监督检查，全程参加“3·30”“6·28”战时“疫”情防控指挥部工作和“百日攻坚”行动，对元旦、春节、“五一”、“十一”长假期间疫情防控措施落实情况，实行“四不两直”抽查。年内，无锡市年度高质量发展综合考核位居全省设区市第一。

【建议提案办理】 2022年，市政府扎实做好市十七届人大一次会议代表议案建议和市政协十五届一次会议提案办理工作，创新办理形式，提升办理水平，推动一批事关全市经济社会发展的重大问题和人民群众普遍关心关注的热点难点问题得到有效解决。全年办理人大代表建议300件，人大代表总满意率100%；办理政协提案357件，政协委员总满意率99.7%。

【政府信息公开】 2022年，市政府持续推进政务决策、执行、管理、服务、结果公开，对现行有效政府规章和规范性文件统一标注有效性，通过政府门户网站集中公开规范性文件55件，制作发布通俗易懂的政策图解20篇。全年主动公开各类政府信息31053条，其中政府公报12期、市政府重要会议信息21件、各类政策解读334件、重大行政决策意见调查征集58期。运用新闻发布会、媒体专访、“指尖政务”等形式，围绕城市规划、“放管服”改革、优化营商环境、保障民生等各项政策措施进行权威、精准、深度解读，全年组织直播新闻发布会36场，书面发布新闻通稿219篇，安排市级领导接受媒体采访12次。规范依申请公开办理程序，全年办理政府信息公开申请143件、信息公开类行政复议1件、行政诉讼9件。

【市长信箱办理】 2022年，无锡市“12345”政务服务便民热线共受理各类网上来源诉求27030件，主要涉及疾病防控、房地产市场监管和物业管理等领域。其中市长信箱9088件，办结率100%。网上工单处理量位居前五的成员单位为梁溪区（3137件）、新吴区（2611件）、锡山区（2247件）、滨湖区（1455件）、惠山区（1411件）。

【政府自身建设】 2022年，市政府贯彻习近平新时代中国特色社会主义思想和中共二十大精神，持续推进廉政建设和作风建设，切实提升政府治理体系和治理能力现代化水平。扎实推进法治政府建设，开展“八五”普法宣传，严格落实依法行政，有效规范重大行政决策程序，完成地方性法规立法项目9件，推进政府规章立法项目4件。及时向市人大常委会报告重点工作、向市政协通报重大事项，高效办理市人大代表建议300件、市政协委员提案357件。制定落实新一届政府工作规则，认真落实“担使命作贡献”季季评要求，持续激发奋勇争先精气神。坚持政府过紧日子，强化预算约束和绩效管理，一般性支出压降5.3%。坚持严的主基调不动摇，切实强化权力运行监督机制，加强政务督查督办，推动审计监督全覆盖。

（文　龙）

重要会议

【市政府全体会议】 2022年，市政府召开一次全体会议。

8月19日，市政府召开第一次全体（扩大）会议暨廉政工作会议，总结上半年工作，部署下一阶段重点任务和政府系统党风廉政建设工作。会议认为，上半年，全市上下奋力抓好"双统筹"，以快制快打赢疫情防控大仗硬仗，排除万难推动经济大盘稳中加固，紧盯关键，力促发展动能有效释放，精准发力加快城乡面貌出新出彩，用心用情保障民生福祉持续改善，全市经济承压前行、企稳回升、持续向好，最大限度稳住经济社会发展基本盘。会议提出，要牢牢把握迎接中共二十大、学习贯彻中共二十大精神工作主线，更好地"扛起新使命、谱写新篇章"，以存量固底板、以增量稳运行、以结果论英雄，奋力夺取疫情防控和经济社会发展双胜利，重点做好9个方面工作：筑牢疫情防控坚固防线，巩固经济企稳回升势头，显化项目建设招引成效，夯实提升现代产业体系，建设一流数字经济城市，绘就美丽无锡精彩图景，改善人民群众生活品质，加固安全发展基础底板。会议强调，全市政府系统要认真贯彻落实国务院和省政府廉政工作会议精神，全面加强党风廉政建设和反腐败斗争，勤政为民，廉洁从政，为扛起"勇挑大梁"重大政治责任提供坚强有力的作风保障。

【市政府常务会议】 2022年，市政府共召开21次常务会议，其中新一届市政府召开16次常务会议，讨论和审议会议议题180项。

1月12日，市政府召开第118次常务会议。会议传达省推动长江经济带发展领导小组专题会议精神，听取国家《2021年长江经济带生态环境警示片》披露无锡市问题及后续整改落实情况的汇报，审议《无锡市2022年市级政府投资项目计划》《无锡市行政规范性文件制定和备案审查管理办法（草案）》《无锡市生态环境基础治理能力提升三年行动计划》《无锡市"十四五"生态环境保护规划》《无锡市"十四五"旅游发展规划》《无锡市"十四五"水利发展规划》，讨论《关于扎实推进系统化全域海绵城市示范城市建设的实施意见》。

1月25日，市政府召开第119次常务会议。会议传达学习省两会精神，研究部署无锡市贯彻落实工作；讨论《关于无锡市2021年国民经济和社会发展计划执行情况与2022年国民经济和社会发展计划草案的报告》、《关于无锡市2021年预算执行情况与2022年预算草案的报告》、《无锡市推动数字经济提速和数字化转型的实施意见》及相关配套专项行动计划；听取在全市开展"信访突出问题攻坚化解年"行动、全市生态环境突出问题专项督查工作有关情况的汇报。

2月8日，市政府召开第120次常务会议。会议传达学习习近平总书记关于统计工作的重要指示批示精神、中央有关统计工作系列重要文件精神、相关统计法律法规等，听取江苏省统计局第七统计督察组督察无锡反馈意见情况的汇报，讨论《无锡市贯彻落实江苏省统计局第七统计督察组督察反馈意见整改方案》；研究讨论2022年《政府工作报告（审议稿）》《无锡市法治政府建设实施方案（2021—2025年）》；审议《无锡市人民政府2022年度立法工作计划（草案）》《无锡市"十四五"卫生健康发展规划》《关于促进无锡生物医药产业园区高质量发展的若干政策措施》《关于进一步加快推进城乡生活垃圾分类工作的实施意见》《无锡市高品质住区建设实施意见（试行）》《中国（无锡）跨境电子商务综合试验区高质量发展三年行动计划（2022—2024年）》《无锡市关于推动电动车产业高质量发展的意见》《无锡市食品小作坊登记证管理办法（草案）》。

2月23日，市政府召开第121次常务会议。会议传达学习中央农村工作会议、中央一号文件、省委农村工作会议精神，研究部署无锡市贯彻落实工作；讨论《关于做好2022年全面推进乡村振兴和农业农村现代化重点工作的实施意见》《关于打造"全国最干净城市"三年行动计划（2022—2024年）》《关于加快推进无锡市粮食和物资仓储基础设施高质量发展的实施方案》；听取无锡市第三次国土调查工作情况和2021年度无锡市腾飞奖评选情况的汇报；审议《无锡市"十四五"新能源汽车充换电设施规划》《关于加强电动车综合治理的工作意见》。

3月9日，市政府召开第122次常务会议。会议传达省突出生态环境问题专项督查反馈会、省推动长江经济带发展领导小组会议、全省对口支援协作合作工作电视电话会议精神，研究部署无锡市贯彻落实工作；听取全市坚决遏制"两高"项目盲目发展及加快推进钢铁行业整治提升工作情况，2021年度无锡市招商能手、护商先进集体和市长质量奖、市质量管理优秀奖评选情况的汇报；讨论《关于深入打好污染防治攻坚战的实施意见》；审议《关于深化提升安全生产专项整治三年行动的实施方案》《2022年房屋征收工作方案》《无锡市"无废城市"建设工作方案》《关于推进轨道交通场站及周边土地综合开发的实施意见》《无锡市市属公交企业成本规制政府补贴方案（2022—2024年）》。

3月19日，新一届市政府召开第1次常务会议。会议学习传达市两会精神，听取2022年以来全市经济运行情况汇报、研究部署当前经济工作，听取2022年市政府拟向市人大常委会报告重大事项的汇报，研究部署第二轮中央生态环境保护督察迎检和当前疫情防控有关工作，讨论《无锡市“一老一小”整体解决方案》，审议《市政府2022年重点督办事项责任清单》《2022年度民生服务“十百千”行动实施方案》《无锡市关于加大力度助企纾困推动经济稳定健康运行的若干政策措施》。

4月20日，新一届市政府召开第2次常务会议。会议学习贯彻全国安全生产电视电话会议精神，听取一季度全市安全生产工作情况，研究部署安全生产大检查工作；审议《无锡市关于进一步扩大有效投资的实施意见》《关于在全市开展重大项目建设年活动的实施方案》；讨论《无锡市优化营商环境行动方案》《无锡市2022年优化营商环境改革事项清单》《关于进一步提升完善服务企业长效机制的实施意见》。

5月11日，新一届市政府召开第3次常务会议。会议学习贯彻习近平总书记关于开展自建房安全专项整治重要指示精神和国务院总理李克强批示要求，传达全国自建房安全专项整治电视电话会议及省续会精神，听取全市相关工作情况汇报；学习《中华人民共和国信访工作条例》；听取全国法治政府建设示范创建工作情况、2021年无锡市本级审计发现问题整改情况的汇报；讨论《关于推进社会主义法治文化建设高质量发展的实施意见》《无锡市2022年度重大行政决策事项目录》《无锡市社会治理促进条例(草案)》《无锡连云港南北结对帮扶合作工作实施方案》《关于发展壮大新型农村集体经济促进农民共同富裕的实施意见》《关于建立农村集体资产流转交易预核机制的实施办法(试行)》《关于加强农村集体资产流转交易管理的实施意见(试行)》；审议《无锡市2022年法治政府建设工作计划》《无锡市基本公共服务实施标准(2022年版)》《无锡市太湖安全度夏工作方案》。

5月26日，新一届市政府召开第4次常务会议。会议学习贯彻国务院常务会议、全国稳住经济大盘电视电话会议精神，传达学习省委人大工作会议精神，听取关于做好2022年市人大代表建议和市政协提案办理工作、第二批次住宅用地出让及地块准备工作情况的汇报，讨论《关于深化应急管理综合行政执法改革的实施意见》《关于推动基层治理体系和治理能力现代化建设走在前列的实施意见》《无锡市大规模奥密克戎疫情应对处置实施方案》。

6月14日，新一届市政府召开第5次常务会议。会议听取全市土地违法违规问题整改工作情况、无锡市利用外资提质增效先进单位和个人评选情况、关于贯彻落实中央生态环境保护督察报告整改工作安排及整改措施的汇报。审议《无锡市自建房安全专项整治实施方案》《无锡市市区既有住宅加装电梯管理办法》《关于整区域推进高标准农田建设的实施意见(2022—2025年)》《无锡市强化危险废物监管和利用处置能力改革实施方案》《无锡市“十四五”土壤污染防治先行区建设方案》，讨论《无锡市建设工程安全生产管理条例修正案(草案)》《无锡市城市绿化管理条例修正案(草案)》《2021年度行政事业性国有资产(含文化资产)专项报告》《2021年度国有资产管理情况综合报告》《关于“十四五”开展农村人居环境整治提升行动纵深推进生态宜居美丽乡村建设的实施意见》《关于加快推进现代“美丽农居”建设的补充政策意见》。

7月15日，新一届市政府召开第6次常务会议。会议传达全国、全省安全生产电视电话会议精神，听取无锡市上半年安全生产工作、无锡市与连云港市南北结对帮扶合作工作、全市卫生健康科研能力提升相关工作推进情况、《关于落实调整完善土地出让收入使用范围优先支持乡村振兴若干政策措施的通知》起草情况的汇报，讨论《无锡市安全生产条例(草案)》《无锡市深化质量强市建设实施意见》《无锡市贯彻落实国家标准化发展纲要行动计划》《关于全面加强新时代大中小学劳动教育的实施意见》《无锡市车联网发展促进条例(草案)》《无锡市京杭大运河梁溪河滨水公共空间条例(草案)》，审议《无锡市贯彻落实计量发展规划(2021—2035年)行动计划》《无锡市能源消费总量指标“市控+区配”管理办法(试行)》《无锡市排污总量指标“市控+区配”管理办法(试行)》《无锡市国土空间规划指标“市控+区配”管理办法(试行)》《关于进一步提升“太湖购物节”品牌促进商业消费扩容提质稳中向好十项措施》《无锡市创建国家农产品质量安全市实施方案》。

7月25日，新一届市政府召开第7次常务会议。会议听取关于上半年为民办实事项目进展情况、无锡市政府外聘法律顾问选聘工作情况、2022年上半年生态环境工作情况、信访工作情况的汇报，讨论《关于加快推动无锡城市国际化发展的实施意见》《关于加快推动无锡城市国际化发展三年行动计划(2022—2024年)》《无锡市进一步加快培育壮大市场主体的实施意见》《2022年无锡市退役军人及驻锡部队军人随军家属接收安置工作方案》。

8月12日，新一届市政府召开第8次常务会议。学习《中华人民共和国审计法》，听取关于2021年度市级预算执行和其他财政收支审计工作情况、《政府工作报告》重点目标任务上半年评估情况和市政府重点工作量化目标任务上半年完成情况、2022年度省对设区市高质量发展绩效评价考核半年评估情况、2022世界物联网博览会筹办情况的汇报，讨论《关于构建“465”现代产业体系加快重点产业集群建设的实施意见》《长三角—粤港澳(无锡)科创产业融合发展区建设实施方案》《长三角—粤港澳(无锡)科创产业融合发展区建设2022年工作要点》《关于建立重大民生政策统筹协调机制的实施意见》《关于无锡市2021年市级财政决算（草案）的报告》，审议《促进外贸保稳提质增效十项措施》《促进利用外资提质增效十项措施》。

8月23日，新一届市政府召开第9次常务会议。会议讨论《关于更加有效发挥统计监督职能作用的实施细则》《关于以铸牢中华民族共同体意识为主线推进全市民族工作高质量发展走在前列的实施意见》《关于坚持我国宗教中国化方向开创新时代无锡宗教工作新局面的实施意见》《关于推动无锡现代职业教育高质量发展的实施意见》《关于完善建设用地使用权转让、出租、抵押二级市场的实施意见》《关于推进医疗保障基金监管制度体系改革的实施意见》，听取《无锡市防汛抗旱应急预案》修订情况汇报，审议《加快新能源汽车充电设施建设打造“3公里汽车充电服务圈”实施方案（2022—2024年）》《无锡市推进国家IPv6技术创新和融合应用综合试点城市实施方案》。

9月15日，新一届市政府召开第10次常务会议。会议讨论《无锡市优化营商环境条例（草案）》《市政府关于进一步深化预算管理制度改革的实施意见》《建立健全“基层吹哨、部门报到”党建引领基层治理机制实施方案》《关于废止和宣布失效一批涉计划生育市委市政府文件的决定》《无锡市完善重要民生商品价格调控机制实施方案》《无锡市公路条例（修订草案）》，听取关于2023年市级预算编制政策情况、涉计划生育文件专项清理情况的汇报，审议《关于大力推进全市光伏发电规模化开发应用的实施意见》《无锡市促进“专精特新”中小企业高质量发展的若干政策措施》《无锡市城市生命线安全工程建设（一期）工作方案》《无锡市市区道路交通安全设施建设管养办法》。

9月27日，新一届市政府召开第11次常务会议。会议传达贯彻全国、全省安全生产电视电话会议精神，专题听取无锡市危化品、城市地下管网和燃气、建设工程3个安全生产专委会工作汇报，部署当前安全生产重点工作；讨论《关于支持江阴创新转型高质量发展建设社会主义现代化示范区的意见》《无锡市建设高标准市场体系实施方案》《无锡市文化事业高质量发展三年行动计划（2022—2024年）》《无锡市文化产业高质量发展三年行动计划（2022—2024年）》《关于推动无锡市文化高质量发展的若干政策》《关于推动无锡市电影产业高质量发展的若干政策》《关于落实粮食节约减损的实施意见》《关于贯彻〈地方党委和政府领导班子及其成员粮食安全责任制规定〉的实施办法》；审议《关于推进重大项目建设深化“三提三即”改革的实施方案》《无锡市推进多式联运多港联动建设现代化物流枢纽示范城市实施方案》《关于加快推进我市建筑信息模型（BIM）技术应用的实施意见》《无锡市市级政府专项资金管理办法》；听取关于设立“无锡工匠日”、丁荣军院士创新顶尖人才团队“一事一议”事项的情况汇报。

10月21日，新一届市政府召开第12次常务会议。会议听取前三季度为民办实事项目进展情况、江阴市提请市级层面协调解决事项办理情况、无锡市2022年市级预算调整情况的汇报，讨论《关于加快建立健全绿色低碳循环发展经济体系的实施方案》《无锡市经济发达镇改革配套支持政策》，研究审议《无锡市推动碳达峰碳中和十大专项行动方案》、《关于加强对支出型困难家庭成员大额医疗支出帮扶的实施方案（试行）》、以及2023年无锡市居民医保筹资标准调整方案等。

11月14日，新一届市政府召开第13次常务会议。会议听取2022年以来全市生态环境质量情况、优化全市招商引资工作机制情况的汇报，讨论《无锡市贯彻落实第二轮中央生态环境保护督察报告整改方案》《关于支持无锡高新区开放创新高质量发展打造现代化国际化建设先行示范的意见》《无锡市数字化转型促进条例（草案）》，审议《无锡市“十四五”时期“无废城市”建设实施方案》《无锡市行政许可事项清单（2022年版）》《无锡市大力推进标准化规范化便利化加快建设现代政务服务体系行动方案》《全

10月21日，新一届市政府召开第12次常务会议，研究审议《无锡市推动碳达峰碳中和十大专项行动方案》等　（季　刚　摄）

面推进停车资源“三统一”管理工作实施方案》《无锡市鼓励和促进停车资源共享利用工作实施方案》《无锡市太湖大堤与岸线管理办法（试行）》等。

12月7日，新一届市政府召开第14次常务会议。会议传达贯彻全省安全生产电视电话会议精神并专题听取全市道路交通、消防2个专委会工作汇报，研究部署冬季安全生产重点工作；听取关于2023年为民办实事项目安排、2022年市人大代表建议办理、2021年度市级预算执行和其他财政收支审计发现问题整改情况的汇报；讨论《关于加快融入和服务构建新发展格局的实施意见》《关于加快建设具有国际影响力的产业科技创新高地的政策意见》《关于促进无锡市新型研发机构高质量发展的实施意见》《无锡市新型科创载体建设行动计划（2022—2025年）》《无锡市创新型企业培育行动计划（2022—2025年）》《无锡市促进科技成果转移转化行动计划（2022—2025年）》《关于建立健全审计查出问题整改长效机制的若干措施》《关于进一步加强和改进内部审计工作的意见》《关于进一步加强乡镇（街道）审计监督指导的意见》《关于市属国有文化体育企业深化改革的实施方案》，审议《关于全面加强国有企业监管的实施意见》《“锡心医养”社区居家“332”服务行动方案（2023—2025年）》《关于开展低收入人口动态监测和精准帮扶“3610行动”的实施意见》《无锡市人民政府关于修改和废止部分政府规章的决定（草案）》《无锡市印染行业发展专项规划》《无锡市市级政务信息化项目建设管理办法》等。

12月16日，新一届市政府召开第15次常务会议。会议讨论2023年《政府工作报告（征求意见稿）》、无锡市国民经济和社会发展计划报告及财政预算报告、《无锡市深化投融资体制机制改革实施意见》，听取2022年全市经济社会发展主要指标预计完成情况和2023年初步安排建议、全市食品安全工作、无锡市产业创新研究院组建方案以及关于调整2022年度全市居民最低生活保障、特困人员基本生活、孤儿养育等保障标准的汇报，审议《关于进一步增强粮食收储保供能力建设的实施方案》《无锡市关于健全重特大疾病医疗保险和救助制度的实施意见》《无锡市关于建立健全职工基本医疗保险门诊共济保障机制的实施方案》《关于大力提升农村人居环境 深入推进“美丽农居”建设 加快推动农村住房条件改善的意见》。

12月30日，新一届市政府召开第16次常务会议。会议研究市级政府投资项目三年计划以及2023年市级政府投资项目、市重大产业项目、拟申报省重大项目、科技新城投资项目、“五百工程”投资项目等安排建议，对2023年一季度拟开工项目进行调度推进；听取2022年度“太湖人才计划”相关人才项目申报评审和支持建议、无锡市第十二届自然科学优秀学术论文评选工作情况、第十四届无锡市专利奖评选情况的汇报；讨论《关于支持宜兴绿色转型高质量发展打造区域性国际化中心城市的意见》《无锡市卫生健康医疗科技能力提升三年行动实施方案（2023—2025）》《无锡市关于推进中小学工程教育的指导意见》；审议《无锡市重大项目建设工作考核办法》《无锡市集成电路产业集群发展三年行动计划（2023—2025年）》《无锡市软件产业集群发展三年行动计划（2023—2025年）》《无锡市车联网及智能网联汽车发展三年行动计划（2023—2025年）》《无锡市公共厕所管理办法（草案）》《无锡市市区城市生活垃圾处理费收缴实施办法（草案）》《关于进一步加强水利闸站工程管理的意见》。

（文　龙）

民生实事项目

【概况】 2022年，市委、市政府确定为民办实事项目10大类60项128个方面，由市本级45个部门（单位）和8个地区负责实施，主要涉及生态环境、宜居住区、城乡面貌、城市功能、交通出行、帮扶服务、科技教育、文化体育、卫生养老、智慧城市等方面，其中包含市人代会票决产生的10项55个重点民生实事项目。至年末，全面完成各项年度目标任务。

【生态环境方面】 2022年，无锡市启动京杭运河整治提升示范段工程建设，梁溪河景观提升示范段对外开放，北岸全线景观改造提升工程基本完成。完成太湖生态清淤150万立方米，552条重点整治河道水质优Ⅲ比例为91.1%。“碳时尚”App三期上线，参与人数92万人。完成长江、太湖流域排污口分类整治6315个。市区1500家小型医疗机构实现医疗废物集中收集。

【宜居住区方面】 2022年，无锡市完成老旧小区改造工程190个，同步完成技防设施建设和公共消防设施改造，加装电梯213台，市区新增市政消火栓1067个、修复提升8559个。完成房屋征收攻坚拔点项目586.2万平方米，开工建设棚改安置房1.5万套、基本建成8455套。更换燃气自闭阀和金属连接管95万户，新增天然气用户5.1万户，完成居民住宅二次供水设施改造项目102个、农村供水设施改造1万户以上、老旧自来水管网改造56千米，开工建设北尖公园净水厂。安装、改造非机动车（集中式）充电位3万个以上。

【城乡面貌方面】 2022年，无锡市开展太湖郊野公园首批项目建设，完成山水西路沿线美丽化改造、三国水浒城沿线自然村环境整体提升和围墙改造出新，完成雪浪山东大门广场和山顶景区提升，完成嶂嶂古道核心段改造提升、沿线节点驿站年内投用。完成80千米“美丽农村路”建设和71千米环太湖农村公路环境提升。建成“美丽农居”先行示范点6个，基本建成市级特色田园乡村30个，完成农村生活污水新改建项目300个。新改建城乡公厕451座，新增公厕开放联盟单位600家，市区681个小区完成生活垃圾分类设施建设。

【城市功能方面】 2022年，无锡市开工建设睦邻中心5个、建成1个，建成社区智慧“菜篮子”网点115个。升级改造社区综合服务中心25个，新增直饮水点201个。开工建设无锡植物园一期启动区、无锡自然博物馆，打造13个儿童友好试点社区，新改建各类公园、游园、口袋公园102个（含16个儿童友好型公园）。改造培育特色街、精品街8条。实施市殡仪馆公益性骨灰堂改造提升工程，完成镇（街道）公益性骨灰安葬（放）设施改扩建工程10个。全市线下无理由退货承诺商户1.1万家以上。

【交通出行方面】 2022年，无锡市开工建设地铁4号线二期、锡宜高速扩建工程、锡太高速新建工程、江阴靖江长江隧道南接线工程，启动建设地铁5号线和锡宜S2线。建成通车高浪快速路高架段（华清大道—菱湖大道）、高浪路（瑞景道—菱湖大道）地面道路和宜马通道马山段（十里明珠堤—雪云路），打通广益路、吴桥西路。完成50条农村骨干道路交通安全提升，114座通航航道桥梁防碰撞隐患治理和25处易发、常发道路交通堵点治理。新辟、优化调整公交线路26条，新增、更新新能源公交车210辆（含10辆双层旅游巴士）。新增公共停车泊位9158个、市区人防工程地下机动车停车位1万个以上。优化提升公共空间休憩座椅7813处，增设爱心座椅90张。取消成人携带免费乘坐地铁的儿童人数限制。

【帮扶服务方面】 2022年，无锡市成立“无锡助医助学慈善信托”。城镇新增就业15.8万人，就业困难人员实现就业再就业3.1万人，扶持自主创业3.9万人，向2149人发放学历提升补贴。配置自动体外除颤器（AED）100多台，培训救护人员1.3万人，开展普及性救护培训10.5万人。为625名符合条件的残疾人提供托养服务，举办残疾人康复服务进社区专项活动56场，惠及1万多人次。培养婚姻家庭教育辅导员200多人，开展婚姻家庭教育公益课程2465节，服务13.2万人次，开展婚姻家庭辅导服务1.5万人，建设省级家庭教育指导服务示范社区100多个。提供青年见习实习岗位4917个，帮助268名困难家庭学生和优秀学生勤工俭学，建成“梦想小屋”230间、镇（街道）儿童“关爱之家”10个。

【科技教育方面】 2022年，无锡市组织实施“太湖之光”计划，立项支持医疗卫生技术攻关项目31项，新建成科创载体273.1万平方米。开工建设义务教育学校8所、幼儿园4所、高中6所（其中改扩建3所），新增省普惠托育机构12家，引进高水平综合大学优秀毕业生等拔尖青年人才223人。启动无锡科技馆建设项目，新建基层科普馆1个，评定“市科技工作者之家示范单位”3家。

【文化体育方面】 2022年，无锡市新建“钟书房”优质公共阅读空间50个、市级图书馆特色分馆2个、地铁便民“悦读站”3个。完成交响乐团体制机制建设，选定核心人员，启动建设交响音乐厅、无锡美术馆、市文化艺术中心项目。完成“百宅百院”活化利用工程45个，开设全民艺术普及公益培训班90个。举办2022太湖文化艺术季，完成惠民文艺演出300场以上、“太湖韵·艺术行”服务社会年系列活动演出10场。新建和更新公共体育设施项目113个，建成社区百姓健身房7个。举办无锡市小学生阳光体育竞赛、“跃动锡城”青少年阳光体育联赛、小学生校园足球超级联赛、越野主题挑战赛。

【卫生养老方面】 2022年，无锡市完成适老化改造2500户，新改建区

10月7日，市委书记杜小刚（右三）到无锡交响音乐厅施工现场检查项目推进情况
（市委宣传部　供图）

域性助餐中心15家，开展老年人运用智能技术培训7万人次。全市城乡居民基础养老金平均增幅10.9%。完成市区初二学段符合条件女生HPV疫苗接种2万人、城乡妇女“两癌”筛查22万人、肿瘤标志物免费检测55万人。为11类特定对象购买商业补充医疗保险，符合条件的人员参保率100%，发放免费住院医疗服务帮扶费用155.6万元，启动定点医院并提供免费基本医疗服务。新增24小时应急核酸检测点24个、快速检测设备15台。完成南京医科大学无锡医学中心一期改造工程、市第二人民医院急诊大楼改造工程，开工建设江南大学附属医院国家创伤区域医疗中心，启用江南大学附属医院视光中心。“医路有我 锡望您来”引育博士103人。市城区所有二级及以上公立医院开通线上预约挂号、缴费结算（自费）功能，并在“灵锡”App上线；8家市属医院在“江苏医保云”的支付宝小程序和App实现基于医保脱卡结算的诊间支付。5项医保业务在镇（街道）为民服务中心实现网上办、就近办全覆盖，在村（社区）便民服务中心覆盖率为50%以上。

【智慧城市方面】 2022年，无锡市建设智能网联道路1000千米，自动驾驶开放道路100千米。新建新能源汽车充电桩2511个、换电站15座，市区政府性投资公共停车泊位落实新能源车1小时免费停车政策。“无锡停车”新增动态联网公共停车泊位20.1万个，191个停车场、1.6万个停车泊位实现错时共享。完成快速内环及机场快速路、高浪快速路、凤翔快速路、新华快速路等快速路智能交通系统提升工程。建成智慧广电镇（街道）15个。“无锡博报”客户端改版升级，无锡市用户覆盖率46%，微信平台关注人数100万人次，微信平台传播和影响力（WCI）指数在全省城市台账号中位列第一。

（盛　蔚）

行政审批和政务服务

【概况】 2022年，无锡市全面落实“疫情要防住、经济要稳住、发展要安全”重大要求，坚持一体有效推进“放管服”改革，加快统筹推进数字政府建设，推动有效市场和有为政府更好结合，不断提升政务服务标准化规范化、便利化水平，持续打造一流营商环境。开展国家级居民身份证电子证照应用试点，实现公安办事窗口、不动产登记窗口刷身份证办事。开展省级企业办事“一照通办”改革试点，试点经验做法在全省复制推广。开展省级数字政府政务中台应用试点，推动新生儿出生、退休、身后3个“一件事”上线运行。在全省率先推出政务服务“一网通办”工作规范，实现对“一网通办”全过程、各环节管理。深化重大项目审批“三提三即”（通过评估论证再提前、审批服务再提效、验收发证再提速，实现重大项目策划即入库、拿地即开工、建成即投用）改革，改革成效被《新华日报》头版报道。营商环境评价“开办企业”指标居全省前列，年内全市市场主体数突破108万户。全省政务服务体系建设试点现场会在宜兴召开，宜兴市“政务服务”指标在全省营商环境评价中排名第一。建成覆盖全市的“线上一张网、线下有大厅、身边有驿站”的“15分钟政务服务圈”，实现便民事项“就近办、家门口办”，“成全e站”自助服务项目获“民心工程奖”。

【市场准入退出】 2022年，市行政审批局依托企业全链通综合服务平台，全面整合“照、章、税、保、金、银”等开办事项，新办企业登记实现“一个环节审批、一个工作日内办结、零费用开办”常态化，年内全市新增法人企业4.65万余户。落实简易注销、歇业登记等创新性制度，推动9600余户市场主体实现轻松销户、快速退出。推动跨区迁移网上一次办结，有效解决2700多家企业跨区迁移多头跑、资料来回送等问题。开展企业办事“一照通办”省级改革试点，推动“执照＋证照＋事项”一体化办理，建立电子营业执照应用服务体系，提供241项涉企事项选办服务。全年全市市场主体运用电子营业执照登录办事162.6万次，相当于为每户市场主体减少跑动次数1.51次。

5月19日，全市首家政务服务融驿站落户中国传感网国际创新园

（市行政审批局　供图）

【40项改革举措出台】 9月30日，市政府办公室印发《关于推进重大项目建设深化“三提三即”改革的实施方案》，推出40项改革举措，通过评估论证再提前、审批服务再提效、验收发证再提速，实现重大项目策划即入库、拿地即开工、建成即投用，推动重大项目早落地、早开工、早达产。年内，25个项目实现“策划即入库”，60个项目实现“拿地即开工”，181个项目实现“建成即投用”。将经营性房地产项目立项核准管理改为备案管理，办理时限压缩为“即报即批”。推动电、水、气联合报装，审批时间不超过7个工作日。发挥“政府投资建设项目审批协调工作专班”和“社会投资建设项目成全行动服务专班”作用，为项目单位量身定制“一张流程图、一个进度表、一套报审清单”，全市28个省级重大项目立项率100%。

【公共资源交易】 2022年，无锡市公共资源总交易数6995项，总交易额2483.75亿元，节约金额116.83亿元。年内，优化升级远程异地评标系统，完成长三角区域远程评标协调管理系统省级建设任务，完成9个主副场跨省远程异地评标，517个主副场省内远程异地评标。推动项目“不见面开标”，把开标现场搬到网上，创新运用“云开标＋云公证＋云监管”“线上定标”“云答辩”等交易模式，让数据多跑路，让企业少跑腿。推广应用电子保函，将保函服务供应商扩展至8家。建立招标计划提前发布制度，提高招标投标透明度。免收工程建设项目招标文件费用，对中小企业参加政府采购严格执行预留份额和价格评审优惠等政策，持续降低招标投标成本。

【现代政务服务体系建设】 11月25日，市政府印发《无锡市大力推进标准化规范化便利化加快建设现代政务服务体系行动方案》，提出加快建成方便快捷、公平普惠、优质高效的现代政务服务体系。

加快推进服务“一体化”。加强市、县、镇、村四级政务服务体系建设，市、县两级设置“政务服务中心”，镇、村两级设置“便民服务中心（站）”，发布64项市级进驻事项负面清单，将与企业群众生产生活密切相关的政务服务事项纳入同级实体政务大厅办理。加强村（社区）帮代办队伍建设，公布村（社区）帮代办事项清单；在创业园区、商务楼宇开设10个“融驿站”；设立“苏服办”政银、政邮服务网点，实现政务服务“多点可办”。

加快实现事项“一次办”。年内，运用赋码管理规则加强“一件事”事项管理，发布100个“一件事”事项导办清单，导办清单累计360个。加快“一件事”改革进度，整合申报表单、优化办事流程、规范数据标准，新增“开零售药店”等10个“一件事一次办”服务，设立省内首个市级外国人到华工作“一件事”服务专窗，试点企业上市12项合规证明“一件事”打包办。

加快落实诉求“一号答”。依托“12345”热线体系化、规范化、便利化优势，完善“12345”一个号码服务群众的工作机制，全年“12345”热线服务总量855.6万通。上线直播《作风面对面》专场11场次，开展社区大讨论2期。“一企来”企服热线常态化解答涉企诉求6.11万件，“尚贤”人才服务热线集中受理人才服务诉求1279件。加强“微幸福”民生诉求闭环管理，跟踪督办重点事项512件。创设“市长在线·民声留言板”，办理“我的烦心事”4.1万余件，反馈“我向市长提建议”1万余件。

【“放管服”改革】 2022年，无锡市以清单加强事项管理、以制度保障服务运行、以评价改进政务服务。年内市行政审批局组织编制行政许可事项清单、公共服务事项清单、涉审中介服务事项清单，发布《无锡市行政许可事项清单（2022年版）》，共426项；发布《无锡市公共服务事项清单》，共296项。编制涉审中介服务事项清单，351项涉审中介服务事项在网上中介超市向社会公开。印发《无锡市政务服务惠企通平台管理暂行办法》，形成惠企政策归集、解读、推送、兑现全链条工作机制。制定出台《政府采购业务标准化手册》《建设工程代理机构进场交易操作指引》《数字见证管理暂行办法》等工作制度，增强公共资源交易透明度。建立覆盖全市的“办不成事”反映窗口，用好“好差评”“体验师”工作机制，

11月8日，无锡市第一个市级综合体类重大产业项目——无锡沃尔玛山姆会员店“建成即投用”

（市行政审批局　供图）

邀请体验师“挑刺找茬”，引导群众参与“好差评”。年内，全市政务服务办件评价总数4907.67万人次，好评率99.99%。

【助力疫情防控】 2022年，面对多轮疫情冲击，无锡市“12345”服务热线启用“疫情防控应急工作机制”，综合采取保员增员、智能客服、居家派单、远程办公等措施，及时受理处置群众涉疫诉求192.88万件，保障诉求渠道畅通有序。聚焦疫情防控、助企纾困等热点诉求，强化政情民意分析，编报疫情日报291份、各类分析专报33份，提出针对性工作建议，为市委、市政府决策提供参考。

提供“不见面”办事服务。引导企业群众采取网上办、掌上办、邮寄办等方式办理相关业务，尽量减少人员聚集，避免交叉感染风险。提供“开具居家健康监测证明”等二类事项一键获取服务。年内，全市共开具“居家健康监测证明”7632份，有效满足群众在线获取居家证明的办事需求。

【“惠企通”平台】 2022年，市行政审批局发挥“惠企通”平台服务企业主入口的优势，完成“惠企通”与“苏企通”平台对接，及时归集发布本地惠企政策570条，匹配惠企政策20余万次，精准推送惠企政策3.4万次。在“惠企通”平台开通“停业补助”申报端口，3.58万户市场主体通过平台成功申领“停业补助”。

（刘兆萍）

外事工作

【概况】 2022年，无锡市高标准完成国务委员兼外长王毅在无锡先后会见6位中东国家外长（外交大臣）、海合会秘书长、法国总统外事顾问等所举行的28场外事活动的保障任务，得到外交部的充分肯定。参与中新建交50周年庆祝活动，与新西兰哈密尔顿市市长连线互动；参与中墨建交50周年庆祝活动，组织与墨西哥友城普埃布拉市举行亮灯活动；参与中荷建交50周年活动，举办中荷（无锡）养老产业合作平台揭牌仪式；推动江南大学医学院与瑞士联邦理工学院重启校际交流；策划开展“中日邦交正常化50周年”“中韩建交30周年”相关配套活动；携手美国友城圣安东尼奥市共同参与“中美对话”，得到中国人民对外友好协会和美国国际姐妹城协会一致肯定；启动中柬（锡西）协作平台2.0版，推动全市3个“一带一路”沿线民生合作项目入选省“小而美”项目清单。

打造外事活动品牌。在市委外事委统筹安排下，市外办结合国际交流“深耕计划”，联合市委、市政府25个部门以及各市（县）区，共同打造无锡“国际月”，共计组织各类活动20余场，到会和连线嘉宾涉及30余个国家和地区，签约合作项目40余个。举办“RCEP友城合作论坛暨协同创新创业大会”。中国驻东盟大使邓锡军和7个国家的9个友城的官员和代表在线参会。市长赵建军倡议共同建立《RCEP国家（无锡）友城合作机制》，率先在全国探索RCEP背景下城市对外合作新路径。举办“中欧可持续发展产业金融合作会”，邀请欧洲国际投资创新联盟、国际风投俱乐部理事会、德国赢创工业集团、欧洲循环生物经济基金的多名关键人士，以及上海环境能源交易所等近20家中外机构的代表共同连线无锡，围绕产融结合，推进无锡与欧洲国际投资创新联盟开展系列合作。与省外办、省发改委、省住建厅、省农业农村厅共同举办“2022国际城市与城镇绿色创新发展大会”。19个国家和地区的300余名中外嘉宾以线上线下相结合的方式参会。会上，无锡、江阴获评“江苏省生态园林城市”，太湖影视小镇获创新创业类项目三等奖，阳山桃源风情小镇获得改革创新成果奖。精心策划“外事Plus”系列活动。举办马来西亚、柬埔寨、罗马尼亚哈尔吉塔郡等专场投资说明会、无锡—加泰罗尼亚自治区产业合作交流会、2022世界知名企业代表无锡行等8场活动，赋能全市经贸、科技、金融、文教等领域对外交流合作。

服务经贸科技合作。推动建立中欧（无锡）可持续发展创新中心；将中荷（无锡）大数据产业平台提升为省际合作项目；成立中柬（锡西）协作平台，建立无锡与柬埔寨西哈努克省、市以及无锡市级层面定期沟通协调机制；组织相关单位和企业线上参加德国、西班牙、荷兰、韩国以及欧盟等组织的经贸、科技活动。市外办做精《外事译闻》，潜心学习研究全市发展规划和重点工作需求，精准确立发文主题，深度收集外刊外媒资料，狠抓信源价值和译文质量，2次获市委书记杜小刚批示。在市外办官网和无锡外事驿站上发布各类国际科技、经贸、会展活动信息，助力全市基层板块和企业在疫情期间保持与境外机构和企业的有效对接。促成江南大学会同荷兰多所知名大学就可持续供应链、数字驱动循环经济等课题开展科研项目合作；签约启动中荷养老产业合作；促成欧洲国际投资创新联盟分别与经开区、锡山区、新吴区和梁溪区就在华创新中心、庞巴迪公司航空项目、瑞士水导激光项目、IMEC Xpand基金项目和加拿大养老基金项目等达成落地意愿；立项实施无锡—西港公共卫生服务平台、高水平技术人才培训、西哈努克港工商学院、援建柬默德朗小学等项目；省、市联动，参与举办中国（江苏）—柬埔寨“丝路电商”合作项目启动仪式，推动线上柬埔寨国家馆等平台开启线上销售。

全方位多领域人文国际交流。邀请多位市领导以视频方式参加德国、白俄罗斯、印度尼西亚、日本、美国等国家友城的节庆活动。协调组织无锡14个国际友城参加江苏省第五届“友城绘”。各类线上绘画展、摄影节等比上年有所增长。组织开展

3月24日，市长赵建军在无锡出席2022无锡“国际月”暨国际赏樱周活动并致辞（市外办 供图）

“云游友城”、VR“云赏樱”、城市推特、脸谱网等在线文化外宣工作。与蒙古国戈壁苏木贝尔省以邮件方式签署建立友好交流城市（省）关系的《谅解备忘录》；与塞尔维亚第二大城市诺维萨德市建立初步联系；探索无锡与泰国罗勇府的交流路径；促成江阴市与葡萄牙圣若昂·德马德拉市视频签约建立友好城市意向书。邀请法国、沙特阿拉伯、土耳其、伊朗、日本、韩国、荷兰、新加坡、斯洛文尼亚等国使（领）馆代表团共39批、76人次访问无锡或参加线上活动。组织全市青少年参与各类国际线上人文互动；承办第四届“一带一路”百国印记短视频大赛、第三届中国—东盟友好合作主题短视频大赛。继续开展“云游友城”系列活动，策划开展“寻味无锡樱花篇”活动。对接联合国儿童基金会，促成无锡市首次参与世界儿童日“点亮儿童未来”主题亮灯活动，并作为省内唯一代表与北京主会场连线。

【重大涉外活动】 1月10—14日，国务委员兼外长王毅在无锡分别同沙特外交大臣费萨尔、巴林外交大臣扎耶尼、海湾阿拉伯国家合作委员会秘书长纳伊夫、科威特外交大臣兼内阁事务国务大臣艾哈迈德、阿曼外交大臣巴德尔、土耳其外长查武什奥卢、伊朗外长阿卜杜拉希扬举行会谈，同法国总统外事顾问博纳共同主持第二十二次中法战略对话。

6—11月，举办外事Plus系列活动8场。6月23日，“对接RCEP 共赢开放未来”无锡—马来西亚经贸投资专场说明会以线上方式举办。马来西亚投资发展局上海办事处主任詹盛福线上参会并致辞，65家无锡企业线上参会。8月16日，“共建‘一带一路’共赢开放未来”无锡—巴基斯坦经贸投资专场说明会在无锡举办，市长赵建军会见巴基斯坦驻沪总领事侯赛因·海德一行，20余家无锡企业参会并与巴方对接交流。9月7日，无锡市与罗马尼亚哈尔吉塔郡外贸交流会举办，市外办、市商务局与罗马尼亚哈尔吉塔郡政府、哈郡商会和企业家协会等部门和机构连线，就推动双方进出口贸易合作进行探讨。9月22日，无锡市与西班牙加泰罗尼亚自治区产业合作交流会在无锡举行，市外办、市工业和信息化局、市发改委和西班牙加泰罗尼亚自治区贸易发展局上海办事处首席代表，以及相关部门的代表参加交流。11月17—18日，2022世界知名企业代表无锡行暨江苏美大地区企业联谊会在无锡举办，通用电气医疗集团、PPG工业涂料、利纳马集团等13家在华投资的美大地区知名企业代表，以及美国各州9家驻华代表机构负责人赴无锡实地考察，围绕无锡市“465”现代产业体系开展专题宣介、研讨交流及参访，省外办副主任刘建东出席相关活动。11月18日，中企赴德国贸易投资并购沙龙在无锡举行，德国北威州国际商务署南京代表处以及来自朗盛、海拓宾未来工业科技、优捷供应链等相关机构和企业的代表出席。11月20日，首届无锡市中德校园文化交流艺术节在无锡市辅仁高级中学举办，德国博霍尔特市市长托马斯·科霍夫通过视频致辞。无锡市欧美同学会留德分会、无锡外商俱乐部与由无锡市辅仁高级中学、无锡机电高等职业技术学校、无锡市江南中学、无锡市辅成实验学校、无锡市江南实验小学组成的无锡市德语教学学校联盟在活动中分别签署合作协议。11月24日，无锡市与柬埔寨西哈努克省经贸投资专场说明会以线上线下相结合的方式举办，市外办、市发展改革委、市口岸办和西港经济特区公司、江苏通用科技股份相关负责人及近40家意向投资企业代表，与柬埔寨西哈努克省副省长闵功湃、西哈努克市市长索·卡卡达、西哈努克省规划和投资部主任强比伦，就赴柬投资相关情况进行连线交流对接。

6月24日，中国（江苏）—柬埔寨“丝路电商”合作项目柬埔寨国家馆启动仪式在无锡市举行，柬埔寨副首相贺南洪致贺信，省委常委、常务副省长费高云，市长赵建军通过视频致辞。柬埔寨驻华大使西索达、柬埔寨商业部国务秘书宋索帕、中国驻柬埔寨大使王文天、副市长周文栋分别以线上或线下的方式参加活动。

6月27日，由中国驻东盟使团、缅甸常驻东盟使团、东盟秘书处、中国国家广电总局、中国外文局、中国外交部亚洲司、中国公共外交协会等单位共同主办的第三届中国—东盟友好合作主题短视频大赛通过线上线下联动形式在北京、无锡、印度尼西亚雅加达3个会场同时启动，副市长周文栋出席启动仪式并致辞。

11月2日，2022国际城市与城镇绿色创新发展大会在无锡举行。大会以“与世界对话、谋绿色发展”为主题，来自日本、韩国、意大利、瑞士、葡萄牙、新西兰等19个国家和地区的300余名中外嘉宾，以线上线下相结合的方式参会。省政协副主席王荣平到会讲话，全国工程勘察设计大师、住房城乡建设部总经济师杨保军出席会议。市委书记杜小刚，中国工程院院士、东南大学教授王建国，省外办主任孙轶分别致辞。意大利国家众议院前议长、意大利对华友好协会主席艾琳·皮维蒂，葡萄牙驻上海总领事夏思雅，新西兰中国友好协会主席克里斯·利普斯科姆，瑞士中国友好协会主席狄安，葡萄牙中国友好协会联盟主席鲁伊·罗里多，新西兰哈密尔顿市市长保拉·索斯盖特，芬兰拉赫蒂市市长佩卡·蒂莫宁，韩国蔚山广域市市长金斗谦视频致辞。省住建厅党组书记费少云，市领导蒋敏、奉咏薪、叶勤良，以及省相关部门负责人等参加活动。开幕式上，6对中外城镇代表签署国际友好交流合作协议；无锡市、江阴市的代表上台接受2022年“江苏省生态园林城市”授牌；第二届江苏特色小镇创新创业大赛获奖者上台领奖。会议期间，举办特色小镇主题论坛、共建绿色健康人文的生态园林城市论坛、农村产业融合发展圆桌会议等。

11月16日，由中国驻东盟使团、缅甸常驻东盟使团、东盟秘书处、国家广电总局、中国外文局、外交部亚洲司、中国公共外交协会、无锡市人民政府等共同主办的第三届中国—东盟友好合作主题短视频大赛颁奖仪式通过线上线下联动形式在北京、无锡、印度尼西亚雅加达3个会场举行。市政协副主席许立新出席颁奖仪式并致辞。

11月24日，“深化中柬（锡西）协作平台建设 助力柬埔寨西港特区升级发展”视频会议以线上线下相结合的方式召开。柬埔寨西哈努克省副省长闵功湃、柬埔寨驻华大使馆商务参赞钱明光、柬埔寨西哈努克市市长索·卡卡达等柬方官员，中国驻柬埔寨大使馆经商处参赞邬国权、省外办副主任金尚军、红豆集团董事局主席周海江等中方领导参会并致辞，无锡市副市长周文栋发表视频致辞。会上，中柬（锡西）协作平台2.0版启动，同步举办江苏省无锡市—柬埔寨西哈努克省经贸投资专场说明会，近40家无锡企业代表参会。

12月8日，欧洲国际投资创新联盟硬科技项目线上专场路演在无锡举行。欧洲广电产业联盟、比利时驻广州总领馆法兰德斯大区商务处、博行科创等机构参会。来自荷兰、法国、比利时、奥地利等欧洲国家的多家企业分别就半导体、人工智能、工业自动化、大数据等领域项目进行线上路演，并与参会的国内头部基金、相关行业企业及证交所等机构代表进行交流。

【友城绘】 2月，第五届“友城绘”江苏省青少年国际绘画展获奖名单公布，无锡国际友城匈牙利萨瓦市、意大利佩鲁贾市、荷兰斯海尔托亨博斯市、柬埔寨西哈努克省、韩国金海市共获6个一等奖、16个二等奖、26个三等奖。佩鲁贾市专门举行颁奖仪式，为获奖选手颁发“友城绘”获奖证书和无锡特色纪念品。10月，无锡市友好交流郡罗马尼亚哈尔吉塔郡政府举办“友城绘”颁奖仪式暨中国文化日活动，罗马尼亚—中国友协哈郡分会和哈尔吉塔郡政府代表、当地参赛学校校长、老师和获奖小选手以及罗马尼亚孔子学院代表等近100位嘉宾参与现场活动。市外办应邀以录制视频致辞的方式参加。11月，匈牙利萨瓦市举行第五届“友城绘”奖品和证书颁奖典礼，萨瓦市、贝凯什州以及世界最大的视频网站YouTube报道颁奖典礼情况。柬埔寨西哈努克省、韩国金海市政府也举行颁奖仪式，当地主流媒体及政府官网对相关情况进行报道。

【2022无锡“国际月”】 3月24日，2022无锡“国际月”暨国际赏樱周在无锡开幕。省委常委、常务副省长费高云视频致辞，中国人民对外友好协会副会长姜江、中国公共外交协会副会长罗林泉线上致辞，省人民对外友

11月2日，市委书记杜小刚在无锡出席2022国际城市与城镇绿色创新发展大会并致辞

（市外办　供图）

好协会会长柏苏宁线上参会，市长赵建军致辞，韩国驻上海大使衔总领事金胜镐、日本驻上海大使衔总领事赤松秀一、荷兰驻华大使馆卫生福利和体育参赞史明康、荷兰驻上海总领事馆副总领事康如幸等线上出席。省外办主任孙轶在线出席并主持国际人才一站式服务中心线上揭牌仪式，市领导徐劼、周文栋、叶勤良，市人民对外友好协会会长王锡南、市政府秘书长陈寿彬参加活动。柬埔寨、新西兰等国友城官员，新加坡、马来西亚、西班牙、德国、菲律宾等外国驻华使领馆及商务机构代表，相关跨国企业代表参加有关活动。开幕式上，举行友好园“云开园”仪式及23名“无锡市人民友好使者”聘任仪式，在线颁发“在外公馆长表彰奖”。无锡国际人才一站式服务中心揭牌，中荷（无锡）养老产业合作平台、中柬（锡西）协作平台正式启动，一批市（县）区国际经贸合作项目亮相。第四届“一带一路”百国印记短视频大赛、2022中国无锡“太湖杯”国际精英创新创业大赛国际赛（国际友城）同时启动。

开幕式结束后，举行RCEP友城合作论坛暨协同创新创业大会。市长赵建军出席论坛并发言，副市长周文栋主持论坛。中国驻东盟大使邓锡军，无锡市国际友城日本明石市和相模原市、新西兰哈密尔顿市、韩国蔚山广域市和金海市、柬埔寨西哈努克省、菲律宾公主港市、澳大利亚墨尔本市、印度尼西亚泗水市的嘉宾，以及外国驻华商务机构、企业家代表相聚云端，深入交流。会上，无锡发出共同建立《RCEP国家（无锡）友城合作机制》倡议。开幕式当天下午，举办中欧可持续发展产业金融合作会，市委常委、常务副市长蒋敏出席会议并发言。来自欧洲国际投资创新联盟、国际风投俱乐部理事会、德国赢创工业集团、欧洲循环生物经济基金、上海环境能源交易所、北京金控等近20家中外机构的代表在线进行交流探讨。

“国际月”期间，系列配套活动“寻味无锡”樱花篇、“锡望您来”国际人才供需对接活动、第三届中国—东盟友好合作主题短视频大赛、第四届“一带一路”百国印记短视频大赛、2022中国无锡“太湖杯”国际精英创新创业大赛国际赛等以线上线下相结合的方式举行。

【重要外事交流】 5月，市长赵建军以录制祝贺视频的方式庆祝德国博霍尔特建市800周年，并赠送一对“大阿福”泥人作为城市礼品。在德国留学的无锡学生到博霍尔特市参加活动，并在博霍尔特市举行的欧洲城市节上设置无锡展台，向当地市民及国际友人宣传无锡。

5月19日，市长赵建军与蒙古国戈壁苏木贝尔省省长钢苏赫·巴图扎穆分别代表两地签订建立友好交流城市（省）关系的《谅解备忘录》，并互相录制视频庆祝两地建立友好关系。

5月31日，副市长周文栋以录制视频的方式参加无锡友城印度尼西亚泗水市举办的建市729周年庆典并致辞。

8月26日，市长赵建军会见到无锡访问的韩国驻沪总领事金胜镐一行，双方就加强投资合作、贸易往来等进行交流。

9月10日，韩国驻沪总领事金胜镐一行到无锡出席“欢聚中秋 共话发展”无锡跨国公司太湖赏月活动，市长赵建军会见金胜镐一行。

12月16日，无锡市与美国圣安东尼奥市举行市长视频会，共同庆祝双方缔结友好城市十周年。无锡市市长赵建军、圣安东尼奥市市长罗恩·尼伦伯格、中国驻美国使馆公使井泉相聚“云端”并致辞。现场通过视频展示两市十周年交流合作成果，双方在线互赠城市礼品，无锡市少年宫合唱团与圣安东尼奥市儿童合唱团的青少年通过视频共同唱响《欢乐颂》。

12月16日，无锡市与美国圣安东尼奥市举行友城结好十周年市长视频会，市长赵建军视频会见圣安东尼奥市市长尼伦伯格　（吕　枫　摄）

【国际交流合作】 2月28日，“江阴—荷兰北布拉邦省农业科技合作视频会议”以线上形式在荷兰北布拉邦省、南京市、江阴市3个会场举行，与会代表共同探讨在江阴合作建设荷兰农业科技合作示范场景项目。6月8日，无锡作为会员城市派员参加中国人民对外友好协会召开的2022年世界城地组织中国大陆会员线上工作会议。

6月10日，无锡作为会员城市派员参加由中国人民对外友好协会、西安市人民政府、世界城地组织亚太区联合举办的世界城地组织亚太区执行局线上会议，以及同期举办的亚太区旅游委员会首次会员大会等。

9月29日，"无锡市人民友好使者"——荷兰友好人士、博士何达纳以视频连线的方式接受中国搜索媒体采访，该媒体所属"中国好故事"刊发《何达纳博士：见证无锡数字化跑出"加速度"》一文。

10月，中共二十大召开后，市外办组织编译关于中共二十大和"无锡非凡十年"新闻简讯，向无锡国际友城宣传中共二十大盛况，引发国际"朋友圈"热议。爱尔兰、白俄罗斯、北马其顿、比利时、德国、俄罗斯、芬兰、罗马尼亚、瑞士、土耳其、匈牙利、意大利、巴基斯坦、韩国、摩洛哥等国的友城和国际友好人士纷纷来函来电给予高度评价。

10月，市长赵建军致函比利时鲁汶市市长魏模翰，通报无锡锡东新城商务区将联合摩羯基金在比利时建立无锡首个海外离岸孵化器。魏模翰于12月复函赵建军，支持两市在学术互访与交流、集成电路和海外孵化器等领域深化合作。

10月10—14日，无锡市作为会员城市在线参加由韩国大田市、世界城地组织主办的世界城地组织第七届换届大会。

11月，无锡市和德国博霍尔特市联合举办的"2007无锡—博霍尔特汽车拉力赛"入选由同济大学中德人文交流研究中心、同济大学德国研究中心和同济大学出版社联合出版的《感知中德人文交流》新一批40余个中德人文交流经典案例。

11月20日，联合国世界儿童日，无锡市用象征儿童友好的蓝色灯光点亮全市（含江阴、宜兴）12处城市地标。

12月12日，中荷"数据驱动的循环机理"研究论坛以线上方式举办。该论坛由江南大学商学院、江南大学食品学院，荷兰蒂尔堡大学、荷兰埃因霍温理工大学，以及位于荷兰斯海尔托亨博斯市的希罗尼穆斯数据科学学院联合举办，中荷两国20多位专家学者参加论坛。

（薛建新）

港澳事务

【概况】 2022年，市委成立港澳工作领导小组。市委书记、市委港澳工作领导小组组长杜小刚主持召开市港澳工作协调小组工作会议。会议提出，完善市委港澳工作领导小组工作机制，优化全市港澳工作资源共享、各司其职、互动合作的工作架构，推动落实《关于深化锡港澳多领域合作促进高质量发展的若干措施》，明确《2022年无锡市港澳工作要点》，确定15项重点工作，抢抓粤港澳大湾区战略机遇，加快长三角—粤港澳（无锡）科创产业融合发展区建设。

【锡澳合作】 10月19—22日，无锡市组团到澳门参加"第十二届江苏—澳门·葡语国家工商峰会"，并在第27届澳门国际贸易投资博览会江苏形象展上作无锡城市专题推介和主题展示。峰会期间，无锡代表团拜访澳门中联办、中葡论坛（澳门）常设秘书处、澳门特区行政长官办公室，并与澳门江苏联谊会进行交流；江南大学与澳门大学、澳门科技大学就物联网智慧城市、集成电路、未来健康与食品以及创新设计等领域进行交流，探讨双方学科建设、人才培养和产学研合作事宜。

【锡港交流】 3月24日，香港特别行政区政府驻上海经济贸易办事处主任蔡亮，香港贸易发展驻华东、华中首席代表吕剑和驻江苏代表张厦，以线上的方式出席2022无锡"国际月"暨国际赏樱周开幕式。

9月27日，香港特别行政区政府驻上海经济贸易办事处谢诚毅一行3人到无锡市尚贤湖基金PARK参观考察。

11月27日，香港特别行政区政府驻上海经济贸易办事处与香港著名小提琴家姚珏合作的"庆祝香港特别行政区成立二十五周年姚珏小提琴独奏音乐会"无锡站巡演在无锡大剧院黑匣子剧场举行。

（薛建新）

【锡港澳联络联谊】 2022年，市委统战部协助省委统战部在无锡举办"香港特色的民主道路"沙龙活动，市海外联谊会举办第四期国情研修班，组织一批"非遗"精品到香港参加"同乡文化名胜展"。举办"共聚'青'合力 同心创未来——锡港澳青年'云话未来'主题活动"，无锡、香港、澳门三地近5万人观看直播、参与活动。

市委统战部协助香港无锡商会设青年委员会、无锡旅港同乡会完成第25届理事会换届。无锡旅港同乡会义工队获"优秀义工队——铜奖"（江苏获得的最高队际奖），无锡市政协港澳委员、无锡旅港同乡会副会长华惠康获"最美抗疫义工奖"，无锡旅港同乡会奚强获"优秀义工奖"。市海外联谊会举办春节团拜会，通过拜年短视频向海外无锡籍社团传递祖国关爱；先后与香港江苏青年总会、香港Y-LOT基金会、香港青年联会，澳门中华学生联合总会、澳门青年茶文化推广协会、澳门青年商会等港澳社团组织开展交流；协助举办2022无锡—粤港澳大湾区经贸招商活动，为推进长三角—粤港澳（无锡）科创产业融合发展区建设作出贡献。

【锡港澳合作】 2022年，无锡市推动太湖湾科创带与粤港澳大湾区科创合作，促成香港理工大学无锡科技创新研究院落地无锡，推进与香港科技大学开展校地合作；以二胡为媒介与香港中文大学加强文化交流，组织138家无锡企业、医疗和科研机构参加香港中文大学"中大创新日2022"活动。12月28日，无锡市港澳青年创新创业基地启用，打造以两湾融合、三地共建、产业共创、人才共育为特色的长三角与大湾区创新创业合作联盟,以及与国际接轨的太湖湾锡港澳青年创新创业生态圈。

【助力公益事业】 2022年,香港荣智健捐资500万元打造梅园新地标“思源台”。上海唐君远教育基金会捐赠100万元,用于在江苏建设首个“港澳台文化交流基地”——无锡唐苑,建设严家桥德治文化主体标识——贤德广场。无锡海外联谊会组织无锡商业职业技术学院、无锡科技职业学院无锡海外联谊会奖学金,江南大学设计学院奖学金,无锡市辅仁中学“唐君远奖学金”,荣鸿庆、荣智权、荣康信奖学金(奖教金)”,“丁天立奖学金(奖教金)”评选工作,表彰师生324人,奖金66.5万元。

(金　娜)

信访工作

【概况】 2月25日,中共中央、国务院发布新时代《信访工作条例》。全市各级信访部门深入学习宣传贯彻条例精神。9月5日,市委办、市政府办联合印发《关于加强新时代网上信访工作的实施意见》,全年全市受理信访总量2.36万件(人)次,全市信访形势持续向好。锡山区、江阴市、宜兴市获评全国信访工作示范县(市、区)。在全省信访工作绩效考核中,无锡市蝉联设区市第一名,被省信访工作联席会议表彰为全省信访工作先进市,滨湖区、新吴区获评全省信访工作示范县(市、区),惠山区获评全省信访工作先进县(市、区)。年内,市信访局被人力资源和社会保障部、国家信访局联合表彰为“全国信访工作先进集体”,主要负责人受到习近平总书记等党和国家领导人的亲切接见。市信访局原创宣传片《心·规来》被国家信访局评为网络正能量作品创作优秀奖。

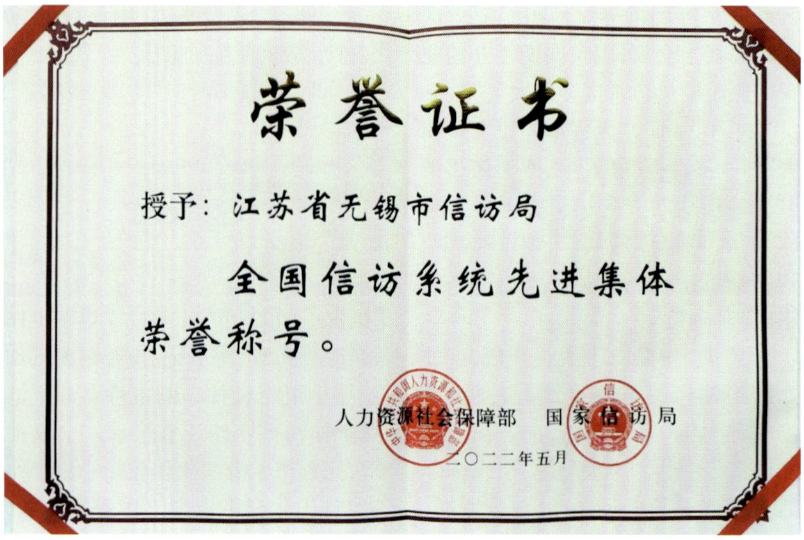

5月,无锡市信访局被人力资源社会保障部、国家信访局联合表彰为“全国信访系统先进集体”,此为表彰证书　(市信访局　供图)

【市社会矛盾纠纷调处服务中心启用】 2022年,无锡市建成省内首家地市级社会矛盾纠纷调处服务中心,中心集合“研判调度指挥、信访接待处置、矛盾纠纷化解、非诉服务对接、公共法律服务”五大功能于一体,优化整合政务资源,有机融合各类解纷主体、渠道平台,制定规范化运行管理意见,搭建信息化工作系统,协调多部门联合接待处置涉众型矛盾200余件。国务院副秘书长、国家信访局局长李文章,省委副书记邓修明等领导到无锡视察指导并给予充分肯定。

【信访突出矛盾攻坚化解】 2022年,无锡市统筹推进“治理重复信访、化解信访积案”专项工作和“信访突出问题攻坚化解年”行动,落实“全员参与、党委包片、政府包线”的党政领导干部包案机制,市委、市政府领导带头包保疑难复杂案件,示范带动市、市(县)区两级包案领导及工作专班下沉一线接访下访、研究会办中央、省、市交办事项5201次。发挥市信访工作联席会议专项工作小组职能作用,对涉楼、涉学、金融等重点领域突出矛盾实行“一案双交”,推动地区和部门对接联动、条块结合,形成同向发力的责任共同体。中央和省信访联席办交办案件100%化解报结,257件突出信访问题当事人停诉息访。

【信访领域风险防范】 2022年,市信访局参与开发风险防范处置联动工作平台,纳入市城运综合管理系统,为风险防范化解提供数据支撑。建立4个矛盾数据库,健全落实多部门联动、实战化运作的涉访风险分析研判、预警提示、应急处置等工作机制,汇总各类预警信息1665条,梳理排查新增矛盾612件,市和市(县)区两级下发“三单两函”(工作提示单、工作交办单、工作督办单,工作建议函、责任追究建议函)1599件,预警事项提前处置化解稳定率达93.5%,推动矛盾纠纷在市域范围内妥善处置。

(李新宇)

编辑　罗秋云

综　述

【委员构成及委员活动】 2022年末，政协无锡市第十五届委员会实有政协委员445人。其中，常委86人，占委员总数的19.33%；中共党员委员178人，占40%；女性委员107人，占24.04%。年内，市政协组织政协委员开展协商议事和调查视察，形成建议案、重点调研报告、专题建言献策、专项报告共16篇，立案提案357件，督办重点提案12件，批办重点和重要提案94件。各市（县）区政协开展"有事好商量"协商议事1979场，全市各级政协委员4000余人次参与，推动解决问题2370个。编报社情民意信息1330条，省、市录用263条。全市两级政协开展政协主席深入走访委员"聚共识 助发展"专题活动，共走访255名企业界委员。政协委员走进企业、走进社区、走进乡村和联系界别群众，走访各类主体200个、群众1780人。

【民主协商】 2022年，市政协进一步健全以政协全体会议协商、常委会专题议政、主席会议通报工作和专题协商、对口协商、界别协商、提案办理协商、立法协商为主体的政协协商体系。市政协十五届一次会议组织大会发言，常委会会议协商议政2次，召开重要专题协商会议6次、主席会议协商7次，立法协商3次。各专委会和16个民主监督员小组、20个委员联系小组结合调研视察等活动，开展经常性的对口协商、界别协商、提案办理协商、政企协商座谈。积极参加省政协专题议政和远程协商，助力党委、政府和有关部门科学决策、有效施策。

【协商式监督】 2022年，市政协进一步健全建言资政制度机制，完善民主监督形式，推动协商成果转化，制定《关于推动政协协商成果采纳落实反馈的意见》，落实专委会与党政部门对口联系制度，及时报送协商成果。举行市政协常委会会议4次、主席会议7次，专题听取市政府及相关部门通报全市经济运行情况和生态文明建设、开发区高质量发展等重点工作情况，分别听取法院、检察院工作情况通报。市政协领导和各专委会负责人分别列席市委常委会会议46次、市政府常务会议21次。市政协建议案、重点调研报告、建言献策、重要提案批办件等得到市委、市政府主要领导批示21次，交由市委、市政府督办批办的重点和重要提案106件。市政协积极响应市委决策部署，紧扣"十四五"规划实施中的重大问题开展协商式监督，围绕助推深化文明城市创建，全方位开展专项民主监督，探索专项民主监督与专题协商监督"双轮驱动"机制，聚焦精神文明建设和生态保护等重点工程，组织集体视察和现场监督120余次，全市两级政协委员共1200余人次参加，积极建言献策，提出合理化建议。开展多种形式的协商式监督，围绕12件重点提案召开督办协商会推进办理落实进度。围绕"十四五"期间太湖水治理、大遗址保护等开展4次重点视察。

（市政协）

重要会议

【市政协十五届一次会议】 3月15—17日，政协无锡市第十五届委员会第一次会议召开。市委、市人大常委会、市政府全体领导和市中级人民法院、市人民检察院主要领导参加大会开幕式。377名市政协委员参加大会，占实有全体委员的84.7%。受疫情等因素影响，批准请假委员69人。15名市政协港澳委员通过线上"云参会"的方式，参加大会开幕式、协商讨论并提交提案。

会议回顾总结2017年以来市十四届政协的工作情况，协商讨论确定新一届市政协的主要工作；选举产生市十五届政协领导班子和常务委员，审议并同意周敏炜代表政协无锡市第十四届委员会所作的工作报告和叶勤良所作的提案工作情况报告，对市政府工作报告、其他报告和全市经济社会发展大计进行协商讨论、建言献策。围绕现代产业发展、科技自主创新、美丽无锡建设、民生社会保障、市域社会治理等多个方面，13名委员分别代表市各民主党派、工商联、无党派知识分子

3月15日，政协无锡市第十五届委员会第一次会议开幕

（市政协　供图）

联谊会，以及工、青、妇、科协等社会团体作大会发言。各界别代表进行发言。市政府主要领导和有关领导应邀听取发言。会议期间，收到提案382件，其中集体提案81件、委员及委员联名提案301件；预立案提案363件，其中，经济建设方面79件、占21.8%，城市建设与管理方面83件、占22.9%，文教卫体方面82件、占22.6%，政法统战方面48件、占13.2%，人民生活及其他方面71件、占19.5%。大会选举项雪龙为市政协第十五届委员会主席，选举叶勤良、韩晓枫、许立新、吴建元、吴红星、毛加弘、顾铮铮为副主席，选举钱文琴为秘书长，选举王岩等78人为常务委员。

【市政协十四届二十四次常委会会议】 2月22日，市十四届政协召开第24次常委会会议。会议协商通过市十五届政协委员名单；通过市十五届政协一次会议主席团常务主席建议名单，主席团成员和秘书长、副秘书长建议名单，以及提案审查委员会组成人员建议名单；协商通过市十五届政协常委会组成人员候选人建议名单及选举办法（草案）。市政协常委对有关人事事项进行充分的协商讨论，一致表示同意。与会常务委员对市政协五年来的工作给予充分肯定。

【市政协十五届一次至四次常委会会议】 4月27日，市十五届政协召开第一次常委会会议，会议学习贯彻十三届全国政协五次会议精神；就市政协开展助推深化文明城市创建专项民主监督活动进行动员部署；协商通过《市十五届政协2022年工作要点》；协商通过市十五届政协各专门委员会组成成员名单；协商通过有关人事事项。

7月20日，市十五届政协第二次常委会会议召开，市长赵建军应邀代表市政府通报上半年全市经济运行情况，市政协主席项雪龙主持会议并讲话。会议就市政协开展“同心担使命”主题活动进行动员部署，就“发展专精特新企业，加快建设制造强市”进行专题协商议政。

9月20日，市十五届政协召开第三次常委会会议，会议听取市政府2022年提案办理情况通报，组织对市卫生健康委、市住房城乡建设局的提案办理工作进行民主评议，听取无锡市“十四五”规划实施情况通报，围绕“加快发展文化产业，推动城市文化繁荣”开展协商议政。

12月29日，市十五届政协召开第四次常委会会议，会议听取助推深化文明城市创建专项民主监督工作汇报；协商通过市十五届政协常委会关于学习贯彻中共二十大精神的决议；协商通过市十五届政协常委会工作报告、提案工作报告；协商通过市十五届政协二次会议议程（草案）、日程；协商通过关于召开市十五届政协二次会议的决定；协商讨论有关人事事项及选举办法（草案）等。

（市政协）

6月21日，市政协赴江阴市开展助推深化文明城市创建专项民主监督活动

（市政协　供图）

参政议政

【建言资政】2022年，市政协围绕推动城市文化繁荣发展及加快建设制造强市，开展常委会会议专题议政。围绕完善重大疫情预警与防控、打造最优法治化营商环境等方面，邀请市委、市政府主要领导，市政府有关部门、政协委员等开展专题协商；发挥市政协法律事务咨询组作用，就《无锡市社会治理促进条例(送审稿)》《无锡市公共厕所管理办法(征求意见稿)》《无锡市车联网发展促进条例(送审稿)》组织立法协商；依托专委会及委员联系小组开展对口协商、专题协商。主席会议专题听取生态文明建设、司法行政工作、医疗保障、对台工作、大运河文化带和国家文化公园建设、“双减”政策落实等7个方面的工作情况通报，举行法院、检察院与公安工作情况重点通报会，制定《市政协关于推动政协协商成果采纳落实反馈的意见》，着力提升协商工作实施成效。

【提案工作】2022年，市政协共收到提案412件，经审查立案357件，立案率86.7%。市委书记、市长分别领办“加快完善重大疫情的预警与防控机制”“更好发展战略性新兴产业”两件重点提案；市委常委、副市长和市政协主席会议成员联合督办重点提案12件，批办重点重要提案94件。在省内率先制定出台《提案办理工作考核办法(试行)》，创新提案培育工作机制，确保重点提案及重要提案办出实效。遴选10件民生微提案，提供给基层作为“有事好商量”协商议事主题，汇总梳理基层协商意见建议5大类19条，函送相关单位在办理提案时参考借鉴。对市卫生健康委、市住房城乡建设局的提案办理工作开展民主评议，与市政府办公室联合召开95个部门单位参加的提案办理工作推进会，组织各民主党派、人民团体和政协委员参与重要提案督办，推动办好办实政协提案。

【社情民意】2022年，市政协收到反映社情民意信息2568篇，编辑报送1269篇，编发《社情民意》专报40期，被省、市两级录用217篇，其中被省政协录用98篇，比2021年增长36.1%；3篇获市委主要领导批示；一批涉及交通出行、教育医疗、环境治理等方面的问题得到妥善解决。

【民主监督】2022年，市政协围绕助推深化文明城市创建开展专项民主监督，通过会议监督、视察监督、提案监督、明察暗访监督等方式，聚焦精神文明建设、生态保护、社会治理等重点工程，20个委员联系小组由市政协领导带队，对8个板块开展集中视察、民主协商、暗访监督等监督活动120余次，全市两级政协委员共1200余人次参加，形成助推深化文明城市创建有关社情民意150余篇，提出一批有价值的合理化意见建议，各级党政领导对相关监督建议作出批示。各专委会围绕打造全国最干净城市、新能源汽车产业发展、红色名人故居保护、藕塘职教园发展等开展监督性视察19次，对提升农业现代化水平的建议案开展“回头看”。

（市政协）

调研视察

【重点调研】2022年，市政协就打造最优法治化营商环境城市情况进行深入调研，形成《关于打造最优法治化营商环境城市建议案》；围绕推动科创高质量发展、生态文明建设、居家养老、文化产业发展、挖掘文物价值、宗教活动场所管理、社会矛盾纠纷等方面进行重点调研，形成《提质科创载体 优化科创生态推动科创高质量发展》《持续改善水环境 奋力打造生态文明建设先行示范区》《建设有无锡特色全国一流的社区居家养老体系》《强化规划引领政策落地 加快推进文化产业高质量发展》《充分挖掘“百宅百院”文物价值 助力争创全国文明典范城市》《积极引导 守正创新 推动宗教活动场所管理工作再上新台阶》《做强“专精特新”企业 裂变高质量发展动能》《我市社会矛盾纠纷情况分析及对策建议》8份调研报告。

9月26日，市政协组织视察无锡市大遗址保护工作　（市政协　供图）

8月31日，市政协召开“打造最优法治化营商环境城市”专题协商会

（市政协　供图）

【专题调研】 2022年，市政协围绕垃圾分类工作、藕塘职教园区发展、妇儿中心设施建设、运动友好型城市建设、加强委员队伍建设与管理、梁溪科技城规划建设等方面，组织委员开展专题调研，形成专题建言献策7篇，并积极跟踪市政协履职成果的采纳落实。

【重点视察】 2022年，市政协开展重点视察2次，视察中所提的许多对策建议在相关部门制定政策和专项规划时被采纳。6月10日，市政协组织各部门负责人及部分政协委员，对全市太湖治理工作开展重点视察，座谈听取相关工作情况通报，并开展专题议政建言。9月26日，市政协组织各专委会负责人和部分政协委员视察无锡大遗址保护工作，实地查看中国社科院考古研究所华东基地、阖闾城遗址博物馆，座谈听取相关情况通报。

【专题视察】 2022年，市政协围绕推动乡村振兴、台资企业发展、国企高质量发展、残疾人帮扶、城市交通重点项目建设等方面开展专题视察19次，组织委员围绕有关重点方面开展调查研究，并就群众普遍关心的现实问题提出意见和建议。

（市政协）

“有事好商量”协商议事

【推动委员联系服务群众】 2022年，市政协认真贯彻落实省政协推进“有事好商量”协商议事工作的部署要求，举办“有事好商量”协商议事室召集人培训班。制定实施《深入开展“三走进一联系”活动的实施意见》，进一步发挥政协委员专业优势和技术特长，组织政协委员开展走进企业、走进社区、走进乡村和联系界别群众活动，走访各类主体200个、群众1780人，倾听基层呼声，反映群众诉求。号召全体委员立足自身岗位投身抗疫工作，组织9批次机关工作人员110人次下沉社区志愿服务。

【协商议事活动】 2022年，市政协开展“有事好商量协商议事网”试点工作，建好用好各级有事好商量协商议事平台，拓展“有事好商量、有事商量好”的制度化实践。组织开展“我为群众办实事”活动，指导各市（县）、区政协积极开展基层有事好商量协商议事活动1979场，全市各级政协委员4000余人次参与，推动解决各类问题2370个。

【“3232”平台改版升级】 2022年初，“3232”平台改版升级后，上线城市门户“灵锡”App，超千万用户通过手机参与社区协商。群众参与、展示基层协商事项2420余条，参与建言、互动19.64万次，“老旧小区改造”“智能充电设备安装”等一批“老大难”问题得到有效协调和解决。无锡“有事好商量”3232平台入选“智慧城市创新应用”。

（市政协）

表8　市政协2022年度重点提案及督办分工一览表

序号	提案号	提案者	标　题	主办单位	党政领办领导	市政协督办领导	督办责任部门
1	151006	市政协文教卫体委员会	关于加快完善以重大传染病为主的突发公共卫生事件的预警与防控机制的建议	市卫生健康委	杜小刚 秦咏薪	主席会议成员	文教委、提案委

（续表）

序号	提案号	提案者	标　题	主办单位	党政领办领导	市政协督办领导	督办责任部门
2	151002	市政协经济科技和农业农村委员会	适应"双碳"新赛道，更加坚定不移发展战略性新兴产业	市发展改革委	赵建军 蒋　敏	主席会议成员	经科农委、提案委
3	151027	民盟无锡市委	关于有效发挥医联体作用的建议（同时作为民主监督性提案）	市卫生健康委	秦咏薪	叶勤良	提案委、民盟无锡市委
4	151053	农工党无锡市委	关于提升基本公共服务水平 加快农村基本现代化建设的建议	市发展改革委	蒋　敏 马　良	叶勤良	提案委、农工党无锡市委
5	151046	民进无锡市委	关于"双减"背景下课后延时服务体系构建的建议	市教育局	秦咏薪	韩晓枫	文教委、民进无锡市委
6	151062	九三学社无锡市委	关于加快推进高端工业软件研发 打造我市高质量发展新引擎的建议	市工业和信息化局	周文栋	许立新	研究室、九三学社无锡市委
7	151011	民革无锡市委	优化养老服务体系推进养老服务"一保多元"高质量发展	市民政局	卢　敏	吴建元	社法委、民革无锡市委
8	151059	致公党无锡市委	完善地方立法及举措 优化住宅小区社会治理体系	市住房城乡建设局	张立军 张　镇	吴红星	经科农委、致公党无锡市委
9	151073	无锡市工商业联合会	关于更高质量推进我市中小企业"智改数转"的建议	市工业和信息化局	周文栋	吴红星	经科农委、市工商联
10	151039	民建无锡市委	关于深化太湖湾科创带体制机制建设的建议	市发展改革委	蒋　敏	毛加弘	委工委、民建无锡市委
11	151075	市无党派知识分子联谊会	关于推动多元主体渐进式参与城市微更新的建议	市住房城乡建设局	张立军	顾铮铮	民宗委、市无党派知识分子联谊会
12	151004	市政协人口资源环境和城乡建设委员会	持续提升精细化管理水平，致力打造最干净宜居城市	市城管局	张立军	陈锡伦	城乡委

（市政协）

编辑　罗秋云

中国共产党无锡市纪律检查委员会 无锡市监察委员会

综　述

【履行纪检监察职责】 2022年，市纪委监委把迎接中共二十大和学习宣传贯彻中共二十大精神作为工作主线，充分发挥监督保障执行、促进完善发展作用。强化政治监督，常态化开展疫情防控监督，联合市委组织部扎实开展安全生产专项整治督查考核，协同推进重点领域安全稳定风险大督查，开展助企纾困专项督查，推动中央环保督察反馈问题整改，深化粮食购销领域腐败问题专项整治。围绕人民群众反映最强烈、需求最迫切的问题，开展项目化监督51项，发现问题2468个，立案495件，留置46人，推动完善制度211项。深化公共停车收费管理专项整治，推动开展镇（街道）国有资产领域、殡葬服务领域专项治理，会同市民政局对全市集中供养服务机构开展专项清理整治，开展小额工程票决改革试点。严格贯彻落实中央八项规定及其实施细则精神，驰而不息纠“四风”，查处情况每月公开通报、每季专题汇报，典型问题随时通报。一体推进“三不腐”（不敢腐、不能腐、不想腐），制发纪检监察建议书207份。深化政治巡察，坚持上下贯通联动，凸显巡察利剑作用。协助落实管党治党主体责任，配合市委制定全面从严治党责任清单，出台《加强对“一把手”和领导班子监督的举措》，建立完善信访举报综合分析、定期谈话等制度。坚持严管厚爱，全年共问责党组织28个、党员领导干部157人；实施容错纠错13起、容错备案107起、澄清正名4起。淬炼忠诚本色，完成市（县）区监委向本级人大常委会报告专项工作，完成智慧纪委监委8项辅建任务和15项应用任务，扎实开展案件质量“季季评”活动，在全省率先打造“青·云”线上课程体系。年内，市纪委监委被评为全国纪检监察系统先进集体，连续三年在全省年度综合考核中位列设区市纪委监委第一。

【纪检监察体制改革】 2022年，市纪委监委推动有形监督向有效监督转变，建设“四项监督”统筹衔接平台，打通信息通道，汇集监督数据，强化综合研判。持续深化派驻机构改革，增设第四监督检查室，对口联系15个市级派驻纪检监察组。贯彻落实派驻机构工作规则，调整优化派驻监督范围，完善线索集体会商、立项监督等工作机制，派驻监督工作质效持续提升。各派驻组共立案84件，比上年增长9%。持续深化市属国有企业、公立医院纪检监察体制改革，建立季度例会、案件质量评析等常态化机制。持续强化派出监察员办公室工作，充实基层纪检监察力量，20个监察员办公室立案516件，涉及村（社区）人员信访件数比上年下降19.1%。

【廉洁教育】 2022年，市纪委监委协助市委制定《关于加快打造新时代廉洁文化高地，赋能廉洁无锡建设的实施意见》。加强警示教育，聚焦金融、粮食购销、年轻干部等重点领域和对象，由分管市领导直接部署推动风险防控、开展警示教育。制作15

11月15日，家风主题滑稽戏《清风明月》在市人民大会堂首演

（市纪委监委　供图）

部警示教育片和8个百秒“悔思”忏悔视频。推动家风建设，策划指导编排并成功首演大型家风主题滑稽戏《清风明月》。学用《江苏历代贤吏为官之道》，举办江苏历代贤吏展和专题辅导讲座。组建“崇德倡廉”宣讲团，举办“步弓石杯”廉洁文化作品大赛，讲好无锡故事，弘扬廉洁文化。

（周　江）

重要会议

【中共无锡市第十四届纪律检查委员会第二次全体会议】 1月27日，中共无锡市第十四届纪律检查委员会举行第二次全体会议，学习贯彻习近平总书记在十九届中央纪委六次全会上的重要讲话精神，全面落实中央纪委全会和省纪委全会部署要求，总结工作、分析形势，部署2022年全市党风廉政建设和反腐败工作。市委书记杜小刚到会讲话，市领导赵建军、徐一平、周敏炜、项雪龙、朱爱勋等出席会议，市委常委、市纪委书记、市监委代主任周凤琴主持会议并作工作报告。会前，与会人员集中观看了专题警示教育片《别让“自作聪明”毁了人生》。会议以电视电话会议形式召开。市委常委，市人大常委会、市政府、市政协全体领导，市法院、检察院负责人，市各部门、各单位主要负责人，市纪委委员、市监委委员，市委巡察组组长等在主会场参加会议。

【省委第三巡视组对无锡市开展涉粮问题专项巡视情况反馈会议】 2月10日，根据省委巡视工作领导小组部署，省委第三巡视组向无锡市反馈涉粮问题专项巡视情况。省委第三巡视组组长葛笑天代表省委巡视组向无锡市委领导班子反馈涉粮问题专项巡视情况。省委巡视办副主任祁新出席专项巡视情况反馈会议，向无锡市委书记杜小刚传达省委书记吴政隆在省委书记专题会议上关于巡视工作的讲话精神，对抓好专项巡视整改工作提出要求。杜小刚主持会议并作表态发言。省委第三巡视组副组长胡培红及有关人员，无锡市委、市人大常委会、市政府、市政协领导班子成员，市法院、检察院主要负责人出席会议。

【全市镇（街道）国有资产专项治理工作会议】 7月28日，全市镇（街道）国有资产专项治理工作会议召开。会议提出，要深入贯彻落实国家、省、市关于加强国有资产监管的要求，进一步规范镇（街道）国有资产管理行为，研究部署专项治理工作任务，坚定不移推动全面从严治党向基层延伸、向纵深发展。市委常委、市纪委书记、市监委主任周凤琴出席会议并讲话，市委常委、常务副市长蒋敏作动员部署。会议强调，此次专项治理工作，旨在进一步摸清“家底”，推进镇（街道）国有资产统一监管，依托信息系统规范资产管理行为，完善镇（街道）国有资产监管机制，提高国有资产使用效益，切实防止国有资产流失，不断推进国有资产治理体系和治理能力现代化。

（周　江）

监督检查

【疫情防控监督检查】 2022年，市纪委监委统筹全市纪检监察力量，既督又战、融督于战，压紧压实“四方责任”，推动5327个典型问题整改到位。监督推动全市统一建设核酸采样小屋，构建“15分钟核酸采样服务圈”，以点带面织密织牢疫情防线。在全省率先制定《疫情防控监督检查工作指引》，为省纪委监委制定发布《疫情防控监督指南》提供参考。市纪委监委机关被评为全市疫情防控工作先进集体，6名党员干部获评先进个人。

【围绕统筹发展和安全开展监督检查】 2022年，无锡市纪委监委协同推进重点领域安全稳定风险大督查，通过“红黄绿”三色分级督查、“三类清单”提醒等方式，推动整改问题隐患4307个、创新制度21项。联合市委组织部扎实开展安全生产专项整治督查考核，首次在全市通报年度监督检查情况。

1月27日，中共无锡市第十四届纪律检查委员会第二次全体会议召开

（市纪委监委　供图）

【"四风"问题监督检查】 2022年，无锡市纪委监委严格贯彻落实中央八项规定及其实施细则精神部署要求，全市共查处违反中央八项规定精神问题466起、526人，党纪政务处分490人；其中，查处形式主义、官僚主义问题160起184人，党纪政务处分165人。协助市委开展两轮集体廉政谈话，市委主要领导约谈各地各部门党政主要领导，明确严防违规吃喝、廉洁过节要求，相关做法得到省纪委监委主要领导批示肯定。

（周　江）

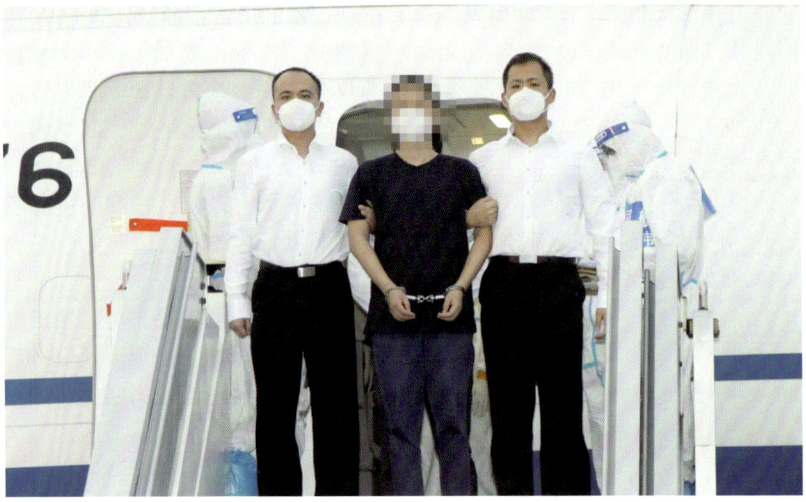

5月19日，"百名红通人员"孙某在境外落网并被遣返回国

（市纪委监委　供图）

审查调查

【审查调查核心职责履行】 2022年，市纪委监委以精准办案为抓手，查处一批案件、总结一类规律、治理一个领域、教育一方干部。全市纪检监察机关共接收信访举报2166件次，其中检举控告类1299件次，同比分别下降32%、10.3%；立案2352件，其中县处级及以上72件、乡科级232件，留置88人，移送审查起诉109人，挽回经济损失1.89亿元。运用"四种形态"批评教育帮助和处理4600人次，其中第一、二、三、四种形态分别占60.5%、31.2%、2.7%、5.6%。

【查处违纪违法案件】 2022年，市纪委监委紧盯重点对象，把"不收敛不收手""胆大妄为者"作为重中之重，严肃查处市消防救援支队原支队长刘某、惠山区人大常委会原主任顾某杰，原市医管中心党委书记、主任许某平等一批领导干部严重违纪违法案件。突出重点领域，严肃查处光大银行无锡分行总监王某等人与资金掮客、不法商人勾结，骗取政府平台融资顾问费、恶意骗贷等违纪违法案件；巩固拓展政法队伍教育整顿成果，严肃查处市中级人民法院原党组成员、审判委员会委员刘某等典型案件。

【持续推进追逃防逃追赃】 2022年，市纪委监委成功将外逃11年之久的"百名红通人员"孙某缉捕遣返回国，中央追逃办专门致函表扬。缉捕遣返孙某是以法治思维、法治方式追逃追赃的重要战果，彰显了有逃必追、一追到底的坚定决心，无锡"百名红通人员"追逃任务清零。中共二十大期间，孙某案作为追逃追赃工作取得的重要成果，在中宣部等联合举办的"奋进新时代"主题成就展上作了专门展示。

（周　江）

专项治理

【公共停车收费管理专项整治】 2022年，市纪委监委会同市城管局等部门，持续深化公共停车收费管理专项整治，严肃查处执法监管以权谋私、随意出租导致资产流失等问题，立案39件，留置5人，通报3起。推进全市停车资源"统一平台、统一管理、统一经营"管理体制改革，推动组建市、区两级国有运营公司，强化"无锡停车"智慧管理平台"监督预警"功能，创新出台"小特精"制度5个，提高停车治理核心能力。

【镇（街道）国有资产专项治理】 2022年，市纪委监委会同市财政局、市审计局、市国资委等部门，联合开展全市镇（街道）国有资产专项治理，全面清查67个镇（街道）资产底册、合约合同。推动建设镇（街道）国有资产管理平台，有效盘活利用低效、闲置资产，进一步规范镇（街道）国有资产管理，实现国有资产保值、增值。

【安全生产监管领域突出问题专项治理】 2022年，市纪委监委针对基层社区安全生产管理人员与第三方服务机构勾结、制作假台账等突出问题，在惠山区试点开展安全生产监管领域突出问题专项治理，推动全市开展安全生产台账作假问题专项督查和第三方服务领域专项治理。督促应急管理部门优化安全生产分级分类监管方式，强化第三方服务机构动态管理，对第三方机构开展的10种业务类型进行限定和规范，淘汰、禁止141家机构参与政府采购。

【养老机构监管领域专项治理】 2022年，市纪委监委会同市民政局

8 月 24 日，市纪检监察干部到养老机构实地走访了解情况

（市纪委监委　供图）

等部门，对全市集中供养服务机构开展专项清理整治，严肃查处套取骗取补助款项、侵占挪用捐赠资金、挤占克扣伙食费用等问题，立案 25 件、留置 2 人。督促民政部门牵头开展养老机构专项清理整治，印发养老机构膳食服务工作指引，标准化体系化统一伙食管理标准。

巡察工作

【概况】 2022 年，市委巡察工作全面贯彻中央巡视工作方针，突出政治巡察定位，把严的要求贯彻到巡察各环节。高质量配合省委对锡山区、新吴区和宜兴市、惠山区两轮巡视，同步开展联动巡察，推动立案 98 件、留置 15 人，其中县处级领导干部 3 人。强化精准发力，市、县两级巡察共发现问题 4402 个，移交问题线索 487 件，推动立案查处 230 人。制定《十四届无锡市委巡察工作规划（试行）》，统筹推进市、县巡察全覆盖，创建“一地一品”巡察品牌项目 14 个。制定《关于进一步加强巡察整改工作的实施意见》，对 36 家部门单位开展整改情况专项督查。

抓好省委涉粮问题专项巡视整改，巡视移交的问题线索全部办结，督促将惠农涉粮资金纳入“阳光惠民”系统监管，推动市级粮库公司制改革，成立无锡粮食集团，5 家全民所有制涉粮企业划归统一管理。

【生态环境突出问题专项巡察】 2022 年，市委巡察工作聚焦生态环境领域突出问题，对 53 个镇（街道）、39 个机关部门的 401 个突出问题逐一过堂，监督保障第二轮中央生态环境保护督察 14 个重点交办件和 8 个反馈问题全部整改到位。

【十四届市委第二轮巡察】 2022 年，市委巡察工作围绕“稳住经济大盘”主题，对市发展改革委、市工业和信息化局、市财政局、市人力资源社会保障局、市行政审批局、市市场监管局、市统计局、市地方金融监管局等 8 家市级政府机关部门党组织开展常规巡察，共提交提振企业发展信心、防范地方金融风险、加强专项资金管理等专题报告 8 篇，供市委决策参考。

【十四届市委第三轮巡察】 2022 年，市委巡察工作聚焦小微权力运行，对江阴市周庄镇、云亭街道，梁溪区扬名街道、黄巷街道，滨湖区河埒街道、荣巷街道等 6 个镇（街道）开展提级巡察，深挖基层安全生产、小额零星工程发包等问题背后的“沉疴旧疾”“蝇贪蚁腐”。

（周　江）

编辑　罗秋云

民主党派·工商联

综　述

【组织建设】2022年末，全市有市本级民主党派组织7个、工商联组织1个。全市有民主党派成员10949人，年内发展成员484人，发展率4.6%，净增率为4%。市无党派知识分子联谊会（以下简称“市无党派知联会”）有会员201人，全市各级有无党派知联会会员600余人。市新的社会阶层人士联谊会（以下简称“市新联会”）有会员203人，市（县）区有新联会会员750余人。

全市各级商协会组织建立党组织310家，应建尽建率100%，100%做到党建入章程。其中市级商协会建立实体党支部30个、功能型党支部118个，市级商协会党组织覆盖率92.5%。市工商联作为全省首批“商会党组织发挥政治引领作用”试点单位，以“红梅花香·锋彩商会”党建领航工程为载体，组织实施82个商协会党支部书记项目，形成“红领荟商”“红帆e飞扬”“‘水韵红帆’连心桥”“‘红心闪耀’理想信念教育”等商会党建特色项目。

【思想建设】2022年，无锡市各民主党派、工商联、无党派知联会以迎接中共二十大召开、学习宣传贯彻中共二十大精神为主线，开展“矢志不渝跟党走 携手奋进新时代”政治交接主题教育，紧扣主题，召开主委会、常委会会议、理论中心组学习会、会员大会等，举办基层组织负责人、中青年骨干培训班，通过主题宣讲会、报告会、座谈会、专题学习、网络课堂、集中交流等形式，组织党派成员、工商界人士、无党派人士学习中共二十大精神，实现领导班子、机关、基层组织学习全覆盖。围绕迎接中共二十大召开、学习宣传贯彻中共二十大精神，组织开展“喜迎二十大 永远跟党走”主题活动，“喜迎二十大 携手新征程”书画摄影艺术展、歌咏会，“学习贯彻中共二十大精神文化行”征文以及短视频大赛等，巩固多党合作思想政治基础。

表9　2022年度无锡市各民主党派、工商联、无党派知识分子联谊会参政议政统计表

单　位	完成专题调研报告（份）	被刊用专题调研文章（份）	被采纳社情民意（条）	两会提出议案、提案（条）	被有关部门采纳意见、建议（条）
民　革	34	0	78	11	44
民　盟	92	17	88	60	8
民　建	41	6	76	8	15
民　进	38	1	398	64	42
农工党	43	7	52	18	25
致公党	30	15	70	27	14
九三学社	35	1	133	30	30
工商联	37	8	62	6	22
无党派知联会	8	6	3	38	32
合　计	358	61	960	262	232

（市委统战部）

表 10　2022 年度无锡市各民主党派组织及成员统计表

党派名称	组织情况					成员情况		
	市委会（个）	（市）县委（个）	基层委员会（个）	总支部（个）	支部（个）	女成员（人）	新成员（人）	成员总数（人）
民　革	1	0	4	2	42	295	35	697
民　盟	1	2	6	3	93	922	93	2183
民　建	1	1	8	5	88	743	100	2088
民　进	1	2	6	1	115	844	69	1811
农工党	1	1	8	4	102	913	73	1849
致公党	1	0	4	2	52	261	42	701
九三学社	1	1	14	0	70	642	67	1620
合　计	7	7	50	17	562	4620	479	10949

（市委统战部）

表 11　2022 年度无锡市各民主党派、工商联、无党派知识分子联谊会组织各类特色活动一览表

单　位	特色活动
民　革	纪念王昆仑 120 周年诞辰系列活动，“太湖悦读”全民朗读专场、书画作品展、史料征集等
民　盟	开展张澜、李公仆（钱伟长）诞辰专题征文，编撰《民盟先贤及名人简介选编》一书，举办喜迎中共二十大系列文学摄影书画作品征集以及学习系列活动
民　建	举办主题教育推进交流会暨“喜迎二十大 永远跟党走”拓展，组织“同心·悦读会”系列活动，开展“同心向党传承有我 奋楫扬帆启航新程”随手拍短视频大赛，举办多场金融助企纾困座谈会和中小企业座谈会
民　进	举办 2022 年发展对象入会教育培训班，成立青年工作委员会第一届“虚拟机关”，举办“学会史、守初心、强才干、勇担当”——民进无锡市委青年会员学习民进先辈事迹演讲比赛
农工党	与滨湖区共建同心文化“元宇宙”基地，打造全省首部统战主题沉浸式剧本演绎体验项目《金匮潜龙》，制作《江阴渡江战役纪念馆（编号 025）党史教育基地》系列口述历史片，举办“喜迎二十大 颂歌献给党”主题歌咏会、“喜迎二十大 携手新征程”书画摄影艺术网展，举办“筑牢文化自信 传扬中华文化——学习贯彻中共二十大精神文化行”，创办开设“无锡农工云课堂”
致公党	建设“六个一”项目助力 100 多名残疾人，举办“富源广杯”党史知识竞赛，在京师（无锡）律师事务所设立“为侨法律服务工作站”，组建“企业服务团”
九三学社	成立九三学社专家工作站，开办“九三大讲堂”“九三微讲堂”，举办第三十四届中国“国际科学与和平周”活动
工商联	举办“学习党的二十大精神”无锡市民营经济人士定向徒步赛，举办 2022 亚布力中国企业家论坛创新年会，举办无锡民企走进阿里“智改数转”培训班，召开“红梅花香·锋彩商会”党建领航三年行动交流会
无党派知联会	举办“榜样引领前行 同心共向未来”主题访谈暨无党派人士风采展，开展以“医疗健康”和“知识产权保护”为主题的学习交流，组织开展“联知联行 赋智赋能”——“挂钩结对江阴助残”活动

（市委统战部）

表 12　2022 年度无锡市各民主党派、工商联、无党派知识分子联谊会社会服务一览表

单　位	社会服务品牌项目	社会服务主要内容	参与公益慈善活动（场次）	结对助学（对）	捐款（万元）
民　革	中山博爱	助残、扶贫、关爱弱势群体、对台法律服务	7	1	12.00
民　盟	“凉山支教行”“黄丝带同心护航基地”	扶贫助学、社会矫正、社区服务	35	10	60.00
民　建	同心惠企服务基地、电商助残、“吴韵同心容爱天阳”“筑光之爱”“思源工程——生育关怀行动”“连心家园”	法律服务、电商助残、计生困难家庭帮扶、公益市集、艾滋病宣传、特殊教育帮扶	36	70	223.82
民　进	美育共建、蓝星妈妈关爱行动、春联万家、文化助残	美育进校园、蓝星妈妈喘息服务、春联万家、文化助残	70		662.60
农工党	健康同行	义诊科普、扶贫帮困	103	18	140.00
致公党	“致美施善”“致德扶智”	精准扶贫	30	10	58.00
九三学社	九三学社专家工作站，九三大讲堂、九三微讲堂，第三十四届中国“国际科学与和平周”	科技服务、医卫服务、扶贫捐助、防疫捐赠	97	3	130.00
工商联	“万企兴万村”行动、助力乡村振兴光彩行、抗疫捐赠、“齐鲁青未了助学金”	抗疫捐赠、助学、助残、助困、扶贫	15	216	380.00
无党派知联会	“筑梦未来 爱心助学”“联知联行 赋智赋能”、城市微更新	助学助残、社会服务	10	30	12.00

（市委统战部）

【参政议政】 2022 年，无锡市各民主党派、工商联、无党派知联会根据中共无锡市委《2022 年度政党协商计划》，围绕“发展数字经济，建设‘数字无锡’”“共同富裕”专题开展调查研究，为中共无锡市委、市政府科学决策提供参考。各民主党派形成重点调研报告 43 篇，助力高质量发展。无党派代表人士开展“城市更新”专项课题调研，助力参与共建的稻香片区老旧街坊改善更新项目入选江苏省城市更新第一批试点项目名单。市工商联《加强“人才安居”保障 打响最优环境品牌》一文获省社科界第十五届学术大会优秀论文二等奖。

【社会服务】 2022 年，无锡市各民主党派、工商联、无党派知联会发挥各自资源特色和界别优势，创新开展“8+8”挂钩结对（7 个民主党派、无党派知联会结对 8 个板块），打造“聚力惠民”社会服务品牌，推动民主党派资源下沉基层、服务基层，开展法律援助、电商直播、医疗康复、无声伴读等服务百余场次，打造形成“灿烂梦工坊”“点亮星创园”“惠爱无声”等服务品牌，助残惠及群众万余人。年内全市民营企业和各商协会抗击新冠疫情爱心捐款捐物累计约 10835 万元。在无锡—连云港南北结对帮扶合作中，向连云港捐赠 60 万元帮扶资金。在东西对接帮扶中，无锡民企与青海企业签订多项合作协议，直接投入资金 142.5 万元，帮扶 110 户牧民。

（金　娜）

中国国民党革命委员会无锡市委员会

【组织建设】 2022 年末，中国国民党革命委员会无锡市委员会（以下简称“民革无锡市委”）有党员 695 人，有 4 个基层委员会、2 个总支部、42 个支部、2 个小组。除退休支部外，各级基层组织领导班子成员平均年龄不到 40 岁。部分基层组织完成届中调整。民革无锡市委专门委员会由 6 个调整为 8 个，具体设置为经济委员会、“三农”委员会、社会和法制委员会、教科卫委员会、人口与资源环境委员会、祖国和平统一促

进委员会、妇女与青年工作委员会、文体和理论研究委员会。年内发展党员40人,发展率为5.75%,去世4人,净增人数36人,净发展率为5.17%,平均年龄37岁,其中高层次人才15人,占比37.5%;国企事业和机关人员27人(其中实职干部5人),占比67.5%;中高级职称27人,占比67%;高级职称以上9人,占比22.5%;1人为省、市人大代表和市劳模,获评江苏好人;1人为省、市政协委员及杰出青年,2人为区政协委员。优选30名党员列入统战系统参政议政骨干培养名单。1名"90"后提升市级部门正科职;与梁溪区"8+8"结对挂钩时,1名提升正科级、1名"90"后选派区部门副职挂职锻炼。4人当选为新一届省政协委员、1人当选为省人大代表;1人被评为江苏民革榜样人物;5人当选为新一届民革江苏省法律工作者联谊会、企业家联谊会、文化艺术工作者联谊会、中山书画院领导班子成员。

【思想建设】 2022年,民革无锡市委把学习宣传贯彻中共二十大精神与"矢志不渝跟党走 携手奋进新时代"政治交接主题教育、"履职能力建设年"重点工作有机结合,通过组织党员集中收听、收看中共二十大实况,开展各种层次的学习会、座谈会、专题讲座、征文、线上知识竞赛、喜迎中共二十大书画作品云展、羽毛球友谊赛等形式活动,在全市民革党员中形成学习宣传中共二十大精神的浓厚氛围。郭建伟撰写的《民主党派基层组织践行全过程人民民主的问题、根源及对策研究》在全省"多党合作与中华民族伟大复兴"征文比赛中获一等奖。徐晓明参加中共江苏省委统战部举办的"讲多党合作故事 献礼中共二十大"短视频大赛获优秀作品奖。百余名党员撰写中共二十大学习心得征文。组织2支龙舟队参加无锡统战系统"同心同行,同舟共济"龙舟赛。

民革无锡市委下发《关于开展"矢志不渝跟党走 携手奋进新时代"政治交接主题教育的通知》,成立主委任组长、副主委任副组长的主题教育工作领导小组,提出十项重点项目,召开专题会议部署,推动主题教育与自身建设、学习贯彻中共二十大精神、纪念王昆仑120周年诞辰、履职能力建设年和示范创建相结合。组织开展纪念王昆仑120周年诞辰座谈会、"太湖悦读"全民朗读专场、书画作品展、史料征集等,学习先辈事迹,传承先辈精神,扎实推进政治交接主题教育做实做深。

【参政议政】 2022年上半年,民革无锡市委围绕"推进政务数字化转型更好地服务数字经济发展"课题开展专题民主协商调研,主委带队到新吴区、市工业和信息化局、市行政审批局等地考察、召开调研座谈会,形成《推进政务数字化转型 助推数字经济高质量发展》调研报告,得到中共无锡市委书记杜小刚肯定。下半年,围绕"美丽农居"建设,主委带队到市住房城乡建设局、市自然资源规划局、市农业农村局开展专题调研,完成《建设现代"美丽农居"共建宜居幸福家园》调研报告。开展关于"乡村振兴 助力'三农'"调研,形成题为《关于加快我市数字乡村建设的建议》的调研报告,并转化为政协十五届二次会议上的大会发言材料。年内各专委会、基层组织和党员完成参政议政调研申报立项课题31件,1件成果被列为省政协大组交流发言。

民革无锡市委就"梁溪区环卫体制改革",组织安排民革党员15人到梁溪区、经开区、市城管局听取推进情况;到扬名街道、广益街道开展3轮调研监督,形成题为《关于梁溪区环卫体制改革的调研与思考》的民主监督调研报告,助力梁溪区环卫事业改革。

年内,民革无锡市委依托"中山博爱讲堂"开展3次专题参政议政培训,通过举办主题论坛、小型沙龙、交流分享会等扩大培训面,实施"导师制",提升党员参政议政实效。全年共报送各类信息、社情民意340余条,各级各类录用78条次,其中被民革中央采用9条,被省政协、民革省委采用28条,被市政协、中共无锡市委办、中共无锡市委统战部等采用44条。在市政协十五届一次会议上提交集体提案11篇。多条信息被全国政协、民革中央采用,《关于加强我省法律援助值班律师工作的建议》获中共江苏省委领导批示,5篇获市领导批示。关于残疾人乘车优惠政策的建议被采纳落实。81名市、区两级人大代表、政协委员到街道、社区,就小区停车位、噪声扰民、天然气入户等问题,与社区、居民面对面协商落实,多项提案得到市政协表彰。5人被民革江苏省委评为参政议政工作先进个人、8人被评为反映社情民意工作先进个人。

【社会服务】 2022年,民革无锡市委立足党派资源优势,从"技能提升+法律服务+企业助力+博爱捐赠"发力,建立助残长效机制。助力梁溪区残联"星创园"创成全国残疾人创业孵化示范基地。建立"职业技能培训基地",联合无锡职业技术学院开设手工编织、串珠、美甲等技能培训,为残疾人提供终身学习服务;发挥民革法律界别特色,建立"助残法律服务工作站",举办3场同心助残服务活动,在梁溪区及下属9个街道设立"助残法律服务工作站",指定党员律师进行上门服务,定期为辖区内残疾人提供公共法律服务;开展"企业开放日",带领有就业意愿的残疾人士及家属参观民革党员所办企业;开展"助残博爱行动",发动党员为残疾人送上夏日饮品和物资,组织民革企联会、党员参与购买残疾人手工作品。

民革无锡市委博爱志愿者关爱儿童服务团向儿童福利院的孩子们捐赠夏季和冬季衣物;法律服务团到欧凯人力资源服务有限公司开展法律服务,帮助民营企业有效预防和化解法律风险；党员刘文晓举办公益普法讲座；医疗服务团到太湖街道瑞星家园开展“心系失独 悦享中秋”送温暖，到吴塘社区开展关爱失独家庭慰问；抗战老兵团定期慰问、走访抗战老兵、黄埔老人及其遗属；书画分团在无锡地铁2号线梅园站内的同心驿站开展“普法进地铁 挥毫送祝福”社会服务；水上搜救团协助2支龙舟队训练备战；中山书画院在周怀民藏画馆举办纪念王昆仑120周年诞辰书画作品展，院长朱宗明参加第三期民革全国美术书法专业骨干线上培训班；企业家联谊会承办“共筑美丽乡村 实现共同富裕”助力乡村振兴认购，举办线上培训助力企业家转型。民革无锡市委被民革江苏省委表彰为社会服务工作先进集体，1人被民革江苏省委评为社会服务工作先进个人。

（温　明）

中国民主同盟无锡市委员会

【组织建设】 2022年末，中国民主同盟无锡市委员会(以下简称“民盟无锡市委”)有盟员2171人。全年发展盟员93人，其中在行政事业和国企单位中发展44人，包括副科职青年干部5人、“太湖人才计划”成员1人、正高级职称代表性人士3人。推荐5名盟员参加无锡市党外中青年干部培训班，会同中共宜兴市委统战部开展跟岗锻炼活动，遴选2名青年盟员赴民盟宜兴市委机关挂职锻炼，向中共无锡市委统战部智库推荐30名盟员，90%为“80”“90”后。年内，民盟无锡市委获评民盟江苏省委“组织建设工作先进集体”“活力基层组织建设先进集体”。

【思想建设】 2022年，民盟无锡市委制定“矢志不渝跟党走 携手奋进新时代”主题教育暨年度经常性教育学习总体方案，指导各基层组织高标准落实。邀请中共无锡市委讲师团成员作中共二十大报告专题宣讲。向中共江苏省委统战部理论征文活动推荐文章6篇，向中共无锡市委统战部推荐理论成果文章3篇。陈承红执笔的《统一战线凝聚共识的历史经验》获民盟中央立项课题二等奖，提交的1篇征文入选省政协“强化委员责任担当和协商能力建设”理论研讨会论文集，朱小红申报完成民盟中央理论课题1篇。上好新盟员“入盟第一课”，举办民盟史讲座，参观国家安全教育馆、新四军“江抗”东进纪念馆、鸿山街道钱伟长纪念馆等教育基地。无锡民盟主题教育经验在民盟中央政治交接专题座谈会上作了交流发言。民盟无锡市委宣传平台开设学习贯彻中共二十大精神和主题教育专栏，“无锡民盟”公众号全年发布工作经验交流和优秀盟员事迹报道80余篇次，被上级媒体转发12篇次。全年累计在《光明日报》《团结报》等国家级媒体发表报道18篇，在《新华日报》《华人时刊》等省级媒体发表报道50余篇，在“人民网”“江苏统一战线”网等业内重点网络平台发表报道140余篇。年内，民盟无锡市委获评民盟江苏省委“中共党史学习教育先进集体一等奖”“盟史与理论研究工作先进集体一等奖”。

【参政议政】 2022年，聚焦“强富美高”新无锡现代化建设中的重点、难点和热点问题，民盟无锡市委完成调研报告90篇。围绕无锡市“中小企业智改数转”“民宿产业发展”等重点课题，组织盟内相关专家、企业家等40余人次参加调研，召开座谈会7场，先后赴雪浪小镇、宜兴民宿等实地考察，形成3篇高质量调研报告。与市改革办协同开展“民主监督＋改革督察”工作，围绕“深化区镇一体化改革”主题，落实3次“双督”活动，先后赴宜兴环科园、惠山经开区等地调研，助力政府部门高标准推进工作。全国政协会议期间，4篇调研报告被民盟中央录用为大会发言稿和集体提案，市政协会议期间提交10篇集体提案，获评优秀集体提案2篇，获评优秀个人提案2篇，1篇文章获评优秀调研成果，6人被评为优秀政协委员。围绕经济社会发展的前沿领域开展调研，4篇调研报告被盟省委采用为重要会议发言稿。向省盟3次论坛累计提交调研报告44篇。全年汇集社情民意信息526篇，被国家级信息刊物采用9篇、省级采用33篇、市级采用47篇，2篇信息被中共中央统战部《零讯》录用，7篇信息被全国政协录用。6名盟员参加中共无锡市委统战部参政议政能力提升培训班。年内，民盟无锡市委获评民盟江苏省委“参政议政先进集体特等奖”“反映信息工作先进集体一等奖”。

【社会服务】 2022年，民盟无锡市委组织展开“凉山支教行”活动，协调梁溪区企业家联合会资助凉山10位大学生共计5万元，资助2位学子完成大学学业；民盟江阴市委承办民盟中央“农村教育烛光行动”校长培训班，来自贵州省、四川省的32位校长进行了为期7天的学习培训；持续开展“护蕾行动”，民盟锡山区总支3次组织盟员赴民工子弟学校进行教师培训、科研指导。联合宜兴市残联开展“非遗传承，E7同行”，组织14位盟员紫砂大师帮教残障人士，为宜兴残障人士举办紫砂作品义卖，售出90余件作品，价值近3万元。民盟无锡市委组织参与市特殊教育学校“童心向党 筑梦向未来”手语操比赛，赠送节日慰问品；民盟梁溪区基层委员会开展“黄丝带”帮扶活动，成立“法律帮扶团”，到街道开展“法律明白人”业务培训，为社区矫正对象和特殊家庭提供法律帮扶和生活帮助；民盟宜兴市委创设的“黄丝带课堂”中超工作站、“阳羡爱心港之明珠驿站”为特殊人员提供教育指导、心理服务和生活救助；民盟新吴区基层委员会到延安举行“盟动心灵、情系宜川”活动，捐赠轮椅30把。民盟无锡市委协调中科健康产业集团捐赠价值30万元的孢子粉胶囊，招引外地企业向市红十字会捐赠口罩4万只，价值11万元。民盟滨湖区委员会和民盟锡山区总支向社区居民赠送2000余份腊八粥；民盟江阴市委和文联支部分别开展“翰墨飘香、文化惠民”和“新春送福”活动，组织书画家向市民赠送春联和福字。民盟梁溪区基层委员会与黄巷街道政协工委共同开展“喜迎二十大，阅读新时代”读书分享会，赠送《中国民主同盟先贤连环画》；民盟宜兴市委开展公益讲堂，李守才现场传授“均陶堆花”独门工艺；民盟新吴区基层委员会坚持“文化助残”，为社区“同心文娱室”增设音响设备；民盟文博支部面向社会开设“同乐拾珍、艺享人生”公共文化服务项目，近千位市民受益。年内，民盟无锡市委获评民盟江苏省委“农村教育烛光行动（教育帮扶）先进集体”。

（秦　健）

中国民主建国会无锡市委员会

【组织建设】 2022年末，中国民主建国会无锡市委员会（以下简称“民建无锡市委”）会员2088人，平均年龄55岁，在职会员比例70.2%，经济界人士以及相关专家学者占76.2%，无锡市区会员1607人，江阴市264人，宜兴市217人。全年发展会员100人，平均年龄37岁。其中，本科及以上学历95人，中高级职称33人；民营经济人士18人，政府机关13人；市级人大代表、政协委员3人，县区级人大代表、政协委员7人，会员发展率5%，净增率4.2%。年内，获评民建江苏省委2022年度会员发展工作先进单位。在中国民主建国会江苏省第十次代表大会上，民建无锡市委1人当选民建江苏省委常委，6人当选民建江苏省委委员，3人当选出席民建第十二次全国代表大会的代表，1人当选省内部监督委员会副主任。在民建第十二次全国代表大会上，1人当选民建中央委员。

【思想建设】 2022年，民建无锡市委制定学习宣传贯彻中共二十大精神的实施方案，组织会员收看中共二十大开幕式，举办骨干会员学习中共二十大报告座谈会。通过领导班子集体学、基层组织专题学、微信公众号专栏学等形式，掀起学习宣传贯彻中共二十大精神热潮。民建无锡市委新网站用户全年点击浏览量超过3万余人次。编印《无锡民讯》4期，无锡民建微信公众号刊文373篇。所报送的稿件，民建中央网站刊登60篇次，中央级媒体刊登31篇，中共江苏省委统战部网站刊登22篇，省民建网站刊发200篇，《江苏民建》杂志刊登9篇，江苏民建微信公众号刊登8篇。民建无锡市委被民建江苏省委评为全省新闻宣传先进单位、民建江苏省委网站供稿先进单位二等奖。

【参政议政】 2022年，民建无锡市委围绕民建中央重点调研课题以及中共无锡市委、市政府重点工作，组织开展调研27次，完成调研报告41篇。遴选6篇优秀调研报告上报市两办，均得到中共无锡市委、市政府主要领导批示。围绕“抢抓数字赋能机遇，加快推进制造业‘智改数转绿提’”专题，形成3篇民主监督成果。在市政协十四届四次会议上提交8篇集体提案，1篇被确定为市政协重点督办提案。全年报送信息168篇，其中48篇被民建江苏省委录用，20篇被民建中央录用，25篇被省政协录用，3篇被转送全国政协，2篇被省统战单篇录用，6篇获中共市委、市政府主要领导批示。年内，民建无锡市委获评民建江苏省委社情民意信息工作一等奖。

【社会服务】 2022年，民建无锡市委多次举办中小企业座谈会、金融助企纾困座谈会。民建无锡市委领导班子成员落实联系走访会员企业工作制度，走访会员企业40多家。举办“防范风险 应对波动”公益讲座。走访慰问计划生育困难家庭，打造“思源·爱民”公益品牌项目，首批认捐金额12万元。民建会员通过各种渠道抗疫捐款156.7万元，捐物67.12万元，总额223.82万元。参与民建江苏省委乡村振兴实践基地建设，认养梨树89棵，调研启动“电商助残，出彩锡山”结对助残项目，在电商培训、产品销售、物流运输等方面做出实效。年内，民建无锡市委获评民建江苏省委2022年度社会服务优秀组织奖、社会服务品牌创新奖。

（王羽佳）

中国民主促进会无锡市委员会

【组织建设】 2022年末，中国民主促进会无锡市委员会（以下简称“民进无锡市委”）有会员1811人。全年发展会员69人，平均年龄36.9岁，其中本科及以上学历65人，占比94.2%；中高级职称33人，占比47.8%。主界别共发展48人，包括教育界32人、文化艺术界13人、出版界1人、传媒界2人；非主界别共发展21人，包括政府机关7人、科学技术界3人、医药卫生界2人、新阶层人士6人、非公经济界3人。举办2022年发展对象入会教育培训班和新会员培训班。建立后备骨干会员库，向相关部门举荐会内人才29人。组织新任常委赴民进江苏省委机关汇报学习。举办新一届市委委员和基层组织负责人培训班，围绕思想政治建设、强化履职能力等开展专题培训。组织会员参加民进江苏省委骨干会员培训班和中共无锡市委统战部第33期党外中青年干部培训班。

江阴市、梁溪区等民进虚拟机关开展换届工作。民进无锡市委青工委建立虚拟机关，聘任市委委员、机关处室负责人和骨干会员担任虚拟机关各处室导师指导工作。全年评选表彰年度“双岗标兵”15人。成立民进无锡经开区总支部。与中共无锡市委统战部党派处联合调研9个基层支部。根据会员界别特色和参政议政能力，组建第十二届专门工作委员会，并新成立传媒专委会，专委会成员共计105人。民进江苏省委主委马余强到无锡指导工作，组织调研惠山区和新吴区生命科学产业，并与各界代表20余人座谈交流。

【思想建设】 2022年，民进无锡市委认真学习宣传贯彻中共二十大精神，落实民进十三大精神，开展“矢志不渝跟党走 携手奋进新时代”政治交接主题教育。主办“江海情 书画缘”江苏民进江海书画会成立30周年书画巡展（无锡站）暨无锡民进“喜迎二十大、同心跟党走、奋进新时代”主题书画展。举办“学会史、守初心、强才干、勇担当”青年会员学习民进先辈事迹征文演讲比赛。与惠山区开展“8+8”结对挂钩共建工作，重点开展“五个一”系列工作，民进无锡市委和中共惠山区委主要领导座谈交流，与中共惠山区委统战部建立常态化沟通机制，选派机关工作人员到中共惠山区委统战部挂职锻炼。与惠山区协同推进“双督”工作，完成“推进‘一区多园’深度融合发展”指定民主监督课题。与惠山区残联结对开展文化助残公益项目，共创歌曲《凌云高飞》，成立文化助残导师团，开展“喜迎二十大 诵读再出发”读书分享会6期，开展“进善进美 惠爱无声”法律助残3期，组织惠山区残疾人士参观书画展、音乐会。加强《无锡民进》会刊、网站、微信公众号等自有平台建设。全年在《人民政协报》《团结报》《民主》等国家级主流媒体上刊发文章23篇，微信公众号发布302篇。创作短视频4个，其中《三颗心的男孩》获中共江苏省委统战部“风雨同舟向未来——讲多党合作故事 献礼中共二十大”短视频大赛二等奖。完成2022年无锡市统战理论创新课题调研，提交《新时代高校基层统战干部队伍建设问题研究》等理论研究调研报告4篇。发动会员参加各类理论征文，报送民进中央“政治交接 民进记忆”、民进江苏省委“厚生永续 贻芳永存”、中共无锡市委统战部“多党合作与中华民族伟大复兴”等主题理论征文11篇。会同教科院、新华书店联合开展“二泉阅读”第4季活动，举办11场名家名师系列讲座。参加省“十四五”教科规划年度“叶圣陶教育思想研究专项”课题申报并中标，形成《“教为不教”理念下的语文自助式阅读学习策略研究》调研报告。

【参政议政】 2022年，民进无锡市委共申报提交35篇调研报告，实现专委会、基层委员会、直属支部全覆盖。完成民主协商课题“借力聚力活力 抢占数字文化产业新赛道”“推动新型农村经济高质量发展 探索乡村共同富裕‘无锡路径’”。申报3篇省委会调研课题，“完善城乡居民大病保险制度 持续提高社会保障水平”“落实高考改革新方案 提高高中教育质量”获二等奖并参加视频会议演示；完成市政协命题“长三角一体化背景下无锡深度对接上海的对策和建议”等集体提案8篇，其中1篇为市政协主席重点督办提案。聘请市发改委等18个部委办局副局级领导担任第二轮智库顾问，其中6位智库顾问留任，其他均为各单位协商议定的新任智库人选。层层选拔推荐10名会员担任新一届市人大代表、30名会员担任新一届市政协委员，年初召开市级代表委员履职座谈会，交流建议案、提案情况，市两会期间共提交建议案、提案56件，彰显民进界别代表委员履职能力。按照中共市委统战部“参政议政能力提升年”部署，确定30位参政议政骨干，选派4位突出骨干参加市统参政议政能力提升专项培训班，选择部分优秀骨干充实到新一届省专委会。全年报送信息674条，上级录用398条，其中民进中央录用36条。在民进江苏省委组织的考核中取得699分，居设市区第一名。

【社会服务】 2022年，民进无锡市委在江阴市、宜兴市、滨湖区开展“春联万家”活动3场；协调北京开明慈善基金会向金沙县沙土镇第一小学捐赠10万元用于校园红色文化建设；主办“砥砺前行——江苏民进庆祝中共二十大胜利召开暨第四届书画精品巡展（无锡站）”；消费助农金额2.59万元。配合中共无锡市委统战部开展社会服务70多场。组织会员参加“光大杯”2022无锡统战系统“同心同行 同舟共济”庆祝中共二十大龙舟赛暨同舟嘉年华。继续打造“蓝星妈妈”公益项目品牌，全年新挂牌“蓝星妈妈喘息服务点”1个，开展各类“蓝星妈妈”公益活动29场次、参加人数572人，结对两户“蓝星妈妈”困难家庭，在“99公益日”期间筹款73434.86元。在梁溪区、滨湖区、锡山区7所学校设立“美育共建基地”并开展共建活动8场次。全年举办开明大讲堂3期，参与人数200多人。走进校园开展口腔健康讲座12场次，引导青少年关注口腔健康。组织书画家到苏州市交流、到江阴市开展“长联书赏”、到宜兴市写生。据不完全统计，全年各级民进组织除抗疫、“蓝星妈妈”公益等活动外另行捐款265.81万元。

（刘展宇）

中国农工民主党无锡市委员会

【组织建设】 2022年末，中国农工民主党无锡市委员会（以下简称“农工党无锡市委”）有党员1849人，有县级市委1个，基层组织102个，其中基层委员会8个，总支部4个。全年发展党员73人，其中主界别54人，占比74%；市（县）、区政协常委1人、政协委员3人。输送5名农工党党员参加党外中青年干部培训班，发展“太湖人才计划”顶尖医学专家团队成员1人，符合党外干部“321人才计划”标准“82”后副科级1人，203人次担任各级人大代表、政协委员，获得各级各类荣誉181项。推进与滨湖区“8+8”挂钩结对，输送2名农工党党员参加滨湖区党外年轻干部“培优工程”培训班，中共滨湖区委统战部推荐4名党外干部作为发展对象，安排5名党外干部到农工党无锡市委机关处室跟岗锻炼，农工党滨湖区基层委员会下属5个支部与中共滨湖区相关党支部进行结对。开展基层组织建设调研，联系走访11个基层支部。成立农工党梁溪区无锡市第八人民医院支部，血站支部升格为支部委员会，对经开区总支部、城建支部、滨湖区综合二支部领导班子进行届中调整。推进“农工之家”建设，12个“农工之家”入选全省“示范农工之家”，入选数位列全省第一。

【思想建设】 2022年，农工党无锡市委把思想建设放在首位，进一步夯实多党合作的共同思想政治基础。新建理论学习中心组，举办“学习中共二十大精神”和宣传信息骨干培训班，开展4次专题集中学习。开展政治交接主题教育，经3轮动员部署，分解落实8项重点内容。重组理论研究小组，1篇文章获评农工党江苏省委主题征文二等奖。9月21日，全国人大常委会副委员长、农工党中央原主席陈竺，副主席杨震到无锡参观农工党中央党史教育基地。年内，农工党无锡市委通过整理、抢救、挖掘党史资料，录制3部专题纪录片和多部口述史视频。会同中共滨湖区委统战部启动同心文化“元宇宙”基地项目，打造全省首部统战主题沉浸式剧本演绎体验项目《金匮潜龙》。举办抗疫英雄座谈会，开辟“疫线故事”专栏，拍摄《总理的嘱托》等短视频6部，其中获中共江苏省委统战部三等奖2部，获农工党江苏省委一等奖2部、二等奖1部、三等奖2部。举办主题歌咏会、书画摄影艺术网展、文化行、观影活动等。制作《同心筑梦向未来》专题片在统一战线阵地“同心楼”展播。在各级各类报刊媒体发表宣传报道427篇次。年内，农工党无锡市委获农工党江苏省委社会宣传工作二等奖、短视频大赛优秀组织奖。

9月21日，全国人大常委会副委员长、农工党中央原主席陈竺（前左三）等领导到无锡参观农工党中央党史教育基地　（吴燕明　摄）

【参政议政】 2022年，农工党无锡市委完成《数字赋能医疗健康 助力经济提速转型》和《减负增收 双向发力 稳中有进 加快实现乡村振兴富民目标》2篇调研报告，完成中共无锡市委民主协商课题。在市政协十五届一次会议上，提交8件集体提案，并作《提升基本公共服务水平 加快农村基本现代化建设》大会交流发言，该建言被列为2022年度重点督办提案。在市政协“立足本职促发展，当好委员献良策”主题活动中，农工党7名委员获评“优秀市政协委员”，1名委员获评“优秀民主监督员”，1篇提案获评“优秀个人提案”，2件集体提案获评“优秀集体提案”，1篇报告获评“优秀调研成果”。农工党全市各级组织完成49个调研课题，其中农工党江苏省委重点课题1项、中标课题3项、“长江大保护”备选课题5项。1个立项课题被转化为省政协十三届一次全会集体提案并被立案，2个课题被转化为向农工党中央报送的界别提案材料。在农工党江苏省委举办的“长江生态环境保护”农工论坛上，农工党无锡市委报送的调研报告获一等奖1篇、二等奖2篇、三等奖3篇，农工党无锡市委获优秀组织奖。年内，农工党无锡市委的3篇调研报告获市领导批示。围绕“太湖湾科创带引领区建设体制机制改革”开展3轮民主监督，完成2个民主监督报告。全年报送社情民意信息300余篇，其中中共中央统战部录用1篇、中共江苏省委录用2篇、中共江苏省委统战部录用3篇、中共无锡市委统战部录用24篇、农工党江苏省委录用156篇、市政协录用26篇，其中5篇获评市政协优秀社情民意信息。

【社会服务】 2022年，农工党无锡市委会同滨湖区残联联合开展“益路携手 同心助残”工作，先后在7

个街道举办7场普法讲座，为700余名残疾人提供专业法律支持。举办残疾人专场招聘会，为20多名残疾人解决就业困难。组织医卫界党员上门为40余名卧床重度残疾人进行B超检查。向滨湖区7个康复辅具租赁点捐赠康复辅具168件共计价值5.5万元。助力乡村振兴，向贵州省大方县凤山乡羊岩村养羊项目捐款5万元。参与建设滨湖区“同心小南湾 美丽大江南”统一战线乡村振兴同心基地，启动“祥符禅寺丁福保故居中医惠民”项目，发挥农工党名中医人才优势，为马山村民提供优质中医诊疗服务。开展“中国环境与健康宣传周”社会服务，农工党江阴市委、部分基层组织等开展各类公益12场次。全年全市农工党各级组织开展各类社会服务103次，捐款捐物累计140余万元。

（程　华）

中国致公党无锡市委员会

【组织建设】2022年末，中国致公党无锡市委员会（以下简称“致公党无锡市委”）有基层组织48个、党员701人，其中归侨、侨眷及其他海外关系人士600多人，侨海比例80%以上。全年发展致公党党员42人，平均年龄36.5岁，男女比例为27∶15。其中，具有大学本科学历的27人、占比64.29%，研究生学历的12人、占比28.57%，博士学位的2人、占比4.76%；区人大代表1人。致公党无锡市委召开专题学习会，推进“书香致公”建设，刊发7期“悦心畅读”读书分享。探索党员双向培养新模式，会同统战部门联手搭建党外人士培育平台，实施“跟岗实践”人才锻炼计划，致公党无锡市委机关、滨湖区、新吴区分别选派1名、6名、2名年轻党外干部上下互挂跟岗锻炼。结对共建加强基层组织建设，致公党梁溪区基层委与北大街街道党工委“北爱致美、同心同行”结对共建；与江苏耘林集团共同打造同心基地。致公党滨湖区基层委与胡埭镇在党员企业打造活动载体“致公之家”，设立致公书屋、党史陈列室、文化走廊等，建立“益·企业成长实践基地”；致公党经开区总支部结合“有事好商量”共建，在尚贤社区推进老有所“椅”办实事工程。

致公党无锡市委组织市委委员、基层组织主委、监督委员会成员和机关工作人员等20多人赴梅园开展廉政教育活动。致公党梁溪区基层委、致公党惠山区支部组织党员赴东坡书院——廉政教育基地开展现场教学。

【思想建设】2022年，致公党无锡市委秉承致公优良传统。组织党员集体观看中共二十大会议实况，召开市委会中心组理论学习会、基层组织领导班子学习会、支部委员学习会，传达贯彻中共二十大精神，采取“讲一次党课、写一篇理论文章、联系一个基层组织、走访一批企业”等形式，全面贯彻中共二十大精神。致公党无锡市委领导班子撰写中共二十大精神学习体会文章5篇，在“无锡致公”微信公众号开辟专栏，刊登10名党员学习中共二十大精神心得体会。制定《致公党无锡市委开展“矢志不渝跟党走 携手奋进新时代”政治交接主题教育实施方案》，开展政治交接主题教育12次，举办骨干党员专题培训班、新党员培训班、“富源广杯”党史知识竞赛，推动“矢志不渝跟党走 携手奋进新时代”政治交接主题教育走深走实。各基层组织采取集中研学、座谈交流、现场教学等方式，开展主题组织生活20余次。致公党无锡市委制定《致公党无锡市委意识形态工作责任制实施细则（试行）》，成立意识形态工作领导小组，切实加强意识形态工作。落实主委会议、中心组理论学习、民主决策、民主生活会、述职和民主评议等制度，修订《关于新时代中国致公党党员发展的实施细则》。

【参政议政】2022年，致公党无锡市委聚焦数字经济、人才引育、社会治理、新能源发展、金融监管等领域的难点问题，探索“市委会+专委会”新模式试点，以“专委会+基层组织”为纽带，以“课题组+党员”为核心，聚焦重点提案、调研课题开展专题研究、专题讨论、专门座谈等20多次，全年累计形成调研报告40篇，开展大走访20多次，报送市政协集体提案6篇、大会发言1篇。《强化金融扶持力度助力小微企业行稳致远》等2篇调研报告转化形成全国政协委员提案、省政协集体提案，获评致公党江苏省委优秀调研报告；《加快推进车联网应用示范与发展》获评致公党江苏省委汇智论坛二等奖；《关于提升我市职业教育与产业发展匹配度的建议》等2件集体提案和2件委员个人提案获评市政协年度优秀提案，《提高民生福祉 推进共同富裕》等4篇被列为致公党江苏省委重点调研课题，市政府领导对3篇调研报告作出专门批示；展开民主协商调查研究，听取有关部门、企业的意见建议9次，形成民主协商报告《关于加快推进无锡车联网产业发展的建议》《构建多层次保障服务体系进一步增进残疾人福祉》。抓实“民主监督+改革督查”，聚焦国际化产城融合发展，致公党无锡市委、新吴区基层委联动发力，通过召开座谈会、现场走访等3轮次推进，形成民主监督调研报告《推动要素资源变革赋能国际化产城融合发展》。撰写报送信息、社情民意200多篇，上报160篇，被致公党中央录用3篇，省政府办、省政协分别录用1篇、4篇，中共无锡市委办、市政府办、市政协共录用15篇，累计录用率14.4%。

【侨海工作】2022年，致公党无锡市委结对新吴区，打造“侨海报国·智汇高新”合作共建项目，3个海外高科技项目深化推进，与3个园区共建高层次人才创新实践基地；创新设立无锡高新区和美国、澳大利亚、加拿大、西班牙与墨西哥、英国5个海外引凤工程联络站。聘任6名长期在海外工作、学习、生活的致公党党员为无锡乡情驿站联络联谊专员，在京师（无锡）律师事务所设立“为侨法律服务工作站”，多名党员深耕细耘海外资源，积极参与“一带一路”法律服务，助力无锡企业走出去。借助“一刊、一网、一公众号”新媒体，讲好2名海归创新一代企业家的“致公故事”。宣传致公声音，为《华人时刊》《华人之窗》等刊物撰稿，3名党员入选市级统战十年人物专访。开展“大走访+定点帮扶”，走访党员所办企业12家，了解掌握海归创业党员发展情况。经济科技专委会融合党员资源优势组建“企业服务团”，为10多家党员所办企业提供管理咨询、财税、法律、劳务、政策等“一对一”帮扶服务；生态环境专委会创新开展“调研+服务”模式，助力解决发展中遇到的生态环境问题；职业技术学院支部联手7家海归党员企业，探索教产协同发展和校企共育人才的新途径。年内，致公党无锡市委为入党30周年以上的60位老党员颁发纪念杯、纪念章；致公党梁溪区基层委持续开展“敬老传统、代代相传”活动。“致公凤巢”足球队、篮球队、龙舟队加强对外交流，传递“侨海报国”的共识。

【社会服务】 2022年，致公党无锡市委定向助力重庆酉阳“酉好货”秋季电商消费，消费金额2.3万元；采取研学相结合的方式，为酉阳提供茶产业发展、农业产业链延伸等研究报告，助力精准施策。多名党员爱心助力，坚持结对帮扶捐助9名贫困地区的学生；向青海省民和县杏儿乡中心学校、互助县教育系统分别捐赠爱心助学资金10万元和2万元饮水设备；向“昆明市青少年发展基金会”捐款金额1.6万元，为贵州黔东南少数民族地区希望小学捐建中国地图瓷砖墙；党员领衔赴青海省海南藏族自治州、西宁等地开展为期一个月的巡回医疗和义诊服务，共完成门诊量近400人次，开展新技术、新项目15项，疑难病例会诊49人次，组织学术及管理讲座共40余场次，惠及医护人员、患者近1000人次。连续举办七届“致公党·施尔美夏季送清凉公益活动”，呵护高温酷暑下的城市环卫工人，并为9个环卫工人家庭发放慈善援助资金。深化“我为群众办实事”实践，在党员所办企业设立残疾人车间，帮助21名残疾人实现就业增收；为新吴区16个残疾人之家和辅助性就业点手工产品储存、中转提供1500平方米仓储中心；为新吴区81位残疾人提供技能培训，提升就业能力；35名致公党员加入志愿者行列，设立“致美施善·守护星辰”爱心基地，关爱帮助孤独症儿童，开展首次助残文艺专场演出、“我是你的眼”文化助盲、花卉栽培特色助残培训等。年内，全市致公党各级组织以多种形式助力抗疫累计捐款捐物超50万元，彰显致公党人“致力为公”的责任担当。

（吴　洁）

九三学社无锡市委员会

【组织建设】 2022年末，九三学社无锡市委员会（以下简称“社无锡市委”）有社员1620人。全年新发展社员67人，平均年龄38.2岁，高级职称占比47.7%，研究生学历占比56%，主界别占比75%。年内，社无锡市委获评九三学社中央组织工作、社会服务工作先进集体，获评九三学社江苏省委2022年度组织工作先进集体。

完成社宜兴市基层委员会、环保基层委员会、城建基层委员会、石油地质研究所支社、一汽锡柴支社、精神卫生中心支社、职业技术学院支社等组织换届，完成江南大学基层委员会、新吴基层委员会等组织届中调整。完成对锡山基层委员会、省血防所支社、产业支社3个基层组织的督导调研。全年推荐和组织社员参加中共江苏省委统战部、无锡市委统战部和社无锡市委等骨干或专题培训班，累计100余人次。

在九三学社第十二次全国代表大会上，卢敏当选九三学社第十五届中央委员会委员。21位社员代表参加九三学社江苏省第九次代表大会，卢敏当选九三学社江苏省委副主委，邵康奕、时平、傅洪拓、罗亮当选九三学社江苏省委委员，何云彪担任九三学社江苏省委监督委委员，推荐魏敬和、傅洪拓等9位社员担任九三学社江苏省委新一届工委副主任。卢敏任第十四届全国政协委员，王峰当选江苏省第十四届人大代表，时平、钮海彦任第十三届江苏省政协委员。

【思想建设】 2022年，社无锡市委制定“矢志不渝跟党走 携手奋进新时代”政治交接主题教育工作方案，并在淮安恩来干部学院举办主题教育班，在微信公众号平台开设主题教育专栏；召开主题教育动员大会、推进会，制作主题教育展板。举办“喜迎二十大、矢志跟党走”暨“迎国庆、话重阳”老领导老社员代表学习座谈会。在中共江苏省委统战部开展的“讲多党合作故事、献礼中共二十大”短视频大赛中，社无锡市委选送的《打造青虾育种的“中国芯”》短视频获二等奖，梁溪基层委员会选送的《小刘和他的百草园》短视频获三等奖。

社无锡市委制定学习宣传贯彻中共二十大精神工作方案，深入学习贯彻中共二十大精神；在主委会议、常委会会议以及理论学习中心组学习会上专题学习中共二十大会议精神；组织全市各级社组织收听收看开幕会实况；社市委领导班子、常委、基层负责人、骨干社员开展学习中共二十大精神谈体会活动，在微信公众号平台专门开设“学习贯彻中共二十大精神”，分期推送30篇体会文章。

社无锡市委召开青年社员座谈会，在微信公众号平台专门开设“国际科学和平周”“先进典型人物”等特色宣传专栏，先后对傅洪拓、顾涛、丁云龙、曹佳宁等一批优秀社员事迹进行报道，被各类媒体采用20篇，全年共推送宣传文稿270多篇，编印《无锡九三》杂志2期，被《人民政协报》《华人时刊》等报刊媒体采用40篇，分别被中共江苏省委统战部和无锡市委统战部宣传平台采用80余篇。参加九三学社中央举办的“讲述·非凡十年”主题征文和中共江苏省委统战部举办的“多党合作与中华民族的伟大复兴”等各类征文活动，3篇征文入选九三学社中央征文集。

年内，社无锡市委获评九三学社中央“全国宣传思想先进集体”、九三学社江苏省第八届委员会“宣传思想先进集体”。

【参政议政】 2022年，社无锡市委主要领导先后在中共无锡市委专题民主协商会上作《加快能源数字化转型发展，抢抓数字经济新兴赛道》《关于推动无锡实现高质量充分就业的建议》的发言，相关建议被政府有关部门采纳。省、市两会期间，社员中的人大代表提交建议10余件，其中傅洪拓、匡逸强分别提出的《关于制定促进种业发展配套信贷税收政策的建议》《关于健全江苏省“专精特新”中小企业培育发展机制的建议》获评省人大优秀建议，占无锡获奖数的一半。社无锡市委提交集体提案6件，社员中的政协委员提交个人提案27件，获评市政协优秀集体提案2件、个人优秀提案3件。其中《关于加快推进高端工业软件研发，打造我市高质量发展新引擎》作为市政协大会发言并被列为市重点提案督办。

社无锡市委中标九三学社江苏省委课题2个，均入选省政协集体提案。完成28个市级调研课题，转化社情民意报送22件，其中4件转化成市政协集体提案。《加快能源数字化转型发展，抢抓数字经济新兴赛道》获评市政协优秀调研成果。与中共无锡市委办联合开展专题民主监督及改革督查工作。结对挂钩无锡经开区，围绕“生态城市形态更加优美”“创新驱动效应更加显著”“开放格局更加多元”“人民群众生活更加幸福”建设目标，在无锡经开区相关部门、街道、企业开展3轮监督活动，提交民主监督调研报告3篇。

社无锡市委全年收到信息450余篇，向各级平台报送284篇，被各级信息平台录用133篇，其中被中共中央统战部录用全国两会信息1篇，被全国政协录用1篇，被九三学社中央录用11篇；被中共江苏省委统战部、江苏省政协、九三学社江苏省委录用75篇；被中共无锡市委统战部、无锡市政协录用45篇，其中被无锡市政协评为优秀社情民意10篇。田晓映提出的《我市制造业数字化转型发展存在三大掣肘有待破除》的建议、王学用提出的《高新技术企业培育困境亟需得到关注》的建议，分别获中共无锡市委、市政府主要领导批示。社情民意工作在社江苏省委考核中名列前茅。

【社会服务】 2022年，社无锡市委面向街道、社区、企业等组织开展科普讲座、科技服务、医卫服务共44场次，派出各类专家120人次，发放相关资料1000多份，服务群众5000人次。在无锡经开区“残疾人之家”设立无锡九三医疗专家工作站，精神卫生中心支社和经开区支社举办2次康复讲座和1场康复现场指导活动，为48名残障人士进行免费专业鉴定；围绕开展第三十四届中国“国际科学与和平周”活动，宜兴市基层委员会、江大附院基层委员会分别组织暖心义诊服务。开展“九三讲堂”系列讲座，完成线上线下讲座9场次。持续扩大“九三学社专家工作站”品牌效应，傅洪拓团队先后赴南京、贵州等地开展科技帮扶活动，赠送“太湖2号”青虾苗等，价值14余万元；由惠山基层委员会牵头组织，引进中国工程院院士程顺和团队在惠山区前洲镇挂牌“九三专家工作站”，全国人大代表高德荣作为团队核心成员与惠山区共签现代农业高质量发展项目，成为无锡市“九三专家工作站”引进的首个院士团队。支持市妇联“星光”关爱行动，募集善款4.5万元；社江阴市委及各基层组织为疫情防控向相关地区的红十字慈善总会、团委、妇联和相关基层社区等捐赠口罩等防疫物资，累计价值130余万元。

（施　勇）

无锡市工商业联合会

【组织建设】 2022年末，无锡市有市（县）、区工商联7个，市级经济类行业协会商会129个，乡镇街道商会76个，园区商会7个，在无锡的异地商会31个，海内外无锡商会26个，拥有各类会员44906个，其中企业会员37513个。在全市工商联会员中，有中共二十大代表1人、全国人大代表1人，省人大代表10人、省政协委员5人。年内，江阴市工商联、滨湖区工商联分别被全联认定为“五好”标杆县级工商联；13个商会获评全国“四好”商会；36个商会获评省级“四好”商会。

【商协会党建】 2022年，全市工商联所属商协会建有党支部148个，其中，实体党支部28个、功能型党支部120个；指导9家商协会党支部换届；全年转入党员6人，转出党员29人；组织11家异地商会，筹集价值38.5万元的款物，到抗疫一线开展慰问；

6月，市工商联、阿里巴巴集团联合举办无锡民企走进阿里“智改数转”培训班　　（市工商联　供图）

市工商联印发《关于开展第二批商协会党支部书记项目的通知》，征集48个书记项目，确定42个第二批商协会党支部书记项目；印发《关于成立商协会志愿服务队的通知》，指导商协会成立商会志愿服务队，组织开展抗击疫情、慈善公益等志愿服务；印发《关于申报优秀书记项目的通知》，收集28个商协会党支部递交的申报材料，确定10个优秀书记项目；印发《“锋彩商会”三年行动推进年工作计划》，组织召开“红梅花香·锋彩商会”党建领航三年行动交流会。年内，市工商联上报的“发挥工商联组织力量，推动所属商会党建‘四大工程’提质增效”的经验做法获评省工商联“创新工作引领示范奖”；商协会“党员月月谈”入选省工商联商会党建制度创新优秀案例；“商会党建发挥政治引领作用”被省总商会党委列为试点。

【非公有制经济人士理想信念教育】 2022年，市工商联承办全省年轻一代民营经济人士理想信念教育培训，邀请中共二十大代表、市工商联主席、红豆集团董事局主席周海江为250名全省年轻一代民营企业家代表作“学习党的二十大精神”主题报告；举办“学习党的二十大精神”无锡市民营经济人士定向徒步赛等，提升广大民营经济人士学习中共二十大热情；发布8条“民营经济人士理想信念教育精品路线”，为全市民营经济人士理想信念教育提供生动体验；组建由20人组成的无锡市民营经济高质量发展讲师团，到民营企业和商协会开展形式多样的宣讲和政策服务；举办无锡民企走进阿里“智改数转”培训班，帮助参训学员绘制“智改数转”的精准路线图；参加“工商名城·同心共筑”短视频大赛，在174部参赛作品中，专题片《承锡商志·铸同心圆》获短视频二等奖；全年7个基层工商联、5家商协会、3家企业获评“构筑民营经济舆论阵地”先进单位，6人获评先进个人；在“无锡企业家日”，与无锡日报报业集团合作举办无锡民营企业家学习贯彻中共二十大精神座谈会，11月1日，以《非凡十年锡商精神闪耀实业光芒》刊发综述，并以通版形式在《无锡日报》上刊发座谈会专题报道。

【参政议政】 2022年，市工商联在上半年市委专题民主协商会议上提交调研报告《从治理端、营销端、供给端发力，加快推进我市中小企业数字化转型》，获省工商联“优秀调研成果”一等奖，获评市政协2022年度“优秀调研成果”，并获市政府领导批示，并在《无锡日报》《理论探索》专版、市税务局《税收经济动态》上刊发；在下半年市委专题民主协商会议上提交调研报告《稳定壮大创业群体，夯实“共富”经济基础》；向省工商联提交《2021年无锡市民营经济发展分析报告》；在市政协十四届五次大会上，市工商联副主席、江苏统一安装集团有限公司董事长徐雪宏作了题为《盘活存量工业用地，破解本土工业项目“用地荒”问题》的大会发言，市工商联同时提交集体提案8件，其中，《关于更高质量推进我市中小企业“智改数转”的建议》被列为市政协年度重点督办提案，获评市政协“优秀集体提案”2件、“优秀社情民意”1件、“优秀调研成果”2件；全年答复办理市政协提案8件，其中主办件2个、协办件6个，1人获评人大代表议案建议和政协提案办理优秀个人；2篇提案素材被省工商联采纳并提交省政协十三届一次会议，其中《关于变换语境改“垃圾分类”为“资源再生”并名实化的提案》获省级媒体重点关注和报道；《关于在我省公路干线规划布局建设综合服务区的建议》获评省政协“2021年度好提案”；《破解我市中小企业“用工荒”的建议》16篇社情民意被市政协录用，其中《我市部分行业协会反映当前疫情对生产经营冲击较大》等3篇获市主要领导批示；所提交的《关于疫情影响下我市民营企业运行情况的调研分析报告》获市委、市政府主要领导批示，并被全国工商联专报录用。年内，新增锡山区民企调查点1家，指导推进江阴市、梁溪区、惠山区3家民企调查点工作，完成全联、省联9次民营企业运行状况调查任务，江

11月，市工商联举办“学习党的二十大精神”无锡市民营经济人士定向徒步赛活动（市工商联 供图）

阴市工商联、惠山区工商联、梁溪区工商联获评全国工商联“2022年度调查点工作先进基层单位”，1人获评年度“全省民营企业调查点工作先进个人”。

【服务非公有制经济发展】 2022年，市工商联承办以“创新·坚守·应变”为主题的亚布力中国企业家论坛创新年会，邀请亚布力中国企业家创始人、主席、元明资本创始合伙人、迈胜医疗集团董事长田源等120位国内企业家到无锡，发布“践行两山理念，守护太湖生态”倡议书，举行12家企业、25亿元投资项目签约；成立无锡市锡商公益基金会，筹集5000万元，服务公益项目；制定实施《无锡市工商联2021年参与“一带一路”建设工作计划》和《长三角—粤港澳大湾区产业创新合作（无锡）试验区建设实施方案》，在2022年度全国工商联、省工商联“一带一路”数据库填报任务中，填报企业数74家、项目数65家；充分利用外事资源，邀请7家民营企业线上参与无锡—马来西亚经贸投资专场说明会；召开澳大利亚商会在无锡主要骨干座谈会，商讨澳大利亚无锡商会延期换届选举事宜；组织开展“中国民营企业500强”培育申报工作，全市194家企业参加申报，27家企业入围中国民营企业500强，其中新入围企业2家，入围企业总数和新入围企业数均居全省第一；组织开展民企履行社会责任调研，上报137家，其中案例26个；与市生态环境局联合开展申报2022年江苏省绿色发展领军企业工作，推荐27家，其中8家企业入选；开展“民营企业服务月”活动，到150多家企业、30多家商协会，召开20次民营企业、商协会座谈会，与100多位民营经济人士谈心谈话，收到96份意见反馈表，并就政策落实、企业用工、降本减税、生态环保等方面的意见建议，联系协调相关部门给予答复和解决；根据市政府《关于开展“进万企 解难题 促发展”大走访行动方案》通知要求，在全市工商联系统开展大走访，到58家企业了解疫情对民营企业生产经营造成的影响，收集汇总41条反馈意见，上报市相关职能部门；围绕民营企业经营发展中的重点难点问题，依托科技服务团专业优势，到民营企业开展科技服务，促进民营企业科技创新转型升级；联合市税务部门开展助力小微企业发展“春雨润苗”行动，以实地走访、现场办公等形式解决企业“急难愁盼”问题，覆盖重大产业项目181个、重点企业161家；联合市司法局、市律师协会在全市组织开展“小微企业法律服务月”活动，到小微企业调研30次，召开协调会19次，为民营企业提供专业、优质、全面的法律服务；组织开展“稳经济、进万企”战略合作签约暨银企对接推进会，光大银行无锡分行为市工商联所属商协会和会员企业提供额度不低于100亿元意向性投融资支持；与无锡农商行、工商银行、农业银行、宁波银行等联系合作，为银企对接搭建平台；发挥市中小微企业委员会作用，为企业提供具体、多方位专业服务。

【商协会规范化管理】 2022年，完成建材、服务外包等25家商协会换届审核工作，完成3名市管干部商协会兼职审批；稳步推进商协会年检、常态化做好财政票据申领工作、加强商协会财务情况检查，完成126家商协会年检初审工作；规范市工商联所属商协会财务管理，杜绝乱收费、乱花费等问题，结合省营商环境审计要求，对103家所属商协会进行专项财务检查，通过省营商环境交叉审计检查。

【光彩公益事业】 2022年，无锡市光彩事业促进会换届，选举产生第五届理事会领导班子；全年完成光彩公益项目15个，捐赠资金389.84万元，其中，乡村振兴150万元、疫情防控179.54万元、助学奖学30万元、助残养老30.3万元；参与省光彩事业促进会“万企兴万村·助力宿迁乡村振兴”活动；组织无锡民营企业捐资捐物支援疫情防控一线、养老服务机构和医疗卫生领域抗击新冠疫情；参加首届无锡慈善奖评选，依规申报2022—2024年公益性捐赠税前扣除资格。

（李 勃）

表 13 “2022 中国民营企业 500 强”无锡市入围企业一览表

序号	企业名称	所属行业	营业收入（万元）	全国排名
1	海澜集团有限公司	C18 纺织服装、服饰业	11685025	73
2	江苏新长江实业集团有限公司	C31 黑色金属冶炼和压延加工业	10700190	81
3	红豆集团有限公司	C18 纺织服装、服饰业	7695139	119
4	三房巷集团有限公司	C28 化学纤维制造业	6875277	139
5	远景能源有限公司	C34 通用设备制造业	6156902	163
6	江苏西城三联控股集团有限公司	C31 黑色金属冶炼和压延加工业	4858387	212
7	远东控股集团有限公司	Z99 综合	4766858	214
8	江苏三木集团有限公司	C26 化学原料和化学制品制造业	4651957	222
9	江苏大明工业科技集团有限公司	C33 金属制品业	4633540	223
10	双良集团有限公司	C35 专用设备制造业	4594200	225
11	法尔胜泓昇集团有限公司	C33 金属制品业	4580599	228
12	江苏阳光集团有限公司	C17 纺织业	4516216	239
13	江苏扬子江船业集团	C37 铁路、船舶、航空航天和其他运输设备制造业	4432530	245
14	雅迪科技集团有限公司	C37 铁路、船舶、航空航天和其他运输设备制造业	4204774	261
15	江阴长三角钢铁集团有限公司	F51 批发业	3968749	293
16	江苏江润铜业有限公司	C33 金属制品业	3869516	300
17	江苏无锡朝阳集团股份有限公司	F51 批发业	3005431	406
18	江苏中超投资集团有限公司	C38 电气机械和器材制造业	2886250	433
19	江南集团有限公司	C38 电气机械和器材制造业	2865660	442
20	兴达投资集团有限公司	C26 化学原料和化学制品制造业	2857844	444
21	江苏华地国际控股集团有限公司	F52 零售业	2855686	446
22	无锡新三洲特钢有限公司	C31 黑色金属冶炼和压延加工业	2838157	449
23	江苏华宏实业集团有限公司	C28 化学纤维制造业	2835556	450
24	江阴市金桥化工有限公司	F51 批发业	2831508	452
25	江阴市球乐合金科技有限公司	C33 金属制品业	2821301	455
26	江苏大经集团有限公司	L72 商务服务业	2816340	458
27	无锡市不锈钢电子交易中心有限公司	F51 批发业	2815163	459

（市工商联）

编辑　罗秋云

无锡市总工会

【工会组织建设】 2022年末，无锡市有市本级总工会1家，市（县）、区及无锡经济开发区总工会8家，镇（街道）总工会81家，全市有基层工会组织14174个，涵盖单位66367个，会员266.1万人。市总工会推进行业工会建设，建成行业工会98家，覆盖用人单位8786家、职工19.5万人。年内，全市成立涉及新业态的工会组织32家，吸纳新就业形态劳动者入会4.7万人。市总工会开展工会组建情况核查统计，建设会员实名制数据库。

【思想政治建设】 2022年，市总工会加强党的创新理论宣传，举办“中国梦·劳动美——喜迎二十大 建功新时代”群众性主题宣传教育活动；深化“新时代 新思想 新宣讲”活动，组织“双进”宣讲70场，吸引参与职工30万人次；打造5家职工思想引领基地，推动职工思想引领工作项目化、品牌化。实施“思政进班组”工程，创新“理小响学习时”班前思政学习系统，参与职工逾10万人次。“职工思想引领新实践活动”成为全省工会系统唯一的省社科普及立项资助项目。

【产业工人队伍建设改革】 2022年，市总工会履行新时代无锡产业工人队伍建设改革联席会议办公室职能，加强产业工人队伍建设改革（以下简称“产改”）谋划部署，制定年度产改工作要点及重点实施项目清单，召开无锡产改第四次联席会议暨工作推进会，市委主要领导对推进产改作出批示。健全产改推进机制，制定无锡市推进产改评价考核实施办法及其细则，举办全市推进产改工作培训班。完善五级产改试点体系，全市产改试点企业733家，覆盖职工35万人。全市实施全面产改的特色产业园区15家，覆盖企业1227家，受益职工10万人。全国劳模、产业工人袁彩凤当选中共二十大代表，462名产业工人当选市、市（县）区两级“两代表一委员”，比上届增加34.7%；117位产业工人获年度全国、省、市五一劳动奖章。无锡产改经验被《人民日报》、《工人日报》、《新华日报》、“学习强国”无锡学习平台、省委新闻网等媒体集中报道，无锡市产改工作获评全省产改调研评估第一等次第一名。

【弘扬劳模精神、劳动精神、工匠精神】 2022年，市总工会大力弘扬劳模精神，扎实做好全国、省、市五一劳动奖项推荐评选工作，6名个人、5个班组获全国五一奖项；12个单位、26名个人（含4名外籍人士）、50个班组获省五一劳动奖项。承办全市庆祝五一国际劳动节劳模先进代表座谈会，《人民日报》《新华日报》等媒体报道劳模何光华、陈亮等人的先进事迹。弘扬工匠精神，推动市人大常委会设立“无锡工匠日”，组织“大国工匠”顾秋亮参加首届大国工匠论坛，无锡9名工匠及其作品入选首届大国工匠创新成果交流大会，市总工会获优秀组织奖。弘扬劳动精神，开展“劳动创造幸福”主题学习和“劳模先

6月17日，市总工会举办首届职工文化艺术节启动仪式暨2022年度“送关爱 送法律·送文化”首场活动演出（市总工会 供图）

进E起赞 高质量发展E起干”职工网络文化活动，营造劳动光荣的社会氛围。培育选树“最美职工”“文明职工”，崔慧然获评年度全国职工职业道德建设标兵个人(系全省唯一)，于燕获评省最美职工，另有11人获评省文明职工。

【职工文体活动】 2022年，市总工会开展“全市职工读书月”活动，培育市级书香企业10家，推进全市职工阅读推广联盟建设，市总工会获第十三届“江苏职工读书月”活动优秀组织奖、全国职工主题阅读活动优秀组织单位；市总工会女职委获全国第十届“书香三八”读书活动优秀组织奖。举办无锡市首届职工文化艺术节，开展“点赞职工秀”、职工才艺大赛等活动，133万人次职工线上“点赞”；开展“送关爱、送法律、送文化”“请职工看大片”等活动；举办职工文艺骨干培训班，全市推选出职工“文艺大家”近百名；市总工会获全省“网聚职工正能量 争做中国好网民”主题活动优秀组织奖。持续打造职工体育品牌，承办第二十届省运动会职工部羽毛球赛，无锡获评全省最佳赛区奖，市总工会获评优秀组织奖；进一步做优“职工体育嘉年华”品牌项目。

【职工困难帮扶】 2022年，全市工会筹集资金800多万元，慰问2.96万名困难(一线)职工。紧贴形势优化帮扶，向困难职工家庭增发疫情期间专项临时生活补贴；制定“阳光就业岗位补贴”“临时价格补贴”救助政策；高温应急响应期间探访困难职工、发放防暑降温补贴。全面落实劳模“四金”(春节慰问金、特殊困难帮扶金、生活困难补助金、荣誉津贴)待遇485.45万元，做好劳模疗休养和体检服务。

【工会普惠服务】 2022年，市总工会开展普惠“节节高”活动，在端午、中秋等节日期间为会员送福利；关爱职工身心健康，推进职工互助保障“三合一”新项目，累计理赔8564人次、1463.03万元；开通24小时免费心理咨询热线，帮助职工纾解心理困惑；市总工会投入资金160万元，组织1335名一线职工参加疗休养。精准服务新就业形态劳动者群体，开展“锡工暖‘新’人 送爱进万家”新就业形态劳动者服务季活动。联合有关单位和社会组织举办“幸福脱单”相亲活动，打造“缘起工会·携手逐梦”相亲联谊活动品牌。精准服务女职工群体，开展“锡馨”关爱行动。推出无锡工会爱心托管班品牌“工娃小家”，在全省率先出台《工会爱心托管班建设管理办法(试行)》，7家工会爱心托管班获评省级工会爱心托管班。

【职工服务平台建设】 2022年，市总工会推进职工服务中心赋能创优，助力职工生活品质提升。建成女职工康乃馨服务站110家，其中2家获评全省工会优秀典型。累计建成484家“安康·爱心驿站”，10家获评全国最美工会户外劳动者服务站点，68家获评省级最美工会户外劳动者服务站点。高水平职工(劳模)疗休养基地方阵建设初见成效。

【基层工会规范化建设】 2022年，市总工会加强基层工会组织规范化建设，在全省率先出台并实施《关于加强产业(行业)工会建设项目奖补办法(试行)》。分层分类开展工会工作交流、省以上模范职工之家“结对共建、联手强家”活动。承办全省基层工会女职工工作经验交流会。开展以“创争先进党支部、创争模范职工之家、创争工人先锋号，提升政治引领力、提升群众组织力”为主要内容的非公企业党建带工建“三创争两提升”活动，命名22家市级示范单位，9家获评省级示范单位。

【工会干部队伍建设】 2022年，市总工会提升“工会干部讲坛”内涵品质，推出“观山随笔”专栏，引导工会党员干部锻造政治素养和综合能力；深入开展“进车间劳动 交工人朋友 促产改推进”活动，增强工会干部的群众意识；建立年轻干部常态化教育培养机制，聘任劳模作为“成长导师”，举办“筑梦青春 奉献锡工”中青年工会干部能力素质提升培训班，开展“喜迎二十大·青年思享荟”等活动，其做法经验被《工人日报》《中国工运》报道。全市统一招聘26名社会化工会工作者。

【向小微企业返还工会经费】 2022年，市总工会出台《无锡工会支持经济发展八项措施》，全年累计向8.19万家小微企业返还工会经费金额3.57亿元，返还总量位居全省首位；累计减免工会房产租金278.32万元；调整工会建会筹备金收缴政策。助力长三角区域一体化发展，推出16个长三角(5+10)城市工会工作联盟联动项目。全年各级工会投入金额481.41万元助力疫情防控。

【职工科技创新】 2022年，市总工会组织第十三届市职工创新成果操作法等推荐活动，40项一线职工创新成果脱颖而出，2个项目获评省职工十大发明专利。征集全市职工“五小”活动典型案例，推出市十佳案例50个，其中3个项目获评全省职工“五小”活动优秀项目。推动劳模(职工)创新工作室增量提质，新增中国长三角劳模工匠创新工作室2个、省示范性劳模创新工作室3个。

【职工教育培训】 2022年，市总工会推进“求学圆梦行动”，为2000多名农民工和一线职工提供学历提升机会；连续第12年举办“优秀员工、劳模先进学历班”，累计向近8000名职工学员发放“工会励志奖学金”。打造“职工大讲堂”培训品牌，在线学习5万余人次。推动工会教育普惠平台嵌入“江苏工会一张网”，累计吸引职工在线学习逾16万人次。

【职工民主权利保障】 2022年，全市工会着眼于发展全过程民主，持续健全以职代会为基本形式的企事业单位民主管理制度，开展厂务公开民主管理“金点子”、优秀职工代表提案征集等活动。深化集体协商工作，实施集体协商春季要约行动，成立全市快递行业协调劳动关系三方委员会，推动各地（园区）普遍建立快递行业集体协商制度；推动119家企业签订“能级工资”专项集体合同；做好女职工特殊权益保护专项集体协商工作；开展集体协商工作质效评估，以培训、竞赛等形式加强集体协商指导员队伍建设。

【工会法律服务】 2022年，全市工会提升普法宣传的针对性，组织开展“五一劳动法治宣传服务月”“送法进工地”等活动，做好新修订《中华人民共和国工会法》的宣传解读工作。提高法律援助的便捷度，发挥职工律师团的专业优势和工会驻点法律援助服务站的便捷优势，支持职工依法维权。增强依法维权的前瞻性，联合相关部门发布哲学社会科学招标课题，整合社会资源共同就新就业形态劳动者权益维护展开专项研究。开展职工队伍稳定风险专项排查化解，积极做好工会信访工作；联合有关单位成立全市快递行业劳动争议调解中心；会同市中院等建立科技型企业劳动人事争议“调裁审一体化”工作机制。

（市总工会）

8月16日，团市委在无锡深南电路有限公司举行无锡市安全生产青年专家团成立仪式

（团市委　供图）

共青团无锡市委员会

【全市团员和团组织建设】 至2022年末，共青团无锡市委员会（以下简称“团市委”）共有下级组织22746个（比上年增加1002个），其中团的领导机关7个、团委529个、团工委72个、团总支部1004个、团支部18604个、毕业生团组织2530个。全市共有团员283706人，全年新发展团员13695人。全市共有专挂兼职团干部39182人，其中团的领导机关团干部62人、基层团干部39120人。完成团市委换届工作，共青团无锡市第二十次代表大会选举产生由60人组成的共青团无锡市第20届委员会，其中委员43人，候补委员17人。持续推动市（县）、区和基层团组织换届工作。团市委在团省委年度考核中位列全省第一方阵。年内，评选表彰第19届“无锡市十大杰出青年”10人、“无锡市十大杰出青年”提名奖10人，5名个人和2个集体获“江苏青年五四奖章”，51名个人和43个团组织获得团中央、团省委“两红三优”表彰。

【县域共青团改革】 2022年，以“干部来源多元化、组织方式多样化、引领动员网络化、工作内容项目化、生存资源社会化、运行机制扁平化”为主攻方向，以“强化政治功能、形成社会功能”为目标，无锡市推进县域共青团改革工作，各市（县）、区全部成立由党委主要领导任组长的改革领导小组，研究出台改革实施方案，江阴市“‘345’党团队一体化建设”经验被《中国青年报》报道，宜兴市“社会领域团员发展六条路径”的做法在全省推广，江阴市县域共青团改革工作被团中央表彰为优秀等次。

【“青年之家”建设】 2022年，团市委推动“青年之家”旗舰店、特色店建设，新建“青年之家”50家。规范“青年之家”云平台建设，通过出台“青年之家”阵地建设标准，推动每个“青年之家”入驻不少于3个青年社会组织，推动“青年之家”品牌化建设。依托“青年之家”开展社区青春行动，组织团员青年向居住地社区、学校所在地或生源地镇（街道）、村（社区）报到，参与基层社会治理、助力乡村振兴、促进基层团工作。疫情防控期间，全年累计组建各类青年突击队300余个，累计动员青年志愿者2万余人次。

【团干部培训】 2022年，无锡市多层次、全领域开展团干部教育培训，推报18名团干部参加团中央专题调训和省委组织部、省委党校优秀年轻干部培训班，创新举办全市“两新”领域团干部培训班和全市组织条线团干部培训班，累计培训学员超4000人。

【联青服务站】 2022年，团市委打响“联青服务站”品牌，组织各级专职团干部按照每月一主题到基层开展“联青解忧、我为群众办实事”活动。通过实地走访、集体座谈、问卷调查等形式，听取青年意见，了解青年需求，为青年解决困难，确立“一月一主题”，开展集中服务。全年开展集中服务日 12 次，参与团干部超 1400 人次，服务青少年上万人次。

【主题学习教育】 2022 年，团市委依托“智慧团建”系统，通过“团干部上讲台”等形式开展“喜迎二十大 永远跟党走 奋进新征程”主题教育，开展中共二十大精神、中共青年运动史、建团 100 周年大会精神、“新时代的伟大成就”等主题学习，实现全市团组织学习教育全覆盖。

【青年思想政治建设】 2022 年，团市委围绕党的先进理论青年化阐释，组建“后浪潮语·青年讲师团”，组织青年讲师团“五讲五进”，开展宣讲 400 余场次，听讲青少年 10 万余人次。打造 10 家市级示范型“青年学习社”，江南大学附属医院知行青年学习社、宜兴市“三明”青年学习社获评省级“青年学习社”，无锡市多条“青年学习社”线路获“中国青年报”客户端首页推荐，相关报道获《中国共青团》杂志刊发，吸引全市青少年沉浸式体验学习。全市各级团组织发动青年参与“青年大学习”网上主题团课学习，团中央现场指导无锡“青年大学习”线下宣讲交流，上线“青年大学习”积分兑换小程序，“青年大学习”平台到无锡拍摄，全年累计参与人数超过 1000 万人次。重点挖掘青年典型，许华等 6 名无锡优秀青年入选 2022 年“江苏好青年”，“最江阴评论部”主播程前入选“江苏青年好网民”，郑冰清、甘霖、刘俊等青年典型入选江苏共青团“强国‘890’影音馆”获融媒体主题报道。

【青年文化建设】 2022 年，团市委策划推出“百人百年正青春”宣传文化产品，依托有声海报、条漫、微视频等形式，展示百年来一代代无锡青年在中国共产党领导下奋发有为的青春姿态。开展“青春记忆永不褪色”无锡市历届优秀团干部、团员青年专访活动，系列视频阅读总量超 30 万人次。编写青春历史档案，《渡江战役》《宜兴暴动》《“五讲四美三热爱”活动》等 5 个选题入选《青春百档耀百年·江苏记忆》一书。开展“新时代·新征程·新青年”2022 年无锡大学生青春歌会，无锡高校学生高唱爱党、爱国、青春励志歌曲。团市委策划开展的《百人百年正青春》——党领导下的无锡青年运动史系列寻访活动，获评 2022 年度全市宣传思想文化工作创新项目。在团省委主办的“多 young 青春 强国有我”短视频大赛中，团市委获优秀组织奖和优秀作品奖 4 项、网络宣传奖 2 项。策划“欢锡过大年”三国城水浒城、国风到无锡穿越之旅、惠山泥人锡剧等特色文娱活动，“团聚无锡”粉丝量从 8 万人次增加到 21.4 万人次，壮大团属新媒体影响力，“暑假十课”等微刊阅读量超 10 万。

【宣传报道】 2022 年，团市委围绕学习贯彻中共二十大精神、庆祝中国共产主义青年团成立 100 周年重大时间节点，系统推进全市共青团“喜迎二十大 永远跟党走 奋进新征程”主题教育实践活动，相关做法经验的报道在中央级媒体刊发 30 余篇，省、市级媒体刊发 100 余篇，《中国青年报》在头版头条报道无锡市团工作“让青创力量闪亮‘太湖湾’”。立足“团聚无锡”网络平台，收集和宣传展播各级团组织及广大团员青年投身疫情防控、产业强市、乡村振兴、环境保护等方面的生动故事和先进事迹，原创制作 MV《青春光芒》《这五年·奋楫逐浪》《青春文明实践月》等作品，被中央级媒体刊发报道 25 篇、省级媒体刊发报道 44 篇。

【青少年权益保护】 2022 年，《无锡市青年“十四五”发展规划》发布，团市委制定出台《无锡市青年高质量发展监测指标体系》《2022 年〈无锡市“十四五”青年发展规划〉重点项目工作计划》，建立科学评估机制，常态化开展统计监测工作。积极推进青年发展型城市建设，制定《无锡市青年发展型城市实施方案》，江阴市入选全国青年发展型县域试点，无锡市、宜兴市、梁溪区、新吴区入选青

7 月 28 日，2022 年无锡“梦想小屋”集中交付及关爱启动仪式在无锡运河汇举行，市希望办代表与 6 位青年社会组织代表共同签约“锡望点亮梦想”项目

（团市委 供图）

年发展型城市省级试点，探索青年发展型社区建设。推进青年人才驿站建设，出台《无锡市“青年人才驿站”星级评定实施细则》，为毕业两年内的外地到无锡求职高校的毕业生提供7～90天的免费住宿，年内建成青年人才驿站15家，合计开放房间355个、床位505张。举办第七届无锡市中小学生自我保护情景剧大赛决赛、2022年无锡市青少年禁毒知识竞赛、无锡市青少年禁毒宣传教育“双百计划”立项评审会，创作《无锡市青少年法治宣传漫画案例读本（家长版）》，优化青少年权益维护法律环境。“12355”青少年服务热线全面升级，通过线上网络平台等方式全天候开展热线心理辅导，新冠疫情、中高考、节假日期间开展一系列线上线下主题活动，为全市青少年提供心理健康服务。

【青年联合会】 2022年，团市委发挥青年联合会（以下简称青联）核心枢纽作用，扎实开展“喜迎二十大 永远跟党走 奋进新征程”主题教育实践活动。召开无锡市第14届青年联合会第一次全体会议，推出第十四届青联“5+13+N”计划，原创无锡市青联主题MV《青春放歌》。举办“强国志·青春说”青联大讲堂、“寻访新时代·永远跟党走”座谈会、共青团和青联专场宣讲会、专题培训班等活动60余场，参与的青年超2万人次。开展“青联行动周”活动，打造省级青联委员工作室2家，新建青联读书社10家，组建“青联委员服务团”6个，与结对乡村开展各类服务活动，建成青联“希望小屋”11间，各级青联委员捐款捐物参与“疫”情防控、民生实事项目等，累计募集物资超20万元。做好对新疆阿合奇县的对口支援工作，落地实施“民族团结·锡青行动”，举办新疆青少年云游无锡“同心营”系列活动，打造省级民族团结宣讲“青骑兵”，30余位青联委员与阿合奇县中小学生结对，50余名新疆师生代表到无锡游学交流，为新疆青少年定制“悦心韵动操”“国家级非遗‘留青竹刻’体验课”等系列云课程20余节，累计筹集98万元的爱心物资寄往新疆。年内，团市委获评第十批全国民族团结进步示范区示范单位。承办苏港澳台青年“云分享”系列活动“青春有约·智汇无‘线’——新兴产业发展与青年机遇”，打造“苏港澳台青年交流精品线路无锡段”“同心庆回归 青春在征途”香港青少年赴内地交流线路。

【青年人才工作】 2022年，无锡市成立太湖人才奖学金项目工作专班，团市委牵头负责高校组相关工作，发布“赤子计划”2.0，面向全球寻访海外高层次人才，发掘一批40岁以下最具影响力和潜力的青年人才，入库55名海外博士，招募140余名无锡青年人才“锡引大使”。发布2022年“新引力”就业见习项目，提供143类共319个岗位，招募海归青年人才参与就业见习。会同市委组织部等6家单位发布《关于实施2022年江苏大学生志愿服务乡村振兴计划试点工作的意见》，招募109名应届大学毕业生到全市基层一线。团市委、市侨联共同发起成立“无锡市海归青年交流促进会”，发布“无锡海归青年创新创业服务站总站”服务全市海归青年的公益服务项目，建立“1+11”海归青年创新创业服务站，为归国到无锡的青年提供一站式服务。举办2022江苏青年科技成果直通车（无锡青年人才环保项目专场），组织青年科技工作者到园区企业“揭榜答题”，8个总额近亿元的青年人才环保产业项目落户无锡。举办“2022江苏青年科技成果直通车（宜兴站）暨第三届宜兴太湖湾国际青年精英科创挑战赛颁奖仪式”活动，12组需求方企业代表与青年科技工作者代表签订青年科技成果转化项目合作意向协议，6组需求方企业代表与投资机构代表签订青年人才项目基金合作意向协议，江苏省青年科技工作者协会无锡联络站落地。举办学习贯彻习近平总书记给南京大学留学归国青年学者回信精神交流会暨无锡青年人才成长沙龙海归青年专场等座谈会3场。

【青年志愿服务】 2022年，团市委建立“3+10+N”市、县、街三级联动组织体系，应急状态下建立10支应急青年突击队和战时建立N支青年志愿者队伍快速响应机制，累计动员青年志愿者2万余人。成立“返家乡”大学生疫情防控临时团支部、24小时火车站志愿者服务队、“雏凤归——社区青春志愿行”大学生志愿者队伍、两岸“益+青”公益行动联盟、青年突击队等奋战在疫情防控志愿服务第一战线。举办“志愿青春 梦想无锡”2022年无锡青年志愿者风采展示暨“梦想小屋”集中交付仪式，承办“追青逐绿 绿动无锡”2022年无锡市“环境月”活动启动仪式，举办美丽无锡生态文明建设成就艺术巡展，发布《低碳节能倡议书》，组织各级团组织开展“河小青”活动，团员青年21天打卡学习，参与净滩行动，累计组建“‘河’我一起，保护母亲河”集中统一行动活动团队62支，招募“河小青”青年志愿者2995人，开展净滩活动301场，活动参与5569人次。推报“‘阿福税援’税务志愿服务”等15个志愿服务项目参加2022年江苏省青年志愿服务项目大赛，获一等奖2个、二等奖2个、三等奖10个，其中“‘阿福税援’税务志愿服务”获得第六届中国青年志愿服务项目大赛全国赛铜奖。

【青年社会组织管理服务】 2022年，团市委优化青年社会组织管理办法，加强社会组织服务阵地建设，打造特色服务品牌。对全市41家团属社会组织开展活力评估。举办青年社会组织“伙伴讲堂”与青年社会组织骨干培训班。团市委联合市委网信办、市民政局开展“网聚同心 福彩大爱 锡望E家”暨“福彩杯”2022无锡网络创益大赛,打造无锡创新型网络公益品牌,促进青年参与社会治理。无锡市网络社会组织培育服务基地、无锡市青年社会组织孵化(服务)基地联合主办2022年首场人才研讨会,共同探讨蓄积城市发展人才动能的创新驱动路径。推报团中央"社区青春行动"试点社区2个、团省委"社区青春行动"试点社区27个。

【新兴领域青年工作】 2022年,团市委聚力搭建新兴领域青年交流平台,联合市邮政管理局、国网无锡供电公司举办"筑巢聚青年·驿站暖青心"新兴领域青年之家揭牌暨"幸福倍增"计划启动仪式。开展"最青春·欢锡过大年"慰问留在无锡过年的快递从业青年系列活动。发布10个"青春留锡行动"项目,开展"心心向锡"无锡青年人才交友联谊活动,单身青年2.5万多人次参加活动,促成牵手130对。开展江苏省新兴青年群体联盟第二期"青社学堂"活动。推荐新兴领域青年骨干人才参与2022年新兴领域青年助力新经济大展。举办新兴领域青年大学习、"筑梦锡城 逐梦未来"主题沙龙活动,举办各类学习交流"伙伴讲堂"19场、"青社学堂"46场。

【青年创业就业】 2022年,团市委联合市委人才办、市科技局等举办第九届"创青春"无锡青年创新创业大赛,132个项目报名参赛,最终评选出20个获奖项目,6家单位获评优秀组织奖。指导42个项目参与"创青春"全国赛和省赛,其中国赛4个项目获奖、省赛9个项目获奖,团市委获"优秀组织奖"。打造"云端路演厅",开展"让全国看见你"系列路演4场,举办项目人才金融路演9次。围绕打造"红色青商",邀请红豆集团董事局主席、党委书记周海江作中共二十大精神宣讲报告会。组织开展"百校千企万岗"2022年大学生就业帮扶、"名企优岗"直播荐岗、在无锡高校大学生"三下乡""返家乡"实践、"新农菁英"就业见习、重点群体就业帮扶等活动,新建就业见习基地10家,提供就业岗位2.7万余个。

【青年成长成才】 2022年,团市委举办无锡市"匠人匠心"备赛训练营。承办第十七届"振兴杯"全国职业技能大赛(职工组)江苏省选拔赛,主体赛5名选手获奖,团市委获优秀组织奖;专项赛国赛获得奖牌1金、1银、1铜。挖掘各类技能人才80名纳入服务体系,开展"匠人匠心"青享会8场,覆盖青年4000余人。全年评选各行业领域无锡市青年岗位能手49名。开展首届"号手联创"vlog创作竞赛,评选出"青影奖"等18个具体奖项。举办无锡市青年文明号"亮旗帜 响号角 当先锋"青年文明号助力引才留才系列活动,发布首批十大青年文明号"青春留锡行动"项目,命名第22届无锡市青年文明号集体59家,推荐申报省级青年文明号集体16家。

【青年突击队建设】 2022年,无锡市累计组建疫情防控类青年突击队307个、抢险救灾类青年突击队15个、科技攻关类青年突击队187个。举行"一线有我·青春攻关行动"青年建功重大项目现场汇报会和青年建功重大项目成果展,评选出2022年无锡市十佳产业项目青年突击队。成立137支重大项目青年突击队。全年推荐2家集体获评江苏省青年安全生产示范岗,评选无锡市青年安全生产示范岗27家。开展青安岗"百日千岗"复核、青安岗"千岗走千企"、"青春五进安全同行"行动,推进隐患排查、互查互访、安全宣讲、结对共建,372名团干部到73家企业,开展活动91场,结对68家,参与青年近5000人。

【助力乡村振兴】 2022年,团市委举办无锡市"乡村振兴青年人才与人大代表、政协委员面对面"活动,围绕青年发展型城市建设形成意见建议30余条,切实提升农村青年参与度。开展"青春探店"系列活动,宣传推介无锡特色"乡村打卡地"、农村非遗、美食趣物等不同主题、不同类别的产品(地点)30余个。探索建立"青马工程"农村班轮训机制,年均培训青年农民超300人次。寻访推选首届"无锡市乡村振兴青农先锋"20人,创作乡村振兴青年先锋主题曲《收获》,浏览量超3万人次。依托全市144家青商会员企业,组织"乡村行"活动8场、联建项目观摩交流活动5场;128个项目开工建设,开工率98.4%。强化"银团合作",与38家在无锡的银行深度合作,组建20支"金融下乡"青年突击队,成立"菁农创贷中心"6家,103名金融干部为农村开展金融知识普及、送贷上门等服务。全年"新农菁英贷"累计放款330笔计2.9亿元,覆盖农林优势特色产业、农业社会化服务、农业科技和第一、第二、第三产业融合发展项目以及农村电子商务等新业态,300余位青年获益发展。

【学校共青团工作】 2022年,团市委扎实推进学校共青团、学联学生会改革,持续开展高校共青团和学生会组织改革评价。推进中学中职团校建设,引导团员青年学习新思想,增强先进性,获评江苏省最美中学生24人、江苏省最美职校生20人,在江苏省中学中职学校"微团课"大赛中获得特等奖5个、一等奖1个。开展无锡市"青马工程"大学生菁英培训、团干部技能大比武、在无锡高校"信仰公开课"示范课评比活动。开展"三下乡""返家乡"社会实践活动,被国家级媒体报道63次、省级媒体报道34次,团市委获评省"三下乡"社会实践工作先进单位。开展大学生素质能力提升行动,举办"百校千企万岗"大学生就业帮扶暨"送岗直通车"直播荐岗活动32场,动员1600余家企业参加,提供就业岗位超3.1万个。4名大学生获评中国大学生自强之星,5名大学生获得中国电信奖学金。

6月2日，无锡市红领巾学院成立仪式在江苏省无锡师范附属小学举行

（团市委　供图）

【少先队工作】 2022年，举办中国少年先锋队无锡市第八次代表大会，在《少先队活动》杂志推出无锡少先队队史专刊《光荣啊无锡少先队》。开展“红领巾看无锡”小心愿、小建议征集活动。建设全省首家市级红领巾学院，打造少先队员学习中国特色社会主义和共产主义的大学校、少先队辅导员专业进修的大学校。推动小学100%开展分批入队，完成“红领巾奖章”一、二、三星章评选，开展“追梦好少年”选树活动和“我为高质量发展”献一计科学建议征集展示活动。举办辅导员基本功大赛，获得省级一等奖。全市3名少先队员、1名少先队辅导员、1个少先队大队、1个少先队中队获2022年度全国优秀，实现四个类别全覆盖。确定全国“红领巾中队”培育集体36个。成立全省首个名辅导员工作室联盟，开展少先队理论研究工作。会同市教育科学研究院研制《2022年度无锡市少先队研究课题指南》《无锡市少先队研究课题管理办法》，全年立项课题40项。发布全市首批165个少先队校外实践教育基地（营地），开展“红领巾讲解员”实践体验活动，20余万名少先队员成为注册“红领巾讲解员”。

【希望工程】 2022年，无锡市实施“梦想改造+”关爱计划，建成并交付“梦想小屋”205间。完善“1+3+6+N”帮扶新模式，联动50余家社会组织、200多所学校、700余名“希望家长”组成的帮扶团队参与项目，落实“一对一结对、月常态走访、季集中关爱”3项结对机制，提供精准链式、持续贴心服务。发布主题专属关爱路线，设立造梦工厂、家风学堂等多个关爱驿站，为关爱常态化搭建阵地。打造9个小微关爱项目，提供守护陪伴、居家安全、健康体检、心理关爱、用眼护眼、权益自护等关爱服务。实施爱心暑期班项目，首创“团教协作”“校企托管、校企共育”等办班模式，设置办学点212个，招生4800余人，实现全市镇（街道）全覆盖。实施“圆梦行动”“希望之星”“优秀受助生”“慈善助学”“东西部合作计划”等助学项目，资助大中小学生93人，资助金额28.7万元。开展“暖冬行动”走访慰问，关爱困境青少年家庭426户，捐赠物资超16万元。联合灵山慈善基金会，设立“‘锡’望点亮梦想”关爱基金，开展“99公益日”网络募捐，累计募集资金70余万元，用于希望工程各类公益项目。

（团市委）

无锡市妇女联合会

【组织建设】 2022年末，无锡市妇女联合会（以下简称“市妇联”）共有市、市（县）区、镇（街道）、村（社区）四级妇联组织2578家，非公经济领域、社会组织领域、新媒体行业等各类新兴领域妇联组织2411家，“妇女儿童之家”“妇女微家”基层服务阵地2168个。各级专挂兼职妇联主席4357人，各级妇联执委14329人，各级妇女代表44087人。会同市委组织部出台《关于推进高校、科研院所妇联组织建设的实施意见》，推进高校、科研院所妇联组织建设。年内成立市律师行业妇联、市互联网行业妇联、苏南快递物流行业妇联等新领域妇联组织50余家。实施“在你身边·百家争亮”妇女微家建设项目，发布服务清单1522个，开展活动5700余次，直接受益群众28万人次。

【思想政治建设】 2022年，市妇联围绕迎接、学习、宣传、贯彻中共二十大，部署开展系列主题活动，为党凝聚妇女人心。成功推动男女平等基本国策纳入各级党校教育培训课程，副市长卢敏到党校给主体班学员作专题宣讲。成立市级巾帼宣讲团，群众点单、妇联送课，全年开展宣讲193场，服务1.5万余人次。举办第四届无锡女性融媒体创意大赛，开展“‘学习强国’进家庭”“走在春风里”女性风采展示、发布“she韵芳华”红色巾帼路线等群众性宣教活动。在全省率先规范化建立市级三八红旗手联盟，无锡市获评2021年度全国、省级三八红旗手（集体）总数位居全省第一。开展无锡市最美巾帼奋斗者（集体）寻访活动，发布无锡市最美巾帼奋斗者（集体）专榜。落实意识形态责任，出台《无锡市妇联组织贯彻落实党的意识形态工作责任制实施办法》等文件。

【女性人才服务】 2022年，市妇联实施“无锡市科技创新巾帼行动”，成立市女科技工作者联盟，开展建功、引领、服务行动，寻访“巾帼科创之星”30人，建立巾帼科创工作室、巾帼科创示范基地34个，发放“巾帼科创贷”8.2亿元。实施“+1℃女性人才服务计划”，推出“慧乐健康、慧情爱家、慧智职场、慧享释能”菜单式服务，实施“女性人才追光行动”“益企定位 成就未来——助力企业留人用人”等系列子项目，开展活动30余场次，服务女性人才1000余人。

【家庭教育】 2022年，市妇联贯彻落实《中华人民共和国家庭教育促进法》和《江苏省家庭教育促进条例》，履行家庭教育职能。聚焦涉案涉罪未成年人家庭教育缺失等问题，在全省率先出台《无锡市关于依法训诫和责令未成年人监护人接受家庭教育指导实施办法（试行）》，规范对涉案涉罪未成年人监护人开展依法训诫和责令接受家庭教育指导工作流程，携手公检法等相关单位履责。建设省级家庭教育指导服务示范社区127个，市、区两级妇联联合公检法成立家庭教育指导服务中心12家，为26家家庭教育指导服务联动机构备案。开展《点亮万家灯火》“一法一条例”调研，回收问卷1.5万余份。为期二年的婚姻家庭教育为民办实事项目结项，年内开展婚姻家庭教育公益课程2409场，为1000余户锡城家庭开展家庭教育个案指导，超16万人次受益，培养婚姻家庭教育辅导员226人。

【家庭文明建设】 2022年，市妇联深化家庭文明建设，持续擦亮“最美（五好）家庭”品牌，寻找选树全国五好家庭3户、全国最美家庭2户，省级五好家庭7户、省级最美家庭13户、省级书香家庭8户、省级绿色家庭10户，市级五好家庭50户、市级最美家庭150户，大力弘扬社会主义家庭文明新风尚。依托本土文化资源，开展“走读无锡”家风研学、“跟着名著去旅行”之“品三国·观水浒”家庭日特别活动、“六一学六艺”亲子游学等活动，培育特色亲子研学品牌。发掘惠山古镇祠堂文化群的独特价值，举办“连根养根·家风薪传”百姓少年成长礼活动，打造家风文化IP。市妇女儿童发展服务中心打造“美育空间”美学素养阵地，开展“少年儿童心向党”等主题活动。

【儿童友好城市建设】 2022年，市妇联推进儿童友好城市建设。市政府第17次常务会议专题听取工作汇报，成立市儿童友好城市工作领导小组，发布2022年无锡市儿童友好十件大事。与新西兰达尼丁市建立中新无锡儿童友好国际交流平台，建立全国首个地级市儿童友好空间研究中心、中国儿童中心全省首个家庭教育研究与实践基地，引入上海儿童研究中心、上海家庭教育研究中心无锡分中心。儿童友好试点社区、公园等项目结项，设立主题地铁站点，首次参与联合国儿童基金会“世界儿童日”活动，点亮城市地标，并作为省内唯一城市与北京直播间连线。建立“法治童议”儿童法治议事会，举办首届无锡市儿童友好城市儿童议事大赛，组建“小小规划师工作室”，探索儿童参与城市治理新路径。

【妇女儿童权益维护】 2022年，市妇联深化妇女儿童权益维护专项排查整治，以单亲家庭、特困家庭、有残疾智力障碍重大疾病妇女儿童的家庭、有家庭暴力隐患和重大家庭纠纷的家庭为重点，动态调整排摸机制，强化妇联、公安、民政、残联等部门数据的实时对接、联通共用，6367名妇联干部和志愿者参加排查，共排查3.25万户，涉及妇女儿童5.81万人。源头参与35部政策法规的性别评估，并提出意见建议。创新法治宣传形式，联合检察机关推出反家暴主题宣传片《我要做你的超人》，央视、最高检联合首发。牵头举办《江苏省反家庭暴力条例》主题宣传活动，省委政法委微博、网易无锡同步直播，5.3万人在线参与，点播回放10万次以上。开展《中华人民共和国妇女权益保障法》线上系列解读。深度融入基层治理，女性网格员100%吸纳为妇联执委。落实全员接访制度，年内处理人民来访296件、来电312件、来信6件，其中涉家暴个案166件。

10月22日，市妇联实施“+1℃女性人才服务计划”　（市妇联　供图）

【妇女儿童关爱帮扶】 2022年,市妇联依托各级各类公益慈善平台,在99公益日发起"童她益起来""锡心关爱妇儿康"等网络筹款活动,募资384万余元,实施民生"微幸福"项目54个,服务妇女儿童超3万人次。项目化帮扶困境妇女儿童,依托中央彩票公益金法律援助项目,为21件案件提供法律援助;实施"爱络相传"反家暴项目,个案帮扶18人;发挥公益性心理咨询服务中心作用,累计为73名困境妇女儿童提供专业指导。关注女性健康,推动35～64周岁妇女"两癌"筛查全覆盖,携手国寿无锡分公司捐赠"情暖锡城,与爱同行"女性公益保险31209份,提供保险保障金额1.56亿元;女性安康保险项目累计参保135.5万人,2715人获理赔,金额4235.5万元。探索"妇联+慈善"关爱新模式,联合慈善总会设立全市首支专项慈善公益基金——无锡市关爱妇女儿童慈善公益基金。

【妇联干部队伍建设】 2022年,市妇联强化妇联系统干部队伍建设,成立"锡蕙"青干研学社,启动为期一年的"锡蕙"青干赋能工程。推出"我为妇女儿童办实事"——妇联执委履职服务清单,全市各级执委实施项目645个。推进"苔花芬芳"女性社会组织成长互助平台建设,在惠山区、滨湖区、新吴区成立"苔花公益学院"3家,汇聚女性公益人才300人,推出各类主题活动34期,发布公益资讯320余则,12个"苔花芬芳·益企惠"项目惠及妇女儿童超1万人次。

(唐科红)

无锡市科学技术协会

【组织建设】 至2022年末,无锡市科学技术协会(以下简称"市科协")有市本级学会111家、市(县)区及无锡经济开发区科学技术协会8家、高校科协9家、企业科协446家。1月8日,无锡市数字媒体研究会成立;8月31日,无锡市物联网创新发展研究会成立。无锡市化学化工学会和无锡市野生动物保护协会年内注销。

年内,市科协被中国科协评为"全国科普日优秀组织单位",无锡成为"科创筑梦 助力双减"试点城市,列"科创中国"全国试点城市(园区)样板间建设综合排行榜第一,华中科技大学无锡研究院入选2022年"科创中国"融通创新组织榜(全国共10家),市科协获评"科创江苏"创新创业大赛优秀组织单位、2022年"全国科技工作者日"优秀组织单位。经中国科协认定,宜兴市为2021—2025年度全国科普示范县(市、区)。

【优秀科技人才选树举荐】 2022年,市科协加强科技人才遴选,推荐东南大学无锡校区缪卓伟、杨阳、汤明刚、孙海建、肖正高5名青年科技工作者入选省科协青年科技人才托举工程;推荐中国船舶科学研究所张伟入选"无锡市十大杰出青年"。江南大学范大明获全国青年科技奖特别奖,江南大学徐丽广获省青年科技奖。联合市委组织部、市科技局、市人力资源社会保障局开展2022年度选树宣传工作,来自新材料、心脏医学等前沿领域的创新型、创业型领军人才王如兴、王峰、王震宇、史卫利、白云、肖志强、张徐祥、陈大鹏、唐敦兵、黄红娟入选"十大科技人物",丁军等100名优秀科技工作者入选"百名科技之星"。

【服务科技工作者创新创业】 2022年,市科协会同市工业和信息化局、市卫生健康委员会、市科技局、市教育局等7家单位,以"科技赋能 创赢未来"为主题,共同举办2021年"科创无锡""创响无锡"创新创业大赛,113个团队、300余名科技人才参赛,其中14个项目入围省赛决赛。在征集到的113个项目中23个入围决赛,"基于MEMS微镜技术的3D感知硬件方案""云摩Eisy电池快检"获一等奖,"1st智能功率模块芯片(SPS)研发和产业化——专注CPU电源管理芯片组""新能源车用高温渗碳齿轮钢的研发""骨科用医用海绵单边压制制作方法""多模块浮式平台连接器系统"等5个项目获二等奖,"大容量高参数垃圾焚烧余热锅炉"等8个项目获三等奖。

市科协开展软课题研究项目征集工作,从申报课题中遴选立项课题361项,30个课题为A类(资助)课题,70个课题为B类(资助)课题,261个课题为C类(非资助)课题。

【"科创中国"试点城市建设】 2022年,无锡市深化"科创中国"试点城市建设,印发《关于加快推动科技经济融合发展的实施意见》,推荐江阴市、锡山区入选"科创江苏"试点县(市、区),引导市级学会、高校科协等组织形成互为支撑的科创梯度矩阵体系。指导推荐多家单位入选中国科协"科创中国"系列榜单,华中科大无锡研究院入选产学研融通组织榜单(全国10个),沐创集成电路设计有限公司等4家单位入选新锐企业榜(全国100家),江南大学国家大学科技园入选园区科技服务工作站。推动698个组织、5136位专家入驻"科创中国"平台,在平台上发布科创资讯950条、路演活动157场、创新需求4863条、技术研发指南519个、科技成果22167条、产业化方案成果1703个,做到各类信息应入尽入。完善国家级学会与无锡创新机构开展合作的长效机制,推动创建各类协同创新组织14家,邀请院士30位、专家225位开展各类服务60余场次。

【举办高端学术活动】 2022年,市科协积极争取国家级学会和省级学会创新资源向无锡集聚。国家级学会在无锡举办高端学术交流活动12场，邀请两院院士30人次、各类专家225人次。年内，市科协主办“科创中国”揭榜挂帅项目对接会、“科创中国”制造业数字化转型发展论坛等活动。开展第十二届自然科学优秀学术论文评选活动，活动征集论文1418篇，经推荐、评审、审定和公示，产生特等奖3篇、一等奖31篇、二等奖94篇、三等奖342篇，由市政府确认发布。

【科技志愿服务】 2022年，市科协制定《深入推进科技志愿服务工作实施办法》，开展科技志愿能力培训和科技志愿者、科技志愿服务队、科技志愿服务项目、科技志愿服务点先进典型选树，全市科技志愿者网上注册数量5.7万余人，覆盖城乡的“科普中国”信息员网上注册数量5.8万余人，市科协和江阴市科协、宜兴市科协、梁溪区科协、惠山区科协被省科协评为“2022年科技志愿服务及科普中国信息传播工作优秀单位”；组建科普演讲专家库，聘任20名行业领域带头人作为首批专家开展科普宣讲；承办长三角科技志愿服务联盟年会，市科协获评优秀科技志愿服务组织。

【“全国科技工作者日”系列活动】 5月30日为第六个“全国科技工作者日”。5月28日，市科协围绕“创新争先、自立自强”主题，举办2022年“全国科技工作者日”主场活动暨“行有界、创无边”无锡市“十大科技人物”颁奖活动，市委常委、组织部部长柏长岭出席活动并讲话。市委副秘书长曹国光，市科协党组书记、主席黄丽侠等参加活动。活动中，发布2022年度无锡市“百名科技之星”“十大科技人物”榜单。王如兴等10人当选“十大科技人物”。年内，市科协围绕“团结引领”“精神传承”“建家办事”“科创惠企”“科普惠民”“选树举荐”六大主题开展活动20余项。

【全域科普】 2022年，市政府印发《无锡市全民科学素质规划纲要实施方案(2021—2025年)》。市科协协调36家成员单位发挥职能优势，落实分解任务，协同推进全域科普工作。指导宜兴市入选2021—2025年度第二批全国科普示范县(市、区)。完成无锡科技馆建设前期研究结题，推动成立建设工作领导小组；制定《无锡市科普教育基地认定与管理办法(试行)》，联合认定22家市级科普教育基地，奖补其中14家基地，培育创建8家省级、4家全国科普教育基地；支持惠山区阳山镇桃文化科普馆建设。联合无锡广电集团打造《科学第一问》直播公开课3期，新疆阿合奇县、新疆霍城县及陕西延安市、江苏连云港市等地在线观看互动师生共18万人次。制作《身边的科学》《科普一路行》系列科普宣传片20期，在公交地铁移动电视屏滚动播放。

【全国科技活动周】 5月24日，全国科技活动周暨无锡市第三十四届科普宣传周在滨湖区融创茂举行。活动以“走进科技 你我同行”为主题，围绕“科技志愿”“科普基地”“科普活动”“科普惠农”等方面，全市350项重点科普活动在一周内通过分区面向公众陆续开展，突出宣传科技法规，重点展示科技创新成果，现场发布无锡全域科普卡通形象征集通告等。科普宣传周期间，市科协联合市文广旅游局和各地科协共同推出首批全域科普旅游线路，包括科学家精神及科学文化普及、科创产业、现代农业，数字产业、数字经济、人与自然、绿色生态环境6个主题、8条线路，标示出线路中各基地的详细地址、预约要求、开放时间、收费情况、联系电话等内容，方便市民参与科普体验。

【全国科普日系列活动】 9月17日，2022年无锡市“全国科普日”主场活动在无锡经开区雪浪小镇举办。在主场活动中，无锡全域科普卡通形象“科小梦、锡小普”正式亮相；举行省科学教育综合示范学校、惠山区桃文化科普馆、“科创筑梦助力双减”试点城市授牌和市首批科普演讲专家、2022年度无锡市科普示范家庭代表颁奖及科普剧表演、合唱等活动。市首批科普演讲专家、江南大学环境与土木工程学院院长王震宇教授作了题为“探秘人工纳米材料的地球之旅”科普专题讲座。

本次全国科普日的主题是“喜迎二十大，科普向未来”。9月15—21日，围绕“弘扬科学精神，激发创新活

10月11日，2022年无锡市青少年机器人竞赛暨物联传感创新大赛举行

（市科协　供图）

2022 年，市科协积极开展科技志愿服务，向广大市民免费发放科普资料
（刘怀成　摄）

力，聚焦重点领域，服务高质量发展，深化文明实践，培育时代新风，立足群众所需，赋能基层治理”，全市开展 420 余项特色鲜明、内容丰富、贴近群众的重点科普活动。江阴市开展系列科普讲座，推进优质科普资源落地江阴，促进科普“六进”活动向基层延伸。梁溪区科协开展“银龄跨越数字鸿沟”科普行动等 5 个专项科普活动。锡山区结合姚桐斌 100 周年诞辰纪念主题活动，弘扬和传承“两弹一星”伟大精神，在红豆杉庄举行无锡市科学家精神教育基地——姚桐斌故居揭牌仪式。滨湖区推出科普品牌活动——科普巡演活动，其间，安排 5 场巡演。无锡市科协、江阴市科协、无锡爱尔眼科医院、无锡市文旅集团获评 2022 年全国科普日优秀组织单位。梁溪区科协、惠山区科协、滨湖区科协、新吴区科协、无锡市卫健委、无锡博物院、江大附属医院获评 2022 年江苏省全国科普日优秀单位。

【**青少年科技竞赛**】 2022 年，市科协采取“线上 + 线下”相结合的形式，举办青少年机器人竞赛、编程大赛、科技模型竞赛、无线电测向竞赛和科普夏令营等活动，30 余万名学生参与；组织参加省青少年科技创新大赛，获一等奖 5 个、二等奖 13 个、三等奖 23 个，市科协获评市级优秀组织奖，梁溪区科协、惠山区科协获评基层优秀组织奖；组织参加省青少年“诗词里的科学”团体赛，获小学组第一名。

【**海智系列活动**】 2022 年，市科协持续深化海智工作，深入实施中国科协海智计划（建设工作基地、离岸基地、海外基地、研发社区），指导江阴高新技术产业开发区离岸基地、中国宜兴环保科技工业园离岸基地、无锡生物医药研发服务外包区离岸基地和无锡江阴海智基地、无锡新区海智基地通过年度考评；支持无锡生物医药研发服务外包区申报国家级研发社区；推动江阴省级离岸基地建立海外创新中心；推动宜兴省级离岸基地柔性引才。全年申报 5 个省科协资助国际交流项目；组织开展中国北欧可持续发展和碳中和专场路演、“创投无锡——自主创新产业化项目海外云路演”等 4 场海智活动。承接中国科协和日本科学技术振兴机构主办的中日科学家对话活动，两国专家学者与企业代表共同探讨科技助力养老新途径。新吴区科协征集 2022 中国无锡“太湖杯”国际精英创新创业大赛海智项目 123 个，完成国家级海外引才计划项目 6 个。

【**企业科协组织建设**】 2022 年，市科协制定《加强企业科协组织建设的意见》，推动以市属国企、专精特新企业等为重点新建企业科协 32 家，江阴公用事业集团科协成立，成为江阴首家国有企业科协；蜂巢能源（无锡）公司科协被中国科协办公厅通报表扬为 2022 年全国科技工作者日活动优秀组织单位；发动骨干企业科协参加中国创新方法大赛，获优秀组织奖、江苏赛区一等奖；支持企业科协组建质量发展服务联盟，全年举办技术论坛 30 余场次；举办 2022QPDCA 论坛中国质量峰会（无锡站）。

【**科技服务品牌转化**】 2022 年，无锡市对“创建茶叶精加工 SC 生产系统”等 20 个企会协作项目和“长寿命高端轴承钢碳化物演变规律与疲劳性能的研究”等 25 个“金桥工程”优秀项目进行资助。深化“校协联手”“校企合作”，开展院士专家园区、企业行等活动。11 月 9—10 日，举办海智专家无锡行——日本科技振兴机构专家在无锡考察交流活动。

（市科协）

无锡市文学艺术界联合会

【**组织建设**】 2022 年末，无锡市文学艺术界联合会（以下简称“市文联”）有市本级团体会员 11 个（会员 6429 人，其中省级会员 2556 人、全国会员 801 人），分别是无锡市作家协会（会员 629 人，其中省级会员 243 人、全国会员 55 人）、无锡市戏剧家协会（会员 253 人，其中省级会员 54 人、全国会员 30 人）、无锡市美术家协会（会员 777 人，其中省级会员 295 人、全国会员 86 人）、无锡市书法家协会（会员 1285 人，其中省级会员 620 人、全国会员131人)、无锡市摄影家协会(会员1156人,其中省级会员675人、全国会员270人)、无锡市音乐家协会(会员735人,其中省级会员254人、全国会员38人)、无锡市曲艺家协会(会员251人,其中省级会员46人、全国会员18人)、无锡市电影电视家协会(会员135人,其中省级会员21人、全国会员8人)、无锡市舞蹈家协会(会员468人,其中省级会员105人、全国会员25人)、无锡市民间文艺家协会(会员457人,其中省级会员212人、全国会员132人)、无锡市文艺评论家协会(会员283人,其中省级会员31人、全国会员8人);有市(县)、区团体会员7个,分别是江阴市文学艺术界联合会、宜兴市文学艺术界联合会、梁溪区文学艺术界联合会、滨湖区文学艺术界联合会、锡山区文学艺术界联合会、新吴区文学艺术界联合会和惠山区文学艺术界联合会。

年内,市文联获评中国第18届国际摄影艺术展组织工作奖。

【主题文艺实践】 2022年,市文联开展"深入生活实际,书写美丽无锡"主题实践活动。组织美协骨干采风团40多人到蠡园开发区、七房桥村、清明桥历史文化街区等地创作。在宜兴市、江阴市、梁溪区等地,巡展围绕主题实践的书法、篆刻、刻字作品,用艺术作品阐释美丽无锡。

1月20日,"深入生活实际,书写美丽无锡"美术、书法、摄影作品展在无锡市民中心1号楼大厅展出。市委常委、宣传部部长李秋峰到场观展并向基层单位捐赠展览作品,市委宣传部常务副部长陆惠玲,市文联党组书记、主席杨建等陪同参观。

2月15日—3月15日,无锡市书协36位书法篆刻家携围绕主题实践创作的书法、篆刻、刻字作品到宜兴市、江阴市、梁溪区等地进行巡展。

【"喜迎党的二十大"主题活动】 2022年,市文联开展"喜迎党的二十大"主题活动,组织艺术家沿18条路线、按116个创作选题采风创作,共创作2000多件作品,举办无锡展区主题展览,并推荐70余件作品入选省"新时代颂"展览。推荐作品参加"墨韵新时代——喜迎党的二十大"江苏书法展览,举办"礼赞新时代·创造新未来"曲艺名家新秀惠民演出、"曲赞新时代 说唱美无锡"主题曲艺晚会等活动,影协艺术家在梅里古镇、雪浪山景区、鹅湖龙舟赛现场、中秋太湖烟花盛景等地进行航拍,在视频媒体上分享无锡的山水之美、人文之美。

10月28日,"新时代颂"2022江苏美术摄影主题联展无锡市作品展开幕式在滨湖区文化馆举行。全市美术摄影艺术家创作出的2000多件美术摄影作品,经省、市专家遴选,共展出作品140件,其中美术作品60件、摄影作品80件。除主展场外,各市(县)、区设立分展场,共展出作品超千件。

10月29日,当代中国画名家作品展开幕式在无锡东方美术馆举行,展出作品110幅。

11月20日,"印象江南"中国画提名展在祥云美术馆开幕。20余名中国美协会员创作的共58件优秀作品参展。展览围绕主题,选取不同侧面,从不同角度描绘无锡山水风光,记录无锡市城市发展和人民生活变迁,展示无锡和江南的秀美景致、人文风情。

8月3日,"诗意栖居、和谐守望"——新江南的无锡影像构建与传播主题研讨会举办。中国文联副主席、中国摄影协会主席李舸,中国摄影协会副主席、理论委员会主任杨越峦,中国摄影协会副主席、国际交流委员会主任潘朝阳等国内摄影界专家,就"以影像助推城市现代化建设"等展开研讨。

【论文集编纂】 2022年,市文联围绕市委年初提出的"加快打造一流文化强市"目标,以陆永基《无锡的自豪指向——无锡的地域性格、人文个性与卓绝辉煌的历史文化成果》一文为先导,发动10多名国内文化名人、学者专家参与座谈、撰文研讨无锡文化;组织"我为无锡文艺进一言"主题征文活动,收到厦门、宁波、武汉、福州、哈尔滨、合肥等十多个城市作者撰写的征文稿件110多篇。在"无锡文艺界"微信公众号开设"文化自信"专栏,发表30多篇优秀理论、评论文章,市文联编印《"传承江南文脉 擦亮太湖明珠"论文集》,论文集聚焦无锡的文化底蕴、文脉发展、人文成果,为研究无锡软实力提供参考。

【文艺创作】 2022年,全市文艺创作取得新成果。顾强的《画意江南》、黄一清的《口罩与日子》、朱智辉的《战友》和向阳的《面对面》4件作品入选第18届国际摄影艺术展,无锡入展数位居全省之首。陈佳冀的《构建动物叙事的崭新话语体系》获第七届"啄木鸟杯"中国文艺评论年度优秀文艺短评奖,另有两部作品入围终评,取得史上最好成绩。在江苏省文艺大奖中,无锡市选送的4件作品获"第四届美术奖",2件作品获"第九届曲艺奖""第十届戏剧奖",1件作品获"首届文艺评论奖"和"杂技奖"。无锡报送的歌曲《那一抹红》、图书《云端小学》《十八拍》获评无锡市第十届精神文明建设"五个一工程"优秀作品奖,《那一抹红》同时获江苏省第十二届精神文明建设"五个一工程"优秀作品奖。文艺研究院出版文学作品《记忆碎片》。徐风新著《做壶》入选"2022年度国家出版基金资助项目",该书对中国紫砂古法制壶的首创性进行完整记录与文学阐释。

【中国第18届国际摄影艺术展】 8月3日,中国第18届国际摄影艺术展在无锡雪浪小镇举办。展览收到120个国家和地区1.7万名摄影人的投稿14万件,主题展共展出作品

294 件、800 多幅，巴西、伊朗两个国别展和“诗情江南印象太湖”“长三角摄影艺术作品联展”两个平行展共展出作品 500 多件、约 1100 幅作品，展览规模为历年最大。举办“新江南的无锡影像构建与传播”研讨会，举行“为生活而艺术”主题讲座，探讨以影像助推城市建设、为美好生活服务。活动吸引了珠海、南通等多地艺术家和市民群众观展，参观展览人数近 5 万人次。人民网、新华社、中国新闻网等国家级媒体，网易、新浪、搜狐、澎湃新闻等门户网站，以及全国百余家地方媒体做了大量报道，“无锡博报”对开幕式进行云直播，线上线下全媒体辐射报道，充分实现了展会的溢出效应，为无锡打造“世界看中国的标志性窗口”提供文化助力。

【文艺大讲堂】 6 月 9 日，中国美术家协会水彩画艺委会副主任、江苏省美术家协会副主席陆庆龙以《取舍与整合——风景画创作谈》为题，开启无锡市文联“文艺大讲堂”2022 年度第一讲。

8 月 3 日，中国文联副主席、中国摄影协会主席李舸以《为生活而艺术》为题为无锡市文联“文艺大讲堂”作专题讲座。李舸为听众分享了时代发展与美好生活下摄影艺术创作的真正意义，探讨了如何让摄影作品更有效地为美好生活服务。

11 月 16 日，市文联“文艺大讲堂”第三讲——“元宇宙与公共艺术”艺术大咖对谈暨分享会在无锡雪浪小镇大公坊雪创中心开讲。策展人、艺术评论家、教授顾振清，策展人、文化学者、艺术总监何劲，加密艺术家章思围绕“元宇宙与公共艺术”主题，畅谈分享自己的智慧见解与艺术心得，为无锡市民带来一场科幻与美学交织的前沿艺术盛宴。

【文艺界抗疫】 2022 年，无锡文艺家采用线上、线下相结合的形式，举办“并肩抗疫 携手挥毫——无锡抗疫主题书法作品网络展”“‘艺’齐抗疫 ‘绘’战有我——抗疫主题线上美术作品展”“‘镜’心抗疫 艺展‘灵锡’之美——抗疫摄影作品展”等活动。创作歌曲 MV《同心同行》、弹词开篇《齐心协力来抗疫》、锡剧《“锡”声战疫情》、歌曲《天使再出征》等作品，组织书法公益拍卖活动。

【文艺人才队伍建设】 2022 年，无锡市在“无锡文艺界”公众号上重点推出 18 位中青年文艺名家专访。举办第三届无锡美术奖、摄影奖、曲艺奖评选活动，60 人次艺术家获奖。举办曲艺奖大赛颁奖仪式、第四期无锡市曲艺中青年骨干培训班、无锡市中青年文艺名家作品展点评观摩活动，对构建跨媒介融合的艺术空间进行探索。推进成立“无锡市新文艺群体联合会”，在文学、书法、数字艺术、民间工艺、艺术设计等领域吸纳会员 80 人，共同参与无锡文艺事业建设。

1 月 25 日，市文联召开无锡中青年文艺家座谈会，19 名中青年文艺家代表共话创作心路。10 月 18 日，“融艺术·美生活”——无锡中青年文艺名家作品展点评观摩活动在苏珈美术馆举行，20 多位无锡中青年文艺名家代表观展后进行了交流探讨。

【“文艺进万家”志愿服务】 2022 年，市文联组织各文艺家协会、文艺类社会组织到基层、社区、学校、军营举办展览、演出、讲座活动，开展文艺志愿服务活动 110 余场次。

1 月 17 日，在铁路无锡站候车大厅内，由市书法家协会主席孙璘带队，将近千副春联、1700 多副“福”字送到大厅候车旅客手中。60 多名书协志愿者在无锡东站、宜兴高铁站等多个站点派发春联、“福”字，向旅客送上祝福。

1 月 21 日，市书法家协会在时代国际大厦为中国卫星海上测控部送“福”送春联，10 名无锡书法家现场书写 600 个“福”字和 200 副对联，向远望人赠送“测海洋云水，观世界风雷”“九天揽月”“遥洽地空”“翔海测天”等书法作品。

1 月 27 日，市书法家协会组织会员到滨湖区美湖社区，举行 2022“百联迎春”书法社区展，共展出 100 余件春联和“福”字书法作品。

6 月 17 日、6 月 22 日，“锡韵流芳”非遗大讲堂走入无锡开放大学。国家一级导演、市戏剧家协会主席薛

11 月 10 日，“曲赞新时代·说唱美无锡”主题曲艺晚会暨第三届“无锡曲艺奖”大赛颁奖仪式在无锡大剧院举行

（市文联　供图）

11 月 27 日，投石问道——庄小石书画新作展在文渊坊开幕

（市文联　供图）

燕，国家一级演员、市戏剧家协会副主席兼秘书长过之红两位锡剧名家为无锡开放大学学员带去两场锡剧艺术精品演出。

【太湖风——无锡市书协成立 40 周年作品展】 8 月 30 日，“太湖风——无锡市书协成立 40 周年作品展”在北京中国文艺家之家展览馆开幕，为无锡市书法家协会首次组织作品进京展览。展览汇集无锡书法界老中青三代书法家的作品，其大多为中国书协会员、全国单项展入展者。展览共展出作品 100 件，其中书法作品 75 件、篆刻作品 19 件、刻字作品 6 件。第十一届全国政协副主席陈宗兴，中国文联党组书记、副主席李屹，中国文联党组成员、副主席董耀鹏和俞峰，以及中国艺术报社总编辑康伟、副总编辑余宁，中国书协理事、江苏省书协副主席马亚，无锡市人大常委会原副主任吴峰枫，中国书协理事、无锡市书协主席孙璘，中国文联机关各部门、各协会、各直属单位和各主承办单位领导，书画界及社会各界嘉宾出席开幕式。开幕式由中国艺术报社副社长孟祥宁主持。展览持续至 9 月 2 日。

【市民协第七次会员代表大会】 6 月 17 日，无锡市民间文艺家协会第七次会员代表大会召开。市文联党组书记、主席杨建，市纪委监委派驻第十三组组长钱文豪，市文联党组成员、副主席吴立群、卢俊峰等出席大会。大会审议通过协会工作报告，修改协会章程。选举产生新一届理事会，王峰当选主席。

【市文联十届六次全委（扩大）会议】 7 月 22 日，市文联十届六次全委（扩大）会议召开。市委常委、宣传部部长李秋峰，市委组织部副部长、市公务员局局长林茂松等出席会议。会议选举杨建为市文联主席，增补唐晓峰等 64 人为十届文联委员。市文联党组书记、主席杨建作全委会工作报告。会议审议通过《无锡市文联关于加强全委会委员履职工作实施办法》。江阴市文联、宜兴市文联、无锡市书协、市美协及市花鸟画研究会先后作交流发言。

【无锡市国画院揭牌仪式暨首次采风活动】 10 月 29 日，无锡市国画院揭牌仪式在大溪港湿地公园举行。中国美术家协会副主席、江苏省文联副主席、江苏省美术家协会主席、江苏省国画院名誉院长、艺委会主任周京新，中央文史研究馆馆员、中国画学会创会副会长程大利，市人大常委会副主任高亚光，市政协副主席韩晓枫共同为无锡市国画院揭牌。

11 月 1 日，由中央文史研究馆馆员、中国画学会创会副会长、无锡市国画院艺术顾问程大利带队，无锡市美术家协会主席、无锡市国画院执行院长周胜荣，无锡市国画院副院长吴宇华、陈坚，山水、花鸟、人物创作组部分骨干人员一行到无锡红沙湾景区，参与无锡市国画院成立后首次太湖采风活动。

（孙必勇）

无锡市哲学社会科学界联合会

【组织建设】 2022 年末，无锡市哲学社会科学界联合会（以下简称“市社科联”）有市本级社科联 1 家、市（县）级社科联 2 家（江阴市社科联、宜兴市社科联）、高校社科联 10 家（江南大学社科联、无锡职业技术学院社科联、无锡商业职业技术学院社科联、江苏信息职业技术学院社科联、无锡城市职业技术学院社科联、无锡科技职业学院社科联、无锡开放大学社科联、无锡旅游商贸高等职业技术学校社科联、无锡工艺职业技术学院社科联、无锡学院社科联）；有会员单位 134 家（其中，市级社科类社会团体 85 家）；全市社科普及示范基地 85 家，其中省级基地 18 家、市级基地 67 家（年内新增省级基地 2 家、市级基地 37 家）。

【课题立项】 4 月 28 日，市社科联与市委宣传部联合印发《关于公布 2022 年度无锡市哲学社会科学招标课题立项项目的通知》，明确重点课题立项 11 项；精品课题立项 145 项，其中立项资助课题35项、立项不资助课题110项。7月22日，市社科联印发《关于公布2022年度无锡市哲学社会科学招标课题（党的创新理论与无锡实践专项）立项项目的通知》，经申报评审，共立项课题10项，成果汇编成册——《深学笃行新思想 踔厉奋进新征程》。4—12月，会同市委统战部、市委网信办等单位联合开展部门专项课题研究，全年接受部门专项课题申报384项，立项80项。

【第十二届学术大会】 1月8日，无锡市哲学社会科学界第十二届学术大会在无锡职业技术学院召开，市委常委、宣传部部长李秋峰出席会议并讲话，全市哲学社会科学界90多名专家学者围绕“汲取百年奋斗伟力，勇做社会主义现代化建设排头兵”主题开展研讨交流。大会评出优秀论文130篇，其中一等奖15篇、二等奖30篇、三等奖85篇。会上，为优秀论文获奖代表颁发证书，为无锡市高校社科联联盟揭牌。大会邀请中国社会科学院研究员武力和上海社科院研究员沈开艳作主旨演讲。大会设立经济类、政治文史类、社会生态类3个分会场。

【社科优秀成果评奖】 5月27日，市政府办公室印发《关于成立无锡市第十六届哲学社会科学优秀成果评奖委员会的通知》，由市委常委、宣传部部长李秋峰和副市长秦咏薪担任评奖委员会主任，下设评奖办（设在市社科联）。市评奖办印发申报通知，全面征集2017—2021年无锡市优秀社科成果。经公示审核，327项成果符合申报要求。8月，市评奖办邀请25位专家（无锡市20位、其他市5位）组成5个学科组对成果进行评审。经专家独立评分和学科组集体讨论，提出拟获奖成果名单，在此基础上推荐产生参评江苏省第十七届哲学社会科学优秀成果奖的作品，并进行网络公示。经过复评，确定市拟获奖成果120项，其中一等奖15项、二等奖30项、三等奖75项。12月，江苏省第十七届哲学社会科学优秀成果拟获奖成果公示，无锡市入选28项。

【项目资助】 8月，市社科联印发《关于公布2022年无锡市社科学会重点学术活动资助项目的通知》，“编撰出版《数字无锡 智创未来——无锡数字经济发展报告（2021）》”等9个社科学会重点学术活动获得资助。同月，市社科联印发《关于公布2022年无锡市社科普及资助项目的通知》，“全民国家安全教育日主题活动”等5个项目获重点项目资助；“红色文化宣传普及活动”等22个项目获特色项目资助。9月，省社科联印发《关于2022年省社科联社科普及项目资助的通知》，“‘理小响学习时’系列短视频”获重点项目资助；“学而时习之——‘太湖悦读’全民线上朗读大赛”等9个项目获一般项目资助；“‘小淘气学陶器’宜兴非遗研学活动”等5个项目获基地项目资助。

【获奖项目】 2022年，无锡市“智慧社科”信息化管理平台项目入选省社科联“一市一品”项目第一批立项名单，无锡非遗文化普及互动体验活动获2021年度省社科普及资助项目优秀等次。在首届省社科普及基地讲解员大赛中，市社科联报送的《不负青山绿水 践行时代使命》《宝藏宜兴带我体验“金镶玉”的陶式生活》获优秀作品奖。年内，《打造高质量智库体系 推动无锡现代化建设走在前列》获2021年度全省宣传思想文化工作优秀调研成果荣誉奖二等奖，《加强地方智库协同创新 提升服务发展效能研究》获2021—2022年度全市宣传思想文化工作优秀调研报告一等奖，《关于加强无锡市文艺精品创作体制机制的研究》获2021—2022年度全市宣传思想文化工作优秀调研报告三等奖。

【社科普及】 4月22日，无锡市社会科学普及工作联席会议第四次会议召开，市委常委、宣传部部长、联席会议召集人李秋峰出席会议并讲话。7月28日，市社科联举办首期“锡事明理”人文社科讲堂，邀请省社科联党组书记、常务副主席张新科为全体理事作了题为“世界科学中心形成的哲学社会科学之基”的讲座。9月24日，无锡市第十九届社会科学普及宣传周暨“锡事明理”人文社科讲堂进高校、江南大学2022级本科新生转型教育在江南大学启动，活动主题为“喜迎二十大 奋进新征程”，同时举办“红色之旅——无锡党史教育基地巡礼”图片展和“我和新时代国家安全”优秀海报作品展，邀请省委宣传团成员、江南大学马克思主义学院教授、博士生导师唐忠宝和江南大学人文学院副教授、硕士生导师黄晓丹分别作了题为“学习党史 强化青年使命担当”“人生几何春已夏 不放香醪如蜜甜”的专题讲座。科学周期间共举办60余场活动，参加人数达1万多人。

（卞雨江）

无锡市归国华侨联合会

【组织建设】 2022年，全市侨联系统在广电、医院、律所、银行、企业、社区、园区等成立基层侨联组织100多家，新增“五星侨胞之家”10家，长江社区“侨胞之家”获评全国典型。无锡市归国华侨联合会（以下简称“市侨联”）机关党支部完成换届。基层侨联组织普遍建立功能型党支部，组建形成侨界党建联盟。年内，无锡市侨联工作获新华社、《人民日报》海外版、中共中央统战部网站等媒体报道60余次，被“学习强国”无锡学习平台登载40余次，省、市及海外媒体报道700余次。

【思想政治教育】 2022年,无锡市侨联利用空中"云"客厅,向海外华侨华人和留学生宣传中共最新方针政策,传递党和政府的关爱。开展"瞧侨先锋"活动,市侨联联合市委市级机关工委在经济发展、城市建设、对外交流、服务民生、科技创新5个领域的侨界党员中选树"侨先锋"50人,组织举行"侨先锋"典型事迹报告会。联合团市委组织侨界青年开展形式多样的活动,第一时间组织侨界青年学习习近平总书记给南京大学留学归国青年学者的回信、关于中华文明探源工程讲话精神;联合市委人才办、无锡广电开设《海归追梦人》栏目,在《扬子晚报》开设《侨这青年》《侨这企业》专栏,展现海归青年创新创业和侨企奋进姿态;组建"侨我讲故事"宣传团,新老侨典型对国际班"准留学生"进行行前教育,鼓励他们向钱学森、李四光等老一辈科学家学习,学成归来,报效祖国。开展"侨我喜迎二十大""侨我学习贯彻二十大"系列活动,启动"侨心向党 追梦有我"活动。

【发挥侨智侨力】 2022年,无锡市建立"一带一路"图书角、"一带一路"为侨法律服务中心。市侨联定期举办"一带一路"思想汇。与菲律宾新国际警察协会签订护侨协议。牵线侨商推动开设无锡至白俄罗斯的中欧班列,扩容无锡"一带一路"贸易通道。组织无锡侨企专题学习研究RCEP规则及应用,引导企业开展产业链供应链国际合作,助力无锡企业参与"一带一路"建设,实质性推动对接13个海外投资项目,促成隆玛科技菲律宾安居房、无锡第二袜厂越南项目等6个项目落地,投资额逾60亿元。对接长三角和粤港澳大湾区侨商侨企,实现两地互访,组织开展长三角—粤港澳大湾区侨商峰会(线上),举办深圳无锡博士创新创业云端论坛、长三角与大湾区大健康协作论坛等系列论坛峰会,助力长三角—粤港澳(无锡)产业融合发展。依托"为侨服务中心""侨智创新中心""太湖湾新侨企业科创联盟"等服务平台,形成"企业家+民资+海智""基金+基地+基业"人才项目招引机制,引进法国诺芳华(无锡)公司落户留创园,为博世、威孚高科等高科技企业引进多名海归人才,助推法中孵化器联盟协会、美国SPGL孵化器平台与大公坊雪创中心签订友好战略合作协议。牵头与无锡学院等单位签署七方共建协议,举办校园招聘会,帮助600余名大学毕业生就业创业。联合多家银行、产业园区、高校、侨企,举办"银侨共谋锡发展"银企对接会、"搭侨梁 谋发展"产学研对接会;加强与外地侨联侨企联系,组织侨企"走出去、请进来"。12家企业获评江苏省优秀侨资企业,在江苏侨界创新创业大赛上,3个海归创业项目获奖。

【海外联谊】 2022年,市侨联以共同的"根""魂""梦"为基点团结侨胞,凝聚侨胞爱国爱乡的桑梓情怀。在全球50余个国家设立143个海外无锡乡情驿站,聘请300多名海外联络专员,宣传无锡形象,传递无锡声音,增强无锡吸引力。通过社区、园区、学校、校友会等侨联末梢组织以及留亲会、侨青会等侨社团,与海外侨胞、乡贤、留学生保持常态联系,做好暖心服务,激发乡愁情怀。在春节、端午、中秋等传统节日,举办"云上"系列活动,全球50多个国家的80多个侨社团超过40万人参与。建立17家中餐文化海外推广中心、31个华裔青少年夏令营营地、66家华侨文化交流基地。其中,1家获评国家级华侨文化交流基地,5家获评省华侨文化交流基地,3家获评省中餐文化海外推广中心。创新华裔青少年夏令营举办方式,无锡广电、街道社区、学校企业多方参与,通过具有浓浓无锡味的鸿山遗址、东林书院、惠山泥人、宜兴紫砂、名人故居、阳山水蜜桃、穆桂英糕点等地域文化、名胜古迹、美食特产,在海外华裔青少年和家长心中烙下"无锡印记"。

【为侨服务】 2022年,无锡市成立"为侨法律服务工作站"、"一带一路"法律服务帮帮团、侨界法律顾问团等组织,建立"专业律师+侨务干部+社区志愿者"侨法宣传队伍,各级侨联通过宣传册、横幅、展板、电子屏、微信群

5月27日,市侨联举办"亲情中华,锡望您来,侨连五洲,云上端午"活动
(市侨联 供图)

等多种渠道，以小视频、知识问答等形式宣传涉侨法规政策。市侨联会同市人民检察院出台《关于加强新时代涉侨检察工作依法保护侨胞合法权益的实施意见》，成立全省首家“检察护侨服务中心”，省人民检察院、省侨联联合发文在全省推广；与菲律宾新国际警察协会签订护侨协议，为菲律宾的无锡侨企和侨胞提供安全保障；与公安、法院、广电集团、文旅集团、人才中心、银行、医院等单位合作，构建思想聚侨、组织建侨、公安为侨、司法护侨、文化乐侨、金融助侨、中医惠侨等为侨服务新格局。联合公安、国安、银行、医院等单位为留学生提供行前安全指导和生活服务，依托海外无锡乡情驿站为留学生排忧解难，人力资源和社会保障部门与相关园区、单位为留学生到无锡实习和创业就业提供服务，相关做法被欧美同学总会作为典型案例推广。联合政府相关部门推动困难老归侨家庭适老化改造，联合江南大学组织大学生“结对”志愿服务老归侨，引入社会组织实施关爱老归侨公益项目——“幸福来‘侨’门”，构建起市、区、街道、社区和社会共同关心服务老归侨网络。

【参政议政】 2022年，无锡侨界人士提出议案建议35条，《关于无锡市小巨人“专精特新”企业培育发展的建议》《关于加快推进无锡数字文化创意产业高质量发展的建议》《关于加强无锡市车联网先导区建设的建议》等得到相关部门高度重视。《聚焦“硬科技”抢抓海外科技人才回流“窗口期”——加快引进海外华人科学家团队的建议》提案被省侨联采用，并列为省政协提案。调研课题“积极发挥侨务民间外交作用”被市《党政信息》采用并向省委平台推荐。会同侨智创新中心申报的“畅通引才渠道 助力无锡籍海外人才融入太湖湾科创带建设”课题，被市社科联列为精品课题。

（许竹敏）

无锡市台湾同胞联谊会

【组织建设】 2022年末，无锡市台湾同胞联谊会（以下简称“市台联”）有市本级组织1个，全市定居台胞210人（含两岸婚生子女85人）。召开理事扩大会议，强烈谴责西方势力干涉中国内政，坚决反对“台独”分裂活动，坚决捍卫国家主权。年内，3名台胞获评江苏省台联工作荣誉奖，在世界华人学生作文大赛中，市台联获评优秀组织奖。

【学习宣传】 2022年，市台联组织台联理事和青年台胞骨干传达学习全国、省市两会精神，学习《台湾问题与新时代中国统一事业》白皮书，学习习近平总书记给海峡青年论坛的台湾青年回信精神，勉励海峡两岸青年为实现中华民族伟大复兴中国梦携手打拼。抗疫期间，通过征文和图片等形式，向省台联推送在无锡的台胞抗疫事迹宣传。组织台胞学习中共二十大精神，推送优秀文章在省台联微信公众号上发表。为纪念省台联成立40周年，推送台胞《新起点 新担当》《温暖的大家庭》等文章在省台联微信公众号上发表。11月，组织台联理事、青年台胞骨干和台联专干参加第四期无锡海外联谊会国情研修班。

【服务台胞】 2022年，市台联深入台胞家庭，了解台胞的学习、工作和生活状况，送上党和政府对台胞的关心，全年走访台胞家庭30余户。春节前夕，慰问发放老台胞和困难台胞生活补助款6.26万元。端午节前，走访慰问老台胞遗孀，并送上慰问品。热情对待在无锡台胞的合法诉求，市台联多次协调相关部门，为老台胞和老台胞遗孀解决拆迁问题、自建房屋质量纠纷问题、海峡两岸婚姻家庭子女上学问题、继承在台遗产问题提供帮助，为定居台胞的新生儿上户口协调台籍身份认定、独居老台胞疫情期间日常生活用品保障及参加中考、高考的定居台籍学生提供政策咨询，并协助做好加分审核申报工作。参加市委统战部、市委台办常住台胞工作座谈，交流常住台胞工作情况并确立工作对接机制。通过电话、微信等方式了解常住台胞的工作、生活及相关困难情况。解决常住台胞门铃码身份认证问题。以无锡定居台胞和常住台胞为主组建“台联追梦队”，参加“光大杯”2022无

10月，在无锡的两岸青年台胞组成“台联追梦队”参加龙舟赛后合影

（市台联　供图）

锡统战系统"同心同行,同舟共济"庆祝党的二十大龙舟赛活动,庆祝中共二十大胜利召开。

【参政议政】 2022年,市台联引导台籍政协委员关注社情民意,履职尽责建言献策。年内,推荐优秀提案《进一步实施精细化管理,切实提升老旧小区市民生活质量》和《关于解决机场快速通道上下班高峰拥堵问题的建议》,积极参政议政。

(王志好)

无锡市残疾人联合会

【组织建设】 2022年,无锡市有市本级残疾人联合会(以下简称"市残联")1家,市(县)、区残联7家,无锡经济开发区由区社会事业局负责残疾人工作。至年末,7个市(县)区、73个镇(街道)残联,1130个村(社区)残协完成换届。12月12—13日,无锡市残疾人联合会第八次代表大会召开,会议选举产生新一届主席团、执行理事会和各专门协会负责人。在东京冬残奥会上,无锡籍优秀残疾人和残疾人运动员代表分别作为火炬手和执旗手亮相。

【"红梅生香"党建助残】 2022年,市残联依托全市"残疾人之家",以年度公益创投项目为支撑,打造"红梅生香"党建助残品牌。市残疾人托养中心与18个党组织结对组建"幸福·家"党建联盟,市特殊需要儿童早期干预中心与19家党组织组建"甘雨·爱力量"党建联盟。做大做强无锡市志愿助残联盟,联盟下辖50余个志愿助残服务分队及社会助残组织。市残联报送的《倾心打造"红梅生香"品牌促进残疾人事业全面发展》获评2022年度全市党建带群建优秀案例,市特殊需要儿童早期干预中心被评为江苏省巾帼文明岗。

【"残疾人之家"建设】 2022年,无锡市出台《"残疾人之家"提升三年行动计划(2022—2024年)》。制定《无锡市"残疾人之家"等级评定办法》,通过科学合理且可量化的等级评定,促进全市196家"残疾人之家"明确自身发展定位。继续开展"残疾人之家"基本公共服务评估,及时发现和弥补"残疾人之家"在运行中的漏洞短板,将评估结果和考核挂钩。

【残疾人康复】 2022年,无锡市开展残疾人康复服务进社区活动56场,其中大型活动8场、主题活动48场,40余家康复及辅具服务机构参与活动,惠及人数1万多人次,网络直播观看超50万人次,取得良好效果。市残联、市教育局、市卫健委联合下发《关于做好全市孤独症儿童基本康复服务常态化全覆盖工作的通知》。各有关部门建立信息共享制度,各级审核审批(除评估鉴定环节外)不超过10个工作日。全市0～14岁孤独症儿童基本康复救助服务851人。

【残疾人教育】 2022年,无锡市为4个城区共241名残疾学生和贫困家庭残疾人子女提供教育专项补贴33.35万元,为51名残疾学生提供其他补贴和奖励30.2万元。完成省残联学前融合试点项目收尾工作。继续与无锡开放大学合作,发挥残疾人教育学院作用,开设电子商务、行政管理、人力资源管理等适合残疾人学习的中专、大专、本科专业,圆残疾人"大学梦"。

1月16日,江阴市南闸街道残疾人之家开展"迎新春 送祝福"暖冬活动

(市残联 供图)

【无障碍设施建设】 2022年,无锡市依托"灵锡"App打造残疾人服务专区,与智慧残联系统无缝对接,为残疾人提供无障碍浏览菜单式体验,实现在线申请康复、教育、社会保障、托养等服务。搭建"便利出行无障碍"数字化场景,全市持证残疾人通过"灵锡"App在线领取电子残疾人证,实现"亮证免费入园"和"刷码免费乘车"。优化无障碍地图,对全市重点公共场所内的无障碍设施进行标注和展示,帮助残疾人了解周边无障碍设施情况。

【民主党派助残】 2022年,市残联在市委统战部支持下,由各民主党派、无党派知联会与各市(县)区进行挂钩结对打造专属助残项目。全年组织需求对接会、方案研讨会20余次，依托法律、医药卫生、电商、文化等专业领域人才资源优势，围绕残疾人群体就业保障、技能提升、精神文化等实际需求，开展法律援助、电商直播、医疗康复、无声伴读等服务活动百余场次，推动实施"灿烂梦工坊""点亮星创园""惠爱无声""E7同行"等助残服务项目，惠及万余残疾人。

【"暖冬助残"活动】 2022年，市残联会同市文明办、《无锡日报》、《江南晚报》联合发起"暖冬助残，爱满锡城"活动，《无锡日报》《江南晚报》专版刊登活动倡议。活动期间，全市累计网络发布活动情况38次，组织助残活动509次，参与活动16612人次，向残疾人和涉残机构捐赠资金及物资总计385万元，为2.7万余名残疾人达成专属微心愿。

（李 洋）

无锡市红十字会

【组织建设】 2022年末，无锡市红十字会（以下简称"市红十字会"）有市本级红十字会1个，市（县）、区红十字会8个，无锡经开区红十字会于12月成立。指导江阴市红十字会、宜兴市红十字会、滨湖区红十字会成立党组。推动红十字基层组织向园区和"两新"组织延伸拓展，累计建成红十字会基层组织1747个，列全省首位，其中，镇（街道）红十字会73个、村（社区）红十字会1128个、学校红十字会438个、医院红十字会65个、企事业单位及其他领域（园区、行业）红十字会43个。有红十字会员28.6万人，其中成人会员4.1万人、青少年会员24.5万人。有志愿服务组织139个，志愿服务基地35个，注册志愿者2.66万人。年内，江阴市澄江街道君山社区、宜兴市宜小红志愿服务队获评全国红十字模范单位，林嘉麟、丁伟建、陆昱彤、陈红4人获评中国红十字会"会员之星"。

5月7日，市红十字会召开无锡市2022年红十字人道万人捐动员大会

（市红十字会 供图）

【思想政治建设】 2022年，市红十字会坚持把思想政治建设摆在首位，聚焦学习宣传贯彻中共二十大精神主题主线，完善中心组学习、领导上讲台、讲师团宣讲、网络学习等制度，组织全系统开展"喜迎二十大、建功新时代"系列主题活动，全年举行中心组理论学习15次、专班学习2次、专题研讨9次、专题党课4次，开展党建活动20余场。

【助力疫情联防联控】 2022年，市红十字会制定《疫情联防联控物资保障战时工作方案》，募集疫情防控社会捐赠款物7252万元，其中，"锡红公益联盟"成员单位海澜集团向全市一线防疫工作者捐赠价值1129万元的生活保障物资。1500余名红十字会的党员干部、志愿者到基层助力疫情联防联控。

【红十字应急救援体系建设】 2022年，市红十字会加强同应急管理部门和无锡邮政分公司战略合作，举办"2022年无锡市红十字应急救援综合演练"，会同相关部门联合开展"2022年无锡市防灾减灾宣传周启动仪式暨洪涝台风灾害救援救灾演练"活动，全年举行各类演训保障活动50余场。全市11支救援队成立功能性党支部，并与博爱家园建立结对关系，协助社区开展疫情防控、救护培训、防灾避险等志愿服务活动1000余场，受益群众20余万人。

【救护培训】 2022年，市红十字会深入推进政府为民办实事项目"公益性应急救护培训"活动，推动应急救护培训工作向重点领域、重点行业延伸，全年共完成救护员、初级救护员、心肺复苏（CPR+AED）取证培训2.57万人、普及培训10.5万人，在客运站、学校、政务大厅、科普教育基地等公共场所配置自动体外除颤器（AED）171台，在2022年度全省红十字应急救护职业技能竞赛中，市红十字会获得第一名和团体特等奖。

【造血干细胞捐献】 2022年，市红十字会开展"捐献造血干细胞、点燃生命新希望"广场主题宣传活动，举办成功捐献造血干细胞志愿者联谊会。做好造血干细胞入库招募、捐献

11月20日，市红十字会获评2022年第四届江苏省红十字应急救护职业技能竞赛团体特等奖后合影 （市红十字会 供图）

动员、跟踪随访等全过程服务，全年新增造血干细胞报名采样1008人份，捐献12例。

【遗体和人体器官捐献】 2022年，市红十字会开展遗体（器官、角膜）捐献缅怀纪念和网上“云祭扫”活动。新增遗体、器官捐献报名登记7539人，实现遗体捐献66例、器官捐献13例。

【红十字博爱家园建设】 2022年，市红十字会新建博爱家园6个，累计114个。率先在全省印发《无锡市红十字博爱家园星级评定管理办法》，有关经验做法在全省红十字会系统推广。围绕群众需求精准开展救护培训、健康服务、助困帮扶、心理疏导、养老照护等活动1200余场次，受益20万余人次。开展“‘奋进新征程，建功新时代’——博爱家园系列报道暨优秀评选活动”，年内，评选表彰市级优秀“博爱家园”30个，13个博爱家园获评省优秀博爱家园。

【红十字生命教育基地建设】 2022年，市红十字会依托全市10个应急救护培训基地、10个学校生命健康安全体验馆（教室），开展“精讲＋实操”“线上＋线下”培训活动，累计接待培训和参观体验5万余人次，有效提升群众自救互救能力和自我健康管理水平。宜兴市红十字应急救护培训基地（宜兴市红十字人道教育中心）被红十字国际学院命名为“国际人道现场教学基地”，并获评2022年度省红十字应急救护培训示范基地和2022年无锡市科普教育基地。

【红十字景区救护站建设】 2022年，市红十字会推进景区救护站建设向国家AAAA级旅游景区延伸，为4个国家AAAAA级旅游景区救护站配备价值6.24万元的应急救护器材。协同景区分期分批开展初级救护员培训、应急救援演练，常态化组织红十字应急救护志愿服务队到景区开展便民服务，受益群众8万余人。

【红十字文化宣传】 2022年，市红十字会同无锡日报报业集团签订“全媒体新闻行动”战略合作协议，定期专版刊登特色亮点工作，全年在省级以上重要媒体刊发新闻报道170余篇，市红十字会获总会报刊宣传工作先进集体特等奖。组织学习贯彻《江苏省红十字会条例》巡展，选送18篇作品参加江苏省红十字会举办的“喜迎二十大 建功新时代”主题宣传活动，获一等奖1个、二等奖3个、三等奖2个。开展“红十字生命教育”和“红十字博爱周”主题宣传活动，拍摄“秉承人道初心、情暖博爱锡城”“红十字的故事”等主题宣传片。会同市教育局、市台办举办“携手向未来 共绘中国梦”2022年无锡市海峡两岸红十字青少年文化交流作品征集评选活动，共征集作品990余件。

【志愿服务】 2022年，市红十字会培育“博爱志愿行”志愿服务项目6个，新增志愿服务基地6个、志愿服务队7支、注册红十字志愿者853人。组织全市26家冠名（团体）红十字单位，开展“博爱送健康”190余场，受益群众2.8万余人。9所在无锡高校完成12个省、市志愿服务项目，其中5个获省级立项。年内，惠山区晴山蓝城社区获评全国学雷锋志愿服务“四个100”之“最美志愿服务社区”。

（刘 森）

编辑 罗秋云

人大立法

【概况】 2022年，市人大常委会高标准推动地方立法及规范性文件备案审查工作，全年制定、修改地方性法规9件，组织审查规范性文件58件。

【《无锡市第十七届人大常委会立法规划》出台】 8月2日，市委批转《无锡市第十七届人大常委会立法规划》。规划围绕市第十四次党代会决策部署，聚焦市"十四五"规划确定的目标任务，统筹考虑各方面的立法需求，突出重点领域和新兴领域立法，设立立法项目库，共安排立法项目75件。

【《无锡市人大常委会关于推动新时代地方立法工作高质量发展的意见》出台】 6月10日，无锡市第十七届人民代表大会常务委员会第五次主任会议通过《无锡市人大常委会关于推动新时代地方立法工作高质量发展的意见》。意见对始终以习近平法治思想为根本遵循、坚持党对地方立法工作的全面领导、充分发挥人大在立法中的主导作用、注重在立法中践行全过程人民民主、突出加强重点领域和新兴领域立法、积极探索运用丰富多样的立法形式、着力提升地方立法工作的质量效果、全面强化地方性法规质量检视工作、不断优化完善地方立法工作新格局、努力打造新时代高素质的立法队伍10个方面作出具体规定。

【《无锡市人民代表大会常务委员会基层立法联系点工作规定》出台】 6月10日，无锡市第十七届人民代表大会常务委员会第五次主任会议通过《无锡市人民代表大会常务委员会基层立法联系点工作规定》，自公布之日起施行，并同时废止2014年8月4日无锡市第十五届人民代表大会常务委员会第二十八次主任会议通过的《关于开展立法联系点工作的意见》。规定共十八条，对基层立法联系点的设立、调整，以及基层立法联系点的任务及具体工作要求等作出规定。

【《无锡市人大常委会关于在地方立法工作中践行全过程人民民主的规定》出台】 9月6日，无锡市第十七届人民代表大会常务委员会第八次主任会议通过《无锡市人大常委会关于在地方立法工作中践行全过程人民民主的规定》。规定涵盖法规立、改、废、释，对法规立项、起草、审查、审议、公布、实施等立法活动践行全过程人民民主提出明确要求，就充分发挥人大代表、基层人大、基层立法联系点和立法咨询专家作用，以及完善立法协商、立法听证、论证咨询、第三方评估、通过前评估、民意采纳反馈等机制作出具体规定。

【《无锡市公共信用信息条例》废止】《无锡市人民代表大会常务委员会关于废止〈无锡市公共信用信息条例〉的决定》由无锡市第十六届人民代表大会常务委员会第四十四次会议于2021年12月28日通过，经江苏省第十三届人民代表大会常务委员会第二十八次会议于2022年1月14日批准，自公布之日起生效。

【《无锡市社会治理促进条例》出台】《无锡市社会治理促进条例》由无锡市第十七届人民代表大会常务委员会第七次会议于10月27日通过，经江苏省第十三届人民代表大会常务委员会第三十三次会议于11月25日批准，自2023年1月1日起施行。条例共7章75条，包括总则、公共安全保障、社会治安防控、矛盾纠纷化解、基层社会治理、保障促进措施和附则。

【《无锡市城市绿化管理条例》修正】《无锡市人民代表大会常务委员会关于修改〈无锡市城市绿化管理条例〉的决定》由无锡市第十七届人民代表大会常务委员会第六次会议于8月30日通过，经江苏省第十三届人民代表大会常务委员会第三十二次会议于9月29日批准，自公布之日起施行。决定根据地方性法规涉及行政处罚内容专项清理要求，对条例的法律责任作相应调整。修正后的条例共5章41条，包括总则、规划和建设、管理和保护、奖励和处罚、附则。

【《无锡市建设工程安全生产管理条例》修正】《无锡市人民代表大会常务委员会关于修改〈无锡市建设工程安全生产管理条例〉的决定》由无锡市第十七届人民代表大会常务委员会第六次会议于8月30日通过，经江苏省第十三届人民代表大会常务委员会第三十二次会议于9月29日批准，自公布之日起施行。决定根据地方性法规涉及行政处罚内容专项清理要求，对条例的法律责任作相应调整。修正后的条例共7章55条，包括总则，建设单位的安全责任，勘察、设计、工程监理等其他有关单位的安全责任，施工单位的安全责任，建设安全监督管理，法律责任以及附则。

【规范性文件备案审查】 4月29日，市人大常委会召开全市规范性文件备案审查工作会议，贯彻落实全国人大常委会和省人大常委会关于备案审查工作的新要求，全面推进规范性文件备案审查工作。对2022年报备的50件规范性文件以及2021年结转的8件规范性文件，认真组织审查。针对审查中发现存在不适当情形的规范性文件，督促制定机关进行修改，切实维护法治统一。

（市人大常委会办公室）

【全市立法工作会议】 8月3日，全市立法工作会议召开，对未来五年无锡市人大立法工作和落实五年立法规划作具体部署。市委书记、市人大常委会主任杜小刚到会并讲话。会议强调，要深入贯彻习近平法治思想和习近平总书记关于立法工作的重要指示要求，全面落实中央和省、市委人大工作会议精神，坚持科学立法、民主立法、依法立法，进一步加强和改进新时代地方立法工作，切实以高质量立法护航高质量发展。市长赵建军对做好立法工作提出要求。市领导周凤琴、许峰、高亚光、沈建、吴建元，市人民检察院检察长朱良平，以及蔡叶明、黄蓉华，市人大常委会秘书长陆洪参加会议。市人大常委会常务副主任徐劼主持会议，副主任曹佳中对立法规划作说明。

（沈斐旻）

【《关于修改和废止部分政府规章的决定》出台】 12月7日，市政府第14次常务会议审议通过《关于修改和废止部分政府规章的决定》，自2023年3月1日起施行。该决定涉及2件现行政府规章的修改、2件现行政府规章的废止。修改后的《无锡市地方储备粮油管理办法》对地方储备粮油管理的政府监管职责、粮食承储企业的责任、粮食储存安全以及具体监督管理等内容作进一步的明确；修改后的《无锡市市区住宅专项维修资金管理办法》就调整住宅专项维修资金的交存规定、使用条件、监管内容等进行规范和细化。《无锡市生猪屠宰销售管理办法》《无锡市献血管理办法》的主要内容被《中华人民共和国动物防疫法》、国务院《生猪屠宰管理条例》、《无锡市献血条例》等上位法覆盖，经论证评估，两部规章符合《江苏省规章制定程序规定》的废止情形。

【《无锡市公共厕所管理办法》出台】 12月30日，市政府第16次常务会议审议通过《无锡市公共厕所管理办法》，自2023年3月15日起施行。该办法共32条，不设章节，包括公厕定义和类别、政府和部门职责、公厕规划、建设和管理规定等内容。

（田　杰）

政法工作

【概况】 2022年，全市政法系统恪守全面从严管党治警主体责任，实施《关于巩固政法队伍教育整顿成果推进全面从严管党治警的实施意见》。43家政法单位、376名政法领导干部开展“政治忠诚剖析”，全市政法单位持续整治执法司法顽瘴痼疾442个。认真贯彻落实市县级政法领导干部交流指导意见，全市政法机关领导干部交流131人。年内，全市政法机关有65个集体、285名个人获得省部级以上表彰。人民群众对政法机关和政法队伍满意率为96.3%。

【政治建设】 2022年，全市政法系统深入学习习近平总书记关于政法工作系列重要讲话精神，认真学习宣传贯彻中共二十大精神，把坚持党的绝对领导贯穿政法工作全过程各方面。贯彻《中国共产党政法工作条例》及省委、市委实施意见，健全落实地方党委定期听取政法工作汇报等制度，完善党委政法委员会委员述职、派员列席同级政法单位党组（党委）民主生活会等制度，组织开展新一轮政治督察、纪律作风督查巡查和执法司法检查，促进政法系统政治建设体系更加完备。

【深化联动工作机制】 2022年，全市政法系统将中共二十大安保工作贯穿全年，创新建立经济社会重点领域安全稳定风险排查化解工作机制，深化运用社会及信访稳定联动工作机制，专项开展社会矛盾风险隐患拉网式大排查、大起底、大化解，扎实推进“信访突出问题攻坚化解年”行动，全市进京非访和在京社会面清查在全省保持低位，其做法经验获全省推广。

【平安建设协调机制】 2022年，无锡市组织推进高水平“平安无锡”建设，建立健全市县镇三级平安建设协调机制，积极创建全国社会治安防控体系建设示范城市，群众安全感99.29%。持续深化攻坚整治，常态化开展扫黑除恶斗争，打击整治养老诈骗专项行动工作绩效位居全省第一，特殊困难群体救助帮扶和妇女儿童权益保障问题专项排查整治成效位居全省前列。全市现行命案连续11年、“两抢”案件连续6年全破，盗窃案件破案率位居全省第一，打击犯罪整体绩效位居全省前列。开展安全生产、道路交通、生态环境整治，道路交通亡人事故数、亡人数比上年分别下降28.96%、28.54%。建立平急转换、平战结合疫情防控社会及社区管控机制，打赢一系列疫情防控阻击战。

【市域社会治理现代化试点】2022年，无锡市细化推进市域社会治理现代化试点任务，施行《无锡市社会治理促进条例》，善治无锡建设加快推进。组织推进基层治理体系和治理能力现代化建设，制定《无锡市城乡网格化服务管理实施细则（试行）》《无锡市专职网格员管理办法》《关于进一步加强全市镇（街道）综治中心规范化建设的意见》，实施“精网微格”工程，覆盖整体、联动各级的“金字塔式”网格体系初步形成。全面建成市县镇三级社会治理现代化指挥中心，上线运行“五防五治”指挥调度系统，45个部门680类200亿余条社会治理数据“一平台”汇聚。扎实开展智慧村（社区）建设试点，“智慧社区平台”入选2022年智慧江苏重点工程。建成全省首家市级社会矛盾纠纷调处服务中心，实现“一站式”矛盾纠纷多元化解体系四级贯通，全年化解矛盾纠纷19.91万余件，重点矛盾疏导率91.9%，无锡市就相关经验做法在第四次全国市域社会治理试点创新研讨班上作交流发言。

【法治化营商环境4.0版出台】2022年，无锡市推动落实“十四五”法治无锡、法治政府、法治社会建设“一规划两方案”，被命名为第二批全国法治政府建设示范市。创新制定法治化营商环境指标体系，出台优化法治化营商环境4.0版方案，成立无锡知识产权、国际商事、金融法庭，建立市政法机关与企业家协会联席会议制度，开展“送法进企业解难题促发展”和“优化法治化营商环境执行年”1+4专项行动。出台《关于加强全市政法领域执法司法制约监督制度机制建设的实施意见》《无锡市党委政法委案件评查工作规则》《全市政法单位业绩考评备案审查工作办法》，促进执法司法规范化建设。深化企业合规改革试点，54家涉案企业贡献税收42.4亿元，2份合规监督方案被最高检推广。建设“太湖e警”公安政务服务新平台，网办事项数量位居全省首位。

（邵　磊）

法治政府建设

【概况】2022年，无锡市认真学习贯彻中共二十大精神和习近平法治思想，全面贯彻落实中共中央、国务院《法治政府建设实施纲要（2021—2025年）》和省、市实施方案确定的各项目标任务，奋力打造法治政府建设示范标杆。年内，无锡市获评全国法治政府建设示范市，滨湖区获评全省法治政府建设示范区，梁溪区“跑出营商环境加速度，按下远程监管静音键”项目获评全省法治政府建设示范项目。

【法治政府建设规划方案】2022年，无锡市全面落实党政主要负责人履行推进法治政府建设第一责任人职责，与经济社会发展同谋划、同部署、同推进、同督促、同考核，自觉将政府各项工作纳入法治轨道。制定出台《无锡市关于贯彻落实〈法治政府建设实施纲要（2021—2025年）〉实施方案》，明确法治政府建设“时间表”“路线图”“责任状”。市政府印发《无锡市2022年度法治政府建设工作计划》，明确目标任务，切实推进落实。市委依法治市办制定《2022年度法治无锡建设工作监测评价实施方案》，突出法治建设过程性监测和结果性评价，提升人民群众对法治政府建设的安全感、幸福感、获得感。

【重大行政决策目录管理制度】2022年，无锡市制定出台《重大行政决策程序规定实施细则》，将重大行政决策规范化建设列入年度依法行政、法治政府建设监测评价重要内容，考评结果与领导干部绩效考核挂钩。严格落实市政府重大行政决策目录管理制度，将《关于推动经济社会发展全面绿色转型做好碳达峰碳中和工作的实施意见》《市政府办公室关于建立健全职工基本医疗保险门诊共济保障机制的实施方案》《无锡市全民创业行动计划（2022—2025年）》《无锡市殡葬设施布局规划（2021—2035年）》《无锡市人防工程专项规划（2021—2035年）》等决策事项列入2022年度市政府重大行政决策目录管理事项，实施清单管理，狠抓推进落实。开发“无锡市重大行政决策信息化管理系统”，对年度重大行政决策目录管理事项实行网上实时监控，实现全链条管控、全过程监督、全闭环管理。聘任新一届人民政府法律顾问，打造“政府法制机构+外聘政府法律顾问+合法性审查专家+法律事务助理”政府法律事务工作模式，全年共计审查以市政府名义签订的各类协议74件，重大法律事务决策15件，为法治无锡建设提出对策建议。

【政府立法制规】2022年，无锡市开展地方性法规立法工作10项、政府规章立法工作5项、政府规章立法调研工作3项，协助省司法厅完成省级立法项目意见征求工作58项次、省级立法项目调研工作3项次，通过立法民意直通车征集修改意见8667条。开展民生领域立法后评估专项行动，对《无锡市献血条例》《无锡市残疾人保护条例》2个地方性法规以及《无锡市市政消火栓管理办法》《无锡市工程运输安全管理办法》等6个政府规章开展立法后评估。出台《无锡市行政规范性文件制定和备案审查管理办法》，强化规范性文件全生命周期管理，完成政府规章、规范性文件上报备8件，收到下报备规范性文件64件，规范性文件备案率、审查率、合格率均为100%。

【行政复议应诉】2022年，无锡市深化行政复议体制改革，出台《关于进一步推进全市行政复议规范化建设完善工作制度的实施意见》，形成行

9 月 30 日,普法志愿者走进无锡市立人小学开展送法进校园活动

（市司法局　供图）

政复议规范化建设制度汇编。开展全市行政复议规范化建设实地评估,市政府行政复议委员会办公室印发《关于加强行政复议层级指导监督的通知》,推动市、县两级规范化建设同步提升。每季度发布全市行政机关出庭应诉和败诉情况通报,对未按规定出庭应诉和败诉的单位,常态化开展专项约谈。强化对不当行政行为的纠错督办,确保行政复议决定履行率和行政复议意见书落实率 100%。全年收到向市政府提出的行政复议案件 423 件,审结 394 件。省政府受理以市政府为被申请人的行政复议案件 59 件。

【规范行政执法】 2022 年,无锡市制定出台《无锡市综合执法"包容审慎监管"指导意见》,在全市推行涉企轻微违法行为不予行政处罚清单等制度。开展基层综合执法赋权事项专项评估,从全市 801 项赋权事项中清理出 22 项"僵尸事项",重新精准赋权,规范行政执法。推行证明事项告知承诺制,全市采用承诺制办件量 75909 件,减少证明材料 79501 份。严格落实执法人员持证上岗制度,对全市 7800 余名执法人员换发全国统一行政执法资格证。加大智慧执法力度,打造行政执法管理和监督综合平台,对行政执法案件实现网上全过程实时监控,推进严格规范公正文明执法。

【普法责任制落实】 2022 年,市委全面依法治市委员会守法普法协调小组召开会议,审议并提请市委全面依法治市委员会出台《关于进一步落实普法责任制的实施意见》,进一步健全党委领导、政府主导、人大监督、政协支持、部门各负其责、社会广泛参与、人民群众为主体的全民普法领导体制和工作机制。加大普法工作所占法治无锡建设考核的比重,引入第三方评估,推动实现普法工作从"软任务"向"硬指标"转变。年内,新创建省级法治文化阵地 5 个,主动清理不符合规范的省级法治文化阵地 11 个。创建"全国民主法治示范村(社区)"3 个、"省级民主法治示范村(社区)"37 个。

（田　杰）

公 安

【概况】 2022 年,全市公安工作实现"平安质态、整体实力、主业绩效、精神风貌、社会满意度"均走在全省最前列的目标任务,持续确保全市政治社会环境安全稳定。年内开展新冠疫情风险人员核查、流调排查、社会面管控等工作,完成"3・30"等多次规模突发疫情的防控流调溯源,形成主动发现、主动处置、主动控制的战疫机制。完成中国共产党第二十次全国代表大会、北京冬奥会等重大活动时期安保任务,以及外交部在无锡举行外事活动等时期警卫任务。建设"一主多联"街面巡控、"一眼多维"感知数控和"一图多标"基础管控三大子系统,构建现代治安防控格局。落实市、县(区)两级公安机关主战、派出所主防职责,开展情报指挥行动一体化、执法办案、合成作战、公安政务服务和智慧法治监督等实战警务改革,打造公安实战化职能体系"无锡样板"。开展夏季治安打击整治"百日行动"等系列专项行动和专项斗争,严惩重大刑事犯罪,侦办新型犯罪案件,整治社会治安热点问题和复杂地区,全市刑事警情、刑事案件、侵财案件和刑事案件破案数、破案率、抓获刑事作案成员数与上年相比实现"三降三升",侦破 5 起历年重大命案积案。做好公共安全监管,加强交通安全整治、群租房治理、消防安全监管,道路交通亡人事故数、亡人数比上年分别下降 28.96%、28.54%。

【"法治公安"建设】 2022 年,市公安局加强"法治公安"建设,年度执法质量考核评议名列全省设区市公安机关第一。开展"如果我是当事人"换位思考教育。建立案事件评析制度,实体化运行市、市(县)区两级公安机关执法监督管理委员会。推行法制员异地派驻制度,帮助一线民警防范、消除执法问题隐患。设置执法监督岗,考评警情 198 万余起,查纠重点领域执法问题。开展"有案不立、压案不查、逐利执法"突出问题"1+N"专项整治,排查整改问题 380 个。依托全省首家市级侦查监督和协作配合平台，评析检察监督案件730余件。建成投用市、市（县）区两级公安机关执法办案管理中心，刑事犯罪嫌疑人进入中心审查率73.3%。在市公安局执法办案管理中心设置速裁法庭，实行刑事案件繁简分流、快速办理。建设智慧法制系统二期项目，建立应用184个功能模型，获全省公安科技创新大赛三等奖。推动道路交通安全、流动人口管理等地方立法修法，制定配套执法制度。全市公安机关443人通过国家法律职业资格考试，141人遴选为公职律师。宜兴市公安局法制大队被评为全国公安机关执法示范单位，江阴市公安局执法办案管理中心被评为全国公安机关建设应用成效突出单位。

【“数字公安”建设】 2022年，市公安局加强科技创新能力建设，推进公安大数据建设应用，建设高水平无锡“数字公安”。开展“一眼多维”（视频眼和人、车、物、码、证等“多维”智能前端）感知数控系统建设，“一眼多维”感知平台联网汇聚全市多路视频监控及人车码电等智能终端，实现17个政府部门资源共享，感知前端智能化率和密度均为全省第一。全市700万平方米、150个老旧小区完成技防改造。完成“雪亮工程”二期项目（慧眼工程）多个点位人车感知设备布建工作。完成汽车站、火车站、地铁站、机场航站、公安检查站和感知平台多模态高通量人员特征信息识别卡口示范项目建设。推进市公安局大数据实战赋能厅和江阴、宜兴公安数据中心建设，打造全市公安数据中枢，形成“感知中台”“数据中台”“地图中台”跨界融合的“数字公安”基座。开展“社区超图”“交通超图”“指挥超图”“安保超图”“街区超图”建设。开展新一代警综、基础管控监测、公安疫情防控等数字公安主干应用平台建设。围绕全市数字经济重点任务，建成应用“客流监测数治通”“太湖e警”“e路通”“交通大脑”等全市重点场景，建成应用“数字110”“数字治安”等17个公安特色数字化场景。市公安局1个项目获2022年度公安部科学技术奖三等奖，1个项目获“智慧公安我先行”全国基层技术革新奖二等奖，8个项目在全省公安科技创新大赛上获奖，11家单位、73个项目（模型、案例）被评为“全省科技创新示范典型”。制定《无锡市公安机关数据查询“五个严禁”》，规范全市公安机关数据查询安全管理。

【“110”接处警服务】 2022年，市公安局推进“情报、指挥、行动”一体化机制改革，改革“110”实战勤务，创新接警指挥机制模式。建立指挥作战群组，建成“一键布控”、融合通信等实战应用模块，提升合成化指挥能力。建设“指挥超图”，升级可视化指挥手段，做到“现场可视、资源可视、行动可视”。优化警情接派处流程，实行“一警双派”“一警多派”“点调点派”分级分类派警处置和重大警情“边接边派”模式，重大警情30秒内精准派发指令至一线警力，派警平均用时提速46.2%。确立警情处置“快早小、专业化、双现场”要求，固化封外围、搭围挡、扫视频、清源头等规定动作，提升“1、3、5分钟”快反处置能力。“110”报警服务台全年接报警情203万余起，其中服务求助类警情62.1万起，救助危难群众4031人，找回走失（失踪）人员1042人，挽救自杀人员1386人；向“12345”公共服务热线转递“双非”（非警务、非紧急求助）事项1.2万余起，向59家社会求助服务成员单位分流处置联动类求助警情9.5万余起，群众对社会联动工作满意率99.8%。

【社会面巡逻防控】 2022年，全市公安机关开展“一主多联”街面巡控系统建设，明确警务工作站街面警情处置和巡逻防控快速反应总枢纽、总牵引定位，赋予警务工作站指挥调度、力量调动、处置调控等实战权限，牵动覆盖区内巡区、网格、交警责任区的街面巡逻防控力量，同步实施巡逻处警、合成防控、快反处置等联防联控联处工作。形成以警务工作站为牵引，查

10月1日，新吴公安分局天山路警务工作站民警在宝龙广场巡逻

（吴祈濛 摄）

缉堵控点为支点，“1、3、5分钟”快速反应圈为依托，驻警务工作站警力接警处警，铁鹰警摩攻势巡防，铁甲武装巡逻车组机动支援，前置型公安方舟灵活部署，无人机、飞手组成空中巡逻机组，交警铁骑赋能支撑的“站舟车摩航”联防联控大防控布局。年内，警情平均到场时间缩短21%，重要敏感警情平均到场时间压降至4分35秒，全市可防性案件较前3年均值下降15.14%。

【助力新冠疫情防控】 2022年，全市公安机关探索形成主动发现、主动处置、主动控制的战疫机制。对全国1800余个地市州、县区旗开展疫情动态预警监测，建立疫情防控实时人口库，优化疫情数据捕捉研判规则。统筹市公安局、市（县）公安局（区公安分局）、派出所三级数据核查专班运作，核查涉疫数据1854.2万余条。在全省率先启用市域涉疫数据核查电话96600“一号专线”。招聘1000名公益专职数据核查人员，落实紧急重要数据上门见底措施和疑难数据二次研判攻坚责任。组建128人的疫情防控电话专班，围绕风险数据核查、问题数据攻坚、核查结果跟踪和核查质态监管开展回访调查。加强核查数据研判应用，每日跟踪分析全市12类重点人群健康管理措施情况，向235.2万余名返回无锡人员发送入锡申报和“落地检”提示信息。形成时间轴、停留点、接触人员、接触情形全见底，成立市公安局直属机动战队和市公安局、市（县）公安局（区公安分局）、派出所三级公安流调梯队，组织全市公安、疾控3133名流调人员，流调排查阳性病例接触人员16.2万余人次。开发应用“门铃码”，落实最小单元防疫管控措施，全市43万个单位和1165万人次申领“门铃码”，扫码总量近19.9亿次，其做法经验在全国推广。开展涉疫地区到无锡和返回无锡人员排查“门铃行动”，走访排查889.1万人次。开展“清铃”行动，管控涉疫风险人员10万余人次。开展场所疫情防控“筑盾”行动，建立场所疫情防控责任制，列管场所7324家、人员43923人，督查场所26.5万家次，整改问题3841处，停业整改384家，查处涉疫案件265起，行政处罚266人。推行旅客“苏康码”“行程码”核验机制，核查旅客486.8万人次。

7月3日，经开公安分局开展涉疫人员转运工作　　（夏语泽　摄）

【刑事犯罪案件侦查】 2022年，全市公安机关破获刑事案件18857起，年内发生的30起现行命案全部破获，连续11年实现现行命案全破；破获现行抢劫、抢夺案件45起，连续6年实现抢劫案件全破；破获命案积案5起；全市金额100万元以上、50万元以上电信诈骗案件破案率分别为59%、34.6%。常态化开展扫黑除恶斗争，年内摧毁涉黑组织1个、涉恶集团13个、涉恶团伙12个，破获涉恶案件879起，抓获犯罪嫌疑人2448人，查扣黑恶资产金额7000余万元。打击裸聊敲诈等涉网黑恶违法犯罪行为，摧毁涉网涉恶犯罪集团10个，破获案件88起，抓获犯罪嫌疑人138人。整治教育、医疗、金融放贷、市场流通等行业领域，摧毁3个重点行业领域涉恶团伙。打击侵害妇女儿童权益违法犯罪行为，侦破拐卖儿童积案4起，破获公安部督办“小红书”网络猥亵案、美籍外教猥亵儿童案等有影响的案件，性侵案件破案率99.5%。实施“盗案必破”工程，盗窃案件破案率位列全省第一。落地核查涉枪线索2200余条，抓获涉枪犯罪嫌疑人356人，缴获火药动力枪支453支、气动力枪支42支。运用DNA、指纹等刑事技术破获命案积案4起，运用声纹技术直接比中犯罪嫌疑人13人。抓获在逃人员1564人，其中命案在逃人员22人。

【经济犯罪案件侦查】 2022年，全市公安机关经济犯罪侦查部门立案查处各类经济犯罪案件867起，抓获犯罪嫌疑人678人，挽回经济损失金额近2亿元。侦破涉案金额58亿元的某银行“9·29”专案、涉案金额20亿元的网络虚拟币传销案、涉案金额2.7亿元的“万缘

2月9日，江阴市公安局交警开展夜查酒驾活动　　（潘　丹　摄）

和合”精神传销案等大要案件。推进“云端作战”模式，云端打击各类突出经济犯罪，在商贸领域、假币领域、金融领域、反洗钱领域、涉税领域和传销、非法集资、证券、期货领域发起11起集群战役和31起数据协同。从柬埔寨、缅甸、菲律宾等国家抓获境外经济犯罪在逃人员16人。开展经济金融领域风险隐患排查、研判、打击、处置，排查走访金融企业700家，处置查无下落的企业20余家。年内立案查处非法集资类案件13起，涉案金额1.57亿元。梳理非法集资陈年案件302起，办结182起。打击恶意债、虚开发票、职务犯罪等危害营商环境涉企经济犯罪，立案查处涉企经济犯罪368起，抓获犯罪嫌疑人277人，挽回经济损失金额6000余万元。开展“清风1号”、涉企积案清理等专项整治行动。推动经侦服务工作站模式，为企业提供接警报案、预警防范、法律咨询、规范经营、受害保护等一站式服务。

【禁毒工作】 2022年，全市公安机关开展禁毒“百日行动”“清源断流”专项行动，破获毒品违法犯罪案件109起，公诉毒品犯罪嫌疑人470人，查处吸毒人员1127人次，缴获各类毒品3.19千克、制毒物品600余千克，破获公安部、省公安厅毒品目标案件6起，所侦办的公安部督办网络贩卖精麻药品案在全国禁毒条线和全省公安机关唯一入选公安部“百日行动”十大典型案例。开展“拔钉追逃”专项工作，抓获涉毒在逃“钉子”对象4人。开展吸毒人员核查管控行动，将在册吸毒人员纳入公安“社区超图”管控，全市未发生吸毒人员肇事肇祸案（事）件。应用智慧禁毒管控模型，专项整治吸毒人员驾驶机动车问题，行政拘留“涉毒失驾”人员83人。开展易制毒化学品安全监管专项行动，全年核查办证易制毒化学品企业2357家，查处易制毒化学品行政案件44起。开展禁种铲毒工作，破获非法种植毒品原植物刑事案件3起，查处行政案件94起。推进全国禁毒示范城市创建，开展“6·26”国际禁毒日主题教育活动，聘请中国女子足球队江阴籍队员吴澄舒为“无锡禁毒形象大使”。

【食品药品和环境领域犯罪惩治】 2022年，全市公安机关开展“昆仑2022”、打击制售假药劣药犯罪重点攻坚战、打击野生动植物非法贸易“清风行动”等专项攻势和专项行动，破获食品、药品、环境、知识产权和森林犯罪刑事案件共135起，其中公安部督办案件3起、省公安厅督办案件13起，抓获犯罪嫌疑人680人，提起公诉520人，捣毁犯罪窝点100余个，涉案金额价值1亿余元。建设“天擎”系统食品药品环境数据模型，向基层公安机关提供案件线索30余条，破获食品药品环境案件20余起，协助抓获犯罪嫌疑人50余人。会同市市场监管、环保、自然资源、农业农村等行政监管部门构建行政刑事衔接机制体系，搭建公安、检察院、法院、市场监管和工商联执法协同保护“直通车”，年内开展联合执法200余次。开展“你送我检，护民健康”实践活动，为群众检验疑似问题样品492份，发现问题样品268份。加强食品药品安全检验实验室建设，全年检出阳性样品275份，发现新型降压类非法添加药物“坎地沙坦”。成立全市首个“知识产权保护服务前哨”，为企业提供知识产权保护和惠民利企服务。开展夏季“长江禁渔2022行动”，破获涉渔案件48起，抓获涉案人员81人。

【打击诈骗犯罪】 2022年，全市公安机关开展“全民反诈”工作，部署惩治电信网络诈骗犯罪“打大打新打集群、人防心防技术防”专项行动。全年电信诈骗案件破案率29.8%，公诉涉诈犯罪嫌疑人2605人，抓获涉诈手机卡、银行卡违法犯罪嫌疑人3217人。开展打击整治养老诈骗专项行动，破获养老诈骗案件415起，摧毁犯罪团伙53个，抓获犯罪嫌疑人772人，追缴涉案资金3565万元，整体绩效位列全省第一。加强电话预警劝防、上门见面劝阻工作，通过“96110”反诈专线拨打预警电话31.6万个，上门劝防93.2万人次，发送预警短信117.5万条，劝防案件1721起，避免群众经济损失4474.9万元。开展反诈宣传活动近8000场次，组织“反诈锡引力”宣讲活动20余场，受教育群众490万余人次。

【**社区警务**】 2022年，市公安局围绕“市县主战、派出所主防”实战化职能体系建设要求，在全市公安机关实施社区警务“数字转型”，建设以“社区超图”为牵引的“一图多标”基础管控系统，搭建6大社区警务实战赋能场景。梳理全市75个镇（街道）、1260个村（社区）、2.3万条街路巷的行政隶属关系，规范各级地址名称和代码，形成全域标准地址库，建立“民政命名、公安赋码”的地名更新维护机制。采集标准地址104.4万条、实有房屋425万间、实有人口838万人、实有单位64万家、船舶1668条、涉水设施7962处、视频监控61万路。在全市17个重点社区部署全要素“社区超图”建设。市（县）公安局、区公安分局建成基础管控监测中心，户籍派出所综合指挥室设立基础管控勤务监督岗，全市社区警务室转型为基础管控勤务前哨。年内，走访实有人口389万人次，登记、变更实有人口419万人次，注销流动人口420万人次。

【**治安管理**】 2022年，全市公安机关开展夏季治安打击整治“百日行动”，组织3轮夏夜治安巡查宣防、16次“苏安·太湖清雷”集中统一行动。在梁溪区站前商贸街创建综合治理示范区，探索娱乐服务场所聚集区域社会治理新模式，建立“太湖义警”联盟保安联勤联防机制。开展打击黄赌违法犯罪、打击治理跨境赌博等专项行动，查处涉黄涉赌刑事案件417起1633人、行政案件1964起7254人，破获1起案件公诉5人以上的黄赌案件61起、10人以上的14起。核查涉危涉爆线索214条，查处涉危涉爆刑事案件70起198人。侦办涉烟刑事案件8起65人，查缴假烟4万余条。完成全市18个社会治安重点（复杂）地区挂牌整治，查处涉黄涉赌刑事案件128起320人、行政案件445起1516人。加强涉危单位监管，检查危险品管理单位2.8万家次，整治危险品管理单位安全防范隐患631处，全市剧毒、易制爆危化品储存场所安全评估合格率100%；查处涉危险品刑事案件43起71人、行政案件112起、单位75家74人；完成16项爆破作业和3项大型焰火燃放活动安全监管，核发民用爆炸品、烟花爆竹、剧毒易制爆危化品购运许可证2213份、备案17.3万份。在全省率先试点烟花爆竹零售实名制，查处涉烟花爆竹刑事案件4起、行政案件133起，收缴非法烟花爆竹3142箱。加强民用无人机管理，查处“黑飞”案件11起。加强新业态治安管控，推进住宿业态安全整治，开展旅馆、民宿、网约房隐患排查。“数字治安”备案采集场所行业4142家、从业人员6.1万人，维护基础信息1.2万家次。保安培训单位许可审批改为备案管理，取消保安服务公司许可和保安培训单位备案注册资本验资证明提交，取消个体工商户从事公章刻制业经营限制规定，简化爆破作业人员许可及保安服务公司变更申请审批办理流程。依托智慧养犬系统加强犬类管理，推进128个养犬管理服务点和“一站式”服务进社区活动，“犬卫士”App“零跑腿”犬牌线上审核办理养犬登记35860只。

【**“太湖e警”平台建设**】 2022年，市公安局紧盯无锡城市数字化转型，建设“太湖e警”公安政务服务平台，在微信端和无锡城市门户客户端“灵锡”App建立“太湖e警”统一门户和公安专区，应用网络身份认证、电子证照、电子印章、智能客服、RPA机器人等技术手段，向企业和群众提供涉及9个警种部门的160个事项“全流程网办”“免证办”服务。全市公安派出所综合服务窗口升级为“太湖e警”线下综合服务中心，向企业和群众提供

6月17日，宜兴市公安局巡特警开展夏季夜间治安巡逻 （王 杰 摄）

户政、治安、出入境、车辆驾驶人管理等263个事项“一窗通办”服务。开发“太湖e警”自助终端，提供线上线下23类事项办理服务。市、县（区）两级公安机关政务服务部门建成“太湖e警”网上服务中心，承接80%以上线上事项的网上办理职能。全市公安政务服务管理部门全年办理各类行政审批服务事项460余万件，其中“太湖e警”线上办理38万余件，比上年增长22.1%，90%的线上高频服务事项实现“零材料”提供。“太湖e警”公安政务服务平台项目获2022年度全市政法工作创新奖一等奖。

1月17日，经开公安分局巡特警整装待发　（夏语泽　摄）

【出入境管理】 2022年，全市公安出入境管理部门办理出入境证件4.2万件次，其中，中国公民出入境证件（护照、港澳台通行证）4.1万件次，外国人签证证件8564件次（其中居留许可7326份、签证417份、停留证件702份、外国人出入境证119份）。成立“市委平安无锡建设领导小组‘三非’外国人治理工作协调小组”，将非法入境、非法居留、非法就业外国人治理纳入“平安建设”综治考核内容，查处案件201起，遣送出境20余人。开展惩治妨害国（边）境管理犯罪“獴猎”行动，破获99起案件，其中公安部督办案件2起。开展出入境背景审查、记录查询6000余人次。应用“境外人员智能动态管控系统”，登记常住外国人7854人、临时住宿境外人员26370人。会同市侨联组建柬埔寨方向惠侨联动平台。会同市科技局在市政务服务中心设立“外国人来华工作服务专窗”，为60余家涉外单位210余名外国人办理到中国工作手续。在市人才金融港设立高层次人才出入境服务中心，提供工作手续办理、人才项目申报、在中国永久居留申请、外国人无犯罪记录证明等多项业务一站式服务。打击治理跨境赌博，抓获犯罪嫌疑人50人，查扣冻结涉案金额280万元。年内，市公安局出入境管理支队被评为“全国公安机关爱民模范集体”。

【治安保卫重点单位判定】 2022年，市公安局开展新一轮治安保卫重点单位判定工作，全市确定治安保卫重点单位1860家，其中省级重点单位20家，市级重点单位274家，市（县）、区级重点单位1566家，完成省、市、县（市）三级治安保卫重点单位基础数据更新和清洗治理。实施《江苏省单位内部治安保卫责任制规定》，全年检查水电油气单位、银行、学校、医院、加油站等治安保卫重点单位、重要目标1.1万余家次，发现并整改安全隐患1500余处，对71家单位下达责令限期整改通知书。

【硬件设施建设】 2022年，市公安局推进全市单位安全防范硬件设施建设，1085所中小学（幼儿园）门口及周边安装人脸识别系统796套、人脸识别摄像头1391套、访客管理系统824套和可视一键报警装置582套。实施金银珠宝营业场所安全防范达标建设，全市504家金银珠宝营业场所安装视频监控探头5000个、紧急报警按钮1200个和入侵报警设备2500个。全市521家运营加油站安装视频监控6300处、紧急报警按钮480个和入侵报警设备950个。全市党政首脑机关、17家三级医院和89家二级医院安装人脸识别系统215套、车辆抓拍系统153套、视频监控点位6300余个。

【大型活动安全保障】 2022年，市公安局巡特警部门开展大型活动安全检查42次，整改各类安全隐患96处，组织协调各类安保力量1.3万余人次，完成2022太湖鼋头渚中秋水上音乐烟花大会等32项、129场次大型活动安保工作。

【见义勇为表彰】 2022年，全市见义勇为基金会表彰奖励见义勇为人员2105人次，颁发奖金298万元。市委政法委、市公安局会同市见义勇为基金会专项奖励在重大安保、重大专项行动中见义勇为、表现突出的193名辅警、网格员；会同市见义勇为基金会专项奖励新冠疫情防控工作中见义勇为、表现突出的160名辅警、网格员。开展第二届“无锡见义勇为好司机”评选，表彰1个群体和14名个人。

推荐事迹突出人员参加中华见义勇为基金会、省见义勇为基金会组织的评选以及道德模范、各级好人评选表彰，3人获国家级表彰，其中陈传香、郝转平获评第十四届全国见义勇为模范，20人获省级以上表彰，6人被评为"江苏好人"、5人被评为"无锡好人"。开展第六届"无锡市见义勇为宣传日"活动，举办见义勇为英模事迹报告会暨第二届"无锡见义勇为好司机"颁奖仪式，出版《正义颂·无锡见义勇为英模风采录》，拍摄《英雄赞歌》专题片和小视频。开展清明节网上祭奠见义勇为英烈、"相约春天"见义勇为主题公园植树活动，全市26个见义勇为主题公园、广场、长廊开展日常宣传。全市各级见义勇为组织走访慰问见义勇为人员、见义勇为志愿者1038人次，发放慰问金175万元，帮助解决见义勇为人员就医、就业、入学等实际问题35个。市见义勇为基金会拨款金额37万元，专项奖励、帮扶、慰问新冠疫情防控中见义勇为人员及其困难家庭464人次。通过"暖心助学"，为105名见义勇为人员子女发放助学款金额26万元。市见义勇为基金会为258名获得市级以上荣誉的见义勇为人员购买综合保险，14人次获保险理赔。组织34名获市级以上荣誉的见义勇为先进代表疗休养，落实免费乘车、游园等优待措施。开设全省首家见义勇为爱心超市，为市区159名见义勇为英烈家属、伤残人员、获市级以上表彰人员及困难家庭发放爱心券。

（耿永军）

检　察

【概况】 2022年，全市检察机关受理各类案件12031件，其中刑事案件10228件、民事案件570件、行政案件138件、公益诉讼案件1095件。5项核心业务数据居全省检察系统第一位，53件案件入选全国、全省检察机关典型案例，40项工作机制和做法获上级检察机关肯定推广，企业合规、未成年人检察等21项工作在全国、全省会议上作交流发言，428个典型事例和案件被中央级、省级媒体报道，44个集体、70名干警获省级以上表彰。

【起诉市场经济犯罪】 2022年，全市检察机关起诉非法经营、合同诈骗等破坏市场经济秩序犯罪604人。全面深化涉案企业合规改革，实现合规程序侦诉审衔接、合规成果在刑事诉讼全程互认，54家企业整改后贡献税收42.4亿元，增加投资10亿元，申请专利98项；成立第三方监督人员库，在全国首创"红黄牌"监督机制，2份合规方案被最高检作为范本推广。出台涉企案件办案影响评估细则，对企业轻罪案件不批捕11人、不起诉122人，建议判处缓刑64人。打造"检察官＋检察官助理＋专家辅助人"复合型办案团队，起诉侵犯知识产权犯罪143人，比上年上升14.4%。新吴区人民检察院被国家版权局评为"查处重大侵权盗版案件有功单位"。加强国家地理标志产品保护，锡山区人民检察院、惠山区人民检察院针对"甘露青鱼""阳山水蜜桃"等特色农产品被侵权案件频发问题制发检察建议，与职能部门、农产品协会合力维权。主动靠前服务，市人民检察院与市侨联成立全省首家"检察护侨服务中心"，各基层检察院设立企业合规、知识产权保护等法律服务点50个，提供法律咨询3300余次。江阴市人民检察院、工商联"三同三联"惠企助企机制获最高检、全国工商联表彰。无锡检察机关深化服务保障民营经济高质量发展的做法在《法治日报》头版头条刊登。

【生态环境检察】 2022年，全市检察机关出台《助力美丽无锡建设15条意见》，参加"蓝天碧水净土保卫战"。推行涉生态环境案件一体化办案模式，起诉刑事犯罪64人，办理公益诉讼案件497件。江某等人盗挖紫砂矿石6.58万千克，宜兴市人民检察院提起刑事附带民事公益诉讼，监督涉案人员承担环境治理等费用38.7万元，该案入选全省检察机关环境资源类案件"十佳"案例。健全生态修复补偿机制，督促恢复农田、绿地生态48.9万平方米，索赔环境损害赔偿金1405万元。"府检联动"共护美丽河湖，针对向水域偷排污水、倾倒垃圾等问题发出检察建议164件，敦促职能部门整治黑臭河道54条、清除垃圾191.1万千克。锡山区人民检察院推动取缔辖区运河流域非法码头42个。

【起诉食品药品电信诈骗犯罪】 2022年，全市检察机关起诉危害食品药品安全犯罪17人，办理公益诉讼案件87件。吴某凤等12人销售含有西布曲明的"减肥糖果"76万瓶，新吴区人民检察院以生产、销售有毒有害食品罪提起公诉，被告人被判处有期徒刑13年至5年，并处罚金1400万元至20万元不等；市人民检察院提起民事公益诉讼，诉请判决承担惩罚性赔偿金1.3亿元。打击电信网络诈骗犯罪，起诉506人。江阴市人民检察院对杜某勇等102人特大电信网络诈骗案提起公诉，追赃挽损2400万元。魏某双等60人跨国电信诈骗案入选最高检典型案例。开展打击养老诈骗专项行动，起诉以养老、医疗、收藏等为名诈骗老年人犯罪39人，追回金额4541万元。梁溪区人民检察院在办理公安部督办的邵某玲等人诈骗案中深挖细查，追加起诉5人，与公安机关合力追赃近千万元。拓展支持起诉领域，对涉残疾人、受家暴妇女、拖欠农名工工资等弱势群体案件支持起诉123件。

【推进诉源治理】 2022年，全市检察机关贯彻“少捕慎诉慎押”刑事司法政策，诉前羁押人数比上年下降49.3%，不起诉人数比上年上升38%。研发非羁押人员数字化监管平台，1430名适用对象无一脱管漏管，在确保诉讼程序进行的同时，保障涉案企业正常经营。落实认罪认罚从宽制度，适用率91.2%，“简易+速裁”程序适用率87.9%。针对治理隐患靶向建言，制发社会治理检察建议70件，向党委、政府和监管部门提交调研报告76份，推动矛盾风险长效纠治。以案释法，发布普法媒体作品571件，23部短视频获中央政法委、最高检转发，两级院全部蝉联“全国检察宣传先进单位”，市人民检察院网站、梁溪区人民检察院网站获最高检表彰。

【惩治刑事犯罪】 2022年，全市检察机关依法追诉资助境外势力、传播政治谣言、邪教组织等犯罪9人。严惩故意杀人、抢劫、强奸等严重暴力犯罪，共批捕172人、起诉311人，对当街行凶的张某虎故意杀人案、31年前入室劫财杀人的李某华抢劫案等重大案件提起公诉，提出从严惩处的量刑建议。持续推进扫黑除恶斗争，批捕10人、起诉37人，新吴区人民检察院对罗某明等13人黑社会性质组织案提起公诉。市人民检察院关于治理“套路贷”的检察建议获省扫黑办表彰，两级院10个集体、16名干警获全省检察机关扫黑除恶斗争、全市平安建设记功奖励。起诉涉安全生产犯罪49人、利用寄递渠道实施犯罪148人。维护金融安全，从严追诉洗钱、集资诈骗等犯罪136人，比上年上升34.7%。滨湖区人民检察院办理的黄某跨境洗钱案入选最高检典型案例。

【职务犯罪检察】 2022年，全市检察机关共受理监委移送审查起诉案件126人，会商研判49次，起诉111人。市人民检察院提起公诉的原省部级干部彭某受贿案一审宣判。配合监委开展粮食购销领域腐败问题专项治理。依法查办司法工作人员利用职权实施的侵犯公民权利、损害司法公正犯罪，在全省设区市院率先建立侦查指挥中心，立案查处徇私枉法、玩忽职守等犯罪10人。

【刑事诉讼监督】 2022年，全市检察机关加强侦查监督，督促立案、撤案644件，追加逮捕、起诉350人。滨湖区人民检察院在潘某春等人诈骗案中深挖细查，追加起诉14人。联合公安机关在全省率先实现侦查监督与协作配合机制全覆盖，实质化提前介入、引导侦查刑事案件1724件，开展侦查活动监督、“挂案”清理等专项活动17次，省人民检察院在江阴召开现场会向全省推广无锡经验。加强行刑衔接，规范适用非刑罚处罚措施，对592名被不起诉人向主管机关提出行政处罚、政务处分等检察意见，《检察日报》头版头条予以报道。加强刑事审判监督，对全年10586份刑事裁判文书逐一审查，共提出抗诉37件、再审检察建议10件。加强刑事执行监督，对2043件减刑、假释、暂予监外执行案件进行实体审查，依法提出不同意见339件；深化“派驻+巡回”监督模式，首次实现对全市3所监狱、4个看守所巡回检察全覆盖，完成省人民检察院交办的对句容监狱、溧阳监狱分别开展为期近30天的跨市交叉巡回检察。

【未成年人检察】 2022年，全市检察机关“零容忍”惩治侵害未成年人犯罪，批捕146人，起诉208人。最大限度挽救涉罪未成年人，对147名附条件不起诉人实行分级分类矫治，帮助45名少年回归校园。开展涉未成年人文身、公共安全等领域专项监督，制发68份检察建议督促严管。深化侵害未成年人案件强制报告制度，组建由教师、网格员、医护人员等2400余人组成的保护未成年人观察员队伍，接收民政、教育、医疗等机构书面报告105份，对5名涉罪人员追究刑

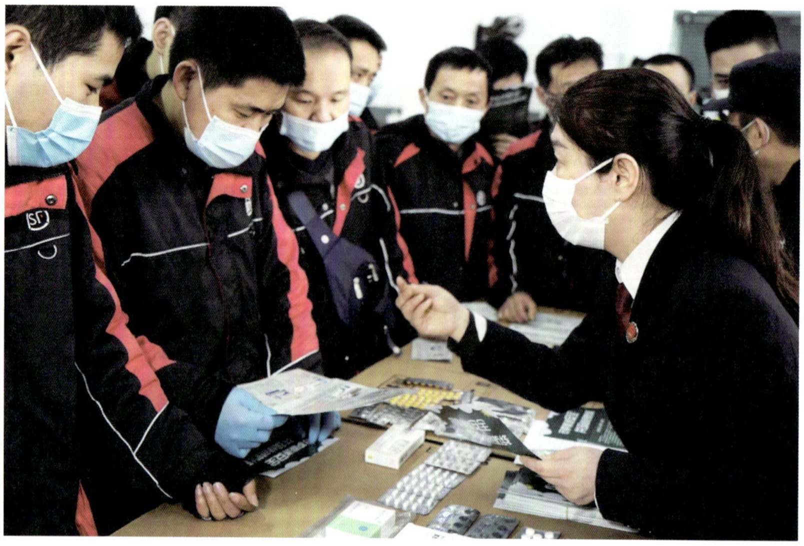

3月25日，无锡市梁溪区人民检察院干警联合无锡市公安局梁溪分局禁毒支队民警，到辖区快递运营点，开展“守护寄递安全，共筑绿色防线”专项行动

（范　曾　摄）

事责任。市人民检察院获评江苏省妇女儿童工作先进集体,惠山区人民检察院未成年人检察办案团队入选省级网络领域“青少年维权岗”,江阴市人民检察院设立全省首个未成年人司法保护慈善基金。

【民事检察】 2022年,全市检察机关对认为确有错误的生效裁判、调解书提出、提请抗诉和发出再审检察建议52件。加强民事审判和执行活动监督,提出检察建议268件。市人民检察院在办理一件标的额近亿元的在建工程拍卖执行案中,针对评估报告失实问题提出检察建议,法院重新组织评估拍卖。检法合力提升民事执行质效的做法被最高检转发。依法惩治虚假诉讼,对33件案件提出监督意见,涉案金额7472万元,34人被追究刑事责任或给予司法处罚。杜某主导系列虚假诉讼案入选最高检典型案例,新吴区人民检察院联合法院、公安机关打造“新吴诚讼”品牌、合力惩防虚假诉讼的经验被省人民检察院推广。

【行政检察】 2022年,全市检察机关对2件确有错误的行政判决裁定提出抗诉。推进行政争议实质性化解,113件行政争议案件案结事了。市人民检察院联合市中级人民法院等6家单位出台指导意见,建立办理“冒名注册公司”案件协作机制。王某行政登记检察监督案入选“全国十大行政检察典型案例”。推进土地执法查处领域行政非诉执行监督,与资源规划等部门共同解决土地领域“执行难”,敦促执行和整治违法用地3.27公顷。

【公益诉讼检察】 2022年,全市检察机关提起公益诉讼54件,共发出诉前检察建议506件。聚焦党委、政府和人民群众关注的公益保护难题,组织国有财产保护、国有土地使用权出让等领域专项监督11个,9件案件入选最高检“为民办实事、破解老大难”优秀案例。健全“府检联动”公益保护协作模式,与审计、生态环境、应急管理等部门会签规范性文件18份,召开联席会议57次,通报整治情况49次。深化公益损害预防,发布网络公益宣传作品13部,协同统战部门聘任229位公益保护志愿者;全市8个预防教育基地向社会开放,参观1700人次。

【控告申诉检察】 2022年,全市检察机关攻坚化解群众信访,落实领导包案、刑事和解、检察听证等机制,妥善处理群众信访3158件,涉检越级进京访保持“零记录”。全面开展检察听证,公开选任160名听证员,对847件疑难复杂案件召开听证会,比上年增长70.4%。向895名被害人及其近亲属发放救助金640万元,比上年分别上升14.5%和118.6%,被救助人郝转平被中央政法委授予“全国见义勇为模范”称号。

(李 凡)

法 院

【概况】 2022年,全市法院系统受理案件186972件,审执结170892件,比上年分别上升5.97%和8.43%。其中,无锡市中级人民法院(以下简称“市中院”)受理案件16020件,审执结14901件,比上年分别下降2.43%和2.91%。5项核心审判执行质效指标位居全省法院第一位。涌现出以全国优秀法院新吴区人民法院、全国法院办案标兵杨温蕊等为代表的一批先进典型,20个集体、55名干警获省级以上表彰。116个具有规则指导意义的案件入选全国法院典型案例,26项具有推广复制价值的创新经验被作为全国、全省法院典型事例发布,4篇论文获全国法院第三十四届学术讨论会论文评选二等奖,2个自主研发的智慧法院应用系统分别获评全国法院重大科技创新成果一、二等奖。市中院在全省中级人民法院2022年度综合考评中总分居第三位。

【刑事案件审判】 2022年,全市法院系统审结刑事案件7793件10663人。常态化开展扫黑除恶斗争,出台贯彻《中华人民共和国反有组织犯罪法》的12条意见,审结杨某志、罗某明等涉黑涉恶案件7件45人。保持打击严重危害社会治安犯罪的高压态势,审结故意杀人、抢劫、涉枪涉暴等犯罪案件2552件3471人。推进禁毒斗争、“扫黄打非”专项行动,参与净网等专项行动,严惩全国首例短视频平台领域网络“爬虫”案、全省首例“空包快递”案等网络黑灰产业链犯罪。严厉打击经济犯罪,审结涉案金额20亿元、被害人1000余人的周某群非法吸收公众存款案等案件391件733人。依法惩处职务犯罪101件102人,审结最高法院指定管辖的原省部级干部彭某受贿案。落实宽严相济刑事政策,对2656名被告人依法适用非监禁刑和免予刑事处罚,对1583名罪犯裁定减刑、假释。

【重点领域风险化解】 2022年,全市法院系统围绕集资融资、教育培训、房地产等重点领域进行风险隐患大排查大起底大化解,梳理重点案件70余件,逐案落实化解措施。开展“涉诉信访突出问题攻坚化解年”等系列专项行动,实质化解中央信联办等交办的重点涉诉信访案件25件。强化行政争议实质性化解,建立“集中管辖法院+属地法院+属地行政机关”跨区域一体化协作解纷机制和诉前调解机制,规范行政机关负责人出庭应诉工作，审结行政诉讼案件1092件、非诉行政执行案件992件，案件协调化解率21.89%。实施“城市更新护航工程”，妥善处理涉太湖湾科创带、梁溪科技城以及老旧小区改造等城市更新领域行政案件382件。出台实质性化解再审纠纷的12条意见，调解再审案件187件，取得依法纠错、维护裁判权威和实质解纷的良好效果。

【践行善治理念】 2022年，全市法院系统联合相关部门建立12个“法院+”诉调对接机制，设立五级人大代表调解室和以人民调解员命名的调解工作室21间，通过非诉渠道分流化解纠纷3.15万起。多元解纷工作经验入选“善治无锡”市域社会治理最佳创新案例。深化“枫桥式人民法庭”创建，实施人民法庭“三微三全”工程，打造参与基层治理新平台；宜兴市人民法院创建的“法官+工作站”机制，探索了一条“数字空间+实体平台”促进基层共治新路径。上述两项创新举措入选最高人民法院第三批、第四批新时代人民法庭建设典型案例。审结“父亲赠与儿子房产后有权继续居住案”，弘扬“百善孝为先”传统伦理。“制止醉酒者闹事致溺亡案”，认定制止者无需担责。“捐赠儿童滑梯被索赔案”，判定“好心人”不担责，此案入选“新时代推动法治进程2022年度十大案件”。

【知识产权保护】 2022年，全市法院系统高水平建设和运行无锡知识产权法庭，协同推进5家基层法院知识产权审判庭和5个巡回审判点建设，形成“1+5+5”知识产权司法保护布局。加大对关键核心技术、新兴产业等领域知识产权司法保护力度，审结案件2597件，审结全国首例短视频平台算法推荐侵权案，2个规制滥用知识产权的案例分别入选《最高人民法院公报》、江苏法院推进知识产权诚信体系建设十大典型案例。联合相关部门设立物联网产业知识产权司法保护中心、阳山水蜜桃地理标志保护基地，深入120余家科研院所、高新技术企业开展“知识产权保护行”专项行动，与苏常通等地法院建立协作机制，合力构建全链条保护大格局。创新科技型企业劳动人事争议“调裁审一体化”工作模式，以调裁审贯通衔接方式妥善化解纠纷146件，推动优化人才创新创业生态，该项目被省“两办”纳入部分设区市实施的自主改革事项清单。

【实施营商环境提优工程】 2022年，全市法院系统实施“营商环境提优工程”，出台涵盖36项举措的营商环境建设专项行动4.0版总方案和强化行政审判职能服务“放管服”改革等15个子方案，开展“送法进企业解难题促发展”“优化法治化营商环境执行年”1+4专项行动，审结经济领域各类案件65453件，涉及标的额599.12亿元，2个案件分别入选最高法院、省法院发布的助力中小微企业发展优化营商环境典型案例。准确适用不可抗力、情势变更等规则，妥善化解5160件因疫情引发的民商事纠纷。开展涉企业案件专项执行行动，执结拖欠中小企业账款等案件8247件，执行到位金额67.55亿元。推行“物联网+执行”等“活封活扣”措施，防止“办了案子、垮了厂子”。推动完善“商事纠纷商会解”机制，将368起纠纷导入“商会调解+司法确认”渠道。市中院获评商会商事调解联系协作机制省级示范单位和无锡市护商先进集体。

【助推社会信用体系建设】 2022年，全市法院系统实施企业信用修复“暖企”行动，设立“信用修复辅导工作站”，创新纳失预警、纳失宽限期、信用修复证明等机制，对9207家纳入失信名单的被执行人企业进行集中治理，引导7431家企业恢复信用或退出“黑名单”，推动严重失信主体数量占全市注册企业的比重降至0.54%。优化被执行人信用码查询系统，接受查询15.5万人次，891名被执行人申请恢复信用，主动履行金额1.2亿元，该系统入选“2022政法智能化建设智慧法院创新案例”。开展涉党

6月15日，无锡市锡阳红老年人权益保障中心揭牌成立　（潘唐玮　摄）

政机关执行积案清理“惠企”行动，促进政务诚信建设。突出规则之治，审结各类合同纠纷57425件，规制随意毁约、恶意逃债等行为。依法惩治不诚信诉讼行为，罚款金额434.53万元，以虚假诉讼罪惩处7人。

【破产案件审判】 2022年，全市法院系统审结破产案件410件，19家危困企业经重整、和解后重生，391家扭亏无望企业“速破快退”，化解不良债权金额119.57亿元，安置职工1.36万人，盘活土地房产319.83万平方米。在全国首例上市公司申请破产和解案中，市中院创新“庭外债务重组+庭内和解”的预和解模式，和解协议在案件受理后45天即全部执行完毕，快速消除澄星股份退市风险，开辟上市公司挽救新路径。坚持“执破融合”思路，开展市场主体出清“助企”行动，受理“执转破”案件526件，涉执行案件6599件，清理债务金额190.92亿元。“江南系”四家公司合并破产清算案，一揽子化解债务金额2.13亿元，入选全省法院“执转破”优秀案例。联合相关部门出台破产企业金融事项、登记事项办理的实施意见，逐步完善破产处置的府院联动格局。

【打造诉讼服务升级版】 2022年，全市法院系统开展“为群众办实事示范法院”创建活动，细化6个方面90项措施，系统推出25个实事项目。完善“厅网线巡”四位一体服务体系，集成诉前调解、跨域立案、送达保全等47项服务功能，实现“一站通办、一网可办、少跑快办”。研发运行“锡法全域可视化诉讼服务平台”，突破时空限制，实行线上开庭、视频谈话、远程接访。升级区块链案款管理系统，规范发放执行案款金额100.28亿元，保持案款到账10日内快发尽发、应发款项动态清零的良性态势。深化繁简分流改革，规范小额诉讼、司法确认等程序运用，速裁快审民商事案件7.2万件。创新道路交通纠纷“诉前鉴定+要素式审判”机制，宜兴市人民法院道交案件审判模式入选最高法院全链条要素式审判技术攻关和创新应用试点。成立司法救助委员会，规范发放救助金237.3万元，缓减免诉讼费金额352.8万元。

【民事案件审判、执行等】 2022年，全市法院系统审结涉及教育、就业、医疗等领域案件23085件。实施“天平2022”系列执行行动，执结民事案件41281件，执行到位金额138亿元，兑现百姓胜诉权益。开展根治欠薪专项行动，审执结相关案件5992件，帮助务工人员追回金额1.12亿元。持续推进家事审判改革，借助调解员、心理疏导员等社会力量巧断家务事，审结案件6624件，发出反家暴人身安全保护令29份。全覆盖设置少年法庭，出台促进家庭教育指导工作26条意见，协同市妇联等建立13个家庭教育指导中心，1起利用网络“隔空”猥亵儿童案入选江苏法院少年审判典型案例。开展打击整治养老诈骗专项行动，联合相关部门设立锡阳红老年人权益保障中心，开展“清风行”防范养老诈骗普法进社区活动60余场，审结投资理财骗老、保健品坑老等案件11件49人，追赃挽损金额1700余万元。

【环境资源案件审判】 2022年，全市法院系统审结环境资源案件301件。落实“长江十年禁渔”重大决策，张某龙15人非法捕捞水产品案等3起案件入选江苏法院长江保护典型案例。严厉打击废水废气直排、跨域倾倒危险废物、盗采江砂等违法犯罪行为，组织开展非法采砂船集中处置，联合苏州、常州等地司法机关建立苏锡双城一体化环资保护协作模式、动物资源替代性保护资金运行机制，守护蓝天碧水净土。

【完善制约监督机制】 2022年，市中院出台深入推进司法责任体系改革和建设20条意见，配套制定院庭长办案管理规定、“六类案件”监督管理办法、“三研三评”机制等内部制约监督规范29项。健全类案检索初步过滤、专业法官会议研究咨询、审委会讨论决定的法律

5月12日，无锡中院和市妇联共建的家庭教育指导中心揭牌成立

（潘唐玮　摄）

适用分歧解决机制，防止“类案不同判”。强化审级监督，出台实施开展审级职能定位改革试点的若干规定，推动实现基层法院重在准确查明事实、实质化解纠纷，中级法院重在二审有效终审、精准定分止争。加强智能化监督管理，研发“无锡法院大数据可视化平台”，对案件办理的各个流程节点进行自动预警提醒，实现履责全程留痕、全程追溯。建立“依规不失范、独任不放任”的二审独任制适用监管机制，创新经验入选全国法院司法改革典型案例。年内，立案查处违纪违法干警11人。

【完善涉外及涉港澳台审判体系】 2022年，市中院设立全省第二家国际商事法庭，联合高校成立涉外司法研究中心，协同市台办建立涉台纠纷多元化解机制，举办“服务外向型经济发展论坛”，汇聚高能级法治资源服务高水平对外开放。实施涉外商事审判精品战略，审结涉及23个国家和地区的案件167件，2个案件入选江苏法院涉外国、涉中国港澳台商事典型案例，编写的《司法协助操作指南》获全国法院涉港澳司法合作优秀成果奖。

【金融审判体系建设】 2022年，全市法院系统加强金融审判专业化建设，成立金融司法研究中心，审结案件22027件，防范化解重大金融风险的调研报告获全省政法系统优秀调研报告二等奖。滨湖区人民法院在太湖新城金融商务区设立全省第二家金融法庭，建立金融纠纷调解委员会、金融速裁中心，创新“调立裁审执”团队运行模式和“五位一体”多元纠纷化解机制，推动构建金融法制新格局。

【推进改革试点工作】 2022年，全市法院系统启动与个人破产制度功能相当的改革试点，制定包括5大类60余项程序节点要求的工

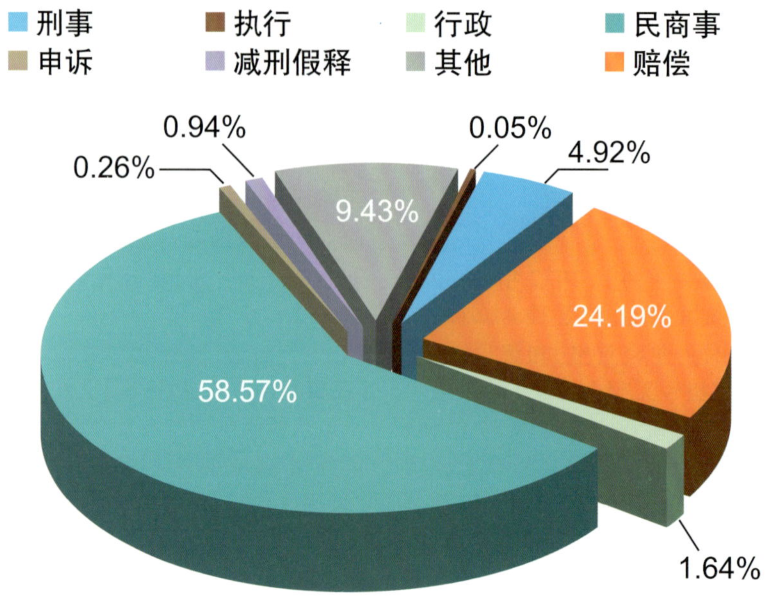

图3　2022年无锡市法院各类案件分布情况示意图

（市中级人民法院）

表14　2022年无锡市位居前十的民商事一审案件收案统计表

单位：件

序号	案　由	收　案
1	借款合同纠纷	14744
2	买卖合同纠纷	12904
3	机动车交通事故责任纠纷	7357
4	婚姻家庭、继承纠纷	6391
5	劳动争议纠纷	5266
6	物业服务合同纠纷	4449
7	租赁合同纠纷	3466
8	银行卡纠纷	3069
9	房屋买卖合同纠纷	3045
10	建设工程合同纠纷	2702

说明：民间借贷纠纷收案8933件，占借款合同纠纷案件的60.59%

（市中级人民法院）

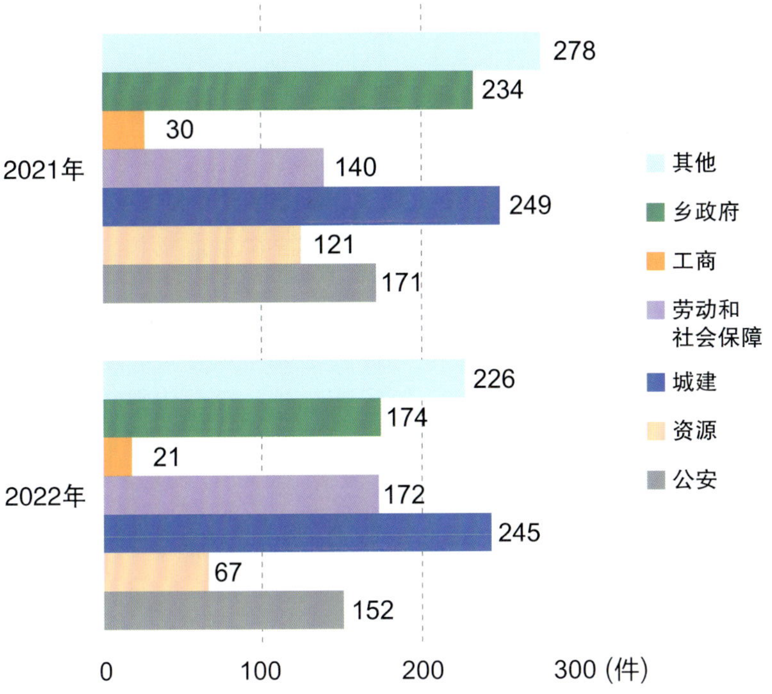

图 4　2021—2022 年无锡市行政一审案件收案情况对比图

（市中级人民法院）

表 15　2022 年无锡市位居前十的刑事案件收案统计表

单位:件

序号	案　由	收　案
1	危险驾驶罪	2124
2	盗窃罪	1112
3	帮助信息网络犯罪活动罪	717
4	诈骗罪	640
5	开设赌场罪	269
6	交通肇事罪	237
7	掩饰、隐瞒犯罪所得、犯罪所得收益罪	234
8	故意伤害罪	176
9	强奸罪	121
10	走私、贩卖、运输、制造毒品罪	115

（市中级人民法院）

作指引,探索出兼具“救济诚实而不幸者”和“预防逃废债”功能的类个人破产新路径。共受理案件156件,审结140件,其中20件达成清偿方案,豁免债务金额2243万元,帮助一批诚信创业失利者摆脱债务困境,获得经济重生,为个人破产立法提供样本。锡山区人民法院创建的审执结合衡平机制、审结的唐某类个人破产案被评为江苏法院类个人破产创新机制和优秀案例。开展执行管理体制改革试点,细化中级法院对基层法院统一管理、指挥、协调的10余类事项清单,构建管人、管案、管事相结合的监管机制,实现两级法院执行工作由业务指导关系向双重领导模式转变。

（张圣斌）

司法行政

【概况】 2022年,全市司法行政系统贯彻落实习近平法治思想,以学习贯彻中共二十大精神为主线,立足“一个统筹、四大职能”,围绕“坚持一流标准、争创一流业绩”,力争“一项全国示范、多项全省领跑”,实施十大专项行动,展现十大领域新作为,为全市经济社会健康稳定发展积极营造良好的社会环境和法治环境。无锡市被中央依法治国办命名为全国法治政府建设示范市,宜兴市司法局获评全国司法行政先进集体,无锡市司法局获评国家统一法律职业资格考试工作表现突出单位、全省依法治省工作成绩突出单位等,“政府开放月”系列做法经验被省政府办向全省推广。

【普法工作】 2022年,无锡市全面落实“八五”普法规划,制定《2022年度市级机关普法责任清单》《2022年度媒体公益普法责任清单》,开展“农民工学法活动周”、

“三八”妇女维权周、“12·4”国家宪法日和法治宣传月、“疫情防控·法治同行”、“共创文明典范·法治宣传进万家”、“喜迎盛会跟党走·为民服务当先锋”等集中普法宣传活动，印发宣传册页150万份，发送微信朋友圈普法广告受众200余万人次、短信300余万条。印发《关于加强社会主义法治文化建设的意见》，开展法治文化阵地市、市（县）区、镇（街道）“三级共建”工程，建成锡山区安镇民法典主题公园、惠山区桃源法治文化广场等。加强“法律明白人”培育，全市1.2万余名“法律明白人”累计参与各类法治宣传，受益群众15万人次，引导经济困难群众申请法律援助1800余人次，化解矛盾纠纷2.1万余件。建成“无锡普法网”，发布普法信息动态、释法案例和文化作品近2000篇。开展无锡市第二届优秀法治文化作品征集等活动，会同“学习强国”江苏学习平台、“中国江苏网·新江苏”客户端联合举办“喜迎二十大·法润无锡”“强国·新江苏”拍客摄影大赛，共征集优秀法治短视频、动漫、海报、书法等作品846件，通过“学习强国”无锡学习平台等宣传优秀法治文化作品500余件。

【**公共法律服务**】 2022年，市司法局出台《关于推进包容审慎监管的指导意见》《“助抗疫促发展保稳定”十八项法治保障举措实施方案》，开展“产业链＋法律服务”纾困解难促循环工作，成立全国首家长三角生态环保“产业链＋法律服务”联盟及公益基金，全省率先培育“产业链＋法律服务”联盟示范点，江苏省集成电路“产业链＋法律服务”调解平台和实习基地在无锡挂牌。出台缓减免交公证和仲裁费用的政策，全国首家利用“公证＋仲裁”模式监管校外培训机构预付款，在全省率先开展公证远程视频系统建设试点工作，“公证参与居民小区物业治理”入选省委、省政府十大重点任务百大重点工作并成为全省唯一试点。推动“一带一路”法律服务中心规范化建设，出台全省首个海外法律服务中心规范化操作指引，出具全省首份得到国际商事领域认可的仲裁裁决。开展“乡村振兴 公共法律服务村村行”活动，为全市532个村提供法律意见6493件、公共法律服务指引12789件，参与村（社区）矛盾纠纷化解5638件。印发《关于开展园区公共法律服务“法企对接”活动的实施方案》，成立园区公共法律服务中心，组建园区公益法律服务团，为全市9个省级以上工业园区提供法律业务指导，进行园区企业合规审查213次，提供法律意见368件、法律咨询及法律文书服务1884件，代理诉讼99件，调解矛盾纠纷666件，开展法治体检1105次、法治宣传2173次，服务小微企业573次，涉及金额7318万元；服务数字经济115次，涉及金额3785万元。

【**法律援助**】 2022年，市司法局组织开展“法援惠民生·倾情保稳定”专项行动，全市法律援助机构办理法律援助案件7893件，提供值班律师法律帮助3861件，接待群众法律咨询108962人次。在全省率先建立法律援助申请人家庭经济状况核查机制，并在全市法律援助机构试行取得成效，新增法律援助工作站（点）68个，推行法律援助“容缺受理制”“证明事项告知承诺制”“全域通办制”，提升法律援助应援尽援水平。加大农民工法律维权服务，全市法律援助机构共受理农民工欠薪案件3694件，帮助追索劳动报酬金额7214.44万元。开展全市法律援助办案质量检查，名优律师办案量占比30.5%，无锡市滨湖区法律援助中心“对陈某某交通事故纠纷提供法律援助案”入选法律援助拥军全国十大典型案例，无锡市法律援助中心“对网络家政员王某确认劳动关系纠纷提供法律援助案”和宜兴市法律援助中心“对庞某等人假农药损害赔偿纠纷提供法律援助案”入选江苏省法律援助“十大优秀案例”“十大好案例”。

9月30日，“法律明白人”在社区开展法治宣传　（市司法局　供图）

【人民调解】 2022年,无锡市成立全省首家设区市级社会矛盾纠纷调处服务中心,派遣1416名调解员、92名法律服务人员入驻各级矛盾纠纷调解组织,推动形成“最多跑一地,服务零距离”矛盾纠纷化解体系。全市建立人民调解组织1749个,有人民调解员6519人,化解矛盾纠纷116069件。建立专业性行业性调解组织151个,与金融法庭、银行业联合成立金融纠纷人民调解委员会。在高新技术产业园区筹建调解中心,成立全省首个快递行业劳动争议调解中心。建立行政调解组织市级18家、县级72家,行政调解纠纷224297件。打造“一镇一品”调解工作室,在75个镇(街道)成立品牌调解室。优化线上调解程序,将“苏解纷”“人民调解小助手”等业务系统融入市社会矛盾纠纷调处服务管理系统,全市“苏解纷”微信小程序注册量40万人。

【社区矫正】 2022年,市司法局深化社区矫正“一三三模式”,开展社矫安帮提质专项行动,推进市级社区矫正机构赋码工作,打造“一市一品牌,一县一特色”项目,全市未发现社区矫正对象重大重新犯罪,未发生刑满释放人员引发重大安全事件。建立“三类人群”管理工作闭环督查制度,编印全国首本“三类人群”心理健康及精神卫生知识读本。推进“一中心两基地”建设,开展省级示范安置基地创建工作,6家过渡性安置基地通过省司法厅验收,累计过渡安置刑释人员31人,开展就业培训23场次,培训人员1304人,推荐就业737人。全市在帮安置帮教对象9781人,衔接率、安置率和帮教率均达100%。实施后续照管精准帮扶,成立“锡新”后续照管志愿者团队,培育典型799人,一年内操守保持率98.79%,就业率87.4%,创建宜兴市官林镇和梁溪区扬名街道2个省级“贯标示范点”。

【律师工作】 2022年,无锡市在全省率先出台省内首份律师行业“十四五”发展规划,科学制定律师行业发展目标。印发《无锡市律师行业深入学习贯彻党的二十大精神的实施方案》,举办全市律师行业党建工作培训班,召开律师行业党建工作调研座谈会,成立全市第一家律师事务所党委。会同人民法院、律师协会设立全省首个“申请律师执业人员实习基地”,探索选聘律师实习人员担任法官助理途径。会同市人民检察院建立检司律“三方联络员”机制,完善法律职业共同体建设。会同市公安局、市人民检察院举办全市首届公检律刑事辩论赛,创新公检律同堂培训方式。成立无锡市律师行业妇女联合会。举办名优律师培训班、“一带一路”涉外律师培训班,加强律师人才培养。分类开展首批示范涉外律师事务所和涉外律师人才库、优秀女律师、优秀律师事务所和优秀律师、“六好”律师党支部和“六优”党员律师评选工作,选树行业先进典型。开展律师行业“警示教育月”活动,加强行政处罚、行业处分和党纪处分对接工作,作出行政处罚4件次、党纪处分4件次、行业处分7件次。完成对214家律师事务所、3527名律师的年度检查考核工作。

【司法所建设】 2022年,市司法局推进基层司法所规范化建设,围绕基层党建、基础业务、基层队伍、基础保障、实战化建设5个方面,区分“推进、提升、深化、优化”四个阶段,组织司法所党支部“双争双创”,开展司法所分类建设,推进全市司法所规范化建设和高质量发展。年内,2家司法所被省司法厅评为深化基层司法所党支部“双争双创”活动表现突出单位,3家司法所获评全省司法所分类建设表现突出单位。

(田 杰)

仲 裁

【概况】 2022年,无锡仲裁委员会(以下简称“无锡仲裁委”)共受理仲裁案件1902件,比上年增长18.3%;累计标的额35.97亿元,比上年增长48.1%;办结案件1781件(含上一年结转),比上年增加212件,增长率为13.5%。灵活运用网上开庭120余次。年内无锡仲裁委获评江苏省公共法律服务成绩突出先进集体。市人力资源社会保障局全年处理各类劳动人事争议案件37562件,立案受理劳动争议案件10782件,各类调解组织调解劳动争议案件26780件,劳动人事争议仲裁结案率99.53%,劳动人事争议调解成功率91.72%。

受理案件类型从行业分类看,主要集中在物业服务、商品买卖、租赁、借款、保险、建设工程等领域。从案件标的额看,主要集中在金融、建设工程、股权等领域,其中标的额在100万元以上的案件为182件,占受理案件数的10%;标的额在100万元以下案件为1720件,占受理案件数的90%。从案件数量增长幅度看,融资租赁等金融创新类案件增幅30%以上,建设工程案件增幅50%,主播经纪文娱产业等类型争议增幅一倍以上,其他如知识产权、房屋土地及房地产、委托合同类纠纷均有增长。另外,全年处理涉外涉港案件8件,比上年增长50%,争议金额4.2亿元,比上年增长近30倍。

(蔡 毅 孙皓晨)

【仲裁宣传】 2022年,无锡仲裁委制定《缓减免交仲裁费用办法》,全年减免各类仲裁费用700余万元。第二届全省仲裁宣传服务月期间,在无锡市区主会场举办系列主题宣传活动,发布服务民营经济典型仲裁案例。与市工商联签署服务民营经济框架协议，做好非公有制企业民商事仲裁纠纷仲裁工作。结合“公共法律服务进园区”和“法企对接”工作要求，深化走访服务机制，全年对接园区企业、行业协会近30家，走访十余家律师事务所，了解企业法律服务需求。面向企业举办知识产权仲裁保护、房地产主题沙龙、建设工程风险防范等讲座、研讨会5场。结合“法润江苏·2022春风行动”安排，首次联合法宣办举办知识产权保护、妇女儿童维权方面典型仲裁案例新闻发布会。围绕“3·15”消费者权益保护日、“4·8”司法日、“4·26”世界知识产权日、“12·4”宪法日等重大时间节点，在社区、协会、企业举办广场法律咨询、专题讲座，发放仲裁知识手册。与《江苏法治报》、《无锡日报》、《江南晚报》、《无锡博报》和交汇点新闻等媒体合作，以“一案一讲”等形式宣讲典型仲裁案例。

【创新仲裁】 2022年，无锡仲裁委会同市文广旅游局出台《关于建立旅游投诉调解与仲裁衔接工作机制的通知》，成立“无锡旅游调解仲裁中心”（为省内第三家），构建旅游投诉调解与仲裁衔接机制，有效解决旅游纠纷。在国内率先探索建设校外非学科培训机构预付费监管模式，分别与市江南公证处、无锡农商行、惠山区文体局签署合作框架协议，开展“仲裁＋公证”校外非学科培训机构资金监管探索，利用公证提存的法律手段保障培训预付款资金安全，同时与仲裁结合快速处理培训纠纷，破解培训争议解决难和退费难的问题。该案例入选《法治日报》2022年全国政法智能化建设创新案例。落实诉仲衔接机制，在新吴区人民法院设立首个仲裁工作站。

【解决跨境争端】 2022年，泰国中央破产法院发出命令，对无锡仲裁委2021年4月15日作出的仲裁裁决予以承认，并决定对泰国A公司实施破产清算。作为无锡仲裁委首例适用《纽约公约》在泰国获得承认的案件，本案为国内仲裁机构对接国际仲裁服务标准提供了实务支撑。

11月，无锡仲裁委会同市中院、市商务局、市律师协会联合主办“服务外向型经济发展论坛”，法官、仲裁员、律师与企业法务同堂培训。论坛就外向型经济的法律服务特点，在线争端解决的作用，如何精准适用国际条约和准据法，慎重处理国际、区际法律冲突问题等进行探讨。12月，无锡仲裁委会同无锡市“一带一路”法律服务中心举行跨境争议解决研讨会，就仲裁参与无锡市外向型经济法律服务开展讨论，并就在服务中心各分中心所在地仲裁案件开拓、跨境争议处理、平台宣传推广、专业问题研讨、外籍仲裁员吸纳等方面的合作达成共识。

（蔡　毅）

【无锡市快递行业劳动争议调解中心成立】 8月8日，无锡市快递行业劳动争议调解中心在苏南快递产业园揭牌，为全省首家快递行业劳动争议调解中心。该中心为集预防预警、咨询指引、调解仲裁等多功能于一体的智慧调解仲裁服务枢纽，通过线上线下相结合，提供在线申请、远程调解、线上开庭、上门指导等全方位、高效能的服务，为全市快递企业和快递从业者搭建优质的调解仲裁公共服务平台。调解中心定期为快递企业展开用工体检、法律讲座、劳动争议公益课等工作。与此同时，建立一支由仲裁员、镇（街道）调解员、企业调解员、律师等人员组成的调解员队伍，调解中心受理劳动争议后，及时指派快递企业调解员组织调解，5日内未达成调解协议的，调解中心指定仲裁院调解员调解，集体性或案情复杂的劳动人事争议，由市人力资源社会保障局、市邮政管理局、市总工会联合组织调解。

【调解组织品牌创建】 2022年，市人力资源社会保障局发挥调解在劳动人事争议处理中的基础性作用，打造以乡镇（街道）劳动人事争议调解中心、企业调解组织、行业性区域性调解组织为主体的品牌调解组织。惠山区前洲街道劳动人事争议调解中心、无锡市快递行业（硕放）劳动争议调解中心获评全国工作突出基层劳动人事争议调解组织；滨湖区劳动人事争议调解中心等3家单位获评2022年全省金牌调解组织。

【调裁审一体化】 2022年5月，市人力资源社会保障局会同市中院、市总工会、市工商联联合出台《关于深化科技型企业劳动人事争议调裁审一体化工作 积极推进新时代人才强市建设的实施意见》，将调裁审一体化工作的范围扩大到高层次人才与科技型企业的劳动人事纠纷领域。9月，成立山水城科技型企业劳动争议调解中心，建立科技型企业劳动人事争议审判技术专家咨询库，开展涉科技型企业劳动争议调解工作。该项目被列为省委、省政府自主改革事项清单的4个自选创新项目之一，获中国新闻网等媒体专题报道。

（孙皓晨）

编辑　罗秋云

无锡军分区

【概况】 2022年,无锡军分区(以下简称"军分区")突出学习宣传贯彻中共二十大精神主线,坚决贯彻统帅号令,切实把握政治大事之年、改革落实之年、备战关键之年特点要求,统筹疫情防控、部队建设和大项任务的完成,部队全面建设稳中有进、持续向好。

【思想政治建设】 2022年,军分区党委坚持不懈用习近平新时代中国特色社会主义思想和习近平强军思想武装官兵,深刻领悟"两个确立"的决定性意义,始终把学习习近平主席最新讲话精神作为常委会"第一议题",认真学习宣传贯彻中共二十大精神,专题制定具体措施,组织原原本本学习中共二十大报告和《中国共产党章程》。深化"忠诚维护核心、矢志奋斗强军"主题教育,扎实组织开展"三心两争""守初心、严纪律、葆本色""查思想、查工作、查作风"等专题教育活动,开展"知责于心、担责于身、履责于行"大讨论,推动党委书记上党课活动。打好意识形态领域斗争主动仗,官兵思想统一、纯洁巩固。年内,按程序组织省军区党代表会议代表人选推荐提名和选举工作,制定《加强党委班子和领导干部建设建议》,借助上级资源同步开展党委(支部)书记培训,修订完善党委常委会议事规则,指导设置训练保障基地党支部和6个单位团支部,开展民兵党组织建设情况调研,每季度过集体政治生日。规范落实党管武装工作制度,协调召开市委常委议军会,会上宣布4位人武部党委第一书记的任职命令。军地联合开展考评,迎接军委专项政治巡视,开展基层风气整肃治理,常态化上纪律党课、看警示教育片、宣读违规违纪通报,对团单位主官开展提醒式谈话,集体约谈各人武部纪委书记、干休所纪检委员,扎实抓好省军区全覆盖督导检查反馈和军分区自查自纠问题整改,保持正风肃纪反腐常态长效。

【练兵备战】 2022年,军分区党委牢固树立务战谋战导向,坚决落实军事训练"一票否决制",扎实组织开训动员、议战议训。上下对接修订各类行动方案,规范整治各级值班秩序,临机拉动点验民兵分队,部队保持高度戒备状态。开展俄乌冲突理论研究,拓展首长机关"3+X"组训模式,抓好个人自训、全员普训、强化集训,开展民兵教练员选训用管试点工作,组织民兵连排班长骨干暨"教练员"集训,全年累计出动民兵5万余人次支援地方疫情防控,受到地方党委、政府和群众赞誉。

持续抓好专武干部队伍建设,出台《加强新时代镇、街道专职人民武装干部队伍建设的意见》,建立专武部长人才储备库,组织全市专武干部集训、新任职专武干事资格认证和专武干部履职量化考核,在全省率先将专武干部全部纳入行政编。积极推动基层武装部建设规范化,稳步推进信息化、融合化建设,全市基层民兵营连建设"两室一家"(办公室、器材室,青年民兵之家)率达100%。围绕"十一个不出"目标要求,召开"讲政治、明大义、守底线"专题组织生活会,抓实酒驾醉驾警示教育,压茬推进保密工作、守护戎装等专项整治和"四严四整"专题教育整训,部队保持安全稳定。

【国防动员】 2022年,军分区落实民兵建设"十四五"规划,军分区出台《关于推动民兵深度融入网格化社会治理体系的实施方案》,推进结构向新质力量加强、布局向支援保障调整、职能向基层治理拓展。紧盯征兵"五率"(报名率、上站率、合格率、贡献率、退兵率)要求,开展全媒体征兵宣传,推进企业员工带编入伍,研究探索兵员去向量化积分路子,推动《无锡市激励大学生参军入伍若干措施(试行)》落地,联合市纪委开展廉洁征兵监督执纪,完成年度兵役征集任务。持续开展帮扶工作,深化拓展"援疆名师云课堂",组织举办"太湖美·天山情"国防军事夏令营,团结小学被评为"八一爱民学校",受到国动部主要首长批示肯定;宜兴市新芳村帮扶项目扎实推进。

【综合保障】 2022年,军分区持续推进后勤重点行业领域整治,认真组织师以下人员待遇清查、随军未就业配偶保险复查和资产累积性难题等专项清理整治,完成财务、采购、医疗等重点行业领域整肃治理。真情做好老干部服务保障工作,召开老干部、“老阿姨”座谈会，开展日间照护服务试点，持续加强医疗保健中心和营区基础设施改造完善，举办院前急救和伙食保障两项比武竞赛，推动开展殡仪馆哀乐无序奏放治理，努力查找老干部缺失档案，组织干休所整编合并以来建设情况调研，其成果受到省军区主要首长批示肯定。

（孙宇星）

武警无锡支队

【概况】 2022年，武警无锡支队（以下简称“无锡支队”）紧紧围绕迎接、保卫中共二十大的召开和学习贯彻中共二十大精神主线，认真贯彻落实武警部队、总队党委决策指示，始终聚焦“创安争先”年度目标，圆满完成思想教育、军事训练、后勤保障等各项任务，部队建设稳中向好。

【思想政治建设】 2022年，无锡支队认真学习贯彻中共二十大精神，运用党委中心组理论学习、基层理论学习日以及“学习强军”App等载体平台，推动习近平强军思想入心入脑。创新“1+2+1”（1堂接地气的精品课，2段对比鲜明的短视频，1次辩论式的班讨论）教育模式，持续开展“认知六观”系列教育，大力推进优秀传统文化学习，政治教育有声有色。组织开展“八一”文艺会演、篮球争霸赛、军娃进军营等项目，完成9个单位“书香军营”建设，体系化升级营区政治文化环境，23篇稿件被新华社等中央级媒体采用。武警部队首长到无锡支队调研时给予充分肯定。无锡支队政治工作处被总队表彰为“服务指导基层先进处”，1人参加武警部队优秀政治教员比武并获评二等奖，被总队表彰为“强军践行者先锋”。

年内，无锡支队党委坚持“新官理旧账”整治基层风气。抓实总队党委专项监督检查指出问题的整改，研究细化措施68条。推进党支部、团支部、军人委员会班子成员“时时亮身份、事事树形象”实践活动，开展“形势怎么看、应该怎么办”大讨论。发展党员40人，选晋警士120余人，表彰奖励190余人，调整使用干部20余人，部队反映良好。

【训练执勤】 2022年，无锡支队认真贯彻新时代执勤安保规范化集训精神，整治执勤隐患100余处，布设制高点监控，增建AR实景地图，“智慧磐石”工程升级，连续28年实现执勤安全无事故；系统组织各类培训集训、“过关式”比武考核等，开展“六小”“三手”和创破纪录等群众性练兵活动，实战化训练氛围浓厚。年内，协助公安机关抓获网上在逃人员数名。执勤分队按纲施训做法和首长机关训练计划、教案被总队推广，“三体联动守牢执勤主阵地”的做法经验被《人民武警报》专版刊载。

持续打造“双争”品牌，抓实“一周一规范、一周一养成”动作，建立问题挂账销号和经常性工作日结日报制度，组织到基层调查研究5批、90余人次，现场解决实际问题。积极慎重开展各级党代表大会代表、军人代表大会代表的推选工作，召开第一届军人代表大会第一次会议。通过“聚力迎盛会、扎实保稳定”活动和“翻安全计时牌”等载体，持续开展安全隐患大排查、涉网涉密集中教育整治，为80余名“四会”安全员颁发证书。

【后勤装备保障】 2022年，无锡支队坚持“两个有利于”建设标准，投入资金为机关、基层办实事，投入10万余元看望慰问官兵60人，官兵获得感、幸福感不断提升。常态开展装备巡检、医疗巡诊和心理服务下基层，严密组织官兵健康体检，跟进指导2个中队营房新建工程，组织后勤专业兵技能培训。突出精准防疫，优化落实防控政策，全力保护官兵身心健康，保证部队正常秩序。其间，应无锡市政府商请，紧急向江阴市支援帐篷、行军床、充气床垫等物资500余件（套），深受驻地政府好评。无锡支队“四装”的做法被总队转发。

（申必威　孙宏铭）

7月28日，武警无锡支队官兵在无锡市火车站担负巡逻任务

（刘鸿兆　摄）

人民防空

【概况】 2022年，无锡市贯彻总体国家安全观，优化人民防空体系建设，推进“十四五”人民防空规划任务落实。年内，无锡市人民防空办公室（以下简称市人防办）被评为2022年度全省人防工作综合考核先进单位、人民防空训练先进单位、创新创优先进单位。

【人防应急体系建设】 2022年，市人防办指导锡山区完成基本指挥所后续建设，完成3个重要经济目标人防指挥所建设任务。开展实战化训练，牵头组织苏锡常防护区参加全省人防机动指挥所暨五大防护区联演联训，开展全市人防机动指挥通信系统训练及应急通信演练、无人机和短波电台骨干集训，完成全市防空警报鸣放任务。协同军地科研院所完成人防指挥地理信息系统等4个系统的开发。推进省人防综合信息平台应用与管理，抓好各模块数据录入，确保人防基础数据规范统一。加强警报建设与维护管理，完成全市警报器巡检和新增、移机、拆除、更新升级等工作。

【人防工程建设】 2022年，市人防办根据市国土空间规划，编制市本级人防工程建设专项规划，通过省人防办组织的专家评审。落实应建必建政策，抓好自建人防工程建设。推广利用人防工程建设学校接送系统，3个项目开工，3个项目开展前期工作。抓好无锡地铁5号线、锡澄线、地铁4号线2期、锡宜线的兼顾设防工作。

【人防工程维护管理】 2022年，市人防办启动人防应急导引项目建设，在“灵锡”App平台向广大市民提供人防知识教育库和人防应急智能导引功能，实现防空防灾掩蔽的智能化精准导引，为省内首创、国内领先。开展住宅小区人防工程平时使用备案登记专项梳理工作，推广人防工程平时使用电子证照。推动住宅小区人防工程车位租金单独列账工作，住宅小区人防工程维修资金银行专户建账率达70%。抓好人防工程的标识标注工作，竣工人防工程基本实现标识全覆盖。重视人防领域的安全生产工作，建立隐患清单、责任清单、整改清单，开展安全生产大检查、安全宣传月、早期人防工程普查等工作，制定自建人防工程防淹措施。承担省人防办委托人防工程内安装汽车充电设施科研项目，对人防工程内安装汽车充电设施的防护问题、安全问题进行研究，项目通过专家鉴定。

【人防宣传教育】 2022年，市人防办积极开展普法宣传工作，邀请法律顾问开展民法典培训。落实政府开放月、人防进党校、中小学开设人防知识课程等工作，组织人防系统在各类报刊上开展宣传报道工作。配合“9·18”警报试鸣，落实新闻媒体宣传，相关人防宣传报道分别在新华社、《人民日报》、“学习强国”无锡学习平台等8家媒体播报；配合省人防办开展的“新闻媒体看人防”在无锡市的工作，所推荐的经验做法得到5家媒体宣传；结合全国防灾减灾日，组织开展形式多样的宣传教育活动，数万人参加。

（彭海东）

退役军人事务

【概况】 2022年，无锡市退役军人事务系统（以下简称市退役军人系统）全面贯彻习近平总书记关于退役军人工作重要指示精神，通过“提前双选”“特岗选拔”“阳光安置”等方式，完成转业军官、政府安排工作退役士兵年度安置任务。组织开展首批全国示范型服务中心（站）“回头看”，对全市77家基层服务站指导调研100多次。承办全省退役军人服务中心（站）建设现场推进会。做好全市退役军人和其他优抚对象建档立卡工作，有序推进优待证申领发放，推动优待目录清单的研究制定。开展祭扫英烈和为烈士寻亲、“四个最美”学习宣传等活动。持续推进市烈士陵园改造提升工程和军供站迁建工作。全年市本级受理信访事项1765项。

【“锡军优”品牌建设】 2022年，市退役军人事务系统坚持示范引路，持续打造退役军人服务保障工作特色，形成具有“无锡特色”的退役军人服务保障品牌。全市四级退役军人服务中心（站）的地理位置在百度地图、高德地图上精准定位，为退役军人就近、便捷获取服务提供技术支撑。江阴市在省内率先推行军人退役“一件事一次办”，实现让“数据多跑路、服务对象少跑腿”。宜兴市打造“宜兴荣军联盟”，吸纳20家成员单位全力服务退役军人。梁溪区持续深化华腾军创园建设，入驻企业126家，注册资金18亿元，吸纳退役军人就业200人左右。锡山区采取“服务+”全周期联系、“政府+”双向型助力、“红色+”传统文化引导、“权益+”四心服务模式，不断丰富服务内容。惠山区开展“幸福来敲门”退役老兵服务项目“二小时红色教育圈”，擦亮“戎耀惠山”工作品牌。滨湖区激发退役军人志愿服务活力，全区100余支退役军人志愿队伍开展各类志愿服务1万余次，“蓝深远望”志愿服务队获评“全省百支优秀退役军人志愿服务队”。新吴区打造全区退役军人“五星戎耀”服务品牌，采取安“家”、强“身”、健“体”、树“标”、立“业”、创“新”六步法为退役军人提供优质服务。无锡经开区发动社会力量，打造退役军人红星驿站，开展“红色聚力·军魂传承”系列活动10余场，营造关心关爱退役军人的良好氛围。

【接收安置】 2022年，市退役军人事务局会同市委组织部、市委编办、市人力资源社会保障局、市国资委和市地方金融监管局等职能部门，建立对接合作机制，筹措符合退役军人特点和意愿的优质岗位。年内，市本级和市（县）、区共筹措转业军官安置岗位140余个、符合政府安排工作条件的退役士兵安置岗位150个，完成营职以下及专业技术转业军官、政府安排工作退役士兵、伤病残退役士兵移交安置任务，采取“提前双选”“特岗选拔”等方式安置到公安部门27人，择优选拔4名营职和专业技术九级以上转业军官安排实职岗位。通过体制内对等、对口或相近，体制外进社区、进企业，以及货币化安置等方式，稳妥安置符合条件的驻无锡部队随军家属。健全完善军队军休干部和逐月领取退役金人员“即交即接”工作机制，加快移交进度和效率，妥善安置军休干部和逐月领取退役金人员。

【评选“四个最美”人物】 7月29日，无锡市举办“军心永向党 奋进新征程”——无锡最美退役军人、最美拥军人物、最美军属、最美军休干部发布活动。经过基层遴选、组织推荐、分级审查、网络点赞、集中评审等环节，确定48名“四个最美”人物，其中万常旗等21人获评“无锡最美退役军人，孔维洋等12人获评“无锡最美拥军人物”，马石蓉等10人获评“无锡最美军属”，朱永亮等5人获评“无锡最美军休干部”。

【军休干部服务】 2022年，市退役军人事务局探索军休服务新模式，发动社会力量为服务对象提供多元化服务。抓住全市老旧小区改造契机，持续推进军休小区纳入地方老旧新村改造工程，协调推动军休干部集中居住小区加装电梯8部；持续推进军休小区物业管理社会化，完成水秀新村院区和惠峰新村155号军休房产物业管理属地移交，解决物业管理长期缺失的难题。引入社会资源，为军休干部提供助餐、就医、养老等服务，帮助失能、失智、高龄、独居、空巢等需要重点帮助的军休干部申领高龄津贴、护理补贴、“96158”居家养老助残援助服务等。会同市老年大学合作创办“无锡市老年大学军休班”，全年“军休班”开设课程9门，涵盖思政、艺术和保健养生，共有师生120余人。

7月29日，无锡市举办“‘军’心永向党 奋进新征程——无锡最美退役军人、最美拥军人物、最美军属、最美军休干部”发布活动

（市退役军人事务局 供图）

【弘扬英烈精神】 2022年，市退役军人事务局坚持“弘扬英烈精神、传承红色基因”主基调，通过回顾历史、缅怀先烈，进一步弘扬英烈精神，激发社会各界的爱国热情。完成纪念抗日战争胜利77周年、铭记历史勿忘“9·18”“9·30”烈士纪念日、新婚夫妇向烈士献花等大型服务保障工作。倡导网上祭扫，开展“盛世如你愿，清明寄哀思——2022·奋进·网上祭英烈”工作。持续开展为烈士寻亲工作，与福建省退役军人事务部门沟通合作，确认7名无锡籍烈士，将其身份信息录入属地烈士英名录。培养红色故事讲解员，邀请烈士亲属、军休干部、专家学者讲述英烈故事，制作红色主题展板“丹心长青、忠魂永存——无锡革命先烈红色家书展”，录制《热血之魂、永恒之光》——英烈故事公益短片，投放在无锡地铁、公交移动电视、市民中心、无锡青少年活动中心等处，社会反响良好，“学习强国”无锡学习平台、《新华日报》、江苏省委新闻网、江苏省政府网站、锡城各大媒体予以专题报道。

【法律援助】 2022年，市退役军人事务局组织全市8家法律援助中心和30多家律师事务所的100多位律师为驻无锡部队及退役军人提供法律咨询、法律援助等服务。1月26日，在法治日报社联合中国政法大学律师学研究中心面向全国开展的“首届律师公益（社会责任）典型案例”征集宣传中，江苏迅安律师事务所律师董正凝无偿为军人军属开展的“法律援助解戍边军人后顾之忧，切实维护军属合法权益”案例，入选“法律援助十大典型案例”。6月10日，成立全省首个退役军人和谐劳动关系协调中心。至年末，接受咨询60余人次，为6名退役军人调解劳动纠纷，帮助追讨相关补偿金。

【无锡市崇军关爱基金】 8月11日，市退役军人事务局会同市慈善总会共同设立无锡市崇军关爱基金。该基金坚持普惠保障和特殊关怀相结合的原则，主要对具有无锡市区户籍的退役军人、现役军人家属和其他优抚对象，在享受优待政策保障待遇后，基本生活仍有困难的，给予临时性、应急性帮扶援助；褒奖在国防建设、经济发展、抢险救灾、科技创新、公民道德、就业创业等工作中作出突出贡献的退役军人；帮助经济薄弱、基础设施条件落后的村（社区）建立符合高质量发展标准的退役军人服务站等。

（陈国兵）

双拥共建

【概况】 2022年，无锡市把双拥工作纳入全市经济社会发展总体规划，纳入各级党委、政府重要议事日程，纳入全市综合考核重要内容同步谋划、同步推进。3月，市和市（县）区调整双拥工作领导小组，党政主要领导担任第一组长或组长。市委将落实党管武装和推进双拥工作纳入对各市（县）区党的建设年度综合考核，占总分的3%。市双拥办印发《2022年全市双拥工作要点》，修改完善职责制度。5月，市双拥工作领导小组召开专题会议，对申报省双拥模范城（县、区）、双拥模范单位和先进个人情况进行研究。6月，出台《无锡市军地相互支持互办实事机制》。7月，公布“无锡最美退役军人、最美拥军人物、最美军属、最美军休干部”评选情况。年内，无锡市人大代表、无锡华能电缆有限公司董事长叶胜平获评江苏最美拥军人物；无锡市公安局巡特警支队五大队副大队长姜辉和无锡市梁溪区北大街街道南尖社区党委书记、居委会主任周燕获评江苏最美退役军人提名；江苏天华纱业集团董事长周爱明获评江苏最美拥军人物提名。

【第12届省双拥模范城（县、区）创建】 在2021年12月完成对符合申报条件并自查申报的江阴市、宜兴市、梁溪区、锡山区、惠山区、滨湖区、新吴区考评和南京市对无锡市交叉互评基础上，根据《江苏省双拥模范城（县、区）标准》和考评通知要求，无锡市统筹推进，全面抓好落实。5月27日，市委副书记、市政法委书记、市双拥工作领导小组组长朱爱勋主持召开市双拥工作领导小组专题会议，对申报省双拥模范城（县、区）、省双拥模范单位和先进个人情况进行研究。6月8日，《无锡日报》第三版对推荐命名表彰的省双拥模范城（县、区）、省双拥模范单位和先进个人名单进行公示。6月21日，无锡向省双拥工作领导小组申报第12届省双拥模范城（县、区）主要事迹、江苏省双拥模范单位和先进个人推荐审批表。同时报送《关于2018年以来全市双拥工作和创建活动开展情况的报告》。6月29日，省双拥考评组一行3人到无锡，对无锡市创建第12届省双拥模范城（县、区）工作进行考评。考评采取实地检查、座谈了解、召开汇报会等形式进行。通过考评，省双拥考评组对2018年以来无锡市双拥创建工作给予肯定，认为无锡双拥工作有传统、有机制、有氛围、有作为、有特色、有典型。8月1日，第12届江苏省双拥模范命名表彰大会在南京召开，无锡市，江阴市、滨湖区、新吴区、梁溪区、宜兴市、惠山区被命名为“江苏省双拥模范城（县、区）”；无锡市天资乳业有限公司、无锡市锡山区锡北镇人民政府、无锡市新吴区硕放街道办事处、无锡经济开发区教育局、中国人民解放军联勤保障部队第九〇四医院（以下简称第“九〇四医院”）、中国人民解放军94926部队、武警第二机动总队某支队作战支援大队7家单位被表彰为江苏省双拥模范单位；江苏天华纱业集团董事长周爱明、宜兴市财政局局长狄胜君、无锡市惠山区堰桥街道办事处副主任张晓表、无锡市滨湖区河埒街道产山社区居委会主任蔡志明、中国人民解放军63707部队某型运输船政治委员安卫平、武警无锡支队政治工作处干事徐苏蕊6人被表彰为江苏省双拥先进个人。

【海军无锡舰交付入列】 3月10日，海军无锡舰在青岛某军港举行入列仪式，加入海军北海舰队。无锡舰

2月13日，无锡市革命烈士陵园管理中心“金牌讲解员”杨晓兰（右一）给刚聘为“红色讲解员”的学生代表讲解英烈故事（市退役军人事务局　供图）

从下水至交付，仅用22个月时间。从入列到迅速展开全训，聚焦短时间内形成和提升全面作战能力。4月，无锡舰进行实战化训练。年内，无锡舰通过各种训练和轮番考核，全面锤炼官兵在复杂条件下快速反应及特情处置能力，有效提升指挥员协同指挥能力和号手操作能力，为尽快形成作战能力、融入作战体系打下坚实基础。国庆节前夕，无锡舰全体官兵通过视频向无锡人民汇报入列和实战训练情况。

【双拥宣传教育】 2022年，无锡市广泛宣传全国、全省和全市双拥模范（先进）事迹，组织开展双拥系列评比和宣传活动，扎实推进双拥宣传阵地建设，规范和持续开展新兵入伍欢送、老兵退役返乡欢迎、"光荣之家"牌悬挂仪式，以及为立功受奖官兵送喜报等活动，营造爱国拥军浓厚的社会氛围。2月，组织开展"无锡最美退役军人、最美拥军人物、最美军属、最美军休干部"评选活动。经过基层遴选、组织推荐、分级审查、网络点赞、集中评审等步骤，48名"四个最美"人物于7月29日进行公布。其中万常旗等21人获评无锡最美退役军人，孔维洋等12人获评无锡最美拥军人物，马石蓉等10人获评无锡最美军属，朱永亮等5人获评无锡最美军休干部。8月，组织评选"无锡市双拥工作先进集体""无锡市双拥工作先进个人"和命名"无锡市双拥示范基地"。经逐级推荐和审核把关，江阴市教育局等70个部门（单位）被评为2022年无锡市双拥工作先进集体，姚强等62人被评为2022年无锡市双拥工作先进个人，中共江阴一大会址纪念馆等20个场所被命名为2022年无锡市双拥示范基地。新吴区梅村街道投入2700余万元，扩建江抗东进纪念馆、改造锡东革命烈士陵园、建设英雄广场，打造江抗红色基地。新吴区编印《红色记忆——新吴区红色资源选编》。年内，《无锡市双拥工作简报》刊发双拥宣传稿件255篇、照片635幅，市双拥网站"双拥动态""双拥观察"栏目发布基层双拥稿件46篇、照片164幅。《解放军报》《中国国防报》《新华日报》《无锡日报》《江南晚报》等报纸采用无锡市各类双拥宣传稿件63篇。

【拥军优属】 2022年，无锡市拥军优属政策落实到位，参与拥军支前保障行动61次，出动人员1120人次。春节、"八一"常规走访慰问驻无锡部队，跟进走访慰问在外执行任务的部队，以及优抚对象帮扶、退役士兵培训等，累计投入资金5亿元。6月，出台《无锡市军地相互支持互办实事机制》。年内投入资金为驻无锡部队办结实事66件。投入资金支持南部战区海岛部队基层建设。市水利局、惠山区、滨湖区共同投入资金支持武警第二机动总队机动第一支队训练基地修建排水设施。滨湖区投入资金为驻区部队建设雨污分流工程、训练跑道、进出道路硬化，安装路灯杆，铺设燃气管道等。新吴区投入资金支持驻区部队推进燃气进军营二期工程、补助困难官兵家庭、改造进出道路。江阴市投入资金为73676部队购置彩色显示屏、竖屏触摸一体机，支持部队数字化建设。年内，接收安置的转业军官83.6%进党政群机关，符合相应安排条件的正团职军官安置副处实职比例为28.5%。政府指令性安置随军家属就业77人，其中体制内对口对等安置31人，体制外进社区、退役军人服务站就业26人，本人自愿货币化补偿安置20人。207名军人子女享受入学入园优待，53名军人子女享受中高考加分优待。组织对每个无锡籍现役军人家庭发放500元慰问物品；春节、"八一"分别对现役军人家庭进行慰问。7月，出台《关于对驻锡部队特别困难现役军人家庭组织重点慰问的实施意见》，决定从2022年开始，每年对驻无锡部队特别困难现役军人家庭组织进行重点慰问。9月23日，召开驻无锡部队特别困难现役军人家庭慰问座谈会，向10户特别困难家庭发放慰问金，每户2万元，共计20万元。

【拥政爱民】 2022年，驻无锡部队在完成练兵备战和自身各项建设任务的同时，支持地方抢险救灾、抗击"疫"情、义务献血、国防教育和学雷锋做好事等，先后出动兵力3149人次，出动装备1684件（套），为驻地群众做好事办实事51件（项）。年内，驻无锡部队派出优秀官兵838人，完成7.8万名学生军训任务；组织发动官兵参加义务献血，累计献血66万多毫升。驻无锡部队普遍开放军史馆、荣誉室，为地方党政机关、企事业单位、学校、社区等提供爱国主义和国防教育场所，结对开展共建。上半年，无锡发生"疫"情，无锡联勤保障中心迅速抽调东部战区总医院、第九〇四医院、疾控中心3批次共130余人医疗队员，到无锡16个社区、核酸检测基地和"火眼"实验室，开展核酸采样和检测工作，累计采样10万多份，检测60多万人（份），与无锡人民一道打赢"疫"情防控阻击战。第九〇四医院抽调1200多人次驰援上海抗击疫情。年内，驻宜兴部队先后2次出动200余人次，完成市区道路除雪、扑灭镇山山火任务。驻滨湖区部队出动3000余人次，支援地方疫情防控、抗洪抢险、事故救援、山林灭火等，完成急难险重任务。31604部队为保障驻地人民群众生命财产安全，常态化保持战备力量，担负长江、太湖流域防汛抗洪、防抗台风等任务。为支持无锡规划建设和文旅事业，63683部队积极与居住在该部南院置换地块的2户退休职工、5户集资户交流沟通搬迁事宜，年内完成搬迁，解决了地方政府多年想解决而没有解决的"老大难"问题。

（顾光耀）

编辑　罗秋云

自然资源管理

【概况】 2022年，无锡市国土空间规划全面成型，国土空间总体规划“三区三线”（城镇、农业、生态空间三个功能区，城镇开发边界、永久基本农田、生态保护红线）的划定成果经自然资源部批准启用。自然资源要素做到快保优供，管理方式加速向现代化数字化转型。

【自然资源统一确权登记】 4月22日，无锡市制定《无锡市自然资源统一确权登记工作总体方案》，方案从总体要求、主要任务、时间安排、保障措施等方面对全市自然资源统一确权登记提出工作要求。至年末，无锡市全面实施自然资源统一确权登记3年工作计划，完成各类项目的前期主体基础调查工作。

【新型产业用地供应】 2022年，无锡市制定《关于规范新型产业用地管理的通知》，支持新型产业用地地块内工业、研发、办公、商服等用途互利的功能混合布置。鼓励集中成片开发，提高配套用房比例，实施配套用房负面清单管理，为新型产业用地提供多元化的设计空间，以高品质空间吸引创新要素集聚。

【产业用地全域更新行动】 2022年，无锡市制定《无锡市产业用地全域更新行动方案》，结合无锡市自然资源要素配置综合改革，在全市范围开展产业用地全域更新行动，以“低散乱污”工业企业用地为重点，提出规划、用地、金融等14条支持政策，通过异地腾挪、就地改造、优地转型、零地提升等路径，有序推进低效用地盘活改造。

【自然资源领域生态产品价值实现机制】 2022年，无锡市获批省首个自然资源领域生态产品价值实现机制的省级试点，也是唯一一个全域开展试点的地级市。推进自然资源领域生态产品价值实现机制探索，形成“一市两县”各具特色的自然资源领域生态产品价值实现机制，提升生态产品的供给能力和整体价值。无锡市试点完成生态产品录清单、生态产品调查和动态监测方案编制，形成生态产品核算技术指南，并通过省自然资源厅中期评估。江阴市作为部级试点地区，编制生态价值核算报告，制定生态券交易管理办法和考核激励管理办法。宜兴市重点开展森林生态产品价值评估体系构建研究，对森林生态产品价值转化的宜兴模式进行一系列探索。

【产业园用地整治提升】 2022年，新吴区获批产业园用地整治提升省级试点，编制产城融合规划，明确拆迁腾挪、企业自改、政府包租、开发建设四类盘活模式，计划用3年时间提升低效用地1000公顷，形成一批功能布局完善、生态环境优良、综合效益显著、运营管理高效的产业园区。

【指标分级管控模式创新】 2022年，无锡市制定《国土空间规划指标“市控+区配”管理办法（试行）》《国土空间规划“市控”指标认定机制》，明确“市控”指标配置与重大项目挂钩，对市级重点基础设施项目、公共服务项目、优质产业项目等差别化配给“市控”指标支持，对项目存量用地占比超70%的部分给予指标奖励，引导地方优先利用存量资源，新增资源向发展快、发展好的地区和引领性项目倾斜。

【资源要素配置项目】 2022年，市自然资源规划局依托南沿江站后工程获批省级配置空间0.67公顷，依托省重大产业项目省级周转空间指标18.95公顷、省级计划指标约61.73公顷，竞得增减挂钩节余指标54.4公顷。根据自然资源部、省自然资源厅关于用地、用海要素保障新政，通过县级人民政府附图承诺的方式，保障宜兴易鸿锂电池、沪宁钢机、智能动力电池等市级重点项目落地。会同市农业农村局、市住房城乡建设局摸排各地农村村民住宅用地需求，争取省级单列农村村民住宅用地计划33.05公顷。

【用地服务质效提升】 2022年，市自然资源规划局优化市级各部门用地审批项目审查流程。对省政府委托的用地审批，平均审批时限实现10个工作日办结，锡山粮食储备中心、无锡太湖湾国际文化艺术中心暨无锡交响音乐厅工程等重大项目实现“一周批地”的保障速度，重大项目实现“周办结”“日办理”；加快基金项目落地，确保政策性开发金融工具有效投放；争取自然资源部、省自然资源厅对项目用地预审开通容缺预审查专项通道，实现无锡硕放机场改扩建项目用地预审“零补正”、4个工作日获批的审批效率，地铁5号线一期、锡宜S2线一期用地预审分别较预期提前1天、15天获批，为项目落地争取时间。

【被征地农民权益保障工作】 2022年，市自然资源规划局配合人社部门开展市级被征地农民社会保障办法启动工作。执行土地征收示范文本，推进各类征地补偿安置协议规范签订，推进社保抵缴协议签订，落实省级关于土地承包经营权的相关规定，强化与市人力资源社会保障局、市农业农村局等部门衔接，确保被征地农民权益不受损。

（刘梦蛟）

国有资产监管

【概况】 2022年，市属国有企业资产总额7666.05亿元，所有者权益2578.93亿元，比上年分别增长14.27%和7.73%；实现营业收入1760.45亿元，保持全省设区市第一，实现利润总额79.18亿元，列全省设区市第三位。缴纳税费70.38亿元，比上年增长16.16%。5家市属国有企业入围2022中国企业和中国服务业企业500强。

【国资监管】 2022年，市国资委制定《关于全面加强国有企业监管的实施意见》《关于进一步加强市属企业投资监管工作的若干意见》，进一步规范国资监管和市属企业合规合法投资。动态跟踪《关于加强无锡市市属企业集中采购管理的指导意见（试行）》落实情况，通过国企采购进场交易，有效降低采购成本。加强企业债券债务监测，部署开展市级平台公司、区国资监管机构融资平台公司经营性债务风险排查，建立健全风险预警、信息披露、定期报送等机制，督促发债企业防范化解债务风险，审批监管企业发行债券25只683亿元，无锡市城市建设发展有限公司、无锡绿洲环境治理有限公司、无锡地铁集团有限公司完成市场化转型，受到省纪委、省国资委充分肯定。修改完善市属企业负责人经营业绩考核办法，优化考核激励机制，完成出租资产专项检查问题整改。推动市（县）区国资监管机构履行出资人职责、国有资产监管职责和负责国有企业党的建设职责统一，制定2022年市（县）区国资监管指导监督重点任务清单，为建立国资监管工作提供组织保障。

3月24日，全市国有资产监督管理工作会议召开　（市国资委　供图）

【国企改革】 2022年，市国资委组织国企改革三年行动落实情况“回头看”，开展落实国企改革三年行动计划专项评估和交叉评估，提前完成列入国企改革三年行动实施方案的102项任务，完成进度和质量位居全省设区市前列。积极对上争取改革试点，主动挖掘市属国有企业特色亮点，通过推进改革进度，检验改革成色，总结实践成果，打造改革示范企业和典型案例，在国务院国资委组织开展的国有企业公司治理示范企业创建活动中，无锡一棉纺织集团有限公司作为全省唯一一家地方国企获选。无锡威孚高科技集团股份有限公司入围国务院国资委“科改示范企业”，成为江苏省7户入选企业之一，并完成综合改革方案的制定和申报。

【优化布局结构】 2022年，市国资委完成梁溪科技城集团和蠡湖未来城科创投资公司23亿元的组建出资任务。制定文化体育企业资产重组整合和大数据集团组建方案，统筹协调组织推进。实施国有农贸市场资产整合，组建无锡新城农贸发展集团、农贸市场公司和供应链公司。落实政策性粮食企业改革移交，实施公司制改革，组建粮食集团并挂牌运营。实施完成华虹半导体（无锡）增资、国联锡洲外资基金（QFLP）设立、苏南瑞丽货运航空组建等重大项目。丁蜀机场取证运营，无锡市实现通用航空和运输航空“双机场”。指导市交通集团完成对中设股份控制权收购、无锡产业发展集团有限公司取得新宏泰控制权，新增2家市属企业控股上市公司。实施混合所有制项目57个，推动无锡交通建设工程集团有限公司、江苏太湖云计算信息技术股份有限公司、无锡国联环保科技股份有限公司、国联期货股份有限公司等企业的上市进程。办理资产交易批复事项64项，金额141.78亿元。完成清理“两非两资”（非主业、非优势和低效资产、无效资产）企业55家、压缩管理层级企业36家，压降亏损1.35亿元。

【重大项目投资】 2022年，市国资委成立国资委重大项目专班，按照千亿元投资总目标，编制下达325个重大项目的年度计划目标任务，建立重大项目推进协调例会和月度统计报告制度，加强投资统计和分析。动态优化调整投资项目，实施项目339个，完成投资额1115.83亿元，投资额增加9.78%。推动与央企签约合作，组织专项工作小组到招商局集团有限公司、中国国新控股有限责任公司洽谈对接，完成市委、市政府主要领导挂钩央企的合作签约。加快推进与央企合作项目落地落实，7家市属企业、13家区属企业与30家中央企业开展投资合作，合作投资存量项目45个，新增项目18个。

【履行社会责任】 2022年，市国资委制定《关于在市属企业开展重点行业领域安全生产和疫情防控“百日攻坚”行动检查督查的实施方案》，14天内高效完成6000名交通道口和社区防控人员招聘上岗，并安全完成后续解聘分流工作。组织市交通产业集团有限公司、无锡城建发展集团有限公司和无锡地铁集团有限公司10天内建成8.48万平方米的3处隔离点和1家方舱医院。10家市属国企向全市防疫一线人员定向捐赠1000万元。制定租金减免事项服务指南，为1773户承租户减免房屋租金1.71亿元，帮助解决一批中小微企业生产经营中的实际困难。组织策划2022无锡新年音乐会暨“太湖韵·艺术行”国资国企服务社会年系列活动，完成10场次文艺会演。先后办好老旧小区改造、供水改造、城市更新等民生实事，无锡城市亮化改造、国企红色物业管家、学校食材配送“苏南模式”等一批实事。

（王家宝）

【国联集团】 2022年，无锡市国联发展（集团）有限公司（以下简称“国联集团”）完成营业收入247.87亿元，实现利润37.22亿元。至年末，国联集团总资产1812.45亿元、净资产525.13亿元，列“中国服务业500强企业”第261位。

国联集团筹建国联上海金融运营中心和国联香港科创发展中心，对接融入长三角一体化和粤港澳大湾区建设。成立江苏无锡大数据交易公司，在省内率先发布首批数据产品并促成交易。国联证券股份有限公司、国联期货股份有限公司获A类A级监管评级。无锡华光环保能源集团有限公司加大技术攻关，获热源蒸汽热网混合供热技术相关专利。无锡一棉纺织集团有限公司加快产品创新和智能化改造，获市“智能制造标杆工厂”称号。开发晶照明（厦门）有限公司技术创新，推出最新一代自然光谱产品，获评国家级专精特新“小巨人”企业。无锡市创新投资集团有限公司发展生物医药、先进制造、集成电路、双碳节能等战略性新兴产业，参与管理基金总规模超2000亿元。

国联集团深化市场化机制改革，推进完善现代企业制度、引战上市。国联证券股份有限公司启动A股第二轮再融资。江苏资产管理有限公司完成新一轮增资，注册资本提升至81.3亿元。无锡市创新投资集团有限公司面向全球开展高端岗位人才选聘和合伙人公开招募，打响“创投无锡”品牌。国联信托股份有限公司和国联人寿保险股份有限公司市场化选聘职业经理人，扩大职业经理人制度实施范围。完善领导人员经营业绩考核与薪酬管理办法，构建长效激励约束机制。

国联集团加大推动产业导入，牵引投资约300亿元，发挥“投资+投行”优势，助力隆达股份、方盛股份等地方企业实现上市。协助地方实现债券融资约122亿元，IPO业务无锡市场占有率居第一名。开发特色专属金融产品“专精特新贷”，为市32家专精特新企业提供超3亿元融资担保。投资3.4亿元建设惠山飞灰填埋场二期项目，关停益多环保垃圾电厂。捐资1000万元发起设立无锡市琢璞年轻人才发展基金会，支持全市年轻人才培养发展。“灵锡”App上线服务功能超900项，实名用户数突破1500万人，服务城市数学转型和社会民生。

国联集团围绕“管战略、控财务、防风险”的管控目标，强化集团

国联集团金融大厦外景　　（国联集团　供图）

总部的战略引领、财务管理、风险管控能力。加大对子企业授放权力度，按“1.0版本、1.5版本、2.0版本”对子企业实行分类授放权，实现子企业自主经营与集团有效管控的协调发展。加快“数字国联”建设，通过信息化建设推动资源整合、业务协同，赋能子企业提质增效，提升现代企业管理水平。

（辛　辰）

财　政

【概况】 2022年，全市一般公共预算收入完成1133.4亿元，扣除留抵退税因素后比上年增长1.6%，占全省比重连续7年稳步提升。一般公共预算支出保持增长，全面保障各项重点领域支出。

【重点项目资金】 2022年，市财政局为全市高效统筹新冠疫情防控和经济社会发展，提供政策支持和财力保障。发挥政策资金协同效应，推动国务院“稳经济33条”、“苏政40条”、无锡助企纾困“50+12”条等政策落地，支持稳住无锡经济基本盘。支持构建“465”现代产业集群，市级拨付7.7亿元，支持重大项目引进、重点企业技术改造，支持培育专精特新“小巨人”企业、培育龙头企业和引进重大项目；拨付8.4亿元，重点支持深海太湖实验室、先进技术研究院等创新平台建设，推进12家高校未来技术学院深化合作，支持培育高新技术企业超5500家；拨付6.4亿元，重点支持物联网、软件和信息等数字产业发展；投入4亿元，实施“太湖人才计划”，支持“锡引”工程，促进“人才库”不断扩容，全年引进大学生10万人、高层次人才超1万人。支持促进城乡协调发展，统筹财政资源，市级拨付44.3亿元，推动重大基础设施项目建设，支持高浪路快速化改造、312国道快速化改造等快速中环项目建设，支持宜马快速通道、凤翔快速路等锡澄锡宜一体化项目实施，推进锡澄轨道交通S1线、地铁4号线二期、地铁5号线和盐泰锡常宜铁路建设。拨付23.7亿元，支持推进城市更新，完成老旧小区改造190个，惠及群众近13万户；支持打造“最干净城市”，推进市政设施维护、城市绿化提升、背街小巷环境整治、公厕新建改建等工程建设。拨付11亿元，推进蓝藻离岸防控、太湖生态清淤、畅流活水等重点工程，支持黑臭水体整治、排水达标区建设和河道综合整治；支持大气精细化管控与科学减排；保障“无废城市”试点体系、减污降碳机制创建等项目。投入7.4亿元，支持经济相对薄弱村“五增行动”（集体收益增效、产业项目增量、幸福指数增倍、村居环境增颜、组织建设增能行动），对市区25个薄弱村运转给予帮扶，对全市76个相对薄弱村产业发展类项目进行补助；推动农村人居环境提升，发挥农业保险强农惠农作用，为全市农业生产提供风险保障逾47亿元，惠及新型农业经营主体1500余户。加强公共安全、社会治安、网络安全、粮食安全等领域资金保障，拨付4.3亿元，支持全市城市运行“一网统管”体系建设，支持高标准建成市域社会治理现代化指挥中心，推进消防感知等数字应用场景建设。拨付6.3亿元，支持全市209个老旧小区1452万平方米完成技防改造，保障社区巡防保安经费、专职网格员经费。拨付2亿元，支持新建和改造提升高标准农田5333.33公顷，推进绿色蔬菜基地、高标准鱼池建设和生猪稳产保供；支持构建完善粮食收储体系，推进粮食仓储设施建设。优化机制提高财政保障效率，建立常态化疫情防控和应急疫情防控相结合的资金管理机制，制定通用类防疫物资采购、隔离酒店、冷链集中监管仓等制度；按照“急事急办、特事特办”原则，畅通资金拨付、紧急采购绿色通道。

【财政惠民】 2022年，无锡市持续加强民生投入，全市民生支出占一般公共预算支出的比重近80%。市级拨付32.5亿元，支持义务教育优质均衡发展，推进高品质高中建设，支持职业教育攀登计划，持续推进高校重点工程建设和市校合作共建。拨付28.7亿元，支持健全多层次社保体系，城乡低保标准提高到每月1075元，特困人员生活救助供养标准提高到每月1615元，惠及市区低保和特困对象超0.7万人。拨付20亿元，推进公共卫生服务体系建设和基础能力建设，支持市精神卫生中心二期、市第二人民医院北院等项目建设，支持出生缺陷防治、水痘肺炎疫苗接种等地方公共卫生服务项目开展，支持落实“三名”（办名院、建名科、增名医）战略政策，对卫生健康专家团队、高层次人才给予专项资助。拨付稳岗返还6.3亿元，惠及8万余家参保企业、117.5万名参保职工；拨付5.6亿元支持重点群体就业、职工适岗能力提升。拨付5.6亿元，支持举办“情韵江南”群众文艺展演、太湖读书月等文化惠民活动，支持举办第二届长三角体育节和“无锡杯”足球联赛、跃动锡城全民健身运动会等赛事。拨付3.4亿元，发放廉租房租赁补贴3302户次、经济适用房购房补贴102户，筹措保障性租赁住房超1.3万套。拨付2.9亿元，支持以居家为基础、社区为依托、机构为补充、医养相结合的养老服务体系建设，推进多层次托育服务体系建设，扩大普惠性学前教育资源。

【政府债务】 2022年，全市地方政府债务余额1874.4亿元，其中一般债务余额539.2亿元、专项债务余额1335.2亿元。债务余额控制在法定限额内。

【财政治理】 2022年，无锡市推进预算管理制度改革，制定《无锡市关于进一步深化预算管理制度改革的实施意见》,系统构建财政预算治理新框架。制定《关于建立重大民生政策统筹协调机制的实施意见》,推动建立审批流程规范有序、支出标准相对统一、事权和支出责任明晰的民生政策统筹协调机制。修订完善《无锡市市级政府专项资金管理办法》,推进零基预算管理,规范预算执行审批流程,强化绩效管理成果与监督检查结果运用。深化绩效管理改革,推动重点评价向政府投资基金、财政政策、专项资金等领域拓展延伸,部门整体绩效自评实现市级预算单位全覆盖,将绩效评价结果作为预算审核、绩效论证的重要参考。围绕市委、市政府重大部署和财政管理重点领域,通过加大力度频次、加强队伍建设、聚焦高发问题等提升财政"大监督"质效,在构建以财会监督为抓手的监督体系方面进行有益探索。制定《关于提高财政支出效率的试行办法》,在"三保"(保基本民生、保工资、保运转支出)领域试行市级直达资金管理,支持各区保基本民生、保基层运转。建立县区财政平稳运行监测机制和镇街财力直补机制,促进基层财政平稳运行。加强对行政事业单位资产集中统一监管平台的考核,协同开展全市镇街国有资产专项治理。制定《关于提升全市会计信息质量的工作方案》,组织81家纳税百强企业(含市属国企)、104家上市公司、79家市级行政单位以及156家事业单位财务负责人进行专题培训。

(张　杰)

税　务

【概况】 2022年,无锡市税费收入3521.4亿元,创历史新高。国有土地使用权出让收入、矿产资源专项收入等4项非税收入划转税务部门征收。其中,税收收入1620.6亿元,还原留抵退税因素后,比上年下降2.7%,超全省平均0.2个百分点。完成地方一般公共预算收入852.24亿元,还原留抵退税因素后,比上年下降4.4%,略超全省平均水平,实现税收与经济协调增长。社保、非税收入首次超过税收收入。全年办理新增减税降费及退税缓税缓费526.8亿元,基本覆盖全市所有市场主体。市税务系统获7个国家级荣誉和200余个省、市级荣誉。"阿福税援"志愿服务项目获2022年度中国青年志愿服务项目大赛铜奖、江苏省2022年度青年志愿服务项目一等奖。

【"税费皆重"格局】 2022年,市税务局强化收入质量集成管理系统,完善"预警、监控、核实、整改、完善"五位一体闭环管理,首次将社保费纳入收入质量监控范围,构建"税费皆重"格局。完成国有土地使用权出让收入、矿产资源专项收入等4项新增非税收入划转,税务部门实际征收的非税收入累计13项,社保、非税收入1900.75亿元,首次超过税收收入,其中社保费771.75亿元,比上年增长11.4%,非税收入1129亿元(含财政部门征收国有土地出让金收入)。

【减税降费惠企利民】 2022年,市税务局第一时间发布惠企纾困"锡税十条",推行一键通达、退税(费)业务全流程电子化办理,创新推出"预审体检"制度,严密"事前校验、事中监控、事后复核"的风险防控闭环,确保政策红利"落袋准",退税风险"防得住"。全年办理新增减税降费及退税缓税缓费526.8亿元,其中办理增值税留抵退税250.06亿元,是上年退税规模的3.3倍。办理出口退(免)税459.77亿元,规模居全省第二位。全年个人所得税预扣预缴阶段7项专项附加扣除合计减税金额10.96亿元,其中新增的3岁以下婴幼儿照护专项附加扣除有3.51万人填报享受,减税金额2538.47万元。4月,在税收宣传月活动中,市税务局开展退税减税政策宣传工作。

【便利化税费服务】 2022年,市税务局制定《关于进一步提升税收营商环境的实施意见》,推出5大类110项工作任务,完善监测指标体系4.0版。落实不动产缴税登记"一网、一门、一次"改革,在全国首推存量和增量不动产交易涉税业务全程"掌上办",社保费缴纳基本

4月,在税收宣传月活动中,市税务局工作人员为市民提供退税减税政策宣传辅导

(市税务局　供图)

实现自然人“掌上办”、企业“网上办”。在全省率先试点财务报表转换功能和企业所得税“一键申报”，有效降低市场主体制度性交易成本。将30项“云办税”服务举措放入“12366”远程服务平台，形成“办问协同”新模式。

【税收营商服务】 2022年，市税务局举办全市税收营商环境主题发布会，发布无锡税收营商环境品牌“锡税通”，现场推介6项税收营商环境建设示范项目，获新华社等20余家媒体报道。开展“我为纳税人缴费人办实事暨便民办税春风行动”，升级76项便民办税服务举措。联合市工商联开展2022年“春雨润苗”专项行动，联合市市场监管局出台《关于支持个体工商户健康发展的若干措施》，为小微企业纾困解难。提升“大企业个性化服务”品牌影响力，“共建大企业税务内控体系”项目拓展覆盖。巩固“税e通”服务品牌，全市出口退税保持平均2日内办结。巩固银税互动成果，授信金额918.59亿元，发放贷款金额798.69亿元。运用“全国纳税人供应链查询系统”，助力全市企业开票成交金额1.57亿元，为40户原材料短缺企业成功匹配供应商141户。

表16　2021年、2022年无锡市各项收入统计表

项　目	2021年金额（万元）	2022年金额（万元）	增减额（万元）	增幅（%）
税务部门收入合计	37430772	35214008	−2216764	−5.9
一、税收收入	18434649	16205959	−2228690	−12.1
（一）中央级	8570594	7642643	−927951	−10.8
（二）省级	−248328	−847388	−599060	241.2
（三）市县级	10112383	9410704	−701679	−6.9
附：市县级（财政口径）	9838679	8522368	−1316311	−13.4
二、社会保险基金收入	6929801	7717517	787716	11.4
三、非税收入	12066322	11290533	−775789	−6.4
其中：国有土地出让金	11403344	10363549	−1039795	−9.1
税务部门征收	0	7318323	7318323	—
财政部门征收	11403344	3045226	−8358118	−73.3
附列：				
一、海关代征	1764525	1766492	1967	0.1
二、出口退（免）税小计	4080199	4597700	517501	12.7
（一）出口退税	2739999	3015700	275701	10.1
（二）免抵调库	1340200	1582000	241800	18.0

说明：2022年非税收入统计时包含财政部门征收的国有土地出让金，并将职业年金由非税收入调入社会保险基金收入

（市税务局）

表 17　2021 年、2022 年无锡市税收收入分税种统计表

项　目	2021 年金额（万元）	2022 年金额（万元）	增减额（万元）	增幅（%）
税收收入合计	18434649	16205959	−2228690	−12.1
其中：地方十税	3180441	2707422	−473019	−14.9
一、国内增值税	8335317	6643268	−1692049	−20.3
（一）中央级	4168223	3321668	−846555	−20.3
（二）省级	−266137	−866270	−600133	225.5
（三）市县级	4433231	4187870	−245361	−5.5
其中：直接收入	6995117	5061268	−1933849	−27.6
免抵调库	1340200	1582000	241800	18.0
二、国内消费税	192745	179547	−13198	−6.8
三、企业所得税	4790042	4564452	−225590	−4.7
（一）中央级	2908219	2768091	−140128	−4.8
（二）省级	17807	18881	1074	6.0
（三）市县级	1864016	1777481	−86535	−4.6
四、个人所得税	1586379	1840555	254176	16.0
（一）中央级	951874	1104408	152534	16.0
（二）省级	2	1	−1	−56.4
（三）市县级	634503	736146	101643	16.0
五、资源税	291	41	−250	−85.9
六、城市维护建设税	621703	530860	−90843	−14.6
七、房产税	487032	515085	28053	5.8
八、印花税	167810	174165	6355	3.8
九、城镇土地使用税	171817	203371	31554	18.4
十、土地增值税	594253	446227	−148026	−24.9
十一、车船税	76989	79996	3007	3.9
十二、车辆购置税	349342	267144	−82198	−23.5
十三、耕地占用税	17388	35548	18160	104.4
十四、契税	1002934	672137	−330797	−33.0
十五、环境保护税	40224	49992	9768	24.3
十六、其他税收	383	3571	3188	832.4

（市税务局）

【税务执法规范化】 2022年，市税务局制定税收政策执行一致性综合协调工作机制，破解市域内涉税政策适用标准和落实措施不统一、不规范问题，推进跨区域政策和服务协同。制定《税收执法争议处置办法(试行)》，成立公职律师涉税争议咨询调解中心，加大涉税矛盾纠纷化解力度，切实维护纳税人缴费人合法权益。

【税收监管】 2022年，市税务局建立“一体六化”精准监管工作机制，以监管路径的数字化转型、监管事项的项目化协作、监管计划的动态化调整、监管部门的实体化运作、监管节点的团队化运行和监管任务的网格化分配6项工作机制全面支撑“一体化监管”落地。全年完成各类风险应对任务8.5万人次，比上年增长254%，总成效66.75亿元。完善属地涉税费数据信息情报采集机制，全年实现外部数据应用成效33.39亿元。税收征管质量5C监控评价获“A+”等次，位列全省第一名。夯实职能部门常态化监管责任，推广“基础事项属地管理、清算审核事项专业机构应对”的土地增值税运行机制，清算项目215个、补税31亿元。统筹大企业税收风险管理任务，全市大企业风险应对成效10.37亿元。优化出口退(免)税工作机制，建立出口退税风险动态管控机制。全年组织非居民企业所得税49.18亿元。稽查查补总额7.6亿元，挽回留抵退税及各类税款损失2442.03万元。

【税收综合共治】 2022年，市税务局持续深化“网格+税治”，统筹推送网格共治任务3.6万户次。通过网格员走访排查及基层税务部门后续管理，实现共治税款7.66亿元。强化与市公安部门、市法院、市检察院等司法部门协作，全年入库税款9.27亿元，其中司法拍卖入库5.7亿元，破产清算入库3.57亿元。

(赵　力)

审　计

【概况】 2022年，无锡市审计机关完成审计项目241个，查出主要问题金额386.53亿元，非金额计量问题2154个，出具审计报告和专项审计调查报告478篇，移送处理事项58件，提出审计建议791条，促进建立、健全规章制度186项。全市6个审计项目分别获省优秀审计项目和优秀“两统筹”、大数据审计项目，其中市审计局3个，锡山区审计局、江阴市审计局、惠山区审计局各1个，数量创历年新高。市审计局获评全省审计机关“五个强审”先进单位，宜兴市审计局、新吴区审计局分别获全省审计机关“人才强审”“科技强审”先进单位。1篇论文获省哲学社会科学学术大会优秀论文二等奖，1件审计案例获评审计署干部教育学院A等教学案例，市审计局与宜兴市审计局联合承担的1项课题被省审计厅评为优秀课题。市审计局获评2019—2021年度省文明单位。

【政策跟踪审计】 2022年，市审计局聚焦重大政策落实落地，先后实施经开区和全市科创载体运行情况等专项审计，审计建议纳入市科技1号文件。聚焦优化营商环境，合理评估惠企资金绩效。聚焦开展清理欠付工程款回头看，清理金额1.57亿元。开展全市生态环境保护专项资金审计，促进2000余万元生态补偿资金拨付到位。

【财政审计】 2022年，市审计局聚焦财政提质增效，围绕市级财政预算管理和决算草案编制、部门预算执行等做好“同级审”。首次在全市系统性开展盘活国有三资情况专项审计，促进增收节支18亿元。

【民生审计】 2022年，市审计局开展困难群众救助补助资金审计，帮助503名困难群众享受应有待遇。开展养老服务体系建设审计，推动制定养老机构膳食服务管理指引。市审计局与梁溪区审计局、惠山区审计局分别实施核酸检测资金审计和防疫物资及资金审计，推动建立核酸检测议价机制，规范防疫物资和资金使用。

【信息化建设】 2022年，市审计局开展“金审工程”三期系统，实现市县两级审计机关全覆盖，将大数据

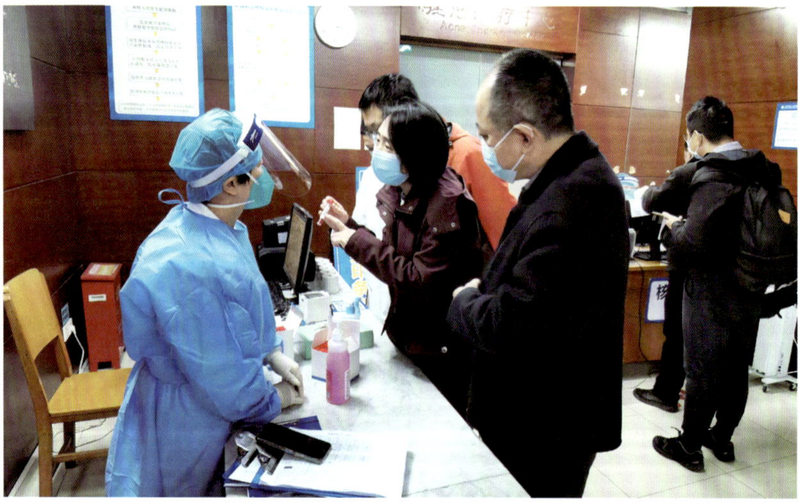

3月22日，市审计局工作人员开展新冠病毒核酸检测资金专项审计工作
(市审计局　供图)

审计模型纳入市“阳光惠民”监管系统。

【固定资产投资审计】 2022年,全市固定资产投资审计项目44个,涉及投资额66.79亿元,核减投资额5.73亿元。市审计局和江阴市审计局开发运行政府投资审计监管系统。

【经济责任审计】 2022年,全市对全市93名领导干部开展经济责任审计,其中对15名领导干部同步开展自然资源资产审计。

(庄 严)

统 计

【概况】 2022年,市统计局创建经济运行动态监测平台,提高统计分析服务水平,撰写统计分析201篇、定制化专题报告70余份。开展“我为经普献一策”揭榜挂帅活动,开展第五次全国经济普查各项筹备工作。推进统计数字化转型,完成数字经济统计监测试点工作。

【统计调查】 2022年,市统计局开展各领域40余项常规统计调查和53项专项调查。完成投入产出调查333家单位选点工作。开展入库列统工作,全年新增“四上”(规模以上工业企业、资质等级建筑业企业、限额以上批零住餐企业、规模以上服务业企业)企业374家,为历史最好水平。建立经济运行动态监测平台,用好部门数据按月开展监测分析。建立核算基础指标分析例会机制,加强经济运行预报、预测、预判、预警。成立筹备机构并部署推进全市第五次全国经济普查筹备工作,开通第五次全国经济普查专题网站,提请市政府协调财政等部门给予支持,完成上报预算申请报告。创新开展“我为经普献一策”揭榜挂帅活动,取得研究成果。

【统计服务】 2022年,市统计局推进全市重点领域监测评价工作,建立完善“465”现代产业、总部经济、专精特新“小巨人”企业等监测制度,优化太湖湾科创带统计监测方案。镇(街道)季度监测取得成效,梁溪科技城统计监测纳入全市千名干部百项攻坚行动。撰写统计分析201篇,获省级以上录用73篇,报送经济信息263篇,其中采用153篇,完成课题22篇,获市社科联重点课题立项1篇,获市哲学社会科学招标课题一等奖1篇,多篇征文在全省“统计监督”“数字化”等主题征文评选中取得优异成绩。更新改版统计简报、概览、分析、课题、年鉴等各类资料汇编,反映发展实情,体现统计特色。编纂《十年奋进路启航新征程》数据画册,译成多种外语,全面展现宣传中共十八大以来无锡经济社会发展成就。

【统计改革】 2022年,全市开展数字经济监测试点,研究完成数字经济单位认定、指标体系构建、核心产业增加值试算、发展指数编制等试点成果。无锡市在全省2021年数字经济发展综合评价中获第三名。出台全市统计系统数字化转型工作方案,打造无锡统计数字化平台,统计业务和数据中心项目通过验收,推进统计业务专网改造,实现“数据无锡”放入政务微信、市政府官网等多个平台,深化数据共享与开放,助推数字化政府建设。推进投资统计凭证提供工作,开展战略性新兴产业月度推算和季度监测,建立市(县)区单位地区生产总值能耗核算体系基础,完成乡村振兴统计监测平台建设试点任务。完善贸易统计主要指标审核评估体系。开展妇女儿童事业发展统计监测,该项工作走在全省前列。

【统计法治】 2022年,无锡市制定《关于更加有效发挥统计监督职能作用的实施方案》。完善统计执法检查制度,开展统计法治专题培训,宣传覆盖面广泛。联合调查队统筹开展统计造假屡禁难绝问题专题调研。推动统计法治建设,防范数据质量风险,制定“双随机”(随机抽取检查对象、随机选派执法检查人员)执法检查和专业核查计划,加大检查核查力度,促进执法与业务良性互动,完成150家企业“双随机”检查、1000余家企业数据质量核查,立案查处统计违法案件2件。

【基层统计】 2022年,市统计局联合市委编办制定镇(街道)统计职能和队伍建设文件,从顶层设计层面保障基层统计力量,这一举措在全省首创。落实“管行业就要管统计”要求,健全部门间统计信息共享机制,常态化召开经济运行联席会议,组建工作专班,做好经济运行监测、支撑性指标分析、查询凭证提供、“四上”单位入库等工作。建立统计“花名册”制度,增强统计基层队伍连续性和稳定性。

(孙卫杰)

市场监督管理

【概况】 2022年,市市场监管局持续优化营商环境,深入落实助企纾困,推进知识产权、质量强市战略。提升法治监管、智慧监管、信用监管效能,食品、药品、特种设备、工业产品质量安全形势持续向好。全年立案查办案件7308件,罚没金额11554.13万元,涉罪移送司法机关案件95件。国家市场监管总局、省市场监管局挂牌督办案件4件,入选全省“铁拳”行动典型案例9件,入选国家市场监管总局、省市场监管局典型案例9件,入选数量居全省前列。通过微信公众号等渠道,组织发布33批次107件典型案例。无锡市获省政府深化商事制度改革督查激励,获评省食品安全工作考核优秀等次、质量工作和公平竞争审查考核A级,获批建设全国商业秘密保护创新试点地区、全国网络市场监管与服务示范区，创建国家食品安全示范城市通过省级中期评估。9月，国家市场监管总局批复同意无锡市创建全国网络市场监管与服务示范区。

【包容审慎监管执法】 4月，市市场监管局制定《轻微违法行为不予实施行政强制措施事项清单1.0版》。全市市场监管系统对2110余家市场主体实施免罚轻罚，减免金额超1.75亿元。市市场监管局“包容审慎监管助力优化法治化营商环境”项目入选2019—2021年度无锡市“十大法治事件”。在全省率先推行柔性监管，印发《关于实施塑信用稳增长保主体若干措施的通知》，设立包含4883家企业的“柔性监管企业名录”，实施“全流程不见面”的“双随机”非现场监管。运用行政指导等非强制性手段，开展营运性机动车检验机构行政指导约谈会、涉疫进口冷链食品经营单位新冠疫情防控主体责任落实约谈会等行业约谈10余次。

【许可服务优化】 2022年，市市场监管局制定《无锡市低风险食品生产许可告知承诺改革（试点）实施方案》，对全市范围内5大类9个类别的低风险食品生产许可实施告知承诺改革，无需现场核查，实现2个工作日发证，提升企业准入便利性，扩大改革受益面。制定《无锡市市场监督管理局关于部分食品生产许可事项委托审批的通知》，将江阴市、宜兴市辖区内原由市局统一行使的部分食品生产许可行政审批事权，委托江阴市市场监管局、宜兴市市场监管局行使，审批提速50%，有效降低企业办事成本。获全省“检验检测机构人员信息变更程序简化”试点资格，机构法定代表人、最高管理者、技术负责人变更无需现场确认，将无实质变化的标准变更审批改为报备。

5月30日，在灵锡两周年发布会上，无锡市发布实施《新型冠状病毒肺炎疫情防控扫码设备数据应用管理规范》地方标准

（市市场监管局　供图）

【产业发展标准化】 2022年，无锡市制定《无锡市贯彻落实国家标准化发展纲要行动计划》。江阴市标准化工作经验成效连续第3年获国家市场监督管理总局批示肯定。发布实施国内首个《新型冠状病毒核酸采样小屋管理规范》《新型冠状病毒肺炎疫情防控扫码设备数据应用管理规范》。市市场监管局新增主导和参与制修订国际、国家及行业、地方标准236项，总数2321项；新增主导参与制修订国际标准11项，由市企业承担和参与的国际标准累计77项；新增企业自我公开声明标准4932份；新增1项国家级和9项省级标准化试点项目，累计建设国家和省级标准化试点示范项目125项。获批筹建江苏省物联网技术标准创新基地。国家技术标准创新基地（金属线材制品国际标准化）获无锡市腾飞奖，国家技术标准创新基地（水环境技术与装备）团队获2022年全国大学生标准化奥林匹克竞赛二等奖。南京大学宜兴环保研究院获首届江苏省标准创新贡献组织奖，法尔胜泓昇集团有限公司朱维军获个人奖，“船舶与海洋技术 船舶辅机隔振设计方法指南”等7项标准项目分别获评一等奖、三等奖。

【企业监管】 2022年，市市场监管局优化涉企信用信息归集模式，扩大涉企信息归集口径，归集全市各级328个部门（含乡镇街道）产生的涉企信息108万条，市级部门涉企信息归集覆盖率100%。创新开展年报精细化管理试点工作，自主开发年报精细化管理模块，分类分时引导提醒市场主体按时年报，企业准时年报率为95.2%；发挥市“双随机、一公开”联席会议办公室统筹协调作用，统筹制定全市事中事后监管计划和市级部门联合监管计划，持续深化跨部门联合监管机制，全市229个部门制定各类检查任务3752个，开展部门联合抽查任务619个，市级部门联合抽查参与率100%；推动企业信用风险分类管理与“双随机、一公开”监管的深度融合，在制定“双随机”监管任务时，运用通用型企业信用风险分类结果，对检查对象库中的A、B、C、D四类企业主体采取依次递增的比例进行差异化抽取，完成对5000余户市场主体的双随机差异化监管任务。加大企业信用修复引导力度，推进“稳企强链、助企塑信”信用修复服务专项行动，主动提示7414家企业进行信用修复，为164家企业提供行政处罚修复服务，为9392家企业提供经营异常名录修复服务。

【重点工业产品质量监管】 2022年，市市场监管局在重点工业产品质量监管中推行“双查双审双整”工作机制，开展重点工业产品企业市场准入、日常检查、监督抽查、行政处罚、信用分类“五位一体”的数字化监管应用，全覆盖检查工业产品生产许可证获证企业870家，组织开展燃气具及配件、塑料污染治理、成品油、电线电缆、非医用口罩、电动车、水泥等20类产品质量专项工作，市级监督抽查和风险监测产品108种、1990批次，抽查合格率95.3%。发布全省首份产品质量监督抽查数据数字化分析报告，强化监督抽查不合格产品生产销售后处理工作，落实各项后处理措施，开展质量巡回问诊活动。

【质量提升行动】 2022年，无锡市在全省设区市中率先以文件形式制定《无锡市深化质量强市建设实施意见》《无锡市贯彻落实国家标准化发展纲要行动计划》。率先在苏南区域实施强化质量党委督察制，在省政府对全省13个设区市质量考核中获最高等级A级。在全市高端纺织、电线电缆、传感器、汽车零配件、电动车行业240家企业中开展质量提升行动。宜兴市连续7年开展全市电线电缆行业质量提升行动，促进企业提高全员全过程、全方位质量管控水平。参与省长质量奖、市长质量奖、“江苏精品”认证和申报江苏省质量信用2A及以上企业等级认定企业数量均达历史新高。江苏长电科技股份有限公司获2022年度省长质量奖，小天鹅电器有限公司获省长质量奖提名奖，22个产品获“江苏精品”认证，19家企业获2A及以上认定。年内培训企业首席质量官1896名，5名首席质量官在江苏省首席质量官职业技能竞赛中进入前20强，居全省第二位。全市建成质量基础设施一站式服务站点22个，服务企业31965家次，为企业解决技术难题658个。在全省率先推出并落地“质量品牌贷”等系列金融产品，引导企业以质量信誉获得金融支持，用金融资金投入质量领域，质量金融服务为企业提供融资贷款超17.5亿元。发布国内首部《长三角城市群质量基础设施白皮书》，客观反映长三角地区质量基础设施建设整体情况，为促进城市和产业发展，实现长三角城市群一体化建设提供有效参考依据。

【计量监督管理】 2022年，市市场监管局服务产业建设，落实计量发展规划，推进量传溯源体系建设，新建社会公用计量标准36项，在用有效计量标准758项。推进技术能力建设，获批建设江苏省新能源汽车专用计量技术委员会。加强法制计量监管，春节、国庆等节日期间组织市场计量检查，抽检定量包装商品1600批次。以“双随机”形式检查生产企业152家，督促企业切实从源头规范生产行为。开展“计量服务中小企业行”活动，精准施策服务企业200余家。持续推进计量器具强制检定工作，全年强制检定计量器具59.7万台（件），发布全省首份强制检定工作分析报告。精准支撑新冠疫情防控，对部分非强制检定计量器具检定、校准费用予以减免，减免费用100余万元。指导锡山区争创“省计量惠民示范县（区）”并获批筹建，联合教育部门开展“明镜守护”活动，为市属中小学校学生免费检测眼镜2.7万余副。血压计公益计量服务站升级改造项目获市政府“微幸福”民生工程银奖。

【认证监管机制】 2022年，无锡市新增各类证书16843张，累计持有各类管理体系认证证书32896张、强制性产品认证证书9943张，居全省第二位。市市场监管局开展小微企业质量认证提升行动，聚焦智能制造、食品、电线电缆、电动自行车等行业，加强政策引导、过程指导和帮扶服务，精准帮扶小微企业94家。优化中国强制性产品认证（3C）免办工作流程，将原有5个工作日审核时限压缩至2个工作日以内，全年受理535家次企业超100万件产品免办申请，货值金额超1.5亿元，提升企业跨境贸易便利化。强化重点领域认证活动监管，加大对消防产品、电动自行车、儿童玩具、货车、燃气灶具等强制性认证活动以及化工类管理体系认证等领域监管力度，全年市、区开展“双随机、一公开”监督检查168家次。在全省首个开展有机产品专项抽查，对全市有机产品获证组织进行全覆盖抽样，抽样34批次。

【食品连锁经营企业许可“评审承诺制”】 2022年，市市场监管局继续推行食品连锁经营企业食品经营许可“评审承诺制”，优化营商环境。企业取得该资质后开办直营店时免于现场核查，简化审批流程，为企业节省运营成本。至年末，无锡肯德基有限公司、瑞幸咖啡（无锡）有限公司、江苏罗森便利超市有限公司等5家企业获得该资质。

【消费环境建设】 2022年，无锡市制定《2022年度无锡市放心消费创建工作意见》，实施《关于建立消费环节经营者“首问负责制”和“先行赔付”制度的工作指引（试行）》，调整市级放心消费创建活动成员单位，由25个增加到37个。联合共建14家消费教育基地，打造18家放心消费主题宣传示范店，发布10大消费维权典型案例和8类侵害消费者权益不公平行为，编制发布年度消费环境建设白皮书，线上线下联动开展各类放心消费创建宣传和创建活动，开展第三届“放心消费，体验无锡”系列消费体验活动。全市新增省级放心消费创建示范单位33家、示范区域30个，在中国消费协会发布的全国大中城市消费满意度测评中，无锡市连续第3年入围前十名，排名第七位。

【线下实体店无理由退货推广】 2022年，无锡市将“线下实体店无理由退货”行动纳入年度为民办实事项目，推行“厂商一体化”无理由退货承诺，实现由大型商圈、街区向中小实体店拓展，由商品消费领域向服务消费领域延伸，由商贸终端向生产源头深入，激发消费潜力、提振消费信心。制定《无锡市厂商一体化无理由退货服务规范》，承诺厂商一体化无理由退货企业32家。全年全市线下无理由退货承诺商户11057家，商品数量4.553万件，无理由退货金额315.36万元，基本覆盖全市热门商圈、街区、景区、商超、品牌连锁企业以及消费领域重热点行业。

【公平竞争审查】 2022年，市市场监管局在全省率先成立市公平竞争委员会，加强全市公平竞争工作的资源整合、机制创新和落实合力，推进实施公平竞争政策。制定全市公平竞争审查工作要点，发布《2022年无锡市公平竞争审查工作评价细则》《无锡市政府采购领域公平竞争审查操作指引》，开展首届公平竞争政策宣传周活动，组织召开无锡市公平竞争审查联席会议，召开强化反垄断、反不正当竞争深入推进公平竞争政策实施座谈会，帮助各部门提高公平竞争审查工作的质量和效果。落实公平竞争审查协助审查、征求意见、抽查、第三方评估、投诉举报处理等工作机制。组织开展部门、板块全覆盖的年度督查和抽查工作，引入第三方评估机构全程参与，形成年度评估报告，提出5项共性问题和11项工作建议。全市审查新增涉及市场经济活动的规章、规范性文件和其他措施302件，其中经审查修改后出台文件5件，清理存量政策措施817件，对其中7件具有排除限制竞争效果的予以废除或者调整。

【商业秘密保护】 7月，无锡市入选首批全国商业秘密保护创新试点地区。市市场监管局在省级经济技术开发区和县域中心街道建立商业秘密保护基地，培育202家市级商业秘密保护维权联系点、示范点，覆盖研发奋斗者号、神威·太湖之光等科研单位，覆盖江苏卓胜微电子股份有限公司、时代天使生物科技有限公司、红豆集团有限公司等集成电路、生物医药、高端纺织服装领域的龙头企业。市场监管部门与人社部门联合发放强化商业秘密保护意识政策提醒函。市市场监管局受省市场监管局委托，与安徽省16个地市交流商业秘密保护工作经验，与华东检察研究院、华东政法大学等共同主办商业秘密保护判例研讨会，发挥首批试点地区的引领示范作用。江阴贝卡尔特公司、工装自控工程（无锡）有限公司先后受邀参加第五届中国国际进口博览会“保护知识产权，打击侵权假冒国际合作”分论坛、全国商业秘密保护百家企业圆桌会。市政府作为唯一地级市代表在第九届中国公平竞争政策国际论坛中分享商业秘密保护经验。

【农贸市场文明创建】 2022年，市市场监管局制定《无锡市争创全国文明典范城市农贸市场提升重点攻坚工作方案》《无锡市市场监督管理局争创全国文明典范城市行动计划》。通过日常巡查、专项督查、联合检查等方式，促进整改提升，出动执法人员5.6万余人次，现场检查2.9万余家次。科学运用“红黑榜”警示和“约谈会”提醒，促进属地、管理部门、市场方明责定标、齐抓共管，通报红榜市场21家、黑榜市场7家，约谈市场管理者100余家次，推动形成文明诚信、守法经营的良好市场环境。科学统筹文明城市创建、城市精细化管理等相关工作，开展文明诚信市场创建活动，促进市场健康持续发展，全市评定三星级以上文明诚信市场104家。

（束洁丹）

8月30日，国家市场监督管理总局在无锡市召开强化反垄断、反不正当竞争深入推进公平竞争政策实施座谈会 （市市场监管局 供图）

物价管理

【收费管理】 2022年，无锡市开展涉企违规收费专项整治，在交通物流、水电气暖、地方财经、金融、行业协会商会领域自查18个涉企违规收费问题，年末整改完成。实施《无锡市区机动车停放服务收费管理办法》，深化惠民举措，按不同地段、时段实行更为精细的差别化收费政策。召开城市生活垃圾收费价格听证会，为修订《无锡市城市生活垃圾处理费收缴实施办法》提供支撑。

【价格调控】 2022年，无锡市CPI（居民消费价格指数）涨幅2.1%，完成全年价格调控目标。落实价格调控目标责任制，发布《无锡市2022年价格调控目标责任制的实施意见》。新冠疫情防控期间平价商店积极争取货源，发挥保供稳价效能，全年惠民金额2.17亿元，比上年增长21%，“平价商店项目”获无锡市第二届民心工程奖银奖。

（左从一）

【价格收费监管】 2022年，市市场监管局组织开展涉企违规收费、停车收费、转供电、民办学校收费、普通商品住房销售价格、粮食收购、医疗价格监管等专项整治工作，规范价格行为，打击违法行为，营造良好的价费环境。开展涉企违规收费专项整治联合检查，为企业减负2000余万元。做好新冠疫情期间稳价保供工作，在全省率先发布《关于依法查处哄抬价格违法行为的意见》和《全市各医药用品经营者及相关单位提醒告诫书》，督促企业落实主体责任，规范经营。落实转供电专项整治，督查全市转供电工作，现场座谈16家转供电主体，联合市纪委立案查处4件4人，清退170.5万元电费差价，该项整治工作获中纪委及省部门报道和表扬激励。开展教育收费专项检查，开展寒假、暑假期间校外培训机构专项整治，联合市教育局、市发展改革委等部门发放规范收费行为政策提醒函。

（束洁丹）

知识产权管理

【概况】 2022年，无锡市知识产权工作加强目标管理，调整完善县（区）和开发区专利高质量考核指标，将全市乡镇（街道）有效发明专利拥有量指标纳入高质量考核。9月11日，无锡市发布知识产权“十四五”发展规划。全年发明专利授权量8439件，比上年增长46.41%；发明专利拥有量12311件，比上年增长37.65%；有效注册商标总量超26万件。全市获第23届中国专利奖15项，其中外观设计专利金奖1项，创历史新高。开展“知惠万家”知识产权普惠金融行动，全市知识产权质押融资项目478个，质押融资金额54.1亿元，规模2.17亿元的无锡太湖湾知识产权股权投资基金运作，全市首单知识产权证券化产品发行。国家级平台无锡市知识产权保护中心通过验收并运行，知识产权保护中心分支机构向乡镇、园区布局建设，新建知识产权保护工作站14家，在梁溪区设立知识产权纠纷人民调解委员会梁溪调解中心。国家知识产权运营服务体系强市建设项目通过终期绩效评价验收，新增国家知识产权示范企业4家、优势企业8家；新增知识产权贯标备案企业500家。推进知识产权代理业“蓝天”专项整治行动。

【知识产权行政保护】 2022年，市市场监管局制定《2022年度无锡市知识产权行政保护工作实施方案》，开展专利、商标、地理标志及特殊标志专项保护工作。全年立案专利侵权纠纷案件38件，下达裁决书11份；制定《关于加强“阳山”水蜜桃品牌运用与保护的若干措施》，建立“阳山”水蜜桃地理标志保护基地；围绕2022年北京冬奥运会、冬残奥动会开展奥运标志专项保护行动，处理案件线索20件、立案12件。入选全国知识产权行政保护典型案例1例，1名个人获评北京冬奥会知识产权保护先进个人。

【知识产权质押融资】 2022年，全市知识产权质押融资项目478个，质押融资金额54.1亿元。利用多种渠道宣传知识产权金融产品，市市场监管局制定《关于深入开展“知惠万家”知识产权普惠金融行动的通知》，在梁溪区、江阴市开展两场“知惠万家”知识产权普惠金融专项行动，采集近600家企业知识产权质押融资需求信息，组织首场知识产权金融线上对接会。

【高价值专利培育】 2022年，全市电动两轮车、智能物流装备、新型电力系统等产业中，3家单位建立市级高价值专利培育中心项目，获批立项省级高价值专利培育中心新建项目2项、升级项目2项，通过产学研合作，培育对产业发展和国际竞争力提升具有支撑保障作用的高价值专利组合。入选国家知识产权示范企业4家、入选国家知识产权优势企业8家。首次召开市级高价值专利培育中心项目现场示范会7场，扩大项目影响力。

【产业知识产权联盟】 2022年，市市场监管局指导建立无锡市工业陶瓷产业知识产权联盟，无锡市物联网产业知识产权联盟入选省知识产权局产业知识产权联盟备案名单，加强知识产权对无锡产业创新的推动作用，提升区域产业综合实力和核心竞争力。

【商标品牌培育】 2022年，市市场监管局实施商标品牌战略，“华美电缆”被认定为驰名商标，认定10家单位为年度无锡市知识产权工作站（商标品牌指导站）。宜兴百合、阳山水蜜桃、惠山泥人、无锡毫茶4个地理标志入选由省知识产权局、新华报业传媒集团主办的“苏地优品——2022我最喜爱的江苏地理标志产品”，宜兴百合、阳山水蜜桃入选江苏地理标志产品30强，宜兴百合公众投票排名第一，阳山水蜜桃入选最佳电商销售产品，惠山泥人入选最具人气产品，无锡毫茶入选最具成长性产品。

【知识产权管理贯标】 2022年，无锡市新增贯标备案企业500家，40家企业通过贯标绩效评价，新增贯标国标认证企业482家。市市场监管局组织企业知识产权贯标培训，提升企业知识产权管理水平。

【知识产权强市建设试点城市】 8月，无锡市入选首批国家知识产权强市建设试点城市，无锡市制定国家知识产权强市建设试点城市工作方案，明确5个建设目标、6个重点任务、17条任务要求，打造知识产权强国建设的无锡样本。江阴市、宜兴市、锡山区、惠山区、滨湖区入选国家级、省级知识产权示范试点县，无锡高新区、锡山经济技术开发区、江苏无锡蠡园经济开发区、江阴国家高新技术开发区、无锡惠山经济技术开发区入选国家级、省级知识产权示范试点园区。

【知识产权保护中心】 2月15日，无锡经济开发区知识产权保护中心挂牌成立，该保护中心专利业务服务由南京专利代办处第一工作站派员驻点办公。2月16日，南京专利代办处无锡工作站揭牌成立。6月9日，无锡市知识产权保护中心通过国家知识产权局组织验收，正式运行。无锡市知识产权保护中心围绕全市物联网和智能制造等重点产业领域的89个国际专利IPC分类号和34个洛迦诺分类号，为全市创新主体专利申请提供快速预审服务，实现外观设计专利授权周期由平均6个月缩短至10天，实用新型专利授权周期由平均12个月缩短至1个月，发明专利授权周期由平均22个月缩短至6个月。

（束洁丹）

【国家级知识产权强国建设示范园区】 8月，无锡高新区入选首批国家级知识产权强国建设示范园区，是全市首个入选园区。无锡高新区新增授权专利14123件，其中新增发明专利授权1947件，比上年增长74.31%，增幅在省内高新区中领先；新增PCT海外专利申请259件，比上年增长16.67%，占全市申请总量36%。5月，无锡小天鹅电器有限公司投保人保财险无锡分公司知识产权海外侵权责任险，是无锡市首单知识产权海外侵权责任保险；11月，无锡市晶源微电子股份有限公司与人保财险无锡分公司签订保险合同，是全国首单集成电路布图设计知识产权保险。

（李　河）

2月16日，南京专利代办处无锡工作站揭牌成立（无锡经开区　供图）

信用体系建设

【概况】 2022年，无锡市紧紧围绕国家信用示范城市建设目标不放松，有序推进重点领域、关键环节信用建设，大力释放信用红利，为稳增长、促改革和防风险提供强大的信用支撑。出台《无锡市安全生产领域信用管理暂行办法（试行）》《无锡市水利工程建设从业单位履约信用管理办法》《无锡市住房和城乡建设局行政处罚失信行为认定信息公示告知及信用修复提醒工作规定》《关于实行社会组织信用承诺制度的通知》等规范性文件，优化调整全市城管领域失信行为管理措施和失信记录规则。

【数据归集】 2022年，市发展改革委归集信用数据总量2.1亿余条，其中社会法人数据总量6378万余条、自然人数据总量1.54亿条。完成39个部门和8个地区“双公示”信息公示（行政许可、行政处罚等信用信息自作出行政决定之日起7个工作日内上网公示）与报送31.3万条。完成16个市级部门和98个区县部门信用承诺事项制定清单426项，向省公共信用信息中心推送信用承诺信息1008.97万条。建立行政奖励、行政强制、行政管理等5类信息报送渠道，制定5类行政管理信息责任清单，向省公共信用信息中心报送行政管理5类信息21万余条。

【信用应用服务】 2022年，全市社会法人公共信用评价报告“一网通办”成效显著，自助式提供社会法人公共信用评价报告15072份，比上年增长31%，涵盖资金申报、应急转贷、评优评先等54个政务服务领域。信用修复、异议处理实现全流程化，“信用中国”“信用无锡”分别受理信用修复5004件、2916件，线上“信用异议”办理32件。法人信用核查

6月26日，无锡市开展“信用与您相伴——6·14信用记录关爱日”主题宣传活动
（市发改委　供图）

实现107330家次，自然人信用核查64888人次。在开展全市公务员录用、调任、转任工作的人选考察环节中，查询相应人选的社会信用记录705人次。推进“阿福分”信用惠民建设，依托“灵锡”App等微平台载体，用户数突破28万人，累计使用87.6万人次。

【守信激励措施】 2022年，无锡市拓展守信激励措施，为“阿福分”650分以上的个人提供免费停车券、美食券等福利，让守信激励普惠更多市民。交通运输领域，开展银企授信签约助力信用良好的运输企业再贷款，为31家交通运输企业提供1.69亿元融资需求。水利工程建设领域，对信用良好的企业，可通过包含工程保证保险在内的各类方式缴纳保证金，使用投标电子保函代替现金缴纳投标保证金335次，减少企业投标现金流8377万元，减轻企业现金流压力。税务领域，对信用级别较高的纳税人，在纳税辅导、税务登记、发票领用和税收优惠政策享受等各方面提供便利化条件或适用激励性政策。住建领域，信用良好的施工企业参评太湖杯、参加项目招投标可获得加分。探索实践“信用+放管服改革”“信用+经济发展”“信用+营商环境”“信用+便民服务”“信用+疫情防控”“信易+志愿服务”“信易运”等应用场景，为市场主体创新创业、人民群众安居乐业营造诚实守信的良好环境。

【城市信用环境建设】 2022年，市发展改革委持续实施信用管理创建，举办17场1494家企业参加的信用修复培训班，完成412人信用管理师职业技能培训，完成24家市级信用管理示范企业复评复审。新增47家市级示范企业、3家省级示范企业。举办9期公务员主体班，其中8期任职班、1期新录用公务员任职培训班，安排“信用让城市更美好”课程，培训1272人。举办全国首届农村信用体系建设高峰论坛。开展“信用与您相伴——6·14信用记录关爱日”主题宣传活动，启动“信用·文明号”地铁专列，开展“阿福分”线上信用优惠活动和有奖信用知识竞赛，在地铁站台空间开展视频、软广告宣传活动，广泛宣传营造诚信氛围。推进诚信教育进课堂，开展“诚信，从我做起”“锡心向阳·筑信未来”等系列诚信教育活动。

（陈　浩）

编辑　胡　慧

经济综情

综 述

【经济运行】 2022年，市委、市政府突出产业为基、创新为要、企业为根、项目为王，经济社会保持平稳健康运行，经济总量再创新高，综合实力持续增强。全年实现地区生产总值14850.82亿元，按可比价格计算，比上年增长3.0%。按常住人口计算，人均地区生产总值19.84万元，继续居全国大中城市首位。全年净增规模以上工业企业724家。规模以上工业企业实现营业收入23374.18亿元，与上年持平；实现增加值5585.97亿元，比上年增长5.4%。完成固定资产投资4073.54亿元、社会消费品零售总额3337.60亿元、进出口总值1106.52亿美元，比上年分别增长2.2%、1.0%和4.7%。一般公共预算收入1133.38亿元，扣除留抵退税因素后比上年增长1.6%。新增境内外上市公司12家，其中A股10家，A股上市公司累计112家。

制定出台《无锡市关于构建“465”现代产业体系加快重点产业集群建设的实施意见》，提出打造物联网、集成电路、生物医药、软件与信息技术服务四大产业集群，高端装备、高端纺织服装、节能环保、特色新材料、新能源、汽车及零部件（含新能源汽车）六大优势产业，人工智能和元宇宙、量子科技、第三代半导体、氢能和储能、深海装备五大未来产业。全年战略性新兴产业、高新技术产业产值占规模以上工业比重分别提升至41.5%和49.8%，江阴市、锡山区、新吴区入围全省首批制造业高质量发展示范区建设地区，惠山智能基础零部件制造入选国家级中小企业特色产业集群。科技型中小企业、高新技术企业、国家专精特新“小巨人”企业分别增至10662家、5547家、88家，增幅分别为49.4%、20.4%、175%。2022年，“中国企业500强”等4张榜单无锡企业入围数保持全省第一位，科技进步贡献率实现全省

2022年，无锡市大力发展物联网产业。图为中国（无锡）物联网集群创新研究院　（无锡物联网创新促进中心　供图）

“十连冠”，生物医药、高端纺织获批国家先进制造业集群。

（市统计局）

【统筹疫情防控和经济发展】 2022年，市委、市政府完整准确全面贯彻国家新冠病毒疫情防控政策，坚持“防在前、早发现、快处置、强机制、稳运行”，坚持“企业不停产、项目不停工、社会不停摆、发展不停步”，以最小范围、最短时间、最低成本有力有效处置多起本土关联疫情。贯彻落实国家“二十条”“新十条”政策，因时因势优化调整防控措施，及时将工作重心从“防感染”转到“保健康、防重症”，推动实现压峰转段，保障服务群众需求，最大限度保护人民生命安全和身体健康，最大限度减少疫情对经济社会发展的影响。

贯彻落实国家稳经济政策措施，出台“锡政50条”“纾困12条”“市场主体20条”以及稳经济接续政策落实举措等系列政策，实体化运行市稳增长服务专班，开展“进万企、解难题、促发展”活动，办结涉企问题512个。扩大有效投资，制定“扩投资26条”、深化投融资体制机制改革实施意见，183个市级政府投资项目完成投资352亿元，全市固定资产投资完成4073.54亿元。激发消费活力，出台“促消费10项措施”，89个促消费重点项目完成投资161.9亿元，发放新能源汽车消费券1.1万张，带动开票销售18亿元，社会消费品零售总额比上年增长1%，高于全国全省平均水平。推进“6+4”重点服务业产业提质增效，制定生产性服务业十年倍增计划，省级两业深度融合试点单位24家，现代服务业占服务业增加值比重55%左右。

（盛 蔚）

【重大项目建设】 2022年，无锡市超额完成省市重大项目建设、重大产业项目招引备案目标任务。28个省重大项目完成投资203.7亿元，投资完成率112.4%；18个计划新开工项目全部开工建设。滚动实施389个市重大产业项目，完成投资1366.2亿元，目标完成率101.2%；74个计划新开工项目全部开工建设。备案总投资10亿元以上重大产业项目84个，目标完成率105%，比上年增加4个，招引项目数为历年最多。其中，50亿元以上项目19个，包括海容超级陶瓷电容器与智能传感器制造、力神无锡新能源产业基地等超100亿元项目8个。

（陈晓菁）

【营商环境优化】 2022年，市委、市政府制定出台《无锡市优化营商环境行动方案》《无锡市2022年优化营商环境重点改革事项清单》，从打造公平竞争的市场环境、自主便利的投资环境、精准有力的政策环境、便捷高效的政务环境、公平审慎的监管环境、规范透明的法治环境、包容互惠的开放环境、亲商安商的人文环境8个方面，围绕企业全生命周期，推进196项重点改革事项。组织编制《无锡市优化营商环境条例》，推进营商环境立法。至年末，全市市场主体超108万户，全年兑现落实留抵退税等各类助企惠企资金约500亿元。2022年，无锡市获评2021年江苏省优化营商环境督查激励成效明显地区，在优化营商环境评价中居全省前列。

（赵 雯）

【市场主体培育】 2022年，市市场监管局出台《关于进一步加快培育壮大市场主体的实施意见》《关于支持个体工商户健康发展的若干措施》等16项措施。全年新增市场主体13.2万户，总量增至108.68万户，比上年增长5.45%，高于全省平均水平1.5个百分点。推进外资企业开办“一网通办”工作，提升外商投资企业开办便利化水平。推行市场主体（经营场所）登记申报承诺制改革，出台《无锡市市场主体住所（经营场所）登记申报承诺制改革的实施意见》，通过数据分享、联网查验的方式，简化住所（经营场所）登记材料。继续推进“证照分离”改革工作，推进市场监管领域14项“证照分离”改革事项落实落地，全年惠及企业4.15万家。提升个体工商户登记服务，在全省率先出台《关于发挥登记指导职能做好个体工商户跨区（县）迁移工作的通知》，促进全市个体工商户持续健康发展。与市中级人民法院等部门共同制定《关于妥善处理以冒名顶替或者弄虚作假的方式办理市场主体登记问题的指导意见》《关于做好

6月28日，无锡力神动力电池研发总部及生产基地项目开工

（市发展改革委 供图）

破产企业登记事项办理完善市场主体退出机制优化营商环境的实施意见》，推进冒名登记问题规范化处理工作，完善市场退出机制。

（束洁丹）

经济总量

【地区生产总值】 2022年，无锡市实现地区生产总值14850.82亿元，按可比价格计算，比上年增长3.0%。按常住人口计算，人均地区生产总值19.84万元，继续保持全国大中城市首位。

【民营经济】 2022年，全市民营经济实现增加值9831.24亿元，比上年增长3.3%；占经济总量的比重为66.2%，比上年提高0.2个百分点。民营规模以上工业产值14468.24亿元，比上年增长12.8%。民间投资完成2403.41亿元，比上年下降3.6%。

【对外经贸】 2022年，无锡市进出口总值突破1100亿美元大关，达1106.52亿美元，比上年增长4.7%。其中：出口总值727.88亿美元，增长11.4%；进口总值378.65亿美元，下降6.1%。一般贸易实现出口总值440.40亿美元，占出口总值的60.5%。服务外包产业接包合同总额185.28亿美元、执行金额127.81亿美元，比上年分别增长10.0%、7.2 %；离岸合同总额126.54亿美元、执行金额82.55亿美元，比上年分别增长16.8%、3.7%。

【财政金融】 2022年，全市一般公共预算收入1133.38亿元，比上年下降5.6%，扣除留抵退税因素后比上年增长1.6%。财政支出力度加大，全年一般公共预算支出1365.84亿元，增长0.6%。年末金融机构本外币存款余额24438.57亿元，增长14.5%；贷款余额19879.67亿元，增长13.9%。

（市统计局）

表18　2022年无锡市地区生产总值构成表

指　标	单　位	数　值	比上年增长（%）
地区生产总值	亿元	14850.82	3.0
1. 按产业分			
第一产业	亿元	133.65	1.1
第二产业	亿元	7177.39	3.6
第三产业	亿元	7539.78	2.4
2. 按行业分			
农林牧渔业	亿元	154.05	1.6
工业	亿元	6472.95	3.9
建筑业	亿元	705.07	0.3
批发和零售业	亿元	2158.30	1.0
交通运输、仓储及邮政业	亿元	292.87	−2.1
住宿和餐饮业	亿元	180.44	−2.3
金融业	亿元	1271.47	8.6
房地产业	亿元	891.06	−8.2
其他服务业	亿元	2724.62	5.6
地区生产总值构成	%	100.0	
第一产业	%	0.9	平
第二产业	%	48.3	（+0.6点）
第三产业	%	50.8	（−0.6点）

（市统计局）

2022 年,无锡市举办"太湖购物节"直播活动,拉动居民消费。图为活动现场 （市商务局 供图）

经济结构

【产业结构】 2022 年,全市第一产业实现增加值 133.65 亿元,比上年增长 1.1%;第二产业实现增加值 7177.39 亿元,增长 3.6%;第三产业实现增加值 7539.78 亿元,增长 2.4%。三次产业比例为 0.9∶48.3∶50.8。与上年相比,第二产业所占比重有所上升,第三产业所占比重有所下降。

【行业结构】 2022 年,无锡市实现农林牧渔业增加值 154.05 亿元,比上年增长 1.6 %;工业增加值 6472.95 亿元,增长 3.9%;建筑业增加值 705.07 亿元,增长 0.3%;2022 年,无锡市实现农林牧渔业增加值 154.05 亿元,比上年增长 1.6 %;工业增加值 6472.95 亿元,增长 3.9%;建筑业增加值 705.07 亿元,增长 0.3%;批发和零售业增加值 2158.30 亿元,增长 1.0%;金融业增加值 1271.47 亿元,增长 8.6%;房地产业增加值 891.06 亿元,比上年下降 8.2%。农林牧渔业、工业、建筑业、批发和零售业、金融业、房地产业在地区生产总值中所占比重分别为 1.04%、43.59%、4.75%、14.53%、8.56%、6.00%

。

【所有制结构】 2022 年,全市新登记各类企业 5.12 万家。至年末,全市各级登记机关登记的各类企业 42.33 万家,其中国有及集体控股公司 3.60 万家、外商投资企业 0.70 万家、私营企业 38.04 万家。年内新登记个体户 8.08 万户,至年末,全市有个体户 66.09 万户。

（市统计局）

投资与消费

【固定资产投资】 2022 年,全市固定资产投资完成 4073.54 亿元,比上年增长 2.2%。其中:第一产业投资完成 2.32 亿元,下降 36.7%;第二产业投资完成 1565.60 亿元,增长 0.2%;第三产业投资完成 2505.61 亿元,增长 3.6%。其中,房地产开发投资完成 1386.79 亿元,下降 11.6%。从重点行业看,高新技术产业投资完成 959.63 亿元,增长 8.6%;先进制造业投资完成 1308.43 亿元,增长 1.7%;战略性新兴产业投资完成 1853.87 亿元,增长 7.6%。

【社会消费品零售总额】 2022 年,全市实现社会消费品零售总额 3337.60 亿元,比上年增长 1.0%。限额以上批发和零售业通过公共网络实现的商品零售额 210.72 亿元,比上年增长 24.4%;限额以上住宿和餐饮业通过公共网络实现的餐费收入 26.58 亿元,比上年增长 29.1%。

（市统计局）

编辑 葛 红

长三角一体化发展

【**政策措施**】 4月21日，无锡市印发《无锡市推进长三角一体化发展2022年工作要点》，围绕重大事项、科技与产业创新协同、高水平协同开放、基础设施互联互通、生态环境共保联治、公共服务便利共享、完善推进机制7个方面，制定58项政策举措，确定长三角（江阴）数字创新港、长三角太阳能光伏技术创新中心、长三角集成电路应用技术创新中心等60个重点项目，构建形成“实施方案+行动计划+年度要点”的战略实施体系。

【**接轨上海大都市圈**】 9月28日，上海市、江苏省、浙江省人民政府联合编制印发《上海大都市圈空间协同规划》。规划涉及上海大都市圈“1+8”城市（上海市及周边苏州市、无锡市、常州市、南通市、嘉兴市、湖州市、宁波市、舟山市），提出到2025年，上海大都市圈初步建成卓越的全球城市区域框架，到2035年基本建成卓越的全球城市区域，到2050年全面建成卓越的全球城市区域。年内，无锡市牵头编制《环太湖区域生态保护与绿色发展行动》，协同打造沿沪宁产业创新带，配合完成《上海大都市圈空间协同近期行动计划》。主动对接上海国际金融中心建设，重点打造“尚贤湖基金PARK”示范性综合性股权投资集聚区，推进长三角头部金融机构落户。深入推动与上海交通大学等长三角高校合作，推进合作事项落实。

【**无锡苏州一体化发展**】 11月23日，无锡市与苏州市签署《苏州无锡协同发展战略合作协议》，聚焦生态环境联保共治、产业创新集群共建、基础设施互通共融、公共服务一体共享、文旅融合多彩共促五大重点领域，开展战略合作。两市合作实施苏锡太湖通道建设工程，便捷串联苏州太湖大道、无锡蠡湖大道。推进苏州地铁3号线北延与无锡地铁3号线实现互联互通，共同衔接无锡硕放机场。推进苏州10号线接江阴、无锡市域S4线接张家港、无锡市域S3线接常熟等交通互联互通项目。推动新吴区和苏州市相城区深化合作，强化太湖、望虞河等跨界生态环境的联保共治。

【**无锡常州毗邻地区合作共建**】 2022年，无锡市推动无锡常州毗邻地区深化合作。市自然资源规划局启动编制《无锡常州临界地区空间协同规划》，就空间协同思路、空间布局、交通基础设施互联互通、公共服务设施共建共享、生态环境共治共保、旅游资源共享等核心问题开展研究，并形成中期成果。6月17日，无锡市江阴市、常州市天宁区、常州经开区共同签订《锡常协同发展先行区战略合作协议》，三地在空间规划、产业创新、交通设施、生态文旅、公共服务展开协同合作，以局部先行一体化助力锡常协同发展。

（钱怡静）

【**上海“无锡文化旅游周”**】 11月5日，以“乐游无锡，心动江南”为主题的上海“无锡文化旅游周”启动，

11月23日，无锡市与苏州市签署《苏州无锡协同发展战略合作协议》

（市委办 供图）

通过文旅推介、互动体验、非遗展示、美食文创等内容，展现无锡独特的江南风韵和人文魅力。新版无锡文旅宣传片《遇见无锡》现场首发。活动中，无锡民族乐团与上海美术电影制片厂、上海春秋旅行社与无锡中国国际旅行社签约合作。无锡市还向上海市民派送总价值超过500万元的"畅游无锡"大礼包，为上海市民畅游无锡提供文旅福利。

（周　文）

【无锡(杭州)数字经济产业交流合作洽谈会】 11月2日，由市政府主办、市工业和信息化局承办的2022无锡(杭州)数字经济产业交流合作洽谈会在杭州举行。会议主题为"数聚未来、锡杭共生"，市长赵建军，中国工程院院士王坚、杨华勇出席活动，并为雪浪工程院、雪浪工业软件研究院揭牌。无锡市政府与中电海康集团有限公司签署深化战略合作框架协议。洽谈会上，中电海康物联网设备产业化项目、海曜智能制造科创产业园项目、阿里巴巴菜鸟(无锡)数智装备产业基地、新能源电池密封结构件智能制造项目、奇迹遥望电商结算交付中心项目、德载厚智车新能产业基金等28个超亿元产业项目在现场集中签约，总投资约138亿元。其中，超10亿元项目5个，总投资约88亿元。

（无锡日报社）

【无锡滨发大厦启用】 11月5日，无锡滨湖长三角产业合作洽谈会暨滨发大厦启用仪式举行，与上海企业合作的16个重大产业项目集中签约，长三角—粤港澳(无锡)科创产业融合发展区·滨湖上海中心揭牌。无锡滨发大厦由滨湖区国投公司和无锡城建发展集团联手打造，位于虹桥新腹地西虹桥商务区，是集智慧化办公、综合性路演于一体的高端科技创新平台，也是滨湖区在上海的首个独栋科创载体，以及离岸科创中心、双城产业协同中心、"双招双引"推介中心。

（靳瀚宁）

融入粤港澳大湾区发展

【政策措施】 10月25日，市委、市政府印发《长三角—粤港澳(无锡)科创产业融合发展区建设实施方案》，明确"1+1+7"空间布局，即在无锡经开区建设1个核心区、在粤港澳建设1个跨域对接平台、推动7个板块协同发力。设立产业协同、科技创新、商务促进、金融合作、人文交流5个专项组。10月29日，市推进长三角一体化发展领导小组印发《长三角—粤港澳(无锡)科创产业融合发展区建设2022年工作要点》，围绕核心区建设、科技创新协同、重点产业联动发展、金融合作、公共服务领域、体制机制创新、开展交流活动、组织保障8个方面，明确任务分工，提出35项重点任务。

【科创产业合作】 2022年，香港理工大学无锡科技创新研究院、刘良院士—江阴中药产业研究中心、华南理工大学未来技术联合研究中心等合作研发平台在无锡落地建设。无锡深港协同创新中心、宜兴一带一路环境技术转移与产业孵化器等重点飞地平台投入运营。南山车联网小镇、无锡数字芯谷、星河科创产业园、天安智谷(无锡)工业互联产业基地、惠山科创金融港等载体项目加快建设。

【科技交流活动】 6月13日，2022锡深数字科技产业合作交流会在深圳举行，无锡经开区4个园区与深圳4个园区达成友好园区战略合作，并与深圳市大数据研究院、保利资本等机构合作引进一批重大数字科技项目，赋能实体经济智转数改。8月23日，长三角—粤港澳大湾区第一届集成电路"太湖之芯"创业大赛颁奖典礼在无锡经开区举行，来自国内外169个优质项目通过初赛与总决赛筛选，收获总计600万元的赛事奖金及项目

11月8日，中央人民政府驻澳门特别行政区联络办公室经济部副部长杨皓(左五)、无锡市委书记杜小刚(左四)为无锡·横琴粤澳协同创新中心揭牌

（市委办　供图）

落地配套服务支持。深圳市朗力半导体有限公司和李湛明团队凭借“短距离无线通讯芯片产品”和“1200V单片EMODE氮化镓功率芯片”分获企业组和团队组一等奖，分别获100万元和50万元资金扶持。12月19日，2022粤港澳大湾区主流媒体看无锡活动启动仪式举行。《南方日报》《深圳特区报》《香港商报》《澳门日报》等十余家粤港澳主流媒体到无锡的产业园区、创新基地、特色村庄等17个点位进行采访。

【无锡·横琴粤澳协同创新中心成立】 11月8日，无锡·横琴粤澳协同创新中心揭牌仪式暨锡澳合作交流会在珠海举行，中央人民政府驻澳门特别行政区联络办公室经济部副部长杨皓、无锡市委书记杜小刚共同为协同创新中心揭牌。该中心由无锡经开区与澳门新经济协会共同合作，以数字经济、数字文化、人工智能、集成电路产业为主导，与澳门大学、澳门科技大学、澳门城市大学、中山大学等开展产学研合作，形成“一区两中心”、深圳与珠海双城联动的大湾区科创飞地发展新格局。

【港澳青年创新创业基地启用】 12月28日，无锡市港澳青年创新创业基地启用仪式举行。基地按照“一基地、多载体”的发展思路，同步优势整合深圳、珠海等大湾区港澳青年创新创业资源，为锡港澳三地青年在科技创新、人才培养、文化交流等多领域提供全周期、全要素的创业孵化育成服务，致力形成两湾融合、三地共建、产业共创、人才共育等独特优势，打造与国际接轨的太湖湾锡港澳青年创新创业生态圈。启用仪式上，还举行了无锡市港澳青年人才联盟、锡港澳青年产学研创新平台联盟、三地港澳青年创新创业基地联盟签约仪式。

（钱怡静）

【无锡高新区（大湾区）创新中心启用】 2月，无锡高新区（大湾区）创新中心成立运营公司，采用“独立办公＋协同办公＋会议路演”的多种业态混合运营模式，通过云招商云洽谈方式对接大湾区优秀企业300余家、知名投资机构及基金30多个。5月28日，无锡高新区（大湾区）创新中心正式启用，并在深圳举行项目入驻及签约仪式，无锡、深圳及港澳地区的40余家企业、基金代表参加活动。大族机器人有限公司等5家深圳企业进行入驻签约，芯师爷科技有限公司等6个合作伙伴进行签约。

（李　河）

【锡山—粤港澳科技交流合作】 2022年，锡山区主动对接和深度融入粤港澳创新链、产业链、人才链、资金链，打造长三角—粤港澳（无锡）科创产业融合发展区的重要承接地。11月9日，“锡澳相约，共创未来”2022无锡锡山—粤港澳科技交流合作会议举行。会上，无锡锡山（澳门）海创中心揭牌成立，5个项目签约达成合作意向，并与香港产学研合作促进会等签订战略合作协议，促进锡山区与粤港澳大湾区的交流和前沿技术、创新成果、科研人才等资源协作共享。

（印宏绯）

对口支援

【对口支援阿合奇县】 2022年，无锡市在新疆克州阿合奇县实施援疆项目24个，投入援疆资金5145万元。教育援疆培训、帮带当地教师370人次，推动同心中学教学质量显著提升。医疗援疆开展门诊诊疗1700余例，接诊危重病人175例，实施手术353台，筹集资金300万元支持阿合奇县新冠疫情防控工作。与江南大学附属医院建立远程病理会诊中心，实施远程会诊病理400余例。成立无锡·阿合奇工业园工作专班，开展招商活动。江南大学与当地企业开展产学研合作，无锡援建的新疆沙棘精深加工工程技术研究中心通过自治区科技厅组织的实地勘验和专家会评，成为阿合奇县首个自治区级工程技术研究中心，全县首个州级人才工作站通过验收，3个县级沙棘种植示范地成功落地。总投资2.8亿元的新疆埃乐欣胡蒜加工项目基本完工，预计年产值可达1.5亿元，直接提供就业岗位600个。推动冰川牦牛养殖合作社与家乐福（中国）总部进行“冰川羊”合作签约，为阿合奇县特色农副产品搭建起全国销售网络体系。举办以“你好，锡·玛”为主题的“太湖

5月9日，新疆沙棘精深加工工程技术研究中心创成自治区级工程技术研究中心。图为沙棘产品生产场景

（市发展改革委　供图）

托河情、文化润天山”特色文化云端交流会，助推锡剧文化与玛纳斯文化多元交融。无锡军分区、团市委、技师学院等单位主动参与援疆工作，援助资金、物资200万余元。

【对口支援霍城县】 2022年，无锡市在新疆伊犁州霍城县实施援疆项目26个，投入援疆资金1.55亿元。医疗援疆实施“专科联盟”“名医援疆工作站”“远程会诊”等项目，开展示范性手术980余台，填补霍城县医疗技术空白28项，推广先进技术32项。教育援疆助力全县建设12个教学能手培养工作室，举办第二届“澄远”杯教师教学能力大赛，江苏中学“无锡江阴班”高考本科率达100%。江苏援疆（江阴）产业园获批，按照建设劳动密集型+技术密集型产业园区定位，建设以数字产业、纺织服装产业为主的援疆产业园。江苏大东新材料科技公司装配式建筑产业化项目、中超电缆二期项目等10个产业援疆项目先后开工建设，总投资额25亿元。牵线开展“澄心致远、书香润疆”捐书活动，捐赠图书近6万册，捐建“红石榴”绘本屋2个。成立“江南大学筑牢中华民族共同体意识霍城研究基地”，打造舞台剧《伊犁将军》，澄远艺术团完成公益性演出56场次，线上参与观众4.6万人次，线下参与观众5500人次。组织开展“小小石榴籽、殷殷中华情”手拉手书信交友活动，援受两地45所学校、2万余名各族学生参与。

【对口支援云阳县】 2022年，无锡市落实《2022年江苏省对口支援合作三峡库区工作要点》任务要求，拨付援建资金600万元，帮助重庆市云阳县在无锡举办基层乡镇负责人、基层部门负责人培训班各1期，培训干部人才100余人次。帮助协调无锡市、区（县级市）中医院，推进云阳县中药产品在无锡拓展销售市场。

（韦　锋）

对口协作

【与延安市协作合作】 2022年，无锡市向陕西省延安市援派干部8人、专业技术人才62人。举办乡村振兴干部培训班7期、专业技术人才培训班45期，培训当地干部人才共计4146人次。落实苏陕协作统筹帮扶资金1920万元，江阴市、宜兴市、新吴区计划外拨付财政援助资金2700万元，社会捐款捐物1081.3万元，实施援建项目52个。帮助引进项目9个，实际到位投资额5.91亿元，江阴市高新区与延川县工业园区结对共建。红豆集团打造的梁家河服装有限公司项目完成选址。帮助农村劳动力实现转移就业390人，其中到江苏就业166人。帮助在无锡新建延安农特产品专卖店4家，全年采购和帮助销售延安农畜牧产品和特色手工艺产品2.01亿元。7月1日，陕西省委副书记、延安市委书记赵刚率领党政代表团到无锡访问，两市召开东西部协作暨革命老区重点城市对口合作联席会议，举办项目签约暨无锡—延安首航开通仪式，签署《东西部协作·革命老区重点城市对口合作框架协议》等7项协议。新吴区—宜川县创新拓展苏陕协作五项机制，得到陕西省委书记赵一德认可，陕西省政府办公厅《信息快报》以“五项机制推动苏陕协作迈上更高水平”专题刊发，并纳入延安干部培训教材库。

【与海东市对口协作】 2022年，无锡市向青海省海东市援派干部18人、专技人才121人。落实苏青协作统筹帮扶资金2.71亿元，实施援建项目113个。全年举办乡村振兴干部培训班13期、专业技术人才培训班45期，培训干部人才7801人次。新增共建产业园区4家，帮助引进企业11家，实际到位投资1.14亿元。推进“红石榴就业行动”，举行劳务协作培训班7期，培训农村劳动力378人，帮助转移就业3843人，其中到江苏就业2168人。在无锡新增海东农畜特色产品直销店、餐饮店7家，全年帮助海东销售农畜牧产品和特色手工艺品5345.89万元。实施拉面帮扶，全市海东籍拉面经营户增至440户，务工人员近2000人。社会力量捐款捐物

7月1日，无锡、延安两市签订东西部协作·革命老区重点城市对口合作框架协议　（市发展改革委　供图）

2874.95万元，其中捐资1736.05万元、捐物折款1138.9万元。无锡市38个镇（街道）结对帮扶海东市38个乡镇，34个村（社区）帮扶海东市34个村，40所学校与海东46所学校结对合作，14所医院与海东10所医院结对合作。全年帮助海东市打造乡村振兴示范典型13个。12月，青海省省长吴晓军对无锡—海东东西部协作工作作出批示，充分肯定两市协作工作成效。

（韦　锋）

对口合作

【与连云港市南北结对帮扶合作】 2022年，无锡市与连云港市新建南北结对帮扶合作关系。5月27日，市长赵建军率团赴连云港市考察，两市召开第一次南北结对帮扶合作联席会议，签订两市政府南北结对帮扶合作框架协议，江阴市、宜兴市、锡山区分别与连云港市灌云县、灌南县、东海县3个重点帮扶县建立结对关系，无锡市惠山区、滨湖区、新吴区分别与连云港市赣榆区、连云区、海州区建立结对关系。6月，无锡市选派18名干部组成前方工作队，到连云港开展帮扶工作。11月4日，两市在无锡召开第二次联席会议，签订《无锡连云港工业园区共建协议》《连云港市人民政府、江南大学全面战略合作协议》等10个协议，共同为“长三角一体化（无锡连云港）联合招商中心”“无锡连云港科创飞地”“江阴灌云科创飞地”“锡山东海科创飞地”揭牌。无锡市拨付帮扶资金6000万元，援助灌云县、灌南县、东海县39个民生项目建设。推动产业、科技、教育、医疗卫生、文旅康养、人力资源等六大领域帮扶合作，两市11个部门（单位）签订合作协议，制定工作推进方案。教育领域确定首批结对共建学校（单位）57对，卫生领域首批32家基层医疗机构合作共建，旅游专列开启两市客源互送“高铁模式”。无锡—连云港中欧（亚）接续班列成功落地，两市在省内率先实现异地就医直接结算“免备案”，两市27对重点镇（街道、开发区）开展结对帮扶合作。

开展园区合作共建，以无锡高新区（新吴区）和连云港高新区（海州区）为主体，合作共建无锡连云港工业园区，开展省级创新试点园区创建。11月14日，省委办公厅、省政府办公厅批复园区创建工作。12月30日，两市人民政府联合批复实施《无锡连云港工业园区高质量发展规划》，无锡市委办公室、市政府办公室联合印发《关于加快无锡连云港共建园区高质量发展意见的通知》。江阴市与灌云县合作共建江阴灌云工业园区，惠山区与赣榆区探索以市场化合作模式创建惠榆新兴产业合作园区。

11月4日，在连云港市南北共建合作产业联动发展座谈会上，第二批项目签约

（市发展改革委　供图）

【与盘锦市对口合作】 2022年，无锡市与辽宁省盘锦市拓展合作领域，推动项目实施。7月，江苏碧诺环保科技有限公司投资的盘锦“田园牧歌城乡综合体”项目投产，一期投资7000万元，有机废弃物年处理能力16万吨，年产有机肥6万吨、炭基肥1万吨，成为宜兴环科园环境医院模式“走出去”的又一成功案例。9月，盘锦市副市长米金套到无锡考察，对接产业转型升级、优化营商环境、园区共建等工作，推动两市合作。盘锦团市委副书记任晓杰到无锡挂职，任无锡经开区管委会副主任。

（韦　锋）

编辑　葛　红

综　述

【发展状况】 2022年，太湖湾科创带积极打造新发展理念实践示范区，综合实力不断增强，太湖湾科创带生产总值4420.37亿元，占全市比重29.8%，比上年提升0.2个百分点，建设成效初步显现。编制《太湖湾科技创新带国土空间规划及重点片区城市设计》，构建“一核三湾，一城十元”的空间结构；聚焦关键核心技术攻关，不断提升创新能级；统筹规划众创空间、孵化器和大学科技园等各类创新创业载体的布局，加快推动孵化育成链条的形成；持续发展物联网、集成电路、生物医药等战略性新兴产业；强化金融赋能，加快人才引育；将低碳、生态、绿色理念贯穿太湖湾科创带建设全过程，推进各项生态环境治理工程，科创带范围内51个国省考断面水质优Ⅲ比例为100%。

（吴　迪）

【滨湖区太湖湾科创带引领区建设】 1月1日，滨湖区召开太湖湾科创带创新大会，发布滨湖区建设太湖湾科创带引领区打造一流科技创新服务体系三年行动计划、滨湖区科创载体建设三年行动计划、滨湖区“吾+”人才安居工程三年行动计划等一系列政策意见，组建成立区产业投资促进中心和区科技人才创新中心，推进科创攀峰工程、产业提级工程、空间倍增工程、人才安居工程、湖湾强磁工程。

1月1日，滨湖区召开2022太湖湾科创带滨湖创新大会

（滨湖区政府办公室　供图）

【滨湖区太湖湾科创带产业体系】 2月22日，滨湖区召开太湖湾科创带滨湖产业发展大会，发布《滨湖区关于激发创新动能促进产业发展的工作意见》《2022年滨湖区招商引资行动方案》，加快生命健康、集成电路、软件信息、智能网联汽车和旅游产业五大优势产业发展，壮大数字影视、“两机”、低碳环保和创意设计产业四大特色产业集群，谋划元宇宙、量子科技、人工智能三大未来产业布局，形成现代产业促进体系，加强创新链、产业链的紧密融合。

（靳瀚宁）

国土空间规划

【概况】 2022年，无锡市实施《太湖湾科技创新带国土空间规划及重点片区城市设计》，优化太湖湾国土空间布局，打造国内一流产业科技创新高地。《太湖湾科创带国土空间规划及重点片区城市设计》立足长三角一体化、上海大都市圈协同等区域重大发展战略，通过整体谋划环太湖科创圈，构建太湖湾科创带，以生态为本底、湖湾为纽带、科创为支撑、科产城人融合为动力，加快集聚各类创新要素与资源，以“新发展理念实践示范区”为总体目标，将太湖湾科创带建设成为世界级湖区创新策源带、全国绿色碳中和先行带和长三角未来产业集聚带。规划范围南以太湖岸线为界，向陆地延伸约5千米，北至范蠡大道、分范线、钱胡路、高浪路、沪霍线，西至长深高速，东至周万路、人民路（宜兴）、贡湖大道、通锡高速公路，总面积约472平方千米，湖岸线约108千米，横跨滨湖区、新吴区、无锡经开区、宜兴市等主要板块。以无锡科技产业基础及全球科技发展趋势为依据，构建太湖湾科创带“1+2”（智能物联网、生命健康、绿色科技）主导科技产业结构体系，突出对以物联网为核心的未来数字科技产业、以生物医药为核心的未来生命科技产业和以节能环保低碳为核心的未来绿色科技产业的发展引导。

【创新空间格局】 2022年，无锡市按照《太湖湾科创带国土空间规划及重点片区城市设计》，协同各市（县）、区重要科创功能片区（科技新城），形成内外协同的“一带多点”市域总体创新空间格局。市域层面，强化锡澄方向与梁溪科技城、霞客湾科学城的纵向衔接，推动锡宜方向与培源科学城、陶都科技新城等的横向衔接，串联蠡湖未来城、洗砚湖生态科技城、宛山湖生态科技城、太湖湾科创城等科创功能区，促进高品质科创空间连片成势，形成“一带引领、多城联动、全域协同”的创新格局，实现创新资源高效配置。

【双生态空间】 2022年，无锡市充分发挥自然山水特色资源，打通山、湖、河、溪脉络，形成“环湖绿廊、辐射蓝道、绿楔花溪、湖畔绿叶”的科创生态底板，创造融合生态、文化、创新于一体的蓝绿空间网络，构建“自然生态＋创新生态”的“双生态”系统，促进科创要素与国土空间深度融合。分别以2000米、1000千米和500米为服务半径，构建三级创新驿站体系，为不同创新创意人群提供激发灵感的绿色源泉，将科创、文化、服务功能植入太湖湾科创带美丽河湖体系。

【综合交通体系】 2022年，无锡市构筑环湖一体化高效的综合交通体系。推进无锡硕放机场长三角区域性枢纽机场建设，加强与全球创新网络节点城市的便捷联系。强化环太湖交通一体化，推动沪宁城际、京沪高铁、盐泰锡常宜高铁、宁杭高铁等线路相互衔接，构筑环太湖高铁网。加密环太湖高速公路网，预留北太湖苏锡通道，在环太湖城市群之间形成“双圈环绕、多向放射”的高速公路交通体系。优化轨道交通网络，通过锡澄S1线、锡宜S2线、苏锡常S5线等市域线，形成多层级轨道交通枢纽。加强太湖湾科创带内外重要科创空间的便捷联通，依托快速路网，构建40千米城镇密集区内的30分钟快速集疏运系统。

【配套设施服务】 2022年，无锡市结合太湖湾科创带未来人群工作生活服务需求，营建设施便捷、功能复合的创新生活空间，创造适宜科技创新的优质配套服务环境。提高3.5至5千米范围内的服务设施总量，增加生活、教育、社交类功能设施，提升无锡科创区域的综合运行效率。全域以15分钟步行圈为单元，优化配置居住、商业、科创、教育、医疗、绿色、产业、治理、基础设施等要素比例，配置功能复合的家园中心，发展太湖湾科创带高品质生活区域建设。

（刘梦蛟）

科技创新平台

【太湖实验室建设推进】 1月28日，深海技术科学太湖实验室召开科研机构成立大会，设立基础科学与技术研究部、深海运载技术部、深海作业技术部、深海信息技术部和深海试验基地，研究部及基地下设17个研究所、中心。4月12日，由深海技术科学太湖实验室、华为技术有限公司举办首届船海数据智能应用创新大赛，1295人报名参赛，组成413支团队，提交作品5965次。7月22日，太湖实验室深海传感技术中心揭牌成立，深海传感技术中心团队由天津大学李醒飞教授领衔，有团队成员18人，其中包括8名教授和6名副教授，主要在智能感知领域开展关键核心技术攻关和应用研究，以深海智能感知为支点加快核心海洋装备智能化进程，服务国家战略任务。10月14日，深海技术科学太湖实验室、里斯本大学海洋技术与海洋工程中心成立海洋结构物可靠性联合研究中心，联合研究中心的成立，将促进双方在人才、船舶可靠性研发等方面开展进一步合作。

（王春耕）

【国家超级计算无锡中心应用研究能力提升】 2022年，国家超级计算无锡中心获省创新能力建设项目立项，启动建设“江苏省智能计算应用服务平台”。新增承担国家重点研发计划课题“面向应用领域的超异构高层次表示方法和优化”，省重点研发计划项目“基于国产超级计算机的民用装备数字风洞云平台研发”，国家自然科学基金“面向大规模二维材料体系的千万核可扩展分子动力学模拟算法研究”等项目。国家重点研发项目“国家高性能计算环境领域应用平台及服务体系研究与构建”通过科技部中期检查，实现6个国家超算中心资源的互联与共享，集成1.43Eflops的异构超算算力、250PB的存储，开发5层9个功能面的应用平台体系，搭建超算最终用户和并行程序开发者之间的桥梁纽带。

（邱　涵）

【闻泰无锡超级智慧产业园】 1月21日，闻泰无锡超级智慧产业园封顶仪式在无锡高新区举行。闻泰超级智慧产业园项目总投资100亿元，在无锡高新区打造集5G智能终端研发制造及半导体封测研发为一体的超级智慧园区。闻泰科技股份有限公司先后完成对安世半导体、英国纽波特晶圆工厂企业的收购，形成从半导体芯片设计、晶圆制造、封装测试、半导体设备，到光学模组、通讯终端、笔记本电脑、IoT、服务器、汽车电子产品研发制造于一体的全产业链布局。

（李　河）

重大科技项目

【迪哲中国区研发生产总部及全球生物医药创新孵化中心项目】 1月11日，迪哲中国区研发生产总部及全球生物医药创新孵化中心项目在无锡高新区举行开工仪式。迪哲（江苏）医药股份有限公司是一家具备全球竞争力的创新驱动型生物医药公司，拥有行业领先的转化科学技术和一体化药物研发平台，公司战略性专注于恶性肿瘤等重大疾病以及免疫性疾病等存在未被满足和刚性治疗需求的疾病领域，所有产品均享有完整的全球权益，并采用全球同步开发模式。迪哲中国区研发生产总部及全球生物医药创新孵化中心项目总用地面积约12.67公顷，一期项目建设投资约10亿元，研发投入约20亿元，建设包括迪哲创新药研发及生产基地，计划未来5年推动至少一个创新药产品获批上市。二期项目计划扩大商业化产能、新剂型产能、孵化中心、研发实验室、物流及配套设施等。

（李　河）

【海洋结构分析通用软件发布】 12月17日，由中国船舶科学研究中心、深海技术科学太湖实验室联合举办的“海洋结构分析通用软件SAM 3.0版”发布会通过“线上+线下”相结合的形式举行。中国船舶集团有限公司科技部、深海技术科学太湖实验室、中国船级社、清华大学、上海交通大学等与工业软件“产学研用”相关的36家科研院所、高等学校和企业参加会议。

（王春耕）

1月11日，迪哲中国区研发生产总部及全球生物医药创新孵化中心项目在无锡高新区举行开工仪式　　（新吴区档案史志馆　供图）

科创活动

【2022中国无锡“太湖杯”国际精英创新创业大赛】 2—11月，2022中国无锡“太湖杯”国际精英创新创业大赛在兰州市、西安市、重庆市、长沙市、武汉市、沈阳市、南京市等地举办9场城市赛，围绕数字经济和生命健康产业发展举办2场揭榜赛，创新开展无锡市与日本东京市、韩国首尔市多会场云端连线的2场国际赛。大赛设立76个奖项，总奖金168万元，配套7项科技、人才政策支持，吸引5784个海内外人才团队和企业报名参赛。无锡市连续3年举办中国无锡“太湖杯”国际精英创新创业大赛，吸引海内外科技型创新创业项目落户无锡市。至年末，参赛团队在无锡市注册成立企业135家，注册资金14.53亿元，落地数量和注册资金创下新高。

（陈　洁）

【2022苏南智造太湖湾创新峰会】 10月24日，2022苏南智造太湖湾创新峰会暨第八届苏南全球创客大赛启动。大赛吸引“半导体工艺温度光纤光栅测量系统的研发及制造”“三维空间高精度动捕数据实时映射与孪生引擎器”“全球领先的心血管数智化研发平台”“异种材料高安全可靠连接技术”等72项优秀项目竞技，项目覆盖高端装备、新一代信息技术、新能源与新材料、生命科技等领域。

（夏　婷）

【2022太湖湾生命健康未来大会】 8月4—6日，2022太湖湾生命健康未来大会在无锡市举办，大会以“超越、共融、健康、智远”为主题，举办开幕式与主峰会1场、闭门研讨会2场、平行高峰论坛5场、生

8月4—6日，2022太湖湾生命健康未来大会在无锡市举办

（市科技局　供图）

态圈会议7场、学术会议1场和项目路演2场。总投资超300亿元的52个生物医药项目集中签约，其中阿斯利康制药有限公司与无锡药明生物技术服务有限公司签署国内首个新冠中和抗体“恩适得”本地化生产合作备忘录，阿斯利康制药有限公司、中国国际金融股份有限公司与国联集团达成50亿元生命健康产业基金合作。参会人数超2000人次，80余个项目团队与各市县区、生物医药园区开展对接洽谈，达成合作意向。

（赵雪倩）

【2022无锡（北京）科技合作交流活动】 9月2日，2022无锡（北京）科技合作洽谈会在北京市举办，“无锡太湖之光”耶鲁大学北京校友会秋季音乐会同期举办，扩大无锡市与国际科技合作交流，打响无锡“太湖牌”。科技合作洽谈会签约74个战略合作及重大科技合作项目，总金额202.34亿元，其中市政府与中国生物技术发展中心签订战略合作协议，国新风险投资管理有限公司与无锡市创新投资集团有限公司就国风投生物科技（无锡）战略合作项目签约。

（许文杰）

科创金融

【产业金融协同发展】 2022年，无锡市聚焦太湖湾科技创新带建设，提升金融对实体经济、科技创新的要素赋能作用，构建产业金融协同发展生态圈，促进创新链、资金链、产业链之间的融会贯通。推动金融创新和资源招引，重点打造尚贤湖基金PARK示范性综合性股权投资集聚区。举办“金融雅集”活动，吸引经纬中国有限公司、ESR基金、源码资本、一村海邦基金等多家机构与无锡市合作设立基金。至年末，尚贤湖基金PARK集聚效应初现，入驻投资机构超80家，基金注册总规模超过1200亿元，全市新募股权投资基金规模超1000亿元。

（康冬舟）

【知识产权股权投资基金】 2022年，2.17亿元的无锡太湖湾知识产权股权投资基金运作，投资“雪浪云”“盈达聚力”项目3000万元。滨湖区发行全市首单涉及集成电路布图设计知识产权证券化产品“太湖湾科创带滨湖知识产权1—5号资产支持专项计划”，项目储架5亿元，首期发行额1亿元。

（束洁丹）

【无锡高新区创投基金联盟】 7月26日，无锡高新区创投基金联盟揭牌成立，该联盟由太湖国际科技园管理办公室会同无锡市新区科技金融创业投资集团有限公司，联合红杉中国、中信金石、中电海康、毅达资本、国联资本、海力士基金、达晨财智、中金阿斯利康基金等集聚“高新金融谷”的龙头行业基金共同倡议发起。“高新金融谷”已集聚各类基金187只，基金管理总规模近700亿元，累计为234家企业提供近16亿元的融资担保服务。基金联盟的成立拓宽了合作领域及深化合作层次，构建科创金融“生态圈”，基金联盟将围绕物联网、集成电路、生物医药等地区产业链延链、补链、强链，共建一批科技金融结合、产学研结合、创新创业和人才招引结合的合作项目，带动一批头部基金、产业龙头、科研院所落户，为推动重大产业项目建设提供金融支撑。

（李　河）

编辑　胡　慧

综述

【数字经济提速发展】 2022年，无锡市围绕建设具有国际竞争力的全国数字经济和数字化转型标杆城市，持续加强顶层设计。1月27日，召开全市数字经济提速和数字化转型大会，成立市数字经济提速和数字化转型领导小组，下设数字经济、数字治理、数字政务、数字生活、数字生态、数字基础设施6个工作组，建立“一办六组”工作推进机制。制定《无锡市推动数字经济提速和数字化转型的实施意见》，实施推进数字产业化发展、加快智能化改造数字化转型绿色化提升推动无锡制造业降本降耗降碳、城市运行“一网统管”、提升政务服务“一网通办”、推进数字生活新场景建设、网络安全高质量发展、数字基础设施建设7个三年行动计划，推进国家区块链创新应用试点、推进数据有序共享开放、推行政府首席数据官制度等工作方案，构建“1+7+N”的发展建设体系。推进全国首部数字化转型地方性法规《无锡市数字化转型促进条例》立法，以法治化方式推进数字化转型。全市1333家数字经济核心产业规模以上企业营业收入6595.89亿元，比上年增长6.2%。数字经济核心产业增加值占地区生产总值比重为11.7%。物联网产业实现营业收入4011亿元，比上年增长16.2%，围绕“一感两网”发展重点，一批优质项目成功落地。集成电路产业规模以上企业实现产值2091亿元，比上年增长15.2%，总投资380亿元的25个新项目签约落地。软件和信息服务业实现申报销售1857.98亿元，比上年增长12.2%，新增国家鼓励的重点软件企业1家。举办2022世界物联网博览会、中国集成电路封测高峰论坛和设备制造年会、2022雪浪大会、长三角跨境电商发展峰会等重大活动，数字无锡建设影响力、吸引力持续扩大。打造数字化应用场景，7个项目入选2022年“数字江苏”优秀实践成果，数量列全省第一位，1个项目入选全省十佳案例；13个项目入选2022年智慧江苏重点工程和标志性工程项目，数量列全省各设区市第一位；4个项目入选2022年智慧长三角数字化转型优秀案例；2个项目入选2022江苏省数字化绿色化协同转型发展典型案例。

（张国辉　吴浩涵）

【数字产业建设】 2022年，无锡市打造数字产业体系，物联网、集成电路、软件与信息技术服务业产业集群规模超千亿元，物联网、集成电路入围国家级先进制造业集群。在杭州市举办数字经济产业交流合作洽谈会，现场签约超亿元产业项目28个，总投资138亿元。全市入选省级智能制造示范工厂11个，省级智能制造示范车间68个，分别居全省第一位和全省第二位；国家智能制造能力自评估成熟度达到二级及以上的企业630家，居全国第一位；两化融合发展水平指数为72.2，省级重点工业互联网标杆工厂和平台51个，新增省级星级上云企业952家，均居全省第二位；国家级电商示范基地、省级数字商务企业，总量分别居全省第一位和第二位。无锡市被省政府评为“推动制

11月2日，2022无锡(杭州)数字经济产业交流合作洽谈会在杭州市举办

（市工业和信息化局　供图）

8月24日，无锡市召开创建“IPv6+”创新之城启动仪式暨互联网大会

（市委网信办　供图）

造业智能化改造和数字化转型等成效明显的地方”。物联网发展方面，与中软国际（中国）科技有限公司、吉利汽车集团有限公司、中国长安汽车集团有限公司、北京汽车集团有限公司等头部企业在北斗、开源鸿蒙、车联网等领域达成合作。集成电路方面，华虹半导体一期扩产、全讯射频智能工厂、伟测半导体二期项目、长电科技5G高端模组研发等总投资380亿元的25个新项目签约落地，规模以上企业实现产值2091.52亿元，实现营业收入1904.02亿元，产业规模居全国前三位。软件和信息服务业方面，新增国家鼓励的重点软件企业1家、省级软件企业技术中心5家、DCMM贯标单位6家、省级工业领域数据安全防护方案供应商4家，实现申报销售1857.82亿元，比上年增长11.4%。推进数字基础设施建设，新增建设5G基站5460个，覆盖密度保持全省第二位，重点场所5G网络通达率100%。全市累计建成规模数据中心14个，平均利用率81.2%，居全省第一位。无锡市获评工业和信息化部“2022年度建设信息基础设施和推进产业数字化成效明显市（州）”。

【产业数字化发展】 2022年，无锡市打造智能制造和绿色制造标杆，完成3000家企业数字化诊断，形成转化项目328个，投资总金额12.38亿元，挖掘意向项目1036个，投资总金额12.01亿元，新增智能制造标杆1200余个，其中市级及以上智能制造应用场景232个、智能工厂46个、智能车间217个、星级上云企业950余家。深化“5G+工业互联网”融合应用，捷普电子（无锡）有限公司、红豆集团有限公司入选全省首批“5G全连接工厂”，无锡综保区、江阴临港经济开发区入选省级“5G+工业互联网”融合应用先导区培育对象，捷普电子（无锡）有限公司入选全国首批10个“5G+工业互联网”集成创新应用，施耐德电气（中国）有限公司建成全球首个5G柔性生产工厂，江苏佳利达国际物流股份有限公司建成全省首个基于5G车联网园区级开放道路无人物流项目。推进服务业数字化，国家级电商示范基地累计3家，获评省级数字商务企业14家，新增省级“两业融合”试点企业11家，全市网络零售额1205.2亿元，梁溪区电商产业园获评商务部国家级电商示范基地。推进农业数字化，全市农村网络零售额实现315.7亿元，比上年增长14.8%，惠山区阳山镇、宜兴市丁蜀镇获评2022年江苏省县域电商产业集聚区，江苏九香茶业有限公司入围2022年度省级生产型数字农业农村基地，惠山区获评江苏省数字乡村试点。

（张国辉）

【创建“IPv6+”创新之城启动仪式暨互联网大会】 8月24日，无锡市召开创建“IPv6+”创新之城启动仪式暨互联网大会。大会以“建设网络强市，拥抱Web 3.0”为主题，由推进IPv6规模部署专家委员会、省委网信办、省工业和信息化厅、省通信管理局、市委网信委指导，市委网信办等主办。会上发布《无锡市互联网发展状况报告（2022）》以及国家区块链创新应用试点2022年重点建设场景、无锡市IPv6技术演进升级路线图，举行无锡市推进IPv6规模部署产业生态联盟揭牌仪式，为无锡市国家IPv6技术创新和融合应用试点重点场景颁授任务书。

（蒋　露）

数字基础设施建设

【概况】 2022年，无锡市深化“千兆城市”建设，4G网络全域覆盖，累计建成4G基站超4.9万个。5G网络加速建设，累计投入运营5G基站超2万个，重点场所5G网络通达率100%，覆盖密度、网络质量保持全省领先。千兆光网深度覆盖，累计部署10G无源光网络（10G PON）端口近13.8万个，城域网出口带宽超12Tbps，IDC出口带宽达到16Tbps。算力储备丰富，全市累计建成规模数据中心14个，建成机柜超1.9万个，折合标准机架3.73万个。全市数据中心平均利用率为81.2%，平均电源使用效率（PUE）低至1.4。中国移动长三角（无锡马山）数据中心项目开工建设，推进雪浪算力中心建设。出台全国首部车联网领域地方性法规——《无锡市车联网发展促进条例(草案)》。扩大车联网覆盖面,累计完成1123千米智能网联道路建设,10条基于车联网的公交优先路段常态化运行,路口平均等待时间缩短36.1%,平均停车次数减少25.5%。

(叶　晨)

【5G网络建设】 2022年,中国电信股份有限公司无锡分公司(以下简称"无锡电信")建成5G基站1620个(套),累计完成5G基站8633个(套)。实现城区、县城、乡镇、发达农村5G覆盖,人口覆盖率90%;针对人流密集、业务需求大的商业中心、大型写字楼、宾馆酒店等场景开展专项优化提升,持续打造5G精品网络,区域内用户实现800兆极速下载感知体验。中国移动通信集团江苏有限公司无锡分公司(以下简称"无锡移动")部署"4G+5G"协同网络建设,5G基站建设累计超1.2万个,实现无锡市区、江阴、宜兴所有街道、乡镇和发达农村广域覆盖,网络质量评估全省领先。实施5G"名片工程",在全省率先实现京沪、宁杭、沪宁高铁地市段5G网络全线覆盖,京沪高铁无锡段5G速率全国领先。中国联合网络通信有限公司无锡市分公司(以下简称"无锡联通")与无锡电信实施5G共建共享,完成密集市区、一般市区、县城、重点乡镇5G覆盖,点、线、面结合针对重点楼宇、商超CBD区域打造5G高质量精品网络,完成机场、高铁、地铁、太湖隧道、重点高校等重要场景的5G覆盖。

【数据中心建设】 2022年,无锡电信推进国际数据中心、马山数据中心建设,完成国际数据中心三期四层及五层的建设,新增机架能力768架;完成马山数据中心通信机楼的建设,启动机楼内机电项目建设;推进无锡绿色数据中心的建设改造,对国际数据中心一期和二期机楼实施AI节能改造,通过智能匹配最优运行策略下发自控系统,动态监测与评估冷站运行情况,提高冷站整体运行效率,节能率11%以上。无锡移动推进降本增效,3个机房楼改造后新增投产机架563个。9月6日,中国移动长三角(无锡)马山数据中心项目开工启动,是中国移动数据中心总体布局的八大重点数据中心之一。无锡联通配合中国联通有限公司江苏分公司完成华东云数据中心二期立项工作,华东二期IDC楼建成后可新增机柜2000架;完成无锡蠡园局数据中心机房立项,蠡园局IDC改造建成后可新增机柜802架,计划2023年落地投产。

【新型城域网试点】 2022年,无锡电信继续推进新型云化城域IP网的规模商用,重点开展存量业务迁移工作,承载突破100万宽带用户,是全国首个实现新型云化城域IP网规模商用的本地网,也是新型云化城域IP网商用规模最大的本地网。基于新型云化城域IP网运用的SRv6等IPv6+新技术,完成安全业务链测试,通过将安全能力下移到靠近用户的边缘,为用户提供自助式订购和自动化开通安全业务的服务。无锡移动围绕新型算力网络基础设施构建,打造以SRv6 Policy为基础的云专网,拓展网络切片、随流检测、Flex-E等IPv6+新技术,接入中国移动骨干云专网,通过中国移动集团公司算网大脑可完成全国300余个市(地区)的全网调度。无锡联通根据实际需求接入设备覆盖用户服务器、MEC交换机和5G基站第一跳,满足5G专网系列应用的需求,年内完成滨湖北、梁溪南、江阴北、宜兴南汇聚区覆盖建设工作,加快推进惠山区、梁溪北汇聚区覆盖建设工作,计划2023年完成无锡市所有区县汇聚区全覆盖。

【光网建设】 2022年,无锡电信加快光缆网建设,主干光缆总计7.53万纤芯千米,中继光缆近4.62万纤芯千米,光纤覆盖率100%,户均带宽397.02Mbps。加厚10G EPON端口的部署,至年末,全市千兆宽带接入可提供各类服务。无锡移动主干光缆建设总计8.91万纤芯千米,接入层近58.4万纤芯千米,光纤覆盖率100%,户均带宽580Mbps,开展10G PON升级迭代。突破FTTR组网瓶颈,将室内传统的网线覆盖升级为光纤覆盖,将千兆网速延伸至每个房间。无锡联通开展光缆网建设,主干光缆近5.9万纤芯千米,接入光缆近14.28万纤芯千米,光纤覆盖率100%,户均带宽870Mbps。加厚10G PON端口的部署,至年末,无锡联通全区局点全部部署10G PON设备,全市千兆宽带接入提供普遍服务。

(钱晓静　张玲珠　赵琬琦)

物联网产业

【概况】 2022年,无锡物联网产业营业收入4011亿元,比上年增长16.2%,产业规模居省内第一位,国内领先。全市物联网相关企业超3000家,基本形成覆盖信息感知、传输组网、计算存储、应用处理的完善链条,上、中、下游环节占比分别为50.6%、12.7%、36.7%。其中,上市公司80家、国家级专精特新"小巨人"企业和制造业单项冠军企业33家。无锡市通过国家信息消费综合示范城市建设评估,排名全省第一、全国第二,入选"推进制造业智能化改造和数字化转型成效明显地方",获省政府办公厅通报激励。物联网35个项目入选江苏省信息消费推广目录、5个项目入选工业和信息化部新型信息消费示范项目,数量均居全省第一位。

【产业链聚焦发展】 2022年,无锡市构建以智能传感器、车联网、工业互联网"一感两网"为细分赛道的物联网产业布局,以南山车联网小镇、雪浪工业互联网园区、慧海湾先进感知小镇为特色的园区载体形成品牌,完成10家物联网平台型企业、2家特色园区认定。全面梳理智能传感器产业基础,形成产品供给能力清单,拓宽产品市场,聚焦车联网及智能网联汽车两条细分产业链，重点打造南山车联网小镇、经开智能传感园、山水城科教产业园等重点专业园区，聚集产业链核心企业累计162家，相关企业320家。

【国家级车联网先导区建设】 2022年，无锡市组建无锡市车联网及智能网联汽车发展工作领导小组，推进和优化顶层设计，建设《无锡市车联网发展促进条例（草案）》+《无锡市智能网联汽车道路测试与示范应用管理实施细则》+《智能网联道路基础设施建设指南》车联网政策法规体系。注册成立车联网建设运营主体公司，推进全市856个点段、450平方千米的车联网覆盖，完成1000千米智能网联道路建设，开放全域测试服务。完成工业和信息化部、江苏省车联网相关课题3项，完成智慧交通和自动驾驶方面6类实际应用场景建设。

【重大项目建设】 2022年，无锡市聚焦产业链短板和关键环节，推动市政府与中软国际（中国）科技有限公司、吉利汽车集团有限公司等行业头部企业在开源鸿蒙系统、车联网等领域合作落地。加强航天科工、中电科、京东、百度等头部企业合作跟踪服务。协调重点项目建设，南山车联网小镇加快产业集聚，新引进企业超30家。无锡经开区智能制造产业园强化重点服务和引育，推进车联天下总部基地二期项目签约启动建设，落地江苏易行智联汽车科技有限公司、优地科技（无锡）有限公司等车联网领域骨干企业。持续推进先进感知研发中心建设，总投资103亿元的超级陶瓷电容器与智能传感器制造项目启动建设。

【产业交流成果】 2022年，市工业和信息化局组织市各企业参加工业和信息化部、住建部智能网联汽车产业发展的法治环境与监管制度研讨会和"双智"试点季度交流会、中国电动汽车百人会论坛（2022）。无锡市与全国其他15个"双智"试点城市共同签署"双智标准化成果共建互认倡议"，促进互联互通。11月25—27日，无锡市举办2022世界物联网博览会，博览会以"格物致智，数实共生"为主题，聚焦智能传感器、车联网、工业互联网"一感两网"方向，采取"展馆内核＋场景外延"的展示体验模式，布局"智联万物""赋能百业""万器千端"等主题展区。博览会上，11位院士共同发起《加快发展物联网"无锡倡议"》，开展世界物联网无锡峰会、"慧海湾"智能传感高峰论坛、中国（无锡）车联网产业发展高峰论坛、工业互联网高峰论坛、开放欧拉生态大会、中国（无锡）信息消费节及物博风云榜评选等系列活动，吸引国内外院士、业界专家、企业高管等1400余人参会。

（杜　洵）

11月26日，2022世界物联网博览会上举办世界物联网无锡峰会

（市工业和信息化局　供图）

【中电海康无锡产业基地】 11月26日，中电海康无锡产业基地一期开园暨二期开工仪式在无锡高新区举行。中电海康集团有限公司是全球智能物联网龙头企业，一期开园标志着中电海康无锡产业基地启动运营。基地二期计划新建载体13.7万平方米，建成后将依托中电海康产业特色凝聚创新要素，为打造无锡物联网产业高地提供载体支撑。

（李　河）

集成电路产业

【概况】 2022年，无锡集成电路产业拓展核心技术攻关、关键产品市场，产业产值突破2000亿元大关，约占全国八分之一，建成完整覆盖集成电路各环节的高新技术产业集群。无锡市集成电路产业链企业超400家，列入统计的规模以上集成电路企业198家，实现产值2091亿元，比上年增长15.2%。其中，设计业实现产值301.94亿元，比上年增长8.66%，规模排名全国第四；晶圆制造业实现产值555.07亿元，比上年增长33.92%，规模居全国第三位；封装测试业实现产值567.21亿元，比上年下降4.65%，规模居全国第一位；专用装备材料等支撑产业实现产值667.3亿元，比上年增长26.15%。从业人员11.53万人。据省半导体行业协会发布的年度数据显示，无锡市集成电路产业核心三业（设计、制造、封测）发展规模居全省第一位，在全省集成电路配套支撑产业中，无锡市销售额占比超过50%。

【重大项目】 5月24日，无锡高新区与北京智路资产管理有限公司举行

"云签约"战略合作,无锡高新区出资参与北京智路资产管理有限公司组建的专项基金,北京智路资产管理有限公司推动移动通讯和物联网芯片、特种应用芯片、存储芯片等优质项目在无锡市落地。6月2日,无锡高新区(新吴区)集成电路产业项目签约暨新港集成电路装备零部件及材料产业园举行开工仪式,总投资203亿元的18个集成电路产业项目签约落地,签约的集成电路产业项目包括全讯射频智能工厂、伟测半导体二期项目等,涵盖半导体设备、5G通讯模组、分立器件和功率器件、半导体封装机器人等多个产业链细分领域。7月,无锡锡产微芯半导体有限公司完成对荷兰半导体公司安谱隆的收购,收购价超百亿元,无锡锡产微芯半导体有限公司成为全球第二大移动基站射频器件供应商。

【产业发展】 2022年,无锡晶圆制造业发展迅猛,全省规模最大的10家晶圆制造企业中无锡有7家,分别是SK海力士半导体(无锡)有限公司、无锡华润微电子有限公司、华虹半导体(无锡)有限公司、海辰半导体(无锡)有限公司、江阴新顺微电子有限公司、无锡中微晶园电子有限公司、江苏东晨电子科技有限公司。至年末,全市12英寸产能每月26.5万片,8英寸产能每月18万片。在生产工艺方面,无锡推进先进制程和特色工艺建设,先进制程最高达到10纳米级,特色工艺涵盖射频、超低功耗、数模混合和MEMS等各类工艺技术。无锡集成电路支撑配套业涵盖集成电路专用装备、核心零部件、原材料等门类,在多个细分领域取得领先地位。江阴地区生产的化学试剂产量居全国第一位,江阴江化微电子材料股份有限公司、江阴润玛电子材料股份有限公司生产的多款高纯化学试剂进入国内主流产线;中环领先半导体材料有限公司生产的大硅片、江苏雅克科技股份有限公司生产的前驱体等产品质量达到国内领先水平。无锡集成电路高端装备产业研发攻关,江苏微导纳米科技股份有限公司研发的原子层沉积设备、无锡日联科技股份有限公司研发的X线智能检测设备均达到国际先进水平,产品供应中芯国际先进产线。

【封装测试业规模领先】 2022年,无锡集成电路封装测试业的规模、技术水平均处于全国领先地位,江苏长电科技股份有限公司、全讯射频贸易(无锡)有限公司、海太半导体(无锡)有限公司、盛合晶微半导体(江阴)有限公司4家企业封装测试业的规模、技术水平居全省前十位,其中江苏长电科技股份有限公司居全国第一位、全球第三位。无锡集成电路企业拥有多项先进封装专利技术,华进半导体封装先导技术研发中心有限公司的硅通孔(TSV),江苏长电科技股份有限公司的系统级封装(SiP)、晶圆级封装(WLP),星科金朋半导体(江阴)有限公司的封装层叠技术(POP)处于国内领先水平。在核心技术攻关方面,无锡市建有全国封装测试领域唯一的国家级制造业创新中心——国家集成电路特色工艺及封装测试创新中心。

【集成电路产业系列活动】 10月27—29日,无锡市举办集成电路产业系列活动,系列活动包含第14届中国集成电路封测产业链创新发展高峰论坛、第10届中国半导体设备年会暨半导体设备与核心部件展示会、集成电路产业对接会等重要活动,8000余人参会观展。

【"芯链"党建联盟】 6月15日,无锡市举行集成电路产业"芯链"党建联盟成立暨锡配网升级上线发布系列活动,联盟以"政治建设联强、理论武装联抓、战斗堡垒联筑、产业地标联创、科技创新联动、重大活动联办、人才队伍联育"为宗旨,强化党建联盟服务功能,提升产业配套对接效能,推动无锡集成电路产业链高质量发展。

【上市企业】 8月9日,德科立光电子技术股份有限公司股票在上海证券交易所科创板上市。全市集成电路产业上市企业累计13家,其中集成电路设计行业上市企业累计5家。

【华润微电子入选亚洲半导体Top 50榜单】 7月,无锡华润微电子有限公司以14.55亿美元的营业收入,入选电子时报DIGITIMES发布的"2022亚洲半导体TOP 50榜单",居亚洲第44位。无锡华润微电子有限公司多次被工业和信息化部评为"中国电子信息百强企业",先后获国家科学技术进步二等奖、江苏省科学技术一等奖、中国半导体MEMS十强企业、2021中国IC设计成就奖等荣誉。

(朱立新)

软件和信息服务业

【概况】 2022年,无锡市软件和信息服务业纳入统计企业804家,实现申报销售1857.98亿元,比上年增长12.2%。全市大数据产业纳入统计企业476家,实现申报销售527.26亿元,比上年增长9.6%。惠山高新技术产业开发区获评省工业大数据示范区,新吴区太湖国际科技园获评全省唯一的数据中心产业示范基地,无锡高新区获批省级数字城市信创先导区,无锡学院获评省区块链产业人才培训基地评估。中船重工奥蓝托无锡软件技术有限公司入围国家鼓励的重点软件企业,累计入围企业4家;享受软件企业所得税税收优惠企业39家;新增省规划布局内重点软件企业3家、专精特新软件企业6家,两者累计超50家;新增省级软件企业技术中心5家;新增DCMM贯标单位8家,累计10家;新增省级工业领域数据安全防护方案供应商4家。新增工业和信息化部工业软件优秀产品及工业互联网App优秀解决方案各1项、省首版次软件产品12件、省工业软件优秀产品和应用解决方案 7 项、省优秀信创产品 6 项、省级区块链产业发展试点示范项目 4 项、省数据要素市场生态培育项目 5 项、省级大数据产业发展试点示范项目 6 项、市优秀软件产品“飞凤奖”10 项。“无锡电信东亭边缘数据中心”案例获评省新型数据中心典型案例 。

【集群发展】 2022 年，按照无锡市推进“465”产业集群相关工作部署，结合《无锡市“十四五”软件和信息技术服务业发展规划》，开展规划编制和政策研究工作。无锡市根据产业发展需求，制定《2022 年度无锡市软件和信息服务业信息汇编和发展报告》《无锡市元宇宙产业发展调研报告》《2022 年无锡市网络安全产业发展报告》《2022 年无锡市互联网产业发展报告》等产业发展报告。全市软件领域累计对上争取项目超 60 个，涉及企业超 40 家，获批部省级资金超 3300 万元。加大对工业软件、大数据等软件产业化项目和软件企业资质能力提升的扶持力度，全年兑付市级财政资金 2777.6 万元。开展华为软开云赋能企业发展工作，全年扶持软件企业 68 家，兑付资金 2000 万元，进一步构建基于华为软开云的产业生态。

【产业拓展活动】 2022 年，无锡市组织 10 余家工业软件企业和园区参展中国（南京）国际软件产品和信息服务交易博览会；组织相关企业（团队）参加第七届“i 创杯”互联网创新创业大赛决赛，获奖项目 11 项；组织重点企业负责人走进华为总部学习企业数字化转型之道；举办无锡市信息技术应用创新企业金融专场、机械专场供需对接会；筹建成立无锡市工业软件产业链党建联盟，举办系列产品发布与供需对接会；举办江苏省首版次软件产品应用推广沙龙活动。强化政策服务，组织开展软件企业税收优惠项目、数字经济和数字化转型发展资金项目申报、数据管理能力成熟度评估、苏信贷项目申报等政策宣贯活动。

【信创生态建设】 2022 年，全市有信创相关企业 75 家，产业规模 180 亿元，打造“国产 CPU+ 信创整机 + 云操作系统 + 信息安全 + 办公软件”产业体系。朗新科技集团股份有限公司、江苏长电科技股份有限公司入围 2022 年中国信创企业百强，中电科申泰信息科技有限公司、帆软软件有限公司、永中软件股份有限公司、中电金信软件有限公司入围中国信创产业领军企业百强。7 家企业 70 个产品入围国家信创目录，20 家企业 91 个产品入围省信创图谱，原创信创产品数量位居地级城市前列，申威处理器、永中 office 办公软件、华云信创云基座、意源密码产品等在国内处于领先地位。推进省信创产业生态基地建设，打造涵盖攻关基地、测试中心、展示中心、培训中心和密码中心的产业生态规模。培育省级信创先导区，山水城省级环保信创先导通过省厅组织的项目验收，在环保领域拓展信创行业应用；无锡高新区获批建设省级数字城市信创先导区。牵头认定年度苏锡常三市信创产品互认清单，深化苏锡常地区信创产业链的协同发展，扩大信创产业区域影响力。

【信息安全产业生态构建】 2022 年，无锡市推进信息安全产业发展，履行工业信息安全责任，有信息安全重点企业 30 余家、专业服务支撑机构 8 家，其中省级信息安全风险检查评估机构 2 家。组织惠山软件园、山水城申报国家级网络安全产业园。佰倬信息科技有限责任公司等企业项目获省级专项资金扶持，获批资金 100 万元；江阴邦特科技有限公司、无锡福雷精密机械有限公司等 44 家企业获省级工业信息安全防护星级企业称号。实施工业信息安全事件应急实战演练活动，组织开展工业信息安全检查 1 次，检查重点规模以上工业企业 70 家。

（徐凡乔）

大数据产业

【概况】 2022 年，无锡市围绕“465”现代产业体系建设要求，持续推动云计算和大数据领域技术创新。在发展物联网、集成电路、软件和信息服务 3 个数字地标产业的基础上，培育车联网（智能网联汽车）、人工智能、大数据云计算、信息安全与区块链、机器人 5 个数字新兴产业，布局元宇宙、化合物半导体、量子科技、未来网络等数字未来产业，围绕“3+5+X”的数字产业体系，培育壮大市场主体。全市大数据产业纳人统计企业 476 家，实现申报销售 527.26 亿元，比上年增长 9.6%。帆软软件有限公司、浪潮卓数大数据产业发展有限公司入围 2022 年度中国大数据 50 强。

【企业发展】 2022 年，帆软软件有限公司、无锡小天鹅股份有限公司企业项目获批国家大数据产业发展试点示范项目，无锡中科光电技术有限公司、江苏曼荼罗软件股份有限公司等 6 家企业项目获批省大数据产业发展试点示范项目，江苏恒为信息科技有限公司等 4 家企业项目获批省区块链产业发展试点示范项目。朗新科技集团股份有限公司、浪潮卓数大数据产业发展有限公司、江苏曼荼罗软件股份有限公司、蓝深远望科技股份有限公司、华云数据控股集团有限公司 5 家企业入选省第二批首席数据官（CDO）制度试点企业。

【安全防护工作】 2022 年，无锡市大数据企业的 20 项数据安全产品入围省数据安全优秀产品，6 项数据安全解决方案入围省数据安全优秀解决方案。指导惠山软件园、无锡山水城申报国家级网络安全产业园。举办无锡市工业信息安全事件应急实战演练活动，通过攻防实战，揭示工业信息安全领域存在的风险和面临的威胁。举办工业信息安全人才培训暨政策宣贯活动,提升企业信息安全意识和防护水平。

【数字算力建设】 2022年,全市建成规模数据中心14个,建成机柜超1.9万个,数据中心平均利用率81.2%,居全省第一位,平均运行PUE低至1.41,居全省第二位。中国移动长三角(无锡)马山数据中心项目开工,建成后可提供机架约1.3万个,承载服务器超30万台。雪浪算力中心建设进展顺利,计划建设成为集算力支撑、应用场景验证、数据共享流通的综合创新服务平台。

(徐凡乔)

通信产业

中国电信股份有限公司无锡分公司

【无锡市企业供需对接服务平台】 2022年,为应对新冠疫情影响,克服经济全球化遭遇逆流和经贸摩擦加剧带来的不利影响,无锡电信配合市工业和信息化局有关部门,联合中电鸿信信息科技有限公司成立专门项目组,研发部署无锡市企业供需对接服务平台(锡配网),帮助企业找商机、拓市场和抓订单,确保产业链和供应链畅通运转。5月,无锡市企业供需对接服务平台(锡配网)上线启用,平台具备供需信息发布的对接、企业定制服务、多元工业品信息交汇区域、引领产业链创新协同等功能。无锡电信根据统筹疫情防控和经济发展的新形势新要求,持续做好技术支撑并全面升级改版优化,平台发展成为企业用户活跃度高,供需信息密集发布的专业化、特色化的供需对接交流的服务型平台。

【数字化产销管理模式】 2022年,中国电信江阴分公司打造数字化葡萄产销管理模式,助力江阴市璜土镇推广"葡萄+"文化,打造"江南水乡葡萄风情"小镇。中国电信江阴分公司通过信息化、物联网、自动控制技术,助力解决璜土镇在葡萄园种植环节中存在的问题,打造数字化葡萄产销管理模式,启用规范化、标准化、企业化种植管理模式,覆盖葡萄园超333.33公顷,亩均收入提高2000元,亩均综合成本下降600元,年度电商发货近10万单,并推广到其他农业生产基地,助力打造江阴市成为"互联网+"农产品出村进城工程试点县。数字化葡萄产销管理模式入选2022数字江苏建设优秀实践成果。

【通信保障工作】 1月10—16日,无锡电信完成国务委员兼外交部部长王毅在无锡市开展一系列外交活动的通信保障工作,完成外交活动涉及酒店群范围内10条光缆预敷设,5条高速专线、7条租纤、25个重保固话的开通,做好疫情突发情况下的云会业务保障应对预案。11月25—27日,无锡电信完成2022世界物联网博览会通信保障。提前完成物博会4条线路和18个重点场所、酒店的无线信号测试和优化工作,扩容16个室外站点扇区,重点监控各类展馆、分论坛场所的4G、5G网络运行情况,完成设备、线路资源扩容改造工作。开展物博会保障应急预案演练工作,确保各大酒店无线覆盖无盲区,有线网络高速稳定。完成展馆、酒店、公安、广电等54条专线、电路、租纤等临时业务的紧急开通,现场配置平板电脑200台、数字哨兵2台,出动网络开通、测试优化和现场保障人员236人次,保障车辆16台次、应急通信车2辆,满足展会智慧展示及防疫需求。

11月18日,无锡电信新型城域网承载宽带用户数突破100万

(无锡电信　供图)

【新型城域网宽带用户数突破100万户】 11月18日,无锡电信新型城域网宽带用户数突破100万户。无锡市是中国电信集团国内首个实现新型城域网规模商用的城市,也是新型城域网商用规模最大的城市,自2020年5月承接新型城域网试点任务以来,无锡电信成立"新型城域网技术联合实验室",经过106次网络优化升级、62次业务迁移无缝割接,优化推进业务。新型城域网部署与新一代云网运营系统紧密对接,实现全网设备状态、业务状态以及告警等监控。完善vBRAS备份方案,开发自动倒换脚本通过pUP温备倒换、vUP热备倒换、CP灾备倒换的手段,完成对无锡vBRAS数十万用户的全面升级。开展SFC服务

2月17日，无锡电信在居民小区执行新冠疫情防控通信保障任务

（无锡电信　供图）

链试点，采用编排技术，实现城域网与多类型安全能力资源池的统一部署，安全服务开通由月级转为秒级，为企业提供即插即用全方位安全防护。采用SRv6业务服务链技术，快速链起多类网络、安全和云资源，实现安全能力深边缘、浅边缘分布式弹性能力交付。软硬件混合安全能力资源池，可满足不同场景的安全需求，实现企业安全硬件成本零投入，并提供随需定制、按需订购、统一维护的安全能力，降低企业建设、使用和学习成本。

【疫情防控保障】 2022年，无锡电信在新冠疫情防控期间保障通信畅通，保障核酸检测点4200余个，其中有线（宽带）点位1900余个，落实2898个重要相关基站的运行质量监控，支撑疫情点调会等防疫类政府需求26次。疫情期间，每日9次通报政务云核酸检测平台资源占用、并发、安全监控情况，每日巡检云平台机房现场，配合灵锡核酸检测查询模块压测到30000tps。配合市新冠肺炎疫情联防联控指挥部在全省率先开通启用核查专线“96600”，通过专用App呼出电话，接到电话的市民手机上会统一显示“无锡疫情防控核查专线”的来电名片，为完善城市高效精准防疫提供数字支撑。无锡电信联合无锡高新区防疫指挥部研发部署“一码通运企业物流车辆防疫自主申报平台”，针对来（返）锡留宿货车及司乘人员实施集中服务，畅通货运物流，保障生产生活物资供应。

【马山通信机楼建设】 2月23日，无锡电信马山通信机楼开工建设。该机楼是无锡电信辅助核心机楼，面向城域网边缘业务接入及本地化数据处理，实现固定和移动的统一接入、承载和服务。机楼部署网络虚拟化网元和专用硬件设备等新型网络设备，项目运用多项节能措施，采用国际先进的技术和设备，营运设备采用节能型设备。

（钱晓静）

中国移动通信集团江苏有限公司无锡分公司

【助力新型智慧城市建设】 2022年，无锡移动结合无锡新型智慧城市建设要求，发挥网络、资源、品牌优势，融合物联网、云计算、大数据等新一代信息技术服务能力，提供多样化的信息化解决方案。协助各乡镇街道开展“反诈宣传”“防疫抗疫”大数据精准宣传。创新研发“政务新媒体AI检测”，应用于各政务新媒体内容容错纠错。与政府有关部门联合研发酒店、民宿人脸身份识别系统，提升社会治安防控实效。在无锡经开区等地区实施多个NB-IoT路内泊位无人值守智能停车管理系统。与锡山区下辖街道合作数字化三维城市管理系统项目，通过无人机投影，高效获取精准三维数据，及时准确对人口信息进行支撑管理。与民政部门合作独居老人安全监护、爱心小屋项目。为全市相关部门、社区安装“和易充”设备，提供更安全、更智能、更便捷的充电服务。搭建智慧农业综合管理服务平台，助力农户实现种植环境在线监测和大棚控制设备在线管理。

【疫情防控通信服务保障】 2022年，无锡移动发挥通信运营商责任，做好疫情防控通信信息服务保障工作。完成云视讯终端设备、疑似隔离区域视频监控、隔离酒店网络专线等安装部署，做好疫情防控重要会议、核酸检测现场通信保障。省内率先创新研发“96600”无锡疫情防控核查专线平台，为疫情防控工作提供软硬件服务保障。支撑云视讯远程会议系统软硬件终端用户近10万户，为500余家单位提供“和对讲”通信服务。为疫情防控工作提供优质的支撑服务和网络保障。

【2022世界物博会网络保障】 11月25—27日，无锡移动完成2022世界物联网博览会网络保障工作。博览会开展前，无锡移动提前对1个主展览会场、3个交通枢纽、3个产业园区、11条重要道路及14个重要会议酒店，做好网络覆盖、容量、质量、维护、应急等方

元宇宙体验中心元宇宙 VR、AR 终端沉浸式体验中心展区

（无锡移动　供图）

面网络保障提升工作。为主峰会现场直播、导控区、现场采访区开通专线 52 条，主会场、会议酒店及重要活动场所在博览会期间无线接通率 99.78%，主场馆博览中心 B6 馆在主峰会期间无线接通率 99.89%，全程网络运行平稳畅通。

【适老化服务体系建设】 2022 年，无锡移动加强适老化服务体系建设，推动“适老化”服务，发挥网格触点优势，结合反诈工作要求，帮助老年人跨越数字鸿沟，畅享数智生活。实施老年人运用智能技术专项普及培训工程，打造“老年手机课堂”精品培训课程。无锡移动与 43 个社区（村镇）共建，规范“老年手机课堂”进社区服务标准，组织服务人员开展培训，印发《智能手机使用手册》，制作智能手机运用课堂专业课件，开展老年手机课堂 700 余场，服务老年客户近 5 万人。推动营业厅适老化改造，打造金牌老年服务标杆厅，增设老年人专席，设置适老化培训专区。

【节能降耗建设】 2022 年，无锡移动加强基站节能降耗建设，探索节能减排新路径。通过梳理高耗能老旧设备清单，对无线网主设备进行升级、改造和替换，淘汰能耗高、需要更新迭代的老旧通信及电源设备。开展设备节能改造，应用“亚帧关断”“通道关断”“深度休眠”等节电技术，推进 5G 主设备节电工作，节约电量超 500 万千瓦时。构造极简网络，在 CRAN 机房基础上，通过传输改造、电源改造，节省机房租金、配套租金和电费，节电量超 250 万千瓦时。创新实施重叠覆盖区域退频退网下电计划，整合无线网频率资源，制定无线网频段滚动规划使用方案，年度节省电费超 1000 万元。

【省内首个电信运营商信创营业办公单元】 2 月 15 日，无锡移动首个电信运营商信创营业办公单元在滨湖区山水城营业厅投入运营，是省内电信运营商中首家实现通信业务办理端到端设备的国产化替代，实现营业办公软硬件全自主可控。无锡移动通过自主可控终端进行受理支撑，在滨湖区山水城营业厅开展 CRM 系统与浏览器的兼容适配，OA 等管理信息系统与国产终端、操作系统、浏览器的兼容适配，提供一套完全自主可控的解决方案。

【元宇宙体验中心】 10 月，无锡移动完成元宇宙体验中心建设。元宇宙体验中心包括无锡移动第一营业厅一层 VR 销售体验中心及二层元宇宙 VR、AR 终端沉浸式体验中心，面积近 1600 平方米。体验中心展示无锡虚拟现实及元宇宙产业最新发展成果，设置太空舱、光速骑士、赛车、全民运动场、双子对决、多人影院等体验设备，建立元宇宙虚拟服务，市民可通过体验设备，掌握虚拟到现实、现实到虚拟的角色转换和实际操作，进行高速高效、丰富多样的学习教育和休闲娱乐活动。

（张玲珠）

中国联合网络通信有限公司无锡市分公司

【通信保障】 2 月 4 日，无锡联通完成第 24 届冬季奥运会开幕式通信保障工作，无锡联通配齐保障团队，出动保障和故障抢修人员 438 人次、车辆 105 辆次，巡检线路 3337.92 千米，配备重要机房 114 个。9 月 8 日，无锡联通完成第二届长三角体育节开幕式通信保障工作，保障区域接通、掉话等各项关键指标良好，用户语音和网络感知体验良好。11 月 24—27 日，无锡联通完成 2022 年世界物联网博览会通信保障工作，保障团队对会议主场馆、分会场、酒店、交通枢纽、通勤重要道路进行测试和网络设备巡检，完成 5 处站点整改、21 处故障处理、17 处天线优化调整、13 处载波扩容、26 处参数优化调整，启动 7 天 24 小时备战模式，实时刷新基站在网运行情况，在主会场太湖博览中心开通一辆应急通信车，4G、5G 网络做到网络无拥塞、覆盖无死角、维护无隐患，确保通话和上网感知质量。

【疫情防控保障】 2022 年，无锡联通保障新冠疫情防疫网络需求，发送疫情防控短信 60 万余条，出动网络保障人员 318 人、车辆 207 辆，紧急扩容 4G、5G 网络基站 145 个，确保通信网络畅通。无锡联通针对隔离酒店的特殊防疫需求，派出通信保障小组上门勘测，免费进行提速升级，快速有效解决隔离学生上网课需求。

【网络共建共享建设】 2022年，无锡联通加强与无锡电信的合作，深化基础设施共建共享，推进4G共享，合力打造5G网络精品网，双方跟进共享站点的性能分析，统一优化类和维护类网络监控指标，统一电联双方优化及维护的标准，实现网络故障问题快速闭环管理。3月，无锡联通推进网络共建共享建设，实现首个乡镇级别4G网络一张网共享。建立共享电信站点29个，重点共享太华镇区、山区密集村庄站点以及联通单4G网络站点。

【凌乱架空线缆整治】 2022年，无锡联通按照创建文明城市空中通信线缆整治方案的要求，开展整治凌乱架空线缆工作。以"除废线、并散线、理乱线"为原则，对居民小区、农贸市场、农村等场景内废弃不用的线缆予以拆除，整改不规范线缆，做到线路规范、整齐、安全，提升居民小区、农贸市场等环境。完成整治点5852处，其中缆线整治3331处、井盖整治1543处、箱体整治897处、杆路整治81处。

（赵琬琦）

数字社会建设

数据共享赋能

【数字生活场景建设】 2022年，无锡市制定《无锡市推进数字生活新场景建设三年行动计划（2022—2024年）》《2022年度无锡市推进数字生活新场景建设工作要点》，建成"入学'掌上办'、费用'统一缴'""停车就诊联动""先离场后付费""社区减负'一表通'"等10项数字生活场景。"入学'掌上办'"实现无锡市区全部适龄学生通过"灵锡"App完成"幼升小"入学报名查验。推行互联网医院线上"诊间支付"，市二院、市中医院、惠山区人民医院等10家医院在省内率先实现。"停车就诊联动"数字生活场景在市妇幼保健院上线，"先离场后付费"数字生活场景在48个停车场同步上线。"就医停车联动应用场景解决方案"在"2022数字中国创新大赛·数字城市设计赛道"中获二等奖。无锡市蝉联"中国领军智慧城市""智慧城市十大样板工程"奖项，获2022智慧中国"持续领先奖"和"强基赋能示范奖"，首次获2022全球智慧城市大会"宜居和包容大奖"。

【智慧社区建设】 2022年，市大数据管理局研究制定智慧社区建设统一技术标准，在蠡桥社区建成全市首个运用数字孪生技术实现1∶1还原的数字社区，采用无人机倾斜摄影、现场地下管线物探测量、BIM建模等多种技术手段，实现物理世界与数字世界的双向实时交互，建设情况被《经济参考报》、澎湃新闻等多家媒体报道。市大数据管理局申报"基于数字孪生的智慧社区管理系统"被中国软件行业协会评为2022年度数字政府建设优秀实践单位，智慧社区平台被列入2022年智慧江苏重点工程和2022年江苏省"双化协同"典型案例。

【公共数据开放】 2022年，市大数据管理局制定《无锡市关于建立健全公共数据共享开放运行机制加快推进数据有序共享开放的实施方案》，制定《2022年度无锡市公共数据开放工作要点》，对标中国开放数据指数，优化升级公共数据开放平台，新增物联网、车联网、民生领域、疫情防控、互联网、社会企业等领域专业数据，应开放公共数据开放率98%；加强数据开发利用，完成2个省公共数据资源开发利用试点——无锡市车联网城市级应用项目、智慧市场监管项目，典型开发利用场景8个；年内，开放数据集3002类，数据总量2.97亿条，数据接口3895个，数据应用98个，数据开放水平连续三年列全省第一位，全国前十位。

【数据赋能应用】 2022年，市大数据管理局围绕放管服改革和营商环境建设，匹配"互联网＋监管"数据需求791.78万条、"互联网＋政务服务"数据需求8573.69万条、"阳光惠民"数据需求2332.51万条、"综合金融服务"数据需求4568.71万条、"工业大数据中心"数据需求8.29亿条、"灵锡"App数据需求1447.7万条。开展居民身份证电子证照应用全国试点工作，支撑政务服务和长三角证照跨省调用试点，深化电子证照互认应用，赋能全市政务服务改革试点，服务出生、身后一件事等7个多跨联办场景、100余个政务事项，居民身份证异地补办、公积金异地支取等实现跨省通办。

【优化营商环境】 2022年，全市政务服务"一网通办"平台建设完成初验，上线江苏政务服务无锡旗舰店，全市98.3%的政务服务事项可网上办理，政务服务办事指南精准度列全省第一位。发布"一件事"改革事项导办清单360条，在全省首创"一件事"赋码管理规则，推动"惠企通"整合涉企服务平台23个，形成涉企政策的归集、解读、推送、兑现全链条工作机制，年内有近3.58万户市场主体通过"惠企通"平台成功申领疫情专项补助。一体化协同办公平台入围国家"数字技术融合创新应用优秀实践案例"，"一体化协同办公系统"获实用新型专利证书。

【数据要素市场培育】 2022年，江苏无锡大数据交易有限公司建成运营并召开首批数据产品交易发布会，在全省率先发布首批数据供应商，率先发布首批数据产品，率先促成首批数据产品交易，率先发布6张数字交易证书，率先建设形成数据供应商、数据需求方、专业服务机构融合共生、合作共赢的数据交易生态。至年末，发布3批100余家数据供应商入驻平台，无

8月9日，江苏大数据开发与应用大赛（第三届）启动暨开赛仪式在无锡市举行

（市大数据管理局　供图）

锡市“数据要素市场培育”获第三届数字政府建设大会“2022信息化建设匠心服务卓越实践”奖。

【江苏大数据开发与应用大赛（第三届）】 2022年，无锡市连续三年承办江苏大数据开发与应用大赛。8月9日，江苏大数据开发与应用大赛（第三届）启动暨开赛仪式举办，开赛仪式上发布《2022江苏省大数据产业地图》、无锡市公共数据开放十大优质数据集、十大数据沙箱等。全球4个国家240所高校2100人参赛，提交作品5000余次。

（张国辉）

智慧政务

【“一网统管”城市运行管理平台建设】 2022年，无锡市“一网统管”城市运行管理平台（一期）完成上线运行，至年末，接入32个部门51个系统，5个市（县）区城运中心投入实体化运行。城市之眼、事件协同处置、无人机低空巡管平台等子系统开发完成并上线，开发完成城市生命体征管理系统。建成启用“智慧燃气一屏安”“社区减负‘一表通’”“疫情防控指挥平台”及门铃码、数字哨兵等一系列场景应用。

（张国辉）

【不动产线上登记服务】 2022年，无锡市推进不动产线上登记改革，继续实施“线上苏小登·无锡悉心办”服务，在全省率先推出居住权、夫妻归并、带押过户线上办理功能，实现12类31项业务在线办理、多类登记信息线上查询，线上水电气等关联业务做到“一并申请、联动过户”，线上办理率稳定在90%以上。实现线上网页端、移动端全覆盖，线下便民服务点和自助办理点可为企业群众提供全流程帮办代办服务，“不动产登记+N”便民服务点覆盖全市36家金融机构125个银行网点、所有公证机构和各级法院，实现抵押、预告、查解封、涉公证继承登记等业务在线“一站式”办结。在省内首创不动产登记线上业务“云审核”机制，建立人员动态“云库”，统一调配全市审核力量，保障线上登记速度；线上业务纳入“云库”，实行随机、全域分配，有效防止办人情件、加急件，最大化防控廉政风险；运用可视化大屏，实时监测办件情况，便于监督考核。通过“云审核”机制，化解全市业务量不均衡和人员变动对不动产登记服务质量的影响，该举措入选2022年全省市县级十件有影响事件。

【涉房政务事项信息共享】 2022年，无锡市实现部、省7个部门31项和市级12个部门23项信息资源数据共享应用，形成信息共享免收件材料清单，不动产登记窗口在业务办理过程中可实时获取相应共享信息，信息通过核验并存证后，登记机构不再收取申请人相应纸质材料。市自然资源规划部门持续深化与市教育、公安、电力、水务、金融机构等部门的数据互通，实现不动产登记信息和电子证照在子女入学、水电办理、户口迁移、公积金提取等涉房政务事项中的应用，在省内率先推出不动产登记电子证照“亮证办事”功能，市民在办理相关政务事项时可直接线上亮证，直接授权政务服务部门扫码获取不动产登记信息及电子证照，精简群众办事材料，推动涉房政务事项线上不见面办理。

（刘梦蛟）

【市场监管综合监管平台】 2022年，市市场监管局依托市场监管大数据中心，基于统一的监管人员、监管对象、监管事项和监管流程，建立市场监管综合监管平台。平台对接整合市场监管部门内各类监管业务平台，涵盖日常、专项、双随机、线上线下、责令整改等；监管移动端执法取代传统执法模式，实现监管业务的综合监管、智慧监管、精准监管。平台实现食品、药品、医疗器械、农贸市场等多个安全监管领域全覆盖，通过建立食品生产、流通、餐饮风险分类监管数据模型，提升监管效能。1561个检查任务通过一体化平台开展检查，检查17/3361户次，智能归并提示“双随机、一公开”监管。重点监管、专项监管共同检查对象32570户，节约检查出动人员超13230人次。

（束洁丹）

智慧民生

【“灵锡”App建设】 2022年，无锡市制定《2022年灵锡App全面提升计划》，持续推进实施“灵锡”App功能迭代升级，打造“一平台+多入口”，推动各部门为民服务入口向“灵锡”App集成，形成数字无锡政务服务和城市服务移动端总入口，“灵锡”App入选2022年智慧江苏重点工程和标志性工程。至年末，“灵锡”App注册人数超1950万人，实名用户超1590万户，“灵锡码”作为城市码在交通出行、园林出入、图书馆开展应用试点，累计上线服务超950项，其中，灵锡“团体码”“司机驿站”列入无锡市2022年“微幸福”民生工程。

（张国辉）

【智慧环保】 2022年，市生态环境局在“灵锡”App上线“生态环境随手拍”专区，开通城市生态环境数据、“金山线”有奖打卡、线上反映环境损害问题等栏目。继续打造“碳时尚”App公益平台项目，参与人数超100万人，产生5.7万千米骑行行为、258万千米步行行为、1.48亿碳积分等记录，让低碳行为实现“可记录、可衡量、有收益、被认同”。

（市生态环境局）

【公共文化服务云平台】 2022年，无锡公共文化服务云平台更新“云上学习、梁溪艺谈、艺术展览、舞台艺术”等9期专栏，推出歌舞剧“‘艺’路同行·邀直播看舞剧专栏”、锡剧“‘云赏锡韵’锡剧专场线上展播”、“无锡美术馆馆藏作品锡城景点特辑”、“百年青春路永远跟党走——红色文化收藏展”等15个线上专题。开设线上“西水公益学堂”，提供书画、音乐、非遗制作等25类慕课。至年末，文化云平台发布信息754条，点击量474.86万次，累计关注用户60290人。

（周　文）

【远程公证服务】 2022年，市司法局在全省率先试点远程公证服务，探索在公共法律服务中心部署公证远程视频系统建设工作，利用人脸识别、人证比对、电子签名、无纸传输、区块链存证以及信息加密等技术，当事人在公共法律服务中心通过“远程公证”系统，以视频方式向公证机构提出公证申请，并完成受理、身份识别、文书签署、出具公证书等活动，实现家门口“云办理”。5月，锡城公证处在锡山区公共法律服务中心办理全省首个公共法律服务中心远程公证服务案例。

【校外培训机构监管平台】 6月，江南公证处研发校外培训机构监管平台，将“提存”“证据保全”等传统业务与区块等信息技术相融合，与仲裁部门协作，通过“信息技术+公证手段+仲裁途径”解决校外培训机构资金监管难、争议解决难、退费难等一系列问题，促进校外培训行业规范有序发展。该案例入围全国2022政法智能化建设“智慧司法创新案例”。

【互联网公共法律服务】 2022年，“智慧法务·公共法律服务电子地图”在“灵锡”App上线运行，提供在线查询法律援助机构、办事指南、法律援助人员等信息以及法律援助在线申请，实现全市法律援助机构一图涵盖、一键申请、一号咨询，打造从“家门口”到“指尖上”的法律援助服务。“12348”公共法律服务热线入驻市“12345”中心，实现7×24小时全时空法律咨询服务，各级公共法律服务实体平台普遍设立“无人律所”“智慧小司”等智能法律服务终端。

（田　杰）

【智慧医疗建设】 12月，互联网医院上线“新冠肺炎线上”咨询服务，为线下医疗机构分流就诊压力。统一预约挂号平台为患者提供统一服务入口，全年业务量3.3万人次，互联网医院挂号量超5万人次。推进诊间支付工作，全市10家医院接入江苏“医保云”App，市二院、市中医医院完成互联网医院医保支付对接。依托互联网省医学影像云，实现各级医疗机构医生工作站全省范围内影像检查互认，医生开具的诊断在省内其他医院30天内存在同类检查诊断时，系统自动提示并可查阅历史检查开展互认。该项工作已完成全市基层全覆盖，总互认次数超100万次，为医生和患者提供便利的同时有效节约医疗资源。

（刘星宇）

【智慧农业】 2022年，市农业农村局实施智慧农业升级赋能行动，加快农业全产业链数字技术应用，优先选择主体意愿性强、规模化程度和经济附加值较高的生产、经营和流通领域，推广物联网技术和智能装备。全市新增农业物联网示范点12个，创建省级数字农业农村基地1个，建设“无人农机”示范农场1个，农业信息化覆盖率70%。启动市级农业农村大数据平台建设，推进全市涉农信息

11月4日，锡山区羊尖镇严家桥农机专业合作社农场无人收割机在农田作业

（市农业农村局　供图）

系统的整合和数据资源的共享，构建采集、监测、共享、分析、预测、预警、决策、指挥、服务于一体的农业大数据平台，形成“应用全打通、业务全融合、资源全调度”的“一云统揽”新体系，实现乡村规划、产业、经营、资源、管理、服务“一图感知”。

（市农业农村局）

【“数字红会”建设】 2022年，市红十字会成立信息化建设工作领导小组，投入经费70余万元，推进红十字会综合信息系统二期信息化建设，开发会员志愿者、捐赠捐献、人道救助、应急救护等应用模块，并纳入无锡市推进国家区块链创新应用试点。完善线上、线下综合服务体系，开放共享“三救(应急救援、应急救护、人道救助)”“三献(献血液、献造血干细胞、献人体器官组织)”等公共数据融入市大数据中心，并纳入个人信用积分档案，实现捐赠款物、爱心轨迹追溯查询和全程留痕，以人道服务资源全程可视化助力“数字红会”建设。

（刘　森）

智慧治理

【数据基础资源库完善】 2022年，无锡市持续更新综合人口库、法人库的数据元、物理模型、逻辑模型等标准规范，新建人才主题库物理模型标准规范，完善综合人口、综合法人、电子证照、社会信用、空间地理五大基础数据库建设。至年末，城市大数据中心归集约217亿条数据，其中人口库归集数据1.02亿条，法人库归集数据6278.99万条；电子证照库开通证照目录446类，接入发证部门151个，归集电子证照近500万条，数量和种类均居全省首位。

【数字防疫】 5月30日，在灵锡两周年发布会上，无锡市发布全国首个疫情防控设备数据应用地方标准《无锡市新冠疫情防控扫码设备数据应用管理规范》。制定《无锡市疫情防控数据核心数据元规范》，向省大数据中心申请苏康码数据的定期回流和接口调用，支持精准流调，累计为全市各板块和相关部门提供疫情数据支持16.59亿条。上线无锡市疫情防控指挥调度系统和疫情防控指挥平台“六大系统”，实现疫情数据纵贯市、市(县)区、镇(街)、社区四级，联合公安、卫健、交通等成员部门，防疫指挥更加高效便捷。持续迭代升级“灵锡”App，3月25日，在“灵锡”App上线“门铃码”，升级“灵锡”App防疫专区，建立核心数据项的动态更新机制，制定落实核酸检测提速方案，实现灵锡1小时内显示核酸检测已采样记录；贯通连接省、市、长三角、全国核酸检测结果数据，实现手机终端一键可查。研发投入灵锡数字哨兵12900台，遍布全市各公共场所和交通沿线，至年末，先后查验8815.12万人次。数字防疫做法被全省各地借鉴，相关工作获国务院督察组表扬，“智慧防疫项目”获2022无锡市第三届“民心工程奖”金奖。

（张国辉）

5月30日，“让城市生活更简单”灵锡两周年发布会在无锡市举办

（灵锡互联网无锡有限公司　供图）

【智慧应用拓展】 2022年，市自然资源规划局启动智慧无锡时空信息云平台项目，汇集全市数据资源，建成多源、多时相的时空大数据库。项目依托市云计算中心，开展时空信息云平台建设，建设智慧无锡时空基础设施，涵盖32个基础地理信息数据层，汇集自然资源规划、城管、公安、政法委等22个部门48项政务专题数据。融合基础测绘和新型测绘数据，构建包含矢量地图、正射影像、道路街景、720°全景、三维模型、地理实体在内的多维度基础地理信息数据体系。依托智慧无锡时空大数据与云平台，在自然资源规划、城市管理、公共安全、自然资源审计、税收管理、社区管理、物联传感等重点领域，开展9个示范应用建设，项目成果用于全市49个部门及单位的79项业务应用，项目应用技术“基于地理实体的时空大数据集成与应用”获中国测绘学会测绘科学技术二等奖。

（刘梦蛟）

编辑　胡　慧

综　述

【发展质效】 2022年，无锡市累计认定复核总部企业71家，总销售收入3196.48亿元、户均45亿元，实现纳税额90.94亿元、户均1.28亿元。入围“2022中国民营企业500强”“中国制造业企业500强”“中国服务业企业500强”的总部企业分别有9家、8家、2家。

（陈景芹）

【规模与结构】 2022年，无锡市71家总部企业按照产业领域分类，先进制造业41家、现代服务业30家，形成六大重点产业总部集群；按照企业性质分类，外资企业35家、内资企业36家；按照总部类型分类，综合型总部51家、功能型总部20家；按照板块分布分类，江阴市12家、宜兴市6家、梁溪区4家、锡山区15家、惠山区2家、滨湖区7家、新吴区24家、经开区1家。至年末，全市累计48家外资企业被认定为省级跨国公司地区总部企业和功能性机构，其中省级跨国公司地区总部29家、省级跨国公司功能性机构19家。

（陈景芹　刘孔水）

总部企业

【项目招引】 2022年，江阴市签约落户双良新能源产业基地项目、瑞士安姆科“三总部三基地”等一批总部项目，总投资1.59亿美元的美国凯沃研发与销售总部项目开工，全面达产后将实现年销售13.6亿元、年税收3400万元。宜兴市组织开展总部经济专题招商活动，招引江苏普睿司曼科技有限公司、霍伯麦（中国）有限公司等一批基地型、区域型、功能型总部项目。梁溪区招引软件信息、科技服务、专业服务、金融服务等服务业企业总部。锡山区探索“合伙人”招商、“朋友圈”招商等招商新模式，落户总投资50.8亿元的小核酸创新药总部基地、总投资7.3亿美元的平川速购中心总部暨锡东生态慧谷等总部项目。惠山区落户华彬集团华东区域总部项目、58HRG总部项目。滨湖区落户中铝新材料总部项目，健适医疗无锡创新总部项目建成启用。新吴区招引金风科技南方基地项目、盛景微股份研发总部项目、施耐德电气中国研究院研发总部项目等国内外总部项目，新增各层级总部概念项目40个。经开区签约小度科技IoT总部项目。

【企业培育】 2022年，无锡市推进企业工厂总部化，建立包含97家企业的工厂总部化名录，鼓励大规模制造企业向总部化转型，引入高技术含量的产能、先进的管理运营模式和中高端人才，形成区域性营运管理中心、研发创新中心、销售中心、结算中心、物流中心等。在市级外资总部企业培育库的基础上，挑选潜力大、成长性好的企业进入省级跨国公司地区

11月13日，健适医疗无锡创新总部建成启用　（俞霖杰　摄）

总部和功能性机构培育库。围绕总部化建设，推进江苏知原药业股份有限公司、雅迪科技集团有限公司、无锡锡产微芯半导体有限公司等企业实施兼并重组。

【总部企业提升】 2022年，无锡市推进总部重点产业集群建设，实施总部企业领航计划，发展具有规模优势、较强产业链整合能力的集群龙头总部企业，持续推进总部企业上市，培植物联网、集成电路、高端装备、生物医药、信息软件等重点产业总部经济优势。制定关于促进利用外资提质增效10项措施，推动拥有关键技术、核心品牌、重要销售渠道的外资企业向地区总部化、基地化、功能化发展。无锡时代天使医疗器械科技有限公司、江阴信邦电子有限公司、理光感热技术（无锡）有限公司新认定为第13批省级跨国公司地区总部（功能性机构）。引导总部企业参与“一带一路”建设，江苏利通电子股份有限公司在广东省、山东省、安徽省等地设立子公司，到海外建厂，充分利用当地的人力、土地、税收、原材料等要素资源扩大生产规模。实施总部企业研发机构提档扩容行动，70%以上总部企业建有研发技术中心，创新意识和能力持续增强，品牌知名度持续提升。江苏新扬子造船有限公司、江阴兴澄特种钢铁有限公司获第七届中国工业大奖；江苏长电科技股份有限公司入选国家技术创新示范企业，获2022年江苏省省长质量奖。

【总部企业人才建设】 2022年，无锡市强化人才支撑，深入实施“太湖人才计划”，支持270个创新创业领军团队及人才项目。打造线上线下服务网络，建成市区两级一站式服务中心网络，线上线下累计服务超3.5万人次。推动人才大数据中心建设，上线无锡人才工作网和人才服务小程序。开展校企合作，共建42个实训基地、73个专业、11个产业学院，培养高端技术应用型人才。开通“12345尚贤”人才热线，为全市重点企业提供人社政策咨询、组织招聘、培训交流等一站式服务16614次。

【总部企业服务优化】 2022年，无锡市强化金融支持，构建产业金融协同发展生态圈，“创投无锡”路演平台开展活动19场，促成10个项目4.45亿元融资。优化审批流程，持续坚持线下“一窗受理”、线上“并联会审”审批模式，提高项目审批效率，实现项目“策划即入库”“拿地即开工”“建成即投用”。优化口岸营商环境，调整进出口货物通关模式，持续压缩通关时间，推进“两步申报”、汇总征税、预裁定等便利措施，推动开展集团财务公司担保，引导80余家企业实现“一保多用”。搭建经贸交流平台，组织总部企业参加“中国—以色列医疗技术企业对接会”等活动，举办“2022无锡—东盟国际合作交流会暨江苏—东盟电动车线上对接会”等互动活动，通过线上互动，完成采购对接438场次，匹配成功度86%。

（陈景芹）

总部经济集聚区

【总部经济集聚发展】 2022年，无锡市各地区结合自身产业定位，依托现有园区载体，搭建总部经济发展主平台，引导总部经济集聚发展。江阴国家高新技术产业开发区（以下简称“江阴高新区”）集聚7家经省商务厅认定的跨国公司地区总部（功能性机构）。宜兴市利用交通枢纽优势，在高铁新城建设总部经济集聚区，根据环保产业集聚特点，在宜兴环保科技工业园建设环保产业总部集聚区。梁溪区规划建设梁溪科技城，以数字+服务、数字+智造、数字+科技等产业布局建设科技服务业总部集聚区，依托商务办公楼宇，打造总部经济与楼宇经济相结合的发展格局。锡山区加快发展先进制造业、现代服务业、战略新兴产业等领域的总部经济，锡东新城集聚创融大厦、信达大厦、红豆财富广场等企业总部。惠山生命园总部经济聚集区建成投用，指真生物总部项目入驻。无锡高新区推动阿斯利康制药有限公司、SK海力士半导体（中国）有限公司、中电海康无锡物联网产业基地、无锡先导智能装备有限公司、朗新科技集团股份有限公司等行业领军企业建设“龙头生态产业园”。经开区推进雪浪小镇未来中心、雪浪小镇数据创新中心等载体建设，促进金融商务街区金融总部集聚，重点打造尚贤湖基金PARK示范性综合股权投资集聚区。

【江阴高新区】 2022年，江阴高新区完善总部经济鼓励政策体系，推动高水平对外开放。至年末，累计有贝卡尔特（中国）技术研发有限公司、见龙投资有限公司、瀚宇博德科技（江阴）有限公司、江阴兴澄特种钢铁有限公司、江阴天江药业有限公司、见龙国际贸易有限公司、江阴信邦电子有限公司7家经省商务厅认定的跨国公司地区总部（功能性机构），无锡市级总部企业6家，成为江阴总部经济集聚地、示范区。招引一批集聚性强、带动性强、辐射力强的总部经济项目，投资项目从生产项目逐渐向研发、销售等总部经济项目拓展延伸。年内，总投资1.59亿美元的美国凯沃研发与销售总部项目开工建设，计划在江阴高新区设立中国区高端服装研发中心、设计中心、采购中心及销售中心，项目全面达产后计划实现年销售13.6亿元、年税收3400万元、亩均税收80万元以上，该项目利用美国现有销售网络，推进多品牌策略、多品类开发、全渠道布局，集中全球服装贸易管理，把中国研发销售总部打造成集创新研发、尖端设计、供应链管理、多元化营销为一体的全球知名高端化、时尚化、国际化的服装总部经济体。

【锡东新城商务区】 2022年，锡东新城商务区以“打造无锡城市副中心、锡山发展增长极，成为苏南地区产城融合发展的标杆”为目标，总部经济发展取得新突破。集聚总部企业7家，其中，电动车总部3家，开票414.7亿元，比上年增长5.3%；服务业总部3家，开票14.5亿元，比上年增长17.9%；建筑业总部1家，开票48.1亿元，比上年下降17.5%。总部项目加快推进，兰聚总部项目挂牌，完成估值10亿美元的高视医疗总部项目落户；无锡银行总部项目落户开工；总投资10亿元的中车城市总部项目完成搬迁，开票57亿元；注册资本14亿元的中车环境总部及产业生态项目完成签约；储备总投资50.8亿元的小核酸创新药总部基地项目、总投资超5亿元的拨云生物眼科一类新药产业化基地及总部项目等一批优质项目。功能载体加快建设，新日总部大楼主体封顶，计划2023年投用；南国控股总部大楼地下室基础施工，计划2024年投用；无锡农村商业银行总部大楼启动建设；映月湖东总部大厦（原长庆油田大厦）已完成幕墙、装修施工。

【无锡高新区】 2022年，无锡高新区市级认定总部经济企业24家，销售收入1333亿元，户均56亿元。无锡高新区注重总部经济板块高端扩容，申报省商务厅跨国公司总部5家，获批1家，累计获批省级总部经济企业20家，全市占比40%以上；金风科技南方基地项目、盛景微股份研发总部项目、施耐德电气中国研究院研发总部项目等国内外龙头总部项目落户无锡高新区（新吴区），新增各层级总部概念项目40个。完成无锡高新区总部经济三年行动计划（2020—2022），2020年、2021年完成212家区级总部经济企业评定，年内完成100家区级总部经济企业审定；工厂总部化持续推进，2020年、2021年完成91家企业的工厂总部化，年内完成50家企业的工厂总部化；强化双招双引，2020—2022年引进各层级总部概念项目117个。推动阿斯利康制药有限公司、SK海力士半导体（中国）有限公司、无锡先导智能装备有限公司、朗新科技集团股份有限公司等行业领军企业建设“龙头生态产业园”，在用地、资金、人才等方面优先予以保障，全力支持龙头企业投资、培育、招引生态链相关企业，打造细分行业创新生态圈。加快落实总部经济奖补政策，根据无锡高新区《关于推动科技创新创业的实施意见》《关于实施创新驱动建设一流高科技园区的若干政策意见》等产业扶持新政，将各类国家级、省级、市级产业扶持资金纳入已有产业政策分类管理，配套支持资金以已有支持口径为主，新的配套需求在此基础上，可通过加分或提高权重予以支持。优化总部经济发展环境，加强苏南国家自主创新示范区、太湖湾科技创新带建设，打造1000亿元总规模创投基金，提供1000亿元新兴产业专项贷款优惠扶持。制定《无锡高新区（新吴区）天使投资引导基金管理办法》《无锡高新区（新吴区）产业引导投资基金管理暂行办法》，对总部经济发展从天使基金和产业引导基金上给予扶持。

（陈景芹）

锡东新城商务区全景　　（市发展改革委　供图）

编辑　胡　慧

综 述

【政策方案】 2022年，无锡市制定实施枢纽经济《2022年工作要点》《2022年重点建设项目表》《2022年目标任务分解表》等政策文件，聚焦空港、江阴港、高铁、陆港各大枢纽经济区发展以及物流业提质增效等重要主题，围绕枢纽设施功能提升和枢纽经济产业体系建立。江阴市、惠山区、新吴区等地区制定各地区贯彻方案，协力推进全市枢纽经济发展。

【枢纽设施】 2022年，空港方面，机场综合服务能力增强，无锡硕放机场总体规划新一轮修编加快推进；快速脱离道项目竣工，进近管制室实现独立运行；改扩建工程可研获省发展改革委批复，完成用地手续办理及初步设计项目论证；T3航站楼、二跑道前期研究有序推进；发挥航空快件中心、跨境电商监管中心、进境药品口岸作用，通关便利水平有效提高。完善高效集疏运体系，312国道快速化改造锡山段完工，新吴段推进路基、桥梁施工；城南路南延至雪梅路项目先行段启动征地手续；地铁4号线二期、锡宜轨道线启动实施；雪梅路、新韵北路、具区路等项目前期工作有序推进。结合新冠疫情发展情况，航空货运持续优化航线网络，稳定国际货运航线航班。6月19日，无锡硕放机场新辟无锡至大阪定期货运航线，引进DHL快递；11月26日，开通无锡至德国莱比锡货运航线，成为省内首个引进国际快递巨头设立国际快递口岸的机场。苏南瑞丽航空开展腹仓带货业务。制定《无锡市航空货运培育发展扶持办法》，运营航空货运平台公司持续发挥效能。签订《苏州无锡协同发展战略合作协议》。城际段路规划研究协同开展，312国道改扩建工程望虞河节点工程可报告编制完成。硕放机场昆山货站持续运营。江阴港方面，港口功能优化提升，申夏港区港口集团5号、6号码头20万吨级提档升级项目，通过省交通运输厅岸线审查；加快推进中油江阴油库码头内档加宽工程，完成中粮码头技术改造工程；制定《无锡(江阴)港高质量发展扶持办法(2022—2024年)》，推行“散改集”“集改散”业务。加快建设疏港通道，锡澄轨道线全线“桥通”“洞通”；持续推进锡澄运河航道升级整治，黄石大桥南半幅桥梁及北半幅桥梁主体工程施工完成；加快实施江阴第二过江通道、长山大道、滨江路快速化改造；沿江高速扩建开工建设。高铁港方面，现代枢纽体系加速构建，通沙路(解放东路—锡沪路)建成通车；南沿江城际铁路江阴段加快全线铺轨；锡沪路(二泉路)城市化改造先导段开工建设；盐泰锡常宜铁路取得江阴站至惠山站段可研批复，推进陆域段剩余段落可研报批；锡山大道西延前期方案持续深化；江阴高铁综合体围绕时间节点强化施工；宜兴站加快陶都科技新城规划建设。陆港方面，加快建设对外货运通道，340省道西延全线贯通，完成主线及所有附属工程；宜马快速通道宜兴侧完成主体结构75%；西环线北延加快建设，全线软基处理、路基土方填筑完成；锡溧漕河航道整治有序推进，迎宾大桥、归美桥、白巷桥完成下部结构施工和上部结构预制，疏浚及局部护岸项目完工；锡宜高速改扩建、锡太高速等项目开工建设。重点园区创新升级发展，制定《无锡市国际货运班列接续班列发展扶持办法》，支持从西站物流园开行的中欧班列“江苏号”接续班列稳定运行；禾健物流园按照“智慧高效、绿色低碳”理念，指导各专线库房工作规范有序开展，推进汽贸产业智能仓配一体化，打造共享办公空间，为中小企业提供科创孵化服务。

【枢纽产业】 2022年，临空产业高端发展，集成电路、临空先进制造、跨境电商、生物医药等产业加快集聚，航空航天产业园开工建设，无锡空港—高新区综保区“区港联动”创新通关模式持续深化，先导智能产业园、海力士七期等重点项目稳步建设，推进新扩建综保区前期研究。签署至俄罗斯的远洋航线合作协议，开通至黄埔、虎门、泉州内贸干线，成立运河集装箱集运项目市场主体，新增“江阴—乍浦”集装箱定班航线1条、每周2班；5号码头二期4号、5号泊位通过省商务厅对外开放验收，加强江阴综保区云幅跨境、大可跨境、红柳跨境等跨境电商业态建设，服务外贸传统业态转型。优化临铁经济格局，锡东新城商务区持续优化科创飞地布局，加快产业创新平台构筑，支持南京大学无锡应用生物技术研究院、无锡市区块链高等研究中心实质化运营，推进长三角(无锡)国际人才港建设；无锡站前商贸区推进精细化管理，优化市容环境秩序，南广场、老东门片区启动更新；惠山城铁商务区加快实施量子感知产业园、创新园及科技城产业载体建设，签约新能源电池超级充电桩、锂电材料自动化智能装备生产基地等项目；新区站前商务区完善周边商业配套，宝龙项目一期建设完成。

【物流发展】 2022年，市发展改革委制定《无锡市“十四五”现代物流业发展规划重点任务分工方案》，明确主要规划目标和重点规划任务，加强与江阴市、宜兴市、锡山区、惠山区等物流业态集聚地区的沟通对接和工作指导；强化督促协调，推进西站物流园争创生产服务型国家物流枢纽；无锡宇培锡东物流园被认定为2022年度省级重点物流基地，无锡中外运物流有限公司等3家企业被认定为2022年度省级重点物流企业。市工业和信息化局推荐现代物流专业化服务项目、人才和产品申报省级生产性服务业资源库，引导物流装备制造企业建设智能化项目。市交通运输局推进运输结构调整、城市绿色货运配送示范，制定《无锡市推进多式联运多港联动建设现代化物流枢纽示范城市实施方案》《无锡市推进多式联运发展优化调整运输结构行动计划（2022—2025年）》，规范网络货运平台运营管理。市商务局指导企业提升仓储设施智能化、高效化水平，推进跨境电商产业带融合发展。市邮政管理局深化“中国快递示范城市”建设，推动快递进村、进厂、出海，制定《关于加快农村寄递物流体系建设的实施意见》。

（谢路遥）

产业发展

【航空】 2022年，无锡民航事业持续发展，无锡硕放机场连续实现第19个安全飞行年。完成旅客吞吐量376.9万人次，货邮吞吐量9.8万吨，其中国际货运量1.5万吨，比上年增长2.9%。航班起降37770架次，日均航班量103架次，平均客座率64%，平均载运率61.6%。全年转运2.6万余人次，实现客货保障零失误、内部防控零疏漏、机场员工零感染、紧急处置零差错目标。客货运航线运行92条，其中客运航线77条、货运航线15条。无锡硕放机场驻场飞机26架。客货运通航城市点65个，国内通航城市点58个，国际通航城市点7个。新开广西北海、陕西延安航线，恢复无锡至桂林、九寨沟等国内旅游城市客运航线，加密广州、成都、长沙、西安、三亚、乌鲁木齐等城市7条航线。培育发展航空货运平台，组建苏南国际货运航空公司。全省率先恢复美洲定期国际货运航线，新开至日本大阪和德国莱比锡定班全货机航线，联通欧美日的国际货运航班高峰期达每周7班。恢复无锡至香港航线、无锡至东京国际客运航线，成为省内第二家恢复国际客运航班的机场。全市首座A类通用机场无锡丁蜀机场取得运营许可证，丁蜀机场二期改扩建项目启动。

无锡硕放机场有中国东方航空江苏有限公司无锡分公司、深圳航空有限责任公司无锡分公司、苏南瑞丽航空有限公司、顺丰航空有限公司等19家国内航空公司，美国阿特拉斯航空、泰国敦豪航空2家外籍航空公司。无锡丁蜀通用机场驻场航空器9架，通用航空企业适航在册航空器23架，其中亚捷通用航空无锡有限公司21架、无锡太湖通用航空有限公司2架。亚捷通用航空无锡有限公司完成通用航空生产作业飞行3718.2小时，比上年下降40.9%，起落4554架次，比上年下降53.4%。无锡太湖通用航空有限公司完成通用航空生产作业飞行307个小时，比上年增长35.2%，起落1817架次，比上年增长2.3%。9月至12月，无锡丁蜀通用机场完成通用航空生产作业飞行197.6小时，起落1357架次。无锡硕放机场加速区域性枢纽机场建设，年内实现飞行区改扩建（快速脱离道项目）及附属工程竣工，跑道利用效率提升20%，停机位增至40个。危险品暂存区、应急专用货库、京东库等工程完工；保障全市集成电路产业关键原材料光刻胶进口314.2吨；机场酒店完成主体结构封顶、机场综合办公楼基本完工；国际快件巨头DHL Express入驻，DHL快递无锡口岸落成，华东地区第二大快递枢

6月19日，无锡硕放机场新辟无锡至大阪定期货运航线

（无锡苏南国际机场集团有限公司　供图）

无锡硕放机场　　（无锡苏南国际机场集团有限公司　供图）

组雏形初现。实现进近管制室独立运行，机坪综合保障能力、空域资源利用率有效提高，航班放行正常率89.4%，无锡硕放机场获评民用机场协会颁布的200万～1000万量级“服务质量优秀机场”。

（杨　华　沈俭俭）

【铁路】 2022年，无锡站以建设一流现代化车站为目标，落实各项防疫措施，将新冠疫情对运输生产的影响降到最低，对疫情防控、运输生产统筹安排及科学调度，克服疫情带来的影响。年内，受新冠疫情影响和沪宁线列车运行图调整，一度关停无锡新区站、惠山站逾两月；日均停运列车108对，最多时停运列车263.5对；对重点岗位人员集中封闭管理，保障运输生产经营秩序。办理到发旅客1538.65万人次，比上年减少1581.88万人次，下降50.59%，为2003年以来最低值；客运收入9.35亿元，比上年减少8.23亿元，下降46.81%，为2007年以来最低值。改进客运组织，实行站区一体化管理，推行“铁路畅行码”、电子补票等服务提质新举措，提升旅客满意度。货运方面，克服影响效率的“堵点”难题，保障集团公司保通保畅保供工作，完成货物发送148.95万吨。应对多轮强降雨、暑期持续高温考验，做好南沿江铁路联调联试各项准备。全年主要作业安全保持稳定，消防、内保、反恐、网络、食品卫生和道路交通安全等同步管控到位，实现高质量的安全年。

（魏　玉）

【公路】 2022年，无锡公路建设完成投资121.2亿元。全市完成公路客运量5292.19万人次，客运周转量25.58亿人千米；货运量1.74亿吨，货运周转量179.18亿吨千米。至年末，无锡市域内公路总里程7605.85千米，其中高速公路164.9千米、一级公路1160.17千米、二级公路1816.75千米、三级公路1490.03千米、四级公路2813.2千米，公路密度每百平方千米169.11千米。集中开工“四路共建”项目，江阴靖江长江隧道南接线工程、锡宜高速扩建工程、锡太高速新建、沪武高速无锡段扩建工程，建设总里程131.3千米，总投资426.7亿元。宜马快速通道隧道段主体结构完成75%，周杨公路东段、范蠡大道北延全面开工。推进312国道改扩建、360省道茗岭段、汤省线改扩建，340省道惠山段、宜官路二期等区间道路建成通车。锡宜高速扩建、宜长高速云湖互通、金宜高速、常宜高速二期前期进展提速。金宜高速、360省道、230省道等纳入国家公路网规划，货运绕城公路、惠澄大道等纳入省道网规划修编方案。新改建农村公路25千米、桥梁7座，打造“美丽农村路”80千米，“平安放心路”6条。推进竺山湖智慧隧道建设，增设路网监测设施22处，342省道智慧公路科技示范工程竣工验收，“智慧路网”云控平台项目主体完工。全省首个车辆行前安全评测系统通过验收。推动公路客运转型升级，创新定制客运线路54条、定制客车103辆，构建“1+N”配客站点网络，新增“城市客厅”2个。无锡客运集团有限公司获“2021年度交通运输部重点联系道路运输企业经济运行分析工作先进单位”“2021年度交通运输部百城道路客运信息监测网先进单位”称号。在中国道路运输协会发布的2022年中国道路运输百强诚信企业名单上，无锡客运集团有限公司位列第21名。

（吴小芹　付春霞　惠　勤）

【航运】 2022年，无锡航道建设完成投资1.39亿元。完成水路客运量138.28万人，水路客运周转量587.05万人千米，水路货物运输量3631.21万吨，货物周转量386.81亿吨千米。至年末，无锡航道总里程为1577.97千米，达到等级航道里程为481.09千米。其中，三级航道103.68千米、四级航道61.44千米、五级航道95.79千米、六级航道90.57千米、七级航道129.61千米。全市航道密度每百平方千米34.1千米，等级航道密度每百平方千米10.39千米，在全省处于领先水平。推进境内4条省干线航道升级整治。完成锡澄运河市区段黄石大桥南半幅新桥建设及北半幅下部结构工程。申张线纺织大桥完成老桥拆除，新桥实现贯通；剩余华西段、新桥段航道和北国大桥、陆家桥施工图编制完成。锡溧漕河无锡段航道疏浚及局部护岸项目完工,归美桥完成老桥拆除和下部结构施工,推进迎宾桥、白巷桥建设。实施芜申线宜兴段项目环评及锡北线航道工程竣工审计核查。完成申港河口段航道年度维护性疏浚、澄虞线桥区水域、锡澄运河水上服务区锚地及申张线周庄应天河口锚地土方疏浚等航道日常养护。京杭运河无锡段绿色现代航运综合整治工程完工,提升新安和洛社水上服务区功能,建设航运文化标识、智慧航道外场感知设施。在全国首推"广电5G+视播云控系统",实现京杭运河无锡段39千米的重点航段、水上服务区、码头与航道交汇处等重点部位全覆盖。出台《无锡市水运"十四五"发展规划》,制定《江阴船闸运行方案》,全年放行船舶17.11万艘,通过量7431万总吨,征收过闸费6450.83万元,减免1645.41万元。江阴船闸获国家优质工程奖,新夏港船闸工程获江苏省"扬子杯"优质工程奖。

【港口】 2022年,无锡(江阴)港启动新一轮总体规划修编,加快申夏港区5号、6号码头提档升级,推进石利港区扬子嘉盛LNG码头工程、兴澄特钢长江码头改扩建工程、东江内港池开发、江阴港危险品锚地等建设。江阴港洗舱站竣工验收,正式运营。完成江阴长江水上综合执法码头项目建设。加快岸电工程建设,沿江在建、新建岸电15套。完成宜兴港普货码头岸电升级改造,联网用电量超5.8万千瓦时,108家码头实现粉尘在线监测全覆盖。完成12家危货码头企业治理提升及重大危险源库区SIS系统建设。无锡内河港ICT项目"一城双核"格局初步成型,新安港至上海洋山港河海直达航线正式运行,宜兴港至上海洋山港航线启动试航。无锡(江阴)港至俄罗斯远洋航线签署协议,"汉唐无锡号"大型集装运输船顺利靠港作业。无锡港完成货物吞吐量4.25亿吨,集装箱吞吐量59.31万标准箱。无锡(江阴)港加强与上海港、宁波港等沿海沿江港口联动,完成货物吞吐量3.51亿吨,比上年增长3.86%,居全省第三位,创历年新高,集装箱吞吐量53万标准箱。主要货种保持稳定,金属矿石、煤炭及制品占据第一、第二位置,分别占吞吐总量的36.43%、31.76%。矿建材料、钢铁、化工产品等分别占吞吐总量的15.52%、7.34%和3.17%。无锡内河港完成货物吞吐量0.74亿吨、集装箱吞吐量6.31万标准箱。推进绿色港口建设,完成无锡市港作机械、车辆使用清洁化能源改造,4家港口企业获评江苏省星级绿色港口。

年内,无锡港务公司完成营业收入1872.79万元,操作量81.53万吨,吞吐量51.08万吨。港务公司科学调整场地货位,确保货物堆放质量和效率。受新冠疫情影响,铁路货运到车1675车,比上年减少633车。

(吴小芹　周　涵)

【物流】 2022年,全市货物运输总量21229.18万吨,比上年下降9.1%。其中,铁路货运量148.8万吨,比上年下降5.2%;公路货运量17444万吨,比上年下降12.5%;航空货邮吞吐量9.8万吨,比上年下降40%;港口吞吐量42513.20万吨,比上年增加3.5%;集装箱吞吐量59.5万标准箱,比上年下降9.4%;全市邮政行业寄递业务量122729.32万件,比上年增长1.08%;邮政行业业务收入129.53亿元,比上年增长7.19%。

(谢路遥)

航空项目

【无锡丁蜀机场】 8月,无锡丁蜀机场获民航华东地区管理局颁发的《通用机场使用许可证》,标志无锡丁蜀机场符合民航局规章标准,满足运营要求,正式取证运营,成为无锡市首座A类通用机场。11月20日,随着一架白色西锐SR20飞机起飞,无锡丁蜀机场正式开航,无锡市成功构建通用航空与运输航空"双机场"体系。无锡丁蜀机场位于宜兴市丁蜀镇大浦村,一期占地面积为33.13公顷,机场跑道长800米、宽30米,停机坪面积4.5万平方米,设有18个固定翼机位和4个直升机位,配备综合业务楼、机库、通信、气象、动力中心等配套设施。机场一期建设工程全部竣工验收并备案具备通航条件,二期改扩建工程有

无锡丁蜀机场　　(市综合交通运输协会　供图)

序推进中。11月20日，无锡丁蜀机场举行丁蜀机场开航暨航空产业园项目签约仪式，签约落户国内外知名航空制造和运营类项目18个，总投资超337亿元。

（夏志新）

【无锡硕放机场飞行区改扩建工程】9月28日，无锡硕放机场举行环境保护设施扩建工程开工仪式，该工程是机场改扩建工程的重要配套基础设施，机场改扩建工程非民航系统的专业项目。12月30日，无锡硕放机场飞行区改扩建及附属工程新建3条快速出口滑行道全面贯通，该工程减少飞机占用跑道时间，提升跑道利用效率20%以上，新增的6个机位投用后，机位数量达到40个，有效缓解停机坪紧张问题。

（江　潇　顾江枫）

【DHL快递无锡口岸落成】12月28日，DHL快递无锡口岸落成仪式在无锡硕放机场举行。DHL快递无锡口岸位于无锡硕放机场货站，操作设施面积5300平方米，可进行航空集装箱和散货卡车装卸、文件和包裹自动分拣、国际快件进出口申报等操作，拥有专用快件监管仓库。凭借自动分拣系统，无锡口岸每小时处理货物3000件以上，可实时处理快件和查看货物清关状态。无锡硕放机场成为江苏省内首个成功引进头部国际快递巨头的机场。

【进近管制室独立运行】12月12日9时58分，ZH9158航班成功与无锡进近管制员建立双向无线电通讯联系，标志着无锡硕放机场实现进近管制室正式独立运行，成为华东地区第一家进近雷达管制独立运行的地方机场。进近管制室的独立运行，实现塔台、进近物理分离，席位配置更加合理，设备性能更加优良，提高空域资源利用率，缓解空中飞行矛盾，提高运行安全品质，提升机场航班保障能力。

（顾雨彬　顾江枫）

【京东航空全货机首航】12月30日凌晨，京东航空深圳—无锡顺利首航，涂装“JD-Express”的全货机从深圳市飞抵无锡硕放机场，标志着京东航空全货机首航成功。该货运包机为每周六定期往返航班，最大货邮载重约为22吨，每周可提供264吨进出港动力。无锡硕放机场围绕市政府与京东集团达成的战略合作，持续推进枢纽建设，紧密连接长三角与粤港澳大湾区核心经济圈的航空快递运输链，为京东物流联通南北、服务华东提供有力支撑。

（王　菊　顾江枫）

【国际客货运航线】6月19日，无锡至大阪全货机定期航线顺利首航，该首航航班主要搭载电子元器件、医疗器械等货物，航线由圆通航空执飞，采用波音757全货机，每周执飞3班，每班可搭载货物25吨左右，是无锡硕放机场继德国哈恩、美国芝加哥后开通的第3条国际定期货运航班。该货运航线的开通，打通至东亚地区的“空中动脉”，为周边企业复工复产提供强有力的航空动力。10月27日9时55分，深圳航空ZH8057航班载着首批包机乘客从无锡硕放机场起飞，于12时26分降落日本东京成田机场，标志着无锡至日本直飞航线成功恢复，是自2021年7月停飞国际航班以来，时隔463天后首个国际客运航班，无锡硕放机场成为省内第二个恢复国际航班的机场。

（王　菊　顾江枫　杨　华）

【无锡硕放机场无锡综保区直通货站】1月5日，无锡硕放机场无锡综保区直通货站挂牌成立。综保区直通货站是无锡市首个“区港联动”货站，具备进出口普通货物、跨境电商货物分拨、仓储功能，通过空陆联程运输，实现进出口货物信息的无缝对接和物流服务的互联互通，货站仓库面积2000平方米。

【空港产业学院】6月1日，无锡硕放机场与无锡科技职业学院共同筹建的空港产业学院举行揭牌仪式，仪式上双方签订战略合作协议。空港产业学院的成立，推进校企合作，加强机场在航空物流管理专业人才的培训，提升人才培养质量和服务区域产业的水平，实现高职教育与产业的深度融合。

（王　菊　顾江枫）

【苏南瑞丽航空】3月29日，无锡首家本土航空公司苏南瑞丽航空调整发展战略，扩充机队规模，引进1架客机（注册号：B-222A），是无锡交通产业集团控股苏南瑞丽航空之后引进的第2架飞机，苏南瑞丽航机队规模为22架。4月27日，苏南瑞丽航空控股（持股65%）成立苏南国际货运航空有限公司。7月1日，无锡至延安直飞航线开通，该航线由苏南瑞丽航空公司负责运营，航班前期每周五执行1班，后续调整为每周执行3班，将航线延伸为无锡—延安—西安。航线开通缩短两地转机时间，促进经贸往来，完善东西部空中运输走廊的建设，推动无锡与延安融合发展。9月，苏南瑞丽航空客舱载货航班成功首航。

（夏志新　杨　华）

铁路项目

【无锡站南广场片区城市更新项目】10月27日，无锡市火车站南广场片区城市更新项目暨无锡老东门片区城市复兴项目启动仪式在无锡站南广场举行。项目启动前期，铁路无锡站与中铁第四勘察设计院集团有限公司、上海东华地铁公司、梁溪城市投资发展集团有限公司等部门进行改造方案对接，与市发展改革委、市行政审批局、市交通运输局、市交通产业集团等部门就改造过渡方案进行沟通协调，确定办公过渡用房、仓库、宿舍等协议草案，明确车站安全生产指挥中心的过渡安置，协调无锡城建梁溪发展有限公司做好前期拆

12 月 27 日，无锡至江阴城际轨道交通工程锡澄轨道 S1 线全线贯通

（丁家骏　摄）

迁方案的评估和实施，对临近铁路营业线施工方案和临时过渡管线迁改方案进行协调和会审。

（魏　玉）

【锡澄轨道 S1 线全线贯通】 12 月 27 日，无锡至江阴城际轨道交通工程锡澄轨道 S1 线全线贯通。全线 9 座车站主体结构全部封顶，10 个盾构区间全部安全贯通，19.7 千米高架桥梁连通。锡澄轨道 S1 线是无锡市首条市域城际轨道交通线，起于江阴外滩站，途经江阴主城区、南闸、青阳、徐霞客等镇街，止于无锡惠山区地铁 1 号线堰桥站，线路全长 30.4 千米，计划 2024 年 4 月竣工通车。

【南沿江城际铁路江阴站】 11 月 5 日，南沿江城际铁路江阴站站名标识挂牌。年内，江阴站站房完成主体结构、钢结构以及金属屋面的施工。站房面积 4.2 万平方米，主体为 3 层，最上一层（局部设置夹层）为候车大厅，高架层设置站台和落客平台，地面层连接站前广场，地下一层（含夹层）为社会停车场，地下二层配套锡澄轨道 S1 线。江阴站是在建的南沿江城际铁路线路中最大的高铁站，建成后与南京南站、上海站相连通，实现高铁、城市轨道、公路客运、公交、出租等多种交通方式的“无缝”衔接和“零距离”换乘，标志着江阴市进入全新的高铁时代。

（朱怡洁）

公路项目

【公路养护】 2022 年，无锡市普通国省道养护管理提质升级，实施整线化综合养护、创建美丽公路示范样板、开展沥青管控系统试点，推广新材料、新工艺、新技术、新设备应用。全市管养普通国省道 609 千米、桥梁 497 座，农村公路 7029 千米、桥梁 3237 座。完成 4 个路面大中修养护项目，实施里程 69.16 千米，2 个路面预防性养护项目，实施里程 33.3 千米，总投资 12113 万元。桥梁专项维修、预防性养护和桥梁防护设施改造（护栏）78 个项目，总投资 8592.24 万元。完成 80 千米农路、22 座农桥改造，57 千米环太湖“四好农村路”示范路创建。实施桥隧检查、路网监控提升、桥梁船舶防碰撞、桥梁健康监测等工作，整治公路隐患 1200 余处，整治船舶碰撞风险桥梁 202 座，公路桥梁总体状况平稳。国省道安防设施提升，完成 8 个平面交会口改造、18 千米安防设施精细化提升，503 千米农村公路安全防护工程，设置农村公路“路长制”公示牌 2781 块。整治提升农村公路 71 千米，环太湖“四好农村路”成功申报“全国最美农村公路”，惠山区入选全国“四好农村路”示范县创建城市。推进公路水运“品质工程”“平安工地”创建，341 省道无锡马山至宜兴周铁段被评为无锡市公路水运平安百年品质工程并接受省级验收，获评省级“示范工程”1 个、“示范工地”2 个。开展视距保障和公交校车停靠站点安全专项行动，打造江阴海港大道“科技兴安”示范路。完成具区路沿线环境整治提升、G2 京沪高速无锡收费广场改造、锡澄高速无锡互通收费站综合提升改造工程。

（吴小芹）

【公路惠民服务】 2022 年，无锡市公路管理部门强化惠民服务，实施环境改善工程、农路安防工程、农路品质工程，各市（县）区 9 条农村公路入选省级样板路。依法免费放行 7 座及以下小型客车 29825 辆、“绿色通道”车辆 1838 辆，发布路网服务信息 53300 条，办结工单 1277 件。建成首批 4 家司机驿站。拓展电子证照应用覆盖面，实现交通运输 16 类电子证照全覆盖。年度审验、从业许可审批环节大幅压减，2818 辆普通货运车辆、公交车辆、出租车辆道路运输证年审实现“零材料、智能审”，3259 名货运驾驶员从业资格实现“一次报名、一次培训、一次考核、一次领证”，7040 名网约车驾驶员网上申领从业资格证。

（综　合）

【市级平安百年品质工程】 2022 年，市交通运输局组织开展全市公路水运"平安百年品质工程"年度考评。全面梳理参评项目的创建示范成果，对江阴市长山大道快速化改造工程（东定路—半夜浜桥）、312国道无锡飞凤路至金城东路段改扩建工程、341省道无锡马山至宜兴周铁段工程等6个工程实施考评。形成创建成果66项、微创新成果118项，应用"四新"技术185项。

（付春霞）

11月9日，江阴靖江长江隧道工程掘进施工1000环

（市综合交通运输协会　供图）

【江阴靖江长江隧道工程】 2022年，江阴靖江长江隧道工程稳步推进。江阴靖江长江隧道是《长江干线过江通道布局规划（2020—2035）》中批复的江苏省44条过江通道之一，距上游泰州大桥约54千米，距下游江阴大桥约5千米。工程北起靖江公新公路，南至江阴芙蓉大道。采用盾构隧道形式穿越长江，线路全长约11.83千米，隧道段长6.45千米。全线采用双向六车道高速公路设计标准，设计行车速度每小时80千米，路基宽度33米。项目概算143.6亿元，建设工期60个月。

（朱怡洁）

【国省干线养护大中修工程】 2022年，无锡市国省道路面养护工程完成104国道宜兴丁山段、346国道江阴段、122省道江阴段、259省道江阴段69.16千米路面大中修工程。104国道宜兴徐舍段、259省道江阴段完成33.3千米预防性养护。养护工程采用还原砂封层、TAC极薄罩面及半柔性路面工艺，增强路口抗车辙能力，运用技术提升路面品质，提高行车舒适性和安全性。

（王　栋）

【锡宜高速扩建工程初步设计获批】 3月18日，无锡至宜兴高速公路雪堰枢纽至西坞枢纽段扩建工程初步设计获省发展改革委批复，标志着项目前期工作取得重大进展。扩建段全长35.74千米，建设工期为3年半。路线起自与苏锡常南部高速公路交会的雪堰枢纽北侧，途经常州市武进区、宜兴市，止于与宁杭高速公路交会的西坞枢纽。全线按照双向八车道高速公路标准扩建，采用沿原路两侧拓宽的总体扩建方案，路基宽度为42米，设计速度采用每小时120千米，投资77.5亿元。

【竺山湖隧道工程】 3月30日，341省道无锡马山至宜兴周铁段工程宜兴侧段竺山湖隧道第6仓钢板桩与无锡马山段第9仓钢板桩围堰合龙，标志着国内在建最长干线公路湖底隧道——竺山湖隧道宜兴段围堰施工全部完成。341省道无锡马山至宜兴周铁段工程起点位于230省道渎边公路周铁镇南，以隧道形式下穿竺山湖，隧道全长7.81千米，终点连接230省道环太湖公路，全长约15.7千米。该隧道是国内在建最长普通国省干线公路湖底隧道，竺山湖隧道宜兴段工程自2021年9月29日围堰开工以来，自西向东向太湖中心不断推进，插打钢板桩1.2万根、钢管桩2900根。9月29日，竺山湖隧道宜兴段首块顶板浇筑。隧道主体采用围堰明挖法施工，按照底板、侧墙、管廊中隔墙、折板、顶板等施工部位依次浇筑，浇筑的顶板厚度为1.4米、一次浇筑长度20米，浇筑面积1153平方米，整体浇筑混凝土1614立方米，浇筑时长12小时。

（李　聪）

【普通国省道桥梁安全检查】 10月，市公路中心联合县区公路部门及桥梁检测单位对全市普通国省道桥梁安全运营情况开展专项检查。按照《公路桥涵养护规范》等相关技术规范要求，对全市13座重要节点桥梁的结构状况、附属设施完善情况及桥梁安全保护区现状等方面进行检查，其中特大桥梁5座、大桥8座。检查结果无结构病害、无异常变形，附属设施齐全，桥梁安全保护区无侵害桥梁安全的情况，桥梁整体运行状态良好。

（综　合）

【无锡东收费站综合提升改造工程】 11月21日，无锡东收费站综合提升改造工程启动，工期140天。施工期间收费站出入口采取全封闭的交通管制。该工程在保留原有6进11出车道的同时，对超宽车道进行拓宽，由4米增加至4.5米宽，对部分车道增加自助发卡以及缴费收卡机，提高通行效率。收费大棚改造设计以"时光隧道”为主题，以公路为时间线，以收费站为重要时空节点，配合动态夜景灯光设计。

（付春霞）

航运项目

【航道维护】 2022年，无锡港航部门完成各项养护工作，工程质量优良，航道通航保证率100%，船闸年通航保证率99%以上，航标维护正常率100%。完成苏南运河无锡段、惠山段，锡溧漕河无锡段航道疏浚及局部护岸工程。完成锡澄线桥区水域疏浚工程和宜张线徐舍镇南星村段护岸修复工程，征收赔（补）偿费436.44万元。京杭运河原无锡少年宫码头护岸修复工程完工并启用，推进新安和洛社水上服务区综合提升及航运文化标识项目、巡航船艇建造项目。完成智慧航道外场感知设施项目，京杭运河无锡段沿岸安装8套“5G+视播云控系统”设备，实施沿岸39千米重点航段、水上服务区、锚地、码头与航道交汇处等重点部位监控覆盖。全省率先使用“桥梁避碰智能系统”，利用电子遥感遥测判断航道水位及桥梁净空高度。推广基于激光传感器的船舶交通量自动观测系统，应用在全市干线航道上12个船舶流量观测点。开展境内航道水下扫床测量，通过多波束扫测，实现航道河床障碍物的识别和定位，准确获取航道基础数据，大幅提升航道管养水平和质量。

（吴小芹　周　涵）

【“智慧航道”建设】 2022年，无锡航道部门推进港航现代化建设，实施京杭运河无锡段“智慧航道”外场建设工程。该工程以航道外场感知设备、数据中台、电子航道图等为支撑，建设省干线航道运行调度与监测服务系统。航道外场感知设施项目涉及25个点位，在全长39.28千米的运河段建设包含视频监控系统、AIS系统、能见度检测系统、交通量观测系统、流速流向仪检测系统、北斗地基增强系统、无人机以及配套的通信和供电系统。

【锡溧漕河无锡段航道整治工程验收】 1月20日，锡溧漕河无锡段航道整治工程（屺亭镇段、和桥部分航段）交工验收。锡溧漕河无锡段航道整治工程被列为省交通重点水运工程，屺亭镇段、和桥部分航段是该工程的重要组成部分，2016年9月开工，2020年12月完工，按三级标准整治航道2.36千米。锡溧漕河是长三角高等级航道之一，规划的内河集装箱运输主干道，起自宜兴，止于惠山，连接京杭运河和芜申运河，无锡段长度约27.94千米。整治后的新航道苏南干线航道网的水运环境大幅提升。

【京杭运河无锡段综合整治工程】 5月10日，无锡市重大市政基础设施项目开工现场会在北尖公园举行，京杭运河无锡段绿色现代航运综合整治工程等6项城市基础设施重点建设项目集中开工。京杭运河无锡段综合整治工程包括加固沿线破损护岸2.97千米；补植绿化10.5万平方米，新建绿化4.1万平方米；对新安镇、洛社镇2座水上服务区补充完善功能；新改建、补全标牌160余块；亮化桥梁28座、美化桥梁17座；选取沿线重要节点、重要区域设置文化标识9处；新建搜救执法应急保障基地1个；建设省干线航道运行调度与监测服务系统，提升“感知航道”品牌。项目建成后，将京杭大运河无锡段打造成“四美运河”，成为全省、全国内河航运绿色现代发展的典范标杆。

（孔思予）

【归美桥改建工程】 1月，归美桥改建工程启动。归美桥位于宜兴市和桥镇，改建工程在原桥位按三级航道标准进行升级，新桥桥梁净高7米、净宽60米，主跨采用一孔跨过通航水域，桥跨布置为5×20+80+4×20米，桥梁净宽6米，桥梁总路线长度580米，计划工期18个月。

（周　婧　周　涵）

【新夏港船闸工程获省“扬子杯”优质工程奖】 2022年，省住房和城乡建设厅公布2021年度江苏省优质工程奖，锡澄运河航道新夏港船闸工程获“扬子杯”优质工程奖。新夏港船闸工程于2020年6月通过省交通运输厅竣工验收，先后获江苏交通优质工程奖、“中建杯”优质工程金质奖、交通部水运交通优质工程奖。施工过程中推广应用新技术9大项、22小项，获实用新型专利8项。至年末，新闸船舶通过量5.16亿吨，征收过闸费4.69亿元。

（王敏丰）

【锡澄运河孤岛交通工程2标验收】 11月30日，锡澄运河无锡市区段孤岛交通工程2标项目交工验收。锡澄运河孤岛交通工程由连岛路（含跨新锡澄运河桥）和3处下穿铁路通道组成，该项目是锡澄运河三级航道整治工程的重要组成部分。连岛路（含跨新锡澄运河桥）属于1标段，于2021年12月通过交工验收。3处下穿铁路通道属于2标段，包含3个节点立交工程，其中连岛路长87.5米，环岛路长128米，连岛路非机动车道节点长112米。建成后将改善梁溪区水陆交通综合环境，方便周边居民出行。

（韩玉伟）

【桥区水域航道疏浚养护】 2022年，无锡港航部门做好桥区水域航道疏浚养护，配合“船舶碰撞桥梁隐患治理三年行动”工作，完成对锡山区、惠山区部分桥区水域航道维护疏浚。锡澄运河锡宜高速公路桥桥区航道两侧淤积严重，存在安全隐患，市港航中心按照三级航道标准组织对该段水域610米航道开展疏浚，疏浚土方1.4万立方米。锡十一圩线芙蓉桥、昆村桥、红旗桥、陈家桥、晃山桥5座桥的桥区水域按照五级航道标准对2700米的航道开展疏浚，疏浚土方1.2万立方米，提升航道安全通航能力。

（周　涵）

港口项目

【江阴港洗舱站投运】 2022年，无锡市江阴港洗舱站通过竣工验收，投入运营。江阴港洗舱站设计年洗舱能力600艘次，可有效处理油、醇、酮、酯、芳烃5大类超百余个石化产品，洗舱废水经"中水回用"装置处理后可达纯净水指标循环使用。江阴港洗舱站完成134艘船舶作业、38个化学品种的测试处理，并对芬顿、隔油、气浮等9大系统功能模块进行全面调试，完成污水处理2811吨。

（朱海清）

【船舶港口污染物防治】 6月，市交通运输局联合重点港口码头、第三方服务单位、水上服务区等16家单位，开展船舶水污染防治专项督查，发现问题8件，现场整改1件，下发整改通知书7份。检查各港口码头、水上服务区建设水污染防治环保设施情况，提升靠港作业船舶各类水污染物应收尽收能力。完成接收船舶垃圾542吨、生活污水32457立方米、含油污水4228立方米、洗舱水2342立方米，各项污染物转运、处置率均为90%以上。强化船舶使用燃油情况监管，开展船舶燃油检测1092艘次，首次运用《中华人民共和国大气污染防治法》办理船舶用燃油处罚案件。跟踪并通报未闭环处置电子联单740余单次。

（李　勋）

【港口岸电设施】 2022年，全市416家港口企业建设岸电设施671套，覆盖泊位699个，企业覆盖率100%。新增港口岸电设施62套，其中沿江港口新增岸电设施28套、内河港口新增低压岸电设施34套。用电量503.5万千瓦时，相当于减少使用1400余吨柴油，减排4400余吨二氧化碳。

【低碳绿色港口改造】 2022年，市港航发展中心会同市交通运输部门和相应港口码头企业，开展辖区港口企业港作机械、车辆使用清洁化能源绿色改造。江阴市长江港埠有限公司新增2台CPD型电动叉车，对1台轮胎式起重机进行电气化改造。江苏江阴港港口集团股份有限公司淘汰30台排放未达到国三标准的柴油装载机。

（徐秋石）

【港口危化品抽检】 9月23日，无锡市完成港口危化品常压储罐抽检工作。市港航中心对辖区5家危化品企业的14台危化品常压储罐进行抽查，总容量4.8万立方米。抽检过程中发现部分企业存在储罐相关原始设计、安装等资料缺失情况，部分储罐存在轻微局部腐蚀情况，未发现重大影响安全使用缺陷，储罐整体安全状况良好。

（陈连年）

【新能源大型客船试航】 10月，无锡市首艘大型新能源客船"太湖明珠壹号"成功试航，市交通综合执法局全程负责"太湖明珠壹号"图纸审查和建造检验。"太湖明珠壹号"总长39.8米、总宽9米，载客量210客位，是全市通航水域最大的新能源客船。该船有全电池、柴电动力和混合动力3种推进方式，其中钾电池系统电池容量超490千瓦时，续航时间为4小时，纯电池动力模式下全船噪声低于56分贝，为太湖鼋头渚风景游览区游客带来全新体验。

（李　勋）

物流项目

【物流主体培育】 2022年，宇培锡东物流园被认定为省级重点物流基地，无锡中外运物流有限公司、江阴中远海运物流有限公司、江苏绿洁生鲜食品有限公司3家企业被认定为省级重点物流企业。全市累计拥有

江阴港洗舱处理站　　（市综合交通运输协会　供图）

省级示范物流园区 4 家、省重点物流基地 12 家、省重点物流企业 33 家。

【新业态新模式发展】 2022 年,无锡市通过制定市级补贴方案,加大推介力度,签订合作协议,保障中欧班列接续班列稳定运行,全年开行中欧接续班列 20 趟次,发送货物 1408 标准箱,服务企业 50 余家,货物价值约 3.8 亿元。8 月,宜兴北站货场改造完成,具备承接铁路货运业务。9 月 2 日,"宜兴北—宁波舟山港"海铁联运班列首发,无锡市实现无锡南站、无锡西站、宜兴北站至上海、宁波等沿海大港的三站三线的海铁联运新格局。9 月 22 日,全省首艘 120 标准箱河海直达船"汉唐无锡"轮满载洋山港进口集装箱,成功停靠新安大桥作业区口岸码头。无锡新安—上海洋山河海直达航线试运行,标志着上港无锡 ICT 项目合作进入新阶段。

【智能物流装备】 2022 年,无锡市强化制造企业面向物流装备的制造能力。无锡贝斯特精机股份有限公司、江苏天奇重工股份有限公司等物流装备生产企业承担的省级专项资金项目完成验收。无锡中车时代智能装备有限公司推动大功率物流设施设备建设,"大型汽轮发电机转子线圈智能制造生产线"等 2 项成果获中国智能制造十大科技进展项目。无锡职业技术学院举办无锡市工业机器人及视觉技术应用培训,为无锡市制造企业"智改数转"、提升供应链管理能力提供支撑。

8 月 13 日,中欧班列"江苏号"无锡—连云港—乌兹别克斯坦班列首发

(惠山区宣传部 供图)

【绿色货运配送】 2022 年,无锡市优化城市配送空间布局,构建"精网微格"体系,实时公布相关部门政策信息,完成与交通运输部平台的数据对接,解决城市配送车辆运行、停靠、装卸作业、新能源车辆充电等难题。无锡市绿配公共信息服务平台接入城市配送车辆 1207 辆,其中新能源配送车辆 865 辆、冷链车辆 323 辆。

【快递进厂进村出海】 2022 年,无锡市完成"中国快递示范城市"中期评估,推进国际邮件互换局项目落地,快递业成为促进"农产品进城,工业品流通"的重要平台,连续 4 年获评"服务地方发展先进单位"。召开"快递出海"工程座谈会,保持美国航线稳定,积极推进欧洲航线复航,重点打造日韩航线品牌,确保国际供应链"双向"畅通。机场货邮吞吐量 9.8 万吨,其中邮快件业务量 5 万吨,邮快件业务量占机场货邮吞吐量的 66%。江阴邮政实现自主拼柜 + 保税通关"1210"(保税跨境贸易电子商务)模式常态化运行,为中小客户提供一站式解决方案。

(谢路遥)

编辑 胡 慧

综 述

【提质增效】 2022年，面对新冠疫情持续冲击和复杂多变的国内外环境，无锡市开发区提质增效，经济运行呈现稳中有进、进中提质的良好态势，为无锡经济社会发展提供有力支撑。全市15个省级以上开发区持续发挥经济发展主力军作用，完成规模以上工业增加值4021.18亿元，比上年增长12.7%，高于全市7.3个百分点，占全市比重72%，比上年提升3.34个百分点；完成规模以上工业总产值15595.02亿元，比上年增长11.4%，高于全市2.6个百分点，占全市65.7%，与上年持平；实现规模以上服务业营业收入1324.25亿元，比上年增长15.8%，高于全市3个百分点，占全市68.1%，比上年提升2.7个百分点。新增上市企业9家，占全市75%。全市有江阴综合保税区和无锡高新区综合保税区2个海关特殊监管区。

【营商环境】 2022年，各开发区坚持"无难事、悉心办""有事必到、无事不扰"的工作机制，持续推进"放管服"改革，深化"一件事"改革，推进"一网通办"，打造最优营商环境。在全市开发区持续推行区域评估改革，取代区域内每个独立项目的重复评价，变"独立评"为"集中评"，变"企业付费"为"政府买单"，构建科学、便捷、高效的工程建设项目审批和管理体系，完成54项区域评估事项。

【外向型经济】 2022年，全市开发区发挥外资外贸"压舱石"作用，完成实际使用外资及港澳台资35.26亿美元，比上年增长4.78%，占全市92.2%；实现进出口总值928.71亿美元，比上年增长2.2%，占全市83.9%。

【科技创新】 2022年，无锡市实施创新驱动发展战略，构建完善"465"现代产业体系，开发区实现高新技术产业产值9117.02亿元，比上年增长10.22%，占全市76.12%；完成技术合同成交额413.28亿元，比上年增长51.1%，占全市比重92.32%；完成科技型中小企业评价入库7529个，比上年增长82.17%，占全市70.69%；拥有有效发明专利授权27098件，比上年增长18.4%；新增入选"太湖人才计划"、省"双创计划"、国家重大人才工程等各类领军人才333人，比上年增长31.1%。

【生态集约】 2022年，无锡市严格资源节约集约准入门槛，推行低碳化、循环化、集约化发展。锡山经济技术开发区被生态环境部、商务部、科学技术部授予生态文明建设示范区（生态工业园区）称号，宜兴经济技术开发区获评绿色低碳示范园区。自然资源部公布的2022年度国家级开发区土地集约利用监测统计情况显示，在448个工业主导型开发区中，无锡市参评的4家开发区（无锡高新区综合保税区、无锡高新区、锡山经济技术开发区、宜兴经济技术开发区）均位居40强，其中无锡高新区综合保税区居第1位、锡山经济技术开发区居第7位；在131个产城融合型开发区中，无锡市参评的无锡惠山经济技术开发区居第4位，江阴高新区居第11位。

【安全生产】 2022年，无锡市推进落实全市经济开发区《安全专项整治三年行动实施方案》，推进工作协同、信息共享、定期例会、请示报告、考核奖惩等工作制度，强化"回头看"督查机制，推动专项整治任务落实。全市经开区有监管对象16415家，全年监管覆盖率100%；全市经开区排查安全隐患65412处，完成整改64118处，整改率98.02%；执行行政处罚、停产整顿、关闭取缔等执法处罚272次，罚款1119.25万元。全年开发区无较大安全生产事故。

【共建共享】 2022年，无锡市推进园区合作共建工作，南北共建园区的帮扶对象由徐州市变更为连云港市。年内，无锡连云港工业园区共建总体方案获批；江阴灌云工业园区的共建总体方案上报、待批中。苏陕合作方面，宜兴经济技术开发区贯彻落实苏陕两地省委对协作工作的战略部署，持续深化产业、人才、资金、劳务等多方面、多层级的协作和合作，在项目引进方面，市商务局、宜兴经济技术开发区多次带领相关企业到延安高新区洽谈合作。对接前期签约的苏州锂智车业科技有限公司年产20万辆折叠式锂电电动车项目的相关事项，有序推进项目建设。

（陈术峰）

无锡国家高新技术产业开发区

【概况】2022年，无锡高新区完成地区生产总值2430.51亿元，比上年增长3.4%；人均地区生产总值33.51万元，在江苏省城区中居第一位；完成规模以上工业总产值6173.04亿元，比上年增长10.2%，实现规模以上工业增加值1839.03亿元，总量居全市第一位，列中国工业百强区第九位。其中制造业战略性新兴产业、高新技术制造业占规模以上工业产值比重分别为56.9%、72%。完成高新技术产业产值4443.05亿元，比上年增长11.8%，占规模以上工业总产值的71.3%。完成固定资产投资735.5亿元，其中高技术产业投资占46%，全市第一。入选全国首批"工业互联网平台+园区"试点、全省首批制造业高质量发展示范区建设地区、省级车联网和智能网联汽车高质量发展先行区。在全国169家国家高新区排位中，无锡高新区列第18位。

【项目建设】2022年，无锡高新区成立12个产业招商中心，新批超亿元重大产业项目150个、总投资超900亿元，项目主要集中在生物医药、智能制造、集成电路、物联网、新能源等主导产业。其中10亿元以上项目18个、50亿元以上项目3个，SK海力士七期、吴越文化数字科创谷2个百亿元项目。52个市级重大产业项目完成投资338.9亿元，总量居全市第一位，128个区级重大产业项目完成投资410亿元，耐思生物科技有限公司等一批重大项目开工，博世燃料电池研发中心等一批重大项目竣工投产。新设立外资及港澳台资企业92家，新增省级跨国公司总部及功能性机构1家。新批备案外资及港澳台资项目137个，其中安世半导体（中国）有限公司无锡分公司、无锡村田电子有限公司等协议外资及港澳台资超3000万美元重大项目13个。获得认定国家、省、市单项冠军及各类专精特新企业122家次，居全市第一位。实施智能化改造项目85个，新增省级智能工厂3家、市级标杆89个，均为全市第一。

【科技创新】2022年，无锡高新区全面融入太湖湾科创带建设，中电海康无锡产业基地一期、朗新科技产业园CPU空间等科创载体相继开业。推进异地创新中心建设，无锡高新区（大湾区）创新中心揭牌运营。集成电路入选首批省创新型产业集群。新增省级众创空间6家、省级孵化载体2家。新招引科技企业2320家；新认定高新技术企业250家，有效期内高新技术企业1290家；国家科技型中小企业入库首次突破2000家。5家企业获评国家重点集成电路设计企业，芯河半导体科技（无锡）有限公司入选中国"哪吒企业"，14家企业入围科技部"创新积分500强"，9家企业入选江苏百强企业榜单，3家企业获评国家知识产权优势和示范企业，5家企业获中国专利奖，小天鹅股份有限公司获省长质量奖提名奖，德科立光电子技术股份有限公司、微导纳米科技股份有限公司、日联科技股份有限公司3家科创板企业上市过会。入选省独角兽、潜在独角兽、瞪羚企业50家，入库市"三类企业"351家，居全市第一位。新增20家省级工程技术研究中心，华进半导体封装先导技术研发中心有限公司获批牵头国家科技重大专项，先导智能装备股份有限公司获批国家级企业技术中心。成立区人才发展集团，引进各类高层次人才1250余人，引入科技人才项目2320个，入选国家级海外引才人才计划17人，超过近10年入选数总和，全国、省、市人才计划入围入选项目持续保持全市第一。建设"高新金融谷"，无锡市高发投资发展集团有限公司成为全市首家区级AAA主体国资公司。搭建以新动能产业基金为主导的产业引导基金体系，汇聚基金超300只、规模超650亿元，其中全省单笔金额最大的基础设施基金项目落地投放。595个科技项目获得科技贷款17.2亿元。

11月26日，无锡高新区举行中电海康无锡产业基地一期开园暨二期开工仪式

（新吴区档案史志馆 供图）

【无锡国家集成电路设计产业园】 2022年,无锡国家集成电路设计产业园招引企业205家,其中科技型企业187家;引进符合科技人才项目34个,符合高新技术企业培育项目26个;落地项目中注册资金过千万元项目26个,投资过亿元项目2个,到位外资及港澳台资549万美元。园区载体出租率92%以上。北京大学无锡电子设计自动化研究院签约落地无锡高新区,总投资3亿元。完成国家重大人才工程申报6个,其中副教授以上2个;完成省"双创"人才项目申报3个,入围省级答辩1个;完成市"太湖人才"项目入选4个、区"飞凤"创业领军项目24个、创新人才团队1个。完成高科技企业入库12个,高新技术企业净增数4家;完成雏鹰企业入库6家、瞪羚企业入库4家、准独角兽企业入库1家、科技中小企业入库73家;完成技术合同登记金额5558.33万元;新增上市后备企业2家;获得风险投资企业6家;新增发明专利授权49件。"芯火"平台通过省工业和信息化厅项目验收。承办ICDIA 2022(无锡)理事会活动并设"芯火"特展,参与2022世界集成电路产业大会(ICChina 2022)并设展、第17届"中国芯"优秀产品征集证书及授牌仪式、2022年集成电路设计年会(ICCAD 2022)。无锡高新区集成电路设计产业园区名列中国集成电路园区综合实力第二名,全年产业产值1352亿元,比上年增长16%,占全市三分之二。中微爱芯电子有限公司、力芯微电子有限公司等5家企业入选国家重点鼓励的集成电路设计企业;晶源微电子股份有限公司入选国家级专精特新企业,硅动力微电子股份有限公司、力芯微电子股份有限公司、中微爱芯电子有限公司入选省级专精特新企业;力芯微电子股份有限公司、中微爱芯电子有限公司获无锡市最佳聚才单位2022年度"最具创新发展精神奖";华润微集成电路(无锡)有限公司等4家企业获第17届"中国芯"优秀产品奖;中微爱芯电子有限公司等3家企业在2022年度硬核中国芯评选中获奖;艾普柯微电子(江苏)有限公司获评2021—2022年度中国半导体光电传感器市场最具影响力企业;力芯微电子股份有限公司、中微爱芯电子有限公司、青芯科技(无锡)有限公司等30余家企业获科技、工信、人才等资金支持超2000万元。

【无锡国际生命科学创新园】 2022年,无锡国际生命科学创新园实现营业收入超75亿元,上缴税收4亿元。招引科技企业325家,其中超亿元项目5个,符合科技人才培育项目53个,符合高新技术企业培育项目73个,"一事一议"重大科技项目15个。无锡市尚沃医疗电子股份有限公司1.57公顷自建项目完成建设并启用。与阿斯利康制药有限公司创新异地I·Campus合作模式,对接京津冀、长三角、大湾区的科技、资金、项目、人才资源。江苏省药品监督管理局审评核查无锡分中心"一分中心、两检验室(筹)"签约落地无锡高新区。加快集聚医美生态创新能力,打造区医药器械创新生态圈。推进"一园一基金"建设,规模1亿元的产发国际生命科学园创新基金、高创基金完成投资。举办第五届阿斯利康生态圈大会、泰格一观合生态圈大会、第五届中国国际进口博览会等重大科技创新交流活动。高新技术企业申报41家,通过27家,区外引进高新技术企业13家,园区高新技术企业有75家;完成雏鹰企业入库23家、瞪羚企业5家、准独角兽企业2家;完成科技型中小企业评价182家,比上年增长25%;新增6家企业获得融资;技术合同备案12亿元;产学研合同备案数15项;新增发明专利授权82件;凯乐士科技有限公司、维怡医疗科技有限公司、中感微电子股份有限公司、尚沃医疗电子股份有限公司、联河光子技术有限公司获批省专精特新企业。首次联合人才中介引才育才,新增青年人才1050人。申报国家级重大人才工程A类人才12人,副教授以上人才申报5人;组织10家申报省"双创"人才,2家进入省级答辩;13人入围市"太湖人才计划",区"飞凤"人才入围28人。中感微电子股份有限公司入选2022年江苏民营企业创新100强;诺宇医药科技有限公司获第十届"创业江苏"科技创业大赛初创企业组二等奖,为全市唯一获得二等奖的初创型企业;众曦医疗科技(无锡)有限公司的首个数字疗法产品TH-002获全国肿瘤领域数字疗法首证;江苏金泰医疗器械有限公司研发的外周血管血栓抽吸导管和控制仪获国家药品监督管理局(NMPA)审核批准上市,该产品拥有完全自主知识产权,属于国内首款上市产品;英迪芯微电子科技股份有限公司发布世界最小尺寸汽车氛围灯控制芯片——iND83212;江苏意源科技有限公司统一密码服务支撑平台软件纳入2022年度省重点领域首版次软件产品应用推广指导目录;特殊食品与营养健康研究院王刚、艾米特张博入选2022年无锡市"百名科技之星";启益医疗科技有限公司入选2022未来医疗100强中国创新数字医疗榜;智德明创生物科技(无锡)有限公司猴痘系列产品获英国UKCA准入资质;医学检验所有限公司通过美国病理学家协会认证。创新园一期环境焕新升级,创新园二期7栋产业楼封顶。

【无锡(国家)软件园】 2022年,无锡(国家)软件园园区企业营业收入329.93亿元,税收11.42亿元。8家企业获得风险投资,金额6.8亿元;33家园区企业获批"苏科贷""锡科贷""新科贷"52次,金额1.26亿元。招引科技企业362家,合计注册资本15.2亿元,其中超亿元项目2家,超5000万元项目1家;招引数字经济企业139家，重大项目2家；外资指标实现零的突破。招引企业中，符合科技人才项目36个，符合高新技术企业培育项目42家，“一事一议”签约项目过会11家。高新技术企业入库24家，净增14家，科技型中小企业评价入库225家，培育入库雏鹰企业27家、瞪羚企业13家、准独角兽企业2家。规模以上企业有效研发投入金额比上年增长22%。启动第一批创建“中国软件名园”预申报工作，连续5年被评为国家级科技企业孵化器A类。完成国家重大人才工程申报12个，省“双创”人才项目申报3个，入围2个，“太湖人才”创新创业领军人才和团队项目公示3个，区领军人才创新创业项目公示24个；园区综合出租率79.8%，出租面积净增12324平方米。承办首届长三角元宇宙创新创业大赛高新区站决赛、大数据赋能车联网高峰论坛、江苏汤谷智能科技有限公司落户无锡太湖湾科创城签约仪式。启动软件园五期、六期建设，完成五期、六期工程总承包、监理单位、审计单位招标工作以及前期各项手续，桩基部分完成70%，临时设施部分完成80%。完成二期摩羯座、天蝎座375套公寓及四期杜鹃座1150套公寓装修改造工作，办公载体改造面积2.2万平方米。

【中国物联网国际创新园】 2022年，中国物联网国际创新园在园企业营业收入185.3亿元，其中物联网产业61.82亿元，比上年增长22.1%；纳税9.75亿元，比上年增长35%。入围“十大智能传感器园区”，全国排名第三；4家企业被评为国家级专精特新企业，连续4年获国家级科技企业孵化器绩效评价A类。入选第一批江苏省级现代服务业集聚区。园区有上市筹备企业17家，市级雏鹰企业、瞪羚企业、准独角兽企业150家，市级以上专精特新企业29家。聚集各类人才6600人，其中高层次人才及团队180个、国家重大人才27人、省“双创”人才66人、市“太湖人才”120人、区“飞凤”领军人才82人，万人发明专利拥有量1500件。国家重大人才工程QM计划申报18个，入选5个；盛景微电子股份有限公司被评为“双五”企业；全年引进高新技术企业培育项目55个，有效高新技术企业123家。招引落地项目357个，其中注册超亿元重大项目8个、超50亿元项目1个，总投资超130亿元，涵盖以“双院士”领衔的先进电子束为代表的核心项目，以阿达智能装备（江苏）有限公司为代表的功能总部项目，以英臻科技有限公司为代表的上市总部项目等。物联网创新中心MEMS—8寸线代工平台通线，华进半导体封装先导技术研发中心有限公司国家集成电路特色工艺及封装测试创新平台通过工业和信息化部验收，英菲感知技术有限公司FAB运营，锡产微芯半导体有限公司完成安谱隆百亿元收购。华进半导体封装先导技术研发中心有限公司、天云数据中心科技有限公司竣工验收，拟建项目英菲感知技术有限公司二期、天云数据中心科技有限公司二期立项报批。联合方正、必创科技、市产业集团成立产发和生光电基金；国联集团40亿元产业基金群投招联动助推项目落地；华英证券系列金融沙龙活动辅导园区上市后备企业；微纳基金投资多个科技项目；与中科创星投资合伙企业（有限合伙）进行合作，通过举办全球硅光大会、设立专项基金等，集聚光子产业资源。以4175.44万元转让厦泰科技5200平方米载体，达成第一笔商业化载体交易。园区出租率92.1%，公司营业收入1.47亿元，利润1900万元，资产收益率为1.8%，经营性资产收益率为3.3%，应收账款比上年下降4%。举办第14届中国集成电路封测产业链创新发展高峰论坛、中国智能传感器（无锡）产业链生态建设高端对话等活动。

（李　河）

中国宜兴环保科技工业园

【概况】 2022年，中国宜兴环保科技工业园（以下简称“环科园”）围绕“致力打造更显环保特色、更具创新活力的国际化现代园区”发展目标，坚持产业强园战略，经济社会取得高质量发展。环科园区域面积212平方千米，完成地区生产总值318亿元，比上年增长7.5%；一般公共预算收入20.3亿元，比上年减少5.1%，总量居宜兴市第一位；应税销售收入2127.8亿元，比上年增长2.1%，总量居全宜兴市第二位；规模以上工业产值、工业增加值分别为884.7亿元、158.2亿元，分别比上年增长20.3%、8.6%；全社会固定资产投资93亿元，比上年增长20.7%；外资及港澳台资到账0.38亿美元，比上年下降55.4%。新增56家规模以上企业，其中规模以上工业企业22个，总数448个，总量居宜兴市第二位。

【项目建设】 2022年，环科园备案亿元以上产业项目33个，其中10亿元以上项目7个、50亿元以上项目2个、100亿元以上项目1个。23个项目列入市重大项目，总投资379.5亿元；46个项目列入宜兴市重大项目，总投资414亿元，20个亿元项目完成开工建设。总投资103亿元的无锡海容超级陶瓷电容器与智能传感器制造、总投资35亿元的江苏巨贤高安全性聚酰亚胺锂电池隔膜制造一期、总投资10.53亿元的中建材太阳能装备用光伏电池封装材料、总投资10亿元的无锡天华超净新材料产业园等一批在建项目全面推进；高亮硅基OLED微型显示芯片生产制造项目一期、总投资50亿元的誉衡生物创新药研发制造基地项目、总投资50亿元

11月22日，环科园举行湖畔光芯超高清、高亮硅基OLED微型显示器项目奠基仪式 （环科园 供图）

的鑫宜泰美3000L×10单抗产业化基地项目、总投资30.5亿元的湖畔光芯超高清、总投资10.8亿元的清优动力电池及储能电池密封结构件项目和氢枫氢能产业园项目等一批重特大项目落户。11月17日，2022中国陶都(宜兴)金秋经贸洽谈会环科园重大项目集中开竣工仪式举行，42个重大项目集中开竣工，总投资443亿元。

【科技创新】 2022年，环科园入选首批江苏省碳达峰碳中和科技成果转化基地，获评国家级绿色工业园区、“科创中国”宜兴环科园节能环保创新基地，被认定为2022年度无锡市知识产权工作站。举办2022环保产业国际化创新峰会、中国无锡“太湖杯”国际精英创新创业大赛暨第三届中国宜兴太湖湾国际青年精英科创挑战赛深圳城市赛，连续8年举办环保创新创业大赛。新增省级专精特新“小巨人”企业29个，总数226个。新增市雏鹰企业、瞪羚企业分别为1个、5个，市雏鹰企业、瞪羚企业、准独角兽企业培育入库总数分别为200个、86个、5个。在全国试点“企业创新积分系统”科技型中小企业评价入库累计529个，新增高新技术企业71家，数量均居宜兴市第一位。新增宜兴市工程技术研究中心27个、无锡市工程技术研究中心15个、江苏省工程技术研究中心8个。认定国家级人才2人、“外专”人才6人、省“科技副总”2人、市“太湖人才”5人，宜兴市“陶都英才”项目13个。万人有效发明专利拥有量69.75件，超过宜兴市平均水平。

【宜兴国际生命科学产业园B区】 11月17日，宜兴国际生命科学产业园(宜兴药谷)B区启动暨揭牌仪式在环科园举行。开园仪式上举行北京启辰生生物科技有限公司、北京瑞德医疗投资股份有限公司、上海泽充生物技术有限公司等入驻企业集中剪彩，江苏省药物研究所安全性评价中心项目举行签约仪式，江苏省医疗器械检验所宜兴服务站举行揭牌仪式。宜兴国际生命科学产业园B区是环科园创建国家级孵化器的重要平台载体，一期工程盘活原有闲置厂房约6万平方米，二期工程规划新建载体平台约6万平方米。

【零碳智慧能源示范项目投运】 11月17日，环科园与国家电投集团江苏电力有限公司合作的环科园零碳应用暨综合智慧能源示范项目投运仪式在环科园举行，项目由南京川利新能源科技有限公司投资建设，采用“自发自用，余电上网”模式，是全省首个集风、光、储、充于一体的零碳智慧能源示范项目。

【2022环保产业国际化创新峰会】 10月28日，2022环保产业国际化创新峰会在环科园召开。创新峰会以“打造协同创新共同体，构画双碳发展新蓝图”为主题，会议上，长江经济带生态环境国家工程研究中心——技术验证基地、宜兴环科园(以色列)海外孵化器、“科创中国”宜兴环科园节能环保创新基地、创成汇(宜兴)国际人才科创中心等举行揭牌仪式，宜兴环科园污水低碳资源化利用科技成果转化基地、省级工程技术研究中心进行授牌仪式。赫尔膜研发中心、水生态环境装备联合创新中心、水科技生产型研发中心及培训基地、西太湖研究基地、碧诺环保日本创新中心、环保超市东盟环保公共服务中心等一批重点项目入驻环科园。

（俞涤非）

无锡太湖国家旅游度假区

【概况】 2022年，无锡太湖国家旅游度假区(以下简称“度假区”)实现一般公共预算收入23.8亿元；完成规模以上工业总产值215.3亿元，比上年增长13%；完成全社会固定资产投资46.3亿元，其中工业投入16亿元；完成规模以上服务业营业收入20.53亿元，比上年增长12.1%；完成限额以上社会消费品零售额4.8亿元，比上年增长15.7%；完成限额以上贸易总额

20.75亿元，比上年增长11.3%；完成进出口总值6.67亿美元；完成到位外资及港澳台资4.55亿美元，为年度目标任务的350%；接待游园人数1360万人次。

【重大项目】 2022年，度假区新招引注册资本1000万元以上企业203家，其中科技型企业124家。聚焦生物医药、医疗器械等重点领域，签约药明生物科技园二期、健源高端医疗器械、中源维康等重大项目15个，总投资超150亿元。利用现有基金支持平台持续强化优质项目的引育工作，全年通过鼎祺金马、金源融达等合作基金投资企业16家，出资超2.93亿元。

【科技创新】 2022年，度假区引导辖区内企业智能化改造、数字化转型，推动产业结构向中高端迈进。方盛换热器登陆北京证券交易所，成为滨湖区第一家北京证券交易所上市企业。推进华润天然气分布式能源、鑫盛流体及热管理产品研发制造基地、方盛节能高效换热系统项目建设。加快科创载体建设，全年开工科创载体项目4个，面积4.8万平方米。大坪场科创楼、东泉码头科创院完成建设。无锡国际生命科学园高性能医疗装备创新湾项目有序推进。加快推进人民银行云数据中心、中国电信马山数据中心、中国移动长三角数据中心等一批高端算力产业项目。

【生物医药】 2022年，度假区生命健康产业实现销售收入137.64亿元，比上年增长12.9%。药明生物生命科技园C2、C3地块全面投产，C1地块开工。健适医疗一期2栋研发生产楼投用，创新中心对外开放。华瑞特医食品项目竣工。辉瑞制药技改项目投运。天广泰医疗、蓝软智能等一批重点生命健康产业项目顺利推进。脉得智能科技（无锡）有限公司入围工业和信息化部人工智能医疗器械创新任务揭榜潜力单位。举行滨湖区生命健康产业重大项目签约暨“国际创新药产业生态圈”启动仪式。

4月23日，滨湖区生命健康产业重大项目签约暨“国际创新药产业生态圈”启动仪式在马山举行
（俞霖杰　摄）

【文化旅游】 2022年，拈花湾小镇获评江苏春季赏花胜地，无锡拈花湾文化投资发展有限公司获评全国文化和旅游系统先进集体。灵山胜境入选2022江苏省智慧旅游景区名录。完成游客集散中心、龙头渚公园景观提升项目建设。推进小南湾乡创园、六合书院酒店、古胥湖景点环境整治等重点文旅项目建设。举办女子半程马拉松赛、杨梅节等大型文旅活动。推出“马山民宿研习社”，促进民宿业主共享合作、共同发展。

（戴煜浩）

江阴国家高新技术产业开发区

【概况】 2022年，江阴高新区完成地区生产总值808.68亿元，比上年增长2.3%。规模以上工业产值1168.72亿元，比上年增长0.4%。全社会固定资产投资172.43亿元，其中工业投入100.97亿元，比上年增长2.7%；服务业投入71.46亿元。一般公共预算收入31.28亿元。进出口总值86.94亿美元，比上年增长1.7%。到位注册外资及港澳台资3.32亿美元。

【重要项目】 2022年，江阴高新区举办数字经济、科创未来、合作创新交流会等项目集中签约活动，新冠疫情期间组织到日本、韩国招商。签约亿元以上项目32个，总投资超370亿元，其中100亿元以上项目1个、50亿元以上项目2个、10亿元以上项目8个、5亿元以上项目11个。新备案100亿元以上项目1个、10亿元以上项目5个、5亿元以上项目6个。新出让产业用地7宗，2个省级重大项目、24个无锡市重大项目、40个江阴市重大项目全面开工，其中佰澳达益生菌、也美科技2个项目实现“拿地即开工”。完成到账外资及港澳台资3.32亿美元，为年度任务的104%。连续第6年获评江苏省跨国公司地区总部及功能性机构，新引进1家世界500强企业投资项目。

11 月 3 日，江阴高新区举行开放创新合作交流会　（江阴高新区　供图）

【主导产业】 2022 年，江阴高新区以特钢新材料及制品为主导，发展以集成电路、生命健康、智能装备为特色，新能源汽车及关键零部件为战略的先进制造业体系。特钢新材料及制品方面，江阴兴澄特种钢铁有限公司获第七届中国工业大奖、工业和信息化部 2022 年新一代信息技术与制造业融合发展试点示范、“江苏制造突出贡献奖”优秀企业荣誉，法尔胜泓昇集团有限公司入围中国 500 强、中国制造业 500 强企业，江阴金童石化装备有限公司、江苏龙山管件有限公司入选省级企业技术中心，江阴法尔胜泓昇不锈钢制品有限公司、江苏龙山管件有限公司、江阴全华丰精锻有限公司等企业入选省专精特新中小企业，江阴贝卡尔特合金材料有限公司获评省智能制造示范车间，中国贝卡尔特钢帘线有限公司、江阴金童石化装备有限公司入选省绿色工厂，全区特钢新材料及制品产业规模以上工业产值 517.9 亿元，比上年增长 0.9%。集成电路方面，形成集成电路设计、芯片制造、封装及测试的全产业链，带动电子产品及零部件、5G 通信等细分领域发展，江苏长电科技股份有限公司入围中国制造业 500 强企业，并获 2022 年国家技术创新示范企业、江苏省省长质量奖荣誉，神宇通信科技股份公司获评国家级专精特新“小巨人”企业，江苏长电科技股份有限公司、星科金朋半导体（江阴）有限公司、瀚宇博德科技（江阴）有限公司、江阴信邦电子有限公司入选省智能制造示范车间，全区集成电路产业规模以上工业产值 341.2 亿元。生命健康方面，构建集中药配方、创新药、诊断试剂盒为一体的产业链，形成现代中药、医疗器械、新药研发、智慧康养四大发展方向，江阴佩尔科技有限公司、江阴万康医疗科技有限公司、江苏新申奥生物科技有限公司获评省专精特新中小企业，江阴天江药业有限公司入选省智能制造示范车间，全区生命健康产业规模以上工业产值 49.1 亿元。智能装备方面，江苏大隆凯科技有限公司、江阴精力汽车装备有限公司、凯澄起重机械有限公司、江阴市博汇机械成套设备有限公司等企业入选省专精特新中小企业，江阴精力汽车装备有限公司、凯澄起重机械有限公司获评省级企业技术中心，全区智能装备产业规模以上工业产值 69.6 亿元。新能源汽车及关键零部件方面，江阴名鸿车顶系统有限公司获评江苏省绿色工厂，全区新能源汽车及关键零部件产业规模以上工业产值 28.9 亿元，比上年增长 4%。

【创新提质】 2022 年，江阴高新区贯彻落实“科创江阴”三年行动，启动建设科创载体超百万平方米，建成投用 9 万平方米。推进生物医药创新港、星河科创园建设，深圳、武汉“科创飞地”正式投用，刘良院士—江阴中药产业研究中心、长三角工业物联网创新中心顺利签约，获评省级众创空间 2 家，通过各类载体平台引进科创人才项目 139 个。发布创新积分首期榜单，有效高新技术企业突破 182 家，科技型中小企业评价入库 397 家，比上年增长 46%，无锡市雏鹰、瞪羚、准独角兽企业入库 71 家，入围全国百强独角兽企业 1 家，新增省工程技术研究中心 5 家、省级企业技术中心 6 家。新增国家级专精特新“小巨人”企业 1 家、省专精特新中小企业 19 家。入选国家重大人才工程 2 人，新增高层次人才 235 人、高技能人才 1500 余人。完成技改项目 53 项，投入技改资金超 56 亿元，入选省级企业技术中心 6 家，新增省星级上云企业 31 家、省重点工业互联网平台 1 家、省两化融合贯标示范企业培育对象 2 个。升级生命健康产业等专项政策，兑付各类创新、人才资金超 1.2 亿元，发放科技贷款超 1.3 亿元，技术交易供应链金融试点工作获全省推广。神宇通信科技股份公司获批国家知识产权示范企业，海澜智云科技有限公司入选国家中小企业公共服务示范平台。

【青阳园区建设】 2022 年，高新区青阳园区围绕科创微城建设，引领园区发展建设。必得科技、安凯特科技项目竣工；南阳彩纤（二期）、秋林特能、苏达汇诚项目完成主体工程；锡澄协同发展区智能制造基地示范工程一期项目开工建设；锡澄协同发展区科创园区建设工程项目完成施工许可证办理，获2.8亿元的国家专项债和1.22亿元的国家基础设施投资基金。启动17万平方米科创载体建设，7万平方米科创载体投用；宏力科技获批高新技术企业，成为园区首个自主培育的高新技术企业。

（陈　健）

锡山经济技术开发区

【概况】 2022年，锡山经济技术开发区（以下简称“锡山开发区”）完成地区生产总值1051.3亿元，比上年增长5.6%。规模以上工业总产值1975.03亿元，比上年增长14.5%。进出口总值57.06亿美元。到位外资及港澳台资5.49亿美元。16项共性指标和12项特色指标考核总分在全市12家省级以上开发区排名第一位。11月19日，在第十届中国生态文明论坛上，锡山开发区被生态环境部、商务部、科学技术部授予生态文明建设示范区（生态工业园区）称号。

【招商引资】 2022年，锡山开发区围绕“三特四新”产业方向和宛山湖“3+X”（以新能源、光电信息、航空航天为主导，生命健康、量子科技为补充）产业方向，推动华晟异质结电池项目、江苏隆达超合金航材项目、派鑫航空航天用特种合金关键零部件智能制造基地建设项目、范德威尔—萨维奥中国总部及纺织机械研发制造基地项目等10亿元级、50亿元级重大产业项目落地建设。签约37个总投资308.5亿元区级重大项目，其中50亿元以上项目2个，10亿元以上项目8个，协议外资及港澳台资3000万美元以上项目7个，总投资超亿美元外资及港澳台资项目5个；落地科创项目17个，其中重点科创项目7个。开工超亿元产业项目17个、竣工19个、投产11个，超亿元产业项目完成投资95亿元。12月9—17日，锡山开发区在参加欧洲招商经贸交流活动期间，开展1场科技创新沙龙、1场产业发展交流会，达成3项战略合作，设立2个锡山经济技术开发区（法国）联络站，启用锡山经济技术开发区（德国）联络处。

10月28日，范德威尔—萨维奥中国总部及纺织机械研发制造基地开工建设

（锡山开发区　供图）

【产业升级】 2022年，锡山开发区坚持“产业集群+特色专业园区”协同发展。光电信息产业园开园，中欧产业园一期、检验检测园投用，长三角工业芯谷等一批高端科创载体启动建设。新增规模以上企业95家，获评国家级专精特新“小巨人”企业4家、省专精特新中小企业31家、省级企业技术中心5家、省级智能制造示范车间7个、省星级上云企业44家，均居锡山区第一位。实施技改扩能，实施超千万技改项目65个、技改投入78.8亿元。引导企业上市，无锡鑫宏业线缆科技股份有限公司上市，新麦机械（中国）股份有限公司完成股改、申报IPO（首次公开募股）被正式受理。服务企业发展，争取兑现各级各项扶持和补贴资金6.72亿元。全面优化营商环境，持续深化“放管服”改革，德力佳传动科技二期项目刷新“拿地即开工”审批时效新纪录。3月4日，无锡锡山光电信息产业园先导区开园，北方科技科创中心启用。清华大学无锡碳中和示范基地、上海交大无锡碳中和动力技术研究院等落户。加快推进力神新能源研发中心、蜂巢能源全球锂电创新中心、恩捷前沿材料技术研究院等创新平台建设。完成各类行政审批事项5275件，完成市场准入类审批4225件，其中企业设立登记1346件，所有审批事项办结率100%、准时率100%。

【科技创新】 2022年，锡山开发区入选首批国家级知识产权强国建设试点园区，实现高新技术产业产值544.9亿元，占规模以上工业总产值57.8%，占全区比重48.2%，有效期内高新技术企业234家。新增市“三类企业”入库98家，新增准独角兽企业4家，占锡山区80%，全市15%。加快引聚高端人才，入围国家和省、市、区人才及团队项目60个。江苏集萃集成电路应用技术创新中心获评省级众创空间，湖南大学无锡半导体先进制造研究院投入运营，北京、深圳、上海、西安离岸孵化器累计导入14个科技人才项目。推进基金运作，母基金直投10.83亿元的17个项目，账面升值近一倍，其中母基金直投的江苏隆达超合金航材项目在科创板上市。

（陆金艳）

无锡惠山经济技术开发区

【概况】 2022年，无锡惠山经济技术开发区（以下简称“惠山经开区”）实现地区生产总值243.83亿元，一般公共预算收入26.09亿元，规模以上工业产值766.94亿元，到位注册外资及港澳台资3.11亿美元，外贸进出口总值18.95亿美元。位列全省省级以上开发区综合考评前20强，土地集约利用指标在国家级开发区中排名第四位。12月，惠山经开区获评2022年江苏省知识产权建设示范园区。

【招商引资】 2022年，惠山经开区引进亿元以上项目30个，入库项目58个，重大内外资项目总投资超过420亿元，签约吉利电驱、58HRG、华彬快消品总部、长城空气悬架、晶澳光伏装备等14个新旧动能转换重大项目，首次实现百亿元项目突破。金秋招商月期间，图达通激光雷达、赛晶IGBT、细胞及基因治疗研发等4个超50亿元重大项目意向签约。摩尔精英封测、云程光伏等13个项目实现投产。吉利动力一期12月底实现量产，实现“当年签约、当年建设、当年投产”。铂铑合金材料、美库冷链等7个项目完成主体建设。引入总投资近50亿元的氢能装备研发测试基地项目、上能电气扩能项目及高端服务业配套项目。7月，在“品桃惠友·合作共赢”2022惠山投资合作恳谈会上，惠山经开区签约37个项目，总投资超270亿元。9月20日，惠山经开区举行第九届金秋招商月开幕式暨重大项目集中签约仪式，半导体、生物医药、高端装备、机器人、数字经济总部等24个重大内外资项目集中签约。启用京沪深、杭汉蓉“3+3”招商前哨站，招商70余场次。举办功率半导体与集成电路国际工程科技战略高端论坛、2022太湖湾生命健康未来大会惠山区论坛暨精准医疗科技产业创融新生态高峰论坛等活动。全市重大项目指标排名中，惠山经开区位列第一名。

【科技创新】 2022年，天津大学无锡研究院及先进内燃动力国家重点实验室、海南大学计算机学院人才实训基地落户惠山经开区，东南大学技术转移中心、江南大学未来食品创新中心建设工作有序推进中。新增清华大学吴澄院士领衔的高空无人机器人作业创新项目、海南大学杨天若院士领衔的新型张量计算项目等3个院士项目，新增国家级人才7人，入围省双创答辩项目5个，申报省双创博士7人、省双创海外项目12个，新入选省“333”工程13人。开展“产业能级倍增”“智改数转绿提”行动，新增27个省级数字化转型标杆；新增时代天使隐形矫治器智能工厂、透平叶片智能工厂2家省级智能制造工厂；新增无锡新大力电机有限公司、江苏蓝力重工科技有限公司等5家国家级专精特新“小巨人”企业；新入库72家雏鹰、瞪羚、准独角兽企业；新增6家省级企业技术中心（工程研究中心）。2月，锐科光纤激光技术股份有限公司“万瓦光纤激光器关键技术研究及产业化”项目入选2021年“科创中国”先导技术榜榜单。3月，时代天使隐形矫治器智能工厂、透平叶片智能工厂入选2022年江苏省智能制造示范工厂。6月，华中科技大学无锡研究院、上能电气股份有限公司获首届江苏省科技创新发展奖，惠山经开区双创工作获省政府激励表彰。10月，无锡威孚力达催化净化器有限责任公司入选国家级第七批制造业单项冠军示范企业。

【金融资本】 2022年，惠山经开区新增太平泛生子、五八产业基金

1月8日，惠山经开区举办吉利高性能电驱项目签约仪式

（惠山经开区　供图）

等6只合作基金，总规模61.52亿元。完成一村资本、五八集团2只QFLP基金的落户，总规模超5亿美元。基金集聚规模超550亿元，其中产业引导基金入选清科2022年中国政府引导基金50强，获评融资中国2021年度中国最佳政府引导基金TOP50，成为全市首个进入国内“清科”“融中”两大主流榜单的区级政府引导基金。通过“基金合作—项目投资—产业落地”的“全闭环”资本招商模式，调整区域产业结构与转型升级的需求，引导产业资源与资本合理配置，推动完成招商落地58同城HRG、橡鹭科技、指真生物、微纳核芯等12个优质项目招商落地。搭建“银企”沟通桥梁、“云”上投融资沟通渠道，为企业定向匹配金融产品，率先设立知识产权基金，灵活组合“信成担保基金”“园区保”等政策性债权工具，助力50家企业获得2.9亿元债权融资。

（徐小明）

9月30日，中低压功率器件产业化（宜兴）建设项目签约仪式在无锡市举行

（宜兴经开区　供图）

宜兴经济技术开发区

【概况】 2022年，宜兴经济技术开发区（以下简称“宜兴经开区”）完成规模以上工业总产值1130.4亿元，工业企业应税销售1230.6亿元，分别比上年增长19.3%、16.4%；完成规模以上工业增加值236.8亿元，比上年增长9.3%；完成固定资产投资183.98亿元，比上年增长1.8%；完成工业投资124.31亿元，比上年增长11.7%；完成进出口总值28.26亿美元，比上年增长4%；实际利用外资及港澳台资2.59亿美元，比上年增长12.8%；完成一般公共预算收入25.78亿元，比上年增长0.8%。新增税收超亿元企业3家，红牛维他命饮料（江苏）有限公司连续8年税收贡献位居宜兴市榜首，4家企业进入无锡地方税收综合贡献百强企业名单。宜兴经开区落实各级纾困惠企政策，开展政银企合作恳谈、产才战略合作等一系列稳企助企行动，完成留抵退税11.86亿元，制造业中小微企业缓税2.38亿元，为企业发放各类奖补扶持资金4.77亿元。宜兴经开区在全省119家经开区综合考评中上升5名，列第14位。

【重大项目】 2022年，宜兴经开区制定产业规划，打造以新能源、集成电路、生命健康、智能装备四大新兴产业为主导的现代产业体系，成立重大项目建设领导小组，健全完善“领导挂钩、月度例会、现场办公、定期督查、揭榜挂帅”推进机制，实施全链审批改革，规划环评与项目环评联动列入无锡试点项目，项目审批效率提高30%。召开开放创新合作大会，集中签约一批重大项目。采取线上线下招商模式，签约落户对园区现代化产业体系建设具有里程碑意义的百亿元级中车中低压功率器件产业化项目，中荷铅科农芯融创园、环晟光伏TOPcon电池片等总投资超50亿元重大项目。全年新备案1亿元以上项目48个，其中10亿元6个、50亿元2个、100亿元1个。18个市级以上重大项目年度投资计划完成率147.7%，总投资106.78亿元的环晟新能源11吉瓦电池组件项目、总投资31.04亿元的中环应材30吉瓦晶硅切片项目等30个重大项目顺利投产，易鸿锂电智能装备、易光电源芯片驱动器等4个项目实现当年开工、当年投产，高效推进总投资20.15亿元的先科半导体材料项目、总投资50.68亿元的中环领先高端硅基材料项目。中环领先大硅片、环晟新能源11吉瓦电池组件2个项目，获评市产业强市重大产业项目。战略性新兴产业产值比上年增长47.7%，提升5.5个百分点。关停整治化工、印染、铸造类企业39家，排查“散乱污”企业81家，关停49家、整改32家，太湖一级保护区实现“无化区”目标，推动实施企业技改项目60余个，腾出318万吨排水量、10.9吨氨氮、143吨化学需氧量（COD）等环境容量以及超1万吨标准煤能耗指标，为项目落地提供充足要素保障。

【科技创新】 2022年,宜兴经开区以培源科学城为主平台,融入太湖湾科创带建设,完成战略规划与概念性城市设计,规划区域内钱墅荡片区整体开发、城市公园、游泳馆及一批道路景观提升工程启动建设。高效投运生命健康产业园、科创慧谷一期等科创载体,新增载体面积11万平方米;深化与中国科学院、省产业技术研究院、东南大学、江南大学等院所合作,食品与生物技术、光敏电子材料、战略新兴材料、笔架山数字经济等研究院建成投用,半导体材料研究所、褚君浩院士工作站布局落地;组建科创谷母基金、高易二期、和谐超越、清松医疗、好利朝昇等"基金矩阵",总规模71.4亿元。强化企业创新主体、人才创新核心地位,发挥科技型骨干企业支撑作用,新增省级标杆工厂、智能工厂各1家;获评省智能制造示范车间7家,占宜兴市的70%,无锡市智能车间5家、智能应用场景9家,均在宜兴市最前列;新增国家级制造业单项冠军企业、专精特新"小巨人"企业、博士后科研工作站各1家;宝银特种钢管有限公司并购法国瓦卢瑞克(中国)公司,成为全球最大的核电管材生产企业,乐祺纺织实业(无锡)有限公司被认定为省级公共海外仓;中环领先半导体材料有限公司等3家企业获省级科技成果转化及重点研发项目扶持资金3405万元。有效申报国家重点、省双创人才计划25人、21人,入选科技部外国专家1人,入围"太湖人才计划"11人、居宜兴市第一位。全年高新技术产业产值比上年增长22.6%,新增科技型企业420家、科技型中小企业437家,总量均实现翻番,入库市瞪羚企业2家、市准独角兽企业2家,占宜兴市三分之二;规模以上工业企业研发投入比上年增长16%,技术合同备案是上年的2倍,万人有效发明专利拥有量64件,超宜兴市平均2倍。

(蒋蕴伟)

江苏无锡经济开发区

【概况】 2022年,江苏无锡经济开发区(以下简称"无锡经开区")完成地区生产总值491.5亿元(含胡埭)。一般公共预算收入35.1亿元,比上年增长12.94%,其中,税收收入26.8亿元,比上年增长3.53%,占一般公共预算收入比重的76.35%。规模以上工业总产值532.3亿元(含胡埭)。固定资产投资183.08亿元(含胡埭)。其中,制造业投资7.01亿元(含胡埭),比上年增长59.4%,基础设施投入12.1亿元(含胡埭)。社会消费品零售总额72.68亿元。到位注册外资及港澳台资1.18亿美元。文化产业增加值占地区生产总值比重的3.75%。全省开发区综合考核评价中排名从成立之初的108名提升到73名。

【招商引资】 2022年,无锡经开区举办2022雪浪大会、粤港澳大湾区产业创新试验区投资合作论坛等"双招双引"活动,无锡深港协同创新中心建成投用,无锡—横琴粤澳协同创新中心揭牌成立,引进院士12人、国家级人才12人,省市高层次人才入选数量增幅超40%,位居全市前列。雪浪算力中心启用,太湖湾ICC集成电路设计服务平台揭牌启动,中国科学院大学江苏密码应用技术研究院、东南大学信安云芯片与系统实验室等研发机构签约入驻。京东科技、文远知行、车联天下、小度科技、安尼麦亚太区总部等一批龙头型、领军型项目落户;基金PARK新增基金规模500亿元,总规模超1500亿元;IDG资本、春华资本等15家基金落户,金融集聚效应增强。

【产业发展】 2022年,无锡经开区制定《无锡经济开发区"333+5"现代产业体系发展实施意见》,开展"一镇五园"建设,打造核心产业,构建五大产业生态圈,完成数字经济核心企业营业收入158亿元,比上年增长22%。加速产业转型升级,启动规模以上、创新三类、高新技术、专精特新和上市后备5类企业"培优工程",推动总投资70亿元的17个先进制造业项目建设,无锡化工装备股份有限公司上市,浪潮卓数大数据产业发展有限公司连续

尚贤湖基金PARK园区鸟瞰图　　(无锡经开区　供图)

4年入选中国大数据企业50强，研微（江苏）半导体科技有限公司、柯诺威新能源科技有限公司、无锡联能材料科技有限公司等企业的先进制造业项目加盟园区。按照新产业、高品质、定制化标准，加快实施400万平方米都市工业新空间建设3年行动计划。

【重大项目】 2022年，无锡经开区立足“一镇五园”产业布局，推行重大项目帮办代办机制，112个市区重大项目完成投资171.56亿元。启动数字经济产业园和江南大悦城项目，推进太湖湾信息园启动区、黄金湾科创园启动区、雪浪小镇未来中心、新发数字经济创新中心等载体建设。国家传感园一期完成改造，雪浪小镇数据创新中心等建成投用，全国首批欧美同学会海归小镇（无锡·物联网）揭牌成立，山姆会员店开业，好达电子5G用滤波器及双工器研发产业化项目竣工投产，震泽睦邻中心、万象城二期等现代服务业有序推进，科大讯飞汽车智能驾驶科技总部、湖南大学无锡智能控制研究中心、天梦广场等项目签约落地。

【科技创新】 2022年，无锡经开区以构筑高质量现代产业体系为目标，培育高能级创新产业，全区高新技术产业产值109.6亿元，比上年增长15.65%，占规模以上工业总产值比重的60.65%，列全市第三位。全社会研发投入完成8.06亿元，比上年增长20%。有效期内高新技术企业136家，比上年增长29.8%。科技型中小企业培育入库277家，完成度居全市第一位。雏鹰企业、瞪羚企业、准独角兽企业新增入库分别为28家、11家、3家，累计入库分别为95家、37家、8家，比上年增长43%。湖南大学无锡智能控制研究院院士丁荣军团队入选市“太湖人才计划”顶尖人才团队，上海大学无锡产业研究院引进项目超10个，启动与复旦大学新一轮全面合作，新增市级工程技术研究中心10家。发放“经开贷”6400万元、“园区保”495万元，推动形成平台集聚、企业集群、生态集约的产业发展新格局。

（张念娇）

江苏省无锡蠡园经济开发区

【概况】 2022年，江苏省无锡蠡园经济开发区（以下简称“蠡园开发区”）建区30周年，蠡园开发区围绕滨湖区“五湾五城拥湖发展”功能区布局，以“太湖湾科创带引领区主引擎”为目标定位，确保经济社会平稳发展。完成税收29亿元；一般公共预算收入14.07亿元；全社会固定资产投资完成53.4亿元，其中工业投入26亿元；规模以上工业总产值161.9亿元；规模以上服务业营业收入61.6亿元；限额以上贸易总额272.1亿元，比上年增长30%；实际使用外资及港澳台资2010万美元；外贸进出口总值16.4亿美元，比上年增长2.3%。规模以上服务业营业收入、限额以上贸易总额、工业投入3项指标列滨湖区第一位。

【招商引资】 2022年，蠡园开发区加强招引成效，新引进企业1071家，注册资本总额超150亿元，其中注册资本超1000万元企业270家。招引总投资10亿元以上重大产业项目3个，分别为贝斯特高端装备核心滚动部件、中铝新材料项目、特西氪（无锡）集成电路项目。引进总投资2.5亿元现代服务业项目1个，为上交大光量子芯片联合研究中心项目。引进总投资5000万元以上新兴产业项目4个，分别为特西氪（无锡）集成电路有限公司，注册资金1.2亿美元；玫克生芯片项目，总投资1亿元；中电科电科院项目，总投资1亿元；时代芯谷集成电路有限公司，注册资金1亿元。

【支柱产业】 2022年，蠡园开发区规模以上工业总产值比上年增加13.86亿元，增长9.36%；工业企业实现税收9.47亿元，比上年增长13.93%。主导产业中，精密机械制造业规模以上企业完成产值79.25亿元，产值贡献率48.9%，比上年增

8月28日，蠡园经开区举行建区30周年主题活动（蠡园开发区　供图）

长28.93%；电子信息制造业规模以上企业完成产值82.17亿元，产值贡献率50.7%，比上年增长16.92%，营业收入比上年增长28.17%。75家规模以上服务业企业实现营业收入61.6亿元，比上年增长39.4%；一般服务业企业完成税收13.43亿元，比上年增长23.86%；服务业企业完成税收17.73亿元，比上年增长14.88%。集成电路在库企业160余家，其中规模以上企业22家，完成营业收入74.88亿元；软件信息在库企业86家，其中规模以上企业25家，完成营业收入63.12亿元；创意设计在库企业25家，完成营业收入32.25亿元；量子科技方面，上海交大无锡光子芯片联合研究中心项目开工。

【项目建设】 2022年，蠡园开发区已开工和计划开工产业项目10个，总投资39.12亿元。启动贝斯特一期厂房改扩建、利普思第三代功率半导体封装、同捷汽车扩建厂房、华星东方环保设备、光子芯谷一期等重点产业项目。竣工项目9个，计划总投资53亿元。芯卓半导体建设项目完成竣工验收，技改项目完成设备购置及安装调试，贝斯特六期年产700万件新能源汽车功能部件项目投产，微研股份年产2000万套新能源汽车关键零部件项目和太湖智谷三期项目建成封顶，源清动力技改项目设备安装完毕并投产。

【科技创新】 2022年，蠡园开发区完成全社会研发投入9.48亿元，为全年目标的163.4%；高新技术产业产值占规模以上工业产值比重为71.56%，提高4.47个百分点；高新技术企业新认定公示63家，培育入库31家，完成率滨湖区居第一位；技术合同成交额24亿元；科技型中小企业评价入库企业245家；市"三类企业"培育库入库35家，其中雏鹰企业20家、瞪羚企业13家、准独角兽企业2家，完成量占滨湖区第一。新增3家区总部企业，累计12家，位列滨湖区第一。江苏采木工业互联网科技有限公司、江苏锡鹿国际贸易有限公司入围中国服务业企业500强；工装自控工程（无锡）有限公司入围中国机械500强企业；无锡微研股份有限公司获评国家级专精特新"小巨人"企业；无锡德芯微电子有限公司等13家企业获评2022年度江苏省专精特新企业；江苏卓胜微电子股份有限公司获评省级企业技术中心，入围"2022年度中国上市企业市值500强"榜单；无锡恒大电子科技有限公司等4家企业获评市级企业技术中心；柏诚系统科技股份有限公司等14家企业获评市工程技术中心；清华研究院等3家企业入围省信息消费重点领域优秀产品推广目录；工装自控工程（无锡）有限公司等6家企业获评市级智能车间。组建"归巢"智库，含各类人才及团队250人，储备高层次人才50人，申报国家级人才项目16个、省"双创"人才项目36个、市"太湖人才"项目18个。

【特色园区】 2022年，滨湖创投产业集聚区成效显著，引进企业55家，实缴资金38.1亿元，税收4.71亿元。至年末，共有企业520家，其中股权投资类企业369家、投资管理类企业72家、金融中介及其他相关企业79家，企业认缴资金规模397.92亿元，到位资金222.31亿元。举办"太湖金谷"滨湖创新创业路演6场线上线下路演对接活动。江苏省知识产权服务业集聚区持续壮大，引进头部企业和知识产权密集型企业，累计招引3家公共服务平台和27家高端代理机构、知识产权银行和保险机构各1家，中国无锡知识产权保护中心实现专利快速审查。举办市、区大型活动和各类培训、交流活动14场，举办第11届国际设计博览会太湖奖设计大赛。

（缪　晴）

无锡山水城

【概况】 2022年，无锡山水城（以下简称"山水城"）完成一般公共预算收入13.04亿元，完成财政总收入25.5亿元；完成规模以上工业总产值116亿元，比上年增长26.5%；完成规模以上服务业营业收入49.1亿元；完成全社会固定资产投资104.27亿元，其中工业投资3.17亿元；完成限额以上社会消费品零售总额12.1亿元，比上年增长25%；完成到位注册外资及港澳台资7468万美元；接待游园人数2405万人次。

【招商引资】 2022年，山水城引进总投资10亿元以上产业项目3个，总投资2亿元以上功能性服务业项目2个，总投资5000万元以上新兴产业项目5个。引入全球知名金杜律师事务所，引入万达影业（江苏）有限公司、拉姆影视传媒（无锡）有限公司、无锡联瑞影视有限公司等一批行业龙头企业。无锡国家数字电影产业园引入企业191家，其中规模企业96家，比上年增长20%。承接影片立项369部，影片拍制318部，比上年分别增长5%、6%，其中电视剧《人世间》获中央宣传部、省"五个一工程"奖、中国电视金鹰奖等奖项。

【重点项目】 2022年，山水城组建成立重大项目服务专班，落地重点项目32个。省、市重点项目完成固定资产投资10.5亿元，其中中国船舶重工集团公司第七〇二研究所太湖实验室一期、先进研究院研发平台建成投用，公安部交通管理科学研究所二期及中国航空工业集团公司雷华电子技术研究所试验及配套项目开工建设，元秦文化创意园、隆宏智慧园等重大项目建设均按时序节点推进。完成吴塘门创意园、仙河科技园、华莱坞数字文创园等20万平方米科创载体建设任务。推进太湖郊野公园建设，配合完成滨湖区国土空间规划和太湖风景名胜区——梅梁湖景区详细规划，完成风景名胜区重点地块修建性详细规划编制，完成吴塘文创小镇概念规划和启动区方案设计。投资3亿元完成雪浪山、山水西路、峄嶂古道环境综合整治和核心段建设，完成央视基地入口处商业业态调整和停车场改造升级。为腾讯云（无锡）、金杜长三角知识产权服务中心、行为科技、火花影业、智能网联汽车创新中心等重大项目和功能性平台落地建设提供全要素、全周期服务。盘活钱窑地块项目和中邦A块沉淀项目。“美丽田园”、“美丽村庄”、农田连片整治、羊岐国有农场、白石里风光带等项目建设均按时序节点推进。南泉科技园首期20万平方米启动区规划方案及地块出让等前期工作启动，凌博电子、北微传感、中铠信息等重点项目签约落地。

【科技创新】 2022年，山水城引进科技型企业150家，培育国家、省市专精特新企业21家，新增入库市“三类企业”34家，排名滨湖区第二位。培育有效高新技术企业126家，新增规模以上工业企业7家，203家企业被认定为国家科技型中小企业。雄宇重工集团股份有限公司入选省级绿色工厂（第三批）名单。无锡锡南科技股份有限公司完成上市过会，计划2023年登陆创业板。入选国家级人才项目1个，入选省“双创博士”企业创新类8个，入选省“双创博士”世界名校类2个，入选市“太湖人才”创新创业类项目5个，入选滨湖区“滨湖之光”创新创业类项目13个。

【特色园区】 2022年，山水城围绕争创“国家电影产业创新实验区”，推进无锡国家数字电影产业园发展，无锡国家数字电影产业园区（一期）综合研发大楼获2021年度省优质工程奖“扬子杯”奖项。无锡国家数字电影产业园区三期数字文创园启动区开工建设，四期影视智能拍摄制作园、五期元宇宙创新产业园办理土地挂牌及洽谈合作。金杜长三角知识产权中心完成土地出让。“元宇宙世界”一期建成运营。推进中国电影重点实验室（5G智慧虚拟摄影联合实验室）、澳江影视算力中心等重点科技平台建设。举办2022中国国际智能传播论坛。山水城围绕构建“一城两园”发展格局，推进红沙湾科学城建设。科教产业园入库税收8亿元，收缴租金和物业费6367万元，落实助企纾困政策减免企业租金1400万元。完成存量企业和科创载体的摸底建册，完成创新创业园低效片区改造，腾出科创载体约1.9万平方米，保障上机数控总部、华兴光电、蕾明视康等头部企业落地和扩能需求。南泉科技园和胡埭工业园入库税收1.5亿元，完成非住宅征收签约6家，清退低效企业32家，新增可租赁面积3.6万平方米。

（朱凌赟）

11月21日，2022中国国际智能传播论坛在山水城举办　（山水城　供图）

江苏无锡空港经济开发区

【概况】 2022年，江苏无锡空港经济开发区（以下简称“空港经开区”）完成规模以上工业总产值553.1亿元，比上年增长11.6%，总量持续保持街道板块第一名，高新技术产业产值290.9亿元，占规模以上工业总产值的52.6%；固定资产72.02亿元，比上年增长19.24%，其中工业投资17.38亿元。全年财政总收入25.74亿元，其中一般预算收入15.9亿元。

【招商引资】 2022年，空港经开区以建设“国家级临空经济示范区”为目标，探索长三角一体化发展和苏锡合作模式，发展枢纽经济和临空产业，加速“新一代信息技术、智能制造、生物医药、高端商贸”等临空特色优势产业集聚。完成尚积半导体、乘风航空、万姆科技、东海半导体、睿博光电等23个超亿元重大项目备案。列入省重大项目2个、市2个、区14个，完成投资34.5亿元。威伊艾姆高端电机、航亚三期等5个重大项目开工建设，江松科技、先通药业、三捷医疗等 7 个项目竣工。新开工工业载体 24.5 万平方米,竣工投用 22.4 万平方米,其中政府性投资 4.8 万平方米。全年到位注册外资及港澳台资 4751 万美元,完成航亚三期、威伊艾姆、万姆科技、安道供应链 4 宗 20.13 公顷土地出让。

【科技创新】 2022 年,空港经开区以年内揭牌运营的江南大学国家技术转移中心空港分中心为依托,构建科技创新体系,“A 硕坊”入选省级众创空间,实现省级科创载体零的突破。新引进科技企业 162 家,有效研发投入金额比上年增长 52.22%,技术合同成交额 10 亿元。认定国家级专精特新“小巨人”企业 1 家、省级专精特新“小巨人”企业 7 家;雏鹰企业、瞪羚企业、准独角兽企业入库分别为 23 家、12 家、3 家。加大创新人才引育力度,市“太湖人才计划”立项 6 项,第一批“飞凤人才计划”创业领军人才立项 5 项,省级科技副总项目认定 4 项。香港理工大学无锡科技创新研究院签约落户。

【服务业发展】 2022 年,空港经开区重点服务业实现营业收入 68.64 亿元,限额以上批发业销售额 501.99 亿元,限额以上零售额 50.24 亿元。做好稳企惠民纾困停业补助工作,通过线上申报、线下提交申请材料的方式同步对辖区餐饮、零售、住宿、旅游、公路水路运输等受新冠疫情影响较重的行业给予停业补助,审核通过企业、单位 656 家,发放补助金 168.4 万元。依托苏南快递产业园品牌优势,发展现代物流,助力跨境电子商务发展,培育、引进跨境电商企业,鼓励不锈钢等传统交易企业与电商有机结合,全年物流营业收入 63.47 亿元。

【航空航天产业园】 6 月 21 日,无锡航空航天产业园启动暨航亚科技航空发动机关键零部件项目开工仪式在空港经开区(硕放街道)举行。空港经开区(硕放街道)启动无锡航空航天产业园建设,加强航空航天重点领域产业布局,打造区域一体化的航空航天产业链体系,构建具有国内影响力、竞争力的航空航天产业新高地,规划面积 4.5 平方千米。

6 月 21 日,无锡航空航天产业园启动暨航亚科技航空发动机关键零部件项目开工仪式在空港经开区举行 (空港经开区 供图)

【香港理工大学无锡科技创新研究院】 9 月 29 日,无锡高新区与香港理工大学举行“云签约”,香港理工大学无锡科技创新研究院落户空港经开区(硕放街道)。香港理工大学无锡科技创新研究院依托香港理工大学教育与科研实力,围绕国家和省、市重大需求,集聚、整合国内外优势创新资源,建设教研中心、创新中心、科创中心,打造在航空航天、生物医药、先进制造、新材料等领域的国内一流战略科技创新平台,建成可持续发展的科技创新基地,促进科技成果孵化转移,服务空港经开区(硕放街道)经济社会发展。

(唐钰倩)

江苏江阴临港经济开发区

【概况】 2022 年,江苏江阴临港经济开发区(以下简称“临港经济开发区”)围绕“争先进位、争创‘国开’”总目标,实现在经济发展、开放水平、创新驱动、生态集约、统筹协调等方面的全方位提升。完成工商开票销售收入 5665 亿元;地区生产总值 968.5 亿元;一般公共预算收入 40.6 亿元;规模以上工业产值 1601 亿元;限额以上批发零售业销售额 3069 亿元;进出口总值 68.5 亿美元;到位注册外资及港澳台资 3.8 亿美元。获评第二批江苏省先进制造业和现代服务业深度融合试点单位。省级开发区综合评价排名第二名。

【港口发展】 2022 年,临港经济开发区将港口作为发展枢纽经济的主阵地,突出“绿色、开放、共享”理念,坚持“生产、生活、生态”融合。江阴港完成货物吞吐量 3.51 亿吨,比上年增长3.86%。其中，临港经济开发区完成3.34亿吨，比上年增长4.45%。完成集装箱运量65万标准箱。江阴港货物吞吐量排名全球港口第16位、全国港口第12位、全国内河港口第3位。发挥江阴港口发展有限公司国资对港口经济发展的杠杆作用，坚持政府引导和市场主导相结合的原则，合理统筹码头、岸线、水域、土地（堆场）等各类资源，建立以国有资本为引领、多种所有制共建共享的江阴港港口发展平台。申夏港区5号码头二期工程4号、5号泊位通过省级验收。新增“江阴—乍浦”航线，加密“江阴—宁波”航班。以石利港区化工和新能源码头为支撑，建设化工品交易市场和LNG交易集散中心；以申夏港区件杂货码头为支撑，建设煤炭、木材、钢材等大宗物资交易市场；支持综保区、临港物流园以集装箱码头为支撑，建设葡萄酒、化妆品、肉类等快速消费品交易市场和跨境电商中心。推进新长江集团以大市场、大项目、大平台建设为依托，打造华东地区一流的钢材交易中心、不锈钢产品加工配送中心、废旧物资及建材交易中心，建成长三角地区专业金属制品贸易园区。推进“生态岸线、绿色港口、零碳园区”绿色联盟行动，江苏丽天石化码头有限公司、江苏长达国际物流有限公司、江苏长宏国际港口有限公司获评三星级“江苏绿色港口”。

2月7日，远景动力电池制造基地二期项目在临港经济开发区举行开工仪式（临港经济开发区　供图）

【招商引资】 2022年，临港经济开发区通过产业项目云签约、合作恳谈、专场招商推介、小分队招商、经贸洽谈会等模式开展系列招商活动。借助基金招商、委托招商、驻点招商、以商引商等模式，签约重大项目70项，总投资588亿元，其中超100亿元项目2项、超50亿元项目2项、超10亿元项目9项、超5亿元项目16项。备案超亿元项目30项，其中超50亿元、超100亿元项目各1项。洪泰基金、江阴用友数智化科技股权投资基金等5只总规模100亿元的产业基金落地临港经济开发区。工商登记协议注册外资及港澳台资10.12亿美元，完成到位注册外资及港澳台资3.8亿美元。

【主导产业】 2022年，临港经济开发区投运临港（北京）创新中心等科创载体超13.5万平方米。新认定高新技术企业88家，新增省级以上专精特新“小巨人”企业19家，新入库雏鹰企业、瞪羚企业、准独角兽企业71家，创历史新高。在全市率先落地2只总规模3亿美元的QFLP基金。新增省级研发机构10家，累计有效期内高新技术企业204家，有效发明专利拥有量1309件。推动长三角（江阴）数字创新港基础设施建设。完成工改腾退土地259公顷。双良节能系统股份有限公司获评国家两业融合试点龙头骨干企业。无锡互联创客空间获评国家级众创空间。远景能源有限公司董事长张雷获评“江苏制造突出贡献奖”先进个人。

【重大项目】 2022年，临港经济开发区持续打造新能源、高端装备、新材料、节能环保、智能制造、现代物流等产业集群，推进重大项目建设，总投资超百亿元的远景动力电池二期在内的30项重大项目开工建设，省重点项目恒润风电在内的41项重大项目竣工投产。

【江阴综合保税区】 2022年，江阴综合保税区完成进出口总值5.7亿美元，比上年增长9.4%；外资及港澳台资到账2282.37万美元，创历史新高。开票销售443.53亿元，入库税金1.33亿元，新注册企业104家，新增区内企业49家，有进出口值的企业57家，累计在册企业960家。在2021年度海关总署全国综保区绩效评估中脱C升B，排名晋升7位。总投资13.98亿元的康瑞卫智达产业园二期、中园慧创科创产业总部、筷牧食品冷链销售总部、新谷丰进口粮食加工和江苏蓝齐尔新材料科技有限公司5个项目签约；完成筷牧食品项目评审、立项及供地手续，推进办理中园慧创立项及供地手续。总投资3.2亿元的“综保智造”12万平方米标准厂房竣工验收。优化升级海关无感卡口，协助一般纳税人资格试点企业办理24小时通关等便利服务。开展云蝠投资控股有限公司跨境、大可电子商务（江阴）

有限公司跨境、江苏红柳床单有限公司跨境“9710”（跨境电子商务企业对企业直接出口）、“1210”等包裹跨境电商海外仓出口模式。2月，江阴邮政完成首单跨境电商1210出口集中拼箱业务。6月，完成中药材入综保区保税首单。新增省级高新技术企业1家、发明专利2项，完成2项保税租赁贸易。

（陈喜凤）

江苏江阴—靖江工业园区

【概况】 2022年，江苏江阴—靖江工业园区（以下简称“靖江园区”）实施产业强区和创新驱动发展战略，高效统筹新冠疫情防控和经济社会发展。完成地区生产总值117.35亿元，比上年增长5.6%。开票销售收入750亿元，比上年增长9%，再创历史新高；规模以上工业产值234亿元，比上年增长11.5%。一般公共预算收入同比例口径9.1亿元，比上年增长6.3%。固定资产投资额24亿元，比上年增长1.9%。限额以上批发业销售额458亿元，比上年增长11.3%。进出口总值4.88亿美元，比上年增长59.4%；到账外资及港澳台资5275万美元。港口货物吞吐量4252万吨。

【招商引资】 2022年，靖江园区推进“项目突破年”活动，外出招商60余批次，拜访企业70余家，举办2022经贸合作洽谈会、园区产业发展恳谈会和省重大项目开工暨重点项目签约活动，承办“霞客杯”中国江阴第五届创新创业大赛南京城市赛、领军人才“双招双引”推介会，积极对接创新创业类项目。完成亿元以上签约项目10个，其中10亿元以上项目2个、5亿元以上项目4个，1000万元以上文化项目1个；完成亿元以上项目备案6个，文化项目1个。推进工业园区升级改造，完成32.6公顷闲置低效土地收储盘活。

【主导产业】 2022年，靖江园区实施产业强区和创新驱动发展战略，打造临江先进制造业基地和现代港口物流基地。车船及配件、金属新材料、机械装备三大主导产业增速分别为30.4%、5.5%、19.2%，铁路、船舶、航空航天和其他运输设备制造实现利润34.93亿元，占全部规模工业利润总额86.47%，所占比重比上年同期上升2.78个百分点。黑色金属冶炼和压延加工业，实现利润4.7亿元，占比11.65%，比重比上年同期下降2.16个百分点。创新发展成效明显，新增高新技术企业1家，通过复审1家。入库科技型中小企业17家，获评省专精特新“小巨人”企业2家、市专精特新“小巨人”企业1家。获批省级企业技术中心1家、省级智能车间1家、市级智能标杆4家。江苏新扬子造船有限公司获第七届中国工业大奖，入围工业和信息化部智能制造示范工厂揭榜单位和优秀场景名单。

【重大项目】 2022年，靖江园区坚持“项目为王”理念，推进在建项目12个，总投资116亿元，其中大明大型装备项目一期9号厂房主体建设完成，码头工程持续推进桩基施工和平台横梁浇筑。博联综合物流中心完成码头主体建设，酸王泵高端特种环保装备制造完成主体竣工验收，中力新能源智能物流搬运设备项目持续推进厂房主体建设。下六圩港港池码头、盛佳高精度特钢深加工等5个项目竣工投运。拟建项目11个，总投资72亿元，其中航空装备制造、5G+智能制造127特种钢管、环保装备制造、智慧能源项目启动施工报建手续办理。意向项目42个，总投资221亿元。

【融合发展】 2022年，靖江园区围绕融合发展、共同富裕这一目标，制定靖江园区建设高质量跨江融合发展示范区行动方案。开展对外交流活动，推动长江两岸各类要素资源在园区深度融合、快速发展。5月，靖江园区与泰州市海事局签署党建结对和战略合作协议，在完善港区规划、优化产业布局、推动对外开放等方面共同做好“互联互融”工作。8月，市发改委、泰州市发改委在靖江市召开座谈会，共同商讨高质量跨江融合发展过程中的问题困难。10月，江阴市发改委、靖江市发改委

2022年，江苏新扬子造船有限公司获第七届中国工业大奖企业奖。图为江苏新扬子造船有限公司厂区

（靖江园区　供图）

共同探讨跨江融合发展体制机制解决之策。11月，省委研究室专题调研园区，共同为加快建设高质量跨江融合发展示范区出谋划策。12月，到深圳市深汕特别合作区考察学习先进经验。组建"澄靖联融桥·盟红园区"党建联盟28个，开展活动72场次，服务企业35家，协调解决各类问题45个。

（毛　璧）

江苏宜兴陶瓷产业园区

【概况】 2022年，江苏宜兴陶瓷产业园区（以下简称"陶瓷产业园区"）有规模以上工业企业145家，完成规模以上工业总产值237.63亿元，规模以上工业增加值60.87亿元。应税销售收入481.02亿元，其中工业310.84亿元、流通132.13亿元。全社会固定资产投资51.95亿元，其中工业14.15亿元、服务业37.80亿元。规模以上服务业营业收入7.05亿元，营利性服务业营业收入5.09亿元。一般公共预算收入9.07亿元。实际使用外资及港澳台资3332.17万美元，完成宜兴市市定目标任务的111.07%。6月2日，无锡市工业陶瓷产业知识产权联盟成立。

【项目建设】 2022年，陶瓷产业园区重大产业项目引进超50亿元项目1个、超亿元项目11个。新增规模以上工业企业11家、产值超亿元工业企业51家。实施工业项目65个。战略性新兴产业产值占规模以上工业总产值比重33.87%。完成服务业后劲投入37.79亿元，限额以上贸易总额86.93亿元，规模以上文化产业增加值7.6亿元。

【招商引资】 2022年，陶瓷产业园区举办2022丁蜀镇双招双引重点项目云签约活动、2022中国无锡"太湖杯"国际精英创新创业大赛（武汉赛区）暨第三届宜兴太湖湾国际青年精英科创挑战赛（武汉城市赛）、江苏宜兴陶瓷产业园区（丁蜀）科技人才项目签约仪式。签约落地项目5个，洽谈成熟项目11个。其中，总投资50亿元的沃兰特eVTOL飞行器研发生产项目机身总装型架等主要设备进厂。总投资10亿元的兆蓝智能制造产业园项目一期完成封顶。推进总投资150亿元的无锡丁蜀航空产业园合作项目、总投资105亿元的创普斯新能源材料生产项目、总投资20亿元的长江协同高端装备产业园等10个重点信息项目落地。

【科技创新】 2022年，陶瓷产业园区申报高新技术企业28家，其中复审16家，新申报认定12家；认定雏鹰企业培育库入库30家、瞪羚企业培育库入库11家；申报认定科技型中小企业246家；组织申报国家海外引才计划8个、国家高层次人才特殊支持计划1个、省"双创人才"项目6个，认定市"太湖人才"项目4个，认定宜兴市"陶都英才"项目7个；有效发明专利授权数483件，参与贯标企业4家，知识产权质押融资1.53亿元，规模以上企业研发投入6.01亿元。陶誉众创空间升格为国家级科创孵化载体，将投用高端陶瓷原材料孵化器，推进木石智能制造产业园等科创载体建设。陶瓷产业园区投入1500余万元专项扶持资金，入驻企业48家，孵化成功企业12家。

【主体经济】 2022年，陶瓷产业园区工业经济提质增效。腾退低效用地企业105家、面积90.19公顷，新增规模以上工业企业24家，累计145家。江苏亨鑫科技有限公司、宜兴市灵谷塑料设备有限公司、宜兴市丁山耐火器材有限公司投入智能化改造。实施主导产业强链补链行动，江苏胜开尔工业技术有限公司新材料合成专用装置制造及成套技术开发、楷正科技有限公司智慧机电成套装备制造、江苏东晨建设工程质量检测有限公司工程质量检测中心等项目开工建设，宜兴市吉泰电子有限公司集成电路封装用金属外壳生产线搬迁等项目进展顺利，宜兴摩根热陶瓷有限公司绿色智能自动化生产线节能环保提升改造等项目启动。完成限额以上社会消费品零售总额18.2亿元，比上年增长18.3%，限额以上贸易总额86.93亿元，比上年增长55.5%，规模以上服务业营业收入7亿元，比上年增长26.1%。新增规模以上服务业企业5家，限额以上批零住餐企业14家。推进太湖凤凰山康养谷项目开工，推进沪宜农旅产业融合联动示范区、亦乐精品酒店、青山里商业广场等项目建设。紫砂直播生态联合会、文化产业招商中心成立，抖音直播电商销售超75亿元。举办第11届国际陶瓷文化艺术节、第二届国际柴烧艺术节和首届国际咖啡文化节。

【企业上市】 10月，陶瓷产业园区内企业江苏远航精密合金科技股份有限公司在北京证券交易所上市、成为宜兴市第一家北京证券交易所上市公司，园区第一家境内上市、国内镍导材料行业第一家A股上市企业。

（刘全忠　张　峰）

编辑　胡　慧

综　述

【**发展提质**】2022 年，无锡市外贸进出口总值 7373.1 亿元，比上年增长 8%，高于全省平均 3.2 个百分点，增速列全省第九位，占全省比重 13.5%，较上年提升 0.4 个百分点。全市完成实际使用外资及港澳台资 38.26 亿美元，比上年增长 3.57%，占全省比重 12.5%，规模保持全省第三位。全市对外直接投资额 17.1 亿美元，居全省第二位，比上年增长 20.8%；中方协议投资额 40.3 亿美元，比上年增长 220.5%，总量居全省第一位。新吴区获批国家进口贸易促进创新示范区。出台并落实市 RCEP 行动方案，全市对 RCEP 成员国进出口比上年增长 9%，高于全市平均进出口 1 个百分点，占全市外贸比重 43.2%。贯彻长三角一体化战略，推进长三角电子元器件国际分拨中心建设，完善工作机制、出台配套政策，培育和挖掘外贸新增量，分拨中心实现进出口 5.4 亿美元，招引 15 家企业入驻。助力开拓市场，实施贸易促进计划，组织 675 家企业参加第 131 届、第 132 届中国进出口商品交易会，“江苏优品，畅享全球”无锡专场，“三线联动”RCEP 国际展会等重点展会，支持企业稳订单拓市场。组织新冠疫情发生后省内首个国际经贸包机，搭载 128 人次到日本开展贸易投资洽谈活动，签约订单 3000 万美元，对接项目 12 个，涉及金额 8 亿美元。组织参加第五届中国国际进口博览会，无锡交易分团 307 家企业签约成交 195 笔订单，意向成交金额 12.77 亿美元，比上年增长 4.7%，居全省第二位。

【**新业态发展新模式**】2022 年，无锡市推动跨境电商提速发展，出台并落实《中国（无锡）跨境电子商务综合试验区高质量发展三年行动计划（2022—2024 年）》，率先在全省建立跨境电商 RCEP 专业服务平台、跨境数字化公共服务平台，全方位助力企业跨境出海。推进海外仓新业态，新增 9 家公共海外仓，累计总数 49 家，其中省级公共海外仓总数 8 家，居全省第一位。提升服务贸易发展水平，举办第 13 届中国大学生服务外包创新创业大赛。无锡市 2 件国家文化出口基地建设工作案例被商务部选中全国推广。开展第三批省级服贸基地和服贸重点企业认定申报，3 家基地和 6 家企业入围。

【**招商引资机制优化**】2022 年，无锡市推进“板块为主、强化统筹”招商引资机制，推动招商资源整合和流程优化，出台《全市“1+N+1”招商工作架构改革方案》，统筹推动市投资促进中心改革发展工作，形成以市招商护商工作领导小组为指导，以各开发区、相关部门、市属国企为平台主体，强化市投资促进中心执行保障能力的招商工作格局。强化重大项目招引，坚持“一把手”抓招商、围绕产业链创新链抓招商，加强与重点央企、世界 500 强、实力民企、大院大所、头部基金的对接合作，招引区域总部、子公司和产业项目。在上海市举办 2022“携手无锡国际化现代

11 月 4 日，2022“携手无锡国际化现代化建设”圆桌会在上海市举行
（朱吉鹏　摄）

化建设”圆桌会，推出“无锡会客厅”招商引资品牌，现场9个项目集中签约，投资总额12.4亿美元。举办中日（无锡）产业供需合作对接会、东亚企业家太湖论坛分论坛——共建经贸创新发展示范园区论坛、无锡（澳门）经贸招商活动，取得良好成效。与日本、韩国等国家合作的多个重大项目落地，海力士七期项目签约，村田电子百亿新项目落户无锡高新区。发挥招商护商工作领导小组作用，帮助外资企业解决环保、土地、安全生产等问题，村田电子、SK海力士、中环领先等11个项目被列入商务部重点外资项目清单，项目数量居全省第一位。推动对外经济合作快速发展。

【开放平台建设】 2022年，无锡市推动开发区高质量发展，深度融入粤港澳大湾区，实施无锡引资引才最优最新政策，承接产业项目和服务功能，挂牌成立无锡深港协同创新中心、无锡惠山（深圳）创新中心。制定《加强与自由贸易试验区联动创新发展的任务清单》，统筹协调市级相关部门，指导各联创区围绕能复制尽复制目标，全面开展联动创新。提升口岸开放水平，新安、宜兴水路二类口岸与上海港的ICT项目合作落地。推进国际邮件互换局建设。完成无锡苏南硕放国际机场离境退税代办点软硬件建设。

（楼利锋）

利用外资及港澳台资

【概况】 2022年，全市完成实际使用外资及港澳台资38.26亿美元，居全省第三位，比上年增长3.57%。新批外资及港澳台资项目447个，新增协议注册外资及港澳台资87.89亿美元（不含减资金额），比上年下降23.08%。新批协议注册外资及港澳台资3000万美元以上项目66个，项目平均规模1.17亿美元。制造业投资高于全省平均。全市新增制造业协议注册外资及港澳台资31.71亿美元，比上年下降4.7%；制造业实际使用外资及港澳台资17.32亿美元，比上年增长19.93%，占全市比重45.26%，占全省制造业比重14.43%，全市制造业比重高于全省（39.34%）5.9个百分点。全市制造业实际使用外资及港澳台资主要行业分布及占比为：计算机、通信和其他电子设备制造业19.54%，专用设备制造业6.54%，电气机械和器材制造业5.14%，医药制造业4.48%，铁路、船舶、航空航天和其他运输设备制造业2.61%，通用设备制造业2.37%，汽车制造业1.5%，纺织业1.32%。服务业投资略有下降。全市新增服务业协议注册外资及港澳台资56.18亿美元，比上年下降30.64%；服务业实际使用外资及港澳台资20.94亿美元，比上年下降6.88%，占全市比重为54.74%。全市服务业实际使用外资及港澳台资主要行业分布及占比为：商务服务业14.64%，房地产业14.49%，科技推广和应用服务业8.56%，研究和试验发展7.11%，批发业5.12%，软件和信息技术服务业2.23%，资本市场服务1.16%。

【外资及港澳台资主要来源地】 2022年，全市实际使用外资及港澳台资有升有降。全市港澳台资主要来源为中国香港和台湾地区，占全市实际使用外资及港澳台资比重分别为71.27%、1.09%。全市外资主要来源为韩国、新加坡、开曼群岛、英属维尔京群岛、美国、德国，占全市实际使用外资及港澳台资比重分别为13.67%、3.76%、3.7%、2.28%、1.41%、0.96%。来源于中国台湾地区及韩国、新加坡、开曼群岛、美国、德国等国的实际投资呈现增长态势，实际使用外资及港澳台资分别比上年增长1.85%、16.46%、80.16%、410.48%、65.43%、469.6%；来源于中国香港地区及英属维尔京群岛的实际投资呈现下滑趋势，实际使用外资及港澳台资分别比上年下降5.91%、13.84%。来源于亚洲、欧洲、大洋洲、北美洲、离岸金融中心、“一带一路”国家地区、RCEP成员国的实际使用外资及港澳台资分别占比89.88%、2.27%、0.23%、1.44%、6.2%、3.76%、17.74%。

【重大项目提质增效】 2022年，全市新批协议注册外资及港澳台资超3000万美元以上的重大项目66个。新增重大项目协议注册外资及港澳台资77.14亿美元，项目平均规模1.17亿美元。新批投资总额200.5亿美元，项目平均投资规模3.04亿美元。其中，投资总额超亿美元项目25个，累计投资总额181.7亿美元；投资总额超3亿美元重大项目8个，累计投资总额74.7亿美元；投资总额超5亿美元重大项目3个，累计投资总额139.5亿美元；新增投资总额104.25亿美元的SK海力士半导体（中国）有限公司、投资总额20亿美元的华虹半导体（无锡）有限公司、投资总额15亿美元的无锡五八赶集信息技术有限公司等。

【外商及港澳台商投资企业】 2022年，全市外商及港澳台商投资企业进出口完成4198.3亿元，比上年增长2%，占全市外贸进出口总值的56.9%。全市累计有110个世界500强跨国公司在无锡市投资设立222家外资及港澳台资企业。

（刘孔水）

对外及对港澳台贸易

【概况】 2022年，无锡市外贸进出口总值7373.1亿元，规模再创历史新高，比上年增长8%，较全省平均增速快3.2个百分点，列全省第九位。其中，出口4852.6亿元，比上年增长15%，较全省平均增速快7.5个百分点，居全省第六位；进口2520.4亿元，比上年下降3.3%。按美元计价，进出口总值1106.52亿美元，比上年增长4.7%，出口727.88亿美元，比上年增长11.4%，进口378.6亿美元，比上年下降6.1%。

年内，全市以一般贸易方式进出口4228.8亿元，比上年增长11.9%，占全市外贸进出口总值的57.4%，比上年提高2个百分点。其中，出口比上年增长16.5%，进口比上年增长2.7%。以加工贸易方式进出口2633.8亿元，比上年增长5.8%，占35.7%，其中出口比上年增长15.5%，进口比上年下降6.9%。

年内，全市对东盟、欧盟、韩国进出口分别为1178.7亿元、1145.7亿元、1126.6亿元，比上年分别增长13.3%、11.2%、13.6%，对日本和美国进出口分别为711.7亿元和660.9亿元，比上年分别下降3.3%和0.1%。出口方面，对东盟、欧盟、韩国、日本和美国均保持增长，比上年分别增长18.4%、22.8%、38.3%、8.5%和0.6%。进口方面，自东盟进口比上年增长3.3%，自欧盟、韩国、日本和美国进口比上年分别下降9.8%、13.6%、9.6%和2.1%。对"一带一路"沿线国家进出口比上年增长14.2%，占27.3%，比上年提高1.5个百分点；对RCEP协定国家进出口比上年增长9%，占43.2%。

【外贸高质量发展体系建设】 2022年，无锡市制定《高质量实施〈区域全面经济伙伴关系协(RCEP)〉行动方案》，是全省第一家制定该项政策的城市，围绕货物贸易、服务贸易、双向投资、原产地规则、电子商务、知识产权等领域提出16条举措，为全市高质量实施RCEP提供对接模式和实施路径。制定《促进外贸保稳提质增效十项措施》，帮扶外贸企业应对困难挑战，着力稳住外贸基本盘，为全市外贸发展提供支撑。

【创新外贸载体】 2022年，无锡市成功申报国家进口贸易促进创新示范区(新吴区)，获国家级牌子，打造以"空港型集成电路、生物医药产业链进口+消费品跨境电商进口"为主的进口贸易促进创新示范区。制定《关于支持长三角电子元器件国际分拨中心发展的若干措施》，全球最大的IT分销商Synnex、无锡捷普电子入驻分拨中心，推动英飞凌科技(无锡)有限公司、捷普电子(无锡)有限公司、无锡村田电子有限公司、博世汽车系统(无锡)有限公司等7家企业入驻，完成6亿美元外贸进出口。培育江苏锡美达技术贸易有限公司外贸项目，帮助解决增值税滞纳、银行融资以及客户拓展等问题，完成1.9亿美元外贸增量。召开全市离岸贸易工作座谈会，完成离岸贸易中心试点城市申报工作。推动江阴港口岸功能升级，丰富江阴港外贸业态，完成向商务部二手车出口试点城市申报。

表19　2021年无锡市开放型经济统计表

指　标	单　位	金　额	比上年增长(%)
进出口总值	亿美元	1106.52	4.7
#一般贸易	亿美元	633.99	8.4
加工贸易	亿美元	395.53	2.6
来料加工	亿美元	89.09	7.2
进料加工	亿美元	306.44	1.3
出口总值	亿美元	727.88	11.4
#一般贸易	亿美元	440.40	12.8
加工贸易	亿美元	243.98	11.8
来料加工	亿美元	62.20	28.5
进料加工	亿美元	181.77	7.1

(市统计局)

【外贸企业服务】 2022年，无锡市完善重点外贸企业服务专员制度，加强对占全市外贸比重为75%的413家重点外贸企业的运行监测和服务。新冠疫情防控期间，服务保障重点外贸企业稳定经营，保障海力士通过无锡硕放机场进口光刻胶261吨，货值3500万美元；利用中欧接续班列解决无锡小天鹅股份有限公司、捷普电子(无锡)有限公司出口欧洲工作，开行12趟次中欧接续班列，向欧洲市场发送714个标箱货物；参加专项督查专班，完成滨湖区、宜兴市、经开区复工复产督查。获省级商务发展资金997.44万元，其中4家省级公平贸易工作站获资金140万元，1家考核优秀获资金50万元，3家考核合格各获资金30万元。13家企业因积极应对"双反"案件获应诉补贴857.44万元。帮助无锡药明康德生物技术股份有限公司、无锡透平叶片有限公司两家重点外贸企业从美国商务部工业和安全局从未经核实清单(UVL)中移除，对全市外贸发展产生积极影响。

【市场多元化战略】 2022年，无锡市加大市场开拓力度，拓展外贸增长空间。充分发挥展会的主渠道作用，利用中国进出口商品交易会、中国华东进出口商品交易会、日本大阪展等优质展会平台帮助企业争订单、促成交。根据全市境内外市场拓展计划，拓展传统市场专业化展会项目，拓展新兴市场和新兴产业展会项目，推动更多的企业参加中国进出口商品交易会等境内外展博会。先后组织到日本、欧洲包机。到日本包机成为疫情发生后省内首个由政府组织的国际经贸包机，全体乘客“全成行”“无滞留”“零感染”，签订订单3000万美元，对接项目12个，涉及金额8亿美元。全年组织全市200家企业参加“江苏优品，畅行全球”线上线下展览活动，做好第131届、第132届中国进出口商品交易会组展工作，第131届中国进出口商品交易会无锡交易分团获评中国进出口商品交易会江苏省优秀分团。支持全市300家企业赴境外参展，完成近5亿美元订单。在第四届中国国际进口博览会获全省优秀组织奖的基础上，组织企业参加第五届中国国际进口博览会，举办阿斯利康、GE医疗成果发布会，成交额12.77亿美元，比上年增长4.7%，居全省第二位。

【外贸金融服务】 2022年，无锡市持续推动“外贸小微贷”业务持续优质发展，全市“外贸小微贷”业务保持良好的运行态势，为636家企业发放21.3亿元780笔贷款，加权平均利率3.85%，放贷金额比上年增长5.7%，加权平均利率比上年下降2.2%，保持较低的利率水平，在贷企业492户，在贷余额16.9亿元。统筹运用“苏贸贷”，为全市中小微外贸企业缓解融资难、融资贵等问题，支持全市中小微外贸企业发展。

（朱祎敏）

对外及对港澳台经济合作

【概况】 2022年，无锡市对外及对港澳台经济合作呈现稳健的发展态势。备案境外企业（机构）157个，中方协议投资额40.3亿美元，列全省居第一位，占全省总额41.7%，其中备案1000万美元以上重大境外投资项目25个，完成对外直接投资额17.1亿美元，列全省第二位，占全省总额25.6%。对外承包工程和劳务合作方面，完成外经营业额158万美元、外经合同额124万美元，新派劳务人员54人，至年末，在外劳务238人。对外援助方面，全市具有国家援外资格机构的中国水科院淡水渔业研究中心和江苏省血吸虫病防治研究所，以其专业领先优势继续承担和发挥在渔业养殖和寄生虫防治方面的培训基地作用；江苏中路体育文化发展有限公司获商务部认定对外技术援助项目实施单位资格；宜兴新乐祺纺织印染有限公司获商务部援外物资项目总承包企业资格。

【跨境并购项目】 2022年，全市备案绿地投资类项目125个，中方协议投资额12.1亿美元；备案跨境并购类项目32个，中方协议投资额28.1亿美元。项目数比上年增长52.4%。其中，超5000万美元项目6个，超亿美元项目2个，跨境并购成为全市企业国际化的重要途径。

【研发类境外投资】 2022年，全市研发类境外投资快速增长，备案研发类境外投资项目20个，中方协议投资额4.9亿美元，分别占全市总量12.7%和12.3%，投资额比上年增长1367.9%。

（陆　方）

参与“一带一路”建设

【概况】 2022年，无锡市对“一带一路”沿线国家投资49个项目，中方协议投资额9.3亿美元，比上年增长486.2%。18个列入省共建“一带一路”重点联系项目库的无锡项目建设进展良好，其中通用科技、中交新能源、确成硅化等8个制造业项目建成。

【贸易结构优化】 2022年，无锡市服务贸易进出口79.8亿美元，比上年增长12.1%。跨境电商加快发展，举办首届长三角跨境电商行业发展峰会及交易会，全市跨境电商进出口交易额44.3亿美元，比上年增长40.2%。

（王亦娴）

【丝路贸易】 2022年，无锡市组织8场“江苏优品，畅行全球”无锡专场线上对接会，覆盖纺织服装、车辆及配件、电动车等优势产业。组织675家企业参加第131届、第132届中国进出口商品交易会。对“一带一路”沿线国家进出口301.26亿美元，比上年增长14.2%，占全市进出口27.3%，提升1.5个百分点；对RCEP成员国进出口比上年增长9%，占全市进出口43.2%。对RCEP成员国投资61个项目，投资额8.6亿美元，比上年增长422.9%，占全市总额的21.4%。

（王亦娴　楼利锋）

【西港特区建设】 2022年，推进柬埔寨西哈努克港经济特区（以下简称“西港特区”）2.0升级版建设，西港特区被列入第二届“一带一路”国际合作高峰论坛成果清单。西港特区完成土地平整6.13公顷，路基建设1066米，浇筑砼道路1806米，修筑排水沟1010米，铺设污水管852米，砌筑挡土墙1499米，热电厂正常运行。全年新增企业13家，累计引入来自国内、欧美、东南亚等国家及地区的企业175家，创造就业岗位近3万个。西港特区企业实现进出口总额24.93亿美元，比上年增长12%。年内，西港特区建区企业投资额169.76万美元，入区企业投资额41562.98万美元，实现总产值121661.79万美元。对柬埔寨西哈努克省的经济贡献率超过50%。西港特区的发展成绩得到中国、柬埔寨

西港特区鸟瞰　　　　（西港特区公司　供图）

双边政府的高度肯定。11月，中国、柬埔寨双方发表的联合公报中指出，要“加快发展战略有效对接，高质量共建‘一带一路’。以西哈努克港经济特区为重点，深化两国产能投资合作，助柬加快构建现代化产业体系，将西哈努克省建设成多功能经济特区，打造互利共赢的产业链供应链格局。”西港特区充分发挥平台作用，以中柬自贸协定及RCEP正式生效为契机促进中柬贸易，推动中国（江苏）—柬埔寨“丝路电商”合作项目柬埔寨国家馆启动。

（王亦娴　楼利锋　陆　方　周　蜜）

【中欧班列】2022年，无锡市成立市班列公司，加强与连云港市、徐州市等城市的沟通衔接，开行中欧接续班列20趟次，发往德国、波兰、俄罗斯、哈萨克斯坦、乌兹别克斯坦等地，服务无锡小天鹅股份有限公司、三房巷集团有限公司、无锡尚德太阳能电力有限公司、捷普电子（无锡）有限公司等外贸企业。

【人文交流合作】2022年，无锡市培育一批“小而美”民生工程项目，集中资源建设西哈努克港工商学院、江苏—西哈努克默德朗友好学校、纳米比亚渔业生物研究培训班等项目。西港工商学院复课，为西港特区和柬埔寨提供人力资源支持。西港特区中柬友谊职工文化活动中心援建项目完成资金下拨，推进规划布局建设。老挝赛色塔苏信培训中心规划建设启动。

【多元服务平台】2022年，无锡市发挥“一带一路”海外发展服务平台、全球锡商联盟、无锡国际商会海外联络点的功能作用，搭建合作平台，促进双向投资。成立无锡国际人才一站式服务中心、中荷养老产业合作平台、中柬（锡西）协作平台等，提升无锡在人才、医疗等多领域的国际合作水平。

（王亦娴）

国际贸易投资促进

【概况】2022年，市贸促会抢抓“一带一路”和RCEP发展机遇，围绕“双循环”新发展格局，统筹国内国际资源，搭建经贸合作交流平台，率先在全省实现RCEP海外联络点东盟10国全覆盖。举办“2022无锡—东盟国际合作交流会暨无锡—东盟电动车线上对接会”“江苏（无锡）—新加坡集成电路/智能制造产业合作交流会”等6场国际贸易投资促进活动，吸引500余家企业参加，现场订单成交超过2300万元。

【国内外展览组织情况】2022年，市贸促会探索“云参展”“代参展”等国际展览新模式，组织全市765家企业参加“2022中国—东北亚国际贸易数字展览会”“中国—中西非国际贸易数字展览会”“东京时尚服装展”“美国纽约服装展”“泰国国际机械制造展览会”等17个国内外线上线下展览会，帮助无锡企业争订单、拓市场、稳生产。

【国际经贸变局应对】2022年，市贸促会深化与新加坡企业发展局、泰国投资促进委员会、韩国贸易协会、香港贸发局、日本贸易振兴机构、荷兰贸促会等10余个商务机构及商协会往来。筹办“贸促系统（江苏）服务外资企业政企对话会”“2022江苏省贸促会（国际商会）与境外机构、跨国公司合作交流会”等主场活动，搭建多元化、深层次、宽领域、国际化、专业化的经贸交流合作平台。联合金融机构共建全市首个面向中小微外贸企业的纾困金融服务项目，为中小微会员企业提供总额度5亿美元的贸易纾困贷款。成立覆盖全市贸促系统的服务外资企业工作专班，到509家企业调研，汇总梳理并妥善处理210项外资企业诉求信息。

【国际商事法律服务】2022年，市贸促会举办RCEP政策相关培训22场，吸引线上、线下约7100人次参与。联合中国国际经济贸易仲裁委员会举办首个无锡仲裁周活动，组建成立国际商事争端解决和知识产权服务中心，选聘相关领域专家组成专家库，借助外脑外智为企业涉外经贸活动保驾护航。签发各类经贸文书、

11 月 17 日，在第 14 届中国（无锡）国际新能源大会暨展览会上，举办 2022 新能源国际合作论坛　（市贸促会　供图）

单证 7.9 万份，其中 RCEP 等自贸协定原产地证书 2.1 万份，涉及货值约 11.63 亿美元，帮助全市 620 家企业减免关税约 5300 万美元。受理经贸调解案件 15 起、仲裁案件 35 件，涉案金额 22.76 亿元。

【第 14 届中国（无锡）国际新能源大会】 11 月 16—19 日，第 14 届中国（无锡）国际新能源大会暨展览会在无锡市举办。展览会以“聚焦双碳目标·引领绿色发展”为主题，围绕各领域龙头企业举办光伏、风电、氢能和动力电池 4 个产业生态圈会议及 2022 新能源国际合作论坛等会议，邀请中国国际贸易促进委员会、国家能源局、中国科学院院士和中国工程院院士、中国能源研究会等行业专家出席，吸引国家电力投资集团有限公司、国家能源投资集团有限责任公司等能源中央管理企业及隆基绿能科技股份有限公司、协鑫集团控股有限公司、天合光能股份有限公司等龙头民营企业参展参会，32 个项目完成现场签约，总金额 189.8 亿元，展览面积 2 万平方米。

（卢　珊）

口　岸

【概况】 2022 年，全市口岸货物吞吐量完成 3.52 亿吨，比上年增长 3.9%；外贸货物吞吐量完成 6409.81 万吨，比上年下降 4.2%；集装箱吞吐量完成 63.94 万标箱，比上年下降 8.3%。无锡空港旅客吞吐量完成 376.92 万人次，比上年下降 47.1%，其中出入境旅客吞吐量完成 1335 人次，比上年下降 90.3%；货邮吞吐量完成 9.8 万吨，比上年下降 40%，其中出入境货邮为 1.49 万吨，比上年增长 2.9%。在全国 254 个民用运输机场排名中，客运排名 41 位（比上年下降 3 位），货运排名 24 位（比上年下降 2 位）。

【药品进口口岸新增职能】 1 月 28 日，国家药品监督管理局批复同意无锡市增加进口药材事项，无锡市成为全国首批增加药材进口职能的药品进口口岸。无锡市具备无锡航空港、江阴港等多个药品进口通关点，具备化学药和中药材的进口功能。5 月 5 日，由费森尤斯卡比华瑞制药进口的 11.15 吨“卡全”注射液在江阴港顺利通关提离，是江阴港获批药品进口口岸后迎来的首批进口药品、无锡地区药品进口水运口岸首单。6 月 2 日，从马来西亚进口到国内的 800 千克沉香从江阴药品进口口岸顺利通关，是无锡市首批通关进口的中药材。

【离境退税代办点】 7 月 27 日，无锡农村商业银行在苏南硕放国际机场设立的购物离境退税办点开工建设，年末建设完成。

【无锡（江阴）港口岸新增对外开放泊位】 9 月 15 日，无锡（江阴）港申夏港区 5 号码头二期工程 4 号泊位、5 号泊位通过省级验收组对外开放验收。江阴口岸累计有对外开放泊位 44 个，其中万吨级泊位 42 个。

【航空口岸建设】 2022 年，苏南硕放机场开通国际（地区）客运航线 1 条，通航城市为东京；开通国际（地区）货运航线 5 条，通航城市分别为大阪、莱比锡、洛杉矶（临时）、纳什维尔、芝加哥、首尔。1 月 5 日，苏南硕放国际机场无锡综保区直通货站正式挂牌成立，该货站是无锡市空港与综保区联动发展的重要载体，通过空陆联程运输，能缩短货物降落到运抵企业 50% 的时间。12 月 28 日，苏南硕放机场举行 DHL 快递无锡口岸项目落成仪式。

【上港 ICT 项目落户】 1 月 5 日，市政府与上海国际港务（集团）股份有限公司签署战略合作协议，上港 ICT 项目落户无锡市，双方将聚焦现代物流业发展，围绕陆改水、路改铁业务和 ICT 项目落地运营及江阴港高质量发展等进一步深化合作。年内，无锡水路二类口岸无锡港新安作业区和宜兴港分别与上海国际港务（集团）股份有限公司达成 ICT 项目合作，并投入运营。

（祝敏威）

海 关

【概况】2022年，无锡海关审核结关报关单46.2万份，比上年下降8.5%；监管进出口货运量68.7万吨，比上年下降1.5%；监管进出口总值373.4亿美元，比上年增长2.5%；监管集装箱10.5万箱次，比上年增长7.8%；监管运输工具355架次，比上年下降12.6%；验放进出境人员3221人次，比上年下降80.2%。征收税款入库94.4亿元，比上年增长22.1%。制作的科普动漫《国门安全无小事》获江苏省优秀科普作品一等奖。

【出入境安全监管】2022年，无锡海关坚守口岸新冠疫情防控第一道防线，进驻封闭管理专班26轮、241人次，保障进出境客货机376架次，检出新冠病毒阳性11例，监管进出境货物1.4万吨，完成重大外事活动保障任务，开展“口岸危险品综合治理”百日专项行动，检查发现不合格危险品37批。加强检验检疫监管，开展“国门绿盾2022”行动。开展“数字稽查”工作，办结稽查作业53起，主动披露作业121起，追补税款1.98亿元，比上年增长100%。推广“核查领域企业自查认可模式”改革，核查作业有效率78%。

【促进外贸保稳提质】2022年，无锡海关落实海关总署、南京海关促进外贸保稳提质系列举措，细化28个方面54条具体措施，运用“企业问题清零”系统解决企业问题58个。签发RCEP原产地证书近万份，帮助企业享受进口国关税优惠800万美元。释放减税降费政策红利，为重点企业减免税款6.3亿元，比上年增长2.5倍。开展“信用+行业”链式信用管理模式，年内新增8家“经认证经营者”（AEO）高级认证企业，无锡市（不含江阴市、宜兴市）高级认证企业总数占全省9.3%。持续打造6个国家检测重点实验室，在全国海关系统唯一获批“国家中小企业公共服务示范平台”。

【对外开放服务】2022年，无锡海关支持全省首家基地航空公司落地无锡市，助力苏南硕放机场DHL快递业务落地运行。开辟无锡高新综保区与太仓港“区港联动”直通通道，支持长三角电子元器件国际分拨中心，辐射无锡高新综保区内企业40家。助力无锡新安港“ICT（集装箱堆场）”项目启动，开启“无锡—上海外高桥”内外贸同船航线，开通水运转关“离港确认”业务，无锡新安港货运量比上年增长60%。开辟“中欧班列+公铁联运”模式，拓展“一带一路”出口新通道。创新“机坪直提+工厂查验”监管模式，解决重点集成电路企业关键原材料进口。畅通连云港、青岛、日照3条“陆海联运”新通道，保障新投资项目顺利投产。

11月11日，无锡海关在佳利达仓储查看“同仓调拨”模式运行情况

（匡 琰 摄）

【打私综合治理】2022年，无锡海关打击侵权违规，知识产权海关保护案例获评无锡市知识产权保护十大案例。开展“国门利剑2022”联合行动，立案侦查刑事案件12件，其中涉税案件7件，案值1432.6万元；非涉税案件5件，涉及毒品及麻精药品25千克、枪支散件790件。立案调查行政案件53件，案值8378.5万元，涉税681万元。

【监管改革创新】2022年，无锡海关持续推广“两步申报”“两段准入”等通关便利改革，进口和出口整体通关时间分别压缩60%和80%，创历史最优水平。优化真空包装等高新技术货物一体化布控查验模式，13家企业、25批货物实现口岸属地协同查验。推进企业集团加工贸易监管改革，减免企业保证金751万元。率先在省内试点“同仓调拨”改革，实现仓储物流企业“保税—非保税”货物性质高效转变，节省企业运输成本30%。智慧海关建设先行先试，“海关物联网应用示范区”10个项目竣工验收，构建“智慧通关、智慧监管、智慧预警、智慧监控”四大体系。“智慧旅检”和企业认证“三色管理”入围省内“最具国际竞争力的海关监管体制机制”生动实践案例。

（于东江）

出入境边防检查

5月4日，无锡出入境边防检查站执勤民警执行勤务保障任务

（宋祖帅　摄）

【概况】 2022年，无锡出入境边防检查站开展“五色体系”（“红帆领航”党建体系、“蓝盾精准”管控体系、“绿力同行”服务体系、“金徽亮彩”管理体系、“橙心暖警”保障体系）建设，维护国家政治安全和无锡空港口岸安全稳定。查验出入境航班376架次，验放出入境旅客3450人次，连续3年获评全省边检机关站级单位“优秀党委班子”，被国家机关事务管理局、中央直属机关事务管理局、国家发改委、财政部联合授予“节约型机关”称号。执勤四队获公安部表彰，执勤一队荣立集体二等功，王兵获公安部表彰，王兵、宋祖帅获国家移民管理局表彰。

【出入境管控】 2022年，无锡出入境边防检查站制定《现场常遇警情处置规程》，细化《应对疫情突发事件平急转换工作预案》，统筹部署北京冬奥会、冬残奥会、香港回归25周年等安保工作，开展应急演练，开展口岸处置突发事件演练和桌面推演30余次，4月查处一起外国人非法就业案件。创建“三个数据模型”（西南边境自首入境人员结伙偷渡线索挖掘模型、持旅游签多次到澳门人员数据模型、疑似中转到澳门参赌人员数据模型），排查人员71916人次，发现行为轨迹异常人员324人。开展攻坚行动，搜集整理信息307篇，被国家移民管理局采用3篇、江苏边检总站采用21篇，其中B级线索2条、C级线索52条、刑事立案线索2条，情报积分持续列全省第一位。

【边检法治建设】 2022年，无锡出入境边防检查站汇编执法执勤“五套指引”（边检业务规范指引、勤务问题处置指引、处置突发事件指引、分析研判核查指引、行政案件办理指引），制定《重要旅客勤务办理规范》《境外监测U盾使用管理规定》等规范性文件37个，跨境赌博犯罪研究成果获省打击治理跨境赌博工作领导小组机制工作简报刊登。推进融合通信和指挥中心实战平台试点应用，启用数据核查室，开展数据算法建模，从125万余条出入境数据中筛选出查控项录入异常数据24条，为执勤差错整治、后台数据核查提供科学精准支撑。完成空港视频监控智能化改造工程，实现出入境人员全流程监管。

【服务地方发展】 2022年，无锡出入境边防检查站完成政府包机和客运航班复航勤务任务，推动苏南硕放国际机场国际客运航班复航事宜。在全省范围率先建成“三区”（一脱区、二脱区、清洁区）明确的查验专区，制定《货机查验工作指引》，创新指挥中心“1141”问题办理机制（“12367”转接平台和指挥中心问询电话平台第一时间跟进、1小时内联系来电人、4小时内反馈、一次性办结），开设芯片原料、抗疫物资、民生物资边检“快捷通道”，保障货运航班332架次，保障运输国际货物物资1.5万余吨。组建勤务专班，完成国务委员兼外交部部长王毅在无锡市与六国外长会晤专项勤务保障任务。

（刘　迪）

编辑　胡　慧

综　述

【农业经济发展】 2022年，全市林牧渔业总产值220.83亿元，比上年增长1.6%，农业农村经济运行稳中向好。粮食种植面积81126.67公顷，比上年增长1.3%，总产量55.63万吨，比上年增长1%。蔬菜种植面积38340公顷，比上年下降4.5%。果园种植面积10419.57公顷，比上年下降0.3%，园林水果总产量18.2万吨，比上年增长7.8%。肉类总产量8003吨，比上年下降5.4%，禽蛋总产量1.05万吨，比上年下降21.1%，水产品产量10.24万吨，比上年增长0.3%。宜兴市入选首批"国家乡村振兴示范县"创建名单，惠山区获评全国村庄清洁行动先进县，宜兴市高标准农田建设、锡山区富民强村帮促工作获省政府督查激励。江阴市顾山镇获批创建国家农业产业强镇，宜兴国家农村产业融合发展示范园通过认定，滨湖区现代农业产业高质量发展示范园获批首批省级示范园，惠山区洛社镇万马村获评全国"一村一品"示范村，滨湖区马山街道获评全国乡村特色产业超十亿元镇，惠山区阳山镇桃源村、宜兴市丁蜀镇西望村、宜兴市湖㳇镇张阳村、宜兴市万石镇后洪村、宜兴市西渚镇白塔村获评全国乡村特色产业超亿元村。滨湖区世外源生态农庄、江阴故乡情农业发展有限公司被农业农村部农业生态与资源保护总站联合中国农业生态环境保护协会评选为2022年度国家级生态农场。

宜兴市张渚镇茶园春景　　（市农业农村局　供图）

【农业建设创新】 2022年，市农业农村局在全国率先发布《无锡市乡村建设美学导则》，在全省率先编制"农地合一"现代农业专项规划，建立省内首个市级金融服务乡村振兴合作联盟。无锡市成功争取全国整区域推进高标准农田建设试点、厅市共同推进农业数字化建设整市试点，获省政府促进乡村振兴、改善农村人居环境成效明显地区表扬激励。

【现代农业园区】 2022年，无锡市坚持乡村产业发展平台化、园区化、规模化，在全省率先出台鼓励引导工商资本投资现代农业的政策文件，率先将省级以上现代农业产业园纳入全市开发区管理范围，推进区级科技园、镇级产业园、村级特色园建设，引导市（县）区、镇（涉农街道）、村（涉农社区）三级统筹特色资源和产业布局，引领乡村产业发展，认定首批无锡市农业产业园8个、农业特色园26个。

（市农业农村局）

延伸阅读：

2022年无锡市粮食生产情况及问题分析

一、粮食生产基本情况

（一）粮食播种面积连续2年回升

2022年，无锡市通过种植结构调整、退渔还田等措施，全面挖掘粮食生产潜力，保障粮食播种面积稳定增长，面积增幅居全省设区市第二位。粮食播种面积81126.67公顷，比上年增长1.3%。其中：稻谷播种面积39960公顷，比上年增长1.4%，小麦播种面积35540公顷，比上年增长2.1%。

（二）粮食单产基本稳定

2022年，水稻全生育期内气象条件总体不利，对水稻生产造成一定影响，导致全年粮食单产不如上年。粮食亩产457.1千克，比上年下降0.3%。其中：水稻亩产603.5千克，比上年下降1.1%；小麦亩产327.7千克，比上年增长1.3%。

（三）粮食总产稳步增长

2022年，无锡市粮食总产55.63万吨，比上年增长1%。其中：水稻总产36.17万吨，比上年增长0.3%；小麦总产17.47万吨，比上年增长3.4%。

二、粮食生产需重视的问题

（一）种粮成本持续上升影响种粮积极性

2022年，农资、柴油、人工等价格居高不下，特别是化肥价格涨幅较高，复合肥均价一度高达每千克5.38元，与上年同期相比涨幅近六成，种粮户成本上升，从部分户调查情况看，夏粮种植亩均支出724元，比上年提高17.3%。在粮价走势不稳定的形势下，种植户种粮收益持续收窄，部分种粮户对维持或扩大粮食生产规模持谨慎心态。

（二）农机供需不平衡，使用成本增加

农业机械化和农机装备产业转型升级是转变农业发展方式、提高农业农村生产力的重要基础。秋收秋种期间，无锡市农机市场需求增加但供给紧张，机耕和机播费用与上年同期相比维持涨势，亩均机耕费65元，上涨4.7%，亩均机播费15元，上涨2%。农户及合作社在农用机具购置方面补贴相对偏少，农机作业利润低，使用成本增加，影响其购买使用农机的积极性，不利于农机的推广和发展。

（三）秸秆处置方式存在风险

秸秆直接粉碎全料还田是当前种粮户主要处置方式，但多数农户不能完全落实秸秆全料还田技术要求，操

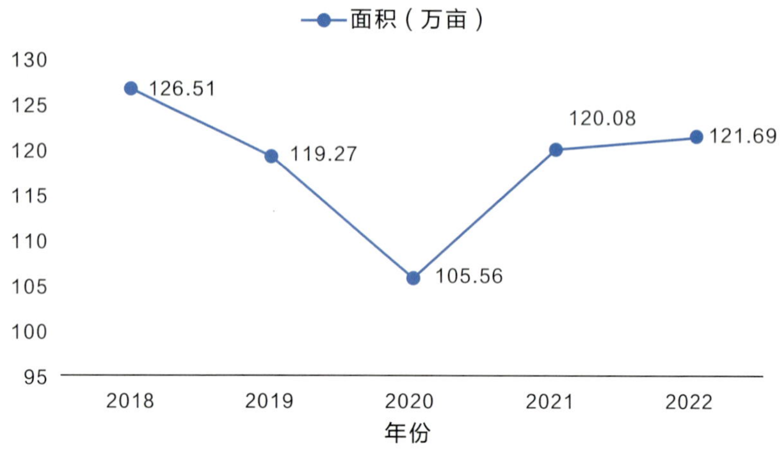

图5　2018—2022年无锡市粮食面积变化示意图

（国家统计局无锡调查队）

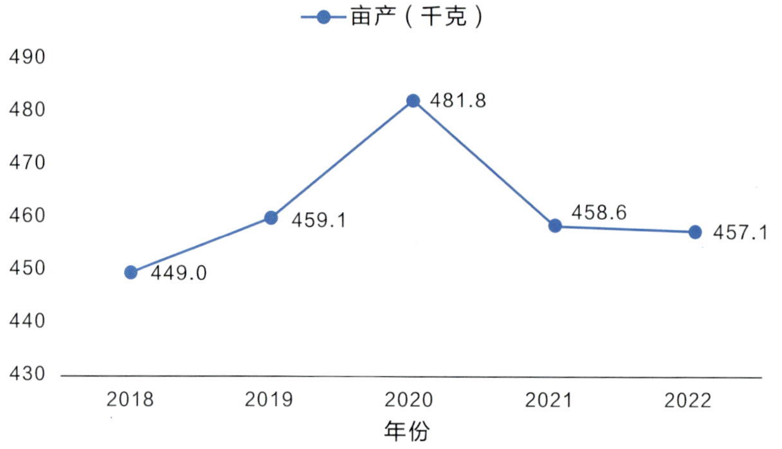

图6　2018—2022年无锡市粮食单产变化示意图

（国家统计局无锡调查队）

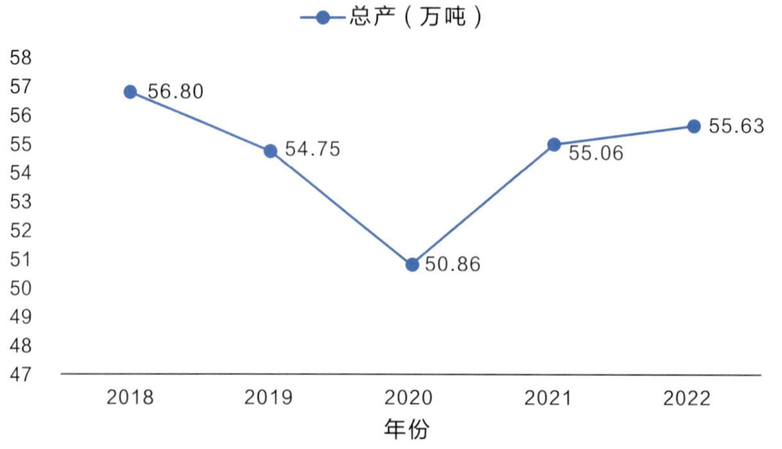

图7　2018—2022年无锡市粮食总产变化示意图

（国家统计局无锡调查队）

作粗放，还田量大，不仅没有实现科学利用、有效肥田目的，相反还制约了播种质量的提高，对粮食作物生长负面影响突出，很大程度上影响粮食产量，部分农户反映现行的全料还田秸秆处置方法作物扎根不牢，抗倒伏性下降，同时易滋生杂草和病虫害。

（资料来源：国家统计局无锡调查队《2022 年无锡粮食生产稳中有增，种粮成本上升仍需重视》）

农业产业

种植业

【粮食作物】 2022 年，无锡市粮食种植面积 81126.67 公顷，亩产 457.14 千克，总产量 55.63 万吨。夏粮面积 36880 公顷，亩产 322 千克，总产量 17.81 万吨。其中，小麦面积 35540 公顷，比上年增加 726.67 公顷；亩产 327.7 千克，比上年增加 4.1 千克；总产量 17.47 万吨，比上年增加 0.57 万吨。秋粮面积 44246.67 公顷，亩产 569.81 千克，总产量 37.82 万吨。其中，水稻面积 39960 公顷，比上年增加 546.67 公顷；亩产 603.46 千克，比上年减少 6.64 千克；总产量 36.17 万吨，比上年增加 0.11 万吨。

【油料作物】 2022 年，油料作物总产量 7643 吨，比上年增长 0.9%。其中，油菜籽总产 6882 吨，比上年增长 1.7%，亩产 170.85 千克，比上年增长 4.7%；受夏季持续高温影响，芝麻产量 473 吨，比上年下降 6.1%；花生产量 287 吨，比上年下降 5.3%。油料作物种植面积 3080 公顷，比上年下降 3.4%。其中，油菜种植面积 2686.67 公顷。

【蔬菜】 2022 年，蔬菜播种面积 38340 公顷，比上年下降 4.2%；总产量 120.97 万吨，比上年下降 2.5%。

【茶叶】 2022 年，茶园面积 5482.53 公顷，其中可采摘面积 4472.93 公顷。总产量 4116.95 吨，其中，绿茶 1861.28 吨、红茶 2255 吨、其他茶叶 0.67 吨。

【水果】 2022 年，果园种植面积 10419.57 公顷，其中，梨 1067.63 公顷、柑橘 249.4 公顷、桃 3978.73 公顷、葡萄 2109.8 公顷、猕猴桃 61.5 公顷、其他果园 2952.51 公顷。水果总产量 181961 吨，其中，梨 23680.9 吨、柑橘 5663.2 吨、桃 69235.9 吨、葡萄 47781.5 吨、猕猴桃 713.2 吨、其他水果 34886.3 吨。

【优质稻米产业化】 2022 年，无锡市继续扩大优质食味稻米品种种植面积，继续推广南粳 46、苏香粳 100、南粳 5055、宁香粳 9 号、银香 38 等优良食味稻米品种，全市优质食味稻米品种种植面积占比 76%，比上年提高 3 个百分点。推广优质稻米绿色防控、水稻集中育秧壮秧培育、机插稻绿色高效配套栽培、稻田综合种养等优质稻米标准化生产技术（模式）。锡山区羊尖镇通过省“味稻小镇”复核，6 名稻米生产经营者获“苏米工匠”称号，3 家稻米生产企业获评“中高端稻米（油）全产业链发展模式优秀案例”。在第

表 20　2022 年无锡市农业产值、农产品产量统计表

指　标	单　位	数　值	比上年增长（%）
农林牧渔业总产值	亿元	220.83	1.6
农作物播种面积	千公顷	133.88	−1.1
#粮食	千公顷	81.13	1.3
夏粮	千公顷	36.88	1.9
秋粮	千公顷	44.25	0.9
粮食产量	万吨	55.63	1.0
夏粮	万吨	17.81	3.3
秋粮	万吨	37.82	0.0
粮食单产	千克 / 公顷	6857	−0.3
夏粮	千克 / 公顷	4830	1.4
秋粮	千克 / 公顷	8547	−0.9
油菜籽产量	吨	6882	1.7
茶叶产量	吨	4117	0.3
水果产量	吨	181961	7.8
牛奶产量	吨	3709	25.2
禽蛋产量	吨	10456	−21.1
水产品产量	吨	102434	0.3

（市统计局）

宜兴市杨巷镇高标准农田　　（市农业农村局　供图）

七届“芳桥”杯“江苏好大米”品鉴推介评奖活动中，获2个十大品牌、4个特等奖、6个金奖、3个银奖、2个包装设计奖，金奖以上占全省获奖数的五分之一。

【高标准农田建设】 2022年，无锡市制定《关于整区域推进高标准农田建设的实施意见(2022—2025年)》，以城镇开发边界外的稳定耕地和永久基本农田为重点，以建设亩产1000千克的“吨粮田”为核心标准，计划4年时间建设16666.67公顷高标准农田。全市建设任务5166.67公顷，至年末建成5380公顷。

【粮食绿色高质高效示范片创建】 2022年，无锡市创建省级水稻绿色高质高效示范片17个，其中五千亩示范片1个，位于宜兴市；千亩示范片16个，其中江阴市7个、宜兴市6个、锡山区2个、惠山区1个；落实市级百亩示范片12个，全市落实省、市级水稻示范片29个。惠山区自主申报小麦绿色高质高效千亩示范片1个，位于惠山区玉祁水稻园。

【夏熟耕地轮作】 2022年，无锡市推进耕地轮作工作，加大稻油(豆)轮作种植推广力度，扩大油料种植，提升油料产能，加快构建用地与养地相结合、生产与生态相协调的绿色高效种植制度。全市耕地轮作面积为378.44公顷，其中锡山区351.03公顷、惠山区19.41公顷、滨湖区8公顷。

【园艺产业】 2022年，市农业农村局组织参加“陆羽杯”江苏省第20届名特茶质量评价活动。选送的宜兴红茶、阳羡雪芽、太湖翠竹、无锡毫茶等84个茶叶样品，获特等奖14个，占全省特等奖的41%，获一等奖22个，占全省一等奖的46%，市农业农村局获优秀组织奖。举办省第四届杨梅产业发展论坛暨马山第17届杨梅开采节活动。组织30个杨梅样品参评，获11个金奖、11个银奖、1个优异杨梅种质资源奖，市农业农村局获优秀组织奖。组织5名选手参加2022年第五届全国农业行业职业技能大赛茶叶加工赛项江苏选拔赛，分别取得全省第2、6、9、10、11名的好成绩。其中，获第2名选手代表江苏省参加全国总决赛。

【生态补偿工作】 2022年，无锡市继续推进生态补偿政策制度化、规范化，促进生态保护和治理。全市申报水稻田生态补偿面积6035.48公顷，其中锡山区4523.11公顷、惠山区858.91公顷、滨湖区48.19公顷、新吴区605.27公顷；市属蔬菜基地生态补偿面积357.77公顷，其中锡山区155.98公顷、惠山区176.63公顷、新吴区25.16公顷；水蜜桃种质资源保护区764.06公顷。

【耕地质量保护】 2022年，无锡市建立部省市县四级耕地质量监测点120个，启动13个省级新增监测点建设任务。建成耕地质量监测体系，监测结果表明，全市耕地质量总体良好，微量元素硼较缺，土壤有机质和营养元素总体处于丰富或较丰富状态。完成180个耕地质量调查评价点的现场调查、样品检测与部分土壤剖面的挖掘工作，按照国家标准《耕地质量等级》开展评价，全市耕地质量平均等级2.0左右。

（市农业农村局）

林　业

【林下经济】 2022年，无锡市林下经济主要以林下种植、林产品采集加工和森林景观利用为主。林下种植分为林药、林茶、林果和林苗等模式，种类有铁皮石斛、红绿茶、青梅、桃、榉树、红叶石楠等。采集加工以竹笋、食用菌、中药材为主。森林景观利用依托森林资源为基础，建设森林康养基地和农（林）家乐等。全市现有省级林下经济示范基地2家、市县级4家。基地总面积539公顷，总收入1.73亿元，吸纳或带动农民就业近千人次。

【经济林】 2022年，无锡市形成以水蜜桃、葡萄、茶叶三大产业为支撑，柑橘、杨梅、梨、杏、板栗等经济林果多向发展的格局。结合区域特性因地制宜的推广适应性强、产量高、品质好的经济林优良品种，合理调整林种结构，确定发展方向和重点，打造具有特色、绿色、安全、有机的经济林产品，提升经济效益和市场竞争力。发展特色优势产业，打造阳山水蜜桃、马山杨梅、无锡毫茶、太湖翠竹等经济林特色产品。江阴市、宜兴市打造以梨、葡萄为主导品种的经济林结构，形成柑橘、板栗、薄壳山核桃、银杏等区域优势单品。建立健全经济林发展机制，推行“企业+合作社+基地+林（农）户”发展模式，形成文化、教育、旅游、康养等多业态发展格局。

【森林康养旅游】 2022年，无锡市推动森林康养基地试点工作，宜兴市阳羡生态旅游度假区获批2022年国家级森林康养试点建设基地。新建2条省级森林步道，并通过省级验收。

【林草种苗产业】 2022年，无锡市规范和加强林木良种基地建设管理，有持证林草种苗生产经营企业48家。全市有3家省级林木良种基地和1家红豆杉国家级种质资源库。

【竹产业】 2022年，无锡市竹资源主要分布在宜兴市太华镇、湖㳇镇、张渚镇等宜南山区。竹子类型以散生竹为主，以毛竹品种居多，竹产业主要是以毛竹采伐利用、竹笋等初级加工、利用竹资源发展景观林为主。

（刘梦蛟）

畜牧业

【概况】 2022年，无锡市地产存栏生猪7.45万头，其中能繁母猪存栏1.13万头，比上年增长29.89%，能繁母猪域外协议存栏1.56万头，共计2.69万头，全市猪肉自给率稳定在30%左右；存栏家禽142.62万羽、奶牛0.1万头、羊0.91万只，出栏生猪6.56万头、家禽167.76万羽、羊1.12万只，畜牧业生产稳定。

【生态健康养殖】 2022年，市农业农村局继续开展生态健康养殖普及行动，制定《无锡市畜牧绿色生产技术导则》，指导规模养殖场提升设施装备水平，推广自动饲喂、环境控制、节水减排、臭气减控等技术。建立年度规模养殖场整治提升清单，组织县级农业农村部门联合市生态环境、自然规划部门开展“回头看”检查认定，开展常态化巡查，确保粪污规范化处理。发放市级畜牧业健康发展专项资金1034.01万元，对生猪保供、规模猪场扩能增量、种畜禽场等进行奖补。全市新创建省级畜牧生态健康养殖示范场2个，复核通过7个，创建市级畜禽生态健康养殖场2个。全市省级畜牧生态健康养殖示范场24个（含特禽场3个）、市级畜禽生态健康养殖场24个，生态健康养殖比重为100%，畜禽粪污综合利用率为99%。

【饲料兽药生产】 2022年，无锡市有饲料和饲料添加剂生产企业37家，其中饲料添加剂生产企业23家、饲料生产企业21家，有7家同时生产饲料和饲料添加剂。全市饲料生产企业生产配合饲料370691吨、浓缩饲料3873.3吨、添加剂预混合饲料19004吨、饲料添加剂52404吨、混合型饲料添加剂47399吨、单一饲料2772.4吨，饲料及饲料添加剂工业总产值360.343亿元。无锡市有兽药生产企业5家，其中生物制品生产企业1家、中药和化药生产企业4家，生产兽药产品2447批次，年产值31103.63万元。

【畜禽屠宰管理】 2022年，无锡市持续推进生猪屠宰标准化建设，组织开展屠宰企业肉品品质检验规范行动，严把生猪入场、品质检验、产品出厂、非洲猪瘟自检、无害化处理关。全市有获证生猪定点屠宰企业11家，建成省级生猪屠宰标准化建设示范企业2家。全年屠宰生猪197.88万头，比上年下降5.23%；检出病害猪及其产品7258头，无害化处理9250头，无害化处理率100%。未发生因屠宰环节引起的肉品质量安全事故。

【动物疫病防控】 2022年，无锡市对重大动物疫病实施强制免疫，免疫猪12.66万头次，鸡219.08万羽次，鸭17.29万羽次，鹅23.47万羽次，其他禽68.46万羽次，羊1.13万只次，牛0.34万头次，口蹄疫、禽流感等重大动物疫病应免密度均为100%。犬猫狂犬病免疫45168只。未发生重大动物疫情。结合春、秋冬季集中防疫和夏季补免行动，组织实施5次全市性的大消毒以及灭鼠灭蚊虫专项行动。监测15874份参数，其中血清样品监测7648份，病原学样品监测8226份。

（市农业农村局）

渔　业

【概况】 2022年，无锡市实现渔业经济总产值68.99亿元、渔业经济增加值23.28亿元，其中渔业一产产值34.76亿元、一产增加值18.11亿元。全市淡水养殖面积12991公顷，水产品总产量10.24万吨，比上年增长0.3%。引导发展投饲少、污染小、效益高的特色水产、精品渔业养殖，淡水特种水产养殖面积8578公顷。其中，河蟹7636公顷，产量1.19万吨；青虾589公顷，产量2373吨；克氏原螯虾25公顷，产量262吨。对非禁养区规模连片池塘实施标准化改造，完成改造面积2000公顷。

【渔业增殖放流】 2022年，无锡市继续开展太湖渔业资源增殖放流活动，在贡湖湾湿地公园向太湖投放花白鲢鱼种鱼苗1000万尾；江阴市开展长江渔业资源增殖放流活动，向长江投放河豚和花白鲢鱼苗种450万尾。

【水产养殖病害测报】 2022年，无锡市设病害测报点21个，测报种类15个，测报面积309.73公顷。各病害测报点每月开展疾病监测、诊断、数据收集、分析，并定期派专家和技术员到养殖一线进行病害防治指导。发布测报信息10期，降低鱼病发生风险，减少养殖户经济损失。

（市农业农村局）

农业经营

【新型农业经营主体】 2022年，无锡市新创建省级示范农民合作社13家，江阴市陆豪农机专业合作社等34家合作社被评为市级示范农民合作社。江阴市月城庆丰家庭农场等13家家庭农场被评为2022年省级示范家庭农场，江阴市璜土玉果家庭农场等35家家庭农场被评为市级示范家庭农场。江阴市璜土镇葡萄协会“当好农民的主心骨，做好产业的大管家”入选省社会化服务典型案例，无锡市严家桥农机合作社“科技赋能，探索农事综合服务新模式”入选省农民合作社典型案例，宜兴市宝星家庭农场、滨湖区阿斌家庭农场典型案例被评为2022年省家庭农场典型案例，锡山区鸿翔家庭农场等11家家庭农场入选首届江苏“百佳家庭农场”，江阴市璜土镇联耀家庭农场发展服务中心入选江苏省“十佳家庭农场联盟”，入选数量居全省第三位。惠山区建勤家庭农场主孙建勤“躬耕沃土洒热血，潜心‘三带’共致富”被评为中国农村合作经济管理学会2022年度家庭农场主典型案例。年内，全市新增农场联盟5家，累计组建农场联盟（服务中心）6家。

【农产品加工】 2022年，无锡市农产品加工产值1013.32万元，农产品加工产值与农业总产值比为4.59∶1。加强加工集中区建设能力和服务水平，发挥各级农业龙头企业的带动作用，推动加工业集群集聚和优化升级，促进农村经济稳增长。宜兴市太华竹制品加工集中区和杨巷农产品加工集中区通过省级监测。

（市农业农村局）

1月，锡山区鹅湖镇渔业养殖户喜迎丰收　　（市农业农村局　供图）

农业装备

【概况】 2022年，无锡市农机总动力89.64万千瓦，比上年增加0.25万千瓦。农机保有量14.12万台（套），比上年增加0.04万台（套）。农机化投入9390万元，其中财政资金投入1874万元，基本建设投入1891万元，农机购置投入5625万元。农机购置投入中，中央和省级补贴资金1153万元，占比17.67%，补贴机具1650台（套）。农机服务收入3.51亿元，其中农机作业服务收入2.6亿元。全市机耕面积

134.94 千公顷,机播面积 101.06 千公顷,机植保面积 128.7 千公顷,机收面积 109.1 千公顷,机电灌溉面积 54.2 千公顷。

【农机化转型升级】 2022 年,无锡市落实《市政府关于加快推进农业机械化和农机装备产业转型升级的实施意见》,优化农机装备结构与产业布局,农机装备智能化信息化程度持续提高,健全农机社会化服务体系。指导宜兴市、惠山区成功申报省级第二批省农业生产全程全面机械化建设示范县。全市农机总动力稳定在 90 万千瓦左右,农作物耕种收综合机械化水平超过 85%,主要粮食作物耕种收机械化水平稳定在 98% 以上。

【特色农机化发展】 2022 年,无锡市落实《无锡市 2021—2025 年特色农业机械化发展行动纲要》,围绕农机农艺融合、机械化信息化融合、农机服务模式与农业适度规模经营相适应,机械化生产与农田建设相适应,发展先进适用、绿色环保、节能高效、复式类农机化技术装备,全市特色农业机械化率 73.18%,其中设施农业机械化水平 68.3%,林果业机械化水平 67.7%,农产品初加工机械化水平 69.8%,渔业机械化水平 78.2%,畜牧业机械化水平 81.9%。

【秸秆机械化还田】 2022 年,无锡市投入秸秆机械化还田作业补助资金 656 万元,完成秸秆机械化还田面积 66421.13 公顷,还田率 84.05%。其中,麦秸秆机械化还田面积 34273.33 公顷,还田率 89.67%;稻秸秆机械化还田面积 32147.8 公顷,还田率 78.79%。

【农机社会化服务】 2022 年,无锡市加快省、市级“全程机械化 + 综合农事”服务中心建设,提升农机服务组织社会化服务能力,全市农机服务组织社会化服务水平占整个农机社会化服务水平的 70% 以上。全市

3 月 14 日,市农业农村局在滨湖区马山街道举办农机科技志愿者“农机 3 · 15”田间服务日活动 (市农业农村局 供图)

经注册登记的农机专业合作社 197 家,机具原值 3.34 亿元,年度作业收入 1.67 亿元,128 家农机专业合作社机具原值 100 万元以上,61 家年度作业面积 666.67 公顷以上,56 家年度收入 100 万元以上。

【农机科技志愿者服务】 2022 年,无锡市农机科技志愿者服务者秉承“奉献、友爱、互助、进步”的志愿精神,树立“服务社会,传播文明,温暖他人,快乐自己”的宗旨,围绕全市农机化工作目标,推进农机科技志愿服务工作。利用“夏收夏种”“秋收秋种”开展农机无人化插秧作业和无人化收割作业现场演示会,加快智能化农机装备技术的示范应用;通过蔬菜、林果和茶叶等“农机推广田间日”活动,将农机推广和技术培训紧密结合,提升农机新技术普及应用;组织市、区、镇三级农机科技志愿者广泛开展机具检修、维护、保养等技术服务,开展“我为群众办实事”“三服务一助力”“两在两同”“农机 3 · 15 田间服务日”等系列活动;推进农机装备补短板强弱项,保障春耕生产,助力粮食增产增收,依法维护农机消费者的合法权益;协助省农业农村厅在无锡市举办首届水稻机收无人化作业大比武活动,做好比赛现场的技术服务和后勤保障工作。全年服务农机合作社、农机大户和家庭农场等百余户,组织送货下乡和技术服务 205 人次,累计抢修机具排除各类故障 453 台次,参加服务 600 余人次。

【宜机化改造】 2022 年,无锡市围绕持续提升城郊速生绿叶蔬菜基地生产能力,开展单体钢架大棚的升级改造和路沟渠等设施的配套建设。惠山区精细蔬菜产业园完成 3.33 公顷超宽大棚建设,单跨跨度 9 米,间距 5 米,肩高 4.5 米,顶高 7 米。新建 8 米高标准大棚 12 公顷,拉长棚长、提高棚肩高、加宽进出门宽幅,道路做到进出机械自如、灌溉设施不影响机械运作等一系列提标升级。从田块设置、路沟渠配套建设、棚型优化及省力化微喷水肥一体化,进行宜机化改造,构建适合苏南地区中小型棚室宜机化改造方案。

【夏收夏种工作驻澄服务】 2022 年,由市农业农村局牵头,市市场

监管局、市粮食和储备局参加，组建无锡市夏收夏种工作驻澄服务组。5月18日，服务组进驻江阴市，在徐霞客镇、华士镇、月城镇等13个镇（涉农街道），走访农机专业合作社54家、小麦种植散户30余户、农资公司15家、农机公司4家、粮食收购点11个，帮助或协调解决基层反映的农机作业、农资供应、粮食收储、疫情防控等方面的问题20余个，向跨区作业机手发放应急防疫物资120余份。

（市农业农村局）

农业科技

【农业科技创新】 2022年，锡山国家现代农业产业园"现代农业种植示范基地"获批2022年江苏省"优质项目化基地"；无锡哈勃生物种业技术研究院有限公司获批2022年江苏省高新技术企业，研育的"浙大嘉锡优610"等3个品种通过国家评审，"锡稻2号"通过省级评审；江苏东郁植物科技有限公司、江苏中水东泽农业发展股份有限公司等5家公司进入国家科技型中小企业培育库；中向旭曜科技有限公司联合中国工程院院士张佳宝成立的院士工作站获省级院士工作站认定。

【农业产业技术推广】 2022年，无锡市发布2022—2023年农业重大技术推广计划。完成2021—2022年度9个涵盖稻麦、蔬菜、水产、桃、鸽5个优势农产品的省级现代农业产业技术体系项目实施。建设示范推广基地56个，面积946.67公顷，开展培训技术指导56次，培训人员2935人次。新申报实施2022—2023年度现代农业产业技术体系项目12个。加强与南京农业大学、省农科院、淡水渔业研究中心等科研院所的合作创新。江阴市、锡山区和惠山区实施部级基层农技推广体系改革与建设补助项目，建设农业科技示范展示基地6家，遴选科技示范户1380户。无锡市农业技术推广中心联合省内相关单位实施的"江苏茶园化肥农药减施增效技术集成与推广"项目，获2019—2021年度全国农牧渔业丰收奖。

【绿色防控示范区建设】 2022年，无锡市推广应用高效低毒低残留农药和生物农药，分别在粮食、果蔬、茶叶上建立省级绿色防控示范区15个，其中江阴市南闸街道省级水稻病虫害绿色防控示范区、宜兴市徐舍镇省级水稻病虫害绿色防控示范区、宜兴市周铁镇省级柑桔病虫害绿色防控示范区、惠山区洛社镇省级桃树病虫害绿色防控示范区被评为A级示范区。宜兴市被评为江苏省首批"省级农作物病虫害绿色防控县"。江阴市祝塘镇富顺村开展韭菜病虫害绿色防控示范区建设，通过"农业防治+物理防治+生物防治+科学用药"的技术手段，示范展示抗性强品种、合理轮作、合理肥水、清洁田园等栽培措施，选择金龟子绿僵菌421、枯草芽孢杆菌等生物制剂取代腐霉利等常规化学农药防治病虫害，辐射带动周边韭菜种植33.33公顷。无锡市制定并发布《2022年无锡市主要农作物病虫草害绿色防控产品主推目录》，包含主要农作物病虫草防控药剂115个品种，其中小麦上杀菌剂10个、杀虫剂2个、除草剂12个，水稻上杀菌剂19个、杀虫剂20个、除草剂12个，经济作物上杀菌剂22个、杀虫剂12个、除草剂6个。

（市农业农村局）

编辑　胡　慧

综　述

【规模与效益】 2022年，无锡市践行产业强市主导战略，工业经济稳固回升。完成规模以上工业产值23760.79亿元，比上年增长8.8%；规模以上工业增加值5585.97亿元，比上年增长5.4%，增速高于全省平均0.3个百分点；实现规模以上工业利润1569.48亿元，比上年增长2.6%，高于全国6.6个百分点、全省6.8个百分点。工业投资1565.6亿元，比上年增长0.2%，增速实现全省进位，工业技改投资总量占工业投资的比重为55.8%。全市制造业贷款余额3703.8亿元，比上年增加444.5亿元，增长13.4%。工业对全市地区生产总值增长贡献率为56%，为近10年来最高。全年净增规模以上工业企业724家，产值超百亿元工业企业30家，创历史新高。无锡市作为全省唯一的地级市成功入选国家"建设信息基础设施和推进产业数字化成效明显市"督查激励名单。江阴市、宜兴市保持位居"中国工业百强县(市)"十强，新吴区、锡山区、惠山区、滨湖区分别位列"中国工业百强区"第9位、第41位、第42位和第55位。无锡高新区、江阴市分别入围省制造业创新转型成效明显地区、智改数转成效明显地区公示名单，江阴市、锡山区、新吴区获评省制造业高质量发展示范区。

【主要行业经济】 2022年，无锡市机械、冶金、电子、石化、纺织五大行业规模以上工业产值均实现增长，完成规模工业产值21527.9亿元，占全市规模以上工业的90.6%，机械行业产值超1.1万亿元，成为全市首个万亿级产业集群。

机械行业中，铁路、船舶、航空航天和其他运输设备制造业、仪器仪表制造业、电气机械和器材制造业、专用设备制造业产值增速较快，比上年分别增长24.9%、20.8%、20.6%、19.3%；金属制品业、通用设备制造业比上年分别增长12.5%、8.2%。家用洗衣机、家用电热水器、家用电风扇产量比上年分别下降2.3%、3.5%、13.3%。汽车制造业产值比上年下降2.9%。电子行业完成出口交货值1734.6亿元，比上年增长1.9%；集成电路、半导体分立器件、印制电路板、传感器产量比上年分别下降23.4%、29%、24.2%、25.4%。冶金行业中，有色金属冶炼和压延加工业产值比上年增长9.5%，铜材产量比上年增长11.4%；黑色金属冶炼和压延加工业产值比上年增长2.5%，生铁产量比上年下降4.7%，粗钢产量比上年下降10%。石化行业中，化学原料和化学制品制造业、橡胶和塑料制品业产值比上年分别增长0.5%、4.9%，合成纤维聚合物、日用塑料制品产量比上年分别增长6.1%、8.1%，石油加工、炼焦和核燃料加工业产值比上年下降3.2%。纺织行业中，化学纤维制造业、纺织服装服饰业、纺织业产值比上年分别增长25.5%、12.9%、2.9%，印染布、服装产量比上年分别下降12.7%、2.3%。

表21　2022年无锡市五大行业运行情况统计表

行　业	规模工业产值（亿元）	比上年增长（%）	占全市比重
机械行业	11009.2	14.0	46.4
电子行业	3456.9	6.8	14.6
冶金行业	3166.0	5.4	13.3
石化行业	2076.7	1.8	8.7
纺织行业	1819.1	11.1	7.7
合　计	21527.9	—	90.6

（市工业和信息化局）

【集群建设】 2022年，无锡市推进“465”现代产业集群培育，加速打造物联网、集成电路、生物医药、软件与信息技术服务业4个地标产业，推动高端装备、高端纺织服装、节能环保、新材料、新能源、汽车及零部件（含新能源汽车）6个优势产业发展，加快布局人工智能和元宇宙、量子科技、第三代半导体、氢能和储能、深海装备5个前沿领域。成立无锡市“465”现代产业集群发展领导小组，制定构建“465”现代产业集群建设实施意见，建立“3010”（做强30条优势产业链，打造10条卓越产业链）产业链培育体系，深入实施“链长制”，理清各集群重点企业、重点项目、重要科创平台、关键核心技术等“四个清单”，形成“行动计划＋专业园区＋创新平台＋品牌活动＋产业基金＋专项政策”等系列工作格局。全市10个产业集群规模超千亿元，泰连锡生物医药集群、苏锡通高端纺织集群入选第三批国家先进制造业集群，无锡市累计入围集群数为3个，并列全省第一。

【企业发展】 2022年，无锡市开展“百企引航”“千企升级”行动，全市14家企业入围2022年中国企业500强、25家企业入围制造业企业500强，均保持全省第一位。制定《无锡市关于做强企业主体促进大中小企业融通发展行动计划（2022—2025年）》《无锡市促进“专精特新”中小企业高质量发展的若干政策措施》，成立专精特新企业联盟，实施金融赋能专项行动，全市新增国家级制造业单项冠军示范企业3家，数量居全省第一位，累计获评示范企业6家、产品类9个；新增国家级专精特新“小巨人”企业56家，数量居全省第三位，是上年的2.5倍，累计88家；新增省专精特新中小企业552家，数量居全省第二位。认定市级创新型中小企业2896家。

【产业创新成效】 2022年，无锡市加强核心技术攻关，发展创新载体培育，提升企业创新能力，加快构建以企业为主体的产业创新体系。国家集成电路特色工艺及封装测试创新中心、江苏省物联网创新中心和江苏省数字化设计与制造创新中心完成建设任务。先进技术成果长三角转化中心无锡分中心作为在国内设立的首家实体化运营分中心和唯一的地级市分中心揭牌成立。全市新增国家技术创新示范企业江苏长电科技股份有限公司，新增国家企业技术中心无锡先导智能装备股份有限公司，新增省级企业技术中心78家、市级企业技术中心239家。入选2022年省技术创新项目导向计划项目总数272项，比上年增加20项，列全省第二位。新远东电缆有限公司和江苏沪宁钢机股份有限公司入选省质量标杆示范企业名单。32个新产品入选第28批省推广目录，6家企业入选2022年度省工业和信息化厅揭榜攻关项目。认定市级首批创新产品159个。新增国家首台（套）补贴项目1项、认定2022年苏锡常首台（套）项目20项。

【产业数字化发展】 2022年，无锡市加快数字经济转型发展，实施数字经济提速、数字化转型行动，制定两个三年行动计划，组建数字经济工作组，统筹推进数字产业体系建设，开展千企画像、千企改造、千企领航、千企上云、千企转型、千企创新行动、支撑保障“七大工程”。全市数字经济核心产业增加值占地区生产总值比重为11.7%；全市两化融合发展水平为72.2，居全省第二位；新增各类智能制造标杆1692个，其中，国家级标杆10个、省级标杆1217个、市级标杆465个；完成3000家企业数字化免费诊断。在国家智能制造能力成熟度自评估城市中，无锡市成熟度二级及以上的企业数量排名第一，制造业加速向智能化改造数字化转型迭代创新。《江苏省智能制造发展指数报告（2021版）》发布的县区企业智能制造能力成熟度评比得分中，无锡高新区（新吴区）排名第一，惠山区、锡山区位列前十。强化信息基础设施建设，累计建成5G基站超2万个，重点场所覆盖率100%；累计建成规模数据中心14个，数据中心平均利用率为81.2%，居全省第一位。推动制造业服务化转型，全市4件产品入围2022年中国优秀工业设计奖，其中，“奋斗者”号获金奖；新增省级服务型制造示范企业（平台）11家、省级工业设计中心2家、省级工业设计企业1家。

【绿色制造体系建设】 2022年，无锡市构建绿色低碳制造体系，出台“十四五”全社会节能实施意见，全市单位地区生产总值能耗比上年下降2.4%以上，继续保持苏南最低。完成1009家企业免费节能诊断、2000家企业绿色工厂星级评定，139家企业列入2022—2025年绿色制造体系建设计划，新增工业和信息化部工业产品绿色设计示范企业2家，居全省第二位；省级绿色工厂36家，居全省第二位；市级绿色工厂57家，企业绿色发展水平进一步提升。持续加强节能项目、重点用能单位管理，制定《无锡市工业领域节能技改行动计划（2022—2025年）》，49个项目列入省“十四五”工业节能改造项目库、67个项目纳入市级节能与循环经济项目库。开展化工整治提升工作，完成关闭退出化工生产企业80家，太湖一级区2家化工生产企业完成停产，实现年内省挂牌督办项目验收销号。以实际参评宗地为主体，深化工业企业资源利用绩效评价，严格执行差别化政策，全市1700余家A类企业享受城镇土地税优惠1.1亿余元，加征D类企业差别化电价1500万余元、气价75万余元、水价210万余元，腾退盘活低效工业用地1200余公顷。

表 22　2022 年无锡市规模以上工业总产值统计表

指　标	金额（亿元）	比上年增长（%）
规模以上工业总产值（现价）	23760.79	8.8
1. 按经济类型分：		
内资企业	16343.22	10.9
港澳台商投资企业	2541.40	3.0
外商投资企业	4876.16	5.2
2. 按轻重工业分：		
轻工业	4893.93	10.6
重工业	18866.85	8.3
3. 按规模分：		
# 大型企业	6721.84	6.1
中型企业	5989.18	12.4
小型企业	10471.19	8.5
4. 在总计中：		
# 国有控股	2014.35	−0.8
# 民营企业	14468.24	12.8
5. 按产业类型分：		
# 纺织业	807.33	2.9
纺织服装、服饰业	542.48	12.9
印刷和记录媒介复制业	197.23	−0.5
石油、煤炭及其他燃料加工业	128.45	−3.2
化学原料和化学制品制造业	1159.24	0.5
医药制造业	383.91	−15.1
化学纤维制造业	514.33	25.5
橡胶和塑料制品业	861.71	4.9
非金属矿物制品业	531.00	−6.0
黑色金属冶炼和压延加工业	1857.79	2.5
有色金属冶炼和压延加工业	1442.89	9.5

（续表）

指　标	金额（亿元）	比上年增长（%）
金属制品业	1871.62	12.5
通用设备制造业	1674.90	8.2
专用设备制造业	1554.66	19.3
汽车制造业	1310.37	-2.9
铁路、船舶、航空航天和其他运输设备制造业	562.94	24.9
电气机械和器材制造业	3785.95	20.6
计算机、通信和其他电子设备制造业	3351.09	6.8
仪器仪表制造业	270.19	20.8
电力、热力生产和供应业	325.91	15.8

（市统计局）

表 23　2022 年无锡市规模以上工业增加值统计表

指　标	金额（亿元）	比上年增长（%）
规模以上工业增加值	5585.97	5.4
1. 按行业分：		
制造业	5458.31	5.6
电力、燃气、水的生产和供应业	127.65	-1.5
2. 按轻重工业分：		
轻工业	1086.05	6.2
重工业	4499.92	5.2
3. 按规模分：		
# 大型企业	1851.67	2.4
中型企业	1539.72	9.2
小微型企业	2194.58	5.0
4. 在总计中：		
# 国有控股	447.42	-2.5
# 民营工业	3023.03	8.7

（市统计局）

表 24　2022 年无锡市主要工业产品产量统计表

指　标	单　位	数　值	比上年增长（%）
（一）原材料工业			
粗钢	万吨	1127.98	−10.0
钢材	万吨	1892.29	−2.9
铜材	万吨	172.99	11.4
（二）装备制造工业			
钢绞线	万吨	25.75	−6.7
电站锅炉	万蒸发量吨	1.55	−1.8
工业锅炉	万蒸发量吨	1.44	−0.1
滚动轴承	亿套	6.74	−31.0
发动机	万千瓦	3879.11	−34.1
电力电缆	万千米	265.07	33.6
光缆	万芯千米	503.74	−73.7
光纤	万千米	468.13	28.1
太阳能电池（光伏电池）	万千瓦	348.96	−13.9
半导体分立器件	亿只	399.49	−29.0
集成电路	亿块	331.35	−23.4
电子元件	亿只	5773.50	−44.5
印制电路板	万平方米	1467.59	−24.2
（三）消费品工业			
绒线（俗称毛线）	万吨	0.91	−6.7
呢绒	万米	8739.81	13.6
帘子布	万吨	1.07	−35.2
化学纤维	万吨	440.21	4.1
合成纤维聚合物	万吨	35.15	6.1
锂离子电池	万只	36686.03	−12.6
硬盘存储器	万台	2974.84	−37.9
服装	万件	55716.43	−2.3
数码照相机	万台	99.05	−14.4
民用钢质船舶	万载重吨	182.93	5.8
电动自行车	万辆	358.96	19.1
家用洗衣机	万台	1621.87	−2.3
家用电热水器	万台	106.52	−3.5
微型计算机设备	万台	51.47	−35.2

（市统计局）

表 25　2022 年无锡市规模以上工业经济效益统计表

指　标	单　位	数　值	比上年增长（%）
企业单位数	家	8132.00	—
# 亏损企业	家	1357.00	—
从业人员平均人数	万人	123.04	-1.4
营业收入	亿元	23374.18	0.0
利润总额	亿元	1569.48	2.6
亏损总额	亿元	139.34	15.6
资产总计	亿元	24000.40	10.0
负债总计	亿元	12604.16	11.4
流动资产合计	亿元	15742.56	12.9
应收账款	亿元	4980.68	8.4
存货	亿元	3532.92	12.7
# 产成品	亿元	1633.96	18.7

（市统计局）

表 26　2022 年无锡市规模以上工业利润总额统计表

指　标	金额（亿元）	比上年增长（%）
规模以上工业利润总额	1569.48	2.6
1. 按注册类型分：		
内资企业	975.05	4.9
港澳台商投资企业	190.63	-11.9
外商投资企业	403.79	3.6
2. 按规模分：		
# 大型企业	544.63	-7.0
中型企业	460.19	3.1
小型企业	548.26	13.1
3. 在总计中：		
# 国有控股	146.56	-24.1
# 民营企业	842.31	13.5

（市统计局）

【营商环境优化】 2022年，无锡市落实“进万企、解难题、促发展”市领导挂钩服务活动，开展“纾困解难·助力发展”中小企业服务月活动、防范和化解拖欠中小企业账款专项行动，推动政策快享，全年对上争取资金超7.4亿元，市级转贷应急资金使用资金119.3亿元，锡信贷发放金额3.8亿元。加强产业合作，锡配网功能模块持续升级，累计注册用户11000余家，点击量突破19万人次；成立重点央企、知名民企洽谈签约工作专班，与中国交通信息科技集团、航天宏图信息技术股份有限公司、中电海康集团有限公司等签订合作协议；开展2022无锡（杭州）数字经济产业对接活动、先进技术成果转化暨两机产业对接活动及9场重点产业配套对接活动。举办全国首届先进制造业集群发展大会、全国先进制造业集群发展工作推进现场会、功率半导体与集成电路国际工程科技战略高端论坛、第二届中国集成电路设计创新大会暨IC应用博览会等会议活动。

（孙崇人）

高端装备制造业

【概况】 2022年，无锡市高端装备产业集群整体发展态势良好，实现营业收入1558.34亿元（集群口径），比上年增长11.9%；实现利润171.26亿元，比上年增长15.2%。

【高端装备企业发展成效】 2022年，双良节能项目获工业和信息化部首台（套）保险补贴，先导智能项目获省级关键核心技术攻关项目扶持，时代天使项目选入工业和信息化部增材制造应用场景名单，无锡赛思亿电气科技有限公司等5家企业的装备产品通过江苏省首台（套）重大装备认定；九众九机器人有限公司、国家增材制造产品质量监督检验中心参与工业和信息化部2022年度重点产品、工艺“一条龙”应用示范方向相关项目；新增国家级专精特新“小巨人”企业近30家，新增国家制造业单项冠军示范企业3家、产品类企业1家，新增国家企业技术中心1家；新扬子造船有限公司获中国工业大奖企业奖、无锡先导智能装备股份有限公司获中国工业大奖表彰奖、中国船舶科学研究中心获中国工业大奖项目奖；年内，无锡市高端装备企业分别获机械工业科学技术奖技术发明特等奖1项、科技进步奖一等奖1项、二等奖2项、三等奖3项，省级科技进步奖二等奖4项、三等奖6项。

【产业合作】 5月25日，无锡市与中国船舶集团有限公司第七〇三研究所签订《无锡市人民政府中国船舶集团有限公司第七〇三研究所战略合作协议》，双方就进一步拓展合作空间、提高合作水平展开合作交流。中国船舶集团有限公司第七〇三研究所在无锡市设有分部，长期参与无锡市相关产业，尤其是“两机”产业的发展，计划把无锡市建设成中国船舶集团有限公司第七〇三研究所的创新总部。

【“大型复杂曲面机器人加工关键技术及应用”项目获奖】 10月20日，2022年度“机械工业科学技术奖”获奖名单公布，华中科技大学无锡研究院院长丁汉负责的项目“大型复杂曲面机器人加工关键技术及应用”获技术发明特等奖。该项目由华中科技大学、华中科技大学无锡研究院、无锡中车时代智能装备有限公司、江苏集萃华科智能装备科技有限公司、株洲时代新材料科技股份有限公司、无锡黎曼机器人科技有限公司、中车青岛四方机车车辆股份有限公司、无锡透平叶片有限公司8家单位合作完成，是丁汉院士团队在基础研究、技术开发、工程应用和成果产业化多环节突破、多层次创新的发明项目。

【中国商飞供应商大会】 10月28—29日，2022年中国商飞供应商大会在无锡市举办。国内顶尖科研院所代表、民机领军企业代表、行业专家学者和中国商用飞机有限责任公司200家供应商380名代表参会，无锡市组织本地68家航空航天产业相关企业参会，并通过大会向参会代表推介和展示无锡市航空航天产业发展、园区规划和龙头企业产品技

5月25日，无锡市与中国船舶集团有限公司第七〇三研究所签订战略合作协议

（市工业和信息化局 供图）

术等情况。会上,中国商飞上海飞机设计研究院和中国航空工业集团公司第六〇七研究所签约共建联合工程中心,新吴区与商飞产业链促进中心签约谋划生产力布局和产业合作。会后,江阴市、宜兴市、新吴区、惠山区等相关部门、企业与中国航天科工第三研究院、中航商用航空发动机有限责任公司、中航西安飞机工业集团股份有限公司、中国商飞上海飞机设计研究院等公司开展精准对接和深入交流活动,形成初步合作意向。

【江苏省数字化设计与制造创新中心项目验收】 11月24日,江苏省数字化设计与制造创新中心(以下简称"江苏创新中心")2021年度建设发展项目,通过省工业和信息化厅开展的"江苏省工业和信息产业转型升级专项——省级制造业创新中心项目"验收。江苏创新中心于2020年10月由省工业和信息化厅批复成立,由江苏集萃华科智能装备科技有限公司建设运营。江苏创新中心聚焦数字化设计与制造共性关键技术,建设数字化设计与仿真、数字化制造工艺验证、数字化检测检验技术平台,以及专家智库、转移转化、合作交流服务平台,为省装备制造业的高质量发展提供支撑。省工业和信息化厅、专家组会同市工业和信息化局实地考察江苏创新中心载体以及三大技术平台、三大服务平台,开展成果核定、提问质询、凭证检查。

【第14届中国国际航空航天博览会参展】 11月8日,无锡市组织无锡派克新材料科技股份有限公司、江苏隆达超合金股份有限公司、飞而康快速制造科技有限责任公司等19家企业、事业单位参展第14届中国国际航空航天博览会,参展产品包含金属材料、发电机组、换热器、高温合金铸造母合金等领域。航展期间,无锡市举办无锡两用产业合作对接闭门会,邀请航天科技集团、航天科工集团、航空工业集团、中国电科集团、中国航发集团等30余家单位参会,与参展企业开展供需对接交流,现场达成多项合作意向。

【国内ALD设备"第一股"】 12月23日,江苏微导纳米科技股份有限公司登陆科创板,是无锡市集成电路前道工艺装备领域企业上市"第一股",也是国内ALD设备"第一股"。

(朱　宇)

电子信息产业

【概况】 2022年,无锡电子信息产业规模以上现价工业总产值5764亿元,比上年增长8.1%;实现利润203亿元,比上年下降20%。其中,计算机、通信、电子元器件、电子专用材料和其他电子设备制造业完成现价工业总产值3457亿元,比上年增长6.8%;实现利润157亿元,比上年下降28%。全行业规模(电子、计算机、通信、电子元器件、电子专用材料和其他电子设备)工业出口交货值1735亿元,外销率比上年增长1.9%。

【电子信息产业企业】 2022年,14家电子信息产业企业跻身全市现价工业总产值前50强企业之列,分别是:SK海力士半导体(中国)有限公司、远东电缆有限公司、无锡先导智能装备股份有限公司、新远东电缆有限公司、绿点科技(无锡)有限公司、江南电缆有限公司、无锡夏普电子元器件有限公司、希捷国际科技(无锡)有限公司、捷普电子(无锡)有限公司、江苏长电科技股份有限公司、健鼎(无锡)电子有限公司、无锡阿尔卑斯电子有限公司、无锡市华虹电子材料有限公司 、无锡村田电子有限公司。10家企业跻身全市工业效益前50强,分别是:无锡先导智能装备股份有限公司、华润上华科技有限公司、健鼎(无锡)电子有限公司、新远东电缆有限公司、远东电缆有限公司、无锡飞翎电子有限公司、江南电缆有限公司、中环领先半导体材料有限公司、江苏长电科技股份有限公司、力特半导体(无锡)有限公司。

【重大项目】 2月7日,远景动力电池制造基地二期项目在临港经济开发区开工,远景动力电池制造基地二期项目总投资100亿元,计划生产最新一代高质量、高安全、零碳的动力电池产品,规划产能超15亿瓦时,预计2023年建成投产。远景动力电池制造基地结合远景科技集团在可再生能源领域和智能物联网领域的创新科技,协同风机、光伏、储能形成端到端的零碳解决方案,打造100%绿色能源供给的零碳产业园。4月22日,捷普绿点AI智能终端模组研发制造基地项目签约落户无锡高新区,项目投资100亿元,将绿点科技现有厂区打造成智能化制造基地。4月25日,惠山经开区举行16个集成电路产业项目集中入驻签约仪式,总投资超45亿元。6月2日,无锡高新区(新吴区)2022年集成电路产业项目签约暨新港集成电路装备零部件及材料产业园举行开工仪式,总投资203亿元的18个集成电路产业项目签约落地,签约的18个集成电路产业项目包括全讯射频智能工厂、伟测半导体二期项目等,涵盖半导体设备、5G通讯模组、分立器件和功率器件、半导体封装机器人等多个产业链细分领域。7月28日,无锡高新区与阿尔卑斯阿尔派株式会社举行战略合作云签约仪式,签约的阿尔卑斯阿尔派新世代电子元器件项目投资规模30亿元,建成后将生产体积更小、稳定度更高、适配性更好的高端电子元器件。7月29日,长电微电子晶圆级微系统集成高端制造项目在长电科技江阴城东新厂区开工,项目总投资100亿元,是全国集成电路

表 27　2022 年无锡市电子信息产业分行业完成情况统计表

分支行业	现价产值（万元）	比上年增长（%）	利　润（万元）	比上年增长（%）
计算机制造	2582830	-12.9	43638	-46.1
通信设备制造	1614694	20.1	70285	14.0
广播电视设备制造	543267	6.0	24298	-10.0
雷达及配套设备制造	43839	-19.9	14427	25.5
电子器件制造	14516468	11.3	490748	-51.1
电子元件制造	9553022	3.9	754449	-16.2
其他电子设备制造	260303	16.7	17387	120.6
通用仪器仪表制造	2213705	23.3	226562	15.2
专用仪器仪表制造	383990	10.7	12406	-21.6
智能设备制造	2128998	11.3	64128	294.3

（市电子工业协会）

表 28　2022 年无锡市主要电子产品产量统计表

主要产品名称	单　位	产　量	比上年增长（%）
半导体分立器件	亿只	399.49	-29.0
锂离子电池	万只	36686.03	-12.6
集成电路	亿块	331.35	-23.4
数码照相机	万台	99.05	-14.4
硬盘存储器	万台	2974.84	-37.9
微型计算器设备	万台	51.47	-35.2
电子元件	亿只	5733.50	-44.5
印制电路板	万平方米	1467.59	-24.2

（市电子工业协会）

封测和芯片成品制造行业生产技术水平最高、投资规模最大的大型智能制造项目。9 月 30 日，宜兴市人民政府与株洲中车时代半导体签署合作协议，由株洲中车时代半导体有限公司总投资超百亿元的中低压功率器件产业化（宜兴）建设项目签约落地，其中宜兴项目一期总投资约 58.26 亿元，建成达产后，可新增年产 36 万片中低压组件基材的生产能力，产品主要用于新能源汽车领域。11 月 12 日，无锡村田电子有限公司新工厂项目在无锡高新区举行开工仪式。无锡村田电子新工厂项目一期总投资约 25.5 亿元，新建纳米级陶瓷薄膜厂房和产线，提升生产工艺和效能，打造先进的纳米级陶瓷电容器生产基地。

【第 19 届中国半导体封装测试技术与市场年会】 3 月 14—15 日，第 19 届中国半导体封装测试技术与市场年会在江阴市举行。年会以“创新引领、协作共赢、共建芯片成品制造产业链”为主题，由中国半导体行业协会封测分会主办，通过产业发展高峰论坛、专题技术报告、产品现场展示、客户业务洽谈等形式展开活动，为半导体封装测试设备、材料、组件、软件供应商、制造商及服务商等企业提供市场推广平台。来自行业主管部门、相关地方协会、科研机构以及封测产业链上下游相关联企业和嘉宾通过线上和线下相结合的方式参加会议，线上吸引超 4.2 万人次观看。

【第二届中国集成电路设计创新大会暨 IC 应用博览会】 8 月 25—26 日，第二届中国集成电路设计创新大会暨 IC 应用博览会在无锡市召开。大会以“聚力创新，融合应用，共筑发展新优势”为主题，举办高峰论坛、产业供需对接会、应用主题论坛、IC 应用展览展示等活动。在汽车芯片供需对接会上，发布《汽车电子芯片创新产品目录》，通过路演形式推介最新车用芯片产品；在IC应用展上，来自国内外的60余家集成电路企业集中展示芯片设计领域最新技术产品。

（任国伟）

新材料产业

【概况】 2022年，无锡市新材料产业规模以上企业491家，完成总产值2668.3亿元，比上年增长5.3%，实现利润167.85亿元，比上年下降0.1%。新材料产业集群内有百亿元级企业10家、上市企业24家，国家级专精特新企业17家，国家级企业技术中心3家，制造业单项冠军企业2家。中信泰富特钢集团获评国家新型工业化产业示范基地（特钢制造）。

【集群发展】 2022年，无锡市新材料产业集群化发展态势明显，形成特钢材料、高分子材料、电子专用材料优势领域，对无锡市集成电路、新能源、节能环保、高端装备等产业集群形成先进材料支撑。特钢领域集聚产业链企业及服务机构180余家，其中百亿元级企业6家、上市企业6家，国家级企业技术中心2个，国家专精特新"小巨人"企业5家，形成特钢原材料、高端制品、下游应用的产业链条。千亿元级企业中信泰富特钢集团是钢种覆盖面大、涵盖品种全、产品类别多的全球精品特殊钢生产基地，为全球60余个国家和地区的用户提供特钢产品及整体服务方案，龙头支撑作用明显。高分子材料领域有百亿元级企业3家、上市企业9家，国家级企业技术中心1个，国家专精特新"小巨人"企业8家，形成涵盖涤纶纤维、聚酯切片、聚醚胺等在内的品类众多的高分子材料产业链体系。龙头企业无锡兴达泡塑新材料股份有限公司专业生产可发性聚苯乙烯树脂，总产能达到年产200万吨的规模，产品涉及阻燃料、高阻料、杯料、石墨料、改性材料等，生产规模全球领先。电子专用材料领域有百亿元级企业1家、上市企业9家、国家专精特新"小巨人"企业4家，涌现出一批特色鲜明的领军企业，形成涵盖大硅片、超高纯试剂、光刻胶、稀土磁性材料等在内的较为完善的产业链体系。江阴江化微电子材料股份有限公司是国内湿电子化学品领先企业，江苏博砚电子科技股份有限公司是目前国内少数量产供应LCD用黑色光刻胶的企业，江苏广信感光新材料股份有限公司是国内PCB油墨重点企业之一，无锡帝科电子材料股份有限公司处于全球光伏导电银浆供应链第一梯队，江苏雅克科技股份有限公司生产的半导体前驱体材料和光刻胶填补国内空白。新材料产业集群内有国家太阳能光伏产品质量检验检测中心、国家高端储能产品质量检验检测中心等国家级检测平台4家，为新材料产品提供质量评估、模拟验证、数据分析、应用评价、认证计量等测试评价服务。国家技术标准创新基地（金属线材制品国际标准化）以金属线材制品领域的优势产品和技术形成一系列国际标准，持续提升优势产品的国内外影响力。

（顾　颖）

生物医药产业

【概况】 2022年，无锡市生物医药产业规模1622.62亿元，比上年增长15.2%。全市有生物医药企业1605家，其中世界500强企业6家、高新技术企业127家、上市公司12家。在中国生物医药产业发展指数CBIB 2.0排名中，无锡市首次入选全国地级市前20强。无锡市在省内率先出台《关于促进无锡生物医药产业园区高质量发展若干政策措施》，认定6家生物医药园区。无锡高新区、无锡马山生命科学园入选国家生物医药产业园区综合竞争力前50强榜单。全市招引超亿元生物医药项目80个，签约金额483.5亿元。市政府与中国医药集团有限公司签署战略合作协议。国家市场监管技术创新中心（特殊食品）、中国（无锡）知识产权保护中心、江苏省药监局审评核查无锡分中心、江苏省食药检院无锡检验室、江苏省器械检验所无锡检验室、口岸药品检验所等重大公共服务平台挂牌建设。江南大学生物安全高等级实验室（P3实验室）获批筹建。

【创新成果】 2022年，全市有省级工程技术研究中心42家、市级以上公共服务平台19个、药物临床试验机构11家，各类平台涵盖新药研发、生物制品、医用材料、医学影像、临床营养等领域。无锡药明生物技术股份有限公司研发生产一体化技术平台国际领先，孵化生物医药创新项目534个。无锡佰翱得生物科学股份有限公司建成全球最大的商业化冷冻电镜和药靶蛋白创新技术服务平台。48个一类新药项目获准开展临床研究，计划2023年上市迪哲（江苏）医药股份有限公司的舒沃替尼、江苏普莱医药生物技术有限公司的PL-5喷雾剂等新药。年内，新增获批上市三类医疗器械44个、二类医疗器械129个，累计获批上市三类医疗器械181个、二类医疗器械924个。获准开展临床研究的一类新药项目，获批上市的二、三类医疗器械品种数量均创历年新高。

【产业集群发展】 2022年，无锡市与泰州市、连云港市联合打造的"泰连锡生物医药集群"入选国家先进制造业集群。无锡生物医药产业涵盖创新药、医疗器械、现代中药、医药研发服务外包、特医食品等领域，其中医药制造占比40%，医疗器械占比26%，生物医药研发服务外包占比12%。形成优势显著的生物医

12月29日，中生天信和生物制药上游原材料及装备产业化基地项目在无锡高新区举行开工仪式　（新吴区档案史志馆　供图）

药产业特色集群，以无锡药明生物技术股份有限公司、保诺生物科技（江苏）有限公司为代表的医药研发服务外包产业，以通用电气医疗系统（中国）有限公司、无锡祥生医疗科技股份有限公司为代表的高端医疗影像设备产业，以费森尤斯卡比华瑞制药有限公司、纽迪希亚制药（无锡）有限公司为代表的特医食品产业，以无锡臻和生物科技有限公司、无锡泛生子生物科技有限公司为代表的精准医疗产业，以无锡时代天使生物科技有限公司、高峰医疗器械（无锡）有限公司为代表的口腔医疗产业，以高视医疗科技集团有限公司、无锡蕾明视康科技有限公司为代表的眼科医疗产业等。

（赵雪倩）

【中生天信和生物制药上游原材料及装备产业化基地】 12月29日，中生天信和生物制药上游原材料及装备产业化基地项目在无锡高新区开工。中生天信和生物制药上游原材料及装备产业化基地项目是生物医药领域第一个落户无锡高新区的央企项目，总投资3亿元，项目计划用地2公顷，建设2.8万平方米的生产厂房和辅助设施，每年计划培养基产能600吨、纸片载体10吨，并将导入生物反应器的生产。

（李　河）

新能源产业

【概况】 2022年，全市171家规模以上新能源企业营业收入1550.72亿元，比上年增长24.16%。其中，规模以上光伏企业96家，营业收入1014.56亿元，比上年增长47.16%；规模以上风电企业35家，营业收入379.39亿元；规模以上生物质能企业6家，营业收入17.67亿元；规模以上核能企业2家，营业收入2.78亿元，比上年增长19.35%；规模以上氢能企业17家，营业收入89.08亿元；规模以上储能企业15家，营业收入47.23亿元，比上年增长87.56%。年内，全市新能源市级重大项目开工31个，总投资451亿元。

【产业产能】 2022年，无锡市形成完整新能源产业链。光伏方面，组建产能35吉瓦，占全省的20%，主要企业有无锡尚德太阳能电力有限公司、环晟新能源（江苏）有限公司等；电池产能5吉瓦，占全省的1.5%，主要企业有中建材浚鑫科技有限公司、江苏日托光伏科技股份有限公司等；硅片产能38吉瓦，主要企业有无锡中环应用材料有限公司、高佳太阳能股份有限公司、无锡荣能半导体材料有限公司等；逆变器产能10吉瓦，主要企业有上能电气股份有限公司；光伏装备主要企业有无锡先导智能装备股份有限公司、无锡奥特维科技股份有限公司、无锡上机数控股份有限公司、双良集团有限公司等。风电方面，整机产能4.12吉瓦，占全省风电整机营业收入的66.25%，主要企业有远景能源有限公司、宜兴乃尔风电科技有限公司等；风力发电机主要企业有中电电机股份有限公司、中船重工电机科技股份有限公司、宜兴华永电机有限公司等；各类零部件锻造产能约70万吨，主要企业有江阴振宏重型锻造有限公司、德力佳传动科技（江苏）有限公司等。氢能方面，隆基氢能大型碱性水电解槽技术全球领先，实现单台电解槽的氢气制备能力1000标准立方每小时及以上水平；江苏毅合捷汽车科技股份有限公司自主研发10千瓦、20千瓦、30千瓦等燃料电池空压机平台，广泛配套应用于燃料电池发动机。储能方面，锂电池储能产能约15吉瓦时，主要企业有远景动力技术有限公司、蜂巢能源科技股份有限公司等。生物质能方面，无锡华光环保能源集团股份有限公司在生物质装备和生物质电站建设上处于行业先进水平。

【产业平台建设】 2022年，市发展改革委联合国家发展改革委国研智库未来产业研究中心、无锡物联网创新促进中心、无锡市新能源商会，建立无锡市氢能产业创新平台。长三角太阳能光伏技术创新中心在江阴市揭牌成立。国家太阳能光伏产品检验检测中心获批承担省科技厅

11 月 19 日，金风科技南方基地项目签约仪式在无锡高新区举行

（新吴区档案史志馆　供图）

“江苏省碳达峰碳中和科技创新专项资金”项目。完成中德国际合作“江苏省光伏产业链生命周期碳减排及回收体系建设研究”项目。江苏日托光伏科技股份有限公司、无锡长亮光电科技有限公司等企业获国内首例柔性光伏组件产品和首例光伏焊带碳足迹评价证书。

（蒋　瑛）

【金风科技南方基地项目】　11 月 19 日，金风科技南方基地项目签约仪式在无锡高新区举行，金风科技南方基地项目、金风科技全国氢能总部项目、金风科技全国环保总部项目、金风科技海上风电设计研究院、金风科技新能源数字化创新中心五大项目签约落地。金风科技全国氢能总部在无锡高新区设立新能源制氢领域进行关键装备制造、关键工艺技术研发的专业平台，成为金风科技开展新能源制氢业务的全国总部。金风科技海上风电设计研究院依托金风科技的“国家地方联合工程实验室”“国家风力发电工程技术中心”等国家级研发平台，进行风电前沿技术研究，构建中国海上风电工程领域核心整体技术能力。

（李　河）

节能环保产业

【概况】　2022 年，无锡市节能环保产业发展呈向好趋势。节能环保产业总产值 1498.92 亿元，比上年增长 7.8%；工业出口交货值 162.94 亿元，比上年增长 2.5%。全市节能环保产业重点投资项目 79 个，总投资 77 亿元，进展良好。8 家企业入围环保装备制造行业规范条件企业名单，入围数量位居全国前列。

【节能环保产业体系】　2022 年，全市有 2000 余家节能环保企事业单位、4000 余家配套企业，节能环保产业集群规模以上企业 620 余家，初步形成研发设计、装备制造、工程施工、运营服务的完整产业链。节能环保产品涵盖节能、水污染防治、大气污染防治、噪声污染防治、固体废物处置、土壤污染治理与修复、环境监测仪器、环境污染处理药剂与材料 8 大类、2000 余个品种。宜兴环科园形成检测、监测、培训、孵化、交易、展示等全链条支撑体系，是中国环保产业最集中、产品最齐全、技术最密集的产业集聚区，企业竞争力逐步增强，拥有国家制造业单项冠军 5 家、专精特新“小巨人”企业 11 家，A 股上市企业 16 家。

【创新研发资源集聚】　2022 年，全市节能环保领域聚集各类高层次人才 1000 余人，与国内外 300 余家高校和科研机构建立产学研合作机制，累计建立各级各类研发平台 132 家。先后建立 13 个国际清洁技术对接中心，实施国际技术合作项目 70 个。累计有 226 家高新技术企业，4 个国家级技术研究中心，30 个省级技术研究中心，63 家省级产业科研院所，近万人的节能环保技术队伍。南京大学宜兴环保研究院承担国家技术标准创新基地（水环境技术与装备）的建设工作，成为全国唯一的节能环保领域技术标准创新基地。

（杨　骏）

新能源汽车产业

【概况】　2022 年，无锡市新能源汽车产业实现工业总产值 244.73 亿元、营业收入 215.51 亿元。无锡市新能源汽车产业主要分布于江阴市、宜兴市、锡山区、惠山区、新吴区等地，形成包含整车制造、核心零部件、充换电装备制造、充换电基础设施建设与运营等环节的较为完整的产业集群。全市在动力电池方面，特别是正、负极材料方面有较好优势，拥有格林美（无锡）能源材料有限公司、无锡先导智能装备股份有限公司、联动天翼科技有限公司、远东电池有限公司、无锡晶石新型能源股份有限公司、无锡东恒新能源材料有限公司、无锡恩捷新材料科技有限公司等行业知名企业。

【产业链发展】　2022 年，无锡市拥有新能源汽车产业链企业 130 余家，其中规模以上企业76家。拥有上汽大通汽车有限公司无锡分公司、无锡中车新能源汽车有限公司、江苏常隆客车有限公司、华晨新日新能源汽车有限公司整车生产企业4家。拥有无锡聚能新能源科技有限公司、江苏恒泰易通新能源科技有限公司等多家充换电装备制造企业，以及国网无锡供电公司、无锡市政公用新能源科技有限公司等一批充换电基础设施建设与运营企业。在电动汽车整车控制技术、电机驱动和电池管理技术、动力型锰酸锂材料技术、燃料电池与氢源技术、磁悬浮径向直流电机技术、汽车充电数据支持平台技术等方面均达到国内领先水平。

【推广应用】 2022年，全市推广应用新能源汽车69222辆，其中纯电动汽车57679辆、混合动力汽车11541辆，建设公共及专用充电桩2511个、私人充电桩42820个、换电站15座。

（毛云栋）

纺织服装业

【概况】 2022年，无锡市纺织行业有规模以上企业970家。实现工业总产值1819.1亿元，比上年增长11.1%，增速比上年下降4.8个百分点。完成营业收入2023.98亿元，比上年下降9%。实现利润总额113.51亿元，比上年增长23.3%，增速比上年下降18个百分点。完成出口交货值243.08亿元，比上年下降1.3%。年内，受新冠疫情带来的人流、物流、商流和供应链不畅以及原材料价格剧烈震荡、市场订单变化、下半年外贸下滑、减产等各种因素影响，行业经营业绩有所下降，在市委、市政府经济政策措施扶持下，止住行业滑坡趋势，稳定产业发展韧性。无锡市高端纺织集群入选国家先进制造业集群名单。

【印染行业发展专项规划】 12月21日，无锡市制定《无锡市印染行业发展专项规划》，染行业是纺织工业的重要组成部分，是提升纺织产品附加值的重要环节，是能耗和水耗较高、污染物排放量较大的环节。《无锡市印染行业发展专项规划》的发布，推动印染行业产业结构优化升级，推进绿色发展和智能化转型。

【海澜之家入选省智能制造示范工厂名单】 4月，海澜之家集团股份有限公司入选2022年江苏省智能制造示范工厂名单。根据省“智改数转”工作整体部署，经企业申报、地方审核、形式审查、专家评审、综合评价、专题会审、网上公示等程序，全省有86个工厂入选2022年江苏省智能制造示范工厂名单。

（孙　斐　谷加东）

机械工业

【概况】 2022年，无锡市机械工业主要经济指标保持适度增长，呈现出“稳中有进”的经济运行态势。发展增速高于全市工业平均增速5.2个百分点，总体上呈现逐季升高的走势。至年末，无锡市机械工业有规模以上企业4028家；职工总数57万人；规模以上企业实现工业总产值首次突破万亿元大关，超1.1万亿元，比上年增长14%，占全市工业经济45.8%，是在无锡工业发展史上，第一个工业总产值超过一万亿元的行业，江苏省省辖市中机械工业第一个破万亿元的行业；营业收入1.03万亿元，比上年增长6%；利润总额766.8亿元，比上年增长9.2%；固定资产投资总额1138.9亿元，比上年增长6.9%；投资收益94亿元，比上年下降16%；营业利润751.8亿元，比上年增长8.3%；工业增加值2573.7亿元，比上年增长13.2%。在工业总产值方面，金属制品业比上年增长12.5%，通用设备制造业增长8.2%，专用设备制造业增长19.3 %，汽车制造业下降2.9%，铁路、船舶、航空航天和其他运输设备制造业增长24.9%，电气机械和器材制造业增长20.6%，仪器仪表制造业增长20.8%。无锡机械工业整体增长14%，除汽车工业外，各行业维持正增长，但增速都低于上年同期，无锡机械整体工业总产值增速低于上年同期8.9个百分点。

2022年，无锡市机械工业销售产值持续回升，主要产品有升有降。实现工业销售产值10528.61亿元，比上年增长11%，增速高于全市工业4.4个百分点。实现产销率95.6%，比上年同期下降约3个百分点。机械工业主要监测的30种产品，产量增长产品13种，占比43.3%；产量下降产品17种，占比

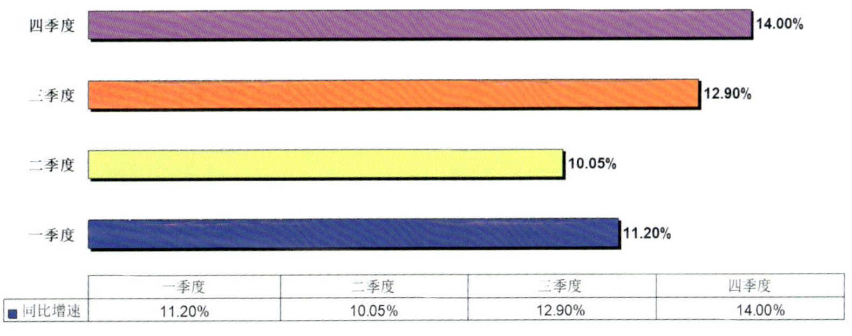

图8　2022年无锡市机械工业总产值季度同比增速示意图

（市机械工业联合会）

表 29　2022 年无锡市机械工业经济主要指标统计表

指标名称	工业总产值（亿元）	比上年增长（%）	工业销售产值（亿元）	比上年增长（%）	出口交货值（亿元）	比上年增长（%）
金属制品业	18706601.08	12.5	18003181.11	10.5	1000372.52	14.5
通用设备制造业	16925881.65	8.2	16559975.89	8.2	2865494.64	18.7
专用设备制造业	14654045.83	19.3	14060425.89	17.4	1383361.03	17.5
汽车制造业	12953827.44	−2.9	12809707.75	−4.4	1118688.85	6.3
铁路、船舶、航空航天和其他运输设备制造	5577917.01	24.9	5460537.38	23.5	1013613.06	26.1
电气机械和器材制造业	38598067.42	20.6	36044217.09	15.0	5464096.49	20.3
仪器仪表制造业	2675235.51	20.8	2348037.38	10.0	181458.76	23.6
合　计	110091575.90	14.0	105286082.50	11.0	13027085.00	18.3

（市机械工业联合会）

单位：万元

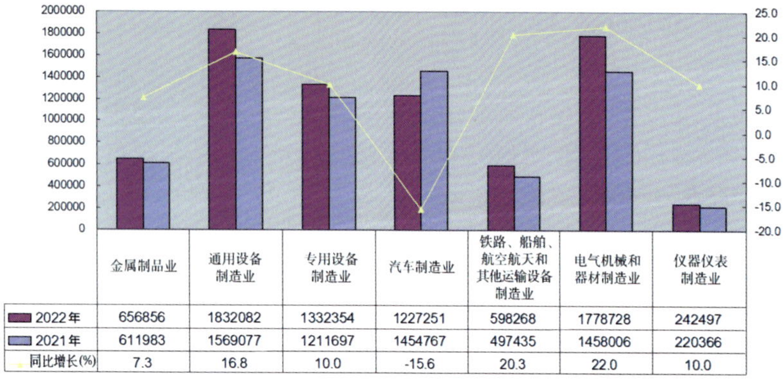

	金属制品业	通用设备制造业	专用设备制造业	汽车制造业	铁路、船舶、航空航天和其他运输设备制造业	电气机械和器材制造业	仪器仪表制造业
2022年	656856	1832082	1332354	1227251	598268	1778728	242497
2021年	611983	1569077	1211697	1454767	497435	1458006	220366
同比增长(%)	7.3	16.8	10.0	-15.6	20.3	22.0	10.0

图 9　2021 年、2022 年无锡市机械工业分行业实现利润比较示意图

（市机械工业联合会）

56.7%。主要大宗工业产品中，钢绞线产量比上年下降 6.7%，电站锅炉下降 1.8%，工业锅炉下降 0.1%，滚动轴承下降 31%，发动机下降 34.1%，电力电缆增长 33.6%，光纤增长 28.1%，民用钢质船增长 5.8%，电动自行车增长 19.1%。服务基础产业的主要大宗产品降幅较大，服务民生的产品有较大增幅。至年末，机械工业应收账款总额 2709.1 亿元，比上年增长 12.1%，占全市工业应收账款的 55%，增速高于机械工业营业收入、利润总额增速。其中，专用设备制造业应收账款比上年增长 17.4%，汽车制造业增长 17.6%。机床制造企业平均应收账款增长 40.1%，泵阀等制造企业增长 35%，动力制造企业增长 27%。机械工业中的中小企业，受环保、安全、新冠疫情压力，亏损企业比上年同期增加 23.6%。年内，双良集团有限公司入选中国企业 500 强榜单；远东控股集团股份有限公司、无锡华光环保能源集团股份有限公司、无锡华美电缆有限公司、工装自控工程（无锡）有限公司获评中国机械工业百强；一汽解放发动机事业部、无锡威孚高科技集团股份有限公司入选中国汽车零部件 30 强；无锡威孚力达催化净化器有限公司、无锡凯澄起重机械有限公司、江苏新大力电机制造有限公司获评 2022 年中国机械工业质量诚信企业；双良节能系统股份有限公司入选江苏省创新型领军企业；无锡航亚科技股份公司等 60 余家企业获评国家级专精特新“小巨人”企业；中航卓越锻造（无锡）有限公司等 200 余家企业获评省专精特新“小巨人”企业。

【科技创新】　2020 年，无锡机械工业针对产业链供应链的短板弱项，以科技创新为核心动力，用于新产品的研发费 315.2 亿元，比上年增长 11.3%。无锡中车时代智能装备有限公司与华中科技大学等单位合作的“大型复杂曲面机器人加工关键技术及应用”项目获2022年度“机械工业科学技术奖”技术发明特等奖；一汽解放发动机事业部“柴油机常见质量问题检测及过程控制的研究与应用”项目获2022年度“机械工业科学技术奖”科技进步一等奖；无锡市明鑫机床有限公司的大型高精度数控立式磨床开放与应用、无锡先导智能装备股份有限公司的高精度方形动力锂电池卷绕机技术及装备、无锡锡南铸造机械股份有限公司的基于工业数据库的多库联动铸造生产线获中国机械工业科技进步二等奖；一汽解放汽车有限公司无锡柴油机厂的氢气循环泵开发、新远东电缆有限公司的额定电压6-35KV交联聚乙烯绝缘轻电缆、无锡统力电工有限公司的新型超导绕组材料一铌三锡导线、无锡市电力滤波有限公司的大功率变流器用高压干式直流支撑电容器关键技术、无锡油泵油嘴研究所的氢气循环泵开发获中国机械工业科技进步三等奖。无锡凯龙高科技股份有限公司的“车用柴油机排气后处理系统关键技术及应用”项目获2022中国汽车供应链优秀创新成果奖。6月8日，一汽解放汽车有限公司发动机事业部自主设计研发的国内首款重型商用车缸内直喷氢气发动机成功点火并稳定运行，标志着国内氢气直喷发动机自主研发取得重大突破。12月1日，宏源科技HY-9型全自动落筒化纤高速弹力丝机，被省工业和信息化厅认定为省首台(套)重大装备，填补国内空白。

【机械工业战略性新兴产业发展】2022年，无锡市机械工业推进“两化”深度融合和产业数字化、智能化转型，产业链由中低端向中高端发展。推动数控机床、航空航天、新能源汽车和工业机器人等新兴产业的快速发展。规模以上战略性新兴产业保持高速发展，比上年增长13.5%。高端装备产业实现营业收入1558.34亿元，比上年增长11.9%，利润总额174.06亿元，比上年增长14.9%。规模以上节能环保产业营业收入比上年下降0.4%，利润总额比上年增长8.7%，规模以上新能源产业实现营业收入1550亿元，比上年增长24.2%，利润总额比上年增长1.3%。航空航天制造业产值比上年增长31.4%，仪器仪表制造业产值比上年增长21.2%，智能装备制造业产值比上年增长6.4%，新能源制造业产值比上年增长26.6%。无锡派克新材科技股份有限公司等4家企业获评国家制造业单项冠军示范企业，江苏通用环保集团有限公司等8家企业入围国家装备制造业规范条件企业，无锡先导智能装备股份有限公司获批国家企业技术中心。3月22日，无锡威孚高科技集团股份有限公司入选国务院国有企业改革领导小组办公室公布最新“科改示范企业”名单，该公司自主研发设计制造完成CPN2柱塞部件智能化装配线，实现对CPN2系列柱塞部件的装配与性能测试，与传统装配线相比，人数减少70%，生产效率提升5倍，防错数量提升4倍。6月22日，威孚物流立体仓库威孚施密特立体仓库上线，该仓库是集成各系统的智能化仓库，智能化搬运程度高，可实现台套制配送和小批量多频次拉动模式，保证物料准时化，促进精益生产。8月12日，市工业和信息化局发布2022年无锡市智能制造标杆名单中，无锡统力电工有限公司“特高压绿色能源用扁绕组线智能工厂”被评为2022年无锡市智能工厂，公司产能比上年增长26%，生产运营成本下降12.3%，人均生产效率增长18.6%，设备综合效率增长5.6%，能源利用率增长16.5%。9月21日，江苏双良新能源装备有限公司举行首套1000标准立方每小时绿电智能制氢系统下线成功，以绿电制氢零碳技术助力新能源替代，实现碳中和的重要驱动力，采用高电流密度设计的电解槽最大制备量可达1000标准立方每小时，通过气液分离装置将碱液沉降分离后，经过提纯的氢气纯度可达到99.9999%以上，实现无污染、零排放、低成本。

【高端制造新成果】2022年，无锡市机械工业坚持转型升级，持续提升产品科技水平，在高端制造领域取得新进展。5月12日，国内首根200米级超大截面铝合金扁线产品在无锡统力电工有限公司生产，计米器的数字显示定格在260米，完成国家大科学工程装置中大型探测器超导磁体的预研项目。7月3日，神钢无锡压缩机股份有限公司每年40万吨环氧丙烷(PO)装置提供的丙烯压缩机机械运转试车成功。7月10日，工装自控工程(无锡)有限公司超大口径电动400H闸阀交付使用，该套装置最大直径为36英寸(900毫米)、每台重量约12.5吨，具有独特的推力转换机构，保证严密封、零泄漏，标志着国内在这一领域的技术水平新的突破。10月10日，无锡华光环能集团股份有限公司举行碱性电解水制氢30标准立方每小时中试装置发运仪式，华光环能对主副电极结构进行技术升级，设备采用新型环保隔膜材料，大幅提高电流密度，同等产氢量下，设备体积大幅减小。11月17日，双良集团有限公司在雄安容西片区供热能源站项目，2号、3号能源站供热系统一次调试点火成功，双良锅炉为该项目打造2台30蒸吨和4台20蒸吨燃气热水锅炉、4台供热能力为3.92兆瓦烟气余热回收热泵。12月1日，省工业和信息化厅印发《2022年度江苏省首台(套)重大装备认定名单通知》，宏源科技HY-9型全自动落筒化纤高速弹力丝机名列其中，宏源科技HY-9型全自动落筒高速弹力丝机的研发，填补国内空白。12月28日，江苏双良新能源装备有限公司中标云南通威水电硅材高纯晶硅绿色能源项目，中标额2.637亿元，该项目用地83.33公顷，总投资140亿元。

【固定资产投资】 2022年，无锡市机械工业固定资产投资主要投向高端、智能制造等新兴产业。年内，无锡市机械工业固定资产投资739.8亿元，比上年增长10.1%。其中专业设备制造业、汽车制造业、电气机械和器材制造业、仪器仪表制造业比上年分别增长18.8%、12.5%、26.4%、32.2%。5月28日，航亚科技股份有限公司在贵州市举行开业暨项目投产典礼，项目总投资3.5亿元，年产值超6亿元。4月6日，双良节能系统股份公司20吉瓦光伏项目及40吉瓦单晶硅二期项目在包头稀土高新区开工。12月26日，由无锡华光环保能源集团股份有限公司投资建设的惠联餐厨废弃物处置扩建项目开工，项目位于无锡惠联循环产业园内，总用地面积4.67公顷，总投资7亿元，主要建设内容包括餐厨垃圾预处理系统、厨余垃圾预处理系统、厌氧处理系统、沼气存储、净化及处理系统、污水处理站、异味控制系统及其辅助配套系统等。

【专利发明和标准化建设】 2022年，无锡市机械工业在专利发明和标准化建设方面取得新成就。4月10日，南京威孚金宁有限公司申报的发明专利“ZL 2020 1 0355405.2一种增加滚轮表面压应力深度的加工工艺”获国家知识产权局审批公示。6月5日，远东智慧能源股份有限公司旗下远东电缆有限公司、新远东电缆有限公司、远东复合技术有限公司共同被授权发明专利“一种高温设备用大截面耐高温移动软电缆及其制备工艺”，该专利技术解决电缆在恶劣高温工作环境下稳定运行的难题。9月，由国家桥门式起重机械产品质量检验检测中心“基于边缘计算的起重机物联网专用采集系统开发”项目开发的，起重机传动机构故障监测装置及方法获国家发明专利授权，该发明针对起重机传动链旋转机械故障识别的困难，解决数据大吞吐率采集传输的实际困难。11月7日，工业和信息化部发布公告，远东电缆有限公司申报的T/CEEIA 408-2019“额定电压1.8/3kV及以下风力发电塔筒用铝合金导体耐寒阻燃橡套电缆”项目获入围工业和信息化部百项团标应用示范项目。11月29日，无锡市科巨机械有限公司“闭式冷却塔变频控制节能技术”入选《国家工业和信息化领域技能技术装备推荐目录（2022年版）》。

【外贸出口】 2022年，无锡市机械工业外贸出口未受新冠疫情影响，依然继续保持快速增长的势头，实现外贸交货值1302亿元，比上年增长18.3%，高于全市工业11.2个百分点。从产品结构看，汽车零部件、专用机械、发电设备、动力设备、关键零部件带动作用较大。分行业看，金属制品业比上年增长14.5%，通用机械制造业增长18.7%，专用机械制造业增长17.5%，汽车制造业增长6.3%，铁路、船舶、航空航天和其他运输设备制造业增长26.1%，电工电器行业增长20.3%，仪器仪

表30 2021年、2022年无锡市机械工业固定资产投资与研发费用统计表

指标名称	固定资产投资（万元）		比上年增长（%）	研发费用（万元）		比上年增长（%）
	2022年	2021年		2022年	2021年	
金属制品业	808651	1042886	−22.5	264442	255541	3.5
通用设备制造业	982730	992115	−0.9	471711	442439	6.6
专用设备制造业	2032734	1710476	18.8	584646	564464	3.6
汽车制造业	950362	844826	12.5	455437	393611	15.7
铁路、船舶、航空航天和其他运输设备制造业	384051	374249	2.6	177136	148504	19.3
电气机械和器材制造业	1820790	1440427	26.4	1073987	913467	17.6
仪器仪表制造业	418217	316432	32.2	124245	114354	8.7
合　计	7397535	6721411	10.1	3151604	2832380	11.3

（市机械工业联合会）

表制造业增长 23.6%。无锡机械工业在“一带一路”项目取得进展，远东集团有限公司获海外户用储能系统电池 2.28 亿元订单。一汽解放发动机事业部出口销量比上年增长 37%，其中奥威系列出口产品比上年增长 190%，主要出口俄罗斯、南非、墨西哥。无锡华光工业锅炉有限公司完成印尼寰球纺织有限公司和泰国 TPL 集团项目，2 个项目有重量约 1900 吨、102 个部件。

单位:万元

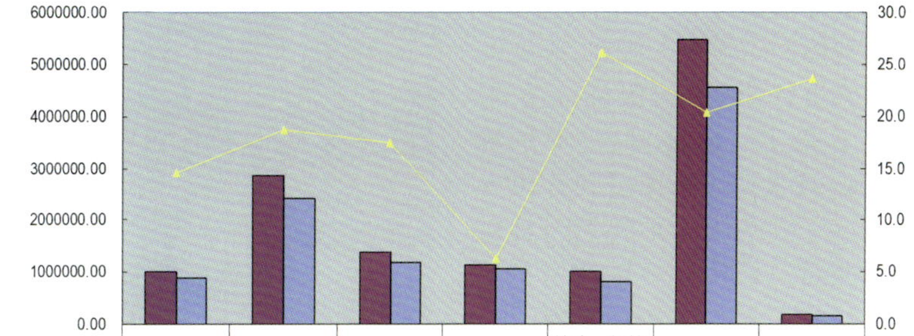

	金属制品业	通用设备制造业	专用设备制造业	汽车制造业	铁路、船舶、航空航天和其他运输设备制造业	电气机械和器材制造业	仪器仪表制造业
2022年	1000372.52	2865494.64	1383361.03	1118688.85	1013613.06	5464096.49	181458.76
2021年	873687.79	2414064.57	1177328.54	1052388.38	803816.86	4542058.60	146811.29
同比增长(%)	14.5	18.7	17.5	6.3	26.1	20.3	23.6

图 10　2021 年、2022 年无锡市机械工业出口交货值分行业增长比较示意图

（市机械工业联合会）

【获得荣誉】 1 月 7 日，在全国行业职业技能竞赛——“国缆检测杯”全国第四届电线电缆制造工（检验工）职业技能竞赛决赛中，无锡统力电工有限公司品保部技师朱海娟获绕组线组第一名，是江苏赛区绕组线组唯一晋级决赛的参赛选手。2 月 28 日，无锡华光环保能源集团股份有限公司入选国家国资委印发的《创建世界一流示范企业和专精特新示范企业名单》。4 月 12 日，双良集团有限公司属下无锡混沌能源技术有限公司产品“能源数字化管理平台”获 2022 年德国“iF 产品设计奖”。4 月 30 日，无锡威孚高科技集团股份有限公司汽零事业部共轨轨体班组被中华全国总工会授予“全国工人先锋号”称号。5 月 10 日，一汽解放发动机事业部质保部市场质量组获“江苏省工人先锋号”称号。8 月 7 日，在第 16 届中国品牌节年会上，双良集团有限公司获 2022 中国品牌节年会“金谱奖”，远东智慧能源股份有限公司、双良集团有限公司入选 2022 中国品牌 500 强榜单。9 月 16 日，在中国建筑节能协会电气分会公布的“建筑电气品牌竞争力企业名单”上，远东电缆获“母线及线缆系统”竞争力第一位，这是远东电缆连续第 4 次入选榜单前十强。11 月，中国船舶科学研究中心研制的“奋斗者号”全海深载人潜水器，获 2022 年中国优秀工业设计奖金奖，实现无锡装备制造业在国家级工业设计金奖上零的突破。11 月 5 日，在全国机械工业第 41 次质量管理成果交流会上，一汽解放发动机事业部锡柴工厂重机部坚刃 QC 小组发布的改善成果“降低 6DM 缸盖 OP50 工序刀具停台率”，获全国机械工业优秀质量管理小组活动成果一等奖。11 月 18 日，无锡透平叶片有限公司工程师崔慧然获“全国职工职业道德建设标兵个人”称号。12 月，江苏新扬子造船获评第七届中国工业大奖企业奖。

【惠山区智能制造产业集群】 2022 年，惠山区智能基础零部件制造产业集群入选工业和信息化部 2022 年度中小企业特色产业集群名单。惠山区实施的“龙头企业牵引 + 多核心企业聚集”的协同发展模式，依托高端装备园、先进制造业等基地，形成以上汽大通汽车有限公司无锡分公司、无锡中车新能源汽车有限公司、无锡威孚力达催化净化器有限责任公司等企业为龙头，以无锡京运通科技有限公司、上能电气股份有限公司等企业为支撑，带动 100 余家中小企业协同发展的产业发展格局。

（姜鲁宁）

冶金工业

【概况】 2022 年，无锡市冶金行业完成产值 3166 亿元，比上年增长 5.4%，实现利润 125.59 亿元，比上年增长 12.8%。冶金行业产值占全市比重 14.1%，利润占比 8.6%。其中，黑色金属冶炼和压延加工业完成产值 1857.79 亿元，比上年增长 2.5%，实现利润 90.84 亿元，比上年下降 1%，利润自 2018 年以来首次出现下跌，但占冶金行业的比重仍然为 72.3%；有色金属冶炼和压延加工业完成产值 1442.89 亿元，比上年增长 9.5%，产值增速首次超过黑色金属冶炼和压延加工业，成为拉动冶金行业增长的主动力，利润实现快速增长，完成利润 34.75 亿元，比上年增长 77.8%，增速创 5 年内新高。全市冶金行业有规模以上企业 617 家，其中冶炼企业 6 家（江阴市 5 家、惠山区 1 家），都为钢铁冶炼企业。江阴市 5 家钢铁企业完成工业总产值 933.88 亿元，比上年增长 0.4%，产值占冶金行业比重 28%，实现利润 74.58 亿元，基本与上年持平，利润占冶金行业比重 59.4%。

【特钢产业集群】 2022年，江阴高新区把特钢新材料及制品作为“一区一战略”产业重点培育，形成以江阴兴澄特种钢铁有限公司、法尔胜泓昇集团有限公司、贝卡尔特（中国）技术研发有限公司等国内外知名企业为龙头的特钢新材料产业集群。江阴高新区特钢新材料及制品产业产值1018.57亿元，集聚500余家特钢新材料及制品企业，工业总产值过亿元的特钢新材料企业有22家，形成特钢材料—高端制品—下游应用完整产业链。江阴高新区建成国家金属线材制品工程技术研究中心、江苏省特钢工程技术研究中心、江苏省工业设计中心、贝卡尔特亚洲研发中心等一批具有国内外先进水平的核心研发机构，产品涵盖线材、板材、管材、桥梁缆索、钢帘线等高端制品，高标准轴承钢、超大规格连铸圆管胚钢、超高强度耐久性桥梁缆索等产品的国内市场占有率为80%以上。江阴兴澄特种钢铁有限公司获第七届中国工业大奖企业奖。

江阴兴澄特种钢铁有限公司银亮材分厂车皮生产线 （陆卫宇　摄）

【特钢标准化领域成果】 2022年，江阴兴澄特种钢铁有限公司获省市场监管局批准筹建江苏省特殊钢技术标准创新基地。江阴兴澄特种钢铁有限公司作为全国钢标准化技术委员会轴承钢分技术委员会秘书处承担单位，参与起草的国际标准、国家标准和行业标准累计66项，其中作为第一起草单位主持完成24项，年内，在研标准有15项，其中国际标准2项、ASTM标准1项。江阴兴澄特种钢铁有限公司研发的“高端乘用车曲轴用钢C38+N”等9项新产品及“高效精准判断凝固坯壳厚度用点状裂纹法”等2项新技术通过省工业和信息化厅组织的评估论证，其中1项新产品及1项新技术被鉴定为国际首创，达到国际领先水平。法尔胜泓昇集团有限公司设立国际标准化组织钢丝绳技术委员会（ISO/TC 105）秘书处和全国钢标准化技术委员会钢丝绳分技术委员会秘书处（SAC/TC 183/SC 12）。1月，江阴市黄山船舶配件有限公司主导制定的国际标准《船舶与海洋技术—耐火水密舱口盖》标准由国际标准化组织（ISO）批准发布。

【特钢高端制品领域成果】 2022年，江阴兴澄特种钢铁有限公司高端轴承用钢市场占比85%，连续20年居全国第一位，连续11年居世界第一位；高档汽车用钢市场占有率75%，连续14年全国销量第一；风电用钢、系泊链用钢市场占比分别为87%和93%。法尔胜泓昇集团有限公司的超高强度耐久性桥梁缆索产品，技术达到国际领先水平，高强度运输带用钢丝绳产品国内市场占有率80%以上，应用于沪苏通大桥、五峰山大桥、韩国仁川大桥、越南九龙桥、印度尼西亚苏拉马都大桥、美国华盛顿机场等国内外400余座重特大桥梁和结构项目中。凯澄起重机械有限公司的“凯澄”牌钢丝绳电动葫芦全面采用环保材料，获得中国机械工业优质品牌、全国知名起重机械十佳名优品牌、江苏省著名商标、江苏省名牌产品等荣誉，产销量在世界名列前茅，产品销往40余个国家和地区。

（顾　颖）

石油化工业

【概况】 2022年，无锡市石油化工业完成产值2076.7亿元，比上年增长1.8%，占全市工业总产值比重8.7%；实现利润136.09亿元，比上年下降4%，占全市比重9.3%。其中，石油加工、炼焦和核燃料加工业完成产值137.99亿元，比上年下降3.2%，实现利润2.23亿元，比上年下降51.2%；化学原料和化学制品制造业完成产值1159.24亿元，比上年增长0.5%，实现利润81.14亿元，比上年下降7.7%；橡胶和塑料制品业完成产值861.71亿元，比上年增长4.9%，实现利润52.72亿元，比上年增长6.9%；石油加工、炼焦和核燃料加工业、化学原料和化学制品制造业受限于化工产业安全环保整治，产品结构技改、产能扩能等方面的政策，行业利润下降趋势明显，而不在化工整治范围之列的橡胶和塑料制品业的产值和利润均有较高幅度的增长，产值的变动主要来源于化工产品的价格波动。

【化工园区】 2022年，江阴临港化工园区主导产业为高分子材料、生物医药，园区内现有化工生产企业24家，园区化工行业营业收入314.95亿元，比上年增长10.5%，化工行业利润10.88亿元，比上年下降32.7%，园区内龙头企业江苏利士德化工有限公司主要生产苯乙烯和聚苯乙烯产品，占园区的营业收入比重18%。宜兴市新材料产业园主导产业是以绿色高端涂料产业为特色的新型涂料产业链和为战略性新兴产业配套的高端新材料产业链，园区内现有化工生产企业21家，园区化工行业营业收入为240.08亿元，比上年增长5.6%，化工行业利润18.40亿元，比上年增长6.1%，园区龙头企业江苏三木化工股份有限公司，占园区的营业收入比重89.8%。锡山经济技术开发区新材料产业园主导产业为精细化工、高分子材料、电子化学品材料，园区内现有化工生产企业9家，园区化工行业营业收入为193.36亿元，比上年下降6.8%，化工行业利润18.99亿元，比上年下降13.7%，园区内有上市企业3家，确成硅化学股份有限公司是国内白碳黑细分行业龙头企业，无锡洪汇新材料科技股份有限公司是国内氯醋树脂细分行业龙头企业，无锡阿科力科技股份有限公司是国内脂肪胺细分行业龙头企业。园区内百亿元级企业无锡兴达泡塑新材料股份有限公司获评全国民营企业500强。

【安全环保整治】 2022年，无锡市持续深化化工产业安全环保整治，按照“一企一策”整治要求，推进纳入省定关闭计划的最后12家企业“应关尽关”工作，全年关停安全环保不能稳定达标的化工生产企业79家，完成环境敏感区化工产业布局调整，通过第二轮中央环保专项督察，全面完成化工整治“一企一策”中的关闭退出任务。开展化工整治领域安全大检查，排查问题隐患2197项，完成闭环整改并录入省化工整治信息化平台完成销号。推进化工园区安全环保管理提档升级，指导和督促全市3个化工园区持续提升安全、消防、环保基础设施水平，3个化工园区投入近50亿元进行安全卫生距离达标改造，建设智慧园区安全环保一体化管理平台，实施化工园区封闭化管理，建设危险化学品专用停车场，配置和完善提升消防站，建设和提升专用污水处理厂等，宜兴市化工园区和锡山区化工园区的安全风险等级从C类（一般风险）降低为D类（较低风险）。

（顾　颖）

粮油工业

【概况】 2022年，无锡市粮油工业实现销售收入超90亿元，产值和利润实现“双升”。在精深加工、主食产业、机械制造、电子商务、智慧粮食等领域培育“领军型企业”。

【产业发展】 2022年，中粮麦芽（江阴）有限公司、宜兴协联生物化学有限公司、无锡通威生物科技有限公司、无锡华顺民生食品有限公司、无锡中粮工程科技有限公司5大龙头企业产值均接近10亿元，全市粮油产业经济正加速向优势企业集中。无锡中粮工程科技有限公司继2020年深圳证券交易所主板上市后，市值接近百亿元，紧抓“中粮”世界品牌，充分发挥技术优势，积极对接“产业强市”主导战略，牵头召开无锡市与中粮集团对接洽谈视频会议。8月19日，无锡市与中粮东海粮油工业有限公司签订保供合作协议。无锡中粮工程科技有限公司利用“走出去”带动资源和资本向行业集中，承建的中国援助赞比亚玉米粉加工厂项目经验收达标交付使用。

【产品结构优化】 2022年，宜兴市发挥“中国好粮油”效应，利用宜兴市粮油集团大米有限公司“隆元”牌晚粳米获得“中国好粮油”产品称号，继续在粮油产业粗加工上扩张规模，形成杨巷稻米加工产业联盟，徐舍“稻米小镇”形成“特色小镇”和“一个产业集群”的产业规模。

（杨　阳）

无锡产业发展集团有限公司

【概况】 2022年，无锡产业发展集团有限公司（以下简称“无锡产业集团”）集团全资、控股企业实现营业收入933.06亿元，完成年度目标110%；工业总产值195.28亿元，较上年同期基本持平。在2022中国500强企业综合榜单列第178位、中国制造业榜单列第81位。

【企业运营】 2022年，无锡产业集团引导企业克难攻坚、精准施策，推动生产不停、链条不断、订单不减、产能不降。无锡威孚高科技集团股份有限公司加速主营产品高效开发，推进新业产品孵化落地，完成电子油泵并购项目交割，联合博世力士乐股份有限公司加快推进液压业务合作。无锡市太极实业股份有限公司提升半导体核心竞争能力，海太半导体（无锡）有限公司封测DDR5产品正常稳定生产，太极半导体（苏州）有限公司成为主流客户合作伙伴。无锡宏源机电科技股份有限公司持续拓展中高端市场，实现HY-9批量生产。江苏太极实业新材料有限公司持续推进PA56项目建设，超额完成PA56帘子布销售目标，全面超额达成年度指标。江苏日托光伏科技股份有限公司调整经营思路和产品结构，降库存、保订单、稳收益，出货量大幅增长，较上年同期减少亏损59%，历史性实现月度首次盈利。无锡国开金属资源有限公司稳步调优业务结构、实现贸易收入降、利润增、风险控。无锡市苏南学校食材配送有限公司全面实施市域净菜配送，上线个性化点餐，高效完成社会应急配供任务，申报无锡市市长质量奖。无锡粮食集团有限公司完成储备粮油轮换，实现物资收发总量近1900万件，江苏无锡国家粮食储备库有限公司二期建设稳步推进。

【项目推进】 2022年，无锡产业集团重新梳理战略产业组合，明确四大主导产业地位，完成投资项目69项，投资总额超73亿元，其中"465"产业项目占比87.5%，民生项目占比12.5%。牵头无锡锡产微芯半导体有限公司完成总规模130亿元的安谱隆100%股权并购项目，创江苏省集成电路行业境外并购项目规模之最。支持中环领先半导体材料有限公司实施总规模超77亿元的鑫芯半导体科技有限公司换股收购项目，打造国内规模最大、最具竞争力的半导体硅片材料企业。完成海辰半导体（无锡）有限公司M8项目设备搬迁，最高月产量达到10万片满产状态。完成华虹半导体（无锡）有限公司无锡基地一期扩产增资，同步推进二期工程。实施总规模8.4亿元的无锡物联网创新中心公司MEMS 8寸线项目，并批量投料试产。推进战略控股上市公司无锡新宏泰电器科技股份有限公司，持续拓展合作空间。稳步减持银邦金属复合材料股份有限公司4.98%股份，取得较好的纾困社会效益和国有投资收益。

【改革创新】 2022年，无锡产业集团坚持以改革促创新，发挥集团组织平台优势，调动激发企业创新主体积极性和创造性。完成国企改革三年行动26项重点改革工作、71项具体改革目标任务。实施"对标一流管理提升行动"，组织14家商业类一级子企业全面找准标杆，提升企业现代化管理水平。开展"清理两非两资"专项行动，提升国有资本市场化配置效能，加快无锡芯奥微传感技术有限公司、无锡践行中欧科技有限公司等重点亏损子企业清算工作。重新修订职业经理人制度，继续扩大职业经理人制度实施范围。开展集团本部薪酬管理制度和子企业经营业绩考核办法修订，提高经营机制市场化、科学化水平。成立首届高科技产业发展专家委员会，打造科技咨询智囊机构。无锡威孚高科技集团股份有限公司成为无锡市唯一国企入围国务院国资委"科改示范企业"，宁波威孚天力增压技术股份有限公司入选国家级专精特新"小巨人"企业，4家企业入选省专精特新中小企业。构筑知识产权优势，集团范围内累计获得发明专利、实用新型专利超2200项。提升科技资本服务效能，设立产发数字产业基金、润创集成电路基金、氢能重工产业基金规模近20亿元。管理及合作基金中新增14家被投企业入围市雏鹰、瞪羚、准独角兽企业培育库，4个投资项目登陆资本市场，集团直投科技企业安普瑞斯（无锡）有限公司以SPAC方式在美国纽约交易所成功上市。稳健发展科技金融服务，无锡产发金服集团有限公司创投、保理、租赁、小贷等业务加快协同融合，新投放项目零逾期、零欠息、零损失。营造科创园区良好生态，无锡市北创科技创业园有限公司出租率超80%，无锡锡东科技产业园股份有限公司在租面积超8万平方米。

【经营管理】 2022年，无锡产业集团构建完善科学规范、运行高效、系统完备的管理体系。优化新冠疫情防控措施，积极应对多轮疫情冲击，确保疫情防控平稳转段。健全安全生产组织体系，成立安全生产委员会，设立安全管理部，组织安全督查53次，企业交叉检查2轮，涉及企业、地块106处，排查整治问题隐患99项，整改完成率100%。承担市属困难转制企业精退保养人员保障任务，协力维护社会稳定大局。创新融资模式，发行省内首单绿色和乡村振兴双认证债、首单绿色永续权益债，发行利率多次刷新区域乃至全国纪录。拓宽融资渠道，注册融资工具DFI，成为全市首批获得交易商协会授予的成熟层第二类资格认证企业，并完成全市首笔项下债券发行，实现银行间市场标杆产品新突破。优化融资结构，直融占比约90%，中长期融资结构占比由年初38.6%提高至年末67%以上，资金成本率由3.69%降至3.39%，集团本部资产负债率60%，比上年下降。建立资产动态更新清单制度，加快推动威孚、谈渡桥地块资产处置，资产在租率75%，出租房屋、土地面积超46万平方米，租金收入近2400万元。

（彭旻婕）

编辑　胡　慧

综 述

【建筑业发展】 2022年，无锡市有建筑施工项目1320个，在建工程总面积6854.8万平方米，比上年增长8.1%；竣工验收面积3117.7万平方米，比上年下降14.35%；全市建筑业总产值1310亿元，增速8%，高于全省平均增速（6.3%）1.7个百分点。至年末，全市有建筑业施工企业5443家，其中具有施工总承包特级资质的企业2家、一级资质企业98家、二级资质企业312家。全市建筑业企业资质总数10792项，其中总承包资质2374项（特级资质2项、一级资质110项、二级资质371项、三级资质1891项）、专业承包资质6834项（一级资质538项、二级资质3448项、三级资质2073项、不分等级775项）、劳务资质1584项。全市具有监理资质的企业74家，具有检测资质的企业40家。

（葛 琪 鲁丁坤）

【行业创优】 2022年，无锡锡山建筑实业有限公司等23家企业被评为2021年度无锡建筑外出施工优秀企业，江苏无锡二建建设集团有限公司等52家企业被评为2021年度无锡市建筑业优秀会员企业，中国电子系统工程第二建设有限公司获2021年度无锡市建筑业“质量管理优秀奖”。江苏无锡二建建设集团周方等10人获评2020—2021年江苏省建筑业优秀总工程师（技术负责人）。无锡交通建设工程集团有限公司、江苏恒尚节能科技股份有限公司、中国电子系统工程第二建设有限公司、江苏宜安建设有限公司、建基建设集团有限公司、江苏沪宁钢机股份有限公司6家企业被评为2021年度江苏省建筑业“百强企业”。中国电子系统工程第二建设有限公司入选“2022江苏服务业企业百强榜”。无锡建筑行业协会、江阴市建筑行业协会获评2022年度江苏省建筑业先进协会，宜安控股有限公司董事长蒋东良在2022年第六届“江苏慈善奖”表彰大会上，获“最具爱心慈善行为楷模”称号。

（朱连成）

【《京杭大运河无锡段两岸提升建设导则》编制】 2022年，市住房城乡建设局组织编制并印发《京杭大运河无锡段两岸提升建设导则》。导则为京杭大运河两岸地区建设确立统

表31 2022年无锡市建筑业情况统计表

指 标	单 位	数 值	比上年增长（%）
企业数	家	709	1.3
建筑业总产值	亿元	1310.02	8.0
#装修装饰产值	亿元	60.85	9.8
建筑业在外省完成的产值	亿元	411.38	9.8
#建筑工程产值	亿元	1014.20	9.6
安装工程产值	亿元	281.22	−0.6
建筑业其他产值	亿元	14.60	199.9
建筑业竣工产值	亿元	633.60	−4.9
房屋建筑施工面积	万平方米	4660.60	1.5
房屋建筑竣工面积	万平方米	1488.32	13.1
建筑业直接从事生产经营活动的平均人数	人	283602	3.2
建筑业期末从业人数	人	232084	−14.9
建筑业全员劳动生产率	元/人	461922	12.2

（市统计局）

一的目标、原则、价值体系和具有针对性的技术指标,指导京杭大运河无锡段相关设计、建设与管理运营工作,以提升滨水区的人文魅力和城市魅力。

【BIM 技术应用推广】 2022 年,市住房城乡建设局会同市发展改革委、市财政局、市自然资源规划局等部门印发《关于加快推进无锡市建筑信息模型(BIM)技术应用的实施意见》,编制《无锡市建筑工程信息模型设计交付技术导则》《无锡市市政道路桥梁工程信息模型设计交付技术导则》,加快推进 BIM 技术在新型建筑工业化全寿命期的一体化集成应用,推动城市建设信息化、数字化、智能化转型发展,为城市信息模型(CIM)和新型城市基础设施建设的推进提供支撑和保障。

(陈素碧)

建筑勘察设计

【勘察设计资质管理】 2022 年,市住房城乡建设局运用"江苏省勘察设计行业管理信息系统"采集勘察设计企业及人员信息,并通过"江苏省建筑市场监管与诚信信息一体化平台"进行网上建设工程勘察设计合同信息归集,进一步强化对企业和人员的资质、资格及市场行为的管理。至年末,全市有工程勘察设计单位 279 家,其中甲级单位 91 家、乙级单位 163 家、丙级单位 25 家。

【勘察设计业务培训】 2022 年,市住房城乡建设局举办《建筑节能与可再生能源利用通用规范》(GB 55015—2021)及 BIM 审查专项培训,全市建设、设计、审图、施工、监理等单位相关专业技术人员参加培训。开展 2022 年度无锡市注册建筑师、注册结构工程师继续教育在线学习,304 名注册建筑师、272 名注册结构工程师和 73 名注册土木(岩土)工程师参加培训。

【勘察设计项目评优】 2022 年,市住房城乡建设局组织开展 2022 年无锡市城乡建设系统优秀勘察设计大赛,评选出市级城乡建设系统优秀勘察设计项目 259 个(一等奖 50 个、二等奖 95 个、三等奖 114 个),其中 82 个项目获得省城乡建设系统优秀勘察设计奖项。组织参加第九届紫金奖·建筑及环境设计大赛活动,获二等奖 1 个、三等奖 8 个、入围奖 4 个。

【施工图设计审查】 2022 年,全市建设工程设计审查机构完成新建建筑工程施工图设计审查 1610 万平方米,市政工程施工图设计审查计总投资额 26 亿元,幕墙专项施工图设计审查 92 项,装饰工程完成量计建筑面积 244 万平方米,技防工程审查完成 84 项,海绵城市专项完成量计投资额 2.02 亿元。查处违反工程强制性条文 513 条、违反强制性标准 12433 条,提出合理化建议和改进意见 3.3 万条,有效保障工程设计质量安全。

(陈素碧)

建筑施工

【装配式建筑】 2022 年,市住房城乡建设局制定《无锡市装配式建筑设计文件编制导则(试行)》《无锡市装配式混凝土结构工程质量安全管理导则》等,推动装配式建筑加快发展。年内,全市写入土地拍卖条件的装配式建筑面积 514.86 万平方米,新开工 382 万平方米,有 11 个省示范基地(项目)通过第四批省级建筑产业现代化示范验收评估。至年末,全市通过评审及申报的各类国家、省级部品部件类示范基地、设计研发类示范基地、示范项目以及入选各类专业名录等共计 102 个(项),全市有主体结构预制构件生产厂 11 家、部品部件生产基地 10 家。

(鲁丁坤)

【建筑工程质量创优】 2022 年,无锡建筑工程质量创优数量创新高,评定全市建设工程质量管理小组活动课题(QC)成果奖 500 个,其中 50 个课题获 2022 年江苏省工程建设管理小组成果奖。由江苏无锡二建建设集团有限公司承建的无锡市玉祁街道平湖小学等 27 个无锡新建项目被评为 2021 年度江苏省建筑业新技术应用示范工程。评定 2022 年无锡市"太湖杯"优质工程奖 108 个(房建类),无锡锡山建筑实业有限公司、无锡市亨利富建设发展有限公司、江苏苏阳建设有限公司等承建的 21 个工程获 2021 年度江苏省"扬子杯"优质工程奖。由无锡鼎尚建设股份有限公司、无锡兢腾建筑装饰工程有限公司等 12 家企业承建的 14 个装饰装修工程项目获 2021—2022 年度(第一批)中国建筑工程装饰奖。由江苏无锡二建建设集团有限公司、江苏沪宁钢机股份有限公司等 9 家企业参建的 7 个工程项目获 2022—2023 年度第一批中国建设工程"鲁班奖"(国家优质工程)。中国电子系统工程第二建设有限公司承建的华晨宝马汽车有限公司产品升级项目(铁西厂区)获 2022—2023 年度第一批中国建设工程"鲁班奖",承建的北京脑科学与类研究中心项目、兰州肿瘤医院项目、京东方重庆第 6 代 AMOLED 柔性生产线 3 个项目获 2022—2023 年度第一批国家优质工程奖。

【装配式建筑质量安全专题讲座】 10 月 26 日,市住房城乡建设局会同市建筑行业协会举办装配式建筑质量安全专题线上讲座,由中建一局集团建设发展有限公司总部工业化建筑工作室主任李贝作《装配式建筑施工管理要点专项交流》的授课。李贝围绕国家、省"十四五"建筑工业化发展和"双碳"战略发展目标,介绍国内先进城市装配式建筑政策制定和产业推进情况以及全生命周期环节管理要求，重点讲解装配式建筑施工阶段管理要点和质量安全控制要点，并作大量案例分析。全市建设工程质量安全监管机构人员、建筑施工企业工程技术管理人员和项目负责人、各监理机构人员、PC构件厂管理技术人员等1023人参加，50余家单位设立分会场同步组织观看。

【承办第四届全国岩土工程施工技术与装备创新论坛】 11月18日，由中国土木工程学会土力学及岩土工程分会、江苏省岩土力学与工程学会主办，宜兴市人民政府、宜兴市周铁镇人民政府、建基建设集团有限公司承办的第四届全国岩土工程施工技术与装备创新论坛在宜兴陶都半岛酒店召开。论坛聚焦建筑业转型发展新形势下岩土工程施工新技术装备、新方法、重大工程、难点问题和岩土工程环境低影响、绿色低碳、智能化施工新装备与新技术开展交流研讨，通过19个报告从8个方面展现目前国内岩土工程领域的创新成果，为专家和学者搭建高水平、高层次的交流平台。论坛采用线下现场会议和线上视频直播结合的方式，邀请中国工程院院士、浙江理工大学教授、博士生导师龚晓南及其他专家、学者、教育科研人员、工程技术人员、施工企业及技术人员等参与，其中，宜兴主会场线下300余人参会，上海市、深圳市、天津市、武汉市、郑州市、昆明市、宁波市分会场150余人线上参会，线上累计6万余人次观看直播。

（朱连成）

建筑业管理

【建设工程质量管理】 2022年，市住建部门开展住宅工程质量信息公示试点工作，全市有55个住宅项目开展质量信息公示，占全市住宅项目总数的16.7%，形成适合无锡实际的、可推广的住宅工程质量信息公示工作成果。开展住宅工程渗漏问题治理试点工作，全市各建设主管部门组织线上线下质量观摩活动12次，并组织开展“质量月”等活动，致力于建筑工程质量提高。无锡地铁3号线一期工程获中国建设工程“鲁班奖”，2个项目获中国土木工程“詹天佑奖”，140个项目获无锡市“太湖杯”优质工程奖。完善智慧工地管理体系，落实重点建设工程质量安全影像追溯管理工作，全市有889个项目纳入建设工程智慧管理平台。

（葛　琪）

【文明施工管理】 2022年，市住建部门修订《无锡市建设工程文明施工管理办法》，督促工地严格落实扬尘污染治理“六个百分之百”要求，综合运用执法检查、信用考核、“红黑榜”考评等手段，强化监管力度，督促施工企业落实建筑工地落实文明施工主体责任。做好国控点保障和重污染天气应急响应工作，培育豁免工地，实施差别化监管。建成智慧工地指挥中心，推进智慧工地建设。建立无锡市建设工程文明施工联席会议制度，进一步完善文明施工治理长效机制。

（邵晓文）

【建筑市场监管】 2022年，市住建部门按照建筑市场“双随机、一公开”监管工作方案的要求，开展建筑市场“双随机”检查工作。全年开展4轮市级、2轮全市和14轮区级建筑市场“双随机”检查工作，对178家次招标代理机构进行动态考核扣分，依法查处涉及违法违规问题的4家招标代理机构和1家中标人。开展全市建筑市场治理暨建筑工程发包与承包违法行为专项整治行动，有效遏制发包与承包活动中的违法行为，年内全市检查在建房屋建筑和市政基础设施工程项目1032个，对7起工程发包与承包违法行为依法予以行政处罚。

（黄　熠）

【工程造价管理】 2022年，市住建管理部门制定无锡市建筑工程造价计价规定，巩固和完善工程造价计价体系。参与计价工作改革，进行建设工程施工过程结算试点。针对新冠疫情及时出台《关于明确建设工程疫情防控费用计取相关事项的通知》《关于明确应急情况下建设工程疫情防控费用计取相关事项的通知》等文件，帮助市场主体纾困解难，推动在建、新建项目实施，着力稳定经济运行。加强工程造价信息、技术服务和计价争议行政调解服务，测算并发布人工工资指导价、苗木价格信息、五类标准工程造价指数等，全年调解造价纠纷97起，出具行政调解书10份，受理电话咨询300余次。全市有46家企业参加无锡市首次工程造价咨询行业信用评价，对评价结果进行公开公示，推动工程建设领域造价咨询行业健康发展。年内，全市造价咨询企业完成各类造价咨询项目上报8673个，咨询标的额1492亿元，核减金额39亿元，核减率11%。

（胡辉群）

【工程招投标监管】 2022年，市住建管理部门推进建设工程招投标制度改革，制定“评定分离”改革实施意见，引导投标企业加大在项目上的人力、物力等资源投入，减少对投标企业的规模、业绩的评审，体现招标的择优原则，促进全市工程建设质量和品质的提高。建立招标计划提前发布制度，进一步提高招标投标活动的公开性和透明性，并在建设工程招投标领域全面推进投标保函（保险），取消电子招标文件费用，减轻企业交易成本。年内，全市（含江阴市、宜兴市）招标发包2060个标段，比上年增长1.73%。其中：公开招标2046个标段，比上年增长4.12%；邀请招标14个标段，比上年下降76.67%。中标额1232.81亿元，比上年增长53.79%。其中，公开招标中标额1216.79亿元，比上年增长

2022年，市住房城乡建设局开展建筑工地质量安全检查

（市住房城乡建设局　供图）

62.53%；邀请招标中标额16.02亿元，比上年下降69.75%。通过招投标节省投资115.07亿元，平均下浮8.54%。

（黄　熠）

【拖欠农民工工资整治】 2022年，市住房城乡建设局完善建设工程领域农民工工资支付事前防范、事中核查、事后处置的链式管理机制，提升建设工程项目现场实名制管理水平。全市建设工程项目关键岗位管理人员综合到岗率全省第一，全年通过实名制系统代发农民工工资111.39亿元，比上年增长36.37%，管理作用和保障效益提升明显，农民工工资足额发放水平持续提高。创新建立预售资金提取联通制度，建设单位可以申请提取预售资金直接划拨至农民工工资专户，缓解建设单位资金压力，减轻施工单位负担，为保障农民工工资源头注入活水。保持对拖欠农民工工资行为的高压惩戒态势，在实名制管理、农民工工资方面作出行政处罚8起，处罚金额62万元；对6家施工企业和4名个人采取全省限制市场准入措施，对2家企业和8名个人进行全省通报批评。

（戴一昂）

【承插型盘扣式钢管支架推广使用】 2022年，市住建部门为进一步提升建筑施工现场安全水平，在全市建筑施工现场逐步推广使用承插型盘扣式钢管支架，明确规定针对不同类型的工程各自推广使用的时间节点，明确计价方法；组织全市监管人员及企业管理人员进行推广使用承插型盘扣式钢管支架使用专题培训，保证检测人员资质。加大对租赁企业管理、入场核验、构件质量检测等环节的管理力度，严抓承插型盘扣式钢管支架质量管控，加强监督检查，确保建筑施工安全。

（刘东亮）

【既有建筑安全管理】 2022年，市住建部门建立“日调度、周通报、月考核”工作模式，推进自建房安全专项整治“百日行动”，累计排查自建房67.5万余栋，其中经营性自建房9.73万余栋，完成326栋隐患经营性自建房解危治理。推进其他既有建筑安全隐患整治，完成隐患建筑整治538栋。开展基层排查力量业务培训，累计受训1.13万人次。制定有奖举报制度，妥善处理相关投诉66起。落实房屋安全鉴定单位备案管理，推行老旧房屋管理“保险+监测服务”模式，全市既有建筑安全管理水平有效提升。

（孙　杰）

【住建综合行政执法】 2022年，市住建管理部门推进行政执法规范化建设，出台《调查取证制度》《回避制度》，梳理调整现有行政处罚工作程序、流程环节，形成全市住建系统执法文书示范文本，实现案件办理全过程标准化。推广应用住建执法平台并实现全市域全流程全覆盖，实现案源移送、登记、受理、调查、决定、结案归档“全链条、一体化”办理，确保“办件都留痕、全程可回溯”，构建“智慧执法”新模式。加大行政执法力度，全年立案查处违法案件97起，收缴罚没款310余万元。探索新形势下住建行政执法工作提升发展的新路径，举办全市住建行政执法现场观摩会，研究制定《无锡市住房和城乡建设局不予行政处罚事项清单》，全面推行行政处罚事前提醒、事中指导、事后回访制度，加快实现管理型执法向服务型执法转变。

（张　晶）

编辑　何　峰

商贸流通

【市场建设】 2022年，无锡市有各类商品交易市场334个，其中专业市场97个、农贸市场237个。全市商品市场呈现环境优化、能力提升和创新融合趋势，运行总体平稳。持续推进商品市场优化升级行动，制定《无锡市区“十四五”商品交易市场布局规划》《无锡市区“十四五”农贸市场布局规划》，金桥食品城、硕放不锈钢市场等9家市场获评商品市场优化升级专项行动试点市场。朝阳市场、天鹏市场持续发挥农产品保供稳价的主渠道作用，全年成交量分别为210.87万吨、50万吨，成交额分别为164.3亿元、190亿元，比上年均有小幅增长。丰富市场功能业态，新建115个“社区智慧菜篮子”网点，完成9家农贸市场改造提升，改造摊位约500个，改造面积约3万平方米，投资额9600万元，打造方庙市场、蠡湖市场、水乡苑市场等一批特色市场。无锡市获评全国城市一刻钟便民生活圈试点城市，培育认定信成花园、春城家园等16个便民生活圈示范社区。二手车市场经营秩序进一步规范，全年实现二手车交易18.31万辆，比上年下降15.6%，交易额122.92亿元，比上年下降19.9%。

（华尔斐）

【批发零售】 2022年，全市社会消费品零售总额运行平稳，实现社会消费品零售总额3337.6亿元，比上年增长1%。完成限额以上批零贸易业零售额1451亿元，比上年增长4.9%。无锡市区实现社会消费品零售总额2087亿元，占全市比重62.5%；江阴市实现社会消费品零售总额698.7亿元，占全市比重20.9%；宜兴市实现社会消费品零售总额551.9亿元，占全市比重16.5%。18大类商品实现正增长的有11个类别，增长面61.1%，日用品类、中西药品类、金银珠宝类增速居前。所有类别商品中，汽车类占比最大，销售额537.65亿元，比上年增长4.4%；化妆品类、金银珠宝类等改善型消费比上年分别增长13.8%、15.3%；汽车类、石油及制品类等出行类消费限额以上批零占比为50.9%，稳定支撑消费增长。

（成亮铖）

【特许经营】 2022年末，无锡市有特许经营备案企业73家。年内，新增备案企业为无锡佰万达餐饮管理有限公司、无锡市上医养生服务有限公司、无锡科学家餐饮管理有限公司等14家企业，其中12家为餐饮业，2家为居民服务业。

（李　锋）

【连锁经营】 2022年，无锡市有连锁商店总店法人企业39家，产业活动单位1913家，销售总额84.11亿元，

表32　2022年无锡市规模以上服务业统计表

指　标	金额（亿元）
规模以上服务业营业收入	2002.00
交通运输、仓储和邮政业	463.84
信息传输、软件和信息技术服务业	584.03
房地产业	161.84
租赁和商务服务业	409.03
科学研究和技术服务业	216.55
水利、环境和公共设施管理业	67.46
居民服务、修理和其他服务业	17.63
教育	6.49
卫生和社会工作	45.56
文化、体育和娱乐业	29.57

（市统计局）

表 33　2022 年无锡市国内贸易统计表

指　标	金额（亿元）	比上年增长（%）
限额以上社会消费品零售总额	1572.65	4.4
#批发和零售业	1451.00	4.9
#粮油、食品类	180.56	6.3
饮料类	15.00	−8.5
烟酒类	21.98	1.2
服装、鞋帽、针纺织品类	130.20	2.0
化妆品类	24.76	13.8
金银珠宝类	23.41	15.3
日用品类	55.37	29.4
五金、电料类	26.91	−2.0
体育、娱乐用品类	2.38	−4.0
书报杂志类	33.26	−3.5
家用电器和音像器材类	34.88	−5.3
中西药品类	54.70	21.8
文化办公用品类	16.84	−1.2
家具类	7.84	13.7
通信器材类	42.68	3.9
石油及制品类	200.83	2.3
建筑及装潢材料类	23.87	−1.4
汽车类	537.65	4.4

（市统计局）

批发额 3.93 亿元，零售额 80.19 亿元，流动资金总额 38.39 亿元，主营业务收入 76.67 亿元，营业利润 2.94 亿元，利润总额 2.99 亿元。连锁商店分店法人企业 32 家，产业活动单位 297 家，销售总额 147.86 亿元，批发额 37.57 亿元，零售额 110.28 亿元，流动资产总额 167.88 亿元，主营业务收入 127.9 亿元，营业利润 10.13 亿元，利润总额 10.23 亿元。

（市统计局）

【电子商务】 2022 年，无锡市网络零售额超 1200 亿元，比上年增长 9.6%，增幅高于全省平均水平，总量稳居全省第三位。其中，实物商品网络零售额 909 亿元，排名前三的实物行业为家用电器、家居家装、服装服饰，占比超过 60%。“6・18”“双十一”“全国网上年货节”等电商促销活动期间，网络零售额超 280 亿元，均保持两位数增长。年内，直播电商场次 86.5 万场，比上年增长 20.6%；吸引消费者观看 55.3 亿人次，比上年增长 29.7%；参与直播的商品实现网络零售额 165.1 亿元，居全省第三位。梁溪区电子商务产业园获评商务部国家级电商示范基地，无锡市累计获评商务部国家级电商示范基地 3 家，总数位居全省第一；无锡红豆居家服饰有限公司、无锡戴可思生物科技有限公司、江苏新日电动车股份有限公司获评省级数字商务企业，无锡市累计获评省级数字商务企业 14 家，总数居全省第二位；惠山区阳山镇、宜兴市丁蜀镇获评省级县域电子商务产业集聚区。筹办首届江苏省电商直播技能大赛，牵头承办无锡“够”世界大型全球直播活动，举办第二届无锡市直播电商达人赛。无锡市制定《中国（无锡）跨境电商综试区高质量发展三年行动计划（2022—2024 年）》《无锡市公共海外仓综合考评办法》。新增全省首家跨境电商 RCEP 专业服务平台，打造多元化、特色化、专业化跨境电商公共服务平台，为全市 390 余家企业提供服务。无锡实现跨境电商进出口交易额 44.3 亿美元，比上年增长 40.2%，其中 B2B 出口额 34.8 亿美元，比上年增长 52.5%。举办首届长三角跨境电商行业发展峰会及交易会，吸引近 400 家参展商、14 家国内外知名跨境电商平台设立展台，2000 余家跨境电商卖家、采购商到场洽谈对接。加快跨境电商产业园建设，累计有 13 家跨境电商产业园，其中省级 4 家。全市 26 家企业投资 49 家海外仓，面积超 60 万平方米，其中省级公共海外仓 8 家，总数位居全省第一。推进跨境电商“1210”（保税跨境贸易电子商务）出口业务，出口规模 1.2 亿美元，位居全国前列。3 月，“1039”（市场采购模式）惠山服务中心项目签约落地。开设跨境电商人才培养短训班，指导 106 家中小企业注册跨境店铺。举办第七届跨境电商创新创业大赛，参赛企业销售额超 4000 万美元，比上年增长 32%。全省首个跨境电商综试区研究院项目签约落地无锡学院。

（吴　栋）

【粮食流通】 2022 年，全市各级粮食部门周密部署，实现两季收购“全规范、零投诉”。全市两季粮食收购 46.9 万吨，其中地方国有粮食企业商品粮收购 24 万吨。夏粮收购小麦 11.6 万吨，其中地方国有粮食企业商品粮收购 9.4 万吨；秋粮收购粳稻 35.3 万吨，其中地方国有粮食企业商品粮收购 14.6 万吨。实现粮食优质优价收购

46.9万吨。全市粮食消费223.2万吨，其中居民口粮消费126.8万吨。

（陆 军）

【供销合作】 2022年，无锡市供销合作社系统实现销售总额556亿元，农产品购进额43.4亿元，农产品市场交易额74.4亿元；市本级利润总额2392万元，比上年增长602万元，所有者权益3.9亿元，比上年增长3000万元。市供销合作总社制定《关于供销品牌建设三年行动计划的实施意见》《无锡市供销品牌认定管理办法（试行）》，计划3年内引领培育100个供销特色的产品品牌、服务品牌、企业品牌。年内，通过认定32个供销品牌。致力于打造“锡品锡货”地产农产品品牌，与江阴牧野鲜生食品科技有限公司合作建设“供销小店”入驻无锡市市民中心。在成功申报2022年省补农业社会化服务和农村现代流通项目资金300万元的基础上，市供销合作总社出资1800余万元购买融创万达商业资产，启动建设无锡市优质农产品展销服务中心。3月，市供销合作总社在江苏省农副产品展示展销中心举办“江南盛地·锡澄名品”——无锡名特优农产品推介会；11月，组织参加2022长三角供销合作社名优农产品展销会，打响无锡名特优农产品品牌知名度。全市供销合作社全系统采购化肥39625吨、销售化肥42827吨，采购农药1158吨、销售农药1313吨；农药集中配供额8985.3万元，服务覆盖粮食作物种植面积30466.67公顷；回收农药包装废弃物1920.2万件，农药包装废弃物回收无害化处置率100%，直接助农增收节支近3000万元。建成市级现代农业综合服务中心4个，开展农业社会化服务面积超22333.33公顷，完成6家基层社改造提升任务，参办领办11家农民专业合作社（联合社），创建江阴市蒲市村和宜兴市汤泉村2家村级供销社。修订完善《为农服务补助资金管理办法》，健全完善农业社会化服务可持续发展机制。全市供销合作社全系统安排社有资金76.9万余元，对农业生产服务网络建设、一二三产业融合发展综合体建设和基层社改造提升实施奖补。规范开展助企纾困减租工作，全市供销合作社全系统为324户承租户减免租金586.16万元。

（周 毅）

【烟草专卖】 2022年，全市烟草系统实现税利38.41亿元，比上年增长8.1%；开展百日会战“铁拳行动”“攻坚100”“利剑9号”等专项行动，查获涉烟违法案件2598起，查获涉案卷烟8264万支，涉案卷烟总案值9823万元。深化新型监管机制建设，构建全覆盖监管体系，推进营造规范有序的卷烟市场秩序和消费环境，统筹开展“双随机、一公开”、信用监管、重点监管、多网融合4种监管模式，综合应用隐身执法、交叉执法、异地执法、错时执法、委托执法、联合执法等N种监管方法，落实“1+4+N”新型监管机制。履行电子烟监管法定职责，遏制非法电子烟蔓延势态，营造良好的电子烟市场秩序和消费环境。6月28日，市烟草专卖局联合市公安局破获涉四省七市的非法制造、销售非法制造注册商标标识案件，涉案金额1.3亿元，现场抓获犯罪嫌疑人53人，摧毁位于盐城市和浙江省衢州市的2个生产假烟商标标识的工厂，抓捕2个涉及非法制造、销售非法制造卷烟商标标识的造假团伙，获公安部及国家烟草专卖局贺信祝贺。

（刘 静）

【盐业经营】 2022年，市盐业有限公司实现营业总收入1.41亿元，比上年增长11.32%；实现利润1017.54万元，比上年增长5.32%；小包装食盐销售26959.94吨；品种盐销售占比30.58%；职工收入实现人均增长11%。在新冠疫情期间，市盐业公司关注研判疫情形势、市场情况和库存情况，及时启动食盐保供应急预案，积极协调、畅通物流运输，对接开通商场KA类型超市配送权限，组织配送，保障“淮盐”稳定供应，保证食盐市场平稳有序。引进复合调味品，非盐商品渠道销售扩量增效。联合疾控部门开展“5·15”防治碘缺乏病宣传活动，邀请市江原医院专家录制“用盐知识”专题访谈节目。利用无锡市苏南学校食材配送有限公司“第二课堂”平台开展“淮盐”宣传展示，提升“淮盐”品牌影响力。

（潘爱农）

【成品油经营】 2022年，中国石油天然气股份有限公司江苏无锡销售分公司主要负责无锡市、江阴市、宜兴市3个区域成品油仓储、配送、批发、零售、非油以及加油站网络开发，完成油品销售总量32.67万吨，总体营业收入30.08亿元，实现利润5066.67万元，缴纳税金2463.55万元；拥有加油站80座，油库1座，罐容40万立方米；在岗职工573人。全年安全运营，未发生安全环保、数量、质量等事故。

2022年，中国石化销售股份有限公司江苏无锡石油分公司销售成品油75万吨，其中零售48.4万吨、直分销25.62万吨，销售天然气5200吨。易捷服务品类营业额1.83亿元。加强实库、站、工地风险管控，公司级年度HSE风险总值比上年下降23%。健全完善油库“紧急切断、可燃气体检测、视频监控、雷电预警”系统建设，强化油库数智化平台管理。加大安全投入，全年投入1344.8万元用于库站隐患治理和日常运营。完成12座加油站危化证延期换证，28座加油站排污许可证变更及延续，13座加油站排污许可证登记。年内，争取25座站油气回收在线监测补贴125万元。开展“安全啄木鸟”行动，发放奖励2.35万元。完成达标绿色基层49座，创建绿色示范基层15座，整改雨棚漏水隐患加油站4座。完成9座光伏电站和1座换电站建设，年发电量16万千瓦时。推进加油站排水排污改造，实现4台洗车机投营或复营。联合无锡联通、人保财险无锡分公司、邮储银行无锡市分行共同签订无锡央企YOU+联盟战略合作协议。打造“锡心·油爱”党建品牌。中国石化销售股份有限公司江苏无锡石油分公司零售管理部蒋健被中国石油化工集团有限公司评为中国石化劳动模范。

（陆　璇　熊　莎）

商务服务业

【人力资源服务】 2022年，市人力资源社会保障局发挥市、市（县）区两级人社部门合力，继续推动“放管服”改革，落实行业疫情防控和安全生产，推进人力资源服务业发展，争创国家级人力资源服务产业园。至年末，全市有人力资源服务机构695家，新增机构106家，1家机构获评省级人力资源服务骨干企业、26家机构获评省星级诚信人力资源服务机构。11月22日，首个无锡市HR经理俱乐部体验式学习基地在无锡地铁集团有限公司举行揭牌仪式。年内，举办8期无锡市HR经理俱乐部主题活动。

（孙皓晨）

11月22日，无锡市HR经理俱乐部体验式学习基地在无锡地铁集团有限公司举行揭牌仪式　　（市人力资源社会保障局　供图）

【律师服务】 2022年，无锡市有律师执业机构426家，包括律师事务所227家、公职律师办公室155家、公司事务部36家、法律援助中心8家。执业律师4105人，包括专职律师3451人、兼职律师34人、公司律师104人、公职律师496人、法律援助律师20人。市司法局制定“律护企航”“小微企业法律服务月”“百所联百会”“进万企、解难题、促发展”“产业链+法律服务”纾困解难等一系列活动方案，组织77家律师事务所与136家行业协会、商会建立联络对接机制，在802家企业设立“律护企业联络员”，在全省创新设立长三角生态环保“产业链+法律服务”联盟和专项公益基金，推动“江苏省集成电路产业链行业性法律调解办公室”“江苏省集成电路‘产业链+法律服务’联盟实习基地”在无锡市挂牌，培育集成电路、高端纺织服装省级“产业链+法律服务”联盟示范点2个，创建市级联盟示范点9个。根据相关产业、企业的法律服务需求提供针对性法律服务，定制“一企一策”法律服务方案600余份，帮助解决法律问题1700余个，提出法律建议2300余条，发布各类法律服务信息1万余条。制定全省首个《海外法律服务中心规范化操作指引》，建立境内境外法律服务衔接机制，让“走出去”企业和公民得到优质高效的涉外法律服务。开展红律护“新”先锋行活动，组建红律护“新”法律服务团，到菜鸟驿站、街道社区开展线下讲座百余场次。

【公证服务】 2022年，无锡市有5家公证机构、60名公证员，办理各类公证60094件，收费5469.6万元。其中国内公证46707件（不含港澳台地区）、涉外公证12565件、涉港澳台公证822件。无锡市在全省率先试点开展公共法律服务中心公证远程视频系统建设工作，办证方式由传统“面对面”办理转变为远程视频“面对面”。推广在全省试点开展的公证参与居民小区物业治理工作，为全市55个小区9.39万居民提供72场业主大会投票公证服务，《探索开展公证参与基层社会治理试点工作》在“善治无锡”市域社会治理创新案例评选中获评优秀创新案例，《公证参与基层社会治理》获评2019—2021年度无锡市“十大法治事件”，公证参与小区物业治理工作被列为省委、省政府2022年度十大主要任务百项重点工作并获全省推广。联合市市场监管局印发《关于推进商业秘密在线保护公证工作的通知》，通过公证电子存证技术探索商业秘密在线保护公证模式。创新“公证+仲裁”校外非学科培训机构监管模式，推动非学科类校外培训机构平稳、有序、规范发展。围绕政务服务“一件事”改革，推进“公证+不动产登记”一站式服务。

【司法鉴定】 2022年，无锡市在全省创新开展道路交通事故非诉鉴定，制定全省首个《道路交通事故非诉鉴定工作指引（试行）》《委托司法鉴定规范指南》。全市8家司法鉴定机构99名司法鉴定人，受理鉴定委托18545件，收费3584.26万元。11月，成立全市首家具有6项以上司法鉴定业务的无锡中诚鉴证技术有限公司司法鉴定中心。

（田　杰）

【税务代理】 2022年，全市税务师行业会员单位经营业务收入4.02亿元。税务师行业会员单位在开展纳税申报代理、税务咨询、专业税务顾问、税收策划、涉税鉴证、纳税情况审查等业务中，配合市税务机关优化税收营商环境，助力落实新的组合式税费支持政策，帮助委托人（纳税人）及时准确享受各类税收优惠政策，规避和防范日常生产经营核算的涉税风险。至年末，无锡市加入税务师行业协会会员单位有68家，均为税务师事务所；从业人员总数1095人，其中具有税务师职业资质476人、具有经济类高级职称48人。

（黄翌哲）

【会计服务】 2022年，市财政局做好会计服务和培训工作，分别于8月和9月组织全市会计专业技术初高级和中级资格考试。全市报名参加会计专业技术初、中、高级资格考试人员分别为11800人、16069人和212人，初、中、高级合格人数分别为4698人、2145人和166人。5月，市财政局组织全市会计专业高级职称评审专题辅导，详细解读高级职称评审资格条件、材料申报要点等内容。全市84人申报高级会计师，通过65人，通过率77.38%；6人申报正高级会计师，通过4人，通过率66.67%。10月，市财政局组织第三期无锡市高端会计人才第四次集中培训工作，开展知名专家课堂授课、学员交流互动等活动。全市有注册会计师及从业人员1982人，其中注册会计师执业会员748人。完成业务收入8亿元，比上年增加30万元，增长0.38%；年报审计收入5.33亿元、咨询业务收入2.37亿元、涉税业务和其他收入0.3亿元，占比67∶29∶4。64家会计师事务所完成财务报表审计户14386家、专项审计户14998家、内部控制户388家、验资户1375家、资产评估户76家、涉税鉴证户1413家、工程预决算户96家、其他鉴证户498家、会计服务户1850家、税务服务户501家、咨询服务户5978家、其他业务户641家。

（鲍珺婷　许文中）

【科技服务】 2022年，无锡市规模以上科技服务机构557家，实现营业收入796.25亿元，比上年增长14.5%，从业人员69556人。全市技术合同成交额447.67亿元，比上年增长15.5%，占全省技术合同成交额11.51%，居全省第三位。年内，无锡市围绕公共安全、医疗卫生、农业科技、碳达峰碳中和、基础研究等领域的科技需求，组织实施一批关键技术攻关、创新成果转化以及科技示范工程项目。在公共安全领域，重点针对水生态环境治理、城市桥梁隧道安全、食品安全、生物安全等热点问题，立项支持9个科技示范项目，支持270万元。在医疗卫生领域，突出重点临床专科建设、医工结合创新等重点工作，立项支持31个项目，支持310万元。在农业科技领域立项7个项目，支持210万元，农村科技服务超市完成示范新成果110项，培训49场次，培训3006人次，咨询2305人次，发布信息329条，辐射带动农户5885户，增收总额2050万元。在碳达峰碳中和领域，制定《碳达峰碳中和技术突破行动方案》，提出“十四五”时期以及2022年的主要发展目标，在开展关键核心技术攻关、推广先进适宜技术应用、提升创新平台能级、培育创业创新主体、促进技术开放合作5个方面制定15条重点举措以及各责任部门工作任务推进计划。围绕信息科学、工程与材料科学、生命健康科学及农业科学等领域，首次组织立项市级基础研究计划项67项，支持金额335万元。

（万　磊　朱　莹　赵雪倩　叶祥荣）

【检验检测】 2022年，无锡市新增资质认定检验检测机构12家，全市共有资质认定检验检测机构357家。开展省、市两级“双随机、一公开”检查70家。国家智能汽车交通运行安全质检中心通过国家市场监督管理总局筹建论证，江苏省扭矩与力学计量中心筹建验收通过，国家高端储能质检中心通过省市场监督管理局预验收。市市场监管局开展“稳企强链促发展”主题活动，成立无锡市检验检测技术联合创新平台。举办13场检企对接活动，服务企业304家，开展1508次项目合作，为企业解决难题87条，减免费用70万余元。开展“为民服务”行动，举办“世界认可日”“全国科普日”“质量月”“开放日”等公益活动。

【广告业】 2022年，无锡市开展15项广告专项监测任务，监测各类广告394.86万条次，全市传统媒体、互联网、户外广告违法率持续保持全省最低水平。查办广告案件507件，罚没款807.94万余元。开展全系统打击整治养老诈骗专项行动、全市校外培训广告管控等重点工作、全市医疗美容行业问题整治工作，持续加大与人民群众身体健康和财产安全密切相关的医疗（医疗美容）、药品、保健食品、教育培训、金融等重点领域广告的监测监管执法力度，传统媒体、互联网、户外广告违法率持续保持全省最低水平。开展借重大活动从事违法违规商业广告宣传专项整治，年内未发生涉导向广告违法典型事件。开展“广告宣法进企业”活动，走访调研重点广告经营单位为其纾困解难。实施“政行校企园”广告人才联动培育工程，成立全省首家广告监测人才培训基地，无锡商业职业技术学院入选全省首批广告人才培养实践基地建设试点。在省“紫金奖”公益传播设计大赛上首次获金奖。年内，无锡国家广告产业园通过国家市场监管总局年度考核，举办第19届中国户外传播大会。

（束洁丹）

【会展业】 2022年，市贸促会会同市财政局制定《无锡市服务业（会展）资金管理实施细则》，发布《2022年度服务业（会展）项目申报指南》，组织会展项目申报，向符合申报条件的7家企业8个项目拨付扶持资金1521.81万元。举办“会于云端，展我新声”无锡会展线上论坛等活动，通过宣传会展政策、场馆设施、服务体系吸引会展项目落地无锡市。举办各类线下会展活动82场，展览面积17.39万平方米，围绕主导产业，举办“世界物联网博览会”“国际新能源大会暨展览会”“太湖湾生命健康未来大会”等各类主题活动32场。无锡市获评2022会奖之星——中国最受青睐会奖目的地，在中国会展经济研究会发布的《中国城市会展业竞争力指数报告》中，连续3年蝉联“中国地级市会展业竞争力指数”第二位。

（卢　珊）

【拍卖业】 2022年，无锡市拍卖行业稳步发展，举办各类拍卖会907场，比上年下降6%，成交额23.27亿元。至年末，全市有拍卖企业79家，注册拍卖师80人。市商务局对全市拍卖企业及分公司的经营资格进行核查，合格企业62家。无锡市加大司法网拍力度，网上拍卖3915件，成交1398件，成交金额43.75亿元。开展车辆专场、住宅专场、“双十一”专场3次网拍直播活动，观看124.58万人次，成交金额3.32亿元。印发《关于规范限购房产司法拍卖的若干意见（试行）》，明确无锡法院处置的不动产均受不动产当地限购政策调整。新吴区法院与京东集团签订“互联网+执行”战略合作协议，依托京东集团丰富的物流专员、遍布全国的仓储物流优势，助力解决异地财产处置面临的时空限制、执行成本、处置协同等问题，协助法院及资产买受人完成辅助拍卖及交付服务。

（李　锋　沈　静）

居民服务业

【住宿】 2022年，全市住宿业营业额48.58亿元，其中限额以上住宿业主营业务收入24.27亿元。至年末，全市有星级饭店27家，其中五星级饭店11家、四星级饭店8家、三星级饭店8家。

（顾厚文　周　文）

【餐饮】 2022年，全市餐饮业营业额380.68亿元，其中限额以上餐饮业主营业务收入90.95亿元。限额以上餐饮业主营业务收入中，正餐50.9亿元、快餐29.73亿元、星级酒店10.65亿元。11月20日，由无锡市烹饪餐饮行业协会主办的“太湖工匠”2022无锡市餐饮职业技能大赛举办，大赛分中式烹调师、中式面点师、西式面点师、茶艺师4个工种，吸引100余家餐饮经营单位300余名选手参加。11月22—23日，全省食品小作坊整治提优工作总结交流会在江阴市召开，交流会上制定省地方标准《食品小作坊集中加工区管理规范》。至年末，无锡市新培育市“名特优”食品小作坊50家，全市累计“名特优”食品小作坊有100家；新培育省“名特优”食品小作坊30家、省食品安全示范小作坊30家，总数全省第一。无锡市推进全市集中加工区建设，10个投入运行的集中加工区入驻食品小作坊264家，超全市食品小作坊数量的四分之一，总规模全省第一。推进“微幸福”民生工程，升级“灵锡”App“食品小作坊”及“美食地图”版块，为市民提供便捷渠道共享锡食名坊优质产品。

（顾厚文　方少异　束洁丹）

【家政服务】 2022年，无锡“锡惠嫂”家政服务入选首批省级劳务品牌，是无锡市唯一入选该项荣誉的服务类品牌。市妇联优化无锡市家庭服务平台功能，吸引入驻家政企业255家，从业人员7980人，平台点击量累计4万余人次。开展巾帼家政职业技能培训，开设小儿推拿、育儿嫂、整理收纳等课程10期，录制家政服务3大类别微课程9节，开办“锡惠嫂”家政管家项目培训，培养家政技能人才300余人次。完成7批次336人的“家政服务员（五级）”职业技能等级、1批次29人的“育婴员（五级）”职业技能

11月23日，全省食品小作坊整治提优工作总结交流会在江阴市召开

（市市场监管局　供图）

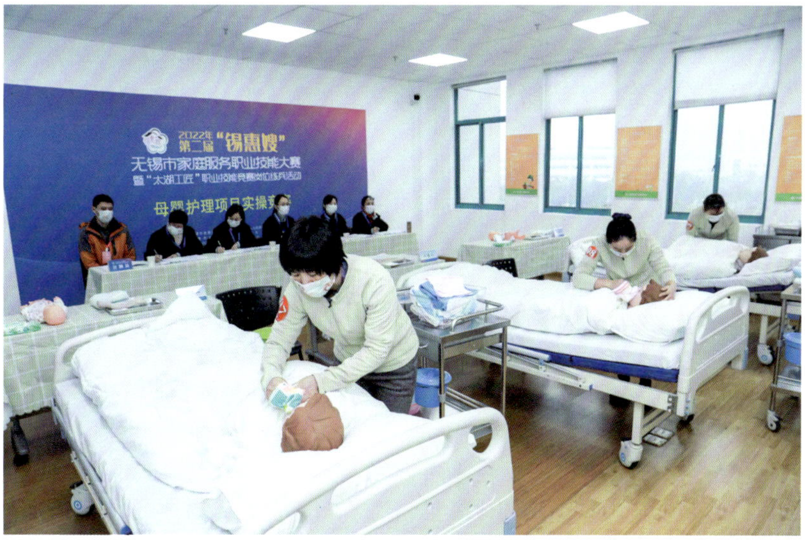

12月3日，市妇联举办第二届“锡惠嫂”无锡市家庭服务职业技能大赛暨“太湖工匠”职业技能竞赛岗位练兵活动　（市妇联　供图）

等级认定。成立首个“锡惠嫂”家政服务培训学院，开发课程体系，分为7个板块210个课时。为农村妇女定制家政职业技能培训菜单，开展送课下乡活动。举办第二届“锡惠嫂”无锡市家庭服务职业技能大赛，全市有33家家政企业的102名选手参赛，设置家政职业经理人、母婴护理、家庭照护3个项目，参赛选手平均年龄37岁，大专及以上学历占七成，从业时间2年以上的选手占九成。

（唐科红）

邮政·快递

【概况】 2022年，无锡市邮政行业（包括邮政企业和快递企业）业务总量111.2亿元，比上年增长4.92%。邮政行业业务总收入（不包括邮政储蓄银行直接营业收入）129.53亿元，比上年增长7.19%。邮政寄递服务业务总量2.66亿件，比上年增长10.1%；业务收入3.35亿元，比上年下降3%。函件业务量699.36万件，比上年下降7.86%。包裹业务12.25万件，比上年下降2.55%。订销报纸业务13828.68万份，比上年增长0.58%；订销杂志业务366.96万份，比上年下降10.11%。汇兑业务2.87万笔，比上年下降25.84%。

年内，快递企业完成业务量9.6亿件，比上年下降1.16%；业务收入108.13亿元，比上年增长6.32%。同城快递业务量7492.5万件，比上年下降14.52%；实现业务收入4.45亿元，比上年下降10.15%。异地快递业务量8.84亿件，比上年增长0.34%；实现业务收入69.61亿元，比上年增长1.33%。中国港澳台及国际快递业务量234.56万件，比上年下降40.27%；实现业务收入8.35亿元，比上年增长2.17%。同城、异地、中国港澳台及国际快递业务量分别占全部快递业务量7.79%、91.96%和0.25%，业务收入分别占全部快递收入的4.12%、64.38%和7.72%。无锡市、江阴市和宜兴市快递业务量分别完成60037.13万件、32360.5万件和3730.44万件，占全部快递业务量62.46%、33.66%和3.88%；快递业务收入分别完成85.68亿元、17.51亿元和4.94亿元，占全部快递业务收入79.24%、16.19%和4.57%。快递与包裹服务品牌集中度指数CR8为86.95，比上年上升3.53。年内，无锡人均快递业务量129件，比上年下降0.77%；人均快递支出1449元，比上年增长6.3%。中国邮政集团有限公司无锡市分公司（以下简称“无锡邮政公司”）获评2021年度全国邮政用户满意企业。

【寄递物流体系建设】 2022年，市邮政管理局制定《关于加快农村寄递物流体系建设的实施意见》，联合市交通局、市商务局、市农业农村局、市供销合作总社等部门开展专题调研工作，摸排全市建制村和公交场站情况，建立“交邮”“交快”合作新模式。联合无锡商业职业技术学院开展农村寄递物流体系建设及“快递进村”课题研究。协助京东、顺丰快递对接阳山镇政府，推进农村电商快递科技园项目。对接金融系统，推进全品牌快递服务进村工作。邮政快递服务本地农特产品项目12个，完成水蜜桃寄递服务业务量612万件，快递业务收入3.06亿元，分别比上年增长53%、55%。完成快递服务农产品业务量1988.03万件，业务收入4.97亿元，支撑农业产值44.74亿元。助力校企合作，协助无锡商业职业技术学院对接顺丰快递，探索产教融合发展新模式。推动快递服务与医药产业融合，引导顺丰、京东快递参与全市医药物流论坛。对照规模以上制造企业名单建立快递进厂数据库，邮政快递服务制造业超千万件项目3个、超百万件项目10个，其中江阴海澜、宜兴紫砂2个千万件项目获评全省快递业与制造业深度融合发展典型。完成快递服务制造企业业务量6.63亿件、业务收入66.27亿元，支撑制造业产值795.21亿元，实现重点制造业企业服务全覆盖。机场货邮吞吐量9.8万吨，其中邮快件业务量4.5万吨，邮快件业务量占机场货邮吞吐量的46%。11月，DHL快递无锡口岸投运，DHL快递在无锡口岸开通无锡市至德国莱比锡市的定期航班，成为首家在省内开通洲际货运直航的国际快递企业。江阴市邮政公司实现自主拼柜+保税通关“1210”模式常态化运行，为中小客户提供一站式解决方案。完成“中国快递示范城市”复评，推进国际邮件互换局项目落地，苏南快递产业园入选省级示范物流园区“十强”。

【邮政快递业疫情防控】 2022年，无锡市成立市、县两级新冠肺炎疫情联防联控指挥部邮政快递专班，构建完善属地疫情防控体系，印发《无锡市邮政快递业疫情防控应急期间保通保畅保供运行体系实施方案》，形成“车开得进来、货运得出去、人跑得起来、物送得到位”的运行体系。新冠疫情防控期间，所有邮政快递企业及网点均正常运行，实行首纳快递员入城市保供体系、首开货运保供绿色通道、首辟邮政快递专用双通道、首建甩挂模式专用营地、首发护航产业链供应链“两链”寄递企业名录等疫情防控举措。市邮政管理局优化防控举措，指导邮政快递企业制定应急处置预案，开展疫情防控应急演练，提高行业应对突发新冠疫情处置能力，全市社会面邮政快递行业无舆情产生。开展邮政快递业“清风·安全生产”专项行动，联合消防部门开展专项检查，北京冬奥会期间联合公安部门对一家违规收寄物品的企业在全省率先作出停业整顿15天的强制措施。对一家违规收寄禁寄品的快递企业在全省率先适用《中华人民共和国反恐怖主义法》处罚，针对疫情防控措施不到位的企业及网点启用熔断机制，累计查封关停8个品牌场地。全年完成行政处罚64起，罚款24万元。

【邮政行业生态环保治理】 2022年，市邮政管理局落实《无锡市邮政快递业塑料污染治理工作三年实施方案（2020—2022）》，推进邮政快递领域塑料污染治理，加强快递固体废弃物垃圾分类管理，建成222个全国绿色货运配送示范网点。全市邮政快递网点停止使用不可降解的塑料包装袋、一次性塑料编织袋，降低不可降解的塑料胶带使用量，实现电商快件不再二次包装率超96%。全市循环快递箱（盒）应用规模超20万个，可降解包装袋采购量超700万个，45毫米以下胶带采购量超140万卷。无锡邮政快递业绿色发展经验入选《无锡绿色低碳发展报告》。

【人才队伍建设】 2022年，市邮政管理局引导行业从业人员参加快递工程专业技术资格职称评审，获快递工程专业职称资格166人，居全省首位。实施快递从业人员职业技能培训，组织企业开展岗前培训和职业技能提升培训9691人次，争取补贴资金86.9万元。抓好安全人才队伍建设，开展安全生产培训400余人次。全市快递职业技能等级认定机构5家，1771名快递从业人员通过职业技能等级认定。

4月12日，邮政快递甩挂运输保供专用通道启用 （刘 磊 摄）

【农村电商产教联盟】 12月25日，市邮政管理局联合市商务局、市农业农村局、市交通运输局、市供销合作总社等部门在无锡城市职业技术学院举行无锡农村电商产教联盟成立仪式。无锡农村电商产教联盟是省内首家以农村电商为主题的产教联盟，由32家电商龙头企业、15家院校及研究机构、2家行业协会组成，以上下游产业链协同兴农为目标，为各成员单位搭建上下联动、横向互动交流的合作平台，构建产教融合“政、行、企、校”一体化机制，为农村电商产业发展提供人力、技术、资源支撑。

【快递行业劳动争议调解中心】 2022年，市邮政管理局联合市人力资源社会保障局、市总工会在全省率先成立无锡市快递行业劳动争议调解中心和无锡市快递行业协调劳动关系三方委员会，开展快递行业劳动人事争议调解工作。无锡市快递行业劳动争议调解中心指导30余家快递企业成立劳动人事争议调解委员会，调解化解30人以上的集体劳动争议2件、普通劳动争议50余件，在快递行业日常工作中发挥普法宣传、政策解答、争议调解、规范约束等作用，依法高效化解快递行业劳动争议纠纷，防范化解快递行业用工领域风险，维护快递员合法权益。

（郑 彤）

【惠农合作】 2022年，无锡邮政公司发挥邮政优势，助力乡村振兴，推出惠农合作、三级物流、农村电商、普惠金融等为一体的综合服务方案，构建邮政惠农协同生态。完善邮政惠农全服务链，推动农产品进城，强化与无锡市家庭农场合作，建立邮政农产品展销示范点，依托“邮乐优鲜”平台，推进邮政特色社区团购，带动销售无锡特色农产品、地理标志、地方名特优新等产品，为各类农民合作社提供“融资E”、对公业务、极速贷及普惠金融、惠农保险等服务。成立中邮惠农综合服务示范社5家，助销农产品交易额1.5亿元，发运快递1440余万件，净增“融资E”贷款1亿元。深化三级物流体系建设，推进快递进村，按照“立足基地、带动周边、辐射产区”的原则，加快建设农品产地基地仓，补齐农村电商仓储短板。完成3处县级共配中心、8处乡镇级共配中心建设，面积4200平方米，实现547个建制村村级综合便民服务站(一星级)覆盖率100%。交邮合作新开3条镇村公交线路带运邮件，邮快合作建成115个邮政营业网点邮快自提点，建立社会自提点4034个，全年实现快递进村业务量499.58万件。

6月25日，无锡邮政公司在宜兴市和桥公园组织开展绿色邮政“返箱行动派”活动

（无锡邮政公司　供图）

【市趟邮路改革】 2022年，无锡邮政公司推进市趟邮路改革，优化梳理网络组织、邮路规划、车辆装载、邮件处理效率等问题，实现时限提升、邮路效率提升、服务时间提升。系统优化截邮，43个网点实现点均截邮时间延后60分钟以上。打破行政区划，进行跨市组网、市内跨区(县)组网，优化网点8个。统筹运输资源，对单频次邮件量小网点，以“支局自取自送模式”组织网点上下行汇集，减少市趟邮路运营里程，对低装载邮路进行合并串行，在确保时限的前提下，减少发运车次，降低运输成本。对特快、快包、普邮、物料等各类邮件的市趟邮路进行整合，利用市趟邮路返程带运大宗邮件，提升市趟邮路装载率，整合低效邮路3条、优化串行邮路10条，对18条特快邮路实现运力复用，15条邮路实现往返复用，减少车辆空驶里程每月2万千米。

【快递包装绿色转型】 2022年，无锡邮政公司开展“绿色包装，邮我做起”活动，在155个邮政支局网点和揽投部布放包装废弃物回收装置，实现包装纸箱有效回收复用18440个。邮政支局网点通过微信、短信及电访宣传，邀请新老客户携带闲置纸质包裹箱到网点领取相应礼品，每天对回收箱使用、整洁保养等情况进行检查，及时组织清理，累计投放可循环包装箱(盒)2.14万个，回收瓦楞纸箱35万个。无锡邮政公司实施邮政快递业绿色发展工程，推进快递包装减量化、标准化、循环化。在全省邮政系统内率先启动可循环快递包装循环回收试点，并作为模板在全省复制推广。创新开发搭载RFID芯片的“可循环邮袋”项目并启动试运行。

【校园快递驿站】 2022年，无锡邮政公司在江苏信息职业技术学院、江南大学宜兴研究生院分别建成校园快递驿站，为高校师生、职工提供快递代投、代收服务。至年末，无锡邮政公司建成11家校园快递驿站，代收邮件16.56万件，代投邮件112.45万件。

【樱花邮局】 2022年，无锡邮政公司开办“樱花邮局”第11年，作为国内首家以太湖樱花为标志物的主题邮局，无锡樱花邮局以富有锡城特色的个性明信片、特色纪念邮戳以及樱花周边产品吸引大量游客，成为鼋头渚一道亮丽的风景线。围绕本地特色推出“锡城”春光系列，联合新锐设计师推出“萌宠”手绘系列，结合三丽鸥品牌形象推出“IP”联名系列，创设氛围情境、注入故事剧情，产品从明信片、邮折扩展到金属冰箱贴、照片夹、文件袋、帆布包等产品，广受客户喜爱，销量及经营质态均列全国线上主题邮局第一名。

（丁　欢）

编辑　胡　慧

金融业

综　述

【**金融业发展**】2022年，无锡市地方金融监督管理局强化金融支撑保障，深化改革创新，切实防控风险，为统筹疫情防控和经济恢复增长提供坚强金融支撑。年末，全市本外币各项存贷款余额合计4.43万亿元，比上年增长14.2%，高于全省平均1.2个百分点，增速居全省第三位，存、贷款增量均创近十年新高。其中，各项存款余额2.44万亿元，比年初增加3093.09亿元、增长14.49%，增幅居全省第一位，高于全省平均2.91个百分点；各项贷款余额1.99万亿元，比年初增加2420.17亿元、增长13.86%，增幅居全省第九位，较上年提升2个位次。信贷投放重点领域表现良好，制造业贷款在行业贷款中的占比高于全省平均水平，年末制造业贷款余额3703.8亿元，比上年增长13.4%，比上年同期提升9.9个百分点；制造业贷款余额行业占比20.1%，高于全省平均6.7个百分点，占比继续保持全省第一；中长期制造业贷款余额1202.4亿元，比上年增长48.3%。年末基础设施类贷款余额5716.8亿元，比年初增加751.9亿元，比上年增长15.1%。年末房地产开发贷款比年初增加121.8亿元，比上年增长13.2%；个人住房贷款比年初增加23.7亿元，比上年增长0.71%。普惠型小微企业贷款余额2591.8亿元，增速32.0%，连续两年增速居全省第一位，较年初新增贷款户数4.7万户；普惠型金融重点领域贷款余额占比13.6%，比上年提升1.73%，省高质量考核该指标综合指数得分居全省第二位，较上年提升2个位次。全市保险机构实现保费收入459.6亿元，比上年增长7.9%；累计赔款和给付124.9亿元。直接融资保持活跃，全年实现直接融资发行额1804.82亿元。企业上市保持良好发展态势，新增境内外上市公司12家（境内10家、境外2家），A股上市公司总数112家，排名全国第十。突发金融风险事件应对及时有效，银行信贷资产质量不断改善，信贷不良率压降至0.65%，低于全省平均0.05个百分点。全市金融生态环境总体保持风险可控、健康发展的良好态势。

（康冬舟）

表34　2022年无锡市金融运行统计表

行　业	指　标	金　额（亿元）	年内新增金额（亿元）	比上年增长（%）	指　标	金　额（亿元）
银行业	各项存款余额	24438.57	3093.09	14.49	新增住户存款	1805.10
					新增非金融企业存款	1365.49
	各项贷款余额	19879.67	2420.17	13.86	新增短期类贷款	1041.50
					新增中长期贷款	1377.99

行　业	指　标	金　额（亿元）	比上年增长（%）	指　标	金　额（亿元）	比上年增长（%）
保险业	保费收入	459.56	7.89	财产险收入	123.11	11.86
				人身险收入	336.46	6.51
	保费支出	124.86	6.65	财产险赔付	64.54	−2.19
				人身险赔付	60.33	−10.99

（续表）

资本市场 · 直接融资

A 股 IPO 融资（亿元）	定增融资（亿元）	公司债（亿元）	可转债（亿元）	定增（新三板）融资（亿元）
108.45	138.13	493.11	65.11	3.86

资本市场 · 上市挂牌

年内新增上市企业（家）		境内上市企业（家）	累计上市企业（家）	科创板上市累计（家）	新三板挂牌企业（家）
12	境内 10	112	188	14	133
	境外 2				

地方金融行业

小额贷款		融资担保	
余额（亿元）	68.56	余额（亿元）	164.17

典当		融资租赁	
典当总额（亿元）	25.20	租赁资产总额（亿元）	341.67
典当余额（亿元）	12.05	投放额（亿元）	230.72

商业保理	
发放商业保理融资款（亿元）	226.01

地方资产管理公司	
当年累计处置不良资产额（亿元）	97.34

（市地方金融监管局）

【货币政策落实】 2022年，中国人民银行无锡市中心支行用足用好“稳增长”有利政策，有力支撑全市经济企稳增长。全年发行债务融资工具996.16亿元，加权平均利率2.97%，下降50个基点，辖区继续保持“零违约”。推动全国首单科创票据率先落地，推动全省首笔碳资产债券示范落地，全年成功落地17只创新产品，总金额87.16亿元，比上年增加17.06亿元，居全省前列。全年办理再贷款再贴现446.23亿元，利用降准政策释放中长期流动性27.7亿元。推动全市24个政策性开发性金融工具入库项目签约，投放50.1亿元支持全市重大项目。鼓励银行对基金支持项目、重点基建“白名单”项目提供配套融资支持276.2亿元。指导发放全省首笔教育领域设备更新改造专项贷款，累计落地金额1.22亿元，支持项目12个。推动农发行发放全省首批保交楼专项借款，推广二手房交易“带押过户”，保持辖内房贷利率降幅适度下调趋势。联合有关部门制定出台《金融助力市场主体纾困发展专项行动方案》等一系列助企纾困政策，设立首批10亿元再贷款再贴现防疫专项额度，提供7.5亿元资金支持企业生产防疫物资；开展“产融携手，助企纾困”系列活动，推动银行与3996家企业达成2434亿元授信意向。出台《提升中小微企业金融服务能力指导意见》，推进小微金融服务敢贷、愿贷、能贷、会贷的“四贷”长效机制建设。推动银行建立授信、授权、尽职免责“三张清单”，推广“富民创业担保贷款”，用好“普惠贷”，年内为9745家普惠小微企业解决融资需求267.35亿元。对1600家中小微外贸企业的外汇套保业务增信，减免保证金16亿元、降低成本3.37亿元，实现本外币联动支持。全年支持40395家普惠小微企业延期还本817.23亿元，96120家普惠小微企业获得信用贷款911.4亿元。出台《金融赋能专精特新“小巨人”企业促成长行动实施方案》，构建“专精特新”金融服务体系，建立全省首个专精特新“小巨人”企业快贷中心，确保“1个工作日内快速响应、3个工作日内限时办结”。打造专项产品“专新融”，设立30亿元专用额度，运用再贷款办理专精特新“小巨人”贷款3.02亿元，运用再贴现支持专精特新“小巨人”票据融资21.08亿元。全年推动银行对接专精特新“小巨人”企业4259家(次)，发放贷款385.84亿元。

【金融创新】 2022年，中国人民银行无锡市中心支行联合有关部门出台

《无锡市金融领域推进国家区块链创新应用试点方案》，组织银行建立金融数据区块链共享平台“金易链”，区块链反诈平台建设走在全国前列，跨境金融服务平台上链率居全省第一位。落地跨境融资便利化试点，通过区块链平台实现出口应收账款贸易融资41.17美元，规模居全省第二位；全年支持57家企业办理新型离岸国际贸易收支业务102.88亿美元。全年为212家企业办理贸易外汇收支便利化试点业务217.25亿美元，企业数和业务规模分别居全省第二位和第三位；办理外籍人才便利化试点业务4204.87万美元，保持全省领先。年内无锡市与柬埔寨西港特区跨境人民币结算量2.7亿元，比上年增长86%。成立20只QFLP基金，认缴出资规模29亿美元，推动QFLP试点增量提质。从场景、技术、资源配置等多方面系统部署，加快推进数字人民币试点工作。打造大型企业风险监测“无锡模式”，全市不良贷款实现双降，辖区金融生态环境持续向好。

【普惠金融服务】 2022年，中国人民银行无锡市中心支行设立再贷款再贴现绿色专项额度30亿元，实现碳配额质押贷款增量扩面，推动落地全国首单地方国企绿色美元债券、全省首单绿色乡村振兴票据。办理“苏碳融”贷款11.01亿元、绿色再贴现31.86亿元，均超上年规模。率先推进个人碳账户建设及应用试点，累计用户4万人次。无锡市绿色金融改革创新试验区申报进入最后阶段。推动江阴市入选江苏省首批金融服务乡村振兴示范区，设立全国县域首个总规模超2亿元的“乡村振兴共富基金”。联合相关单位成立全省首个市级金融服务乡村振兴合作联盟，推动33个农业农村重大项目获得银行授信83.78亿元。推进农村信用体系建设，累计评定“信用镇”10个、“信用村”39个、“信用户”12388户。在全省率先创新试点建设绿色普惠金融服务点，开展“送国债下乡”和移动支付助力农产品销售活动，促进农村居民增收。推动银行通过降低账户服务收费等7项措施，落实惠企利民政策，惠及小微企业和个体工商户97.2万户，累计让利1.6亿元。举办首届“无锡金秋外汇交易节”，落实外汇减费让利政策。实现留抵退税“当日办当日结”，全年办理增值税留抵退税250亿元，惠及企业3.3万户。加速推广跨省异地电子缴税，累计入库涉及17个省（市）的跨省异地电子缴税业务3281.36万元。在省内率先探索开展“金融健康”赋能工程，实施“读本＋宣传＋指引＋评估＋义诊＋调查”6大重点举措，持续优化辖区消费者金融健康状况，推进金融知识进国民教育体系工作，联合教育主管部门印发三年行动计划，推动无锡市小学生金融知识教育网络课程登录“锡惠在线”平台。

（杨　月）

【江苏无锡大数据交易公司成立】 3月18日，由无锡产权交易所有限公司持股51%和开鑫科技有限公司持股49%的江苏无锡大数据交易有限公司注册成立，标志着无锡地区承载着数据确权、数据产品发布、数据产品定价、数据产品交易等功能的数据要素交易平台建成。年内，该平台数据交易机制建立完成，《会员登记管理办法》《数据产品登记规则》《数据要素流通规则》等交易规则获得验证；平台数据交易生态逐步建立，首批数据产品交易发布，涵盖社会公益、金融服务、普惠征信、智慧城市、风险防控等方面的数据产品，首批20家交易主体入驻，“数字媒体专栏”“绿色低碳数据服务”等项目开始运营。

【“创投无锡”活动】 2022年，市地方金融监管局举办“创投无锡”活动19期，127个优质项目上台路演，促成24个项目获得融资15.03亿元。活动覆盖所有板块，包括打造“太湖金谷”“尚贤SHOW场·筑梦经开”等路演子品牌8个，与市工业和信息化局、市科技局、市生态环境局、市妇联、市科协、团市委等部门联动，定期举办“专精特新企业专场”“她力量专场”等特色活动，营造鼓励创新创业的氛围，促进人才、技术、项目、资金等各类要素交流汇聚，赋能实体经济发展，构建起具有无锡特色的人才金融活动品牌。至年末，“创投无锡”累计促成125个项目获得投资57.9亿元。

【基金发展】 2022年，全市新增私募股权投资基金1039亿元，私募股权投资基金规模增长至4499亿元。在中国证券投资基金业协会登记私募基金管理人157家，管理基金规模877亿元，新增188亿元，比上年增长27.3%。无锡市在股权投资活跃度清科榜排名第十，是前十名中唯一实现投资数量和金额双增长的城市。年内，无锡市QFLP基金数量突破19只，基金总规模28亿美元，基金数量与规模居全省第一位。江阴市落地QFLP基金2只，规模约3亿美元，投向生物医药、消费科技、科技数字化、健康医疗等行业领域。宜兴市落地QFLP基金1只，规模3000万美元，投向清洁能源、智能制造、人工智能等领域。梁溪区落地QFLP基金2只，总规模约1.3亿美元，投向智能制造、科技创新、新消费等领域。锡山区落地QFLP基金1只，规模2亿美元，投向商业与技术创新、消费互联网及IT领域。惠山区落地QFLP基金4只，总规模约8.8亿美元，投向电商物流仓储、新服务业、科技创新等领域。滨湖区落地QFLP基金2只，总规模约6.5亿美元，投向节能减排、储能等领域。新吴区落地QFLP基金3只，总规模约7000万美元，投向消费升级、医疗健康、人工智能、产业升级等领域。无锡经开区落地QFLP基金4只，总规模约5.8亿美元，投向大健康、芯片、信息安全、物联网等领域。

（康冬舟）

表35　2022年末无锡市金融机构(含外资)本外币信贷收支统计表

金融机构	本外币		其中			
			人民币		外币	
	余额（亿元）	比年初增加（亿元）	余额（亿元）	比年初增加（亿元）	余额（万美元）	比年初增加（万美元）
一、各项存款	24438.57	3093.09	23613.48	2908.19	118.47	18.06
（一）境内存款	24355.01	3151.98	23544.53	2946.07	116.37	21.55
1. 住户存款	10023.49	1805.10	9929.26	1794.54	13.53	0.41
（1）活期存款	2785.72	453.33	2747.35	453.65	5.51	−0.56
（2）定期及其他存款	7237.77	1351.77	7181.91	1340.89	8.02	0.97
2. 非金融企业存款	10349.23	1365.49	9633.75	1170.31	102.73	21.12
（1）活期存款	3100.56	146.25	2723.84	114.37	54.09	0.00
（2）定期及其他存款	7248.67	1219.24	6909.91	1055.95	48.64	21.12
3. 机关团体存款	3180.55	−93.73	3180.37	−93.79	0.03	0.01
4. 财政性存款	212.43	−23.01	212.43	−23.01	—	—
5. 非银行业金融机构存款	589.30	98.13	588.72	98.02	0.08	0.01
（二）境外存款	83.57	−58.89	68.95	−37.88	2.10	−3.49
二、金融债券	84.79	10.00	84.79	−10.00	—	—
其中：境外发行	—	—	—	—		—
三、卖出回购资产	—	—	—	—	—	—
四、借款及非银行业金融机构拆入	—	−0.40	—	—	—	−0.06
五、联行往来（净）	—	—	—	—	—	—
六、应付及暂收款	561.48	56.45	549.78	48.06	1.68	1.16
七、各项准备金	491.63	11.11	487.68	13.23	0.57	−0.38
八、所有者权益	808.79	193.27	795.19	184.93	1.95	1.13
其中：实收资本	173.94	2.89	171.94	2.89	0.28	—
九、其他	−209.37	120.92	−207.04	122.98	−0.33	−0.29

（续表）

金融机构	本外币		其中			
			人民币		外币	
	余额（亿元）	比年初增加（亿元）	余额（亿元）	比年初增加（亿元）	余额（万美元）	比年初增加（万美元）
资金来源总计	26175.91	3464.45	25323.87	3267.38	122.34	19.61
一、各项贷款	19879.67	2420.17	19562.10	2372.68	45.60	3.24
（一）境内贷款	19856.52	2429.62	19556.78	2376.06	43.04	4.43
1. 住户贷款	5618.43	388.75	5618.09	388.64	0.05	0.01
（1）短期贷款	1065.66	93.05	1065.32	92.94	0.05	0.01
消费贷款	519.30	6.79	518.96	6.68	0.05	0.01
经营贷款	546.36	86.26	546.36	86.26	—	—
（2）中长期贷款	4552.77	295.70	4552.77	295.70	0.00	0.00
消费贷款	3834.10	91.19	3834.10	91.19	0.00	0.00
经营贷款	718.67	204.51	718.67	204.51	—	—
2. 非金融企业及机关团体贷款	14227.59	2030.38	13928.19	1976.92	42.99	4.41
（1）短期贷款	5202.53	612.50	5070.75	592.02	18.92	1.46
（2）中长期贷款	7559.58	1082.30	7391.97	1049.32	24.07	2.95
（3）票据融资	1458.33	335.95	1458.33	335.95	—	—
（4）融资租赁	—	—	—	—	—	—
（5）各项垫款	7.14	−0.37	7.14	−0.37	—	—
3. 非银行业金融机构贷款	10.50	10.50	10.50	10.50	—	—
（二）境外贷款	23.15	−9.45	5.32	−3.38	2.56	−1.19
二、债券投资	1182.56	136.99	1180.95	136.65	0.23	0.03
其中：境外债券	0.91	0.27	—	—	0.13	0.03
三、股权及其他投资	291.99	−28.62	291.99	−28.62	—	—
四、买入返售资产	13.99	−8.58	13.99	−8.58	—	—

（续表）

金融机构	本外币		其中			
			人民币		外币	
	余额（亿元）	比年初增加（亿元）	余额（亿元）	比年初增加（亿元）	余额（万美元）	比年初增加（万美元）
五、存放非银行业金融机构款项	4.94	−0.45	0.17	0.06	0.68	−0.14
六、联行往来（净）	4611.18	950.29	4085.68	802.57	75.45	16.20
其中：境内存放二级准备金	183.41	6.66	181.05	6.17	0.34	0.05
七、金银占款	—	—	—	—	—	—
八、外汇占款	—	—	—	—	—	—
九、应收及预付款	87.76	−4.58	85.18	−6.62	0.37	0.29
十、投资性房地产	1.19	−0.11	1.19	−0.11	—	—
十一、固定资产	102.63	−0.66	102.62	−0.66	0.00	0.00
资金运用总计	26175.91	3464.45	25323.87	3267.38	122.34	19.61

（中国人民银行无锡市中心支行）

表36　2022年末无锡市金融机构本外币存贷款统计表

金融机构	各项存款			各项贷款		
	余额（亿元）	比年初增加（亿元）	比年初增长（%）	余额（亿元）	比年初增加（亿元）	比年初增长（%）
全市合计	24438.57	3093.09	14.49	19879.67	2420.17	13.86
市区	15498.01	1731.25	12.58	13005.59	1573.70	13.77
江阴	5375.22	689.30	14.71	4249.91	421.86	11.02
宜兴	3565.35	672.55	23.25	2624.16	424.62	19.30
中资大型银行	10780.07	1924.21	21.73	8262.69	1078.48	15.01
工商银行	1836.79	354.43	23.91	1620.89	246.64	17.95
农业银行	2876.21	493.31	20.70	1823.13	267.53	17.20
中国银行	2160.72	419.20	24.07	1788.30	250.81	16.31
建设银行	2055.54	423.08	25.92	1742.35	268.05	18.18

（续表）

金融机构	各项存款			各项贷款		
	余额（亿元）	比年初增加（亿元）	比年初增长（%）	余额（亿元）	比年初增加（亿元）	比年初增长（%）
交通银行	1074.41	131.42	13.94	791.53	12.33	1.58
邮储银行	776.40	102.77	15.26	496.48	33.13	7.15
中资中型银行	7112.03	436.45	6.54	6722.23	600.03	9.80
农发银行	50.20	9.18	22.38	275.92	30.92	12.62
中信银行	652.88	46.78	7.72	553.42	42.57	8.33
光大银行	466.91	−73.48	−13.60	930.17	124.11	15.40
华夏银行	435.39	1.70	0.39	547.95	80.31	17.17
广发银行	268.73	27.95	11.61	176.82	12.20	7.41
平安银行	258.99	77.49	42.70	211.63	37.05	21.22
招商银行	733.99	125.11	20.55	676.11	75.19	12.51
无锡浦发	271.55	−32.19	−10.60	236.77	−5.68	−2.34
江阴浦发	357.61	−21.65	−5.71	190.52	−45.47	−19.27
兴业银行	464.80	38.70	9.08	435.97	43.16	10.99
民生银行	341.56	−25.39	−6.92	340.98	33.89	11.04
北京银行	131.89	15.72	13.53	287.71	12.48	4.54
上海银行	121.98	35.12	40.44	224.82	22.97	11.38
江苏银行	2555.56	211.43	9.02	1633.43	136.33	9.11
中资小型银行	6056.64	726.95	13.64	4636.11	723.05	18.48
恒丰银行	112.80	3.00	2.73	90.46	−15.82	−14.88
浙商银行	117.81	34.39	41.23	81.00	26.99	49.97
渤海银行	97.52	−10.71	−9.89	73.03	10.49	16.77
南京银行	867.30	128.46	17.39	629.96	129.90	25.98
宁波银行	728.64	130.43	21.80	725.68	186.57	34.61

（续表）

金融机构	各项存款			各项贷款		
	余　额（亿元）	比年初增加（亿元）	比年初增长（%）	余　额（亿元）	比年初增加（亿元）	比年初增长（%）
长江银行	15.55	2.37	18.00	19.79	3.77	23.52
苏州银行	78.37	10.95	16.24	96.65	13.31	15.97
无锡农商	1625.39	156.38	10.64	1003.07	105.78	11.79
江阴农商	1151.16	138.50	13.68	758.75	93.27	14.02
常熟农商	69.20	12.66	22.39	135.96	30.92	29.44
张家港农商	72.07	8.45	13.28	114.13	14.14	14.14
江南农商	66.09	16.82	34.14	46.84	9.04	23.91
宜兴农商	721.64	70.96	10.91	560.38	68.36	13.89
民泰村镇	11.06	−8.79	−44.28	10.28	−1.13	−9.91
中银富登村镇	1.38	0.27	24.28	5.79	0.07	1.26
兴福村镇	11.48	2.39	26.25	11.85	1.93	19.46
浦发村镇	12.43	1.55	14.24	16.11	0.29	1.86
阳美村镇	53.70	5.54	11.50	48.21	4.87	11.24
锡商银行	243.04	23.34	10.62	208.17	40.29	24.00
财务公司	94.13	10.94	13.15	99.43	2.92	3.03
国联财务	58.41	10.63	22.24	43.73	5.72	15.05
红豆财务	20.26	3.59	21.55	30.80	1.90	6.58
华西财务	4.73	−4.46	−48.54	11.89	−4.70	−28.33
三房巷财务	10.74	1.18	12.32	13.00	—	—
外资及港澳台资银行	188.35	21.33	12.77	158.89	15.86	11.09
上海商业储蓄银行	2.60	2.30	769.06	7.34	2.41	49.04
汇丰银行	36.74	5.30	16.84	29.05	8.12	38.77
东亚银行	—	—	—	—	—	—

（续表）

金融机构	各项存款			各项贷款		
	余 额（亿元）	比年初增加（亿元）	比年初增长（%）	余 额（亿元）	比年初增加（亿元）	比年初增长（%）
瑞穗银行	52.97	4.61	9.52	23.79	1.77	8.03
三菱银行	32.05	0.73	2.34	26.14	5.39	25.95
新韩银行	12.65	0.69	5.77	16.82	−1.77	−9.52
南洋银行	51.33	7.70	17.66	55.75	−0.05	−0.09
国联信托	—	—	—	4.00	2.00	100.00

（中国人民银行无锡市中心支行）

【无锡首只外币S基金完成实缴】2022年，IDG技术创业投资基金（又称“IDG资本”）旗下“无锡宝亿股权投资合伙企业（有限合伙）”完成1亿美元实缴，成为无锡单笔实缴规模最大的合格境外有限合伙人（QFLP）基金。无锡宝亿成立于2022年1月，坐落于尚贤湖基金PARK，系IDG资本在无锡市设立的首只“QFLP+S”基金，基金规模折合人民币8.01亿元，主要聚焦先进制造、企业服务等领域，承接市场已存基金所持资产。

（康冬舟）

银 行

【概况】2022年，全市社会融资规模新增3385.20亿元；一般贷款加权平均利率4.44%，比上年下降0.25个百分点。年末，与金融业增加值核算相关的全市人民币存贷款余额43175.58亿元，比上年增长13.94%。全市各项存款新增2908.19亿元，各项贷款新增2372.68亿元，增量均创近五年新高，比上年分别多增加1070.61亿元和297.31亿元。年末，全市银行业金融机构50家，其中政策性银行1家、大型银行6家、股份制商业银行13家、城市商业银行7家、民营银行1家、外资银行6家、农村中小金融机构11家、非银机构5家，银行业总资产规模2.76万亿元，各项存款余额2.44万亿元，各项贷款余额1.99万亿元。

（杨　月　姜耀琪）

【中国农业发展银行无锡市分行】2022年，农发行无锡市分行面对疫情冲击影响和超预期困难挑战，快速投放基础设施建设基金13笔，累计金额20.91亿元，投放首批“保交楼”专项借款资金，投放额居全省前列。基金的快速投放，撬动项目总投资超200亿元，有效化解重大项目资本金到位难的问题；首批保交楼专项借款资金的快速投放，释放正向预期、补充资金缺口，推动逾期难交付项目加快恢复施工建设，为无锡地区稳投资、促增长、调结构、增动能，推动经济回升向好提供强有力的政策性金融支持。擦亮“粮食银行”品牌，推进无锡市和锡山区仓储设施建设，做好政策性资金供应，投放粮棉油贷款13.61亿元，支持无锡地区粮食保产稳供，夯实粮食安全基础；唱响“农地银行”品牌，配合国家深化农村土地制

8月22日，中国农业发展银行无锡市分行参加全市金融支持地方经济社会高质量发展暨重大项目投融资合作签约仪式　（农发行无锡市分行　供图）

度和农村产权制度改革,创新"农地+"业务模式,率先支持"农村集体经营性建设用地入市"农地改革项目,累计发放农地类贷款20.5亿元,比上年增加14.5亿元、增长241.67%;创新支持脱贫攻坚,全年发放产业帮扶贷款9亿元,助力巩固脱贫攻坚成果与乡村振兴有效衔接。全年各类贷款累计发放83.74亿元。年末,该行本外币各项贷款余额275.92亿元,比上年增加30.92亿元、增长12.62%。

(蒋震霞)

【中国工商银行无锡分行】 2022年,工行无锡分行坚持赋能实体,深化金融供给侧结构性改革,不断加大对先进制造业、战略性新兴产业等重点领域的支持力度,年末项目贷款余额近648亿元,较年初增加近101亿元,增幅超18%;制造业贷款余额超465亿元,较年初增加超76亿元,战略性新兴产业贷款余额超212亿元,较年初增加超72亿元。严格落实"减费让利"政策,有效提振新增贷款需求,将制造业及高新技术企业贷款FTP优惠幅度由25个基点提高至30个基点;对"优质制造业""专精特新""单项冠军"等"白名单"中的企业新发放贷款给予前3年五折、七折、九折的优惠利率。践行以"融资、融智、融商"为核心的普惠金融综合服务,坚持稳企保供,助推普惠业务再上新台阶。年末,该行普惠贷款余额近172亿元,比年初增加超61亿元;累计发放小微企业贷款近95亿元、个人经营性贷款近221亿元,均创历年同期投放新高。开展消费者权益保护教育宣传活动,主动参与金融纠纷化解调解工作,报送的《利用数字人民币进行电信诈骗案》入选中国人民银行总行消保局典型案例。年末,该行本外币各项贷款余额1620.89亿元,比上年增加246.64亿元、增长17.95%。

(周省蒙 施文涵)

【中国农业银行无锡分行】 2022年,农行无锡分行围绕"争当表率、争做示范、走在前列",把创新作为开新路、破难题的重要抓手,在金融服务公益慈善、数字乡村等领域形成多项首创首发、独家合作成果。全年净增有效金融场景320个,重点在智慧政务方面取得系列突破:与"灵锡"App实现掌银线上支付合作;与市慈善总会合作搭建"无锡慈善网络公益平台";与市农业农村局签订数字乡村战略合作协议,助力"互联网+农业"大数据综合监管平台建设;在全省农行率先实施"掌银乘地铁"项目。年末,个人掌银月活客户151万户,居全市同业首位,有效存量客户掌银覆盖率87%、重点客群掌银活跃率62%,均居全省农行首位。率先成立全国银行首家侨联,成功发行全省首单绿色和乡村振兴双认证债券,办理全省农行首笔年金转受托业务,并在数字人民币业务同业合作上实现突破。5月20日,市慈善总会联合灵山慈善基金会、农行无锡分行等机构举行省内领先的、以城市为单位的网络联合劝募平台——无锡善捐公益平台启动仪式,首批网络捐款项目同步发布;农行无锡分行实施14年的"金钥匙"奖学金项目作为第一批慈善项目加入善捐平台,当日该行捐出最大一笔金额善款15万元。6月2日,中国农业银行江苏省分行与无锡市人民政府举行新一轮战略合作协议签约仪式。根据协议,未来5年,江苏农行将围绕"强富美高"新无锡现代化建设,全力服务重大战略重大项目、制造业、乡村振兴、科技创新、普惠金融和民生金融等重点领域,支持太湖湾科创带、梁溪科技城等重要载体建设,提供包括本外币结算、授信、债务融资工具、并购贷款、投资银行等全方位金融服务,总额不少于3000亿元,其中"乡村振兴"领域1500亿元、服务产业链强链补链和专精特新领域800亿元、其他领域700亿元,助力无锡打造现代化建设先行示范区和践行新发展理念高质量发展示范区。仪式上,江苏农行发布稳经济系列产品,包括"企业稳产保供贷""稳岗创业贷""新才创业贷""助业安心贷""出口融易贷"5大产品,对纳入政府相关部门推荐名录的企业优先支持。作为战略实施主体,该行分别与梁溪科技城管理局、蠡湖未来城、市农业农村局、市工业和信息化局等签订银政银企合作协议。年末,该行本外币各项贷款余额1823亿元,比年初增加268亿元,创历史新高。全年法人实体贷款净增134亿元,比上年多增88亿元;项目贷款累计发放152亿元,比上年多增47亿元;全年净增县域贷款132亿元,净增制造业贷款116亿元、居市内工、农、中、建四行首位,规上企业贷款净增101亿元,信贷合作率

6月2日,中国农业银行江苏省分行与无锡市人民政府举行新一轮战略合作协议签约仪式
(农行无锡分行 供图)

34%、比年初增长8.5%，“专精特新”国家级、省级客户信贷合作率69%和52%，分别比年初增长6.5%和21%，普惠金融贷款净增64.9亿元，供应链融资全年投放17.8亿元。

（胡晓峰）

【中国银行无锡分行】 2022年，中国银行无锡分行结合无锡区域产业发展，加大先进制造业集群金融服务力度，重点加强集成电路、物联网、高端装配制造等制造业集群金融服务，加快布局新兴产业及科技型企业集群，加大对SK海力士半导体（中国）有限公司、SK海力士系统集成电路（无锡）有限公司、江阴兴澄特种钢铁有限公司、江苏沪宁钢机股份有限公司、江苏俊知技术有限公司等重点产业客户的金融支持。加快线上普惠业务布局，全年线上业务贷款余额68.44亿元，较上年新增45.22亿元，线上产品余额、新增以及总户数、户数新增均在省辖系统排名第一。加大普惠产品创新力度，4月，与市人社部门共同推出助企纾困、稳岗惠民的“苏岗贷”产品，年末“苏岗贷”余额37.09亿元，惠及全市中小企业客户762家，金额和户数均位列全省首位。10月，创新推出“富民创业贷”并成功发放中行系统全省首笔贷款，进一步简化担保手续、减轻融资成本和担保成本，为各类自主创业者提供有力的资金支持，年末“富民创业贷”投放4224.5万元，惠及创业者201人。至年末，该行普惠贷款余额243亿元，较年初新增70亿元，年内新增额在省辖系统及同业四行均排名第一；普惠贷款户数及年内新增户数在省辖系统均排名第一。发挥外汇专业优势，利用区块链核验技术，创新启用“单证相符押汇融资”产品，在不占用企业授信额度的前提下，为某企业提供25笔、累计739万美元的融资；推进线上供应链业务，落地全省首笔航信平台线上“融易达”业务，实现在线供应链融资业务的新突破，累计投放2878万元；为无锡小天鹅股份有限公司制定卢布出口保理融资方案，成功叙做4668万卢布融资，协助企业提前收回卢布货款并结汇。打造养老特色示范网点，选取8个网点统一规划，建设“敬老爱心角”，配置各类适老设施，统一形成对客标识；利用省行与省体育局推出的“江苏省社区运动会”平台，扩大在无锡的应用和试点范围，打造无锡区域“社区运动会”的中行品牌；省行系统内首家实现手机银行支付嵌入江阴“全澄通”App、“无锡客运”微信公众号等高频场景，实现将无锡公交银联乘车码嵌入手机银行。年末，该行本外币贷款余额1787亿元，新增249亿元，主营业务新增创历史新高。其中，制造业贷款余额452亿元，较年初新增74亿元；制造业中长期贷款余额160亿元，较年初新增28亿元，制造业整体及中长期贷款余额和增量均列省行系统第一。

（殷国勇　李　允）

【中国建设银行无锡分行】 2022年，建行无锡分行主动融入全市经济社会发展，加大综合金融服务支持力度，建立行领导挂钩重要客户、重大项目营销责任区机制，先后落地中环领先、中环应材、中铁建等多个省、市级重大项目以及新发低碳、城北水务等政策性金融工具支持项目。抓住地方政府城镇片区更新建设机遇，支持工业产业园区升级改造，累计获批城市更新、工业区改建项目43个，投放123.73亿元；取得市级项目专项债资金独家监管资格，开展区级专项债项目营销，承接专项债79.08亿元。主动对接市、区两级住建局需求，采用“一区一策”、定点试点的模式，为保障性租赁住房项目推进、城市更新老旧小区改造、智慧住建二期升级等多方面提供金融与非金融支持，新发放5个项目住房租赁贷款10.32亿元，落地全省首个增量式园区“以租定存”项目——新吴区软件园人才公寓，完成首个保租房REITs项目意向合作签约。普惠金融贷款余额246.6亿元，贷款余额保持四行第一；普惠客户总量及客户新增排名居市内四行第一，达成普惠“双增”的监管要求。金融科技方面，创新实施存量房网签入驻超级柜员机（STM）、“锡山教育”App对接非税系统、华润燃气对公对私托收等多个全省首个、全市首创项目。乡村振兴方面，乡金贷款余额21.2亿元，新增21.1亿元。绿色金融贷款新增76.2亿元，增速较各项贷款高32.8个百分点；落实“两高”行业限额管控要求，“两高”余额占比实现负增长目标。投行资管业务完成并购重组3单、21.4亿元，其中无锡锡产微芯半导体有限公司52亿元并购银团项目是无锡市全年最大并购项目；债券承销27亿元，规模排名市内四行第一，份额占比33.6%；为无锡城建发展集团投放保债10亿元，实现首单保险债券计划突破；落地私募股权投资业务5单、5.43亿元；托管业务规模新增456亿元。生态场景建设完成滨湖区街道财政罚没收缴、锡山住建维修基金收缴等重点项目。“建行生活”App先后承接7期政府消费券4300万元，运营“最江阴”App累计新增用户55万户，其中纯新客近11万户。实现无锡全辖三代社保卡发卡资格突破，年内累计发卡6.54万张，居市内四行第一。在无锡市首家试点推出“转押贷”业务，年内“转押贷”笔数超100笔，金额超1亿元，居同业第一。推动与江阴市、宜兴市、梁溪区等多个市（县）、区政府的银政合作对接会举行，与无锡太湖学院、无锡学院、江苏信息职业技术学院、宜兴市人社局、锡山区商务局等10余家单位签订战略合作协议。年末，该行各项贷款余额1744亿元，较年初新增265亿元，其中个人住房贷款余额、投放及新增均列全市金融机构首位；一般性存款日均余额1746亿元，新增239亿元；一般性存款时点余额2001亿元，突破2000亿大关。

（李　勰）

【交通银行无锡分行】 2022年，交通银行无锡分行进一步加大对涉农贷款、战略性新兴产业、绿色信贷的金融支持。强化普惠金融服务，上线“惠民就医”“线上烟户贷”“新农直通贷”等创新业务；针对地方特色产业，发挥区位优势，设计“紫砂贷”“建材贷”“医保贷”等小微特色项目，加大特定客群批量化展业能力。对接主管部门、担保机构、政府信保基金，针对性提供小微贷、普惠贷等金融产品，增强金融服务的可得性、便利性和可持续性。年末，该行小微贷款余额3.01亿元，贷款户数57户，均为年内新增；普惠贷余额6.70亿元，比年初净增3.76亿元。推动产业链金融发展，做实融资链、做强结算链，在实现业务量同比增长的同时，推动“智慧交易链”平台落地，并落实交通银行总行长三角总部“一体化推动长三角区域产业链业务发展”各项工作。全年公司条线产业链重点业务融资11.24亿元，业务量比上年增加6.83亿元，增长155%；普惠产业链业务余额9.56亿元，比年初净增5.64亿元，总行年度计划完成率141%。面临利差不断收窄的市场环境，提供多样化产品服务，满足客户全口径融资需求。投行条线用好产品，带动低成本负债流量提升，全年新增债券承销8单，承销规模31.92亿元；通过上市、定增、可转债募集资金监管带动负债27.48亿元；通过债券承销带动负债21.5亿元；通过私募基金监管和托管带动负债9.06亿元，合计58.04亿元。国际条线争做首单，增强综合竞争力，落地交行系统首单数字提单平台业务、首笔跨行区块链电子交单业务、首笔“航运管家”业务，为重点客户投产人民币跨境支付系统（CIPS）生态圈影像传输增值服务平台；全年该行累计完成国际收支65.77亿美元，比上年增长1.90%，CIPS标准收发器累计投产10户，继续保持无锡市场占有率第一。推进一体化融合经营改革，根据区域授信集中审批政策，梳理重点客户和优质项目，向交通银行总行争取市属重点国企专项融资授权330亿元，累计完成集团预授信审批290亿元。上线江苏省人力资源社会保障一体化信息平台、“民意通”等系统，推动实现商品房预售资金监管系统、农村集体经营性建设用地网上交易系统试点区域全覆盖；用好交行“普惠e贷”等标准化、线上化产品，不断拓宽小微线上融资渠道。年末普惠标准化线上产品贷款余额41.47亿元，较年初净增9.58亿元。上线“交政通”系统，成为无锡地区首家将政务服务从地级市拓展到长三角区域的金融机构。以数字化转型构建零售转型新动能，实现银行医疗、交通、教育、政务4大场景项目全覆盖；年末该行储蓄存款年日均余额332.83亿元，存款规模及市场占比均创历史新高。年内该行处置不良贷款22.65亿元（含核销13.48亿元），同期新发生不良贷款4.36亿元，新增不良低于不良处置额，达成总行管控目标；实际完成存量高风险现金清收8.8亿元，不良处置22.7亿元。公司客户方面，年末有正常账户客户2.85万户，增长1.49%；对公有效客户完成1.8万户，增长8.82%；小微基础客群存款增加40.25亿元，增长74.09%；年内新增日均存款百万元以上的政府客户4户。零售客户方面，加强私银主题营销活动的宣导推广，年内私银客户数净增104户，沃德客户净增3054户。年末，该行人民币对公存款时点余额631.10亿元，较年初增加27.77亿元，增长4.60%。人民币对公存款日均余额614.48亿元，较年初增加10.53亿元，增长1.74%。其中，制造业中长期贷款47.08亿元、绿色信贷40.04亿元、战略性新兴产业贷款74.79亿元，分别增长31.12%、19.02%、170.59%。

（纪虹丞）

【中国邮政储蓄银行无锡市分行】 2022年，邮储银行无锡市分行支持重大战略实施，强化对“大交通、大能源、大制造”领域的信贷支持，为市重点企业新增投放超200亿元。推进普惠金融提质，向163家小企业客户提供“无还本续贷”服务，为企业节约转续贷资金约12亿元。开办自主办理车辆抵押登记、公积金组合贷、二手房“带押过户”等服务，进一步提升交易效率和便利度。助推乡村振兴扩面，建成信用村730个，信用户建档25900户，涉农贷款监管指标完成率238%。年末，该行资产规模838.74亿元，净增107.17亿元，比上年增长60.77%；各项贷款余额493.31亿元，各项存款余额112.89亿元。

（谈晓英）

【江苏银行无锡分行】 2022年，江苏银行无锡分行持续加大对地方实体经济支持力度，支持重点工程、重大项目建设，为实体企业纾困解难。聚焦普惠领域，普惠实贷较年初增长29.9%，普惠科创贷款较年初增长38.4%，涉农贷款较年初增长14.59%。支持产业转型升级，制造业贷款较年初增加32.69亿元，新增额创历史新高。助力低碳转型，绿色信贷新增78.64亿元，居全行第一位。年末，该行各项存款余额2537.6亿元，居全行第一位，市场份额占比10.64%，全市排名第二；各项贷款余额1633.43亿元，居全行第一位，市场份额占比8.22%，居同业第一方阵；不良贷款率0.42%。

（夏世杰）

【无锡农村商业银行】 2022年，无锡农村商业银行实施“业务上网、服务到户”战略，持续加大实体经济信贷投入，制造业、民营企业贷款余额分别为290.35亿元、477.94亿元，增长15.48%、20.32%，高于各项贷款增速。深入推进增户扩面，年末信贷客户数净增20143户，普惠型小微企业贷款净增2724家、40.71亿元。推出“市民贷”个人消费贷款产品，扩大金融覆盖面。全年为420家首贷户小微企业发放贷款13.45亿元，以无还本续贷方式为1683家普惠小微企业转贷34.91亿元。年内，该行完成非公开发行A股股票2.894亿股新股，扣除相关发行费用后全部用于补充核心一级资本。年末，该行资产规模2115.49亿元，各项存款余额1726.34

亿元，较年初增长 10.14%；各项贷款余额1286.09亿元，较年初增长9.17%；年内缴纳各类税款 6.86 亿元。

（张婷婷）

【上海浦东发展银行无锡分行】 2022 年，浦发银行无锡分行响应上级行金融业减费让利号召，落实外部监管减费让利要求，从年初开始就进行减费让利专项工作部署，将减费让利侧重于小微企业，真正释放金融活力，帮助中小企业减少资金负担，促进小微企业高质量发展。围绕省高新技术企业，聚焦专精特新等重点客群，实行名单化营销推进，开展生物医药、智能制造等特色产业高企直通车活动，强化与 PE/VC 等风投资本的合作，借助硅谷银行、浦银理财等资源，通过投贷联动、科技快速贷、“浦智贷” 等融资产品，搭建科创企业金融服务生态圈。着眼增强经济发展内生动能，把握企业成长新需求，支持服务实体经济转型升级。资本市场方面，进一步深化属地客户经营，深耕上市公司等优质实体企业，合作上市公司 50 余家。通过 “浦智贷”、大宗商品衍生品交易等创新业务加载，为上市公司提供全方位、高层次的综合金融服务。股权投资方面，以无锡太湖浦发股权投资基金全生命周期“募 + 投 + 管 + 退” 为契机，继续把握无锡产业结构性调整的战略趋势，为无锡高端制造业持续健康发展提供有力的金融支持。年末，无锡太湖浦发股权投资基金实缴 24 亿元，对外投资累计 3 只子基金，累计直投金额 14.08 亿元。年内，落地江苏省首单支持复工复产用途债券——无锡华光环保能源集团股份有限公司 2022 年度第四期超短期融资券，募集的资金用于补充发行人本部及下属子公司流动资金需求，支持供应链下游企业复工复产。落地江苏省首单碳资产债券——无锡华光环保能源集团股份有限公司 2022 年度第六期超短期融资券，采取 “固定利率 + 浮动利率” 发行，浮动利率挂钩碳排放配额（CEA）收益率，为江苏省第一支 “碳资产” 标识债券，在绿色金融、碳金融领域实现创新实践的突破。年末，该行绿色信贷余额 52.09 亿元，比上年增长 43%；资产规模 283.43 亿元，各项存款余额 271.55 亿元，各项贷款余额 236.77 亿元。

（徐　军）

【招商银行无锡分行】 2022 年，招商银行无锡分行积极服务区域经济发展大局，围绕绿色金融、新型基础设施建设、城市更新等领域的金融需求，灵活运用金融产品，提供综合性金融服务，加大对实体经济支持力度，月均 FPA（客户融资总量）842 亿元。践行普惠金融，年末普惠小微贷款余额 83.5 亿元，全年净增 16.6 亿元，增长 24.81%。支持普惠小微客户 9810 户，居全市股份制银行第一位。年末，该行人民币各项存款余额 714.5 亿元，增长 21.6%，市场份额 3.05%，全市股份制银行排名第一。其中，储蓄存款市场份额 2.30%，居全市股份制银行第一位，对公存款市场份额 3.63%，居全市股份制银行第二位。人民币各项贷款余额 670 亿元，增长 13.05%，市场份额 3.42%。其中，零售贷款市场份额 4.45%，稳居全市股份制银行首位。

（沈　潮）

【中信银行无锡分行】 2022 年，中信银行无锡分行坚持走可持续、高质量发展之路，客户基础不断夯实，业务结构更趋优化，效益、规模类指标不断刷新历史新高，信贷资产质量在地区可比同业中保持领先水平。战略性新兴产业贷款增长 33 亿元、绿色信贷增长 27 亿元，增量在中信银行南京分行辖内领先。除了传统商行业务外，综合融资规模不断扩大，债券承销发行量首次突破 100 亿元。年末，该行各项贷款时点余额 553 亿元，比年初增加 42 亿元，贷款不良率 0.15%。

（瞿峥屹）

【兴业银行无锡分行】 2022 年，兴业银行无锡分行以 “巩固基本盘、布局新赛道” 业务导向，坚持走 “转型之路” “专业之路” 和 “科技之路”，加快实体转型步伐，实体投入稳步提升。主动对接各级金融办、税务局、园区管委会、联合征信公司等，推动交叉拓客。结合辖内优势产业，针对各类产业园区、国家级高新技术企业、核心企业上下游、政府采购中标企业等重点客群开展集群式营销。先后落地全省首单工业厂房开发贷、全省首单城市更新贷，乡村振兴重大项目形成有效复制，“快押贷”“合同贷”“政采贷”“e 票贷” “农批 e 贷” 等线上产品快速发展。推动科技赋能，不断推出各类线上融资业务新产品。落地江阴国家高新技术产业开发区内联东金澄园区开发贷，与联东 U 谷开展合作，参与其在江阴高新科技创新港园区、宜兴环科园区、无锡江溪智造科技园等的项目。智慧系列生态场景搭建取得突破，上线市公共资源交易中心电子保函系统、宜兴和江阴预售房资金监管系统、市中院破产管理人平台项目、公积金贷款项目、央材通融移动金融平台、智慧园区等多个项目。年末，该行本外币各项存款余额 457 亿元，各项贷款余额 436 亿元。

（岳国锋）

【苏州银行无锡分行】 2022 年，苏州银行无锡分行坚持 “服务区域，服务实体，服务市民百姓” 的发展理念，重点加大对制造业企业、上市公司、“专精特新” 中小科技型企业的金融支持力度，年末该行合作上市公司有 34 家，占无锡 A 股上市公司的 30%，响应无锡市号召并落地多笔 “苏质贷”。年末，该行制造业贷款余额 21.5 亿元，比上年增长 52.8%；科创企业融资余额 15.6 亿元，比上年增长 56.6%；绿色融资余额 14.1 亿元，比上年增长 64.6%。年末，该行资产规模 94 亿元，比年初增长 15.9%；各项存款余额 78 亿元，较年初增长 15.9%，各项贷款余额 97 亿元，较年初增长 16%。有下辖营业部、梁溪支行、江阴支行、宜兴支行4个网点。

（李　霁）

【华夏银行无锡分行】 2022年，华夏银行无锡分行持续推动“质量、效益、规模、结构”协同发展，提升金融服务实体经济质效，结合无锡市“长三角先进制造核心区、技术创新先导区、绿色生态标杆区和综合交通枢纽区”发展定位，制定实施“有扶有控”的差异化信贷政策，为重点产业提供丰富的融资支持，至年末，该行信贷投放604.92亿元。深化与海澜之家集团股份有限公司、上能电气股份有限公司等实体制造业企业的融资合作，服务园区开发、城镇化建设、棚户危旧房改造和安置房建设等民生和基础项目工程，同时为华虹半导体（无锡）有限公司、无锡小天鹅股份有限公司等重点客户提供配套结算支付及相关资金增值服务。落地无锡市首笔知识产权ABS（资产证券化）撮合业务，批量服务专精特新、瞪羚、独角兽级别优质企业13家；推出“融资+融智”综合服务，中标无锡市首单碳中和绿色公司债券；把握欧元债发行机遇，投资成功江苏省内首笔备用信用证模式欧元债，并作为唯一银行系账簿管理人角色参与承销；创新运用“票证财资通”产品，凭借便利快捷、降低成本、规避风险的产品优势，年内累计业务金额超20亿元。持续加大绿色信贷投放力度，支持节能环保、清洁能源等领域的优质小微企业，对绿色信贷业务优先审批、优先放款，至年末，累计为超120家企业提供绿色金融融资服务，投放60.68亿元，绿色金融占比20.08%。支持地方“三农”发展，为农、林、牧、渔业复工复产提供信贷支持，支持有真实资金用途的“三农”项目，在粮食种植、花木种植、水产养殖、农村旅游、精品民宿等行业中优选客户，年末该行农、林、牧、渔业贷款余额176.6亿元。

（杜蓉蓉）

保　险

【概况】 2022年，全市保险业共实现原保险保费收入459.56亿元，比上年增长7.89%，保费收入居全省第三位，占全省的10.64%。其中，财产险公司保费收入123.11亿元，比上年增长11.86%，保费收入居全省第三位；人身险公司保费收入336.46亿元，比上年增长6.51%，保费收入居全省第三位。全市保险业赔款和给付124.86亿元，比上年下降6.65%。其中，财产险赔款支出64.54亿元，比上年下降2.19%；人身险赔款和给付60.33亿元，比上年下降10.99%。全市保险业累计提供风险保障32.02万亿元，比上年下降16.17%。其中，财产险承担25.30万亿元的风险保障，比上年下降16.03%。人身险期末有效保险金额6.72万亿元，比上年下降16.69%。

按无锡市2022年地区生产总值14850.8亿元计算，无锡保险深度3.09%，比上年下降0.2个百分点。按照无锡市户籍人口519.01万人计算，无锡市保险密度8854.55元，比上年增加366.36元。年末，全市有保险公司85家，其中，财产险公司30家、人身险公司55家，营业网点516个；保险专业中介法人机构11家，各级专业中介分支机构140家，兼业中介机构超1300家；保险从业人员5.85万人。

（姜耀琪）

【中国人民财产保险股份有限公司无锡市分公司】 2022年，人保财险无锡市分公司落实“疫情要防住、经济要稳住、发展要安全”要求，努力在服务无锡经济社会发展中履行金融央企责任。响应乡村振兴战略，助力农业现代化发展，提升农村金融服务水平，与市农业农村局签订乡村振兴战略合作协议，加入无锡市金融服务乡村振兴合作联盟；推进小麦完全成本保险和水稻完全成本保险落地。创新开发水稻收割期间降雨指数保险、设施大棚风力指数保险，鲥鱼养殖保险等新险种，其中，鲥鱼养殖保险被省财政厅认定为无锡区域唯一一个农险创新保护产品。全市水稻、油菜、小麦等主要种植业实现承保全覆盖；生猪、奶牛等主要养殖业实现“应保尽保”；高效设施农业实现农户“愿保尽保”。累计为450万户次农户提供农业风险保障200亿元。完善乡村振兴风险保障体系，将保险领域的经验做法有效衔接到乡村振兴工作中，为农村富民产业发展、农业供应链建

2022年，人保财险无锡市分公司加入无锡市金融服务乡村振兴合作联盟

（汤震宇　供图）

设、农村人居环境整治等方面提供保险政策支持和风险解决方案。构建“政融产科保”（政府＋金融＋产业＋科技＋保险）融合发展模式，满足农村医疗、健康、生产、生活风险保障需求，织密农村多层次、多维度风险保障体系。推广“防贫保”“乡村振兴保”以及政策性农房保险、社会治安保险等。与农业银行推出新一轮“农保贷”产品，帮助农户解决资金短缺和周转困难，发放贷款6000余万元。建立水蜜桃全产业链保险，为近2000公顷水蜜桃种植累计提供桃产业风险保障1.66亿元，年内累计赔款317.44万元。配合惠山区农村道路交通安全专项整治工作，为阳山镇5000余辆农用电动三轮车提供保险保障。大力推进警保联动，创新快处快赔新模式，构建绿色交通、快速交通和安全交通，带头响应车险综合改革“降费、增保、提质”目标要求，承保汽车险客户数64.35万户，累计优惠保费11.2亿元。在行业内率先建立警保联动工作站，参与建立“e路通”交通事故一体化处理中心。中标无锡市市管桥梁项目，涵盖全市367座桥梁。承保新能源车辆4.56万辆，比上年增长165.17%。推行车险客户线上化，开启微信报案、救援、理赔、一键续保等服务，全年线上理赔办理率比上年增长18.61%。通过开设“温暖驿站”“保障畅通”服务，向所有客户包括非人保客户提供保险咨询、协助报案、路线导航、交通事故快速处理等便民服务。新冠疫情期间，累计出动1000余人次参与防控，在高速路口设立人保“温暖驿站”，向来往驾乘人员免费提供快餐、方便面、自热锅、矿泉水等物资；为有效关爱、守护特困低保人群，人保财险江阴支公司与江阴市民政局签订总保额9亿元的“防疫专属保险”捐赠协议，为4450名特困低保人员免费提供防疫专属保险保障；人保财险惠山支公司为助推区域60岁以上老年人疫苗接种，促成“防疫保”在辖内7个街道（镇）签单，实现区域全覆盖。深化政企合作，以竞标第一名中标新一轮长期护理保险项目，累计支付7782万余元，受益60127人次。市区有12.69万人次享受大病保险补助待遇17944万元，特药大病承担金额6889万余元。中标地铁5号线以及4号线二期、SK海力士保险、长深高速公路宜兴东互通连接线、中低收入救助等重大保险项目；在全省率先开展交通行业安责险，成功签单中国邮政安责险，累计承保交通行业安责险企业数量居行业第一位。年内新大工程项目保费2411万元，规模全省排名第一。进一步完善环境责任保险“无锡模式”，构建“保险＋服务＋科技＋理赔”服务模式，创新开办生态环境损害赔偿保险。环责险承保企业2365家，环评服务企业2818家，项目总保费2944万元，承保数量和保障金额居全国地级市第一位。承保全国首单集成电路布图设计被侵权损失保险，为无锡市一家集成电路IC设计企业提供100万元的风险保障。以保险手段支持集成电路产业自主创新，为无锡小天鹅股份有限公司、无锡海斯凯尔医学技术有限公司提供知识产权海外维权费用保障，落地无锡市首批知识产权海外侵权责任保险，助推无锡企业“走出去”。承保京杭大运河无锡段堤防灾害保险，为京杭大运河无锡段90千米的堤防提供9.5亿元的风险保障，通过在全市建立堤防“电子健康档案”，实现对全市堤防的智慧化、精准化监测管理，为堤防撑起“保护伞”。年末，该公司有支公司9家、专业保险部16个。全年公司实现全险种保费43.32亿元，其中车险保费30.55亿元、非车非农保12.08亿元、农业保险保费6892.5万元，累计承担风险6.4万亿元，处理各类案件34.5万起，支付赔款21.5亿元，上缴各类税款38692万元，成为无锡市场首家保费规模突破40亿元的财产险公司。

（汤震宇）

表37　2022年无锡地区各财产险公司业绩统计表

序号	财产险公司名称	保费收入（万元）	比上年增长（%）	市场占比（%）
1	人保股份	433227.13	12.00	35.19
2	平安财险	340852.82	14.28	27.69
3	太保财险	243198.93	13.42	19.75
4	国寿财产	58764.75	17.33	4.77
5	中华联合	43019.44	10.50	3.49
6	阳光财产	15083.37	−5.45	1.23
7	太平保险	14017.25	−20.01	1.14

（续表）

序号	财产险公司名称	保费收入（万元）	比上年增长（%）	市场占比（%）
8	紫金财产	13725.21	31.94	1.11
9	大地财产	12561.08	−3.08	1.02
10	华安财险	9411.26	19.12	0.76
11	英大财产	6284.12	−6.09	0.51
12	永安产险	5770.35	7.18	0.47
13	中银保险	5474.59	5.62	0.44
14	长安责任	3496.87	−13.53	0.28
15	国任财险	3145.90	2.12	0.26
16	亚太财险	2866.57	113.24	0.23
17	富德财产	2790.79	−44.59	0.23
18	大家财险	2086.40	−14.96	0.17
19	泰山财险	1344.51	52.59	0.11
20	渤海产险	1194.18	−5.45	0.10
21	安诚产险	1189.89	213.10	0.10
22	浙商财产	308.38	6.73	0.03
23	都邦产险	295.24	−33.92	0.02
24	永诚产险	192.12	−0.23	0.02
25	安信农业	6.03	−5.31	0.00
26	安盛天平	9085.49	11.75	0.74
27	华泰财产	1168.79	−15.96	0.09
28	国泰产险	526.08	−52.54	0.04
合　计		1231087.54	11.86	100.00

（无锡银保监分局）

表 38　2022 年无锡地区各人身险公司业绩统计表

序号	人身险公司名称	保费收入（万元）	比上年增长（%）	市场占比（%）
1	中国人寿	810845.20	−0.44	24.10
2	太保寿险	371165.93	2.47	11.03

（续表）

序号	人身险公司名称	保费收入（万元）	比上年增长（%）	市场占比（%）
3	平安寿险	320947.48	−1.88	9.54
4	国联人寿	194205.24	43.23	5.77
5	君康人寿	156447.91	47.64	4.65
6	前海人寿	153648.24	−33.02	4.57
7	大家人寿	124086.38	55.30	3.69
8	太平人寿	117748.20	10.05	3.50
9	泰康人寿	111039.80	8.04	3.30
10	利安人寿	66382.14	19.24	1.97
11	新华人寿	53789.78	36.47	1.60
12	人保寿险	53296.95	−22.61	1.58
13	和谐健康	45866.99	675.04	1.36
14	百年人寿	42621.72	32.55	1.27
15	富德生命人寿	33878.80	−19.00	1.01
16	信泰人寿	31847.31	6.24	0.95
17	国华人寿	31749.55	310.76	0.94
18	农银人寿	29800.96	51.52	0.89
19	英大人寿	23232.02	−43.50	0.69
20	建信人寿	20736.19	−6.22	0.62
21	阳光人寿	15548.26	−0.41	0.46
22	东吴人寿	12943.61	60.49	0.38
23	平安养老	11831.27	4.79	0.35
24	民生人寿	8660.78	−21.79	0.26
25	招商仁和	8505.00	−7.19	0.25
26	人保健康	5633.18	37.20	0.17
27	光大永明	4956.86	56.83	0.15
28	幸福人寿	4429.52	106.64	0.13
29	长城人寿	3906.69	6.14	0.12

（续表）

序号	人身险公司名称	保费收入（万元）	比上年增长（%）	市场占比（%）
30	泰康养老	3361.39	137.08	0.10
31	合众人寿	2403.64	−17.59	0.07
32	太平养老	1759.23	72.68	0.05
33	国寿存续	1686.34	−10.00	0.05
34	横琴人寿	1248.93	203.87	0.04
35	友邦保险	94202.57	10.00	2.80
36	中意人寿	69377.44	−3.18	2.06
37	中宏人寿	52768.15	0.16	1.57
38	同方全球人寿	34465.66	5.70	1.02
39	招商信诺	34081.05	28.88	1.01
40	中银三星	34000.95	4.70	1.01
41	华泰人寿	28587.63	5.91	0.85
42	工银安盛	26336.02	−19.76	0.78
43	中美联泰	22344.55	5.09	0.66
44	交银人寿	20811.09	−27.76	0.62
45	中信保诚	20511.41	39.77	0.61
46	北大方正人寿	10403.26	67.16	0.31
47	恒安标准	9971.83	240.49	0.30
48	平安健康	8602.92	3.73	0.26
49	德华安顾	4931.51	91.83	0.15
50	复星保德信	3733.13	0.00	0.11
51	陆家嘴国泰	3322.65	−1.34	0.10
52	中德安联	2964.37	62.18	0.09
53	中英人寿	2894.85	−0.41	0.09
54	瑞泰人寿	33.30	−20.23	0.00
合　计		3364555.85	6.51	100.00

（无锡银保监分局）

【中国人寿保险股份有限公司无锡市分公司】 2022年，中国人寿无锡市分公司推进中央巡视反馈问题整改，推动市、支两级提前完成6大方面237项整改任务。“童她益起保”妇女儿童安康保险项目、江阴助残工程被选送为国务院直报信息；促成中国人寿健康养老产业投资公司与太湖新城集团100亿元基金项目的合作。承办或参与涵盖学生险、计生系列保险、安康关爱老年人保险、独生子女保险、失独家庭保险、母婴安康险、女性安康保险、军人保险、公安保险、特困人群保险、特殊群体保险等在内的涉及社会民生的政策性业务。主动融入国家第三支柱养老体系建设，贯彻落实中央和省市地方政府有关加快发展商业养老保险的要求，在全市推广国寿鑫享宝专属商业养老保险，实现无锡市场保费规模与份额的双领先；配合无锡市医疗保障制度深化改革，推广“医惠锡城”“江苏医惠保1号”等城市定制型商业医疗保险惠民项目，累计推广“医惠锡城”惠民保险11.33万件，市场份额占比全市排名第二。主动参与社会治理，持续完善保障体系，推动长期护理保险、大病保险、退休人员住院医疗互助保险等社会民生项目的健康运行，更好满足人民群众多元化健康保障需求。至年末，大病保险服务市区参保人数369.1万人、11.17万人次，其中2.22万人享受大病保险补助待遇16235.31万元，比上年增长19.9%；长期护理保险服务市区参保161.30万人，退休人员住院医疗互助保险参保人员55.6万人。聚焦理赔服务时效，力促理赔全流程、处理及超长支付时效提升，E化服务应用扩面，不断优化服务品牌。全年“中国人寿”App线上服务量39.1万人次，比上年增长7%，理赔E化率超99.9%。全辖理赔件数47.21万件，支付赔款6.07亿元，获赔率99.13%，重疾一日赔服务1398人次，给付金额8587.14万元，理赔直付覆盖4家医院，服务人数10735人次，服务时效由报案至理赔金到账平均1.92天。年末，该公司下辖5家综合性支公司，在无锡全辖共有89家分支机构。全年公司实现总保费81.21亿元，市场份额稳居无锡寿险市场首位。

（汪旻敏）

【中国太平洋财产保险股份有限公司无锡分公司】 2022年，太平洋产险无锡分公司贯彻“建设高质量发展新高地”新要求，创新推出“太好服”特色理赔活动，为客户提供省时、省事、省心的理赔服务。与无锡交警部门合力再次推出“零违法”加油活动。以“e路通”项目为桥梁，实现六方联动和全流程闭环，更好推动警保合作、保医合作等外部生态建设，实现人伤理赔外延发展。成立无锡保险行业首家科技支公司，助力行业从传统竞争向专业深耕与体现行业更高服务水平转变。该公司作为无锡市建筑工程安全生产责任保险共保体首席承保人，以多领域、广覆盖、高频次、创新性为特色，通过“安责险平台”“风险地图”等数智科技手段达到风控工作常态化、特色化的服务效果，为全市提供各类风控服务1720余次。在既有建筑领域试点安全生产责任保险创新模式，签约太平洋保险系统全国首单，无锡建工安责险实现由新建工程领域扩展到既有建筑领域。中标无锡地铁4、5号线保险项目，为城市轨道交通工程项目建设提供保障。中标“情动锡山，爱暖人心”慈善事业助力共同富裕项目之“颐安”居家养老和“望·星空”助残行动，通过入户慰问、助老服务、心理辅导等服务，发挥商业保险参与社会管理职能。落地首单农民工工资支付履约保证保险，首单精神病人、残疾人意外险保单，以及首单无锡市交通运输行业承运人责任险项目。融合推进乡村振兴，落地乡村振兴项目60个。先后与无锡市农业农村局、江阴市农业农村局、滨湖区农业农村局签订乡村振兴战略合作协议，开发创新险种8个。首创“乡村振兴和生命科学”双融合模式并签发全国首单，签发无锡全市首张高标准农田建设工程质量保险（IDI）保单。践行环境、社会和公司治理（ESG）理念，全年在清洁能源类风险项目上承保风险保额78亿元；光伏发电项目上承保风险保额20亿元。作为2022世界物联网博览会战略合作保险服务商，协助世界物联网博览会组委会办公室共同设计并助力打造“零碳物博”。年末，该公司下辖中心支公司2家、支公司8家、营销服务部22家。全年公司实现保费收入24.3亿元，比上年增长13.42%，赔款支出12.4亿元，市场份额20.09%，取得“份额六连升”的新突破。

（葛兆君）

【中国太平洋人寿保险股份有限公司无锡分公司】 2022年，太平洋寿险无锡分公司立足客户对“产品＋服务”的多元化需求，专业提供覆盖全生命周期的“保险＋健康＋养老”综合保险服务；医保“江阴模式”运行良好，参与城乡居民大病保险、长护保险、“医惠锡城”城市定制型商业医疗保险等民生类健康保险项目，持续加强对乡村、老年人、贫困边缘人员的健康保险保障工作；全面落实消保主体责任，开展投诉治理专项行动，营造“全员学消保、消保人人有责”的消保文化氛围。履行企业社会责任，7月，联合惠山区残联开展助残捐赠活动，为残疾人拓宽创业就业渠道；9月，向无锡灵山慈善基金会捐赠2.97万元，支付300名特需人群参保“医惠锡城”普惠版费用；10月，组织员工开展慈善捐款，向无锡市慈善总会捐赠1.02万元；11月，向盐城市阜宁县永昌村捐助19万元，连续第二年向“乡村振兴·共富基金”捐赠5万元，用于乡村振兴帮促；12月，向“无锡市江阴暨阳教育发展基金会”捐赠30万元，关心和支持当地义务教育事业发展。新冠疫情期间，该公司践行社会责任担当，通过“太平洋寿险”官微、“太平洋保险”App及“云柜面”“太慧赔”等数智应用，确保主要保单业务的全流程“云办理”；组建“疫情防控应急服务队”,累计开展志愿服务超过 500 次;先后向全市 11.6 万名防疫人员赠送超 218.4 亿元的风险保障;累计捐赠防疫物资超过 5.9 万元;推出新冠疫情理赔 6 项服务承诺及复效、贷款 4 项暖心举措,全力支持疫情防控和复工复产。3 月,续标无锡市(含江阴、宜兴)长期护理保险服务项目,并获得第二区域(江阴市)首席承办资格,服务期限从 2022 年 4 月 1 日至 2024 年 12 月 31 日,区域服务人数 108 万人,基金规模 3.01 亿元,管理费收入约 600 万元。5 月,在“吴韵·智享家”门店举办 2022 年客户服务节开幕式,推出“重疾先赔”“探访慰问”“绿色快赔”等人性化理赔服务,开展客户体验活动,以及“寻亲送金”、NPS 低分客户拜访、甲状腺癌理赔客户回访探望等创新活动。推进中心机构芯职场建设及县域机构体验店建设,搭建营销伙伴自主经营的运行载体、客户与营销伙伴的体验平台。7 月,在扬名营销服务部举办“芯职场”开放日活动,邀请无锡广电记者和长航服务大使共同担任“职场代言人”,展示公司在人才建设、职场升级和科技创新等领域的新成效、新面貌。11 月 11 日,太平洋产、寿险无锡分公司与浦发银行无锡分行、江阴支行签署战略合作、党建共建签约协议,聚焦无锡市场,共商共创无锡“太保 + 浦发”四位一体全方位战略合作新局面,提高“银行 + 保险”合作站位,将服务延伸到普惠金融、绿色金融、乡村振兴、公共安全、医疗养老等民生领域,共同支持无锡经济发展,服务人民美好生活。年末,该公司下设江阴、宜兴、锡山、滨湖、惠山、新区、梁溪 7 家支公司,营销服务部 31 家。全年公司实现总保费 37.12 亿元,处理赔案超 1.2 万件,赔付总金额超 2.6 亿元,实际缴纳税费 4314 万元。

(孙雯玉)

【中国平安财产保险股份有限公司无锡分公司】 2022 年,平安产险无锡分公司布局地方重点产业,助推新兴产业良性发展。年末,在新兴产业及先进制造领域,为风电产品和汽车零部件提供产品责任保障 4.7 亿元;协助企业首台套(重大装备保险)项目申报,双良节能首台套项目申报成功,提供风险保障 3 亿元。在环保节能领域,为 1184 家环保公司提供人员意外及财产保障 101 亿元。在生命科学领域,为 138 家生物科技公司和 34 家医药公司提供财产保障 45 亿元。在多领域开展保险创新,“防疫保”降低疫情对物流企业经营影响,化解员工感染、货物损失等风险;“抗疫人员团意险”惠及宜兴市抗疫一线工作人员 1.5 万人,累计保额 165 亿元;落地全国首单工艺品类地理标志——宜兴紫砂壶保险;参与农民工工资保证险项目,累计保额 5509 万元;医疗器械临床试验责任保险助力医药科研企业研发,累计保额 750 万元。年内,承保无锡市长期护理保险项目,保费规模约 1.1 亿元;承保无锡地铁 5 号线工程险,保费 1076 万元,保额 32.1 亿元;承保新吴区江溪街道安康关爱老年人意外险、宜兴市医责险、江阴市医责险,SK 海力士半导体(中国)有限公司财产一切险等项目。多次开展公益活动,3 月 31 日,组成 30 人疫情防控应急服务队,协助扬名街道阳光、芦西、金城等社区开展疫情防控志愿服务,年内服务时长超 400 小时;6 月 27 日,联合宜兴市财政局在周铁镇棠下村举行无锡首场“乡风文明 100”活动,捐赠价值 1 万元的慰问物资,与棠下村村委签署稻米产业合作框架协议,向村民赠送累计保额 1000 万元的社区公共安全保险;9 月 16 日,举办金融知识普及月专场活动,走进滨湖区湖滨苑,面向老年居民进行线下金融知识互动宣教活动;10 月 14 日,联合无锡银保监分局及平安人寿、银行、普惠等单位,开展“喜迎二十大,热血践初心”无偿献血公益活动,累计献血近 1 万毫升。年末,该公司有营业网点 26 个,其中市级分公司或中心支公司 3 家、支公司 3 家、营业部或营销服务部 20 个,从业人员 669 人。全年公司实现保费收入 34.1 亿元,比上年增长 14.3%;赔款支出 21.3 亿元,比上年增长 21.7%,承保利润 1.2 亿元;纳税 3.49 亿元。

(叶丹峰)

【中国平安人寿保险股份有限公司无锡中心支公司】 2022 年,平安人寿无锡中支公司向着“专业创造价值,让无锡每个家庭拥有平安;共好成长,共同富裕,做市场最受尊敬的寿险公司”的愿景持续迈进。多次开展公益活动,联合锡山区乐助公益组织开展“福虎迎春、携爱同行”残疾人新春联谊活动;开展“共促消费公平,共享数字金融”3·15 消费者权益保护教育宣传周活动、“守住钱袋子·护好

9 月,平安人寿无锡中支公司开展公益献血活动　　(王乐天　供图)

幸福家”的防范非法集资集中宣传活动、“奋进新征程，保险守护稳稳的幸福”7·8全国保险公众宣传日活动、“金融知识普及月，金融知识进万家，争做理性投资者，争做金融好网民”活动等，通过线上线下相结合的方式开展服务和宣传引导，向社会公众全方位、多角度地宣传基础保险知识和金融风险防范技能，帮助金融消费者和投资者正确选择使用金融产品和服务，提升金融素养；举办7场客服节“科学素养”主题沙龙活动；开展捐赠图书、“衣份爱心·衣份温暖”旧衣捐赠、公益献血活动；10—12月，通过线上直播的方式为安徽省蚌埠市五河县申集镇乔张平安希望小学的孩子开播心理类、科普类课程。年末，公司营业网点21个，其中市级中心支公司1家、支公司3家、营销服务部17个，从业人员2678人。全年公司总保费收入320947.48万元，全年理赔、生存满期给付56329.33万元。纳税2885.78万元。

（王乐天）

【泰康人寿保险股份有限公司无锡中心支公司】 2022年，泰康人寿保险有限责任公司江苏无锡中心支公司总保费超11亿元，其中个险营销承保8.2亿元、银行保险承保2.5亿元。全年理赔总计赔付1876件，赔付金额3051.6万元。续收保费业务增长较快，全年续收保费6.9亿元，续期业务品质良好。年末，公司有四级机构3家、五级网点2个。

（张　艳）

证券·期货·信托

【概况】 2022年末，全市有法人证券公司2家、证券分支机构166家，法人期货公司1家、期货分支机构32家。年内，全市新增境内外上市公司12家（境内10家、境外2家），累计上市公司增至188家，其中A股上市公司总数112家，排名全国第十。科创板新增4家，总数14家，排名全省第二、全国第九；北交所新增3家，总数4家。新增新三板挂牌企业7家，总数133家，其中新增新三板创新层挂牌企业14家，总数33家。全年证券交易额9.07万亿元，比上年下降0.3%。

无锡市升级上市公司再融资和并购重组支持政策，对上市公司配股、增发、可转债和重大资产重组给予奖励，全年18家上市公司开展再融资203.24亿元，再融资上市公司家数创历史新高。市政府与北交所签订《战略合作协议》，推动设立北交所无锡服务基地，实现无锡市与上交所、深交所、北交所战略合作协议和服务基地全覆盖。“无锡上市通”线上服务平台全年受理企业申报1434次，服务企业334家，助推企业加速登陆资本市场。方盛股份从申报到过会仅用时77天，创下无锡IPO项目最快过会速度纪录。年末7家企业通过审核待发行股票，16家企业在审核，42家企业辅导备案，储备后备企业超300家，总数为历年同期最多。

（康冬舟）

表39　2022年无锡新增境内外上市公司一览表

序号	所属区域	企业名称	上市板块	上市时间	股票代码	股票名称	首发融资额（亿元）	行　业
1	江阴	采纳科技股份有限公司	深交所创业板	1月26日	301122	采纳股份	11.83	医疗器械
2	江阴	江阴标榜汽车部件股份有限公司	深交所创业板	2月21日	301181	标榜股份	9.06	汽车部件
3	江阴	扬子江金融控股有限公司	新加坡交易所主板	4月28日	YF8.SG	YZJFIN	0.00	金融投资
4	锡山	江苏隆达超合金股份有限公司	上交所科创板	7月22日	688231	隆达股份	24.12	航空级高温合金
5	惠山	江苏菲沃泰纳米科技股份有限公司	上交所科创板	8月2日	688371	菲沃泰	15.55	纳米新材料
6	新吴	无锡市德科立光电子技术股份有限公司	上交所科创板	8月9日	688205	德科立	11.80	光电子产品

（续表）

序号	所属区域	企业名称	上市板块	上市时间	股票代码	股票名称	首发融资额（亿元）	行　业
7	无锡经开	无锡化工装备股份有限公司	深交所主板	9月20日	001332	锡装股份	11.98	装备制造
8	新吴	无锡亿能电力设备股份有限公司	北交所	10月13日	837046	亿能电力	0.86	变压器
9	宜兴	江苏远航精密合金科技股份有限公司	北交所	11月11日	833914	远航精密	4.66	有色金属
10	滨湖	无锡方盛换热器股份有限公司	北交所	11月28日	832662	方盛股份	1.57	换热器
11	锡山	高视医疗科技集团有限公司	港交所主板	12月12日	2407.HK	高视医疗	6.02	眼科医疗器械
12	新吴	江苏微导纳米科技股份有限公司	上交所科创板	12月23日	688147	微导纳米	11.00	半导体、纳米材料

（市地方金融监督管理局）

【国联证券股份有限公司】 2022年，根据中国证券业协会统计数据，国联证券主承销（或管理）民营企业公司债券（含资产证券化产品）22家、金额232.60亿元，均排名行业第5位；投行子公司华英证券主承销（或管理）民营企业公司债券（含资产证券化产品）6家、金额22.47亿元，分别排名行业第14位和第23位；有力支持民营企业渡过难关，践行服务实体经济使命。7月22日，由国联证券投行子公司华英证券有限责任公司担任保荐机构及主承销商的江苏隆达超合金股份有限公司首次公开发行股票在科创板上市。隆达股份是中国第二大高温合金研发生产基地，该次IPO发行6171.43万股，募集资金总额24.10亿元，超募规模14亿元。11月28日，华英证券担任独家保荐机构及主承销商的无锡方盛换热器股份有限公司向不特定合格投资者公开发行股票在北交所上市，为无锡市第四家北交所上市企业。项目自申报到过会用时仅77天，创无锡市企业IPO最快过会纪录。全年公司实现合并报表营业收入26.23亿元，比上年下降11.59%；实现归属于上市公司股东的净利润7.67亿元，比上年下降13.66%，业绩表现好于行业平均水平。年末公司资产总额743.82亿元，比上年增长12.80%；归属于上市公司股东的净资产167.61亿元，比上年增长2.32%。分类评价回归A类A级。至年末，国联证券资产管理业务受托资金1020.48亿元，与上年同期基本持平，同期行业整体受托资产管理规模下降10.29%；重点产品业绩排名全部进入同类前三分之一。蝉联《中国基金报》"成长券商资管英华奖"，获《中国证券报》"三年期金牛券商集合资产管理人"称号和金牛资管计划奖8个，《证券时报》"新锐资管机构""固收资管计划""资管ABS团队"3个君鼎奖及《每日经济新闻》"最具发展潜力券商资管最佳固收产品""新锐券商资管"2个金鼎奖。

（缪伸涛）

【华泰证券股份有限公司无锡分公司】 2022年度，华泰证券无锡分公司持续提供全方位金融服务，在财富管理业务方面，为个人及企业客户提供多品类的金融产品、完善的账户服务以及优质的创新业务，保障客户广泛的投融资需要。在机构业务方面，以“机构客户覆盖”项目充实机构客群基础，以“机构投资、股份管理、机构交易”项目明确机构重点业务产品线范围。围绕上市公司、私募管理人、金融同业三类客户，致力于为机构客户提供全生命周期的一揽子综合金融服务，实现机构业务收入与区域品牌影响力双向突破共振。在全业务链合作业务方面，公司协同华泰联合证券，深入开展机构业务，参与债券发行工作，协助无锡各类融资主体发行债券15只，规模59亿元；助力无锡市首单知识产权ABS——滨湖区知识产权ABS项目发行；参与3单IPO发行项目；参与3单增发及可转债项目，融资额约54.8亿元。无锡市政府与华泰证券股份有限公司签署战略合作协议，并签署华泰新兴产业投资基金设立意向合作协议，会议邀请40余家地方单位参与签约。年内，公司打造线上栏目“扬帆梁溪，共赢投资”周末讲堂，开展多次周末线上客户交流活动，累计超1万人次参与；进一步加大平安金融宣教活动的广度和力度，组织以“明辨非法证券期货活动”为主题的防范非法集资宣传活动，制作原创漫画《选择》以及短视频《范蠡&西施话明辨非法证券期货活动篇》，聚焦非法推荐股票、股市黑嘴，通过公众号等线上渠道投放，观看人数约1500人次。

（于文诗）

【国联期货股份有限公司】 2022年，国联期货以市场化管理机制推动管理效率与效能提升，探索“产业+金融+科技”的创新发展，经纪业务高质量发展和向财富管理升级转型初见成效，与各金融机构展开有序合作，通过投资、资源整合，落地特殊法人户合作，推动期末权益增长。资产管理业务规模快速增长且业绩良好，比上年同期增长2.25倍。子公司国联汇富资本管理有限公司营业收入比上年增长94.27%，利润总额比上年增长311.79%；全年“保险+期货”项目数量比上年增长261%，再次实现期货三大交易所项目全覆盖；“保险+期货”项目名义本金比上年增长超4倍，该业务在分类评价中行业排名较上年上升6位；全年运作不锈钢期货上万吨，服务客户40余家，建立一套从交割品牌生产商—核心贸易商—定点仓储三位一体的期现服务体系。公司各项经营指标除净利润外，其余均实现增长且增速远超行业水平，分类评价获得A类。公司日均客户权益比上年增长51.09%，期末权益超100亿元，比上年增长117.26%，创历史规模新高，期末权益行业排名比上年同期上升22位；成交量市占率比上年增长13.96%，成交额市占率比上年增长10.21%。全年公司累计营业收入216496.3万元，比上年增长81.27%。

（马　丽）

【国联信托股份有限公司】 2022年，国联信托主动适应监管要求，根据信托行业展业逻辑变化，推动转型发展，全面深化市场化改革，完成全年任务指标。顺应信托业务分类调整和行业变化趋势，推进业务创新转型，全年压降金融同业通道业务90.97亿元，超额完成压降80亿元的年度目标；扩大创新转型增量，年末标品信托规模125.79亿元，目标任务完成率104.83%；预付式资金服务信托实现领域与地域突破，在全市学科类校外培训机构预收费资金监管基础上，扩展至非学科、商业预付领域；落地由山东省商务厅牵头的山东预付卡监管平台项目，成立国内首个以服务信托模式管理单用途商业预付卡资金的服务信托。国联信托主动践行受托人的社会责任，开展公益/慈善信托，全年落地3单慈善信托项目，总规模9036万元。落地无锡首单慈善信托——“华若中慈善信托”，总规模5000万元，用以帮扶社会弱势群体和需要资助关爱的人群；落地江苏省首单崇军关爱基金慈善信托——“无锡市崇军关爱基金慈善信托”，规模2020万元，用以加大退役军人、现役军人家属和其他优抚对象帮扶救助力度；落地“无锡助医助学慈善信托”，初始规模2016万元，重点用于助医、助学领域，包括社会困难群体肿瘤标志物免费检测、大病救助、外地医疗专家到无锡医疗帮助、在读学生助学以及促进无锡卫生医疗、教育等事业的发展。全年公司实现营业收入6.91亿元、利润总额5.96亿元、净利润5.15亿元。

（张　雯）

其他非银行金融机构

【概况】 2022年，全市其他非银行金融机构保持健康规范发展，经营网点175个，从业人员1900余人，客户总数超17万户。各地方金融组织发挥便捷、灵活等行业特色支持地方经济发展，小贷公司、典当行、融资租赁、商业保理4个行业累计发放各类融资款超500亿元。打造融资租赁行业龙头，做强做大无锡财通融资租赁公司，年内累计投放187.8亿元，覆盖13个省、45个城市，纳税3.47亿元，纳税额居全市第72位。

【融资担保】 2022年，全市有融资担保机构25家，其中法人机构16家（含政府性融资担保机构3家）、分支机构1家、住房置业担保机构1家。融资担保在保余额214.76亿元（不包括住房置业担保）。其中，融资性担保余额164.17亿元，比上年增长30.40%，小微企业在保余额153.15亿元。融资担保在保笔数2545笔、新增担保笔数2030笔，其中小微企业2494笔、新增1999笔。

【小额贷款】 2022年，全市有小额贷款公司64家，其中，农村小额贷款公司55家、科技小额贷款公司6家、互联网科技小额贷款公司3家。至年末，全市小额贷款公司贷款余额68.56亿元，比年初增加3.51亿元，全年累计发放贷款103.83亿元，贷款客户4708户。

【融资租赁】 2022年，全市有融资租赁公司12家，融资租赁行业资产总额411.51亿元，其中融资租赁资产总额341.67亿元，全年累计融资租赁投放额230.72亿元。

【商业保理】 2022年，全市有商业保理公司10家，商业保理行业资产总额169.77亿元，应收账款余额204.22亿元，发放保理融资款154.18亿元，全年累计发放226.01亿元。

【典当】 2022年，全市有典当行62家，其中法人企业40家、分支机构22家。至年末，典当余额12.05亿元，比年初下降0.06%，累计实现典当总额25.2亿元，比上年下降7.08%。

（康冬舟）

金融业监管

【银行业监管】 2022年，全市银行业各项贷款增长2420亿元，比上年多增264亿元，制造业贷款增量是上年增量的2.79倍，融资供给持续向好。无锡银保监分局在全省率先印发《专精特新"小巨人"企业梯次培育行动计划》，制定《深化科技金融服务，助力"太湖湾科创带"建设行动方案》，实现全市科技中小企业、省级及以上专精特新企业对接全覆盖。开展首贷扩面纾困助稳专项对接行动，覆盖全市3.9万家无贷户企业和4483户个体工商户。面向全市发布贷款延期续贷政策汇编，全年累计为中小微企业、个体工商户办理延期还本付息392亿元。发布减费让利倡议书，全市银行机构为民营小微企业减免费用超5600万元。梳理惠企金融产品113项，推动实施金融政策"码上看"、融资需求"码上贷"。在市政府行政服务大厅设立"首贷咨询窗口"，在银行端培育专业"金融顾问"1000余人，打造监管引领小微金融服务"无锡样本"。开展新型农业经营主体建档评级和首贷扩面行动，实现全市2000户主体全覆盖。建立全省首个市级金融服务乡村振兴合作联盟，促成33个项目签约、金额84亿元。组织金融温"新"行动，建立28项"为新市民办实事"重点项目清单，为进城务工人员提供金融服务保障。指导辖内银行机构持续盘清风险、压降存量、严控增量。全市银行业处置不良贷款127亿元，年末不良贷款余额129.73亿元、不良率0.65%，分别较年初下降33.1亿元、0.28个百分点。年内，依法依规处罚银行业机构18家次、责任人31人，罚没合计1037.5万元。

【保险业监管】 2022年，无锡银保监分局推进科技保险创新示范城市争创工作，总体试点方案获省政府、省银保监局主要领导签阅和批示认可。推动种植业农业保险全覆盖、养殖业"应保尽保"；对接高新企业差异化需求，批复2家财产险科技支公司开业。指导财产险公司对接"e路通"数据平台，提高群众对道路交通事故处理的满意度。推动实现危化建工交通领域安责险全覆盖，环责险承保户数和保障金额居全国地级市第一位。指导保险机构向全市一线抗疫人员赠送保险，助力疫情防控。推动无锡首个"保险＋医养"社区——无锡泰康之家智慧医养社区项目落地。推出"互联网平台引流＋线上直销"专属商业养老保险推广模式，提高产品消费者触达率。年内，依法依规处罚保险机构7家次、责任人3人，罚没合计135万元。

（姜耀琪）

【征信管理】 2022年，中国人民银行无锡市中心支行信促融服务不断升级，地方征信平台融资额1927.19亿元，比上年增长5倍多；在全省率先实现线上"政采贷"业务辖区全覆盖，全年投放"政采贷"近3亿元；推动"动产＋"融资产品创新，完善征信保护政策，对受疫情影响的企业和个人开展征信修护，涉及金额2.84亿元。无锡地方征信平台"白名单"服务模式入选江苏省社会信用体系建设工作创新项目。

（杨　月）

编辑　何　峰

旅游业

综 述

【旅游接待与收入】 2022年，无锡市接待国内游客7920.98万人次，比上年下降10%；接待旅游、参观、访问及从事各项活动的入境过夜旅客4.95万人次，比上年下降26.2%。实现旅游总收入1373.39亿元，比上年下降17%。年内，无锡市文化旅游发展集团有限公司（以下简称“市文旅集团”）实现经济总收入13.87亿元，其中旅游板块收入2.83亿元，建设板块收入10.48亿元，资产总规模98.64亿元。

（周 文 张思鸿）

【旅游度假区管理】 2022年，无锡市发挥产业、要素、资金等集聚优势，推动旅游度假区高质量发展。在江苏省旅游度假区2021年度发展评价中，评价等级为优秀的无锡太湖国家旅游度假区、宜兴阳羡生态旅游度假区以及发展评价进位明显的无锡翠屏山旅游度假区、无锡江南古运河旅游度假区受到省文化旅游厅的通报表扬。市文广旅游局贯彻《关于加快推动开发区高质量发展服务无锡打造新发展理念实践示范区的实施意见》，制定《旅游度假区践行新发展理念考核评价细则》。根据旅游度假区功能，将旅游度假区分为A类和B类。A类以经济功能为主，包括无锡太湖国家旅游度假区和无锡太湖山水城旅游度假区，B类以旅游度假功能为主，包括宜兴阳羡生态旅游度假区、无锡阳山生态休闲旅游度假区、无锡江南古运河旅游度假区、无锡翠屏山旅游度假区和无锡鸿山旅游度假区，分类设置评价方法，客观真实反映各旅游度假区高质量发展实绩，推动全市各旅游度假区全力服务无锡打造新发展理念实践示范区。

【文化和旅游资源普查】 2022年，市文广旅游局按照《江苏省文化和旅游资源分类、调查、评价（试行）》标准，开展全市文化和旅游资源普查。共普查登记资源单体50921个，其中江阴市7234个、宜兴市6390个、梁溪区31685个、锡山区1622个、惠山区607个、滨湖区1419个、新吴区1868个、无锡经开区96个。全市文旅资源主类数目9个、亚类数目26个、基本类型数目121个。特品级资源58个、优良级资源2131个、普通级资源5686个，呈现资源平均等级高、优良级资源数量丰富、普通级资源数量占主体的总体特征。

（周 文）

【文旅产业合作】 2022年，市文旅集团推进文旅产业校企合作，与江南大学合作举办首届无锡城市旅游形象设计大赛，以鼋头渚景区和惠山古镇为设计服务对象，进行导游及售检票岗位工作人员的职业服装设计，24组入围作品作为景区“窗口”人员“换装”的样式依据，通过旅游服务形象提升，展现传统文化的时尚演绎。与无锡职业技术学院探讨新媒体运营服务合作，构建集团及下属景区新媒体矩阵。与无锡江南影视艺术职业学院签订战略合作协议，加入全国文化创意产学合作联盟，建立校外实习、就业基地及人才培养基地。与无

2022年，无锡影视基地推出舞台剧《洛神赋图》（无锡影视基地 供图）

锡商学院合作研究横云饭店太湖船菜的内涵挖掘及菜品创新。

（张思鸿）

旅游资源

【概况】 无锡山水秀美，人文景观众多，旅游资源丰富。太湖之滨有鼋头渚、蠡园、梅园等以自然景观著称的梅梁胜迹；惠山之麓有惠山古镇、寄畅园、天下第二泉等以山、泉、亭、桥、祠庙等体现历史人文特色的锡惠胜迹；运河之畔有以清名桥历史文化街区、南禅寺景区为代表的运河文化旅游资源，还有以荡口古镇为代表的古镇旅游资源、以阳山桃花源景区为代表的乡村旅游资源、以善卷洞为代表的溶洞旅游资源、以滨江要塞旅游区为代表的红色旅游资源。至2022年末，全市共有旅游等级景区49家，其中国家AAAAA级旅游景区4家、国家AAAA级旅游景区26家、国家AAA级旅游景区12家、国家AA级旅游景区7家。

2022年，三国水浒城景区、鼋头渚景区2家单位通过省文化旅游厅组织的AAAA级及以上旅游景区复核，南禅寺景区、鸿山泰伯景区等2家单位通过省级评定性复核。灵山景区和宜兴市竹海风景区获评2022年度江苏省智慧旅游景区。无锡市开展旅游等级景区常态化监管，对旅游等级景区的基础设施、景区服务、旅游厕所、文明旅游等重点环节进行游客体验式暗访，全年完成545次。

（周　文）

【中视传媒无锡影视基地】 中视传媒无锡影视基地始建于1987年，下辖唐城、三国城、水浒城三大景区，占地约80公顷，可使用太湖水域面积200公顷，是国内建成最早的影视拍摄基地和文化旅游胜地。唐城景区为首批国家AAA级旅游景区；三国水浒景区为首批国家AAAAA级旅游景区、首批全国影视指定拍摄景地和首批全国低碳旅游实验区。无锡影视基地三大景区风景优美，樱风荷韵，春棠秋苇，四时花景相映。影城内建有桃园、吴王宫、甘露寺、卧龙岗、赤壁栈道、水寨码头、宋皇宫、太尉府、紫石街、清明上河街、水泊梁山、唐宫唐街、御花园等体现秦汉、唐宋风貌的几十个景点。

2022年，无锡影视基地为促进旅游恢复，把握各大节假日契机，开展“三国水浒古春节”“三国水浒名著之旅”“曲水流觞·明月吟（中秋活动）”“三国品梅节”“红嘴鸥观赏季”等特色活动；创新推出“宋潮·宝鉴”“汉舞大学堂”“让我们结义吧”“劫法场”等多个沉浸式、互动性强的新节目，推进演出更新升级；借鉴《国家宝藏》的节目形式，融合历史文化和吴越文化，推出舞台剧《洛神赋图》，深挖文化内涵；在做好“拜师礼”等原有活动的基础上，结合热播剧《梦华录》新推研学“宋风·雅韵”，提升研学体验；探索开展“旅游＋动漫”活动，以《新大头儿子和小头爸爸5：我的外星朋友》为合作契机，与央视动漫集团有限公司联合策划举办“跟着大头‘趣’三国”和“大头空降三国，追梦奇幻宇宙”动漫主题活动。年内，无锡影视基地分公司党支部与无锡公交新城分公司新城营运部党支部开展共建活动，举行“82路名著文化线路”揭牌仪式。无锡影视基地获得景域驴妈妈集团颁发的“2021年度最佳休闲旅游景区”称号。

（王　硕）

【灵山景区】 灵山景区始建于1994年，坐落于风光秀丽的太湖之滨，是集湖光山色、佛教文化、历史遗存、建筑艺术于一体的国家AAAAA级旅游景区，世界佛教论坛永久会址。景区占地面积约30公顷，以佛祖释迦牟尼四相成道为主轴线，集中展示汉传、藏传、南传三大佛教语系主题文化景观，是中国当代著名的佛教文化胜地。灵山大佛于1997年落成开光，高88米，为世界最高的露天青铜释迦牟尼立像；大型音乐动态群雕“九龙灌浴”，气势恢宏、震人心魄；世界级佛教文化艺术殿堂——灵山梵宫，珍奇斗艳、美轮美奂；《地涌宝塔》展演与《吉祥颂》音乐情景演出，虚幻奇美、震撼视听；藏传佛教文化的艺术殿堂——五印坛城，庄严肃穆、如法如律；特色禅修之所——灵山精舍，禅意空灵、幽静雅致。

2022年，无锡灵山文化旅游集团有限公司围绕“有限灵山，无限产业”的发展目标，不断探索灵山景区发展新路径。产品开发方面，开设福食工坊，灵山素饼提档升级，再现灵山素食经典美味；与驴妈妈旅游网合作，发行无锡首批文化旅游数字藏品（NFT）“问迹灵山”，启动灵山数字产品开发工作。经营拓展方面，灵山集团在灵山文化博览馆的基础上，注册设立灵山博物馆，建立积淀和弘扬灵山文化、拓展研学旅游市场的新平台。服务优化方面，灵山景区全面推广“有礼、有心、有信、有度”的“四有”服务理念，系统提升服务水平和效率。品牌提升方面，集团以灵山胜境建成开放25周年为契机，举办“雅集灵山”禅文化生活体验，摄影大赛、短视频大赛，灵山笔会，主题征文等系列活动，“灵山25周年”话题新浪微博浏览量7420万次，抖音视频总浏览量3384万次。

（尹　超）

【鼋头渚景区】 鼋头渚景区为太湖第一名胜，因有巨石突入湖中，状如浮鼋翘首而得名。首批国家AAAAA级旅游景区、国家级风景名胜区、国家级文明风景名胜区，是世界四大赏樱基地之一。其前身为1917年杨翰西构筑的别墅园林“横云山庄”，此后王心如、何辑伍、蔡缄三等人在此兴建园墅，新中国成立后实施大规模景区开发建设。景区面积约500公顷，主要景点有充山隐秀、太湖仙岛、十里芳径、横云山庄、藕花深处等。广福寺建于萧梁，为南朝四百八十寺之一。1988年所建的中日樱花友谊林位于鹿顶山下，为著名的赏樱胜地。

2022年，鼋头渚景区与蠡园景区实施战略重组，挂牌成立无锡太湖鼋头渚旅游集团有限公司，整合太湖、蠡湖山水资源，以“打造国内一流、国际知名文旅企业”为目标，探索文旅企业经营模式新赛道，把握市民“露营+”旅游新潮流，推出“‘野趣·鼋渚’露营季”，为游客提供音乐、美食、手作、游戏等体验活动，成为集体验、互动、娱乐相结合野趣露营集市；构建全新网络营销平台，形成抖音、小红书、微信视频号、公众号、微博等线上营销渠道，利用“网红”效应，打造“太湖红嘴鸥”旅游产品，成为旅游热点。樱花山庄、渔人码头推出太湖游船泛舟、品美食等系列项目；策划蠡湖皮划艇、桨板休闲体验产品，打造“醉美天际线”，获得良好的口碑和经济效益；全市首艘新能源观光客船太湖明珠壹号运营成功，为构建绿色高效运输体系、助力无锡市打造“零碳城市”做出贡献。年内，景区获“江苏春季赏花胜地”“江苏省风景园林协会第六届理事会先进集体”等荣誉。

（黄　艺）

【惠山古镇景区】 惠山古镇景区位于惠山北麓，是国家AAAAA级旅游景区。景区面积3.5平方千米，其中核心区域1.09平方千米，由原锡惠公园（锡惠名胜区）和惠山历史文化街区合并而成，分为文物古迹区、锡惠名胜区、历史文化街区和山林保护区4个部分。其中，锡惠名胜区又称锡惠景区，是国家重点风景名胜区。惠山老街被评为中国历史文化名街，惠山祠堂群被列入中国世界文化遗产预备名单。景区文物古迹众多，山水林泉俱佳。有风景名胜景点200余处，有良渚锡山先民遗址、战国春申君饮马处、南朝惠山寺庙园林、唐代天下第二泉、宋代金莲桥、明代寄畅园、愚公谷、二泉书院和碧山吟社，有建于唐代至民国的118个祠堂及园林，有无锡露天历史博物馆之称。景区还有中国最佳植物专类园——中国杜鹃园。

2022年，惠山古镇景区以打造“全国最干净城市”和景观质量提升三年行动为抓手，推进“显山透绿”“滨水提景”工作，打造“多空间、多季相、多亮点”的植物生态空间体系，修复改造熙惠听泉片区。惠山古镇结合深厚的历史文化底蕴，挖掘节庆品牌，打造《这是无锡》360度沉浸国潮文化主题街区，营造情景式消费场景。通过对“春、秋”两季花事活动及春节、元宵节庆活动的景观氛围营造，搭配形式多样的国潮文化演绎和礼仪展示，融入传统“八雅”及惠山“九龙十三泉”特色，再现江南水乡惠山古镇的文化风貌。年内，惠山古镇景区在全市园林绿化行业职工职业技能竞赛中，获得总成绩第一名。景区获“江苏省文明单位”、无锡市非物质文化遗产传承示范基地、2022水韵江苏·网红非遗体验打卡地、无锡市儿童友好示范景区等荣誉。

（张　雯　黄薇唯）

旅游项目建设

【“两山一湾”重大文旅项目建设】 10月6日，市长赵建军带队到吴越文化数字科创谷（吴越春秋·鸿山奇境）、惠山古镇三期项目现场调研，并召开工作推进会，专题推动“两山一湾”（惠山、鸿山、大拈花湾）重大文旅项目加快建设。赵建军强调，要以世界眼光、未来考量、系统思维，加快推动“两山一湾”重大文旅项目建设，着力打造“最无锡”、国际范、文商旅融合的文化地标新名片，为建成具有全国影响力的山水文旅名城加力赋能。惠山古镇文旅综合开发项目将锡惠公园、惠山古镇、国乐之城三位一体融合，着力打造体现古今辉映、体验千年文脉的城市会客厅，年内投资3.92亿元的烧香浜施工总承包项目定标完成，省重大项目惠山古镇文旅综合开发项目启动建设。省重大项目“吴越春秋·鸿山奇境”项目于6月底实现首开区开工建设，预计2024年首开区投入运营，2026年底整体竣工完成。该项目位于鸿山旅游度假区，以2平方千米范围（东至开河路、西临飞凤路、南靠望虞河、北至铁桥巷）为核心建设区，总投资超70亿元，以“大文旅+大娱乐”模式，打造主题度假目的地，在无锡打响“西有灵山、东有鸿山”招牌。大拈花湾文化旅游康养项目位于宜兴市周铁镇竺山湖区域，总投资约200亿元，建设生命方舟（芥子）、自然博物馆、拾心之境隧道（星槎）、度假亲子酒店等旅游设施，沿湖构建以抗衰、医美等为特色的大健康产业园区，项目分两期推进，一期竺山区域于2021年11月开工建设，至年末，竺山文旅商业街区建筑内部装修完工，开启招商工作。

（张　雯　吴　艳　新吴区）

【乡村旅游建设】 2022年，无锡市以建设乡村旅游重点镇（村）为载体，以满足游客的美好体验为需求，推动“乡村旅游+”，提升乡村旅游的舒适度，加快引建新项目、新业态、新产品，探索乡村旅游发展新路径。惠山区阳山镇桃源村获评第四批全国乡村旅游重点村，宜兴市湖㳇镇竹海村、惠山区阳山镇新渎社区、锡山区羊尖镇严家桥村获评2022年江苏省乡村旅游重点村。江阴市顾山镇红豆村、惠山区阳山镇桃源村入选省文化旅游厅2022年度乡村旅游驻村辅导员行动计划。“‘金秋锡山聚·寻味乡旅趣’拾秋之旅”入选文化和旅游部联合共青团中央推出的“稻花香里说丰年”全国乡村旅游精品线路。

（周　文）

【景区基础设施建设】 2022年，鼋头渚景区完成横云饭店及周边配套改造提升、水景苑厕所提升改造、充山观光车1号站台候车棚建设、拖山岛堆场水土保持及绿化修复、充山食堂办公区周边环境改造、充山停车场

“蠡湖十景”之“无锡小三亚”景色 （蠡湖景区 供图）

提升改造和鹿顶山环碧楼提升改造等重点项目，优化提升休憩座椅100个，城市家具清洁完好率90%，运用提升覆盖率40%，亮化工程“中国无锡鼋头渚国际樱花节夜赏樱花项目”获2022江苏照明奖优秀设计奖和江苏照明奖优秀工程奖。蠡园景区西施庄业态改造提升项目于7月完成施工，景观绿化、照明亮化、室内空间等改造提升完成；暑期，创新推出灵秀号夜游，推出2～4人“灵SHOW”畅享套餐。蠡湖景区开展景观提档升级工作，聚力打造“水清、岸绿、景美、生态、活力”的蠡湖样板。实施蠡湖、十八湾疏林透湖项目，建设2块五人制足球真草“逐樱球场”，其中“蠡湖十景”之一的卧石醉波景点因有大王椰、加纳利海藻等特色热带植物的点缀，成为“无锡小三亚”网红打卡点；结合“露营热”，完善基础设施，增加电力、给水、排水和垃圾收集系统，设置露营服务区，开展特色露营活动。惠山古镇景区推进映山湖片区景观改造提升，结合疏林透绿、滨水提景、文化点景的理念，打造“多空间、多季相、多亮点”的植物生态空间体系；将锡山沿线植物进行梳理，打通植物群落透景线，打造最美岩石园，配套建设“雾森”系统；挖掘绿地空间，增加爬墙植物，提升街区垂直绿化景观。惠山国家森林公园林区完成显山透景及二茅坪沐香阁修缮，增加旅游观光车、双层巴士餐车、自助售卖机等便民服务项目。

（张思鸿 黄 艺 鲍颖飞 范贝尔 黄薇唯）

【惠山古镇“这是无锡”传统街区活化利用工程】 2022年，惠山古镇景区以尊贤街为核心，启动“这是无锡”传统街区活化利用工程，将“沉浸式文化体验”这一全新体验方式引入传统街区，提炼“无锡八景”及“惠山八雅”为主题的网红打卡点，让无锡传统文化通过全新视觉艺术的表达形式融入惠山古镇的每一处街巷；以盛世龙舟、花鼓台、沁香亭、滚灯车等多处具象化的街景艺术，展现古镇传统文化特色；建设“尊贤楼”沉浸式演艺剧场，向海内外宾客展示“最无锡”的风物文化及烟火人情。在丰富街区文化内涵的同时，围绕首店经济、夜间经济、舌尖经济、文创经济、颜值经济、网红经济，街区业态同步提升，将《这是无锡》沉浸演艺剧本剧情与商户业态融合，实现人气提升、游客引导、销售增量的良好商业氛围。通过以尊贤街为代表的街区业态提升工程，将惠山古镇打造成为无锡市文旅融合创新型景区。

（濮 青）

【梅园“思源台”落成】 9月9日，无锡梅园建园110周年庆典暨“聚贤惠锡·荣耀锡商”系列文化活动、“思源台”落成仪式在浒山之麓的梅园举行。“思源台”由荣智健出资建成，寓意从荣德生造园，到荣毅仁献园，再到荣智健提升梅园，如今荣家第四代子孙也将名字留在梅园“思源台”上。百年梅园，凝聚着荣氏家族几代人的桑梓情深。“思源”二字，寄托着荣智健对荣氏后人饮水思源、不忘桑梓的谆谆告诫，激励着每一个文旅人将这片绿水青山变为金山银山的“活水源头”。

（袁梦笺）

旅游推介

【旅游宣传推介】 7月，无锡市举办“乐游无锡”启动仪式，发布十大文旅活动，推出“品味江南”新游线10条，授牌首批10家康养旅游示范基地，上线100项特惠文旅产品，向高铁游客代表赠送“乐游无锡”大礼包；举办文旅特展和后备箱市集，送上主客共享的文旅大餐。11月，在上海外滩举办的“无锡文化旅游周”，开展现场推介、达人分享、文艺展演、“非遗”文创、美食体验等活动，赠送“畅游无锡”大礼包，“如画江南”无锡优秀青年美术家上海推介展同时举办，让上海市民感受江南风情。年内，在上海、北京、杭州、青岛、西安、成都等地举办“乐游无锡，梦华江南”文旅招商推介活动，6场招商推介活动有超过4200万人次通过直播感受“太湖明珠，江南盛地”的魅力。市文广旅游局制作新版城市文旅宣传片《遇见无锡》，以“穿越”“相遇”的奇妙经历串联起无锡的大美风光、人文场景。围绕“追着花讯游无锡”“跟着

11 月，“乐游无锡，梦华江南”文旅招商推介活动在北京举办

（周　文　供图）

名人游无锡”“坐着地铁游无锡”“寻味舌尖游无锡”“研学体验游无锡”5个主题，制作新版《GO 无锡》全域旅游指南，设计制作中英双语版手绘无锡旅游地图，在文旅展会和推介活动中投放，在全市200多家文旅场所免费发放。

【文旅融合活动】 春节期间，市文广旅游局策划开展“锡有年味·新春游礼”直播带货，100余种优质文旅产品售罄，3天直播阅读量225.9万次；新春闹元宵全城大联播活动，采取线上直播与线下体验相结合的方式，把传统民俗和历史文化、都市生活结合起来，带人们“云游”东林书院、云蔼园、锡剧博物馆、南长街古运河，5小时直播观看人数58万人次。5月，“重逢美好·相约无锡”2022中国旅游日无锡分会场暨青年才俊东林雅集举办，“东林雅集”结合2022市属文艺院团好作品季季评和青年艺术人才活动，诠释“感悟中华文化，享受美好旅程”主题，“发现无锡之美”全域旅游打卡活动上线；7月，“仰望星空”露营节顺应出游新趋势，为市民夏夜休闲提供好去处；11月，“美好秋夜”音乐嘉年华聚焦夜间文旅消费，与“西水市集”相辅相成，给无锡市民带来夜游夜娱体验。

【特色旅游线路】 2022年，市文广旅游局策划推出“重逢美好·相约无锡”主题新游线和“品味江南”新游线10条，聚焦休闲、研学、亲子、青春等不同主题，为市民游客提供潮玩无锡的新选择；推出《无锡露营地图》，助力市民游客实现“露营自由”；结合“强国复兴有我”群众性主题宣传教育活动，推出红色主题体验教育精品线路9条。组织开展“共饮一江水”短视频大赛和“会心一笑的无锡”明信片征集活动。

（周　文）

【无锡影视基地旅游节庆活动】 2月12—15日，无锡影视基地打造“浪漫元宵，爱在影城”特惠活动，观浪漫演出、览太湖风光、赏冬日鸥鸟，为情侣构建特别的约会之旅。3月5—8日，无锡影视基地推出“三八”女神周活动，策划“女神周特惠”“汉舞大学堂”“花开浪漫迎女神”“精彩演出献女神”价格优惠政策和互动环节，为女同胞献上节日祝福。3月14日至4月5日，推出“三国水浒文化节”活动。以景区春日景色与古典建筑为依托，多元素特色演出“又见海棠花开”等为媒介，推出“门票＋汉服＋古船游湖”优惠活动，与无锡旅游协会新媒体协会合作开展抖音带货。4月6日至5月4日，承接“三国水浒文化节”活动推出“奇遇国风，乐游影城——三国水浒名著之旅”活动，以汉婚、汉服、游船、非遗体验等互动项目为切入点，推广名著文化。4月28日，在景区引入露营项目，配套以“古法捕鱼”“拳打镇关西”“钓龙虾”等趣味体验，成为就地休闲的领航者，年内获评无锡市旅游协会自驾游房车露营分会示范营地，吸引“浮世清欢”轰趴馆、“流浪月球”综合露营地、“城市大营家”轻奢露营等项目入驻。4月30日，推出首个收费舞台剧《洛神赋图》，该剧入选2022年“水韵江苏·网红打卡地”的“十大网红旅游演艺”。5月1日，首款以三国人物IP为主题的“今日有喜”文创雪糕推出。6月，开展研学活动，创新研学内容，寓教于乐，让学生在体验中学习尊师重道，通过学习古代礼仪，体验古人在不同场合的社交方式，特色研学活动被评为无锡市少先队校外实践教育基地（优秀文化类）。6月10—20日，举办第五届三国品梅节。8月10日，联合央视动漫举办暑期“跟着大头‘趣’三国”活动。活动由“动漫舞台”“动漫配音”“动漫嬉水”“动漫集市”“动漫体育”“动漫作品展”“动漫手工”“动漫美食”“动漫美陈”9项内容构成，为家庭打造趣味亲子游和主题研学游的特色游览体验。10月1日，结合《新大头儿子和小头爸爸5：我的外星朋友》上映，联合央视动漫举办“大头空降三国，追梦奇幻宇宙”动漫活动，打造线下互动场景。11月13日，承办完成“2022滨湖区全民健身运动会、滨湖区第四届高层次人才运动会闭幕式暨浒啸三国·定向乐跑活动”工作，提升景区影响力。11月18日，携中央广播电视总台文创产品、三国水浒主题创意产品参展第12届中国（无锡）国际文化艺术产业博览交易会，手工面塑“非遗”传承人现场制作三国水浒人物系列，展示景区文化魅力，推进文化和旅游的融合发展。12月1日，推出“红嘴鸥观赏季”特色活动，通过红嘴鸥短视频大赛、红嘴鸥创意作品大赛、赏鸥游船特惠、鼎鼎互动美陈等方式，构建景区冬季赏鸥网红打卡地。12月30日，以三国、水浒名著文化为依托、景区logo元素为主题的鼎鼎系列数字藏品形象在witbox平台上线发售，2万份数字藏品售罄，为无锡影视基地入场数字经济奠定基础。

（王　硕）

2022年，惠山古镇景区《这是无锡》剧照　（陈　怡　摄）

【鼋头渚景区花事节庆活动】 2月28日至3月27日，鼋头渚景区以“春暖中国，花开太湖”为主题举行鼋头渚国际樱花节，开展线下活动和线上品牌宣传，花海音乐会、樱鼋寻梦记、樱海云立方等活动增加互动体验乐趣，“抖樱新无锡”短视频大赛和云赏樱花直播间持续引流，输出“山水樱花”品牌。5月19日，花菖蒲节期间，水景苑设置“爱的心跳”美术阵列，在醉芳楼、聂耳亭草坪开展休闲露营，增添自然野趣。9—11月，首次举办鼋头渚太湖慢享生活节，涵盖慢运动、慢聆听、慢涂鸦、慢阅读、慢饮食等多元化支线主题，融入瑜伽、飞盘、登高、书画、民乐、美食等个性化元素，全方位、多角度诠释和传递“慢生活”概念，塑造秋季鼋头渚诗意慢生活栖息地形象。中秋节，2022太湖鼋头渚中秋水上音乐烟花大会以“水韵江南，锡望无限”为主题，首日燃放延长至40分钟，医护工作者、劳模、优秀妇女、优秀团员、无锡好人、道德模范、企业家、旅游达人、自媒体大咖等社会各界人士齐聚鼋头渚，共度良宵。2022年11月至2023年2月，开展游船观鸟活动，并依托“小红书”平台推广“总要来无锡看一次红嘴鸥”话题，吸引游客前来打卡。

（黄　艺）

11月，鼋头渚景区开展游船观鸟活动　（鼋头渚景区　供图）

【惠山古镇景区花事节庆活动】 2022年春节期间，惠山古镇景区联合上海豫园、苏州拙政园、扬州瘦西湖及无锡寄畅园等举办江南四大名园盆景联展，让游客感受盆景艺术魅力。2月1—15日，举办“寻味年·江南韵——侬侬惠山过大年”活动，推出“匠心珍品——2022新春江南名园盆景联展”“舌尖美食”“锦绣江南”“戏曲荟萃”“茶香驿站”“生肖剪纸”“文创空间”等系列展陈和手作体验，开展“开园大吉”“瑞狮欢舞”“福虎巡游”“喜写春联”“财神送福”等演艺活动。3月31日至5月20日，举办杜鹃花展览，展出精品杜鹃和时令花卉5万余盆，联合常州凤凰公园、浙江嘉善碧云花园、江西井冈山杜鹃花博览园、上海滨江森林公园、贵州百里杜鹃景区、湖北麻城龟峰山景区共同举行七城云赏杜鹃花直播，通过抖音、微信视频号和“无锡博报”App同步传播，观看量近10万人次。6月1—5日，举办“侬侬惠山粽有情”活动，儿童节与端午节碰撞，一年一度绣球花盛开，推出锡惠城市大“营”家、高粽状元欢乐游、“非遗”手作新系列、品江南惠山好物4个系列活动。6月10—11日，承办2022无锡市“文化和自然遗产日”非遗宣传展示活动，全市50个传统技艺类、传统美术类“非遗”项目、“非遗”文博文创产品以及无锡老字号参加“非遗”市集。8月12

—14日，举办2022惠山古镇咕哒电音嘉年华，携手百大DJ，点燃古镇夏夜。8月22日至9月11日，推出“惠山有礼”特色月饼。9月9—12日，举办“锦衣夜游惠山月”活动，推出月宫巡游、帐篷酒馆、月夜霓裳SHOW、“膘”局趣游、潮流集市等系列活动。9月26日至11月30日，举办惠山菊会，以“筑梦新征程，喜迎二十大”为主题，结合锡惠公园建园70周年，展出菊花品种600余种，以大型菊花绿雕、精品菊花品种展台、室外景点等多样化的展览，展出各类大立菊、悬崖菊、盆景菊等艺菊数百盆，各类时花、盆菊万余盆。10月1—7日，推出《这是无锡》360度全沉浸国潮文化主题街区国庆体验周，全城招募国潮体验官，2万平方米的街区实景再现康乾盛世下的繁华市井，该活动是《这是无锡》沉浸式主题街区的首次亮相。11月13日，承办“强国复兴有我”百姓少年成长礼活动，50余名“百家姓”少年及其父母参加，惠山古镇被授予新时代无锡市家风家教实践基地称号。2022年12月24日、30日至2023年1月2日，举办无锡文旅集团美好生活节惠山古镇分会场——《这是无锡》无限国潮狂欢月之飞雪音乐盛典，创新增设尊贤开市、鼓乐齐鸣、飞天舞秀、国潮音乐、国潮DJ、炫目杂技等节目环节。

（黄薇唯　陈　怡　石伟民　张　雯）

【梅园景区旅游节庆活动】 1月18日至3月13日，梅园景区举办2022中国无锡长三角梅花文化旅游节，推出园艺景观布置、特色演艺活动、美食文创市集等系列活动，展示长三角主要赏梅胜地的秀丽风光、人文历史和人间美食。3月3日，以“聊赠一枝春，春天的课堂”为主题，开展“云赏梅”特别直播，科普梅花知识，传递梅花精神。3月7日，承办“走在春风里——从梅园出发”启动仪式，以“展现无锡美丽春景，焕发无锡女性魅力”为主题，60余名无锡巾帼先进代表参加。3月15日至4月15日，举办2022梅园郁金香展暨郁金香奇妙夜，引入日赏与夜赏结合的郁金香主题展，布置2万平方米郁金香花海，30万株、50余个品种的郁金香被布置成热气球、祥云、风车等造型。4月30日至5月3日，举办首届梅园露营大会。9月10日至11月10日，推出无锡首部多维空间光影演艺作品《我们的梅园往事》，该作品是汲取荣氏历史元素演绎的原创故事。12月，举办蜡梅节，以“梅开五福·蜡梅迎春”为主题，以自在山水、吸睛梅景、“非遗”手作、特色演出、新奇体验为突出亮点，体验民俗项目，感受传统文化魅力。年内，开展“阅读梅园”云直播活动，依托抖音直播平台，跟随金牌导游、讲解员的镜头走进荣氏梅园，采用新方式，讲述老故事，融合历史建筑、主要景点、荣氏故事、企业家精神等元素，通过双人对话的形式，从景点讲解延伸到文化传承，由浅入深感知荣氏梅园深厚人文底蕴。

（袁梦笺）

3月3日，梅园景区开展“云赏梅”特别直播活动　（梅园景区　供图）

【蠡园景区花事节庆活动】 2022年春节期间，蠡园景区以“范蠡财神文化节”为主题开展活动。3—4月，桃花节期间，以精品桃花品种为主线，加以石弄堂的桃花风铃、四季亭草坪的露营天幕等充满春日氛围的布置，与沿线精致景观小品构成春天最美的画卷。夏季举办荷花展，以塘荷、睡莲的自然景观为主，通过不同容器集中展示国内外名、特、优、奇品种以及在国际、国内展览中获奖的新优精品睡莲、缸荷、碗莲等，为游客献上一场荷花盛宴。秋季在彩虹走廊两侧、西部广场以及层波叠影等片区种植10万余株向日葵，增加富阳金黄色系、富阳橘黄色系及富阳柠檬酒渐变色系以及小熊、大微笑等盆栽品种，为契合“花花世界，向阳而生”主题活动，设计多款大型铁艺向日葵美陈展示，增加游园体验。

（鲍颖飞）

【无锡动物园旅游节庆活动】 7月29日至8月31日，无锡动物园举办一年一度的夏季狂欢夜活动，以“清凉一夏，奇妙之旅”主题，开展萌宠动物彩妆巡游、炫酷游乐、炫彩灯光、阿熊乐园夏夜音乐盛典、创意集市淘等活动。依靠优势动物资源，夜探动物园、夜宿海洋馆研学活动，让游客探索夜间动物的奥秘。升级版暑期欢乐大马戏、畅游海洋新世界

2022年，无锡动物园夏季狂欢夜活动　　（无锡动物园　供图）

等为市民提供不一样的夏夜娱乐。年内，“无锡市儿童友好示范景区”授牌仪式在无锡动物园举行。

（陆唯玲）

旅游管理

【旅行社管理】 2022年末，全市有旅行社274家，其中出境社34家。有星级旅行社25家，其中五星级旅行社3家、四星级旅行社2家、三星级旅行社11家、二星级旅行社8家、一星级旅行社1家。年内，无锡市完成暂退旅游质保金6187万元，惠及191家旅行社企业。市文广旅游局争取省级旅行社创新发展奖补资金，包括城市微旅游、乡村旅游、红色旅游、研学旅游、拓展旅游、旅游直播等项目，共280万元，惠及10家旅行社，规模和数量居全省前列。争取市级旅行社接待超额奖励258.45万元，惠及12家旅行社。出台助企纾困促消费“激活团队旅游”和“专列包机旅游”扶持政策，奖补旅行社408.23万元，惠及21家旅行社。全年为旅行社争取到资金946.68万元，惠及30家主要旅行社企业。

【导游行业管理】 2022年末，全市有导游7382人，其中特级导游1人、高级导游48人、中级导游224人、初级导游7109人。无锡市作为全国导游资格考试考点，组织实施2022年全国导游资格考试。

【旅游星级饭店管理】 2022年末，全市有星级饭店27家，其中五星级饭店11家、四星级饭店8家、三星级饭店8家。无锡欣旺大酒店、江阴新扬子大酒店、宜兴静乐宾馆通过三星旅游饭店评定性复核，取消江阴长寿度假村三星级旅游饭店资格。市文广旅游局促进旅游饭店行业高质量发展，无锡湖滨饭店、无锡拈花湾波罗蜜多酒店、无锡雪浪宋品酒店、宜兴水墨田园温泉度假酒店被评为省级精品休闲度假饭店，共获得专项扶持奖励资金200万元。注重人才队伍建设，组织参加省文化旅游厅、省总工会、共青团江苏省委和省妇联联合举办的2022年江苏省星级饭店从业人员职业技能竞赛，获团体三等奖，3名参赛选手分别获前厅服务、中餐服务、西餐服务等项目组的个人二等奖、三等奖以及“江苏省五一创新能手”“江苏省青年岗位能手”等称号。

（周　文）

旅游公共服务

【旅游厕所建设】 2022年，全市新建、改扩建旅游厕所18座，其中乡村旅游厕所4座。推进乡村旅游重点村旅游厕所实施“一厕一码”，国家旅游厕所系统收录的全市国家级、省级乡村旅游重点村及全国重点镇完成“一厕一码”旅游厕所标牌设立。

【全域旅游智慧监管服务平台】 2022年，无锡全域旅游智慧监管服务平台进一步优化系统功能，通过信息采集分析系统，实现旅行社、酒店和景区相关信息采集和分析。平台利用运营商数据，对口客流、实时客流、游客来源地、性别、年龄段、出行方式、游客景区逗留时长等进行景区和客流的分析画像，实时抓取20家主流网络平台的游客评论，按52家景区、46家乡村旅游点、38家酒店、25家特色酒店、24家民宿等不同类别归类，并进行态势分析，为旅游日常监管提供重要依据。

（周　文）

编辑　何　峰

房地产业

房地产开发经营

【房地产开发投资】 2022年，无锡市区房地产开发投资983.26亿元、比上年下降6.21%，其中住宅投资791.52亿元、比上年下降10.25%。江阴市房地产开发投资219.37亿元、比上年下降33.18%，其中住宅投资183.95亿元、比上年下降36.72%。宜兴市房地产开发投资184.17亿元、比上年下降3.81%，其中住宅投资142.51亿元、比上年下降7.96%。

【房地产项目建设】 2022年，无锡市区房地产施工面积3524.62万平方米、比上年下降8.8%，其中住宅2393.08万平方米、比上年下降12.26%；新开工面积596.67万平方米、比上年下降31.45%，其中住宅350.89万平方米、比上年下降38.54%；竣工面积557.08万平方米、比上年下降24.48%，其中住宅404.18万平方米、比上年下降22.25%。江阴市房地产施工面积1266.67万平方米、比上年下降3.23%，其中住宅1081.57万平方米、比上年增长0.24%；新开工面积151.87万平方米、比上年下降56.65%，其中住宅134.24万平方米、比上年下降52.19%；房地产竣工面积249.84万平方米、比上年增长73.8%，其中住宅223.23万平方米、比上年增长116.32%。宜兴市房地产施工面积857.6万平方米、比上年下降4.97%，其中住宅622.02万平方米、比上年下降10.81%；新开工面积149.76万平方米、比上年下降45.38%，其中住宅86.83万平方米、比上年下降55.11%；房地产竣工面积158.65万平方米、比上年增长1.75%，其中住宅126.81万平方米、比上年下降2.37%。

（华恒祺）

【商品房交付使用验收】 2022年，全市完成商品房交付使用竣工验收项目145个，建筑面积1186.2万平方米，套数8.37万套。其中：毛坯住宅建筑面积448.74万平方米，套数3.7万套；成品住宅建筑面积404.1万平方米，套数3.5万套；非住宅面积96.46万平方米，套数1.17万套。

表40　2022年无锡市房地产开发情况统计表

指　标	单　位	数　值	比上年增长（%）
房屋施工面积	万平方米	5648.89	-7.0
#住宅	万平方米	4096.68	-9.0
#新开工面积	万平方米	898.30	-39.9
房屋竣工面积	万平方米	965.57	-6.9
#住宅	万平方米	754.22	0.2
竣工房屋价值	亿元	604.20	-5.0
#住宅	亿元	509.75	0.3

（市统计局）

【房地产开发企业资质管理】 2022年，无锡市有559家房地产开发企业申报办理相关资质，其中经市级初审后上报省住房城乡建设厅审批的暂二级以上资质559家。至年末，无锡市房地产开发企业有一级资质企业4家、二级资质企业598家、三级资质企业3家。

【项目开发建设管理】 2022年，市住房城乡建设局加强商品房开发管理，在新建项目中提出公共服务设施、建筑节能、绿色建筑、绿色施工、可再生能源利用、成品住房、海绵城市以及产业现代化等建设要求。房屋交付前，按照建设要求进行公共服务设施核实，确保所有建设内容按质按量配置到位。全年办理《项目建设条件意见书》13项，涉及住宅面积137.35万平方米，户数11718户，公共服务设施配置面积4.22万平方米；完成公共服务设施核验29项，涉及住宅面积169.23万平方米，户数13867户。

（赵　柯）

房地产市场

【高品质住区地块推出】 2022年，无锡市推出高品质住区地块4块（无锡经开区3块、锡山区1块），地块平均容积率为1.75，总计容面积约40万平方米。根据《无锡市住宅品质提升

表 41　2022 年无锡市房地产销售情况统计表

指　标	单　位	数　值	比上年增长（%）
商品房销售面积	万平方米	1159.81	−25.2
现房销售面积	万平方米	220.56	−10.2
期房销售面积	万平方米	939.25	−28.0
商品房销售额	亿元	1961.99	−26.2
现房销售额	亿元	279.75	7.9
期房销售额	亿元	1682.23	−29.9

（市统计局）

设计指引（试行）》要求，市住建部门对高品质地块建设从住宅小区规划、建筑品质、停车系统、环境景观、科技创新等方面提出相应指标要求和针对性、合理化引导与建议，并重点突出国家推行的关于绿色建筑、海绵城市、工业化建筑、成品住宅等低碳、节能相关工作方面的要求，以打造全生命周期的高品质居住体系的住区。

（赵　柯）

【商品房新增供应】 2022 年，无锡市区商品房新增供应 326.15 万平方米、比上年下降 53.3%，其中住宅 294.3 万平方米、比上年下降 53.38%。江阴市商品房新增供应面积 67.34 万平方米、比上年下降 77.32%，其中住宅 56.84 万平方米、比上年下降 78.37%。宜兴市商品房新增供应面积 56.41 万平方米、比上年下降 71%，其中住宅 38.18 万平方米、比上年下降 78.25%。

【商品房网签备案】 2022 年，无锡市区商品房网签备案 413.6 万平方米、比上年下降 44.84%，备案金额 900.78 亿元，上年下降 40.38%，其中，住宅 315.41 万平方米、比上年下降 50.89%，备案金额 742.12 亿元、比上年下降 46.5%。二手房网签备案 370.58 万平方米、比上年下降 21.72%，备案金额 505.91 亿元、比上年下降 13.05%，其中，二手住宅 350.44 万平方米、比上年下降 21.89%，备案金额 488.5 亿元、比上年下降 13.03%。江阴市商品房网签备案面积 172.37 万平方米、比上年下降 35.6%，备案金额 204.87 亿元、比上年下降 39.47%，其中，商品住房网签备案面积 144.51 万平方米、比上年下降 35.72%，备案金额 181.17 亿元、比上年下降 40.27%。二手房网签备案面积 115.42 万平方米、比上年下降 19.55%，备案金额 84.4 亿元、比上年下降 23.37%，其中，二手住房网签备案面积 106.57 万平方米、比上年下降 18.94%，备案金额 79.34 亿元、比上年下降 22.84%。宜兴市商品房网签备案面积 60.7 万平方米、比上年下降 68.58%，备案金额 75.98 亿元、比上年下降 72.1%，其中，商品住房网签备案面积 47.59 万平方米、比上年下降 72.51%，备案金额 60.73 亿元、比上年下降 75.81%。二手房网签备案面积 115.07 万平方米、比上年下降 46.05%，备案金额 65.9 亿元、比上年下降 37.6%，其中，二手住房网签备案面积 100.18 万平方米、比上年下降 40.91%，备案金额 59.07 亿元、比上年下降 37.68%。

（华恒祺）

【存量房产交易】 2022 年，无锡市区存量房成交面积 341 万平方米，成交 34962 套，备案成交均价 13630 元 / 平方米。其中：滨湖区存量房成交面积 68.8 万平方米，成交 7454 套，备案成交均价 13350 元 / 平方米；新吴区存量房成交面积 96.3 万平方米，成交 9714 套，备案成交均价 15980 元 / 平方米；惠山区存量房成交面积 64.8 万平方米，成交 6037 套，备案成交均价 11448 元 / 平方米；梁溪区（原崇安区范围）存量房成交面积 14 万平方米，成交 1710 套，备案成交均价 13173 元 / 平方米；梁溪区（原南长区范围）存量房成交面积 21 万平方米，成交 2428 套，备案成交均价 14185 元 / 平方米；梁溪区（原北塘区范围）存量房成交面积 20 万平方米，成交 2429 套，备案成交均价 12440 元 / 平方米。全年网签备案前 10 名存量房小区是阳光壹佰国际城、沁园新村、金禧家园、橡树湾邸、周新苑、凤凰璟园、联心嘉园、溪南新村、水秀新村、长泰国际社区。

【房产经纪和中介机构】 2022 年，无锡市工商可查询房产经纪和中介名称公司 3401 家，无锡房地产业协会统计经营活跃公司 1061 家，有网签资格公司 133 家，从业人员约 1 万人（不含江阴市、宜兴市）。

（过　焰）

房地产市场监管

【楼市政策调控】 自 4 月下旬起，无锡市根据全国两会、中共中央政治局会议及中央经济工作关于房地产工作的要求，结合本地实际，在原有调控政策框架内，从供需两端出台多项调控政策，包括购房门槛降低、首付比例下调、贷款利率下降、公积金额度提高、人才补贴力度加大等，进一步促进楼市“回暖”。

（华恒祺）

【商品房预售资金监管制度优化】 2022 年，市房地产市场监管部门多渠道公示监管账户信息，研发上线预售资金入账查询功能，保障购房人知情权，让购房人参与监督开发企业规范操作。为 87 家开发企业项目纾困解难，提前释放 46 亿元重点监管资金额度，专项用于工程建设。实施差异化监管措施，为12家A级信用的开发企业降低监管额度，金额9.09亿元，帮助4个项目使用银行出具的现金保函等额替代监管资金，涉及金额9.22亿元。

【存量房交易“带押过户”】 9月，市房地产市场管理和监测中心为降低市民交易成本和风险，通过对二手房资金监管业务流程再造和优化，在市区范围内启动“带押过户”试点，实现买卖双方将还款解押环节置于交易登记环节之后，创建无锡市二手房“带押过户”新模式。年内办理存量房“带押过户”业务341笔，涉及资金57932万余元。

【房产测绘数据实时共享】 2022年，市房地产市场管理和监测中心根据“多测合一”制度改革要求，汇集整理2000年以来的测绘标准类文件10余个、相关政策文件10余个，整合完成《测绘技术标准及相关政策文件选编》。做好拟定房产测绘成果报告的数据格式、文本格式，研究将房屋代码取赋码流程嵌入至“多测合一”平台等前期准备工作，以尽快实现测绘成果备案业务与“多测合一”平台信息共享。

（慕　早）

【商品房绿化项目监管】 2022年，市绿化管理部门新受理商品房绿化开工登记29项。针对商品房绿化投诉量增多的情况，进一步加强开工登记环节的事前警示、建设环节的事中指导工作，开展事中巡查37次，发放绿化指导意见书3份，通过事前事中柔性执法，规范商品房绿化建设行为。全年商品房附属绿地竣工验收备案初审通过31项，新增绿地面积34.8万平方米，受理住宅区绿化投诉377起。

（市市政园林局）

物业管理

【《无锡市市区住宅专项维修资金管理办法》修订】 2022年，市住房城乡建设局根据《中华人民共和国民法典》《江苏省物业管理条例》《无锡市物业管理条例》等上位法，对《无锡市市区住宅专项维修资金管理办法》进行修订，并出台《关于进一步优化完善市区商品房住宅专项维修资金使用办理程序的通知》《关于明确维修资金和更新改造资金标准的通知》等配套文件，进一步优化维修资金支取流程，赋权住建部门适时调整归集标准，明确应急维修使用规则，加强日常监管和执法监督。

【物业管理优化】 2022年，市住建部门贯彻《无锡市物业管理条例》，在街道（镇）建立物业管理部门的基础上，指导协调各地进一步配备专职人员，增强街道（镇）物业管理力量。推动部门职责进小区、执法进小区，试点在住宅小区中公示住建、城管、公安等各部门职责及联系电话，明确各自职责边界，推动物业管理服务水平提升。年内，新增省级物业管理示范项目23个、省级宜居示范住区17个，市级物业管理示范项目61个。

【党建引领物业管理】 2022年，市住建部门坚持以党建为引领，会同各市（县）、区健全物业行业党的组织体系和工作体系，完善党建引领下的社区居（村）民委员会、物业服务企业协调运行机制，推动党建引领物业管理示范项目建设。年内，全市物业行业创建省级党建示范点9个，无锡市“先锋物业”10家，市级党建引领物业管理服务工作示范点20个，建成红色物业“微幸福”项目50个。

（徐　丹）

【群租房治理】 2022年，市公安局牵头全市群租房安全管理，开展群租房“控增去存”“清患安居”“打通生命第二通道”等系列行动。至年末，群租房总量下降至6715户，较历史最高峰值降低77.75%。整治安全隐患和不安全苗头1.5万余处，打通“生命第二通道”6136处，拆除、改造影响消防救援和疏散逃生的外窗、阳台栅栏3770处；群租房添置灭火器、消防水管、应急灯、独立烟感报警器、逃生绳（梯）1.5万余件（套），为个人配备消防逃生“四件套”（灭火器、防烟面罩、多功能手电筒、逃生绳）1.1万余套；开展逃生演练486次。查处违法违规出租房、群租房房东、二房东1268人，对412户存在重大安全隐患且逾期不整改的群租房采取“熔断”措施。开展流动人口落脚点“百日清零”攻坚，排查流动人口落脚点10.61万处，登记各类落脚点2.11万处。开展流动人口集中清查行动，走访出租房屋26230户，整治安全隐患5829处，查处违规违法人员345人，挂牌整治重点群租房310户。对6.7万余条住人非标准地址，生成二维码临时门楼牌，提供流动人口自主申报服务。

（耿永军）

编辑　何　峰

城市规划

【市级国土空间总体规划】 2022年，无锡市通过优化农业、生态、城镇空间，在优先保护耕地和永久基本农田的基础上，科学调整生态保护红线，节约集约划定城镇开发边界，国土空间总体规划“三区三线”（“三区”指生态、农业、城镇空间，“三线”指生态保护红线、永久基本农田和城镇开发边界）划定成果获自然资源部批复。根据批复的“三区三线”划定成果，无锡市进一步深化市级国土空间总体规划核心内容，优化完善规划成果，形成市级国土空间规划向市、区级国土空间总体规划（分区规划）传导体系，明确各层级国土空间规划需要落实的战略目标、空间结构、规划人口、建设用地规模、三区三线、重要控制线、公共服务设施、市政基础设施布局等管控要求。

【《蠡湖未来城总体规划》编制完成】 2022年，无锡市邀请同济大学吴志强院士担任蠡湖未来城总设计师，编制完成《蠡湖未来城总体规划》。吴志强率领院士团队围绕具有创新性与前瞻性的目标定位，规划突出自然山水流动对话的空间和山、水、城、景融合，目标打造为世界级的滨水空间与自由漫步的创意街区，打造成无锡最美的区域；提出科学可行的发展策略，并在智慧绿色的未来交通、链接贯通的蓝绿空间、特色鲜明的城市空间、多元复合的功能布局、和谐共融的城景关系、便捷安全的配套设施及近期实施行动等方面提出操作路径。12月，该规划经市国土空间规划委员会第六次会议审议通过。

【新一轮详细规划编制启动】 2022年，无锡市自然资源规划局根据《江苏省城镇开发边界内详细规划编制指南（试行）》要求，研究完善“分区—片区（板块）—单元（编制单元）—

表42　2022年无锡市城市建设情况统计表

指　标	单　位	2022年	2021年
城市道路	—	—	—
城市道路长度	千米	4091	4049
城市道路面积	万平方米	7708	7617
城市路灯数	盏	291250	288247
公共交通	—	—	—
年底运营车辆	辆	3007	2953
年底运营线路网长度	千米	5875	5837
运客总数	万人次	13218	22592
供水	—	—	—
年底水厂	个	6	6
年底生产能力	万立方米/日	245	245
全年供水总量	万立方米	48409	48284
天然气	—	—	—
年底管道长度	千米	8737	8450
全年供气总量	万立方米	125429	125961
液化气	—	—	—
全年供气总量	吨	25847	27164
天然气、液化气普及率	%	100	100

（市统计局）

街区（管理单元）”无锡四级详细规划单元划分体系，进一步加强国土空间规划传导。梳理历年动态更新编制和管理中的相关问题，研究制定有效支撑板块建设发展需求的详细规划调整管理办法，以维护城镇开发边界内详细规划的严肃性和权威性。建立第三方审查机制，严肃审慎开展控制性详细规划调整工作，确保详细规划成果质量。

【《无锡市新型产业用地布局规划》编制】 2022年，市自然资源规划局为助力无锡市创新驱动核心战略和产业强市主导战略实施，支撑无锡产业高质量发展，落实新型产业用地管理办法，细化新型产业用地空间布局要求，组织编制《无锡市新型产业用地布局规划》。规划从“支撑全市创新格局构建、借鉴先行城市经验、满足企业发展需求和优化城市功能提升土地效益”4个维度出发，遵循“集约集聚、突出重点、鼓励存量、刚弹结合”4个布局原则，结合国土空间规划、太湖湾科创带规划及相关产业园区规划，明确新型产业用地供给规模、结构、布局引导及强度管控，支撑产业政策空间落地。

【道路交通规划研究】 2022年，市自然资源规划局以区域一体化、“轨道上的无锡”等战略为引领，进一步完善综合交通规划成果，开展江阴快速路网和锡澄骨干路网规划研究，组织苏锡交通基础设施联通工作对接会，深化锡宜S2线二期穿湖方案、机场枢纽周边苏锡轨道对接方案、苏锡太湖通道方案的规划研究。年内，组织3批次、13条快速路的详细规划方案研究，为《2023—2025年快速化道路建设计划》的制定和决策打牢根基，推进快速路网系统建设。其中包括推进货运外绕公路规划研究，深化快速中环规划设计，完成南部快速通道规划研究、运河东西路快速化改造规划研究等。

【市政民生工程配套研究规划】 2022年，市自然资源规划局开展京杭运河沿线架空输电线路系统优化研究，为“两河”整治提升工程提供支撑。开展北尖公园净水厂、太湖新城污水厂规划选址及方案研究，创新推动地上地下一体化绿色生态办公区（EOD）建设模式。配合打造零碳城市，完成《无锡自行车友好城市近期建设规划》编制，推动交通模式绿色转型。指导各行业主管部门开展供水、供电、供气、排水、燃气等市政类专项规划编制，指导各分局开展区级红线、专线规划编制，相关成果纳入市政“一张图”信息系统，并探索规划设计方案信息化辅助审查路径。完成交通大数据决策支持信息平台的搭建和宏观交通模型系统的构建工作。

【公共空间附属设施建设】 2022年，无锡市依托《无锡市市区城市雕塑总体规划》以及首届“太湖湾”公共空间艺术设计创意大赛成果，印发《关于推进实施公共空间附属项目建设的方案》，以城乡重要公共空间为着力点，协同市、区环境景观提升工程，在无锡市区范围内有序推动多个重点公共空间附属设施项目落地实施。各公共空间附属设施项目主题契合、造型恰当、尺度适宜，与周边环境相协调，展现无锡的城市魅力与精神风貌，提升了城市公共空间的建设品质与文化品味。最具代表性的分别是位于运河公园的雕塑作品“渔之颂”、位于运河外滩的雕塑作品“曲水八音”、位于无锡东站的雕塑作品“舞动青春”与“科创之心”。其中，运河公园雕塑“渔之颂”以鱼与渔的交响曲为概念，采用鱼与船的抽象形式，表达运河上百舸争流、鱼贯雁行的气势与意境。

（刘梦蛟）

运河公园雕塑“渔之颂” （市自然资源局 供图）

城市更新

【城市更新重点项目】 2022年，无锡市加快推进城市更新重点项目建设，宜兴市老城区“乐享园林”参与式微更新、无锡市火车站南广场片区综合更新、无锡老政协片区综合更新、梁溪区南市桥街区综合更新、锡山区凤威路地段低效产业用地活力提升、滨湖区稻香片区老旧街坊改善更新、无锡市华光锅炉厂及周边地区综合更新7个项目入选江苏省首批城市更新试点名单,宜兴活化古南街重现“陶式生活”、梁溪“针灸式”治理旧街换新妆等城市更新案例入选《江苏省城市更新与农村人居环境政治提升案例选编》,梁溪区“三中(中桥、中南、中联)片区”更新试点运用EPC+O(设计、采购、施工及运营一体化的总承包)模式被列入住房城乡建设部、江苏省住房城乡建设厅老旧小区改造联系点,稻香片区老旧街坊改善更新项目成为无锡市首批儿童友好城市试点项目。

【城市更新技术支持】 6月,“聚贤惠锡,合筑未来”——无锡城市更新思享会在无锡博物院举办。会上,成立无锡市城市更新技术联盟,邀请中国城市规划设计院、省城镇化和城乡规划研究中心、同济大学、AECOM公司等专业技术团队,参与城市更新单元(项目)的规划编制或方案设计,力争形成最佳设计、最优方案。8月,无锡市政府与中国城市规划设计院签订战略合作框架协议,双方就城市更新、海绵城市建设、城市规划建设管理、“太湖高质量发展智库”建设、技术和人才培养等方面开展全方位合作。

(朱仁杰)

【海绵城市建设】 2022年,无锡市加快推进系统化全域海绵城市建设,出台《关于扎实推进系统化全域海绵示范城市建设的实施意见》《无锡市系统化全域推进海绵示范城市建设行动计划》,明确工作目标、实现路径,并就资金管理和绩效考核等方面制定相关制度。年内,开展海绵示范项目案例征集、发布,同步更新海绵技术专家库,进一步发挥技术支撑和示范引领作用。加快海绵项目建设,全年实施海绵入库项目251个,其中建筑小区项目125个、道路广场项目50个、公园绿地项目18个、水系治理项目33个、排水管网及场站项目25个,年内完工项目141项。全年建成海绵城市达标面积约113平方千米,占现状建成区比例31.7%。4月,在财政部、住房城乡建设部、水利部组织的对全国海绵示范城市2021年度绩效考评中,无锡市名列A档次。

(陆　佳)

【城市道路景观品质提升】 2022年,市市政园林局按照“一路一景观”的目标,推进开展城市道路绿化品质提升工作。全年完成太湖大道、立信大道、新园路、锡兴路等18条道路绿化提升改造工作,以及南湖大道、华巷路、春水路等24条道路的行道树树穴整体整治工作。完成金城路、蠡湖大道、青祁路、凤翔路等4条高架道路全长23.6千米的内环高架花箱整体更新;完成观山路、周新路等4座人行天桥花箱绿化布置;完成元旦、春节、国庆等节庆假日和重要活动期间的城市园艺景点布置。年内,无锡照明股份有限公司重点实施中山路文旅融合综合试验区提升、江阴城区景观亮化改造提升等工程项目,助力城市品质提升。无锡市新羊大道新建工程之宛山湖大桥夜景照明工程获第17届中照照明奖二等奖;无锡市锡东新城商务核心区夜景照明工程获第17届中照照明奖三等奖;江南大学附属医院太阳能光伏及亮化设备采购安装项目获2022中国国际照明/灯具设计大赛·景观照明专项工程类(施工)一等奖。

(市市政园林局　马　婕)

【太湖新城建设】 2022年,无锡市太湖新城发展集团有限公司及子公司实际投资项目150个,比上年增长54.6%;完成投资464.3亿元,比上年增长40.6%;全年实现有效投资292.3亿元,比上年增长92.6%。推进重大项目建设,代建项目176个,年内完工48个,在建65个,储备拟新建58个。山姆会员店竣工交付并开业,无锡中心、无锡奥林匹克体育中心、无锡文化艺术中心、无锡国际会议中心、雪浪小镇未来中心、国际社区、尚贤湖基金PARK二期等重点项目有序推进。博大智能停车楼、雪浪算力中心改造等一批重点项目竣工交付。落霞睦邻中心、太湖湾信息产业园等一批民生园区项目有序建设,天梦地块、清舒道规划幼儿园等一批公建项目有序开工,周新里一期开业开街,江南大悦城、华庄粮仓等项目有序推进。全年承接市政工程78个、道路提升项目14个,管养市政道路90条,道路绿化63条,道路保洁73条,将观山路、贡湖大道等主要道路打造成具有鲜明特色的城市绿色景观长廊。打造“席地而坐”城市客厅示范区5个、民生“微幸福”项目2个、街角口袋公园多个。

(王墨涵)

【房屋征收工作】 2022年,无锡市以房屋征收攻坚拔点行动为主线,拟制房屋征收工作方案,科学编制年度房屋征收计划,据实定制完善补偿安置政策,推动房屋征收工作。全市完成攻坚拔点项目431个,堰桥复地北C地块、富力十号北侧地块等8个跨度10年以上的项目实现“清点”。在攻坚拔点行动的强力推动下,年内,全市累计完成房屋征收拆迁面积1626万平方米,征收面积比上年增长6.97%,征收拆迁22566户,完成征收项目802个。

(李　洋)

【老旧小区改造】 2022年,全市完成老旧小区改造190个,面积1155万平方米,改造规模再创历史新高,蝉联全省第一位。获国家、省级奖补资金3.39亿元,获批专项债项目31个,金额33.6亿元,获批开发性金融工具(基金)项目3个,金额1.45亿元,向上争取金额38.44亿元。市住房城乡建设局推广试点“三师(社区规划师、社区营造师、百姓设计师)进社区”制度,提高改造方案设计水平,鼓励小区居民参与改造工程,使改造项目更贴近居民需求。推广老旧小区连片改造模式,开展设计施工运营一体化改造，滨湖区水秀稻香片区老旧小区改造被列为省级城市更新试点项目。

【既有住宅加装电梯】 2022年，《无锡市市区既有住宅加装电梯管理办法》出台，通过补贴资金提标扩面、意见征求比例优化等举措，加大既有住宅加装电梯政策保障支持力度。市住房城乡建设局牵头制定《无锡市市区既有住宅加装电梯财政补贴实施细则》《无锡市市区既有住宅加装电梯实施细则》《无锡市既有住宅加装电梯分担比例及补偿指导标准》《无锡市市区既有住宅加装电梯申报指南》《关于加强既有住宅加装电梯长效管理的通知》等配套文件，进一步建立完善加装电梯操作实施体系。年内，无锡市区启动加装电梯超700部，竣工213部。

（徐　丹）

城市重点工程

【概况】 2022年，无锡市有在建城市重点道路桥梁项目16个，总里程近70千米；在建社会事业项目11个，总建筑面积43.19万平方米。建成北塘大街、广益路、通益路（锡沪西路—解放东路）、高浪路快速化改造一期高架段及地面道路等项目，宜马快速通道竺山湖隧道主体结构基本完成，菱湖大桥主拱合龙，高浪路快速化改造一期隧道段、312国道锡山段和新吴段、凤翔快速路北延等项目全速推进。市委党校新校区项目竣工投用，梅村高级中学空港分校项目竣工，市第二人民医院急诊大楼改造、无锡创业大学项目基本完工，市劳动保障权益服务中心业务大楼、市救助管理站易地建设项目土建施工完成，市粮食和物资应急保障服务中心项目主体结构封顶。新开工高浪路快速化改造二期、高浪西路快速化改造、望江立交西接线以及无锡美术馆、市北高级中学宿舍楼扩建、无锡学院学生宿舍及食堂、无锡知识产权法庭等项目。城市道路桥梁项目高品质建设关键技术研究与工程应用项目被评为省建设科技创新成果三等奖；312国道新吴段、宜马快速通道项目被评为省级平安百年品质工程创建示范项目；312国道新吴段项目被评为平安工地建设省级示范工程；312国道新吴段项目4个标段以及312国道锡山段项目2个标段、宜马快速通道项目1个标段被评为省级示范工地；312国道新吴段项目1项施工技术取得国际专利；梅村高级中学空港分校项目获国家海绵示范城市建设项目资金补助。市城市重点建设项目管理中心牵头推进5G新基建与传统基建融合发展建设，建立新型基础设施建设重点项目库，实行动态跟踪管理。

【北塘大街改扩建工程】 该工程东南起凤翔路，沿京杭大运河向北至江海西路，再折向东北至青石西路，全长1.9千米，宽30米，双向4车道，为城市次干路。工程费1.8亿元（尚未决算批复）。建设单位为无锡市公共工程建设中心，设计单位为江苏省科佳工程设计有限公司，施工单位为无锡市第二市政工程有限公司，监理单位为无锡太湖明珠建设咨询有限公司。工程于2021年1月开工，2022年9月通车。

【广益路新建工程】 该工程东起江海东路，西至通江大道，全长1.4千米，宽30米，双向4车道，为城市次干路。工程费1.1亿元（尚未决算批复）。建设单位为无锡市公共工程建设中心，设计单位为无锡市政设计研究院有限公司，施工单位为无锡市第三市政建设工程有限公司，监理单位为无锡市市政建设咨询监理有限公司。工程于2021年4月开工，2022年10月通车。

【通益路（解放东路—锡沪西路）新建工程】 该工程南起解放东路，依次上跨古运河、工艺路、兴源中路、沪宁城际铁路、兴昌南路后落地，向北抵达锡沪西路，全长1.3千米，宽30米，双向4车道，为城市次干路。工程费3.5亿元（尚未决算批复）。建设单位为无锡市公共工程建设中心，设计单位为无锡市政设计研究院有限公司，施工单位为中铁二十四局集团有限公司，监理单位为上海华东铁路建设

12月，通益路（解放东路—锡沪西路）建成通车　　（华栋梁　供图）

监理有限公司。工程于2020年3月开工,2022年12月通车。

【高浪路快速化改造一期高架段及地面道路新建工程】 该工程上跨华清大道、菱湖大道后落地,接入现状高浪大桥,全长2.63千米;高架标准段主线宽25.1米,双向6车道,为城市快速路;地面辅道宽55.5米,双向6车道,为城市主干路。工程费6.6亿元(尚未决算批复)。建设单位为无锡市城市重点建设项目管理中心,设计单位为上海市政工程设计研究总院(集团)有限公司、无锡市政设计研究院有限公司,施工单位为无锡交通建设工程集团有限公司,监理单位为上海三维工程建设咨询有限公司。工程于2020年9月开工,2022年12月通车。

【市委党校新校区新建工程】 该工程位于滨湖区山水城山水东路以东、具区路以南,总用地面积86287平方米,总建筑面积65450平方米,其中地上建筑面积49299.71平方米、地下建筑面积16150.29平方米,主要建设内容包括新建实训楼、教学楼、会议中心、学员食堂、行政信息综合楼、文体中心、宿舍楼、后勤楼等。工程费5.2亿元(尚未决算批复)。建设单位为中共无锡市委党校,设计单位为江苏城归设计有限公司,施工单位为中国建筑第八工程局有限公司,监理单位为无锡建设监理咨询有限公司。工程于2020年6月开工,2022年6月竣工。

【江苏省梅村高级中学空港分校新建工程】 该工程位于新吴区空港经开区薛典路以东、走马塘河以北,总用地面积100251平方米,总建筑面积96300平方米,其中地上建筑面积87320平方米、地下建筑面积8980平方米,主要建设内容包括新建图文信息中心、学术圆环、教学楼、实验楼、综合楼、学生课程中心、学生公寓、文体楼、游泳馆、食堂等。工程费6.4亿元(尚未决算批复)。建设单位为无锡市教育局,设计单位为华南理工大学建筑设计研究院有限公司,施工单位为华仁建设集团有限公司,监理单位为江苏鸿成工程项目管理有限公司。工程于2021年11月开工,2022年12月竣工。

(华栋梁)

市政设施

【市政设施检测】 2022年,无锡市有市管道路102条,面积1013.20万平方米;市管桥梁373座,面积374.82万平方米;声屏障45.35千米;管辖隧道14条,长30.48千米;地下人行通道6条,长697.9米。与上年设施量相比,市管桥梁增加6座,增长1.63%;声屏障增加13.46千米,增长42.21%。市市政工程质量监督管理中心全年完成检测工作量2615.9万元,检测65954批次,其中检测出不合格或异常批次509个,出具检测报告43762份。年内,无锡市桥梁养护管理工作连续3年被评为全省优秀。

【道路桥梁维修】 2022年,市市政设施管理中心组织对工运路、锡澄路和南湖大道实施大修,对开源大桥实施整修。工运路位于梁溪区,线路总体呈南北走向,南起解放北路,北至兴源北路,全长约517米。大修主要内容是道路红线宽度保持不变,双侧侧分带取消,断面由双向四车道改造为双向六车道,车行道、人行道挖除新建;工运桥维护加固;交通安全设施和智能设施升级完善;现状雨水管道废除新建;部分现状污水管道废除新建,部分现状管道保留进行修复;现状照明设施废除新建;现状绿化提升改造。锡澄路(兴源北路—江海路瓜果市场)和南湖大道(金城路—梁南桥)两条道路大修主要内容是拓宽路面提升路况,优化道路品质,安装智慧交通设施,新增街边绿化游园等微景观,整体提升两条城市主干道风貌。开源大桥整修出新项目主要是将原桥面沥青铺装层整体铣刨后加铺防水层,摊铺抗车辙改性沥青15387平方米;修复非机动车道病害,铺设环氧覆层4683平方米。组织桥面栏杆和机非隔离栏杆涂装5950平方米;对全桥吊杆56个锚头进行检修并更换油脂,对30个体外预应力下锚头检修;对刚拱圈进行除锈并防腐涂装1618平方米;对全桥装饰板拆除并新建装饰铝板,装饰板累计更换3336平方米。开源大桥整修出新后桥梁面貌焕然一新,行车舒适度提升。

(市市政园林局)

【道路桥梁养护】 2022年,无锡市市政设施建设工程有限公司完成全市135条主次干道、293座桥梁、32座城市高架桥梁和20座公铁立交桥的日常养护维修工作。全年完成道路养护5万平方米、人行道养护6.56万平方米、侧平石维修6.83万米、桥梁养护1286座次,累计疏通主管和支管1576.79千米,疏通窨井5.34万座、雨水井12.91万座,更换雨水井盖2752只、窨井盖886只。养护维修合格率保持100%,城镇道路综合完好率99%以上。

(张　薇)

【蠡湖大桥桥梁荷载试验】 蠡湖大桥桥梁总长750米,桥面宽33米。主桥为上承式预应力混凝土拱梁加钢管混凝土预应力拉梁加斜塔悬索组合结构,集拱梁、悬索和斜塔于一体,呈“WX”型,即“无锡”拼音首字母缩写。8月,市市政设施管理中心对蠡湖大桥主桥开展桥梁荷载试验。该试验是检验桥梁结构工作状态或实际承载能力的一种试验手段,包含静载试验和动载试验2个工作内容,通过高精度仪器测试桥梁振动来评估桥梁结构的健康状况。经过荷载试验,蠡湖大桥各项指标均正常,安全运行。

【**市政工程质量监督**】 2022年，市市政工程质量监督管理中心运用科学技术，创新监督手段，加大对施工现场和实体质量的管控力度，做好在建的高浪路、菱湖大道工程和新开工建设的高浪路西延、凤翔路北延、北尖公园水处理厂等一批市政重点工程项目的质量监督管理工作。发布《关于进一步加强无锡市市政基础设施工程样板引路工作的通知》等文件，落实参建各方样板引路质量责任，明确施工样板设置要求，制定样板引路专项施工方案，规范施工样板质量验收程序，实施样板引路相符性检查制度。编制完成《无锡市市政基础设施工程质量监督业务手册》，指导和规范监督人员的监督工作行为。加强燃气工程的质量监督管理，参与《江苏省工程质量安全手册实施细则市政工程之燃气篇》编制工作，规范城镇燃气项目建设过程中的质量安全管理活动。加强地铁工程质量监督管理技术研究，参与江苏省地方标准《城市轨道交通工程质量验收统一标准》（DB32T 4062—2021）主要章节的编制工作。全年受理市政公用质量监督注册工程90项，监督注册工作量65.45亿元。全年监督抽查367次，监督抽测170次，监督抽检35次，发出整改通知书196份；完成工程竣工备案初审16项，综合巡查4次，巡查在建重点工程19个，发出巡查通报4份。

【**混凝土质量专项检查**】 2022年，市市政工程质量监督管理中心根据省混凝土质量专项抽查工作的通知要求，编制混凝土质量专项抽查工作实施方案，按季度组织和开展混凝土质量专项检查工作。全年抽查工程19个，检查内容410项，符合项375项，检查项符合率91.5%。通过列表检查、随机取样、现场回弹等多种形式，进一步落实建设、施工、监理单位和预拌混凝土企业的质量责任，加强混凝土现场施工质量管理，提高预拌混凝土生产质量，保障混凝土实体结构安全。

【**《市政基础设施工程施工质量管理用表汇编》编制**】 2022年，市市政工程质量监督管理中心根据市政工程结构类型的新趋势和工程验收评定标准的新要求，开展《市政基础设施工程施工质量管理用表汇编（2022年版）》编制工作。汇编分城镇道路工程、城市桥梁工程、城市隧道工程、城镇水处理厂、给排水管道工程和燃气热力管道工程6个分册。通过重新编制施工质量管理用表，指导施工、监理单位规范、正确填表，真实记录和反映工程实体质量情况和工程管理过程，落实工程项目质量终身责任制，以提高无锡市政工程资料管理整体水平。

（市市政园林局）

公用事业

【**供气**】 2022年，无锡市区天然气管网敷设到所有乡镇，市区实现“西气”“川气”双气源供气。无锡市天然气年用气量27.11亿立方米。其中，市区全年天然气用量为12.61亿立方米，江阴市全年天然气用量为8.5亿立方米，宜兴市全年天然气用量为6亿立方米。无锡市天然气总用户数228.85万户。其中，市区天然气用户1603607户，江阴市天然气用户427157户，宜兴市天然气用户257711户。全市新增天然气用户数103933户，其中民用100259户、公服3447户、工业企业227户。全市天然气汽车加气站共25座，其中CNG加气站12座、C-LNG加气站5座、LNG加气站8座。全市CNG加气站累计销售天然气3016万立方米，LNG加气站累计销售天然气1561万立方米。市区全年天然气气化率93%。市市政园林局每季度对华润、昆仑2个管道气企业，5个跨区的燃气经营企业开展安全检查。委托第三方燃气专家开展两轮安全评估，发现隐患310条，发放整改通知书22张，隐患整改率100%。对无锡市11个液化气储配站进行服务质量评价。对3个申请燃气经营资质、4个申请停止供气及6个申请燃气具安装维修企业资质的行政许可进行现场勘查。对14家燃气燃烧器具企业进行“双随机、一公开”抽查工作。针对向车库违规供气、餐饮场所用气、施工工地燃气管线保护情况组织开展专项治理，全年抽检餐饮场所60个。首次对供应端、用户端、第三方施工单位的违法行为执行顶格处罚。组织各区燃气管理部门执法处

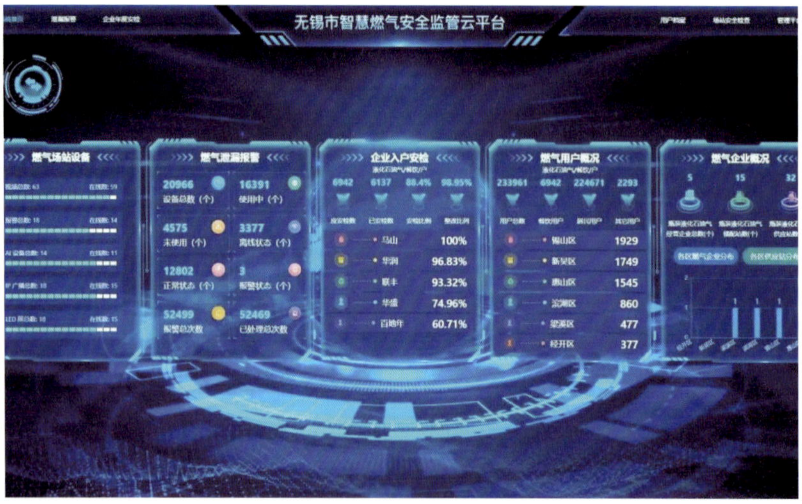

8月，无锡市智慧燃气安全监管云平台通过竣工验收评审

（市市政园林局　供图）

罚272起，金额182.86万元。协助公安部门开展“打黑气”专项行动，破获涉气刑事案件12起、治安案件97起，抓获涉案人员160人，采取刑事强制措施21人，治安拘留70人，查获违法储气点51处、违法运输车辆123辆，查扣“黑气瓶”3090只。组织开展以“关注燃气安全、共筑美好生活”为主题的燃气安全“五进”（进企业、进学校、进社区，进农村和进家庭）活动，全年进学校11所、社区（含农村、家庭）26个、企业4家，培训2947人，发放宣传资料12100份，并对41户居民进行入户安检。通过无锡广电融媒体直播平台开展两次燃气安全“云”课堂活动，在线参加培训2.3万人次。8月，无锡市智慧燃气安全监管云平台通过竣工验收评审，被列为全市数字经济提速和数字化转型治理40个重点应用场景之一。该平台运用信息化手段，对所有瓶装液化石油气储配站和3个液化天然气储配站实现充装站视频监控、气瓶流转数据、用户实名制、从业人员规范化管理。至年末，无锡市、区两级燃气泄漏报警监控运营中心累计接入报警设备2.1万套，涉及燃气场站、餐饮场所燃气用户1.4万余户，触发各类燃气报警5.2万余次。

【供水】 2022年，无锡市在“江湖并举、双源互补、南北互通、安全优质”安全高效生产供水格局和“同城同质、同城同价、同服务”的为民服务理念基础上，提高高效优质供水能力，提升供水处理工艺标准，持续推进老旧管网改造工程进度，着力解决供水“最后一公里”难题。无锡市最高日供水能力为260万立方米，市区四大净水厂全部达到城市供水深度处理工艺要求，基本形成全市优质、安全、足量的城市供水体系构架。无锡市（包括江阴、宜兴）新建城市供水管网（DN75以上）156.7千米，投资25641万元；改造管网（DN75以上）115.61千米，投资11850万元。年内，无锡市（包括江阴市、宜兴市）总供水量9.36亿立方米。其中，市区年供水量5.28亿立方米，最高日供水量170.91万立方米，日均供水量144.68万立方米；江阴市以长江水为主要水源，日供水能力为110万立方米，年供水量2.77亿立方米，最高日供水量84.4万立方米，日均供水量75.84万立方米；宜兴市以横山水库、油车水库等为水源地，日供水能力为60万立方米，年供水量1.31亿立方米，最高日供水量约44.0万立方米，日均供水量35.77万立方米。年内，无锡市对供水设施水质进行324点次6467个水质数据的抽样检测，各项水质指标符合GB 5749—2006国家标准要求；对排水设施水质抽样检测360批次，对城区三大污水处理厂进水水质进行比对检测，三大污水处理厂进水稳定；对全市33个排水水质远程监管系统监测站点进行全面检查，均符合运行考核要求。市区新建市政消火栓1168个，完成消火栓维护提升8008个；抽查市管道路市政消火栓160个，确保市管道路市政消火栓完好率100%。完成居民住宅二次供水泵房改造102个；完成城市自来水老旧管网改造56千米，投资5000万元；完成农村供水设施改造户数10974户。

（市市政园林局）

【供电】 2022年，无锡市全社会用电量833.3亿千瓦时，比上年下降0.64%。国网无锡供电公司售电量777.3亿千瓦时，比上年下降0.21%。全社会用电负荷超过1500万千瓦，电网调度最高负荷1490.6万千瓦。全年发展总投入31亿元，其中固定资产投资28亿元，投产35千伏及以上主变容量191万千伏安，线路长度121千米。

国网无锡供电公司坚持清洁低碳能源转型方向，推进新型电力系统建设。6月10日，凤城—梅里线路工程实现跨江架线。全国首座110千伏零碳变电站——高巷变电站、国网“绿色建造”试点——110千伏春雷变电站分别于1月、6月投运。年内，推进配网规划“一张图”系统建设，实现198个规划方案在线作业。保障白鹤滩水电入苏工程投运，为无锡市输送约20亿千瓦时清洁水电。推进配电网改造升级，完成架空线路入地64千米、老旧小区改造项目28个、户外电力设施美化256处。实施屋顶光伏项目65个，实现公司自有建筑屋顶光伏100%全覆盖。建成400平方千米无人机协同巡检示范区，实现500千伏线路自主巡检全覆盖。完成新一代集控系统建设，实现203座变电站数据全接入。在全省率先开展“智慧工地”应用，实现现场施工全程管控。实体化运作新型负荷管理、PMS3.0等系统。

【供电创新服务】 2022年，国网无锡供电公司深化现代服务体系建设，优化调整前台供电分部设置，提升属地服务效率，高质量通过省电力公司卓越绩效管理复评。全年市场化交易电量557.7亿千瓦时。“电力看经济”“电力看环保”等实用化数据产品受到市场好评。组建锡电智库，完成内参、专报等研究成果20余份，牵头承担国网总部科技项目3个，数量创历史新高。参与研究的“基于数字化转型的电网基建投资贯穿式统计监督管理”成果获评中国电力企业联合会主办的2022年（第二届）电力北斗应用创新竞赛一等奖。“携式三相电能表快速上电装置的研制”成果获国际质量大会金奖。

深化“开门接电”模式，实现16个省级及以上重点园区全覆盖。加强与政务平台信息共享，推动政府出台“电水气讯暖”并联审批政策，提高办电效率和服务水平。年内，“95598”热线投诉意见数比上年下降34%。配合市政府出台《无锡市城乡居住区新能源汽车充电基础设施建设实施方案（2022—2025年）》，解决老旧小区充电难问题。6月，投运省内首个“光充储”一体化微电网营业厅，年发电量4万千瓦时。9月，促成SK海力士半导体（中国）有限公司在北京电力交易中心完成绿色电力证书交易5.6万张，单笔成交量和成交总量均居国网经营区首位；全年通过北交所累计购买绿证20.8万张，交易电量2.08亿千瓦时。全年，无锡地区实现绿电交易2.4亿千瓦时，覆盖电子、汽车、化工、服务等行业共51家用户，交易量占全省总量的10%。完成无锡现代农业园等18个国网级、772个省公司级乡村电气化项目，江阴青禾农场成为首批国网乡村电气化示范项目。国网宜兴公司“蜜蜂行动·赋能乡村振兴”项目获江苏省青年志愿服务竞赛二等奖。

【电力安全保障】 2022年，国网无锡供电公司开展“同心同向，共保安全”专题活动，安全生产专项整治三年行动收官，206个问题隐患全部整改完成。全力压降电网跳闸，全年主网设备跳闸数比上年减少23起，配电线路百公里故障数比上年下降4.44%。落实风险管控，压降电网五级风险35项、六级风险34项。迎峰度夏期间，发挥全市电力负荷管理中心作用，政企协同精准实施负荷管理18天，组织错避峰3.8万户次，单日最大错峰120万千瓦。加快推广不停电作业，开展不停电作业1.5万次，减少用户停电63万时·户。筑牢信息安全防线，成功拦截处置内网疑似高危及以上网络攻击100万余条。

（洪雅迪）

【城市照明】 2022年末，无锡市照明设施总量1398748盏。其中：中心城区市管总灯盏数253936盏；锡山区107118盏、惠山区154750盏、新吴区439684盏、马山国家旅游度假区为14723盏；江阴市99216盏、宜兴市329321盏。全年应发生电费1.79亿元，实际发生电费1.57亿元，节约电费2230.58万元，节电率13.31%。其中：中心城区电费4770.68万元，占全市电费的30.37%；无锡经开区电费1221.36万元，占全市电费的7.77%；锡山区电费3311.95万元，占21.08%；惠山区电费3129.33万元，占19.91%；新吴区电费3280.16万元，占20.87%。全年中心城区亮灯率99.67%，设施完好率98.3%；锡山区亮灯率99.45%，设施完好率97.47%；惠山区亮灯率99.52%，设施完好率97.47%；新吴区亮灯率99.77%，设施完好率97.94%。

【污水处理】 2022年，全市50家城镇污水处理厂总处理规模271.7万吨/日。其中，市区21家污水处理厂处理规模175.25万吨/日，江阴市20家污水厂处理规模61.45万吨/日，宜兴市9家污水处理厂处理规模35万吨/日。年内，全市50家城镇污水处理厂实际处理水量7.93亿吨，其中市区处理5.24亿吨、江阴市处理1.62亿吨，宜兴市处理1.07亿吨。年末，全市污水主管网总长度9168.15千米，其中江阴市污水管网长度1995.48千米，宜兴市污水管网长度1851.53千米，市区污水管网长度5321.14千米。

【“12319”服务热线】 2022年，无锡“12319”社会公共服务热线平台受理各渠道工单14945件，其中“12345”服务热线接报2961件、110”（“122”）热线接报3724件、市污染防治综合监管平台接报103件。处理有效工单8926件，按时办结率100%，满意率96%，反馈率100%。数字城管接报8157件，按期结案率99.5%。

（市市政园林局）

【市政公用新能源充电设备】 2022年，无锡照明股份有限公司下属无锡市政公用新能源科技有限公司启动“百站千桩”市政公用新能源充电桩及运营平台建设项目，按照“统一规划、统一标准、统一建设、统一运营、统一平台”要求，全年建成投用充电站101座、充电桩1076台。至年末，市政新能源充电形成294座充电站、4035台充电桩规模，总装机功率8.6万千瓦，市场占有率保持第一，最高单日充电量13.65万千瓦时，年充电量比上年增长48.33%，充电次数比上年增长54.41%。

（马　婕）

【无锡首座市政重卡充换电站投运】 6月21日，无锡西区燃气热电有限公司与国家电力投资集团有限公司合资建设的无锡首座市政重卡充换电站——重卡“智慧新”华清大桥南站揭牌投运。该项目是无锡市新能源汽车充换电示范站和无锡推动重卡运输车辆“油改电”项目试点站，集重卡换电、乘用车充电和乘用车换电三大功能于一体，通过直接更换动力电池，打破重卡电动化技术瓶颈，有效解决重卡充电时间长的难题。该站每日可满足168车次换电需求，全年可替代柴油135万升，实现减排二氧化碳3550吨。

（晏　旎）

【锡澄水厂分布式光伏电站和光储充微电网项目建成】 2022年，无锡市水务集团有限公司锡澄水厂分布式光伏电站和光储充微电网项目建成投运。该项目是省内单体面积最大的自来水厂分布式光伏电站，也是省内自来水厂中首个落地的光储充微电网项目。其中，锡澄水厂分布式光伏电站面积4.4万平方米，装机容量4.6MWp，采用“自发自用、余电上网”模式，年发电量511万千瓦时，约占整个水厂用电量的1/6；光储充微电网建于锡澄水厂生活园区内，开启发电与储电的一体化运作，实现园区内碳排放与吸收的平衡，装机量217千瓦，设计寿命25年，预计25年总发电量544.4万千瓦时。该项目投运每年能够节约标准煤约1660吨，减少二氧化碳排放约4200吨。

（赵静静　晏　旎）

【无锡首座“光储放”超级充电站建成】 12月28日，由无锡市政公用新能源科技有限公司投资建设的向阳路“光储放”超级充电站建成。该

12月28日，无锡首座“光储放”超级充电站建成

（无锡照明股份有限公司　供图）

站是省内首座集光伏、储能、液冷超充、放电于一体的智能超级充电站，也是无锡市首个对外运营的超级充电站。该站位于无锡古运河景区向阳南路停车场内，配备24台直流快充终端。其中，2台600A液冷超充充电桩，最大输出功率480千瓦，可实现“充电5分钟，续航250千米”。配备分布式光伏雨棚、储能设备及微电网系统，可实现对光能的收集、储存、转化及反向放电。

（马　婕）

【无锡市市政公用产业集团】 2022年，无锡市市政公用产业集团完成营业收入132.9亿元、利润总额6.11亿元、现价工业产值48.62亿元，比上年分别增长10.72%、20.26%和12.18%，居中国服务业企业500强第388位。全年实施重大投资项目47个，完成投资43.56亿元。围绕水电气暖等民生主业项目，申报中央预算内资金和政策性开发性金融工具项目，获得资金3.05亿元。其中：无锡市“十四五”安全供气老旧管网改造工程、无锡市城市供水老旧管网改造工程2个项目争取到中央资金7555万元；无锡市北尖公园净水厂工程、无锡西区燃气热电有限公司二期扩建工程2个项目争取到策性开发性金融工具支持2.29亿元。贯彻落实市委、市政府《关于推进供给侧结构性改革的实施意见》和《关于降低实体经济企业成本促进经济平稳健康发展的实施意见》，全年为实体经济降低水气成本2.85亿元，其中减免水费2.05亿元、气费0.8亿元。新冠疫情防控期间，为服务业小微企业和个体工商户减免租金206万元。水气营商环境持续优化，上线水务营商环境3.0版，无锡水务营商环境创新经验被国家发展改革委向全国推广，无锡市连续第二年“获得用水用气”指标的做法在全国优化营商环境经验交流现场会上作典型发言。水务“四零零”+“四端”服务标准、容缺办理机制、全程代办服务、联通政务平台等做法入选国家发展改革委《优化营商环境百问百答》。探索水气业务互通模式，水气智慧服务一体机投用，水务城北营业厅、燃气盛岸营业厅作为试点互为代办缴费、查询等业务。2月17日，上线启用“962181”市政服务热线暨市政客服信息中心，在全国首创市政公用服务“一号通接、一码通办”，全年受理各渠道电话业务139.58万个，处理工单17.28万件，满意率96%以上。

（市市政集团）

【无锡市水务集团有限公司】 2022年，无锡市水务集团有限公司深化分区计量，强化供水管线检漏，全年产销差率15.44%；加强污水管网巡视及清通养护力度，确保城市供排水运行安全稳定。全年完成供水量5.28亿立方米，平均日供水量144.83万立方米，最高日供水量170.02万立方米，创历史新高。自来水出厂水质合格率、水质综合合格率、尾泥安全处置率均为100%，主要水质指标均优于国标；完成主城区污水处理2.19亿吨，出水稳定达到DB32排放标准。创建全方位监测预警、全天候捞藻、全过程供水保障、全流域应急调度、全时段优质保供服务、全环节智慧水厂管控6大体系，强化水源保护，把牢水质安全关口。年内，全市首座地下式污水处理厂北尖公园净水厂、太湖新城污水处理厂三期扩建工程开工；锡澄水厂澄西水源厂尾水处理扩能改造工程完工。完成农村供水设施改造10154户、老旧供水管网改造56千米、二次供水改造项目102个。开展城市公共直饮水点建设，协助相关部门和单位建成胡埭九龙湾、蠡湖风景区、太湖广场等惠民高品质公共直饮水点7个，缓解市民出行饮水难题。桥管设施完成全部整治内容266项，纳入常态化管理。

（赵静静）

【无锡华润燃气有限公司】 2022年，无锡华润燃气有限公司新建燃气管网100千米，发展居民用户6.1万户，累计用户数150万户，供应天然气12.2亿立方米。围绕无锡市城镇燃气安全提升三年工作主线，超额完成管道天然气居民用户自闭阀和金属包覆软管安装更换95万户、超高层用户自闭阀与报警切断装置安装9707户、老旧燃气管网改造25千米、“瓶改管”8116户。实施市区瓶装液化气市场整合，推动形成无锡瓶气市场“两家主体、良性竞争”格局。完善瓶装液化气智慧管理平台，构建从“供气端到用户端”的全生命周期安全管控体系。加强燃气安全隐患治理，完成民用户入户安检68万户，落实人流密集区1662户工商户周巡查，加强高压内环管道和埋地燃气管线检测。成立新吴区LNG储配站副指挥中心，应对各类突发情况，保障调度抢维修中心核心职能正常运行。7月1日，梅村抢维修服务点投运，大幅缩减新吴片区抢修作业的路程和时间，提升抢修响应速度和抢修半小时到达率，配合公司抢修云平台，提升智慧燃气运营水平。全年完成抢修8.9万起，抢修及时率99%，抢修回访满意度98%。

（吴广敏）

【无锡西区燃气热电有限公司】 2022年，无锡西区燃气热电有限公司完成供热量61.96万吨，天然气发电量18.48亿千万时，供热服务及时率99%，市民满意率91.5%。打造智慧热网系统，完善供热全过程智能化监测分析，合理调度热网管线安全运行，完成城区老旧供热管网改造10处。3月15日，无锡西区燃气热电有限公司二期扩建项目获省发展改革委核准批复，并于10月28日开工建设。该项目动态投资约11.05亿元，主要建设一台45万千瓦级燃气—蒸汽联合循环调峰兼顾供热发电机组及相应辅助设施。

（晏　旎）

【无锡市政公用环境检测研究院有限公司】 2022年，无锡市政公用环境检测研究院有限公司做好全市3个水源地（南泉水厂、锡东水厂、锡澄水厂）、4座净水厂（雪浪水厂、锡东水厂、中桥水厂、锡澄水厂）以及供水范围内120个管网点、500个二次供水点的水质检测工作和各污水处理厂进水、出水、污泥、废气、噪声等检测工作。加强水质监测预警，当原水水质发生异常变化时，将原水特征污染物、嗅味物质应急检测频次由每日1次提高至每日2次，并加强对外围水、各工艺过程水、出厂水、小样试验出水的检测。全年完成供水检测样品0.9万个，出具检测数据5.6万个、检测报告近2000份；完成污水检测样品1.63万个，出具检测数据9.93万个、检测报告近5000份。年内，为全市近30家医疗机构提供污水设施整改方案，完成75家医疗机构污水处置情况核查，推进市船舶水污染物接收转运处置能力评估项目。

（房俞晓）

城市绿化

【概况】 2022年，全市各级绿化部门围绕“美丽无锡”建设，全面提升无锡城市形象。市区新增城市绿地350万平方米，建成区绿化覆盖率43.96%、绿地率40.92%、公园绿地服务半径覆盖率93.52%，城市人均公园绿地面积15.2平方米。根据省住房城乡建设厅《关于做好“乐享园林”民生实事工作的通知》要求，结合城市更新和片区建设，推动园林绿化成果“从共享到乐享”的新提升，高标准完成东林书院游园、梁溪河整治启动段绿道、高浪路机场路桥下空间更新利用等10个省政府“乐享园林”项目建设目标任务，全市完成新改建各类公园游园102个，道路绿化提升改造18条，新（改）建绿地面积159.14公顷，新（改）建城市绿道28.9千米。年内，无锡市成功申办第13届江苏省园艺博览会。

【《无锡市城市桥下空间利用设计导则》编制】 2022年，市市政园林局推进“美丽无锡”建设，全面提升城市功能品质，根据《中共无锡市委无锡市人民政府关于扎实推进美丽无锡建设的实施意见》和《市政府办公室关于印发创建国家生态园林城市三年行动计划（2020—2022年）》要求，与上海复旦规划建筑设计研究院共同研究编制《无锡市桥下空间利用设计导则》，将引导各地开展城市桥下空间的利用改造，解决长期以来城市桥下空间管理难点，打造高品质城市新型公共空间，更好满足人民群众高品质生活需要。

【《无锡市城市绿化条例》修订】 2022年，市市政园林局完成《无锡市城市绿化条例》修订工作，经江苏省第十三届人大常委会第三十二次会议批准施行。新修订的条例重点就城市绿地规划建设、城市绿地和树木保护管理，以及绿化工程全过程质量监督等方面进行完善，全面规范城市园林绿化的保护管理工作。为推动科学绿化，条例将绿地共享、立体绿化、林荫路、海绵型公园和绿地以及园林废弃物资源化处置利用等新要求纳入其中，以满足人民日益增长的优美生态环境需要。

【城市公园绿地建设】 2022年，市市政园林局围绕《无锡市公园绿地十分钟服务圈规划》建设目标，推进各类公园、游园和口袋公园建设，提升公园绿地的均衡性、可达性和便民性，在全市构建数量达标、分布均衡、功能完备、品质优良的公园体系。全年新（改）建绣圃、西浜公园、直湖港游园、钱巷口袋公园等各类公园游园102个，其中儿童友好型公园16个；开工建设无锡植物园，超额完成年度公园、游园建设目标任务。增强公园绿地的便民惠民功能，年内新改建的公园绿地内新增休憩座椅250余张、直饮水点40个、各类运动场地18块。

【园林绿化废弃物处置】 2022年，市市政园林局下发《2022年无锡市园林绿化废弃物处置利用工作要点》，推进全市园林绿化废弃物收集和资源化利用处置点建设。年末，全市建成并运行的园林绿化废弃物资源化利用处置点6个，在建2个，选址1

个，园林绿化废弃物收集率100%，资源化利用率85%。

（市市政园林局）

【古树名木保护管理】 2022年，无锡市进一步落实古树名木辖区管理责任，完善长效保护管理举措，做好古树名木保护管理工作，开展对全市古树名木后备资源的普查工作。市自然资源规划局经开分局织密古树名木生态"保护网"，将分布在尚贤河湿地公园、裕庆寺、东埄实验小学及南湖大道附近的5株古树名木，纳入区林业工作计划重点，并根据林业保护专家的意见，按照省城市绿地养护管理一级标准，对5株古树名木开展巡查养护，对古树保护工作进行规范化指导，推行"养护责任单位+护林员"双重管理机制，以图文形式对古树生长状况进行记录，更加高效快捷地完成信息采集任务。市市政园林局组织开展城市古树保护及后备资源的保护管理情况普查，会同市公安、市自然资源部门开展打击破坏古树违法犯罪活动专项整治行动，出动人员21人次、车辆8台次，检查各类场所12处，开展媒体宣传报道2次、普法教育1次，有效预防破坏古树名木违法犯罪活动。年末，全市有古树名木867株，后备古树85株。

（刘梦皎　市市政园林局）

【绿化科研应用】 5月，市绿化管理部门针对历年蚜虫、天牛等病虫害发生规律提前发出预警，组织养护工人在湖滨路、运河西路等市管道路和游园开展有益昆虫挂放工作，在法国梧桐、柳树、樱花等容易发生蛀干害虫的树木上挂放花绒寄甲和肿腿蜂共计8625管、约86万头。完成"新优花坛花卉植物材料推广应用研究"和"高架月季低维护品种的筛选"科研课题的阶段性研究工作。"新优花坛花卉植物材料推广应用研究"通过收集整理无锡市重要路段花卉品种，从观赏性、抗性、能否多季使用、性价比4个角度对所选品种构建《无锡新优花坛花卉植物材料评分体系》，形成《无锡新优花坛花卉植物品种推荐名单》，并根据实际使用情况，从价格、季节、养护等级3个方面提出应用建议。"高架月季低维护品种的筛选"对市场上的低维护月季品种进行摸底调查，引种观赏性强、自洁性强、抗病性、耐贫瘠的月季品种16种，进行观察比对，从抗性、长势、高度、花期、花色、花瓣数几个指标，初步筛选出4个品种推荐为低维护月季品种。

【绿化行业监管】 2022年，市级园林绿化工程在监项目19个，绿化质监总面积51.8万平方米。经监督抽查、巡查，针对突出的质量问题发出整改通知书1次，整改完成率100%。全年通过绿化预验收项目8个、绿地面积10.7万平方米；通过竣工验收项目4个、绿地面积32.8万平方米。市园林绿化管理部门加强园林绿化企业行业管理，组织实施园林绿化工程集中抽查考核3次，抽查在建绿化工程44项；涉及施工企业19家。抽查考核严格按照优化调整后的综合考核评分标准，对园林绿化在建工程的实体质量、质保体系、市场行为、安全文明施工等进行全方位的检查，并结合文明施工提前公布考核结果，发布通报3份。根据信用评价周期内的企业各次得分情况，计算出企业的年度综合考核分，按比例计入年度施工信用分。年内受理200多家绿化企业的年度信用评价申请，评出193家企业施工信用分、194家企业养护信用分。

【第23届无锡市花——杜鹃花节】 2022年，市市政园林局会同市文明办、市文旅集团举办第23届无锡市花——杜鹃花节。因受新冠疫情影响，市花节再次采用"云赏花"的网上办节模式，以"市民的节日"为目标，围绕"推进绿色发展、建设美丽家园"主题，在市市政园林局网站首页设置专门网页，全面介绍历年市花节的办节情况和亮点，以及市花节期间举办的各种活动，宣传无锡市园林行业发展情况。

【全市园林绿化行业职工职业技能竞赛】 9月22—23日，市市政园林局会同市人力资源社会保障局、市总工会联合举办2022年度全市园林绿化行业职工职业技能竞赛。竞赛以城市花境景观营造为竞赛内容，聚焦城市建设的"新颜值"、经济发展的"新趋势"、群众生活的"新品质"，把推动园林绿化行业高质量发展与满足人民美好生活需要紧密结合起来，提升园林绿化技能和创新发展思维，弘扬和传承工匠精神。江阴市、宜兴市及各区、市文旅集团、市城建发展集团等10个代表队40余名选手参加决赛，最终3名选手分别获"无锡市五一劳动奖章"和"无锡市技术能手"称号。通过竞赛推选出的5名优秀选手代表无锡市参加全省职业技能竞赛绿化工决赛，获得团体第四名。

【国家生态园林城市创建省级初审及上报工作】 2022年，无锡市围绕《创建国家生态园林城市三年行动计划(2020—2022年)》目标任务和住房城乡建设部印发的《国家园林城市申报与评选管理办法》《国家园林城市评选标准》，推进国家生态园林城市创建工作。9月，省住房城乡建设厅组织专家对无锡市国家生态园林城市创建进行省级初审，专家组一致认为无锡市各项考核指标达均达到国家生态园林城市标准，具备国家生态园林城市申报条件。省住房城乡建设厅于12月16日发函，向住房城乡建设部推荐无锡市参加国家生态园林城市评选。12月底，市国家生态园林城市创建办公室按要求向住房城乡建设部报送高质量国家生态园林城市创建申报材料。

【完成无锡市与东南大学共建"梅园"项目选址及规划设计方案】 5月，无锡市与东南大学合作共建"梅园"项目实质性启动，项目选址于东南大学九龙湖校区南部地块，总面积约3.2万平方米。市市政园林局选派园林规划设计、园林文化研究等方面的相关专家多次到东南大学南京市江宁开发区九龙湖校区进行现场踏勘和工作对接，完成项目选址和规划设计方案。项目设计方案以国内知名的无锡植物专类园——江南兰苑、中国杜鹃园为蓝本，以“新江南园林”范式为造园特色，并将无锡荣氏梅园文化与东南大学校园融合，精心打造一座典雅、幽静、温馨的友谊之园。

（市市政园林局）

城市公交

【概况】 2022年，无锡市坚持公交优先发展战略，入选全国公交都市创建名单，深化地铁和公交“两网融合”，新辟优化公交线路28条，新购新能源公交车辆248辆，新增定制公交104辆，新开通苏锡常地区毗邻公交线路2条，累计开通苏锡常毗邻公交线路15条。推进交通出行适老化改造，新改建便民服务站台210个。推进公交与文旅融合发展，新增都市双层巴士10辆、城市乡村观光线3条，“镇村公交”在全覆盖基础上运营良好。推动车路协同应用示范，探索无人驾驶商业化运营机制，锡山区、新吴区和无锡经开区投用无人驾驶微循环公交。无锡市公共交通集团有限公司（以下简称“无锡公交集团”）有常规公交线路272条，微型巴士线路13条，定制公交线路98条，合计383条线路。运营车辆2622辆，日均营运班次7843个，日均客流28.57万人次，完成营运里程9593.21万千米。“锡巴士”定制公交日常运营的定制线路98条，其中校园定制10条、企业定制87条、专线定制1条，涉及企业、单位28家，日均营运班次372个，日均载客1.1万人次。无锡公交集团全年完成4个充电站、107个充电桩的建设并投运，全市新能源与清洁能源公交车占比提升到86.8%。11月，在交通运输部、中华全国总工会联合举办的2021年最美出租汽车司机评选中，无锡出租车司机李展入选全国百名最美出租汽车司机。12月4日，宜兴市入选江苏省交通运输厅发布的首批城乡公交一体化达标县（市、区）名单。年内，无锡公交集团获交通运输部“新能源公交高效运营企业”等称号。

（吴小芹　祁辰淘　李　勋　李　聪）

【出租车网约车】 2022年，无锡市区有巡游出租车公司21家，巡游出租车4040辆（含51辆个体车），从业人员6352人。有网约车平台公司32家，网约车车辆17899辆，从业人员15331人。市交通运输局强化网约车许可管理，落实网约车平台公司主体责任，应用网约车信息平台，实施网约车车辆、驾驶员网上信息报备。实际运营网约车平台注册报备率及驾驶员注册报备率均在90%以上。年内，通过开展“飓风”“百日攻坚”等专项行动，采取暗访排查、站点值勤等方式，加强行业监管，查获网约车平台非法经营案件966起，其中，对平台公司立案753起，对社会车辆立案213起；对网约车平台非合规派单立案752起。

（孙　斌）

【宜兴溧阳新增2条毗邻公交线路】 1月18日，2022年长三角“一地六县”（“一地”指上海光明集团绿色发展基地〈白茅岭农场〉，“六县”指江苏省溧阳市、宜兴市，浙江省长兴县、安吉县，安徽省郎溪县、广德市）交通先行毗邻公交开通仪式在溧阳市天目湖游客中心广场举行。宜兴、溧阳两地在原有宜兴263路（宜兴张渚至溧阳戴埠）、溧阳36路（溧阳汽车东站至宜兴杨巷客运站）2条毗邻公交线路的基础上，新增2条毗邻公交线路，分别是溧阳天目湖至宜兴云湖（溧阳197路）、宜兴张渚至溧阳高铁站（宜兴266路）。线路的开通在方便两地旅客出行的同时，助力区域旅游一体化发展。

【宜兴城乡公交801路（观光1号线）开通】 5月6日，宜兴首条观光巴士线路801路（观光1号线）开通。该线路起点站为宜兴汽车站，终点站为竹海风景区，沿线串联起龙背山森林公园、善卷洞风景区、龙池山风景区、灵谷洞风景区、阳羡湖风景区、玉

2022年，无锡市新增都市双层巴士10辆。图为“自在趣无锡”双层观光巴士

（市交通运输局　供图）

女潭风景区、雅达小镇、陶祖圣境等宜兴市内主要景点。全程实行中英文双语播报站名，成为宜兴全域旅游发展新亮点。全线投放的车型增配驾驶行为安全干预、360度环视等系统，加装公交车驾驶区安全防护门，增强车辆安全系数。

（李 聪）

【“智汇疫联”系统上线】 5月16日，全省首个公交车载防疫监测系统“智汇疫联”平台上线。该系统由无锡智汇交通科技有限公司自主研发，首批300台设备安装完毕，计划覆盖全市公交。该系统是通过扫描个人门铃码或身份证，实现快速识别并提示通行状态。设备能提醒乘客佩戴口罩，报警处理异常情况，并自动联网上报后台系统。该设备还支持纸质版个人门铃码扫码上车，方便老年人和儿童使用。

（国 蓉）

【江阴城镇公交102路获评省十佳城乡公交线路】 6月，江阴城镇公交102路获评江苏省十佳城乡公交线路。102路公交车往返于江阴客运站与临港中心站，每日发车24班，沿线站点31个，单程25千米，配备6辆8米纯电动新能源公交车，全线由10名女性驾驶员组成，为乘客提供贴心、舒心、暖心的空乘式服务，实现服务“零投诉”、操作“零违规”、安全“零事故”。

【江阴城镇公交122（S）大站快车开通】 6月26日，江阴城镇公交开通122（S）大站快车线路。该线路往返于江阴汽车客运站和璜土客运站，设站点10个，线路单程26千米，每日发车3班，单程营运时间60分钟，单程时长较常规122路缩短10分钟，提升公交运营效能。

（朱怡洁）

【微型巴士10号线开通】 10月8日，无锡公交地铁接驳微型巴士10号线开通。微巴10号线设8个站点，无缝对接地铁1号线人民医院站，覆盖扬名街道瑞扬家园、扬名花园、芦庄六区、新联苑、芦庄一区、芦庄二区等主要社区，为沿线居民3万余人出行提供便捷。无锡市加快构建“地铁送到站、公交接回家”的“零距离”公共交通服务体系，至年末，市区累计开通微巴线路13条。

（祁辰淘）

地 铁

【概况】 2022年，无锡市累计开通地铁线路4条，运营里程112千米，设有车站80座、换乘站7座，投入列车104列，列车正点率、运行图兑现率等关键指标均在99.9%以上，保持一般及以上责任事故零发生。年内无锡地铁运送旅客1.19亿人次，通车以后累计运送旅客8.28亿人次。取消儿童免票人数限制，设置爱心座椅2686张，在20个重点车站配置自动体外除颤器（AED）。打造地铁便民“文化客·‘悦’读站”3个，无锡地铁“文化客”项目被评为无锡市社科普及示范基地。新开工轨道交通项目3个，续建轨道交通项目1个，完成轨道交通投资67.3亿元。无锡地铁集团投资的无锡医疗健康产业园（无锡市妇女儿童医疗保健中心）项目启动实施，项目总投资约50亿元，是无锡首个由国资企业投资的医疗健康重大项目，该项目设计方案获评2022WDA世界设计大奖公共建筑方案类大奖。11月10日，无锡市首家国有企业无党派知识分子联谊会在无锡地铁集团成立。全年无锡地铁运营服务质量评价965.06分，线网服务质量评价953.06分，排名全省第二。

【首次实现轨道交通“四线共建”】 2022年，无锡市连续启动3个轨道交通工程建设，无锡至江阴城际轨道交通工程（S1线）完成全线贯通，首次实现轨道交通“四线共建”。6月，地铁4号线二期工程开工，线路全长8.3千米，设车站6座，均采用地下方式敷设，年内完成投资5.3亿元。该工程是无锡市城市轨道交通第三期建设规划的先行工程，建成后可与地铁3号线、沪宁城际高铁换乘。8月，地铁5号线一期工程获省发展改革委工程可行性批复，线路全长25.4千米，设车站22座，均为地下站，项目投资估算金额243.69亿元，年内完成投资3.5亿元。11月，无锡至宜兴城际轨道交通（锡宜S2线）一期工程获省发展改革委工程可行性批复，线路全长26千米，设车站6座，其中地下站4座、高架站2座，项目投资估算金额143.34亿元，年内完成投资1.8亿元。12月，锡澄S1线实现全线贯通和主体结构封顶，进入运营筹备阶段，年内完成投资33.2亿元，累计完成投资68.7亿元。该线路是无锡市首条市域城际轨道交通线，总投资139.89亿元，起于江阴外滩，止于无锡地铁1号线堰桥站，线路全长30.4千米，设车站9座，其中地下站5座、高架站4座，建成后可与无锡地铁1号线贯通运营，构筑无锡与江阴两地“半小时通勤圈”，促进锡澄一体化发展。

【地铁与常规公交“两网合一”】 2022年，无锡地铁集团加快推动无锡市“公交都市”建设，增强公共交通吸引力。“码上行”“智慧公交”“灵锡”等App实现地铁、常规公交扫码支付互联互通，在全省率先实现公交地铁换乘优惠政策全覆盖。加快地铁与常规公交线路去重工作，新增及优化公交线路9条，开通公交微巴3条。实施全市公交地铁换乘标志升级改造，更新地铁街区图372块、地铁站外路引牌1737块、地徽信息标识170块。开展“千人走访、服务上门”品牌行动，引导市民更多选择绿色出行，全年无锡市绿色出行比例70.1%，绿色出行服务满意率95.1%。

【无锡首个装配式建筑派出所工程启动建设】 3月3日，无锡地铁4号线一期工程博览中心站派出所工程项目启动建设。该项目是无锡市首个装配式建筑派出所工程，建设内容包括新建一栋地上3层办公楼及配套室外附属工程，办公楼建筑面积1840平方米，主体结构采用装配式构件，装配率55.2%。项目位于无锡经开区震泽路以南、贡湖大道以东、南湖大道以西、清晏路以北地块，占地面积1985平方米。

【《关于推进轨道交通场站及周边土地综合开发的实施意见》出台】 4月6日，市政府办公室印发《关于推进轨道交通场站及周边土地综合开发的实施意见》，推动践行以公共交通为导向（TOD）的城市新发展理念。该意见由无锡地铁集团会同相关部门共同研究起草，在无锡地铁上盖实践的基础上，借鉴国内先进城市经验，有利于促进土地集约利用，进一步深化无锡市轨道交通“站城一体化”进程，高水平建设“轨道上的城市”。至年末，全市实施轨道交通物业上盖TOD开发项目7个，开发面积超200万平方米。

【无锡地铁云招标】 4月29日，无锡地铁集团联合市公共资源交易中心、梁溪公证处，通过远程连线方式，组织7省13市67家投标单位开展地铁4号线二期工程土建施工项目招投标工作，开创无锡市招投标有史以来最大规模的跨省“云答辩”纪录。该项目涉及无锡地铁4号线二期工程土建施工01标、02标均为特大型关键工程标，涉及金额24亿元，参与投标单位数量空前。

【全省首个统战主题地铁车站在无锡启用】 5月20日，江苏省首个地铁党外知识分子统战工作阵地在无锡地铁3号线北栅口站启用，获中央统战部官网专题报道。该主题车站以“同心圆”为设计核心，以“全省领跑、国内领先”为目标，打造无党派人士和党外知识分子思想引领的“教育之家”、参政议政的“协商之家”、志愿公益的“服务之家”、凝心聚力的“温暖之家”，带动辐射全市统战系统各单位，打造全省统战阵地新品牌。

【无锡首列无人驾驶地铁列车上线试跑】 6月21日，无锡地铁集团展示了地铁3号线“智慧列车”升级成果，首辆无人驾驶列车0320号上线试跑成功，“智慧列车”升级工作取得重要阶段性成果。该次智慧升级主要包含远程牵引制动、远程开关门远程操控空调、照明等智能化改造成果，为地铁5号线全面实现无人驾驶打下坚实基础。

5月20日，江苏省首个地铁党外知识分子统战工作阵地在无锡地铁3号线北栅口站启用

（无锡地铁集团　供图）

【无锡地铁集团与中国中车签署智慧城轨战略合作协议】 8月9日，无锡市与中国中车集团举办战略合作框架协议签约仪式，无锡地铁集团与中车股份签订城市轨道交通PPP项目全生命周期一体化管理标准指南项目合作框架协议、打造轨道交通全生命周期智慧城轨示范线项目合作框架协议，与中车建设工程有限公司签订项目合作框架协议，在标准化、智慧化城轨投资、建设、运营全生命周期领域开展全方位深度合作，重点聚焦中低运量、市域轨道交通以及海外轨道交通市场，深耕长三角，面向国内外提供运营管理、非票资源经营和相关咨询服务。

（王瑞婷）

城市管理

【概况】 2022年，市城市管理局按照无锡市打造“全国最干净城市”三年行动动员部署暨全市城市精细化管理工作会议要求，围绕“城市管理要像绣花一样精细”的要求，全面推进实施打造“全国最干净城市”，提升市容环境面貌和城市功能品质。4月，市城市管理委员会办公室牵头起草出台《打造“全国最干净城市”三年行动计划（2022—2024年）》，统筹协调59个市城管委成员单位围绕环境面貌、基础设施、市容秩序、生态环境、绿化景观5个方面，攻坚62个无锡最干净城市测评指标，建成底册清单和责任清单272.31万个。至年末，有61项指标进度达100%，全市（含江阴市、宜兴市）31个街道（镇）最干净街道（镇）建设达优，超出年度目标任务11.33%。牵头完成4批次、758个参评项目城市精细化管理“红黑榜”评选，评出季度“红榜”93个、“黑榜”92个，年度“红榜”25个、“黑榜”23个。基本形成城市管理问题处置“一网统管”体系，“智慧城管”系统新增各类业务数据46970万条，发现上报各类事、部件问题189.84万个（含区级自查97.66万个），按期结案率99.4%以上。年内，《新华日报》两次报道无锡市打造“全国最干净城市”工作，其中《干好“绣花活”，守护“幸福城”——无锡精管善治打造“全国最干净城市”》报道刊登于11月21日头版头条。市城管局连续3年获评住房城乡建设部“强基础，转作风，树形象”专项行动表现突出单位。

3月，大湖西大道路面清洗保洁作业　　（敖　翔　摄）

【城市功能品质提升】2022年，市城管局印发《无锡市城市管理局关于进一步优化营商环境的指导意见》，出台8项举措，助力优化营商环境。年内，建成8条精品街特色街，支持个性化店招设置，创新推广湖滨商业街、小娄巷等特色街外摆位管理和夜市经济发展模式，在门户区、重要节点设置14块高清全彩户外LED广告设施；通过布置“火树银花”、灯笼等设施浓厚节日氛围，多措并举营造良好消费氛围，发挥城市管理助推城市经济发展的“润滑剂”作用。建立城市家具底册45类、226.4万余项，推广应用《城市家具导则》，城市家具运用覆盖率40%。完成46条背街小巷品质提升，兑现背街小巷改造提升奖补资金2400万元。推进市区环卫作业一体化改革，市管道路和市区4个片区常态化实施环卫一体化作业，按照深度保洁作业标准完成30个“席地而坐”城市客厅。新建提升公共空间休憩座椅6725个、推广共享座椅1088张。推动出台《无锡市公共厕所管理办法》，新改建城市公厕146座、农村公厕305座，厕所开放联盟入盟单位600家。完成三批广告阵地（设施）使用权出让工作，成交标的9个，成交额1125万元。

（芮　睿）

【生活垃圾分类】2022年，无锡市全面推广实施居住区生活垃圾“四分类”（可回收物、有害垃圾、易腐垃圾、其他垃圾）定时定点投放模式，全市共完成“四分类”定时定点投放居住小区1055个、农村垃圾分类试点村（社区）100个，配备其他垃圾收集车808辆、易腐垃圾收集车166辆、有害垃圾收集车62辆、可回收物收集车96辆，城乡生活垃圾分类设施覆盖率80%以上。推进分类处置设施建设，关停无锡益多环保热电厂，实施梁溪生活垃圾转运站、惠联餐厨废弃物（易腐垃圾）处置扩建项目，锡东易腐垃圾项目启动前期手续。年内，全市处置生活垃圾（其他垃圾）308.65万吨、易腐垃圾44.26万吨。其中，市区处置生活垃圾（其他垃圾）184.29万吨，日均处置5049.04吨，无害化处理率保持100%；收运处置餐厨废弃物24.6万吨、有机废弃物9.77万吨、厨余垃圾9.89万吨。加强垃圾分类执法保障，全市开出罚单3188张，其中开出单位罚单28张，处罚金额32.9万余元。推动修改《无锡市市区生活垃圾处理费收缴实施办法》，优化完善征收标准、征收方式、减免规定，为生活垃圾收集、转运、处置提供资金保障。

（芮　睿　邱海军）

【建筑垃圾管理】2022年，全市环卫部门加大工程渣土车辆运输监管力度，规范工程渣土运输车辆密闭改装，入库118家运输单位的车辆1866辆。规范装修垃圾管理，全年备案93家装修垃圾专运单位的车辆637辆，推进装修垃圾全量资源化工作。年内，市区处置建筑垃圾122.28万吨，其中梁溪区23.21万吨、锡山区21.68万吨、惠山区16.91万吨，滨湖区17.79万吨、新吴区26.21万吨、无锡经开区16.48万吨。

（季　妍）

【市容秩序管理】2022年，无锡市智慧停车管理平台作为“智慧城管”系统子平台，动态整合全市停车场8419个、车位静态数据195万条，接入1180个停车场、41万个车位的动态数据，为市民提供停车导航服务452万次。市城管部门推进停车资源统一平台、统一管理、统一经营的

"三统一"监管，新增停车泊位2.3万个，实施错时共享泊位1.58万个；完成市妇幼保健院"停车就诊联动"数字场景建设，实现23个停车场、2946个泊位"先离场后付费"；完成36个场库、7764个泊位ETC建设任务，查处机动车违停34.88万起，清理"僵尸车"1560辆。拆除存量违法建设553.3万平方米，对全市959个新批在建项目建立底册清单，防止新增违法建设。拆除违法违规户外广告和店招标牌设施15.90万平方米，维护更新或拆除整改缺亮破损标识标牌、发光字牌5569个。

【城市管理创新】 2022年，市城管部门创新实施"城管进社区"。把社区作为居民需求的"第一吹哨人"，研究制定5大类20项"城管进社区"管理事项清单并动态更新、及时优化调整。采取"1+N"(1名城管/综合执法队员+N名城管协管队员)和"N+1"(N个社区+1名城管/综合执法队员)的挂钩模式进驻社区，建立"定人定时定点"服务社区机制，以合署办公形式设立社区城管工作室，并建立健全社区城管工作室建设规范，完善日常考勤、巡查检查、协调服务、跟踪问效等工作制度。进驻人员主动向基层精准"报到"，分层分类做到城管服务、管理、执法进社区，督促推动物业企业、第三方机构等履行管理服务职责。至年末，市区有执法人员200人、协管人员1573人进驻679个社区，在社区内接办难点堵点问题1500余件，办结1396件；城管系统77名领导干部挂钩进驻社区开展工作，累计调研走访189次，推动排名靠后的社区强化城市精细化管理工作。

【新冠疫情防控】 2022年，市城管局制定城管系统"平急转换"工作机制，对照第九版防控方案要求完善9个城管执勤保障场景和18个环卫作业规范，分级分类开展培训10万余人次。应急状态下全面接管中高风险区域涉疫生活垃圾处置，落实"黄桶""黄袋"制度，按照"专人收集、专车直运、专区处置、专责督导"要求全链条闭环管理，累计收运处置涉疫垃圾近1.3万吨。形成城管行业"金字塔"监管责任主体1105个、从业人员33415人。《疫情突袭，城管怎么应战——无锡用实际行动给出答案》报道刊登于10月11日《中国建设报》头版头条。

【城市运行管理服务平台建设】 2022年，市城管部门推进城市精细化管理数字化转型，坚持"科技之智"与"规则之治"相结合，在"智慧城管"一期建设的基础上，开展城市运行管理服务平台建设工作，加速推进城市管理"一网统管"，助力打造"最干净城市"。至年末，城市管理大数据中心整合汇聚8个业务子系统、10.7亿多条数据、6个业务专题，开放共享数据超4.7亿条。平台融合数字化管理网络和物联网感知网络，集成人工智能先进算法、算力，通过建设"太湖云眼"智能识别系统，形成一张"多网融合、智能发现"的城市智能化运行管理网络。利用"大数据＋物联网"双引擎驱动，整合提升数字城管、停车、环卫等业务系统，形成贯通市、区、街道、社区四级终端的综合应用平台，助力城市管理工作效能提升。建立常态化的数字城管驻场联席办公机制，累计召开联席会议44次，解决疑难争议案件769件，优化采集标准22类，细化处置规范21个，压实属地管理责任，推动全市市容面貌和居住环境的优化。

【城管执法能力建设】 2022年，市城管局以"打造最干净城市，建设最廉洁队伍"为目标，在全系统开展"强基础、争做典范，强业务、争当标兵，强作风、争创品牌，强担当、争攀高峰"系列活动。制定年度城管系统干部专业化培训计划，梳理28个培训项目，参训人员1291人次。开展"百日教育整顿"，重点针对执法人员、协管人员及服务外包人员三类整顿主体，建立人员底册、问题清单、整改清单，查找5大类336个问题，完善制定各类规章制度231项。实施包容审慎执法监管，出台助企纾困免罚清单，进一步规范明确执法裁量基准，明确行政处罚裁量中"不予处罚情形"，运用教育、警告、约谈等方式，引导督促当事人依法依规开展相关活动。年内，全市城管系统查处各类案件29.24万件，涉案金额8002.2万元。

（芮　睿）

编辑　何　峰

镇村规划

【镇村布局规划】 镇村布局规划是无锡市“三级三类”(“三级”指市、市〈县〉区、镇〈街道〉;“三类”指总体规划、详细规划和相关专项规划)国土空间规划体系中的重要专项规划,是统筹城乡发展和建设的重要依据。2022年,市自然资源规划局根据《江苏省自然资源厅关于做好镇村布局规划优化完善工作支持加快改善苏北地区农民群众住房条件的通知》《江苏省自然资源厅关于加快推进国土空间规划编制工作的通知》等文件要求,在2021年镇村布局规划阶段成果优化评估的基础上,贯彻落实市委、市政府的决策部署,深化开展镇村布局规划工作。依据《江苏省镇村布局规划优化完善技术指南(试行)》,落实“村级酝酿、乡镇统筹、市县批准、省厅备案”的要求,衔接国土空间规划“三区三线”划定成果,对照《无锡市乡村规划深化工作操作指南(试行)》,进一步明确村庄分类和布局,优化集聚提升类、特色保护类、城郊融合类、搬迁撤并类和其他一般村5类村庄分类,统筹安排配套设施,促进乡村集约建设。至年末,江阴市、宜兴市、锡山区、惠山区、滨湖区和新吴区全部完成镇村布局规划编制,规划方案均通过村、镇、区级讨论和专家论证,并按要求开展批前公示。

【《无锡市乡村规划深化工作操作指南》出台】 5月,为贯彻国家和省、市农业农村工作会议精神,系统推进乡村振兴和农业农村现代化,优化乡村空间布局,引导美丽乡村建设,《无锡市乡村规划深化工作操作指南》制定出台,指南在江苏省镇村布局规划、村庄规划指南的基础上,更有针对性地指导无锡市镇村布局规划中发展村的分类、布点和规模确定,更高质量开展实用性村庄规划与规范美丽农居建设。

【村庄规划编制】 2022年,市自然资源规划局围绕乡村振兴的时代任务,完成全市399个行政村村域层面的主要内容规划,划定1090个规划发展村庄现状、近期、远期三条控制线,保障和预留村民住宅建设空间,促进农村建设用地集约节约,因地制宜、分片分组布局村庄总平面,塑造乡村特色,展现江南水乡田园风貌,重点完成第一批美丽农居示范点的居民点规划设计方案,推进宜居宜业和美乡村建设。

(刘梦蛟)

镇村建设

【概况】 2022年,江阴市、宜兴市、锡山区、惠山区的建制镇总数为29个,其中江阴市10个、宜兴市13个、锡山区4个、惠山区2个。纳入村镇建设统计范围的有28个镇(不含宜兴市丁蜀镇),366个行政村、比上年减少1个,5824个自然村、比上年减少328个。全市镇域面积215789.6公顷,建成区面积22319.9公顷、比上年增加398公顷,镇域户籍户数529891户、比上年增加91户,户籍人口167.5万人、比上年减少1.9万人,建成区户籍户数198691户、比上年增加107户,户籍人口61.66万人、比上年减少0.1万人,常住人口98.89万人、比上年增加2.1万人。

【村镇基础设施建设】 2022年,无锡市建制镇建成区建设投资市政公用设施13.5亿元;建成区范围内自来水供水普及率100%,燃气普及率96.87%;道路长度1458千米;建成区绿地面积4805.6公顷,其中公园绿地面积579.9公顷,绿化覆盖率29.43%。建有公共厕所589座;有各类环卫专用车辆设备数618辆;有村镇污水处理厂41座,日污水处理能力73.39万立方米,年污水处理总量14400万立方米。全市村庄内道路长度3117.2千米,集中供水行政村比例100%,生活垃圾无害化处理行政村比例100%。

【现代“美丽农居”建设】 2022年,市政府出台《关于加快推进现代“美丽农居”建设的补充政策意见》《关于加快大力提升农村人居环境,深入推进“美丽农居”建设,加快推进农村住房条件改善的意见》,并加大资金奖补力度,制定实施《无锡市“美丽农居”建设奖补资金管理办法(试行)》,为新一轮

现代“美丽农居”——锡山区羊尖镇严家桥村界州　　（顾小江　摄）

全面开展现代“美丽农居”建设提供基本遵循和扶持保障。年内158个村启动“美丽农居”建设，其中7个先行示范点完成建设，落实奖补资金700万元。

【特色田园乡村建设和传统村落保护】 2022年，市住房城乡建设局会同各市（县）、区坚持规划设计前置，提升建设标准，强化过程指导和服务，开展现场踏勘交流，推动特色田园乡村建设水平提升。落实资金奖补激励，对市区范围内通过市级验收命名、省级评价命名的特色田园乡村，按照每村240万元的标准给予以奖代补。其中：通过市级验收命名的拨付50%资金，通过省级评价命名后拨付剩余50%资金；对江阴市、宜兴市的补助标准按市区标准减半执行。至年末，全市新增市级特色田园乡村26个，累计建成93个，新增省级特色田园乡村10个，累计建成41个。推进传统村落保护发展，年内，全市9个村被命名为国家级传统村落，累计命名11个；7个村列入江苏省传统村落名录，累计命名47个。

【重点及特色镇建设】 2022年，市住房城乡建设局会同各市（县）、区坚持规划引导，推动小城镇集约化发展，引导小城镇与特色产业发展相结合，与服务“三农”相结合，增强小城镇综合发展实力。江阴市长泾镇、宜兴市太华镇、宜兴市官林镇和惠山区阳山镇完成省级美丽宜居小城镇建设试点工作，宜兴市周铁镇、锡山区鹅湖镇申报省级重点及特色镇保护发展项目。

【农村房屋安全隐患排查整治】 2022年，无锡市推进经鉴定评估为C、D级农村危房消险解危，出台《农村自建房用作经营场所管理办法》，建立完善长效管理机制，强化职责分工，明确镇村属地责任和经营业主主要责任，确保排查整治和消险解危工作有力有序推进。成立市级专项督查组，突出重要时间节点、重要敏感时段、季节和灾难性天气等特殊时期，加强专项督促检查。开展全市自建房安全专项整治“百日行动”巩固提升活动，对排查结果分级抽查验收，对排查出的安全隐患进行全面现场复查，实现安全隐患及时发现、管控到位、动态清零。全市鉴定为危险房屋共1189户。其中：311户D级危房全部落实结构性整治改造、清空搬离、拆除等措施解危，确保无人居住；878户C级危房通过重建、维修加固、封闭停用加警示标识等措施全部完成整治和消险解危。

（顾小江）

【农村人居环境品质提升】 2022年，无锡市把改善农村人居环境作为推进乡村振兴的重要内容，制定出台《关于“十四五”开展农村人居环境整治提升行动全域推进生态宜居美丽乡村建设的实施方案》等政策文件，促进农村人居环境面貌显著提升，农民群众获得感和幸福感显著增强。在全省推进乡村振兴战略实绩考核中，无锡市连续三年列设区市综合排名第一等次，获得省政府“促进乡村振兴改善农村人居环境整治成效明显”激励，有关经验做法在国家乡村振兴局《乡村振兴简报》、中国乡村振兴网等刊发，被《人民日报》等媒体专题推介。

【农村人居环境评价机制完善】 2022年，无锡市聚焦农村人居环境整治提升，建立村庄数量、评价标准、问题线索3份清单，对纳入整治提升范围的6个市（县）区、52个镇（涉农街道）、541个村（涉农社区）、7094个自然村，全方位落实40条评价标准，按照规划发展村庄、一般村庄分别制定评价细则，确保整治有章可循、评价有据可依。创新实施全市域、全方位、全覆盖的地市级“红黑榜”评价制度，年内开展4次农村人居环境第三方暗访测评，对纳入农村人居环境提升范围的自然村至少检查1次，所属行政村实现4轮全覆盖暗访测评。每季度通报“红黑榜”结果，以行政村为单位通报年度综合“红榜”，对较为集中的“黑榜”问题组织开展专项整治。

（市农业农村局）

【数字乡村建设】 11月7日，无锡市数字乡村建设工作会议召开。会议总结全市数字乡村建设工作成效，在“数字＋基础设施、数字＋农业发展、数字＋新经济业态、数字＋绿色乡村、数字＋惠民便民、数字＋乡村治理”等方面作出部署，推进数字乡村建设。会上，无锡市数字乡村发展联盟揭牌成立，向无锡市数字乡村服务资源池首批入池单位代表授牌，表彰数字乡村建设优秀成果10个，授牌市级数字乡村首批试点地区1个、特色镇5个、特色村7个。

（蒋　露）

乡村产业

【乡村产业载体建设】 2022年，无锡市新增国家级农业产业强镇1个、全国“一村一品”示范村镇1个、农业国际贸易高质量发展基地1个、国家级农村产业融合发展示范区1个、省级农业现代化先行区1个、省级现代农业高质量发展示范园1个。宜兴市被省农业农村厅评为全产业链典型示范县。至年末，全市累计获批国家级农业产业强镇5个、全国“一村一品”示范村镇15个。

【农业产业化龙头企业】 2022年，无锡市重新修订《市级农业龙头企业的认定和监测管理办法》，从企业分类、企业发展、科技创新、核心竞争力等方面进一步规范，以更好地适应无锡乡村产业发展需求。全年新增农业上市公司1家、省级农业龙头企业3家、市级农业龙头企业18家。至年末，无锡市有农业上市公司2家、市级以上农业产业化龙头企业175家，其中国家级农业龙头企业7家、省级农业龙头企业49家、市级农业龙头企业119家。

【乡村产业融合发展】 2022年，无锡市积极引导产业链延伸，加快推进一、二、三产业融合，多渠道开展“苏韵乡情”系列活动，培育壮大各类新型农业经营主体。全市新增中国美丽休闲乡村1个、省乡村休闲旅游农业特色模式（项目）10个、省休闲运动基地11个、五星级休闲农业与乡村旅游企业（园区）7个。至年末，无锡市有中国美丽休闲乡村10个、省休闲运动基地11个。

（市农业农村局）

农村改革

【农村改革试验】 2022年，江阴市“村社分离改革”“家庭农场特色发展和联合发展改革”项目，惠山区“闲置农房盘活利用”项目通过江苏省第三批农村改革试验区试点任务验收。市农业农村局“无锡市集体经济发展推动共同富裕”项目申报2022年农业农村部备案制拓展农村改革试验任务。无锡市在省内创新开展城乡居民基本养老保险集体补助试点工作，率先在江阴市、惠山区和新吴区开展试点，鼓励有条件的村级集体经济组织对当年参加城乡居民基本养老保险缴费的本集体经济组织内成员给予一定数额的缴费补助。

【农村金融改革】 2022年，无锡市进一步优化“惠农贷”利率机制，降低农担担保费率，降低经营主体融资成本，支持农业经营主体稳产保供，“惠农贷”发放贷款7695万元，平均利率4.09%，向粮食类主体发放利率3.65%的贷款530万元。至年末，无锡地区农担业务在保余额13.66亿元，全年为1355户农业经营主体减免保费717万元；全市累计实现农业保险签单保费1.14亿元，累计提供43.56亿元的风险保障。全面推进农村土地经营权抵押贷款，年内，全市农村土地经营权抵押贷款新增3.02亿元，累计发放26.79亿元。通过新型农业经营主体信贷直通车，为229户农业经营主体办理优惠贷款2.2亿元。市农业农村主管部门和无锡银保监部门携手开展新型农业经营主体首贷扩面和信用建档评级专项行动，实现全市2000个新型农业经营主体全覆盖。辖区内银行支持新型农业经营主体820户，新增140户、4.53亿元。推进整村授信工作，辖区内3家法人农商行建档评级农户数63.68万户。

【农村集体经济股份制改革】 2022年，无锡市深化农村集体产权制度改革，966家村级股份经济合作社与村（社区）完成分账管理，新吴区和无锡经开区全区域完成“政经分开”改革，全市有228家股份经济合作社与村（社区）实现“政经分开”独立运行。年内，全市424家村级股份经济合作社向集体经济组织成员进行分红8.45亿元，全市股份经济合作社累计分红74.99亿元。提取应付福利费4.73亿元，比上年增长37.90%，农民群众成为集体经济发展的直接受益者。

【“锡望乡间，聚金惠农”金融服务乡村振兴系列活动启动】 10月，无锡市举办“锡望乡间，聚金惠农”金融服务乡村振兴系列活动启动暨农业农村重大项目签约仪式，市农业农村局会同市发展改革委、市财政局、市地方金融监督管理局、人行无锡市中心支行、无锡银保监分局，携手全市银行、保险公司、担保公司和国资企业代表，在全省率先成立首个市级金融服务乡村振兴合作联盟，成员单位27家，包括银行18家、保险机构6家、担保公司2家、国企1家，助推金融支持农业农村发展；签订亿元以上乡村振兴信贷项目33个，授信额度83.78亿元，签订37个总投资171.27亿元的农业农村重大项目。

（市农业农村局）

强村富民

【村级集体经济发展】 2022年，全市村级集体总收入81.5亿元，村均收入1099万元，其中经营性收入777万元。市政府办公室印发《关于发展壮大新型农村集体经济促进农民共同富裕的实施意见》，通过20条创新举措进一步巩固助推农村改革发展，持续激发集体经济发展新动能。市委农办制定《“一村一策”发展新型农村集体经济行动方案》，发挥政府统筹协调、规划引领、政策支持、机制创新、组织保障等方面的作用，加强分类指导，因地制宜、因村施策发展新型农村集体经济。打造一批“一村一策”发展新型农村集体经济促进共同富裕示范村，探索农村集体经济发展助推乡村共同富裕的“无锡路径”。

【经济薄弱村帮扶】 2022年是第十轮经济相对薄弱村帮扶承上启下的关键之年，无锡市各级以发展产业项目为抓手，推进经济相对薄弱村发展提升，进一步做好帮扶项目资产后续管理工作。年内，全市相对经济薄弱村产业项目进入市级项目库的有38个，惠及全市相对薄弱村75个，项目投资总额2.33亿元，市级专项资金帮扶相对薄弱村新增产业项目累计覆盖率98%；市级结对单位帮扶村级资金（含协调项目资金）1852万元。

【农村集体三资监管】 2022年，无锡市农村集体三资监管平台项目完成验收，实现农村集体三资监管业务的全覆盖。提升农村产权交易流转预核工作，至年末，全市各级产权交易机构在省平台上累计完成各类农村产权交易91428宗，成交金额118.77亿元，完成土地类交易面积29970公顷，其他类交易面积15892万平方米。持续推进村级集体资金违规出借和资产出租问题专项清理整治工作，至年末追缴14.5亿元，帮助村均增收约155万元。规范村级财务与资产管理，累计培训基层业务人员600余人次。

【农民增收】 2022年，无锡市以保障农民稳定就业和增收致富为核心，多途径拓宽农民增收渠道，多要素激发农民增收活力，推进农民农村共同富裕。全市农村居民人均可支配收入41934元，比上年增长5.8%，居全省第二位，城乡收入比缩小至1∶1.75，继续保持全省最优。其中：工资性收入26125元，比上年增长6.8%；经营性收入6793元，比上年增长3.9%；财产性收入3648元，比上年增长0.01%；转移性收入5368元，比上年增长7.5%。社会保障更加健全，创新开展城乡居民基本养老保险集体补助试点，城乡居民最低生活保障标准提高到每人每月1075元。

【高素质农民培育】 2022年，无锡市立足地域特色，依托各类院校以及高素质农民培育实训基地（田间学校），紧抓农事季节、紧跟产业需求、紧随农民需要，开展高素质农民培育共5681人。选派能够“引领一方、带动一片”的中青年农民代表11人，参加江苏省乡村产业振兴带头人“头雁”培训；择优推荐具备创新意识的新农人20人，分类参加全省培训班；选派有一定产业基础的新型经营主体负责人20人，参加全省农村实用人才带头人培训。

（市农业农村局）

省级特色田园乡村——宜兴市太华镇云湖村荷花塘　　（顾小江　摄）

【乡村振兴巾帼行动】 2022年，市妇联培育“双学双比”（学文化、学技术、比成绩、比贡献）省级示范基地7个，其中省级巾帼现代农业科技示范基地2个、省级巾帼示范家庭农场（种粮大户）1个、省级巾帼示范精品民宿2个、省级巾帼新业态助农创新基地2个。3个案例入选省乡村振兴巾帼行动优秀案例。开展“万村妇女争创美丽庭院”行动，送课下乡，打造市级美丽庭院300家、市级美丽庭院示范户100家、省级美丽家园示范点10个。年内，举办“乡村振兴，有我更美”民宿女主人云上论坛，开展市级旅游行业“巾帼创业行动”交流座谈，助力乡村旅游经济发展。

（唐科红）

中国无锡最美村庄（最美环境类）——锡山区厚桥街道谢埭荡村

（市农业农村局　供图）

乡村治理

【概况】 2022年，无锡市全面建立健全市、市（县）区两级乡村治理联席会议制度，促进自治、法治、德治、智治融合，加快构建充满活力、和谐有序的乡村善治格局。年内，市农业农村局举办乡村振兴大学堂2期，评定村党组织“雁阵计划”5A级达标单位15家，打造“雁阵计划”示范带（群）8条，全市“五有五强”（立身有魂、政治素养强，建功有我、担当作为强，创业有道、发展本领强，心中有民、治理能力强，行为有规、作风纪律强）型村党组织书记占比90%，县级以上文明村镇占比超92%，行政村（涉农社区）推广运用“清单制”覆盖率100%，村（社区）人民调解委员会规范化建成率、便民服务中心建成率、协商民主平台覆盖率、网格化服务管理覆盖率均保持100%。全国乡村治理体系建设试点和全国项目制农村改革实验任务（乡村治理体系和治理能力现代化建设）扎实推进。江阴市“一核双网多元共治打造乡村治理江阴样板”、宜兴市张渚镇善卷村“乡村治理智慧赋能”入选全省乡村治理典型案例。《江苏无锡以“六个一”推进乡村治理现代化》在国家乡村振兴局《乡村振兴简报》上刊发。

【中国无锡最美村庄评选】 2022年，市农业农村局以打造建设富有江南特色、承载田园乡愁、体现现代文明的“新江南人家”为目标，明确村庄风貌、长效管护、产业发展、乡风文明、社会治理5项共性指标和最美环境、最美产业和最美风尚3项个性指标，发动社会各界共赏、共品、共议、共建美丽乡村，通过自主申报、初评推荐、社会公示、专家评审、网络投票等程序，评选出50个“中国无锡最美村庄”，打造与现代化国际化都市相适应、展现人与自然和谐共生的生态宜居典型，为全市作出示范放样，带动更多乡村加快建设美丽新场景。全市共评选出最美环境村庄29个、最美产业村庄14个、最美风尚村庄7个。

（市农业农村局）

【民主法治示范村建设】 2022年，无锡市加强民主法治示范村（社区）动态管理，将全国、省级民主法治示范村（社区）创建率纳入无锡市镇（街道）高质量发展监测，新增全国民主法治示范村（社区）3个、省级民主法治示范村（社区）37个。至年末，全市累计建成全国民主法治示范村（社区）16个、省级民主法治示范村（社区）587个。

（田　杰）

编辑　何　峰

生态建设

环境质量

【**生态质量**】《2022年度无锡市生态环境状况公报》显示，全市生态质量指数（EQI）为56.12，生态质量综合评价为“二类”，比上年上升0.31，各市（县）、区生态质量指数处于37.26～64.05。

【**大气环境质量**】 2022年，全市空气质量综合指数3.68，连续5年改善，连续4年无重污染天。

空气质量 全市环境空气质量优良天数比率为78.9%，比上年下降3.3个百分点；各市（县）、区优良天数比率介于77.8%～81.1%。全市环境空气中细颗粒物（$PM_{2.5}$）、可吸入颗粒物（PM_{10}）、二氧化氮（NO_2）年均浓度分别为28微克/立方米、49微克/立方米和26微克/立方米，比上年分别下降3.4%、9.3%和23.5%；一氧化碳（CO）年均浓度为1.1毫克/立方米，与上年持平；臭氧九十百分位浓度（O_3-90per）和二氧化硫（SO_2）年均浓度为179微克/立方米和8微克/立方米，比上年上升2.3%和14.3%。

按照《环境空气质量标准》（GB 3095—2012）二级标准进行年度评价，各市（县）、区臭氧浓度均未达标，其余指标均达标。

酸雨 2022年，全市酸雨频率为13.5%，降水年均pH值为5.78，酸雨频率比上年上升0.8个百分点。其中，市区酸雨频率25.6%，比上年上升7.3个百分点；江阴市酸雨频率8.7%，比上年下降4.0个百分点；宜兴市酸雨频率2.3%，比上年上升2.3个百分点。

降尘 2022年，无锡市降尘年均值为2.3吨/平方千米·月，比上年下降30.3%。其中，江阴市、宜兴市、梁溪区、锡山区、惠山区、滨湖区、新吴区和无锡经开区降尘年均值分别为2.5、1.6、2.9、1.8、2.3、2.3、3.0和2.3吨/平方千米·月。

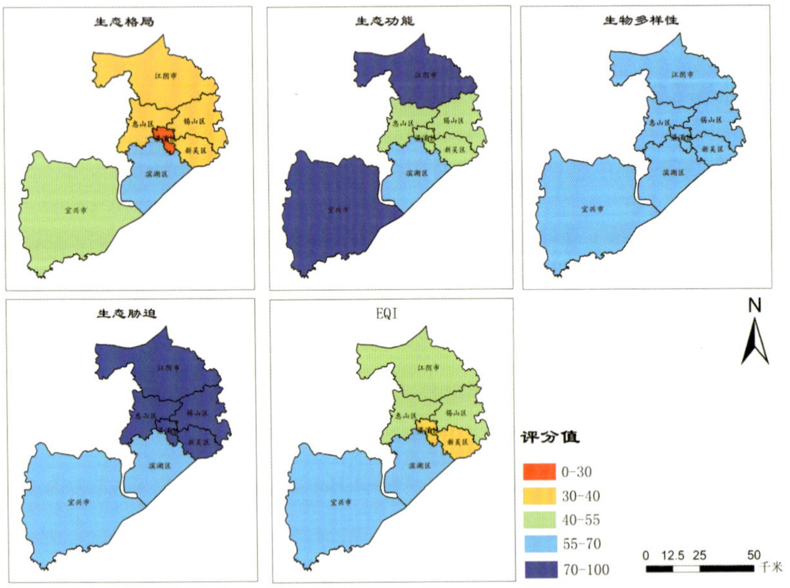

图11 《2022年度无锡市生态环境状况公报》中各市（县）、区一级指标以及EQI评分值情况图

（市生态环境局）

【**水环境质量**】 2022年，全市地表水环境质量总体改善，国考、省考断面优Ⅲ比例均达到年度考核目标，国省考河流断面水质优Ⅲ比例100%，国、省考断面、主要入江支流和出入湖河流全面消除劣Ⅴ类，连续15年实现太湖安全度夏“两个确保”（确保饮用水安全、确保不发生大面积湖泛）目标。全市6个“十四五”地下水环境质量国考区域点位水质达标率100%。

国省考断面 纳入“十四五”国家地表水环境质量考核的25个断面中，年均水质达到或优于《地表水环境质量标准》（GB 3838—2002）Ⅲ类标准的断面比例84.0%，比上年上升4个百分点，无劣Ⅴ类断面，达到年度考核目标。纳入江苏省“十四五”水环境质量目标考核的71个断面中，年均水质达到或优于Ⅲ类标准的断面比例94.4%，比上年上升1.4个百分点，无劣Ⅴ类断面，达到年度考核目标。

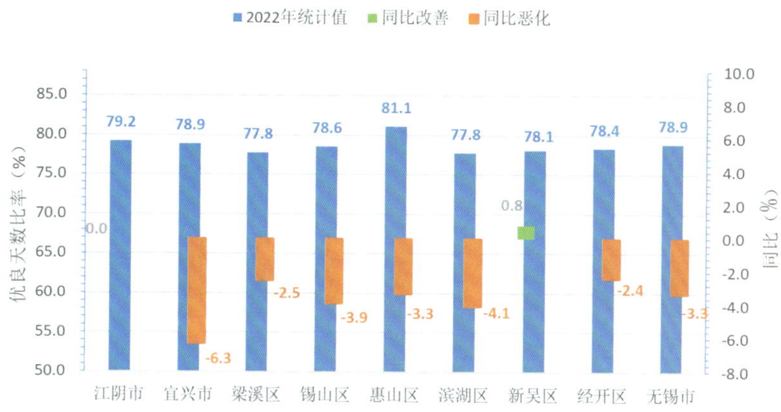

图 12　2022 年无锡市空气质量优良天数比率及同比变化情况图

（市生态环境局）

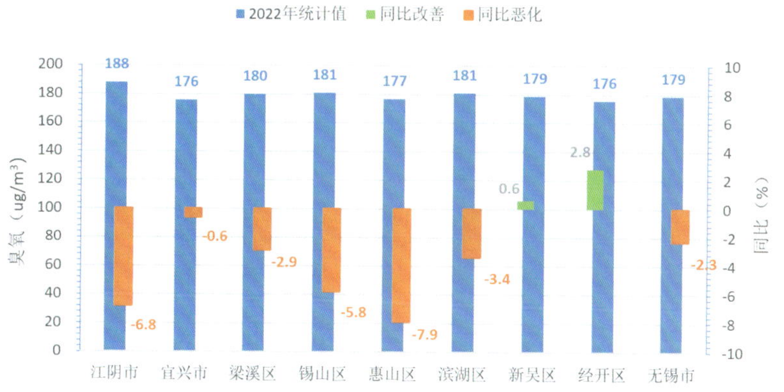

图 13　2022 年无锡市臭氧百分位浓度及同比变化情况图

（市生态环境局）

饮用水水源地　全市有 7 个集中式饮用水水源地，分别为太湖沙渚、锡东水源地，长江的小湾、肖山和西石桥水源地，宜兴市的横山水库和油车水库水源地。2022 年，全市 7 个集中式饮用水水源地水质均达标（湖库不计总磷）。年度取水总量为 8.55 亿立方米，其中：自太湖取水 3.35 亿立方米，占比 39.2%；自长江取水 4.53 亿立方米，占比 53.0%；自宜兴各水库取水 0.67 亿立方米，占比 7.8%。

太湖无锡水域　2022 年，太湖无锡水域总体水质处于Ⅳ类水平，定类指标总磷浓度为 0.059 毫克 / 升，比上年下降 3.3%；氨氮浓度为 0.06 毫克 / 升，与上年持平，达到Ⅰ类标准；高锰酸盐指数和化学需氧量浓度分别为 3.4 毫克 / 升和 13.8 毫克 / 升，分别达到Ⅱ类和Ⅰ类标准，分别比上年下降 8.1% 和 6.8%；总氮作为单独评价指标，浓度为 1.18 毫克 / 升，达到Ⅳ类标准，与上年持平；湖体综合营养状态指数 55.0，比上年下降 0.7，处于轻度富营养状态。

年内，26 条出入湖河流总体水质状况为优，水质类别均处于Ⅱ～Ⅲ类，其中，小溪港、大溪港、望虞河、大港河、黄渎港、庙渎港和八房港水质类别符合Ⅱ类，其他 19 条河流水质类别符合Ⅲ类。

表 43　2021 年、2022 年无锡市降水酸雨发生监测数据统计表

年　度	无锡市		市　区		江阴市		宜兴市	
	降水平均 pH 值	酸雨频率（%）	降水平均 pH 值	酸雨频率（%）	降水平均 pH 值	酸雨频率（%）	降水平均 pH 值	酸雨频率（%）
2021	5.89	12.7	5.77	18.3	5.88	12.7	6.25	0
2022	5.78	13.5	5.48	25.6	5.99	8.7	6.22	2.3

（市生态环境局）

长江流域无锡段 2022年，长江流域无锡段总体水质为优。长江干流无锡段水质类别为Ⅱ类，稳定达到优级水平；全市9条入江支流除桃花港和新沟河水质类别为Ⅲ类外，其他支流水质类别均为Ⅱ类。

地下水 2022年，全市6个“十四五”地下水环境质量国考区域点位水质均达到或优于《地下水环境质量标准》（GB/T 14848—2017）Ⅳ类标准，达标率100%，其中3个达到Ⅲ类标准；3个“十四五”地下水环境质量国考污染风险监控点位水质与上年持平。

图14　2021年、2022年太湖无锡水域水质主要指标情况图

（市生态环境局）

【土壤环境】 2022年，全市开展监测的49个土壤省级风险点位中有44个点位监测结果低于《土壤环境质量农用地土壤污染风险管控标准（试行）》（GB15618—2018）风险筛选值，达标率89.8%。5个点位超过风险筛选值（但未超过风险管制值），占比10.2%，均为重金属含量超过风险筛选值，未见有机物超标情况。

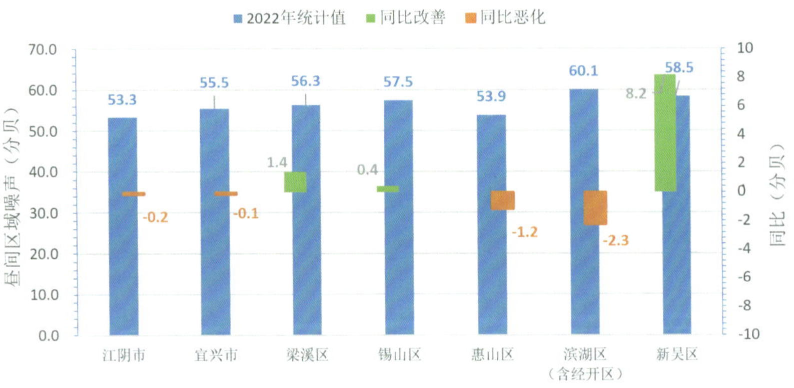

图15　2022年无锡市昼间区域噪声平均等效声级情况图

（市生态环境局）

【声环境】 2022年，全市声环境质量总体较好，昼间和夜间声环境质量基本保持稳定。

区域声环境 全市昼间区域环境噪声平均等效声级为56.2分贝（A），比上年下降0.8分贝（A）；昼间区域环境噪声质量等级为三级。其中，江阴市、惠山区达到城市区域环境噪声昼间二级（较好）水平；宜兴市、梁溪区、锡山区、新吴区达到城市区域环境噪声昼间三级（一般）水平。影响城市声环境质量的主要声源是社会生活噪声，占比为50.9%；其余依次为交通噪声（35.6%）、工业噪声（9.8%）和建筑施工噪声（3.7%）。

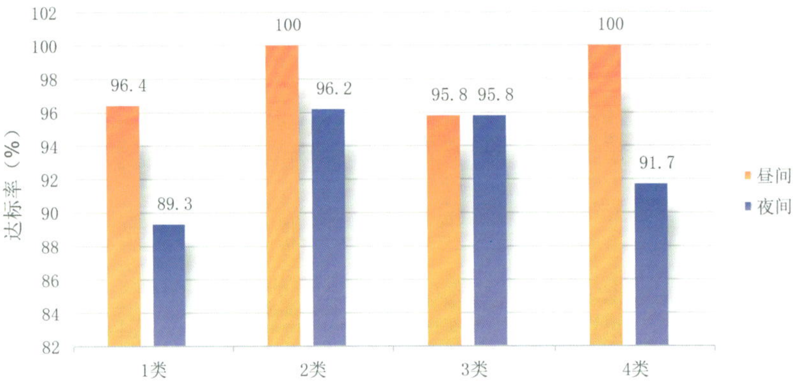

图16　2022年无锡市各类功能区噪声达标率情况图

（市生态环境局）

功能区声环境 依据国家《声环境质量标准》（GB 3096—2008）评价，全市功能区声环境昼间、夜间平均达标率分别为98.4%和93.8%。1～4类功能区声环境昼间达标率分别为96.4%、100%、95.8%和100.0%，夜间达标率分别为89.3%、96.2%、95.8%和91.7%。功能区声环境昼间平均达标率比上年上升3.9个百分点，夜间平均达标率比上年上升21.1个百分点。

道路交通声环境 全市道路交通噪声昼间平均等效声级为68.1分贝（A），比上年下降0.3分贝（A），交

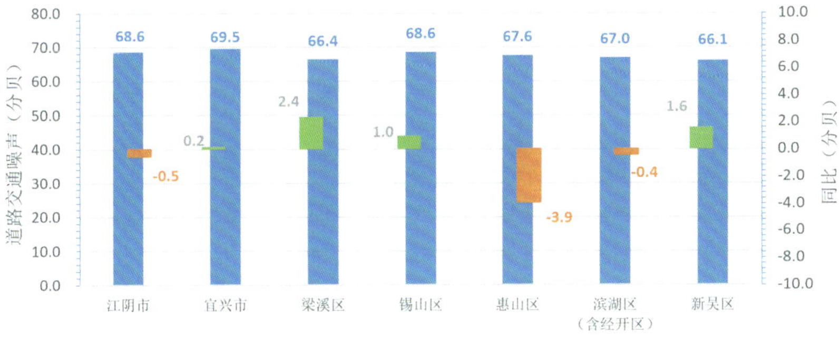

图 17　2022 年无锡市昼间道路交通噪声平均等效声级情况图

（市生态环境局）

通噪声质量等级为二级，声环境质量为较好。监测路段中共有 77.1 千米路段平均等效声级超出道路交通噪声强度昼间二级限值，占监测总路长的 23.1%，比上年下降 8.8 个百分点。

【辐射环境】 2022 年，全市辐射环境 4 个国控点和 9 个省控点监测结果表明，空气吸收剂量率和大气中放射性核素浓度处于本底水平；太湖水体中放射性核素浓度处于本底水平；重点饮用水水源地取水口水中放射性指标符合《生活饮用水卫生标准》（GB 5749—2006）要求；环境中电磁辐射监测结果均低于《电磁环境控制限值》（GB 8702—2014）中公众曝露控制限值的要求。

【农村环境】 2022 年，全市在江阴市、宜兴市、锡山区、惠山区、滨湖区 10 个村庄开展农村环境质量监测。

农村环境空气　全市开展空气质量监测村庄共 10 个，空气质量优良天数比率 80.3%。污染物浓度均达环境空气质量二级标准。

农村水环境　全市开展县域地表水监测的 11 个断面，地表水水质全部达到或优于Ⅲ类，达标率 100%。

（市生态环境局）

太湖治理

【概况】 2022 年，太湖无锡水域水质、藻情持续稳定，上半年首次达到Ⅲ类，全年水质创 2007 年以来最好水平，氮、磷浓度优于全太湖均值，67 个国省考河流型断面水质优Ⅲ比例首次达到 100%，13 条主要入湖河流水质首次全部达到Ⅲ类及以上，主要入湖河流涉及 402 条一级支浜优Ⅲ比例首次超过 90%。太湖连续 15 年实现安全度夏。

无锡市实施饮水安全、工业点源、城镇生活和农业面源治理等 9 大类 202 项治太项目，年度完成投资 102 亿元，比上年增长 176%。修订完善《无锡市太湖安全度夏工作方案》，从监测预警、藻草打捞、湖泛巡查、供水安全、气象服务等 8 个方面强化常态化工作举措和应急响应机制。对太湖湖体、饮用水源地、入湖河流、调水通道等重要水体开展卫星遥感、无人机巡飞、自动监测、人工巡查以及视频监控观测等"空天陆水"四位一体常态化监测预警工作。核定太湖流域入河（湖）排污口 5203 个，纳入分类整治的 4269 个排污口全部完成整治。印发《无锡市涉磷企业专项整治工作方案》，全年完成涉磷企业规范化整治 3325 家。开展 402 条入湖河流一级支浜"消劣奔Ⅲ"行动，一级支浜劣Ⅴ类水质全面消除。开工建设滆湖周边 333.33 公顷生态湿地、西太湖生态缓冲区、宜兴三氿湿地等一批涉及生态修复的项目，完成太湖梅梁湖生态修复示范项目主体工程。

（市生态环境局）

【蓝藻预警】 2022 年，无锡市蓝藻湖泛监测预警工作突出水源保护区、湖泛易发区等重点区域，坚持岸上与水上、自动与人工相结合，第一时间发现灵湖码头附近芦苇荡、符渎港等近岸局部水体异常情况。全年组织开展太湖巡查监测 245 天，出动人员 2200 人次、车辆 500 车次、船 200 艘次，累计巡查水面里程 2 万千米、水域面积 5 万平方千米，获取巡查监测数据 4.4 万个，发送即时信息 300 余条，编制巡查简报 240 余期、分析材料 30 余篇。

【蓝藻水草处置】 2022 年，无锡市蓝藻水草打捞处置工作以饮用水源保护区、湖泛易发区、风景名胜区、居民聚集区和交通干道沿线等为重点区域，加密巡查监测频度，加大检查督查力度，保障太湖安全度夏形势总体平稳。全年出动巡督查人员 1600 余人次、巡查车 800 余辆次；全市出动打捞人员 21.09 万人次、打捞船 30000 艘次、运输船 5000 艘次、运输车 1400 辆次；累计打捞蓝藻 207.52 万吨，产出藻泥 8.62 万吨，藻泥无害化处置率 100%。

【科技治藻】 2022 年，无锡市加快推进太湖流域水治理实验室建设，省部级重点实验室创建任务基本完成，重点课题研究全面展开，召开实验室管理委员会第一次会议、学术委员会第一次会议，开展争创国家重点实验室工作。市水利局推进藻泥无害化利用，组织到宜兴等地开展藻泥有机肥利用调研，研究提升藻泥资源化利用能力和水平，探索藻泥处置利用新途径。太湖蓝藻治理专项科技研究确定的蓝藻湖泛发生机理、污染物出入湖通量、打捞处理新技术装备研发、湖泛防控处置、资源化利用等多个研究方向共14个科研项目完成研究成果提交，开展成果转化及示范应用等工作。年内，申报成功模块化藻泥低温干化设备研发及资源化利用等3个省级科技项目。

【蓝藻防控能力建设】 2022年，无锡市组建蓝藻打捞队伍69支，落实常态打捞人员980人、应急打捞人员720人；设立固定打捞点89个，配备蓝藻专用打捞船129艘、蓝藻运输船69艘、藻水分离船5艘；配备水草打捞船43艘、各类型藻水分离站14座、移动藻水分离车7辆、加压控藻船9艘，总设计日处理能力约7.17万吨藻水，比上年增加0.52万吨藻水。在贡湖、梅梁湖、竺山湖等水域新增35.3千米离岸围隔；新建成梅梁湖加压控藻深井3座，年末全市控藻深井数量11座，分别为贡湖湾2座、梅梁湖7座、太湖西岸2座；配备加压控藻船6艘、加压控藻平台2座，加压控藻能力为每日64.37万吨。

（芮资涵）

水资源保护

参见"水利"类目。

土地资源保护

【概况】 2022年末，无锡市有土地总面积462746.71公顷，其中，湿地538.53公顷，耕地80401.39公顷，园地19378.25公顷，林地69157.21公顷，草地6609.66公顷，城镇村及工矿用地141412.31公顷，交通运输用地15587.89公顷，水域及水利设施用地124308.05公顷，其他土地5353.41公顷。

【最严格耕地保护制度落实】 2022年，无锡市坚决贯彻上级关于严格保护耕地的决策部署，强化耕地用途管制措施，对耕地实施特殊保护和分类管理，合理保护和利用耕地资源，实行耕地"非农化""非粮化"双管控，"占补平衡""进出平衡"双平衡。市自然资源规划局部署江阴市、宜兴市、锡山区等地编制完成耕地进出平衡方案。严格规范临时用地涉及耕地和永久基本农田复垦方案论证审查，完成2021年设区市政府耕地保护责任目标自查工作报告，组织完成耕地后备资源调查评价工作，上报2020年耕地质量分类和年度更新成果，推进2021年耕地质量分类和年度监测更新工作，组织完成耕地后备资源调查评价。

【土地整治项目管理】 2022年，市自然资源规划局严格规范开展年度土地整治项目入库审查和调整完善审查，组织对所有土地整治项目逐图斑实地踏勘，对发现问题项目进行通报并组织限期整改，内业资料审查齐全合格后才予以通过验收。全年无锡市申报土地整治项目365个，项目建设规模520公顷，其中耕地占补平衡项目规模233.33公顷、城乡增减挂钩复垦规模286.67公顷。

【永久基本农田特殊保护】 2022年，无锡市完成永久基本农田保护红线划定，划定永久基本农田69926.67公顷，其中本地划定68020公顷、易地代保1906.67公顷。新划定永久基本农田在城镇开发边界周围形成有效的生态边界，促进城市"串联式、组团式"发展，保障省、市及县（区）重大基础设施项目、城镇开发和乡村振兴发展需求。对"非粮化"耕地按计划稳妥有序恢复，为"三区三线"划定和国土空间规划编制打下基础。规范开展盐宜铁路（惠山至宜兴段）、苏南沿江铁路、宜长高速云湖互通等5个项目涉及永久基本农田占用补划和实地踏勘工作，涉及永久基本农田69.13公顷。

【耕地保护补偿激励】 2022年，无锡市实施差别化的新增建设用地土地有偿使用费（以下简称"新增费"）分配机制，倾斜分配上级下发2020年度新增费。资金专项用于地方耕地和永久基本农田保护、高标准农田建设、土地综合整治、耕地质量提升等。科学开展耕地保护绩效评价，对锡山区羊尖镇等5个乡镇、江阴市月城镇黄桥村等20个村发放耕地保护激励资金2101.43万元；对2020年度通过验收的挂钩复垦和工矿废弃地复垦项目给予604.43万元资金激励，各市（县）、区获得耕地保护补偿资金337.79万元。宜兴市徐舍镇，锡山区羊尖镇获评2022年度省级耕地保护激励单位。

【生态补偿】 2022年，无锡市完成年度生态补偿申报审核工作，贯彻实施《无锡市生态保护补偿条例》。全市申报生态补偿面积29253.33公顷、生态补偿资金1.54亿元。合计申报永久基本农田7806.67公顷、市属蔬菜基地360公顷、水稻田6033.33公顷，阳山水蜜桃种质资源保护区766.67公顷、红豆杉种植资源保护区166.67公顷，县级公益林3493.33公顷、省级公益林6933.33公顷，重要湿地19个（省级以上湿地5个、县级湿地14个）2113.33公顷，集中式饮用水水源保护区1066.67公顷，重要水源涵养区66.67公顷，清水通道维护区453.33公顷。

【国土空间生态保护修复】 2022年，《无锡市国土空间生态保护和修复规划（2021—2035年）》规划文本编制完成，通过专家评审，形成规划成果。市自然资源规划局组织编制《无锡京杭大运河沿线国土空间生态修复方案》。完成全市历史遗留矿山核查成果公示和上报，完成宜兴安乐山地质环境保护与土地复垦方案审查，完成宜兴市伏牛山废弃矿山地质环境治理项目市级验收。年内，宜兴市申报成功江苏省太湖流域水源涵养区历史遗留废弃矿山生态修复部级示范工程项目，是江苏省唯一入选项目。该项目获 2.03 亿元国家配套资金支持，年内完成自然恢复治理模式的 11 个废弃矿山的修复工作，治理面积 570.63 公顷。

【国土空间全域综合整治】 2022 年，无锡市推进惠山区洛社镇万马村等全域综合整治国家试点和滨湖区雪浪街道南湖村等省级示范项目建设。完成高标准农田建设项目 2 个、面积 22.36 公顷，腾退整治建设用地 8.01 公顷，实施白荡湿地生态修复面积 15.13 公顷，完成白荡鹅子岸生态修复 15.02 公顷；开展公共空间治理，完成农房翻建 290 户。惠山区洛社镇万马村等全域综合整治试点实施方案和永久基本农田调整方案通过省级审查备案。

（刘梦蛟）

湿地资源保护

【概况】 2022 年，无锡市湿地面积占全市国土面积的 22%，以河流、湖泊、沼泽湿地类型为主。无锡市树立“山水林田湖草是一个生命共同体”的大资源观、大生态观，统筹资源保护修复，实现从“单向治理”向“综合治理”的转变。全市完成湿地修复面积 313.33 公顷，新建惠山区洛社鹅子岸、江阴市白屈港 2 个湿地保护小区，自然湿地保护率 71%，湿地保有量 10.75 万公顷，居全省前列。《无锡市湿地保护利用规划（2021—2035 年）》编制完成，规划将无锡湿地资源分为太湖湖泊湿地、长江沿江河流湿地、锡东片区湖荡湿地、大运河人工湿地、宜兴滆湖湿地 5 大片区编制分区规划；明确无锡市湿地资源保护体系、管理体系重点工程及湿地修复和可持续利用的目标任务，进一步框定无锡市湿地保护领域未来的发展方向和建设思路。

【湿地保护修复】 2022 年，无锡市加强太湖、长江等河湖湿地保护与修复工作，开展宜兴西太湖湿地水生植被恢复、长江湿地鸟类栖息地营造、长广溪湿地清淤、马山人工净化湿地建设等重点工程。根据长江大保护要求，江阴市编制《江阴市湿地资源调查》和《湿地资源保护利用规划》，创建长江白屈港湿地保护小区，着力推进将长江窑港口湿地保护小区升级为省级湿地公园。宜兴市通过市镇联动，推进湿地生态修复，在东氿水下森林、丁蜀镇大浦港和宜兴太湖省级湿地公园新庄街道区域开展湿地修复，合计修复湿地面积 85.93 公顷，宜兴自然湿地保护率 68%，湿地成片修复效果显著。

【湿地保护科普宣传】《无锡市湿地保护条例》于 2021 年 5 月 1 日实施，规定每年 4 月的第三周为湿地保护宣传周。2022 年，市自然资源规划局强化湿地科普宣教，组织开展全市湿地保护宣传周暨湿地保护法普法宣传活动，宣传展示无锡湿地资源，提高公众保护湿地的意

2022 年，长广溪湿地公园清淤后景色　　（刘梦蛟　供图）

识。活动在蠡湖国家湿地公园举行，通过线上直播方式开展湿地生物多样性保护宣传和湿地保护法普法宣传。活动期间，在全市开展全方位、多形式的宣传活动，促进以湿地保护为代表的无锡生态文明建设。

（刘梦蛟）

森林资源保护

【概况】 2022年，无锡市净增造林157.81公顷，更新造林247.22公顷，低产低效林改造133.68公顷，封山育林343.19公顷，森林抚育1780公顷。市区新增绿地约350万平方米，林木覆盖率27.93%。

【林长制工作】 2022年，无锡市初步建立起管理职责明确、运行机制顺畅的市、市（县）区、镇（街道）、村（社区）四级林长制体系。全市有林长1180人、护林员1700余人，其中市级林长3人、市（县）区林长37人、镇（街道）级274人、村（社区）级林长866人，林长覆盖每片林区。无锡森林资源保护形成“横到边、纵到底”的全链条、全域覆盖新模式，以最严制度实现山有人管、林有人造、树有人护、火有人防、责有人担。

【林地保护管理】 2022年，市自然资源规划局严格执行林地保护利用规划，实施林地分级保护管理措施，做到“以规划管地、以图管地”；强化林地使用审核报批，通过优化流程节点，压缩审批时限，在林地定额仅45公顷的情况下，通过积极对上争取，全年完成项目报省永久使用林地43宗、面积309公顷。保障312国道无锡飞凤路至金城东路段改扩建工程、江苏省环太湖大堤剩余工程无锡市境内工程、无锡至宜兴高速公路雪堰枢纽至西坞枢纽扩建工程等省、市重大项目使用林地。

【森林督查】 2022年，市自然资源规划局同步开展森林督查自查工作与林草湿监测调查。江苏省自然保护地管理系统先后下发第一、二两批次（一、二季度）监测图斑，涉及无锡市有588个图斑，从保护类型上看，风景名胜区占82.75%，湿地公园占10.72%，森林公园占6.53%。至年末，图斑的外业调查工作全部完成，整治工作有序开展。

【绿化工作】 2022年，无锡市组织开展公益林、有爱林、小记者林、听友林等绿化活动，开展不同类型的义务植树线上线下宣传咨询活动274场次，发放各类宣传品1万余份，组织线上线下义务植树活动411场次，参与人数45.7万人次，种植树苗近130万株，其中营建纪念林28个。围绕新农村建设，以村庄绿化示范村创建为抓手，开展省级绿美村庄创建工作，年内创建完成绿美村庄27个。至年末，无锡市有绿美村庄935个。开展以梁溪区、惠山区、新吴区为主的大运河文化带造林绿化试点工作，至年末，项目全部建设完成，成片造林7.33公顷，其中梁溪区2公顷、惠山区2公顷、新吴区3.33公顷；林相改造提升19.67公顷，其中惠山区10公顷、新吴区9.67公顷。

【林业有害生物防控】 2022年，市自然资源规划局按照《松材线虫病疫情防控五年攻坚行动计划（2021—2025）》，进一步加强全市松材线虫病防控措施。全年发病面积、病死树数量均控制在正常范围内。美国白蛾疫情未发现，杨树、柳树食叶害虫、蛀干害虫发生平稳，主干道两旁杨树等食叶害虫实现连续9年呈“有虫无灾”状态。全年清理染疫松树8000余株，进行粉碎处置或就近归堆烧毁，除部分特殊区域，全面完成清理任务。为加强对松材线虫病、美国白蛾等危险性林业有害生物预警监测系统建设，提升森防系统检验检疫能力，市自然资源规划局滨湖分局在胡埭镇建成滨湖区林业有害生物省级中心测报点，测报点由“三室一库一队伍”组成。其中，“三室”指办公室、标本室、档案室，“一库”指药剂器械库，“一队伍”主要指专职测报员、兼职测报员和监测调查员。测报点的建成进一步强化林业有害生物预警监测体系，全方位实现工作档案化、可视化、实时化管理，最大限度减少林业有害生物灾害损失。

（刘梦蛟）

生物资源保护

【概况】 2022年，无锡市落实“长江十年禁渔”决策部署，推进长江流域“禁捕退捕”工作。完成全市野生动植物资源调查工作，掌握全市野生动植物资源“家底”。建立外来入侵物种的联防联控体系，启动森林、湿地生态系统外来入侵物种普查工作。年内，无锡市野生动物救护中心接收动物40批60余只，物种涵盖哺乳类、鸟类和爬行类，其中执法收缴动物占大多数，爬行类和兽类多为外来物种，不乏原产国外的珍稀和外来入侵物种。

【生物多样性保护】 2022年，市生态环境局牵头制定《无锡市关于进一步加强生物多样性保护的实施方案》，编制《无锡市生物多样性保护规划》，全面启动生物多样性本底调查，其中江阴市、宜兴市本底调查工作完成。结合“国际生物多样性日”，围绕“共建地球生命共同体”主题，通过多种形式开展“‘锡’有物种”生物多样性宣传活动，举办“湿地生物多样性保护”主题互动沙龙、“人与自然和谐共生”观鸟活动等，营造公众参与生物多样性保护的社会氛围。

2022年，太湖无锡水域检出浮游植物6门32科52属72种，优势种以蓝藻门微囊藻为绝对优势。太

2022 年，野生动植物资源调查中发现的普通翠鸟雌鸟　（刘梦蛟　供图）

湖无锡水域全年平均藻类密度为 7101 万个 / 升。生物多样性指数为 1.77，处于中等级别。检出浮游动物 27 个种类，其中轮虫类 16 种、枝角类 5 种、桡足类 6 种，主要优势类群为轮虫和桡足类，矩形龟甲轮虫为大部分水域的主要优势种。太湖无锡水域全年平均生物密度为 775 个 / 升，生物多样性指数为 2.67，评价为良好级别。检出底栖动物 33 个种类，其中软体动物 8 种、环节动物 9 种、节肢动物 16 种，主要优势种为环节动物门克拉伯水丝蚓。太湖无锡水域全年平均生物密度为 445 个 / 平方米，生物多样性指数为 1.60，评价为中等级别。无锡重点流域河流中着生藻类检出 4 门 7 纲 20 目 34 科 45 属 57 种，优势种类主要为硅藻门种类。全年平均丰度为 1.16E+05 细胞数 / 平方厘米。生物多样性指数为 2.81，评价为良好级别。

（市生态环境局）

【野生动植物资源调查】 2022 年，无锡市野生动植物资源调查工作完成。野生植物资源调查记录到无锡地区维管植物共 157 科 571 属 1189 种（含种下等级和栽培种），其中蕨类植物 19 科 28 属 46 种、裸子植物 6 科 11 属 14 种、被子植物 132 科 532 属 1129 种。野生动物资源调查记录到陆生脊椎动物共 27 目 85 科 314 种，其中鸟类 18 目 61 科 264 种、哺乳动物 6 目 14 科 26 种、爬行动物 2 目 7 科 16 种、两栖动物 1 目 3 科 8 种。调查初步掌握全市野生动植物资源“家底”，为开展自然保护地保护、野生动植物保护、重要物种栖息地保护提供有力技术支撑依据。

【野生动物保护】 2022 年，市自然资源规划局根据国家林业和草原局等八部委《关于开展“清风行动”的通知》文件精神，加强野生动物保护，协同推进打击线上线下野生动物非法贸易工作，严厉打击和惩治破坏野生动物资源违法犯罪行为，部署野生动物保护专项执法行动，召开联席工作会议，加强部门协作，推进长效监管。专项行动对野生动物猎捕、收购、出售、运输、寄递、食用、经营等多环节、全链条实现无死角监管，通过向市场经营户发放保护野生动物告知书、在融媒体公众号发布倡议动员等形式，形成全方位、立体式宣传教育。年内，无锡市打击野生动植物非法贸易联席会议组建成立，《无锡市打击野生动植物非法贸易联席制度方案》制定印发。

（刘梦蛟）

【长江流域禁捕退捕】 2022 年是落实“长江十年禁渔”决策部署的关键年，无锡市与毗邻兄弟城市、省级渔政执法机构等在重点水域建立多维度联合执法机制，构建多方参与、紧密无间的禁捕执法监管体系，打造“人防、物防、技防”的防护体系。人防方面，按照“长江岸线平均每 1.5 千米 1 名渔政执法人员”的标准，配备到位渔政执法人员 24 人，江阴市级护渔员 7 人，14 个村（社区）配备护渔员 78 人，设立护渔员执勤点 14 个。物防方面，设立 24 小时长江禁捕专线电话，集中发放护渔执勤装备，开展现场培训演练，年末配备到位电动巡查车、对讲机及用于禁捕巡航、执法取证的专用无人机 2 架等装备，无人机驾驶人员完成培训，并投入试运行。30 米渔政执法船建造完成并交付，3 个渔政执法应急执勤点和 3 个渔政船停泊点投入使用。技防方面，“江盾”防控平台实现实体化运作，二期超图建设项目方案进一步优化，通过“江盾”平台发现涉渔警情 60 起，长江禁渔标准化护渔板房建设项目、江阴市护渔点智能警戒设施项目、江阴市农业综合行政执法系统升级改造项目全面开展，安装完成标准护渔板房 4 套，并配套使用护渔智能警戒设施 4 套。

（市农业农村局）

【长江禁捕市场监管】 2022 年，市市场监管局开展长江流域非法捕捞渔获物市场禁售工作，被国家部级联席会议评为“全国 2021 年度长江禁渔执法监管先进集体”，2 名执法人员被评为“全国长江禁渔监管执法先进个人”。年内，协调行政审批部门对 1777 户涉渔市场主体进行登记事项变更，对 454 户涉渔市场主体营业执照予以注销。巡查农贸市场涉渔经营户 29155 家次，检查涉渔批发市场1198家次、商超30958家次、餐饮服务单位78592家次，排查各类涉渔食品生产企业329家次、小作坊298家次；监测网络涉渔经营主体21.34万余个，监测商品交易信息104.81万余条，人工筛查线索21条；建立含有“长江三鲜”“湖鲜”“河鲜”“江鲜”等在内的682个涉渔关键词的广告专项监测词库，监测各类涉“长江禁捕”广告24.75万条次。立案查办各类涉渔案件14起，罚没金额35.36万元，案件查办力度位于全省前列；成功查处1起被省局挂牌督办的某水产店涉渔虚假宣传案，该案入选2022年度长三角地区长江禁捕典型案例。某水产店“长江刀鱼”虚假宣传案、某私房菜餐馆“太湖银鱼”虚假宣传案分别通过江阴发布、《无锡日报》、《江南晚报》等媒体进行宣传报道。

（束洁丹）

【“中国渔政亮剑2022”专项执法行动】 2022年，无锡市组织开展“中国渔政亮剑2022”专项执法行动，加强水域生态文明建设，推进渔业高质量发展，严厉打击渔业违法行为，渔业生产有序、安全零事故。全市渔政执法机构出动执法人员9361人次、执法车辆1982辆次、执法船艇1093艘次，印发宣传材料6733份，开展媒体宣传62次，清理取缔涉渔“三无”（无船名船号、无船舶证书、无船籍港）船舶18艘，清理整治违规网具2394张。查办违法违规案件103起，其中电力捕鱼案件20起，查获涉案人员105人，行政罚款16.65万元。

（市农业农村局）

【外来入侵物种防控】 2022年，市农业农村局牵头并推动建立由市自然资源规划局、无锡海关等12个部门组成的外来入侵物种联防联控体系，通过加强联合会商、密切配合、统筹协调来解决外来物种入侵防控重大问题，协同抓好外来入侵物种防控工作。市自然资源规划局根据中央、省相关要求，启动森林、湿地生态系统外来入侵物种普查工作，印发《无锡市森林、湿地生态系统外来入侵物种普查工作实施方案》，年内以县域为单位，开展外业调查工作。年末调查任务基本完成，形成年度调查工作总结。

（市农业农村局　刘梦蛟）

节能减排

【概况】 2022年，无锡市单位地区生产总值能耗下降2.4%以上，规模以上工业增加值能耗下降6.9%，超额完成省下达的节能目标任务，为生态文明建设和促进经济高质量发展做出积极贡献。市工业和信息化局印发《关于分解下达“十四五”单位地区生产总值能耗降低率目标的通知》和《无锡市2022年节能与工业绿色发展工作要点》，分解落实节能与工业绿色发展工作目标及重点任务。开展节能预警监测，按季度制作全市节能目标完成情况“晴雨表”，对辖区内各板块进行三级预警。组织重点用能单位报告年度能源利用状况，371家重点用能单位2021年度实现节能量24.9万吨标准煤。

【绿色制造】 2022年，无锡市推进工业企业绿色制造体系建设，惠山经济开发区、宜兴环科园建成国家级绿色园区，7家企业入选国家级绿色工厂，2家企业入选工业和信息化部工业产品绿色设计示范企业，1家企业入选国家级绿色供应链，10类产品被评为绿色产品，36家企业被评为省级绿色工厂，57家企业被评为市级绿色工厂。国家级绿色园区入围数居全国第一位，绿色工厂、绿色产品、绿色供应链管理企业公示名单入围数创历史新高并均居全省前列。加大推行重点行业清洁生产技术力度，99家企业实施自愿性清洁生产审核。加强再生资源综合利用，2家企业入围再生资源综合利用行业规范条件企业名单。

（肖俊英）

【绿色建筑】 2022年，市住建部门按照绿色建筑工作发展要求，发展高品质绿色建筑、超低能耗建筑，推广可再生能源应用，实施既有建筑节能改造，全市城镇绿色建筑占新建建筑比例100%，新建民用建筑（居住建筑和公共建筑）全部执行二星级及以上绿色建筑标准，单体建筑面积2万平方米以上的大型公共建筑及高品质住区建筑均按照绿色建筑三星级标准设计建造。年内，全市新增绿色建筑面积1295.15万平方米、太阳能光热应用面积796.68万平方米、浅层地能应用面积40万平方米、既有建筑节能改造面积161.14万平方米，获得民用建筑能效测评标识项目30栋，开展能耗统计项目1146个。世界物联网大会会址项目、雪浪小镇未来中心9号楼等8个项目获省级绿色建筑补助资金2150万元。

（刘　柳）

【新墙材和散装水泥推广】 2022年，全市共完成新墙材产量55.7亿标块，新墙材占墙材总量比例100%。全市散装水泥供应量1338.4万吨，预拌砂浆生产量193.6万吨。推进“禁黏”乡镇3个，新增国家星级绿色建材认证新墙材企业5家。完成20家新墙材企业和8家预拌砂浆企业的认定备案工作。

（陈园园）

【公共建筑节能降碳专项行动】 11月，市住房城乡建设局为深入贯彻落实国家、省关于碳达峰碳中和的重大战略决策部署，推进碳达峰行动，开展公共建筑节能降碳专项行动，以用能统计与对标、用能诊断与分析、推动既有建筑节能改造、加强建筑用能精细化管理等重点举措推进单体建筑面积5000平方米及以上的既有公共建筑节能改造工作，推进公共建筑节能减排、低碳发展，助力实现“碳达峰碳中和”目标。

（刘　柳）

【重点节能工程】 2022年，无锡市推动67个节能与循环经济重点项目建设，竣工后可实现年节能28万吨标准煤。组织开展工业节能诊断工作，组织第三方服务机构对1009家企业实施免费节能诊断。推动重点领域节能降碳改造活动，建立24家重点领域企业装置能效清单，14家企业制定重点领域节能改造升级计划。坚决遏制“两高”（高耗能、高排放）项目盲目发展，开展“两高”项目排查和分类处置，建立“两高”项目动态管理清单，对列入清单库的“两高”项目开展现场核查。

（肖俊英）

【节水建设】 2022年，无锡市坚持“节水优先、空间均衡、系统治理、两手发力”的城市节水总体要求，在提高城市用水水平、压降无效需求、减少污水排放、改善水环境等方面取得成效，继2009年被命名为国家节水型城市后，以历史最好成绩通过国家节水型城市第三次复查验收。市市政园林局推动节水型用水器具普及和推广工作，提高建设项目节水设施“三同时”（与主体工程同时设计、同时施工、同时投产使用）管理水平和非常规水资源利用水平。对全市纳入年度用水计划许可核定许可的1839家的工业企业、非居民用户（单位）实行计划和定额管理考核，实施用户节水报表定期上报制度，基本完成年度超计划加价水费征收工作。推进计划用水重点监管单位按节水法规要求开展水平衡测试工作。5月，结合“全国城市节约用水宣传周”开展节水普法活动，通过微信公众号、广播、电视、报刊等媒体，宣传普及城市节水知识，举办“节水一分钟”抖音短视频大赛活动。

（市市政园林局）

【污染物减排】 2022年，无锡市推进主要污染物总量减排工作，结合年度大气污染、水防治工作计划，分解落实年度减排目标任务，推进实施重点减排工程，2021—2022年累计削减化学需氧量、氨氮、总氮、总磷分别为3337吨、429吨、583吨、60吨，累计削减挥发性有机物、氮氧化物分别为5419吨、7879吨（初步数据），全面完成减排目标任务。

（市生态环境局）

污染防治

【空气污染防治】 2022年，市生态环境局牵头制定出台《无锡市2022年大气污染防治工作计划》，实施治气年度工程项目14826个。锁定电力、钢铁、水泥、垃圾焚烧等重点行业排放大户51家，建立每日反馈通报机制。汇集重点企业VOCs排放“指纹”信息，构建“镇街—行业—企业—工序”四级源谱体系，建设精准溯源“指纹库”。印发《无锡市包装印刷行业挥发性有机物（VOCs）污染整治工作实施方案》，开展包装印刷行业整治。出台餐饮油烟综合整治方案，强化餐饮油烟治理。加强移动源污染防治，累计淘汰高排放车辆8000余辆。

【水污染防治】 2022年，市生态环境局牵头制定《无锡市2022年度水污染防治工作计划》，实施水污染治理重点工程276个。推进问题断面溯源排查及整治，完成长江、太湖排污口排查整治6361个。在惠山区开展全域排污口排查整治试点，实施13个省级以上工业园区及3个化工园区（集中区）水污染整治专项行动，新（改）建304个自然村生活污水治理工程项目，全市农村生活污水行政村治理率97%。全市552条新一轮整治河道水质优Ⅲ比例由44.7%提升到95.1%，城市黑臭水体、劣Ⅴ类河道全面消除。

【土壤和地下水污染防治】 2022年，市生态环境局牵头制定印发《无锡市土壤和地下水污染防治2022年工作计划》，推进落实土壤和地下污染防治年度重点任务1485项。出台《无锡市“十四五”土壤污染防治先行区建设方案》，开展梁溪区国家土壤污染防治先行区建设探索。强化源头防控，推进落实447家土壤污染重点监管单位主体责任。严格建设用地准入管理，加强污染地块风险管控，重点建设用地安全利用得到有效保障。先后完成全市地下水分区划定、3个省级化工园区和1个危险废物处置场地下水环境状况调查评估。

【废弃物处置】 至2022年末，全市有危险废物利用处置企业62家，年处理能力279万吨，比上年增长9%。其中，焚烧、水泥窑协同、等离子处置利用企业6家，年处理能力23.6万吨，比上年减少9%。市生态环境局牵头制定出台《无锡市“十四五”时期“无废城市”建设实施方案》，推进“无废城市”建设。印发《2022年无锡市环太湖城乡有机废弃物处理利用示范区建设工作计划》，实施年度工程项目21个。开展危险废物专项整治，制定《小微企业危废集中收集单位服务规范（试行）》，集中收集体系覆盖小微企业10135家，全年累计收运废弃物5000吨。推进小型医疗机构医废集中收集体系全覆盖，安全处置医疗废物2.9万吨。

（市生态环境局）

【城市废物处置】 2022年，无锡市城市环境科技有限公司做好无锡市医疗废物安全收运处置工作，全年收运医疗废物1.66万吨，焚烧医疗废物1.22万吨。推动建立以“分类中转收集、全程不落地、信息化监管”为特色的小型医疗机构医废集中收集体系，开发“医废收集V1.0”微信小程序并对接市卫生健康委医疗收集系统，覆盖全市1500余家小型医疗机构，实现“以桶换桶”，打通医废收运处置“最后一公里”。新冠疫情防控期间，实施医废应急收集扩能，投运30辆小型医废收集车，高效完成全市800个收集点医废安全收运处置工作，医废最高单日收集量106吨，为医废日产日清提供保障。全年焚烧工业危废1.44万吨，填埋工业危废9399.16吨，处理渗滤液26.85万立方米，运输蓝藻藻泥5.36万吨，处理粪便7.53万吨，安全处置率100%。推进小量产废企业危废收集项目，全年签约小量产废企业2214家。

（符梦凡）

2022年，市生态环境局拓展非现场监管手段，提升执法精准性。图为市生态环境综合行政执法局使用灵嗅仪器开展走航监测　（市生态环境局　供图）

环境监管

【生态环境应急管理】 2022年，市生态环境局组织重点园区和环境风险企业开展隐患自查，全面排查辖区内各类突发环境事件隐患，1748家环境风险企业全部完成自查，市、区两级完成风险企业排查全覆盖，完成环境隐患整改2633个。完成2021年度涉水企业事故排放及应急处置设施专项督查整治，涉及414家企业的863个隐患问题全部整改闭环。系统推进突发水污染事件防控体系建设，搭建全市“1+8+N”（1个全市总体方案，8个区县方案和N条河流）突发水污染事件应急防范体系，完成10条试点河流及5个试点园区“一河（园）一图一策”工程建设，5个试点园区同步制定完成应急响应方案。

【生态环境执法监管】 2022年，市生态环境局开展“大风行动”、水环境执法1号等专项行动，为环境质量改善提供执法支撑。不断拓展非现场监管手段，利用在线监测平台、微站、走航等数据，每日精准推送检查企业名单，保障执法高效性、科技性、精准性，全年办理“非现场”线索案件90件。完善生态环境执法行刑衔接，会同各级检察院、公安局联合开展“三打”专项行动，查获涉嫌环境违法犯罪案件49起。修订《无锡市生态环境局轻微环境违法行为依法不予行政处罚的规定》，年内轻微违法案件不予处罚17起，减轻处罚77起，累计减轻企业罚款超854万元。建立生态环境监督执法正面清单长效管理机制，实行分类监管、差异化监管，年内对符合条件的62家企业推行差异化监管。推进企业环境管理标准化工作，逐步解决企业法律法规不熟悉、技术规范不清楚、环境管理不到位、污防设施不正常、污染排放不达标和环境风险不掌控等问题，落实企业生态环境保护主体责任，提升环境管理水平。

【环境治理能力建设】 2022年，市生态环境局牵头制定出台《无锡市生态环境基础治理能力提升三年行动计划（2022—2024年）》，组织实施年度重点工程68个。推进“绿岛”（共享环境基础设施）项目建设，年内新建成各类“绿岛”项目8个，惠及中小微企业近200家。开展生态环境部排污许可证和危废经营许可证“两证衔接”改革试点，无锡市锡苏环保科技有限公司成为全国首家同时取得“两证”的危险废物经营企业。全年办理生态环境损害赔偿案件283件，1个案件入选长三角区域十大典型案例，2个案件入选省十大典型案例，1个案件入选省提名表扬案例。

（市生态环境局）

编辑　何　峰

河湖长制

【河湖长制工作】 2022年，市水利局制定印发《无锡市河长湖长履职办法(试行)》，压实全市河湖长治河管河责任，推动河湖长制从“有名有责”到“有实有效”。下发《2022年河长制工作目标任务书》《2022年全市河湖长制工作要点》，明确全年河长制工作重点和任务。通过督查检查、无人机巡飞、明察暗访等多种形式，通报各地河道问题62个；强化对重点问题的交办督办，全年市河长办平台下发交办单14份，促进各类问题的及时解决。制定巡河方案和计划，选定巡河点位，突出问题河道，保障市级河长履职，全市各级河长累计巡河履职16.41万次，发现解决问题7529个。指导各地河长办使用市智慧河湖长制综合平台，年末河长巡河、公文报送、信息填报等工作全面实现电子化。年内，无锡市河湖长制工作获省政府督查激励，无锡梁塘河治理工作经验《修复河流生态，完善城市宜居化改造》由中央电视台《新闻直播间》栏目报道，无锡市治水实践经验在2022年中国水博会作经验交流，无锡市河长制工作作为典型发言在2022年太湖流域片河湖长制工作交流会暨太湖局与苏浙沪闽皖省级河长制办公室协作机制联席会议上交流。

【河长湖长全覆盖】 2022年，全市5635条河流、35个湖泊、19座水库实现河长湖长全覆盖。共落实市级总河长2人，副总河长3人，河长16人；市(县)、区级总河长14人，副总河长19人，河长153人；镇(街道)级总河长153名，副总河长188名，河长767名。全市设立覆盖所有河湖的河长制管理公示牌6525块。

【新一轮河道环境综合整治】 2022年，无锡市国、省考断面水质优Ⅲ比例首次达到100%，市区黑臭水体整治消黑率100%，26条主要入湖河道和9条入江河道全部达到Ⅲ类水标准以上，新一轮552条环境综合整治河道水质优Ⅲ比例95.1%。市水利局以国省考断面水质提升为目标，重点加强工业污染防治、河道控源截污、农村环境整治、活水畅流和长效管护等工作，修改完善重点整治河道“一河一策”157条，研究制定《无锡市新一轮河道环境综合整治项目资金管理办法》，为河道水环境提升强化资金保障。

【跨界河湖水葫芦联保共治】 2022年，市水利局按照《苏锡常镇地区“清剿水葫芦、美化水环境”联保共治专项行动》要求，分别与苏州、常州两地河长办沟通协调，就跨市交界河道水葫芦问题会商联保共治方案，明确打捞范围和责任主体，实践跨市联合保洁工作，实现协同共治、互联互通。通过“无人机+铁脚板模式”，对全市重点河道开展巡查检查10余次，发现问题及时交办督办，做到立行立改，确保跨界河湖上下游、左右岸得到有效治理，提升河道水环境和河容河貌。年内，全市出动打捞船舶22112艘次、车辆6374辆次、人员76644人次，打捞水葫芦等漂浮物69773吨。

（芮资涵）

美丽河湖建设

【美丽示范河湖建设】 2022年，无锡市计划建设美丽示范河湖816条，其中落实工程措施的466条，至年末，完工285条，开工在建181条，完工率61%。95条市级美丽示范河湖，完工52条，开工在建43条，完工率55%。建成应天河、桥西河、运泾河等一大批河湖水质较好、河岸整洁、环境优美的河湖治理“新地标”“网红点”。市水利局编印《无锡市美丽幸福河湖评价工作指南》，从河安湖晏、水清岸绿、鱼翔浅底、文昌人和、长治久安、公众满意6个方面具体设置36项指标对美丽河湖建设要求和标准进行量化评价。

【“两河”整治提升美丽河湖“一号工程”】 2022年，无锡市推进京杭大运河无锡段、梁溪河“两河”整治提升美丽河湖“一号工程”，在京杭大运河无锡段打造黄金水带、生活秀带、城市绿带、人文纽带、产业示范带，在梁溪河打造新理念引导下的未来诗意栖居水岸典范。年内，市水利局编制印发《“两河”整治提升工程“2(总体)+4(专项)”规划》及建设导则，全线征收拆迁签约

2022 年，无锡市打造水利风景区精品线路。图为运河黄埠墩段（严 峻 供图）

率 100%。全面启动 6 大示范段（南尖公园、北尖公园、江南运河文化公园、“三水汇”科技生态公园、京杭大运河经开段、梁溪河）建设，梁溪区南尖公园先导段“三道”（骑行道、跑步道、慢行道）贯通与景观建设进场施工，惠山区江南运河文化公园首开区完成主体建设，新吴区“三水汇”科技生态公园完成景观部分施工，大运河经开区段整治完工，梁溪河南岸示范段工程建成并开放、北岸全线开工建设。

【河湖环境整治】 2022 年，全市整治入河排污口 1659 处，清理水面岸坡垃圾杂物 14.6 万吨，排查整治河湖岸线违规行为 1489 例，清理拆除非法围网管桩 851 处，整治“三无”船舶 273 艘，排查清理住家船舶 151 艘。全年抽查美丽示范河湖 256 条，对建设内容、建设进度、河道水质、岸线环境、整体效果等情况进行通报，督促各地对存在问题进行整改。年内发布美丽河湖行动“红黑榜”8 期，评选“红榜”河道 99 条，“黑榜”河道 71 条。“黑榜”河道中，前 7 期 60 条河道整改完成。

【河湖水域岸线管理】 2022 年，市水利局组织开展 45 个长江干流岸线利用问题、第一轮中央环保督查“回头看”涉及无锡 12 个长江岸线清理整治任务的“回头看”。印发《关于加强太湖大堤管理的意见》，落实责任主体，明确管理要求和相关保障措施。完成第一次全国水利普查名录中河道划界工作，编制省骨干河道 48 条、省保护名录湖泊保护规划 28 个，推进镇级以上河湖划界和保护规划编制，水域岸线“四个功能区”（岸线保护区、岸线保留区、岸线控制利用区和岸线开发利用区）管控工作取得阶段性成果。落实河湖网格化、段格化管控，根据长江、太湖水域岸线管理责任划分段格片区，各段格片区落实在岗在编专职巡查员，开展每日巡查。强化涉河建设事前服务、事中监督、事后检查，遏制新增长江岸线违法违规问题。

【水文化建设】 2022 年，无锡市打造水利风景区精品线路、红色基因线路，整合、串联全市水利风景资源、水利工程遗产资源和红色教育资源，因地制宜设计推出 1 条精品主题线路。“运河谣，江南语”精品线路为：万马白荡—黄埠墩—惠山古镇—江南古运河清名桥段故道—梁鸿。通过政府平台、媒体、水利公众微信号等，加强水利风景区、水利遗产等方面成果宣传。申报第二批国家水利风景区高质量发展典型案例。组织“60 秒看水美中国水利风景区短视频”征集活动。

（芮资涵）

水利工程建设与管理

【水利建设发展】 2022 年，无锡市加快“一轴两带、七廊八脉、十湖千链”（以京杭大运河沿线为主轴，以沿长江和环太湖为保护带，以武宜运河、烧香港、中河—北溪河、南河—南溪河、东青河、锡北运河、梁溪河 7 个方向的骨干河道为生态绿廊，以望虞河、新孟河、新沟河、锡澄运河、白屈港、走马塘、张家港、十一圩港 8 条通江引排河道为骨架脉络，以漏湖、鹅真荡、嘉菱荡、五里湖、霞客湖、宛山荡、东氿、西氿、团氿、莲花荡、临津荡、钱墅荡、徐家荡、阳山荡等10余个重要湖荡为主要节点，以全域近5000条成串成片成网的河道为蓝色水链）美丽无锡现代区域水网规划建设，全年全社会完成水利投资45.46亿元，其中市级政府投资项目实际完成28.7亿元、完成率127%，新开工项目开工率100%，新孟河延伸拓浚工程宜兴段全线完工，环太湖大堤剩余工程基本完工，太湖生态清淤（二轮二期）完成年度任务，太湖退圩还湖、京杭大运河无锡段堤防提标、锡澄运河整治、新桃花港江边枢纽、老桃花港整治、五里湖节制闸公路桥改建、中小河流治理等重点工程有序推进。加强与央企、国企、金融机构的战略合作，争取国家政策性开发性基础设施投资建设基金、EOD、REITS（不动产投资信托基金）、专项债等投融资模式落地应用，在金融支持地方发展的全市33个重大项目投融资合作中，涉及水利方面的项目15个，总投入近400亿元，年末获批支持资金26.4亿元。

【水利规划计划编制】 2022年，市水利部门完成《无锡市水系连通方案2023—2025年》《无锡市"十四五"水利信息化发展规划》的编制工作。做好"三区三线"划定工作，与省水利厅衔接汇报，主动与各市（县）、区水利部门对接做好指导，确保省、市两级规划成果在县（区）级国土空间规划中予以落实，保障落实规划水利工程用地需求。落实推进项目计划管理，编制调整《2022年市级政府水利投资项目资金预算调整计划》，完成《2023年市级政府水利投资项目计划及资金预算》《2023年市级政府投资水利项目计划及资金预算》《无锡市市级政府投资水利项目三年计划及中期财政规划（2023—2025年）》《市级政府投资项目储备库》等计划编制任务。制定《蠡湖水环境深度治理实施方案》，推进蠡湖水环境深度治理工作。配合做好长江流域和太湖流域防洪规划修编工作，把握水利治理新需求。协同推进海绵城市建设，增强城市排水防涝能力。

【水利工程监督管理】 2022年，市水利局推进水利工程精细化管理，无锡市水利工程管理中心、宜兴市横山水库管理所获评全省水利工程精细化管理单位，全市省级以上水利工程管理单位创建达标率88.9%，小水库规范化管理创建达标率94.1%，名列全省前茅。完成12个闸站工程的安全鉴定审查，其中省下达任务7个。专题组织开展水利工程检查督查，加强水库管理，确保工程运行安全。印发《无锡市太湖大堤与岸线管理办法》，确保太湖大堤防洪安全，提高太湖大堤交通出行、生态观光、休闲健身等综合效益。制定《关于进一步加强水利闸站工程管理的意见》，强化重点水利工程的全市统一调度管理。

【环太湖大堤剩余工程无锡段】 2022年末，该工程宜兴段共12个标段，1标通过完工验收，2标、4标、5标、6标、10标、11标基本完成，3标、7标、8标、12标全力推进，9标完成招投标工作；滨湖段十八湾护岸加固工程，渔港大堤加固工程，七里堤、耿湾护岸加固工程，马圩南大堤加固工程4个标段完工。马圩四号排涝站、马圩二号排涝站及3个闸站维修工程、贡湖段堤防加固工程、马圩南大堤路面拓宽工程施工中。该项目于2019年12月开工建设，计划2023年年底完工，总投资12.32亿元，年内完成投资4.1亿元。

【新桃花港江边枢纽工程】 该工程主要建设内容为拆除老闸，新建泵站一座，排水流量每秒48立方米，装机3台（套），总装机容量2700千瓦。新（扩）建水闸1座，孔口净宽28米；节制闸设3孔，两侧边孔闸孔净宽均为8米，中间孔为通航孔，闸孔净宽12米。扩挖内河侧河道387.6米，长江侧两岸堤防加固336.8米。2022年末，泵站和节制闸主体工程完成。该项目于2021年12月开工建设，计划2023年年底完工，总投资2.2亿元，年内完成投资1.2亿元。

【锡澄运河（黄昌河—长江段）河道整治工程】 该工程主要建设内容为拓浚河道11.22千米（不包括定波水利枢纽段0.66千米），拆建（加固）护岸24.58千米，拆建（加固）堤防21.38千米，拆除重建跨河桥梁3座、加固1座、利用3座，新建支河桥梁9座，新建防汛道路9.03千米和附属建筑物工程等。2022年，完成河道治理2.8千米。至年末，一期工程（长江—芙蓉大道）基本完工，二期工程持续推进，三期开展施工招投标。该项目于2020年12月开工建设，计划2023年年底完工，总投资15亿元，年内完成投资3亿元。

（芮资涵）

农村水利

【农村水利建设】 2022年，全市农村完成水利建设总土方192万立方米，加高加固圩堤16.7千米、土方13万立方米，更新改造圩口闸13座，新建、改造机电泵站43座。建成省级生态河道132条、288千米。灌溉水利用系数0.675。无锡市将农业水价综合改革列入最严格水资源管理制度考核和粮食安全考核，按照《全省农业水价综合改革巩固提升专项行动方案》，针对用水管理不规范、计量收费不落实、工程管护不到位、合作组织空运行、改革经费难保障等问题，组织开展问题排查，梳理改革工作情况，列出问题清单，制定整改方案，于9月底完成全部整改。

【农村生态河道建设】 2022年，市水利局制定《关于进一步明确农村生态河道建设在乡村振兴战略实绩考核中计分方法的通知》，细化考核内容、计分方法、赋分标准，对各地

2022年，无锡市开展河湖环境整治，发布美丽河湖行动“红黑榜”。图为市级“红榜”河道——七里堤河（市水利局　供图）

申请复核的农村河道开展市级复核，对存在问题的河道责令限时整改完成。加强通过省级评估的农村生态河道日常管护情况监管，结合“美丽河湖”行动“红黑榜”，对暗访情况和河道管护存在问题较多的河道进行全市通报并限期整改，全年通报2期。年内，全市有131条（段）、290.03千米河道通过省级复核。至年末，无锡市建成农村生态河道429条（段）、1169.4千米，农村生态河道覆盖率47.69%。

【水土保持】 2022年，市水利局印发《2022年全市水土保持工作要点》《无锡市生产建设项目水土保持“双提双减”专项行动实施方案》《加强水利建设工程水土保持工作的指导意见》，加强遥感图斑认定查处，完成省水利厅第一批次下发的无锡市疑似违法违规扰动图斑认定查处工作。减免生产建设单位水土设施补偿费250.36万元。完成水土保持方案审查10个，评估批复市级首个水土保持区域——锡山经济技术开发区。推进国家水土保持重点工程——太平小流域综合治理项目建设，指导锡山区创建国家水土保持示范县，组织宜兴市、锡山区和惠山区申报的3条省级生态清洁小流域全部通过省水利厅复核。结合“世界水日”“中国水周”水法宣传活动，开展水土保持监督检查及水法宣传进企业活动。

（芮资涵）

水资源管理

【最严格水资源管理】 2022年，市水利局下达年度实行最严格水资源管理制度目标任务，完成长江肖山、长江西石桥、油车水库、太湖贡湖沙渚、太湖锡东5个水源地的标准化建设，完成地下水取水工程登记造册218个，完成取水规范化建设工程138个，开展白屈港、界河—富贝河河道水量分配工作，实施油车水库、横山水库、东氿、白屈港生态水位确定工作，开展重点河湖生态状况评价，进一步严格用水统计。出台《热电联产行业用水定额》地方标准，填补省内行业空白。无锡市实行最严格水资源管理制度在省考核中获得优秀等次，实现“六连优”。

【节水型社会建设】 2022年，市水利局建立节约用水协调机制，印发《无锡市实行最严格水资源管理制度考核工作实施方案》，成立实行最严格水资源管理制度考核工作联席会议，及时协调解决工作中的重大问题。推进节水型社会和节水型城市建设，宜兴市完成国家级县域节水型社会达标建设并获水利部命名，惠山区、滨湖区、新吴区创建工作通过省评估验收。无锡太湖学院与常州常工电子科技股份有限公司、无锡能达热电有限公司和上海明坤水处理设备有限公司开展合同节水，金额653万余元、年节水量46万立方米。宜兴市横山水库管理所、江苏省望虞河锡山管理所和无锡市滨湖区河湖堤闸工程管理所完成节水型机关建设，无锡太湖学院完成节水型高校建设，江阴市华西钢铁有限公司等17家高耗水企业完成省级节水型企业创建，宜兴经济开发区创成省级节水型工业园区。全年创建省级节水载体32家，其中省级节水型企业17家、省级节水型社区10家、省级节水型机关2家、省级水利行业节水型单位3家、省级节水型学校5家，超额完成省下达的目标任务。

（芮资涵）

【国家再生水配置试点】 3月14日，新吴区入选国家再生水配置试点，成为江苏省唯一的环太湖城市试点地区。新吴区开展对新城水处理厂等3座污水厂的提标新建工作，使出水水质达到准地表Ⅲ类水标准；为20家企业提供污水深度处理和再生水回用服务的“点带面”示范工程；尾水资源化利用量持续增长，包括企业回用、绿化浇灌、湿地补水以及河道补水等生态用水；根据《新吴区“十四五”节水型社会建设方案》，加快再生水水厂及配置管网等工程建设，推进水环境治理和污水资源化利用，实现水资源循环高效利用，逐步建立符合区域特点的再生水利用模式和行业应用。

（新吴区）

水利行业管理

【最优水利营商环境】 2022年，市水利局指导节水型企业申办“节水贷”额度约11亿元，减征水资源费约900万元，发放水土保持补偿费约200万元。印发《无锡市水权交易改革试点工作实施方案(试行)》，服务相关企业完成水权交易7单，总交易水量11.7万立方米。滨湖区水利局开发上线全省首个水权交易供需意向平台“滨水市场”。深化“放管服”改革，制定出台《关于助企纾困服务发展的政策意见》《无锡市水利局行政审批全过程服务与监管意见》，完成宜兴经济技术开发区、无锡太湖国家旅游度假区、锡山区经济技术开发区水资源论证区域评估和锡山经济技术开发区水土保持区域评估，全面推行水利工程电子化招投标和远程异地评标，所有涉水事项实现不见面审批和“一件事一次办”，服务保障苏南硕放机场改扩建、宜马快速通道通风口改建、锡宜高速扩建、锡太高速、江阴靖江长江隧道、312国道改扩建、无锡地铁4号线二期、白鹤滩—江苏800千伏特高压直流输电、新发集成电路产业园等一大批省、市重大项目重点工程重要载体规划建设。

【水情宣传教育】 2022年，市水利部门建好用好“两微一站”(微信、微博、网站)，聚焦河湖治理、防汛防旱、太湖治理、重点工程建设、水情教育等水利重点工作开展水利公益宣传。全年通过“水韵无锡”微信公众号推送信息444条、“无锡市水利局”官方微博推送信息141条，通过无锡水利门户网站发布信息580条。反映无锡河湖治理工作及成效的《走进县城看发展·江苏宜兴篇》《修复河流生态，完善城市宜居化改造》《无锡“美丽河湖”行动添彩“水韵江苏”》《用行动兑现承诺——江苏无锡市“美丽河湖三年行动”交出满意答卷》《山水和诗，共谱江南好——无锡美丽河湖三年行动综述》等在《新闻联播》《央视新闻直播间》《新华日报》《中国水利报》等媒体多次报道。深化“节水护水，你我同行”水情教育品牌建设，组织编写《无锡水情教育读本》，举办“美河美影”主题影像赛；结合“世界水日”“中国水周”水法宣传活动，在全社会营造“全民爱水护水节水”的氛围。

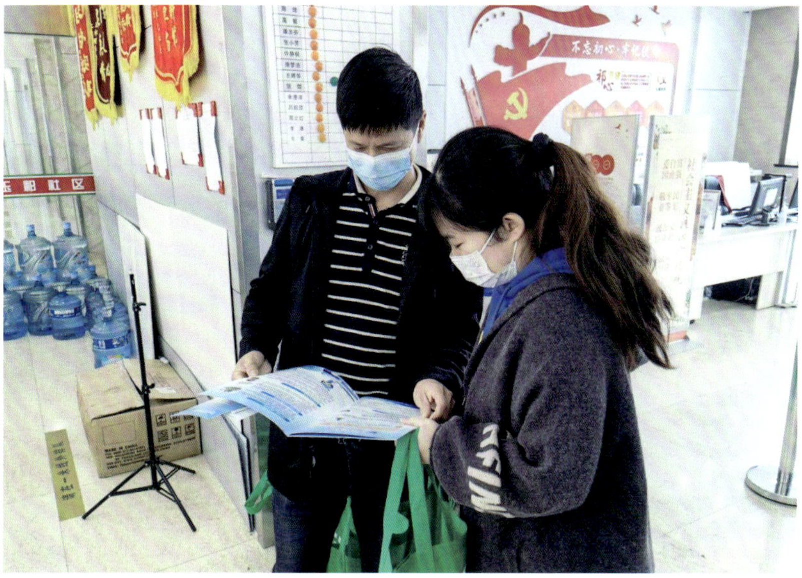

3月，在“世界水日”“中国水周”期间，市水利部门在玉祁社区发放水情教育宣传册 （市水利局 供图）

【水行政执法】 2022年，市水利部门对标全省水政监察规范化标准化建设，统筹推进水文水资源、长江采砂管理、河湖管理、防汛保安等专项执法行动，“利剑”专项执法行动受到省水利厅表扬。全年组织开展执法巡查2701次，出动执法人员7343人次，查处违法行为276起，立案查处74件。推进河湖“清四乱”常态化长效化，全市排查整治并销号河湖“四乱”(乱占、乱采、乱堆、乱建)问题15个。开展水土保持专项执法检查，开展水土保持宣传350余次。开展长江河道采砂管理综合整治“强化年”行动，组织日常巡查3992人次，联合海事、公安等部门开展大规模专项打击行动51次，出动执法船艇93艘次、车辆249辆次、执法人员1153人次，维护长江江阴段河势稳定，防洪和通航安全。无锡水政文明廉洁执法评价效果居全省水政监察队伍前列，水事案件查办工作质态不断提升。

（芮资涵）

编辑 何 峰

综 述

【科技发展】 2022年，无锡市科技系统实施创新驱动核心战略和产业强市主导战略，统筹推进建载体、育主体、攻技术、聚资源、优生态等重点工作，持续为“强富美高”新无锡现代化建设提供强劲科技支撑。全市科技进步贡献率68.6%、连续十年居全省设区市第一位，全社会研发投入占GDP比重3.28%、居全省前列。在国家创新型城市创新能力评价排名中，无锡居全国第12位、地级市第2位。根据省政府办公厅督查激励相关通报，无锡市入选科技企业孵化器运行成效明显且地方财政给予资金安排的地方，锡山区入选推动科技政策落实和科技体制改革成效明显的地方，无锡高新区入选实施创新驱动发展战略、推进自主创新和发展高新技术产业成效明显的地方。年内，江阴市通过国家首批创新型县（市）验收，无锡锡山集成电路设计制造产业基地获批国家火炬特色产业基地，无锡高新区集成电路制造创新型产业集群入选首批江苏省创新型产业集群，宜兴环科园污水低碳资源化利用科技成果转化基地入选首批江苏省碳达峰碳中和科技成果转化基地。至年末，全市新建省级院士工作站2家，累计建成省级院士工作站26家，数量居全省第二位。

（吕华伟 潘慧治 苏顺开）

【科技投入】 2022年，市级科技创新创业资金6.92亿元，包括支持重大创新平台建设、支持大院大所科技合作、支持企业关键技术攻关、支持科技孵化载体建设、加速科技成果转移转化、培育壮大创新型企业集群、深化企业国际合作、推动科技保险服务创新、支持发展生物医药产业9类专项计划，涵盖产业前瞻与共性关键技术研发、重大科技成果转化、科技创业载体建设和运营、新型研发机构建设和运营、高新技术企业培育奖励、现代生物医药专项等多个专项，全年立项市级科技计划项目395个。市科技局改革科技计划项目组织实施方式，探索“揭榜挂帅”方式开展市“太湖之光”科技攻关（产业前瞻及关键技术研发）重点项目，揭榜成功6个项目，给予1620万元财政资金支持。组织实施市产业前瞻与关键技术研发项目，立项一般项目117个，支持经费3690万元，年内拨付2790万元。全市获国家、省科技经费17.77亿元，其中获国家科技经费13.58亿元。有2个项目获国家重点研发计划重点专项等立项，8个项目获省重点研发计划（产业前瞻与关键核心技术）立项，11个项目获省重大科技成果转化专项立项，13个项目获省碳达峰碳中和科技创新专项资金重大科技成果转化项目立项，22个项目获省自然科学基金项目立项。

（戴晓斌 自 勇 王春耕 赵雪倩）

【科技创新政策】 2022年，为更好发挥科技创新的基础性、战略性支撑作用，市委、市政府印发《关于加快建设具有国际影响力的产业科技创新高地的政策意见》，市政府办公室印发《关于促进无锡市新型研发机构高质量发展的实施意见》《无锡市创新型企业培育行动计划（2022—2025年）》《无锡市新型科创载体建设行动计划（2022—2025年）》《无锡市促进科技成果转移转化行动计划（2022—2025年）》4个配套政策文件，构成科技创新“1+4”政策体系，形成推进科技创新能力提升的整体性制度设计，引领全市向产业科技创新高地迈进。

（邱 涵）

【科技人才项目】 2022年，市科技局组织28名海外人才申报国家重大人才工程A类项目，申报数居全省第三位。全市入选国家重大人才工程B类项目创业领军人才3人，居全省第二位。完成省“双创”科技类人才（团队）申报，申报科研院所创新类人才2个、双创团队5个、双创博士29个。组织2022年市“太湖人才计划”项目，申报项目489个，立项270个，申报数和立项数创新高；组织丁荣军院士创新顶尖人才团队“一事一议”评审，给予“太湖人才计划”实施以后第一个1亿元创新顶尖人才团队支持，兑现无锡市对顶尖人才顶格支持的政策。全市入选国家级外国专家项目29个，入选省外国专家百人项目5个，立项数均居全省第一位。

（陶佳漪）

【科技金融】 至2022年末，无锡市天使投资引导基金年度初筛直投项目超100个。其中，47个项目提交立项、45个项目获通过，26个项目实现投资决策、24个项目决策获通过。完成无锡赛米垦拓微电子股份有限公司、无锡声亚医疗科技有限公司等16个项目各500万元出资（或签署协议），合计8000万元；完成总规模6200万元的江阴天使基金及总规模1亿元的宜兴天使基金的工商设立，其中江阴天使基金全部实缴到位，并完成首个项目——江苏昕感科技有限责任公司的500万元出资；出资2475万元，引导设立首支市场化子基金——无锡鼎祺中甫成果转化投资合伙企业，实缴资金总额1.25亿元，子基金完成项目4个，出资3400万元，其中无锡本地项目3个、合计出资2900万元。2022年，市科技风险补偿贷款提速增效，全市发放科技贷101.12亿元，其中"锡科贷"（无锡市独立开展的市科技型中小企业风险补偿贷款）94.38亿元、"苏科贷"（与省合作开展的江苏省科技成果转化风险补偿贷款）6.74亿元。年末在贷余额100.82亿元，其中"锡科贷"96.28亿元、"苏科贷"4.58亿元（其中0.04亿元双备案贷款，仅以锡科贷计入总额），比上年增长22.65%，财政资金放大倍数近41倍，获贷企业2461家，合作银行贷款审核发放最快1个工作日内办结。

（夏　婷）

【外籍高层次人才引进】 2022年，市科技局外国人来华工作许可窗口累计办理外国人来华工作许可事项5319件，其中，发放外国人来华工作许可通知840份，办理外国人来华工作证4479张。与市公安局联合设立"外国人来华工作专窗"，实现外国人来华工作许可和居留许可线下"一窗联办"。

（李海宁）

创新平台载体

【苏南国家自主创新示范区建设】 2022年，《无锡苏南国家自主创新示范区2022年度重点工作任务》印发，省"四重清单"（重点工作任务、重要改革举措、重大科技平台、重大科技项目）相关工作推进有序。江苏微导纳米科技股份有限公司、盛合晶微半导体（江阴）有限公司、华云数据控股集团有限公司3家企业被评估为江苏独角兽企业，24家企业被评估为江苏潜在独角兽企业，61家企业被评估为江苏省高新技术产业开发区瞪羚企业。根据科技部火炬高技术产业开发中心对国家高新区评价（试行）结果的通报，无锡高新区居全国第18位、比上年提升2个位次，江阴高新区居第45位、与上年位次相同。根据省科技厅发布的全省高新区创新驱动发展综合评价情况通报，无锡高新区、江阴高新区排名分别为第2位、第10位，与上年持平；宜兴环科园排名第31位，比上年提升1个位次，为近3年最高位次。

（潘慧治）

【北京大学长三角未来技术生命健康研究院和北京大学无锡电子设计自动化研究院签约落地】 11月1日，无锡高新区与北京大学签署北京大学长三角未来技术生命健康研究院实施协议、北京大学无锡电子设计自动化研究院实施协议，两个研究院均落地无锡高新区。北京大学长三角未来技术生命健康研究院将聚焦生物医药"卡脖子"技术，培育重大原创成果，打造生命健康领域国际顶尖科学及工程化研发平台、孵化基地、人才实习与培训基地和生物医药领域核心技术策源地。北京大学无锡电子设计自动化研究院将聚焦EDA（电子设计自动化）相关核心技术，推动基础与应用研究、培养和引进科创人才、促进科技成果转化、培育新兴产业，构建集成电路产业转型升级和创新发展的基础科研与产业化推进平台，驱动包括EDA在内的集成电路领域理论研究、技术应用和产业繁荣发展。

【天津大学无锡研究院落户惠山经济开发区】 6月24日，惠山经济开发区与天津大学签署共建天津大学无锡研究院合作协议，天津大学无锡研究院落户惠山经济开发区。研究院将聚焦内燃低碳和氢能零碳领域，共

11月1日，北京大学长三角未来技术生命健康研究院和北京大学无锡电子设计自动化研究院项目签约落地无锡高新区　（市科技局　供图）

建先进内燃动力全国重点实验室无锡分室，围绕“卡脖子”和“自主可控”，解决行业技术难题。

（王春耕）

【无锡市产业创新研究院启动建设】 2022年，无锡市借鉴德国弗劳恩霍夫协会、美国制造业创新研究院以及江苏省产研院等经验做法，筹建无锡市产业创新研究院。围绕无锡市“465”现代产业集群发展需求，建立有组织的产业创新体系，更好地整合优化全市创新资源、统筹协调全市新型研发机构、引育高水平创新人才、开展产业关键技术攻关，为引进和培育重大科技创新平台提供支持。

【江苏省太阳能光伏技术创新中心获批建设】 3月，江苏省太阳能光伏技术创新中心获批建设，是无锡市获批的首家省级技术创新中心，也是全省新能源领域唯一的技术创新中心。江苏省太阳能光伏技术创新中心计划在5年内建成具有国际一流水平的技术研发、测试认证、计算设计、模拟仿真、大数据、小试中试等公共平台，集成国内外太阳能光伏领域创新资源，突破一批太阳能领域核心基础科学问题和关键共性技术问题，支撑中国可再生能源及太阳能光伏行业长期发展需求，引领我国太阳能科学与技术发展。

（朱　莹）

表44　无锡市2022年度新增省级工程技术研究中心一览表

序号	名称	依托单位
1	江苏省（双良）光伏及高效能源装备工程技术研究中心	双良节能系统股份有限公司
2	江苏省轴承精密零部件工程技术研究中心	江阴市精成数控有限公司
3	江苏省高盐高有机废水处理设备工程技术研究中心	江苏坤奕环境技术股份有限公司
4	江苏省特种合金管件工程技术研究中心	江苏龙山管件有限公司
5	江苏省舒适环保型车用鞍座工程技术研究中心	赛勒罗亚车业（中国）有限公司
6	江苏省低压电器元件工程技术研究中心	江阴长江电器有限公司
7	江苏省可再生可降解卫生医疗新材料工程技术研究中心	阳光卫生医疗科技江阴有限公司
8	江苏省光纤传感系统集成应用工程技术研究中心	江苏法尔胜光电科技有限公司
9	江苏省高强度耐疲劳农业机械零部件工程技术研究中心	江阴市万和自动设备有限公司
10	江苏省高性能硅钢片工程技术研究中心	江阴市恒通电器有限公司
11	江苏省电子功能性薄膜材料工程技术研究中心	江苏新光镭射包装材料股份有限公司
12	江苏省长丝喂入磨毛花式纱线工程技术研究中心	江苏海特服饰股份有限公司
13	江苏省色纺特色纱线工程技术研究中心	江苏新诚誉纺织科技有限公司
14	江苏省高精度齿轮传动零部件工程技术研究中心	江阴市科安传动机械有限公司
15	江苏省振动监测分析诊断工程技术研究中心	江苏江凌测控科技股份有限公司
16	江苏省特钢精整自动化设备工程工程技术研究中心	江苏环信机械工程有限公司
17	江苏省高海况救生（救助）装备工程技术研究中心	江阴耐波特船用设备有限公司
18	江苏省新能源汽车特种线缆工程技术研究中心	江阴市源达电工材料有限公司
19	江苏省船舶压载水特种电源工程技术研究中心	江阴市天马电源制造有限公司
20	江苏省高性能高精密齿轮减速器工程技术研究中心	江阴市得灵机械有限公司

（续表）

序号	名称	依托单位
21	江苏省（劲松）不锈钢锻件工程技术研究中心	江阴市劲松科技有限公司
22	江苏省高强度建筑节能型材工程技术研究中心	江苏澄龙铝业有限公司
23	江苏省高端功能薄膜材料工程技术研究中心	江苏名阳高分子新材料有限公司
24	江苏省大兆瓦风电机组零部件工程技术研究中心	江苏华纳环保科技有限公司
25	江苏省液压元件研发设计工程技术研究中心	江苏可奈力机械制造有限公司
26	江苏省（华美）高性能特种电缆工程技术研究中心	无锡市华美电缆有限公司
27	江苏省高性能智能电网用线缆工程技术研究中心	江苏中超电缆股份有限公司
28	江苏省 SCR 烟气脱硝催化剂工程技术研究中心	宜兴市宜刚环保工程材料有限公司
29	江苏省炼油助剂、催化剂工程技术研究中心	江苏科创石化有限公司
30	江苏省村镇污水处理技术装备工程技术研究中心	江苏裕隆环保有限公司
31	江苏省环境噪声与振动控制工程技术研究中心	江苏远兴集团建设有限公司
32	江苏省配电智能调节融合工程技术研究中心	宇超电力股份有限公司
33	江苏省环保高端装备制造工程技术研究中心	江苏菲力环保工程有限公司
34	江苏省工业难降解有机特种废水处理工程技术研究中心	江苏鑫林环保设备有限公司
35	江苏省特种钢材制品工程技术研究中心	江苏裕隆特种金属材料科技有限公司
36	江苏省针织全成形纤维制品工程技术研究中心	无锡太平针织有限公司
37	江苏省先进动力电池制备及材料开发工程技术研究中心	蜂巢能源科技（无锡）有限公司
38	江苏省半导体高端装备工程技术研究中心	连城凯克斯科技有限公司
39	江苏省（恒尚）建筑节能幕墙工程技术研究中心	江苏恒尚节能科技股份有限公司
40	江苏省航空发动机改陆用动力工程技术研究中心	无锡友鹏航空装备科技有限公司
41	江苏省风力发电齿轮箱工程技术研究中心	德力佳传动科技（江苏）有限公司
42	江苏省云动力节能省电系统工程技术研究中心	台铃科技（江苏）股份有限公司
43	江苏省微创外科医疗器械工程技术研究中心	宝玛医疗科技（无锡）有限公司
44	江苏省农村环境综合治理工程技术研究中心	江苏启德水务有限公司
45	江苏省功能性纳米涂层工程技术研究中心	江苏菲沃泰纳米科技股份有限公司
46	江苏省稻米精深加工工程技术研究中心	无锡金农生物科技有限公司

（续表）

序号	名称	依托单位
47	江苏省定制家居智能制造工程技术研究中心	江苏无锡欧派集成家居有限公司
48	江苏省高压柱塞泵工程技术研究中心	无锡煤矿机械股份有限公司
49	江苏省核电应急柴油发电机组工程技术研究中心	中国船舶重工集团公司第七〇三研究所无锡分部
50	江苏省光电集成电路工程技术研究中心	无锡豪帮高科股份有限公司
51	江苏省智慧农业装备工程技术研究中心	无锡卡尔曼导航技术有限公司
52	江苏省气象仪器装备工程技术研究中心	航天新气象科技有限公司
53	江苏省先进复合塑封及膜材料工艺工程技术研究中心	江苏科麦特科技发展有限公司
54	江苏省送料拧紧自动化设备工程技术研究中心	无锡丹尼克尔自动化科技有限公司
55	江苏省半导体设备与工艺工程技术研究中心	无锡邑文电子科技有限公司
56	江苏省大型医用影像设备诊断工程技术研究中心	凯思轩达医疗科技无锡有限公司
57	江苏省工艺压缩机及大型离心压缩机工程技术研究中心	钛灵特压缩机无锡有限公司
58	江苏省汽车电子嵌入式电控系统开发工程技术研究中心	卓品智能科技无锡股份有限公司
59	江苏省电能质量柔性控制装置工程技术研究中心	江苏莱提电气股份有限公司
60	江苏省高效精密注塑工程技术研究中心	无锡海天机械有限公司
61	江苏省X射线医学影像工程技术研究中心	西门子爱克斯射线真空技术（无锡）有限公司
62	江苏省微电子表面贴装工程技术研究中心	无锡万吉科技股份有限公司
63	江苏省制冷加热控温设备工程技术研究中心	无锡冠亚恒温制冷技术有限公司
64	江苏省高性能环保型热熔胶工程技术研究中心	无锡市万力粘合材料股份有限公司
65	江苏省医药包装印刷防伪工程技术研究中心	外贸无锡印刷股份有限公司
66	江苏省机床主轴箱成套装备工程技术研究中心	无锡阳光精机股份有限公司
67	江苏省（西门子）智能中压开关工程技术研究中心	西门子中压开关技术（无锡）有限公司
68	江苏省高端薄膜包装材料工程技术研究中心	无锡环宇包装材料有限公司
69	江苏省非血管类高值医用耗材工程技术研究中心	无锡三捷医疗科技有限公司
70	江苏省汽车变速器系统工程技术研究中心	康斯博格汽车部件（无锡）有限公司
71	江苏省半导体设备再制造与系统化诊断工程技术研究中心	无锡迪渊特科技有限公司
72	江苏省绿色数字能碳工程技术研究中心	江苏晟能科技有限公司
73	江苏省智能染整设备工程技术研究中心	江苏红旗印染机械有限公司

（市科技局）

表 45　无锡市 2022 年度新增国家级众创空间一览表

序号	载体名称	运营单位
1	雏鹰梦工场	江阴市雏鹰科技孵化器有限公司
2	两江创客空间	江苏两江创客空间科技孵化器有限公司
3	无锡互联创客空间	无锡互联物流科技有限公司
4	陶誉众创空间	宜兴陶誉科技创业服务有限公司
5	无锡人工智能暨智能制造众创空间	云腾智创（无锡）科技有限公司

（市科技局）

表 46　无锡市 2022 年度新增省级众创空间一览表

序号	载体名称	运营单位
1	江阴金属材料创新研究院众创空间	江阴金属材料创新研究院有限公司
2	江苏腾锡创客空间	江苏腾锡大数据科技有限公司
3	澄之光科创孵化基地	江阴星新火创业服务有限公司
4	誉蓝科创谷	誉蓝科技企业孵化器（江阴）有限公司
5	筑梦之星毫米众创空间	无锡市毫米创客空间有限公司
6	动力工场众创空间	无锡动立工场企业管理有限公司
7	淘梦众创空间	无锡淘梦创业服务有限公司
8	dodospace・理想空间	无锡苏文信息科技有限公司
9	中国南山无锡车联网小镇	深南（无锡）车联网有限公司
10	集萃芯众创空间	江苏集萃集成电路应用技术管理有限公司
11	虫洞创业之家	无锡虫洞企业管理服务有限公司
12	星链空间	无锡韵茵科技集团有限公司
13	蠡湖智港众创空间	江苏后海商业经营管理有限公司
14	太湖慧谷众创空间	无锡新脑汇众创空间孵化器有限公司
15	小树众创空间（无锡中关村）	无锡小树创业孵化管理有限公司
16	集萃芯乐众创空间	江苏集萃智能集成电路设计技术研究所有限公司
17	园多多・融智・新空间	园多多网络科技无锡有限公司
18	长三角新就业产业园	开赋新业（无锡）园区管理咨询有限公司
19	“A 硕坊”众创空间	无锡空港园区发展有限公司
20	鸿集电 863	江苏圣高迪实业有限公司

（市科技局）

表 47　无锡市 2022 年度新增省级科技企业孵化器一览表

序号	载体名称	运营单位
1	复旦大学张江研究院锡山科创园	无锡复新孵化器管理有限公司
2	江南大学科技创新园	无锡江大科技园有限公司
3	东庄电力电子科技园	江苏统力有限公司
4	金投 dodo+ 科技企业孵化器	无锡市金投江溪科技孵化器有限公司

（市科技局）

【工程技术研究中心建设】 2022 年，无锡市新认定市级工程技术研究中心 354 家，新增省级工程技术研究中心 73 家。至年末，全市市级以上工程技术研究中心累计 2032 家，其中省级工程技术研究中心 709 家、国家级 6 家，省级以上工程技术研究中心总数居全省第二位。

（万　磊）

【科技企业孵化载体建设】 2022 年，全市新增市级以上孵化载体 92 家，其中国家级众创空间 5 家、省级众创空间 20 家、省级科技企业孵化器 4 家；高新区物联网众创社区等 4 家单位入选省科技型创业企业孵育计划，立项数列全省第二，立项金额 1670 万元；12 家科技企业孵化器在 2021 年国家绩效评价中被评为优秀，优秀率列全省第二。

（白二飞）

高新技术产业

【高新技术产业产值】 2022 年，全市实现高新技术产业产值 11977.65 亿元，比上年增长 10%，高新技术产业产值占规模以上工业总产值比重 50.44%，比上年提高 1.25 个百分点。

（白二飞）

【创新主体培育】 2022 年，全市纳入高新技术企业培育库企业 1235 家；高新技术企业认定申报 3320 家，有效期内高新技术企业 5543 家，每万户企业法人中高新技术企业数综合指数排名在一类考核地区中实现争先进位。做好科技型中小企业入库评价工作，对符合条件的科技型中小企业，做到“应评尽评”。全年评价入库企业 10651 家，比上年增长 49.3%，增长率居全省第二位，入库总数排名全省第三。9 月，省科技厅公布 2022 年新一轮创新型领军企业培育行动入库企业名单，全市有江苏法尔胜泓昇集团有限公司、远景能源有限公司、无锡威孚高科技集团有限公司等 24 家企业成功入围培育库，入围数量仅次于苏州 25 家，居全省第二位。年内，中科芯集成电路股份有限公司、江苏法尔胜泓昇集团有限公司、华进半导体封装先导技术研发中心有限公司 3 家企业入围省创新联合体建设试点，数量居全省第一位。

（虞健勇　苏俊亮　自　勇）

【科技招商】 2022 年，无锡市招引科技型企业 8942 家。其中，注册资本在 1000 万元以上的企业 2195 家，占比 24.6%；创办人最高学历为硕士研究生以上的企业 850 家，占比 9.51%；826 家企业实现产业化，占比 9.26%。

（陶佳漪）

【高新技术产业园区】 参见“园区经济”类目。

科技合作

【未来技术学院协议加快落地】 2022 年，江阴高新区与哈尔滨工业大学未来技术学院共建哈尔滨工业大学未来技术江阴创新中心，中国科学技术大学未来技术学院学生社会实践江阴基地在江阴临港开发区揭牌；锡山区与上海交通大学溥渊未来技术学院共建上海交通大学溥渊未来技术学院锡山实践基地；滨湖区与清华大学合作启动“携手清华，共探未来”清华大学未来技术学院无锡实习实践基地，清华大学调研团师生一行 20 人到滨湖区开展为期 7 天的首轮社会实践活动。

（王春耕）

【科技国际合作】 2022 年，全市申报科技部、省国际合作项目 20 余个，对上争取项目经费 820 万元。持续做好与以色列、新加坡、芬兰、奥地利、捷克等国家双边合作项目征集和申报工作。组织参加首届中国—中东欧国家技术合作交流大会、2022 江苏—芬兰可持续制造领域对接交流会等国际交流合作活动，线上参加省跨国技术转移大会。全年，市科技

6月24日，无锡市人民政府与天津大学签署全面合作协议

（市科技局 供图）

局组织近400家企业参会，270余人次在线对接项目，持续拓展无锡科创国际“朋友圈”。

（乔 健）

【无锡市与北京大学签署全面合作协议】 11月1日，无锡市人民政府与北京大学签署全面合作协议。市长赵建军主持签约仪式，市委书记杜小刚致辞，市领导蒋敏、秦咏薪、周文栋参加活动。北京大学党委书记郝平出席签约仪式，中国科学院院士、北京大学校长龚旗煌讲话，中国科学院院士黄如致贺信，中国科学院院士、北京大学副校长张平文，北京大学副校长孙庆伟，中国科学院院士、北京大学副校长张锦，中国科学院院士、北京大学未来技术学院教授程和平出席签约仪式。根据新一轮签署的全面深化合作协议，无锡市与北京大学在科技创新、人才培养、未来技术等方面深度合作，共同助推无锡市产业强市建设，北京大学长三角未来技术生命健康研究院、北京大学无锡电子设计自动化研究院计划落地无锡高新区。

【无锡市与天津大学签署全面合作协议】 6月24日，无锡市人民政府与天津大学签署全面合作协议。市委书记杜小刚参加相关活动。中国工程院院士、天津大学校长金东寒，市长赵建军出席签约仪式并致辞，天津大学党委常委、副校长郑刚，市领导周文栋、吴建元参加活动。市政府秘书长陈寿彬主持。该合作以国家重点实验室无锡分室为基础，布局建设天津大学无锡研究院，作为天津大学在无锡市开展科技创新、技术转移、人才引进与培养的重要基地和窗口，辐射并带动无锡区域创新能力和水平的提升，统筹天津大学在长三角的科研合作和创新资源，加快促进成果转化，助力区域产业经济发展。

（王春耕）

无锡梁溪科技城

【概况】 建设无锡梁溪科技城（以下简称“科技城”）是市委、市政府作出的积极融入长三角一体化发展、加快太湖湾科创带建设的重大战略部署，也是打造新发展理念实践示范区的重要举措。科技城实行“理事会+管理局+市属国企”的建设运营模式，举“梁溪、锡山、惠山”三区之力，当好产业焕新、城市更新、改革创新的“试验田”“先行军”。无锡梁溪科技城管理局是由无锡市人大常委会依法设立的全省首家法定机构，无锡市梁溪科技城发展集团有限公司是第11大市属国企。11月17日，中共无锡梁溪科技城管理局委员会设立；11月30日，无锡梁溪科技城管理局挂牌。管理局实行决策权、执行权、监督权有机衔接、有效制衡的法人治理结构，并且按照精简高效的原则实行授薪员额管理，员额规模拟控制在40人左右，党委书记、局长由梁溪区委主要领导兼任，另有党委副书记兼常务副局长1人、专职副局长3人。管理局内设有综合管理部（党群工作部）、经济发展部、规划建设环境保护部、财政审计部、投促科创部、公共服务部（营商服务中心）6个部门。

【科技城产业规划】 2022年，科技城以数字经济为核心、数字技术为驱动、数字场景为牵引，构建“1+3+X”产业体系，锁定“数字+科技”“数字+智造”“数字+服务”三大产业集群。12月6日，中国产学研合作促进会发布《关于认定无锡梁溪科技城为中国产学研合作创新示范基地的通知》，认定科技城为中国产学研合作创新示范基地。12月19日，科技城在首届梁溪区发展大会上与坤鼎数字智造都市产业园等12个重大产业项目和科创项目举行集中签约，总投资108.25亿元。

【科技城空间规划】 2022年，科技城秉持自然生态、产业生态、社会生态、人文生态一体包容的思路，围绕“一带一核三片、一轴一廊两心”的空间结构，注重青年发展、国际品质、绿色低碳、科技时尚，是“科产城人”融合发展的无锡样板。“一带”为寺头河中央公园活力带，“一核”为科技城核心区，“三片”分别为黄巷产城融合标杆区、西漳创新服务生活区、通江科技创新产业集聚区，“一轴”为锡澄路都市综合服务轴，“一廊”为通江人道城市门户形象走廊，“两心”分别为庄前科技客厅活力中心和塘头企业总部服务中心。结合“建设数实共生智慧之城、产业重塑焕新之城、协同共享幸福之城”的战略规划目标，围绕智慧城市和数字城市方向，深化数字规划、智能智慧、绿色低碳技术及场景的应用，提出可行的重点片区建设指标，通过实施“城市焕新、道路提升、未来社区、景观营造和市政支撑”五大专项行动计划，推动科技城建设发展。

（无锡梁溪科技城管理局）

科研院所

【中国船舶科学研究中心】 2022年，中国船舶科学研究中心深入践行中国载人深潜精神，牵头落地多个重大项目，创新能力不断提升。“奋斗者”号获中国外观设计金奖、中国工业大奖、中国优秀工业设计奖金奖，三型载人潜水器应用工作取得新成效；冷泉项目持续突破关键技术；远海平台项目启动；海洋结构通用分析软件SAM3.0正式发布；加快科技成果转化，奥蓝托完成首轮融资、引进战略投资人并报批；“上海久事”等一批具有特色的新能源游船完成交付；气层减阻系统高效应用于30万吨超大型油轮（VLCC）；无锡梅梁湖和贡湖湾两项生态清淤项目单体经费超1亿元级中标；水动力学国家重点实验室、深海载人装备国家重点实验室通过重组评估；具备千万亿级计算能力的数据中心完成建设。

（中国船舶科学研究中心）

【无锡石油地质研究所】 2022年，无锡石油地质研究所承担各类科研生产任务119项，新立项目68个。申报中国石化科技成果鉴定6项，其中1项国际领先、4项国内领先。承担项目获中国石油化工集团技术发明二等奖1个、科技进步三等奖1个；中国石油化工股份有限公司勘探重大发现优秀研究奖1个；石油勘探开发研究院技术发明一等奖1个、二等奖1个，科技进步二等奖1个。申请国家发明专利83件，获得专利授权26件，申报成功国际专利3件。行业标准发布1个、立项3个。依托国家重大项目，指出中国陆相淡水与咸化湖盆泥页岩相组合的系统差异性，提出沉积水体介质环境对有机质富集的控制作用，构建重点层系生排烃动态演化模式，解释不同类陆相页岩烃类演化差异性，明确干酪根—烃类结构组合对烃类滞留的影响。

（无锡石油地质研究所）

【中国航发控制系统研究所】 2022年，中国航发控制系统研究所发挥专业特色与行业牵头作用，促进创新驱动的专业学科生态与平台建设不断深化，与华中科技大学共建首批集团级先进航空发动机电机系统联合技术中心，与中国电子科技集团公司第五十八研究所共建航发微电子技术开发联合实验室。多电全电等关键技术研究与布局不断精深，新增24项技术攻关成果在相关型号上的验证及应用，新增15项研发体系要素的提炼和归集。成果专利数量创新高，项目获国防科技进步奖2个、中国航空发动机集团有限公司科技进步奖5个、技术发明奖1个、创新团队奖1个，获国防科技工业企业管理创新成果奖1个，申请发明专利106件。

（中国航发控制系统研究所）

【中国航空工业集团公司雷华电子技术研究所】 2022年，中国航空工业集团公司雷华电子技术研究所以“创新年”为主题，持续推进领先创新力建设，深入推进产学研用结合。聚焦科技创新，多项技术取得重大突破，项目获国防科技进步二等奖1个，中国航空工业集团科技创新表彰6项，机载创新表彰4项；完成专利申请149件，发明专利占97.3%。完成二维有源相控阵气象雷达研制，C919大型客机气象雷达天线获得美国FAA TSO适航认证并完成首批生产交付，国际首款某波段微小型综合防撞系统完成工程化研制并亮相珠海航展。

（中国航空工业集团公司雷华电子技术研究所）

【中国船舶集团有限公司第七〇三研究所无锡分部】 2022年，中国船舶集团有限公司第七〇三研究所无锡分部围绕自主可控和国产替代装备、风光电储分布式新能源、热能工程应用等领域产品的创新与研发，拓展应用市场，推动科技创新成果高效转化。完成《厢式锂电池储能系统》《多能互补智能微电网控制系统》《全国产化嵌入式振动数字信号记录器》等多个创新项目立项申请；《60MW级孔盘式高速水力测功器研制》完成配机验证试验和产品交付，《高精度气动薄膜式调节蝶阀》《核电站柴油发电机组诊断装置》《万向高温高压蒸汽岸船输送装置》等多个创新项目完成结题评审，其中《万向高温高压蒸汽岸船输送装置》应用于某重点型号工程，稳定投运数百小时。年内申报成功江苏省核电应急柴油发电机组工程技术研究中心，授理申报专利59件，其中发明专利35件。围绕民品科技产业，完成国家重大工程“中核龙瑞示范项目”等多个核电项目的设备供货和现场调试；新疆玛东3新能源供电示范项目投入稳定运行，智能微网系统、电储能装置等创新产品得到充分验证；通过俄罗斯原子能公司和海外核电项目业主方的供方评审。

（中国船舶集团有限公司第七〇三研究所无锡分部）

【江苏省原子医学研究所】 2022年，江苏省原子医学研究所以放射性药物研究与开发为中心，以学科建设、平台建设和人才队伍建设为抓手，向

江苏省血吸虫病防治研究所　　（市科技局　供图）

"国内一流、国际知名"的高质量发展目标奋进，获省卫生健康委2022年度考核优秀三等奖。项目获省卫生健康委医学引进新技术评估一等奖1个、二等奖1个，江苏医学科技三等奖1个，中国石油和化学工业联合会技术发明一等奖1个。获得授权专利23件，其中国家发明专利12件、实用新型专利11件。发表第一作者单位论文67篇，其中第一作者单位SCI收录论文20篇，平均单篇影响因子8.797，影响因子5以上14篇。新增第一完成单位项目10个，其中省自然科学基金面上项目1个，江苏省知识产权专项（高价值专利培育计划新建项目）1个，省卫生健康委重点项目1个，省卫生健康委面上项目2个，省中医药科技发展计划面上项目2个。完成科研项目结题12个。正电子药物配套试剂盒新增18F-DOPA714试剂盒、177LU-PSMA617试剂盒、18F-FET试剂盒、68Ga-PSMA11试剂盒，品种计40余个。术中快速鉴别甲状旁腺的"甲状旁腺激素检测试剂盒（荧光微球免疫分析法）"和"芯片恒温扩增仪"2项成果新获医疗器械二类注册证。获得知识产权管理体系认证证书。在省技术交易平台办理成果挂牌1项。在省技术合同登记认定服务平台办理并通过技术合同认定1项。

（江苏省原子医学研究所）

【江苏省血吸虫病防治研究所】 2022年，江苏省血吸虫病防治研究所推进产学研合作，全面巩固疾病防治成果，获评全国消除疟疾先进集体，获全国最美医生、全国消除疟疾先进个人、全国爱卫先进个人等多项个人荣誉。以数字化、智能化为抓手，加快推进人工智能技术赋能血吸虫病精准防控，研发面向复杂环境的钉螺智能监测系统，有效解决人工识别血吸虫宿主钉螺漏检、误判等实际问题，为推进血吸虫病防治达标进程提供技术保障。项目获得2022年江苏省人工智能学会科学技术应用奖，并入选2022年江苏省人工智能融合创新产品和应用解决方案。组织申报包括国家自然基金项目等各类科研项目35个。推荐科研奖励2个并申报专利12件。新增项目15个，其中包括国家自然科学基金国际（地区）合作与交流项目1个，市厅级科研项目5个、横向课题9个，获得资助经费150余万元。在高质量期刊上发表论文7篇（影响因子大于10），2篇影响因子分别为38.104和19.16；主编专著1部；发布团体标准1个。组织推荐申报各类科技奖项，获中华医学科技奖青年科技奖1个、江苏医学科技奖青年科技奖1个。

（江苏省血吸虫病防治研究所）

编辑　何　峰

教　育

综　述

【**教育发展质量**】　2022年，无锡市坚持教育优先发展，严格落实教育投入两个“只增不减”（确保一般公共预算教育支出逐年只增不减，确保按在校学生人数平均的一般公共预算教育支出逐年只增不减）法定要求，加强各级各类教育经费保障。持续办好更加公平、更高质量的基础教育，全市新增省、市优质幼儿园53所，优质园覆盖率超90%，普惠园覆盖率提升至92.65%；培育建设第三批“新优质学校”32所，义务教育优质均衡达标比例82.81%，居全省第二位；推进普通高中“双新”（新课程新教材）国家级示范区重大项目建设，建设成效经验获全国推广。高质量推动现代职业教育发展，打造苏锡常都市圈职业教育样板，无锡市第三次入选省职业教育改革发展成效明显的地区。江南大学宜兴研究生院一期建成启用、江南大学江阴校区开工建设；东南大学无锡校区建成投用；无锡学院被增列为硕士学位授予立项建设单位；无锡太湖学院启动实施新一轮厅市（江苏省教育厅、无锡市人民政府）共建协议。

【**市委教育工作座谈会**】　9月14日，市委书记杜小刚主持召开市委教育工作座谈会，回顾总结全市教育改革发展现状，研究解决教育工作中的重要问题，进一步明确当前相关工作重点和举措。杜小刚强调，各地各部门要深入学习贯彻习近平总书记关于教育的重要论述，坚决贯彻中央和省、市委决策部署，坚持提

表48　2022年无锡市教育经费收入统计表

项　目	全　市		江阴市		宜兴市		市　区	
	金额（万元）	占全市教育总经费的比例（%）	金额（万元）	占该市教育总经费的比例（%）	金额（万元）	占该市教育总经费的比例（%）	金额（万元）	占市区教育总经费的比例（%）
国家财政性教育经费	2648246	86.2	567234	90.2	384707	90.14	1696305	84.13
民办学校中举办者投入	1157	0.04	557	0.09	200	0.05	400	0.02
捐赠收入	4826	0.16	69	0.01	1313	0.31	3444	0.17
事业收入	345456	11.25	45159	7.18	33875	7.94	266422	13.21
其中：学费收入	317581	10.34	42950	6.83	31312	7.34	243319	12.07
其他教育经费	72365	2.36	15852	2.52	6690	1.57	49823	2.47

（市教育局）

表 49 2022 年无锡市教育事业统计表

类别	学校数（所）	班数（个）	毕业生数（人）	招生数（人）	在校学生数（人）	毕业班学生数（人）	教职工数（人）	
							总数	其中：专任教师
普通高等学校	13	—	40739	55793	166341	50459	10991	7903
中等专业学校	16	—	14640	18253	52196	15779	5948	4933
普通中学	206	6242	84864	98155	279441	85097	28054	24707
高中	49	1913	27754	31288	89050	29235	—	8270
初中	157	4329	57110	66867	190391	55862	—	16437
小学	235	11058	66792	79509	470935	69744	30229	28311
特殊教育学校	9	145	235	366	1584	346	485	389
幼儿园	596	7078	73522	60460	207162	79574	29229	15700
成人高等学校	—	—	16472	18695	34954	16132	—	—
成人中等职业学校	—	—	13	5	10	5	—	—
技工学校	15	—	5188	7308	25712	—	1713	1347

（市教育局）

高站位谋教育、立足全局抓教育、放眼长远办教育，加快建设现代化教育强市，努力办好人民满意的教育，更好推动新时代无锡教育事业高质量发展，为扛起新使命、谱写新篇章提供人才保障和智力支持。会上，市教育局汇报全市教育工作情况，市发展改革委、市体育局作补充发言，江苏省天一中学、江苏省锡山高级中学、无锡市东林中学等学校作交流发言，相关部门围绕教育改革发展发表意见建议。

【全面育人教育】 2022 年，无锡市落实立德树人根本任务，开展“三全育人”（全员育人、全程育人、全方位育人）大家谈，构建无锡特色的一体化“三全育人”德育工作体系，新增省“三全育人”中职学校 3 所。搭建“中小学思政育人特色学校联盟活动”平台，举办大中小学校思政课评价体系建设研讨会。开展无锡市大中小学思政课“金课”展评，打造 100 节思政“金课”。开展线上“无锡教育思政 E 课堂”，在线收看 67 万人次。加强青少年爱党、爱国、爱家乡主题教育，开展“向国旗敬礼”“青春心向党，献礼二十大”“心头上的乡韵”等主题活动。实施品格提升工程“扩面创优”工程，做好市级第四批项目终期结项和第六批项目申报工作，新增省级品格提升工程项目 6 个，精品项目质量和数量继续保持全省第一。构建科学系统的青少年健康成长保障体系，制定并实施《关于做好青少年生命健康关爱工作的实施意见》。强化学生生命教育和抗挫折教育，开展学生心理操和心理剧展示，组织心理健康教育优质课评审。开通“小锡”老师心理援助服务热线，开发心理健康教育短视频 40 余个，编印发放《中考、高考心理调适自助手册》，开展学生心理健康教育宣传月活动，开设青少年心理健康教育公益讲座。

【素质教育】 2022 年，无锡市加强体育和美育阵地建设、队伍建设、机制建设，完成体育中考新方案实施和艺术素质测评。完善校园足球竞赛“3+3+3+1”（城区、江阴、宜兴3个区域，小学、初中、高中3个学段，班级、年级、学校3个层级联赛以及1个市级冠军赛）金字塔育苗模式。开展青少年校园足球冠军赛、中学校园篮球联赛、中学生田径运动会等各类赛事活动，市教育局获省第20届运动会青少年部学校体育工作奖一等奖。加大中小学生艺术团（中心）建设，创新开展“百灵鸟”艺术展演线上比赛，举办第二届“七彩绘”艺术展评活动，市教育局获省第七届中小学生艺术展演活动优秀组织奖。提高青少年综合素养，组织开展全市中小学生科技模型竞赛、青少年编程大赛、中小学幼儿园学生环保绘画大赛、“变废为宝”创意大赛、青少年“学宪法讲宪法”、“普法E课堂送法进校园”、青少年禁毒知识竞赛等活动，江苏省天一中学学生作为江苏省唯一学生代表参加联合国毒品和犯罪问题办公室2022年度青年论坛。

【教师队伍建设】 2022年，无锡市创新开展师德师风建设，省内率先实行大师德教育模式，深化实施“我为良师”全员行动，打造无锡师德建设品牌。9月，遴选确定首批师德涵养教育基地10个；11月，组织举行“我为良师”大讲堂启动仪式暨首讲活动，研讨“做新时代的大国良师”。无锡市创新教师培养模式，加快青年人才培养，启动建设中小学校博士研习站。启动“锡教名家”培养工程，遴选首批“锡教名家”培养对象30人，其中5人入选全省新一批“苏教名家”培养对象。全市新增正高级教师37人，新增省教学名师19人。组织无锡市德育工作新秀评审，开展全市班主任基本功竞赛，2人获全省中小学班主任基本功大赛一等奖。推动教师团队建设，成立第三批市级名师工作室99个，7个“四有”好教师团队入选第二批省级重点培育团队，数量继续保持全省第一。高质量实施中小学教师、校长培训，整体提升教师育人能力素质，线上线下参加培训24万人次。无锡教师信息管理服务平台投入使用，助力科学评价和教育决策。

【教育引才】 2022年，无锡市实施“无比爱才，‘锡’望您来——教育优才引进计划”，引进世界排名200强高校、国内“双一流”高校等高水平综合性大学优秀毕业生223人。9月，创新实施“锡教引才”名校行，首站到南京大学宣讲介绍教育人才到无锡“就业无忧”“生活无忧”“发展无忧”等政策待遇。10月28日，无锡市教育系统引进高层次青年人才（第一批）集中签约仪式举行，9所中小学与61名来自北京大学、清华大学、复旦大学等知名高校的优秀毕业生签约。

【教育保障】 2022年，无锡市持续加大教育资源供给，编制《无锡市“十四五”教育设施布局规划》，完成《无锡市优化教育资源供给三年行动计划（2020—2022年）》。年内开工建设义务教育学校8所、幼儿园4所，建成中小学、幼儿园31所，新增学位3.2万个。推进梅村高中空港分校、锡山高中锡西分校、江阴市澄西中学、宜兴市第一中学周铁分校项目建设，启动天一中学宛山湖分校建设。加速推动教育数字化转型，市教育局推出“入学掌上办”应用场景，实现义务教育招生报名一网通办。实施教育新基建工程，促进信息化技术与教育教学深度融合，新增65所省智慧校园、4所示范校。制定《无锡市教育领域安全稳定风险排查化解工作方案》等，实施加强学校实验室安全管理能力攻坚项目，开展交通安全、防电信网络诈骗、防校园欺凌、防溺水、禁毒等安全专题教育，确保校园平安有序。

【教育交流合作】 2022年，无锡市开展中小学国际理解教育。11月，举办首届中德校园文化交流艺术节暨无锡市德语教学学校联盟签约仪式，新增“一带一路”文化交流等省基础教育职业教育对外合作交流重点建设项目15个。在省内率先举办“在锡港澳台中小学生看无锡”国情教育活动和两岸红十字青少年文化交流活动，开展长三角—粤港澳产业创新合作（无锡）试验区教育项目合作。

11月15日，“我为良师”大讲堂开讲 （王 磊 摄）

【教育对口支援和结对帮扶】 2022年,市教育局选送110余名优秀教师到新疆、青海、陕西等地开展对口支援。加强教育南北结对帮扶合作,7月29日,无锡市教育代表团与连云港市教育局签订结对帮扶合作框架协议,开启两地教育帮扶合作工作。在结对帮扶合作总体框架下,两地通过搭建市、县(区)、校三级交流平台,重点围绕师资培训、学科建设、教学科研、资源共享等方面开展全方位、多领域、深层次的教育合作交流,推动双城教育高质量发展;制定并落实《无锡连云港教育南北结对帮扶合作实施方案》,首批结对共建学校(单位)45对。

【依法治教】 2022年,市教育局编制教育系统法治宣传第八个五年规划,开启"八五"普法宣传教育,增强师生法治观念,提高依法治理能力。加强教育行政执法"三项制度"(教育行政执法公示制度、执法全过程记录制度和重大执法决定法制审核制度)建设,开展规范性文件、重大行政决策合法性审查。研制《无锡市深化新时代教育评价改革实施方案》,树立科学的教育评价导向。深化教育督导体制机制改革,加强督学队伍配备,全市责任督学与学校比例1∶3.6,高于1∶5的配备要求。开展对各市(县)、区政府教育履职督导评价,通报各类问题90个,经验做法《带着问题去,跟着线索走,盯着问题改——江苏省无锡市以特色督政推动区域教育高质量发展》在《中国教育报》报道。实施"双减"、疫情防控、关爱青少年生命健康工作等专项督导检查,优化开展学校综合督导,探索建立综合督导复查工作制度,强化问题整改。组织286名责任督学对1029所中小学(幼儿园)开展每月一主题挂牌督导,以"双减"为重点,以"五项管理"(作业、睡眠、手机、课外读物、体质健康管理)为常态进行督导检查,发现问题3906个,下发整改通知书1263份,推动解决问题3090个,受理学生家长咨询投诉问题947个,及时给予答复,维护教育发展的良好局面。市政府教育督导室课题组研究的省教育科学"十三五"规划重点资助课题"江苏督导制度的区域研究——以清末民国江南无锡为例"的主要成果《中国近代教育督导的区域研究丛书》出版。

（市教育局）

学前教育

【概况】 2022年,无锡市有幼儿园596所,全年招收幼儿60460人,在园幼儿207162人,毕业幼儿73522人。全市学前三年毛入园率超98%。拥有教职工29229人,其中专任教师15700人。各幼儿园均做到班班配备"两教一保"(2名专任教师和1名保育员),各类人员持证上岗率100%。推进全市幼儿园和小学科学衔接工作,加大幼小衔接省级实验区、实验校建设,举办区域推进幼小科学衔接工作研讨会,通过开展联合教研活动、幼儿艺术作品展、案例视频线上展播等方式,呈现幼小衔接系统规划、同频共振、深度推进的区域实践样态。无锡学前教育改革发展经验在"江苏教育发布"微信公众号整篇报道,全面实施幼儿园服务区制度的典型经验在中国教育电视台报道。

【学前教育优质普惠发展】 2022年,全市进一步加大幼儿园新建、改扩建力度,逐步调优办园规模,新增省优质幼儿园26所、市优质园27所,优质幼儿园覆盖率超90%,普惠性幼儿园覆盖率达92.65%。全面实施幼儿园服务区制度,为每个适龄幼儿提供一个普惠学位。滨湖区、惠山区申报创建国家学前教育普及普惠县,滨湖区通过省级实地核查。

【幼儿园课程游戏化项目】 2022年,无锡市推进幼儿园课程游戏化项目建设,将游戏理念融入课程建设全过程,形成环境创设、游戏设计、活动组织、生活环节融为一体的幼儿园课程。幼儿园课程游戏化项目实行系统规划、跟踪管理、沉浸式教研,通过项目实施提升师资队伍专业能力,对课程游戏化开展情况进行伴随性、参与式研究,带动全市各级各类幼儿园的课程游戏化建设。年内新增省级幼儿园课程游戏化项目3个、市级课程游戏化项目7个、市"指南"实验园17所。在省第五、六批幼儿园课程游戏化项目评选中获"全优"。

（市教育局）

义务教育

【概况】 2022年,无锡市有小学235所,全年招生79509人,在校小学生470935人,毕业学生66792人;小学拥有教职工30229人,其中专任教师28311人。全市有初中157所,全年招生66867人,在校初中生190391人,毕业学生57110人;初中拥有专任教师16437人。全市九年义务教育巩固率100%。

【义务教育优质均衡发展】 2022年,全市义务教育优质均衡达标比例88.28%,居全省第二位。推进义务教育集团化办学,全市组建教育集团69个,233所学校参与集团化办学,集团化学校覆盖率58.1%,学生覆盖率48.78%。深化第三批32所新优质学校培育建设,举办新优质学校校长论坛,对学校三年发展规划进行专家论证。召开全市义务教育优质均衡发展创建工作会议。新吴区被教育部认定为全国义务教育优质均衡发展创建先行区。

【"双减"工作】 2022年,无锡市深化落实中央"双减"决策部署,召开全市"双减"工作推进会,狠抓教育生态改革,推动"双减"工作提质增效。分项设立84所“双减创新实验校”，3所学校创新做法被省教育厅列为“双减”工作典型案例。遴选244家第三方机构参与课后服务，全市418所义务教育学校69.98万名学生参与课后服务，占比93.69%。健全家校协同育人机制，出台《关于进一步加强中小学家访工作的实施意见》，加强“双减”背景下的家校沟通工作研究，制作《“双减”工作手册》，依托《锡慧网上家长学堂》开设系列讲座，为“双减”赋能。加大隐形变异违规培训整治力度，开展暑假“监管护苗”等专项行动，组织开展巡查检查1684批次，检查培训机构2720家，查处违法违规问题82起，关停或停业整顿53家。

【规范民办义务教育发展】 2022年，无锡市抓好民办义务教育学校规模调控，推进政府购买学位服务，“一校一案”核定民办学校招生计划。对全市10所随迁子女占比较高的民办学校的1.6万名在校生全部实行政府购买服务，民办义务教育在校生占比降至4.97%。探索推行积分制（负面清单）管理，出台《市区民办学校规范办学（园）积分制管理和年度检查综合考核实施办法》。核准市级民办教育奖补资金626万元，引导民办学校全面规范办学行为。

【中小学校党组织领导的校长负责制】 2022年，无锡市推动建立中小学校党组织领导的校长负责制，全面梳理掌握394所中小学校党员规模、书记校长配备和党组织运行情况，在全省率先印发有关工作方案、重点任务清单和配套制度示范文本，为改革明确“时间表”、制定“路线图”。12月7日，无锡市召开党建工作调研座谈会议暨建立中小学校党组织领导的校长负责制推进会议。无锡市中小学校党组织领导的校长负责制经验做法得到省委教育工委肯定，在全省工作推进会上作交流发言。

【中小学《开学第一课》】 9月1日，无锡市中小学《开学第一课》在无锡教育电视台、“无锡教育”微信公众号等电视端、移动端同步播出，全市70余万名中小学生通过大屏、电视、网络同上一堂课。《开学第一课》以“奋斗正当时，筑梦向未来”为主题，邀请中共二十大代表、全国优秀共产党员、中国科学院院士、青年科技工作者、中国好人、省特级教师、最美班主任等登上讲台，讲述奋斗拼搏的故事和新时代十年的伟大变革，引导广大中小学生筑牢信仰根基。

【中小学“学生劳动教育宣传周”】 2022年，无锡市出台《关于全面加强新时代大中小学劳动教育的实施意见》，部署五项重点任务，首次设立无锡市中小学“学生劳动教育宣传周”。10月17—21日，全市441所中小学围绕“实践砺成长，劳动最光荣”主题，组织学生在学校、社会、家庭三个场域参与劳动教育活动1746项，其中重点开展日常生活劳动、生产劳动、服务性劳动，完成“五个一”实践活动（一次劳动主题教育活动、一次校园劳动实践活动、一次校外劳动实践活动、一次家庭劳动实践活动、一次劳动成果展示活动）；开展劳动教育教学展示、劳动教育师资培训；开展“劳模工匠进校园”活动，举办现场活动5场，6名劳模走进校园，为10万余名学生开展线上线下的弘扬劳动精神、劳模精神和工匠精神讲座。其间，“无锡教育”微信公众号开设“劳动教育展示”栏目，展示全市中小学开展劳动教育实践。江苏省锡山高级中学劳动教育实践受到全国政协主席汪洋视频连线关注。至年末，无锡市建立劳动教育实践基地80余个、“田间课堂”70个，设立涵盖工业、农业、科创等方面的劳动实践项目120个。

（市教育局）

2022年，无锡市开展中小学劳动教育。图为无锡市南长街小学开展“时代新农人”自然体验活动

（市教育局　供图）

普通高中教育

【概况】 2022年，无锡市有普通高中49所，全年招生31288人，在校高中生89050人，毕业学生27754人；普通高中拥有专任教师8270人。年内，梅村高中空港分校和锡山高中锡西分校两所新建公办高中招生。

【普通高中新课程新教材实施国家级示范区建设】 2022年，无锡市推进普通高中“双新”国家级示范区重大项目建设和专家工作站工作，根据项目需要聘请国内知名专家学者，组织重大项目交流研讨，创新开展学科之间、校际之间融合教学。编制“双新”示范区建设工作简报，得到教育部课程教材研究所有关领导肯定，并在全国示范区建设工作群推广。3月28日，召开无锡市国家级“双新”示范区重大项目研究推进会，发布《无锡市普通高中“双新”国家级示范区专家工作站2022重大项目》，明确15个重大项目推进的目标任务与成果验核要求，通过重大项目的推进，打造无锡样板，形成无锡经验，发挥示范引领作用。年内，无锡市获评教育部基础教育精品课16节，数量居全省第一位。

【高品质示范高中建设】 2022年，无锡市推进高品质高中建设，做好首批省高品质示范高中建设立项学校综合评估和第二批申报等工作。17所四星级高中高质量通过高品质示范高中省级复审，组织专家对4所三星级高中和2所四星级高中现场复审评估。组织全市普通高中按期完成学生综合素质评价相关工作。锡山高中作为全国唯一高中代表参加教育部举办的“教育这十年”系列新闻发布会，并通过省高品质示范高中首批建设立项学校综合评价试点现场考察。

【五大学科竞赛】 2022年，无锡市在数学、物理、化学、生物和信息学五大学科奥林匹克竞赛中，有14名学生入选江苏省队，获国家级赛事一等奖63人，获省级赛事一等奖437人。其中，数学获国家级赛事1枚金牌、4枚银牌、1枚铜牌，锡山高中学生陈思宇以102分的高分（总分126分）名列全省第一，作为江苏唯一代表入选国家集训队。物理获国家级赛事3枚银牌，化学、生物、信息学各获国家级赛事1枚银牌。

（市教育局）

特殊教育

【概况】 2022年，无锡市有特殊教育学校9所，全年招生366人，在校学生1584人，毕业学生235人；特殊教育学校有教职工485人，其中专任教师389人。

【特殊教育融合发展】 2022年，无锡市推进特殊教育融合创新发展，开展高品质融合教育示范校创建活动，对标《江苏省“十四五”普通学校融合教育发展主要监测指标》，结合无锡融合教育发展实际情况，制定25条监测指标，对52所申报单位进行综合打分以及实地考察，评出高质量融合教育示范校32所。组织专家为市属26名特殊需要儿童提供教育评估与安置，保障特需儿童应融尽融。滨湖区教育局与南京特殊教育师范学院合作，对无锡市73名资源教师进行实操培训，确保融合教育走深、做实、提质。12月7日，江苏省特殊教育高中阶段职业教育研讨会在无锡召开，全省各地的特教专干、教研员、特教学校校长及骨干教师2160人参加，市特殊教育学校副校长汪阳在会上作题为《产教融合：听障学生高中阶段职业教育的“洲际患喑学院”范式》的交流发言，为特殊教育发展提供江苏样板。

【特殊教育内涵建设】 2022年，无锡市持续推进特殊教育内涵建设，进一步规范各地各校心理危机预警、心理危机干预机制建设，完善分级反应机制，加大对特殊学生心理关爱，开展心理辅导，引导学生心理、人格积极健康发展。市教育局组织开展全市特殊教育青年教师基本功大赛，接受省对市特殊教育发展工程视导工作。年内，无锡市获评省特殊教育发展工程项目4个，遴选聋教育展示课1节、培智教育展示课2节、融合教育案例2个，参加省级特殊教育基本功展示和融合教育优秀教育教学案例评比活动，市特殊学校聋教育展示课、安镇实验小学融合教育案例获推荐参加教育部评比。市特殊学校老师朱苏娜代表江苏参加全国特殊教育教师教学基本功展示活动，是全省听障教育唯一人选。

（市教育局）

中等职业教育

【概况】 2022年，无锡市有中等专业学校16所、技工学校15所，全年招生25561人，在校生77908人，毕业学生数19828人；拥有教职工7661人，其中专任教师6280人。市委、市政府出台《关于推动无锡现代职业教育高质量发展的实施意见》，全面部署推进现代职业教育高质量发展。市委书记杜小刚多次对无锡职业教育工作作出批示，市长赵建军调研职业教育并主持召开现代职业教育高质量发展座谈会，市人大、市政协专题调研职业教育改革发展。年内，举办职业教育活动周、中职学校技能大赛、教学大赛、班主任素质能力比赛，参加全省中等职业学校“文明风采”活动和省班主任素质能力比赛，分别获最佳作品66项，获奖8人，数量居全省第一位。参加全国职业院校技能大赛获金牌10枚。

【职业教育发展】 2022年，无锡市优化职业教育类型定位，职业教育体系不断完善。实施中职与高职“3+3”、中职与本科“3+4”、五年制高职与本科“5+2”、高职与本科“3+2”、高职与本科“4+0”等贯通培养项目121个。年内，新增五年制高职专业14个，获批江苏省五年制高职高水平专业群5个、江苏省中职优质专业17个、江苏省示范性虚拟仿真实训基地4个、江苏省职业教育首批在线精品课程80门，建成江苏省职业教育“双师型”名师工作室和技艺技能传承

5月8日，2022年无锡市职业教育活动周云启动仪式在无锡教育电视台举行（市教育局 供图）

创新平台20个，入选省“十四五”职业教育规划教材67部，获省职业院校劳动教育、“三全育人”、心理健康教育典型案例18个，建成江苏省中职“领航学校”5所，5所学校入选江苏省中职“优秀学校”建设单位和培育单位。获江苏省职业教育类教学成果奖特等奖3个、一等奖9个、二等奖23个，9项教学成果被推荐申报职业教育国家级教学成果奖。

【职业教育产教融合】 2022年，无锡市对接“465”（4个地标产业、6个优势产业和5个未来产业）现代产业集群，建立“产教融合型企业”认证制度，建成全国产教融合型企业1家、江苏省产教融合型试点企业31家，推荐申报第五批省产教融合型试点企业32家，校企合作共建产业学院96个，认定市级名校名企合作项目25个，获批江苏省职业教育校企合作示范组合9个。加强产教融合载体平台建设，认定市级产教融合集成平台10个，建成省示范性虚拟仿真实训基地4个、省示范性职业教育集团（联盟）培育单位4个。专业与产业匹配度持续提升，全市高职院校开设429个专业点，中职学校开设313个专业点，全市职业学校毕业生就业率96.56%，毕业生就业满意度、用人单位满意度分别为95.6%、95.8%。全市中职学校为各行各业培训超10万人次，与新疆伊犁、云南大理、陕西延安和江苏连云港等地开展职业教育对口帮扶活动。

（市教育局）

普通高等教育

【概况】 2022年，无锡市有普通高等学校13所，全年招生55793人，在校学生166341人，毕业学生40739人；普通高等学校拥有教职工10991人，其中专任教师7903人。年内，全市高校有14门学科入选“十四五”江苏省重点学科，建成国家级和省级一流本科专业建设点42个，获批江苏省品牌专业14个、江苏省特色专业27个和省级产教融合型品牌专业8个；获批优秀教学团队20个、江苏省高校哲学社会科学研究重大项目11个和江苏省高等学校基础科学研究重大项目27个。

【高等教育扩容提质】 2022年，全市高校综合实力持续增强，办学水平全面提升。江南大学入选首批国家级创新创业教育实践基地，两门学科入选国家第二轮“双一流”建设计划，在锡高校应届毕业生就业率超90%。无锡市政府与东南大学签署新一轮共建东南大学无锡校区合作协议，加快建设办学特色鲜明的世界一流大学校区。无锡学院车联网产业学院获批省重点产业学院，专任教师博士化率提升至64%，获批国家自然科学基金项目5个。省教育厅与无锡市政府签约支持无锡太湖学院创新发展，加快建设高水平应用型大学。南京理工大学江阴校区在校学生规模超5000人。

（市教育局）

【江南大学】 2022年，江南大学聚焦重点领域和关键项目突破，编制《江南大学奋进计划》，组织制定8个奋进计划子计划方案，推动奋进计划实施落地。江南大学完成教育部思想政治工作体系任务台账验收，获批教育部思政精品项目，培育校级课程思政示范专业30个，新开设“习近平新时代中国特色社会主义思想概论”课程。修订完善本科教学成果奖励等相关制度，5项教学成果奖通过省级遴选并报送教育部参评。教考分离改革，完成四类基础课题库建设，新增获批11个国家级、10个省级一流专业及3个产教融合型品牌专业。打造校级5类“金课”，认定校级一流本科课程54门，获批教育部产学合作协同育人项目13个，入选首批国家级创新创业教育实践基地。研究生自命题试卷首次实施网上阅卷，报考人数超1.7万人，完善研究生指标分配体系。推进“教师育人工作室”建设，学校教师团队被评为全国高校黄大年式教师团队。

各学科高质量协同发展。完成新一轮“双一流”建设方案编制修订，在第五轮学科评估中，省优势学科建设项目全部通过验收，7个学科成功入选“十四五”江苏省重点学科。制定“学科培优进位计划”和“博士授权倍增计划”,修订发布学校学科建设管理办法。国家重点研发计划立项9个、国家自然科学基金项目立项173个。人文社科方面获批国家级课题34个,首次获批国家社科基金艺术学重大项目,被采纳决策咨询报告55篇。签约1000万级横向科研项目20个,新建技术转移分中心4个,首个1亿元级专利转化项目签署落地。全年科研经费11.39亿元,发表高水平科技论文3263篇,其中*Nature* 1篇、CNS子刊10篇。新增国家级人才18人次,学校入选国家科技人才评价改革试点单位。推进高水平国际科研合作,与30余所世界高水平大学开设线上学习项目。与英国诺丁汉特伦特大学签订合作办学意向书,推进苏英、苏加、苏港澳高校合作联盟建设,举办国际(双边)会议4场。

推进与教育部、省、市合作共建落地落实,构建以学校大食品学科为引领,以纺织、设计等特色优势学科为重点,以物联网、机械、化工等其他学科为支撑的“1+2+N”科技成果转化体系。加强“1+2+N”政产学研合作体系建设,落实共建经费6000万元,开展“市校共建、服务无锡”典型案例评选,学校成果转化子基金正式运营,《无锡史》编撰全面启动。新增无锡市第二人民医院、无锡市妇幼保健院、无锡市精神卫生中心、无锡市儿童医院4家医院为江南大学医学院附属医院,依托医学院申报的国家高级别生物安全实验室获批。宜兴校区一期项目建成启用,首批师生入住,江阴校区一期食堂、宿舍等15栋建筑主体结构完成封顶。完成校史馆改造,建成民间服饰传习馆、美术馆虚拟展厅,获“江苏省文明校园”称号。打造一站式学生生活社区,获评省群众体育先进单位。推进特色馆藏资源建设,加强知识产权信息服务。体育训练馆竣工交付,学生公寓、实验动物中心、科研大楼等重大项目有序推进,完成公用房指标化试点工作。举办第二届校友创新创业大赛,获各类社会捐赠5200万元。

(汤敏霞)

11月21日,江南大学“1+2+N”市校政产学研合作推进会举行

(胡 弈 摄)

【无锡学院】 无锡学院是经教育部批准,由江苏省人民政府管理、无锡市人民政府举办、南京信息工程大学支持办学的公办普通本科高校。学校构建无锡学院、无锡研究生院、大学科技园“三位一体”的办学体系。2022年,学校在多个大学排行榜中位列同批转设(2021年2月,南京信息工程大学滨江学院转设为无锡学院)高校第一名,获评“江苏省智慧校园”等。

学校坚持以国家战略需要及产业发展为导向,深化落实“扎根无锡、服务江苏、辐射全国”的发展战略,按照“强势工科、高质量理科、特色文科”的多学科协调发展思路,对接无锡“465”现代产业集群和重点产业链,延伸和优化“5+5”(围绕物联网5G、集成电路、智能制造、环境生态、人文管理5个优势产业链,设立网络空间安全学院、新能源与新材料、环境遥感地理信息、城市轨道交通工程和示范性软件学院)学科专业布局结构。推进学科建设“攀登计划”,优化调整硕士学位点“5+3”培育,即重点培育电子信息、机械、数字经济、资源与环境、应用统计5个专业硕士学位授权点,集成电路科学与工程、控制科学与工程、管理科学与工程3个学术型硕士学位授权点。学校增列为省硕士学位授予立项建设单位,电子科学与技术、控制科学与工程、管理科学与工程、网络空间安全4个学科获批省“十四五”重点学科。电子信息工程获批国家一流本科专业,计算机科学与技术、会计学等9个专业获批2021年度省一流本科专业。学校优化本科教学过程质量监控保障体系,获批江苏省集成电路可靠性技术及检测系统工程研究中心等2个省部级科研平台。获批纵向项目102个,比上年增长41.5%,其中国家自然科学基金项目5个。发表高质量论文40篇;登记软件著作权53件,比上年增长一倍;申请专利320件,其中发明专利106件,获各类专利授权90件,9件发明专利实现转移转化。

学校以深化国际交流合作项目为驱动,持续加大拓展国际化办学资源力度。与美国富特海斯州立大学合作举办的数字媒体艺术中外合作办学专业获批教育部中外合作办学项目；金融工程专业获批省高校国际化人才培养品牌专业；新增英国西英格兰大学等7所境外保荐硕士项目合作高校，与美国乔治梅森大学等高校推进中外联合培养项目合作；筹备与俄罗斯新西伯利亚国立技术大学合作申报教育部“4+0”双学位中外合作办学机构；引进欧美国家和中国港澳台地区名校的优质出国出境交流项目20余个。实施“锡望工程”，开展“书记校长访企拓岗促就业行动”，精细化做好考研就业保障。新增大学生就业实习基地10余个，与各市（县）、区人力资源社会保障局等10余个政府部门建立最佳就业合作伙伴关系，聘任10余名人力资源社会保障局局长担任就业创业导师。2022届毕业生升学率8.83%，出国率0.61%，就业率96.32%，其中留锡率40%，在全市本科高校中居第一位。

学校推进产教融合“1+5”（1个二级学院对接1个市机关单位、1名双聘院士、1个科研平台、1家高端企业和1个高校院所）战略工程，加强二级学院与政府、企业共建合作，形成政府、学校、企业和科研机构共享共创、共融共生的新生态。作为唯一依托高校，与无锡高新区共建无锡传感网国家大学科技园，高质量落实大学科技园整改工作，推动大学科技园搭建科技创新和产业孵化基地。与北京京东世纪贸易有限公司、科大讯飞股份有限公司等40余家高新企业结成产学研联盟，获批全市唯一的省车联网重点产业学院，建成集成电路产业学院、智能制造产业学院等7个现代产业学院，20余名行业精英和企业骨干获聘成为学校首批产业教授。成立中国（无锡）跨境电商研究院、无锡干部考核评价研究中心等一批新型智库。举办“产教融合创新赋能”发展论坛，与3名院士、30余家龙头企业签订合作协议，共商校企合作和协同育人新路径。

年内，学校获批省外国专家工作室、省高校海外高层次人才引进重点平台。引进高层次人才86人，其中国家级人才4人。博士化率64%，比上年增长4.22%，在全省同类高校位居前列；高级职称比例44.5%，比上年增长7%。获评省“双创博士”等省级及以上人才项目24人次，获评省“青蓝工程”优秀教学团队1个。在省社会实践评比中，1个团队获评优秀团队，1名学生获评先进个人，1篇调研报告获评优秀调研报告。在省青年志愿服务项目大赛中，1个团队获三等奖。年内，1名学生在中华全国学生联合会担任驻会执行主席，1名学生获评2021年度中国大学生自强之星。学校入选省教育厅精准资助长效机制改革试点单位。

（朱　岚）

【无锡太湖学院】 无锡太湖学院是经教育部批准建立的全日制、多学科应用型本科高校，占地133.33公顷，师生2.5万余人。在2022软科中国大学排名中，该校位居全国民办本科高校前列，江苏省同类高校第一名。学校专任教师中具有博士、硕士学位占95%以上，其中国务院政府特殊津贴专家、全国教学名师、省中青年突出贡献专家、省优秀教师、省“333工程”和高校“青蓝工程”培养对象、特聘国外名校兼职教授、国内产业教授等优秀人才300人。聘请徐芑南、缪昌文等10名中国工程院院士担任学校特聘教授。

无锡学院校园鸟瞰图　　（应　威　摄）

2022年，学校申报的供应链管理、影视摄影与制作、艺术与科技等4个专业获批准招生。学校招生专业共39个(含3个中外合作专业)，涵盖工、经、管、艺、医、文等六大学科门类，设有物联网工程学院、智能装备工程学院、商学院、艺术学院、外国语学院、健康与护理学院、苏格兰学院等18个教学单位。学校招生规模稳步推进，计划招生6500人。国际经济与贸易、视觉传达设计2个专业获批国家级一流本科专业建设点，机械电子工程、通信工程等8个专业获批省一流本科专业建设点。计算机科学与技术专业获批省“十四五”国际化人才培养品牌专业。会计学院教学研究与发展中心获省级优秀基层教学组织称号。国家级、省部级一流本科专业建设点达23个，占到全部招生专业的64%。根据《省学位委员会 省教育厅关于公布2022年度新增学士学位授权专业名单的通知》，学校人工智能、智能制造工程、机器人工程、跨境电子商务、康复治疗学5个专业为学士学位授权专业。“虚拟化技术”获批省产教融合型一流课程。人工智能、计算机科学与技术和物联网工程3个专业获批新一轮服务外包类专业嵌入式人才培养项目。学校首次组织在校大学生职业技能等级认定考核。

开展与国外名校和国内“双一流”大学联合培养人才。经教育部批准，学校与全球大学排名前列的英国西苏格兰大学联合成立无锡太湖学院苏格兰学院。与哈佛大学、斯坦福大学、剑桥大学、新加坡国立大学等开展访学营项目。“6G网络与大数据智能化应用国际合作实验室”入选江苏省首批“十四五”高校国际合作联合实验室立项建设项目。开展“书记校长访企拓岗促就业”专项行动，努力拓宽毕业生就业渠道。线上线下结合，举办各类招聘会、宣讲会172场，参会企业8686家，提供优质就业岗位103126个。18名毕业生录取江苏省乡村振兴计划志愿者、5名录取西部计划。2022届毕业生就业率98%以上，就业地区主要分布在江浙沪。学校被省教育厅评为全省高校毕业生就业工作量化考核A等高校。

推动产教深度融合、校企协同育人。与阿里巴巴集团控股有限公司、罗克韦尔自动化有限公司、中兴通讯股份有限公司、红豆集团有限公司、国家超算中心等企业、单位共建教学基地398个，共建产业学院10个，紧密对接企业，实施“嵌入式”培养，聘请企业、科研院所的300余名高层管理者、专家担任兼职教授。年内，电子信息工程、产品设计2个专业获批省产教融合型品牌专业；新增校企合作基地59个；获批教育部协同育人项目9个；许志翰、狄建科2人获评江苏省产业教授；开园孵化项目23个，转移孵化项目9个，获市厅级以上奖励29个；新增产学合作项目17个，建成康复治疗实验室、北创大学生创业孵化基地等多个载体，引进并利用外部资金折合人民币超680万元。

年内，学校4名教师被确定为江苏省“青蓝工程”优秀青年骨干教师培养对象，获批各级各类科研项目272个，到账科研经费3544.8万元，科研活动总经费4368.5万元；发表高质量学术论文319篇，授权国家发明专利等知识产权96件。获批国家社科基金1项(省内民办高校唯一)；获批省部级科研奖5个，其中2个省部级一等奖均为第一单位获奖(国内民办高校唯一)。联合苏州大学、浙江大学成立“中国应用型本科高校综合竞争力指数课题组”，担任首席专家，从教学、科研、社会服务若干维度对应用型本科高校进行综合评价，推出中国应用型本科高校2022年度综合竞争力报告。在2022中国民办本科院校及独立学院竞争力排行榜上(中国科教评价研究院)，学校科研竞争力与水平评价位居全国民办高校第9名，被评为A+级，连续2年进入中国民办高校前10名，科研能力在江苏省同类高校排名第一，被评为最佳科研生态位的15所民办本科之一。学校《民办高校思政课程与课程思政“1+5”协同育人体系构建》获2021年江苏省教学成果一等奖，是全省民办高校中唯一获一等奖的项目。

年内，“锡引力·新思享—太湖讲习所”青少年理论传播高校实践基地在学校挂牌。马克思主义学院党支部入选“全国党建工作样板支部”，物联网工程学院学生第一党支部入选全省党建工作样板支部培育建设单位，智能装备工程学院学生党支部获全省2021年度高校“最佳党日活动”优胜奖。学校大学生创新创业训练计划项目获表彰127个，其中省级表彰67个。在全国软件和信息技术专业人才大赛、全国三维数字化创新大赛14周年精英联赛全国总决赛、全国高校BIM毕业设计大赛、全国大学生智能汽车竞赛、全国大学生电子设计竞赛、国青杯艺术设计大赛等学科竞赛中荣获一、二、三等奖近200个。学校9支团队被列为省大中专学生志愿者暑期“三下乡”社会实践活动省级重点团队。1支团队被评为省“三下乡”社会实践先进团队、1名学生被评为省“三下乡”社会实践先进个人。全年提供志愿服务5480人次，时长累计2万小时。学校获“江苏省文明校园”“江苏省节水型高校”等称号。

(王吉祥)

社会教育

【概况】 2022年，无锡市发展“互联网+社区教育”，打造“无锡学习在线”终身学习平台，办好《无锡终身教育》杂志，在《无锡日报》开办“无锡终身学习”专栏，无锡教育电视台每日编排播出《空中老年大学》节目，《终身学习》电视栏目播出10期，拍摄完成18门100课时社区教育、老年教育特色课程。打造“一区一品”社区教育特色文化，建设第二批市教育现代化示范性居民学校11所，评选全市终身教育品牌10个，建成省级社区教育特色品牌3个。

【社会服务面扩大】 2022年，市教育局承办江苏省暨无锡市全民终身学习活动周开幕式，举办省“智慧助老”骨干师资培训班（高级）2期，组织无锡市“能者为师”社区教育教师技能大赛。持续深化“我为群众办实事”实践活动，发挥社区教育阵地作用，缓解全市小学生暑期“看护难”问题，继续办好无锡市小学生暑期社区“七彩公益安心托班”活动，开设89个托班，服务中小学生2283人。

【无锡开放大学】 2022年，无锡开放大学整合全市新时代文明实践中心（所、站），形成宣讲师资库、特色志愿服务团队库、特色志愿服务项目库超3000个，与无锡日报报业集团合作开办“无锡终身学习”宣传专栏，与省电视台合拍《无锡终身教育·非凡十年》，评选无锡市“终身学习品牌项目”、省级“社区教育品牌项目”累计13项。响应全市大众化和个性化教育需求，承接市级机关工会办公技能大赛、惠山区区级机关公文写作研修班、残联教育培训，组织雅思考试2200人次、ACCA考试659人次，首次举办市级无锡家长学校，累计完成家庭教育培训近1000人次。全年培训、考试服务、学历教育学生近1.8万人次。学校雅思机考考点获2022年全国雅思突出贡献考点奖。

（市教育局）

招生和考试

【中考中招工作】 2022年，无锡市中考报名人数57526人，比上年增加5015人。完成报名、体检、艺术素质测评、英语听力口语考试、体育考试、文化科目考试、阅卷、录取等各项工作，考试过程规范平稳。自2022年起，中考增加道德与法治、历史2门科目，合计9门科目，考试总分由530分调整为750分。文化科目考试为期三天，市教育局制定中考疫情防控工作方案，落实疫情防控措施，强化考场巡查，严肃考风考纪，及时处置突发事件。扩建设立在无锡机电高等职业技术学校的中考阅卷场地。阅卷期间举行开放日活动，邀请媒体、家长代表和教育行风监督员到现场参观。通过“江苏政务”App、“灵锡”App、“无锡教育”微信公众号等平台，多渠道发布中考成绩和分数段统计，方便考生第一时间查询。采用动态口令卡进行志愿填报、查询录取和志愿征求，保证信息安全和公平公正。设置征求志愿环节，确保每个录取批次（阶段）的平稳。集中录取结束后，采用“网上招生市场”模式，对未完成计划学校及滑档考生再次提供双向选择机会，进行调剂补录。

【高考工作】 2022年是江苏省新一轮高考改革实行的第二年，无锡市参加高考人数24038人，比上年增长9%。根据疫情防控等因素影响，无锡市加强防疫组考组织领导，落细防疫组考工作举措，实现平安高考。召开高考送考工作会议，针对疫情防控形势新变化，向考生、考试工作人员和考点学校明确要求，加强信息宣传服务，按照考试时间节点，发布高考工作动态。强化考试安全管理，梳理风险，做好预案，加强标准化考点设施设备的维护更新与检查，强化人员培训，严格工作标准，细化工作措施，抓牢保密管理。加强考前人员健康管理，强化考点考场人物环境同防，做好异常状况应对处置。通过进校宣讲、线上解读等方式，加强高校招生政策解读和志愿填报指导服务。

【其他教育考试】 2022年，根据省、市统一部署，市教育局完成研究生考试、成人高考、自学考试、中职职教高考、全国计算机等级考试、中小学教师资格考试、大学英语四六级考试等工作。研究生考试报考人数继续增长，有考生15973人，比上年增加1143人。成人高考报名40926人，比上年增加4470人、增长近11%。自学考试新生注册22746人，报考总规模90960人次、197787科次，创近年规模新高。参加中职职教高考人数8619人，比上年增加1187人、增长13.7%。全市组织6项11次社会考试，完成社会考试总规模257579人次。其中，全国计算机等级考试64291人次，全国英语等级考试6950人次，剑桥少儿英语考试628人次，中小学教师资格考试37409人次，大学英语四六级考试115442人次，书法艺术水平考级考试32859人次。

（市教育局）

编辑 何 峰

公共文化

【概况】 2022年,无锡市举办公益性演出14127场次、讲座2193场次、展览3595场次,完成送戏下基层3861场次、送书下基层8.27万册、送展览下基层1250余场次。依托各级文化馆(站)等群众文化阵地,组织举办各类艺术普及、艺术培训和文艺志愿活动,举办社会艺术培训3132班次、文化骨干培训班235个。全市文化场馆服务人次3703.96万人次,人均接受文化场馆服务次数4.95次,全市公共数字文化服务乡村覆盖率67.02%。年内,无锡市通过国家公共文化服务体系示范区创新发展复核,复核成绩较创建时进步明显获得文化和旅游部通报表扬。江阴市月城镇弦歌水韵园入选文化和旅游部2021—2023年度“中国民间文化艺术之乡”案例。市公共文化艺术发展中心的《突围:也谈文化馆事业的社会化发展》获2022年中国文化馆年会和第四届全国文化馆理论体系构建学术研讨会征文评比一等奖。图书《慢孩子》、舞剧《歌唱祖国》、广播剧《10909,深海的呼唤》、电视剧《黑白禁区》4件作品获评2021年度江苏省优秀文艺成果。全市有10件作品获江苏省第12届精神文明建设“五个一工程”奖,获奖总数连续两届居全省首位。

推动博物馆备案工作,灵山博物馆、梅里遗址博物馆备案成功,全市备案博物馆数量64家,数量居全省第二位。其中,国家一级博物馆1家(无锡博物院),国家二级博物馆4家(江阴市博物馆、宜兴市博物馆、宜兴市陶瓷博物馆、鸿山遗址博物馆)。“锡博代言人”志愿者榜样项目等5个项目入选2022年江苏省博物馆志愿服务优秀案例名单,数量居全省第一位;志愿者鹿乾乾获评“江苏双十佳革命文物讲述人(志愿者)”。

至年末,全市有公共图书馆8个、博物(纪念)馆64个、文化馆8个、乡镇(街道)文化站75个、艺术表演团体68个。新建改建基层综合性文化服务中心8个,继续动态实现全市行政村(社区)综合性文化服务中心覆盖率100%。江阴市实施锡剧评弹艺术美好空间展陈布置、公共文化艺术发展中心“市民课堂”文化空间提升改造、祝塘镇文化中心升级改造。新吴区推进“1+3+10+N”(1个区级文体中心、3个片区级文体中心、10个“15分钟生活圈”级文体设施、N个基层社区级文体游园)文体设施建设布局,无锡太湖湾国际文化艺术中心暨交响音乐厅、伯渎河文化中心项目开工。

(周　文　李跃光)

【无锡市图书馆】 2022年,无锡市图书馆馆藏总量447万册(件)、数字资源53种,接待读者306万人次,流通图书355万册次,举办各类读者活动308次。发挥资源优势,全新打造“阅见美好”文化品牌,整合推出“悦读阅有味”系列活动,围绕“喜迎二十大”“运河文化”等主题,推出读书征文、主题朗诵、专题展览、阅游研学等。举办“云享书生活·共阅好时光”世界读书日系列活动、“奋进新征程·阅读再出发”图书馆服务宣传周系列活动,促进“梁溪大讲堂·东林文化讲坛”“阅读使者全城行”“彩虹桥”青少年阅读推广等品牌活动推陈出新。45部馆藏古籍入选第五批江苏省珍贵古籍名录;整理出版《无锡市图书馆藏地方孤本丛书》(第2辑),收录《夏时考》《礼社忠义录》《研斋琴谱集录》;策划举办无锡市图书馆馆藏精品展等。参与全省联合参考咨询服务,持续开展立法决策服务,围绕社会热点、焦点,为省市两会提供参阅报告和两会专刊。探索跨界融合,打造公园上城分馆、润生国学分馆、迎龙·漫咖啡分馆、市少年宫分馆入选2022年江苏省最美公共文化空间。

【无锡博物院】 2022年,无锡博物院保护修复、处理文物20件(套),征集藏品847件(套)。推出“来试人间第二泉——惠山茶会人文主题特展”“象心以瀔源——纪念周培源先生诞辰120周年特展”“云山柳岸——书画中的江南风物”等17个精品展览,弘扬传统文化所蕴含的经典价值。年内,《清如——杨令茀的书画世界》入选国家文物局2022年度“弘扬中华优秀传统文化、培育社会主义核心价值观”主题展览征集推介项目,“竹炉烟轻——无锡与茶的故事”入选2022年度江苏省博物馆精品展览项目。举办活动近

300 场,线上线下参与人数逾 92 万人次,"云课堂"足不出户尽赏文物之美,"行走"研学再添新路线,馆校合作用好博物馆教育"大课堂"。"来华留学生文化感知大课堂"之《倪瓒的山水世界》课程入选 2022 年江苏省博物馆教育推介项目。

(周 文)

【全民阅读】 2022 年,无锡市树立"管行业就要抓阅读"的工作导向,无锡市、江阴市、惠山区通过省书香城市建设示范市(县、区)复核,锡山区、新吴区创成第四批省书香城市建设示范区。举办"4·23"世界读书日系列活动;办好第 12 届江苏书展无锡"云端"分展场,举办线上活动 128 场次,参与人数近 50 万人次,出版物销售总额 331.5 万元,发放优惠购书券以及各类补贴 20 余万元。结合农民读书节和"我的书屋我的梦"农村少年儿童征文和书画作品征集展示活动,全市农家书屋累计开展各类阅读活动 8000 余场次,获评省级五星级农家书屋 8 个,数量全省第一。打造"钟书"文化品牌,完成 50 个"钟书房"优质阅读新空间建设任务。组织第 15 届太湖读书月系列活动,开展全民阅读先进单位和个人评选表扬、系列典型网络宣传推介、公益广告设计大赛、百万惠民读书券限时抢等活动,浏览量超 500 万次,实现全媒体推送、全渠道覆盖。

(徐 姜)

【群众文化活动】 2022 年,全市新创群文舞台类作品 607 件,美术、书法作品 3540 件,摄影作品 5547 件。无锡市锡剧戏迷协会、宜兴市锡剧研究会、锡山区红霞锡剧团等 12 个团队成为 2022 年度省"优秀群众文化团队"培育对象。全年实施优秀群众文化团队负责人线下培训和优秀群众文化培育对象线上培训各 1 次,并对培育团队开展两轮全覆盖"一对一"现场辅导。培育对象组织群众文化活动 558 场次,参与群众文化活动 540 场次,观演近 25 万人次。

【全民艺术普及】 2022 年,市文化馆开展"西水公益学堂"全民艺术普及培训,举办春、夏、秋三期培训共 90 个班次;结合"非遗"传承,提炼课程亮点,制作完成锡剧艺术、书法 2 门艺术慕课 480 分钟;继续将培训送入消防、无锡地铁集团等特殊群体身边。梁溪区文化馆"欢乐艺课堂"设置课程 80 余门,增设"梁溪区群众特色文化团队"针对性业务培训春、秋 2 期,受训团队 40 余个;开设暑期青少年艺术体验营,激发青少年学生对传统文化的兴趣。惠山区文化馆依托"吴韵雅集""高雅艺术普及进基层""惠山文化大讲堂"等文化服务品牌,举办各类艺术普及活动。滨湖区文化馆送 20 门类全民艺术普及线下课程到各街道分馆 480 课时,受益 3.5 万余人次。新吴区开展全民艺术普及,举办培训 567 课时。

11 月 11 日,第 15 届太湖读书月系列活动启动 (市委宣传部 供图)

【文化惠民】 2022 年,市公共文化艺术发展中心举办"回眸"——无锡市公共文化艺术发展中心业务干部书画作品成果展、无锡太湖鼋头渚国际樱花节——蒋循美术作品展、"美丽江苏"摄影大展(无锡巡展)等各类展览,累计线下参观人数超 15 万人次。江阴市开展"文化走基层,服务进万家"主题惠民活动,为基层送演出、送评弹等超 3500 场次,农家书屋送书 2.35 万册。宜兴市"礼赞新时代,奋进新征程"2022 宜兴市文化服务全域联动,完成镇级互动演出 54 场、文艺小分队村村行流动演出 239 场,村级文艺团队联动演出 146 场,送戏下乡 102 场。举办 2022 中国·宜兴梁祝文化艺术节"中国戏曲红梅荟萃",全国 19 个省(市、自治区)617 个节目报名,14 个地区 118 个节目入选,涵盖剧种 22 个,《光明日报》、《新华日报》、江苏卫视等媒体报道。梁溪区打造"Happy 兔 go""今夜'梁'宵""潮玩新假日""太湖购物节"等品牌活动,开展"梁溪美景,溪有人间"文艺精品进基层活动,市民朋友在家门口就能享受"文化大餐"。锡山区与羊尖镇共同创编大型原创锡剧《袁仁仪》,并在无锡市人民大会堂举办公演,擦亮锡剧名片;与连云港市东海县联合举办"2022 东海·全国少儿版画优秀作品全国巡展暨锡山少儿版画作品展",深化两地文化交流。滨湖区加强与社会力量合作,举办文化活动,在万达广场连续20天开展风夏音乐季广场音乐会,在运河外滩美术馆开展走进古典系列讲座音乐会、东也复古市集活动17场次;与市音乐家协会开展首届古筝大赛。新吴区持续实施“白玉兰”文化惠民活动,开展“我在新吴过大年”“紫金文化艺术节”等活动80余场次;做优梅村“中国二胡之乡”、硕放“中国曲艺之乡”,中国新闻社“中国这十年·吾乡”系列专题开篇之作以《一把二胡奔小康》为题报道梅村二胡,发稿当日12小时阅读量突破40万人次,硕放街道《香楠有戏曲韵流芳,让古建筑“活起来”》被《人民日报》报道。

【公共文化新空间】 2022年,无锡市启动“艺术拾珍·美好空间珍珠链”计划,制定《无锡市“艺术拾珍,美好空间珍珠链”计划实施方案》,计划用3年时间在全市打造100个环境和空间“美”、服务和体验“好”的文化新空间。年内,市图书馆迎龙·漫咖啡分馆、新桥镇公共文化空间、杨巷镇文化艺术中心、扬名文创图书馆等15个项目获得2022年度省“最美公共文化空间”称号。在2022年长三角及全国部分省市最美公共文化空间大赛上,无锡市图书馆迎龙·漫咖啡分馆、宋代古窑遗址获评优秀公共文化空间案例,丁蜀镇综合文化服务中心获百佳公共文化空间奖。

【小剧场建设】 2022年,市文广旅游局推进公益性小剧场建设,实现常态化开放、亲民化演出、规范化管理,让文艺爱好者有场地排练、有舞台表演、有机会出彩。惠山区有“民生微幸福,惠畅小剧场”45个,全年为群众演出超4000场次,服务人次超200万人次。锡山区“阿炳小舞台”推进“家门口”小剧场建设,将街巷空间变成舞台,打造不停演的广场、不收票的剧场。

【公共文化数字化建设】 2022年,无锡市依托无锡文化云平台实现线上报名、网络直播、开放式艺术普及等数字化服务,结合“文化和自然遗产日”“西水市集”等活动,创新开展线上网红直播、主播带货、数字藏品拍卖等数字互动,与省、市各级媒体以及电商平台合作推广;在无锡文化云等自有平台,开通《太湖》杂志专栏,包括电子期刊阅读、有声读物等线上服务;自制艺术慕课在江苏公共文化云平台、网站及微信公众号上线。江阴市完成江阴公共文化云二期升级。滨湖区文化馆开展“春节七天乐”文化滨湖线上课程、音乐主题党课等线上活动30场次,线上服务人次2.2万余人次。新吴区加强数字图书馆建设,馆藏数字资源总量创新高,依托新吴区图书馆官网、微信公众号,打造丰富便捷的云端数字化服务;开展“玉兰传芳”暑期公益课堂、“新吴展线”展览等线上活动,录制虎跃“云”课堂20课次。

【政府购买公共文化服务】 2022年,无锡市政府向社会力量购买公共文化服务项目,重点采购依托公共文化场馆、小剧场、美好文化空间开展的公益性公共文化活动,共购买项目48个,购买活动718场次,购买资金总额584.6万元,激发社会力量举办公共文化活动的活力和热情。群众特色文化团队小额资助扶持团队380个,其中三星级162个、四星级176个、五星级42个,资助总额140万元,调动广大群文骨干开展文化活动和团队争先创优的积极性。江阴市创新开展公共文化服务精准配送“澄艺快递”,通过社会力量购买建立文化活动资源库,根据基层需求通过“菜单式”点选和“订单式”配送,将公共文化服务精准送到基层,全年投放讲座、展览、文艺演出等多种服务128场次。锡山区构建“10分钟文化服务圈”文化惠民工程创新品牌。

【“情韵江南”群众文艺展演活动】 2022年,全市开展“情韵江南”群众文艺展演活动415场,通过多种手段线上线下相结合,线上观看人数超100万人次,线下观众近20万人次,高品质的群众文化产品服务群众,实践文化惠民文化乐民。其中,“唱支山歌给党听”群众合唱展演和“一颗红心永向党”群众广

2022年,无锡市政府向社会力量购买公共文化服务项目:市民族管弦乐学会“风华国乐——2022系列惠民展演”（周 文 供图）

场舞展演登录国家公共文化云平台上展播，惠及全国观众25万余人次。

【“喜迎二十大”系列活动】 2022年，全市各级公共文化场馆围绕迎接中共二十大胜利召开，策划举办系列文化活动：“喜迎二十大”江苏省主题群众文艺全市线上巡演、市公共文化艺术发展中心“喜迎二十大，奋进向未来”无锡市青少年优秀美术书法作品展、江阴市“礼赞新时代·追梦复兴路”主题演讲比赛、梁溪区“喜迎二十大奋进新征程”锡剧原创作品演唱会、锡山区“喜迎二十大，强国复兴有我”第六届“隆达杯”青年歌手大赛、滨湖区“喜迎二十大，滨湖向未来”百姓大舞台系列广场文艺演出等。江阴市围绕“喜迎二十大”主题创作舞台类作品50余件、美术书法作品150余件。宜兴市锡剧艺术传承发展中心“喜迎二十大，百戏进百村”演出，精选优秀的传统折子戏和红色经典折子戏，送戏到偏远乡村，在官林义庄村、高塍肖张墅等地惠民演出100余场。锡山区“喜迎二十大”2022年“阿炳小舞台”优秀群文团队及优秀文艺创作节目选拔赛，面向社会选拔优秀群文团队及优秀文艺作品，让群众共享文化发展成果。

【第三届文化场馆月】 7月15日至8月15日，无锡市第三届文化场馆月举办。全市以“喜迎二十大，一起向未来”为主题，以“文化惠民，赋能发展”为目标，以“打造让人会心一笑的精彩城市”为理念，通过市、区、街道、社区四级文化场馆联动，创新组织形式，线上线下融合，传统现代交织，推出高品质活动331场，吸引市民及周边游客前来打卡，让公众把文化带回家。无锡博物院“铜”话故事会、无锡市图书馆的“悦读阅有味”主题活动、市公共文化艺术发展中心“走进非遗大师工作室”、无锡美术馆“梁溪清韵——纪念建党101周年耿明霞书法展”、东林书院古法造纸、无锡大剧院“打开艺术之门”等成为第三届文化场馆月热门活动。

2022年，第六届无锡市“群芳奖”评奖活动举办。图为声乐类节目专家评审现场
（周　文　供图）

【2022首届长三角民族器乐作品创作大赛】 11月20—24日，苏沪浙皖四地文旅部门联合主办的2022首届长三角民族器乐作品创作大赛在无锡市举办。来自三省一市的民乐团队近200件原创作品参赛，最终评出大奖3个，金奖12个，银奖14个，优秀组织奖和组织奖若干名。两场决赛和颁奖仪式暨惠民演出，展现获奖团队的精湛技艺和优秀创作，彰显传统民乐的个性化表达与创新性发展，生动诠释新时代文化传承新气象。

【第六届无锡市“群芳奖”评奖活动】 无锡市“群芳奖”每两年举办一届，是与全国、省群众文艺政府最高奖“群星奖”“五星工程奖”相接轨的重要群文活动，是无锡市政府文化部门主办的唯一一项全市综合性群众文化品牌赛事活动，是为繁荣群众文艺创作、促进文化事业发展，设立的文化类政府最高奖。2022年，第六届无锡市“群芳奖”共评出舞台类作品金奖28个，银奖28个、铜奖34个、优秀奖30个，静态类作品美术、书法作品各10件获“群芳奖”、各20件入选展览。组织部分“群芳奖”获奖作品参加江苏省第15届“五星工程奖”评选活动，有音乐类3个、舞蹈类2个、戏剧类1个获“五星工程奖”，2个作品获得网络最佳人气奖，无锡市文化广电和旅游局获评优秀组织单位。

（周　文）

文学艺术

文　学

【文学创作】 2022年，无锡文学界聚焦重大现实题材，实施精品创作，开展人才培养工作。非虚构作品创作方面：戴军的长篇非虚构作品《民谣深处》刊登于《钟山》第2期；徐风的紫砂文学作品《做壶》、戴军的非虚构作品《心谣》、陆阳的非虚构作品《天上村前：中国近代科教支乡》《太湖》（“符号江苏·口袋书”）、徐博的纪实文学《周瑜：擘画江东的大权谋家》出版。纯文学创作方面：

黑陶的小说《潮神》发表于《天涯》杂志2022年第2期，黑陶成为《文学报》2022年7月7日封面人物，并配访谈《黑陶：用烧制的个人汉语，命名父性南方》；阮夕清的短篇小说《群众电影院》发表于《花城》杂志2022年第6期，短篇小说《访问宠物》发表于《青春》杂志2022年第12期；沈毅玲的短篇小说《四时流兴》发表于《滇池》2022年第7期；苒小雨的短篇小说《一场大雪》发表于《鄂尔多斯》第10期，短篇小说《午后沙尘暴》发表于《鸭绿江》2022年第2期，短篇小说《女主出逃》发表于《北方文学》2022年第9期。朱璟秋的长篇小说《茶洲记》、麦阁的诗集《自我影像》、庞培的诗集《访问梦境》、王顺法的散文集《凰川湾里的中国》、迟慧的儿童文学作品《我和我的家乡》《慢小孩（朗读版）》《恐龙总动员》出版。年内，黑陶的诗集《在阁楼独听万物密语》获首届"艾青诗歌奖"。徐风的纪实作品《忘记我》获省第12届精神文明建设"五个一工程"奖。高仲泰的纪实作品《深潜：中国深海载人潜水器研发纪实》入选2022年中宣部主题出版重点出版物、江苏省主题出版重点出版物项目。王学芯的诗集《蓝光》入选中国作家协会2022年度定点深入生活项目，深入生活地点为无锡经开区。陆阳的报告文学《奋楫者先：江苏省无锡县乡镇企业发展纪实》入选江苏省作家协会第八批重大题材文学作品创作工程关注作品。迟慧的儿童文学作品《数风流人物——功勋模范主题绘本丛书》入选中宣部2022年主题出版物重点出版物选题，《云端小学》入选2022农民喜爱的百种图书，《云端小学》《藏起来的男孩》入选国家新闻出版署《2022年农家书屋重点出版物推荐目录》，《我和我的家乡》入选《中国教师报》年度十本书特色书单。陈佳冀的文学评论《新时代江苏文学生态叙事的话语体系研究》入选江苏省作家协会第十七批"重点扶持文学创作与评论工程"项目，评论《构建动物叙事的崭新话语体系》获中国文艺评论最高奖"啄木鸟杯"。

【文学活动】 2022年，由市文联与无锡新华书店有限责任公司合作共建，市作家协会在新华书店承建无锡文艺家著作展陈区，展示无锡文艺家的著作。该项目在"4·23"世界读书日期间被"人民日报"客户端推送宣传。市作协创办微信公众号"无锡作家"，开设作品、资讯、圆桌、新秀、荐书等栏目，每日推送信息，成为无锡作家新的创作发表园地。市文联全程参与2022世界读书日无锡阅读启动仪式及活动，全年组织作品交流、新书发布、文学下基层、名家访谈等各类文学活动30余场。市作协与江南大学人文学院继续合作主办第二届"文启杯"长三角高校文学大赛，举办"大美灵山·茶叙今昔"2022全国著名作家金秋笔会，召开重大现实题材创作调研会和无锡青年作家座谈会，组织2019—2020年度无锡太湖文学奖颁奖仪式及获奖作者座谈会，组织作家参与省作协发起的"劳动创造幸福"江苏产业工人时代风貌主题创作实践活动。"无锡作协助力无锡职工文学创作"项目获评省作协2021年度创新创优项目。

【2019—2020太湖文学奖颁奖仪式】 1月9日，市文联举办2019—2020年太湖文学奖颁奖仪式。市委宣传部常务副部长、市新闻出版局局长陆惠玲，市文联党组书记、主席杨建为获奖作者代表颁奖。夏坚勇的长篇散文《庆历四年秋》、阮夕清的短篇小说《黄昏马戏团》、庞培的散文集《在光中看见了光》、王学芯的诗歌《路过老人院》、王顺法的长篇小说《苏南的雪》、里拉（金雪松）的诗歌《航速》、包松林的散文集《半岭松风》、孙嘉羚的诗歌《正午的人们》、乐心（冯乐心）的长篇小说《十八拍》、汤蕴瑾的散文集《最远的旅行》10件作品获太湖文学奖；周晓慷的长篇小说《触碰》、刘晖的短篇小说《谁知道弗吉尼亚·伍尔芙》、黄小龙的散文集《表情》、缪文宗的中篇小说《女人花》、陶青的散文《山桃寒重亦能花——李寄与〈徐霞客游记〉》5件作品获太湖文学奖提名奖。高仲泰的纪实文学《荣毅仁的前半生》、王学芯的诗集《迁变》获太湖文学奖荣誉奖。

【沙陆墟、沙无垢父子作品研讨会】 1月14日，沙陆墟、沙无垢父子作品研讨会在无锡市举办。浦学坤、严克勤、沙春元、许墨林、金石声、蔡爱国等无锡学者、作家、评论家，沙陆墟家人代表以及滨湖区档案史志馆名誉馆员等参与研讨。研讨会就沙陆墟小说作品中的底层叙事、女性艺术形象重塑、民间艺术家道德形象、小说创作与格律诗词的互融以及沙陆墟诗词艺术的思想价值等方面开展研讨，对沙无垢的园林美学思想等进行探讨。研讨论文28篇约20万字辑为《沙陆墟沙无垢作品研讨会论文汇编》。

（孙必勇）

戏剧·曲艺

【概况】 2022年，无锡市属国有文艺院团创排并演出改编自鲁迅小说《伤逝》的锡剧《涓生之路》。锡剧《珍珠塔·跌雪》参加文化和旅游部2022年全国地方戏精粹展演线上展播；举办梅韵芬芳·李桂英师生锡剧演唱会、"吴韵绕梁欐，不绝如缕"小王彬彬锡剧"非遗"传承作品优秀青年演员展演、"惟锡有材"青年戏曲导演余维盼锡剧作品展；推出"二十四节气之美"系列视频，以锡剧展示无锡人文风情。6月，原创滑稽戏《有事好商量》首演成功，并入选江苏艺术基金。11月，市滑稽剧团第二部原创家风主题滑稽戏《清风明月》在无锡市人民大会堂首演。年内，锡剧《追梦路上》《回家》参加江苏省基层文艺院团优秀剧目展演。锡剧《回家》获2022紫金文化艺术节剧目奖，锡剧《惠山泥人》获省第12届精神文明建设“五个一工程”奖，锡剧《蝶恋花·沈琬》入选省舞台艺术精品创作扶持剧目、江苏艺术基金，锡剧数字电影《江南雨》举行首映礼，并获第五届中国戏曲电影展、第十届新西兰亚太国际电影节、首届香港电影紫荆花奖多个奖项，小戏《车钥匙》入选国家艺术基金，《明天我就嫁给你》被评为省第四届戏剧小戏小品展演优秀剧目。

【送戏下乡】 2022年，无锡市投入经费670万元，实施送戏下乡、送演出下乡、送培训下乡合计3061场次，观众超135万人次。江阴市“澄艺快递”公共文化服务精准配送项目送戏下乡425场次，服务群众15万人次。宜兴市文化馆与“亦园荷香满陶都”宜兴市文化馆文艺志愿小分队签约开展送戏下乡545场次，送演出下乡753场次、培训33期。惠山区“锡剧进校园”活动，将传统锡剧文化从娃娃抓起。滨湖区邀请市锡剧院、市曲艺家协会，联合区内戏曲表演特色文化团队，深入村、社区普及戏剧、曲艺知识。

（周　文）

【第四期无锡市曲艺中青年骨干培训班】 6月25—27日，第四期无锡市曲艺中青年骨干培训班举办，青年演员及曲艺创作人员30余人参加。江苏省文联副主席、国家一级编剧刘旭东，相声表演艺术家、国家一级演员韩兰成，评弹表演艺术家、教育家、国家一级演员邢晏芝，滑稽戏表演艺术家、国家一级演员张克勤，苏州弹词音乐家、国家一级演员陈勇等分别从曲艺创作、评弹、相声、滑稽戏等方面的实践经验，进行深入浅出、内容翔实的授课。

【梅韵芬芳·李桂英师生锡剧演唱会】 10月6日，梅韵芬芳·李桂英师生锡剧演唱会在无锡市人民大会堂上演，拉开2022太湖文化艺术季的序幕。演唱会通过呈现李桂英传承恩师梅兰珍“梅派”经典作品，李桂英的融化锡剧“梅派”创新作品以及其弟子张璇、杜晓丽、严紫怡、朱家怡的再传“梅派”学习作品，展示锡剧“梅派”艺术代代相传的繁荣景象。锡剧表演艺术家倪同芳、小王彬彬，“锡剧王子”周东亮也各自携力作上台祝贺演出。

2022年，无锡市开展送戏下乡活动。图为江阴市“澄艺快递”公共文化服务精准配送项目　（周　文　供图）

【第二届江苏省故事会颁奖仪式】 10月30日，由江苏省曲艺家协会、无锡市文联、江阴市委宣传部联合主办的第二届江苏省故事会颁奖仪式暨“礼赞新时代·创造新未来”曲艺名家新秀走进江阴新桥惠民演出在江阴市举行。《长大后我就成了你》《楼道书记》《不吃你吃谁》3件作品的故事员获评“金牌故事员”。两场终评比赛和一场颁奖演出通过江苏省公共文化云、江苏有线网络平台和江阴高清电视机顶盒3个渠道进行直播，累计在线观看超13万人次。活动现场，来自全国的曲艺名家新秀和江阴的优秀文艺工作者登台表演。

【第三届“无锡曲艺奖”大赛颁奖仪式】 11月10日，由市委宣传部指导，市文联主办、市曲艺家协会承办的“曲赞新时代，说唱美无锡”主题曲艺晚会暨第三届“无锡曲艺奖”大赛颁奖仪式在无锡大剧院举行。来自全国的曲艺名家新秀和专业院团的优秀文艺工作者登台表演。经过两场终评比赛，中篇苏州评弹《永不消逝的电波》、短篇苏州弹词《救心行动》获第三届“无锡曲艺奖”大赛节目奖，冯秋磊、陈阳、姚君、赵爱萍获第三届“无锡曲艺奖”大赛表演奖，短篇苏州弹词《特殊命令》作者陈忱获第三届“无锡曲艺奖”大赛文学奖，朱加国、袁伟杰、孙益校获第三届“无锡曲艺奖”大赛新人奖。

【无锡市戏剧家协会“名师带徒”展演专场】 12月28日，无锡市戏剧家协会“名师带徒”展演专场在惠山区文化馆剧场举办，由小王彬彬、李桂英、薛燕、过之红、潘佩琼、陈云霞等名家带队高徒，展示锡剧传承结对成果，为推出优秀青年戏剧文艺骨干贡献力量。该演出作为无锡市戏剧家协会“名师带徒”计划的

12 月 28 日，无锡市戏剧家协会“名师带徒”展演专场举办（市文联　供图）

重要成果，表演组李梦恒获得江苏文艺大奖·第十届江苏戏剧奖金奖、第三届无锡戏剧奖金奖等，屈晔哲、周雁、顾津瑞、朱奕文、钱栋涛、严紫怡等获得江苏省小戏小品大赛优秀表演奖、第三届无锡戏剧奖金银铜奖等，韩敏洁获得江苏省五星工程奖金奖、华东六省一市小戏小品大赛银奖等，编剧组周宇获得江苏省戏剧文学剧本评选一等奖、“光辉道路——庆祝中国共产党成立 100 周年长三角地区小戏小品创作征集活动”优秀奖、2021 北京文化艺术基金项目“培源”第二期储备孵化剧本等荣誉。顾津瑞、杜晓丽、周雁、韩敏洁、朱奕文、惠海峰、朱宏敏、钱栋涛等青年锡剧演员现场展演《玉蜻蜓——阵阵喜讯》等 7 部节目。

（孙必勇）

音乐·舞蹈

【概况】 2022 年，无锡市歌舞剧院历时 6 个月创排舞剧《10909》，入选江苏省重大题材文艺创作项目。创作城市宣传歌曲《感谢》，原创歌曲《期遇》等。大型原创舞剧《南国红豆》参加江苏省新时代现实题材作品巡演，舞剧《歌唱祖国》在徐州、海安、无锡、昆山等地巡演。歌舞剧《解忧公主》获 2022 紫金文化艺术节优秀剧目奖，小节目群舞《能不忆江南》入围第 13 届中国舞蹈“荷花奖”古典舞终评，群舞《诞喜》入选 2022 年度国家艺术基金舞台艺术创作资助项目，群舞《道路》入选 2022 年度江苏艺术基金舞台艺术创作资助项目，获第七届江苏省文艺大奖·舞蹈奖优秀创作奖及群舞组表演奖（排名第一）。

无锡市民族乐团创排原创剧目民族交响音画《梦华江南》《“国乐闹天宫”——国乐动画音乐会》、小剧场剧目《听见中国的音乐之旅》及“国潮”系列专场音乐会等。打造“乐萦佳节”系列，举办新年、中秋、国庆等各类主题音乐会。原创作品《第二二胡协奏曲——太湖风情》入选江苏艺术基金，无锡民族乐团等江苏四大民族乐团联合演绎的民族管弦乐《大江南》获 2022 紫金文化艺术节大型音乐作品特别奖。

（周　文）

【第七届江苏省文艺大奖·舞蹈奖决赛颁奖晚会】 1 月 4—8 日，由江苏省文联、中共无锡市委宣传部主办，江苏省舞蹈家协会、无锡市文联承办，无锡市舞蹈家协会协办的第七届江苏省文艺大奖·舞蹈奖决赛颁奖晚会在无锡市举行。全省 68 支队伍近 400 名舞蹈演员参加决赛，无锡获 9 个奖项，分别是市歌舞剧院的群舞《道路》获表演奖（群舞组）、优秀创作奖（排名第一）；王媛凭借舞蹈《一意拈花》获“江苏优秀青年舞蹈演员”称号，李孟洁凭借舞蹈《美丽的阿依汗》获“江苏青年舞蹈演员”称号，孙艺嘉凭借舞蹈《对月》获“江苏舞蹈新秀”称号，潘俏凭借舞蹈《徽娘》获“江苏优秀舞蹈

11 月 8 日，无锡市民族乐团创排原创剧目民族交响音画《梦华江南》在无锡市人民大会堂首演

（周　文　供图）

新苗”称号，胡鑫茜、周思进分别凭借舞蹈《那时花开》和《良宵》获“江苏舞蹈新苗”称号。

【“奋进新征程”专场音乐会】 11月13日，由市委宣传部、市文联主办、市音乐家协会承办的“奋进新征程”专场音乐会在无锡大剧院举行。作为2022太湖文化艺术季活动之一，该专场演出以“惠民”为导向，链接更多人民群众日益增长的精神文化需要，绽放更高品质的艺术魅力，助力江南文化与现代文艺互融互通、经济发展与文化繁荣交相辉映。

（孙必勇）

美术·书法

【无锡美术馆】 2022年，无锡美术馆（无锡市书画院、《书画艺术》杂志社）入选国家级书画展作品6件次，入选省级书画展作品21件次，其中3件获奖。论文8篇、书画作品8件在期刊、杂志发表，其中2篇论文、4件作品发表在核心期刊《美术》《美术观察》《中国书法》上。策划举办“盛世传芳——当代中国画学派研究展”“华彩程及——江苏美术作品展”“奔涌，青春！——第二届江苏省青年美协提名展”“我是一个兵——无锡籍著名军事画家陈坚油画展”等展览27个，印制《盛世传芳》《华彩程及》《奔涌青春》画册；《书画艺术》出版发行6期、增刊2期，在第七届华东地区优秀期刊工作者评选中，杂志主编薛源获评优秀主编。

（周　文）

【江苏省第三届妇女书法篆刻作品展】 1月12—21日，由江苏省书法家协会、无锡市文联、红豆集团有限公司主办的江苏省第三届妇女书法篆刻作品展在无锡博物院举办。展出的160件作品，展示了当代江苏女书法家的整体水平和艺术成就。该届展览收到投稿作品1652件，最终评出入展作品160件，其中优秀作品15件。无锡有5名女书家的作品入选优秀作品，37名女书家的作品入展。

【第三届“无锡摄影奖”获奖作品展】 3月10日，第三届“无锡摄影奖”获奖作品展暨颁奖仪式在无锡市图书馆举行。周叶、顾强、陈锡铭、奚鸣君、曹卫江、黄亮安、吴朱娟、诸玲霞、黄丰、曹俊10人获第三届“无锡摄影奖”，黄富民、陈成、夏龙生、蒋超、谢劲5人获第三届“无锡摄影奖”提名奖。展览展出15名获奖者的部分摄影作品，题材包罗万象，创作风格各成一家。该展展至3月28日。

【“文化客”艺术空间暨阿炳印象·主题雕塑展】 6月2日，市文联联合无锡地铁集团有限公司、惠山古镇旅游发展有限公司，在地铁4号线惠山古镇站共同为“文化客”艺术空间暨阿炳印象·主题雕塑展揭牌，展出徐诚一的阿炳雕塑30余件。在地铁站布置“文化客”艺术空间，是把更多的美术元素、艺术元素应用到城市更新、生活品质提升之中，推动艺术生活化的一次积极实践，让惠山古镇的人文景观融入更多文化艺术内涵，让艺术作品走到人民中去、放到大众空间中去，让市民朋友在出行中欣赏艺术、享受艺术。

【2022长三角地区美术作品交流展】 8月26日，为期10天的2022长三角地区美术作品交流展在南通美术馆开幕。展览展出南通、无锡、嘉兴、芜湖、池州、宣城6市艺术家的美术作品250件，涵盖国画、油画、水彩、水粉、版画等不同类别。无锡市有53件作品参展，其中：中国画28件，涵盖山水、人物、花鸟等画种；西画24件，包括油画、水彩粉画。作品大多是深入生活写生之作，既有传统出新的继承发展，也有笔墨语言的当代探索，透出明朗的太湖文化品格，延续无锡的百年江南文脉，展现无锡画家的当代活力与创造性。

【艺术江南·美丽运河——无锡大运河文化主题美术作品展】 10月20—27日，艺术江南·美丽运河——无锡大运河文化主题美术作品展首展在江南大学图书馆举办。该展览向全市特邀和定向征稿100余幅作品，最终选出100幅美术作品展出，包括中国画、油画、水彩粉画、版画等种类，作品展现运河的划时代巨变和历史性跨越，呈现运河风光的秀美，展示锡城新面貌、新气象。通过首展、巡展、线上展形式，让“流淌的运河文化”走进高校、社区。该展览于11月5—12日在滨湖区运河外滩美术馆巡展，线上展于10月22日推出。

【惟美无界——当代朝鲜油画精品展】 10月11—24日，惟美无界——当代朝鲜油画精品展在无锡和光同尘艺术馆举办。展览展出40余位朝鲜画家的100余幅作品，汇集风景、人物、动物等多种题材朝鲜绘画作品，试图通过对不同主题及思想表达的创作进行探索，确立东亚艺术史范畴的朝鲜油画艺术的身份与意涵。

【青山仰望——中国国家画院顾平工作室师生国画作品展】 11月12日至12月12日，青山仰望——中国国家画院顾平工作室师生国画作品展在薛福成故居举办，民盟中央美术院副院长、中国国家画院执行主编、中国美术家协会会员顾平教授及9名优秀青年艺术家创作的120余幅逍遥山水作品参展。开幕仪式上，市文联党组书记、主席杨建为顾平颁发无锡市国画院艺术顾问聘书。

【“印象江南”中国画提名展】 11月20—30日，“印象江南”中国画提名展在无锡市祥云美术馆举办。该展览围绕展示印象江南的主题，选取不同侧面，从不同角度用画笔描绘无锡山水风光，记录无锡城市发展和人民生活变迁，展示秀美景致、人文风情。展览展出20余名中国美协会员的优秀作品58件，作品题材广泛，内容丰富，呈现和谐美好的生活面貌和昂扬奋进的时代气象。

【投石问道——庄小石书画新作展】 11月27日，投石问道——庄小石书画新作展在文渊坊开幕。展览展出中国书法家协会会员、江南大学书画研究所研究员庄小石的书画作品50余幅，以小品为主，其中既有对中国古代名画的临摹创新，又有对日常器物的细腻勾画，方寸之间，尽显笔墨情趣，旨在弘扬中华传统书画文化，丰富大众业余文化生活。展览展至12月中下旬。

【无锡市第四届青年书法篆刻作品展】 12月9—18日，无锡市第四届青年书法篆刻作品展在无锡市工人文化宫举办。展览展出作品101件，增设“十佳青年书法家”及“青年书法探索奖”两个奖项，为无锡市书法家协会树典型、推人才做出有益尝试。单公俊、马国忠、赵坚、严春亚、艾宏伟、郭会军、朱琳琳、吴永明、韩旭、沈嘉涵10人获“十佳青年书法家”称号，徐兴国、孙鹤鹏、肖勇、郑建宏、陆维跃、吴振荣6人获“青年书法探索奖”。

（孙必勇）

文化遗产保护

【概况】 2022年，无锡市持续推进惠山古镇“申遗”工作，加强与苏州江南水乡古镇联合申遗办公室的工作对接，确立工作目标，推进惠山古镇“申遗”档案中心建设。加强大运河保护管理，完成世界文化遗产中国大运河（无锡段）监测中心建设，引入大数据管理手段，从水下、水面（地面）、空中等不同空间维度，采用人工填报、人工巡查、第三方系统对接、物联网设备采集等方式，对总体格局、遗产单体要素、本体与载体病害、自然环境、社会环境、建设控制、旅游与游客管理等16类、56项监测内容进行全面性、立体化、持续性监测。

全市有“非遗”代表性项目361个，其中国家级11个、省级51个、市级168个、县（区）级131个；“非遗”项目代表性传承人590人，其中国家级10人、省级55人、市级337人、县（区）级188人，基本形成国家、省、市、县（区）四级非物质文化遗产保护体系。有“非遗”基地国家级生产性保护示范基地1个、省级“非遗”生产性保护示范基地3个、市级“非遗”生产性保护示范基地18个；省级“非

表50　无锡市国家级“非遗”代表性项目及传承人一览表

序号	项目类别	项目名称、批准批次及时间		传承人、批准批次及时间	
1	民间文学	梁祝传说	国（一）（2006年）	—	—
2	民间文学	吴　歌	国（一扩）（2008年）	张浩生	国（三）（2009年）
3	传统音乐	道教音乐（无锡道教音乐）	国（二）（2008年）	尤武忠	国（三）（2009年）
4	传统戏剧	锡　剧	国（二）（2008年）	王建伟	国（五）（2018年）
5	传统美术	竹刻（无锡留青竹刻）	国（一扩）（2008年）	乔锦洪	国（三）（2009年）
6	传统美术	泥塑（惠山泥人）	国（一）（2006年）	喻湘涟	国（一）（2007年）
				王南仙	国（一）（2007年）
7	传统美术	苏绣（无锡精微绣）	国（二）（2008年）	赵红育	国（三）（2009年）
8	传统技艺	宜兴紫砂陶制作技艺	国（一）（2006年）	汪寅仙	国（一）（2007年）
				徐秀棠	国（四）（2012年）
				吕尧臣	国（四）（2012年）
				周桂珍	国（五）（2018年）
9	传统医药	中医传统制剂方法（致和堂膏滋药制作技艺）	国（三）（2011年）	刘柏生	国（五）（2018年）
10	传统技艺	陶器烧制技艺（宜兴均陶制作技艺）	国（四）（2014年）	李守才	国（五）（2018年）
11	民　俗	庙会（泰伯庙会）	国（四）（2014年）	—	—

说明：国（一）指国家级第一批名录，其余以此类推

（市文广旅游局）

遗”传承示范基地2个、市级“非遗”传承示范基地46个。

【考古研究】 2022年，无锡市落实考古前置工作，进一步简化建设用地考古审批手续，保证省、市重点项目实施，实现文物保护和城市发展协调共赢。全年完成考古勘探项目71个，勘探面积约620万平方米；完成区域评估项目1个，面积约67万平方米；完成港欣三期遗址大坟墩遗址、南楼墓群、丁埂墓群等12个考古发掘项目，发掘面积约12000平方米，出土文物1169件。按时序推进鸿山九曲河以南考古勘探工作以及吴家浜遗址发掘工作。完成中国社会科学院考古研究所华东基地综合实验室提升改造项目并投入使用，综合实验室的建成为运用最新技术分析古代遗存、开展多学科合作奠定坚实基础。无锡市文物考古研究所组织召开“太湖北部吴越文化探源”专家论证会，为无锡地域文明探源工作指明方向。完成梅里遗址出土文物的整理修复和移交工作，9月23日，无锡首个在商周遗址原址上建造的博物馆——梅里遗址博物馆开馆。完成鸿山国家考古遗址公园二期工程，实施完成遗址公园本体保护、环境整治和鸿山墓群安防工程；鸿山国家考古遗址公园三期建设方案进入审批程序；鸿山国家考古遗址公园总体规划启动修编。推动阖闾城遗址公园建设和文旅融合发展，年内接待参观学习约3万人次。

【文物保护利用】 2022年，无锡市启动实施“百宅百院”活化利用工程，制定出台《无锡市“百宅百院”活化利用工程三年行动计划（2022—2024年）》《无锡市“百宅百院”活化利用工程考核评估实施方案（试行）》《无锡市“百宅百院”活化利用工程星级评定实施方案》，明确开放基本条件、建设标准和个性化指标，围绕保护修缮、文化传承、功能叠加、业态创新和百姓体验等方面，对活化利用项目进行星级评定。市文广旅游局秉着因地制宜、试点先行的原则，首批45个项目完成提升改造，“政府主导、专家把关、社会参与、市场化运营”的活化利用新模式在全市得到广泛实践。抓好全市文物保护工程指导、组织实施、监督管理工作，编制完成姚桐斌故居、三公祠等6处省级文保单位保护规划，全过程指导钱伟长旧居、荣氏梅园黄石挡墙、无锡县学旧址（戟门）等文物保护工程40余项。

2022年，无锡市启动实施“百宅百院”活化利用工程。图为文渊坊“文笑雅堂”小剧场
（东林书院和名人故居管理中心　供图）

东林书院和名人故居管理中心聚焦活化利用，对东林书院、文渊坊及钱锺书故居现有功能和布局进行创意性改造，组织实施环境提升项目、东林书院游客中心展陈提升项目等，打造“主客”共享的新型文旅空间；高品质打造“崇德尚礼·书韵流芳”以及“文渊雅集”活动品牌，结合传统节气节日，举办特色主题系列活动28场次，让江南文化“飞入寻常百姓家”；高标准打造“东林拾忆”小剧场及“文笑雅堂”小剧场，融合锡剧、评弹、相声、脱口秀等经典艺术形式，探索现代文旅融合新模式。组织惠及百姓、悦及百姓的社会教育活动200余场次，举办惠民专题展览6场次，接待入馆参观人数726422人次。

（周　文）

【《无锡市区历史建筑保护管理办法》立法调研完成】 2022年，无锡市完成《无锡市区历史建筑保护管理办法》的立法调研工作，进一步加强无锡历史建筑的保护，在城乡建设中系统保护、利用、传承好历史文化遗产。调研报告从立法必要性、存在问题、立法可行性和先进地区的经验等方面进行全面的阐述。该办法作为拟制定的政府规章，列入2023年市政府立法项目。

【“阅读老建筑”历史建筑宣传专栏】 2022年，无锡市推进历史建筑公众推广宣传工作，市自然资源规划局与《江南晚报》合作开设“阅读老建筑”历史建筑专栏，内容围绕市政府公布的市区历史建筑保护利用情况，以文字和视频形式进行详细报道，全年发布文字报道50篇、视频50集。

【《无锡市区第一和第二批次历史建筑保护利用图则》编制】 2022年，无锡市开展市区第一和第二批次历史建筑保护利用图则的编制工作，为历史建筑保护修缮和活化利用提供全生命周期的技术指引，明确历史建筑的保护范围和核心价值要素。至年末，《无锡市区第一和第二批次历史建筑保护利用图则》全部编制完成并获市政府批复。

（刘梦蛟）

【第五批市级非物质文化遗产代表性项目名录公布】 2022年，市政府公布第五批市级非物质文化遗产代表性项目名录，35个（含10个扩展项目）体现无锡优秀传统文化、具有鲜明地域特色的项目入选；公布无锡市第五批市级非遗项目代表性传承人119人，第二批无锡市“非遗”传承示范基地30个，第二批无锡市“非遗”生产性保护示范基地6个。

【“非遗”传播】 2022年，市文广旅游局注重数字赋能传统“非遗”，以“非遗”作品为原型，依托数字技术的创新，用年轻人爱听的语言、年轻人爱看的形式创造数字形象，推出“非遗”数字藏品《留青竹刻》《惠山泥人——两小无猜》《吴歌》等12个系列120个藏品，一经发布，全部售罄，销售额约100万元。举办“非遗购物节”，在淘宝、抖音等平台策划多场“非遗”产品直播销售，累计销售“非遗”产品18.8万件（套），销售金额1773.3万余元。组织参加第七届中国非物质文化遗产博览会、第四届大运河文化旅游博览会、迎接中共二十大江苏“非遗”主题展、市侨联“侨联五洲·云上端午”、江苏省委统战部“香港同乡文化展”、2022中国国际智能传播论坛无锡“够”世界——全球直播活动等“非遗”展示系列活动。

【“非遗”融合发展】 2022年，市文广旅游局推进无限定空间“非遗”进景区，善卷洞景区、清名桥古运河景区被列入江苏省无限定空间“非遗”进景区示范单位。赋能历史文化街区、助力乡村振兴，通过整合资源、示范先行、动态指导，推进“非遗”与历史街区（村）融合发展，打造“非遗”特色村9个，“非遗”业态集聚度高、符合文旅融合发展方向、拉动文旅消费规模较大的市级“非遗”街区2个。清名桥历史文化街区、宜兴市丁蜀镇西望村入选全国“非遗”与旅游融合发展优选项目名录。

【“非遗”进校园】 2022年，市文广旅游局开展千名小记者看“非遗”活动，来自锡师附小教育集团、金桥教育集团、尚贤教育集团、五爱小学、坊前实验小学等学校的无锡报业少年新闻学院的小记者们，参加各项“非遗”活动，通过参观“非遗”大师工作室、邀请大师进校园等，近距离接触“非遗”项目，对话“非遗”传承人，小记者们亲历体验“非遗”文化魅力，感受文化传承的精彩与奇妙。惠山古镇景区推进惠山泥人游学体验活动项目，全市43所学校参与，人数超3.9万人次。江阴市开展“二胡、锡剧进校园”等系列活动，抓好“非遗”项目典型培养工作，有30余个“非遗”和特色传统工艺被引入劳动课程。锡山区国家级“非遗”项目吴歌传承人唐建琴坚持每周五到查桥实验小学教师生们唱吴歌，培育吴歌新人。锡北镇社区教育中心特邀渔篮花鼓传承人马海石编写《江苏渔篮花鼓教程》，并赠送给寨门小学的部分师生，普及宣传渔篮花鼓的知识，培养下一代传承人。惠山区组织张小珺精微绣和章桂兴西漳大船制作技艺“非遗”项目分别在无锡市天一第三实验小学和第二实验小学常年开展“非遗”进校园活动。滨湖区开展“非遗”进校园展览，组织吴歌、锡剧等项目进校园培训活动。新吴区组织楹联、灯谜、二胡艺术、锡剧、剪纸、竹刻等“非遗”项目传承人定期到校园开展体验教学活动。

【“文化和自然遗产日”主题活动】 6月11—12日，2022年无锡市“文化和自然遗产日”非遗主题系列活动在惠山古镇举办。全市50个传统技艺类、传统美术类“非遗”项目、“非遗”文博文创产品以及无锡老字号参加“非遗”市集。通过开展“非遗”集市、“非遗”讲座、“非遗”展演展销等，助力“非遗”惠民。配套推出“乐享非遗”专场演出、“云游非遗”影像展、千名小记者看“非遗”等一系列活动，为市民游客带来一场“非遗”嘉年华。6月11日至9月10日，2022年无锡“非遗”购物节官方商城上线，助力全市“非遗”产品的宣传和销售。

（周　文）

大运河文化带和大运河长江国家文化公园建设

【概况】 2022年，无锡市成立大运河文化带和大运河长江国家文化公园建设工作领导小组，由市委书记任组长、市长任第一副组长。印发《2022年全市大运河文化带和国家文化公园建设工作要点》《世界级运河文化遗产（无锡段）旅游廊道建设实施方案》《长江国家文化公园无锡段建设方案》等文件，启动《长江国家文化公园无锡段建设保护规划》的编制工作，融合推进“一江一河”建设。发挥无锡大运河文化带建设研究院作用，启动《无锡运河丛书》的编纂工作，完成8册丛书框架论证，构建大运河文化理论体系和话语体系。省内率先策划开展习近平总书记视察江苏大运河长江文化保护传承工作成效两周年宣传活动。7项无锡大运河文化带建设成果入选中国新闻周刊《中国大运河生活图鉴》榜单，入选数量全省最多。以打响“江南水弄堂·运河绝版地”为目标，持续举办“今夜‘梁’宵”等运河品牌活动，该品牌活动入选2022年江苏大运河文化带和国家文化公园创新案例。

6月，“今夜‘梁’宵”运河品牌活动举办　（市委宣传部　供图）

以“文脉传承与长江文化”为主题，举办第三届江南文脉论坛，共举办主论坛1场、高端对话2场、分论坛7场和专题会议1场，梳理汇编参会论文近100篇，促进长江文化和江南文脉的传承发展和转化创新。协调成员单位举办2022大运河戏剧创客设计大赛、《保护传承利用中国大运河》读书分享会、第17届“中国徐霞客国际旅游节”、长江边的开学第一课等运河长江文化活动，不断擦亮运河长江品牌特色。

【重点项目建设】 2022年，无锡市率先在省内建立较为齐备的大运河文化带和大运河长江国家文化公园建设项目库，涵盖文化遗产保护传承、名城名镇保护修复、文化旅游融合等7大类86个项目，总投资额超928亿元，助推惠山古镇文旅综合开发项目入选2022年省重大项目。聚焦大运河无锡段、梁溪河“两河”整治提升工程，6大示范段建设启动，江南运河文化公园、大运河科技生态园等“新运河十二景”风貌逐步形成。聚焦文化遗产保护重点工程，完成世界文化遗产大运河（无锡段）监测中心建设，推进鸿山国家考古遗址公园、阖闾城遗址公园建设，完成鸿山国家考古遗址公园三期建设方案并启动总体规划修编，推动阖闾城遗址公园申报国家第四批考古遗址公园，持续推进吴家浜遗址考古调查及勘探工作，配合全市重点建设项目，完成调查勘探项目57个、面积约596万平方米，发掘面积约11100平方米，出土文物1086件。聚焦“百宅百院”活化利用工程，开展系列短视频拍摄，推广“东林书院焕新记”“阅‘荐’会通，纸短情长”等经典案例经验，年内首批45个项目全部启动。

【资金扶持】 2022年，无锡市发挥无锡大运河文化旅游发展基金（以下简称“无锡基金”）功能，推荐无锡荣巷历史文化街区、图书《北上》入选2022年度大运河母子基金推荐项目名单，入选数量全省最多，无锡基金入选2022年度大运河基金投融资十佳榜单，获得“产融协同”奖。加大运河长江沿线产业项目的政策扶持力度，全年扶持关联文化产业项目147个，兑付资金超3000万元。推动江南运河文化公园列入省历史文化保护传承项目，获得补助基金850万元。

（谢记科）

【运河旅游廊道建设】 2022年，《世界级运河文化遗产（无锡段）旅游廊道建设实施方案》出台，通过系统化地推进5类举措、14项重点任务，使运河文化价值得到深入挖掘阐释弘扬，运河特色文旅业态产品供给更加丰富，打造黄金水带、生活秀带、城市绿带、人文纽带、产业示范带。到2025年，以建设全市大运河文化带和国家文化公园为统领，推进世界级运河文化遗产（无锡段）旅游廊道建设。

（周　文）

【融媒体直播探访大运河无锡段】 9月7—8日，《江山多娇——探访国家文化公园·大运河篇走进无锡》融媒体直播节目，以“一条运河，半部无锡史”“筑城凿河的吴文化基因”为主题，由无锡广电主持人引领，对黄埠墩、阖闾城遗址、清名桥等无锡地标建筑进行播报，依托上海“看看新闻”和无锡广电“慧直播”等平台，点击量突破300万次。

（陈 啸）

文化产业

【**概况**】 2022年，无锡市文化产业增加值653.44亿元，占地区生产总值比重4.4%，实现规模以上文化产业营收1511.18亿元，比上年增长3%。制定出台《无锡市推进文化产业高质量发展三年行动计划（2022—2024年）》《关于推动无锡市文化高质量发展的若干政策》《关于推动无锡市电影产业高质量发展的若干政策》，为全市文化产业发展锚定方向、提供保障。年末全市有文化及相关单位2万余家，其中，规模以上文化企业932家、比上年净增103家，百亿级企业2家、十亿级企业26家。

无锡市加大招商引资力度，引导宜兴市、惠山区等市（县）区成立专门的文化产业招商中心，推动长乔海洋世界度假区、龙工场苏南总部、棱镜全息光场影像总部等一批重点项目签约落地，推动大拈花湾、吴越文化数字科创谷等重大文旅项目建设。做好助企惠企服务，制定出台《关于助企纾困稳市场主体促增长实施细则》《助企纾困促消费“文旅十条”》，发布《“助企纾困稳市场主体促增长”项目申报指南》，惠及166个项目，扶持资金3488.23万元。对上争取省级文化和旅游发展专项资金649.1万元，3个文化旅游领域设备采购贷款贴息项目入选国家项目库。组织召开全市基层一线和重点文化企业、园区培训，500余人参加；深化数字赋能，依托国家文化和科技融合示范基地，培育壮大“数字文化+”新型业态，招引快手、火山引擎等平台型企业落户。加强国有文化资产规范化管理，将国有文化企业考核纳入全市高质量考核体系，制定《2022年度市属文化企业高质量发展绩效评价考核实施方案》。

（庞 勋 周 文）

【**文化消费促进**】 2022年，无锡市举办第12届无锡国际文化艺术产业博览交易会，结合“博物馆精品展”与“广场夜经济”模式，探索创新文旅消费、乐享美好生活，助力文旅市场重振，推动文化消费创新发展。在文渊坊建成无锡市“非遗”文创研发中心——琫礼·非遗好物集合店，以“非遗”文创产品研发、展示及销售为核心，通过文化创新、文旅融合、活态展演、“非遗”技艺体验等多维沉浸式体验，打造成具有无锡特色的文化艺术生活融合空间。培育新消费品牌“西水市集”，“一期一会，是市集也是生活”的西水市集，以“月满赴西水 雅韵赏中秋”和“家门口遇见小辰光”等不同主题，聚合本土和周边城市市集摊主，融合“非遗”、戏曲、民乐等传统元素与脱口秀、露营、露天电影、民谣、街头艺术等当下潮流元素，打造主客共享、席地而坐、令人会心一笑的沉浸式市集体验新场景。

2022年，无锡市培育新消费品牌“西水市集”。图为“月满赴西水，雅韵赏中秋”活动现场

（周 文 供图）

【**文旅消费示范试点建设**】 2022年，清名桥历史文化街区继拈花湾小镇之后创成无锡市第2家国家级夜间文化和旅游消费集聚区。融创文旅城、海澜飞马水城创成省级夜间文化和旅游消费集聚区。梁溪区、滨湖区获评江苏省文化和旅游消费示范单位和江苏省文化和旅游产业融合发展示范区。无锡市文化产业和旅游产业工作因真抓实干成效显著，受到省政府督查激励通报表扬。

（周 文）

【**智慧无锡文化创意产业园**】 4月29日，《光明日报》“文化新闻”版头条刊载专题文章《“转”出一番新天地——无锡精准发力文化产业转型升级》，专题介绍无锡文化产业通过改革创新、转型升级，迈向高质量发展的经验做法。其中，无锡广电创建的智慧无锡文化创意产业园依托传媒文化品牌和资源，汇聚、孵化、发展各类文创企业，企业入住率100%，成长为江苏省重点文创园区。

【**苏南数字文化中心**】 5月27日，由无锡广电集团与宁波广电集团、腾讯科技有限公司、惠山经济技术开发区共同实施的苏南数字文化中心落户惠山区。通过组建长三角数字经济创新联盟，发挥无锡广电在区域媒体发布、内容生产、渠道建设、品牌推广等方面的优势，以“直播经济+跨境电商”为业务核心，构建“线上数字化服务平台”+“线下数字贸易园区”的立体服务体系，助力打造区域数字经济产业生态圈。

【无锡首个媒体数字藏品发行】 8月21日，由无锡广电推出的无锡首款媒体数字藏品“超甜无锡，潮玩881”在“灵锡”App发行。藏品以国家级“非遗”无锡惠山泥人为原型，融入阳山水蜜桃、无锡小笼包、无锡排骨3个独具地域文化特色的食品形象进行设计创作，分别命名为桃桃炸弹、小笼书生、飞天排骨；在形象设计方面还加入电台直播室大耳机、主持人手持话筒等媒体元素，结合3D动态造型萌趣又富有创意。“国潮IP+媒体+数字藏品”跨界联动的梦幻组合，让有着悠远历史的惠山泥人焕发出国潮时尚风和数字科技感。该数字藏品利用区块链技术，对应特定的作品、艺术品生成的唯一数字凭证，在保护其数字版权的基础上，实现真实可信的数字化发行、购买、收藏和使用，具有唯一、不可分割和可追溯等特性，可用来标记特定资产的所有权。

【无锡本土直播电商矩阵上线】 8月29日，无锡广电集团开通“锡有博礼”直播电商号，首期引入10位优质主播，联合市文旅集团、市体育产业发展集团等企业、品牌，同步在“无锡博报”、抖音、小红书等平台上线。

（陈　啸）

文化市场管理

【扫黄打非】 2022年，市扫黄办、市公安局、市文化执法支队等单位协作办案机制日臻成熟，牵头公检法等部门会商案事件4次，申请省以上挂牌督办案件5起，全年办结“扫黄打非”行政刑事案件91起。开展集中行动和专项行动，坚持在重要时间节点，对关键领域，实施网上网下高频次广覆盖检查，严格落实网络游戏企业实名验证，指导网信部门严密组织微信公众号、微博、客户端等动态风险排查，全年查缴非法出版物1625册，封堵网站162个，查处网络有害信息8753条。围绕重点工作、重点行动、重点案件等，主动组织媒体开展宣传活动100余次，被省以上扫黄办采用信息67篇。依托区级和各镇（街道）、村（社区）基层站点共张贴宣传海报5000余张，发放绿书签3万余份，累计播放各类“护苗”宣传片3000余小时。无锡市“扫黄打非”“九个一”护苗绿书签行动经验做法被《中国新闻出版广电报》刊用。组织全市“扫黄打非”工作集中培训，推进基层站点规范化标准化建设，推动基层站点与新时代文明实践站所、邮政企业、媒体平台、农家书屋等阵地融合融入。7个单位获评省级“扫黄打非”示范点，数量全省第一。

（徐　姜）

【文旅场所专项整治】 2022年，无锡市开展旅游道路交通安全、人员密集场所消防安全、高风险旅游项目安全、文化旅游演出活动安全和文化娱乐场所、演出场所危化品使用安全专项整治行动。市文化市场管理部门推进安全生产大检查和百日攻坚行动，按时完成自建房和燃气安全整治“百日行动”、醇基燃料使用、本行业所属高层建筑隐患排查等专项行动，开展针对A级旅游景区非标游乐设施、演艺场所设施设备和“网红景点”等文旅行业风险领域的排查和问题整改。百日攻坚和大检查期间，共排查单位1789家，反馈整改问题1143个。制定文化旅游行业风险报告工作方案，启动对全国重点文保单位、AAAA级及以上旅游景区、四星级以上饭店、丙级及以上旅游民宿等66家重点文旅企业的安全风险报告工作，委托专业机构对4个行业较大以上安全风险进行现场调研和普查，建立风险目录清单，开展风险评估，建立风险管控和风险即时报告机制。指导督促全市文旅企业落实新冠疫情防控常态化措施。持续拓展“文旅E家”社会监督范围和检查力度，发挥文旅市场消费端监督作用，为全市文化市场安全有序繁荣发展提供坚实安全保障。

（周　文）

编辑　何　峰

新闻出版

【概况】2022年，无锡市23种期刊发行总量60.205万册，资产总额2000.05万元，营业收入1002.236万元，利润总额126.5万元，其中主管单位市级8种、省级5种、国家级10种。1713家印刷复制企业、1107家发行单位、82种内部资料出版物等完成年检换证工作。2021年度，全市发行单位销售总额27.8亿元、印刷企业工业总产值311.2亿元。3家印刷企业获省级现代服务业(新闻出版)发展专项资金扶持220万元。各类行政许可、变更完成39件，注销各类许可证101种。依法开展《无锡日报》《江阴日报》《宜兴日报》《江南晚报》等报纸出版单位新闻阅评工作，指导相关媒体单位对2起上级通报问题整改。参加第三届省版权博览会、省版权示范创建工作现场交流会，完成作品著作权登记近5000件，开展“世界知识产权日”版权宣传活动。4人获评国家版权局2021年度版权案件查处有功个人，新吴区检察院等3家单位获评2021年度版权案件查处有功单位，1家单位获评省版权示范单位，无锡新恩集科技有限公司侵犯文字作品著作权案入选2021年度江苏省打击侵权盗版十大典型案件。制定“双随机、一公开”抽查工作计划和新闻出版系统事中事后监管计划，完善新闻出版(版权)行政调解工作机制，有序推进“证照分离”改革，完成电子证照基础数据采集，配合做好营商环境动态监测。

(徐　姜)

表51　2022年无锡市出版期刊一览表

序号	期刊名	刊期	刊　号	地　址	出版单位	主办单位	主管单位
1	太湖	双月	CN32-1016/I	无锡市复兴路122号3楼	《太湖》杂志社	无锡市文学艺术界联合会	中共无锡市委宣传部
2	中华核医学与分子影像杂志	月	CN32-1828/R	无锡市梁溪区大娄巷23号	《中华医学杂志》社有限责任公司	中华医学会	中国科学技术协会
3	江南论坛	月	CN32-1405/C	无锡市雪浪街道南象山路2号	《江南论坛》编辑部	中共无锡市委党校	中共无锡市委党校
4	今商圈	半月	CN32-1820/F	无锡市太湖新城金融二街1号	无锡锡报期刊传媒有限公司	无锡锡报期刊传媒有限公司	无锡日报报业集团
5	现代铸铁	双月	CN32-1112/TG	无锡市惠山经济开发区北惠路55号	《现代铸铁》编辑部	无锡一汽铸造有限公司、中国机械工程学会	一汽铸造有限公司

（续表）

序号	期刊名	刊期	刊　号	地　址	出版单位	主办单位	主管单位
6	电子与封装	月	CN32-1709/TN	无锡市建筑西路777号B1栋	《电子与封装》编辑部	中国电子科技集团公司第五十八研究所	中国电子科技集团公司
7	粮食与食品工业	双月	CN32-1710/TS	无锡市滨湖区惠河路186号	《粮食与食品工业》编辑部	无锡中粮工程科技有限公司、中国粮油学会	中粮工程科技有限公司
8	江南大学学报（人文社会科学版）	双月	CN32-1665/C	无锡市蠡湖大道1800号江南大学蠡湖校区32#	《江南大学学报（人文社会科学版）》编辑部	江南大学	教育部
9	服装学报	双月	CN32-1864/TS	无锡市蠡湖大道1800号江南大学蠡湖校区31#	《服装学报》编辑部	江南大学	教育部
10	创意与设计	双月	CN32-1794/TS	无锡市蠡湖大道1800号江南大学蠡湖校区32#	《创意与设计》编辑部	江南大学、中国轻工业信息中心	教育部
11	书画艺术	月	CN32-1522/J	无锡市复兴路122号3楼	《书画艺术》杂志社	《书画艺术》杂志社	无锡市文化广电和旅游局
12	现代车用动力	季	CN32-1642/TH	无锡市滨湖区钱荣路15号	《现代车用动力》编辑部	无锡油泵油嘴研究所	无锡市油泵油嘴研究所
13	中国血吸虫病防治杂志	双月	CN32-1374/R	无锡市滨湖区梅园杨巷117号	《中国血吸虫病防治杂志》编辑部	江苏省血吸虫病防治研究所	江苏省卫生健康委员会
14	机械职业教育	月	CN32-1457/G4	无锡市滨湖区高浪西路1600号	《机械职业教育》编辑部	中国机械工业教育协会、无锡职业技术学院	江苏省教育厅
15	科学养鱼	月	CN32-1131/S	无锡市滨湖区山水东路9号	《科学养鱼》杂志社	中国水产学会、中国水产科学研究院淡水渔业研究中心、全国水产技术推广总站	中国科学技术协会
16	船舶力学	月	CN32-1468/U	无锡市滨湖区山水东路222号	《船舶力学》编辑部	中国船舶科学研究中心、中国造船工程学会	中国船舶重工集团公司
17	无锡职业技术学院学报	双月	CN32-1678/Z	无锡市滨湖区高浪西路1600号	《无锡职业技术学院学报》编辑部	无锡职业技术学院	江苏省教育厅
18	石油实验地质	双月	CN32-1151/TE	无锡市蠡湖大道2060号	《石油实验地质》编辑部	中国石油化工股份有限公司石油勘探开发研究院、中国地质学会石油地质专业委员会	中国石油化工集团有限公司

（续表）

序号	期刊名	刊期	刊　号	地　址	出版单位	主办单位	主管单位
19	无锡商业职业技术学院学报	双月	CN32－1644/Z	无锡市惠山区钱胡路809号	无锡商业职业技术学院学报编辑部	无锡商业职业技术学院	江苏省教育厅
20	江苏陶瓷	双月	CN32－1251/TQ	宜兴市丁蜀镇丁山北路196号	《江苏陶瓷》编辑部	江苏省陶瓷研究所有限公司	江苏省科学技术厅
21	食品与生物技术学报	月	CN32－1751/TS	无锡市蠡湖大道1800号江南大学蠡湖校区31#	《食品与生物技术学报》编辑部	江南大学	教育部
22	秀江南	月	CN32－1816/GO	无锡市太湖新城金融二街1号	无锡锡报期刊传媒有限公司	无锡锡报期刊传媒有限公司、江南晚报社	无锡日报报业集团
23	城市党报研究	月	CN32－1874/G2	无锡市太湖新城金融二街1号无锡报业大厦19楼	无锡锡报期刊传媒有限公司	无锡日报报业集团	无锡日报报业集团

说明：表内期刊按刊号前后顺序排列

（市委宣传部）

【无锡日报报业集团】 2022年，无锡日报报业集团聚焦时代主题、紧扣中心工作，宣传习近平新时代中国特色社会主义思想，反映人民心声、记录伟大变革、传播无锡声音。各媒体平台围绕“奋进新征程，建功新时代”重大主题宣传开设专栏专版，参与“新时代、新征程、新伟业”等大型主题采访活动，刊发融媒体作品近1000件。关注粤港澳大湾区建设、北京冬奥会、进博会等，在宣传全国省市两会、市委全会、季度观摩会暨季季评推进等重要会议、重点工作时，以全媒体手段进行报道。在多轮突发新冠疫情以及进一步优化落实疫情防控措施期间，集团近200名全媒体记者多角度、立体化做好无锡疫情防控和稳经济宣传报道，推出抗疫相关报道2885篇。全年集团向上报送稿件2067篇，其中13篇稿件被中央网信办全网推送，146篇稿件获全省推送。有110余篇报道在《人民日报》客户端、新华社客户端、《人民日报》（海外版）、《光明日报》、《解放日报》、《新华日报》等主流媒体上播发。采用插画形式实现重大主题报道艺术化呈现的《初心一脉，‘船’承百年”》版面获第32届中国新闻奖新闻编排三等奖。集团记者张军获第13届戈公振新闻奖，1件作品获全国晚报赵超构新闻一等奖，6件作品获江苏好新闻一等奖。

集团全年经营收入4.47亿元，其中媒体经营收入突破1.1亿元，创8年来新高，连续3年平均增长16%。探索“新闻＋政务服务商务”运营模式，《无锡日报》、“无锡观察”发挥本地优势、专业优势，围绕重要节点持续营销策划；《江南晚报》成立壹线融媒新闻中心，填补基层板块经营空白点；融媒体运营中心成为垂直行业特色标杆。贯彻全媒体资源整合营销理念，打造品牌活动，打响报业城市生活节和读者服务季两大活动品牌知名度，通过举办庆祝江南晚报创刊30周年主题活动、2022无锡夏季车展、2022中国（无锡）国际宠物展揭幕站、“江南晚报杯”2022—2023无锡市青少年足球超级联赛、第八届长三角国际教育博览会等大型品牌活动，实现近10年跨行业办展新的突破。

（无锡日报报业集团）

【《无锡日报》】 2022年，《无锡日报》“报、网、端、微”整体发力、组合传播，推出主题一致、形式多元的中共二十大融媒产品。4—10月，围绕“奋进新征程，建功新时代”重大主题宣传，开设“奋进新征程，建功新时代”“大美中国·感受无锡我的城”“党代表话十年”“非凡十年”“领航中国”等专栏，全方位、多角度展现无锡近十年的辉煌成就、宝贵经验。下半年，用“十个维度”来观照新时代十年的无锡成就，形成以纸媒的系列深度报道、新媒体海报、短视频相结合的融媒体作品。该报道作品自9月26日推出，持续至10月16日，被市委宣传部作为无锡市“非凡十年”主题报道

2022 年，无锡报业城市生活节系列活动举办　（无锡日报报业集团　供图）

展的主体展出部分，在市民中心和地铁三阳广场站进行为期 1 个月的展陈。中共二十大召开期间，开设“二十大时光”专栏，围绕中国式现代化这一主题，就 12 个关键词进行采访，呈现来自基层一线与中共二十大同声共鸣的故事。开设“学习贯彻党的二十大精神”“紧握奋斗之笔，绘就精彩画卷打好科教太湖牌”“高质量发展无锡实践”等专栏持续刊发反响报道；组织“新时代、新征程、新伟业”主题采访活动，全景记录全市干部群众推进中国式现代化的新实践；探索版推出“深入学习贯彻党的二十大精神”专题。重大主题报道方面，结合国家主场外交活动在无锡市举办，推出《聚焦主场外交的幕后英雄》《首秀惊艳！无锡何以跻身中国外交新舞台》等报道。二季度，策划拍摄经济综述类视频《稳经济，无锡在行动》《一个月三场盛会，无锡“斗志”满格》以及相关深度报道。11 月，第三届江南文脉论坛召开前，紧扣论坛主题制作《一脉千古成江河》专题，多维度阐述无锡对长江文明的保护传承利用发展，对江南文化的历史和时代贡献。民生报道方面，针对新冠疫情形势反复局面，启动融媒体应急报道机制，围绕医疗救治、防疫物资、市场保供、抓生产促发展等内容加强整体策划和协调，刊发融媒体报道 1500 余篇。跟踪报道“微幸福”民生工程的进展和完成情况，刊发“微幸福进行时”稿件 180 余篇，并在“市长在线·民声留言板”“百姓事，我来帮，民声工作室”“曝光台”等多个栏目刊发稿件，发挥媒体监督作用。评论《更新或唤醒，从留住城市记忆开始》促使有关方面专门召开新闻发布会，对如何保护好老建筑“晚香堂”作出回应。“无锡日报”微信公众号浏览量超 10 万次的原创稿件 5 篇；视频号原创作品中，浏览量超 100 万次的 1 条，转发或点赞超 1 万次的 10 条。短视频、海报等新形态产品大幅增加，短视频从 900 余条增长到 2100 余条，表现无锡行动力和责任感的作品《奔，是迫切、是命令、是责任》在视频号播放量超 216 万次；生产发布的海报作品覆盖了全年各类重大主题、新闻热点。年内，在江苏省好新闻评选中，《做“一带一路”上的千里马》、《“强企带弱村”的县域探索》、《“船”承》、长三角一体化系列报道、《无锡日报》7 月 1 日 T5—T8 版、《融合驱动下，创新激发新活力》6 件作品获一等奖。

（无锡日报社）

【《江南晚报》】 2022 年，《江南晚报》做好重大主题宣传报道，策划春运、春节我在岗、战冰雪保畅通、致敬雪夜忙碌人、疫情防控、“喜迎二十大”、“聚焦二十大”、物博会、江南文脉论坛等相关宣传报道，实现全平台发布。中共二十大召开前和召开期间，推出融媒体报道，突出晚报视角和特色，彰显主流媒体的定位和站位。“喜迎二十大”推出两个系列报道“旧报新读悟大道，非凡十年说变迁”“我们这十年 @ 无锡”，推出“聚焦二十大”专题共 36 个版面。结合民生热点，继续做好“网事悉心办”“小南来帮办”专栏，新推出“阅读老建筑”“拾遗记”“世象微纪录”“见微知著看锡城”“城建进行时”“干净城市，美丽家园”“德耀锡城”“创典范城市，惠万千百姓”专栏。其中，“网事悉心办”栏目，梳理各方投诉线索，选定主题，进行实地踏访，请相关部门回应解决问题，年内完成报道 28 期；《阅读老建筑》全媒体专栏，选取无锡市历史建筑保护名录的老建筑进行报纸、短视频专题报道，累计发布 50 期。新冠疫情防控期间，组建应急报道团队，记者第一时间关注“锡菜通”以及蔬菜分拣中心，连夜现场报道我市在市场保供方面的措施。在邮政专线开通之际，发布《别急！你的快递正“加速”赶来》的报道及短视频。着重报道全市惠企纾困政策及落地情况，发布《惠企行动，助力企业突围》等报道以及短视频作品《从重点企业看以一个奋进的无锡》。7 月，深入抗疫一线，采集《无惧高温，志愿者们战疫在一线》《天使白、志愿红、守护蓝，“守护色”为城市坚守》《为了你的菜，他们把自己调到最快》《亲历大白“烤”验，更懂你们的奉献》等融媒体报道，关注干部、群众、医护人员、志愿者的抗疫动人事迹和闪光亮点，传播抗疫正能量。8 月，《江南晚报》创办“二泉月”微信公众号，将晚报副刊的优质内容，每日通过新媒体方式进行传播，打造文化新平台，发挥文化强市主力军作用。

（江南晚报社）

广播·电视

【概况】 2022年，无锡市广电部门及相关单位完成中共二十大和北京冬奥会、全国两会等共29天重要保障期安全播出保障工作，组织开展安全播出大检查5次、应急演练4次，排查整改安全隐患16起，市文广旅游局作为完成中共二十大广播电视安全播出保障任务单位受到省广电局通报表扬。制定《无锡市应急广播管理暂行办法》，增补应急广播点位1014个，终端总数达10139个，应急广播全年播发信息233条，累计播发超680万次，时长超220万小时。高质量完成15个智慧广电乡镇（街道）建设任务，高分通过省专家组验收，宜兴市被评为2021年度全省智慧广电乡村工程建设成效突出地区。开展广播电视和网络视听广告播放、播音员主持人职业行为、不规范使用汉字、境外电视传播秩序等专项整治行动，联合相关部门打击治理"黑广播"8起，市文广旅游局广播电视处被评为2020—2021年度全省打击非法境外电视网络接收设备（软件）和卫星地面接收设施专项整治行动表现突出集体。组织无锡广电集团、无锡国家数字电影产业园、央视国际网络无锡有限公司等重点影视企业参加2022长三角高新视听博览会。年内，全市广播电视类作品获奖等次和数量均居全省前列。无锡市出品的电视剧《人世间》获中宣部第16届"五个一工程"奖，并摘得中国电视金鹰奖"优秀电视剧"等4项大奖。"红豆集团与一带一路中柬工业基地"等5条题材入选省委宣传部2022重点文艺创作题材推介，电视剧《天空之上》等6部作品入选江苏省重大题材文艺创作重点跟踪（资助）项目，数量均居全省第一。电视剧《非常关系》入选国家广播电视总局2021—2022年度中外电视（网络视听）合拍项目。

（周　文　李跃光）

表52　2022年无锡广播频率及自办节目一览表

广播频率	栏　目	时　段	时长（分）
新闻综合频率	无锡早新闻	7:00—8:15（周一至周五）	75
		7:00—8:00（周六、周日）	60
	萧萧新闻	8:15—9:00（周一至周五）	45
		8:00—8:30（周六）	30
	无锡晚高峰	17:30—18:30（每日）	60
经济频率	104早新闻	7:00—8:00（每日）	60
音乐频率	早安无锡	7:00—9:00（每日）	120
	七彩金曲怀旧风	9:00—10:00（周一至周五）	60
交通频率	1069直播无锡	7:00—9:00（每日）	120
	1069晚高峰	17:00—19:00（周一至周五）	120
	1069晚高峰	17:00—18:00（周六）	60
	大李小李有道理	9:00—10:00（周一至周五）	60
梁溪之声频率	梁溪早班车	7:00—8:00（周一至周五）	60
	一炮双响	9:00—10:00（周一至周六）	60
都市生活频率	寻医问药	9:00—10:00（周一至周五）	60
	我心飞翔	19:30—20:40（周一至周六）	70

（无锡广电集团）

表53　2022年无锡电视频道及自办节目一览表

电视频道	栏　目	时　段	时长（分）
新闻综合频道	第一看点	18:00—18:30（每日）	30
	无锡新闻	18:30—19:00（每日）	30
	联播无锡	21:15—21:35（每日）	20
	悦谈	21:15—21:35（周六）	20
	锡企潮立太湖湾	21:35—21:50（周一至周五）	15
	第一房产	21:35—21:55（周日）	20
都市资讯频道	今晚60分	21:00—22:00（每日）	60
	阿福聊斋	18:00—19:15（每日）	75
	发现	22:45—23:05（周六）	20
	健康好生活	17:45—18:00（每日）	15
经济频道	扯扯老空	19:10—19:40（每日）	30
	金色年华	19:40—20:00（每日）	20
	无锡财税	17:19—17:24（周六）	5
	党的生活	13:30—13:47（周日）	17
娱乐频道	童心童梦	4:30—4:46（每日）	16
	牛娃来了	19:30—19:55（周六、周日）	25

（无锡广电集团）

【无锡广播电视集团】 2022年，无锡广播电视集团（台）以“第一传媒、领航旗舰”的发展要求，推动各领域攻坚突破，连续8年蝉联“TV地标”全国最具实力城市台。10月9日，无锡广电集团被评为全国广播电视媒体融合先导单位。围绕迎接中共二十大胜利召开，推出“奋进新征程，建功新时代”“非凡十年”“新时代新征程新伟业”30余个主题专栏，主题报道2500余篇。“无锡博报”焕新升级至7.0版本，平台阅读量超10万次的作品150余个，超100万次的作品7个；全年进行融媒直播187场，总人气超1800万人次。“无锡博报”视频号发布1800余条短视频，浏览量超3000万次；在中央广播电视总台发稿超120篇，16条登上《新闻联播》。主动融入长三角一体化发展战略，在上海广播影视集团（SMG）旗下“看看新闻”“第一财经”等发稿超400篇，“在长三角之声”发稿420篇。与澎湃新闻联合推出“一条大河波浪宽·江河奔腾看中国”融媒体新闻行动，与SMG联合推出《江山多娇——探访国家文化公园·大运河篇》融媒体直播，总点击量超500万次。聚焦“数字无锡”建设，推出系列报道，进行全媒体全平台融合传播，发稿100余篇，全方位、多角度展现无锡蓬勃发展的数字经济。推出时长5小时的“致敬每一滴汗水”融媒体全景直播，用镜头和话筒记录各行各业劳动者高温酷暑下执着坚守，用汗水保障城市有序运行的场景。推出“与锡企共话发展路”系列访谈节目，围绕“企业触网”“一带一路”“绿色发展”“智改数转”“专精特新”5大热点话题，展示近十年无锡企业勇立潮头、开拓奋进的历程。

集团全年实现总收入5.5亿元，比上年增长11%。电视全面拓展“电视+”融合营销，全年新增客户近100个，新增播量超2000万元，行业增幅最高超过20%。“节目内容植入+主持人IP打造”、短视频及名栏目融媒话题定制、线上云直播等融合运作更加成熟，内容营销与融合赋能效应凸显。广播栏目内容生产和经营创收联系更密切，带动家装、健康医美等行业增幅均超10%。以“汉江路一号仓”为代表的“广播+商业”

探索成为经营新爆点，最高日销售突破 1000 单，形成年营收超 1000 万元的规模实体。围绕无锡“太湖购物节”IP 品牌，推出广电购车、家装“双节”联展活动，邀请 100 余家汽车厂商和家装品牌参展，依托无锡广电“慧直播”平台，打通现场与云端、线上与线下的消费链路，实现销售额 2400 万元。在“时代之声”全国广播业综合实力大型调研成果发布中，无锡广播再次获评全国年度品牌影响力市级广播电台，无锡广播电视发展有限公司广播传媒分公司获“年度优秀产业链公司”称号。无锡广新影视动画技术有限公司、无锡热线传媒网络有限公司等发挥无锡影视制作“第一主体”主力军作用，院线电影《泰伯》创下项目单体金额新高；网络微短剧《我等海风拥抱你》登陆芒果 TV。切入“元宇宙”的未来赛道，打造全省首个 AI 超写实数字主播“甜熙”；“无锡博报”功能数字人“博薇薇”、AR 增强现实内容产品、NFT 数字藏品等纷纷出品。AI· 5G 智慧广播系统、5G+4K “云制作平台”等自主创新，成为国内广播电视融合创新标志性成果。

年内，集团在全省优秀广播电视节目评选中获一等奖和特别奖共 22 个，数量居全省城市台第一位，为近十年最好创优成绩。《第一看点》特别节目《通达长三角，一“道”向未来》和《新闻专栏：一访定心》两件作品入围“中国新闻奖”终评。广播剧《10909—深海的呼唤》获评国家广播电视总局 2021 年度广播电视创新创优节目，是唯一一个由地级市广电创作的作品。广播剧《10909—深海的呼唤》、动画片《太湖少年》获江苏省“五个一工程”奖。纪录片《我爷爷翻译了〈共产党宣言〉》入选国家广播电视总局优秀国产纪录片推荐目录。《你所不知道的锡企》《科学第一问》等连续入围全省季度推优节目。原创动画《沙孩儿》《茶婆婆渔婆婆蚕婆婆》《嗨！三宝》参加第 18 届中国国际动漫节，《沙孩儿》入选国家广播电视总局重点国产电视动画项目，《茶婆婆渔婆婆蚕婆婆》入选“中国经典民间故事动漫创作工程”重点项目，获颁 2022 年度全市唯一网络剧片发行许可证，在央视影音、B 站等平台全网首播；《锡北烽火》获全省动画节目一等奖；《严朴的故事》《蜻蜓与太湖》分别获省第五届社会主义核心价值观动画短片创作大赛一等奖、二等奖。无锡广电融媒体中心获评“TV 地标”年度优秀融媒体团队。

【原创作品入选全省重点网络视听项目和季度创新创优节目】 5 月，省广播电视局公布 2022 年一季度全省重点网络视听项目库入选项目，无锡广电参与制作的《小康江南》和集团旗下公司制作的《大时代、微幸福》《吴小楣：十年孤行、情归奥运》3 件作品入选，并推荐参评国家广播电视总局“弘扬社会主义核心价值观，共筑中国梦”主题原创网络视听节目。年内，广播作品《盛世风流、情归奥运——用艺术讲述奥运的故事》、电视节目《你所不知道的锡企》、新媒体公开课《科学第一问》分别获评省广播电视局 2022 年第一、二、三季度广播电视创新创优节目。

【春节民俗节目登陆央视】 1 月 31 日，中央电视台中文国际频道（CCTV-4）大型直播特别节目《传奇中国节·春节》走进无锡荡口古镇，以直播连线的形式邀请全球华人共同感受江南水乡的别样新年。全国 14 个直播点中，荡口古镇是省内唯一入选地。春节期间，CCTV-4 推出纪录片《年的味道》，其中第五集《拜年》讲述无锡拜年故事。

【党建类电视栏目《党的生活》改版】 3 月 19 日，由市委组织部指导，无锡广电党建类电视栏目《党的生活》全新改版。栏目半月 1 期，隔周六在无锡电视经济频道播出。以电视纪录片形式，反映无锡基层党组织和党员先进事迹，影像化展示党员教育成果。改版后栏目时长扩充，增设《党课开讲啦》等版块。

【融媒体专栏《市长在线·民声留言板》】 2022 年，《市长在线·民声留言板》融媒体专栏由无锡广电与市政府办公室联办，设置“我的烦心事”“我向市长提建议”两个版块。围绕“全天候征集、无时差解难、跟踪式推进、全过程监督”的宗旨，为群众解忧解难。自 3 月 27 日起，每周日在无锡电视新闻综合频道播出，并在“无锡博报”客户端开设窗口，与“中国无锡”等公众号一起，健全收集、分类、交办、督查、反馈的网络问政链条，形成网上为民办实事的长效机制。

【“戴牢口罩抓发展”主题报道】 自 4 月下旬起，无锡广电“戴牢口罩抓发展”主题报道推出专题专栏，聚焦无锡一季度重大项目推进，反映全市经济发展按下“快进键”，跑出“加速度”的举措作为。开设《携手同心，纾困惠民》等栏目，解读助企纾困政策及典型案例，为防疫语境下的产业发展提供切实信息服务。推出《无锡，忙起来！》《无锡，重大项目“跑起来”》等报道，在电视新闻、视频号、App 等平台累计推送报道 150 余篇，总阅读量超 300 万次。

【《进步》获“紫金奖”】 6 月，第八届“紫金奖”文化创意设计大赛公布评选结果，无锡广电报送的视频类作品《进步》获“紫金奖”公益传播设计大赛类别银奖。该奖项是无锡本土创意作品在全省最高级别的专业设计大赛中获得的最佳成绩。作品围绕“永远跟党走，奋进新征程”主题，用影像描绘在中国共产党的领导下走出一条迈向复兴的人间正道的生动图景。

【无锡城市更新思享会】 6月27日，“聚贤惠锡，合筑未来”无锡城市更新思享会举行。无锡广电全程策划执行，围绕无锡城市更新工作的成效进展推出主题专栏、系列报道、嘉宾专访等，制作图文、短视频、宣传片、创意海报等新媒体产品，通过“慧直播”平台全程展现大会实况，借助专家大咖与乡贤的知名度，宣传提升城市形象。

【《看见锦绣山河》直播特别节目】 9月5日，中央广播电视总台江苏总站、无锡广播电视台、宜兴市融媒体中心联合推出《看见锦绣山河》第三季县城行，央视主持人带领观众走进宜兴看发展，感受“江南陶式水乡”的华丽蜕变。节目时长约100分钟，在央视新闻客户端、央视频、中央广播电视总台央广网等新媒体平台直播，其间，点击量超500万次。

【《茶婆婆渔婆婆蚕婆婆》系列动画片全网首播】 12月8日，《茶婆婆渔婆婆蚕婆婆》系列动画片上线央视网、学习强国、B站、我苏网、“无锡博报”等平台。作为国家广电总局中国经典民间故事动漫创作工程重点项目，该部36集作品以拟人化手法演绎江南茶文化、渔文化和蚕桑文化。

【《音乐磁场》上榜阿基米德声音盛典十大维度年度推荐】 12月20日，2022阿基米德声音盛典十大维度年度推荐发布。无锡广电音乐频率品牌节目《音乐磁场》上榜“十大音乐节目”。《音乐磁场》创办26年，是一档在华东地区有着广泛影响力的长青节目。节目每日为受众奉上音乐前沿、音乐珍藏本、港乐金曲、世界音乐榜等丰富多元主题，新鲜的音乐和资讯满足不同年龄、不同背景、不同欣赏层次的需求。

（陈　啸）

电　影

【概况】 2022年，无锡市围绕支持重点国产影片摄制、电影后期制作生产、电影发行和放映、奖励无锡出品优秀电影、电影会展活动、无锡国家数字电影产业园提档升级6个方面，制定下发《推动无锡市电影产业高质量发展的若干政策》，为无锡电影高质量发展提供有力支撑。全年招引数字影视企业174家，比上年增长15%，承接影视剧拍制302部，比上年增长4%。年末，全市在册影院126家，实现电影票房收入3.02亿元，占全省票房10.2%。

【国家电影产业创新示范基地（园区）创建工作】 2022年，市电影主管部门主动与国家、省电影局汇报沟通，争取好片子、高科技、大资金，继《澎湖海战》后，又引入重点影片《狂暴》《飞向开普勒22B》；对接推动中国电影科学技术研究所与无锡国家数字电影产业园签约共建5G智慧虚拟摄影联合实验室；推荐《天堂旅行团》《天星术》等9个项目申报省重点电影；宣传“苏影保2.0”电影金融产品，组织动员全市电影企业申报，年内共有影院14家、制片企业5家、后期制作企业6家、其他电影企业4家进入“苏影保”白名单。《小Q》《下一任：前任》《赤狐书生》《最长一枪》4部影片获第三届江苏文艺大奖电影奖，《四个春天》获评委会特别奖。《了不起的老爸》获评省第12届精神文明建设“五个一工程”奖。

【公益电影放映】 2022年，无锡市以“喜迎党的二十大”为主线，全面展映主旋律影片。策划组织“礼赞新时代，奋进新征程”迎接中共二十大优秀影片展映活动，要求各市（县）、区举办电影“五进”活动，年内在全市社区、校园、军营、企业、工地进行公益展映97场次，观影人数14550人。提升农村观影条件，丰富电影资源共建共享，推动江阴市率先在全省实现乡镇数字影院全覆盖，全市乡镇数字影院覆盖率90%，居全省第一位。统筹谋划公益电影室内固定放映点建设与新时代文明实践所（站）、基层综合性文化服务中心、文化大礼堂建设协同推进，全市累计建成室内固定放映点416个，行政村覆盖率78.5%，超额完成省下达指标。

（李宏放）

网络传播

【概况】 2022年，无锡日报报业集团出台《无锡日报报业集团深化媒体融合发展方案》，无锡日报社和无锡观察融媒中心实现一体管理运行，成立融媒体运营中心，实现媒体资源整合。无锡广电集团推出“融合媒体一体化生产平台”，进一步明确策、产、编、发布与传播分析、绩效考核的新型业务流程。无锡日报报业集团、无锡广电集团分别获“中国新闻奖”三等奖、“全国广播电视媒体融合先导单位”荣誉。锡山区融媒体中心纳入省第二批试点建设范围并通过验收，“江阴发布”微信公众号粉丝数超60万人，“最江阴”平台WCI传播力指数居全国县级媒体排行榜第一位。

（戈　铮）

【媒体融合发展】 2022年，无锡日报报业集团主要媒体每日在客户端、微信公众号、视频号等移动端上发布原创内容超100件，有30条原创微信作品获点击量超10万次。融媒体运营中心打通健康、教育、房产、财经4个垂直领域，实行全案营销，形成新增长点。无锡日报社和无锡观察融媒中心的有机融合，确保在人力资源、内容资源、技术资源向优势产品、优势端口聚集，提升互联网竞争力。将无锡新传媒网和无锡观察人民号、澎湃号、上观号、读特号等进行整合，多角度讲好“无锡好故事”。反映来自常州、镇江等地5支核酸应急采样队驰援江阴的《无锡：众志成“澄”，一起战！》在新华社客户端阅读量超100万次，体现“无锡—延安”航线直飞首航的《首航！飞向宝塔山！》在新华社客户端阅读量近100万次，柬埔寨西港特区2.0升级版建设、无锡医疗队员援沪、江南文脉论坛、物联网博览会等视频素材和照片被中央主流媒体采用。

无锡广电集团与无锡国联集团签署协议，无锡广电主力新媒体“无锡博报”与无锡城市综合服务平台“灵锡”联手，“无锡博报”在“灵锡”App专设新闻资讯专区，扩大主流新闻的传播力和覆盖率；共同开发数字服务功能模块，拓展市民生活数字化应用场景。无锡广电和中国联通无锡分公司联合申报的“5G新兴媒体融合应用”项目获工业和信息化部第五届“绽放杯”5G应用征集大赛融合媒体专题赛三等奖。在首届全国广电融媒营销创新大赛中，无锡广电选送的《梁城美境》获银奖，《文化自信，宋朝非遗艺术季（美的东方云开）》等3件作品获铜奖。“无锡博报”入选全国“新时代·新品牌·新影响”广电媒体融合新品牌。

（无锡日报报业集团　无锡广电集团）

【“在长三角，一起向未来”融媒体新闻行动】 2月中旬，无锡广电联手无锡日报报业集团，组成5个采访小组，到上海、苏州、常州等地进行采访。围绕基础设施互联互通、科技与产业创新、更高水平协同开放、生态环境共保联治、公共服务便利共享等领域，在广播、电视和新媒体平台开设专题专栏，开展融媒体行进式报道，发稿60余篇，并被中央和长三角区域主流媒体转发，阅读量超200万次。

【“打造全国最干净城市”全媒体宣传】 自4月中旬起，在《无锡新闻》、“无锡博报”等主要平台开设专栏，推出系列报道，聚焦各地各部门在建设环境优美、秩序优良、生态优越宜居城市中的举措实践，并依托《一访定心》《市长在线·民声留言板》栏目做好重点报道，晒亮点、找不足、提建议。制作原创短视频“净善净美·一起向未来”、宣传片《城事间》等，为做亮“最干净城市看无锡”品牌持续推出融媒产品。

（陈　啸）

【第四届“一带一路”百国印记短视频大赛】 3月24日，第四届“一带一路”百国印记短视频大赛在无锡市启动，大赛由中国公共外交协会、国务院国资委新闻中心、环球网、中共江苏省委网信办联合主办，中共无锡市委网信办、无锡市人民政府外事办公室承办，以“和谐共生·美美与共”为主题，邀请全球“一带一路”沿线国家共建者、参与者与民众共同参与，以短视频形式，展现后疫情时代背景下“一带一路”国际合作所带来的发展新机遇，讲述人文交流中的民心相通、命运与共、携手创建美好未来的精彩故事。12月28日，大赛颁奖仪式以“云会场+元会场”形式在线上举办，颁出文明交融奖、人气短片奖（国内）、人气短片奖（海外）、Z世代之声、社会公益奖、“一带一路”最美共建者、最佳创意奖等奖项。大赛征集到全球近100个国家和地区超1000部作品，展出作品的全球总播放量累计超10亿次，其中海外播放量1亿次。

【“锡引力·新思享——太湖讲习所”青少年理论传播活动】 5月10日，“锡引力·新思享——太湖讲习所”青少年理论传播活动启动。作为“锡引力·新思享—行走的思政课”网上理论传播活动的升级品牌，“太湖讲习所”在以往实景课堂、互动传播的“云思政”基础之上，聚焦青少年群体，重点打造“青听我讲”指尖课堂、成立“后浪潮语”宣讲队、挂牌高校实践基地等，推出系列短视频、条漫、动画、H5等新媒体产品，让主旋律融进“青年群”“后浪圈”，利用B站、抖音、BBS等青少年网民活跃聚集的社交媒体，推动习近平新时代中国特色社会主义思想走进高校、走进青

5月10日，“锡引力·新思享——太湖讲习所”青少年理论传播活动启动

（蒋　露　供图）

年心中，进一步走实“云思政”、升级“云课堂”、扩大“云传播”。

【无锡市2022年网上重大主题宣传活动】 4月14日，无锡市2022年网上重大主题宣传活动启动。活动紧扣迎接宣传贯彻中共二十大主题主线，聚焦讲好“人民至上”“奋进征程”“做大增量”“锡位出道”的无锡故事，设置4个篇章33个项目，全面呈现在习近平总书记的掌舵领航下，无锡各领域把握新发展阶段、贯彻新发展理念、构建新发展格局、推动高质量发展取得的历史性成就、发生的历史性变革。锡音·正能量网络传播分析系统上线。

11月21日，中央广播电视总台技术局与无锡市人民政府在2022中国国际智能传播论坛开幕式上签署战略合作协议 （蒋 露 供图）

【“太湖明珠，今锡十年，高新之路”短视频大赛】 6月24日，“太湖明珠，今锡十年，高新之路”短视频大赛启动。大赛围绕“创新之路”“繁荣之路”“高新之路”三个主题，通过短视频影像，述说展现中外融合这三条共赢之路，彰显推进高质量建设中的无锡作为和无锡样板。活动累计收到短视频600个，最终评选出一等奖1个、二等奖2个、三等奖3个，优秀作品奖5个，网络人气奖5个，优秀组织奖5个。围绕“太湖明珠，今锡十年，高新之路”“锡位出道”等话题内容，全平台总曝光量超1亿次。

【2022中国新媒体蓝皮书发布会暨新媒体发展研讨会】 8月16日，2022中国新媒体蓝皮书发布会暨新媒体发展研讨会在无锡市举办。大会以“融媒新机遇 踔厉向未来”为主题，由中国社会科学院新闻与传播研究所、中共江苏省委网信办、中共无锡市委网信委主办，中共无锡市委网信办等承办。现场发布《中国新媒体发展报告（2022）》，全面分析中国新媒体发展状况，总结新媒体发展问题，并对新媒体发展趋势进行解读。中国社会科学院新闻与传播研究所、无锡市委网信办、无锡山水城管委会签订三方战略合作协议。

【2022中国国际智能传播论坛】 11月20—22日，2022中国国际智能传播论坛在无锡市举办。论坛由中央广播电视总台、江苏省人民政府主办，中央广播电视总台江苏总站、央视网、江苏省委宣传部、江苏省电影局、江苏省委网信办、江苏省广播电视局、无锡市人民政府承办，以“新起点‘智’未来”为主题，致力于搭建国际交流合作平台，为促进全球媒体创新发展、深化中外文明交流互鉴、推动构建人类命运共同体贡献力量。论坛采用线上线下相结合的形式，举办开幕式暨主论坛以及智产业论坛、智文化论坛、智能传播成果展会、无锡“够”世界——大型全球直播活动、“遇见锡引力·向世界推介无锡”大V行等一系列主题活动。开幕式上，中央广播电视总台技术局与无锡市人民政府签署战略合作协议。无锡市人民政府与相关企业签署产业项目协议、人工智能合作项目协议。

【无锡新媒体战略研究中心】 12月12日，无锡新媒体战略研究中心揭牌成立。研究中心重点推动建立智库平台、引入传媒项目、撰写咨政报告、举办高端讲堂、设立元宇宙研发基地等多个项目的落地实施，立足无锡经济、社会、政治、文化等各方面，为无锡高质量发展建言献策。

（蒋 露）

编辑 何 峰

综　述

【医疗卫生机构】2022年，无锡市拥有登记注册的医疗卫生机构3185家，比上年增加78家，其中医院203家、社区卫生服务中心（卫生院）115家；全市医疗床位数52208张，平均每千人口拥有医疗床位10.06张（按户籍人口算）。年末全市有卫生人员82270人，比上年增加1266人，其中卫生技术人员66311人、执业（助理）医师25859人、注册护士29647人，平均每千人口拥有卫生技术人员12.78人（按户籍人口算）。全市各级医疗机构全年完成诊疗5252.71万人次，出院114.93万人次，平均每门诊人次医疗费用291.7元，平均每一出院病人医疗费用11847.3元。无锡市卫生健康委员会获党中央、国务院颁发的全国“人民满意的公务员集体”称号。

（王　婷）

【医疗卫生改革】2022年，无锡市作为按疾病诊断相关分组付费（DRG）国家试点城市，成立市试点工作领导小组，由市政府主要领导担任组长。深入推广三明市医改经验，推进医保支付方式改革，实现符合条件的提供住院服务的医疗机构DRG付费改革全覆盖。DRG实际付费医院扩大到46家，初步形成医保基金有结余、医疗机构有盈余、患者负担可控的良好局面。深化药品耗材招标采购制度改革，至年末，34个批次各级药品和医用耗材集采项目在全市执行，国家集采药品品种294种，累计为市民减负超51亿元。推动优质医疗资源扩容和均衡布局，三甲医院数增加至12家，市属医院实现三甲全覆盖。全市医疗机构与国内知名医疗卫生机构、医学院校累计开展合作项目103个。推进紧密型医联体建设，建成城市医疗集团4个、县域医共体6个、专科联盟12个，实现医联体建设网格化、公立医疗机构全覆盖。健全双向转诊机制，全市双向转诊42.89万人次，其中下转10.09万人次，下转比例23.53%。全市公立医院财政投入比上年增长38.38%。

【卫生健康合作交流】2022年，市卫生健康委推进“一带一路”卫生健康领域合作，推进疫情期间中柬卫生合作交流，做好中柬远程医疗会诊服务和西港特区健康指导工作。推进国际友好医院（机构）建设，全市累计缔结国际友好医院（机构）20对。举办全市重大卫生健康项目集中签约活动，项目化展示“十三五”时期以来全市卫生健康国际合作成果，累计与13个国家、37家国际医疗机构和高等院校建立交流关系。实施市级卫生国际（地区）交流支撑计划，遴选启动“太湖人才团队”骨干、“双百”（百名卫生拔尖人才和百名后备拔尖人才）中青年人才62人出国（境）研修工作。

（毛枭娇）

10月28日，全市重大卫生健康合作项目集中签约活动举办

（市卫生健康委　供图）

表 54　2022 年无锡市卫生健康事业统计表

项　目	数　量	比上年增加	比上年增长（%）	项　目	数　量	比上年增加	比上年增长（%）
卫生机构（家）	3185	78	2.51	卫生人员（人）	82270	1266	1.56
医院（家）	203	−5	−2.40	卫生技术人员（人）	66311	818	1.25
社区卫生服务中心（卫生院）（家）	115	−2	−1.71	执业（助理）医师（人）	25859	264	1.03
医疗床位（张）	52208	603	1.17	注册护士（人）	29647	47	0.16
平均每千人口医疗床位（张）	10.06（户籍）	0.04	0.40	平均每千人口卫生技术人员（人）	12.78（户籍）	0.07	0.55
户籍人口	总数（万人）		519.01	卫生费用	卫生事业费（万元）（统计范围调整为大市）		1356834
	出生率（‰）		5.42		卫生事业费与上年比增长率（%）		40.42
	死亡率（‰）		8.00		卫生事业费占财政支出百分率（%）		9.93
	自然增长率（‰）		−2.58		卫生系统资产（万元）		2738059.86
医疗服务	诊疗总人次（万人）		5252.71		卫生系统基建投资（万元）（统计范围调整为大市）		102320.90
	出院者占用总床日（万日）		1134.11		平均每门诊人次医疗费用（元）		291.70
	住院病人手术人次（万人）		50.34		平均每一出院病人医疗费用（元）		11847.30

（市卫生健康委）

疾病防控

【传染病防控】 2022 年，无锡市继续实施传染病综合防控，全市报告甲、乙类传染病 15 种，病例 6067 例，比上年下降 14.96%，有效处置传染病突发公共卫生事件 29 起。推行老年人群艾滋病抗体检测，推广医疗机构医务人员主动提供 HIV 检测咨询（PITC）工作，进一步提高艾滋病感染者的发现力度；实施校园艾滋病综合防治项目（以下简称“艾·T”综合项目），推进宜兴市第四轮全国艾滋病综合防治示范工作，有效遏制艾滋病在高危人群传播，全年艾滋病病毒感染者 470 例，比上年下降 5.82%，治疗覆盖率 96.3%。依托市级结核病临床诊疗质控中心，加强医防合作，持续推进耐药肺结核患者关怀救助政策。肺结核患者追踪到位率 98.59%，病原学阳性新患者耐药筛查率 99.41%，有效处置学校肺结核病例 54 例。

【疫苗接种】 2022 年，市卫生健康委推动全市初二女生 HPV（人类乳头瘤病毒）疫苗免费接种项目，接种 1.9 万人，达到接种率超 90% 的工作要求。开展地方扩大免疫规划 1 周岁和 4 周岁水痘疫苗接种 13.36 万剂次，65 周岁以上老年人肺炎接种 3.14 万剂次。

【慢性病防控】 2022年，市卫生健康委推进慢性病综合防控示范区动态管理，指导江阴市、锡山区、惠山区、滨湖区通过国家级慢性病综合防控示范区复评审。健全死因监测、肿瘤登记随访，完成数据采集、质控分析，科学准确计算人均期望寿命、重大慢性病过早死亡率等指标。规范严重精神障碍患者管理治疗，加大社区患者筛查力度，强化专业机构发现报告，提高患者服药率和规律服药率，规范管理率96.95%，规律服药率82.06%，规范面访率93.39%。健全无锡市社会心理服务体系，设立市民心理健康大讲堂，提升市民心理健康素养，推进心理卫生服务体系省级市域试点工作。提升免疫接种服务能力，推行免疫规划接种门诊规范化建设。

（王　泳）

新冠疫情防控

【新冠病毒感染医疗救治保障】 2022年，无锡市依托市人民医院、市第二人民医院、江南大学附属医院和市中医医院为龙头的4大城市医疗集团，在省内创新开展新冠病毒感染视频问诊、联合会诊、巡回访诊、专家驻诊的"四诊协同"机制，快速提升基层医疗机构诊治能力，畅通双向转诊渠道。完成2家定点医院、5家亚定点医院（方舱医院）建设改造，76家二级以上医院建成发热门诊，组建医疗救治专家组25个、成员363人，定点医院、方舱医院累计收治新冠病毒阳性感染者2592例，其中确诊病例182例、无症状感染者2410例。拓展社区卫生服务中心固定新冠病毒疫苗接种点87个，因需增设大型接种点、临时接种点、移动接种车、接种小分队，满足市民接种需求。年内累计支援外市抗疫医护人员2728人次。上线互联网医院新冠咨询服务、疫苗管理、发热门诊地图查询等功能。

【核酸检测】 2022年，无锡市核酸检测实验室增至83家，设立24小时核酸采样点38个；全市PCR实验室资质人员增至3619人。率先建成步行15分钟"核酸采样圈"，投放采样小屋2518个，形成国内首个《核酸检测采样小屋管理规范地方标准》。搭建信息化平台，织牢"管理网"，核酸系统累计支持10万采样人员完成采样任务7.9亿人次，累计管理重点人群300万人次。

（李明钢）

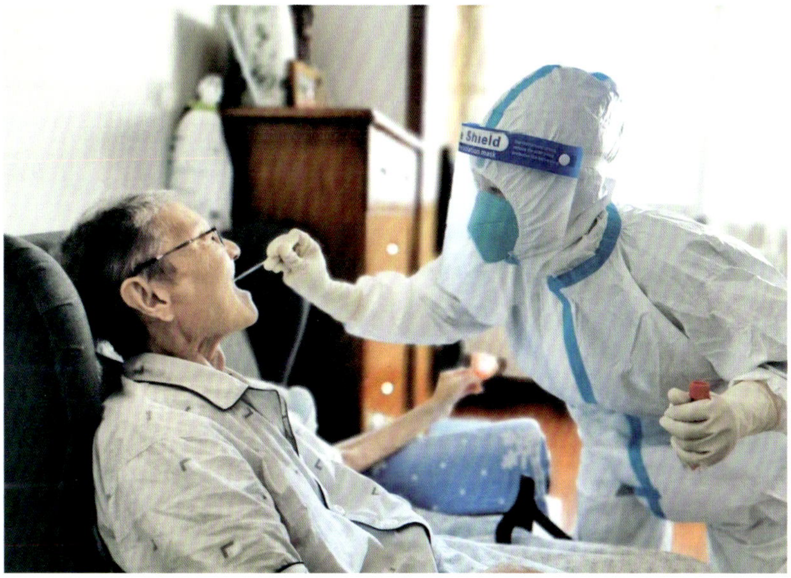

6月，新冠疫情防控期间，市儿童医院高温核酸采样队员上门为不方便的居民服务　　（市卫生健康委　供图）

【中医药疫病防治】 2022年，市卫生健康委依托市中医医院建立省、市两级中医紧急医学救援（疫病防治）基地，组建60人省、市两级中医应急医疗队。在全市疫情防控工作中，发挥龙砂医派特色，将中医药融入疾病预防和医疗救治工作。组织制定第6、7版《无锡市新型冠状病毒肺炎疫病中医药预防方案》《无锡市新冠疫情集中隔离点中医药预防用药专家共识》，印发《关于进一步加强全市集中隔离场所医学观察对象和工作人员中医药预防干预工作的通知》及相关实施方案，制定下发《全市集中隔离点中医药服务工作制度》，在全市各集中医学观察点人群和防疫一线工作人员提供中药防疫方和防疫香囊。在市级、江阴、宜兴等定点医院推广中西医协作模式，组织专家及早、深入、全程参与无症状感染者和确诊病例的中医药诊疗。年内，开展线上线下会诊105次，中医药参与救治率100%，在改善症状、缩短住院时间、降低CT值方面取得明显效果。

（叶志超）

【疫情防控综合督查】 2022年，市卫生健康委成立市级督查专班，每周开展医疗卫生行业重点场所疫情防控督查检查，发布督查通报49期，通报并整改到位问题11800余条。通过单位自查、属地检查、市级抽查的模式，全年累计检查各类单位（场所）2.5万余家次。

（司马骏）

【疫情防控医疗保障】 2022年，市医保局对新冠病毒感染救治相关定点医疗机构提前拨付医保资金，保障收治新冠患者费用。保障新冠病毒疫苗和接种费用，持续降低疫苗核酸检测、抗原检测等价格。阶段性降低职

1月2日，市长赵建军（左四）带队慰问市防疫药械市场保供小组工作人员
（市市场监管局　供图）

工医保和职工补充医保单位缴费比例，全年减征33.17亿元。降低灵活就业人员参加职工医保缴费比例，全年减负2.27亿元。新冠病毒实行“乙类乙管”后，对基层门急诊费用不设起付线和报销限额，报销比例90%。开辟应急途径，参保人员可在全市所有医疗点和保供商店进行刷卡结算。支持符合条件的医疗机构开设家庭病床服务。做好核酸检测资金专项审计清算工作和医疗机构重点人群核酸检测费用预付工作。

（黄建华）

【疫情防控市场监管】 2022年，市市场监管局抓好进口冷链食品、零售药店、外卖平台、网约房平台疫情防控，督促重点领域人员“应检尽检”，“四类”（棋牌室、麻将馆、酒吧、健身房）重点场所重点人员未出现1例阳性。在全国率先发布核酸采样小屋和“电子哨兵”管理地方标准。发挥大数据对零售药店疫情监测、外卖骑手疫情防控的支撑作用，实现信息的实时采集、核酸检测情况的实时比对、比对信息的及时运用。新冠疫情防控转段以来，退烧药、新冠抗原试剂、N95口罩等防疫药械供应紧张。市市场监管局参与防疫药械市场保供工作，在全省率先建成“产、采、供、管”全链保供体系。市防疫药械市场保供小组办公室设在市市场监管局，第一时间建立起拓展货源、对外采购，医疗机构保供、便民服务点发放，药械地产和流通分配三大机制，编发《工作简报》24期。畅通供应渠道，指导本地企业应急生产对乙酰氨基酚片280万片，通过229个便民医疗服务点免费发放，惠及市民群众46.66万人。组织药品批发企业累计采购供应辉瑞、阿兹夫定片等新冠病毒治疗特效药物5.8万盒。街道（镇）全覆盖选定药品连锁企业11家、定点零售药店150家，“定点、限量、拆零、平价”供应退烧药、N95口罩、新冠抗原、温度计等紧缺防疫药械，累计投放布洛芬片301万片、布洛芬胶囊90万粒、对乙酰氨基酚片20万片、连花清瘟胶囊4万盒、抗原试剂210万支、N95口罩420万只、温度计3.5万支。强化服务监管，近200名基层市场监管干部驻点定点零售药店，对紧缺药械进货、销售进行全流程监管。发布《全市各医药用品经营者及相关单位提醒告诫书》，实时监测六类重要商品价格及到货率，启动涉疫药品和医疗用品稳价保质专项行动，公布涉疫违法典型案例7批，查扣非法加工N95医用防护口罩17.6万余只。

（束洁丹）

基层卫生

【基层卫生服务体系建设】 2022年，市卫生健康委制定出台《无锡市基层卫生健康服务能力提升工程实施方案》，明确9项基层卫生健康服务能力提升工程实施方案的重点项目清单。开展无锡市“红十字博爱仁医基金”乡村医生救助申报，对2022年度符合救助条件的14名困难乡村医生实施救助9.6万元。全市有36家基层医疗卫生机构开展硬件提档升级建设。市卫生健康委指导推动各地落实省六部门《关于全面推进紧密型县域医疗卫生共同体建设的实施意见》，江阴市、宜兴市、锡山区、惠山区围绕“县域医共体建设水平、优质服务基层行基层机构达到国家推荐标准覆盖率、基层医疗卫生机构诊疗量情况”三类指标开展监测评价，滨湖区围绕“优质服务基层行基层机构达到国家推荐标准覆盖率、基层医疗卫生机构诊疗量情况”两类指标开展监测评价。向全体居民开放电子健康档案，累计开放档案620万份，开放内容包括国家基本公共卫生服务12大类项目、基本医疗信息和二、三级医院诊疗数据等。推进医学人工智能基层辅助系统的应用，在城区54家社区卫生服务中心（乡镇卫生院）部署“智医助手”平台。

【基层卫生服务能力提升】 2022年，市卫生健康委组织开展市级基层医疗卫生机构特色科室建设项目评审活动及全市村卫生室服务能力评价工作，新增3家省农村区域性医疗卫生中心、8家省社区医院、28家省甲级村卫生室。组织开展全市基层卫生骨干人才遴选工作，评选产生省级基层卫生骨干人才240人、市级基层卫生骨干人才628人。全市有18名社区卫生服务中心(乡镇卫生院)骨干人员及20名乡村医生参加国家级培训项目(基层卫生人才能力提升)培训;有50名全科师资和护理师资参加省级培训项目(基层适宜卫生技术师资)培训。基层医疗机构创成五级中医馆10家、五级中医馆建设单位9家,培训推广中医药适宜技术280项。

【家庭医生签约服务】 2022年,全市开放家庭医生工作室129个,签约总户数591880户。组建家庭医生团队1068支、团队总人数7684人,提供上门服务1374人次。开设家庭病床基层机构21家,家庭病床建床数38张。建有专家工作室或联合病房的基层医疗卫生机构数38家,基层专家工作室诊疗人次数14337人次。建成联合病房20个、联合病房实际开放床位数272张,联合病房手术50台次。新增江苏省基层慢病运动健康干预试点单位7家。

(王　炎)

妇幼保健

【妇幼健康服务体系】 2022年,无锡市妇幼保健院通过第一批省级孕前保健特色专科建设单位评审并上报国家级特色专科;宜兴市妇幼保健院通过第一批省级婚前保健、孕前保健特色专科建设单位和省级儿童早期发展基地评审;省级基层医疗卫生机构妇幼健康规范化门诊比例88%,完成"十四五"省定标准的机构创建目标。全年基层妇儿保人员配备明显提升,妇保人员达标率87.8%,儿保人员达标率74%。

【母婴安全保障】 2022年,全市管理高危孕产妇31090人,其中橙色等级及以上人数7459人。产科活产39766例,辖区管理产妇40588例,孕产妇死亡率7.39/10万,婴儿死亡率1.97‰。开展危重孕产妇救治能力提升系列培训,开展产后出血及内科合并症专项应急演练。在全省率先将全市助产机构产科安全管理办公室(以下简称"产安办")负责人、产科主任和各级妇幼保健机构管理人员纳入竞赛对象,提高"妇幼保健机构管理—产安办院内统筹—产儿科救治"母婴救治团队的应急处置和统筹协调能力。加强高危孕产妇全程监管,在全省率先常规开展孕产妇心脏病、抑郁症筛查项目。

【妇女儿童健康】 2022年,市卫生健康委推进国家宫颈癌综合防治创新项目,无锡市被确定为全国15个、全省唯一的宫颈癌综合防控试点城市。借助无锡市宫颈癌综合防控试点项目,完善市区35～45岁适龄女性电子健康档案50万份,其中更新34.69万份、新建15.31万份。创新"体检机构纳入妇女'两癌'筛查网络一体化管理"模式,被国家卫生健康委表扬为10个工作实、成绩好的城市之一。全年城乡适龄妇女免费"两癌"筛查完成宫颈癌检查22.15万人、乳腺癌检查21.95万人,目标任务完成率105.4%。落实出生缺陷综合防治项目,实现产前筛查和新生儿疾病筛查常住人口全覆盖,年内产前诊断确诊染色体异常141例、遗传代谢性疾病确诊55例、听力障碍确诊45例、先天性心脏病确诊439例;阻止39例"先天愚型儿"的出生。江阴市和滨湖区作为全省首批儿童孤独症筛查试点地区,确诊孤独症儿童414例;筛查出的阳性人群均在进行规范的治疗或康复干预中。落实0～6岁儿童眼保健和视力筛查项目,实现幼儿园儿童视力建档全覆盖。

(龚宝梅)

老龄健康

【老年健康服务体系】 2022年,市卫生健康委制定"十四五"老龄健康规划,继续推进常住人口50万以上涉农地区老年病医院建设。在江阴市中医院增设江阴市老年病医院,至年末,全市建成老年医院5家(其中2家为民营)。二级及以上公立综合性医院老年医学科建成率86.7%。制定《无锡市老年医学科规范化建设实施方案》,完成省政府民生实事项目"3家护理院标准化建设、1家二级以上公立综合性医院设立老年医学科"。全市建成老年友善医疗机构226家,建成比例93%,其中优秀单位45家,建成比例19.9%,超额完成省定目标。全市获评江苏省老年医学临床技术应用研究项目单位2个、江苏省老年医学适宜技术推广应用单位3个、老年健康科研课题7个。

【家庭病床制度启动实施】 2022年,市卫生健康委会同医保、人社等部门出台《加快推进全市家庭病床建设实施意见的通知》,在全市范围内启动以政府办基层医疗机构为服务主体、向中重度失能尤其老年患者提供家庭病床服务,制定家庭病床管理、医疗费用医保结算办法,家庭病床服务收入扣除成本,并按规定提取各项基金后不低于70%可直接发放给上门服务医务人员,不受单位绩效工资总量限制,推进"家门口的医养结合",提升居家老年人的医疗保障水平。

【老年健康服务内涵建设】 2022年,市卫生健康委做好企业退休人员体检和老年人健康管理项目的整合工作,老年人健康管理项目纳入年度省、市政府高质量考核指标,年内全市完成65周岁及以上老年人健康体检71.03万人,健康管理率64.8%。拓展实施老年人肿瘤筛查工作,自2020年起,在老年人和企业退休人员体检中增加2年1次的肿瘤标志物免费检测,每年纳入市政府为民办实事项目推进,项目实施以后,累计完成检测118.79万人次,筛查出高危人

2022年，无锡市试点开展社区医养结合提升工程。图为无锡梅村街道社区卫生服务中心（梅村养老院）揭牌启用　　（市卫生健康委　供图）

群7.2万人。试点实施国家癌症中心“癌症防控全链条全周期管理”项目，年内试点地区完成45～74周岁体检人员、企业退休人群防癌风险评估和3项生物学检测5.59万人，完成肺癌、乳腺癌、肝癌、结直肠癌、上消化道癌5种高发癌种的免费检查5777人，筛查出癌症病例557例，诊断时早期比例44.17%，高于2021年全市平均27.98%，基本形成无锡癌症早筛早诊模式，有效提高老年人的健康保障水平。

【医养结合设施建设】 2022年，无锡市试点开展社区医养结合提升工程，利用政府办基层医疗机构闲置床位设置护理院，按照一个法人、一套班子的运营模式，符合条件的护理院纳入医保床日结算，在缓解基层医疗机构医保压力的前提下，实现护理院公建公营举办方式的突破，年内有2家单位投入运行。至年末，全市建成护理院72家、床位12888张，护理站13家、养老机构内设医疗机构51家、医养结合康复医院3家，其中医养结合机构128家。

（郁卫平）

职业健康

【《中华人民共和国职业病防治法》宣传】 2022年，市卫生健康委制定印发《无锡市“十四五”职业病防治规划》，细化分解职业病防治规划目标和主要任务，提升职业病综合防治能力和水平，推进职业健康治理体系和治理能力现代化。开展《中华人民共和国职业病防治法》宣传周活动，普及职业病防治法律知识，增强劳动者自我保护意识和维权意识。参加第二届全国职业健康传播作品征集活动，10件作品获奖。

【职业病危害因素监测和防治】 2022年，市卫生健康委开展21种重点职业病危害因素监测工作，完成210家企业工作场所职业病危害因素监测任务，区县覆盖率100%。开展重点职业病监测和职业健康监护工作，全市完成职业健康检查482113人次。开展职业病危害专项治理，梳理整治重点行业企业1609家。完成6家尘肺病康复站的国家级试点建设工作，全市累计参与康复患者1109人，累计康复服务10937人次。开展江苏健康企业建设，开展“职业健康达人”评选活动，完成重点人群职业健康素养监测与干预工作任务。宜兴市挂牌国家卫生健康委职业伤害研究基地，为职业伤害的分布特征、发生规律提供基础数据资源。

【职业健康监管信息系统建设】 2022年，无锡市职业健康监管信息系统建成上线，实现职业病防治信息“一网通”。作为全省首个涵盖职业健康全业务范围的信息化管理系统，实现职业健康信息纵向贯通和横向联通，达到卫生健康行政部门、卫生监督机构、技术支撑机构、用人单位信息共享、互动管理的效果。该系统通过统计、比对和风险预警等方式，实现职业病危害项目早申报、重点职业病及危害因素早监测、职业健康检查早干预研判，保护劳动者健康权益。

（李红建）

健康促进

【“健康无锡”建设】 5月，无锡市“健康无锡”建设领导小组办公室印发《无锡市健康城市影响评价评估试点实施方案》等系列文件，部署健康影响评价试点工作，组建健康影响专家库。9月，无锡市被全国爱国卫生运动委员会办公室评为全国健康城市样板市，居全国第二位、全省第一位。11月，江苏省“健康江苏”建设领导小组办公室联合省广电总台在无锡市开展《“健康城市”环省行》融媒体节目，对无锡健康城市建设进行宣传报道。12月，省健康办通报2021年健康江苏建设考核结果，无锡市列全省13个设区市第一位。年内，9个省级健康镇、80个省级健康社区（村）通过省评估验收，建成无烟党政机关528个；开通地铁1号线“健康无锡”号专列，开设无锡广电“健康无锡”融媒体栏目。

【卫生健康创建】 2022年，市爱国卫生运动委员会印发《无锡市国家卫生城市长效管理机制实施方案》，对卫生城市长效管理进行制度安排。市爱卫办组织对10个国家卫生镇进行明查，全部通过市级评估。

【病媒生物防制】 2022年，无锡市通过面向社会公开招标，遴选有害生物防制（PCO）公司3家，在19个社区开展病媒生物规范化小区试点。

（邬先赞）

中医药发展

【中医药传承创新】 2022年，无锡市贯彻落实省委、省政府《关于促进中医药传承创新发展的实施意见》，制定出台《关于促进中医药传承创新发展的若干措施》，明确无锡市中医药传承创新发展8类、23条具体措施。市卫生健康委（市中医药管理局）制定出台《无锡市“十四五”中医药发展规划》，明确6大目标、8个工程和27项重点任务。制定出台《无锡市“十四五”中医药重点学科项目建设与管理办法》，组织开展市中医药重点学科项目申报评审。年内，全市卫生健康系统中医药相关项目获批国家自然科学基金项目8个，其中无锡市中医医院5个、江南大学附属医院2个、江阴市中医院1个；获得江苏中医药科学技术奖一等奖1个、三等奖2个。在2021年度全国三级公立中医医院绩效考核中，无锡市中医医院考核A+，居全国三级中医综合医院第22位；江阴市中医院考核B+，居第147位；宜兴市中医医院考核B，居第336位。江阴市中医肝胆医院考核结果居全省第6位。

【基层中医药服务与管理】 2022年，全市有10家中医馆被省中医药管理局评定为五级中医馆，8家被评定为五级中医馆建设单位。市级评定四级中医馆22家、三级中医馆49家，三级及以上中医馆占比93.5%。培训推广中医药适宜技术280项，能够开展6类以上中医非药物疗法的社区卫生服务中心（乡镇卫生院）占比100%，能够开展4类以上中医非药物疗法的社区卫生服务站（村卫生室）占比85%。无锡市参与国家中医医疗队组建，到青海省西宁市、海南藏族自治州、海北藏族自治州等地开展巡回医疗工作。参与青海省海东市、江苏省连云港市合作共建，提升欠发达地区中医药服务能力，8月12日，无锡市中医医院、连云港市灌云县中医院签署龙砂医派灌云县中医院推广工作站共建协议，龙砂医派灌云县中医院推广工作站同步揭牌。江阴市被国家中医药管理局评为首批中医适宜技术防控儿童青少年近视试点县（市、区），推广使用耳穴压丸等中医适宜技术，通过中医药干预和健康教育等多种途径，对儿童青少年近视进行早防早控，年内开展建档、随访1000人次。无锡市中医医院、江阴市中医院被确定为省级中药服务能力建设项目单位。

8月12日，龙砂医派灌云县中医院推广工作站揭牌

（市卫生健康委　供图）

【中医药便民惠民】 2022年，市卫生健康委落实“百项民生微实事”中医传承提能计划。开展龙砂特色诊疗服务义诊、“非遗”义诊，开展中药刮痧养生、颈椎病保健中医特色疗法体验，服务1000余人次。全市二级及以上公立中医医院开展针对亚健康、颈肩痛、失眠、疲劳综合征、肥胖症以及高血压、血糖血脂异常等病症的干预服务，服务8万余人。无锡市中医医院以“杏林百家讲坛”，江阴市中医院以“澄江国医学社”，宜兴市中医医院以“阳羡医院”为品牌，通过现场授课、现场访谈、名医见面等形式，举办中医药文化科普讲坛12场。无锡市第五人民医院制作发放中医药防治传染病相关知识宣传册，并到社区指导服务，服务400余人次。

（叶志超）

卫生法规与监督

【卫生健康法治建设】 2022年，市卫生健康委开展《无锡市献血条例》立法后评估调研，提请废止《无锡市献血管理办法》。组织申报卫生健康地方标准10件。修订《无锡市卫生健康委公平竞争审查制度》，开展规范性文件清理，继续有效29件，废止或失效32件。完成重大行政执法决定法制审核21件，规范性文件合法性审核3件，政策措施公平竞争审查8件。办理行政复议案件4起、行政应诉案件2起。开展无锡市公立医院法治建设示范点创建活动，江阴市人民医院、宜兴市人民医院、无锡市锡山人民医院、无锡市惠山区人民医院、无锡市第八人民医院、无锡市中医医院6家单位获评首批市级公立医院法治建设示范点。深化“以案释法”警示教育，“健康无锡”微信公众号发布案例13个，“无锡普法”微信公众号发布案例8个。

【卫生健康审批服务】 2022年，市卫生健康委加强事项清单动态维护管理，依法编制并确认卫生健康行政许可事项清单，及时调整事项办事指南。规范中介服务，8个卫生健康中介服务事项均入库管理。规范线上线下业务办理，所有事项办事指南做到线上线下同源发布、同步更新。规范审批行为，推进“好差评”管理。优化政务服务流程，“不见面审批”办理率100%，即办件事项占比62.24%，许可事项办理时限压缩率91.03%。医疗广告审查、生育登记等“跨省通办”事项实现全流程网上办理。新生儿出生“一件事”改革全省试点，工作成效被《健康报》《中国人口报》头版报道。推进政务服务数据共享，医疗机构执业许可证等13个卫生健康电子证照纳入首批市级政务服务电子证照共享目录，新生儿出生“一件事”等3个政务服务事项纳入首批市级“免证办”政务服务事项清单。医疗广告审批等8个业务项接入“苏服办”移动端应用清单。全年行政许可累计办件7782件。

（周海川）

【卫生健康综合监管】 2022年，市卫生健康委联合多部门开展打击非法行医、非法医疗美容、医疗乱象专项治理等专项行动。全市开展各类专项整治115项，开展法治宣传活动104场次，举办线上线下管理相对人培训班65场次，培训管理相对人6200余人次。处理举报投诉594起，作出行政处罚663起，移送司法机关案件5起，罚没款773.5万余元。全市完成国家、省、市“双随机”抽查任务3015件，完成部门联合“双随机”抽查任务333件。普法形式创新，在行政处罚案件办理中全面推行清单式定向普法。选送的卫生行政处罚案件获2021年度江苏省卫生健康执法案例评查一等奖1个、二等奖2个。

（司马骏）

【学校卫生工作】 2022年，无锡市教育系统抓好校园新冠疫情防控，完善五级（中小学“市—区—校—班—家”，高校“市—校—院—班—舍”）防控体系和校地联合协作专班机制，推进学校疫情防控“护校”行动，发挥无锡教育“校园e家通”疫情防控信息化平台数据功能，精准掌握师生员工及共同生活人员行程动态、健康状况，科学做好学校突发疫情应急处置工作。指导各类大型考试落实疫情防控要求，坚决防止疫情向校园传播，确保校园教育教学秩序和师生身体健康、生命安全。做好学校传染病防控和食品卫生工作，建立健全学生体质健康监测、抽测机制，开展“为‘Eye’一起来”视力守护行动。年内，无锡市在省体育卫生专项督导学生体质健康现场抽测中优良率居全省第一位。

（市教育局）

医政药政管理

【医联体建设】 2022年，市卫生健康委优化调整医联体网格化布局，4个城市医疗集团和6个县域医共体开展双向转诊42.89万人次，上级医疗机构下转患者数量与基层医疗机构上转患者数量比例30.75%，县域就诊率97.07%，居民两周患病首选基层医疗卫生机构的比例72.65%。推进优质医疗资源下沉，牵头医院在成员单位基层医疗机构开设医生工作室158个，下派医务人员1252人，开展诊疗服务3.5万人次。

【医疗服务能力建设】 2022年，无锡市有省级临床重点专科68个，省级临床重点专科建设单位2个，市级临床重点专科76个，市级临床重点专科建设单位9个。江阴市、宜兴市推进国家“千县工程”县医院综合能力提升工作，锡山人民医院、惠山区人民医院基本达到县级医院服务能力推荐标准。市卫生健康委制定出台《无锡市“十四五”护理事业发展规划》《关于印发无锡市老年医疗护理服务试点工作实施方案的通知》，新增无锡市老年护理专业护士培训基地2家，培养老年护理专业护士103人，医疗护理员56人；全市有11家医疗机构开展“互联网＋护理服务”试点工作，全年服务678人次；加强护理质量控制管理，抽查5家三级医疗机构77人次、108份护理文件资料。推进互联网诊疗，全年新增6家互联网医院，累计总数15家，互联网医院完成预约挂号50080人次，在线咨询16808人次。

【平安医院建设】 2022年，市卫生健康委制定《2022年无锡市平安医院建设工作要点》，明确工作重点及具体措施。医患纠纷调解组织受理调解案件370起，调解成功345起。卫生健康行政部门受理成功开展医疗纠纷赔偿行政调解案件6起。135家医疗机构购买医疗责任险，其中公立医疗机构全部参保；投入安防系统建设经费3666万元，推动二级以上医疗机构主要入口安检提升工作。组织开展安全防范培训896次，培训人员44673人次，保卫人员现场处理扰乱医疗机构正常秩序事件252次。

二级以上医院设立警务室79家，派驻民警73人，查处3起扰乱医院秩序等违法犯罪案件，取保候审1人，行政拘留1人，行政警告1人。

【医疗机构管理】 2022年，市卫生健康委组织对10家二级医院开展医院评审工作。开展急诊、发热门诊、医疗质量安全、结构化门急诊电子病历专项检查50余家次。开展医疗机构依法执业专项整治，对医疗机构实施行政处罚80起。完善医疗质量控制组织建设和指标体系建设，全市44个市级质量控制中心定期开展质控工作，形成年度质控报告，下发整改通知书139份，推进信息化建设，实现质控数据网络直报。完善市级质控中心考核评价标准，对质控中心开展考核。

【医院感染管理】 2022年，全市二级以上医疗机构配备感控专职人员395人。市卫生健康委开展医疗机构院感知识培训，全员培训87108人次，感控专(兼)职人员培训753人次。每月开展疫情常态化防控及院感防控工作巡回督查，年内督查三级医疗机构47家，二级医疗机构27家，一级医疗机构23家，门诊部、诊所29家，发现问题326条，全部落实整改措施。市区完成1502家小型医疗机构医疗废物集中收集签约，注销或承诺不产医疗废物机构60家，基本实现小型医疗机构医废集中收集全覆盖；通过医疗废物管理系统，实现对医疗废物处理全过程、多维度的监控管理，做到事前可提醒、事中可记录、事后可追溯。推进院感监测信息系统建设，全部三级医院及59.38%的二级医院安装院感监测信息系统。

【血液供应管理】 2022年，全市全血采集89573人次，计19.5吨；血小板采集9223人次，计1.42万个治疗量；康复期血浆采集12人次，计4450毫升；制备血浆类20.9万单位、红细胞类15.32万单位、冷沉淀类2.65万单位；临床供应血小板1.29万个治疗量、血浆类12.68万单位、红细胞类14.46万单位、冷沉淀类2.36万单位。召开全市用血直免工作座谈会，开展全市献血工作会议暨“6·14”世界献血者日活动，明确各成员单位工作职责，扩大无偿献血影响范围。对20家医疗机构开展临床输血管理，规范临床用血工作；全市37家用血医疗机构院内血液管理系统与市全民健康信息平台公共卫生数据中心血液管理系统对接适配，实现网上订血、实时库存更新、输血不良反应统一反馈等功能。无锡市自2006年起，连续8次获评“全国无偿献血先进市”。

（李明纲）

【国家基本药物制度落实】 2022年，全市基层医疗卫生机构基本药物采购品种、金额占比均达到75%以上，二级以上公立医院基本药物整体配备使用比例全面达标。江阴市和宜兴市在加快建设紧密型医共体建设的同时，开展国家基本药物制度综合试点工作及相关经验复制推广工作，建立医共体内部统一的基本药物配备使用管理、药品保障供应、处方审查和药学质控等制度。市卫生健康委加强短缺药品监测预警，及时通报监测预警信息，督促各地、各单位改进药品采购使用、供应保障等潜在问题。

【药学服务内涵提升】 2022年，市卫生健康委以全市推进“互联网+医疗健康”为契机，试点基于互联网医院的药品配送工作，市人民医院等4家医院开通线上复诊配药功能。全市建有国家级临床药师培训基地4家，取得临床药师资格86人，其中具备临床药师师资资格24人，年内培训省内外学员145人。全年57名学员参加家庭药师培训，54名学员参加实景案例模拟考核，合格率100%，累计培训合格家庭药师74人。

（朱洪斌）

医学科技与教育

【卫生健康“三名”战略】 2022年，市卫生健康委继续推进卫生健康“三名”(名院、名科、名医)战略，制定出台《加强全市医疗卫生机构临床研究能力的实施方案》，明确加快研究型医院建设、落实促进临床研究的激励机制、深化“产医研用”协同研究等8项重点任务，市属综合医院与本地生物医药企业签署深化临床研究战略合作协议，开展药械临床试验项目47个，比上年增长3倍多。印发《无锡市“双百”中青年医疗卫生拔尖人才绩效评估实施方案(试行)》，开展“双百”中青年拔尖人才中期评估工作，落实滚动培养机制。江南大学附属医院入选省研究型医院建设单位，成立国家应急医学研究中心(无锡)；市人民医院肺移植中心被确认为江苏省肺移植医学创新中心；市第二人民医院神经外科学、江南大学附属医院烧伤外科学被确认为省医学重点学科；市人民医院心血管病学、神经外科学，江南大学附属医院肿瘤学被确认为省医学重点学科建设单位。年内，全市医疗卫生系统获批国家自然科学基金项目31个、省自然科学基金项目10个，省科技厅重点研发计划(社会发展)项目8个；获省科学技术奖一等奖1个、三等奖4个，省医学科技奖二等奖1个、三等奖5个，省医学新技术引进评估奖24个，市腾飞奖1项；市厅级科技项目立项66个，市卫生健康委本级项目立项165个。发表影响因子10分以上SCI论文32篇；获国家发明专利61件，国际发明专利28件，转化科技成果金额190.3万元。市人民医院陆培华博士当选欧洲自然科学院外籍院士。

【医学院市校共建】 2022年，市卫生健康委推进市校共建江南大学无锡医学院建设，牵头起草《市校共建江南大学无锡医学院高质量发展工作方案》，增列市第二人民医院、市妇幼保健院、市精神卫生中心、市儿童医院4家医疗单位为江南大学附属医院。江南大学无锡医学院临床医学ESI学科排名升至全球0.38%。江南大学无锡医学院联动各附属医院引进国家级人才、医学博士58人，培育带头人及骨干9人，新聘教授、硕士导师、博士导师137人，投放硕士、博士研究生219人。江南大学生物安全三级实验室列入国家发改委“十四五”国家高级别生物安全实验室规划清单。推进南京医科大学无锡医学中心建设，市校双方签署《关于南京医科大学无锡医学中心建设合作协议》，南京医科大学无锡医学中心完成一期项目改造。

【医学教育】 2022年，市卫生健康委制定《无锡市继续医学教育项目管理办法》，搭建住院医师规范化培训（以下简称“住培”）公修理论课平台，委托第三方组织专家开展全市国家住培基地评估督导；全年住院医师通过规范化培训结业考核321人，通过率93.77%。全市举办各级各类继续医学教育项目643个，其中国家级、省级继续教育项目238个，市级参评项目382个，送教下乡参评项目23个。完成紧缺人才培训和全科转岗培训55人，新招收农村订单定向医学生39人。

（张梓威）

【卫生健康人才队伍建设】 2022年，市卫生健康委出台《无锡市“太湖人才计划”医疗卫生高层次人才（团队）绩效评价实施意见》。新增省级以上医学专委会主任委员（含候任）2人；入选省“333工程”第六期二层次培养对象4人，三层次培养对象36人；入选省“333工程”人才专项重点行业领域人才2人、优秀青年人才3人；入选省“双创博士”21人，排名全省前三。实施“百名博士锡引行动”，年内从南京鼓楼医院、徐州医科大学等引进学科带头人6人，引育博士109人。全年发布直属事业单位招聘公告5个，招聘编内人员226人，其中硕士及以上218人，毕业于双一流及知名医学院校的182人。新增省示范博士后科研工作站1个。

全市新增全国名老中医药专家传承工作室2个（顾植山、陆曙）、全国老中医药专家学术经验继承工作指导老师3人（陆曙、尤建良、王建伟）、全国中医临床优秀人才培养对象4人、江苏省中医临床优秀人才培养对象8人、全国中医护理骨干人才培养对象2人。开展2022年度龙砂医派青年骨干人才培训班，以线上为主培训学员80人，促进龙砂医派学术精髓和特色技术的传承推广。开展基层卫生技术人员中医药知识与技能培训集中培训，培训学员90人。根据国家、省传统医学师承和中医医术确有专长医师资格考核规定，组织开展传统医学师承人员出师考核、中医医术确有专长人员医师资格考核报名及审核工作。通过中医医术确有专长医师资格考核2人，通过传统医学师承出师考核4人。

（袁　浩　叶志超）

【生物安全】 2022年，市卫生健康委贯彻落实市委、市政府关于开展全市经济社会重点领域安全风险排查化解工作要求，建立无锡市生物安全领域风险排查化解工作机制。至年末，全市有上报备案生物安全实验室276个，其中医疗卫生系统174个、疾控系统10个、采供血系统3个、检测基地15个、第三方检测机构10个、科研系统5个、教育系统4个、出入境系统3个、各类企业52个。新增生物安全备案实验室36个。全市二级医疗机构病原微生物实验室备案率由67%提高至100%。

（张梓威）

编辑　何　峰

综 述

【运动友好型城市建设】 2022年，市体育局围绕运动环境友好、赛事活动友好、体育文化友好三大主题，加快运动友好型城市建设探索实践。无锡奥林匹克体育中心启动建设，高架桥下、厂房楼顶、道路角落的闲置空间改造成体育健身场地，组织“运动友好活力社区”“金角银边活力空间”“创想体育活力典范”评比，建成一批以新场景新服务为特点的国家级体育产业基地、体育旅游示范基地，举办跃动锡城·全民健身运动会、社区运动会、轻越野主题挑战赛等一批线上线下赛事活动，群众体育获得感和幸福感不断增强。

【第20届省运会无锡代表团获佳绩】 9月5日，江苏省第20届运动会在泰州市落幕。该届省运会比赛历时3个多月，无锡代表团派出1674名青少年运动员参加青少年部31个大项、802个小项的争夺，获得158枚金牌，共401枚奖牌，总分4591.5分，参赛成绩居全省第一方阵，获优秀组织奖、学校体育工作奖一等奖、突出贡献奖二等奖以及人才输送奖、俱乐部参赛奖。无锡市垒球、射击、武术套路、赛艇、三人篮球5个项目竞赛成绩居全省第一位，拳击、羽毛球、橄榄球等多个项目实现历史性突破，男足10岁组、女足14～15岁组双双夺冠。

【体育社会组织建设】 2022年，全市新成立4家市级运动协会，分别是市魔方协会、市拳击运动协会、市航空运动协会、市街舞运动协会。年内，瑜伽、广场健身舞、棒垒球、电子竞技、游泳等7家市级运动协会完成换届改选。至年末，全市有市级体育协会56家、民办非企业单位108家、体育基金会1家，县级体育协会178家、民办非企业单位135家。全市获评3A以上等级的体育社会组织有38家，其中3A级20家、4A级15家、5A级3家。

【体育文化活动进校园】 1月25日，“迎冬奥·向未来”冬奥冰雪文化科普暨冬奥主题书画展在无锡何振梁与奥林匹克陈列馆开展，为期1个月的展览设置“奥运火炬”“冬奥历史科普”“滑雪运动科普”3个主题展区和“冬奥主题书画展”“奥运主题玉雕”“冬奥冬残奥吉祥物展示”3个展示交流区。2022年北京冬奥会火炬“飞扬”、2008年北京奥运会火炬“祥云”并排展出，北京奥运会第158棒火炬手徐暐为观展青少年进行冬奥科普讲解。11月30日，无锡市石锁协会和无锡市新吴区新苑实验小学联合举办传统体育石锁“非遗”进校园启动仪式。石锁好手陈国辉和杨欢庆踩着《精忠报国》的节拍展现双人表演，140人齐跳石锁健身操，原创节目《大大的石锁小小的我》上演。江苏省石锁运动协会会长、无锡花样石锁省“非遗”传承人阚国祥，代表南京体育学院于翠兰教授向无锡市新吴区新苑实验小学赠送《石锁运动》《石锁健身操》等多套石锁读本。现场设置石锁文化长廊，5位红领巾讲解员化身小小传承人，以“舞动石锁强体魄，传承‘非遗’蕴文化”为主题，讲述石锁渊源、石锁玩法、石锁体验。

（周妮雯）

体育设施

【概况】 2022年，市体育局提升“10分钟体育健身圈”服务功能。市奥体中心项目完成前期研究，转入全面规划建设阶段。利用城市闲置用地建设公共体育设施项目113个，新增体育场地面积6.8万平方米。推进室外健身设施器材专项清理整改，完成全市室外健身器材信息采集录入，更新12000余件（套）。年内，宜兴市新街街道市民广场入选全省最美乡村健身公园（广场），锡山区厚桥街道宛山湖生态步道、无锡大溪港湖湾亲水环线入选全省最美跑步线路，宛山湖生态步道同时入选全省最美跑步线路网络人气奖。至年末，全市有10家省级最美乡村健身公园、13条省级最美跑步线路，无锡市人均体育场地面积4.02平方米。

【健身场地建设】 2022年，市体育局加大公共体育设施建设投入，持续改善市民群众就近运动健身条件，新建改建各类体育公园27个，打造锡山区八士市民公园、新吴区伯渎河滨水公园、惠山区钱巷体育公园等一批健

2022 年，市体育局利用城市闲置用地和剩余空间打造公共体育设施。图为锡山区八士市民公园（市体育局　供图）

身场所。新增健身步道 170 余千米、足篮球场 30 个、智能健身设施 20 套，打造立体式全民健身新空间；利用高架桥下、厂房楼顶、小区周边道路等 57 块城市闲置用地和剩余空间，建成笼式灯光足篮球场、轮滑运动场、智能健身驿站等公共体育设施 113 个，新增体育场地面积 6.8 万平方米。7 月，新吴区打造的复合型全龄化运动“高架乐园”建成开放，乐园占地面积约 19600 平方米，其中高架下全龄运动空间约 5000 平方米，配建篮球场、棋牌广场、滑板场、乒乓球场、健身步道等设施，使闲置的桥下空间变成健身场所。提升体育惠民品质，建设运动场所直饮水点 21 个。

【新建 7 家社区百姓健身房】 2022 年，全市首批 7 家社区百姓健身房建成投用，采取基层社区免费出场地、社会力量建设并提供管理服务、政府购买服务提供政策经费支持的建设运营模式，打通百姓健身“最后一公里”。健身房采取不办年卡、按次付费形式开放，单次消费最低 2 元。市民通过小程序完成场馆预约、扫码入场、线上缴费，享受时间自由、运动自由。

（周妮雯）

青少年体育

【概况】 2022 年，市体育局承办江苏省第 20 届运动会马术、足球和其他省级青少年比赛。贯穿全年开展“奔跑吧·少年”无锡市小学生阳光体育竞赛 16 个项目 30 个项次、“跃动锡城”青少年阳光体育联赛 10 个项目和小学生足球超级联赛，直接参与的青少年学生人数 5000 余人次。举办校园篮球、体适能培训班、冰雪冬令营等其他赛事活动。开展 2022 亚足联女足日“女孩足球节”（无锡站）活动。部分项目走进万象城、融创茂等综合体举办，发挥青少年体育赛事激发城市活力、提高学生体质、促进消费增长的综合作用。

【全国足球特色校（园）建设】 2 月 8 日，2021 年度全国青少年校园足球特色学校、试点县（区）、“满天星”训练营、改革试验区和全国足球特色幼儿园名单公布。无锡市新安中学、无锡市新洲小学、江苏省锡山高级中学实验学校第一小学、江苏省锡山高级中学实验学校第二小学、江南大学附属实验中学、无锡市太湖格致中学入选全国青少年校园足球特色学校。无锡市南湖幼儿园、无锡市滨湖区水秀实验金色江南幼儿园、无锡市马山中心幼儿园、无锡市城铁惠山站区实验幼儿园、江阴市要塞中心幼儿园、江阴市澄江中心幼儿园、江阴市春申中心幼儿园、江阴市辅延中心幼儿园、江阴市周庄实验幼儿园华宏分园、无锡市蔡塱巷幼儿园、无锡市铃兰实验幼儿园、无锡市正兴幼儿园、无锡市荡口中心幼儿园、无锡市新吴区春潮幼儿园、宜兴市东氿幼儿园入选全国足球特色幼儿园。至年末，全市有全国青少年校园足球特色学校 178 所，全国足球特色幼儿园 40 所，省足球人才示范学校 8 所。

【亚足联女足日“女孩足球节”（无锡站）启动】 3 月 8 日，2022 年亚足联女足日“女孩足球节”（无锡站）在江阴市第二中学启动。中国国家女子足球队主教练水庆霞和部分江苏籍女足运动员走进校园，与同学们互动交流。活动现场，江苏省足球运动管理中心与无锡市体育局共同签署女子足球战略合作协议。

【无锡市小学生校园足球超级联赛】 6 月 10 日，由市体育局、市教育局主办的 2021—2022 赛季无锡市小学生校园足球超级联赛在惠山区全民健身中心足球场落幕。联赛于 2021 年 11 月 10 日开幕，全市 17 所学校、近 500 名学生参加，进行 12 轮、76 场次比赛。第一阶段分 A、B 两组进行 7 轮单循环积分赛，江阴市实验小学、无锡市查桥实验小学、宜兴市实验小学、江苏省无锡师范附属小学、江苏省锡山高级中学实验学校第一小学、宜兴市丁山第二实验小学、无锡市洛社中心小学、江苏省无锡通江实验小学晋级八强。第二阶段前两轮排位赛中，江阴市实验小学、无锡市查桥实验小学两战全胜，进入冠亚军决赛。决赛中，江阴市实验小学在最后 10 分钟内将比分扳平至 2∶2，

6 月 10 日，2021—2022 赛季无锡市小学生校园足球超级联赛落幕。图为决赛中，江阴市实验小学对阵无锡市查桥实验小学　　（市体育局　供图）

随后在点球大战中 5∶4 战胜对手，夺得冠军。该届联赛部分场次在网络平台同步直播，累计直播时长超 20 小时，观看人数超 5 万人次。

【2022 年无锡市青少年阳光体育少儿体适能培训班】 7—10 月，市体育局举办 2022 年无锡市青少年阳光体育少儿体适能培训班 4 期，全市 250 余名少儿参加。培训班目的是为贯彻实施“奥运优苗计划”和国家体育总局、教育部《关于深化体教融合、促进青少年健康发展的意见》精神，促进少儿体质健康。课程内容分别从力量、速度、柔韧、敏捷、耐力和协调 6 个维度入手，主要包括带球屈膝仰卧、躯干伸展（静态）、躲避摆动球等 31 项基本运动的学习。教练对每名学员进行体能测试，并根据体测结果专门设计针对性的运动项目，进行长短板补齐特训，帮助每名学员依据自身不同的运动天赋提高体能素质。

【省运会青少年部马术比赛在江阴市举办】 8 月 1—3 日，江苏省第 20 届运动会青少年部马术比赛在江阴海澜飞马水城举办，马术比赛首次被列入省运会正式比赛项目。来自南京、无锡、苏州、常州、南通、泰州的 6 支参赛队伍、107 名马术运动员、近 150 匹赛马，共同参与甲、乙 2 个组别的盛装舞步、场地障碍赛项目角逐。最终，比赛产生各组别冠军 10 个。

【省运会青少年部足球（男子 10～11 岁组，男子 12 岁组）比赛在宜兴市举办】 8 月 1—7 日，江苏省第 20 届运动会青少部足球（男子 10～11 岁组，男子 12 岁组）比赛在宜兴市举办。全省各地 23 支足球代表队、600 名学生运动员参赛，在 7 天的总赛程中完成 72 场比赛。无锡队获得男子（12 岁组）第一名和男子（10～11 岁）组第四名。

【长三角青少年跆拳道超级联赛在宜兴市举行】 8 月 12—14 日，长三角青少年跆拳道超级联赛在宜兴市体育中心举行。江苏、安徽、浙江等地的 30 支代表队 600 余名青少年运动员参赛，最终安徽前卫队、冠尔跆拳道队、宜兴五环跆拳道队 3 支队伍分别夺得团体前三名。

【“奔跑吧·少年”2022 年无锡市小学生阳光体育排球比赛】 8 月 17—19 日，“奔跑吧·少年”2022 年无锡市小学生阳光体育排球比赛在新吴区高浪小学举办。比赛设男、女子 4 个组别，采用分组单循环和交叉赛的赛制，有 29 支代表队近 280 名运动员参加。经过 68 场角逐，宜兴市大浦小学、江阴市云亭实验小学、宜兴市培源实验小学、新吴区旺庄实验小学分别获得男子甲组、女子甲组、男子乙组、女子乙组第一名。

【参加 2022“省长杯”江苏省青少年校园足球联赛】 8 月 27 日，2022“省长杯”江苏省青少年校园足

7 月 28 日，2022 年无锡市青少年阳光体育少儿体适能培训班第二站在无锡经开区 FUNTOWN 举行　　（市体育局　供图）

球联赛在张家港市闭幕。该赛事历时近2个月，全省144支队伍、2603名运动员和教练员参与，共进行376场比赛。江阴市第二中学、无锡市洛社初级中学、江苏省江阴中等专业学校分别获高中女子组、初中男子组、中职男子组冠军，江苏省江阴市第一中学获高中男子组亚军。

【“奔跑吧·少年”2022年无锡市小学生阳光体育游泳比赛】 10月29—30日，“奔跑吧·少年”2022年无锡市小学生阳光体育游泳比赛在无锡体育中心游泳跳水馆举办。比赛设置男、女4个年龄组别，分为单项、全能和接力三大项目，全市8支代表队、314名选手参赛。宜兴市荆溪小学代表队、南长街中心小学一队、育英实验小学代表队分别获得团体总分前三名。

【江苏省青少年游泳锦标赛（县组）在江阴市举办】 11月13—14日，2022年江苏省青少年游泳锦标赛在江阴市市民水上活动中心举办。作为江苏省青少年游泳项目的最高水平赛事之一，全省24支代表队、近200名运动员参加。比赛设置11～12岁组，包含女200米自由泳，男、女100米蝶泳，男、女200米蝶泳，男、女100米仰泳，男、女200米仰泳，男、女100米蛙泳，男、女200米蛙泳等项目。昆山市代表队、宜兴市代表队、江阴市代表队获团体前三名。

【“奔跑吧·少年”2022年无锡市小学生阳光体育田径比赛】 11月26—27日，“奔跑吧·少年”2022年无锡市小学生阳光体育田径比赛在江苏省太湖高级中学举办。比赛设置少儿趣味田径和田径等29个项目，分为甲、乙、丙三个组别，由各市（县）、区组队参赛，有323名运动员参加。梅村实验小学代表队获得比赛团体总分第一名，立人小学代表队、广益扬名代表队分别获得第二、三名。

（周妮雯）

群众体育

【概况】 2022年，无锡市新增社会体育指导员2000余名，每万人拥有社会体育指导员数48人。提供国民体质监测服务3万余人次，国民体质监测合格率93.5%。市体育局与市委人才办、江南大学共建无锡市高层次人才运动促进健康中心，市中医医院建成市级运动促进健康中心，惠山区康复医院建成区级运动促进健康中心，新吴区硕放街道、无锡经开区万欣社区建成2个运动促进健康站（点）。举办首届无锡市体育春晚，通过线下编排录制、线上播出的形式，在除夕夜为市民送上一台新春晚会。举办2022年无锡市健身气功精英培训班，全市健身气功社会体育指导员50人参加培训。省体育局《关于表扬2018—2021年度全省群众体育先进单位和先进个人名单的通报》中，无锡市有15家单位获评“群众体育先进单位”，8人获评“群众体育先进个人”。

【轻越野主题挑战赛】 2022年，市体育局推出轻越野主题挑战赛，在各市（县）、区举办峄嶂A线、宝界大浮环线、惠山四叶草、鼋头渚鹿鼎山站、玉女潭站及惠山一枝花站6站比赛，依托无锡周边特有的山地地形以及成熟的穿越线路为赛道，采取了“线上+线下”的模式，丰富比赛形式，降低参与门槛，线下累计参赛人数超3000人。

【“无锡·威孚房开杯”中国围棋棋王争霸赛】 1月5—7日，第16届“无锡·威孚房开杯”中国围棋棋王争霸赛最终阶段的比赛在惠山区举办。八强战中，丁浩、芈昱廷、谢尔豪、童梦成、彭立尧、李钦诚、杨楷文、伊凌涛等国手捉对厮杀。半决赛中，芈昱廷、杨楷文分别战胜对手，挺进决赛。最终，世界冠军芈昱廷九段执白中盘击败该届赛事大黑马杨楷文八段，第三次晋级决赛后，获得2022年中国职业围棋赛事第一个冠军。

【江苏省三对三篮球精英赛】 1月15—16日，江苏省三对三篮球精英赛在惠山区万达广场举办。省内16支队伍参赛，最终常州品鹭安普队夺冠，常州凯达重工队获得亚军，惠山区惠汕篮球俱乐部二队以21：10战胜镇江雅乐家纺队获得季军。

【“福虎生威开门红——2022年无锡市春节体育大联欢”系列活动】 2月1—6日，市体育局推出“福虎生威开门红——2022年无锡市春节体育大联欢”系列活动，每日组织1～2场体育比赛或展演活动，选址各大广场和商业综合体，项目涵盖石锁、空竹、篮球、柔力球、体育秧歌、健身气功、太极拳等群众喜闻乐见的体育项目，吸引市民广泛参与，营造过节氛围。

【江苏省“长江经济带”全民健身大联动（无锡分会场）】 6月11日，2022年江苏省“长江经济带”全民健身大联动（无锡分会场）暨社会体育指导员技能交流展示活动在无锡融创文旅城举行，559名社会体育指导员参加。技能交流展示活动中，舞龙舞凤、广场舞、太极拳、空竹、健身秧歌、柔力球、健身腰鼓、健身气功等项目上台演出。

【跃动锡城·2022全民健身运动会体育舞蹈联赛】 6月25日，无锡市全民健身运动会体育舞蹈联赛在太湖国际博览中心开幕，无锡、深圳、苏州、武汉等地的300余名选手参加，全国各地近90名专家评委到场指导。大赛设置多个年龄段组别，舞种涵盖摩登舞，包括华尔兹、维也纳华尔兹、探戈、狐步、快步；拉丁舞，包括伦巴、桑巴、牛仔、斗牛等。中国体育舞蹈国家职业队队员、中国体育舞蹈联合会职业组拉丁舞冠军侯垚现身比赛、一展舞技。最终，比赛评出各组别冠军131个。

【参加江苏省健身健美锦标赛】 6月25日，由省社会体育管理中心、省健身健美运动协会、泰州市体育局主办的2022年江苏省健身健美锦标赛在泰州市举行。比赛设置传统健美、古典健美、健美元老组、男子健体、比基尼健身、女子形体、体育模特等项目。无锡代表队派出20名运动员参赛，获5枚金牌、4枚银牌、4枚铜牌，在全省13支参赛队伍中总分排名第二。

【无锡市第二届气排球比赛】 9月3—4日，无锡市第二届气排球比赛在江阴市体育中心举办。比赛包含老年组、中年组和新设的青年组，27支队伍、近250名运动员参赛，经过2天62场比赛角逐，江阴乐茵青年队、江阴开拓者队、宜氿青年队分别获得青年组前三名；交银人寿一队、江阴乐美时装队、宜氿俱乐部一队获得中年组前三名；江苏优瑞德队、锡山安镇队、江溪街道代表队分别获得老年组前三名。

【第二届长三角体育节开幕式】 9月8日，第二届长三角体育节开幕式在无锡市举行。长三角体育节是长三角三省一市体育部门联合打造和轮流举办的区域性自主品牌赛事活动，该届体育节紧扣“一体化”和“高质量”，围绕“绿色、健康、融合、共享”主题，设置8个正式比赛项目和15个推广比赛项目，并举办长三角全民健身嘉年华、体育运动集市、数字文化体育嘉年华等活动，从5月到12月陆续展开。开幕式邀请射击奥运冠军邱健、击剑奥运冠军骆晓娟参加，无锡等地的各类群众性文体团队进行文体表演，有120人参加长三角全民健身嘉年华项目体验活动。

【跃动锡城·首届重阳登高节】 9月24日，跃动锡城·首届重阳登高节在鼋头渚景区举办，有700余名选手参加。该届重阳登高节分为“鹿顶迎晖”家庭登山组和城市轻越野竞赛组2个组别。“鹿顶迎晖”家庭登山组每组3人参与，老少结合，重在健身休闲，全程5.1千米，线路难度小，坡度平缓。城市轻越野竞赛组全程8.6千米，参赛选手跃步十里芳堤，翻越鹿顶山，穿行中日樱花林，绕道鼋头灯塔，跨行万浪卷雪、九松亭，最后在聂耳亭草坪完成竞赛冲刺和活动大团圆。在登山和城市轻越野终点处，体育达人献上抖空竹、石锁、瑜伽、柔力球、健身操和少儿街舞等表演，“让你的飞盘再飞一会儿”“见证真正的神射手”“健身环大冒险体感游戏”“疯狂的划船机和动感单车”等体验活动，让选手们尽享运动健身乐趣。该活动引领运动休闲新时尚，弘扬中华优秀传统文化，激发城市体育消费动能，推动锡城运动友好型城市建设。

9月24日，跃动锡城·首届重阳登高节在鼋头渚景区举办

（市体育局　供图）

【跃动锡城·2022全民健身运动会皮划艇马拉松赛】 10月29日，跃动锡城·2022全民健身运动会皮划艇马拉松赛在蠡湖万象城水域完赛。比赛设置皮艇公开组、皮艇统一组、桨板组和迷你组4个组别，分为10千米、5千米、2千米3个距离，全市100余名水上运动爱好者参赛。储佳迪、孙宝奎、杭狄锋、郑国兵分别获得皮艇公开组、皮艇统一组、桨板组以及迷你组第一名。

【跃动锡城·2022全民健身运动会龙舟赛】 10月30日，跃动锡城·2022全民健身运动会龙舟赛在蠡湖万象城水域举行。比赛有17支龙舟队参加，经过6轮赛序，最终惠山区代表队、宜兴市万石镇龙舟队、银鸥艇友队分别获得前三名，农工潜龙队获得最佳风采奖，滨湖教育龙舟队获得最佳组织奖。

【跃动锡城·2022无锡市活力机关体育嘉年华】 11月8日，由市委市级机关工委、市体育局主办的跃动锡城·2022无锡市活力机关体育嘉年华在金匮党建主题公园开幕。嘉年华活动为期10天，设置陆地划船机、趣味运动、游泳、乒乓球和《国家体育锻炼标准》达标赛5个项目，60余家单位、2000余人参加。参与活动的广大机关干部职工在运动比拼中展现出奋发有为、锐意进取的精气神，做好全民健身的带头表率。

11月9日，跃动锡城·2022全民健身运动会广场舞大赛举行

（市体育局　供图）

【跃动锡城·2022全民健身运动会广场舞大赛决赛】 11月9日，跃动锡城·2022全民健身运动会广场舞大赛决赛在无锡梅里古镇举行。比赛分线上海选赛和决赛两个阶段，线上海选赛收到161支队伍的参赛作品，经过评选有47支队伍参加决赛。经过角逐，龙山社区健身舞蹈队、暖之韵舞蹈队、童韵舞蹈队等16支队伍获优胜奖。

【“跃动锡城·活力无锡”社区运动会总决赛】 11月12日，“跃动锡城·活力无锡”社区运动会总决赛在无锡太湖新城体育公园举行。比赛设有团体传统项目拔河、接力跳绳，以及包含抱球穿行、跨越平衡木、绑脚接力的新兴亲子趣味挑战赛，全市200余名运动爱好者参与。赛场外设置国民体质监测服务点，提供参与握力、平衡力、肺活量监测服务，为市民日常锻炼提供科学指导。该届社区运动会覆盖全市200余个社区，3月推出的“云”上社区运动会，视频参与投稿超1000次，话题总播放量超140万次。

【华锐教育杯2022全国围棋锦标赛（团体）在无锡市举办】 11月15—23日，华锐教育杯2022全国围棋锦标赛（团体）在无锡市惠山区举办，全国各地近50队、200名棋手参赛。男子乙组16支队伍参赛，经过8轮比拼，上海清一队与山西元工弘弈队获得该组前两名，升入下一赛季甲级联赛；云南队、北京棋院队、中日友好队降至丙级联赛。女子乙组12支队伍参赛，广东水浒文化队和福建队重返甲级联赛。男子丙组19支队伍参赛，最终环旭电子宝岛队、杭州市棋类协会队、杭州国际交流中心队分别获前三名，成功晋级乙级联赛。

【2022“舞动江苏”广场舞大赛（无锡站）】 11月20日，魅力江苏·最美体育2022“舞动江苏”广场舞大赛（无锡站）在新吴区举行。16支由跃动锡城·2022全民健身运动会广场舞大赛评选出的队伍，参加该次无锡赛区冠军赛的争夺。最终，暖之韵舞蹈队凭借一曲《春暖花开》获得冠军。12月11日，暖之韵舞蹈队代表无锡市参加2022年“舞动江苏”全省广场舞展演赛（线上），获最佳展演奖和优秀组织奖。

【参加第十届江苏省创编广场舞（健身操）交流比赛】 11月24日，第十届江苏省创编广场舞（健身操）交流比赛在扬州市举办。全省各设区市的13支广场舞队伍、约200名选手参赛。无锡市代表队以一曲《六月清荷》登场，队员们脚步轻盈、彩扇挥舞，获得一等奖，并摘得创编金奖。

【2022年无锡市残疾人体育嘉年华】 12月7日，由市残联、市体育局主办的“开启新征程，激扬新梦想”2022年无锡市残疾人体育嘉年华活动在锡山区天一体育馆举办。开幕式上，特殊教育学校的学生们用优美舞姿带来精彩表演。各市（县）、区的近200名运动员参加听力组三分球、肢体组旱地冰壶、盲人组跳绳、飞镖、掼蛋5个项目的比赛。比赛现场，运动员们遵循“平等、参与、共享、融合”的宗旨，发扬“团结、奉献、拼搏、进取”的精神，赛出水平，赛出风格。

【中国·宜兴“环科园杯”国际标准舞（体育舞蹈）全国巡回赛】 12月9—11日，2022中国·宜兴“环科园杯”国际标准舞（体育舞蹈）全国巡回赛开幕式在宜兴市体育中心体育馆举行。比赛设置职业组、甲A组、青少年精英组、职业师生组等组别，全国100余支代表队参赛，比赛决出甲A组摩登舞、拉丁舞，全明星舞王无差龄精英组，业余8岁、12岁女单精英组拉丁舞等多组别的优胜者。

（周妮雯）

竞技体育

【概况】 2022年，无锡市完成江苏省第20届运动会参赛任务，获得金牌158枚、奖牌401枚、总分4591.5分。无锡籍运动员吴澄舒助力中国女足时隔16年再夺亚洲杯冠军，由无锡培养输送的运动员金维娜助力中国女篮时隔28年再夺世界杯亚军。省棒球队获全国棒球锦标赛、全国棒球冠军杯赛亚军，1名教练

6月13日,2022“无锡杯”足球联赛在无锡体育中心开赛（市体育局　供图）

员、9名运动员、1名管理人员入选杭州亚运会参赛阵容;省马术队获全国马术三项赛锦标赛个人、团体双冠军,4名运动员获杭州亚运会参赛资格。王飞龙、罗欣彧、邵子钦等一批无锡市培养的小将入选国家队。8月,在2022国际射联阿拉木图大奖赛暨第10届飞碟亚锦赛中,无锡运动员王心怡与队友合作获得飞碟多向女子团体冠军,王心怡在飞碟多向女子个人赛中获1枚铜牌。市体育局与省体育局完成全运会新周期马术、射击手枪、击剑重剑等8支队伍的签约。与省足球协会签订联办共建江苏女足战略合作协议,江苏无锡女足获2022年中国女子足球超级联赛亚军。年内,无锡市垒球项目3名运动员被授予“江苏体育发展突出贡献个人”称号,棒球、马术、跳水、田径、篮球、自行车、垒球项目32名运动员、教练员被给予记大功奖励。

【吴澄舒助力中国女足夺冠亚洲杯】 2月3日,女足亚洲杯半决赛中,中国队遭遇日本队,无锡籍运动员吴澄舒发挥关键作用,于开场20秒、9分钟连续贡献2次带球突破,并在上半场0∶1落后的情况下,于下半场第46分钟抢点破门进球,助力中国女足扳平比分,最终晋级决赛。2月6日,女足亚洲杯决赛中,吴澄舒决赛首发上场,克服腰伤影响,在中场位置稳定发挥,最终中国女足3∶2战胜韩国队,时隔16年再夺亚洲杯冠军。

【2022“无锡杯”足球联赛】 6—10月,由市人民政府主办,市体育局、各市(县)区人民政府、无锡经开区管委会承办的2022“无锡杯”足球联赛举办。该联赛是无锡市首个以地域球队为划分、以职业化办赛标准打造的11人制年度足球赛事,也是省内首个城市区域内的业余足球联赛品牌。比赛采用主客场双循环制,历时4个多月,来自各市(县)区的8支队伍、244名球员进行16轮、60场比赛。赛事通过微信官方小程序“绿茵无锡”全程直播,累计观看人数近50万人次。赛事期间开展“无锡杯goal精彩抖音挑战赛”、“无锡杯”摄影大赛、人气球员票选等活动,其中,“无锡杯goal精彩抖音挑战赛”相关抖音话题浏览量超1.3亿次;“无锡杯”摄影大赛投稿摄影师56人,累计投稿作品532幅。最后,江阴队夺得首届“无锡杯”联赛冠军,新吴队与宜兴队分别获得联赛亚军和季军。

【无锡小将摘得全国少年乒乓球锦标赛团体冠军】 3月16日,由中国乒乓球协会主办的2022年全国少年乒乓球锦标赛在辽宁体育馆落幕。比赛为期7天,设有男子团体、女子团体、男子单打、女子单打、混合双打5个项目,全国34支参赛队380余名领队、教练员和运动员参加。在男子团体比赛中,无锡小将孙龙、马梓铭以3∶1战胜北京队夺冠。

【於之莹获得亚运会入场券】 4月22日,中国围棋队杭州亚运会选拔赛女子组比赛结束。该选拔赛分为两个阶段,第二阶段8名棋手参赛,采取双循环14轮的赛制争夺4个亚运会参赛资格。无锡籍运动员於之莹脱颖而出,与李赫、周泓余和陆敏全3名运动员组队代表中国围棋女队出战亚运会。

【江苏省帆船俱乐部联赛(无锡站)开赛】 8月16日,“魅力江苏,最美体育”2022江苏省帆船俱乐部联赛(无锡站)在锡山区鹅湖镇开赛,该次比赛是年度江苏省帆船俱乐部联赛的首站。比赛为期2天,设有iboat、OP两个小项、5个组别,南京、苏州、南通、无锡等城市的60名小选手参加。赛事作为中国帆船帆板运动协会小水手认证赛事纳入中帆协认证体系，选手成绩纳入中帆协小水手年度积分参与排名。南京玄风代表队包揽OP级U12个人组、U12团体组、U10个人组、U10团体组冠军，南京风之曲代表队摘得帆船iboat组冠军。

【全国击剑锦标赛暨全国青年击剑锦标赛在无锡市开幕】 10月28日，2022年全国击剑锦标赛暨全国青年击剑锦标赛在无锡体育中心体育馆开幕。全国500余名选手报名参赛，历时8个比赛日。为促进各支队伍全剑种发展，该届全锦赛设有12个大项26个小项，新设成年组、青年组混合团体项目，每支队伍由同单位、不同剑种的6名运动员（男女花、重、佩剑各1名）组成。赛事期间，中央电视台体育频道等电视及网络平台对个人半决赛、决赛及团体季军赛、冠军赛进行现场直播。最终决出金牌26枚。

【“省市联办”江苏省男子体操队运动员夺得世锦赛男团冠军】 11月3日，在英国利物浦举行的2022体操世锦赛男子团体决赛中，由孙炜、张博恒、杨家兴、尤浩和邹敬园组成的中国队以257.858分夺得冠军，获得该项目直通2024巴黎奥运会的资格。决赛中，无锡“省市联办”省体操队运动员孙炜、尤浩表现出色，助力中国队夺冠。

【江苏棒球队获全国棒球锦标赛亚军】 11月12日，历时7天的2022年全国棒球锦标赛在江苏仪征综合体育场馆棒球场落幕，江苏、四川、上海、广东、天津、河南、山东、河北等地的10支专业队参赛。“省队市办”江苏棒球队与北京队、四川队、河南队、河北体院队分在B组，小组赛阶段江苏以9：0和15：0的比分战胜河北体院队和河南队，第三场比赛以0：1负四川队，在与北京队争夺小组出线权的关键战中以8：3战胜对手，小组第二晋级四强。交叉赛中，江苏队以3：2战胜对手上海队晋级决赛。最终决赛，江苏队以2：3不敌对手四川队，获得亚军。

【江苏棒球队获全国青年棒球锦标赛季军】 11月19—26日，2022年全国青年棒球锦标赛暨全国体校联赛总决赛在仪征市举行，全国10支代表队、近200名运动员参赛。该届比赛，江苏队以第20届省运会各市队运动员为主，在江苏棒球队所在地无锡市集训2个月后组队参赛。最终江苏棒球队在与天津体院队争夺第三名的比赛中，江苏队以4：3夺得季军。

【江苏省马术队夺得全国马术盛装舞步锦标赛团体赛、个人赛亚军】 11月25—27日，2022年全国马术盛装舞步锦标赛团体赛在江阴海澜飞马水城举办。团体赛中，“省队市办”江苏省马术队主场作战，刘雷刚与HEFFNER的组合、张磊和H的组合、李裕昂和HONNEUR的组合、吾亚和HOOGHEID的组合分别以63.333分、66.029分、66.323分和67.696分完赛，帮助江苏队获得亚军。广东队以202.695分夺得冠军，上海队以197.549分摘得季军。个人赛中，广东队的黄焯钦搭档卡斯坦，以70.917的总分摘得冠军，江苏队的吾亚搭档HOOGHEID以69.933的总分获得亚军，季军由代表个人参赛的兰超搭档Sergio Leone获得。

【江苏省马术队夺得全国马术三项赛锦标赛个人赛、团体赛冠军】 12月7日，延期举办的2021年全国马术三项赛锦标赛在广东省惠州市举行，“省队市办”江苏省马术队夺得全国个人赛、团体赛冠军。个人赛中，江苏省马术队运动员包英凤以27.2分的总罚分、孙华东以30.7分的总罚分分别获得冠军、季军。团体赛中，江苏队孙华东、包英凤携手队友音克巴依尔、胡日查以总罚分96.9的成绩夺得冠军，西藏队、广东队分别获得第二名、第三名。

【参加江苏省校园足球教练员技能大赛】 12月15—18日，2022年江苏省校园足球教练员技能大赛在扬州市举行，省内各地市的近100名足球教练员和体育老师参加理论考试、评赛、编写教案、体能与技能考核、教学实践等项目的考核。团体赛中，无锡代表队以80.88分获得总分第一名。个人赛中，无锡代表队陆磊等5人在个人赛中获一等奖，其中江南大学附属中学体育老师徐回回以86.7分获得第一名；周瑛获二等奖、郝鹏辉获三等奖，代表队实现参赛选手人人有奖。

（周妮雯）

体育产业

【概况】 2022年，全市入选省级体育产业基地、体旅融合示范基地、体育服务综合体和体育场馆示范项目9个。江阴海澜飞马水城入选2022中国体育旅游精品项目，连续3年获评十佳体育旅游精品景区，并被评为2022年长三角地区体育旅游精品目的地。无锡太湖新城体育公园、无锡八佰伴中心入选省第五批体育服务综合体，年末全市有8家省级体育服务综合体。全市体育彩票销售31.3亿元，比上年增长13.84%；市场份额74.33%，保持领先优势；全年筹集公益金2.68亿元；获评年度省体育彩票销售工作成绩突出单位。全年无锡市体育产业总产出806.43亿元，比上年增长6%；增加值264.34亿元，比上年增长6.7%，占全市同期地区生产总值的1.78%；居民人均体育消费2954.8元。

【体育消费促进】 2022年，市体育局发布首批6大类41个“体育消费活

7 月 30 日，“燃动锡城，嗨 FUN 一夏”荧光夜跑活动举办　　（市体育局　供图）

力场景”项目榜单和电子地图微信小程序，为市民提供丰富多样的体育消费选择。参与 2022 无锡“太湖购物节”夏日消费季，以“跃动锡城”为主题，展示无锡马拉松和无锡轻越野两大 IP 赛事和江阴海澜飞马水城、乐运体育商业综合体、无锡热雪奇迹等体育消费场景，吸引市民参与；举办“燃动锡城，嗨 FUN 一夏”荧光夜跑活动，配套打造体育夜间市集。支持江阴省级体育消费试点城市建设。

【“我的两块，动出精彩”社区运动会】 9 月 9 日，体育彩票微光行动“我的两块，动出精彩”社区运动会在滨湖区溪南社区举行。现场搭建趣味健身场景，通过专业健身宣导及叠加社区健身运动游戏，带动居民参与社区健身，传播公益体彩理念。市民在“绳”彩飞扬、全民“毽”身、舞蹈挑战以及趣味投壶等游戏互动区域，完成规定任务盖章打卡后，领取体彩公益大礼包以及指定健身房双周健身卡。

【首批 43 家体育类校外培训机构审核通过】 10 月 26 日，市体育局举办全市首批体育类校外培训机构集中颁证仪式，43 家体育类校外培训机构领取各市（县）区体育主管部门颁发的审核意见书，成为“双减”后无锡市首批获得审核证书的非学科类培训机构。2022 年，无锡市在全省率先制定出台《无锡市青少年（幼儿）体育类校外培训机构管理办法（试行）》，从设立条件、组织机构、培训内容、师资队伍、办学场所、收费管理、组织保障等方面提出明确规定，有序规范体育类校外培训机构发展，无锡市体育类校外培训机构纳入各级体育主管部门审批和监管。

（周妮雯）

编辑　何　峰

综 述

【就业总量】 2022年，无锡市就业规模持续扩大，全市城镇新增就业15.81万人，完成率117.12%。至年末，全市就业参保登记总量上升至312.3万人，比上年增长1.67%。无锡连续3年获评最佳就业促进城市，就业创业工作连续5年获省政府督查激励通报。

【就业结构】 2022年末，市人社系统企业就业参保登记人员总数为251.18万人。从户籍看，省外户籍、本市户籍就业人数分别增加24840人和924人，本省市外户籍就业人数增加3475人，省外户籍就业人员占28.03%，比上年增加0.67个百分点；从产业看，二产减少20820人，三产增加50308人；三产就业占比46.69%，比上年增长1.48个百分点。

【就业质量】 2022年，市人力资源社会保障局健全技能人才"1+X"政策体系，全市新增技能人才8.89万人，其中数字技能人才2.17万人、高技能人才3.54万人。强化高技能人才选树，全市新增技能大师工作室10个、企业首席技师30人、技术能手99人，推动人大立法设立"无锡工匠日"。至年末，全市技能劳动者总量127.68万人，高技能人才总量51.12万人，高技能人才占技能劳动者比例40%，居全省领先。

【公共就业服务载体建设】 2022年，市人力资源社会保障局继续推进基层公共就业服务平台建设，依托街道（镇）、社区（村）为民服务中心、党群服务中心等载体共建共享，在商圈、步行街、厂区、园区等人流密集地建设服务平台，全年新建8个街道（镇）公共就业服务中心、27个社区（村）就业服务站。至年末，全市有10个街道（镇）公共就业服务中心、31个社区（村）就业服务站。梨花社区、美湖社区获评第五批国家级充分就业社区，江南古运河度假区公共就业创业服务中心成为江苏首个景区公共就业服务机构。

【劳动关系建设】 2022年，市人力资源社会保障局落实劳动关系"和谐同行"能力提升行动计划，培育全国和谐企业，江阴天江药业有限公司、无锡贝斯特精机股份有限公司、红豆集团有限公司3家企业被命名为全国和谐劳动关系创建示范企业。开展2022年企业薪酬调查，发布技能人才薪酬指引，指导企业建立与市场价位相适应的薪酬制度。推动快递行业集体协商，签订快递行业集体合同，促进劳动者权益保障和行业持续健康发展。

【劳务品牌建设】 2022年，市人力资源社会保障局加强劳务品牌建设，坚持市场化运作、规范化培育、技能化开发、品牌化推广、产业化发展，打造地域鲜明、行业领先、技能突出的省级劳务品牌。全年评定9个市级劳务品牌，其中无锡"飞凤"物联智匠等6个劳务品牌入选省级劳务品牌，数量居全省第二位。

（孙皓晨）

重点群体就业

【高校毕业生就业】 2022年，市人力资源社会保障局推进"三年五万 职引未来"就业见习计划，加强就业见习基地建设，开发就业见习岗位超过2.9万个，组织上岗5041人。发挥一次性扩岗补助、社会保险补贴等政策效应，鼓励企业吸纳毕业生就业。举办"乐业无锡"青年大学生就业创业"码上行"直播、微幸福招聘夜市，开展无锡市就业服务专家志愿团基层行活动，组织各类志愿服务超过15场，服务人数超过1000人。实施2022年离校未就业高校毕业生服务攻坚行动，开展2022届离校未就业高校毕业生实名制调查工作，对有就业意愿的未就业毕业生提供1次职业指导、3次岗位推荐、1次职业培训或者就业见习机会。至年末，全市离校未就业高校毕业生就业率96.65%。

（孙皓晨）

【妇女就业】 2022年，市妇联举办"三八架金桥，春风送岗位"——无锡市女性网络招聘月活动，提供岗位1445个。鼓励城乡妇女岗位建功，市妇联等7家单位获评"江苏省巾帼建功先进集体"，14家单位获评"江苏省巾帼文明岗"，9人获评"江

5月18—19日，市人社部门举办2022“乐业无锡”青年大学生就业创业“码上行”直播活动　（市人力资源社会保障局　供图）

苏省巾帼建功标兵”，11人入选省“十行百星”。支持女大学生创业，开展“女大学生创业导航校园行”活动，命名2022年度江苏省女大学生就业创业实践基地8个。服务女性创业创新，依托“无锡市女企业家发展协同服务平台”发布政策指引、开展政策解读，推进“苏锡常女企业家科技创新联合行动”，开展苏皖女企业家交流活动。组织“创投无锡”太湖人才金融路演暨江苏人才创新创业路演——“她力量”专场路演，8名女性创业者展示成果。携手无锡广电策划《致敬！了不起的女企业家》节目，分享创业经验，浓厚创业氛围。

（唐科红）

【退役军人就业】 2022年，市退役军人事务局深化“日日有登记、周周有招聘、月月有推荐、季季有专场”的“线下＋线上”全天候招聘服务，举办28场专场招聘会，348家企业在线上招聘，16万人次参与。4月28日，市退役军人事务系统以“扬帆起航，再续辉煌”为主题，携手甘肃省金昌市退役军人事务系统召开退役军人云聘会，开创东西部退役军人“云招聘”模式。无锡市动员企业55家，提供岗位190个，需求总人数1482人，无锡、金昌两地3.7万人次在线参与，收到简历263份，求职意向率71%，相关做法受到退役军人事务部的肯定和宣传。

（陈国兵）

【残疾人就业】 2022年，全市完成3573家企业的残疾人安置登记，审核残疾人10849人次。城区审核按比例就业单位179家、395人次，超比例就业单位116家、169人次。实名制新增就业1467人，城镇任务完成率260.82%，农村任务完成率248.54%。市残联与市慈善总会合作开展“困难残疾人家门口就业”项目，首批在梁溪区扬名街道推出10辆“慈善助残幸福快车”，为行动不便、就业能力弱的残疾人提供经营场地，实现就近就便就业。5月15日，央视《新闻联播》报道该项工作。梁溪区残疾人就业创业一体化服务园被授予“全国残疾人创业孵化示范基地”称号。

（李　洋）

【重点帮扶人员就业】 2022年，市人力资源社会保障局开展“就业援助月”“春风行动”“民营企业招聘月”“金秋招聘月”等专项服务活动，为低收入、特困职工家庭未就业人员、残疾人和离校未就业高校毕业生等重点群体搭建供需对接平台，共举办招聘会（含网络、现场）281场，参与企业4833家。加大就业援助力度，通过送岗位、送政策、送服务等方式，为就业困难人员提供服务。开发公益性岗位1482个，新安置就业困难人员686人。至年末，城镇失业人员再就业77153人，完成率118.70%；就业困难人员就业31213人，完成率132.26%；发放失业补助金和失业保险金5.71亿元，零就业家庭保持动态清零。

（孙皓晨）

【“关爱·圆梦”工程】 2022年，市总工会继续实施“关爱·圆梦”工程，与无锡学院、无锡商业职业技术学院、无锡南洋职业技术学院签订共建“‘关爱·圆梦’工程实习见习基地”合作协议，选树二十佳爱心企业，募集爱心企业642家、岗位4917个，帮助2382名困难家庭学生和青年学子勤工俭学。

（丁　一）

就业促进

【助企纾困】 2022年，市人力资源社会保障局打好惠企政策“组合拳”，扩大“免申即享”服务范围，减轻企业负担，稳定就业岗位。全年发放稳岗返还资金9.16亿元，惠及企业12.03万家；发放一次性留工培训补助8942.4万元，惠及企业19810家；发放一次性扩岗补助3040.8万元，惠及企业5382家；发放社会保险补贴和公益性岗位补贴5.18亿元，惠及9.43万人。延续实施阶段性降低失业保险费率政策，为企业减负

37.37亿元，央视《新闻联播》《朝闻天下》作专题报道。出台五大特困行业（餐饮、零售、旅游、民航、公路水路铁路运输）、扩围行业及中小微企业阶段性缓缴社会保险费政策，357家企业缓缴养老、工伤和失业3项社会保险费1.45亿元。

【企业用工服务】 2022年，市人力资源社会保障局建立重大项目用工服务机制，深化重点用工企业服务专员制度，建立600家重点企业用工服务名单，将全市工业企业100强、全市服务业企业100强、全市外资企业100强以及2022年重大竣工产业项目、在建工业项目、重点外资投资项目等纳入用工服务重点企业范围。对重点企业实行定点联系、专人服务，开展政策宣讲、政策解读，做好人员招聘、用工指导等个性化服务。深化劳务协作机制，全年拓展劳务基地21个，开展劳务协作活动64场次，参与企业770余家。对有需求的集中到锡就业的农民工等群体开展“点对点”集中运输服务，全年输送3940余人。落实岗位信息异地发布机制，通过异地人社部门发布岗位超过3.2万个次。

【“苏岗贷”扩围试点】 2022年，市人力资源社会保障局对吸纳就业多、稳岗效果好、用工规范的民营企业和创业企业，提供免抵质押贷款及优惠利率支持。率先开展“苏岗贷”扩围试点，扩大政策受益面，惠及更多中小微企业和个体工商户。至年末，授信超过1280笔，发放贷款超过37.09亿元，贷款余额、授信户数、新增客户均居全省首位；帮助贷款企业稳定用工岗位超过3.1万个、新增用工岗位约4000个。

【创业基地建设】 2022年，全市新增认定8家市级创业孵化基地，新增备案6家省级创业示范基地，数量再次居全省之首。全市有156家创业基地，累计入孵创业实体1.87万户，带动就业人数10.5万人，创业带动就业率达1∶5.61。举办“创响无锡”2022年第二届创业基地联席会议暨高质量发展论坛，组织创业基地首席运营官训练营，提升创业基地服务水平。开展基地综合评估工作，评定A、B类创业基地30家，注销创业基地28家。

【“创响无锡”全民创业大赛】 11月2—3日，第四届“创响无锡”全民创业大赛举办。大赛吸引700多个项目报名参赛，数量创历史新高，参赛项目涵盖集成电路、生物医药、物联网等领域。在主体赛之外，推出青年创意专项赛、乡村振兴专项赛、海外专项赛等多个赛道，并联合多部门举办跨境电商、大中专院校等“创响无锡”品牌系列赛事，获奖项目最高奖励金额30万元。无锡选送的“高性能OCA光学压敏胶的研发与生产”项目获第五届“中国创翼”创业创新大赛江苏选拔赛制造业组一等奖。

7月29日，无锡市举办“苏岗贷”发放突破12亿元成果发布会

（市人力资源社会保障局　供图）

【零工市场建设】 10月22日，无锡市首家零工市场在锡山区揭牌，为短期工搭建“功能集成、线上线下、专业运营、全链服务”的“一站式”求职平台。至年末，全市建成锡山区零工市场、梁溪区零工市场和新吴区闲不闲零工市场3家零工市场。全年举办零工市场线上、线下专场招聘会5场，50多家单位参加，提供零工岗位1203个。

（孙皓晨）

职业技能培训

【职业技能培训】 2022年，市人力资源社会保障局推动构建职业技能“大培训”工作格局，出台企业职工岗前培训、新就业形态从业人员职业技能培训支持政策，开展各类补贴性职业技能培训30.3万人次。

【新就业形态从业人员职业技能培训】 2022年，市人力资源社会保障局创新出台新就业形态从业人员职业技能培训试点政策，将未与平台企业建立劳动关系的灵活就业人员纳入职业培训补贴范围，并推动建立新就业形态技能培训制度，支持平台企业技能提升培训，促进职业素质提升。无锡市新就业形态从业人员职业技能培训试点政策入选“2022年度地方就业创新事件”。

【技能人才评价体系建设】 2022年，市人力资源社会保障局加快技能等级认定评价主体培育，新增技能等级认定备案机构212家，为上年的1.4倍。打破技能晋升天花板，开展两批次特级技师评聘试点，新增特级技师13人。激发企业评价活力，支持企业自主评价高技能人才2.13万人，较上年增长28%。

【技能人才培育载体建设】 2022年，市人力资源社会保障局推进以工匠学院为核心的创业大学建设，加快中国无锡智能制造产业发展实训基地建设，启动首期"一带一路"框架下的南南合作技能开发培训项目，江苏省无锡技师学院获评首批江苏省全民数字素养与技能培训基地。

（孙皓晨）

【工会劳动和技能竞赛】 2022年，市总工会围绕创新驱动核心战略和产业强市主导战略，在全市15项重点工程（项目）、10个重点行业和98家重点企业中开展示范引领性劳动竞赛。主办第十五届无锡市职工职业技能大赛，承办省级赛事2项，举办首届长三角（5+10）城市集成电路、新能源大客车驾驶员两项技能大赛，成为年度最具影响力的"城市群"职工赛事，《人民日报》《新华日报》等媒体予以报道。

（丁 一）

【退役军人职业技能培训】 2022年，市退役军人事务局推进退役军人承训体系建设，提升退役军人就业创业能力。全年新增适应性培训机构4家、创业培训机构4家、短期职业技能培训12家、个性化培训机构2家。至年末，全市退役军人事务系统有承训机构59家、就业创业示范基地51家，退役军人在校复学1164人，参加成人学历教育2548人、全日制学历教育137人。

（陈国兵）

【残疾人职业技能培训】 2022年，市残联组织各市（县）、区残联推进残疾人技能培训，提高残疾人就业能力。举办全能主播、直播销售等包含新业态在内的多种类残疾人职业技能培训，打造网络移动课程；举办残疾人创业技能提升和残疾人大学生就业技能训练营等活动，做好残疾人端的赋权增能；开展"特校智力及孤独症应届毕业生就业能力提升"项目，为残疾人提供多方位、多元化、多层次的就业服务培训。2022年，市残联组织实名制培训残疾人1634人次，任务完成率142.46%。肢体三级残疾人、正高级工艺美术师陈忠庆代表江苏省参加第十届国际残疾人职业技能竞赛国内选拔赛，获陶艺组第一名，将代表中国参加2023年在法国举办的国际赛。

（李 洋）

劳动权益保障

【诚信企业培育】 2022年，市人力资源社会保障局完善诚信企业评选和退出机制。至年末，评选出诚信单位2014家，125家单位因不符合条件退出诚信企业库。创作全新诚信品牌标识，号召全市企业"言必信、行必果"。

【劳务派遣管理】 2022年，市人力资源社会保障局从经营情况、纳税情况、社会责任、安全生产、违法行为5个方面对全市1308家劳务派遣单位开展等级评价，确定A级单位23家、B级单位495家、C级单位540家，203家单位被列入不予延续劳务派遣行政许可名单，82家单位主动注销许可资质。《关于开展无锡市劳务派遣单位劳动保障等级评价的通知》中部分标准被吸纳为省定标准。

【欠薪治理】 2022年，市人力资源社会保障局完善工程建设领域外来务工人员工资专用账户、实名制管理和按月足额支付工资制度，开展根治欠薪集中整治专项行动，全市共追发7403名劳动者工资5585万元，向公安机关移送恶意欠薪案件15件。无锡市被省人社厅列为全省"不欠薪"试点城市。

11月15日，市人力资源社会保障局举办工伤认定典型案例"以案说法"巡回宣讲启动仪式

（市人力资源社会保障局 供图）

【工伤预防】 2022年，市人力资源社会保障局出台《无锡市市区2022年工伤预防工作实施方案》，联合市卫生健康委组织工伤事故和职业病预防专项培训班，联合市应急管理局启动实施无锡市危险化学品企业工伤预防能力三年提升培训工程，并在全省首创工伤预防全景式培训新模式。

【工伤职工权益保障】 2022年，市人力资源社会保障局编制发布10个年度全市工伤认定典型案例，开全省先河，《中国劳动保障报》刊载无锡案例。组织“以案说法”巡回宣讲，宣传工伤保险法律法规与政策规定。开展工伤职工职业康复，全年康复人数1265人，居全省首位。11月15日，市第九人民医院作为“江苏省职业康复试点医院”揭牌，“有锡有望”职业康复“3+1”服务项目落地该院，创建工伤职工职业康复全链条服务机制无锡模式。“3”指身心康复、技能培训、职业规划3项功能，“1”指社会回归这1个目标。

（孙皓晨）

【工会劳动法律监督】 2022年，全市工会系统持续开展工会劳动法律监督，市、市（县）区总工会监督检查企事业单位1434家。与人社、法院等专业部门协作联动，增强法律监督的专业性。针对新就业形态、非建会企业开展监督，防范化解劳动用工风险。开展工会劳动法律监督先进单位“回头看”等活动，保障法律监督的连续性。

【工会劳动保护】 2022年，市总工会扩大“安康杯”竞赛覆盖面，开展“安全隐患随手拍”活动，组织安全生产“百千万”大教育培训，举办第三届全市工会安全生产劳动保护技能大赛。全市建立184家工会劳动保护监督检查员片区服务站，基本实现小微企业劳动保护宣传教育和监督检查全覆盖。加强源头参与，联合其他部门开展安全生产大检查120余次。开展夏季高温“三送”活动，投入2300万元，慰问一线职工12万余人次。

（丁　一）

人力资源市场管理

【人力资源服务机构管理】 2022年，市人力资源社会保障局发布《无锡市经营性人力资源服务机构等级的划分与评定指南》，在全省率先探索分级管理的标准化管理模式，引导人力资源服务机构业态加快转型升级。加强人力资源服务从业人员队伍建设，组织2919名从业人员参加各类培训，举办人力资源服务机构高管研修班。至年末，全市新批准设立经营性人力资源机构106家，全市从业人员总数17403人。

【人力资源市场秩序规范】 2022年，市人力资源社会保障局常态化开展非法人力资源机构扫街行动，开展人力资源市场清理整顿专项检查，重点清理非法职业中介机构和流动“黄牛”，取缔关闭黑中介门面，实施重点执法，加大行政执法力度。行动期间，全市出动检查人员418人次，排查职业中介、人力资源公司和重点用工单位1248家，涉及劳动者15328人，查处未经许可和登记擅自从事职业中介活动的组合和个人159户，取缔非法职介活动32件，责令停业整顿15家，清除非法招工信息890余条，作出行政处罚79.16万元。

（孙皓晨）

编辑　葛　红

居民收入

【概况】 2022年，无锡市出现两轮影响范围较大的疫情，部分居民生产经营活动受到冲击，居民增收势头受到影响。市政府实施减税、减费、减租、减息等稳企业、稳就业、稳岗位政策，兜牢民生底线，缩小收入分配差距，居民收入仍保持稳定增长态势。全市居民人均可支配收入65823元，比上年增加2809元，增长4.5%，一季度、上半年、前三季度分别增长6.4%、4.5%、4.7%，全年保持稳定增长的态势。收入水平高于全省15961元，高于全国28940元。工资性收入、经营净收入、财产净收入、转移净收入（以下简称“四项收入”）分别为41956元、7204元、6954元、9709元，比上年分别增长4.7%、1.7%、4.5%、5.3%。随着乡村振兴战略的推进，农村居民收入增长支撑因素增多，人均可支配收入增幅为5.8%，高于城镇1.8个百分点。城乡收入比为1.75，较上年缩小0.03。

【城镇居民收入】 2022年，无锡市城镇居民人均可支配收入73332元，居全省第三位；比上年增长4.0%，增速高于全国（3.9%）0.1个百分点、低于全省（4.2%）0.2个百分点。

工资性收入46932元，比上年增长4.2%，占可支配收入的比重达64.0%，拉动可支配收入增长2.7个百分点，引擎作用明显。工资性收入的增长得益于：无锡强化就业优先政策，加大稳岗扩岗激励力度，就业形势总体平稳；助推青年群体就业，推进2022年离校未就业高校毕业生服务攻坚行动；帮扶困难人员就业，发挥公益性岗位兜底保障作用，零就业家庭保持动态清零。

经营净收入7334元，比上年增长1.0%，增速在四项收入中最低。4月和7月，无锡市因疫情防控的需要，餐馆、商场暂停营业，物流受阻，部分经营户无法正常开展经营活动，经营净收入受到影响较大。

财产净收入7993元，比上年增长5.0%，增速居四项收入之首，拉动可支配收入增长0.5个百分点。2022年，房地产市场缩量下行、股票基金市场波动较大，无锡城镇居民更加倾向于储蓄、购买银行理财等稳健型投资，财产净收入稳步增长。

转移净收入11073元，比上年增长4.7个百分点，拉动人均可支配收入增长0.7个百分点。转移净收入的增长得益于：落实残疾人就业、托养帮扶；企事业退休人员养老金上调；保障重点群体，延续执行失业保险保障阶段性扩围政策，向参保失业人员发放失业补助金、失业保险金；为全市城乡低保、特困供养人员、孤儿和低保外享受困难残疾人生活补贴的人员增发临时生活补贴。

（张　睿）

【农村居民收入】 2022年，无锡市农村居民人均可支配收入突破4万元，达到41934元，比上年增长5.8%；高于全省13448元，是全国水平的2.1倍。

工资性收入26125元，比上年增长6.9%，拉动可支配收入增长4.2个百分点，对收入增长的贡献率为72.6%，拉动力和贡献率均居四项收入之首。工资性收入增长主要得益于：居民就业稳定，各级部门从降低企业运营成本、加大金融支持力度、扶持重点企业等方面助力企业稳定生产；农民工就业创业能力提升，全年新生代农民就业技能培训12004人。

经营净收入6793元，比上年增长3.9%，在四项收入中占比居第二位，拉动收入增长0.6个百分点。经营净收入的增长主要得益于：加快培育新型经营主体，全年新增省级示范家庭农场15家、市级示范家庭农场35家；强化支农惠农政策落实，新增合作银行至16家，做大“惠农贷”产品规模，做好政策性农业担保业务，开展新型农业经营主体信贷直通车活动，打造专属涉农金融产品。

财产净收入3648元，比上年增长0.1%，在四项收入中占比最低。主要来源由高到低依次为红利收入（村集体红利收入和其他红利收入）、出租房屋净收入和利息净收入。2022年上半年，受新冠疫情影响，外来务工人员复工时间推迟，影响出租房屋收入。

转移净收入5368元，比上年增长7.5%，增幅居四项收入之首，对可支配收入增长的贡献率为24.6%。转移净收入的增长主要得益于：农村居民养老金、最低生活保障标准的提高，医保参保率的提高和优厚的报销政策，为转移净收入保持增长提

表 55　2022 年无锡市居民家庭人均可支配收入统计表

指　标	收入值（元）	增幅（%）	占比（%）
全市居民收入	65823	4.5	100.0
1. 工资性收入	41956	4.7	63.7
2. 经营净收入	7204	1.7	10.9
3. 财产净收入	6954	4.5	10.6
4. 转移净收入	9709	5.3	14.8
城镇居民收入	73332	4.0	100.0
1. 工资性收入	46932	4.2	64.0
2. 经营净收入	7334	1.0	10.0
3. 财产净收入	7993	5.0	10.9
4. 转移净收入	11073	4.7	15.1
农村居民收入	41934	5.8	100.0
1. 工资性收入	26125	6.9	62.3
2. 经营净收入	6793	3.9	16.2
3. 财产净收入	3648	0.1	8.7
4. 转移净收入	5368	7.5	12.8

（国家统计局无锡调查队）

供了有力支撑；兜住民生底线，“乡村振兴·共富基金”首批投放 16 个项目、总投资 1.3 亿元；“同心抗疫关爱基金”募集资金 6762 万元，发放低保等政策性资金和公益慈善金 3.5 亿元，惠及困难群众超 7.4 万人。

（仲正园）

居民消费

【概况】 2022 年，受新冠疫情影响，居民消费能力和意愿受到抑制。无锡市围绕活跃消费市场、提振大宗消费、提升消费品质、拓展消费场景 4 个方面，制定促消费政策、策划举办各类促消费活动，促进消费加快恢复。全市居民人均生活消费支出 41381 元，比上年增加 1561 元，增长 3.9%。消费水平高于全省平均水平 8533 元，高于全国平均水平 16843 元。农村居民消费增长 6.6%，快于城镇 3.4 个百分点。城乡消费比为 1.57，较上年缩小 0.05。居民人均消费支出八大项呈现“七升一降”态势，其中：增长最快的是居住类支出，比上年增长 6.3%；其余依次是交通通信类、食品烟酒类、医疗保健类、其他用品和服务类、衣着类和生活用品及服务类，分别增长 6.0%、5.9%、4.8%、4.8%、1.7% 和 0.7%；教育文化娱乐类下降 4.4%。

【城镇居民消费】 2022 年，无锡市城镇居民消费支出呈恢复性增长，人均消费支出 45298 元，比上年增长 3.2%，增速低于 2020—2021 同期平均增速（8.3%）5.1 个百分点，低于全省平均增幅（3.4%）0.2 个百分点。从消费类别来看，八大类消费中，生活用品及服务、教育文化娱乐消费支出下降，其余类别消费实现增长。

食品烟酒类消费支出 12144 元，比上年增长 5.2%，对消费增长的贡献率为 42.5%；恩格尔系数 26.8%，比上年提高 0.5 个百分点。主要原因是受突发疫情因素影响，居民对食品囤货需求增加，普遍增加基础物资的储备，促进了食品烟酒消费支出的增长。

居住消费支出 10601 元，比上年增长 6.4%，增幅位居八大类消费首位，占比为 23.4%，对消费增长的贡献率为 45.1%。

教育文化娱乐消费支出 5800 元，比上年下降 4.9%，影响城镇居民消费 0.7 个百分点。其中，文化娱乐场所较多受到疫情波及，大部分时间限容，疫情严重期间暂停营业；加之 4 月和 7 月爆发的两轮疫情，导致清明节、五一节小长假及暑假的假日经济未能展现，居民文娱消费意愿受抑制明显。

（张　睿）

延伸阅读：

2022 年影响无锡市城镇居民收入和消费的主要因素

2022 年，无锡城镇居民收入和消费增速较上年同期均明显下滑，可支配收入增长压力加大，居民消费意愿受限。

一、宏观形势复杂严峻

一方面美国等西方国家连续多年的宽松货币政策和疫情对全球产业链的冲击，导致这些国家通货膨胀非常明显，全球资本市场和实体经济避险情绪或进一步上升，外部对中国商品的需求转弱，企业面临的压力增大。另一方面，中国经济发展也面临更加复杂和严峻的环境。市场主体投资者和消费者信心不足，部分实体经济经营难度加大。

二、疫情增加收入不确定性

受疫情影响，局部区域在疫情严重期间采取了严格的管控举措，加上宏观经济下行压力加大不利因素影响，部分中小企业和个体经营户经营面临困难，尤其是服务业、建筑业、交通运输业等个体户、小微企业的从业人员收入受疫情影响较大。

三、疫情影响消费环境

2022年以来，部分区域餐饮堂食、服务业经营主体关停总时间1月有余。市场主体停业期间，居民无处消费，中间交通、物流不畅阻碍商品流动，对网购消费也产生影响。同时，由于各地疫情防控政策各不相同，也一定程度地抑制了居民外出旅游的意愿。

（资料来源：国家统计局无锡调查队《2022年无锡城镇居民收支承压增长，稳增收促消费需持续发力》）

【农村居民消费】 2022年，无锡市农村居民人均生活消费支出为28920元，比上年增长6.6%，高于全国增幅（4.5%）2.1个百分点，低于全省增幅0.3个百分点，消费保持恢复性增长。人均消费水平高于全省平均水平6323元，是全国平均水平的1.7倍。受疫情影响，居民消费风险意识增强，尤其是中低收入家庭优先确保食品、居住等基础性消费，并主动压缩娱乐、旅游等享受型消费，农村居民消费呈现生存型消费占比提升、教育文化娱乐类消费减少的特点。

食品烟酒类消费支出9082元，比上年增长8.3%；衣着、居住消费支出分别为2285元、6276元，比上年分别增长8.0%和4.7%。三类消费占生活消费的比重分别为31.4%、7.9%、21.7%，合计61.0%，高于上年0.2个百分点。主要原因是：疫情期间，蔬菜、水果、肉类等生鲜价格有所上涨，且居民有短暂性囤货行为；人们对改善日常居住环境的意愿提升，增加了住房维修及管理支出；居民居家时间较长，水电燃料的支出有所增加。

教育文化娱乐类消费支出3007元，比上年下降2.7%。主要原因是：疫情期间外出受限，部分娱乐类消费项目关停，消费渠道减少；落实教育“双减”政策，教育培训支出减少。

（仲正园）

表56 2022年无锡市居民生活消费支出统计表

指标	城镇居民		农村居民	
	支出值（元）	增幅（%）	支出值（元）	增幅（%）
生活消费支出	45298	3.2	28920	6.6
1. 食品烟酒	12144	5.2	9082	8.3
2. 衣着	3037	0.3	2285	8.0
3. 居住	10601	6.4	6276	4.7
4. 生活用品及服务	2628	−0.2	1533	4.6
5. 交通通信	7024	5.3	3962	9.0
6. 教育文化娱乐	5800	−4.9	3007	−2.7
7. 医疗保健	2582	3.2	1792	12.0
8. 其他用品和服务	1482	2.3	983	16.9

（国家统计局无锡调查队）

市场物价

【概况】 2022年，面对新冠疫情散发、全球经济高通胀、地缘政治冲突等复杂局势，市委、市政府坚持稳物价、保供应、惠民生，无锡居民消费价格指数（CPI）比上年上涨2.1%，较2021年扩大0.4个百分点。全年物价运行总体平稳，与全国、全省走势基本一致。

【消费价格运行】 2022年，全市CPI指数分季度看：一、二、三、四季度同比分别上涨1.7%、2.4%、2.5%和1.9%，总体呈温和走势。主要分类中，食品价格上涨2.7%，非食品价格上涨2.0%；消费品价格上涨2.9%，服务价格上涨1.0%；扣除食品和能源的核心CPI上涨1.2%，各月核心CPI同比涨幅0.9%～1.6%。

从各月环比情况看：1—2月，受寒潮低温天气以及春节消费拉动，环比季节性分别上涨0.4%和0.3%；3—4月，受能源价格上涨、疫情期间食品价格阶段性上涨等因素影响，节后CPI逆势上涨；5月，随着气温回升，疫情影响减弱，鲜菜等食品市场供应充足，CPI环比下降0.6%；6月，受能源价格上涨，出行需求消费恢复等因素影响，汽柴油、飞机票等出行费用上涨，带动CPI上涨0.2%；7月，猪肉、鲜菜等食品价格上涨明显，环比上涨0.9%，为CPI月度环比最大涨幅；8月，环比由升转降，下降0.2%；9月，受节日消费带动，环比上涨0.4%；10—11月，食品价格回落，CPI环比下降0.1%和0.5%；12月份环比持平。

从各月同比情况看：1—2月，受2021年同期猪肉、鲜菜价格基数较高影响，CPI延续2021年末温和上涨态势，同比分别上涨1.4%和1.2%；3—4月，受疫情散发和能源价格上涨影响，同比明显扩大，4月涨幅达到年内峰值，同比上涨2.8%；5—10月，随着政府疫情防控政策持续优化，保供稳价政策实施有效，食品、能源整体供应充足，CPI同比在“2区间”内窄幅波动；11—12月，受同期对比基数走高影响，同比涨幅回落，重回“1时代”。

【八大类商品及服务价格】 2022年，无锡八大类商品和服务价格均有不同程度上涨。其中：交通通信上涨5.6%，涨幅居首；食品烟酒涨幅次之，上涨2.5%。两者合计影响CPI上涨约1.44个百分点，对总指数贡献率

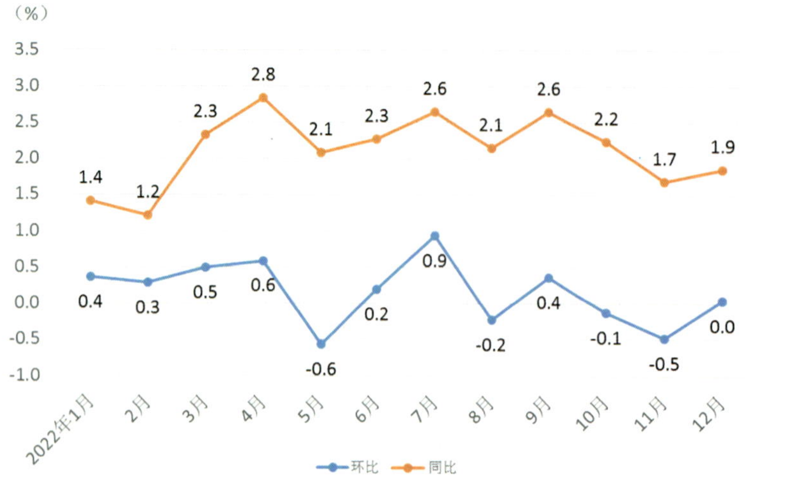

图 18　2022 年无锡 CPI 分月同比和环比涨跌幅示意图

（国家统计局无锡调查队）

表 57　2022 年无锡八大类商品和服务价格同比涨跌幅一览表

指标	价格指数		涨跌幅	
	2021 年	2022 年	2021 年（%）	2022 年（%）
食品烟酒	101.1	102.5	1.1	2.5
衣着	100.7	100.2	0.7	0.2
居住	101.4	101.0	1.4	1.0
生活用品及服务	100.9	102.2	0.9	2.2
交通通信	104.4	105.6	4.4	5.6
教育文化娱乐	102.3	100.9	2.3	0.9
医疗保健	101.9	101.9	1.9	1.9
其他用品及服务	99.4	101.2	−0.6	1.2

（国家统计局无锡调查队）

近七成，是推升 CPI 上涨的主因。此外，生活用品及服务价格上涨 2.2%；医疗保健、其他用品及服务、居住、教育文化娱乐、衣着价格分别上涨 1.9%、1.2%、1%、0.9%、0.2%。

【食品价格】 2022 年，无锡食品价格同比上涨 2.7%，较上年涨幅扩大 2.0 个百分点，调查的 14 个食品分类“12 涨 2 降”，除畜肉类和水产品价格下降外，其余均为上涨。主要鲜活食品中，鲜果、蛋类价格涨幅较大，猪肉价格降幅收窄，鲜菜价格前高后落。

粮食价格同比上涨 3.6%，其中大米上涨 2.1%、面粉上涨 1.5%；食用油价格同比上涨 5.2%，其中食用植物油上涨 5.7%；豆类价格上涨 2.3%，其中干豆上涨 5.3%、豆制品上涨 1.7%。

随着玉米、豆粕等饲料成本上涨，养殖成本居高不下，养殖户养殖意愿不强，鸡蛋产能偏低，加之疫情居家期间，消费需求增加，推动鸡蛋价格上涨。2022 年，鸡蛋价格同比上涨 8.2%。

受极端天气、成本上涨、阶段性需求骤增等因素影响，鲜果产量缩减，价格以涨为主，同比上涨 11.4%，涨幅较 2021 年扩大 6.2 个百分点。其中，梨、葡萄、桔、香蕉价格上涨明显。

【交通价格】 2022 年，无锡交通价格同比上涨 7.7%，涨幅较上年扩大 2.6 个百分点，连续两年保持高位运行，成为拉动 CPI 上涨的主因。在乌克兰危机、能源短缺、需求复苏等背景之下，全年汽、柴油价格累计上调 550 元 / 吨和 530 元 / 吨，分别上涨 21.3% 和 23.2%，拉动指数上涨约 0.67 个百分点。同时，国内多家航空公司上调机票燃油附加费，加之出行需求恢复，飞机票价格上涨 6.1%。此外，受原料价格上涨、需求增多等因素影响，自行车、新能源小汽车、电动自行车、燃油小汽车等交通工具价格上涨，涨幅分别为 8.5%、7.6%、3.3% 和 0.5%。

【医疗保健价格】 2022 年，无锡医疗保健价格同比上涨 1.9%。随着医疗改革持续深化，通过药品集中带量采购、合理调整医疗服务价格等方式，降低药品费用，理顺医疗服务比价关系。西药价格下降 3.4%，其中抗肿瘤药、抗微生物药降幅较大，分别下降 72.7% 和 8.8%。医疗服务价格上涨 2.6%，其中：受 2021 年调价的翘尾影响，中医医疗服务类、综合医疗类价格分别上涨 9.8% 和 6.5%；受 2022 年调价影响，治疗类价格上涨 3.6%。

（李　颖）

编辑　葛　红

社会保险

【养老保险】 2022年末，全市企业职工基本养老保险参保人数为300.64万人，其中市本级196.2万人、江阴市66.87万人、宜兴市37.57万人；全市机关事业单位养老保险参保人数13.74万人，其中市本级8.42万人、江阴市3.02万人、宜兴市2.3万人。企业职工养老保险收入458.52亿元，支出366.25亿元。提升参保群体待遇水平，完成市区59万名企业退休人员和5万名机关事业单位退休人员待遇调整及补发工作，市区企业退休人员养老金增至人均每月3209元，市区城乡居民基础养老金增至每月620元。持续释放“贴息续保”红利，帮助市区207名断保人员接续养老保险关系，其中有25人领取养老保险待遇。

【失业保险】 2022年末，全市职工失业保险参保人数为262.67万人，失业保险金最低标准由每月1590元提高至1613元。全市失业保险基金收入21.34亿元，支出22.31亿元。全市在领失业金人数26944人。

【工伤保险】 2022年末，全市职工工伤保险参保人数为276.3万人，其中市区186.53万人、江阴市58.99万人、宜兴市30.78万人。全年工伤保险收入14.26亿元，支出14.06亿元。

【城乡居民基本养老保险集体补助试点】 2022年，无锡市出台《关于开展城乡居民基本养老保险集体补助试点工作的实施意见》《关于公布我市市区城乡居民基本养老保险集体补助标准的通知》，鼓励有条件的村级集体经济组织对当年参加城乡居民基本养老保险缴费的本集体经济组织内成员给予一定数额的缴费补助。江阴市、惠山区和新吴区率先开展试点工作，对于政府全额代缴的参保人员，集体补助标准为每人每年500元；对于选择1000元、2000元、2500元和3000元缴费档次的参保人员，集体补助标准分别为每人每年200元、300元、400元和500元。

【新就业形态就业人员职业伤害保障】 2022年，市人力资源社会保障局创新实施新业态就业人员职业伤害保障试点，对以平台名义提供出行、外卖、即时配送等劳动的新就业形态就业人员，开展职业伤害保障试点工作。至年末，1842人单险种参加工伤保险，职业伤害保障待遇核定91人次，支付保险金146.98万元。

【社保基金监管】 2022年，市人力资源社会保障局出台《关于进一步加强社会保险基金管理风险防控工作的若干意见》，制定《无锡市人力资源和社会保障局查处侵害社会保险基金行为工作规程（试行）》，发布《关于打击欺诈冒领养老保险待遇行为有关事项的通告》，加大违法惩戒力度，维护社保基金安全完整。开展“社保基金管理提升年”行动，构建人员防、制度防、技术防、机构防、数据防、资金防“六防”综合工作机制，完善政策、经办、信息、监督“四位一体”社保基金风险防控体系。

（孙皓晨）

【医疗保险】 2022年，全市基本医疗保险参保总人数643.05万人，参保率稳定在98.5%以上，其中职工医保427.75万人、居民医保215.3万人；职工生育保险参保总人数268.18万人。医保基金总支出192.03亿元，其中职工医保（含生育保险）支出165.28亿元、居民医保支出26.75亿元，职工医保和居民医保政策范围内住院医疗费用报销比例稳定在85%和70%左右。全年21.02万人次享受大病保险待遇3.6亿元。完善高血压、糖尿病用药保障人员实时维护机制，推进高血压、糖尿病用药保障全覆盖，全年就诊累计222.26万人次，医保基金支出1.19亿元。完善国谈药“双通道”管理机制，开通“医保便民药店”185家，设置集采药品和国家谈判药品专柜，降低医疗费用。

【长期护理保险】 2022年，无锡市完善长期护理保险政策，优化筹资比例，扩展服务内容，提升护理质量。至年末，全市有长护险定点护理服务机构81家，纳入长护险登记的各类养老护理服务人员454人，经过专业培训考核且取得专业资质的失能人员家属5867人。全年发放长护险待遇3.9亿元，53395名失能老人享受长护险待遇。其中：机构护理9507人，平均年龄85岁；上

2022年，无锡市推进“15分钟医保服务圈”示范点建设。图为长安街道医保服务点（市医保局 供图）

门护理2391人，平均年龄80岁；委托护理41497人，平均年龄77岁。

【多层次医疗保障】 2022年，无锡市参加普惠型商业健康险“江苏医惠保1号”与“医惠锡城2022”，总人数80.73万人。市医保局根据国家医保目录变动情况，指导“医惠锡城2022”调整高额自费药品目录，纳入赔付范围的医保目录外高额自费药品总量增至51种，全年赔付3042件、2623.95万元。推进退休人员住院医疗互助保险，全年参保55.6万人。

【医保基金监管】 2022年，无锡市出台《关于推进医疗保障基金监管制度体系改革的实施意见》，构建以医保部门为主导，多部门齐抓共管的监管联动机制。坚持日常检查与专项整治相结合，配合落实省级飞行检查2批次、专项现场检查6次，对全市3542家定点医药机构保持现场检查与日常稽核全覆盖。全年处理定点医药机构2343家，公开曝光典型案例421例，暂停、解除医保定点协议86家，作出行政处罚10件，认定严重失信2件、一般失信8件，移送司法机关、纪检部门82件，处理处罚违规资金1.02亿元。根据国家医保局下发线索，联合公安部门打击一批以无锡益康医院为典型的欺诈骗保犯罪团伙，维护医保基金安全。

【“15分钟医保服务圈”建设】 2022年，无锡市推进“15分钟医保服务圈”示范点建设，推动市、市（县）区、镇（街道）、村（社区）四级医保经办服务网络一体化。至年末，“15分钟医保服务圈”省、市两级示范点建设总数75家（省级22家、市级53家），镇（街道）覆盖率100%。同步前移18项医保经办服务事项，全市村（社区）均能开展医保帮办、代办服务。2022年，“15分钟医保服务圈”各示范点总计办件超30万件，“不见面”办件超150万件。

【医保支付方式改革】 2022年，无锡市深化按疾病诊断相关分组（DRG）付费国家示范点城市建设，制定DRG支付方式改革2022年行动计划，提前实现付费医疗机构、病种分组、入组结算率、医保基金“四个全覆盖”。年内，市区46家医疗机构实现按DRG实际付费，约占市区住院结算总额的90%。按照国家CHS-DRG1.1分组版本，对130余万份历史数据的分组、权重及费率等核心要素进行测算，建立DRG绩效管理和运行监测体系，优化付费办法。与江南大学及江南大学附属医院开展战略合作，共建DRG教学基地与DRG示范点培训师资库。

【异地就医结算】 2022年，无锡市在实现全国异地就医直接结算住院、门诊、购药业务全覆盖的基础上，将高血压、糖尿病、恶性肿瘤门诊治疗、慢性肾功能衰竭、器官移植抗排异治疗5个门诊慢特病纳入跨省异地直接结算。全年跨省异地就医住院、门诊费用双向直接结算59.65万人次、15.95亿元。

【医疗价格改革】 2022年，无锡市落实国采人工关节、第六批国采（胰岛素专项）等各级集采成果，34个批次的药品和医用耗材集采项目得到执行，累计降低医疗费用51.4亿元。组织开展中医服务价格评估，调整76个临床诊疗类医疗服务项目价格。

（黄建华）

住房保障

【保障性住房建设】 2022年，无锡市推进保障性安居工程建设。棚户区改造新开工15517套，基本建成8509套；保障性租赁住房新开工（筹集）21872套（间），基本建成19663套（间）。推进市区保障性住房项目建设。龙塘岸后五巷B地块项目完成投资4亿元，新街家园二期项目完成投资2.9亿元，惠景家园二期项目完成投资1.67亿元，东璟家园F1项目完成投资1.71亿元。

【保障性租赁住房】 3月，无锡市出台《无锡市保障性租赁住房项目认定和审核操作办法》《无锡市非住宅类存量房屋改建为保障性租赁住房指导方案》,进一步明确保障性租赁住房发展方向,规范具体操作流程,统筹推进保障性租赁住房建设筹集,全市新增保障性租赁住房房源21872套(间)。全年城镇住房保障家庭租赁补贴发放户数1482户,其中市区1188户。

(蒋　丹)

【住房公积金管理】 2022年,全市新增公积金缴存单位16183家,新增缴存职工23.58万人。归集住房公积金(含新职工住房补贴)324.04亿元,比上年增长8.28%;提取住房公积金205.28亿元,比上年增长0.2%;发放住房公积金贷款2.56万笔、119.54亿元,比上年分别下降7.91%、增长8.99%。至年末,全市住房公积金开户单位数13.08万家,开户职工数283.66万人,归集余额863.86亿元,贷款余额747.46亿元。

(邬秉斌)

社会福利

【困境儿童保障】 2022年,无锡市进一步落实增长机制,提升孤儿养育等救助保障标准。7月1日起,孤儿集中养育和分散养育标准分别由每人每月2870元、2460元提高至2880元、2590元,散居养育标准为集中养育标准的90%,保障标准在全省领先。健全困境儿童"主动发现"和关爱巡访机制,分类实施周、月、年定期和高温、疫情等临时走访,提供针对性、精细化关爱帮扶。全年开展活动和服务1.5万余次,覆盖儿童约4000人。

【无锡市儿童福利院新院启用】 8月25日,无锡市儿童福利院新院启用。新院位于山水东路与清源路交会处,占地3.33公顷,建筑面积2.8万平方米,建设总投资3.8亿元。新院建设聚力儿童空间友好,针对孤残儿童身心特点合理规划公共空间,营造无障碍环境,成为无锡市民生工程的亮点名片。同时,该院挂牌成为省内第一家由专业儿童福利机构成立的特殊教育学校,纳入市残联康复定点机构目录。年末,市儿童福利院有18周岁以下未成年人138人。

【东亭街道儿童"关爱之家"项目启动】 5月28日,无锡市首个示范性未成年人保护工作站"关爱之家"项目启动仪式在锡山区东亭街道举行。该示范性未成年人保护工作站("关爱之家")以东亭街道为平台、以社会组织为运营力量、以社工为支撑、以社区志愿者为辅助、以社会慈善资源为补充,为未成年人及其家庭提供心理疏导、精神关爱、家庭教育指导、未成年人安全法制教育等服务。全年打造10个省级示范性未成年人保护工作站("关爱之家"),为困境儿童及有需要的未成年人提供服务。

(柳　姝)

【残疾人民生保障】 2022年,无锡市有24423名残疾人享受困难残疾人生活补贴,发放补贴20373万元;33083名重度残疾人享受护理补贴,发放补贴5627万元;3367名困难残疾人享受低保生活补贴。

(李　莉)

【残疾人托养】 2022年,市残联超额完成省残联下达的新增600名残疾人托养的民生实事目标任务,全年新增16～59周岁肢体、智力和重度肢体残疾人托养625人,托养总人数5337人。提高残疾人居家托养服务标准,增至每人每月400元。市残疾人托养中心继续开展精神残疾人托养试点工作,为精神残疾人家庭开展喘息服务,累计收住56人次,年末在住26人。梁溪区方舟残疾人托养康复中心成为省残联"孤独症残疾人社会融合"项目试点机构。

(李　洋)

社会救助

【城乡居民生活保障】 7月1日起,无锡市城乡居民最低生活保障标准由每人每月1060元提高至1075元,实现低保标准连续14年增长。出台《关于进一步加强集中供养特困人员服务管理和救助供养资金监管

8月25日,无锡市儿童福利院新院启用。图为市儿童福利院全景

(潘晓鸣　摄)

的通知》，规范集中供养特困人员保障标准，完善特困人员动态管理，特困人员基本生活标准由每人每月1600元提高至1625元。集中孤儿养育标准、散居孤儿养育标准分别由每人每月2870元、2460元提高至2880元、2590元。区级、市级临时救助限额标准分别为5000元、8000元。全年发放最低生活保障金12508.86万元、特困供养人员救助金8813.99万元、临时救助资金411.357万元。

【低收入人口动态监测和精准帮扶"3610行动"】 12月28日，无锡市出台《关于开展低收入人口动态监测和精准帮扶"3610行动"的实施意见》，以"3610行动"为抓手，紧盯3类群体（政策认定的低收入群体、专项救助帮扶的困难群体、其他重点关注群体）22种对象，落实6个动态监测机制（主动发现机制、监测预警机制、分类施策机制、统管联办机制、动态更新机制、巡访关爱机制），实施10项精准帮扶工程（兜底保障工程、医疗救助工程、圆梦助学工程、温暖安居工程、就业促进工程、法护平安工程、扶老助残工程、急难纾困工程、社会共助工程、服务优享工程），确保到2025年，低收入人口动态监测机制更加健全完善，部门联动协同、社会广泛参与的分层分类社会救助体系更加成熟定型，低收入人口多元化、个性化救助服务需求得到有效满足。

【支出型困难家庭帮扶】 2022年，无锡市出台《关于加强对支出型困难家庭成员大额医疗支出帮扶的实施方案（试行）》，对民政部门认定的低保对象、特困人员、低保边缘家庭成员、支出型困难家庭成员，医保政策范围内个人实际负担医疗费用扣除所有救助帮扶后达到3万元以上的，给予再帮扶，减轻困难家庭医疗费用支出负担。

（李　莉）

【流浪乞讨人员救助】 2022年，全市各救助管理站救助流浪乞讨人员1125人次，其中街头主动救助487人次、站内救助606人次、护送返乡32人次。帮助22名长期流浪人员找到亲人，并将23名长期滞留人员安置为无锡市特困供养人员。

（钱青艳）

【社保救助】 2022年，无锡市针对低保、重残等缴费困难群体，由政府全额代缴城乡居民基本养老保险最低养老保险费，将其纳入社会保障范围。全年市区为5307名缴费困难人员代缴养老保险费265.35万元。

（孙皓晨）

【医疗救助】 2022年，市医保局出台《关于健全重特大疾病医疗保险和救助制度的实施意见》，会同财政、卫健、民政等部门做好低收入人口应保尽保工作，4.08万名医疗救助对象免费参加居民医保。困难人员经基本医保、大病保险、医疗救助三重制度保障后住院和门诊特殊病种费用实际报销比例稳定在90%以上，总计27.21万人次享受医疗救助费用5725.36万元。与市慈善总会、红十字会合作，引导慈善基金等社会力量对困难群体进行精准医疗救助，为低保对象、特困供养人员、困境儿童三类困难群体在定点医疗机构就医提供医保政策范围内免费住院医疗服务。该项目被列入全市"为民办实事项目"，共向符合条件的1868名帮扶对象发放费用185.62万元。

（黄建华）

【教育救助】 2022年，无锡市资助学生17.5万人次，投入经费1.58亿元。其中：学前教育阶段政府资助5173人次、775万元；义务教育阶段发放生活补助30109人次、2145万元，免除在校午餐费和实践活动费16409人次、1066万元，免除课后服务费2.2万人次、659万元；高中阶段发放国家助学金4505人次、515万元，为1487人次和1059人次特别困难高中学生免除学费和住宿费185万元；中职阶段发放助学金6218人次、621万元，免除学费84093人次、9836万元。启动实施"无锡市学生资助管理系统"项目，建立29916名学生走访库。开展"锡望永助"资助育人主题活动，评选"励志助学金"获得者250人、"无锡励志成才之星"10人、"无锡励志成才之星提名奖"6人，资助主题优秀书法作品165件、优秀短视频作品54件，在全市形成关注家庭经济困难学生健康成长的良好氛围。

（市教育局）

【慈善救助】 2022年，市慈善总会创新推出"慈善＋信托""慈善＋基金""慈善＋社会组织""慈善＋产业""慈善＋网络""慈善＋现场捐""慈善＋财富管理""慈善＋政府公共服务"8种慈善捐赠新模式，拓宽慈善捐赠渠道。全年募集慈善资金1.01亿元，新增认捐慈善爱心基金1.1亿元，首次双超1亿元。开发建设省内首家以设区市为单位的网络公益慈善管理平台——"无锡善捐"网。组织江苏慈善专场活动和腾讯"99公益日"等活动，上线项目59个，网络募款总计3720万元。兴达公司认捐5000万元设立"华若中慈善信托"，成为《中华人民共和国慈善法》实施后无锡首单慈善信托，"崇军关爱基金慈善信托"和"助医助学慈善信托"相继设立，慈善信托总规模9036万元。年内新增"佰澳达慈善爱心基金""天恩慈善爱心基金""维乐口腔爱心基金"等5个冠名基金，总规模4100万元。年内，市慈善总会联合江南大学成立无锡慈善文化研究院，建成无锡慈善展馆，打造地铁市民中心站和三阳广场站2个慈善主题车站，命名开通"慈善号"地铁专列，在惠山古镇启动建设无锡慈善大讲堂，传播慈善文化。

5月12日，“华若中慈善信托”举行签约仪式　　（市慈善总会　供图）

市慈善总会全年实施慈善项目56个，支出慈善款项7261.98万元。组织开展2022年元旦春节“送温暖、献爱心”活动，针对患恶性肿瘤、尿毒症等重病的困难家庭、患重度慢性病或患门诊特殊病种的困难家庭、患重病支出型困难的家庭，提高救助标准，支出1203万元，受益困难群众4777人。开展2022年“关爱环卫·情暖锡城”慈善捐赠暨环卫工人春节慰问活动，资助40万元。“关爱百岁老人”项目，发放26425人次、95.13万元；“关爱军转干部”救助项目，救助217人、76.2万元；慈善助学项目，资助困难学生181人、55.6万元；“癌症患者康复救助”项目，支出20万元；“慈善超市爱心卡”项目，资助困难低保家庭2734户、133.41万元；“慈福民生保险”项目，为202万户家庭购买住房财产保险，支出101.2万元；“慈善救助药品发放”项目，救助患者7195人次，免费发放药品9295万元。

年内，市慈善总会联合市民政局和市卫健委，携手上海瑞金医院无锡分院，策划实施“心手相连·锡沪慈善双诊行”系列服务活动，实施9个项目，开展104场义诊、健康知识科普等活动，受益群众8182人次，资助金额119.62万元。联合市医保局开展“慈助低保对象住院医疗服务”项目，为低保对象在定点医疗机构就医提供免费住院医疗资助，全年拨付救助金145.7万元，帮扶低保对象1353人。联合市城管局等单位实施“慈善爱心环卫驿站”项目，建成174座“慈善爱心环卫驿站”，投入资金33.91万元。联合市残联实施残疾人就业帮扶工程的“慈善助残幸福快车”项目。

（李欣盈）

【红十字救助】 2022年，市红十字会扩充“锡红公益联盟”，成员单位增至33家。举行红十字“人道万人捐”启动仪式，组织爱心企业代表召开“爱心相随、感谢有您”红十字会捐赠人座谈会，全年募集捐赠款物1.06亿元，位居全省前列。建立基本生活救助、专项救助、急难救助等分层分类的救助体系，常态化开展“博爱送万家”活动，实施精准救助8483万元，惠及困难群众近17万人。对困难群体进行精准医疗救助，为289名特困供养人员、困境儿童发放救助金25.33万元。建成“无锡市红十字网络捐赠平台”，推动19个人道项目参与“‘5·8’人道公益日”“99公益日”活动，网络众筹善款180万元。市红十字会获2022年度省红十字会“‘5·8’人道公益日”“99公益日”活动组织奖和突出贡献奖，“无锡市救在身边”项目获评公众筹款“十佳项目”，“锡心守护救在身边”项目获评“最具网络人气项目”和“筹款优秀项目”。优化实施红十字“帮你回家”定位手环公益项目，全年为易走失困难老人免费配发手环306个，该项目获评第六届“江苏慈善奖”最具影响力慈善项目。加强合作交流，全年援助新疆阿合奇、陕西延安、青海海东等地款物146.2万元。推动共建“一带一路”高质量发展，3月24日，市红十字会参加中柬（锡西）协作平台启动仪式，会同省红十字会援助柬埔寨西哈努克省70万元，用于墨德朗友好学校援建项目。

（刘　森）

编辑　葛　红

社会事务

人口家庭

【人口】 2022年末，无锡市有户籍人口519.01万人。全年户籍人口出生28001人，出生率5.42‰；死亡41351人，死亡率8.00‰；人口自然增长率-2.58‰。

（市统计局）

【出生人口监测与服务】 2022年，全市卫健系统监测出生数38554人，出生人口性别比107.76（女性人口为100）。其中：一孩23018人，占总出生数的59.70%；二孩13698人，占总出生数的35.53%；三孩及以上1838人，占总出生数的4.77%。全市生育服务登记36036例，其中一孩登记21737例，二孩登记13552例，三孩登记747例。出台《关于积极推动改善生育二个孩子及以上家庭居住条件的通知》，全市为二孩及以上家庭出具证明3658份。

【3岁以下婴幼儿照护】 2022年，市政府出台《无锡市"一老一小"整体解决方案》《无锡市"十四五"托育服务发展规划》，科学育儿纳入《无锡市基本公共服务实施标准（2022年版）》。支持社会力量办托，推进社区托育和托幼一体化建设，开展托育服务体验活动，创新开展保育人员项目制培训，举办市首届亲子游戏展示活动。6月1日，市婴幼儿照护服务指导中心成立。至年末，全市3岁以下婴幼儿托位数2.73万个，每千人拥有3岁以下婴幼儿托位数3.6个；新增普惠托育机构22家，创成省普惠托育民生实事项目机构12家，其中省示范托育机构4家、省社区托育示范点2家，发展指数全省第一。市本级和梁溪区获省政府普惠托育专项督查激励，无锡市入围首批全国婴幼儿照护服务示范城市。

【计划生育家庭保障】 2022年，无锡市有奖励扶助对象16.79万人，发放农村奖扶金1.55亿元；有特别扶助对象1.68万人，发放特别扶助金1.69亿元。审核独生子女父母一次性奖励5.24万人，发放奖励金1.88亿元。开展市级计划生育公益金帮扶项目，扶助570户，发放扶助金156.8万元，全部数据录入市"阳光惠民"系统。春节期间走访计划生育特殊家庭6728户，发放慰问物资314.02万元。继续开展计划生育特殊家庭全眼健康免费筛查暨白内障复明项目，筛查574人，实施免费白内障手术29人，满意度100%。

（李　磊）

【人口管理】 2022年，全市公安机关办理各类户口登记业务112.07万件，其中市外迁入6.47万人。办理户口省内"一站式"迁入业务3.84万件、"长三角"区域跨省通办业务1.24万件、全国范围跨省通办业务6506件。制发居住证10.15万张，到期签注54.18万人次。72项户政业务事项纳入"太湖e警"公安政务服务平台，网上办理户政业务6632件。放宽户口迁移政策，对全市无住房户籍人口实行经常居住地登记户口制度。开展全国居民身份证电子证照政务应用试点城市建设，确定不动产业务

6月1日，市婴幼儿照护指导中心在南禅寺广场举行亲子游戏活动

（市卫生健康委　供图）

（商品房首次转移登记）、边境管理区通行证核发2个试点场景，完成测试版网络身份认证App和苏服办App系统对接调试工作。

（耿永军）

【收养管理】 2022年，各市（县）、区民政部门按照法定机构、法定文件、法定程序、法定时限要求，落实国内收养评估指标体系，保障被收养儿童的权益。全年完成收养登记32例，解除收养登记2例。

（柳　姝）

【婚姻登记】 9月1日起，无锡市实施离婚登记省内通办试点工作，即男女一方或双方常住户口所在地在江苏的内地居民，可以凭一方居住证和双方户口簿、身份证等材料，在居住证发放地婚姻登记机关申请办理离婚登记，或者自行选择在一方常住户口所在地办理婚姻登记。市民政局、市妇联联合印发《关于加强新时代婚姻家庭辅导教育工作实施方案》，全年为近1.5万对夫妻提供婚姻辅导服务。全年办理结婚登记26810对，登记合格率保持100%；受理离婚申请11439对，办理离婚登记8282对。全年办理涉外结婚登记59对、离婚登记12对。

【殡葬管理】 2022年，市民政局与市文明办加强协作，建立健全殡葬移风易俗宣传引导长效机制，制定《深化村（社区）红白理事会工作指引》，推进丧俗改革，打造文明殡葬新风尚。惠山区被确定为江苏省丧葬礼俗改革试点地区。

（钱青艳）

老龄事务

【老龄人口】 2022年末，全市户籍人口中，60岁以上老龄人口141万人，占总人口的27.17%。老龄人口中，60～69岁665863人，70～79岁528483人，80～89岁184833人，90～99岁30118人，100岁以上707人。

【《无锡市“十四五”老龄事业发展规划》出台】 5月25日，市政府印发《无锡市“十四五”老龄事业发展规划》，从健全老年社会保障体系、完善老年健康服务体系、发展多层次养老服务体系、健全老龄产业发展政策体系、扩大老年人社会参与、加强老年人权益保障建设老年友好型社会7个方面提出26项目标任务，为开创老龄工作新局面提供政策依据和法规支撑。印发《无锡市“十四五”老龄事业发展规划重点任务分工方案的通知》，明确发展目标、时间节点、责任要求等，逐级分解落实工作任务。

【老年友好型社会建设】 2022年，无锡市推进老年友好型社区创建，前洲街道柘塘浜社区、广益街道尤渡社区、梅村街道梅荆花苑第一社区、周庄镇倪家巷村、西渚镇白塔村5个社区被命名为全国示范性老年友好型社区，锡山区锡北镇光明村等7个社区被命名为江苏省老年友好型社区建设单位。开展老年人运用智能技术专项普及培训6.9万余人次，超额完成省下达无锡市年度培训5万人次的任务。开展打击整治养老诈骗专项行动，发放各类宣传材料10万余份，排查线索并及时处罚整治，取得较好成效。命名通报无锡市第四届“敬老文明号”单位36家。成功举办无锡市第八届老年春晚，网上直播在线收看18.33万人，海选活动制作成24档《爷爷奶奶上春晚》专题节目，在无锡电视台《金色年华》等栏目分段播出480分钟，形成良好宣传效应。

（陈建忠　张兴堂　李冬梅）

延伸阅读：

倪家巷村老年友好社区建设

周庄镇倪家巷村辖区面积4.63平方公里，60岁以上老年人1309人。村里建成老年公寓，公寓各个房间均配有独立卫生间，紧急呼叫系统、雾化消毒系统、集中空调系统、新风系统、地暖系统等，有200多名老年人入住。设有中央厨房，全村70岁以上老人享受午餐补贴，90以上老人费用全免。建成爱心理发室，70周岁以上的居民享受3～5元的低价理发服务。通过互联网+慢病管理系统的定期数据分析，提醒血压、血糖数据升高或不稳定的老人及时就诊就医。在老年公寓底楼还建有倪家巷村中医馆，定期邀请江阴名医、专家坐诊。利用退休老党员搭建村民议事平台，营造党群齐心的社会治理新格局。

（资料来源：2022年11月21日无锡eTV全媒体报道《全国名单公布！无锡5家上榜》）

【“锡阳红”服务品牌】 2022年，无锡市做优“锡阳红”微信公众号，发布各类信息730余条。拓展“锡阳红”公益讲堂，举办各类讲座8场，在线收看人数21万余人次。新建“锡阳红”社区老年关爱中心15家，新打造为老服务品牌15个。建立“锡阳红”老年人权益保障中心，更好保障老年人合法权益。启用“江苏省老年人优待证”电子证，在“灵锡”App上开通电子证领证程序。“锡阳红”品牌列省老龄办“十佳老龄优秀实践案例”之首。

【敬老助老活动】 2022年，无锡市实施“安康关爱行动”，全市老年人意外伤害保险参保人数95.47万人，承保覆盖率70.02%；市区70周岁以上老年人乘坐公共交通工具保险应保尽保。支持老年文体特色团队，拨付市区50个特色团队扶持资金25万元。10月“敬老月”期间，市委、市政府主要领导带头走访慰问百岁老人、困难老人、老有所为老人代表和养老机构，引领孝老爱老敬老良好风尚。各地各级广泛开展敬老助老活动，全市开展各类活动2000余项，参与敬老服务16万余人次，慰问老年人60万余人次，投入资金4600余万元。

（陈建忠　张兴堂　李冬梅）

【退休人员管理】 2022年，市人力资源社会保障局推进退休人员待遇领取“无感认证”，通过大数据共享对89.69万人开展待遇资格认证。开展“送温暖”等系列走访慰问活动，依托系统智能筛选，实现退休人员走访慰问“免申即享”，向住院慰问、重病慰问、特困慰问、敬老节慰问、吊唁慰问5类退休人员11.5万人发放慰问金总计1884.94万元。组织市区65周岁以下社会化管理退休人员健康体检12.08万人次。围绕乐“赏”、乐“学”、乐“助”、乐“享”、乐“闻”五大主题，组织开展“流金岁月·时光记忆”老物件体验展等1291场次活动，吸引11.29万人次退休人员参与。9月，市人力资源社会保障局发起“蒲公英”老年急救互助计划，并组建蒲公英老年急救互助志愿队。

（孙皓晨）

9月，无锡市蒲公英老年急救互助志愿队组建成立

（市人力资源社会保障局　供图）

养老事务

【养老机构】 2022年，全市有养老机构169家，总床位4.5万张，每千名老人拥有养老床位超过45张。其中：社会办养老机构155家，床位4.06万张，床位占比超过90%；养老护理型床位3.1万张，占比超68%。社区居家养老服务实现全覆盖，全市接受上门服务的居家老人24.7万人，占户籍老人总数17.5%以上。

【无锡市入选全国居家和社区基本养老服务提升行动项目地区】 9月14日，民政部办公厅、财政部办公厅联合印发《关于做好2022年居家和社区基本养老服务提升行动项目组织实施工作的通知》，确定42个地区实施2022年居家和社区基本养老服务提升行动项目，无锡市成功入选，获得2711万元中央专项彩票公益金支持。无锡市先后出台《无锡市居家和社区基本养老服务提升行动项目实施方案》《关于做好2022年居家和社区基本养老服务提升行动项目实施工作的通知》等文件，明确至2023年6月底前，完成2500张经济困难的失能、部分失能老年人家庭养老床位建设，为经济困难的失能、部分失能老年人提供居家养老上门服务不少于1万人次。

【“锡心医养”社区居家“332”服务行动】 12月30日，无锡市发布《“锡心医养”社区居家“332”服务行动方案（2023—2025年）》。方案聚焦老年群体在社区居家养老过程中遇到的就医难、照护难、康养难的“三难”问题，由全市28个部门协同发力，推进社区卫生服务中心、养老服务中心、呼叫服务中心“三中心联动”，促进社区居家、医养康养“两个融合”，创新研制“十项政策”，明确10大类26项重点任务清单，强化社区医养服务供给能力，优化医疗、养老等公共服务优质均衡供给，推动医养服务在社区无缝衔接，为老年群体提供精准高效便捷的医、护、康、养综合服务。根据方案，无锡市规划打造全国首个为老医养服务呼叫中心，形成医养服务“数字商城”，实现“老人呼叫、服务即到”；统筹卫健、民政、医保三部门老年人能力评估标准，推动评估结果跨部门共享互认。至2025年，实现中、重度失能老年人家庭医生签约率80%以上，医疗、护理专业服务机构服务占比20%以上，每个街道（镇）建成1家建筑面积不少于1000平方米的街道（镇）养老服务中心，实现街道（镇）全覆盖。

【“锡心香伴”惠老助餐攻坚行动】 5月30日，《无锡市“锡心香伴”惠老助餐攻坚行动实施方案》出台。攻坚行动以“供需并补”思路，构建多渠道资金筹措机制，解决助餐服务不受欢迎、不可持续的瓶颈问题；推进“时间银行”志愿服务模式，解决餐食配送“最后一公里”；按照“政府主导、社会参与、市场运作”思路，鼓励有资质的养老服务机构、企业、社会组织参与运营管理，探索形成“区域性助餐中心+社区助餐服务点+配送入户+邻里互助”老年助餐服务模式，构建完善的助餐服务网络体系，打造“15分钟”助餐服务生活圈。全年新(改)建区域性助餐中心15家，全市累计建成区域性助餐中心达100个，实现街道(镇)全覆盖，提供老年人助餐服务日均2.7万余人次。梁溪区、惠山区和新吴区实现“一街道多中心”联动配送，滨湖实现社区(村)助餐点全覆盖；惠山区高标准建成“中央厨房+爱心餐厅+助餐服务点”三级服务网络，打造“八统一”惠爱品牌，建成老年人助餐服务综合示范区。“锡心香伴”惠老助餐攻坚项目获市“民心工程奖”金奖。

【无锡市与泰康保险集团签约医养结合项目】 7月，滨湖区政府与泰康集团就无锡泰康之家智慧医养社区项目签署投资意向协议，规划建筑面积12万平方米，总投资25亿元。12月，市政府与泰康集团签署战略合作框架协议，计划在综合保险服务、健康产业投资、产业基金投资等领域开展合作，推动“泰康之家”医养融合社区无锡旗舰项目落地和建设，打造以颐养为核心、以智慧科技为特色、辐射长三角的智慧康养精品地标。

(是炜云)

社区建设

【“五社联动”社区治理机制】 6月，无锡市出台《关于实施“五大行动”深化“五社联动”推进社区治理现代化的工作方案》，探索社区与社会组织、社会工作者、社区志愿者和社会慈善资源“五社联动”融合机制。深化“五社联动”融治理的社区实践，以“创新基层社会治理，优化社区服务模式”为主题，开展2022年社区治理创新项目评选活动，108个项目参与评比，20个项目获奖。

【社区服务】 2022年，无锡市持续推进社区综合服务设施建设，推动综合设施改造提升项目列入省、市为民办实事项目，争取省年度补助资金565万元，实现34个社区综合服务提档升级。引导城乡社区依托社区综合服务中心，打造集党员活动、政务服务、居民活动、议事协商、公共服务等功能于一体的综合服务平台，增强社区综合服务能力。至年末，全市城乡社区综合服务设施达标率超过95%。

(周　豪)

【社会工作人才培养】 2022年，《无锡市“十四五”社会工作专业人才发展规划》出台，加快推进社会工作专业人才队伍建设。10月27日，由市民政局和江南大学社会工作系联合举办的无锡市首届社会工作督导人才培训开班，23名专业社工参加培训。

(柳　姝)

社会组织管理

【社会组织培育】 2022年，市民政局强化社会组织党的建设，加强社会组织登记监管，积极加大培育扶持发展，引导社会组织发挥服务经济社会发展和社会治理等方面的独特优势作用，形成推动社会组织高质量发展的强大合力。至年末，全市登记社会组织6253个，其中社团1900个、民办非企业单位(组织)4302个、基金会51个。3月和7月，市社会组织综合党委两次发出倡议书，引导800余个社会组织参与社区疫情防控。

【社会组织专家库组建】 6月5日，出台《无锡市社会组织专家库管理规定》，组建无锡市社会组织专家库，首批由65名高等院校专家学者、社会组织管理人员等社会各界专业人士组成，将为社会组织等级评估、购买服务、公益创投、绩效评价等工作给予专业意见。

【“每个人都有光”社会组织服务项目启动】 11月15日，举办2022年“每个人都有光”社会组织服务项目启动暨“为爱行走”公益活动发布仪式，发布2022年“每个人都有光”希捷高尔夫基金资助社会组织服务项目并进行签约，马山峰影养老院、可益会公益设计实验室做交流发言。启动仪式后，召开无锡市社会组织参与社区治理公益专题公益研讨会，北京师范大学中国公益研究院院长王振耀作专家代表点评并主旨演讲，滨湖区九色公益服务中心、惠山区七色花公益发展中心、滨湖区邻聚社会工作服务中心作主题分享。

【“为爱行走”大型公益徒步活动暨社会组织展示交流活动】 11月19日，无锡“为爱行走”大型公益徒步活动暨社会组织展示交流活动举办，152家社会组织近千名公益人参与，用行走的方式展示组织形象，传播公益理念。18家社会组织参与为爱行走联合劝募，发起近30个公益项目，涵盖教育助学、困境帮扶、疾病救助、应急救援等多个领域，无锡灵山慈善基金会予以项目设计优化、公益品牌传播、10%资金配比等支持，协助无锡本土社会组织提升服务能力，扩大品牌影响力。近30家社会组织参与展示交流活动，通过公益体验、公益产品推广、公益影像等方式宣传社会组织品牌，展示社会组织风采。

(赵　倩)

民族宗教事务

【民族事务】 2022年，无锡市编制《无锡市“十四五”民族团结进步事业规划》，推动新时代民族团结进步工作提档升级。打造中华民族共同体宣传平台，组织开展“铸牢中华民族共同体意识宣传月”等活动，创作民族团结进步“六个一”系列文创产品，“江南大学铸牢中华民族共同体意识研究基地”获批首批省级研究基地，在新疆霍城县设立教育实践基地。稳步推进各族群众互嵌式发展计划，开展“红石榴就业行动”，实施“各族青少年交流计划”，促进各民族交往交流交融。10月，新日电动车股份有限公司“新疆少数民族群众就业帮扶”、海澜集团“新疆西藏少数民族群众就业帮扶”、长安街道惠南社区“各族群众互嵌式社区环境建设”、滨湖区“民族地区青年科技工作者参观考察团”、无锡文化艺术学校“锡奇青少年红石榴夏令营”5个项目入选国家民委“三项计划”试点示范项目，海澜集团“暖心富民石榴红”项目入选全省民族团结进步创建“510工程”重点扶持项目。11月，锡山区、梁溪区、惠山区堰桥街道被命名为“全省民族团结进步示范区”。12月，江阴市月城实验小学等14家单位被命名为江苏省民族工作“红石榴家园”。

【宗教事务】 2022年，无锡市各宗教团体开展“爱党爱国爱社会主义”主题教育、“崇俭戒奢”教育活动、“坚持我国宗教中国化方向”主题教育实践活动，加强自我教育、自我管理、自我约束。发挥宗教慈善联盟功能，开展“宗教慈善周”活动，持续推进“爱满人间、慈润你我”爱心助餐项目；向江阴市青阳镇普照村捐赠30万元用于基础建设，助力乡村振兴。12月29日，中央统战部召开首届全国宗教界先进集体和先进个人表彰大会，祥符禅寺获评“全国宗教界先进集体”。

10月，新日公司“新疆少数民族群众就业帮扶”项目入选国家民委“三项计划”试点示范项目。图为新疆员工工作场景　　（市民宗局　供图）

【全省首家红石榴就业促进中心成立】 11月19日，“无锡市红石榴就业促进中心”成立仪式在市人力资源市场举行，为全省首家红石榴就业促进中心。市委常委、统战部部长周常青，市政府副市长卢敏等领导参加活动。该中心由市委统战部、市民宗局、市发改委、市人社局、市公安局、市国资委和市工商联7个部门共同筹建，旨在鼓励和支持民族地区各族群众到无锡就业创业，为中西部各族群众来锡就业提供更加优质、精准、高效的服务，探索推进各族群众互嵌式发展的经验样板，带动全方位、各层次交往交流交融，进一步铸牢中华民族共同体意识。成立仪式上，周常青、卢敏为“无锡市红石榴就业促进中心”揭牌。

【第四届太湖论道暨第十五届玄门讲经活动】 9月20—21日，由省道教协会主办、市道教协会承办的第四届“太湖论道”暨第十五届“玄门讲经”活动在无锡举办。省民宗委副主任缪文军，市委常委、统战部部长周常青等出席开幕式。本届“太湖论道”以“江苏道教思想文化研究”为主题，面向全国专家学者和道教界征集论文27篇。会上，南京大学哲学系、宗教学系教授孙亦平等十余名专家学者和高道大德作主题发言。本届“玄门讲经”主题为“崇俭戒奢”，全省18名道教教职人员参加讲经比赛活动。

（朱奕奕）

编辑　葛　红

应急管理

【应急指挥体系建设】 2022年，无锡市推进应急管理指挥信息化建设，完成指挥车、无人机、移动指挥箱、卫星电话、宽带窄带集群等移动通信终端的建设，实现前后方实时联动、处置指令一键发送、应急资源统一调度。严格执行领导带班和24小时在岗值班，做到快速响应、及时处置。节假日和重点时段随机抽查、点调相关部门值班值守情况，对前置应急救援队伍开展不定时拉动。市应急管理局完善与城市运行管理中心、气象局等部门会商研判机制，推动信息互联互通，做好预警信息发布和安全提示，全年发布值班提示、安全提示、天气预警短信343次。

【应急救援体系建设】 2022年，无锡市建成以12支市级应急救援队伍为主干、9支社会应急力量救援协调队为补充、170支安全生产专业应急救援队为基础的应急救援体系，宜兴森林消防大队被授予“第六届全国119消防先进集体”称号。市应急管理局加强与驻锡部队、武警、消防救援、重点行业专家等抢险救援力量协调力度，鼓励社会力量参与应急救援。推动军地战略合作，联合防范应对灾害事故，共同降低区域灾害事故损失。年内，无锡市在全省首创设置应急救援坐标，在惠山国家森林公园设置应急救援坐标152个，提升救援精准度。

【应急管理执法体系建设】 2022年，无锡市出台《关于深化应急管理综合行政执法改革实施意见》，在镇（街道）设立应急管理局，核增副局长职数1个。各市（县）、区应急管理局均组建综合行政执法大队，核定参公编制173个。各镇（街道）配备不少于5名在编安全监管执法人员和若干名专职安全管理员，全市镇（街道）配备安全生产行政执法人员411人、专职安全员1104人。

【应急预案编制】 2022年，无锡市制定市级专项应急预案修订责任清单，市级层面修编专项应急预案50个、部门应急预案110个。加强基层应急预案体系建设，市（县）、区修编专项应急预案264个、部门应急预案176个；乡镇（街道）修订总体（综合）预案72个、专项应急预案1023个；村（社区）制定现场处置方案1237个；生产经营单位应急预案备案2782个。

【应急演练】 2022年，市政府及市级部门开展应急演练266场次，市（县）、区组织开展应急演练633场次，镇（街道）组织开展应急演练455场次，村（社区）组织开展应急演练933场次，企业开展应急演练6977场次。

（邵曰坚）

【粮食应急保供】 2022年，市粮食和储备局加强地储粮食管理，优化储备品种结构，建立社会责任原粮储备。继续与徐州、扬州开展粮食产销合作，与连云港签订粮食产销合作框

12月21日，“绿盾—2022”江苏省森林火灾应急处置实战演练在宜兴举办
（市应急管理局　供图）

架协议，明确在连云港市建立优质稻谷、小麦保供基地30万亩，提供应急情况成品粮保供。开展粮食市场价格监测，开展粮食出库专项应急演练，调整应急供应网点，提升粮食应急保供能力。

（陆　军）

防灾减灾

【概况】 2022年，无锡市持续开展全国综合减灾示范社区创建，落实市级以奖代补资金，指导8家单位创建全国综合减灾示范社区，对16个已命名社区开展“回头看”。调整灾害信息员273人，新增灾害信息员110人。制定受灾群众转移安置工作方案1049个，落实群众紧急避险、受灾群众转移安置场所1441处，可容纳人数271万余人。市应急管理局与21家企业签订《无锡市应急救灾物资储备协议》，提高极端自然灾害情况下的应急物资保障能力。推进第一次全国自然灾害综合风险普查，无锡市代表江苏省通过国务院普查办对全省应急系统调查数据的线上抽检和现场核查。

（邵曰坚）

【气象灾害防御】 1月22—30日，出现连阴雨过程，无锡、江阴和宜兴均有8天雨日，降水量分别为60.8毫米、53.0毫米和88.3毫米，日照时数仅有4.7小时、6.6小时和6.6小时。11月28—30日，出现区域性寒潮天气过程，无锡、江阴和宜兴48小时最低气温降幅分别为15.4℃、15.1℃、14.9℃。6月4日晚间至5日中午，出现全市范围的强降雨和雷暴大风天气，最大雨量148.7毫米（无锡迎龙桥），1小时最大雨强57毫米（无锡蠡湖街道），最大风速19.4米/秒（宜兴新建镇）。6月23日入梅，7月8日出梅，梅雨量仅38.5毫米（宜兴）～138.0毫米（无锡），其间，高温日数7天（无锡）～10天（宜兴），呈现梅雨期短、雨量少、高温日多的非典型性。夏季出现历史罕见高温，高温综合强度为1961年以来最强，持续高温主要出现在6月16—27日、7月4日—8月23日。尤其是8月中旬，无锡、宜兴从8月10—15日、江阴8月12—15日连续6天和4天最高气温超过40℃。伴随长时间的晴热天气，降水持续偏少，导致8月中旬及下旬前期全市大部出现重度及特重气象干旱，宜兴大部达特重气象干旱强度。9月12—15日，受2212号台风“梅花”的影响，全市87个自动站中，19站出现8级以上大风，最大20.7米/秒（无锡太湖平台）；51站累积雨量超过100毫米，最大204.8毫米（江阴新桥镇），缓解了前期旱情。

年内，市减灾委员会办公室制定印发《关于进一步加强气象灾害应急会商机制的意见》，强化应急、气象、水利等部门联动协作，开展联合会商研判40余次。开展城市极端暴雨洪涝灾害风险评估及对策研究，制定《无锡市自然灾害应对处置参考指南》《关于进一步加强极端天气防范应对工作的若干措施》《关于进一步加强极端暴雨条件下地下空间安全防范的措施》。发布《气象灾害防范应对工作提示单》18期，有效应对雷暴大风、强对流天气、台风31次。

4—8月，无锡市出现春夏连旱，对农作物生长和水产养殖等影响较大。市气象灾害应急指挥部两次启动高温应急响应；市气象局发布高温预警信号44次，其中黄色15次、橙色22次、红色7次；开展人工增雨作业7次；联合市农业农村局，开展灾情调查，发布农业气象联合专报3期；和市应急管理局、市自然资源规划局共商森林火险预警形势；联合市文广旅游局通过应急广播系统，播报17条有关高温预报预警、防御和科普信息；提供精细化预报服务，为电力调度提供气象保障。无锡气象微信公众号开通“气象证明”便民服务，提供网上自助办理功能，简化办理流程，缩短理赔时间。

台风“梅花”过境期间，太湖（无锡）湖区封湖禁航，无锡硕放机场取消台风影响期间航班，全市户外建设工地一律停工，中小学校、幼托园所和校外培训机构全部停课，各类船舶一律进港避风，各公园、旅游景点一律闭园闭馆，水上旅游全部停止，地铁1、2号线高架区段和12座车站停运。全市回港避风船只1868艘，停工企业167家，停工工地892处，关闭景区75个，停运“两客一危”（公路客运、旅游客运、危化品运输）车辆2988辆。全市累计撤离水上人员578人，撤离在建工地、危旧房屋、地质灾害隐患点等岸上人员75448人。全市专业抢险、应急救援、驻锡部队及社会救援队伍843支、26184人进入战备状态。

（夏　健　邵曰坚）

【防汛抗旱】 2022年，市水利局修订《无锡市防汛抗旱应急预案》《无锡市水利工程洪水调度方案》，宜兴山区六镇编制《山洪灾害防御预案》，完善成员单位部门预案47个、基层应急预案606个。落实防汛抢险应急救援队伍843支26184人、自然灾害转移安置场所1441处。强化风险排查整治，9处（座）险工险段、病泵站、102处河道阻水障碍全部消险处置到位。投资78万元，实施苏南运河无锡段堤防灾害保险试点，保障范围涵盖运河沿线5个区、14个镇（街道）共90千米堤防。投资478万元，开展防汛防台秒响应信息化建设，该项目列入市政府数字化转型和数字经济提升十大应用场景之一。市级投入949万元增储防汛物资，应急排涝能力提高25%。防御台风“梅花”期间，沿江闸站排水1.27亿立方米，运东大包围排水0.46亿立方米。

4—8月，无锡市出现春夏连旱。出梅后，市水利局第一时间提请省水利厅实施望虞河夏季引江济太，有效

6月5日，无锡市出现强降雨，市水利部门架设变频高速潜水泵排涝
（市水利局　供图）

减缓太湖水位快速下降。沿江闸泵联合运行调引长江水，至10月末，累计引水8.40亿立方米。10月末，宜兴市西氿水厂取水能力扩容至每日50万立方米，11月初原水反供上山调试成功，每日稳定向横山水库、大贤岭水厂反供约6万立方米自来水，宜兴山区供水风险基本消除。全市投入抗旱人员2138人，抗旱资金1464.1万元，临时架设机泵157台（套），疏浚河道103条，修理渠道5条，维修改建泵站11座，挽回粮食损失1.58亿元。

【城市极端暴雨洪涝灾害风险评估】 2022年，市水利局开展城市极端暴雨洪涝灾害风险评估及对策研究。构建市区1294平方千米精细化水利模型，按照无风险、低风险、中风险、高风险、极高风险5个等级区划，绘制12张极端暴雨洪涝淹没风险图和20张重点保护对象专题风险图，建立水利工程、城市生命线工程、重点保护对象等3大类19个对象风险台账，制定无锡市城市防范应对极端暴雨洪涝灾害工作指导意见、实施方案和重点工程项目清单，推进项目化落实。

（芮资涵）

【地质灾害防治】 2022年，全市发生突发崩塌险情1起，等级为小型，位于滨湖区。年内，无锡市、江阴市、宜兴市均编制出台年度地质灾害防治方案，编制实施《无锡市地质灾害防治规划（2021—2025）》及江阴市、宜兴市“十四五”地质灾害防治规划。组织地质灾害应急调查10次，出动地质灾害防治专家和技术人员25人次；全市各级自然资源规划部门开展“三查”（汛前全面排查、汛中巡查、汛后复查），出动人员2000余人次；发布地质灾害气象风险预警及提示信息2则，发送短信1665条。完成宜兴市湖㳇镇竹海村汤省公路（X201）鑫豪酒楼东北侧边坡崩塌治理工程等6处地质灾害工程治理，推进年内发生崩塌险情的滨湖区马山街道灵山三圣殿西地质灾害治理工程申报2023年江苏省地质勘查资金。

【地质灾害调查普查】 2022年，市自然资源规划局以市（县）、区为单元开展地质灾害隐患排查，查明地质灾害隐患点98处，以崩塌、滑坡为主，级别主要为小型。与上年相比，因工程治理核减6处、新增2处。按灾害类型划分，崩塌74处、滑坡16处、地面塌陷4处、地裂缝4处；按行政区域划分，江阴市37处、宜兴市15处、梁溪区5处、锡山区13处、惠山区8处、滨湖区20处。其中，重要地质灾害隐患点12处，主要分布在江阴市、宜兴市和滨湖区，其次为锡山区和惠山区。

开展无锡城市地质调查，年内完成三维地质结构调查、地下空间资源开发利用条件调查评价、地质资源调查、地质环境调查评价及地质资源与环境监测预警等5个专题成果以及无锡城市地质调查总报告

9月13日，省地质调查研究院专家在滨湖区巡查山体
（市自然资源规划局　供图）

的编制，并通过省厅组织的专题成果评审，均获得优秀级。同步开发无锡城市地质信息系统模块，为城市规划建设、自然资源管理等领域提供基础数据支撑。

完成地质灾害风险普查。普查工作于2021年末启动，2022年6月，完成全市7个市（县）、区地质灾害风险调查、数据库建设、成果验收以及数据汇交。8月下旬，完成县级地质灾害风险普查成果的数据集成、市级成果编制及验收，并同步开展数据库建设。

（刘梦蛟）

【防震减灾】 2022年，无锡市建立健全防震减灾应急联动机制，常态化开展地震应急技术运维工作，提升应急联动响应水平。定期组织震情会商会以及重大节日前临时会商会，全年召开17次。严格落实震情值班制度，实时监测地震活动，全年处置地震事件82起，其中责任区内地震事件1起、网内地震事件51起、网外地震事件30起，通过地震信息自动速报平台发送地震“三要素”短信15197条，抢修台站31台次、巡查台站113台次，测震台网运行连续率99.96%、强震台网运行连续率94.53%、前兆台网运行连续率99.99%。规范地震宏观前兆观测管理，引入智慧化、信息化监管手段，发挥地震宏观前兆观测在地震预测预报中的作用。扩充、更新收集灾情速报员名单，提升“12322”地震灾情速报系统运行效率。

年内，市地震管理部门组织开展地震灾害风险普查工作，完成154个典型场地条件特征的钻孔基础数据标准化整理、5个标准钻孔补充探测、典型区域人员伤亡修正评估调查、房屋建筑抽样详查等任务，无锡成为省内首批通过省级验收的城市。对全市181万栋、9亿平方米相关房屋建筑开展调查。

市地震管理部门加强防震减灾科普宣传，以“5·12”全国防灾减灾日、科普周、国际减灾日等活动为契机，组织开展宣传活动227场次，其中广场宣传75次、应急演练16次。会同无锡广电集团拍摄完成《无锡防震进行时》，首次以短视频、长专题的形式在“无锡博报”视频号、无锡电视台《无锡新视评》栏目播出。加强校园防震减灾科普宣传教育，无锡市新城中学成功创建国家防震减灾科普示范学校。

（李渊明　蔡晓儒）

安全生产

【概况】 2022年，无锡市树牢安全发展理念，连续第三年把安全生产工作会议作为全年第一个全局性会议，市委常委会会议8次、市政府常务会议8次、安全生产专题会议20次，研究部署安全生产工作。市安全生产委员会每季度开展安全生产风险形势研判，重点时段实行安全防范工作日调度。制定印发《市委常委会成员、市政府领导班子成员2022年安全生产重点工作清单》，市纪委监委和市委组织部开展半年度和年度安全生产联合督查考核，8个派驻督导组对全市各板块开展“一月一督导检查”。在市道路交通、建设工程、城市地下管网和燃气3个重点领域率先实行专委会办公室实体化运行，对33个负有安全生产监管和行业管理职责部门、20个支持保障部门开展“一季度一考核”。实行镇（街道）行政主要负责人直接分管安全生产工作制度，对5个镇（街道）开展市级安全生产巡查，组织对全市75个镇（街道）开展安全生产“红黑榜”评比。打好精准执法、联合惩戒、培训教育、警示曝光、有奖举报“组合拳”，突出危险作业、劳务派遣和灵活用工人员管理，建立“吹哨人”制度，倒逼企业主体责任和岗位行为责任。开展安全生产风险排查化解和隐患集中治理，事故起数和死亡人数比上年分别下降27.4%、23.9%。任小青被中共中央、国务院表彰为全国“人民满意的公务员”，受到习近平总书记会见；市应急管理综合行政执法监督局被司法部表彰为“全国行政执法先进集体”。

【安全生产专项整治】 2022年，无锡市制定《关于深化提升安全生产专项整治三年行动的实施方案》，强力推进专项整治三年行动“2+11”个专题专项80项重点工作，健全完善61项长效监管制度。紧扣安全生产15条硬措施和55个必查项，全面开

1月7日，全市安全生产工作会议召开　　（市应急管理局　供图）

展安全生产大检查及“回头看”工作。聚焦12个重点行业领域和93项重点事项，针对5812家重点企业开展重大问题隐患集中清零。推进分级分类全覆盖监管，全市11个专项整治（28个行业领域）分级分类监管企业16.5万余家，排查隐患32.2万余个。聚焦交通运输、建筑施工、城镇燃气等45个重点行业领域，组织22个部门推进全市域风险报告，制定完成较大以上风险目录430个，完成首次风险报告企业单位8234家，报告较大以上风险6706个，均落实精准管控措施。

【危化品安全监管】 2022年，无锡市强化危化品源头管控，严格危化品项目行政许可和换证核查工作，加大关闭退出力度，危化品生产企业由92家减至78家。全市3个化工园（集中）区对照标准完成自评，制定风险管控“一园一策”。推进危化品安全风险集中治理，组织涉及苯乙烯、丁二烯、重氮化工艺等高危细分领域的化工企业开展专项整治，整治隐患300余个。对重大危险源企业完成2轮专项检查指导，排查整治一般隐患2433个、重大隐患84个。开展重点企业本质安全诊断“回头看”，26家企业完成自查自改。开展油漆涂料专项治理，排查整治油漆涂料生产企业问题隐患313个，立案15件，注销安全生产许可证12件。开展醇基液体燃料安全专项排查整治，摸排各类企业、餐饮行业2万余家，取缔或变更经营范围醇基液体燃料经营企业14家，取缔使用醇基液体燃料单位65家。指导工贸企业规范储存使用危化品，建设专用仓库2008间、中间仓库8515间、储存柜5438个。

【工贸企业安全生产监管】 2022年，市应急管理局对5家钢铁企业、32家铝加工（深井铸造）企业、95家10人以上粉尘涉爆企业开展“百日清零”执法检查，发现重大隐患27个，立案35件，处罚金额116.9万元。对危险程度较高的607家有限空间企业开展逐家指导，对89家电镀企业全覆盖专项检查。推进低端铝加工（深井铸造）企业兼并重组和技改提升，江阴市6家不具备条件企业关闭退出。推进企业电气线路安全治理，将使用年限超过20年、且涉及重点领域的1485家企业纳入整治范围，分类实施改造。加强“厂中厂”安全监管，出台《加强我市工业企业“厂中厂”安全监管工作意见》，依托“门铃码”数据库与省风险报告系统，比对筛查“厂中厂”出租方4651个、承租方15607个。开展高温熔融金属企业安全风险普查，对全市8类3194台熔炼炉逐家建档。

（邵曰坚）

【建筑施工安全生产】 2022年，市住建部门对《无锡市建设工程安全生产管理条例》进行修改，进一步明确镇政府、街道办事处、开发区（园区）管理机构及相关行业主管部门的建设工程安全生产首要责任，规定施工单位应当依法投保安全生产责任保险，将既有建筑改扩建、装饰装修工程、小型临时工程、零星施工作业等纳入管理范围。年内，市住建部门推进房屋市政工程安全生产治理和建设工程领域安全生产大检查，检查工程项目1.9万个次，整治消除安全隐患30611个，完成从业人员考核培训和继续教育2.57万人次。

（刘东亮）

【特种设备安全生产监管】 2022年，市市场监管局打好特种设备安全生产专项整治三年行动、安全生产大检查、百日攻坚行动三场硬仗，特种设备安全形势持续稳定，在苏南地区率先完成燃气压力管道检验全覆盖，叉车安全综合治理被省安全生产督导组列为全省安全生产集中整治的先进经验，全市历史上首次实现特种设备事故起数、死亡人数双清零。全市在用特种设备总数为31万台（套），特种设备生产使用单位为4.7万家。全市各级特种设备安全监督管理部门现场检查特种设备生产、使用单位26573家次，行政处罚257起，罚没金额1068.7万元。

依托国家超级计算无锡中心建立无锡市气瓶智慧监管平台，实时监测气瓶重要节点信息，自动生成充装、检验预警清单。推进工业气瓶充装单位规模化规范化智能化运营，9家充装单位完成整合，实现气瓶互充一体化管理。

整合资源，升级以签约维保为主、网格救援为辅、消防救援为保障的电梯三级救援体系，实现被困人员准确定位、救援处置快速响应、救援情况实时跟踪、救援结果及时上报、故障原因准确分析的电梯安全保障功能。

开展叉车安全综合治理，完善叉车智慧监管平台，《无锡市叉车智慧监管系统基本要求》被修订列入《江苏省特种设备安全条例》全省推广。8月实施的国家安全技术规范《场（厂）内专用机动车辆安全技术规程》吸纳无锡经验，将物流园区叉车纳入特种设备监管范围。

（束洁丹）

【交通运输领域安全生产监管】 2022年，市交通运输局开展全市联动专项执法行动，推动重点领域安全生产专项整治，检查企业16242家次，整改隐患2716处，行政处罚12678家次，停产整顿232家，罚款4871万元。水上交通、工程建设、港口营运和铁路、民航、邮政寄递等领域保持“零”事故。加强港口、工地防风抑尘设施建设，推广“长江干线船舶水污染联合监管与服务信息系统”，481家运营港口企业污染防治设施转运处置率90%以上。联合开展挥发性有机物（VOCs）治理，关停维修企业14家，淘汰高排放中重型柴油货车2899辆，建立八大领域1811个风险点管控的基础数据库，实现风险辨识清单化、风险管理常态化。

无锡港航事业发展中心强化水路港口安全生产监管。7家港口危险货物装货企业运用“五必查”功能核验4190条,核验比例提升至99.5%。开展港口危化品常压储罐抽检,对全市286个常压储罐按照5%的比例抽检,整体状况良好。完成港口经营信用评定考核,458家港口企业参评,获评AAA级365家,发布港口企业“红黑榜”4次。对在建航道工程进行履约考核和优质优价、优监优酬考核,信用数据上报率100%。推广清洁能源船舶,开展船舶燃油检测1092艘次,首次运用《中华人民共和国大气污染防治法》办理船舶用燃油处罚案件,停运尾气排放不达标游船14艘。开展安全生产警示教育和专题培训78次、安全检查159次,检查单位174家次,整改隐患111个。完成全市自然灾害综合风险水路承灾体普查,健全以桥梁工程为代表的工程安全风险隐患治理长效机制。全年港航安全态势保持平稳。

(吴小芹 周 涵)

2022年,无锡市在全市开展“百团进百万企业千万员工”安全生产专题宣讲
(市应急管理局 供图)

【水利行业安全生产】 2022年,市水利局印发《安全生产分级分类监管实施方案》等文件,建立安全生产监管微网格,梳理出143处重点监管场所(工地)。强化危化品、燃气使用、自建房屋专项治理,建立危险化学品台账专项治理,消除全市67家单位燃气隐患,整治全市水利行业房屋207处。建立869个工程和4721个危险源管控档案,施行精准化管理。结合安全生产大检查、安全生产百日攻坚等专项行动,聚焦水利工程建设、水利工程运行等7个重点领域,推动安全生产15条硬措施落地落实,整改全市各级水利系统问题隐患492个。开展“身边隐患大家查”行动,收到投稿35份,发现问题隐患27处。

(芮资涵)

【电力行业安全生产】 2022年,国网无锡供电公司安全生产专项整治三年行动收官,206个问题隐患全部整改完成。全年主网设备跳闸数比上年减少23起,配电线路百公里故障数比上年下降4.44%。落实风险管控,压降电网五级风险35项、六级风险34项。迎峰度夏期间,精准实施负荷管理18天,组织错避峰3.8万户次,单日最大错峰120万千瓦。开展不停电作业1.5万次,减少用户停电63万时·户。

(洪雅迪)

【安全生产监管执法】 2022年,无锡市在全省率先创新采用“联合组队+驻点办公+定期轮换”的派驻中队驻点执法模式,派驻27个执法中队实现镇(街道)全覆盖。指导市、市(县)区、镇(街道)三级执法机构对全市4.8万余家企业实施分类分级执法,对1940家重点监管企业执法全覆盖。梳理149条重点检查事项,制定“一企一表一清单”。开展“能力提升年”行动,组织执法队伍准军事化培训和技能竞赛,推行“全程说理式执法”,提升基层安全生产监管执法水平。全年,应急系统执法检查企业9907家,排查企业隐患95442个,立案总数4187件,罚款总额16821.46万元。

【安全生产宣传教育】 2022年,无锡市举办第29个“安全生产月”主题活动,全市百名企业“第一责任人”集体宣誓亮相全国启动仪式。组织开展全市“百团进百万企业千万员工”专题宣讲,持续开展“学重要论述、促安全发展”网络平台学习、企业主要负责人“说安全”系列活动,累计宣讲3万余场,覆盖企业员工92.7万余人次。集中开展社会化安全宣传,覆盖500万余人次。加强企业从业人员安全培训,全年培训12.6万人。开展打击假冒政府网站制售假冒安全生产证书专项行动和安全培训“走过场”专项整治,排查各类问题1.13万个,责令整改1396家。市应急管理局连续5年获评全国和全省应急管理新闻宣传暨学报用报先进单位。

(邵曰坚)

交通安全

【概况】 2022年,市公安局交警支队针对多种勤务模式,将市区道路分为69个交警勤务责任区,实施责任区网格化管控、市区重点道路“定区、定人、定责”管理，全年现场查处各类交通违法行为281.3万余起。推出“e路通”道路交通事故线上线下一体处理机制，视频远程处理交通事故5500余起，实现事故处理“一站式、跨部门、一路通”。以大数据手段开展交通管理研判，拦截重点车辆3.8万余辆，预警处罚3.1万余次，查获假套牌报废车、疲劳驾驶、货运载人等重点违法行为520起。组建“无人机翔鹰小队”，配备警用无人机16架，在疫情防控、重大交通保障中发挥作用。完成高速公路、快速路和城市主要道路的360路视频监控、407处电子警察及卡口、298处交通信号灯设备升级加密工作，以视频AI技术对全市100处主要路口、路段的突发事故、拥堵情况、车流溢出及各类交通违法行为进行自动识别。建设市级交通信号控制中心，实时掌握全域路网态势变化，优化233个路口信号配时，调整和新增绿波带38条。完成全市25处易发、常发交通拥堵路段、路口专项治理，市区梁清路沿线、太湖大道湖滨路口、运河西路高浪路口等早晚高峰通行效率提速35%以上。开展闯红灯、翻护栏、乱停乱放、乱穿马路、不戴安全头盔、逆行、不礼让行人、未各行其道、电动自行车未上牌、压线变道等“十类交通违法”宣传整治攻坚战，查处违法行为175.9万起，涉及“十类交通违法”的一般以上事故发生数和死亡人数比上年下降3.2%和11.3%。开展“百日行动”“苏安护行”等专项行动，查扣非标三轮车5.1万余辆、工程机械车285辆、黑燃气运输车77辆、非法改装摩托车565辆。年内全市新增停车泊位1.3万余个。在《2022年度中国主要城市交通分析报告》中，无锡市交通健康指数居全国汽车保有量超200万辆城市首位，高峰通行速度位居全国主要城市前列。

【车辆驾驶员管理】 2022年，全市有机动车2588663辆、驾驶员3052930人，非机动车5089352辆。市公安局交警支队推进交管业务网上办、自助办、就近办、一次办，全年办理车辆驾驶人管理业务331.3万起，群众回访满意率99.7%。在全省首先推出车辆检验7项“便民办”清单、6项“容缺办”举措，低风险车型检测审核时间缩短至30秒。将交管“12123”互联网交通安全综合服务管理平台的高频业务纳入“太湖e警”公安政务服务平台，通过交管“12123”标准化共享服务，包括基础服务、机动车业务、驾驶证业务、违法业务共7大类37项交管业务实现网上办理。扩大车管自助服务站布点，增设自助业务受理、拍照、体检机57台，交通违法自助处理机30台，全市51个派出所“综合窗口”开办53项交管业务。结合无锡国家级车联网先导区和“双智”（智慧城市基础设施与智能网联汽车协同发展）试点城市建设，建设交通信息服务赋能平台，推动交通管控类、涉车管理类等公安交管数据开放应用。

【道路交通联动治理】 2022年，市政府在全省率先成立由分管公安的副市长牵头、全市27个部门组成的市级道路交通安全专业委员会，以及在市公安局实体化运作的道路交通安全专业委员会办公室，形成道路交通安全工作“党政领导、专委牵头、公安吹哨、部门联动、社会参与”的局面。在全省首创把交通事故死亡人数纳入市高质量发展和安全生产“双考核”体系，压实地方政府领导责任、部门监管责任和企事业单位主体责任。完善交通事故深度调查、领导到场、定期通报、工作督导、“红黑榜”警示等工作机制，全年发出事故通报和“红黑榜”警示通报24期，“红榜”表扬镇（街道）47个次，“黑榜”警示通报19个次，开展联合调查55次、飞行检查11次，向市（县）区和职能部门发出督办通知5次。完成警情、路况、警力、视频、卡口、信号灯、交通

表58 2022年无锡市机动车、驾驶员统计表

区 域	机动车（辆）				驾驶员（人）
	汽 车	摩托车	其他机动车	总 计	
市 区	1453154	12652	6354	1472160	1761675
江阴市	604286	49743	3443	657472	793232
宜兴市	386410	71364	1257	459031	498023
合 计	2443850	133759	11054	2588663	3052930

（市公安局交通警察支队）

表 59　2022 年无锡市非机动车统计表

单位：辆

自行车	三轮车	残疾车	电动自行车	合　计
2768134	6867	652	2313699	5089352

（市公安局交通警察支队）

事件、车辆和驾驶人等交通基础要素汇集，汇聚基础路网、智慧停车、景区流量及高速公路 ETC 通行、互联网交通路况等数据，构建数字“交通超图”，建设安保线路视频巡查、车辆布控堵截、应急三圈处置、快速路交通保畅管控、高速公路交通安全管控和景区（商圈）交通保障等场景。依托公安部交通科研所专业支撑和无锡车联网产业发展优势，创新智慧交通特色场景应用，开发 AI 全息路口研发项目、交通管理第三方测评、执法档案电子化项目、交通事故处理装备等 11 个项目，形成一批在全国具备示范引领性效应的“拳头”产品。

【道路交通事故预防压降】 2022 年，全市各级交警部门加强交通安全隐患排查整治，开展道路交通事故预防“减量控大”工作，道路交通死亡人数连续 19 年下降。在全省率先建立交通死亡事故全链条处置新机制，对事故从驾驶人、车辆、道路、应急管理、救援救治、行业监管和企业管理等方面调查分析存在的安全隐患、管理漏洞、监管盲区和工作缺失，推动事故处理、深度调查、隐患整改一体化闭环运作。树立“死亡事故就是重大突发事件”理念，民警辅警、医护人员等应急处置力量到达事故现场的时间平均缩短 50%，交通事故死伤比降至 0.78%，为全省最低。在全省率先建立交通死亡事故属地党委政府领导到场排查隐患工作制度，全年全市各级党政领导到场开展事故调查、隐患排查 650 次，排出隐患 302 个。建立安全隐患动态排查工作机制，关联分析交通事故、交通违法、车辆驾驶人等数据信息，查找源头监管、违法整治、设施设置、宣传警示等方面存在的短板弱项，落实针对性改进措施，消除问题隐患。邀请同济大学、公安部交通管理科学研究所等科研单位以及道路工程专家参与交通事故深度调查，排查重大风险隐患 402 个。开展“百日行动”“苏安护行”“太湖清雷”等专项行动，走访全市 7225 家“两客一危一货”（公路客运、旅游客运、危化品运输、货运）重点运输企业和 128 名易肇事肇祸精神障碍患者，对 1088 个问题和 135 家“黑榜”运输企业采取曝光、整改、处罚、停业等措施，抄送交通部门依法撤销、吊销 729 名驾驶人和 4047 辆车辆的运输许可证。对全市 79244 辆重点车辆和 76286 名重点驾驶人开展交通违法“清零”行动，清理隐患车辆 4156 辆、驾驶人 805 名，注销吸毒人员、精神障碍患者驾驶证 171 本。实施《无锡市市区道路交通安全设施建设管养办法》，更新各类交通标志 3540 块、标线 16.6 万平方米、隔离栏 9.4 万米、警示桩 2929 根、反光道钉 4230 个，布建“哨兵系统”33 套、发光斑马线 4 条，更换高速公路“三波板”护栏 110 千米。开展道路安全隐患整改提升行动，挂牌整治 30 处市级、100 处区级隐患路段，实施 50 条农村公路交通安全整改提升工程，完成 318 个路口“右转弯”安全设施提升、1031 个国省干道平交路口“三个一”（一条停止线、一个爆闪灯、一块警示标牌）建设。

（耿永军）

【水上交通安全监管】 2022 年，市交通综合执法局推进船舶碰撞桥梁隐患治理三年行动，完成 205 座重点桥梁隐患排查，整治各类隐患 239 处，消除航道、水上交通安全隐患 69 处，增设防撞设施 65 处、桥梁主动预警装置 17 处，完善桥梁标注标识 74 处，加固改造桥梁 5 处，拆除或重建桥梁 9 座。完成钮家大桥、灵谷化工管道桥等 9 座桥梁物理防撞墩建设。无锡港航事业发展中心发挥 VITS、AIS、CCTV 系统对湖区、重要航段船

2 月 7 日，宜兴市公安局交警清除积雪，保障道路交通安全（赵振伟　摄）

舶的监管，全年电话接处警672起，调查处理水上交通事故372起，推送各类水上信息17万条。对船舶超限超载、桥区水域通航秩序、非通航水域游览经营活动等开展水上交通安全专项治理，出动执法人员1.6万余人次、交通执法艇2547艘次，查处违法案件1509起。

（吴小芹　周　涵　李　勋）

【交通运输安全监管】 2022年，市交通运输局首创“两客一危”等重点营运车辆“苏行码”监管，率先推行交通运输安责险投保、重卡主防安装试点等工作，全市交通运输安全发展水平居全省首位。推行交通运输领域轻微违法行为依法免处罚政策，实施轻微违法免罚、首次违法免罚1170起。整治公路隐患1200多处，296千米铁路落实网格化管理，公路超限率压降至0.05%，处于全省最低水平。11月21日，车辆行前安全评测系统通过验收。该项目是江苏省首个针对营运车辆驾驶员出车前进行安全评估的系统，被交通运输部列为“交通强国建设试点项目”。年内，无锡市路面动态称重检测系统、干线航道桥梁智能避碰系统二期工程建成投用。

（吴小芹　李　勋）

【交通事故分析研判】 2022年，全市发生道路交通事故1357起，死亡345人，伤1007人，直接经济损失801.35万元，比上年分别下降0.88%、1.43%、0.40%、2.88%。沪蓉高速公路发生1起死亡3人的交通事故，宜兴市230省道发生1起死亡4人的交通事故。交通事故发生数、死亡数、伤人数，由高至低，按时段分析，依次为上午（6—12时）、下午（12—18时）、晚上（18—24时）、凌晨（0—6时）；按道路分析，依次为城市道路、农村道路、普通国省道路、高速公路；按道路隔离设施情况分析，依次为无隔离设施道路、机动车非机动车隔离道路、中心隔离道路、机动车非机动车中心隔离道路；按交通方式分析，依次为私家车、电动自行车、货车；导致事故的机动车违法行为依次为酒后（醉酒和饮酒）驾驶、未按规定让行、无证驾驶、违反交通信号、超速行驶；导致事故的非机动车违法行为依次为未按规定让行、违反交通信号、逆行、违法占道行驶、酒后驾驶；导致事故的行人违法行为主要是行人不按规定横过机动车道、违反交通信号。

（耿永军）

消防安全

【概况】 2022年，市政府下发《无锡市2022年各市（县）、区政府和市消防安全委员会成员单位消防工作任务清单》，明确年度消防工作重点任务。加强行业监管，完善抄告移送、重点领域风险报告、飞行检查等机制，分类组织公安派出所、镇（街道）消委办、网格员等一线监管人员业务培训，部署自建房、大型商业综合体、劳动密集型企业等专项消防检查行动，推动15家重大火灾隐患单位整改销案。实施消防安全标准化达标提升工程，全市二级以上医疗卫生机构达标率80%。制定小微体育场所消防安全检查清单，出台全市餐饮场所负面清单。开展重点领域消防安全监管。开展高层建筑消防安全专项检查，开通住宅专项维修资金绿色通道，重点督办老旧小区重大火灾隐患整改；出台《加强电动车综合治理工作的意见》，电动车火灾同比下降18%；开展“厂中厂”专项整治，推动电气线路评估改造提升，提高电气火灾防范能力。投入500余万元，加快消防隐患“智感知”场景建设，安装物联感知模块5.8万个、生命通道智能告警装置1300个。将基层消防安全治理融入“精网微格”工程，制定微网格沿街门店安全化巡查清单，全市小火亡人事故起数下降58.3%。2022年，无锡市在全省年度政府消防工作考核中获第一名，市消防救援支队获评全省消防安全专项整治先进支队、执法先进支队。

【消防基础建设】 2022年，无锡市推进“十四五”消防规划落实，完成消防站立项12个、开工建设11个、投入执勤5个，建设力度为历年之

4月27日，市消防救援支队在无锡大剧院水域开展救援演练

（市消防救援支队　供图）

最。推进老旧小区消防设施提升,新建1000个、修复8000个市政消火栓。全年新购置消防车58辆、器材装备3.6万件(套),高精尖装备占比提升至21.5%,专职队员待遇标准居全省领先水平。提高基层消委会、消委办组织架构,明确1名副所长任镇(街道)消委办副主任。市政府出台《镇(街道)消防安全工作四项清单》,明晰基层消防安全履职尽责标准。市、县(区)、镇(街道)消委办实体化运行,75个镇(街道)消委办配备专职人员306人,其中在编事业编制或公务员133人。持续深化公安机关、消防救援机构"六联"工作机制,出台《公安派出所移送消防救援机构案件处置流程》,上线使用智慧治安消防模块,消防案件移送查处量提升12%。国家消防救援局和省总队推广无锡基层消防治理工作经验。

【消防接警救援】 2022年,全市消防救援部门接警19010起,其中火灾扑救7298起、抢险救援5188起、社会救助4698起、公务执勤739起、其他1087起,比上年增长4.73%。全市消防队伍出动19299队次、35280车次、190409人次,抢救被困人员476人,疏散被困人员242人,抢救财产1.51亿元,保护财产4.12亿元。成功处置"1·2"锡山区溢凡工贸有限公司火灾、"4·22"锡山区鲍氏被业厂房火灾、"6·14"滨湖区南方泉顾家庄民房坍塌事故等任务,完成"10·29"南京金盛百货火灾跨区域增援。

(华　颐)

【公安派出所消防安全监管】 2022年,全市公安机关开展"火患清零"攻势、消防安全"重点场所百日除患、为民工程百日提速、短板弱项百日筑底、消防队站百日强能、基层监管百日增效"攻坚除患、冬季消防安全生产专项治理、电动自行车消防安全隐患整治等行动,整治消防通道堵塞、"三合一"场所(住宿与生产、仓储、经营一种或一种以上使用功能违章混合设置在同一空间内的建筑)、设置影响逃生铁栅栏、违规使用或存放瓶装液化石油气、电动自行车进楼入户等隐患10960处。排查采集公安派出所消防监管单位37042家,新纳管密室逃脱、剧本杀、电竞酒店等新型业态113家。依托"公安取证、消防救援受案"机制,办理消防拘留案件159起,移送消防救援部门查处1336起。全市建成8个公安派出所消防安全监管示范街。开展城镇燃气安全打击整治专项行动,破获违法运输、储存、销售瓶装液化石油气的违法犯罪案件108起,抓获涉案人员157人,查获非法储存点51处、涉案车辆121辆、黑气瓶3080只。

(耿永军)

【森林防火】 2022年,市森林防灭火指挥部办公室印发《无锡市森林防灭火信息共享机制》《无锡市森林防灭火会商调度机制》,强化火灾风险会商研判,印发《森林火灾防范应对工作提示单》15期。市应急管理局联合自然资源、公安、电力等部门开展全市森林火灾隐患排查整治和查处违规用火行为专项行动、林区输配电设施火灾隐患专项排查治理行动。做好春节、清明、国庆、中共二十大召开等重点时段、重要时期的森林防灭火工作。3月,组织开展森林防灭火宣传月活动。12月21日,"绿盾—2022"江苏省森林火灾应急处置实战演练在宜兴举办。

2022年,市自然资源规划局开展森林火灾风险普查,在全省林业系统率先完成对37个森林可燃物标准地和4个森林可燃物大样地的调查取样,以及野外火源调查、气象数据调查、承灾体调查、历史火灾调查、综合减灾能力调查、重点隐患调查数据录入工作。加强森林防火基础设施建设,全市新建蓄水池48个、2060立方米,消防管道14套、25.4千米,护林房164间,防火通道29.8千米,语音播发器105个,视频监控系统7套,视频摄像头71个。惠山区开展森林防火"三年大灶"专项整治行动,防火蓄水池实现全覆盖,全区山林实现"24小时、全天候、无盲区"适时监控,连续2年实现森林火灾"零发生"。宜兴市完成森林防火安全生产专项整治暨三年行动总结评估,年内投入160万元完成宜兴市林场猴头山区域森林防火"引水上山"工程建设,投入60万元推进"建蓄能驿站、解护林之忧"项目,新建12处标准化护林岗哨。全市未发生较大以上森林火灾。

(邵曰坚　刘梦蛟)

【火灾情况分析研判】 2022年,全市发生火灾7298起(全口径),死亡5人,受伤11人,直接财产损失约4058.93万元。与上年相比,火灾起数下降8.4%,死亡人数下降58.33%,受伤人数下降21.43%,直接财产损失下降23.99%。火灾事故发生数,最高时段为18—20时,有1123起;行政区划由高至低依次为江阴市2186起、宜兴市1219起、惠山区821起、锡山区818起、新吴区793起、梁溪区720起、滨湖区520起、经开区221起;起火场所主要为非建构筑物2765起、居住场所2291起、厂房397起、物资仓储场所27起;发生区域主要为集镇镇区3857起、农村1458起、城市市区1185起;火灾成因主要为遗留火种引发火灾2689起、电气引发火灾1867起、用火不慎引发火灾1272起。

【消防宣传教育】 2022年,市消防救援支队因地制宜用好各类消防救援站和已建成的消防安全教育馆、主题公园、消防微型体验站(点),发动5.5万余名群众就近参观学习消防安全常识。在全市打造消防主题影院10余家,打造以消防为主题的科普教育公共空间和寓教于乐的"消防宣传焦点"与"消防流动课堂",通过设置消防宣传角、消防主题文化墙、消防装备模型、VR模拟体验区、实物实景操作区域,提高观众的消防安全意识。成立"蓝锡技术服务队"宣传员,到消防安全重点单位开展消防安全知识培训活动167场次。组织"蓝锡消防宣讲团"和"蓝锡消防志愿者服务队",开展初期火灾的扑救和自救逃生等消防安全知识培训教育,惠及市民20.67万人。年内,支队各级消防宣传员走进全市300余座学校开展知识讲座、互动体验、消防演练1450余场次。支队建立健全美团骑手、大学生、"运满满"快车、中国邮政"平安邮路"等特色消防志愿者服务队,吸纳成员1.2万余人。全市276辆"运满满"快车、邮政快递车通过车身消防安全提示车贴随停随讲、随车喇叭循环广播等方式,进行消防宣传教育。1230名特色消防志愿服务队员围绕"路边见警第一时间处置""街头巷尾捕捉火灾隐患""消防宣传进门入户"三大主题活动,开展消防志愿服务工作。

(华　颐)

农产品质量安全

【概况】 2022年,市农业农村局推进组织规模主体入网行动,将合格证推广与省级农产品质量追溯平台系统数据关联,全市入网主体12318家,入网主体日常巡查覆盖率100%。以乡镇农产品质量安全监管站为重点,提升农产品质量安全监管能力,建成五星级乡镇监管站3家、四星级乡镇监管站28家。积极发展绿色食品、有机农产品、部省绿优基地,鼓励和支持绿色食品农产品精深加工企业发展,全市绿色优质农产品比重达66%。提升农产品质量安全风险排查能力,加大对重点产品、重点领域、重点时段的风险评估,完善"双随机"采样,全市食用农产品定量检测千人抽检率1.94。强化源头治理,开展"治违禁,控药残,促提升"三年行动,剖析韭菜、鸡蛋、乌鸡、乌鳢等"11+1"个重点品种风险问题,研究解决对策。全年市级抽查农产品、水产品、畜禽产品296批次,抽查农药产品140批次。全市办结各类农产品质量安全案件55件,罚没款金额6.579万元。

【"瘦肉精"专项整治】 2022年,无锡市开展养殖屠宰环节"瘦肉精"监测,各地对辖区内出栏前生猪、肉牛、肉羊养殖场至少抽检1次"瘦肉精",每次抽检1～2个样品;家畜屠宰场实行批批检,生猪按不低于5%的比例抽检,肉牛、肉羊按10%的比例抽检。开展"瘦肉精"专项整治行动,全年快速检测"瘦肉精"样品15.3万份,其中屠宰环节15.16万份、养殖环节1531份,检测结果全部合格。生猪屠宰企业"瘦肉精"自检11.46万份,检测结果全部合格。

【兽药饲料专项整治】 2022年,无锡市围绕规范兽药饲料生产经营行为、兽药饲料专属标识管理等方面,组织开展"双随机、一公开"检查、兽用生物制品专项检查、饲料和饲料添加剂产品标签专项检查、水产养殖用饲料生产环节专项检查、安全生产检查。实施兽药企业新版GMP改造,4家企业通过部、省验收,获得GMP证书。实施兽用抗菌药减量化试点行动,组织开展"科学使用兽药抗菌药"和"规范使用兽药,保障动物食品安全"主题宣传和培训。组织开展全市兽药饲料监督抽检、执法抽检,完成省级兽药采样任务30份、省级饲料采样任务38份、省级畜禽产品采样任务7份、市级饲料监督抽检11份,检出不合格产品3份(均为饲料),并按规定处置。

【水产品质量安全】 2022年,全市出动执法人员313人次、执法车辆94辆次,检查养殖企业和个体养殖户292家,查处水产品质量案件5起,行政处罚4.956万元,没收违法所得0.46万元。

【农产品质量监测】 2022年,市农产品质量监测中心完成省、市例行监测和委托检验任务2320批次,检测参数105609项次。完成市级农产品质量安全例行监测样品1583批次,检测参数7.526万项次,其中种植业产品1074批次、养殖业产品509批次。完成省级农畜水产品采样检测任务690批次,其中蔬菜336批次、畜产品204批次、水产品150批次,累计完成检测参数2.996万项次;协助做好省级监督抽查样品采集144批次。突出做好地产葡萄品种专项风险监测工作,采集葡萄样品100批次,监测农药残留68种,检测样品全部合格,农药残留检出率24%。

(王程亮)

食品药品安全

【概况】 2022年,无锡市以创建国家食品安全示范城市为抓手,落实食品安全主体责任,连续28年未发生重大食品安全事故,城乡居民食品安全满意度82.02分。年内,江苏省药品监督管理局审评核查无锡分中心挂牌成立并承接赋权,市、县(区)两级药品安全委员会和市集中打击整治危害药品安全违法犯罪工作领导小组先后成立,安全议事协调机制全面建成。加强食品药品安全监管法治建设,制定《关于规范涉嫌食品药品安全违法犯罪案件认定工作的实施意见(试行稿)》,成立涉案食品药品认定委员会。全年办结药品、医疗器械、化妆品类案件271件,案值1499.94万元,罚没款1013.52万元;为公安部门出具认定函10份,认定假药18批次、药品3批次、有毒有害食品8批次。

9月19日，市市场监管局邀请媒体记者和市民代表观摩食品抽样检验过程
（市市场监管局　供图）

【国家食品安全示范城市创建】2月17日，市委、市政府印发《无锡市创建国家食品安全示范城市工作实施方案》，确定“398+N”创建系统工程，成立由市委、市政府主要负责人任双组长，所有市政府副市长任副组长的创建工作领导小组。5月24日，市政府召开创建国家食品安全示范城市推进大会，市长赵建军作大会讲话，副市长周文栋部署创建具体工作，36个创建成员单位及8个市（县）、区政府领取目标管理责任书。9月上旬，接受创建工作中期评估，部署整改落实工作。江阴市、锡山区、惠山区接受2022年度省级食品安全示范城市跟踪评价。

【食品安全抽检监测】2022年，全市市场监管系统完成食品安全抽检监测任务8.36万批次，其中食品安全监督抽检任务8.05万批次，发现不合格食品2738批次，不合格率3.4%。市本级完成食品安全监督抽检任务1.01万批次，发现不合格食品276批次，不合格率2.73%。市本级开展食品安全“你点我检”专项抽检活动，根据投票结果抽检各类食品500批次，检出不合格食品5批次；向社会捐赠抽检合格备份食品1328份，价值4.08万元。

【特殊食品监管】2022年，市市场监管局组织开展食品安全“守底线、查隐患、保安全”专项行动，检查特殊食品生产经营企业16473家次，检查覆盖率、问题整改完成率均为100%；全市保健食品生产企业的食品安全总监、食品安全员均配备到位，企业全部建立“日管控、周排查、月调度”工作制度。组织开展婴幼儿配方乳粉质量安全提升专项行动、规范儿童相关特殊食品生产经营专项行动，发现经营行为问题2301个，立案查处1件，罚没金额15.445万元。调研特医食品生产企业现状，指导天江药业公司做好3种食药物质管理试点申报和研究。先后组织全市51名特殊食品监管人员和35名保健食品生产企业负责人进行特殊食品智慧监管系统操作培训，遴选11人次参加国家总局特医配食品检查员培训，会同市委政法委对全市基层治理网格员开展保健食品基础知识培训。组织开展特殊食品科普宣传和涉老食品、保健品等领域涉诈问题隐患整治科普宣传系列活动，严防虚假宣传产品具有预防治疗“新冠肺炎”功能等违法行为。全市特殊食品条线刊载各类宣传信息149篇，其中3篇被中国质量新闻网和《新华日报》录用，1件作品获国家总局“优秀科普作品奖”。

【药品、医疗器械、化妆品抽检】2022年，市市场监管局完成市级药品抽检900批次、化妆品抽检250批次、医疗器械15批次，完成国家级、省级器械抽检25批次，处置不符合规定的药品、医疗器械、化妆品6批次。首次开展全市膏方用中药饮片、储存于集中代煎中心的中药饮片、疫情防控用医疗器械专项监督抽检，获省药监局肯定。

【药品安全专项整治】2022年，市市场监管局完成药品安全专项整治行动。全市检查1415家零售药店和575家医疗机构，发现问题并完成整改145家次，解决非法渠道购进药品、非法经营回收药品等药品流通使用环节存在的突出问题。

【化妆品线上净网线下清源行动】2022年，市市场监管局以原有智慧监管平台为基础，打造“互联网+监管”模式，推进化妆品线上净网线下清源行动。利用“锡网云监”对网络化妆品销售企业进行线上监测，共排查262条化妆品网络销售监测信息，推送32条案源线索，发出违法行为线索移送函13份，立案调查11起。

【新冠病毒疫苗接种使用监管】2022年，市市场监管局加强疫苗储运接种环节检查，重点突出新冠病毒疫苗接种使用监管。依托“智慧市场监管平台”，保障疫苗质量安全、流向可控。全年检查市、县（区）两级疾控机构23家次、疫苗接种单位264家，核酸检测试剂经营使用单位检查全覆盖，督促整改逾400家次。

11 月 23 日，市市场监管局开展 2022 年膏方用中药饮片专项监督抽检
（市市场监管局　供图）

【医疗器械安全监管】 2022 年，市市场监管局受国家药监局委托，作为组长单位主持修订全国《医疗器械经营企业分类分级监督管理规定》修订。年内，市市场监管局承接 197 家一类器械生产企业监管。开展医疗器械风险隐患排查等 5 个专项行动，检查无菌和植入性医疗器械经营使用企业 771 家，责令改正 25 家，警告 6 家，约谈 4 家；开展医疗器械经营使用分类分级监管，检查 2010 家，限期整改 326 家，移交案源线索 6 家；对一次性使用采样器企业进行两轮全覆盖检查，开展飞行检查 6 家，监督检查 8 家；审核广告 801 条，办理网络销售备案 642 件。

（束洁丹）

公共卫生安全

【概况】 2022 年，市卫生健康委调整市级卫生应急专家库、市级卫生应急队伍，提升卫生应急处置能力。举办无锡市第十五届突发公共卫生事件现场医疗救援培训班和无锡市突发公共事件医疗卫生救援应急演练暨急性中毒事件医疗卫生救援应急处置演练，提升卫生应急实战能力。无锡市全年共报告突发公共卫生事件（Ⅳ级）22 起，报告相关信息（未分级事件）8 起，无较大及以上突发公共卫生事件发生，事件均得到及时有效处置。推进“民营医疗机构安全管理”年度攻坚项目，完成卫生健康领域安全生产风险报告工作。全市卫生健康系统累计排查整改隐患 3431 条，隐患限时整改率 100%。

（胡云峰）

【公共卫生监测】 2022 年，市疾控中心成功创建江苏省食品安全风险监测重点实验室（营养领域）；在全省率先组建市级学生营养健康指导专家库，启动无锡市儿童青少年食育基地建设项目，召开学生营养专家组指导会议 10 次，提出相关建议 38 条，推进全市 70 万中小学幼儿园食材配送，推动学生餐更加营养安全。实施全市中小学因病缺课监测，全年各地中小学网络直报覆盖率 100%，预警信息 10537 次，均及时处置。推进学生健康体检监测、教学环境监测、伤害监测以及学生常见病和健康影响因素监测与干预工作。

（王　泳）

无线电安全

【概况】 2022 年，市无线电管理部门开展无线电管控监测 6700 多小时，有效预警干扰隐患，查处识别不明信号。完成 8 次重点活动保障任务，开展重要考试反作弊工作。常态化开展“双随机”抽查，全年组织无线电发射设备销售备案检查 35 家、在用台站检查 37 家。加强无线电技术设施建设，推进完成国家项目沿江传感网建设，提升辖区沿江水上频率监测感知能力，并可兼顾陆地 6G 以下频率管控。

【重大活动保障】 2022 年，强化无线电安全管控，开展了常态化监测监听及局部区域侦测摸排，及时发现并识别不明信号，摸清辖区电磁环境状况。全年完成重要考试无线电反作弊保障 26 次，开展高考针对性演练，完成中国共产党成立 100 周年庆典及无锡马拉松、长三角领导人会议、世界物联网博览会等 7 次重要活动的无线电安全保障任务。开展重要时期无线电监测，保障春运、全国两会、中共二十大、北京冬奥会等 8 个重要时期的专用频率使用安全。

【外交应急服务保障】 2022 年，市无线电管理部门完成土耳其外长一行到无锡应急通信保障任务。领受任务后，启动应急保障预案，侦测选取相关频率，按时上报一主两备 3 个频率供土耳其外宾通信使用。实际使用期间，所选频率通信畅通，得到外交部礼宾司充分肯定。

（叶　军）

网络和信息安全

【概况】 2022 年，市公安局网络安全保卫部门开展“净网 2022”专项行动和打击“网络水军”“黄赌合流”等专项会战，侦破网络安全保卫部门管辖的12类案件902起，抓获犯罪嫌疑人1697人，其中全国首例混合概念虚拟币传销案、“4·26”跨国接码平台非法经营案等重大有影响案件16起、重大帮信案件15起，公诉网络犯罪嫌疑人249人。依托新浪微博、微信公众号等网络警察公开巡查执法阵地，发现和处置各类有害信息，惩治警示网上造谣传谣人员，净化网络运营环境。加强信息安全等级保护，新增重要信息系统78个。依托全国互联网安全管理服务平台，开展全市自主主机网站实名登记备案和网络安全评估，全年办理网站备案1869家、安全评估60家、互联网上网服务营业场所信息审核3家。推进网络空间综合防控体系建设试点工作，绘制应用首张城市网络空间地理图谱，建立网络空间信息化“户籍底册”，采集联网单位4.8万余家，预警中高危漏洞1112个。实施《中华人民共和国数据安全法》《中华人民共和国个人信息保护法》，办理相关行政案件70起，相关经验做法被公安部网安局在全国推广。

（耿永军）

9月5日，市委网信办启动网络安全宣传周活动　（市委网信办　供图）

【承办全省网络安全发展大会】 12月5日，2022年全省网络安全发展大会在无锡举办。大会以“共筑安全屏障，共促数字经济”为主题，以“1+6+1”的形式举行1场开幕式、6场分论坛、1场门诊赛，推动网络安全人才培养、技术创新、成果转化、产业发展等交流合作。省委宣传部部长张爱军，省委宣传部副部长、网信办主任杨力群，市委书记、网信委主任杜小刚出席大会并启动数字安全铸盾护航行动。

【网络安全事件应急实战演练】 8月5日，市委网信办开展2022年网络安全事件应急实战演练，设置内容安全、数据安全、应用安全、联网设备安全4个科目，采取“真攻实演”模式，抽取真实目标，进行真实攻击，检验各地各部门对网络安全事件的发现能力、防御能力和应急处置能力。活动现场播放网络安全事件应急处置工作宣传教育片，通报“网安2022”无锡专项行动相关情况，并对优秀团队和个人进行表彰。

【网络安全宣传周活动】 9月5—11日，市委网信办举办以“网络安全为人民，网络安全靠人民”为主题的2022年网络安全宣传周活动。其间，上线无锡市全民数字素养与技能提升服务平台，冠名“无锡清朗号”网络安全主题地铁，发布《无锡市网络安全态势报告（2021）》《无锡市网络安全产业报告（2022）》，开展线下活动15场、展览3场，组织4场网络安全知识技能竞赛活动，网络安全进社区、企业、校园宣传活动30余场，发送公益短信100余万条，发放宣传海报、手册等2.1万份。

（蒋　露）

【政务云安全监管】 2022年，市大数据管理局围绕政务云环境网络资产梳理、基线核查、安全渗透测试、威胁流量监测、迎检与重保期间安全保障、安全风险评估、应急演练、安全通报、安全事件应急处置等12项云安全技术服务，开展经常性应急演练、监测扫描、专项巡查、风险排查和漏洞自查，保证网络安全。全年梳理政务云资产2880台，并完成资产探测，及时发现云侧设备安全漏洞并消除安全隐患。

【城市大数据中心数据安全管理】 2022年，市大数据管理局完成城市大数据中心数据安全体系项目密码应用三级测评备案。常态化开展安全检查和应急演练，开展疫情数据安全专项检查，细化疫情数据安全检查清单28项。开展隐私计算课题调研，初步构建基于隐私计算的“锡数交”公共数据运营体系。城市大数据中心数据安全体系获得网络安全国家标准优秀实践项目一等奖，并获评2021大数据“星河”案例之数据安全标杆案例；“疫情防控个人数据保护”获评2022年江苏省个人信息保护优秀实践案例。

（张国辉）

编辑　葛　红

先进人物

【任小青】 男，汉族，1965年9月生，中共党员，大学本科学历，无锡市应急管理综合行政执法监督支队副支队长、一级主任科员。作为安全生产监管执法业务骨干，任小青参与审核了360多个危化品建设项目，对150多家化工企业进行安全检查和服务，审核危化品经营许可证1850件、危化品使用许可证26件、危化品生产许可证上报材料380份，组织参与50多件信访举报的核查。先后获得全国应急管理系统先进工作者、全国应急管理系统二级英雄模范等称号。2022年8月，获全国“人民满意的公务员”称号。

（市应急管理局）

【余进进】 女，汉族，1962年3月生，中共党员，大学本科学历，江南大学附属医院妇产科主任、妇一科主任、生殖健康与不孕症科主任。她从医38年，累计门诊20余万人次，完成手术2万余台次，使妇科恶性肿瘤病人平均寿命延长8～10年。完成国家、省、市科研项目10项，获省医学新技术引进奖8项，省、市科技进步奖2项，获国家实用新型专利3件。带领团队创建省临床重点专科、国家药物临床试验基地，2020年成功引进马丁院士顶尖专家团队。曾获“江苏省先进工作者”等称号。2022年4月，获“全国五一劳动奖章”。

【臧志成】 男，汉族，1963年5月生，民建会员，大学本科学历，凯龙高科技股份有限公司董事长。2001年，臧志成创办凯龙高科技股份有限公司，投身于大气污染防治研究与产业化的最前沿，相继建成国内首个内燃机排放治理领域的国家级企业技术中心、国家认可实验室（CNAS）平台、国际一流的内燃机排气系统综合性能试验研究基地，形成国内唯一的排放治理完整产业链，“车用柴油机氮氧化物和颗粒物后处理关键技术及应用”获“江苏省科技进步二等奖”。投资2000余万元打造公司党群活动中心，获评“全国职工书屋示范点”“中华全国总工会工人先锋号”。2022年4月，获“全国五一劳动奖章”。

【刘丽艳】 女，汉族，1974年3月生，中共党员，大学本科学历，江苏阳光集团有限公司产品开发中心主任。作为技术骨干，刘丽艳打破传统局限，兼顾多元趋势和新型理念，打造思想技术双优型团队，拥有国家火炬计划项目、省科技成果转化项目各1项，通过省级成果鉴定16项，省级高新技术产品认定3项，获授权专利39件。曾获“中国纺织工业联合会科技进步奖”等荣誉。2022年4月，获“全国五一劳动奖章”。

【白云】 男，回族，1975年5月生，中共党员，硕士研究生学历，中信泰富特钢集团江阴兴澄特种钢铁有限公司副总经理、总工程师、研究院院长。他长期扎根特钢科研一线，打造轴承钢、汽车用钢、能源用钢三大拳头产品集群。参与研发国家“十三五”重点项目，建立相关项目质量检验及评价技术，部分产品获中国钢铁工业协会中国金属学会冶金科学技术奖一等奖。2022年4月，获“全国五一劳动奖章”。

【邱明辉】 男，汉族，1979年10月生，中共党员，大专学历，中建钢构江苏有限公司焊培中心主任。他长期坚守焊接一线，致力于焊接技术提升。通过自修大专课程，系统掌握各类焊接技能，取得欧标、美标、澳标等焊工资质，参与300多个国家和地区重大制造项目的焊接工作。带领团队先后获专利67件、省部级工法22项，发表论文20余篇，相关项目开创机器人超高层现场焊接先河。曾获“中央企业百名杰出工匠”“全国技术能手”等称号。2022年4月，获“全国五一劳动奖章”。

【蔡凤高】 男，汉族，1984年10月生，中共党员，大专学历，无锡市永创电控器材有限公司质量部部长。蔡凤高从学徒做起，一步步成为公司业务骨干。他攻克相关技术难题，每年为公司创造经济效益30多万元。曾获“江苏省五一劳动奖章”等荣誉。2022年4月，获“全国五一劳动奖章”。

（市总工会）

表 60　2022 年度“中国好人”一览表

姓名	类别	批次	单位及职务	主要事迹
谢玉西	助人为乐	第二季度	宜兴市后洪蔬菜土地股份专业合作社理事长	水芹种植“土专家”，帮助农民拓宽致富路
贡旦旦	敬业奉献	第三季度	江阴市华士镇曙新村社区卫生服务站医生	社区医生身残志坚，30 年当好村民健康“活字典”
柏军政	敬业奉献	第四季度	江苏新扬子造船有限公司焊接工程师	自费 70 万元研发自动化设备，降低能源消耗，提高施工效率

（市委宣传部）

2022 年度“江苏好人”名录

许解平　宜兴市万石镇居民
张　乐　江阴市急救中心急救护士
王　坤　海南新盈科技有限公司无锡新盈玉祁站外卖骑手
郑法娣　宜兴市紫砂小学校长
蔡新一　无锡市气象局退休干部
李玉良　无锡金科米兰物业保洁员
黄　伟　锡山区安镇街道无锡东站防疫专班现场指挥员
崔善姬　无锡经开区太湖街道信成花园社区居民
许祝平　无锡市疾病预防控制中心慢性传染病防制科副科长
何伟英　无锡市公安局刑警支队副支队长、警务技术一级主管
周金艳　梁溪区清名桥街道南禅寺社区卫生服务中心主任
彭德英　锡山区先锋爱心义剪志愿服务队负责人
武　强　美团无锡分公司外卖配送员
瞿雪峰　无锡励耘贸易有限公司负责人
王旭辉　无锡市林业总站滨湖分站高级工程师
李晓玲　无锡农村商业银行阳山支行综合柜员
宋　乐　中铁十九局六公司安全监督部应急处置中心主任
赵正华　江阴市新桥镇苏圩村村民
席佳佳　中国移动通信集团江苏有限公司无锡分公司员工
陈雷雨　江阴市祝塘镇货运司机
顾惠君　无锡市梁溪区五河社区居民
周鸣兴　退休职工
蒋晓文　无锡市儿童福利院工会主席
顾　勋　无锡市欢乐义工环保协会梁溪区负责人
陈育利　无锡柴油机厂职工
嵇绍勇　中国邮政集团有限公司无锡市分公司清扬营投部投递员

（市委宣传部）

2022 江苏省五一劳动奖章获得者名录

曾晓琴（女）　江苏华兰药用新材料股份有限公司硫化工
牛新亭　江阴南泰家纺用品有限公司总经办主任
余长福　江苏小太阳技术发展有限公司制造中心总监
胡　明　江阴市华宏化纤有限公司车间班组长
郑　亮　江苏冠杰建设集团有限公司成本管理部经理
龚志勇　无锡盛阳食品城有限公司总经理
余尚飞　无锡锡山建筑实业有限公司项目经理
郭保党　江苏新日电动车股份有限公司电动车研究院工艺试制部部长

王小春　无锡市华通气动制造有限公司车工
朱　超　无锡蓝天电子股份有限公司技术员
曲家龙　无锡蠡湖增压技术股份有限公司工人
奚志强　无锡市海峰海林精密轴承有限公司总经理
邱新民　格林美(无锡)能源材料有限公司生产部经理
蔡　刚　希捷国际科技无锡有限公司磁头工程部经理
冯庆波　江苏无锡经济开发区社会事业局卫健科科长
华爱珍(女)　无锡市辅仁高级中学英语学科组长
马锦琪(女)　无锡市人民医院妇产科副主任
杨　辉　无锡华润燃气有限公司首席维修技师
吴　瑛(女)　无锡市财政局社会保障处副处长
肖　魁　无锡华润上华科技有限公司研发副总监
徐东坡　中国水产科学研究院淡水渔业研究中心资源室主任
钱　斌　中国铁塔股份有限公司无锡市分公司通信发展部副经理

(市总工会)

2022年江苏省五一劳动荣誉奖章获得者名录

斯特凡·普勒布斯廷(德国)　江苏八达科技股份有限公司技术总监
王　影(女,德国)　无锡药明生物技术股份有限公司副总裁
山崎俊信(日本)　村田新能源(无锡)有限公司董事长、总经理
吴仁锡(韩国)　三星(无锡)电子材料有限公司总经理

(市总工会)

2022年无锡市接收安置的荣立个人战时三等功(含)和个人二等功(含)以上退役军人名录

吴小龙　个人二等功(1999、2002、2010、2014)
祝祥礼　个人二等功(2001、2010)
阮　明　个人二等功(2003、2011、2012)
时松竹　个人二等功(2004、2006、2009)
黄荣杰　个人二等功(2008)
侯吉忠　个人二等功(2009)
史伯红　个人二等功(2012)
李常生　个人二等功(2014)
徐　伟　个人二等功(2015)
李　军　个人二等功(2016)
谢　涛　个人二等功(2018)
王晓东　个人二等功(2019)

(市退役军人事务局)

逝世人物

【钱鸣高】 男,汉族,1932年12月11日生,江苏无锡人,中共党员,中国工程院院士,矿业科学家,采矿工程专家,中国矿山压力与岩层控制学科主要奠基者和开拓者之一。

钱鸣高于1947年考入苏州中学,1954年毕业于东北工学院(今东北大学)。1957年毕业于北京矿业学院(今中国矿业大学),采矿工程专业研究生。先后在北京矿业学院、四川矿业学院、煤炭工业部、中国矿业大学任职。他创立了以采场上覆岩层活动规律和支架—围岩系统为核心的工程理论体系,提出的采场上覆岩层的"砌体梁平衡假说"以及老顶破断规律及其在破断时在岩体中引起的扰动理论在国内外产生很大影响。他创立的"砌体梁"力学模型被收录于《中国大百科全书·矿冶卷》有关条目,且作为基本理论编入教科书,为高等矿业院校广泛采用。他建立的"矿山压力预测、控制和监测"实用工程技术,解决了许多矿区工作面低产和安全(防止冒顶)的关键采矿工程难题,取得了巨大的经济和社会效益。曾获国家自然科学奖1项

及国家科技进步奖2项。1995年，当选为中国工程院院士。2022年9月23日在北京逝世，享年90岁。

【顾真安】 男，汉族，1936年11月16日生，江苏无锡人，中共党员，中国工程院院士，著名无机非金属材料专家，中国石英玻璃材料专业的学术带头人。

顾真安早年就读于无锡市第一中学，1958年毕业于华东化工学院（今华东理工大学），曾任中国建筑材料科学研究总院教授级高级工程师、博导、重点实验室首席专家。他长期从事特种玻璃和光导纤维研究，“激光技术用石英玻璃”获1985年国家科技进步二等奖，“耐辐照石英玻璃”获1996年国家科技进步二等奖。他参与中国矿产资源战略咨询研究，负责“建材非金属矿产资源战略研究”“中国绿色建材发展战略研究”等课题，曾获“有突出贡献中青年专家”“全国劳动模范”等称号。1997年，当选为中国工程院院士。2022年12月22日在北京逝世，享年86岁。

【蒋华良】 男，汉族，1965年1月10日生，江苏宜兴人，中国科学院院士，著名药物科学学家。

蒋华良于1987年毕业于南京大学化学系，1992年毕业于华东师范大学化学系，获物理化学硕士学位；后进入中国科学院上海药物研究所，1995年获药物化学博士学位。曾任中国科学院上海药物研究所学术委员会主任，中国科学院上海药物研究所副所长、所长、新药研究国家重点实验室主任、药物发现与设计中心主任。曾当选第十一、十二届全国政协委员，民盟中央常委，民盟上海市委副主委。他主要从事药物科学基础研究和新药发现，系统发展了药物作用靶标发现和药物设计理论计算新方法；设计高效探针分子，深入阐明和确证了一系列新靶标的作用机制和药理功能；针对肺动脉高压、精神分裂症和阿尔茨海默症等重大疾病，与他人合作进行新药开发研究，并实现技术转化。在国际学刊上发表论文530余篇，合编专著24部，译著2本。获专利授权70余件，其中国际专利16件。曾获中国青年科技奖、中国青年科学奖、中国科学院杰出青年奖、国家自然科学奖二等奖、何梁何利基金“科学与技术进步奖”、国家技术发明奖二等奖、全国抗击新冠肺炎疫情先进个人等荣誉。2017年，当选为中国科学院院士。2022年12月23日在上海逝世，享年57岁。

（市科协）

先 进 集 体

全国工人先锋号

江苏亨鑫科技有限公司生产部器件装配乙班
SK海力士半导体（中国）有限公司CMP制造技术部
无锡威孚高科技集团股份有限公司汽车零部件事业部共轨轨体组
江苏北方湖光光电有限公司研发中心
长江引航中心抗疫专班
中国船舶科学研究中心水下工程研究开发部

江苏省五一劳动奖状

江苏天华色纺有限公司
中环领先半导体材料有限公司
江苏太运集团有限公司
英特派铂业股份有限公司
国家税务总局无锡市惠山区税务局
无锡方盛换热器股份有限公司
康明斯发电机技术（中国）有限公司
无锡万华机械有限公司
无锡市第五人民医院
无锡市生态环境局
无锡商业职业技术学院
中国航空工业集团公司雷华电子技术研究所

江苏省工人先锋号

江阴华新精密科技股份有限公司模具二部
江苏南农高科技股份有限公司灭活疫苗车间胚毒生产班组
江苏江阴港港口集团股份有限公司大港分公司生产调度科
江阴市急救中心车管科
江苏格尔顿传动有限公司技术中心
宜兴市王者塑封有限公司包装班组
江苏嘉耐高温材料股份有限公司机电二车间
江苏中超电缆股份有限公司生产部中压班组
宜兴市行政审批局自然资源规划窗口
江苏东峰电缆有限公司低压电缆车间
无锡明慈心血管病医院心脏外科中心
无锡苏宁置业有限公司苏宁大酒店悦府65厨房（麺厨房）
无锡市新得宝金属软管有限公司技术研发中心
无锡市锡山人民医院医学检验科
江苏通用科技股份有限公司全钢材料一分厂保全班
无锡市宇寿医疗器械有限公司市场部
无锡戴卡轮毂制造有限公司凯斯曼热工制造科
无锡神冲锻压机床有限公司技术创新综合班组
无锡宝露重工有限公司锻造班组
无锡宏达重工股份有限公司6300T锻造车间
无锡日立电梯工程有限公司电梯维保团队
无锡格兰机械集团有限公司装配部总装调试组
无锡万里实业集团有限公司地铁车间
捷普电子(无锡)有限公司FATP M17项目组
国家税务总局无锡国家高新技术产业开发区（无锡市新吴区）税务局纳税服务科
无锡市明达电器有限公司产品装配车间电继三班
无锡明芳汽车部件工业有限公司生技部
无锡市交通运输综合行政执法监督局四大队
无锡市公安局交通警察支队惠山大队
无锡市第一中学“文化自信·江南文脉”党员先锋岗
无锡市第二人民医院泌尿外科
无锡地铁运营有限公司三阳广场站
无锡市社会保险基金管理中心
江苏省无锡市中级人民法院劳动争议审判庭
一汽解放汽车有限公司无锡柴油机厂质保部市场质量组
无锡广盈集团有限公司配电工程分公司配电带电一班
中国联合网络通信有限公司无锡市分公司产互办解决方案中心
中国电子系统工程第二建设有限公司企业技术中心
无锡广新影视动画技术有限公司项目部
中国银行股份有限公司宜兴分行营业部
中国船舶科学研究中心高速水动力学研究团队
中国电子科技集团有限公司第五十八研究所FPGA团队
无锡教育电视台传媒活动中心
无锡商业大厦大东方股份有限公司“非遗”大师工作室
江阴市世盛世家红木家具有限公司臻品木工组
中国电信股份有限公司无锡分公司新吴区局
中国移动通信集团江苏有限公司无锡宜兴分公司宜城网格
国网江苏省电力有限公司无锡供电分公司电缆运检中心电缆运检二班
无锡市交通运输局安全监督处
江苏省无锡交通高等职业技术学校船舶工程学院

（市总工会）

编辑　葛　红

辖区建设

江阴市

【概况】 江阴市北枕长江，南近太湖，东接常熟、张家港，西连常州。交通便捷，是大江南北的重要交通枢纽和江海联运、江河换装的天然良港。江阴市总面积986.97平方千米，其中陆地面积829.66平方千米、水域面积157.31平方千米（其中长江水面56.7平方千米，沿江深水岸线长35千米），城市建成区面积125平方千米。2022年末，辖10个镇、7个街道，设192个村民委员会、82个社区居民委员会，有江阴国家高新技术产业开发区、江苏江阴临港经济开发区和江苏江阴—靖江工业园区。户籍人口126.97万人，常住人口178.4万人。江阴市人民政府设在澄江中路9号。2022年，江阴市被评为全国信访工作示范市和中国工业百强县（市）第二名，被命名为全国生态文明建设示范区，入选全国首批信访工作示范县（区）、全国首批创新型示范县（市）、全国党建引领乡村治理体系建设试点县、全国青年发展型县域试点、首批国家知识产权强县建设示范县、首批中医适宜技术防控儿童青少年近视试点县（市、区）、2021中国县域经济知识产权竞争力百强，蝉联全国县域经济与县域综合发展“二十连冠”。

【经济发展】 2022年，江阴市实现地区生产总值4754.18亿元，按可比价格计算，比上年增长2.3%；一般公共预算收入226.83亿元，支出244.59亿元。完成固定资产投资845.36亿元，下降8.4%。新批外资项目74个，实际使用外资及港澳台资9.51亿美元。新批境外投资项目20个，对外直接投资6亿美元。年末金融机构各项本外币存款余额5375.22亿元，贷款余额4249.91亿元。

农业 2022年，江阴市农林牧渔业总产值66.25亿元，比上年增长3.42%。全年粮食种植面积1.91万公顷，总产量13.09万吨，其中谷物总产量12.43万吨。蔬菜种植面积1.23万公顷，总产量39.3万吨。水果种植面积0.25万公顷，产量74084吨。出栏生猪2.67万头，猪肉产量2006吨；奶牛存栏995头，牛奶产量3653吨。水产品产量20169吨。

工业 江阴市实现规模以上工业总产值6471亿元，比上年增长3.6%；规模以上工业增加值1411.4亿元，增长1.6%；营业收入6707亿元，利润432.48亿元。工业百强企业完成营业收入4330.63亿元，实现利润350.98亿元，分别占规模以上工业企业的64.5%和81.2%。海澜集团有限公司、中信泰富特钢集团股份有限公司销售收入超1000亿元，江苏新长江实业集团有限公司、三房巷集团有限公司销售收入超500亿元，江苏阳光集团有限公司、双良集团有限公司、远景能源有限公司、江苏华西集团有限公司销售收入超300亿元。

商贸服务业 2022年，江阴市实现社会消费品零售总额698.65亿元，比上年下降0.9%；其中：限额以上零售额268.53亿元（批发和零售业252.16亿元、住宿和餐饮业16.36亿元）。实现进出口总值236.4亿美元，增长1.5%，其中出口161.3亿美元、进口75.1亿美元。

【城乡建设】 2022年，江阴市南沿江城际铁路江阴段架梁铺轨完成，江阴站站房主体完工、北广场启动建设，锡澄S1线江阴境内9座站房封顶、桥梁隧道全线贯通。启动31个城市更新单元建设，完成天鹤小区等10个主城区老旧小区改造，新开工棚改项目4个。建成开放锡澄运河公园二期、三期和10个“江小澄”口袋公园，创成省级生态园林城市。跨锡澄运河4座桥梁基本完工，实施滨江路（城区段）、大桥南路、长山大道一期、新澄杨线一期等快速化改造项目和江阴靖江长江隧道工程建设。绮山湖科创谷一期项目启动建设，江南大学江阴校区一期主体结构基本封顶，武汉大学长三角科技创新中心首批10个重点项目落地，“引江济太”江阴段环境治理与科创产业融合发展项目入选国家EOD（生态环境导向的开发模式）项目库。大桥路全要素品质提升工程、虹桥南路改建工程（花北路—新澄杨线）、塘前路桥、林荫大道桥、毗陵路桥、毗陵路小学周边道路建设、江苏省江阴中等专业学校改扩建（二期）工程等项目竣工。启动打造“全国最干净城市”三年行动，拆除违章建筑127万平方米、违法户外广告4万平方米，完成背街小巷整

2022年，锡澄运河公园二期、三期建成开放　　（丁家骏　摄）

治提升42条，打造“超净路”示范路20条、“席地而坐”城市客厅5个。推进城区景观亮化改造提升，打造沿江夜景景观带。

【生态建设】 2022年，江阴市$PM_{2.5}$平均浓度31.3微克/立方米，比上年下降6.3%；空气质量优良天数比率79.2%，与上年持平。18个国、省考断面水质优Ⅲ比例持续保持100%。城市建成区绿化覆盖面积5484.98公顷，绿化覆盖率43.88%。

【科技创新】 2022年，江阴市有各类专业技术人员67.74万人，比上年增加0.62万人。发明专利授权量1069件，增长39.0%。净增高新技术企业120家，高新技术企业总数831家；国家科技型中小企业入库2071家，省科技企业上市培育计划入库企业6家，省创新型领军企业7家，通过省评估遴选入库瞪羚企业14家、潜在独角兽企业1家、独角兽企业1家，市雏鹰企业18家、瞪羚企业24家、准独角兽企业4家。高新技术产业产值占规模以上工业产值比重为37.8%。全年获批江苏省院士工作站1个。新增江苏省工程技术研究中心23个（累计211个）、无锡市工程技术研究中心90个、江阴市工程技术研究中心175个。获评省产业前瞻与关键核心技术项目5个，国家重点研发计划项目、省科技成果转化专项资金项目、省现代农业项目、省自然科学基金项目、省国际科技合作项目、省科技型创业企业孵育项目、省乡村产业振兴项目、省创新能力建设计划项目、苏南国家自主创新示范区建设专项资金项目各1个，省产学研合作项目17个；获评国家外国专家项目9个、省外国专家项目3个、省“双创计划”科技副总17人，无锡太湖人才计划创业领军人才30人、创新人才8人、创新团队1个。获江苏省科学技术奖二等奖3项。

【社会事业】 2022年，江阴市有普通高等学校2所（含南京理工大学江阴校区，以下简称“南理工江阴校区”）、普通高中12所、中等职业学校3所、初中30所、九年一贯制学校9所、小学52所、幼儿园134所、特殊教育中心校1所、联办体育学校1所、成人教育中心校15所（不含成人培训机构）。公办专任教师14097人，在校学生19.72万人（不含南理工江阴校区），在园幼儿46029人。小学和初中普及率均为100%，初中毕业生升学率97.6%，九年义务教育巩固率99.1%，普及高中阶段教育。有各类医疗卫生机构671个，其中医院37家、卫生院15家、社区卫生服务中心12个，开放床位9337张，有卫生技术人员12301人。有县级艺术表演团体2个，文化馆1个，图书馆1个，1处不可移动文物、4件可移动文物入选第二批江苏省革命文物名录。全年组织文化下乡活动3500余场，创新打造“澄艺快递”公共文化服务精准配送平台，开展配送服务128场。新建艺风书房迎阳路少儿分馆，新增艺风微书房3个、“三味书咖”阅读联盟2个。完成5项“百宅百院”活化利用项目。3家单位入选江苏省“最美公共文化空间”打造名录，2支群众文艺团队入选江苏省优秀群众文化团队培育对象名单。新增健身步道35千米、体育公园5个。全年组织开展元旦公益徒步等线上线下群众体育活动636项次，承办全国青少年马术盛装舞步锦标赛等13项次省级以上体育竞赛，获省级及以上体育赛事金牌78.5枚，2家单位获评2018—2021年度全省群众体育先进单位，市体育中心游泳培训获评省级体育培训示范项目。海澜飞马水城获评省级夜间文旅消费集聚区、长三角地区体育旅游精品目的地。全年完成体彩销售额9.1亿元。

【人民生活】 2022年，江阴市居民人均可支配收入70515元，比上年增长4.4%。其中：城镇居民人均可支配收入81418元，增长3.8%；农村居民人均可支配收入44993元，增长5.8%，农民收入连续第23年蝉联全省同类城市首位。城镇居民人均消费性支出41840元，增长3.2%；农村居民人均消费性支出29227元，增长6.5%。年末职工养老、工伤、失业、医疗、生育保险参保人数分别为66.85万人、58.98万人、57.48万人、96.09万人和58.55万人，居民养老保险和医疗保险参保人数分别为2.21万人和51.89万人。有养老机构23家，养老床位14410张；有标准化居家养老服务中心（站）166个。国家抚恤、补助各类优抚对象人数4984人。城乡居民最低生活保障对象2437人，发放最低生活保障2705.33万元；特困人员救助供养对象942人，发放特困人员救助供养1744.69万元。全年实施直接救助10.93万人次，直接医疗救助支出2198.12万元；实施临时救助3092人，发放救助金109.63万元。

【江阴市入选全国首批创新型县（市）】 2022年，江阴市通过国家首批创新型县（市）验收，成为无锡市首个国家级创新型县（市）。2018年江阴市被列入全国首批国家创新型县（市）建设名单后，聚焦“打造具有全国影响力的先进制造业科创中心”总目标，实施“南征北战、东西互搏”战略，打造“一湾一谷一区一港”科创T台，实施“霞客之光”创新攻关计划，成立武汉大学长三角科技创新中心，建成长三角太阳能光伏技术创新中心、集成电路设计创新中心、金属材料创新研究院、智能制造创新研究院等新型研发机构，启动“江阴—清华创新引领行动计划”，强势推进“科创江阴”建设。2022年末，江阴市有江苏省创新领军企业7家、高新技术企业362家，国家级科技企业孵化器3个、省级科技企业孵化器1个。

【江阴市获评国家生态文明建设示范区】 11月18日，江阴市获评第六批国家生态文明建设示范区。2012年起，江阴市实施“生态进、生产退，治理进、污染退，高端进、低端退”的“三进三退”政策，至2022年，长江江阴段生产性岸线占比由72%降至48%，腾出滨江空间，打造由8千米沿江公园、10千米生态运河组成的“一江一河”城市生态T台。2017—2022年，累计关停“散乱污”企业431家，加快引进战略性新兴产业、未来产业的优质项目。创新构建以生态券为核心的生态指标交易机制，推进生态产品供给能力提升和增值溢价，形成生态产品投入产出的良性循环，走出一条生态优先、绿色发展的道路。

【江阴市入选首批国家知识产权强县建设示范县】 8月，江阴市入选首批国家知识产权强县建设示范县，是无锡地区唯一入选的县（市）。2015年，江阴市被评为国家知识产权示范城市。2022年，江阴市制定《江阴市“十四五”知识产权发展规划》《江阴市国家知识产权强县建设示范县工作方案》，构建知识产权管理体系，设立知识产权专项计划，突出关键核心技术的知识产权布局与保护，加强服务效能评价与管理。完善知识产权服务体系，建设知识产权服务业集聚区，打造集服务、维权、评估、咨询等功能为一体的“全链条、一站式”知识产权服务平台，引进和培育高端知识产权服务机构。

（朱其涛）

宜兴市

【概况】 宜兴市地处江苏省西南端、沪宁杭三角中心，东临太湖并与苏州太湖水面相连，东南临浙江省长兴县，西南接安徽省广德市，西接常州市溧阳市，西北毗连常州市金坛区，北与常州市武进区相傍。滆湖镶嵌宜兴和武进之间，三氿（东氿、团氿、西氿）相伴市区。地势南高北低，西南部为低山丘陵，最高峰为黄塔顶，海拔611.5米；东部为太湖渎区，适宜种植各种蔬菜；北部和西部分别为平原区和低洼圩区，是宜兴主要粮油产地。总面积1996.6平方千米。2022年末，辖13个镇、5个街道，设206个村委会、103个居委会，有国家级的中国宜兴环保科技工业园、宜兴经济技术开发区、宜兴阳羡生态旅游度假区以及省级的江苏宜兴陶瓷产业园区。户籍人口106.59万人，常住人口128.8万人。宜兴市人民政府驻地设在宜城街道陶都路8号。2022年，宜兴市获评中国长寿之乡、首批国家知识产权强县建设试点县、全国农作物病虫害绿色防控整建制推进县、全省首批城乡公交一体化达标县、2020—2021年度江苏省健康促进县、2019—2021年度全省金融生态优秀县，连续第九年获评江苏省双拥模范城，入选国家乡村振兴示范县创建名单。

【经济发展】 2022年，宜兴市实现地区生产总值2236.72亿元，比上年增长3.2%；一般公共预算收入131.72亿元，支出188.88亿元。完成固定资产投资604.69亿元，增长10.9%。新增外资及港澳台资项目43个，实际使用外资及港澳台资2亿美元。新批境外投资项目43个，对外直接投资总额1.24亿美元。年末金融机构各项本外币存款余额3565.35亿元，贷款余额2624.16亿元。

农业　2022年,宜兴市实现农林牧渔业总产值89.8亿元,比上年增长2.2%。全年粮食种植面积5.21万公顷,总产量35.73万吨。经济作物播种面积2.04万公顷,茶叶总产量3871吨,水果总产量3.22万吨,增长8.5%,干果总产量1590吨。出栏生猪2.6万头,猪肉产量2044吨;禽肉产量1969吨。水产品产量7.14万吨。

工业　2022年,宜兴市实现工业总产值5866.9亿元,比上年增长9.1%。1419家规模以上工业企业实现产值5004.76亿元,增加值922.01亿元,营业收入4522.55亿元,利润总额194.58亿元。工业总产值百强企业完成产值3543.88亿元,增长21.3%。有工业总产值超1亿元企业536家,其中,产值超10亿元企业73家,超100亿元企业12家。

商贸服务业　2022年,宜兴市实现社会消费品零售总额551.94亿元,比上年下降6.2%;其中,限额以上消费品零售额226.49亿元,下降5.8%。实现进出口总值82.25亿美元,增长21.2%,其中出口46.86亿美元、进口35.39亿美元,增长63.2%。有国家AAAA级旅游景区8个、国家AAA级旅游景区2个、国家级旅游度假区1个、全国乡村旅游重点村2个、全国休闲农业与乡村旅游示范点5个,全年接待游客2329.43万人次,旅游总收入289.41亿元。

【城乡建设】2022年,江南大学东氿校区建成投用,市医疗中心工程基本完工,紫薇幼儿园改造工程、枫隐幼儿园改造工程、健康E站、官林中学校舍新建工程、市公安局执法办案管理中心、智慧城管城东中心等工程完工。五渎路、新源路南延、新泽路及西姚巷等一批道路建成,汤省线先导段绿化工程、360省道茗岭段绿化及路灯工程等完工,完成首批"农村道路安全示范路"创建工作。14个村被命名为省级、无锡市级特色田园乡村。编制《宜兴市农村住房改善行动方案》,全年新建、改建二类农村公厕40座,推进71个村美丽农居建设,改善农村住房条件5789户。持续加强传统村落保护工作,累计23个村庄列入江苏省传统村落保护名单,6个村庄入选国家级传统村落名单。推进美丽宜居城市试点建设,老城区"乐享园林"参与式微更新入选省级首批48个城市更新试点项目,东氿新城省级宜居示范街区获江苏人居环境范例奖。

【生态建设】2022年,宜兴市$PM_{2.5}$平均浓度28.6微克/立方米,与上年持平;空气质量优良天数比率78.8%,比上年下降6.4个百分点。9条主要入湖河流水质总磷总氮浓度均达到国家控制性考核指标;31个国、省考断面水质优Ⅲ比例90.3%,达到有监测记录以来最好水平,连续15年实现太湖安全度夏。城区新增绿地面积76.47公顷,城市建成区绿化覆盖面积4213.35公顷,绿化覆盖率43.45%。

【科技创新】2022年,宜兴市有各类专业技术人员14.32万人,比上年增加0.52万人。专利授权总量9600件,万人发明专利拥有量32.58件。年内有效高新技术企业761家,科技型中小企业评价入库2124家。新增无锡市三类企业培育入库企业344家,其中雏鹰企业200家、瞪羚企业140家、准独角兽企业4家。获评国家级众创空间1家,新增无锡市级科创载体14家。高新技术产业产值2047.79亿元,占规模以上工业产值比重40.9%。立项科技部高端外国专家引进计划5个、江苏省外国专家工作室2个、无锡市"太湖人才计划"项目26个、"陶都英才"项目54个。连续4年蝉联全国科技创新百强县(第七位)。

【社会事业】2022年,宜兴市有高等院校3所、中等技术学校2所、普通高中9所、普通初中35所、小学61所、幼儿园110所、特殊教育学校1所。公办专任教师9637人,在校学生15.14万人,在园幼儿3.26万人。小学和初中普及率100%,初中毕业生升学率97.43%,九年义务教育巩固率100%,普及高中阶段教育。江南大学东氿校区建成启用。有医疗卫生机构650家,其中公立医院8家、公共卫生机构8家、镇(街道)卫生院(社区卫生服务中心)18家,开放床位7388张,有医疗卫生技术人员1.06万人。宜兴市人民医院、丁蜀卫生院新院区完成交付。创成中国长寿之乡,高分通过国家卫生城市复审,西渚镇白塔村创成全国示范性老年友好型社区。有市级艺术表演团体1个,文化站(馆)18个;县级公共图书馆1个,藏书83.77万册;电影放映单位22家,放映场次17.8万次,票房收入4432.4万元。市文化中心各场馆举办活动及培训1450场,到馆总人数173.8万人次。有体育场5个、体育馆18个、游泳池58个。举办全国动力冲浪板锦标赛、"环科园杯"中国·宜兴内河帆船联赛、CBDF中国杯国际标准舞(体育舞蹈)巡回赛3项全国性赛事,举办省级赛事、县(市)级赛事19次。全年体育彩票销售6.28亿元。

【人民生活】2022年,宜兴市居民人均可支配收入58401元,比上年增长4.6%。其中:城镇居民人均可支配收入69215元,增长4.0%;农村居民人均可支配收入38153元,增长5.9%。居民人均生活消费支出36212元,增长4%。其中:城镇居民人均生活消费支出41523元,增长3%;农村居民人均生活消费支出26267元,增长6.6%。企业职工基本养老、失业、医疗保险以及城乡居民基本养老、医疗保险的参保人数分别为37.57万人、29.65万人、58.24万人和33.74万人、51.54万人。城乡居民最低生活保障标准提高至每人每月1075元,最低工资标准每人每月2280元。慈善机构接收捐赠款13426.9万元,宜兴市

2022年,宜兴市被评为全国农作物病虫害绿色防控整建制推进县。图为丁蜀镇莲花荡有机大米农田 (宜兴市农业农村局 供图)

慈善总会救助困难群众、学生约7.3万人,救助支出4010万元。

【宜兴市获评"中国长寿之乡"】 7月,宜兴市启动"中国长寿之乡"创建工作。8月27—29日,中国老年学和老年医学学会专家组到宜兴考察,通过查阅资料、听取汇报、实地走访,了解到宜兴市百岁老人占比、高龄老人占比和人均期望寿命三项核心指标均达到"中国长寿之乡"的认定标准。8月29日,专家组认定,宜兴健康养老有基础、有优势,申请"中国长寿之乡"这一品牌具有典型性和代表性,宜兴市达到"中国长寿之乡"认定标准。11月14日,宜兴市被授予"中国长寿之乡"称号。

【宜兴市获评"国家知识产权强县建设试点县"】 2013年,宜兴市获批国家知识产权工作试点城市。2020年,在中国县域知识产权综合竞争力排行榜中,宜兴市县域资源投入和知识产权服务能力在全国分别居第七位和第八位。2021年,宜兴市获评江苏知识产权强省建设示范创建单位。2022年,宜兴市新增专利授权5211件,新增发明专项授权350件,有效发明专利拥有量3839件,万人有效发明专利拥有量29.85件;新增首次注册商标企业数650家;新增获中国专利奖企业2家,累计获得中国专利奖16项;22家企业完成知识产权质押融资备案金额2.49亿元。8月24日,国家知识产权局公布首批国家知识产权强县建设试点县名单,宜兴市入选。

【宜兴市获评"全国农作物病虫害绿色防控整建制推进县"】 2021年,农业农村部种植业管理司会同全国农业技术推广服务中心开展全国农作物病虫害绿色防控推进活动。宜兴市多年致力于推进农作物病虫害绿色防控进程,高质量建成省级、无锡市级绿色防控示范区。2022年,宜兴市水稻、小麦等主要农作物化学农药亩用量(农药使用强度)比"十二五"期间的平均水平降低约30%,徐舍镇省级水稻绿色防控示范区、周铁镇省级果树绿色防控示范区获评"省级农作物绿色防控A级示范区",宜兴市植物保护植物检疫站获评首批省级农作物病虫害监测预警标准化区域站。6月23日,宜兴市入选第二批120个"全国农作物病虫害绿色防控整建制推进县"名单。

(吴 艳)

梁溪区

【概况】 梁溪区位于无锡市中部,总面积72.12平方千米。2022年末,辖崇安寺、清名桥、惠山、北大街、扬名、广益、山北、黄巷、瞻江9个街道,设158个居委会。户籍人口80.78万人,常住人口98.76万人。区人民政府设在解放南路688号。

【经济发展】 2022年,梁溪区实现地区生产总值1560.47亿元,比上年增长3.3%;一般公共预算收入54.63亿元,增长2.67%;完成固定资产投资290.95亿元,增长10.02%,其中工业投入增长15.3%。新批外资及港澳台资项目33个,实际使用外资及港澳台资20043万美元,引进首只QFLP基金(外资私募股权基金)。

工业 2022年,梁溪区109家规模以上工业企业实现总产值326.08亿元,增加值93.03亿元,营业收入263.15亿元,利润16.99亿元。完成工业投资12.3亿元,增长15.3%。工业战略新兴产业产值67.3亿元,增长85.04%,占工业总产值比重20.6%。物联网入库企业营业收入69.82亿元,集成电路入库企业产值13.83亿元,软件和信息服务业入库企业销售收入39.31亿元。

商贸服务业 2022年,梁溪区实现社会消费品零售总额完成730.78亿元,比上年下降1.1%,总量保持全市首位。楼宇经济继续发展,实现属地税收32.82亿元,超亿元税收楼宇9幢。全区活跃电商平台、企业1300多家,限额以上网络零售额突破16.3亿,增长95.8%。实现进出口总值253.13亿元,增长21.3%,比全省平均水平高16.5个百分点,为建区以来最高。

【城市建设】 2022年，梁溪区聚焦城区品质提升，启动城市更新单元5个，新增绿地133公顷。实施30座区街游园建设，重点道路设置花箱隔离栏。拆除违法建设44.46万平方米，拆除违规户外广告2.67万平方米，深化“百巷梁溪”建设和55条背街小巷品质提升工程。加强智慧停车建设，公共停车泊位动态信息联网4万余个、编码管理4400余个、智能化改造4000余个，建成ETC收费试点停车场3个。实施海绵城市项目33个、建设面积3.5平方千米。完成老旧小区宜居化改造项目84个，改造面积约511万平方米，增设及改建全龄化公共活动场所6.8万平方米，补种提升绿地面积22.6万平方米，惠及7.06万户17万余居民，改造规模居全省区（县）级首位。打破社区边界探索连片改造，打造城市一刻钟便民生活圈。19个居民住宅区完成二次供水泵房改造，既有住宅增设电梯68台。10条区级道路建成通车，2条道路完成提升。全年完成房屋征收3766户（家）、117.78万平方米，完成项目清点46个。

【生态建设】 2022年，梁溪区强化减污降碳协同增效，完成119个年度污染防治项目。$PM_{2.5}$年均浓度27.4微克/立方米，比上年下降5.5%。国、省考断面水质优Ⅲ比例100%，61条市环境综合整治河道优Ⅲ类以上水体占比83.6%。开展9个地块的土壤调查，梁溪区污染地块安全利用率100%。推进无锡（梁溪区）国家“十四五”土壤污染防治先行区建设，4个土壤污染防治项目进入省级专项资金储备库。在全省首次试点使用固体废物“电子联单”开展污染地块土壤跨市转运。

【科技创新】 2022年，梁溪区规模以上工业企业中有研发活动企业数82家，占70.64%。获得认定高新企业102家，有效期内总数266家。出台《梁溪区科技创新载体建设三年行动计划》，新增功能完备科创载体面积30.9万平方米。新增省级众创空间4家、省级专精特新“小巨人”企业3家，培育雏鹰企业60家、瞪羚企业24家、准独角兽企业2家。承办“太湖杯”国际精英创新创业大赛（西安赛区）暨梁溪区产学研专场活动，推进14个项目注册落地。产学研合同备案42个，引进高层次人才647人；1人入选“江苏外专百人计划”，1人入选科技部“高端外国外专引进计划”，均实现零的突破。

12月9日，梁溪区发展大会举行　（梁溪区档案史志馆　供图）

【社会事业】 2022年，梁溪区有小学37所、初中10所、九年一贯制学校7所、特殊教育学校1所，在校学生72941人；幼儿园100所，在园幼儿28429人。年内学校竣工4所、开工建设6所，启用公办幼儿园3所。义务教育优质均衡监测达标比例84.38%。有医疗卫生机构485家，开放床位12470张，卫生技术人员16829人，执业（助理）医师6248人。推进医联体建设，优化家庭医生签约服务，建成省级普惠托育项目2个，建立婴幼儿照护服务实训基地1家，梁溪区实现国家基本公共卫生服务市级绩效考核九连冠。建成读书驿站5个，开展全民公益艺术普及培训、群众特色文化团队基础培训等文化惠民活动。利用闲置用地建设9处19个公共文化体育设施项目，更新室外健身路径686条，提档“10分钟体育健身圈”。完成5处文保单位修缮工作，打造“百宅百院”项目5个。

【人民生活】 2022年，梁溪区居民人均可支配收入7.09万元，比上年增长4.1%。城镇新增就业2.38万人，支持自主创业7513人，援助就业困难人员再就业5978人。江南古运河度假区公共就业创业服务中心创建为江苏首个景区公共就业服务机构，梨花社区获评第五批国家级充分就业社区。居民低保标准提高至每人每月1060元，全年发放低保救助金4297万元，为优抚对象发放补助资金3350万元。为孤儿、特困对象、低保人员、低保残疾人发放新冠肺炎疫情防控期间临时生活补贴545.5万元，发放“阳光惠民”走访资金620.9万元。建成养老服务综合体3家、区域性老年人助餐中心3家，为5万多名老人提供居家上门养老援助，完成家庭适老化改造366户。

【梁溪区发展大会】 12月19日，首届梁溪区发展大会举行。大会以“聚力做大做强·共绘精彩梁溪”为主题，共商发展大计。会上，无锡科技城管理局委员会、无锡梁溪科技城管理局揭牌，梁溪城发集团、产发集团、文旅集团、资产经营公司等国企成立。梁溪区与中建四局、华为集团等重点央企、知名企业结成战略合作伙伴，涵盖产业园区、人工智能、大数据、都市工业等领域的102个项目集中签约，总投资518亿元。梁溪发展论坛围绕"培育元宇宙产业新赛道创意创新赋能数字经济""梁溪区制造业发展的机遇与挑战""CBD与RBD：无锡梁溪区文旅融合发展的道与术""坚定数字产业化发展，让生活更加简单美好"等主题作主旨演讲。

（高珂婷）

锡山区

【概况】 锡山区位于无锡市东北部，总面积399.11平方千米。2022年末，辖羊尖、鹅湖、锡北、东港4个镇和东亭、安镇、东北塘、云林、厚桥5个街道，设67个村委会、61个居委会，有国家级锡山经济技术开发区、无锡锡东新城商务区。户籍人口51.02万人，常住人口88.57万人。区人民政府设在锡州中路1号。

【经济发展】 2022年，锡山区实现地区生产总值1211.99亿元，比上年增长3.5%，一般公共预算收入111.75亿元，增长7.58%；完成固定资产投资514.24亿元，增长7.5%。新增外资及港澳台资项目60个，实际使用外资及港澳台资4.34亿美元。新批境外投资项目28个，通用股份柬埔寨项目成为当年全省首个在RCEP成员国投资的超亿美元项目。

农业 2022年，锡山区实现农林牧渔总产值29.78亿元，可比价增长1.6%。粮食种植面积7080公顷，总产量4.92万吨，建成高标准农田9300亩；水产品产品6508吨。加快构建"1+4+N"农业园区化发展格局，锡山国家现代农业产业园羊尖分园、东港分园挂牌。

工业 2022年，锡山区实现规模以上工业总产值2194.42亿元，比上年增长11.4%；实现工业增加值606.37亿元，增长8.0%。推进"四新四强"产业集群及特色专业园区建设，锡山区入选全省首批制造业高质量发展示范区建设地区。推进"项目建设年"活动，力神新能源、德力佳二期2个省重大实施项目开工建设，滚动实施市级重大产业项目55个、完成投资176.9亿元，40个重大项目竣工，全年完成政府项目投资91亿元。推进"智改数转"三年行动计划，创建国家、省、市智能制造标杆工厂276家，国家级智能制造优秀场景、省工业互联网标杆工厂入选数均居全市各板块首位，深南（无锡）车联网有限公司、红豆实业股份有限公司、天安智联科技股份有限公司获评工信部2022年新型信息消费示范项目。实施企业上市高质量发展三年倍增行动，隆达股份在上交所科创板上市、高视医疗在港交所上市。推进质量强区建设，设区长质量奖，赛福天钢索股份有限公司获市长质量奖。

商贸服务业 2022年，锡山区实现社会消费品零售总额266.93亿元，比上年增长8.8%。持续打响"锡引力·闪购潮"促消费品牌，激发新能源汽车、大型商超消费活力，荡口古镇加快业态更迭，严家桥村入选全省乡村旅游重点村名录。全年外贸进出口总值69.96亿美元，增长4.9%。

【城乡建设】 2022年，锡山区完成区国土空间总体规划"三区三线"划定方案并获批复，行政村"多规合一"实用性村庄规划实现全覆盖，凤威路地段低效产业用地活力提升项目被纳入第一批省级城市更新试点。完成锡山区道路红线规划，绕城货运通道纳入省道网规划。加快推进大成路快速化改造等重点道路建设，锡太路品质提升工程完成，上马墩路（柏庄路—华夏路）等10条道路建成通车，完成31条农村道路提档升级。商务区T立方体育生活广场、九里仓轻文旅街区开业运营。在全市率先建立"五勤联动"执法管理机制，打造9个"席地而坐"示范区域。完成59个老旧小区改造，完成既有多层住宅加装电梯20台，改造背街小巷23条，完成9条道路和90个节点景观亮化提升，新增停车泊位2020个，新改建公厕32座。云林春雷苑A区、东北塘东蕾苑一期等5个安置房项目竣工交付，建设筹集保障性租赁住房2303套。全年完成房屋征收152万平方米，形成净地240.27公顷；盘活更新产业用地190.6公顷，处置批而未供土地231.8公顷。开展农村人居环境整治提升"三创一争"活动，成功入选省级农村人居环境整治提升示范县培育名单，9个自然村获评市级最美村庄。建成市级现代"美丽农居"先行示范点2个，创成省级特色田园乡村2个。

【生态建设】 2022年，锡山区$PM_{2.5}$平均浓度28微克/立方米，比上年下降6.7%，空气质量优良天数比率为78.6%。能达热电有限公司等3家企业加入全国碳排放交易市场，锡山经济技术开发区获评国家级生态文明建设示范区（生态工业园区），商务区映月湖科技园建成绿色低碳园区智慧能源中心。完成2049个大气治理重点工程，完成100条"美丽河湖"建设，建成全市首个"河长制"主题公园，鹅湖北片区域获评省级生态清洁型小流域；推进东港、锡北污水处理厂三期扩建工程建设，东港新材料产业园污水处理厂建成投运；完成50千米污水主管网修复，建成城镇污水处理提质增效达标区13个，150个自然村生活污水提标改造工程建成投用，国、省考断面水质优Ⅲ比例继续保持100%。推进国家生态园林城市创建，建成各类公园游园26个、绿道7.8千米，新增绿地63.9公顷、造林面积72.67公顷，打造城市公园绿地"10分钟服务圈"。

5月13日，锡山区启动新能源新消费主题活动暨首届新能源汽车展

（锡山区政府办　供图）

【科技创新】 2022年，锡山区开展“创新突破年”活动，获批国家知识产权强县建设试点县（区）和科创江苏试点区，升级建设长三角集成电路工业应用技术创新中心，锡山集成电路设计制造特色产业基地获批国家火炬特色产业基地，入选首批省车联网和智能网联汽车高质量发展先行区，宛山湖未来产业研发社区开园。建成科创载体面积77万平方米，无锡检验检测产业园、中国南山无锡车联网小镇等科创载体建成投用。新增备案国家级众创空间1家、省级科技企业孵化器1家、省级众创空间2家，连城凯克斯“严陆光院士工作站”获评省级院士工作站，无锡锡山（西安）荟智中心、无锡锡山（澳门）海创中心揭牌成立。举办第二届大院大所合作发展大会，设立上海交通大学溥渊未来技术学院锡山实践基地，湖南大学无锡半导体先进制造创新中心投入运营，引进清华大学无锡碳中和示范基地、上海交通大学无锡区块链研究院、南京大学无锡应用生物技术研究所等重大创新平台。开展“专精特新金融赋能行动”，新增国家级专精特新“小巨人”企业12家。净增高新技术企业146家，入库培育雏鹰、瞪羚、准独角兽企业分别为136家、86家、6家，战略性新兴产业产值、高新技术产业产值占规模以上工业产值比重分别为39.1%和51.55%。入选国家重大人才工程2个，入选省级以上人才项目22个、“太湖人才计划”创新创业人才项目44个，评定“锡山英才计划”项目76个。

【社会事业】 2022年，锡山区有各类各级学校39所，在校学生9.08万人。实施学校基础设施建设三年行动计划，新建、改扩建各类学校27所，完成春雷幼儿园、润安幼儿园等建设工程。每千名0～3岁婴幼儿托位数3.86个。锡山人民医院二期、鹅湖分院完成主体工程，锡山区中医医院获评省级农村区域性医疗卫生中心。原创锡剧《袁仁仪》成功公演，打造“百宅百院”活化利用工程示范样板5个。

【人民生活】 2022年，锡山区城镇居民可支配收入70041万元，比上年增长4.2%；农村居民可支配收入42363万元，比上年增长5.8%。建成全市首个区级零工市场，全年新增城镇就业2.17万人，城镇调查失业率控制在5%左右，帮扶城镇失业人员就业再就业6209人。企业职工基本养老、城乡居民基本养老保险参保人数分别为32.53万人和1.41万人，完成“15分钟医保服务圈”创建。有养老机构14家，养老床3258张；有标准化居家养老服务中心（站）94个。东北塘综合养老服务中心建成投用，羊尖、东港养老中心开工建设。城乡居民最低生活保障标准提高至每人每月1075元，最低工资标准每人每月2280元。

【新能源新消费主题活动暨首届新能源汽车展】 5月13—16日，锡山区举办“初夏焕新，车享生活”新能源新消费主题活动暨首届新能源汽车展。在启动仪式上，锡山区为2021年度汽车零售业限上十强企业进行授牌，并发放列统新能源车企奖励资金，30家区内新能源汽车销售企业进行集中展示。活动期间，发放500万元汽车惠民券，其中新能源汽车惠民券400万元、燃油汽车惠民券100万元，拉动汽车销售1.27亿元。

【锡剧《袁仁仪》公演】 10月26日，大型原创锡剧《袁仁仪》在市人民大会堂首次公演。该剧由羊尖镇袁仁仪锡剧团创排，以20世纪30年代抗日爱国为背景，再现锡剧大师袁仁仪带领袁家班闯荡上海滩，历经磨难、痴心不改追求锡剧艺术的传奇经历，通过生动的舞台表演展现锡剧艺术的发展和魅力。

（印宏绯）

惠山区

【概况】 惠山区位于无锡市区西北部，总面积324.88平方千米，辖区有洛社、阳山2个镇，堰桥、长安、钱桥、前洲、玉祁5个街道，设51个村委会、69个居委会，有国家级无锡惠山经济开发区、江苏省惠山高新技术开发区和无锡市（藕塘）职教园区。户籍人口54.51万人，常住人口89.72万人。区人民政府设在文惠路8号。

【经济发展】 2022年，惠山区实现地区生产总值1232.58亿元，比上年增长3.2%。一般公共预算收入111.97亿元，支出100.6亿元。完成固定资产投资495.43亿元，增长4.6%。新批外资及港澳台资项目38个，完成到位注册外资及港澳台资3.7亿美元。完成境外投资项目16个，中方协议投资额1.4亿美元。惠山区居中国工业百强区第42位、全国综合实力百强区第26位，智能制造发展水平居全省县（市、区）第4位。新三洲特钢有限公司入选中国制造业企业500强，安井食品营销有限公司、宝金石油化工有限公司入选中国服务业企业500强。

农业 2022年，惠山区实现农林牧渔业总产值27.94亿元，比上年增长0.6%。全年粮食播种面积1627公顷，总产量1.07万吨。其中：夏粮播种面积737公顷，总产量为0.37万吨；秋粮播种面积890公顷，总产量为0.70万吨。商品蔬菜种植面积326.67公顷，总产量4.9万吨。水蜜桃种植面积2420.15公顷，产量34159吨；葡萄种植面积98.63公顷，茶叶种植面积38.53公顷。年末生猪存栏3065头，全年出栏9850头；家禽存栏5.33万羽，全年出栏16.49万羽。汇尔盛农业科技发展（江苏）有限公司成为江苏省首批国家级生猪产能调控基地。水产养殖面积249公顷，水产品产量4060吨。休闲渔业发展迅猛，全年接待人数超10万人次，产值1780万元，比上年增长96%。惠山区入选全国经济作物绿色高质高效行动示范县、省级农业现代化先行区建设名单；金农生物科技有限公司获评全国农业国际贸易高质量发展基地，“阳山水蜜桃”获评江苏省地理标志培育和保护项目，“尚田”入选江苏农业品牌目录（产品品牌）名单。

工业 2022年，惠山区完成规模以上工业总产值2536.3亿元，比上年增长8.8%。完成工业投资195.7亿元，其中88个重点工业项目完成投资120.2亿元。实施智能制造项目107个，完成智能制造投资79亿元。数字经济核心产业规模以上企业实现营业收入307.7亿元，增长63.9%，增幅居全市首位。智能基础零部件制造产业集群入选工信部中小企业特色产业集群名单，智能光伏产业化服务平台入选国家产业技术基础公共服务平台，无锡时代天使医疗器械科技有限公司入选工信部工业互联网平台创新领航应用案例和国家智能制造试点示范，无锡透平叶片有限公司片和欧派集成家居入围工信部智能制造优秀场景，威孚力达催化净化器有限责任公司获批国家制造业单项冠军示范企业。

商贸服务业 2022年，惠山区实现社会消费品零售总额311.9亿元，比上年增长9.4%，增幅高于全市8.4个百分点。实现进出口总值49.74亿美元，其中出口45.73亿美元、进口4.01亿美元。完成服务贸易总额4.65亿美元，服务外包离岸执行金额8.48亿美元、在岸执行金额3.62亿美元。开行无锡首趟中欧班列接续班列，亿翔云鸟绿色智慧物流平台入选国家数字化绿色化协同转型发展典型案例。旅游接待997万人次，旅游收入30.8亿元。首次举办“数创文旅·跃动惠山”文体旅融合创新发展推介会，签约文旅类项目15个。洋溪文化城项目入选江苏省重点文化和旅游产业项目。阳山镇桃源村获评国家级乡村旅游重点村，阳山镇新渎社区获评省级乡村旅游重点村，无锡尚田六次产业园入选全国首批农根文化实践营地。

【城乡建设】 2022年，惠山站区核心区城市设计入选自然资源部第一批国土空间规划优秀案例。惠山区完成房屋征收项目163个，拆除面积350.29万平方米。提档升级农村公路53.6千米，打造美丽农村示范样板路6条，入选“四好农村路”全国示范县创建单位。完成1个省级、16个市级美丽宜居城市试点项目建设，完成16个规划发展村现代“美丽农居”建设，完成361个未列入拆迁计划村庄的改造。阳山镇桃园村姚巷获评江苏省特色田园乡村；阳山镇获评省生态宜居美丽示范乡镇（街道）；阳山镇桃源村、阳山村，洛社镇万马村，玉祁街道黄泥坝村，长安街道姑里社区，钱桥街道稍塘社区获评省生态宜居美丽示范村。惠山区获评全国村庄清洁行动先进县。

【生态建设】 2022年，惠山区$PM_{2.5}$平均浓度29.3微克/立方米，比上年下降4.2%；空气质量优良天数比率为81.1%。12条主要河流年均水质均达Ⅲ类，67条环境综合整治河道水质优Ⅲ比例91%。完成造林绿化面积48.47公顷，其中新增造林14.87公顷，林木覆盖率24.2%。成功创建省级绿美村庄4个，高标准实施锡澄运河等20条主干河道的绿化美化，新建鹅子岸湿地保护小区1个，新增湿地保护面积20余公顷。组织开展生物多样性调查，发现鸟类98种、两栖爬行动物15种、高等植物370种、鱼类29种、浮游动物90种、底栖动物75种、昆虫及蝴蝶110种、哺乳动物16种，其中国家二级珍稀保护物种28种。8个村（社区）获评江苏省生态文明建设示范村（社区）。

【科技创新】 2022年，惠山区实现高新技术产业产值1052.16亿元，占规模以上工业总产值的41.48%。全社会研发投入45.02亿元，比上年增长15.3%。认定高新企业909家，培育入库雏鹰企业133家、瞪羚企业91家、准独角兽企业5家，科技型中小企业评价入库1272家，省创新型领军企业培育入库3家。新增上云企业217家、机器人

4 月 19 日，吉利高性能电驱项目举行奠基仪式　（市发展改革委　供图）

应用 320 台(套)，规模以上企业关键工序数控化率 77%、设备联网率 65%。获评国家级专精特新“小巨人”企业 7 家，入围国家公共服务示范平台 2 个，新签约院士创新创业项目 7 个，入选国家重大人才工程项目 10 个。引进天津大学无锡研究院，无锡航空发动机基础部件产业创新研究院获批成立，先进技术成果长三角转化中心无锡分中心成功落户。华中科技大学无锡研究院“大型复杂曲面机器人加工关键技术及应用”项目和无锡超通智能制造技术研究院有限公司“高速精密数控机床误差控制关键技术及应用”项目，分别获 2022 年度机械工业科学技术发明奖特等奖和一等奖。智能基础零部件制造产业集群入选工信部中小企业特色产业集群名单，智能光伏产业化服务平台入选国家产业技术基础公共服务平台，无锡时代天使医疗器械科技有限公司入选工信部工业互联网平台创新领航应用案例和国家智能制造试点示范，无锡透平叶片有限公司和欧派集成家居有限公司入围工信部智能制造优秀场景，惠山高新技术产业开发区获评省级工业大数据应用示范区和省级“互联网＋先进制造业”基地，威孚力达获批国家制造业单项冠军示范企业。

【社会事业】 2022 年，惠山区有各级各类学校 105 所，专任教师 9006 人，在校学生 12.94 万人。惠山中等专业学校被教育厅确定为江苏省首批优秀中等职业学校建设单位。成立区社区培训学院职能管理部门，有 7 所镇(街道)社区教育中心校、113 所社区(村)居民学校，建成三级社区教育网络体系。有医疗卫生机构 374 家，开放床位 2475 张，执业(助理)医师 1954 人，卫生技术人员 4707 人。新冠疫情防控期间，区中医医院、区第三人民医院、市第二老年病医院新建 PCR 实验室，完成核酸检测 6100 万人次、新冠疫苗接种 240.5 万剂次。全区有文化馆 1 个、文化站 7 个、图书馆 8 个，建成“惠山有书”优质阅读空间 15 个。区图书馆新增图书 2.5 万余册，订阅杂志 250 余种，馆藏文献 113.98 万册，全年接待读者 48 万人次，比上年增加 10 万人次。冯其庸学术馆入选江苏省“最美公共文化空间打造对象”。有省级文保单位 9 家、省级非遗项目 3 项、省级非遗传承人 3 人。情景表演唱《村前谣》、群舞《中国高度》、小锡剧《百叶飘香》、微型音乐剧《我们的记忆时光》获省“五星工程奖”。新增体育设施 45 万平方米，人均体育面积 3.31 平方米。承办“江苏省三对三篮球精英赛”“江苏省青少年击剑竞标赛”“江苏省健身气功站点联赛”等赛事，惠山区获评 2018—2021 年度江苏省群众体育先进单位。

【人民生活】 2022 年，惠山区城镇居民人均可支配收入 71581 元，比上年增长 4.3%；农村居民人均可支配收入 42442 元，增长 5.9%，增幅全市第一。城镇居民人均消费支出 37461 元，增长 3.4%；农村居民人均消费支出 22010 元，增长 6.7%。城镇新增就业 19012 人，引进大学生 9450 人，城乡就业困难人员就业再就业 4248 人；认定青年就业见习基地 65 家，开发青年就业见习岗位 2507 个，青年就业见习 447 人；开发公益性岗位 537 个，公益性岗位新安置 82 人。落实各类稳岗扩岗留工资金 1.13 亿元，惠及 20 万人次。发放创业担保贷款 1038 万元，支持自主创业 5822 人。无锡桃文化创业孵化基地获评省级创业孵化基地。成立超 1 亿元的“惠山工匠”基金，在全市率先设立“惠山工匠日”，表彰首批“惠山工匠”50 人。企业基本养老保险在职参保 33.9 万人，居民养老保险参保 4290 人。享受居民基础养老保险 15833 人、征地补偿金 47316 人、老农保养老金 2912 人，全年区财政支付养老待遇金额 7.5 亿元。有养老机构 25 家，其中公办养老机构 7 家、民办养老机构 8 家、康复医院内设养老机构 10 家；养老床位 3583 张，其中护理型床位 2864 张。

【吉利高性能电驱项目投产】 1 月 8 日，惠山区与吉利控股集团签署战略合作协议，总投资 100 亿元的吉利高性能电驱项目落户惠山区。4 月 19 日，项目在无锡惠山经济技术开发区开工，12 月 26 日投产，实现年内签约、年内投产。

【无锡—连云港—乌兹别克斯坦班列首发】 8 月 13 日，中欧班列“江苏号”无锡—连云港—乌兹别克斯坦班列从无锡西站物流园启程，中欧班列“江苏号”接续班列正式开行。本次班列装载无锡三房巷集团生产的聚酯切片、澳普洛钻探工具（无锡）有限公司生产的钻杆及其他本地企业生产的家电、轮胎、汽车配件等货物，计100个标箱、1000余吨、价值3000万元，从无锡西站发运至连云港（墟沟北）站集结，再发往乌兹别克斯坦、哈萨克斯坦两国，行程20天左右，比海运节省运输时间和运费。

（章淑君）

滨湖区

【概况】 滨湖区位于无锡市区西南部，总面积572.65平方千米。2022年末，辖胡埭镇和马山、雪浪、蠡园、河埒、荣巷、蠡湖6个街道，设7个村委会、78个居委会，有无锡太湖国家旅游度假区和江苏省无锡蠡园经济开发区、无锡山水城2个省级开发区。户籍人口37.83万人，常住人口59.54万人。区人民政府设在金城西路500号。

【经济发展】 2022年，滨湖区实现地区生产总值1057.87亿元，比上年增长3.8%；一般公共预算收入104.93亿元，增长0.5%。完成固定资产投资304.74亿元，增长1.7%。全年实施5000万元以上重大项目160个，完成投资290亿元。新引进注册资本超千万元企业1200家，新签约10亿元以上重大项目30个。新增外资及港澳台资项目30个，实际使用外资及港澳台资5.42亿美元；新批境外投资项目16个，对外直接投资1.3亿美元。

农业 2022年，滨湖区实现农林牧渔业总产值6亿元，比上年增长3.5%。建成高标准农田873亩，粮食种植面积220公顷，总产量1404吨，连续3年实现“双增”；蔬菜种植面积281公顷，总产量5567吨；水果种植面积1430公顷，总产量22404吨。马山杨梅创成省级农产品区域公用品牌，创成马山杨梅江苏省特色农产品优势区。同步推进2个镇级产业园和4个村级特色园建设，山水城获批首批省级现代农业产业高质量发展示范园，小南湾乡创综合体获全省农业农村重大项目示范项目称号。纵深推进农村人居环境整治，建设现代“美丽农居”682户，打造市级最美村庄1个、特色田园乡村2个。

工业 2022年，滨湖区实现规模以上工业总产值861.81亿元，比上年增长10.8%；规模以上工业增加值251.3亿元，增长7.9%；生命健康、集成电路、软件信息三大产业营收规模均超百亿元。完成工业投资66.22亿元，其中制造业投资64.08亿元。方盛换热器股份有限公司在北京证券交易所上市，健适医疗无锡创新总部建成启用，国家智能汽车交通运行安全质检中心获批运行，无锡数字文化产业园、碳中和研究中心揭牌，“奋斗者”号全海深载人潜水器获中国优秀工业设计金奖。派克新材料股份有限公司获评国家级制造业“单项冠军”示范企业，工装自控工程（无锡）有限公司入围中国机械500强。

商贸服务业 2022年，滨湖区实现社会消费品零售总额285.21亿

2022年，融创文旅城获评省级夜间文化和旅游消费集聚区　　（滨湖区政府办　供图）

元，比上年增长8.2%；规模以上服务业营业收入196.93亿元，比增长11.8%、全市第一；服务业增加值占地区生产总值比重61.9%。采木工业互联网、锡鹿国际贸易公司入选中国服务业企业500强，蠡园经济开发区获评省级服务贸易基地。有规模以上文化企业120家，完成营业收入94.2亿元；新增投资500万元以上文化旅游项目83个。滨湖区获评首批省级文化和旅游消费示范单位、首批省级文化和旅游产业融合发展示范区，融创文旅城获评省级夜间文化和旅游消费集聚区，拈花湾景区被评为江苏省"文旅消费人气目的地"。全年外贸进出口总值38.31亿美元，增长8.5%，其中出口28.15亿美元、进口10.16亿美元。创新打造"BEST滨湖"开放型经济专项服务品牌，完成服务贸易进出口总值8.7亿美元，实现跨境电商出口额3亿美元，新入选国家文化出口重点企业和省级外资企业总部培育库各3家，山水城电子商务产业园获评国家电子商务示范基地十佳。

【城乡建设】 2022年，滨湖区国土空间"三区三线"划定方案通过自然资源部审批，镇村布局规划(2022版)等专项规划编制完成。工业园区腾退低效用地98公顷，处置批而未供土地超126公顷。完成房屋征收153万平方米，实施老旧小区改造252万平方米，加装既有住宅电梯30部，运河湾、荣巷等片区城市更新有序实施，稻香片区老旧街坊改善入选首批省级城市更新试点项目，南湖中路、安南路等道路完成升级改造。打造"全国最干净城区"，建设"席地而坐"城市客厅示范项目5个，拆除各类违章户外广告1.65万平方米，完成主次干道沿线垃圾桶"撤桶建点"。

【生态治理】 2022年，滨湖区$PM_{2.5}$平均浓度26.8微克/立方米，比上年上升3.1%；空气质量优良天数比率为77.8%，比上年4.1个百分点。10个国、省考断面水质全部达标，101条水环境综合整治重点河道水质优Ⅲ比例91%，为全市最高。开展新一轮水环境综合治理，实施"美丽河湖"项目58个，建成市级排水提质增效达标区9个，提优支浜水质20条。完成治太重点工程24个，环太湖大堤(滨湖段)主体工程完工，连续15年实现太湖安全度夏。实施年度大气治理项目831个。常态化开展土壤污染隐患排查整改，耕地和重点建设用地安全利用率均保持100%。深化"无废城市"建设，小微企业危险废弃物和小型医疗机构医疗废弃物集中收集体系全面建成。

【科技创新】 2022年，滨湖区新入选国家级专精特新"小巨人"企业8家，净增高新技术企业117家、有效期内高企达到660家，新招引科技型企业1200家，新增市级雏鹰、瞪羚、准独角兽企业156家，全社会研发投入占地区生产总值比重3.83%。高新技术产业产值653.9亿元，占规模以上工业总产值比重75.9%，为全市最高。驻区院校与区内企业产学研合作项目交易额超亿元，清华无锡研究院孵化企业无锡清耳话声科技有限公司的真耳分析测试系统获日内瓦国际发明金奖。出台全市首个高技能人才专项奖励激励政策，"吾+"人才安居工程启动实施，筹集高端人才安居用房1000套。入选国家重大人才工程(A类)9人、省"双创博士"53人，均创历史新高；新增高层次人才839人、高技能人才3937人。新开工各类载体92万平方米，滨湖(上海)中心揭牌。南钢星博、新创星程等政府投资基金和天使投资基金组建成立。

【社会事业】 2022年，滨湖区有各级各类学校28所(中小学)，在校学生40599人。调优山水城、美湖等重点片区教育布局规划，南师大滨湖实验学校九龙湾分校启动建设，太湖高中"太湖书院"班开班，建立K12教育高质量品牌联盟，成立区学生心理健康教育中心，国家县域学前教育普及普惠区创建通过省级评估。有医疗卫生机构333家，开放床位12077张，执业(助理)医师4017人，卫生技术人员11030人。市第九人民医院创成全省首家三级甲等骨科医院，马山、荣巷社区卫生服务中心获评省社区医院，海吉亚医院开工建设。有区、镇(街道)两级图书馆8个。推进百姓百戏文化惠民工程，建成开放公益特色小剧场7个，完成"百宅百院"活化利用项目5个。利用城区闲置用地建设公共体育设施工程21个，更新、新建公共体育健身设施69套、700件。年内举办区全民健身运动会和第四届高层次人才运动会。

【人民生活】 2022年，滨湖区城镇居民人均可支配收入72980元，比上年增长3.8%；农村居民人均可支配收入42218元，增长5.9%。成立全市首个商圈就业创业服务中心，实现城镇新增就业1.7万人，援助就业困难人员再就业2718人，扶持自主创业3206人，落实公益性岗位、社保"两项补贴"和稳岗补贴1.1亿元。居民低保标准提高至每人每月1075元，全年发放低保救助金235.87万元，为特殊困难群众发放救助资金2622万元，区慈善基金会获评全省"最具影响力慈善组织"。有养老机构16家，养老床位4543张，养老机构护理型床位占比100%；完成家庭适老化改造225户。有未成年人保护工作站6家，婴幼儿照护服务机构22家。

【创新实施"沙盒监管"】 2022年，滨湖区市场监管局针对"543"产业等市场主体的性质、特点，在全省率先实施"沙盒监管"模式。市场主体主动申请、经监管部门评估通过后，纳入"沙盒监管"名录，并享受一定期限的包容审慎监管。"沙盒监管"减少政府对企业的干预，有效防止

“一管就死、一放就乱”的管理困局。至年末，128家企业纳入“沙盒监管”名录。

（靳瀚宁）

新吴区

【概况】 新吴区位于无锡市东南部，总面积220.01平方千米。2022年末，辖旺庄、硕放、江溪、梅村、鸿山、新安6个街道，设7个村委会、109个居委会，有无锡国家高新技术产业开发区、江苏无锡空港经济开发区，以及星洲工业园、无锡高新区综合保税区、无锡新加坡工业园、无锡太湖国际科技园。户籍人口40.6万人，常住人口72.64万人。区人民政府设在新安街道和风路28号。2022年，新吴区获评首批国家级知识产权强国建设示范园区、全国义务教育优质均衡先行创建区，通过国家级县域节水型社会达标建设验收。

【经济发展】 2022年，新吴区实现地区生产总值2430.51亿元，比上年增长3.4%；人均地区生产总值33.51万元，居全省城区首位。一般公共预算收入242.07亿元，支出190.78亿元。完成全社会固定资产投资735.5亿元，增长1.7%。新设立外资及港澳台资企业92家，实际使用外资及港澳台资13.52亿美元，其中高技术产业实际使用外资占46.8%。新批备案外资及港澳台资项目137个，其中超3000万美元重大项目13个，新增省级跨国公司总部及功能性机构1家。年末金融机构各项本外币存款余额2031.30亿元，贷款余额1683.00亿元。开展自贸区联动创新区改革创新，获批国家进口贸易促进创新示范区。

农业 2022年，新吴区实现农林牧渔业总产值1.06亿元，比上年增长4.9%。粮食种植面积1000公顷，总产量6767.85吨；蔬菜种植面积229.47公顷，总产量4721吨；水果种植面积115公顷，总产量2350吨；绿色食品占比为71.3%，高标准农田建设位于全市前列。深化“智慧+绿色”示范区建设，引领建设“未来农场”项目，梁鸿生态农场获评省级示范家庭农场。连片式打造“吴韵江南”美丽乡村风光带，大坊桥村入选2022年“中国美丽休闲乡村”，大坊桥姚更上被命名为市级特色田园乡村和最美村庄。

工业 2022年，新吴区实现规模以上工业总产值6173.04亿元，比上年增长10.2%；规模以上工业增加值1839.03亿元，增长6.3%；营业收入5850.43亿元，利润总额479.23亿元。工业投资完成367.52亿元。高新技术产业实现产值4443.05亿元，占规模以上工业总产值72%。其中集成电路产业集群入选首批省创新型产业集群，新吴区获评首批江苏省车联网和智能网联汽车高质量发展先行区。加快“智改数转”步伐，规模以上工业企业开展数字化诊断服务412家，实施智能化改造项目85个，新增省级智能工厂3家、市级标杆89个，均居全市首位。日联科技股份有限公司、微导纳米科技股份有限公司等13家企业入选国家专精特新支持名单，全区国家、省、市单项冠军及各类专精特新企业122家次。

商贸服务业 2022年，新吴区实现社会消费品零售总额419.5亿元，比上年增长1.2%。规模以上服务业企业营业收入首次突破600亿元，达604.03亿元，增长7.8%。规模以上营利性服务业企业实现营业收入457.38亿元，增长14.9%。完成进出口总值582.55亿美元，增长2.4%，

2022年，新吴区打造美丽乡村风光带。图为大坊桥村　　（新吴区档案史志馆　供图）

占全市52.6%；其中进口236.83亿美元、出口345.72亿美元。

【城乡建设】 2022年，新吴区发布《无锡高新区（新吴区）现代化国际化创新型城区产城融合规划及三年行动计划》。完成太湖湾科创城总体城市设计、鸿山旅游度假区控制性详细规划和镇村布局规划动态优化评估。推进旺庄外下甸、硕放硕北等街道板块更新，推动无锡硕放机场建设区域枢纽机场。菱湖大桥、高浪路快速化、312国道新区段快速化改造、地铁4号线2期和5号线等重大基础设施工程加快推进，江学路新建工程、新鸿路大修工程竣工。新建、续建90个政府投资项目，完成投资152亿元。无锡太湖湾国际文化艺术中心暨交响音乐厅、伯渎河文化中心、吴越文化数字科创谷一期工程开工建设，新地假日广场“焕新”开街，江苏省唯一的吴文化考古研究基地挂牌，梅里遗址博物馆开馆，鸿山泰伯文化区上榜中国华侨国际文化交流基地。完成征收拆迁面积170万平方米，关停益多环保热电厂。完成10个、250万平方米老旧小区综合改造工程及15个小区二次供水改造，拆除违法建设81.1万平方米，建成1个海绵城市示范区，打造美丽示范街区10个。建成公共停车场12个，新增车位3000余个、动态联网车位3.5万个。开展旱厕动态清零专项整治和村庄全域清洁“两大行动”，全市首个区级生活垃圾分类转运站建成投运。新增绿地55公顷，新改建各类公园、游园、口袋公园15个，建成新洲社区、华丰社区2个公园化社区。

【生态建设】 2022年，新吴区$PM_{2.5}$平均浓度29微克/立方米，空气质量优良天数比率为78.1%。6个国、省考断面水质达标率83.3%，河流型考核断面水质优Ⅲ比例100%。完成13条市级美丽示范河湖和52条区级美丽示范河湖建设，实施17项重点治太工程，连续15年实现太湖安全度夏。系统开展水环境综合治理，伯渎河生态治理工程二期等项目竣工，伯渎河公园西区建设项目荣获2021年江苏人居环境范例奖。推荐申报国家、省绿色工厂分别为4家、12家，完成绿色工厂星级评定276家。新增绿化面积55万平方米。无锡零碳科技产业园入选“全国十大零碳示范典型案例”。

【科技创新】 2022年，新吴区新招引科技企业2320家，国家科技型中小企业入库首次突破2000家；全年净增高新技术企业250家，有效期内高新技术企业1294家；高新技术产业产值4443.05亿元，占规模以上工业总产值比重72%。入选省独角兽、潜在独角兽、瞪羚三类企业50家，市“三类企业”351家。德科立光电子技术股份有限公司、日联科技股份有限公司等3家企业在科创板上市。新增20家省级工程技术研究中心，华进半导体封装先导技术研发中心有限公司获批牵头国家科技重大专项，先导智能装备股份有限公司获批国家级企业技术中心。签约落户北京大学长三角未来技术生命健康研究院和北京大学无锡电子设计自动化研究院、香港理工大学无锡科技创新研究院等重点科研院所机构。新增省级科技企业孵化器2家、众创空间6家。新增授权专利14123件，其中发明专利授权1947件，比上年增长74.31%；新增PCT海外专利申请259件，增长16.67%，占全市申请总量的36%；万人发明专利拥有量147.4件，达世界先进水平。出台“人才强区”黄金12条，成立区人才发展集团，入选国家级海外引才人才计划17人，引进各类高层次人才1250人。开工建设科创载体31个、234万平方米，建成投用62万平方米。推动异地创新中心建设，无锡高新区（大湾区）创新中心揭牌运营。向595个科技项目投放“锡科贷”“新科贷”等科技贷款17.2亿元。搭建以新动能产业基金为主导的产业引导基金体系，汇聚基金超300只、规模超650亿元。无锡高新区在全国169个国家高新区综合评价中，居第18位。

【社会事业】 2022年，新吴区有各级各类学校118所，其中，义务教育学校38所，在校学生6.9万人；幼儿园68所，在园幼儿2.37万人。入选全国义务教育优质均衡先行创建区。年内新建、改扩建中小学6所、幼儿园8所，新增学位8000余个。推进跨区域、跨学段合作办学，上海世外附属学校挂牌托管，太科城大桥实验学校开办，新吴实验中学启用，梅村高中空港分校建设推进。有医疗机构256家，开放床位3567张，卫生技术人员4793人，执业（助理）医师2030人。启动建设瑞金医院无锡分院二期、海力士医院，梅村街道卫生服务中心完成新址搬迁并挂牌区老年病医院，旺庄街道卫生服务中心成功创建省社区医院。累计创成全国示范性老年友好型社区2个，老年人区域性助餐中心实现街道全覆盖；新增托育机构8家、托位数735个。建成8个新型城市阅读空间和5个阅读联盟点，引进亿元以上文化产业项目8个。

【人民生活】 2022年，新吴区居民人均可支配收入突破7万元，达71974.7元，比上年增长4.2%，是全国平均水平的1.95倍。投入55亿元实施重点民生实事项目8大类75个，办结“微幸福”民生工程51个。实施高质量就业促进行动，开展“云上招聘月”等招聘活动200余场，新增城镇就业2.59万人，引进大学生2.3万余人，支持自主创业4262人。发放稳岗返还资金2.2亿元、失业保险待遇1.38亿元。开展城乡居民基本养老保险集体补助试点，制定分层分类社会救助方案，新纳入保障对象3411人、机构住养特殊困难对象74人。新开工保障性住房3196套，建成7418套。

【获评全国义务教育优质均衡先行创建区】 4月27日，教育部办公厅发布《关于公布义务教育优质均衡先行创建县（市、区、旗）名单的通知》，新吴区创成全国义务教育优质均衡先行创建区，为无锡市唯一入选的地区。新吴区探索区域教育优质均衡发展的新路径，推进“集群联片组团、公办民办联盟、名校高校合作”发展模式。“十三五”期间，累计投入资金30余亿元，完成学校建设项目24个，增加学位2万余个，义务教育学校100%达到省定建设标准。

【获批国家进口贸易促进创新示范区】 11月3日，商务部、国家发展改革委、财政部等八部门决定，在全国增设29个国家进口贸易促进创新示范区，新吴区位列其中。新吴区致力于打造以“空港型集成电路、生物医药产业链进口＋消费品跨境电商进口”为主的进口贸易促进创新示范区，2022年完成进口总值236.83亿美元，主要进口来源地为日本、韩国、东盟、欧盟等，主要进口产品为机电产品、高新技术产品、医药材及药品等。

（李　河）

江苏无锡经济开发区

【概况】 江苏无锡经济开发区（以下简称“无锡经开区”）位于无锡市区南部，面积56.6平方千米。2022年，辖华庄、太湖2个街道，设38个居委会，户籍人口21万人，常住人口36.5万人。南拥贡湖湾湿地，北抱蠡湖和梁塘河湿地，东连蠡河湿地，西临长广溪湿地，中轴线上有尚贤河湿地，蓝绿空间超过53%。无锡经开区管委会设在清舒道77号。

【经济发展】 2022年，无锡经开区完成地区生产总值365亿元，比上年增长4.5%。一般公共预算收入33.44亿元，增长17.3%。完成固定资产投资185亿元，增长27.3%。新设立外资及港澳台资企业13家，实际使用外资及港澳台资1.18亿美元；完成对外投资5650万美元。打造以雪浪小镇未来园区有限公司为主体的现代企业股权架构，获评AA+主体信用评级。国家传感园发行8亿元公司债，太湖城传感EDO公司绿债5亿元获上交所发行批文，太湖城传感公募REITs项目报国家发改委审核。

工　业　2022年，无锡经开区102家规模以上工业企业实现总产值180.71亿元，增加值40.91亿元，主营业务收入167.2亿元，利润总额8.73亿元。累计有上市企业4家，储备上市企业10余家。数字经济核心企业营收158亿元，比上年增长22%；物联网、软件、集成电路等重点产业规模分别为51.58亿元、45.91亿元、4.17亿元，增幅分别为26.1%、49.6%、82.1%。雪浪云工业互联网平台完成超3亿元B轮融资。

商贸服务业　2022年，无锡经开区实现社会消费品零售总额72亿元，比上年增长10.3%。打响“GO经彩，乐开怀”活动品牌，围绕综合体、汽车、餐饮、家电四大消费类型，举办促消费活动5场，累计兑现新能源汽车消费补贴1090余万元，带动新车销售增长2.2亿元；发放消费券200万元，拉动零售、餐饮消费增长超亿元。山姆会员店竣工开业，和韵社区、信成花园社区建成“一刻钟便民生活圈”示范社区，完成13个社区“智慧菜篮子”网点建设，落霞苑、水乡苑、和畅果色花香、方庙农贸市场完成集中运营托管，集中运营托管率位居全市前列。实现进出口总值9.51亿美元，比上年增长15.1%，其中进口1亿美元、出口8.51亿美元。

【城市建设】 2022年，无锡经开区推进“一带两镇三园”城市更新及“美丽经开”建设“三年五提升”行动，征收拆迁完成签约面积125.6万平方米。集中开工改造老旧小区8个，总投资约13亿元，涉及老旧建筑总面积约230万平方米，惠及群众1.7万余户。南湖大道、立信大道、新园路等（首批）9条道路完成提标改造。开展全国文明典范城市创建活动，城市管理单元优良率首次达100%，太湖街道获评全市最干净街道（镇）建设优秀街道。加快推进全域“双碳”示范区、国际化示范区建设，无锡奥林匹克体育中心落户经开区。

【生态建设】 2022年，无锡经开区$PM_{2.5}$浓度29.6微克/立方米，空气质量优良天数比率为78.4%。国、省考断面水质达标率继续保持100%，河湖水面洁净度保持80%以上。推进美丽河湖建设，完成13个水污染防治工程和6个太湖治理重点工程，辖区河道基本消除劣V类水质，小溪港水质达到II类。强化对华庄国控点3千米范围内65个工地扬尘管控，完成289个大气污染防治项目，华谊路等周边近38万平方米闲置地块实施有效管养。

【科技创新】 2022年，无锡经开区高新技术产业产值109.6亿元、增长15.65%，占规模以上工业总产值比重为60.65%，全市排名第三。推进规模以上、创新三类、高新技术、专精特新和上市后备5类企业“培优工程”，无锡雪浪数制科技有限公司、浪潮卓数大数据产业发展有限公司获评省级软件企业技术中心，8家企业入选省级专精特新企业，新增高新技术企业58家，新增入库科技型中小企业277家，智慧园区、智慧规划等项目入选无锡市新型智慧城市建设“十佳解决方案”。全区发明专利授权量168件，创历年新高。完成雪浪小镇数据创新中心等25.6万平方米科创载体建设，无锡深港协同创新中心建成使用，无锡—横琴粤澳协同创新中心揭牌成立，国科大江苏密码应用技术研究院、东大信安云芯片与系统实验

10 月 29 日，市长赵建军在 2022 雪浪大会上作主旨演讲

（无锡经开区管委会　供图）

室等重大平台相继落户，建成太湖湾 ICC 集成电路设计服务平台，上海技术交易所无锡创新服务中心、国家专利局南京专利代办处无锡工作站正式投用，雪浪算力中心获评 2022 年智慧江苏重点工程和标志性工程项目。尚贤湖基金 PARK 新增基金规模 500 亿元，总规模超 1500 亿元，招引 QFLP 基金 5.8 亿美元，IDG 资本、春华资本等 15 家头部机构先后入驻。至 2022 年，累计引进院士 12 人、国家级人才 14 人，省、市高层次人才入选 83 人，顶尖人才团队 1 个。

【社会事业】 2022 年，无锡经开区有各级各类学校 38 所，在校学生 38986 人。年内新建、改扩建学校 6 所，新增学位 7000 余个。加强与华东师范大学、市属品牌学校、优质民办学校合作办学，入选全国首批、全市唯一“央馆人工智能课程”规模化应用试点区。有医疗卫生机构 141 家，开放床位 1247 张，执业（助理）医师 598 人。推进华庄街道、太湖街道社区卫生服务中心异地新建，参与市级医疗集团试点工作。加强文化阵地建设，在综合体和社区街坊分别设置艺术、休旅、商业、街区、阅读、文博等 8 个“美好空间”，改建笼式足球、篮球场地 10 片，开展文体惠民活动 400 余场次。

【人民生活】 2022 年，无锡经开区全面完成 12 个“为民办实事”重点项目。新增城镇就业 6000 人，城镇调查失业率控制在 3% 以内。有养老机构 7 家，总床位数 2829 张，其中护理型床位数 2648 张；有社区居家养老服务中心 33 家、街道日间照料中心 2 家，拥有社区居家养老床位数 323 张。全年发放低保金 542.3 万元，特困供养金 53.9 万元，困境儿童生活、营养补贴（含孤儿）137.48 万元，疫情临时生活补贴 107.1 万元。

【2022 雪浪大会】 10 月 28—30 日，2022 雪浪大会在无锡经开区雪浪小镇举行。中国工程院院士、雪浪小镇名誉镇长王坚，市长赵建军作主旨演讲。开幕式上，无锡市市长赵建军发出“雪浪倡议”——更加自觉扛起“制造强国”历史使命，更大力度参与“智改数转”生动实践，更为协力构筑“智造未来”共赢格局，助力制造强国、网络强国、数字中国建设迈上更高台阶。活动现场举行雪浪算力中心启用暨首批百企接入仪式。大会完成 85 个项目签约，签约额累计 105.5 亿元；合作意向项目 28 个，意向总额 81 亿元。

【周新里商业街开街】 12 月 23 日，周新里商业街一期开街。周新里位于立信大道与周新路交会处，拥有周舜卿故居、俞文彬故居、张卓仁儒商旧居及京堂桥、裕昌缫丝厂等优秀历史建筑。作为市级重点城市更新项目，周新里依托古镇历史人文精髓，集合文保、商业、文创办公及高端人才居住等多种业态，打造兼具江南文化和现代气息、集文旅和夜经济于一体的开放式活力商业街区。

（张念娇）

编辑　葛　红

组织机构及负责人名录

市级机构及负责人名录

中共无锡市委员会

书　　记　杜小刚
副 书 记　赵建军
　　　　　朱爱勋
常　　委　杜小刚
　　　　　赵建军
　　　　　朱爱勋
　　　　　柏长岭
　　　　　周凤琴（女）
　　　　　王作才
　　　　　陆志坚
　　　　　蒋　敏（女）
　　　　　许　峰
　　　　　周常青
　　　　　李秋峰
秘 书 长　陆志坚
副秘书长　相　江（常务副秘书长）
　　　　　曹国光
　　　　　戴　泉
　　　　　张映雪（女）
　　　　　黄维恭
　　　　　马　剑（1月任）

无锡市人大常委会

主任、党组书记　杜小刚（3月任）
　　　　　　　　徐一平（至3月）
党组副书记　徐　劼
　　　　　　陈德荣（至3月）
　　　　　　曹佳中
　　　　　　吴峰枫（至3月）
副 主 任　徐　劼（3月任，负责日常工作）
　　　　　陈德荣（至3月）
　　　　　曹佳中
　　　　　吴峰枫（至3月）
　　　　　袁　飞
　　　　　华博雅（女，至3月）
　　　　　高亚光（女，3月任）
　　　　　魏　多（至3月）
　　　　　沈　建
党组成员　袁　飞
　　　　　魏　多（至3月）
　　　　　沈　建
　　　　　王传军
　　　　　蔡叶明
　　　　　陆　洪
　　　　　黄蓉华
秘 书 长　陆　洪（3月任）
　　　　　黄蓉华（至3月）
副秘书长　管海燕（女）
　　　　　杨智敏
　　　　　高　佩
　　　　　李祖坤
　　　　　陆卫东（兼）
　　　　　卢　益

无锡市人民政府

市长、党组书记　赵建军
副 市 长　蒋　敏（女，党组副书记）
　　　　　刘必权（至1月）
　　　　　高亚光（女，至3月）
　　　　　张　镇（1月任）
　　　　　秦咏薪
　　　　　张立军
　　　　　马　良
　　　　　周文栋（3月任）
　　　　　卢　敏（女，3月任）
秘 书 长　张立军（至1月）
　　　　　陈寿彬（1月任）
副秘书长　孙协军
　　　　　李亚萍（女）
　　　　　徐　政（3月兼职改任职）
　　　　　陈文斌（至8月）
　　　　　胡　逸（兼，1月任）
　　　　　张千山（8月兼职改任职）
　　　　　王建一（至8月）
　　　　　彭红宇（3月任）
　　　　　黄伟祥（兼，1月任）
　　　　　殷　毅（8月任）
　　　　　张晓波（兼）
　　　　　顾文龙（3月任）

政协无锡市委员会

主　　席　周敏炜（至3月）

项雪龙（3月任）
党组书记 项雪龙
党组副书记 周常青（兼）
王国中（至3月）
叶勤良
副 主 席 王国中（至3月）
叶勤良
张丽霞（女，至3月）
吴仲林（至3月）
丁旭初（至3月）
刘 玲（女，至3月）
金元兴（至3月）
高 慧（女，至3月）
韩晓枫
许立新（3月任）
吴建元（3月任）
吴红星（3月任）
毛加弘（女，3月任）
顾铮铮（女，3月任）
党组成员 吴仲林（至3月）
丁旭初（至3月）
刘 玲（女，至3月）
许立新（3月任）
吴建元（3月任）
赵 叶（至4月）
陈锡伦
钱文琴（女）
秘 书 长 钱文琴（女，3月任）
副秘书长 吕益华（兼）
邵鹤鸣
吕勤彬
吴春林
褚一波
顾铮铮（女，至3月）
龚备英（女）
王 晋（女，兼，至1月）
孙 明（女，兼，4月任）
肖剑峰（兼，4月任）
王 萍（女，兼）
汤忠元（兼，至4月）
任克奇（兼，至4月）
曹罕硕（兼，4月任）
钱 玲（女，兼，4月任）
殷亚红（女，兼，4月任）
邵康奕（兼，4月任）

中共无锡市纪律检查委员会 无锡市监察委员会

书记（主任） 周凤琴（女）
副书记（副主任） 刘葱葱（女）
章树军
边静玉（女）
纪委常委 李 晓
罗功新
沈海洪（至8月）
王 琪（至6月）
沈 伟
周俊鹏（8月任）
胡君松（9月任）
监委委员 沈海洪（至8月）
王 琪（至6月）
沈 伟
周俊鹏（8月任）
胡君松
李育桢
沈 健（9月任）

无锡市中级人民法院

院长、党组书记 钱 斌
党组副书记 蒋 飞
李勇忠
副 院 长 蒋 飞
李勇忠
杨志钢
陈靖宇
徐振华
执行局局长 邱必友（至6月）
政治部主任 王 健

无锡市人民检察院

检察长、党组书记 朱良平
党组副书记 何洪辉
张 媛（女，至1月）
苟小军（6月任）
副检察长 何洪辉
张 媛（女，至1月）
苟小军
蒋伟平（女）
李 营（女，6月任）
政治部主任 方 俊
检察委员会专职委员
李 营（女，至6月）
陈 江（6月任）

市委工作机构

市委办公室（市档案局）

主 任 相 江
副 主 任 王 续（兼）
刘 俊（8月任）
殷 伟（女）
方志山（至6月）
许 铭
沈晓军（3月任）
市档案局局长 相 江（兼）
市档案局副局长 徐 杰（至1月）
市国安办副主任 陈若愚（至8月）

市委组织部（市委非公企业和社会组织工委、党建办，市公务员局）

部 长 柏长岭
副 部 长 戴美忠（常务副部长）
林茂松
余俊慧（女）
严健媛（女，兼）
何 莹（女，兼）
王 勇（6月任）
市委党建办副主任 徐 锋（8月任）
市公务员局局长 林茂松
市委“两新”工委书记 余俊慧（女）
市委“两新”工委副书记 吴 涛（兼）
许 岗（兼）
徐艳萍（女，兼）
张 贤（女，兼）
市考核办副主任 史国洪（至6月）
王 勇（6月任）

市委宣传部（市政府新闻办、市文明办、市新闻出版局、市版权局）

部 长 李秋峰
副 部 长 陆惠玲（女，常务副部长）
蔡文煜（兼）

商　明
高　燕（女）
李明新（至3月）
娄子丹（3月任）
市新闻出版局（市版权局）局长
陆惠玲（女，兼）
市新闻出版局（市版权局）副局长
茅春荣（女，至3月）
顾必成（3月任）
市新闻办副主任　朱　敏（至9月）
朱　瑛（女，9月任）
市文明办主任　商　明
市文明办副主任　朱　瑛（女，至9月）
吴昌应（9月任）

市委统一战线工作部（市政府侨务办公室）

部　　长　周常青
副 部 长　金卓青（女，常务副部长）
许　岗（兼）
张文伟（兼）
吴象忠（至1月）
赵俊明
刘　列（女）
李庆华
市侨办主任　金卓青（女，兼，至3月）
赵俊明（3月任）
市侨办副主任　章叶春（至9月）
王　菲（9月任）

市委政法委员会

书　　记　朱爱勋
副 书 记　刘必权（兼，至1月）
钱　斌（兼）
朱良平（兼）
张　镇（兼，1月任）
邹立群（常务副书记）
卜海良（至1月）
阳洪昕（至1月）
郑　逸
徐竹芃（女，3月任）
陈若愚（8月任）
政治部主任　严　华
市法学会专职副会长
徐竹芃（女，至12月）
毛吉晨（12月任）

市委研究室

主　　任　黄维恭
副 主 任　江玉杰
刘　俊（至8月）
郑立平
市委深改办副主任　朱建新

市委网络安全和信息化委员会办公室（市互联网信息办公室）

主　　任　蔡文煜
副 主 任　蹇　俊
娄子丹（至3月）
鲁新龙
陈晓星
齐克团（6月任）
左保春（兼）
权　辉（兼）
倪示远（兼）

市委机构编制委员会办公室（市事业单位登记管理局）

主任（局长）　何　莹（女）
副 主 任　张海涛（至12月）
吴建昌（至12月）
曾照英（女，6月任）
市事业单位登记管理局副局长
毕东升

市委台湾工作办公室（市政府台湾事务办公室）

主　　任　陈明辉
副 主 任　蔡卫红
曹泳敏（至12月）
秦　俊（9月任）

市委市级机关工作委员会

书　　记　谢　军
副 书 记　毛勤勇（至6月）
诸　军
虞　艳（女）
彭　梅（女）
强洪权（8月任）
市级机关纪监工委书记
胡华东（4月任）

市委巡察工作办公室

主　　任　李　晓
副 主 任　徐俊友（至4月）
杨　蕾（女，4月任）

市委老干部局（市委离退休干部工作委员会）

局长、市委离退休干部工委书记
严健媛（女）
副 局 长　章　雷（女）
胡泽服
陈晓海
蒋凌燕（女，9月任）
市委离退休干部工委副书记
姜殿祥

市委机要保密局（市国家保密局、市国家密码管理局）

局　　长　张耀斌
副 局 长　邹海峰
尹晓旭

市人大机关

市人大法制委员会

主任委员　吴峰枫（至3月）
曹佳中（3月任）
副主任委员　李　赢
何云彪（3月任）

市人大财政经济委员会

主任委员　魏　多（至3月）
沈　建（3月任）
副主任委员　吴迎春（至3月）
杨智敏（至3月）
陈晓华（3月任）
孙文华（3月任）

市人大社会建设委员会
主任委员　王传军
副主任委员　管海燕(女,至3月)
　　高　佩(3月任)
　　陆卫东(3月任)

市人大监察和司法委员会
主任委员　陈德荣(至3月)
　　袁　飞(3月任)
副主任委员　何云彪(3月任)
　　邹立群(3月任)

市人大开发区委员会
主任委员　曹佳中
副主任委员　张淇铭(至3月)
　　朱　雄(3月任)
　　孙文华(3月任)

市人大常委会办公室
主　　任　蒋　健
副 主 任　任义好
　　吴长青
　　张　樱(女,8月任)

市人大常委会研究室
主　　任　朱　雄
副 主 任　林寿清

市人大常委会法制工作委员会
主　　任　李　赢
副 主 任　李红卫
　　姚爱军

市人大常委会监察和司法工作委员会
主　　任　何云彪
副 主 任　叶　照

市人大常委会经济工作委员会
主　　任　陈晓华
副 主 任　江　涛

市人大常委会农村经济工作委员会
主　　任　朱　伟
副 主 任　许建军

市人大常委会教育科学文化卫生工作委员会
主　　任　陆卫东
副 主 任　朱　琳(女)

市人大常委会民族宗教侨务外事工作委员会
主　　任　徐惠娟(女)
副 主 任　陈荣文

市人大常委会环境资源城乡建设工作委员会
主　　任　任金富
副 主 任　丁　洁(女)

市人大常委会人事代表联络工作委员会
主　　任　严巍巍
副 主 任　冯伟东
　　叶长渭

市人大常委会预算工作委员会
主　　任　孙文华
副 主 任　黄宇回

市人大常委会办公室信访处
处　　长　季亚东(至12月)

市政府工作机构

市人民政府办公室(市政府研究室)
党组书记　张立军(至1月)
　　陈寿彬(1月任)
主任、党组副书记　孙协军

副 主 任　郭　平(至8月)
　　马晓东
　　罗安斌(12月任)
　　单婷婷(女)
　　俞震旦
研究室主任　孙协军(兼)
研究室副主任　罗安斌(至12月)

市发展和改革委员会
主任、党组书记　曹文彬
副 主 任　钱喜中
　　潘彬宾
　　杨晓妮(女,8月任)
　　俞勇军
　　周叔军
市委军民融合发展办副主任
　　李　涛
　　胡科伟

市教育局(市委教育工作委员会与市教育局合署办公)
市委教育工委书记　范　良
局　　长　范　良(至8月)
　　宋新春(8月任)
副 局 长　任克奇
　　许　敏(至12月)
　　陈　曦
　　萧　晶(女)
　　潘　鹰
市政府教育督导室副主任　冯益民

市科学技术局
局长、党组书记　赵建平
副 局 长　侯海峰(党组副书记)
　　邹建春
　　刘　红(女)
　　朱华章
　　鲍　静(女,6月任)

市工业和信息化局(市物联网发展办公室)
党组书记　吴　燕(女)
局长(主任)　吴　燕(女,至3月)
　　冯爱东(党组副书记,3月任)
副 局 长　戴可为(至6月)
　　张国斌
　　王荣明(至6月)
　　左保春
　　陈学龙(至8月)
　　秦晓华
　　何锐玲(女,8月任)
市物联网发展办公室副主任
　　张　弦

市民族宗教事务局
局长、党组书记　张文伟
副 局 长　王觉民（女，至 1 月）
　　廖举鹏（6 月任）
　　程　鹏
　　徐　敏

市公安局
党委书记、局长、督察长
　　刘必权（至 1 月）
　　张　镇（1 月任）
党委副书记　盛卫中（至 1 月）
　　孙开锋（至 8 月）
　　胡　杨（9 月任）
　　胡　晓（6 月任）
副 局 长　盛卫中（至 1 月）
　　孙开锋（至 8 月）
　　胡　杨（9 月任）
　　胡　晓
　　施冬冬
　　王国强
　　王庆春
　　陈　宙（3 月任）
政治部主任　胡　晓（至 6 月）
　　吴俊松（6 月任）

市民政局
党委书记、局长　周立军
党委副书记　马　剑（至 1 月）
副 局 长　钱晓东（至 1 月）
　　徐艳萍（女）
　　杨建荣
　　李　恒
　　沈黎生（1 月任）
　　陈莺歌（女，6 月任）

市司法局
局长、党组书记　谢海华
副 局 长　杨　军
　　刘益良（至 8 月）
　　张文新
　　魏晓晗（女）
　　李永军
　　姜　科
市委全面依法治市办副主任
　　丁如意
政治部主任　张文新

市财政局
局长、党组书记　赵　鞠（女）
副 局 长　蒋晓鸣
　　浦向民
　　谷占彬
　　蒋明珠（女）
　　蔡曙东（8 月任）

市人力资源和社会保障局
党委书记、局长　李　平（至 1 月）
　　张映雪（女，3 月任）
副 局 长　包晓东（党委副书记）
　　沈　挺
　　孙　伟
　　韩　永
　　余仁昌
　　高　枫

市自然资源和规划局（市林业局）
局长、党委副书记　席永清
党委书记、副局长　郑　强
副 局 长　任　颐
　　徐丽华（女）
　　陈　艳（女）
　　马卫明
　　李安国
　　孙　电

市生态环境局
（市太湖水污染防治办公室）
局长、党组书记　彭红宇
副 局 长　顾　岗（党组副书记）
　　王晓栋（至 6 月）
　　李秋宇
　　周　山
　　高小萍（女，至 4 月）
　　李　冰（6 月任）
市太湖水污染防治办公室副主任
　　丁建清（至 4 月）
　　奚　河（5 月任）
总工程师　王海明（5 月任）

市住房和城乡建设局（市地震局）
党委书记、局长　陈雪峰
副 局 长　李先光（党委副书记，8 月任）
　　王　达（至 6 月）
　　周锡良（至 12 月）
　　孙晓鹏
　　祁　军（至 6 月）
　　朱烨昕
　　施冬雷（8 月任）
市地震局副局长　刘韶岭

市市政和园林局
局　长、党组书记　尤志斌
副 局 长　孙美萍（女）
　　张　剑
　　蔡　昌（至 9 月）
　　徐炳香
　　王兰兰（女）
　　王林俊（12 月任）

市城市管理局
（市城市管理综合行政执法局）
局长、党组书记　周爱明
副 局 长　周　炜（党组副书记）
　　贡佳鸣
　　周　峰
　　陈忠明
　　朱双清
　　邹　波
市城市管理综合行政执法局副局长
　　范洪强

市交通运输局
（市地方铁路建设办公室）
党委书记、局长（主任）
　　胡小坚（至 1 月）
　　俞　刚（3 月任）
党委副书记　尹南方
副 局 长　丁满琪（至 1 月）
　　刘永强
　　徐锡良

刘震宇(至12月)
华向阳(女)
施 阳(女,6月任)
徐向阳(兼,至4月)
陈 东(兼,4月任)

市水利局
局长、党组书记 张海泉
副 局 长 吴伟君(党组副书记)
邹永明(至1月)
金雪林
兰秀凯
蒋勤芳(女)
叶海舟
总工程师 周 吉

市农业农村局
(市政府扶贫工作办公室)
局长(主任)、党组书记 吴立刚
副 局 长(副主任) 陈 松
惠 莲(女,至12月)
陆建军
黄华晟
总农艺师 徐 斌
市委农办副主任 王 盛
总畜牧兽医师 姚 静(女)
市乡村振兴局副局长
张晓庆(女,6月任)

市商务局(市口岸办公室)
局长(主任)、党组书记
汪 行(至5月)
赵 强(6月任)
副 局 长(副主任) 袁开坤
石松哲
蒋 波(至12月)
钟 渊
季安娜(女,12月任)
市口岸办副主任 刘西有
黄 珺

市文化广电和旅游局(市文物局)
党委书记、局长 蒋蕴洁(女)
副 局 长 柳永红(党委副书记)
孔祥年
张曙峰(至3月)
平伟东
刘 烈
尹 躜(6月任)

市卫生健康委员会(市中医药管理局)
党委书记、主任(局长) 笪学荣
党委副书记 王新华
副 主 任 徐 雯(女,兼)
过 栋(至6月)
陈恩品
周 卉(女)
刁文凯
过 忆(6月任)
市中医药管理局副局长 徐 雯(女)

市退役军人事务局
局长、党组书记 殷 毅(至8月)
邱少波(8月任)
副 局 长 常亚敏
徐水辉(至6月)
张 赟
傅 强
江 涛(兼,8月任)

市应急管理局
局长、党委书记 陈荣明
副 局 长 胡才鸿(6月任党委副书记)
张 敏
徐孝力
华文明
杨 鑫
杜 波(6月任)
朱弘成(9月任)
金雪林(兼)
市安委办副主任 钱 韵(女)

市审计局
局长、党组书记 杨百海
副 局 长 谢浩峻
唐盈洁(女)
陶 剑
陈 磊(女,1月任)
总审计师 钱 芳(女)

市政府外事办公室
(市政府港澳事务办公室)
主任、党组书记 詹 熠(9月任)
副 主 任 缪建平(党组副书记,主持工作,至8月)
詹 熠(党组副书记,至9月)
叶 净(女)
张 睿
咸贞玉(女,9月任)

市政府国有资产监督管理委员会
党委书记、主任 张建春
副 主 任 赵 民(党委副书记)
罗 进(至8月)
岳 旦(女)
吴 婷(女,6月任)
陈 栋(8月任)

市行政审批局
(市政务服务管理办公室)
局长(主任)、党组书记
张千山(至8月)
蒋群联(女,8月任)
副 局 长(副主任) 陈 波
句松林
夏慎洁(女)
郑 虎
朱国富
刘继先

市市场监督管理局(市知识产权局)
局长、党组书记 周建辉
副 局 长 张 贤(女,至6月)
夏一明(至1月)
于文霞(女)
邹伟明
胡 勇
陈 彬
叶建平
魏 磊(8月任)

市知识产权局副局长　王　英（女）
总工程师　谢　刚

市体育局
局　　长　陈　奕（女）
党组书记　杨宇华
副 局 长　杨宇华
　　　　　袁伟强
　　　　　李海红
　　　　　吴一骁
　　　　　沈黎生（至 1 月）
　　　　　太铁斌（6 月任）

市大数据管理局
局长、党组书记　胡　逸
副 局 长　权　辉
　　　　　成志强
　　　　　袁禄来
　　　　　颜春水（6 月任）
　　　　　左保春（兼）

市统计局
局　　长　吴红星（至 3 月）
　　　　　邢益新（3 月任）
党组书记　邢益新
副 局 长　叶再熙（党组副书记）
　　　　　杨晋超
　　　　　王　骏
总统计师　朱玲燕（女，6 月任）

市医疗保障局
局长、党组书记　李　江
副 局 长　徐　叶（女）
　　　　　王海阳
　　　　　黄　晔（女，6 月任）
　　　　　刘剑飞（11 月任）

市信访局（市委信访局）
局长、党组书记　张晓波
副 局 长　陈　剑
　　　　　黄建军（至 12 月）
　　　　　乐小松
　　　　　夏志伟
　　　　　张健峰
　　　　　朱　芳（女，12 月任）
信访督查专员　陈学海
　　　　　王朝晖（女）
　　　　　徐晓东

市粮食和物资储备局
党委书记　周学东（至 12 月）
　　　　　陈　熹（12 月任）
局　　长　周学东（至 12 月）
　　　　　惠　莲（12 月任）
副 局 长　陈　熹（党委副书记，至 12 月）
　　　　　王　元
　　　　　薛　钦
　　　　　庄勤松
总工程师　冯玲娜（女，6 月任）

市人民防空办公室
主任、党组书记　缪学军
副 主 任　蒋仁宝
　　　　　朱　俊
　　　　　胡建军
　　　　　胡建人
　　　　　刘　巍

市地方金融监督管理局（市政府金融工作办公室）
局长（主任）、党组书记　顾　伟
副局长（副主任）　徐耀峰
　　　　　张泓骏
　　　　　百　炼

市机关事务管理局
局长、党组书记　宗　翡（女）
副 局 长　武云超（至 6 月）
　　　　　张牧原
　　　　　赵胜龙
　　　　　吴海军
　　　　　姜永军（8 月任）

市政府驻北京联络处
主　　任　王　续
副 主 任　丁　丽（女）

市政府驻南京办事处
主　　任　郭　平（至 8 月）
　　　　　马晓东（8 月任）

市政协机关

市政协办公室
主　　任　吕益华
副 主 任　于洪钟
　　　　　吕　琴（女，至 12 月）
　　　　　陆晋红（女）
　　　　　徐　艳（女）
　　　　　夏广莉（女，12 月任）

市政协研究室
主　　任　许麟秋
副 主 任　胡　蕙（女）

市政协提案委员会
主　　任　吴竹频
副 主 任　余唐洪
　　　　　宋良栋（兼，至 4 月）
　　　　　胡建光（兼，至 4 月）
　　　　　王　健（女，兼，至 4 月）
　　　　　任克奇（兼，4 月任）
　　　　　孙　明（女，兼，4 月任）
　　　　　陈　灏（兼，4 月任）
　　　　　陈锡初（兼，4 月任，至 12 月）
　　　　　周　炜（兼，4 月任）

市政协经济科技和农业农村委员会
主　　任　吴满良
副 主 任　胡新兵
　　　　　徐重远（女，兼，至 4 月）
　　　　　赵　鞠（女，兼，至 4 月）
　　　　　张晓耕（兼，至 4 月）
　　　　　左保春（兼，4 月任）
　　　　　冯晓明（兼，4 月任）
　　　　　刘　红（女，兼，4 月任）
　　　　　许　岗（兼，4 月任）
　　　　　吴伟君（兼，4 月任）

市政协人口资源环境和城乡建设委员会
主　　任　陆　檬(至12月)
　　　　　周学东(12月任)
副 主 任　夏维平(至12月)
　　　　　蒋　波(12月任)
　　　　　邵崇浴(兼,至4月)
　　　　　周　炜(兼,至4月)
　　　　　周乙新(兼,至4月)
　　　　　赵　民(兼,至4月)
　　　　　马卫明(兼,4月任)
　　　　　王国新(兼,4月任)
　　　　　刘玉海(兼,4月任)
　　　　　孙晓鹏(兼,4月任)
　　　　　李秋宇(兼,4月任)

市政协文教卫体委员会
主　　任　施正洲
副 主 任　任英齐
　　　　　吴洵如(女,兼,至4月)
　　　　　张振华(兼,至4月)
　　　　　殷兰青(女,兼,至4月)
　　　　　匡　辉(兼,4月任)
　　　　　过　栋(兼,4月任)
　　　　　陈　奕(女,兼,4月任)
　　　　　陈烈蓉(女,兼,4月任)
　　　　　徐新宇(女,兼,4月任)

市政协社会法制委员会
主　　任　沈仲良
副 主 任　唐　瑛(女)
　　　　　杨乔良(兼,至4月)
　　　　　邹立群(兼,至4月)
　　　　　周国祥(兼,至4月)
　　　　　卢　敏(女,兼,至4月)
　　　　　盛卫中(兼,至1月)
　　　　　孙开锋(兼,4月任,
　　　　　　至8月)
　　　　　沈　挺(兼,4月任)
　　　　　沈黎生(兼,4月任)
　　　　　郑　逸(兼,4月任)
　　　　　施宇星(兼,4月任)

市政协学习文史委员会
主　　任　符菊成
副 主 任　袁彬彬(女,至12月)
　　　　　谭　军(兼,至4月)
　　　　　陈　奕(女,兼,至4月)
　　　　　张　军(女,兼,至4月)
　　　　　许　扬(兼,至4月)
　　　　　王　兵(兼,4月任)
　　　　　杨志钢(兼,4月任)
　　　　　张佐宇(兼,4月任)
　　　　　赵　波(兼,4月任)
　　　　　程　述(兼,4月任)

市政协港澳台侨外事民族宗教委员会
主　　任　李继军
副 主 任　李晓红
　　　　　相江(兼,至4月)
　　　　　何巧凤(女,兼,至4月)
　　　　　毛加弘(女,兼,至4月)
　　　　　李　涛(兼,4月任)
　　　　　张文伟(兼,4月任)
　　　　　陈明辉(兼)
　　　　　缪建平(兼,4月任,
　　　　　　至8月)

市政协委员工作委员会
主　　任　汪克强

市委、市政府直属事业单位

市委党校、市行政学院
校长(院长)　柏长岭(兼)
常务副校长(副院长)、校务委员
　　　　　金　政
副校长(副院长)、校务委员
　　　　　谭　军
　　　　　王　兵
　　　　　成大江
　　　　　尹清亮(至1月)
　　　　　王福波(3月任)
　　　　　吴文勤(12月任)
教育长、校务委员
　　　　　吴文勤(至12月)
　　　　　周及真(女,12月任)

市档案史志馆
馆长、党组书记　宗　翡(女,至3月)
　　　　　　　　张曙峰(3月任)
副 馆 长　徐俊文
　　　　　盛　铁
　　　　　接玉松
　　　　　顾必成(至3月)
　　　　　孙海东
　　　　　吴　刚

无锡日报报业集团(无锡日报社)
党委书记、总裁(社长)
　　　　　张　军(女,至3月)
　　　　　陈锡初(3月任)
总 编 辑　张　军(女,至3月)
　　　　　江菊敏(女,3月任)
党委副书记　陈锡初(至3月)
　　　　　　江菊敏(女)
副 总 裁　陈锡初(常务副总裁,
　　　　　　至3月)
　　　　　江菊敏(女)
　　　　　吴晓亮
　　　　　葛　明
　　　　　王粤海
副总编辑　江菊敏(女,常务
　　　　　　副总编辑,至3月)
　　　　　吴晓亮
　　　　　葛　明
　　　　　王粤海
纪委书记　李立群(女)

市供销合作总社
党委书记、主任　吴　芳(女)
副 主 任　吕　军
　　　　　韩家武
　　　　　徐　婧(女)
　　　　　段　欣(11月任)
监事会主任　俞建新

市住房公积金管理中心
党总支书记　周泉林(至9月)
　　　　　　沈峥杰(9月任)
主　　任　周德春

市城市重点建设项目管理中心(市城市重点工程建设办公室)
党委书记、主任　黄伟祥
副 主 任　翟卫武

沈　扬
周平方

市轨道交通规划建设领导小组（指挥部）办公室

主　　任　张千山（至8月）
副 主 任　陆春晓（至3月）
　　　　　张　军

无锡广播电视集团（无锡广播电视台）

党委书记、总裁（台长）　陈秋峰
总 编 辑　赵　波（党委副书记）
副总裁（副台长）　赵　波
　　　　　陈　宏
　　　　　许　扬
　　　　　黄志东
　　　　　王　晓
　　　　　顾志坚（9月任）
副总编辑　许　扬
　　　　　黄志东
纪委书记　朱荣欣
总会计师　许　扬（9月任）
总工程师　任树倩（女，6月任）

无锡学院

党委书记　杨建新
院　　长　张永宏
党委副书记　张永宏
　　　　　匡　辉
副 院 长　梁惠娥（女）
　　　　　曹广喜
　　　　　胡剑凌
　　　　　左同宇（7月任）
　　　　　徐军海（7月任）
纪委书记　王友明

无锡科技职业学院

党委书记　张国华
院　　长　孙兴洋
党委副书记　孙兴洋
　　　　　瞿立新（至3月）
　　　　　华裕良（9月任）
副 院 长　瞿立新（至3月）
　　　　　华裕良（至9月）
　　　　　韩　宁（女）
　　　　　邹洪芬（女）
　　　　　王锡刚（9月任）
纪委书记　范　式

无锡城市职业技术学院

党委书记　应可福（至5月）
　　　　　郁宝荣（5月任）
院　　长　张志祥（至1月）
　　　　　瞿立新（3月任）
党委副书记　张志祥（至1月）
　　　　　瞿立新（3月任）
　　　　　俞力元
副 院 长　俞力元（9月任）
　　　　　王远东（至1月）
　　　　　梅亚萍（女，至8月）
　　　　　王　建（至9月）
　　　　　田建军（8月任）
　　　　　高　勇（女，9月任）
纪委书记　刘永平（至1月）
　　　　　吴开勇（8月任）

中国企业管理无锡培训中心

主　　任　李建秋
党委书记　郁宝荣（至8月）
　　　　　梅亚萍（女，8月任）
副 主 任　郁宝荣（至8月）
　　　　　梅亚萍（女，8月任）
　　　　　徐　旻（至1月）
　　　　　姚　辉（8月任）

江苏省农业科学院无锡分院（无锡市农业科学院）

院　　长　朱方林（兼，8月任）
党组书记　陆建军（兼，8月任）

人民团体·民主党派

无锡市总工会

主　　席　陈德荣
党组书记　吴　涛
副 主 席　吴　涛
　　　　　周国祥（至1月）
　　　　　施宇星
　　　　　沈晓萍（女，3月任）
　　　　　陈一方（女）
　　　　　于立鹏
　　　　　张　军（挂职）
　　　　　包晓东（兼）
　　　　　袁彩凤（女，兼）

共青团无锡市委员会

书记、党组书记　薛皓月（3月任）
副 书 记　薛皓月（主持工作，至3月）
　　　　　余佳欢（至6月）
　　　　　沈景倩（女，9月任）
　　　　　胡海龙（9月任）
　　　　　何　舟（女，挂职，至11月）
　　　　　钱月霜（女，挂职，6月任）
　　　　　唐忠宝（兼，至11月）
　　　　　朱　虹（女，兼，至11月）
　　　　　甘　霖（兼）
　　　　　孙晨光（兼，11月任）

无锡市妇女联合会

主席、党组书记　蒋群联（女，至8月）
　　　　　　　　夏　琰（女，8月任）
副 主 席　杭向丽（女，党组副书记）
　　　　　闫东影（女，至9月）
　　　　　朱秀娟（女）
　　　　　朱　芳（女，9月挂职转任职）
　　　　　徐艳萍（女，兼）
　　　　　戴敏君（女，兼）
　　　　　卫　蕾（女，兼）

无锡市科学技术协会

主席、党组书记　黄丽侠（女）
副 主 席　张鹏飞
　　　　　陆　骏（女）
　　　　　王　镇
　　　　　徐卫民（9月任）
　　　　　胡满峰（挂职）
　　　　　许　敏（兼）
　　　　　赵建平（兼）
　　　　　惠　莲（女，兼）
　　　　　笪学荣（兼）
　　　　　李廉水（兼）

何春荣(兼)
王晓东(兼)

无锡市归国华侨联合会
党组书记　李　涛
主　　席　毛加弘(女,至3月)
　　　　　李　涛(3月任)
副 主 席　余海光
　　　　　郝朝勇
　　　　　包晓东(兼)
　　　　　尹　健(兼)

无锡市文学艺术界联合会
主 席、党组书记　杨　建
副 主 席　吴立群
　　　　　卢俊峰
　　　　　过旭明(兼)
　　　　　刘仲宝(兼)
　　　　　许益民(兼)
　　　　　梁　元(兼)
　　　　　曹建平(兼)

无锡市哲学社会科学界联合会
主席、党组书记　李明新(3月任)
副 主 席　孟　菲(女)
　　　　　帅建军
　　　　　刘　俊(兼)
　　　　　谭　军(兼)
　　　　　罗安斌(兼)
　　　　　俞　波(兼)
　　　　　刘焕明(兼)

无锡市残疾人联合会
理事长、党组书记　周皖红(女)
副理事长　朱永彬(至6月)
　　　　　徐　斌
　　　　　姚沛声
　　　　　潘　俊(女,8月任)
　　　　　韩庆东(兼)
　　　　　李　韵(女,兼,6月任)

无锡市工商业联合会
主　　席　周海江(兼)
党组书记　许　岗
副 主 席　许　岗
　　　　　张振华
　　　　　俞　波
　　　　　蒋谊春
　　　　　刘启雄(9月任)
　　　　　周　江(兼)
　　　　　温秀芳(女,兼)
　　　　　刘海涛(兼)
　　　　　李洪耀(兼)
　　　　　张庆卿(兼)
　　　　　曹洪海(兼)
　　　　　段　涛(兼)
　　　　　刘　红(女,兼)
　　　　　王荣明(兼)
　　　　　高小萍(女,兼)
　　　　　胡才鸿(兼)
　　　　　张　贤(女,兼)
　　　　　华国平(兼)
　　　　　窦正满(兼)
　　　　　杨　飞(兼)
　　　　　蒋承志(兼)
　　　　　唐冠玉(兼)
　　　　　吴　强(兼)
　　　　　戴　润(兼)
　　　　　杨建良(兼)
　　　　　徐雪宏(兼)
　　　　　张立新(兼)

中国国际贸易促进委员会无锡市委员会(中国国际商会无锡商会)
会　　长　钱　前
副 会 长　王雪松
　　　　　龚智杰
　　　　　邹惠之

无锡市红十字会
会　　长　秦咏薪(兼)
党组书记　殷兰青(女,至1月)
　　　　　陈烈蓉(女,6月任)
常务副会长　陈烈蓉(女)
专职副会长　周　彬
副 会 长　张　志
兼职副会长　严健媛(女,至6月)
　　　　　商　明
　　　　　吴洵如(女,至6月)
　　　　　孙开锋(至8月)
　　　　　钱晓东(至6月)
　　　　　杨百海
　　　　　普　俊
　　　　　丁　胜(至6月)
　　　　　顾文龙(6月任)
　　　　　沈黎生(6月任)
　　　　　任克奇(6月任)
　　　　　虞　艳(女,6月任)
　　　　　刁文凯(6月任)
监 事 长　唐家梁(兼)

无锡市台湾同胞联谊会
会　　长

中国国民党革命委员会无锡市委员会
主　　委　徐　雯(女,兼)
副 主 委　杨志钢(兼)
　　　　　保海燕(女,兼)
　　　　　孙　明(女)

中国民主同盟无锡市委员会
主　　委　高亚光(女,兼)
副 主 委　陈　奕(女,兼)
　　　　　杨中浩(兼)
　　　　　肖剑峰
　　　　　康　振(兼)

中国民主建国会无锡市委员会
主　　委　毛加弘(女,兼)
副 主 委　王　萍(女)
　　　　　冼　薇(女,兼)
　　　　　陈卫宏(兼)
　　　　　徐耀峰(兼)
　　　　　沈黎生(兼)
　　　　　戴　旻(女,兼)

中国民主促进会无锡市委员会
主　　委　惠　莲(女,兼)
副 主 委　康立为(兼)
　　　　　曹罕硕
　　　　　田耀旗(兼)
　　　　　王　岩(兼)

中国农工民主党无锡市委员会

主　　委　韩晓枫（兼）
副 主 委　张　琦（兼）
　　　　　夏加增（兼）
　　　　　钱　玲（女）
　　　　　赵　鹏（兼）

中国致公党无锡市委员会

主　　委　吴红星（兼）
副 主 委　殷亚红（女）
　　　　　诸育新（兼）
　　　　　庞洪亮（兼）
　　　　　刘　朗（兼）

九三学社无锡市委员会

主　　委　卢　敏（女，兼）
副 主 委　任克奇（兼）
　　　　　何云彪（兼）
　　　　　李　崎（女，兼）
　　　　　徐新宇（女，兼）
　　　　　邵康奕
　　　　　时　平（兼）

中央、省直属部门和外地主要驻锡机构

国家税务总局无锡市税务局

局长、党委书记　丁　源（至12月）
　　　　　　　　曹筱三（12月任）
副 局 长　邵　峰
　　　　　陈　灏
　　　　　陈　熙
　　　　　吕　超
纪检组长　张　惠（女）
总经济师　严　郓
总会计师　李　青

无锡市气象局

局长、党组书记　解令运（至9月）
　　　　　　　　葛余同（9月任）
副 局 长　马志强
　　　　　施德锋
纪检组长　朱　玮（女，至10月）
　　　　　张　新（女，10月任）

无锡海关

党委书记、关长　蔡嘉福
副 关 长　沙锦锋（4月任）
　　　　　李永江（至10月）
　　　　　樊新华（至4月）
　　　　　吴方玲（女）
　　　　　陶伟东
缉私分局局长　宋　平
南京海关党委第四派驻纪检组组长
　　　　　张　俊

国家统计局无锡调查队

党组书记、队长　潘荣军
副 队 长　沈　旦
　　　　　陆伟明（至3月）
　　　　　钱劲松（3月任）
　　　　　吴俊华
纪检组长　王　渭（至3月）
　　　　　江兆成（7月任）

无锡市邮政管理局

党组书记、局长
　　　　　徐向阳（至3月）
　　　　　陈　东（3月任）
副 局 长　张　亮
　　　　　姚健华（女）
纪检组长　张　亮

无锡出入境边防检查站

党委书记、站长　杨建忠
副 站 长　王亚兵
　　　　　胡忠华
政治处主任　刘　卉（女）

中国人民银行无锡市中心支行

党委书记、行长　刘耀庭
副 行 长　惠　娟（女，至11月）
　　　　　黄　华
　　　　　朱　敏
纪委书记　朱丽彬
工会主任　丛　勇

中国银行保险监督管理委员会无锡监管分局

党委书记、局长　胡　宏
副 局 长　赵　峰
　　　　　祁　耀
　　　　　万俊杰（9月任）
纪委书记　陈　光

江苏利电能源集团

党委书记、董事长　孙　峰（至5月）
　　　　　朱建刚（5月任）
总 经 理　朱建刚（至5月）
　　　　　赵建国（5月任）
总会计师、党委副书记　赵建国
副总经理　丁仲麒（至7月）
　　　　　朱震亚
　　　　　石云峰
　　　　　王晓斌（10月任）
纪委书记　谢恭明
总工程师　王晓斌

国网江苏省电力有限公司无锡供电分公司

总经理、党委副书记
　　　　　唐建清（至3月）
　　　　　完　善（3月任）
党委书记、副总经理
　　　　　完　善（至3月）
　　　　　陈　晟（3月任）
党委副书记、副总经理
　　　　　龚　冰（至8月）
党委委员　顾志强
　　　　　蒋永平
　　　　　杨　波（5月任）
　　　　　荆建忠
　　　　　周长江（至8月）
　　　　　龚逊东（至5月）
　　　　　吴　威（8月任）
　　　　　徐建楠
　　　　　陈志刚（8月任）
副总经理　顾志强
　　　　　杨　波（5月任）
　　　　　周长江（至8月）
　　　　　龚逊东（至5月）
　　　　　吴　威（8月任）
　　　　　陈志刚（8月任）
纪委书记、工会主席　徐建楠

总会计师 荆建忠
总工程师 张 涛

中国邮政集团有限公司无锡市分公司
党委书记、总经理 刘一青(至9月)
吕雪松(9月任)
副总经理 柳高远(兼工会主席)
黄定清
张志慧(至10月)
戴 斌
纪委书记 戴 斌

中国电信股份有限公司无锡分公司
党委书记、总经理 叶 辉
副总经理 邹易风(兼工会主席)
孙晓健(至8月)
刘中云
夏 杰
时新建
陈 青(8月任)
纪委书记 陈 青(至8月)
丁 旭(8月任)

中国移动通信集团江苏有限公司无锡分公司
党委书记、总经理 余 冰
副总经理 陈 瑛(女)
张剑斌
黄 坚(兼工会主席)
张海忠(至5月)
王鹏亮(5月任)
纪委书记 张剑斌

中国联合网络通信有限公司无锡市分公司
党委书记、总经理 穆世军
纪检组长 黄 锦(至5月)
刘葆春(5月任)
副总经理 钱 彬
陈 妙(女)
吴昕烨(2月任)

无锡华润微电子有限公司
总 裁 李 虹(3月任)
党委书记 王小虎(6月任)
副总裁 李 虹(至3月)
马卫清
姚东晗(女,党委副书记)
段 军
李 舸
吴国屹
庄恒前(10月任)
纪委书记 张先锋(至5月)
刘 伟(5月任)

一汽解放汽车有限公司动力总成事业部(2022年11月,原一汽解放汽车有限公司发动机事业部、传动事业部整合为动力总成事业部)
党委书记 钱恒荣(11月任)
总经理、党委副书记
倪牟淳(11月任)
党委副书记、纪委书记、工会主席
许海根(至11月)
王志宇(11月任)
副总经理 黄成海
夏卫东(11月任)
李欲晓
黄南翔
王志宇(至11月)
糜锡东(至11月)
刘江唯

无锡市盐业有限公司
总经理 万洋湘
副总经理 沈 辉(至8月)
季宏宁(女)
沈保平(10月任)

江苏省无锡市烟草专卖局(江苏省烟草公司无锡市公司)
党组书记、局长、经理 刘丽妮(女)
纪检组长 朱 忠(至12月)
周海亮(12月任)
副局长 潘彦峰
副经理 韩剑操
王宗建
工会主席 王旭明

中国石化销售股份有限公司江苏无锡石油分公司
党委书记、纪委书记、工会主席
黄建伟
经理、党委副书记 姚 菲
副经理 黄建伟
史红飞(女)
乐滕贤

中国石油天然气股份有限公司江苏无锡销售分公司
党委书记、纪委书记、工会主席
赵 伟(至2月)
张久明(2月任)
经理、党委副书记 陈中华(至2月)
赵晓东(2月任)
党委委员 胡建兵
董 波(至6月)
李丕峰(至4月)
高 山(6月任)
徐津宁(6月任)
副经理 董 波(至6月)
李丕峰(至4月)
高 山(6月任)
徐津宁(6月任)

中国铁塔股份有限公司无锡市分公司
党委书记、总经理
沈 文(至6月)
丁 静(6月任)
副总经理 王建春
唐武军
纪委书记 王建春

江苏省广电有线信息网络股份有限公司无锡分公司
党委书记、总经理 朱瑞娟(女,8月任)
党委副书记、副总经理 朱瑞娟
(女,主持工作,至8月)
副总经理 蒋永平(至9月)
杨宏宇
赵宇晖(12月任)
赵晓光(12月任)
纪委书记 赵宇晖(至12月)

王　伟(12月任)

江南大学

党委书记　朱庆葆

校　　长　陈　卫

党委副书记　陈　卫

符惠明

戴月波

刘　淼

常委、副校长　徐　岩(至11月)

顾正彪

吴正国

张影陆(女)

堵国成

马　鑫(11月任)

倪松涛(11月任)

纪委书记　刘　淼

无锡职业技术学院

党委书记　朱爱胜(至7月)

龚方红(7月任)

院　　长　龚方红(至7月)

周桂瑾(7月任)

党委副书记　龚方红(至7月)

周桂瑾

杨雪琴(女,8月任)

副 院 长　杨雪琴(女,至8月)

强伟纲

吴慧媛(女)

储开峰

奚茂龙(8月任)

纪委书记　徐　浪(至8月)

李　衔(8月任)

无锡商业职业技术学院

党委书记　杨建新(至1月)

张志祥(1月任)

院　　长　徐汉文

党委副书记　徐汉文

桂海进(女,3月任)

副 院 长　桂海进(女,至3月)

周丙洋

冯颀军

朱璋龙(3月任)

纪委书记　王建锋(至8月)

郑传东(8月任)

江苏信息职业技术学院

党委书记　席海涛(至7月)

孔　捷(7月任)

院　　长　魏　萍(女,至1月)

张　瑜(3月任)

党委副书记　魏　萍(女,至1月)

辛春晖(女)

张　瑜(3月任)

副 院 长　沈苏林(至1月)

张　瑜(至3月)

孙　萍(女)

徐振邦(3月任)

宋丽娜(女,8月任)

纪委书记　刘文平(3月任)

无锡工艺职业技术学院

党委书记　魏　萍(女,1月任)

院　　长　邵汉强(至11月)

孙振球(11月任)

党委副书记　邵汉强(至12月)

孙振球(12月任)

冯　萍(女)

副 院 长　孙振球(至11月)

吴岳军

谢建平

纪委书记　江庆华

江苏省税务干部学校

党委书记、校长　冯生林(至2月)

蔡　剑(2月任)

党委副书记、纪委书记　蔡　剑(至2月)

副 校 长　郁　岚(女)

殷　杰

东南大学无锡分校

党委书记　王　强

常务副校长　张继文

党委副书记　殷　缨(女)

副 校 长　殷　缨(女,兼)

秦文虎

朱　真(5月任)

南京理工大学江阴校区

党工委书记、副校长

孔　捷(至9月)

易文斌(11月任)

副 校 长　梅锦春

龚建龙

江苏省无锡交通高等职业技术学校

党委书记、校长　李　虎

党委副书记　朱雨兰(女)

副 校 长　耿兴华

倪依纯

范次猛(9月任)

纪委书记　邢　勇

中国水产科学研究院淡水渔业研究中心

主　　任　徐　跑

党委书记　戈贤平

党委副书记　徐　跑

万一兵(至6月)

副 主 任　戈贤平

邴旭文

徐钢春

纪委书记　万一兵(至6月)

邴旭文(8月任)

华中科技大学无锡研究院

院　　长　丁　汉

副 院 长　孙　瑞(女)

王立成

浦栋麟

公安部交通管理科学研究所

党委副书记、所长　孙正良

副 所 长　潘汉中

俞春俊

刘东波

吴晓东

赵振科

蔡　岗

纪委书记　潘汉中

中国银行股份有限公司无锡分行

党委书记、行长　陈新宏

副 行 长　何顺炜
张　勇（11 月任）
伍晓玲（女）
崔时松（至 11 月）
陈　涛（女）
丁　毅
沈毅锋（至 4 月）
纪委书记　颜志宏

中国建设银行股份有限公司无锡分行

党委书记、行长　韩　勇
党委副书记　马啸海（至 11 月）
副 行 长　马啸海（至 11 月）
丁永明
梁　柱
夏思奇（4 月任）
柳成安
驻无锡分行纪检组组长　朱贵银
合 规 官　周伟洪

中国农业银行股份有限公司无锡分行

党委书记、行长　刘淮金
副 行 长　周学军（9 月任）
杨玉林（至 2 月）
黄黎琴（女）
徐　鹏（至 9 月）
盛　霞（女）
吴雅英（女，2 月任）
顾　健（2 月任）
纪委书记　邹林刚

中国工商银行股份有限公司无锡分行

党委书记、行长　汪　超（女）
党委副书记　谢晓东
李　刚（至 8 月）
副 行 长　谢晓东
李　刚（至 8 月）
戴　政
蒋　俊
张晔蕴（女）
郝　捷（3 月任）
纪委书记　叶文亮
行长助理　郝　捷（至 3 月）
陈利涛（4 月任）

交通银行股份有限公司无锡分行

党委书记、行长　孙亦旻（至 12 月）
闫春阳（12 月任党委委员，主持党委工作，代为履行行长职责）
副 行 长　廉伟红（女）
黄大海
陈　筠（女，至 3 月）
苏海明（至 7 月）
于海龙（6 月任）
张　峰（9 月任）
张素珍（女，12 月任）
纪委书记　廉伟红（女）

中国农业发展银行无锡市分行

党委书记、行长　董亚婷（女）
副 行 长　王建春（至 3 月）
许　晔（女）
陶　翔
张　法（3 月任）

招商银行股份有限公司无锡分行

党委书记、行长　余晓燕（女）
副 行 长　孙荣海
邢　军
黄小明
冀苏泓
行长助理　江晓华

江苏银行股份有限公司无锡分行

党委书记、行长　王卫兵
党委副书记　金建明
副 行 长　金建明
沈东兴（至 9 月）
徐长平（9 月任）
纪委书记　沈东兴（至 9 月）
徐长平（9 月任）
行长助理　徐长军
马海英（女）

无锡农村商业银行股份有限公司

党委书记、董事长　邵　辉
行长、党委副书记　陶　畅
党委委员、纪委书记、监事长　陈步杨
副 行 长　王永忠
何建军
陈　稔（9 月任）
曹燕青
陈红梅（女）
陈　晖（至 7 月）
胥焱冰

中国人民财产保险股份有限公司无锡市分公司

总 经 理　陈　德
副总经理　朱　勇
黄建新（至 10 月）
赵碧川（挂职）
纪委书记　黄建新（至 10 月）
总经理助理　唐志明
张爱华（至 12 月）

中国人寿保险股份有限公司无锡市分公司

党委书记、总经理　钟小白
副总经理　吴小平
张　嵘（至 4 月）
陈　波（6 月任）
徐国华（8 月任）
纪委书记　张　嵘（至 4 月）
胡　俊（4 月任）
总经理助理　陈　波（至 6 月）
徐国华（至 8 月）
胡　俊（4 月任）

中国太平洋财产保险股份有限公司无锡分公司

党委书记、总经理　范　帆（女）
副总经理　田　群
胡柯丹（女）
于伟治（6 月任）
纪委书记　田　群
总经理助理　于伟治（至 6 月）
顾　新（6 月任）

紫金财产保险股份有限公司无锡分公司

总 经 理　李　莉（女，9 月任）
副总经理　李　莉（女，主持工作，

至9月）
陈宇峰（1月任）

江苏省信用再担保有限公司无锡分公司
总 经 理　安　方
副总经理　吴　烨（女）

华泰证券无锡营业部
党委书记、总经理　陆　融
副总经理　易子龙（2月任）

（市委组织部）

市（县）区机构及负责人名录

江阴市

中共江阴市委员会
书　　记　许　峰
副 书 记　包　鸣
　　　　　陈兴华
常　　委　程　政
　　　　　靳佳高
　　　　　宋新春（至8月）
　　　　　赵　强（至6月）
　　　　　王　琪（6月任）
　　　　　吴莉萍（女，8月任）
　　　　　黄　宇
　　　　　杨晓妮（女，至8月）
　　　　　郁秋皓
　　　　　张韶峰
　　　　　顾文瑜（9月任）

江阴市人大常委会
主　　任　孙小虎（至1月）
　　　　　计　军（1月任）
副 主 任　朱　敏（至1月）
　　　　　徐盛希（1月任）
　　　　　赵巧新
　　　　　张光伟（至1月）
　　　　　吴国忠（至1月）
　　　　　张国兴（1月任）
　　　　　许　晨（女，1月任）

江阴市人民政府
市　　长　包　鸣
副 市 长　赵　强（至6月）
　　　　　王　琪（6月任）
　　　　　杨晓妮（女，至8月）
　　　　　张国兴（至1月）
　　　　　许　晨（女，至1月）
　　　　　顾文瑜（至9月）
　　　　　尹志华（赴陕西工作）
　　　　　朱晓峰（赴新疆工作）
　　　　　陈涵杰
　　　　　许　昌
　　　　　杭　成
　　　　　翟　菁
　　　　　金丹菁（女）
　　　　　魏　锋（10月任）
　　　　　曹兴华（女，挂职，回族）
　　　　　张海峰（挂职，至12月）

政协江阴市委员会
主　　席　徐冬青（至1月）
　　　　　邵文松（1月任）
副 主 席　张英毅（至1月）
　　　　　喻伟力（至1月）
　　　　　陈兴初
　　　　　张晓东
　　　　　叶韩清（1月任）
　　　　　钱　晴（女，1月任）
　　　　　时　平（1月任）

中共江阴市纪律检查委员会（江阴市监察委员会与其合署办公）
书　　记　靳佳高

宜兴市

中共宜兴市委员会
书　　记　封晓春
副 书 记　陈寿彬（1月免）
　　　　　胡小坚（1月任）
　　　　　沈晓红（女）
常　　委　封晓春
　　　　　陈寿彬（1月免）
　　　　　胡小坚（1月任）
　　　　　沈晓红（女）
　　　　　邱少波（9月免）
　　　　　沈晓萍（女，3月免）
　　　　　吴爱军
　　　　　马　钟
　　　　　周　峰
　　　　　虞仁军
　　　　　张静红（女，9月任）
　　　　　张　敏
　　　　　任　飞
　　　　　钱　怡（3月任）

宜兴市人大常委会
主　　任　许伟英（女）
副 主 任　朱旭峰（12月免）
　　　　　何晓进
　　　　　赵菊明（1月免）
　　　　　朱保强（1月免）
　　　　　裴焕良
　　　　　温秀芳（女）
　　　　　钱　靖（女，12月提名）

宜兴市人民政府
市　　长　陈寿彬（1月免）
　　　　　胡小坚（1月任）
副 市 长　周　峰
　　　　　张　敏
　　　　　张　毅
　　　　　周　杰
　　　　　刘　英（女）
　　　　　杨中浩
　　　　　张达志
　　　　　金　磊（1月任）
　　　　　陈卫能（3月任）
　　　　　曹林华（挂职）
　　　　　俞震旦（挂职，6月任）

政协宜兴市委员会
主　　席　周中平
副 主 席　朱晓晔
　　　　　周　斌
　　　　　吴伯荣（1月免）
　　　　　洪　雅（女）
　　　　　吴青峰（1月免）
　　　　　芮俊燕（女，1月免）
　　　　　范燕慧（女，兼）

薛　强(兼)

中共宜兴市纪律检查委员会
(宜兴市监察委员会与其合署办公)

书　　记　邱少波(9月免)
　　　　　张静红(女,9月任)

梁溪区

中共梁溪区委员会

书　　记　许立新(至7月)
　　　　　朱　刚(7月任)
副 书 记　周子川
　　　　　陈锡明
　　　　　赵东坡(挂职,9月任)
常　　委　吴虹娟(女,至6月)
　　　　　孙林祥
　　　　　许　宁
　　　　　方　华
　　　　　夏　琰(至8月)
　　　　　刘东亚
　　　　　李先光(至8月)
　　　　　缪建平(8月任)
　　　　　戴　雁
　　　　　周卫国(9月任)
　　　　　周晓红(9月任)

梁溪区人大常委会

主　　任　陈锡明
副 主 任　唐斌彪(党组副书记)
　　　　　任震宇
　　　　　姚　凯
　　　　　虞焕军

梁溪区人民政府

区　　长　周子川
副 区 长　赵东坡(10月任)
　　　　　吴虹娟(女,常务副区长,
　　　　　　至6月)
　　　　　缪建平(常务副区长,
　　　　　　8月任)
　　　　　李先光(至8月)
　　　　　周卫国
　　　　　周晓红(至10月)
　　　　　丁达伟
　　　　　许　诺
　　　　　张　瑜
　　　　　吴　磊(雄安挂职)
　　　　　辛　乐(8月任)
　　　　　王湘玲(女,10月任)
　　　　　施林峰(挂职,至8月)
　　　　　马中梅(女,挂职)
　　　　　马　杰(挂职)
　　　　　蒋明珠(女,挂职,
　　　　　　6月任)
　　　　　陈春霞(女,挂职,
　　　　　　8月任)

政协梁溪区委员会

主　　席　张　莉(女)
副 主 席　蒋文伟(党组副书记)
　　　　　李　波(女)
　　　　　秦惠芬(女)
　　　　　黄梅华(女)
　　　　　吴红武(女)
秘 书 长　陈晓慧(女)

中共梁溪区纪律检查委员会
(梁溪区监察委员会与其合署办公)

书　　记　孙林祥

锡山区

中共锡山区委员会

书　　记　周文栋(至5月)
　　　　　方　力(5月任)
副 书 记　顾文浩
　　　　　葛　敏(挂职,9月任)
　　　　　徐　悦
常　　委　章金伟(至1月)
　　　　　张爱军(8月任)
　　　　　周文伟
　　　　　陶　波
　　　　　周建伟
　　　　　吴莉萍(至8月)
　　　　　张　琳
　　　　　陈利群
　　　　　华　炜
　　　　　钱　斌(8月任)

锡山区人大常委会

主　　任　章红新
副 主 任　陈建清(至1月)
　　　　　辛谊忠(至1月)
　　　　　毛　晨(至1月)
　　　　　黄懿斌(至1月)
　　　　　窦　虹(1月任)
　　　　　朱洪元(1月任)
　　　　　石国洪(1月任)
　　　　　王立新(1月任)

锡山区人民政府

区　　长　顾文浩(1月任)
代 区 长　顾文浩(至1月)
副 区 长　顾文浩(至1月)
　　　　　葛　敏(挂职,11月任)
　　　　　周建伟
　　　　　吴伟君(至1月)
　　　　　徐涵明
　　　　　保海燕
　　　　　徐　磊
　　　　　谢乐章
　　　　　陆晓波(1月任)
　　　　　吴国玖(挂职,至7月)
　　　　　代　星(挂职,11月任)

政协锡山区委员会

主　　席　言国强
副 主 席　石国洪(至1月)
　　　　　孙军伟(至1月)
　　　　　李佩东
　　　　　毛　晨(1月任)
　　　　　朱卓君(1月任)
　　　　　史锡联
　　　　　钱锡忠(1月任)

中共锡山区纪律检查委员会
(锡山区监察委员会与其合署办公)

书　　记　陈利群

惠山区

中共惠山区委员会

书　　记　吴建元
副 书 记　方　力(至5月)

程　松
史文剑（挂职，9月任）
吴虹娟（女，6月任）
常　　委　吴建元
方　力（至5月）
程　松
史文剑（挂职，9月任）
吴虹娟（女，6月任）
袁漪韬（女）
史国洪（6月任）
孟　栋
何国清
王　勇（至6月）
黄建平
徐立峰
吴建东
顾文龙（至4月）
茅春荣（女，4月任）

惠山区人大常委会
主　　任　计佳萍（女）
副 主 任　岳中云（至1月）
陈　纯（女，至1月）
黄　明（至1月）
王玉珏（至1月）
吴建明（1月任）
郑德友（1月任）
张晓阳（1月任）
童伟峰（1月任）

惠山区人民政府
区　　长　方　力（至5月）
代 区 长　程　松（5月任）
副 区 长　史文剑（挂职，10月任）
何国清
赵　磊
田红保
邱晓东
虞　洁（女）
沈　斌
于兆吉（挂职，至7月）
戴　政（挂职，至11月）

政协惠山区委员会
主　　席　陈　燕（女，至1月）
邓加红（女，1月任）
副 主 席　唐江澎（兼，至1月）
耿国平
陈晓松（至1月）
凌　芝（女，至1月）
蒋军民（1月任）
薛　颖（女，兼，1月任）
张荷斌（1月任）
谈　斌（1月任）

中共惠山区纪律检查委员会
（惠山区监察委员会与其合署办公）
书　　记　黄建平

滨湖区

中共滨湖区委员会
书　　记　孙海东（1月任）
副 书 记　孙海东（至1月）
李　平（1月任）
高　扬（挂职，9月任）
俞　刚（至3月）
贾效兵（6月任）
常　　委　贾效兵（至6月）
陈　瑶（女）
张爱军（至8月）
王颐然
章晓明（8月任）
张跃跃
陈　虎
周俊鹏（至8月）
王路新
赵　华（6月任）
吴　波（8月任）
朱　敏（9月任）

滨湖区人大常委会
主　　任　赵虹路（女）
副 主 任　倪守红
韩　平（至1月）
徐勇强（至1月）
唐国良（至1月）
王伟伦
李明东
吴石松

滨湖区人民政府
区　　长　孙海东（至1月）
李　平（1月任）
副 区 长　高　扬（挂职，9月任）
王路新
张跃跃
徐新宇（女）
姚旭江
胡　巍
倪俊仿
赵　华（至6月）
郑天羽（6月任）
于文波（挂职）

政协滨湖区委员会
主　　席　刘洪兴（至1月）
宋　晓
副 主 席　过伟忠（至1月）
程　红（至1月）
李雪花（至1月）
周　军（1月任）
李敏慧（女，兼）
诸育新
蒋仲元
许大为

中共滨湖区纪律检查委员会
（滨湖区监察委员会与其合署办公）
书　　记　陈　瑶（女）

新吴区

中共新吴区委员会
书　　记　蒋　敏（女，至1月）
崔荣国（1月任）
副 书 记　崔荣国（至1月）
章金伟（1月任）
洪延炜
李　芬（女，挂职，9月任）
常　　委　刘　霞（女）
顾国栋
章晓明（至8月）
罗功新
韩　杨

周君荣(至12月)
李伟敏(女)
丁洪军
王庆春(8月任)
陈 龙(12月任)

新吴区人大常委会

主 任 张明烈(至1月)
余银龙(1月任)
主任候选人 余银龙(至1月)
副主任 刘 骁(至1月)
何雪清(至1月)
祝君乔(1月任)
黄家传(兼)
张文荣
叶志浩(1月任)
副主任候选人 祝君乔(至1月)
叶志浩(至1月)

新吴区人民政府

区 长 崔荣国(至1月)
章金伟(1月任)
副区长 李 芬(女,挂职,9月任)
丁洪军
顾国栋
孙 磊
华艳红(女)
钱 怡(至3月)
吴 珂
冼 薇(女)
李桂林(3月任)
赵 宏(3月任)
周 卉(女,挂职,6月任)
薛 晗(挂职,至3月)
王丹丹(女,挂职,至7月)

政协新吴区委员会

主 席 吴胜荣(至1月)
焦夕莲(女,1月任)
主席候选人 焦夕莲(女,至1月)
副主席 沈雪芳(至1月)
朱晓红(1月任)
肖伟民(兼)
平 江
金 燕(女)
曹建兴
副主席候选人 朱晓红(至1月)

中共新吴区纪律检查委员会
(新吴区监察委员会与其合署办公)

书 记 罗功新

无锡经济开发区

中共无锡经济开发区工作委员会

书 记 杨建平
副书记 俞政业
委 员 冯爱东(至3月)
王 贤(至8月)
李晓军(4月任)
赵 宏(至4月)
秦 艳(女)
陈国权(8月任)
杨燕敏(9月任)
纪工委书记 张静红(至9月)
冯志超(12月任)

无锡经济开发区管委会

主 任 杨建平
副主任 冯爱东(至3月)
秦 艳(女)
陈国权(8月任)
杨燕敏(9月任)
王 磊(挂职,至5月)
孙 伟(挂职,6月任)
任晓杰(挂职,9月任)

(各市〈县〉、区委组织部)

重要文献选编

政府工作报告（摘要）

——在无锡市第十七届人民代表大会第二次会议上

（2023 年 1 月 9 日）

赵建军

一、2022 年工作回顾

一年来，面对疫情冲击影响和超预期困难挑战，全市上下坚持以习近平新时代中国特色社会主义思想为指导，以迎接党的二十大、学习宣传贯彻党的二十大精神为主线，在省委、省政府和市委坚强领导下，全面落实“疫情要防住、经济要稳住、发展要安全”的重大要求，切实担起“勇挑大梁”重大责任，高效统筹疫情防控和经济社会发展，统筹发展和安全，着力保持平稳健康的经济环境、国泰民安的社会环境、风清气正的政治环境，“强富美高”新无锡现代化建设迈出坚实步伐。

我们精准发力抓防控快处置，交出“疫情要防住”合格答卷。完整准确全面贯彻国家疫情防控政策，坚持“防在前、早发现、快处置、强机制、稳运行”，以最小范围、最短时间、最低成本有力有效处置多起本土关联疫情，支援外省市抗疫人员超 1 万人次；认真落实国家“二十条”“新十条”，因时因势优化调整防控措施，推动实现压峰转段，保障服务群众需求，最大程度保护人民生命安全和身体健康，最大限度减少疫情对经济社会发展的影响。

我们尽心竭力强实体稳运行，勇扛“经济要稳住”重大责任。全市地区生产总值增长 3%，人均 GDP 保持全国大中城市首位，一般公共预算收入、居民人均可支配收入、社会消费品零售总额、规上服务业营业收入等指标增速苏南领先，城镇新增就业 15 万人，居民消费价格保持在合理水平，规上工业总产值达 2.4 万亿元，完成固定资产投资 4100 亿元左右，外贸进出口超 1100 亿美元、再创历史新高，实际使用外资 38 亿美元，单位 GDP 能耗下降 2% 以上、降幅居全省前列。

我们坚决有力除隐患防风险，筑起“发展要安全”坚固防线。坚持发展与安全“两手抓”“两手硬”，太湖治理、安全生产、信访维稳等工作深入推进，成功应对高温天气和台风影响，太湖藻情为近年来最平稳一年，安全生产事故起数和死亡人数连续三年保持较高降幅，顺利完成政府性债务化解年度目标任务，城市运行、粮食、食品药品安全持续加强，三级城市运行管理体系实现全覆盖，去省、进京信访登记数全省最低，平安无锡建设取得新成效。

一年来，发展成果丰硕，城市再添新彩。无锡“中国企业 500 强”等四张榜单入围企业数保持全省第一，科技进步贡献率有望实现全省“十连冠”，生物医药、高端纺织与兄弟城市联手获批国家新一批先进制造业集群，蝉联中国最佳引才城市、最佳促进就业城市、最具幸福感城市，以全国第二名入围全国健康城市建设样板市，获评中央财政支持普惠金融发展示范区、全国法治政府建设示范市，全市上下人心思进，干事创业激情澎湃。主要做了以下几方面工作：

一是众志成城、迎难而上，经济大盘稳中加固。不折不扣落实国家和省助企纾困政策措施，及时出台“锡政 50 条”“补充 12 条”等政策，大力开展“进万企解难题促发展”活动，高效运作稳增长服务专班和“两链”护航专班，兑现落实留抵退税等各类助企惠企资金近 500 亿元。制定出台培育壮大市场主体系列政策，全年净增规上工业企业 724 家，新增境内外上市企业 12 家、其中 A 股 10 家。10 个项目纳入国家“十四五”重大工程项目清单，获批国家政策性开发性金融工具到位资金、新增专项债券额度均居全省首位，争取制造业中长期贷款额度苏南领先。举办“太湖购物节”系列活动，推动生活消费加快回补，入选全国城市一刻钟便民生活圈试点。聚焦“两优两快两保”，出台“锡 10 条”等优化措施，房地产市场总体平稳。

二是深耕产业、聚力创新，发展动能显著增强。制定出台“465”现代产业体系建设总体意见，战略性新兴产业、高新技术产业产值占规上工业比重分别提升至 41.5%、

49.8%，江阴、锡山、新吴入围全省首批制造业高质量发展示范区建设地区。成功举办2022世界物联网博览会、首届全国先进制造业集群发展大会等重大活动，发出加快发展物联网“无锡倡议”，总投资超1300亿元的8个重特大集成电路项目加快推进，获批建设省信息技术应用创新先导区。聚焦备案开工率、投资完成率、项目竣工率等“五率”，工业用地供应量增长近20%，入围省重大项目数量历年最多，新备案超10亿元项目84个，85个重大产业项目竣工。新签约合作央企11家，新募股权投资基金1039亿元，资本招商导入项目超100个、引导产业投资超500亿元。构建出台科技创新“1+4”政策意见体系，在全省率先出台实施科技创新促进条例，江阴顺利通过国家首批创新型县（市）验收。国家级知识产权保护中心、先进技术成果长三角转化无锡分中心挂牌运行，9家新型研发机构落地建设。科技型中小企业、高新技术企业、国家专精特新“小巨人”企业分别达10662家、5547家、88家，增幅分别达49.4%、20.4%、175%，入围省创新联合体建设试点数量全省最多。“一带多城”完成投资136亿元，新建市级以上科创孵化载体93家，投用科创载体230万平方米。认定“太湖人才计划”创新创业人才（团队）270个，再度给予领军团队1亿元顶格支持。3000家和1009家企业分别完成数字化、绿色化诊断，新增省级智能工厂11家，我市入选国家建设信息基础设施和推进产业数字化成效明显市督查激励名单。

三是战略引领、对标一流，改革开放纵深推进。优化营商环境行动方案5.0版及196项重点改革事项高效落实，“三提三即”改革助力401个项目全流程提速。高标准完成国企改革三年行动，市属国企重大项目投资超千亿元，资产规模实现两位数增长，营收规模全省领先。法定机构改革试点取得实质性进展，梁溪科技城管理局挂牌成立。入围首批全国商业秘密保护创新试点地区。深度融入长三角一体化发展，苏锡协同发展取得战略性突破，建立完善跨江融合协同对接机制。长三角—粤港澳（无锡）科创产业融合发展区建设提速推进，无锡与深港、粤澳协同创新中心启动运作，与港澳知名高校机构开展合作共建。全面启动与连云港结对帮扶合作，对口支援协作合作取得新成效。实施推动城市国际化三年行动，推出外贸外资“双十条”，高效运行长三角电子元器件国际分拨中心，省级公共海外仓数量保持第一，跨境电商等外贸新业态实现快速发展，对RCEP贸易伙伴进出口增长10%以上，新吴获批国家进口贸易促进创新示范区。新增超3000万美元外资项目66个，制造业实际使用外资占比达45%、提高5个百分点，新增省级跨国公司地区总部和功能性机构3家，QFLP基金数量与规模均居全省第一。启动“双联双提”工程五大行动，中欧班列稳定运行，苏南硕放机场新增2条国际货运航线、DHL快递航空口岸成功落户，在全省率先组织赴日本等经贸包机。圆满完成重大主场外事活动保障任务，成功举办无锡“国际月”暨国际赏樱周。

四是内外兼修、建管并重，城乡面貌加快改善。全面展开第三轮城市轨道交通建设，地铁4号线二期、5号线及锡宜S2线启动实施，锡澄S1线全线贯通；锡宜及沪武高速扩建、锡太高速、江阴靖江长江隧道南接线开工建设，“四线四路”共建创历史之最。苏南硕放机场快速脱离道工程竣工，地铁3号线南延下穿机场跑道成功获批，无锡丁蜀机场正式开航。火车站南广场、老东门片区等重点单元启动，房屋征收、老旧小区改造分别完成1530万平方米和1155万平方米、均为全省领先。强力推进瓶装气市场整合和全过程追溯，燃气用户“管阀”更换160余万户。完成46条背街小巷综合治理，建成8条特色精品街和30个“席地而坐”城市客厅，新增公共停车位2.3万个。江南运河文化公园首开区主体完工，梁溪河景观带整治提升示范段建成开放，新改建公园游园100个，太湖植物园开工建设。市委党校新校区、延安精神无锡学习天地建成启用。首批45个“百宅百院”活化利用工程顺利完成。建设高标准农田8万亩，新增省级特色田园乡村10个，粮食生产再获丰收，宜兴入围国家乡村振兴示范县创建。扎实推进省委涉粮问题专项巡视整改工作。长江经济带生态环境警示片披露问题全部整改销号，长江、太湖6360个排污口整治全部完成，城市黑臭水体、劣V类河道全面消除。太湖无锡水域水质、国省考断面优Ⅲ比例、$PM_{2.5}$浓度均创近年最好水平，太湖一级保护区建成“无化区”。无锡入围国家废旧物资循环利用体系建设重点城市，江阴创成国家生态文明建设示范区。

五是提质保障、兜牢底线，民生福祉更加殷实。高效推进民生服务“十百千”行动，人大代表票决10项重点民生实事项目高标准实施到位，“微幸福”民生工程重点督办事项办结满意率100%，“市长在线·民声留言板”办理群众诉求4.1万件、建议超1万条。失业保险稳岗返还9.2亿元，帮助困难人员就业3.1万人。建成中小学、幼儿园31所，新增学位3.2万个，10所民办学校实行政府购买学位；东南大学无锡校区、江南大学宜兴校区建成投用，无锡学院、太湖学院办学水平持续提升，“一校一策”支持职业院校加快发展。南医大无锡医学中心一期、市精卫中心二期建成启用，市妇儿中心开工建设，市属医院实现“三甲”全覆盖；与上海知名医疗机构全面签约合作，国家传染病医学中心、应急医学研究中心无锡基地成功落地。出台"一老一幼"整体解决方案，市儿童福利院新院建成启用，新增普惠托育机构20家，完成适老化改造2500户，"锡心香伴"惠老助餐攻坚行动实现街道乡镇全覆盖。新开工（筹集）保障性租赁住房2.6万套（间）、棚改安置房1.5万套，既有住宅加装电梯完工和在建341台、超前4年总和。无锡国专纪念馆建成开放，自然博物馆、惠山古镇三期加快启动。高水平举办2022中国国际智能传播论坛、第三届江南文脉论坛、文博会、太湖文化艺术季。利用闲置用地新建113处公共体育设施，省运会无锡代表团再创佳绩。

六是从严治政、苦干实干，政府效能持续提升。深入学习贯彻党的二十大精神，坚定拥护"两个确立"、坚决做到"两个维护"，全面加强政府系统党的建设。自觉接受人大监督、政协民主监督、社会和舆论监督，市人大代表建议、政协委员提案办理满意率再创新高。严格依法行政，制定落实新一届政府工作规则，认真落实"担使命作贡献"季季评要求，持续激发奋勇争先精气神。坚持政府过紧日子，一般性支出压降5.3%。坚持严的主基调不动摇，加强政务督查督办，推动审计监督全覆盖，权力运行监督制约切实强化。

二、2023年主要工作

今年是全面贯彻党的二十大精神的开局之年，是实施"十四五"规划承上启下的关键一年。今年政府工作的总体要求是：坚持以习近平新时代中国特色社会主义思想为指导，全面贯彻落实党的二十大精神和习近平总书记对江苏工作重要指示要求，认真落实中央经济工作会议和省委十四届三次全会、省委经济工作会议部署，根据市委十四届四次全会、市委工作会议安排，坚持稳字当头、稳中求进，完整、准确、全面贯彻新发展理念，加快服务全国构建新发展格局，着力推动高质量发展，更好统筹疫情防控和经济社会发展，更好统筹发展和安全，锚定"高于全省平均、稳牢全国位次"目标，把实施扩大内需战略同深化供给侧结构性改革有机结合起来，全面深化改革开放，大力提振市场信心，有效防范化解重大风险，持续保障和改善民生，全力推动经济运行率先整体好转，实现质的有效提升和量的合理增长，为全面推进中国式现代化无锡新实践、在新征程上更好地"扛起新使命、谱写新篇章"、争当中国式现代化建设的城市范例开好局、起好步。

全市经济社会发展的主要预期目标是：**地区生产总值增长5%以上，规模以上工业增加值增长6.5%左右，一般公共预算收入增长5.5%左右，居民消费价格涨幅控制在3%左右，居民人均可支配收入与经济增长基本同步，城镇新增就业13.5万人，外贸进出口稳中提质，实际使用外资38亿美元，节能减排、水和大气环境质量等约束性指标完成省下达目标，粮食播种面积和产量保持基本稳定。**

新的一年，我们将重点做好以下八个方面工作：

（一）坚持稳中求进，着力筑牢经济发展基础。

推动消费持续恢复。围绕重要节点持续打造"太湖购物节"系列活动，加快建设国际消费中心城市、全国放心消费示范城市、国家新型消费示范城市。实施65项年度促消费重点项目，推动商业餐饮、批发零售、文旅休闲等消费加速回暖。强化线下商圈展会和线上直播电商等平台联动，加强文商体旅娱等深度融合。完善农产品流通体系，实施"数商兴农""快递进村"工程，推进大型农批市场布局优化和仓储物流设施建设，盘活供销社系统资源。

提升项目建设实效。紧盯项目建设"五率""四个维度""三张清单"，深入实施"五百工程"，确保入选省重大项目数量、投资量进一步提升，市重大产业项目完成投资1400亿元。注重"一把手"招商、产业链招商、资本招商，新备案超10亿元产业项目80个以上。编制实施政府投资项目三年计划，用足用好政策性开发性金融工具、中长期贷款、专项债券等。滚动发布面向民间资本重点项目清单，完成新基建重点项目投资超200亿元。

培育壮大市场主体。实施专精特新中小企业梯度培育计划，新增国家专精特新"小巨人"企业70家以上，积极推动"个转企""小升规"，新增规上工业企业500家以上。出台促进上市公司高质量发展政策措施，支持企业上市融资和再融资、并购重组，新增境内外上市企业15家以上。引导企业建立完善中国特色现代企业制度，支持企业挺进各类500强榜单、向世界一流企业迈进。实施本土企业深耕工程、知名乡贤回归工程，加强新生代企业家队伍建设。

（二）坚持创新驱动，着力塑造新动能新优势。

支持企业当好创新主攻手。鼓励企业牵头组建创新联合体，建设以企业为主体的高等级重点实验室10家。狠抓创新型企业培育，力争国家科技型中小企业、高新技术企业分别突破12000家、6500家，新增雏鹰、瞪羚、准独角兽企业1400家以上，招引落地科技企业8000家。深化产学研合作，推动更多科研成果在企业落地转化。落实研发费用加计扣除、研发投入后补助等政策，加强知识产权保护和运用，力争规上工业企业研发投入占营收比重1.8%以上，新认定市级以上企业研发机构300家以上。

做强产业科技创新生态圈。协同推动环太湖科创圈建设，健全太湖湾科创带建设运作机制，提速建设梁溪科技城、蠡湖未来城等科技新城。融入苏南国家自主创新示范区建设，支持滨湖筹建省级高新区、宜兴创建国家创新型县(市)。聚焦集成电路封测领域打造国家级制造业创新中心和技术创新中心“双中心”,积极争取布局太阳能光伏等领域国家级技术创新中心,支持太湖实验室承担更多重大战略任务,支持国家超算(无锡)中心迭代升级。组建市产业创新研究院,新增新型研发机构10家以上。实施“太湖之光”科技攻关计划,探索完善科研经费包干制、研发风险共担机制和科技创新券通用通兑试点。制定形成科创载体规范配置清单,新增投用功能完备的科创载体160万平方米、科创孵化载体50家以上。深化与12家高校未来技术学院合作,办好未来技术合作长三角(无锡)峰会。发挥天使投资引导基金作用,完善科技信贷风险代偿机制。

增强教育优先发展实效性。制定实施在锡高校高质量发展行动方案,聚焦产业体系和产业链需求引进“双一流”高校在锡设立研究院。支持江南大学建设“世界一流学科”,会同东南大学实体化做强无锡校区微电子等整建制学院,支持南京理工大学江阴校区高质量发展,推动无锡学院、太湖学院提升办学层次。加快市职业教育条例立法,实施现代职业教育高质量发展五项行动,支持无锡职业技术学院升格。推进普通高中国家级“双新”示范区示范校建设,新建中小学幼儿园30所,确保集团化办学覆盖率超过60%;完善流动人口子女入学政策,争创全国义务教育优质均衡发展示范区。

着力构筑优秀人才集聚地。依托太湖人才计划、人才峰会“双品牌”,加强战略科学家、一流科技人才和创新团队、青年科技人才、卓越工程师、高技能人才的“引育用留”,引进创新创业人才(团队)项目200个以上,努力打造国家级高水平人才集聚平台。推进青年和人才友好型城市建设,推出国际人才公寓9000套(间)以上,大力提高在锡高校学生留锡就业比例,引进大学生10万人以上,推动高素质常住人口更好更快集聚。

(三)坚持实体为本,着力建强现代产业体系。

建设先进制造业强市。围绕“465”现代产业体系,按产业集群分类建立推进专班,建强“3010”重点产业链,出台各产业集群及首批重点产业链三年行动计划,全力建设全国制造业高质量发展示范区。做强智能传感器和车联网、工业互联网“一感两网”,建强物联网创新促进中心;制定落实集成电路产业高质量发展政策措施,优化“核心三业”结构,做大装备材料支撑,加快“两圈两链”建设,加紧布局光(量)子芯片新赛道;持续建强生物医药产业示范园区、培育园区,加快P3实验室、“两检验室”建设,力争产业规模突破1900亿元;大力发展工业软件和信创产业,力促软件和信息服务业规模增幅达15%。加快集聚新一代光伏、动力电池、氢能储能等前沿项目,支持优势产业技改提升。全面推动“产业集群+特色园区”发展,聚力打造15家集聚度高、承载力强的特色产业园。实施质量品牌“雁阵”工程,争创质量强国标杆城市。

打造现代服务业高地。编制新一轮现代服务业高质量发展行动计划,完善重点企业库、项目库、集聚区库,力促规上服务业营收增长7%以上。深化国家服务型制造示范城市建设,大力推进制造业服务化,积极发展数字文化和创意设计产业。支持平台经济发展,积极招引头部企业。出台总部经济高质量发展政策,支持本土企业总部化发展,新增认定总部企业5家以上。加强与头部基金战略合作,构建覆盖企业全生命周期的投资基金体系,力争注册基金总规模突破5000亿元。支持环古运河中心城区、蠡湖周边地区和马山国际健康旅游岛发挥优势、做特做强,打造现代服务业发展新亮点。

加速数字化转型步伐。力争数字经济核心产业规模突破7000亿元,努力建设“数实融合”示范市。推进数字化转型促进中心建设,支持企业探索大规模定制、柔性化生产,培育产业细分领域专业服务商20个,完成3000家企业数字化诊断,打造1000个智能制造标杆,推动中小企业实施轻量化改造项目100个。推进产业、政务、城市治理等方面数字化转型提速提效,打造务实可感可持续的标志性应用场景。加快长三角(无锡)马山数据中心、雪浪算力中心等建设,推动全光网、5G接入向企业端、用户端延伸,积极创建“IPv6+”创新之城,组建市大数据集团。围绕“数据、算法、算力、应用”和“物联、数联、智联、场景”,做优做活做强数字生态。

(四)坚持改革开放,着力激发内在动力活力。

深化重点领域改革。扎实推进高标准市场体系建设,着力降低制度性交易成本。强化国有资本布局优化和结构调整,促进国资提升城投水平、增强产投能力、扩大科投规模。推进自然资源要素配置改革部级试点,稳步实施集体经营性建设用地入市试点。严格工业用地转让监管,深化工业企业资源利用绩效评价结果运用,力争盘活更新产业用地1.8万亩以上。完善统计监督机制,精心组织开展第五次全国经济普查。支持无锡经开区推进相对集中行政处罚权改革。加快完善新型投融资机制,整合运用REITs、EOD、TOD、ABS、权益融资等多元化投融资模式。

拓展开放深度广度。大力发展跨境电商、保税检测维修、离岸贸易,推进海外仓全球布局和资源对接,支持“一板块一特色”品牌出海;

实施“千企万人海外商洽拓订单行动”，加强对外贸重点企业的跟踪服务。加强对重点外资项目的清单化专班化服务，鼓励引导优质外资加大利润再投资力度、研发投入强度和总部化基地化发展程度；依托对日韩、欧洲、新加坡等地经贸合作优势，积极探索构建国家级高水平合作平台，力促欧盟项目创新中心东部中心加快落地。支持柬埔寨西港特区等境外经贸合作区建设取得更多标志性成果。加快自贸联动创新区建设，支持无锡高新区、锡山区携手打造数字型综保区。加强国际友城交流和友好学校、友好医院建设，持续办好无锡“国际月”暨国际赏樱周等活动。

打响营商环境品牌。坚持“无难事、悉心办”和“有事必到、无事不扰”，出台实施优化营商环境条例，完善产权保护、市场准入、社会信用等基础制度。切实落实“两个毫不动摇”，完善政府和企业家定期座谈、部门与企业面对面等机制，发挥好企业护商专员和商协会作用。建强用好一体化政务服务平台，深化企业开办“110”改革，放大“三提三即”改革实效。建强惠企通服务平台，实现政策精准推送、扶持“免申即享”、政企随时互动。提升“互联网＋监管”效能和规范执法水平，创建全国网络市场监管与服务示范区。

（五）坚持统筹协调，着力提升城市发展能级。

融入区域发展大局。深入落实长三角一体化发展战略，实施服务融入上海大都市圈无锡行动方案。深度参与全省“1+3”重点功能区建设，深化苏锡常、锡常泰、锡泰湖合作联动，落实苏锡协同发展六大战略性合作工程，建设锡常协同发展先行区。支持江阴打造社会主义现代化县域示范、宜兴打造区域性国际化中心城市、无锡高新区打造现代化国际化建设先行示范，支持梁溪打造现代化精彩城区、锡山打造高质量全面发展示范引领区、惠山打造践行新发展理念模范区、滨湖打造全面践行新发展理念的活力湾区魅力城区、无锡经开区打造新发展理念全域实践区；更大力度推进锡澄、锡宜协同发展区建设。加快新一轮功能区布局和经济发达镇改革，“一区一策”、因地制宜推进区镇合一。加力建设长三角—粤港澳（无锡）科创产业融合发展区，健全与粤港澳长效合作机制。高质量推进东西部协作、对口支援、对口合作，打造南北共建省级创新试点和特色园区。

提升城市功能品质。统筹编制国土空间总体规划、历史文化名城保护规划、城市更新总体规划，争创国家新型城镇化高质量发展示范区。创新开展城市体检，高质量完成150个老旧小区570万平方米改造任务，完成既有住宅电梯加装300台，争创国家级城市更新试点。实施全国文明典范城市创建八大攻坚行动，推进30条背街小巷品质提升，打造“席地而坐”城市客厅30个，新改建城乡公厕220座，改造老旧供水管网50公里，完成30公里架空线整治，建设更高水平城市配电网。加快梁溪生活垃圾转运站、惠联餐厨废弃物处置扩建等项目建设，实现建成区居民小区生活垃圾分类全覆盖。新改建精品游园、口袋公园、社区公园等50个，加快惠山等“显山透绿”，加强城市雕塑布局建设，创成国家生态园林城市。

完善综合交通体系。加力推进“双联双提”工程五大行动。加快构建外联内畅公路网，持续抓好“四路”及锡澄“三高四快七干线”、锡宜“两高两快两干线”路网建设，加快推进锡澄路快速化、新锡路快速化北延工程、宜马快速通道等项目。推动城市快速中环加快成势，开工建设钱荣路等快速路，推动高浪路快速化改造一期、312国道锡山段尽快通车。开工建设地铁6号线，加快锡宜S2线建设，实现锡澄S1线试运行，推动盐泰锡常宜铁路开工建设、南沿江铁路建成通车。加快机场改扩建工程和国际邮件互换局建设，支持本土货运航空公司加速起步。做大做强无锡西站物流园，尽快开行中欧始发国际班列。推动无锡（江阴）港开通国际近洋航线、打造“百万标箱”强港，建成投用新安港与上海港联动ICT项目、向10万标箱内河港迈进。加快公交地铁两网融合，争创国家公交都市建设示范城市。

全面推进乡村振兴。落实最严格耕地保护制度，建设高标准农田6万亩，争取整区域推进高标准农田建设试点。建强省农科院无锡分院，开展太湖“三白”、长江“三鲜”、河荡“三青”种业资源创新中心建设。探索集体经济转型发展新路径，完善农民稳定增收机制，确保相对薄弱村集体收入全部达超250万元、人均年村级可支配收入达超1000元。加快宁锡常接合片区国家城乡融合发展试验区建设，建成10个省级特色田园乡村，建强镇、村公共服务网络，推进教育、医疗、商业、休闲等设施建设。

（六）坚持绿色低碳，着力打造美丽中国范例。

全力推进生态环境建设。狠抓第二轮中央生态环境保护督察整改，抓好长江经济带突出生态环境问题整改“回头看”，毫不松懈加强长江“十年禁渔”。开展新一轮太湖流域水环境综合治理，年度完成投资超100亿元、生态清淤280万立方米，启动蠡湖及支浜水环境深度治理，深化涉磷涉氮涉酚企业整治提升，实现更高质量“两保两提”。实施新一轮美丽河湖行动，扎实开展全域排污口排查整治，新建成美丽幸福河湖360条。开展重污染天气消除、臭氧污染防治、柴油货车污染治理攻坚行动，推动国有燃煤电厂率先启动最优排放提标改造。深化“无废城市”和国家土壤污染防治先行区建设，组织开展第三次全国土壤普查。接续推进生态环境基础治理能力提升67项重点工程，启动主城区污水处理提质增效二期工程。完成生物多样性本底调查，推动鱼池生态化改造、农田退水循环利用。

积极稳妥推进“双碳”工作。深入实施“双碳”十大专项行动和新一轮专项行动，推动生产端、消费端、环境端融合，高水平规划建设中瑞低碳生态城、零碳科技产业园、创新零碳谷，争创国家碳达峰试点城市。坚决遏制“两高一低”项目盲目发展，分类整治“散乱污”企业，发展生态友好型产业，推行工业园区污染物排放限值限量管理。全面推进工业、建筑、交通等领域清洁低碳转型，提升屋顶分布式光伏开发试点成效，推广光储充一体化等应用场景。新建新能源汽车公共充电桩4050个、换电站15个，打造城市三公里“充电圈”。

更好彰显文旅融合魅力。深度参与环太湖生态文化旅游圈建设，加快建设“两山一湾”等重大文旅项目。建好用好大运河长江国家文化公园，扎实推进“两河”整治提升，策划打造精品水上旅游、水上竞技和峄嶂古道、龙山步道等时尚健身品牌。加快市文化艺术中心、美术馆、交响音乐厅等重点文化设施和鸿山、阖闾城遗址公园建设，规划建设城市精神展示馆。实施“百匠千品”非遗传承创新工程，扩大锡剧、紫砂、惠山泥人、精微绣、留青竹刻等影响力。加快编纂《无锡史》，办好太湖读书月活动。

（七）坚持共富导向，着力提高人民生活品质。

着力扩就业促增收。制定落实推动共同富裕行动计划，研究形成进一步提高就业质量、扩大中等收入群体、增加中低收入群体要素收入的有效举措。健全劳动者工资决定、合理增长和支付保障机制，持续缩小城乡发展差距和居民生活水平差距。做好高校毕业生、农民工、退役军人、城乡就业困难人员等重点群体就业工作，加强灵活就业和新就业形态劳动者权益保障。实施创业基地能力提升计划，擦亮“创响无锡”品牌。完善大培训工作格局，开展职业技能培训10万人次。

健全社会保障体系。落细落实常住地提供基本公共服务制度，整合构建“15分钟为民服务圈”。扩围缴费困难群体贴息续保政策，全面推广城乡居民基本养老保险集体补助试点。扎实开展低收入人口动态监测和精准帮扶“3610”行动，完成市救助管理站异地建设，推进市残疾人综合服务基地二期建设。加强慈善总会、基金会、志愿服务机构等融合互助，构建大慈善格局。新开工（筹集）保障性租赁住房超3万套（间），建成共有产权保障房1500套以上。完善大病保险和医疗救助制度，建立健全职工基本医疗保险门诊共济保障机制，积极发展商业保险。

深化健康无锡建设。实施高水平医院建设专项行动和医疗科技能力提升三年行动。做强江大无锡医学院、南医大无锡医学中心，加快市妇儿中心等建设，组建市医疗康养集团。进一步做实做优分级诊疗体系，推动医联体医共体紧密型实质化运作，提档升级基层医疗卫生机构。加力推进互联网医院建设和远程医疗，实现二级以上医院“医学影像云服务”全覆盖。设立国家标准化癌症筛查与早诊早治无锡分中心，启动45周岁以上人群癌症防控全周期管理。开工建设市奥体中心，利用闲置用地建设公共体育设施项目100个以上，办好锡马、环太湖国际公路自行车赛等精品赛事。

聚力关爱“一老一幼”。实施积极的人口发展战略，完善生育支持政策体系，降低生育、养育、教育成本。落实好新建住宅小区配建托育服务用房，新增普惠托育机构20家、托位数3000个，建成婴幼儿照护服务指导中心5个。开展“锡心医养”社区居家“332”服务行动，推进社区卫生服务中心、养老服务中心、呼叫服务中心“三中心联动”；实现街道综合性养老服务中心全覆盖，开展困难家庭适老化改造1500户以上，结合老旧小区改造加快无障碍设施建设，新建和提升社区（村）助餐点80个。

今年，我们将继续实施民生服务“十百千”行动，统筹推进为民办实事项目、“微幸福”民生工程和“民声留言板”事项，着力解决好群众关心的“头等大事”和“关键小事”，遴选提出12项民生实事候选项目提请人代会审议票决，更好把政府做的事变成群众期待的事、百姓满意的事。

（八）坚持安全发展，着力维护社会和谐稳定。

盯紧抓牢安全生产。深入开展安全生产专项整治，紧盯危化品、城镇燃气、消防、自建房、建筑施工、交通运输等重点领域隐患排查，实现全市燃气居民用户“管阀”更换全覆盖，实现对高层建筑、商场市场、“九小”场所等消防排查整治全覆盖，持续压降事故起数和死亡人数，坚决防范遏制重特大事故发生。深化城市生命线安全工程建设试点，协同推进城市内涝治理和海绵城市建设，推进京杭大运河堤防加固等防汛重点工程。

完善社会治理体系。巩固市域社会治理现代化试点建设成果，扎实推进信访突出问题攻坚化解。坚持服务基层、大抓基层，深入实施“精网微格”工程，深化推动“五社联动”和“城管进社区”，配强社区服务保障力量。开展国有物业进驻老旧小区“回头看”，加强行业标准化规范化建设和信用管理，推动建立业委会或物管会。

全面建设平安无锡。抓实抓好金融、就学、欠薪、预付卡、房地产等领域风险防范，全力维护产业链供应链安全，促进上市公司平稳健康发展，防范化解地方政府债务风险，压实基层“三保”责任。深化全国社会治安防控体系建设示范城市创建，常态化推进扫黑除恶，依法严惩违法犯罪，鼓励激励见义勇为，筑牢网络安全屏障。加强食品药品安全监管，争创国家食品安全示范城市。深化全民国防教育，持续提高双拥工作水平。

迈上新征程，政府工作要有新状态新作为新成效。我们将全面学习、全面把握、全面落实党的二十大精神，在中央和省、市委坚强领导下，勇于任事、敢于担当、善于作为，严于律己、严负其责、严管所辖，奋力走好新的“赶考之路”、交出过硬“时代答卷”。我们一定永葆绝对忠诚。坚持把旗帜鲜明讲政治贯穿始终，不断完善坚定拥护“两个确立”的落实机制，持续提高坚决做到“两个维护”的落实能力，真正在思想上对标对表、行动上紧跟紧随、落实上坚定坚决。坚持用习近平新时代中国特色社会主义思想武装头脑、指导工作，切实做到学思用贯通、知信行统一，全力以赴把党中央决策部署转化为无锡高质量发展的实际成效。我们一定严格依法行政。坚持尊崇宪法、遵守法律、规范行政，深入推进法治政府建设，高质量抓好行政立法，全面推行权力清单、责任清单、负面清单管理。认真执行人大及其常委会的决定决议，高质量办好人大代表议案、建议和政协提案。主动接受人大、政协及社会各方监督，强化政务公开，让权力在阳光下规范运行。我们一定为民实干担当。坚持全身心投入，始终保持“崇尚实干、极端负责”和“事不过夜、案无积卷”的工作状态，把抓部署、抓落实、抓督查结合起来，重要工作、重大事项和重点项目早定方案、快抓落地，说到做到、办就办好。强化“时时放心不下”的责任感、“事事落实到位”的执行力，把严紧细实作风贯穿政府工作全过程各方面，不断锤炼斗争精神和斗争本领，在防风险、打硬仗中现担当、见实效。我们一定涵养清风正气。深入贯彻全面从严治党要求，扎实推进政府系统党风廉政建设，严格落实中央八项规定精神，坚决纠治形式主义、官僚主义，加强廉政风险防控和审计监督，做到一心为公、一身正气、一尘不染。坚持带头过紧日子，提高财政资金使用绩效，把资源和财力更加高效地用在推动发展、为民服务上，赢得政府效能的“再提升”、群众认可的“好口碑”。

统计资料

表 61　2022 年无锡市国民经济和社会发展主要指标一览表

指　标	单　位	数　值	比上年增长（%）
土地面积			
行政区划面积	平方公里	4627.47	—
人口就业			
年末总人口（户籍）	万人	519.01	0.7
年末总人口（常住）	万人	749.08	0.2
常住人口城镇化率	%	83.09	(+0.2 点)
国民经济核算			
地区生产总值	亿元	14850.82	3.0
第一产业	亿元	133.65	1.1
第二产业	亿元	7177.39	3.6
第三产业	亿元	7539.78	2.4
人均地区生产总值（常住人口）	元	198404	2.8
农　业			
农林牧渔业总产值	亿元	220.83	1.6
粮食产量	万吨	55.63	1.0
油料产量	万吨	0.76	0.9
水产品产量	万吨	10.24	0.3
工　业			
规模以上工业总产值	亿元	23760.79	8.8
规模以上工业增加值	亿元	5585.97	5.4
规模以上工业销售产值	亿元	22743.01	6.6
规模以上工业营业收入	亿元	23374.18	平
规模以上工业利润总额	亿元	1569.48	2.6

（续表）

指　标	单　位	数　值	比上年增长（%）
规模以上战略性新兴产业（制造业）总产值	亿元	9807.97	13.5
规模以上高新技术产业总产值	亿元	11977.65	10.0
服务业			
规模以上服务业营业收入	亿元	2002.00	14.3
规模以上数字经济核心产业营业收入	亿元	6595.89	6.2
交通运输、邮电通信、用电			
邮电业务总量	亿元	253.63	6.5
客运量	万人次	6512.76	-25.3
货物运输量	万吨	21229.18	-9.1
全社会用电量	亿千瓦时	833.30	-0.6
#工业用电	亿千瓦时	600.40	-3.2
城乡居民生活用电	亿千瓦时	99.40	17.0
固定资产投资			
固定资产投资	亿元	4073.54	2.2
#工业投入	亿元	1565.60	0.2
房地产投资	亿元	1386.79	-11.6
国内贸易			
社会消费品零售总额	亿元	3337.60	1.0
开放型经济		6393.02	-34.8
进出口总值	亿美元	1106.52	4.7
#出口总值	亿美元	727.88	11.4
实际使用外资	亿美元	38.26	3.6
旅　游			
旅游总收入	亿元	1373.39	-17.0
接待境内游客数	万人次	7920.98	-10.0
接待入境旅游数	万人次	4.95	-26.1
市场物价			

（续表）

指　　标	单　　位	数　　值	比上年增长（%）
居民消费价格总指数		102.1	(+0.4 点)
商品零售价格总指数		103.5	(+0.9 点)
财政金融			
一般公共预算收入	亿元	1133.38	−5.6
一般公共预算支出	亿元	1365.84	0.6
金融机构人民币存款余额	亿元	23613.48	14.0
#住户存款	亿元	9929.26	22.1
金融机构人民币贷款余额	亿元	19562.10	13.8
保险业务收入	亿元	492.75	7.6
上市公司数	家	188	（+12 家）
文化教育卫生		1057.01	20.4
公共图书馆	个	8	—
博物（纪念）馆	个	64	（+2 个）
高等院校在校学生数	人	166341	8.6
普通中学在校学生数	人	279441	3.7
卫生机构床位数	张	52208	1.2
卫生技术人员数	人	66311	1.2
城市建设			
城市道路长度	千米	4091	1.1
城市道路面积	万平方米	7708	1.2
科技			
专利授权量	件	68950	−13.5
发明专利授权量	件	8439	46.4
人民生活			
城镇常住居民人均可支配收入	元	73332	4.0
农村常住居民人均可支配收入	元	41934	5.8

（市统计局）

表 62　2022 年江苏省各设区市主要经济指标一览表

城市名称	户籍人口（万人）	常住人口（万人）	地区生产总值（亿元）	人均地区生产总值（元）	一般公共预算收入（亿元）	固定资产投资增长（%）	实际使用外资（亿美元）	进出口总值（亿美元）	社会消费品零售总额（亿元）	居民人均可支配收入（元）	金融机构人民币存款余额（亿元）	金融机构人民币贷款余额（亿元）
全　省	7871.99	8515.00	122875.62	144390	9258.88	3.8	304.99	8177.54	42752.12	49862	212225.20	203925.53
南京市	739.36	949.11	16907.85	178781	1558.21	3.5	48.50	943.05	7832.41	69039	48372.91	48201.43
无锡市	519.01	749.08	14850.82	198404	1133.38	2.2	38.26	1106.52	3337.60	65823	23613.48	19562.10
徐州市	1031.90	901.85	8457.84	93731	517.43	3.0	12.24	193.30	4102.73	35950	10553.62	9338.85
常州市	389.21	536.62	9550.06	178243	631.78	2.2	28.31	484.97	2856.16	59514	15438.33	13777.88
苏州市	774.73	1291.06	23958.34	186024	2329.18	1.5	74.18	3866.02	9010.71	70819	44500.47	45247.30
南通市	746.69	774.35	11379.60	147057	613.00	−2.9	29.52	549.84	3956.87	49093	17993.40	16007.07
连云港市	531.41	460.05	4005.03	87042	212.81	1.5	7.80	161.16	1197.69	33723	5223.01	6004.64
淮安市	551.11	455.31	4742.42	104054	300.08	9.7	10.18	64.30	1820.19	36706	5801.78	6446.90
盐城市	796.80	668.97	7079.78	105647	453.26	9.4	11.83	206.38	2700.59	38798	9870.57	9586.97
扬州市	448.46	458.29	7104.98	155132	325.49	10.0	15.35	165.74	1518.91	44828	8903.02	8115.69
镇江市	266.86	322.22	5017.04	155823	303.96	0.1	5.68	156.15	1364.02	52615	7344.33	7921.03
泰州市	488.43	450.56	6401.77	141830	416.65	9.4	11.39	196.18	1588.36	46363	9623.68	8579.05
宿迁市	588.03	497.53	4111.98	82452	271.78	9.5	11.76	83.93	1465.89	30796	4986.59	5136.62

（市统计局）

市辖区地名命名更名

2022年，无锡市区命名、更名地名98条，其中命名居民区22个、建筑物6座、道路65条、桥梁5座。地名属性调整12条。

表63 2022年无锡市区地名命名更名一览表

序号	类别	标准地名	隶属辖区	地理位置
居民地				
1	居民区	恒颐荟苑	梁溪区	位于崇安寺街道管理区域内，东至钱钟书故居和规划道路，南至新街巷（规划名称），西至健康路，北至后西溪
2	居民区	惠澜佳园	梁溪区	位于山北街道管理区域内，东至惠东路（规划名称），南至规划道路与洋溪河相望，西至规划道路，北至规划道路与惠东里相隔
3	居民区	辰上南园	梁溪区	位于清名桥街道管理区域内，东至金钩桥中路，南至规划绿化带，西至虹桥路（规划名称），北至扬名路
4	居民区	耕渎锦绣院	梁溪区	位于惠山街道管理区域内，东至清扬路和夹城里规划二支路（规划名称），南至夹城里规划二支路（规划名称）与耕渎河相邻，西至夹城里规划三支路（规划名称），北至迎龙路
5	居民区	观塘奕居	梁溪区	位于北大街街道管理区域内，东北至中山路，东南至规划道路与无锡市积余实验小学（运河分校）相邻，西南至内塘河与丽新路相望，西北至规划绿化带与谢巷路（规划延伸段）相隔
6	居民区	源溪悦庭	梁溪区	位于广益街道管理区域内，东至广瑞路，南至无锡市第八人民医院，西至兴昌南路，北至常瑞路
7	居民区	熙祥雅苑	梁溪区	位于扬名街道管理区域内，东北至南湖大道，东南至规划绿化带与芦村河相隔，西南至规划道路，西北至芦祥路
8	居民区	梁塘雅苑	梁溪区	位于扬名街道管理区域内，为扬名花园五期拆迁安置房，东至南湖大道，南至潘步桥河，西至新市民公寓，北至梁中路
9	居民区	金扬怡庭	梁溪区	位于扬名街道管理区域内，为扬名花园六期拆迁安置房，东至章村路，南至梁东路（规划延伸段），西至章村浜与瑞翔家园相邻，北至规划道路
10	居民区	梁中锦和苑	梁溪区	位于扬名街道管理区域内，为扬名花园配套用房及棚改安置房（扬名花园七期），东至无锡百佳妇产医院，南至梁中路，西至无锡市扬名中心幼儿园，北至扬名花园
11	居民区	黄石嘉园	梁溪区	位于黄巷街道管理区域内，东至龙塘圩河与富城湾公寓相邻，南至广石西路北匝道，西至惠暨大道，北至广澄路与龙塘西苑相邻
12	居民区	西汀苑	梁溪区	位于瞻江街道管理区域内，东至西汀河，南至广石西路，西至凤翔北路，北至规划绿地
13	居民区	文辉逸园	锡山区	位于安镇街道管理区域内，东南至新韵北路，西南至东翔路，西北至空地与九里河相隔，东北至万泉路
14	居民区	广悦怡庭	锡山区	位于安镇街道管理区域内，东至春风北路，南至谈中路（规划名称）和谈村东路（规划名称），西至谈晖路（规划名称）和谈村自然村，北至春晖路

（续表）

序号	类别	标准地名	隶属辖区	地理位置
15	居民区	境湖雅庭	锡山区	位于厚桥街道管理区域内，东至联福路，南至芙蓉塘，西至联谦路，北至锡沪路安镇东段
16	居民区	云起桂语名筑	惠山区	位于堰桥街道管理区域内，东至锡澄路，南至堰桥港支浜，西至空地（与省锡中高中部相隔），北至山浜路（规划名称）
17	居民区	华著澜庭	滨湖区	位于河埒街道管理区域内，东至规划幼儿园与陶巷路（规划名称）相隔，南至梁清路，西至青祁路，北至甜爱路和规划道路
18	居民区	湖山峰影居	滨湖区	位于马山街道管理区域内，东至湖山路，南至峰影路，西至规划道路，北至梅梁路
19	居民区	锡典雅筑	新吴区	位于硕放街道管理区域内，东至规划道路与东环路相隔，南至规划道路和梅村高级中学空港分校（在建），西至薛典路，北至规划道路
20	居民区	清源听澜居	经开区	位于华庄街道管理区域内，东至丰润道，南至空地和规划道路，西至立信大道，北至清源路
21	居民区	龙渚天澜居	经开区	位于华庄街道管理区域内，东至杨木桥路（规划名称），南至和风路，西至瑞景道，北至薛古路（规划延伸段）
22	居民区	璟熙华苑	经开区	位于华庄街道管理区域内，东至华谊路，南至吴都路，西至华苑路（规划延伸段），北至和畅路
建筑物				
1	大厦	通源大厦	锡山区	位于安镇街道管理区域内，东南至广信路，西南至桂坡街，西北至空地与翠山路相隔，东北至延庆街
2	中心	润悦商业中心	滨湖区	位于蠡园街道管理区域内，东至蠡溪路，南至太湖西大道，西至线泾浜，北至规划道路与九悦雅筑相隔
3	中心	马山睦邻中心	滨湖区	位于马山街道管理区域内，东至中国邮政储蓄银行马圩支行（与乐山路相隔），南至梅梁路，西、北至梅梁新村
4	中心	汇泰商务中心	新吴区	位于江溪街道管理区域内，东至春明路，南至春丰路，西至泰丰路，北至泰山路
5	广场	周新商业广场	经开区	位于太湖街道管理区域内，东至贡湖大道，南至衡源路，西至立信大道，北至周新中路
6	建筑物（群）	小田里生活园	滨湖区	位于马山街道管理区域内，东、南至鸡笼山山体，西至刘闾路，北至旱地
道　路				
1	道路	锦数路	梁溪区	位于山北街道管理区域内，在江海西路南面、双河北面、锦数双河苑中间，东西走向，东至运河西路，西至石门路，长 501 米，宽 20 米
2	道路	通涛路	梁溪区	位于清名桥街道管理区域内，在城南路东面、通泊路西面，南北走向，南至动力路，北至金城路，长 400 米，宽 18 米
3	道路	金钩桥中路	梁溪区	位于清名桥街道管理区域内，在扬名路公共停车场东侧、虹桥河西面，南北走向，南至太湖东大道，北至扬名路，长 227 米，宽 10 米
4	道路	金钩桥南路	梁溪区	位于清名桥街道管理区域内，在南长街西面、无锡市清名桥中学及水仙里和向阳苑东面，南北走向，南至金城路，北至太湖东大道，长 1635 米，宽 16 ～ 24 米
5	道路	通源路	梁溪区	位于清名桥街道管理区域内，在动力路北面、城光路南面，东西走向，东至兴源中路，西至通泊路，长 526 米，宽 18 米
6	道路	城光路	梁溪区	位于清名桥街道管理区域内，在金城路南面、通源路北面，东西走向，东至通吴路，西至通涛路，长 370 米，宽 18 米

（续表）

序号	类别	标准地名	隶属辖区	地理位置
7	道路	通益路	梁溪区	位于北大街街道和广益街道管理区域内，在通江大道和县前东街东面、广瑞路和人民东路西面，南北走向，南至解放东路，北至广瑞路和裕旺路（规划名称）交叉口，长4200米，宽30～40米
8	道路	凰翔弄	梁溪区	位于黄巷街道管理区域内，在青石西路东面、顾桥港西面，东南起凤翔路，西北至黄巷新村南大门，长60米，宽6米
9	道路	育仁路	锡山区	位于羊尖镇羊尖居委会管理区域内，在育才西路北面，东西走向，东至新羊大道，西至育信路，长300米，宽20米
10	道路	育信路	锡山区	位于羊尖镇羊尖居委会管理区域内，在双庙桥路东面、无锡市羊尖实验小学西侧，南北走向，南至育礼路，北至育仁路，长400米，宽20米
11	道路	育礼路	锡山区	位于羊尖镇羊尖居委会管理区域内，在育才西路南面、无锡市羊尖实验小学南侧，东西走向，东至陈许路，西至育信路，长1200米，宽20米
12	道路	育德路	锡山区	位于羊尖镇羊尖居委会管理区域内，在新羊大道东面，南北走向，南至育礼路，北至育才富邸，长600米，宽20米
13	道路	泾德路	锡山区	位于锡北镇管辖区域内，在泾新村工业园区、锡北镇北新河东面，东起石村路，向西112米，折向南至泾新路，长270米，宽7米
14	道路	八文路	锡山区	位于锡北镇联新村委会、劲丰村委会、东房桥村委会和春风村委会管辖区域内，在团结路西面，南北走向，南至锡港路八士段，北至锡北镇与江阴市祝塘镇交界处，长6000米，宽20～30米
15	道路	创昇路	锡山区	位于东港镇管辖区域内，在东港路北面、创新路南面，东西走向，东至联群路，西至金港大道，长343米，宽12米
16	道路	堰桥南街	惠山区	位于堰桥街道管理区域内，在堰桥港东面、锡澄路堰桥南段西南面，南北走向，南至山浜路，北至锡澄路堰桥南段，长415米，宽15米
17	道路	山浜路	惠山区	位于堰桥街道管理区域内，在汀兰溪苑南侧、云起桂语名筑北侧，东西走向，东至锡澄路堰桥南段，西至堰桥南街，长392米，宽15米
18	道路	振沁路	惠山区	位于钱桥街道南塘居委会管理区域内，在原南水渠自然村、钱洛路西面，南北走向，南至S342省道，北至新长铁路桥，长1100米，宽7米
19	道路	藕塘新街	惠山区	位于钱桥街道藕塘居委会管理区域内，在藕塘派出所北面，东西走向，东至藕塘北路，西至田庄浜，长400米，宽12米
20	道路	稍塘路	惠山区	位于钱桥街道稍塘居委会管理区域内，在西环路东面，东南起洋溪河，向西北600米，折向北至锡陆路，长1500米，宽12米
21	道路	玉祁东环路	惠山区	位于玉祁街道管理区域内，在玉祁集镇东部、新沟河西面，西南起堰玉北路（铜亭广场），向东北685米至锦祁路，折向北至祁桐路（蓉东村委会），长3200米，宽26米
22	道路	玉祁春申路	惠山区	位于玉祁街道管理区域内，在玉祁西浜东面、海瑞路北面，南起永安路（与振祁路对接），向北106米，折向东至玉东村委会方巷里自然村，长230米，宽5米

（续表）

序号	类别	标准地名	隶属辖区	地理位置
23	道路	玉祁育才路	惠山区	位于玉祁街道管理区域内，在堰玉北路东面、套闸河西面，南北走向，南至玉祁东环路，北至海瑞路，长 550 米，宽 10 米
24	道路	祁福路	惠山区	位于玉祁街道管理区域内，在沪蓉高速公路（G42）北侧、铜亭广场南侧，东西走向，东至堰玉北路，西至振祁路，长 590 米，宽 8 米
25	道路	新祁南路	惠山区	位于玉祁街道管理区域内，在新祁路（规划名称）南面、新祁新村中间，南北走向，南至祁福路，北至镇中路，长 340 米，宽 8 米
26	道路	逸湾路	惠山区	位于玉祁街道管理区域内，在唐平湖东面、唐明寺河南面，东起曙光路，向西 258 米至平湖西餐厅，折向北 294 米至裔睿养老护理院，再折向东至曙光路，长 669 米，宽 16 米
27	道路	玉锦路	惠山区	位于玉祁街道管理区域内，在常玉路西面、玉秀路东面，南北走向，南至玉丰路，北至润秀苑北侧外墙，长 700 米，宽 18 米
28	道路	华圻路	惠山区	位于洛社镇华圻村委会管辖区域内，在锡西大道西面，南北走向，南至万里桥，北至惠常路（G312 国道），长 2300 米，宽 9 米
29	道路	仁里路	惠山区	位于洛社镇杨市居委会和润杨村委会管理区域内，在杨市园大街西侧，南北走向，南至洛南路，北至钢铁路，长 700 米，宽 8 米
30	道路	马盘路	惠山区	位于洛社镇万马村委会管辖区域内，在万马路东面，南北走向，南至洛玉路，北至马盘顾氏宗祠，长 600 米，宽 7 米
31	道路	万马路	惠山区	位于洛社镇万马村委会管辖区域内，在锡西大道东面，南北走向，南至洛玉路，北至梅巷路（规划名称），长 1100 米，宽 7 米
32	道路	洛社新苑路	惠山区	位于洛社镇六龙居委会管理区域内，在京杭运河南面，东西走向，东至荣洛路，西至惠常路（G312 国道），长 2000 米，宽 10 米
33	道路	戴周路	惠山区	位于洛社镇钱巷居委会管理区域内，在戴杭路东面，南北走向，南至新兴东路，北至中兴东路，长 410 米，宽 7.5 米
34	道路	洛社翠竹路	惠山区	位于洛社镇钱巷居委会管理区域内，在江海西路（G312 国道）北面，东西走向，东至惠洲大道，西至洛社人民南路，长 1150 米，宽 11 米
35	道路	洛社新生路	惠山区	位于洛社镇徐贵桥居委会管理区域内，在无锡市洛社实验幼儿园南侧，东西走向，东至洛社人民南路，西至惠常路（G312 国道），长 500 米，宽 7 米
36	道路	六龙育才路	惠山区	位于洛社镇六龙居委会管理区域内，在洛社影剧院南侧，东西走向，东至洛社人民中路，西至新陶路，长 180 米，宽 10.5 米
37	道路	洛社园中路	惠山区	位于洛社镇镇北村委会和正明村委会管辖区域内，在洛圻路南面，东西走向，东至惠常路（G312 国道），西至洛杨南路，长 3900 米，宽 26 米
38	道路	孟里街	惠山区	位于洛社镇石塘湾居委会管理区域内，在石狮路南面，东西走向，东至石塘湾健康路（规划名称），西至石塘湾大桥路（规划名称），长 640 米，宽 5.5 米
39	道路	石塘湾锦绣路	惠山区	位于洛社镇石塘湾居委会管理区域内，在福邸路东面，南北走向，南至孟里街，北至石塘湾中心小学东门，长 630 米，宽 8 米

（续表）

序号	类别	标准地名	隶属辖区	地理位置
40	道路	石塘湾新兴路	惠山区	位于洛社镇石塘湾居委会管理区域内，在石塘湾农贸市场东侧，南北走向，南至联通路（规划名称），北至石狮路，长 230 米，宽 6.4 ～ 15.5 米
41	道路	戈东路	惠山区	位于洛社镇润杨村委会管辖区域内，在戈巷上自然村东侧，南北走向，南至洛南路，北至藕杨路，长 274 米，宽 5 米
42	道路	杨市人民路	惠山区	位于洛社镇润杨村委会管辖区域内，在洛南路北面，南起藕杨路，向北 200 米，折向西至阳杨路，长 2100 米，宽 6 米
43	道路	杨市润园路	惠山区	位于洛社镇润杨村委会管辖区域内，在戈东路东面，南北走向，南至洛南路，北至藕杨路，长 254 米，宽 12 米
44	道路	顾青路	惠山区	位于洛社镇管辖区域内，在张三圳河（顾青河）东侧、惠洲大道西面，南北走向，南至洛社翠竹路，北至新兴东路，长 665 米，宽 15 米
45	道路	金義路	惠山区	位于洛社镇钱巷居委会管理区域内，在金玥湾雅苑北侧，东西走向，东至惠洲大道，西至顾青路，长 380 米，宽 15 米
46	道路	尹前路	惠山区	位于阳山镇尹城村委会管辖区域内，在陆墟胜利路北面，东西走向，东至谢洪浜，西至陆戴路，长 500 米，宽 9 米。
47	道路	远景路	惠山区	位于阳山镇尹城村委会管辖区域内，在陆戴路东面，南北走向，南至陆墟胜利路，北至尹城村前巷村道，长 700 米，宽 9 米
48	道路	南象山路	滨湖区	位于雪浪街道管理区域内，在具区路南面、塘绛路西面，东西走向，东至南曹道，西至山水东路，长 800 米，宽 24 米
49	道路	缘涧道	滨湖区	位于雪浪街道管理区域内，在山水东路东面、南曹道西面，南北走向，南至南象山路，北至具区路，长 450 米，宽 14 米
50	道路	南曹道	滨湖区	位于雪浪街道管理区域内，在塘绛路西面、缘涧道东面，南北走向，南至南象山路，北至具区路，长 450 米，宽 24 米
51	道路	南古路	滨湖区	位于雪浪街道管理区域内，在原南古巷自然村、盘龙路北面、无锡市太湖山水城幼儿园南侧，东西走向，东至山水东路，西至盘龙北路，长 500 米，宽 9 米
52	道路	泽溪路	滨湖区	位于雪浪街道壬港居委会管理区域内，在南湖路南面，东西走向，东至缘溪道，西至笠泽路，长 364 米，宽 12 米
53	道路	缘湖路	滨湖区	位于雪浪街道吴塘居委会和贡湖居委会管理区域内，在沪常高速公路太湖隧道出口西侧，南北走向，南至望湖桥，北至缘溪道，长 1620 米，宽 14 米
54	道路	思成道	滨湖区	位于雪浪街道管理区域内，在信成道东面、观顺道西面，南北走向，南至清晏路，北至高远路，长 692 米，宽 14 米
55	道路	泽远路	滨湖区	位于雪浪街道管理区域内，在清晏路北面、震泽路南面，东西走向，东至思成道，西至信成道，长 209 米，宽 14 米
56	道路	研徽路	滨湖区	位于胡埭镇管辖区域内，在胡埭工业园西部、陆马公路东面，南北走向，南至夏荷路，北至棕榈路，长 150 米，宽 10 米
57	道路	华秀路	新吴区	位于新安街道管理区域内，在高浪东路南面、华运东路北侧，东西走向，东至菱湖大道，西至华谊路，长 822 米，宽 24 米

（续表）

序号	类别	标准地名	隶属辖区	地理位置
58	道路	华运东路	新吴区	位于新安街道管理区域内，在观山路北面、面杖港南侧，东西走向，东至菱湖大道，西至华谊路（与华运路相接），长900米，宽24米
59	道路	江学路	新吴区	位于江溪街道管理区域内，在江华路南面、新光路北面、新吴区实验中学南侧，东西走向，东至行创四路，西至春富路，长428米，宽24米
60	道路	坊云路	新吴区	位于江溪街道管理区域内，在京沪高速公路（G2）西面、东环路（G312）东面，南北走向，南至坊前工业园，北至金城东路，长150米，宽8米
61	道路	五香路	新吴区	位于江溪街道管理区域内，在无锡卫生高等职业技术学校西侧、无锡市老年人托养中心东侧，南北走向，南至伯渎港，北至锡兴北路，长300米，宽7米
62	道路	叙昌路	新吴区	位于江溪街道管理区域内，在兴昌南路东面、叙丰家园西南侧，南北走向，南至伯渎港，北至叙丰家园C区南门，长140米，宽9米
63	道路	丰荟路	新吴区	位于江溪街道管理区域内，在坊城大道东面、夹蠡河西面，南北走向，南至锡山大道，北至东安路，长453米，宽24米
64	道路	新群路	新吴区	位于梅村街道管理区域内，在新锡路西面、新风路东面，南北走向，南至群兴路，北至锡山大道，长383米，宽12米
65	道路	欣鸿东路	新吴区	位于鸿山街道管理区域内，在锦鸿路北面、安鸿路南面，东西走向，东至飞凤路，西至鸿山路（与欣鸿路对接），长900米，宽30米
桥梁				
1	桥梁	羊腰湾桥	梁溪区	位于清名桥街道管理区域内，在槐古大桥和妙光桥之间，东堍至羊腰湾路，西堍至无锡文化工艺品市场东侧河岸，跨古运河，长45米，宽4米，最大跨径45米
2	桥梁	通益大桥	梁溪区	位于广益街道管理区域内，在原黄泥头工业园东面、无锡食品科技园南面，坐落在通益路上，跨白屈港（严埭港），长187.3米、宽40米，最大跨径30米
3	桥梁	锡通大桥	锡山区	位于东北塘街道锡通居委会管理区域内，在锡通新村东面、东方钢材城西南侧，坐落在北环路上，跨严埭港，为两侧对称连续钢箱梁桥，南侧长354.2米、宽18.3米，北侧长353.7米、宽18.3米，最大跨径80米
4	桥梁	胡家渡大桥	惠山区	位于堰桥街道全惠居委会胡家渡自然村南面，在胡家渡公园东南侧，坐落在锡澄路上，跨锡北运河，为两侧对称斜跨钢拱桥，东侧长430米、宽25米，西侧长375米、宽25米，主跨80米
5	桥梁	菱湖大桥	新吴区 经开区	位于新吴区旺庄街道和经开区华庄街道管理区域内，在永旺大桥东南面、京杭运河与古运河交汇处，坐落在菱湖大道上，跨京杭运河，主桥为三跨中承式系杆拱桥，长623米、宽40.5米，最大跨径183米
地名属性调整				
1	道路（起止点）	丛桂路	梁溪区	位于清名桥街道管理区域内，南北走向，原南至新光路，北至动力路。现调整为南至新光路，北至金城路，长1650米，宽24米

（续表）

序号	类别	标准地名	隶属辖区	地理位置
2	道路（起止点）	南长街	梁溪区	位于清名桥街道管理区域内，南北走向，原南至化肥桥，北至南长桥。现调整为南至古运河与大运河交汇处，北至南长桥，长 5409 米，宽 14 米
3	道路（起止点）	汇太路	梁溪区	位于扬名街道管理区域内，南北走向，原南至南长环卫所，北至扬工路。现调整为东南起梁东路，西北至金石东路，长 940 米，宽 20 米
4	道路（起止点）	上伟路	惠山区	位于钱桥街道管理区域内，东西走向，原东至锡宜公路，西至钱洛路。现调整为东至锡宜公路，西至锡陆路，长 2921 米，宽 30 米
5	道路（起止点）	堰[illegible]路	惠山区	位于玉祁街道管理区域内，南北走向，原南至堰玉西路，北至海瑞路。现调整为南至堰玉西路，北至玉祁春申路，长 3400 米，宽 27 米
6	道路（起止点）	平湖路	惠[illegible]区	位于玉祁街道管理区域内，东西走向，原东至堰玉北路，西至湖西路。现调整为东至蒋巷路，西至湖西路，长 1300 米，宽 15 米
7	道路（起止点）	文浩路	惠山区	位[illegible]玉祁街道管理区域内，东西走向，原东至堰玉北路，西至[illegible]路。现调整为东至堰玉北路，西至民主路（规划名称），长[illegible]米，宽 25 米
8	道路（起止点）	蠡太路	滨湖区	位于蠡湖街道管理[illegible]域内，南北走向，原南至隐秀路，北至太湖西大道。现调整[illegible]南至幼儿园（规划），北至太湖西大道，长 1895 米，宽 13[illegible]19 米
9	道路（起止点）	菱湖大道	新吴区 经开区	位于新吴区新安街道、旺庄街道[illegible]经开区华庄街道管理区域内，南北走向，原南至环太湖高速[illegible]北至京杭运河。现调整为南至环太湖高速，北至旺庄西路（[illegible]源南路对接），长 9400 米，宽 40 米
10	道路（起止点）	塘南三支路	新吴区	位于江溪街道管理区域内，原南至塘南路，北至[illegible]路。现调整为东至兴源中路，西至塘南北路，长 463 米，[illegible]米
11	道路（起止点）	春富路	新吴区	位于江溪街道管理区域内，南北走向，原南至江华路，北至金城东路。现调整为南至新光路，北至金城东路，长 1313 米，宽 24 ～ 30 米
12	道路（起止点）	欣鸿路	新吴区	位于鸿山街道管理区域内，东西走向，原东至飞凤路，西至至德大道。现调整为东至鸿山路，西至至德大道，长 3400 米，宽 20 米

（市民政局）

编辑　葛　红

索　引

说　明

该索引为综合性主题索引，包括正文部分43个附录和类目的内容。索引标目按汉语拼音字母顺序排列，同音字按声调顺序，同音同声者按第二字拼音字母顺序排列。标目后数字为页码，字母a为左栏，b为中栏，c为右栏。

“110”接处警服务 116b
12319 服务热线 300b
15 分钟医保服务圈 404b
2021 年度综合考核总结表彰大会 29b
2022 无锡“国际月”65c
“3232”平台改版升级 72c
40 项改革举措出台 62a
5G 网络建设 167a

A

阿炳印象主题雕塑展 358b
安全生产 416b
安全生产监管领域专项治理 76c
安全生产监管执法 418b
安全生产宣传教育 418c
安全生产专项整治 [illegible]6c

B

BIM 技术 246a
八大类商品及服务价格 401c
白云 427b
帮扶服务方面 60b
包容审慎监管 146a
保险 271b
保险业监管 281b
保障性住房建设 404c
保障性租赁住房 404c
北京大学合作协议 337a
北京大学无锡电子设计自动化研究院 331c
北京大学长三角未来技术生命健康研究院 331c
北塘大街改扩建 296b
被征地农民权益保障 138a
边检法治建设 216b
滨发大厦 157a
滨湖区 442a
滨湖区太湖湾科创带产业体系 161c
滨湖区太湖湾科创带建设 161b
殡葬管理 409a
病媒生物防制 381a
博爱家园建设 111a
博士后载体建设 31c
不动产线上登记 175b

C

财产净收入 399b 399c
财政 140a 154a
财政惠民 140c
财政审计 144c
财政治理 140c
蔡凤高 427c
参与“一带一路”建设 212b
参政议政 71a 80a 81b 82b 83b 84b 85c 86c 88a 89c 108a 109a
参政议政民主监督 37a
餐饮 254b
残疾人教育 109c
残疾人就业 395b
残疾人康复 109c
残疾人民生保障 405b
残疾人体育嘉年华 390c
残疾人托养 405c
“残疾人之家”建设 109b
残疾人职业技能培训 397b
叉车智慧监管平台 417c
茶婆婆渔婆婆蚕婆婆 372a
茶叶 219b
查处违纪违法案件 76a
产品质量监管 147a
产业创新 226a
产业创新提升发展监督 52a
产业发展 182a
产业发展标准化 146b
产业工人队伍建设改革 92a
产业合作 231b

产业结构 155a
产业金融 164b
产业数字化发展 166b
产业用地全域更新行动 137a
产业园用地整治 137b
产业知识产权联盟 149c
常委会自身建设 50a
长江禁捕市场监管 321c
长江流域 316a
长江流域禁捕退捕 321c
长江水情 17b
长期护理保险 403c
长三角地区美术作品交流展 358b
长三角民族器乐作品创作大赛 354b
长三角体育节 389b
长三角一体化发展 156a
车辆驾驶员管理 419b
成品油经营 251c
诚信企业培育 397b
承插型盘扣式钢管支架 248b
城管执法 308c
城市标识 21b
城市大数据中心数据安全管理 426c
城市道路景观 295b
城市地质调查 415c
城市废物处置 323c
城市更新 294c
城市更新技术支持 295a
城市更新思享会 372a
城市公交 304a
城市公园绿地 302c
城市功能方面 60a
城市功能品质提升 307a
城市管理 306c
城市管理创新 308a
城市规划 293a
城市极端暴雨洪涝灾害风险评估 415a
城市建设 293
城市精神 22b
城市绿化 302b
城市绿化条例 302c
城市名片 21b
城市桥下空间利用设计导则 302b
城市信用环境 151c
城市形象宣传 33c
城市运行管理服务平台 308b
城市运行管理平台 175a
城市照明 300a
城市重点工程 296a
城乡居民生活保障 405c
城乡面貌方面 59c
城乡区域协调并进监督 52b
城镇居民收入 399a
城镇居民消费 400b
惩治刑事犯罪 122a
持续推进追逃防逃追赃 76b
崇军关爱基金 135a
出入境安全监管 215a
出入境边防检查 216a
出入境管控 216a
出入境管理 120a
出生人口监测与服务 408a
出租车 304b
畜牧业 221b
畜禽屠宰管理 221c
传染病防控 376a
传统村落保护 310a
传统街区活化利用 285b
船舶港口污染物防治 189a
创投无锡 260b
“创响无锡”全民创业大赛 396b
创新平台载体 331b
创新仲裁 130a
创新主体培育 336b
创业基地建设 396b
春节民俗节目 371b
春节体育大联欢 388c
慈善救助 406c
村（社区）党建 39b
村级集体经济 312a
村镇基础设施 309c
村庄规划 309b
存量房产交易 291b
重阳登高节 389b

D

DHL 快递无锡口岸 185a
打击诈骗犯罪 118c
打私综合治理 215c
打造全国最干净城市 373b
打造诉讼服务升级版 125a
大气环境 314a
大事记 1
大数据产业 170c
大数据产业安全防护 170c
大数据产业企业 170c
大型复杂曲面机器人 231c
大型活动安全保障 120c
大运河文化带和大运河长江国家文化公园建设 361c
大运河文化旅游发展基金 362b
大运河文化主题美术作品展 358c
大运河无锡段两岸提升建设导则 245c
大众传媒 365
代表工作 53c
代表履职服务 53c
带押过户 292a
当代朝鲜油画精品展 358c
党建工作 39a
党建类电视栏目 371b
党史编研 46c
党外代表人士队伍建设 38c
党校工作 46a
党员及党组织 29c
档案工作 47c
档案馆（室）建设 47c
档案归集及查档服务 48a
档案征集 48c
导游行业管理 289b
道路交通规划研究 294b
道路交通联动治理 419c
道路交通事故预防压降 420a
道路桥梁维修 297b
道路桥梁养护 297c

地区生产总值 154a
地铁 305b
地铁与公交两网合一 305c
地铁云招标 306b
地下水 316a
地下水污染防治 323c
地形地貌 15a
地质灾害防治 415b
地质灾害风险普查 416a
地质灾害隐患排查 415c
低收入人口动态监测和精准帮扶“3610 行动”406a
低碳绿色港口改造 189b
迪哲中国区研发生产总部 163a
第 18 届国际摄影艺术展 103c
第十二届学术大会 106a
典当 281a
电力安全保障 300a
电力行业安全生产 418a
电视 369a
电梯三级救援体系 417c
电信运营商信创营业办公单元 173b
电影 372b
电子商务 250a
电子信息产业 232b
电子信息产业企业 232b
电子信息产业重大项目 232c
调裁审一体化 130c
调查研究 41c
调研视察 71c
调研提质 41c
东亭街道儿童“关爱之家”项目 405b
动物疫病防控 221c
杜鹃花节 303b
短视频大赛 374a
对口合作 160a
对口协作 159b
对口支援 158c
对口支援阿合奇县 158c
对口支援霍城县 159a
对口支援云阳县 159a
对台事务 40c
对外及对港澳台经济合作 212a
对外及对港澳台贸易 210c
对外经贸 154a
对外开放服务 215b
多层次医疗保障 404a
多党合作 36c

E

儿童福利院新院 405a
儿童友好城市建设 99b

F

发挥侨智侨力 107a
法律援助 128b
法律援助 134c
法院 123b
法治 112
“法治公安”建设 115c
法治化营商环境 4.0 版出台 114a
法治政府建设 114b
法治政府建设规划方案 114b
帆船俱乐部联赛 391c
方言 21a
方志编研 47b
防范和化解风险 27c
防汛抗旱 414c
防灾减灾 414a
防震减灾 416a
房产测绘数据 292a
房产经纪和中介机构 291c
房地产开发经营 290a
房地产开发企业资质管理 290c
房地产开发投资 290a
房地产市场 290c
房地产市场监管 291c
房地产项目建设 290a
房地产业 290
房屋征收 295c
纺织服装业 237a
“放管服”改革 62c
非公有制经济发展 90a
非公有制经济领域统战 37c
非公有制经济人士理想信念教育 89a
非税收入 141b
非物质文化遗产 20c
非遗传播 361a
非遗进校园 361b
非遗融合发展 361a
废弃物处置 323c
奋进新征程专场音乐会 358a
风俗 21a
服务改革攻坚 42a
服务经济发展 42a
服务市委决策 41c
服务台胞 108c
辐射环境 317a
“福彩杯”无锡网络创益大赛 42c
妇联干部队伍建设 100a
妇女儿童关爱帮扶 100a
妇女儿童健康 379b
妇女儿童权益维护 99c
妇女就业 394c
妇女书法篆刻作品展 358a
妇幼保健 379a
妇幼健康服务体系 379a
附录 448

G

干部培训 46b
港澳青年创新创业基地 158a
港澳事务 67b
港口 184a
港口岸电设施 189b
港口危化品抽检 189c
港口项目 189a
高标准农田建设 220a
高等教育扩容提质 346b
高端装备企业 231a

高端装备制造业 231a
高价值专利培育 149c
高考 350b
高浪路快速化改造 297a
高品质住区地块 290c
高素质农民培育 312c
高校毕业生就业 394c
高新技术产业 336a
高新技术产业产值 336a
高新技术产业园区 336c
高中新课程新教材 344c
跟踪问效 53b
耕地保护 318c
耕地质量保护 220c
工程技术研究中心 336a
工程造价管理 247c
工程招投标监管 247c
工会法律服务 94a
工会干部队伍建设 93b
工会普惠服务 93a
工会组织建设 92a
工贸企业安全生产监管 417a
工伤保险 403a
工伤预防 398a
工伤职工权益保障 398a
工商银行 267a
工资性收入 399a 399c
公安 115b
公安派出所消防安全监管 422a
公共安全 413
公共法律服务 128a
公共建筑节能降碳 322c
公共就业服务载体建设 394b
公共空间附属设施 294c
公共数据开放 174b
公共停车收费管理专项整治 76b
公共卫生安全 425a
公共卫生监测 425b
公共文化 351a
公共文化服务云平台 176a
公共文化数字化 353b
公共文化新空间 353a
公共资源交易 62a
公交 102 路 305a
公交 122 路 305a
公交 801 路 304c
公路 183b
公路惠民服务 186c
公路项目 186b
公路养护 186b
公民道德建设 35b
公平竞争审查 148a
公益电影放映 372b
公益诉讼检察 123a
公益宣传 35b
公用事业 298b
公证服务 252c
供电 299b
供电创新服务 299c
供气 298b
供水 299a
供销合作 251a
共青团无锡市委员会 94a
构建基层应急管理体系 43c
构建数字化转型职能体系 43b
古代 22c
古树名木保护 303a
固定资产投资 155b
固定资产投资审计 145a
顾平工作室师生国画作品展 358c
顾真安 430a
雇员制改革试点 43c
挂牌设立藕塘护理院 43c
“关爱·圆梦”工程 395c
关心下一代工作 45b
《关于修改和废止部分政府规章的决定》出台 113a
馆藏档案开发利用 48b
光彩公益事业 90c
光储充微电网项目 300c
光储放超级充电站 300c
光网建设 167b
广播 369a
广场舞大赛决赛 390a
广场舞交流比赛 390b
广告业 253c
广益路新建 296c
归美桥改建工程 188b
规范行政执法 115a
规范性文件备案审查 113a
轨道交通 305b
轨道交通场站及周边土地综合开发 306a
国防动员 131c
国际标准舞全国巡回赛 390c
国际传播 34a
国际交流合作 66c
国际客货运航线 185b
国际贸易投资促进 213b
国际商事法律服务 213c
国家 IPv6 技术创新和融合应用综合试点 43a
国家超级计算无锡中心 162c
国家电影产业创新示范基地 372b
国家基本药物制度 383b
国家级车联网先导区 168a
国家级知识产权强国建设示范园区 150b
国家进口贸易促进创新示范区 446a
国家生态文明建设示范区 434b
国家生态园林城市创建 303c
国家食品安全示范城市创建 424a
国家再生水配置试点 328c
国家知识产权强县建设试点县 436a
国联集团 139b
国联期货 280a
国联信托 280b
国联证券 279a
国民经济和社会发展主要指标 473
国内 ALD 设备“第一股”232b
国内外展览参展 213c
国企改革 138b
国省干线养护大中修工程 187b
国土空间规划 161c
国土空间全域综合整治 319a
国土空间生态保护修复 318c
国有资产监管 138a
国有资产专项治理 76c
国有资产专项治理工作会议 75b

H

海关 215a
海军无锡舰交付入列 135c
海澜之家 237b
海绵城市 295a
海外联谊 107b
海洋结构分析通用软件 163b
海智系列活动 102b
航道维护 188a
航发控制系统研究所 338
航空 182a
航空航天产业园 205a
航空口岸 214c
航空项目 184c
行业结构 155a
航运 183c
航运项目 188a
河道环境综合整治 325b
河道水情 17a
河湖环境整治 326a
河湖水域岸线管理 326b
河湖长制 325a
河长湖长全覆盖 325a
核酸检测 377b
横山水库水情 17b
弘扬工匠精神 92c
弘扬劳动精神 92c
弘扬劳模精神 92c
弘扬社会新风 36b
弘扬英烈精神 134c
“红梅生香”党建助残 109b
红十字救助 407c
红石榴就业促进中心 412c
后勤装备保障 132c
互联网大会 166c
互联网公共法律服务 176b
华润微电子 169c
华泰证券 279c
华文教育 40b
华文媒体宣传 40a
华夏银行 271a
化工产业安全环保整治 243a
化工园区 243a
化妆品抽检 424c
化妆品线上净网线下清源行动 424c
环保产业国际化创新峰会 195c
环境监管 324a
环境领域犯罪惩治 118c
环境质量 314a
环境治理能力 324c
环境资源案件审判 125c
环太湖大堤剩余工程 327b
会展业 254a
“惠企通”平台 63a
惠山古镇景区 284a
惠山古镇景区花事节庆 287b
惠山经开区 199a
惠山区 439c
惠山区智能制造产业集群 241b
婚姻登记 409a
混凝土质量专项检查 298a
活力机关体育嘉年华 389c
火灾情况分析研判 422c
货币政策 259a
获奖项目 106b

I

IC 应用博览会 233c

J

机构编制法规制度建设 43b
机构编制管理 43a
机关党建 39a
机械工业 237b
机械工业高端制造 239c
机械工业固定资产投资 240a
机械工业获得荣誉 241a
机械工业科技创新 238c
机械工业外贸出口 240c
机械工业新兴产业 239a
机械工业专利发明 240b
基本养老保险集体补助 403b
基层工会规范化建设 93b
《基层立法联系点工作规定》出台 112b
基层统计 145c
基层卫生 378c
基层卫生服务能力 378c
基层卫生服务体系 378c
基层治理机制改革 44a
基层中医药服务与管理 381a
基层组织建设提质增效 30b
基金 260c
吉利高性能电驱项目 441c
疾病防控 376a
集成电路产业 168c 169a
集成电路产业上市企业 169c
集成电路产业系列活动 169b
集成电路产业重大项目 168c
集成电路封装测试业 169b
计划生育家庭保障 408b
计量监管 147b
纪检监察体制改革 74b
纪念市关工委成立 30 周年 45c
技能人才培育载体 397a
技能人才评价体系 397a
季度创新创优节目 371b
既有建筑安全 248c
既有住宅加装电梯 296a
寄递物流体系建设 255c
家庭病床制度 379c
家庭教育 99a
家庭文明建设 99a
家庭医生签约服务 379a
家政服务 254c
价格调控 149a
价格收费监管 149a
监督检查 75c
检察 121a

检验检测 253b
减税降费 141c
见义勇为表彰 120c
建立市级编制周转使用机制 43c
建设工程质量管理 247a
建设银行 268b
建言资政 71a
建议提案办理 55b
建置沿革 18b
建筑工程质量 246c
建筑勘察设计 246a
建筑垃圾 307c
建筑施工 246b
建筑施工安全生产 417b
建筑施工企业 245a
建筑施工项目 245a
建筑市场监管 247b
建筑行业创优 245a
建筑业 245
建筑业管理 247a
健康促进 380c
健康无锡 380c
健身场地 385c
健身健美锦标赛 389a
《践行全过程人民民主的规定》出台 112b
践行善治理念 124a
江南大学 346c
江南晚报 368c
江苏创新中心 232a
江苏大数据开发与应用大赛 175a
江苏好人 428
江苏省各设区市主要指标 476
江苏省工人先锋号 431
江苏省故事会 356c
江苏省男子体操队 392a
江苏省太阳能光伏技术创新中心 332b
江苏省文艺大奖 357c
江苏省五一劳动奖章获得者 428
江苏省五一劳动奖状 430
江苏省五一劳动荣誉奖章获得者 429
江苏银行 269c
江阴港洗舱站 189a
江阴高新区 179c 196b
江阴—靖江工业园区 207a
江阴靖江长江隧道 187a
江阴临港经济开发区 205c
江阴市 432a
江阴综合保税区 206c
蒋华良 430b
降尘 314c
降水 15c
交通安全 418c
交通出行方面 60a
交通价格 402c
交通事故分析研判 421a
交通银行 268c
交通运输安全监管 421a
交通运输领域安全生产监管 417c
教师队伍 342a
教育 340
教育保障 342b
教育对口支援 343a
教育发展质量 340a
教育交流合作 342c
教育结对帮扶 343a
教育救助 406b
教育引才 342b
接轨上海大都市圈 156a
接收安置 134a
秸秆机械化还田 223a
节能环保产业 236b
节能减排 322b
节水建设 323a
节水型社会 328c
解决跨境争端 130b
金风科技南方基地项目 236a
金融 154a
金融创新 259c
金融服务乡村振兴系列活动 312a
金融审判体系建设 126a
金融业 258
金融业监管 281
进近管制室 185a
近代 23a
禁毒工作 118a
京东航空全货机 185b
京杭运河无锡段整治工程 188b
经济薄弱村帮扶 312a
经济犯罪案件侦查 117c
经济管理 137a
经济和社会发展 22c
经济结构 155a
经济林 221a
经济运行 152a
经济责任审计 145a
经济综情 152
经济总量 154a
经贸合作 209a
经营净收入 399b 399c
景区基础设施 284c
景区救护站建设 111b
竞技体育 390c
敬老助老活动 409c
九三学社无锡市委 87b
救护培训 110c
就业 394
就业促进 395c
就业结构 394a
就业质量 394a
就业总量 394a
居民服务业 254b
居民收入 399a
居民消费 400a
举办高端学术活动 100c
“聚贤惠锡”工作 38c
军事 131
军休干部服务 134b

K

开发区安全生产 191c
开发区科技创新 191b
开放大学 350a
开学第一课 344b
开展主题教育活动 45c

勘察设计项目评优 246b
勘察设计业务培训 246a
勘察设计资质管理 246a
看见锦绣山河 372a
考古研究 360a
考试 350b
科创产业合作 157c
科创活动 163c
科创金融 164b
“科创中国”试点城市建设 100c
科技城产业规划 337c
科技城空间规划 337c
科技创新平台 162b
科技创新政策 330b
科技发展 330a
科技服务 253b
科技服务品牌转化 102c
科技工作者创新创业 100b
科技国际合作 336c
科技合作 336c
科技交流活动 157c
科技教育方面 60b
科技金融 331a
科技企业孵化载体 336a
科技人才项目 330c
科技投入 330b
科技招商 336b
科技志愿服务 101a
科技治藻 317c
科学技术 330
科研院所 338a
科研咨政 46b
课题立项 105c
空港产业学院 185b
空港经开区 204c
空气污染防治 323b
空气质量 314a
控告申诉检察 123b
口岸 214b
跨界河湖水葫芦联保共治 325b
跨境并购项目 212b
快递 255a
快递行业劳动争议调解中心 256c
会计服务 253a
矿产资源 17c
困境儿童保障 405a

L

蓝藻防控能力 318a
蓝藻水草处置 317c
蓝藻预警 317c
劳动保护 398b
劳动法律监督 398a
劳动关系建设 394b
劳动和技能竞赛 397a
劳动权益保障 397b
劳动争议调解中心成立 130b
劳务派遣管理 397c
劳务品牌建设 394b
老干部服务 45a
老干部工作 44c
老旧小区改造 295c
老龄健康 379b
老龄人口 409a
老龄事务 409a
老年健康服务内涵 379c
老年健康服务体系 379a
老年友好型社会建设 409b
雷华电子技术研究所 338
离境退税代办点 214c
离退休干部党建 39c
离退休干部作用发挥 45a
蠡湖大桥桥梁荷载试验 297c
蠡湖未来城总体规划 293a
蠡园景区花事节庆 288c
蠡园开发区 202b
李桂英师生锡剧演唱会 356b
理论思想武装 30a
理论宣讲 46c
历史建筑保护管理办法 360c
历史建筑保护利用图则 360c
历史建筑宣传专栏 360c
历史名人 20c
历史人文 20b
利用外资及港澳台资 210a
连锁经营 249c
联青服务站 94c
联系人大代表 53c
廉洁教育 74c
练兵备战 131b
梁溪区 436c
梁溪区发展大会 437c
粮食流通 250c
粮食绿色高质高效示范片 220a
粮食应急保供 413c
粮食作物 219a
粮油产业发展 243b
粮油工业 243b
两河整治提升 325c
两山一湾 284b
“两新”组织党建 39c
林草种苗产业 221b
林地保护 320a
林下经济 221a
林业 221a
林业有害生物防控 320b
林长制 320q
灵山景区 283b
灵锡 175c
凌乱架空线缆整治 174a
零工市场 396c
刘丽艳 427b
流浪乞讨人员救助 406b
龙舟赛 389c
楼市政策调控 291c
论文集编纂 103b
旅行社管理 289a
旅游厕所 289c
旅游度假区管理 282a
旅游公共服务 289c
旅游管理 289a
旅游接待与收入 282a
旅游推介 285c
旅游项目建设 284b
旅游星级饭店管理 289b
旅游宣传 285c

旅游业 282
旅游资源 283a
履行纪检监察职责 74a
履职尽责 49b
律师服务 252b
律师工作 129b
绿化 320b
绿化科研应用 303a
绿化行业监管 303b
绿色防控示范区 224b
绿色货运配送 190b
绿色建筑 322c
绿色制造 322b
绿色制造体系建设 226c

M

马山通信机楼 172b
马术三项赛锦标赛 392b
马术盛装舞步锦标赛 392b
慢性病防控 377a
贸易结构 212c
梅村高级中学空港分校新建 297a
梅雨 16c
梅园景区旅游节庆 288b
梅园项目选址及规划设计 303c
媒体融合发展 372c
媒体数字藏品 364a
“每个人都有光”社会组织服务项目 411c
美丽河湖 325c
美丽农居建设 309c
美丽示范河湖 325c
美术 358a
面积 15a
民办义务教育 344a
民革无锡市委 80c
民建无锡市委 83a
民进无锡市委 83c
民盟无锡市委 82a
民生福祉监督 52b
民生审计 144c
民生实事项目 59c
民生事业 27a
民声留言板 371c
民事案件审判 125b
民事检察 123a
民营经济 154a
民主党派·工商联 78
民主党派助残 109c
民主法治示范村 313c
民主监督 71b
民主协商 69a
民族 20a
民族事务 411c
民族宗教事务 411c
名师带徒展演 356c
母婴安全保障 379a

N

南沿江城际铁路江阴站 186a
倪家巷村老年友好社区 409b
年鉴编纂 47b
农产品加工 222c
农产品质量安全 423a
农产品质量监测 423c
农村电商产教联盟 256c
农村房屋安全 310b
农村改革 311b
农村改革试验 311b
农村环境 317a
农村集体经济股份制改革 311c
农村集体三资监管 312b
农村金融改革 311c
农村居民收入 399b
农村居民消费 401a
农村人居环境 310c
农村人居环境评价机制 311a
农村生态河道 327c
农村水利 327c
农工党无锡市委 84c
农机化转型升级 223a
农机科技志愿者服务 223b
农机社会化服务 223a
农贸市场文明创建 148c
农民工工资 248a
农民增收 312b
农业 217a
农业产业 219a
农业产业化龙头企业 311b
农业产业技术推广 224b
农业发展银行 266b
农业建设 217c
农业经济 217a
农业经营 222b
农业科技 224a
农业银行 267a
农业装备 222c
“暖冬助残”活动 110a
女孩足球节 386c
女性人才服务 99a
女足亚洲杯 391a

O

欧美同学会工作 37c

P

拍卖业 254a
批发零售 249a
皮划艇马拉松赛 389c
平安财产保险 277a
平安建设协调机制 113c
平安人寿 277c
平安医院 382c
评选“四个最美”人物 134a
破产案件审判 125a
浦发银行 270a
普法工作 127c

普法责任制落实 115b
普惠金融 260a
普通高等教育 346b
普通高中教育 344c
普通国省道桥梁安全检查 187c

Q

七〇三研究所 338c
期货 278b
期刊 365a
其他非银行金融机构 280c
其他教育考试 350c
企业发展 226a
企业供需对接服务平台 171a
企业监管 146c
企业科协组织建设 102c
企业用工服务 396a
起诉电信诈骗犯罪 121c
起诉食品药品犯罪 121c
起诉市场经济犯罪 121b
气候 15b
气排球比赛 389a
气瓶智慧监管平台 417c
气温 15b
气象灾害防御 414a
钱鸣高 429a
欠薪治理 397c
强村富民 312a
侨海工作 86c
侨务工作 40a
桥区水域航道疏浚养护 188c
青年棒球锦标赛 392b
青年成长成才 97b
青年创业就业 97a
青年击剑锦标赛 392a
青年联合会 96a
青年人才工作 96b
青年社会组织管理服务 96c
青年书法篆刻作品展 359a
青年思想政治建设 95a
青年突击队建设 97b
青年文化建设 95a
“青年之家”建设 94c
青年志愿服务 96c
青少年部马术比赛 387a
青少年部足球比赛 387b
青少年科技竞赛 102a
青少年权益保护 95c
青少年跆拳道超级联赛 387c
青少年体育 386b
青少年游泳锦标赛 388a
轻越野主题挑战赛 388a
邱明辉 427c
区域协同发展 156
曲艺 355c
曲艺中青年骨干培训班 356b
权责清单动态管理 44a
权责清单执行情况监督评估 44a
全国棒球锦标赛 392a
全国工人先锋号 430
全国居家和社区基本养老服务提升行动项目地区 410a
全国科技工作者日 101b
全国科技活动周 101c
全国科普日系列活动 101c
全国农作物病虫害绿色防控整建制推进县” 436b
全国首批创新型县（市）434a
全国义务教育优质均衡先行创建区 a444
全过程人民民主 49c
全面从严治党 24a
全面育人教育 341a
全民健身大联动 388c
全民阅读 352a
全省网络安全发展大会 426a
全市离休干部概况 44c
全市立法工作会议 113a
全市团员和团组织建设 94a
全域科普 101b
全域旅游智慧监管服务平台 289c
群芳奖 354b
群众体育 388b
群众团体 92
群众文化 352b
群众文艺展演 353c
群众性基础创建 36a
群租房治理 292c

R

人才创新创业大赛 31c
人才队伍建设 30b
人才服务载体平台建设 32a
人才工作会议 30b
人才工作计划升级 30c
人才集聚平台建设 30c
人才强市战略实施 30c
人才引进 31a
人大代表履职 53c
人大构成 49a
人大监督 52a
人大立法 52a 112a
人防工程建设 133a
人防工程维护管理 133a
人防宣传教育 133b
人防应急体系建设 133a
人口 20a 408a
人口管理 408c
人口家庭 408a
人力资源服务 252a
人力资源服务机构 398b
人力资源市场 398b 398c
人民调解 129a
人民防空 133a
人事任免 53b
人文交流合作 213a
认证监管 147b
任小青 427a
日照 16c
荣立个人战时三等功（含）和个人二等功（含）以上退役军人 429
融媒体新闻行动 373a
融入粤港澳大湾区发展 157b

融资担保 280c
融资租赁 281a
软件和信息服务业 169c
软件和信息服务业产业活动 170a
软件和信息服务业信创建设 170b

S

三对三篮球精英赛 388c
三名战略 383c
散装水泥推广 322c
扫黄打非 364b
森林督查 320b
森林防火 422b
森林康养旅游 221a
森林资源保护 320a
沙盒监管 443c
沙陆墟 355c
沙无垢 355c
商标品牌培育 149c
商贸服务业 249a
商贸流通 249a
商品房交付使用验收 290b
商品房绿化项目监管 292a
商品房网签备案 291a
商品房新增供应 291a
商品房预售资金监管制度 291c
商务服务业 252a
商协会党建 88c
商协会规范化管理 90c
商业保理 281a
商业秘密保护 148b
上港 ICT 项目 214c
少儿体适能培训班 387a
少年乒乓球锦标赛 391c
少先队工作 98a
社保基金监管 403b
社保救助 406b
社会保险 403a
社会保障 403
社会服务 80a 81c 82c 83c 84c 85c 87a 88b
社会服务面 350a
社会福利 405a
社会工作人才培养 411b
社会教育 349c
社会救助 405c
社会面巡逻防控 116c
社会事务 408
社会消费品零售总额 155b
社会治理监督 53a
社会组织管理 411b
社会组织培育 411b
社会组织专家库 411b
社科普及 106c
社科优秀成果评奖 106a
社情民意 71b
社区百姓健身房 386a
社区服务 411b
社区建设 411a
社区矫正 129a
社区警务 119a
社区运动会 393a
社区运动会总决赛 390a
涉房政务事项信息共享 175b
涉港澳台审判体系 126a
涉粮问题专项巡视情况反馈 75a
涉粮问题专项巡视整改落实会议 28c
涉台服务 41c
涉台青年工作 41b
深化联动工作机制 113c
审查调查 76a
审查调查核心职责履行 76a
审计 144b
生产许可服务 146a
生活垃圾 307b
生命教育基地建设 111b
生态补偿 220c 318c
生态环境方面 59c
生态环境监督 52c
生态环境检察 121c
生态环境建设 26c
生态环境突出问题专项巡察 77c
生态环境应急管理 324a
生态环境执法监管 324a
生态建设 314
生态健康养殖 221b
生态质量 314a
生物安全 384c
生物多样性保护 320c
生物医药产业 234b
生物医药产业创新成果 234c
生物医药产业集群 234c
生物资源保护 320c
声环境 316a
省双拥模范城（县、区）创建 135b
省运会 385a
省长杯 387c
失业保险 403a
施工图设计审查 246b
湿地保护科普 319c
湿地保护修复 319c
湿地资源保护 319b
十四届市委第二轮巡察 77c
十四届市委第三轮巡察 77c
石油地质研究所 338
石油化工业 242c
实施营商环境提优工程 124b
食品安全抽检监测 424a
食品价格 402a
食品连锁经营企业许可 147c
食品药品安全 423c
食品药品领域犯罪惩治 118c
史迹遗存 20b
史志工作 46c
示范高中 345a
世界物博会网络保障 172c
世锦赛男团冠军 392a
市场监督管理 145c
市场监管综合监管平台 175c
市场建设 249a
市场物价 401b
市场主体培育 153c
市场准入退出 61c
市歌 22a
市花 22a
市徽 22b

市级非物质文化遗产代表性项目 361a
市级国土空间总体规划 293a
市级平安百年品质工程 186c
市民协第七次会员代表大会 105b
市情概览 15
市容秩序 307c
市社会矛盾纠纷调处服务中心 68b
市十六届人大常委会第四十五次至第四十六次会议 50b
市十七届人大常委会第一次至第九次会议 50b
市十七届人大一次会议 50a
市树 22a
市趟邮路改革 257a
市委财经委员会第六次会议 29a
市委党校新校区 297a
市委港澳工作领导小组会议 29b
市委教育工作座谈会 340c
市委全面深化改革委员会会议 28c
市委全面依法治市委员会第四次会议 29b
市委审计委员会第九次会议 29b
市委十四届三次全会 28a
市委十四届四次全会 28b
市委外事工作委员会第三次会议 29b
市文联十届六次全委（扩大）会议 105b
市辖区地名命名更名 477
市域社会治理现代化试点 114a
市长信箱办理 55c
市政府常务会议 56a
市政府全体会议 56a
市政工程质量监督 298a
市政基础设施工程施工质量管理用表 298b
市政民生工程配套研究规划 294b
市政设施 297b
市政设施检测 297b
市政协十四届二十四次常委会会议 70a
市政协十五届一次会议 69c
市政协十五届一次至四次常委会会议 70b
事项议决 53a
事业单位人事管理 31a 31b
事业单位信用监管 44b
逝世人物 429a
收费管理 148c
收入与消费 399
收养管理 409a
守信激励措施 151a
首次采风活动 105b
首批国家知识产权强县建设示范县 434b
兽药饲料专项整治 423b
“瘦肉精”专项整治 423b
书法 358a
枢纽产业 181c
枢纽经济 181a
枢纽设施 181a
蔬菜 219a
数据赋能应用 174c
数据共享赋能 174a
数据基础资源库 177a
数据要素市场培育 174c
数据中心建设 167a
数字产业 165c
数字产业体系建设 226b
数字防疫 177a
“数字公安”建设 116a
数字红会 177a
数字化产销管理模式 171b
数字基础设施 166c
数字经济 165a
数字经济人才培育 32a
数字经济提速和数字化转型大会 29c
数字社会建设 174a
数字生活场景 174a
数字算力建设 171a
数字乡村 311a
双减工作 343c
双拥共建 135a
双拥宣传教育 136a
水产品质量安全 423b
水产养殖病害测报 222b
水果 219b
水环境 314c
水利 325
水利工程 326c
水利工程监督管理 327b
水利规划计划 327a
水利建设发展 326c
水利行业安全生产 418a
水利行业管理 329a
水情宣传教育 329a
水上交通安全监管 420c
水土保持 328a
水位 16c
水文 16c
水文化 326b
水污染防治 323b
水行政执法 329b
水资源 17b
水资源保护 318a
水资源管理 328b
税费服务 141c
税收监管 144a
税收营商 142a
税收综合共治 144a
税务 141a
税务代理 253a
税务执法 144a
司法鉴定 252c
司法所建设 129b
司法行政 127c
丝路贸易 212c
思想建设 78b 81a 82a 83b 84a 85a 86b 87c
思想理论武装 32b
思想政治建设 110b
思想政治建设 131a
思想政治建设 132a
思想政治建设 92a
思想政治建设 98c
思想政治教育 107a
思想政治引领 36c
思源台 285c
“四风”问题监督检查 76a

饲料兽药生产 221c
送戏下乡 356a
“苏岗贷”扩围试点 396b
苏南国家自主创新示范区 331b
苏南瑞丽航空 185c
苏南数字文化中心 363c
苏南智造太湖湾创新峰会 163c
苏州银行 270c
素质教育 341c
酸雨 314b
所有制结构 155a

T

台企转型升级 41a
“太湖 e 警”平台建设 119c
“太湖杯”国际精英创新创业大赛 163c
太湖国家旅游度假区 195c
太湖讲习所 373c
太湖论道 412c
太湖实验室 162b
太湖水情 17a
太湖湾科创带发展状况 161a
太湖湾科创带空间格局 162a
太湖湾科创带配套设施 162b
太湖湾科创带综合交通体系 162b
太湖湾科技创新带 161a
太湖湾生命健康未来大会 163c
太湖文学奖 355b
太湖无锡水域 315c
太湖新城建设 295b
太湖治理 317b
太平洋财产保险 276b
太平洋人寿保险 276c
泰康人寿 278b
探访大运河无锡段 362c
特钢标准化领域 242a
特钢产业集群 242a
特钢高端制品领域 242b
特色旅游线路 286b
特色农机化发展 223a
特色田园乡村建设 310a
特殊教育 345b
特殊教育内涵建设 345b
特殊食品监管 424b
特许经营 249c
特种设备安全生产监管 417b
提案工作 71a
体育 385
体育产业 392c
体育类校外培训机构 393b
体育设施 385c
体育社会组织 385b
体育文化活动 385b
体育舞蹈联赛 388c
体育消费 392c
天津大学合作协议 337a
天津大学无锡研究院 331c
调解组织品牌创建 130c
铁路 183a
铁路项目 185c
通信产业 171a
通益路新建 296c
统筹城乡区域协调发展 26b
统筹发展和安全监督检查 75c
统筹疫情防控和经济发展 153a
统计 145a
统计调查 145a
统计法治 145b
统计服务 145b
统计改革 145b
统计资料 473
统战工作 36c
统战主题地铁车站 306b
投资与消费 155b
土地整治项目 318b
土地资源保护 318a
土壤环境 316a
土壤污染防治 323c
团干部培训 94c
推动高质量发展 25a
推进改革试点工作 126a
推进诉源治理 122a
退休干部基本情况 45a
退休人员管理 410a
退役军人就业 395a
退役军人事务 133b
退役军人职业技能培训 397a

W

外币 S 基金 266a
外籍高层次人才引进 331a
外交应急服务保障 425c
外来入侵物种 322a
外贸发展体系建设 211b
外贸金融服务 212a
外贸企业服务 211c
外贸载体 211b
外商及港澳台商投资企业 210c
外事工作 63a
外资及港澳台资重大项目 210c
外资及港澳台资主要来源地 210b
完善大统战工作格局 39a
完善人才评价体制机制 31b
完善制约监督机制 125c
网络安全事件应急实战演练 426a
网络安全宣传周 426b
网络传播 372c
网络和信息安全 425c
网络普法 42b
网络强市建设工作推进会 43a
网络文明建设 42c
网上重大主题宣传 374a
网信工作 42b
网约车 304b
危化品安全监管 417a
微型巴士 10 号线 305a
围棋锦标赛 390a
围棋棋王争霸赛 388b
委员构成及委员活动 69a
委员联系服务群众 72b
卫生法规与监督 381c
卫生健康 375

卫生健康创建 381a
卫生健康法治建设 381a
卫生健康合作交流 375c
卫生健康人才队伍 384b
卫生健康审批服务 382a
卫生健康综合监管 382a
卫生养老方面 60c
“为爱行走”大型公益徒步活动 411c
为侨服务 107c
为侨服务 40b
未成年人检察 122c
未成年人思想道德建设 35c
未来技术学院协议 336c
位置 15a
文化 351
文化产业 363a
文化场馆月 354a
文化和旅游资源普查 282b
文化和自然遗产日 361b
文化惠民 352c
文化交流 34a
文化市场管理 364b
文化体育方面 60c
文化消费促进 363b
文化宣传 111c
文化遗产保护 359b
文旅产业合作 282c
文旅场所 364c
文旅融合 286a
文旅消费示范 363c
文明城市创建 36a
文明施工管理 247b
文物保护利用 360b
文学 354c
文学创作 354c
文学活动 355b
文学艺术 354c
文艺创作 103b
文艺大讲堂 104a
文艺界抗疫 104b
文艺进万家 104c
文艺人才队伍建设 104b
闻泰无锡超级智慧产业园 162c
污染防治 323b
污染物减排 323b
污水处理 300b
无党派知识分子工作 37
无人驾驶地铁 306b
无锡（北京）科技合作洽谈会 164a
无锡（国家）软件园 193c
无锡（杭州）数字经济产业交流合作洽谈会 157a
无锡（江阴）港对外开放泊位 214c
无锡·横琴粤澳协同创新中心 158a
无锡杯足球联赛 391b
无锡博物院 351c
无锡产业发展集团 243c
无锡常州毗邻地区合作共建 156c
无锡大数据交易公司 260b
无锡电信 171a
无锡电信通信保障工作 171c
无锡电信疫情防控保障 172a
无锡丁蜀机场 184c
无锡东收费站改造 187c
无锡动物园旅游节庆 288c
无锡高新区（大湾区）创新中心 158b
无锡高新区 180b 192a
无锡高新区创投基金联盟 164c
无锡广播电视集团 370a
无锡国际生命科学创新园 193b
无锡国家集成电路设计产业园 193a
无锡海关监管改革 215c
无锡华润燃气 301c
无锡经济开发区 446a
无锡经开区 201b
无锡军分区 131a
无锡—连云港—乌兹别克斯坦班列 441c
无锡联通 173c
无锡联通通信保障 173c
无锡联通网络共建共享 174a
无锡联通疫情防控保障 173c
无锡梁溪科技城 337b
无锡美术馆 358a
《无锡年鉴（2023）》索引
无锡农村商业银行 269c
无锡曲艺奖 356c
无锡日报 367c
无锡日报报业集团 367a
无锡山水城 203c
无锡摄影奖 358b
无锡市“十四五”老龄事业发展规划 409b
无锡市残联 109a
无锡市产业创新研究院 332a
《无锡市城市绿化管理条例》修正 112c
《无锡市第十七届人大常委会立法规划》出台 112a
无锡市妇联 98c
无锡市工商联 88c
《无锡市公共厕所管理办法》出台 113b
《无锡市公共信用信息条例》废止 112b
无锡市红十字会 110a
无锡市监委 74
《无锡市建设工程安全生产管理条例》修正 112c
无锡市科协 100a
无锡市侨联 106c
无锡市人民代表大会 49
无锡市人民政府 55
《无锡市社会治理促进条例》出台 112c
无锡市社科联 105c
无锡市市政公用产业集团 301a
无锡市水务集团 301c
无锡市台联 108b
无锡市图书馆 351b
无锡市文联 102c
无锡市与泰康保险集团签约医养结合项目 411a
无锡市政公用环境检测研究院 302a
无锡市总工会 92a
无锡硕放机场飞行区改扩建 185a
无锡苏州一体化发展 156b
无锡太湖学院 348c

无锡文化旅游周 156c
无锡西区燃气热电公司 302a
无锡新媒体战略研究中心 374c
无锡学院 347b
无锡移动 172b
无锡移动节能降耗 173a
无锡移动适老化服务 173a
无锡移动疫情防控保障 172c
无锡影视基地 283a
无锡影视基地旅游节庆 286b
无锡站南广场片区城市更新 185c
无锡综保区直通货站 185b
无线电安全 425c
无障碍设施建设 109c
吴澄舒 391a
五大学科竞赛 345a
“五社联动”社区治理机制 411a
武警无锡支队 132a
舞蹈 357a
舞动江苏 390b
物价管理 148c
物联网产业 167c
物联网产业链 167c
物联网产业重大项目 168a
物流 184b
物流发展 182a
物流企业 189c
物流项目 189c
物业管理 292b
物业管理 292b

X

西港特区建设 212c
希望工程 98b
锡澳合作 67b
锡澄轨道 S1 线 186a
锡澄水厂分布式光伏电站 300c
锡澄运河孤岛交通工程 188c
锡澄运河河道整治工程 327c
锡东新城商务区 180a
锡港澳合作 67c
锡港澳联络联谊 67c
锡港交流 67b
锡剧《袁仁仪》439c
锡剧 355c
“锡军优”品牌建设 133c
锡溧漕河无锡段航道整治工程 188b
锡山开发区 198a
锡山区 438a
锡山—粤港澳科技交流合作 158b
锡台交流 41b
“锡心香伴”惠老助餐 410c
“锡心医养”社区居家“332”服务行动 410b
“锡阳红”服务品牌 409c
锡宜高速扩建 187a
喜迎二十大系列活动 354a
戏剧 355c
辖区建设
夏收夏种工作驻澄服务 223c
夏熟耕地轮作 220b
先进典型选树 34b
先进集体 430
先进人物 427a
县域共青团改革 94b
现代产业体系构建 25b
现代农业园区 217c
现代政务服务体系建设 62b
现当代 23b
线下实体店无理由退货 148a
乡村产业 311a
乡村产业融合发展 311b
乡村产业载体 311a
乡村规划深化工作操作指南 309b
乡村旅游 284c
乡村振兴 309
乡村振兴巾帼行动 313a
乡村治理 313a
乡土人才 31c
香港理工大学无锡科技创新研究院 205b
向小微企业返还工会经费 93c
项目对接洽谈会 32a
项目开发建设管理 290c
项目资助 106b
消防安全 421b
消防基础建设 421c
消防接警救援 422a
消防宣传教育 422c
消费环境 147c
消费价格运行 401c
小额贷款 280c
小剧场 353a
小学生校园足球超级联赛 386c
小学生阳光体育排球比赛 387c
小学生阳光体育田径比赛 388a
小学生阳光体育游泳比赛 388a
校外培训机构监管平台 176b
校园快递驿站 257b
校园足球教练员技能大赛 392c
校长负责制 344b
协商式监督 69b
协商议事活动 72c
芯链党建联盟 169b
新材料产业 234a
新材料产业集群 234a
新的社会阶层人士统战 38b
新冠病毒感染医疗救治保障 377a
新冠病毒疫苗接种使用监管 424c
新冠疫情防控 308b
新冠疫情防控 377a
新就业形态从业人员职业技能培训 396c
新能源产业 235b
新能源产业产能 235b
新能源产业平台建设 235c
新能源充电设备 300b
新能源大型客船 189c
新能源汽车产业 236c
新能源新消费主题活动暨首届新能源汽车展 439c
新墙材推广 322c
《新时代地方立法工作高质量发展的意见》出台 112a
新时代文明实践 35a
新桃花港江边枢纽工程 327b

新闻出版 365a
新吴区 444a
新夏港船闸工程 188c
新型产业用地 137a
新型产业用地布局规划 294a
新型城域网宽带用户 171c
新型城域网试点 167b
新兴领域青年工作 97a
新一轮经济发达镇培育 44b
新一轮详细规划 293c
信访工作 68a
信访领域风险防范 68c
信访突出矛盾攻坚化解 68b
信托 278b
信用数据 150c
信用体系 150c
信用应用服务 150c
刑事案件审判 123c
刑事犯罪案件侦查 117c
刑事诉讼监督 122b
行政复议应诉 114c
行政检察 123a
行政区划 20a
行政审批和政务服务 61b
兴业银行 270c
宣传报道 95b
宣传工作 32b
宣传教育 33a 47a
玄门讲经活动 412c

Y

选优配强领导干部 30a
学前教育 343b
学生劳动教育宣传周 344c
学习宣传 108b
学习宣传贯彻二十大精神 24b
学校共青团工作 97c
学校卫生工作 382b
雪浪大会 447c
血吸虫病防治研究所 339c
血液供应 383a
巡察工作 77a
训练执勤 132b
汛期 16c
烟草专卖 251b
岩土工程施工技术与装备创新论坛 247a
研发类境外投资 212b
盐业经营 251b
养老保险 403a
养老机构 410a
养老机构监管领域专项治理 76c
养老事务 410a
药品安全专项整治 424c
药品抽检 424c
药品进口口岸 214b
药学服务内涵 383b
冶金工业 241c
野生动物 18a
野生动物保护 321b
野生动植物资源调查 321a
野生植物 18a
一带一路百国印记短视频大赛 373b
医保基金监管 404a
医保支付方式改革 404b
医联体建设 382b
医疗保健价格 402c
医疗保险 403c
医疗服务能力 382c
医疗机构管理 383a
医疗价格改革 404c
医疗救助 406b
医疗器械安全监管 425a
医疗器械抽检 424c
医疗卫生改革 375a
医疗卫生机构 375a
医学教育 384a
医学科技与教育 383c
医学院市校共建 383c
医养结合设施 380a
医院感染管理 383a
医政药政管理 382b
依法治教 343a
宜机化改造 223c
宜居住区方面 59c
宜兴国际生命科学产业园 195b
宜兴环科园 194c
宜兴经开区 200a
宜兴溧阳毗邻公交 304c
宜兴市 434c
宜兴陶瓷产业园区 208a
遗体和人体器官捐献 111a
义务教育 343c
艺术普及 352b
议案建议办理 53c
异地就医结算 404c
疫苗接种 376c
疫情防控监督检查 75c
疫情防控市场监管 378a
疫情防控医疗保障 377c
疫情防控综合督查 377c
音乐 357a
音乐磁场 372a
银行 266a
银行业监管 281a
饮用水水源地 315c
印染行业发展规划 237b
印象江南中国画提名展 358c
应急管理 413a
应急管理执法体系 413b
应急救援体系 413a
应急救援体系建设 110b
应急演练 413c
应急预案编制 413b
应急指挥体系 413a
婴幼儿照护 408a
樱花邮局 257c
营商环境优化 153b
硬件设施建设 120b
拥军优属 136b
拥政爱民 136c
永久基本农田 318b
用地审批 137c
优化营商法治环境 43b
优秀科技人才选树举荐 100b
优质稻米产业化 219c

邮政 255a
邮政储蓄银行 269b
邮政惠农合作 256c
邮政快递业绿色发展 257b
邮政快递业疫情防控 256a
邮政行业生态环保治理 256b
油料作物 219a
友城绘 65b
“有事好商量”协商议事 72b
幼儿园课程游戏化 343b
余进进 427a
於之莹 391c
渔业 222a
渔业增殖放流 222a
渔政亮剑行动 322a
与海东市对口协作 159c
与连云港市南北结对帮扶合作 160a
与盘锦市对口合作 160c
与延安市协作合作 159b
元宇宙体验中心 173c
园林绿化废弃物 302c
园林绿化行业技能竞赛 303c
园区管理体制创新 43a
园区经济 191a
园艺产业 220b
原子医学研究所 338c
鼋头渚景区 283c
鼋头渚景区花事节庆 287a
远程公证服务 176a
运动友好型城市建设 385a
运河旅游廊道 362c

Z

臧志成 427b
造血干细胞捐献 110c
招商银行 270b
招商引资 209c
招生 350b
镇村布局规划 309a
镇村规划 309a
镇村建设 309b
征信管理 281c
证券 278b
政策跟踪审计 144b
政法工作 113b
政府工作报告 466
政府购买公共文化服务 353b
政府立法制规 114c
政府信息公开 55b
政府债务 140c
政府自身建设 55c
政务督查 55a
政务云安全监管 426b
政治建设 113c
支出型困难家庭帮扶 406a
知识产权保护 124a
知识产权保护中心 150a
知识产权股权投资基金 164c
知识产权管理 149a
知识产权贯标 150a
知识产权强市建设试点城市 150a
知识产权行政保护 149b
知识产权质押融资 149b
直播电商矩阵 364a
职工服务平台建设 93b
职工教育培训 93c
职工科技创新 93c
职工困难帮扶 93a
职工民主权利保障 94a
职工文体活动 93a
职务犯罪检察 122b
职业病防治 380b
职业病防治法 380a
职业病危害因素监测 380b
职业技能培训 396c
职业健康 380b
职业健康监管信息系统 380c
职业教育产教融合 346a
职业教育发展 345c
职业伤害保障 403b
指标分级管控模式 137b
志愿服务 111c
志愿服务 35a
制定落实关工委工作实施意见 45c
制造业 225a
制造业产业集群 226a
制造业规模与效益 225a
制造业主要行业经济 225a
质量提升行动 147a
治安保卫重点单位判定 120b
治安管理 119a
致公党无锡市委 86a
智汇疫联 305a
智慧城轨战略合作协议 306c
智慧城市方面 61a
智慧航道 188a
智慧环保 176a
智慧民生 175c
智慧农业 176c
智慧社区建设 174b
智慧无锡时空信息云平台 177c
智慧无锡文化创意产业园 363c
智慧医疗 176c
智慧政务 175a
智慧治理 177a
智能物流装备 190a
中等职业教育 345c
中电海康无锡产业基地 168b
中共无锡市第十四届纪律检查委员会第二次全体会议 75a
中共无锡市纪委 74
中共无锡市委 24
中国半导体封装测试技术与市场年会 233c
中国船舶科学研究中心 338
中国国际航空航天博览会 232a
中国国际新能源大会 214a
中国国际智能传播论坛 374b
中国好人 428
中国集成电路设计创新大会 233c
中国人民财产保险 271c
中国人民政治协商会议无锡市委员会 69
中国人寿 276a
中国商飞供应商大会 231c
中国无锡最美村庄 313b

中国物联网国际创新园 194a
中国新媒体蓝皮书发布会 374a
中国银行 268a
中国长寿之乡 436a
中考中招 350b
中欧班列 213a
中生天信和生物制药上游原材料及装备产业化基地 235a
中信银行 270b
中医药便民惠民 381c
中医药传承创新 381a
中医药发展 381a
中医药疫病防治 377c
种植业 219a
仲裁 129c
仲裁宣传 129c
重大活动保障 425c
重大科技项目 163a
重大涉外活动 64a
重大事项决定 53a
重大文化活动 33c
重大项目建设 153a
重大项目投资 139a
重大项目推进 40c
重大行政决策目录管理制度 114b
重大主题报道 33b
重点帮扶人员就业 395c
重点调研 71c
重点及特色镇建设 310b
重点节能工程 323a
重点领域风险化解 123c
重点群体就业 394c
重点视察 72a
重点网络视听项目 371b
重点项目建设 362a
重点项目资金 140a
重卡充换电站 300c
重要外事交流 66b
周新里商业街 447c
竹产业 221b
竺山湖隧道 187b
主题报道 371c
主题活动 103a
主题文艺实践 103a
主题学习教育 95a
主题展览 47b
助力公益事业 68a
助力乡村振兴 97b
助力新冠疫情防控 117a
助力疫情防控 63a
助力疫情联防联控 110b
助企纾困 395c
助推社会信用体系建设 124c
住房保障 404c
住房公积金 405a
住建综合行政执法 248c
住宿 254b
住宅专项维修资金管理办法 292
专题调研 72a
专题视察 72b
专项治理 76b
转移净收入 399b 399c
庄小石书画新作展 359a
装配式建筑 246b
装配式建筑派出所工程 306a
装配式建筑质量安全 246c
资源要素配置项目 137c
紫金奖 371c
自然地理 15a
自然资源 17b
自然资源管理 137a
自然资源领域生态产品价值实现机制 137b
自然资源统一确权登记 137a
宗教 20a
宗教事务 412b
综合保障 131c
总部经济 178a
总部经济规模与结构 178a
总部经济集聚区 179b
总部企业 178a
足球特色校园 386b
组织工作 29c
组织机构及负责人名录 448
组织建设 78a 80c 82a 83a 83c 84c 86a 87b 88c 98c 100a 102c 105c 106c 108b 109a 110a
最严格耕地保护制度 318b
最优水利营商环境 329a
作品展 105a